Wirtschaft und Gesellschaft in Deutschland und Großbritannien im Übergang zum ‚organisierten Kapitalismus'

Unternehmer, Angestellte, Arbeiter und Staat im Steinkohlenbergbau des Ruhrgebietes und von Südwales, 1850 – 1914

im Übergang zu

Von

Werner Berg

Kapitalismus

von Werner Berg

DUNCKER & HUMBLOT / BERLIN

Duncker + Humblot/Berlin

CIP-Kurztitelaufnahme der Deutschen Bibliothek

Berg, Werner:
Wirtschaft und Gesellschaft in Deutschland und Grossbritannien im Übergang zum „organisierten Kapitalismus“: Unternehmer, Angestellte, Arbeiter u. Staat im Steinkohlenbergbau d. Ruhrgebietes u. von Südwales, 1850 - 1914 / von Werner Berg. — Berlin: Duncker und Humblot, 1984.
(Volkswirtschaftliche Schriften; H. 339)
ISBN 3-428-05495-4

NE: GT

Gedruckt 1984 bei Werner Hildebrand, Berlin 65
Printed in Germany

ISBN 3-428-05495-4

Inhaltsverzeichnis

Abkürzungsverzeichnis ... 13

1. Einleitung ... 15
   1. Ansatz und Fragestellung ... 15
   2. Konzepte und Begriffe ... 21
   3. Forschungsstand und Ausgangspunkt ... 24
   4. Einführung in die zu vergleichenden Gebiete ... 28
   5. Hypothesen ... 32

2. Die sachlichen Grundlagen der Produktion ... 34

2.1. Die geographischen und geologischen Bedingungen und die wirtschaftlichen Gesetze ... 34

2.1.1. Die Entwicklung im Ruhrbergbau: Kurzer Anlauf und anhaltender Spurt ... 34
   1. Lage, Vorkommen und der frühe Zwang zum Tiefbau 34
   2. Rapides Wachstum und das ungedämmte Einwirken der Konjunkturen ... 36
   3. Der schnelle Einsatz der Technik und die Intensivierung des Betriebes ... 42
   4. Die Verfeinerung des Angebots und die Diversifizierung der Produkte ... 53
   5. Die frühe Entwicklung zum Großbetrieb ... 60
   6. Der rapide Kapitalbedarf und der starke Einfluß der Banken ... 84
   7. Der enge Absatzmarkt und die schwache Rolle des Handels ... 88
   8. Der erfolgreiche Weg zum Kartell ... 92
   9. Der Weg zu ausgeglichener Rentabilität ... 97
   10. Die Stellung in der deutschen Volkswirtschaft ... 100

2.1.2. Die Entwicklung im Bergbau von Südwales: Langer Anlauf und später Spurt ... 102
   1. Der Entwicklungsvorsprung der Eisenindustrie, Lage und Vorkommen ... 102

2. Allmähliches Wachstum und das ungedämmte Einwirken von Konjunkturen 105
3. Der gebremste Einsatz der Technik und die begrenzte Diversifizierung der Produkte 107
4. Die späte Entwicklung zum Großbetrieb 119
5. Der allmähliche Kapitalbedarf, die späte Transformation der Rechts- und Eigentumsverhältnisse und der schwache Einfluß der Banken 138
6. Der weite Absatzmarkt und die große Bedeutung des Handels 143
7. Die verhinderte Kartellierung 149
8. Das anhaltende Schwanken der Rentabilität 155
9. Die Stellung in der britischen Volkswirtschaft 158

2.1.3. Der Bergbau im Ruhrgebiet und in Südwales im Vergleich: Langer Entwicklungsunterschied und späte Angleichung 159

3. Die unmittelbaren Auswirkungen der Industrialisierung auf die menschlichen Verhältnisse: Die Bevölkerungsentwicklung 166

3.1. Das Ruhrgebiet 167

3.1.1. Später Start und rasches Tempo 167
1. Bevölkerungswachstum und -dichte 167
2. Urbanisierung 172

3.1.2. Starke Zuwanderung in kurzer Frist und der hohe Grad der Differenzierung 175

3.1.3. Die Fruchtbarkeit der Bergbaubevölkerung und die Beeinflussung des generativen Verhaltens 180

3.2. Südwales 187

3.2.1. Früher Start und langsame Expansion 187
1. Bevölkerungswachstum und -dichte 187
2. Urbanisierung 191

3.2.2. Allmähliche Zuwanderung in langer Dauer und der geringe Grad der Differenzierung 192

3.2.3. Die Fruchtbarkeit der Bergbaubevölkerung und die Beeinflussung des generativen Verhaltens 200

3.3. Das Ruhrgebiet und Südwales: Bergbauliche Bevölkerungsstrukturen im Vergleich ... 207

4. Die Organisation der Produktion: Der Betrieb als Ausgangspunkt von Gütern und gesellschaftlichen Interessenlagen ... 214

4.1. Kapitalistische Betriebsherrschaft und großbetriebliche Arbeitsteilung ... 214

4.2. Die Entwicklung der bergbaulichen Betriebsstruktur: Ähnlichkeit durch Tradition und Austausch ... 216

4.3. Der innerbetriebliche Arbeitsablauf ... 218

4.4. Die einseitige Differenzierung von Arbeitsfunktionen im bergbaulichen Großbetrieb: Der Ruhrbergbau als Modell für den Bergbau von Südwales ... 221

4.5. Die Folgen der innerbetrieblichen Differenzierung: Versachlichte Kooperation und die Herausbildung von Konfliktzonen ... 229

4.6. Die gesetzgeberischen Eingriffe in die bergbauliche Betriebsstruktur: Der Versuch zur Milderung ... 233

5. Die Produzenten ... 237

5.1. Der Ruhrbergbau ... 239

5.1.1. Die Arbeiter: Prestigeverlust und verspätete Interessenfindung in einer sich komplizierenden Umwelt ... 240

5.1.1.1. Die Lebenswelt ... 240

1. Die betriebliche Ausgangssituation: Rasches Anwachsen, hohe herkunftsmäßige und gleichbleibend mäßige, berufliche Heterogenität ... 240
2. Der sich verengende Weg zum Aufstieg und die hohe horizontale Mobilität ... 245
3. Der Lohn: Zunehmende Differenzierung, absoluter Anstieg und relativer Abfall ... 250
4. Der Haushalt ... 262
5. Die Wohnung ... 271
6. Die soziale Umwelt ... 277

5.1.1.2. Die Deutung und Bewältigung der sozialen Lage: Die kollektive Selbstfindung und die Herausbildung, Organisation und Durchsetzungschance der Interessen 284

5.1.1.2.1. Die Vereine 285

5.1.1.2.2. Die Interessenverbände 290

5.1.2. Die Angestellten: Privilegierung, Disziplinierung und relative Apathie 324

5.1.2.1. Die Lebenswelt 325

1. Die betriebliche Ausgangssituation: Frühes und anhaltend rasches Wachstum 325
2. Die soziale Lage: Die deutliche Distanz zur Arbeiterschaft 327
3. Die soziale Umwelt: Die Bergbauangestellten als Teil eines breiteren Mittelstandes 338
4. Die rückläufige Chance des Aufstiegs, geringe horizontale Mobilität und der hohe Grad an Homogenität .. 342
5. Die Ausbildung: Frühe Institutionalisierung, weitgehende Erfassung und hohe Anforderungen 345
6. Die innerbetriebliche Stellung: Ungeklärte Abhängigkeiten und das hohe Ausmaß an Kontrolle 347

5.1.2.2. Die kollektive Definition der eigenen Lage: Die Findung, Organisation und Artikulation der Interessen 355

5.1.3. Die Unternehmer: Der Primat der Industrie und der Weg vom Untertan zum unbegrenzten Selbstbewußtsein 369

5.1.3.1. Die betriebliche Ausgangssituation: Das staatlich beschleunigte, wirtschaftliche Wachstum, die frühe Homogenität der Eigentümer und der schwierige Aufstieg der Angestellten-Unternehmer 370

5.1.3.2. Die Ausbildung: Große Einheitlichkeit, hohe Anforderungen und die anhaltende Dominanz des technischen Fachwissens 378

5.1.3.3. Die Herkunft und die Eingliederung in die oberste Ebene der gesellschaftlichen Rangordnung: Soziale Homogenität, territoriale Heterogenität und das mühelose Akzeptiertwerden 382

5.1.3.4. Einkommen und Vermögen: Die deutliche Abgrenzung . 385

5.1.3.5. Die Vorstellungen der Unternehmer über den innerbetrieblichen Kooperationsprozeß: Die langfristige Aufbietung aller Kräfte und das herrschaftlich-autoritäre Konzept der ‚Beseitigung von Hindernissen' 387
1. Die Technik 388
2. Die innere Organisation 389
3. Die menschlichen Beziehungen 391

5.1.3.6. Die kollektive Definition der eigenen Lage: Die Findung, Organisation und Artikulation der Interessen 398

5.1.4. Der Staat: Die intensive Förderung der Industrie und die Vernachlässigung von Arbeitnehmerinteressen 427

5.1.4.1. Staat, Gesellschaft und die Chancen der Industrialisierung 427

5.1.4.1.1. Das Verhältnis von Staat und Gesellschaft 427

5.1.4.1.2. Die Bedeutung der Stellung im internationalen Industrialisierungsprozeß 430

5.1.4.2. Die partikularen Gewalten und der „Zwang" zur Zentralisierung, der frühe Aufbau der Bürokratie, die materiellen Bedürfnisse und der „Zwang" zur Industrialisierung 430

5.1.4.2.1. Die grundsätzliche Ausrichtung und die Aufgaben des Staates 433
1. Das direkte, industrielle Engagement des Staates 433
2. Die indirekten Maßnahmen der Industrieförderung .. 457
3. Die sozialpolitischen Maßnahmen 468
4. Die Aufgabe der Interessenintegration 482

5.1.4.2.2. Die Träger der staatlichen Herrschaft: Die Beamten 509

5.1.5. Fazit und Überleitung 530

5.2. Der Bergbau in Südwales 531

5.2.1. Die Arbeiter: Selbst erkämpfter Aufstieg in einer wenig veränderten Umwelt 532

5.2.1.1. Die Lebenswelt 532
1. Die betriebliche Ausgangssituation: Allmähliches Wachstum und der hohe Grad an Homogenität, lange Stabilität und der späte Zwang zum Wandel 532

2. Die unverändert geringe Möglichkeit individuellen Aufstiegs und der begrenzte Grad horizontaler Mobilität 539
3. Der Lohn: Abnehmende Differenzierung, relativer Anstieg und absoluter Abfall 543
4. Der Haushalt 554
5. Die Wohnung 561
6. Die soziale Umwelt 565

5.2.1.2. Die Deutung und Bewältigung der sozialen Lage: Die kollektive Selbstfindung und die Herausbildung, Organisation und Durchsetzungschance der Interessen 568

5.2.1.2.1. Die Vereine 569

5.2.1.2.2. Die Interessenverbände 570

5.2.2. Die Angestellten: Geringes Prestige, freie Entfaltung und frühes Engagement 607

5.2.2.1. Die Lebenswelt 608
1. Die betriebliche Ausgangssituation: Langsames Wachstum und später Spurt 608
2. Die soziale Lage: Der fließende Übergang zur Arbeiterschaft 613
3. Die soziale Umwelt: Die Bergbauangestellten als wesentlicher Teil eines kleinen Mittelstandes 620
4. Die begrenzte Chance des Aufstiegs, partielle horizontale Mobilität und der beschränkte Grad an Homogenität 624
5. Die Ausbildung: Späte Einführung, partielle Erfassung und geringere Anforderungen 626
6. Die innerbetriebliche Stellung: Eingegrenzte Abhängigkeiten und das geringe Ausmaß an Kontrolle 633

5.2.2.2. Die kollektive Definition der eigenen Lage: Die Findung, Organisation und Artikulation der Interessen 638

5.2.3. Die Unternehmer: Die selbstverantwortliche Industrialisierung und das bürgerliche Bewußtsein des konkurrierenden Gewerbetreibenden 648

5.2.3.1. Die betriebliche Ausgangssituation: Das allmähliche wirtschaftliche Wachstum, die frühe Heterogenität der Eigentümer und der unproblematische Aufstieg der Angestellten-Unternehmer ... 648

5.2.3.2. Die Ausbildung: Große Unterschiedlichkeit, die zunehmende Rolle des kommerziellen Wissens und die Tendenz zur Allgemeinbildung ... 653

5.2.3.3. Die Herkunft und die Eingliederung in die oberste Ebene der gesellschaftlichen Rangordnung: Soziale Heterogenität, territoriale Homogenität und das zögernde Akzeptiertwerden ... 657

5.2.3.4. Das Einkommen: Die weniger deutliche Abgrenzung ... 662

5.2.3.5. Die Vorstellungen der Unternehmer über den innerbetrieblichen Kooperationsprozeß: Die Orientierung am kurzfristigen Gewinn und das Konzept der marktmäßigen Regelung von Konflikten ... 663
1. Die Technik ... 665
2. Die innere Organisation ... 666
3. Die menschlichen Beziehungen ... 668

5.2.3.6. Die kollektive Definition der eigenen Lage: Die Findung, Organisation und Artikulation der Interessen ... 674

5.2.4. Der Staat: Ökonomisches Laissez-faire und die starke Berücksichtigung der Interessen der industriellen Produzenten ... 702

5.2.4.1. Staat, Gesellschaft und die Chancen der Industrialisierung 702

5.2.4.1.1. Das Verhältnis von Staat und Gesellschaft ... 702

5.2.4.1.2. Die Bedeutung der Stellung im internationalen Industrialisierungsprozeß ... 702

5.2.4.2. Frühe Zentralisierung, eigenständige Industrialisierung und der lange Verzicht auf eine entfaltete Bürokratie ... 703

5.2.4.2.1. Die grundsätzliche Ausrichtung und die Aufgaben des Staates ... 710
1. Das direkte, industrielle Engagement des Staates ... 711
2. Die indirekten Maßnahmen der Industrieförderung .. 714
3. Die sozialpolitischen Maßnahmen ... 727
4. Die Aufgabe der Interessenintegration ... 741

5.2.4.2.2. Die Träger der staatlichen Herrschaft: Die Beamten und Politiker 767

6. Zusammenfassung 798

Anhang 827

Quellen- und Literaturverzeichnis 833

die abkürzung OBA

Oberbergamt

Ober berg amt

Gutehoffnungshute

Jahrbuch für

Wirtschafsgeschichte

Gute höffnungshute

Abkürzungsverzeichnis

AfS	Archiv für Sozialgeschichte
AfSS	Archiv für Sozialwissenschaft und Sozialpolitik
AHR	American Historical Review
CIC	Coal Industry Commission
CSSH	Comparative Studies in Society and History
CVDI	Centralverband Deutscher Industrieller
DIBZ	Deutsche Industriebeamtenzeitung
EHR	Economic History Review
GBAG	Gelsenkirchener Bergwerks-Aktiengesellschaft
GG	Geschichte und Gesellschaft
GHH	Gutehoffnungshütte
ICTR	Iron and Coal Trades Review
ILP	Independent Labour Party
IME	Institute of Mining Engineers
IRSH	International Review of Social History
IWK	Internationale Wissenschaftliche Korrespondenz zur Geschichte der deutschen Arbeiterbewegung
JbWG	Jahrbuch für Wirtschaftsgeschichte
JEH	Journal of Economic History
JMH	Journal of Modern History
JNS	Jahrbücher für Nationalökonomie und Statistik
JPE	Journal of Political Economy
JSH	Journal of Social History
JSSC	Joint Sliding Scale Committee
MAGB	Mining Association of Great Britain
MEW	Marx-Engels-Werke, Berlin (Gesamtausgabe)
MFGB	Miners' Federation of Great Britain
MGM	Militärgeschichtliche Mitteilungen
MSWCOA	Monmouthshire and South Wales Coal Owners' Association
NACM	National Association of Colliery Managers
NUC	National Union of Clerks
OBA	Oberbergamt
RWKS	Rheinisch-Westfälisches Kohlensyndikat
SDG	Sowjetsystem und Demokratische Gesellschaft
SWCA	South Wales Coal Annual
SWDN	South Wales Daily News
SWIE	South Wales Institute of Engineers
SWMF	South Wales Miners' Federation
TGB	Der Technische Grubenbeamte
TUC	Trades Union Congress

der deutschen arbeiterbewegung

Der Technische Gruben-beamte

VDI	Verein Deutscher Ingenieure
VMB	Verhandlungen, Mitteilungen und Berichte (des CVDI)
VSWG	Vierteljahresschrift für Sozial- und Wirtschaftsgeschichte
WHR	Welsh History Review
ZBHSW	Zeitschrift für das Berg-, Hütten- und Salinenwesen im preußischen Staate
ZBR	Zeitschrift für Bergrecht

Währungseinheiten:

d.	Penny (Pece)
£	Pfund Sterling
M.	Mark
Pf.	Pfennig
s.	Shilling

Ansatz und Fragestellung

1. Einleitung

Introduction

1. Ansatz und Fragestellung

Die Industrialisierung, die durch den Einsatz von Maschinen, welche durch nicht-tierische Energie angetrieben wurden, und die Umstellung auf neue Rohstoffe die bisherigen Herstellungsmethoden von gewerblichen Gütern wie kaum in einer früheren Phase der Menschheitsentwicklung revolutionierte, hatte darüber hinaus gesellschaftliche Veränderungen umfassender Art zur Folge, die zunehmend durch den Begriff der ‚Modernisierung' apostrophiert werden[1]. Nicht nur ermöglichte sie eine erhöhte Produktion von und eine bessere Versorgung mit materiellen Gütern und vereinnahmte immer mehr Menschen in den Prozeß der Produktion (und des Konsums), sondern teilte in einem parallel hierzu verlaufenden Prozeß der Arbeitsteilung gleichzeitig auch die von ihr betroffenen Menschen zunehmend in verschiedene Gruppen auf.

War die Industrialisierung gleichsam der *Zug*, der die ungeebneten Felder traditioneller Produktionsweisen in schnellerem oder langsamerem Tempo durchfuhr, so bildete die Fabrik den *Motor*, in dessen Gehäuse im festen Rhythmus und in vorgeschriebener Bewegung die einzelnen Elemente in ihren Arbeitsgängen ineinandergriffen. Doch war der in seiner Größe und seiner Anzahl sich ausdehnende Industriebetrieb nicht nur ein kooperativer Arbeitszusammenhang, in den einzufinden und einzufügen die neuen industriellen ‚Partner' sich schwer genug taten[2], sondern er implizierte gleichzei-

---

[1] Vgl. D.C. Tipps, Modernization Theory and the Comparative Study of Societies: A Critical Perspective, in: CSSH 15, 1973, S. 199-226; jetzt auch in: C.E. Black, Hg., Comparative Modernization, 1976, S. 62-88; A.R. Desai, Need for Revaluation of the Concept, in: Ebd., S. 89-103; H.-U. Wehler, Modernisierungstheorie und Geschichte, 1975; D. Rüschemeyer, Partielle Modernisierung, in: W. Zapf, Hg., Theorien des sozialen Wandels, 1971[3], S. 382-396; vgl. auch die Beiträge in: G.A. Almond u. a., Hg., Crisis, Choice, and Change, Historical Studies of Political Development, 1973.

[2] Für die Unternehmer vgl. etwa: S. Pollard, The Genesis of Modern Management, 1965; J. Kocka, Unternehmer in der deutschen Industrialisierung, 1975, S. 73-87; ders., Unternehmensverwaltung und Angestelltenschaft am Beispiel Siemens 1847-1914. Zum Verhältnis von Kapitalismus und Bürokratie in der deutschen Industrialisierung, 1969; für die Angestellten vgl. J. Kocka, Unternehmensverwaltung; für die Arbeiter vgl.: S. Pollard, Factory Discipline in the Industrial Revolution, in: EHR 16, 1963/64, S. 254-271; ders., Die Bildung und Ausbildung der industriellen Klassen Britanniens im 18. Jahrhundert, in: R. Braun u. a., Hg., Gesellschaft in der industriellen Revolution, 1973, S. 147-161; E. Gruner, Die Stellung des Schweizer Arbeiters in Fabrik und Familie während des 19. Jahrhunderts, in: Ebd., S. 127-146; E.P. Thompson, Zeit, Arbeitsdisziplin und Industrie-

vergleichen etwa

tig ein Über- und Unterordnungsverhältnis, das mit dem Vordringen der industriellen Produktionsweise (und also: des Industriebetriebs) für die überbetriebliche, gesellschaftliche Schichtung der Bevölkerung von entscheidender Bedeutung wurde[3]. Indem der Industriebetrieb immer mehr Menschen in seine Mauern zwängte, standardisierte er die Arbeits- und Lebensverhältnisse eines immer größeren Anteils der Gesamtbevölkerung, formte mithin Gruppen heraus und veränderte gleichzeitig die Beziehungen, in denen eine Gruppe als Ganzes zum Produktionsprozeß und zu anderen Teilen der Gesellschaft stand[4].

Die entstehende ‚industrielle Gesellschaft' war jedoch nicht nur Produkt dieser betrieblichen, gleichsam *vertikalen*, sondern ebenso einer sich verfeinernden gesellschaftlichen, gleichsam *horizontalen* Arbeitsteilung. Diesen komplexen Kooperationszusammenhang aufrechtzuerhalten, fiel in zunehmendem Maße dem Staat zu, dessen ‚moderne' Ausformung insofern ebenfalls Produkt der historischen Entwicklung der gesellschaftlichen

---

kapitalismus, in: Ebd., S. 81-112; ders., The Making of the English Working Class, 1963; E.J. Hobsbawm, Custom, Wages and Work-load, in: ders., Labouring Men. Studies in the History of Labour, 1972[3], S. 344-370; M. Vester, Die Entstehung des Proletariats als Lernprozeß. Die Entstehung anti-kapitalistischer Theorie und Praxis in England 1792-1848, 1970.

[3] Obwohl schon Marx in seinem ersten Band des „Kapitals" auf den Zusammenhang zwischen dem innerbetrieblichen System der Über- und Unterordnung und der gesellschaftlichen Schichtung aufmerksam gemacht hat, ein Axiom, das heute in der Soziologie zu den zentralen Ausgangspunkten der Analyse von gesellschaftlicher Schichtung gehört, ist die historische Wirkungskraft dieses wichtigen Gelenks zwischen Wirtschaft und Gesellschaft in der Geschichtswissenschaft systematisch für einzelne Gruppen selten und in ihrem vollen Umfange — soweit wir sehen — noch nicht behandelt worden. Vgl. K. Marx, Das Kapital, Bd. 1, MEW Bd. 23, S. 441-450, bes. S. 447. Zu einigen Ansätzen in der Soziologie vgl. W. Jost, Das Sozialleben des industriellen Betriebs, 1932; G. Briefs, Betriebsführung und Betriebsleben in der Industrie, 1934; F.H. Mueller, Soziale Theorie des Betriebes, 1952; U. Schumm-Garling, Herrschaft in der industriellen Arbeitsorganisation, 1972; D. Claessens u. a., Angestellte und Arbeiter in der Betriebspyramide, (1959); K. Thomas, Die betriebliche Situation der Arbeiter, 1964; R. Dahrendorf, Sozialstruktur des Betriebes, 1959; ders., Class and Class Conflict in Industrial Society, 1972[7]; R. Mayntz, Soziale Schichtung und sozialer Wandel in einer Industriegemeinde. Eine soziologische Untersuchung der Stadt Euskirchen, 1958; für die wenigen und beschränkten Ansätze der Geschichtswissenschaft vgl. G. Schmoller, Das Wesen der Arbeitsteilung und der sozialen Klassenbildung, in: Jb. f. Gesetzgebung, Verwaltung und Volkswirtschaft 14, 1890, S. 45-105; W. Fischer, Innerbetrieblicher und sozialer Status der frühen Fabrikarbeiterschaft (1964), in: ders., Wirtschaft und Gesellschaft im Zeitalter der Industrialisierung, 1972, S. 258-284; G.H. Hardach, Der soziale Status des Arbeiters in der Frühindustrialisierung. Eine Untersuchung über die Arbeitnehmer in der französischen eisenschaffenden Industrie zwischen 1800 und 1870, 1969; J. Kocka, Unternehmensverwaltung und Angestelltenschaft, 1969. Zu einer ideengeschichtlichen Analyse vgl. R. Bendix, Work and Authority in Industry. Ideologies of Management in the Course of Industrialization, 1956 (dt. 1960).

[4] M. Dobb, Entwicklung des Kapitalismus. Vom Spätfeudalismus bis zur Gegenwart, 1970, S. 26.

Arbeitsteilung war. Er hatte die allgemeine Aufgabe, die Vorbedingungen für das Funktionieren der jeweiligen Organisation der Produktion, insbesondere durch Verwaltung und Justiz, zu gewährleisten und gegen innere und äußere Angriffe auf ihren (sachlichen und geographischen) Geltungsbereich zu verteidigen[5].

Indem wir in der nachfolgenden Studie die soziale Gruppen- und Schichtenbildung als Produkt des jeweiligen Entwicklungsstandes der betrieblichen und gesellschaftlichen Arbeitsteilung und also des Entwicklungsstandes der Produktion überhaupt begreifen, ist die Frage nach der subjektiven Perzeption des funktionalen und sozialen Zusammenhanges zwischen den beteiligten Individuen und Gruppen gestellt. Dieser sich erst herausbildende Zusammenhang zwischen den Teilen der neuen ‚industriellen Gesellschaft' konnte schwanken zwischen Integration und Entfremdung einerseits sowie zwischen sozialer und nationaler (bzw. System-) Integration andererseits[6]. In welcher Intensität, welcher Richtung und warum in dieser Weise die hierzu erforderliche individuelle und kollektive Identifikation in den jeweiligen Gebieten verlief, gehört zu den im Laufe dieser Untersuchung immer wieder — da nur tendenziell, punktuell und oft nur indirekt über äußere Indikatoren feststellbar — anzuvisierenden Zielpunkten.

Die Industrialisierung, die hiernach Wechselwirkungen in einem umfassenden Prozeß freisetzte, erfaßte zunächst die einzelnen Länder Europas und Nordamerikas nicht gleichmäßig, sondern in zeitlicher Verschiebung und mit unterschiedlicher Intensität. Auf der Skala des west-östlichen Entwicklungsgefälles der europäischen Länder stand Großbritannien als „first industrial nation" als Beispiel für ein Land mit frühem, aber allmählichem industriellen Wachstum, Deutschland für ein Land mit relativ spätem industriellen Start, aber schnellem Entwicklungstempo. Auf dieser nationalen Ebene jedoch soll hier nicht die ebenso oft gestellte wie verschieden beantwortete Frage diskutiert werden, warum Großbritannien als erstes Land der Welt industrialisierte und andere, in diesem Fall Deutschland, zu den Nachzüglern gehörten, sondern (1) welche naturgegebenen Grundlagen in einem bestimmten Industriezweig zu einer wie beschaffenen industriellen Entwicklung führten. Die weitere Untersuchung führt (2) zu der Frage, wie sich diese wirtschaftlichen Verhältnisse in ihrer Ähnlichkeit und Verschiedenheit auf die von ihr betroffenen Menschen auswirkten, insbesondere auf die Grup-

[5] Zu diesen fundamentalen, strukturellen Aufgaben des Staates vgl. schon: Adam Smith, The Wealth of Nations (1766), E. Cannan, Hg., 1965², S. 653 ff., und J.S. Mill. Principles of Political Economy (1848), D. Winch, Hg., 1970, S. 145-152.

[6] Vgl. hierzu: W. Bernsdorf, Art. ‚Integration', in: ders., Hg., Wörterbuch der Soziologie, 1969², S. 469-473; D. Lockwood, Soziale Integration und Systemintegration, in: W. Zapf, Hg., Theorien des sozialen Wandels, 1971³, S. 124-137; auch: Ch. Kleßmann, Polnische Bergarbeiter im Ruhrgebiet 1870-1945. Soziale Integration und nationale Subkultur einer Minderheit in der deutschen Industriegesellschaft, 1978, S. 13 - 18.

penbildung, die sich in der relativen betrieblichen Stellung und sozialen Lage sowie der Interessenfindung und -organisation der einzelnen Gruppen, in ihren jeweiligen Zielen, Programmen und Ideologien und nicht zuletzt in ihrem Verhalten und ihren Beziehungen zueinander dokumentierte. Und schließlich wollen wir (3) versuchen, die relative Durchsetzbarkeit der jeweiligen Gruppeninteressen gegenüber dem Staat ebenso wie die Wirkung seiner Entscheidungen und Maßnahmen auf diese Gruppen festzustellen.

Die Beschränkung des Untersuchungsfeldes auf jeweils eine Region läßt aus dieser Sichtweise nationale Erfahrungen im industriellen Prozeß — bis auf strukturell bedeutende, meist von Land zu Land abweichende Besonderheiten und bis auf verdeutlichende Vergleiche — zurücktreten. Hinzu kommt, daß die zwischen der Ebene der Produktion und der des Staates bestehenden Verbindungen im wesentlichen nur aus industrie- und regionsspezifischer Sichtweise gezeigt werden und, soweit sie nicht von struktureller Bedeutung für die Interaktion untereinander sind, nur *die* Teile des Staatsapparates, der zentralen Interessenverbände sowie der politischen Parteien eingehender behandelt werden können, die der spezifischen Industrie und der einzelnen Region zugewandt sind. Stattdessen jedoch öffnet die regionale Untersuchungsperspektive wie unter einem Brennglas den Blick für die feingliedrigen Zusammenhänge, zahnradartigen Übersetzungen und Rückkoppelungen zwischen den im nationalen Blickwinkel kaum überschaubaren Bereichen von Wirtschaft, Gesellschaft und Staat.

Die regionsspezifische Untersuchungsrichtung gibt nicht nur den Blick frei für die Tatsache, daß sich die Industrialisierung Großbritanniens und Deutschlands, ebenso wie die der übrigen Länder, regional vollzog und nicht an nationale Grenzen gebunden war, die Regionen — trotz allen Austauschs — also auf spezifisch regionale Traditionen zurückschauen konnten. Insbesondere ist sie auch imstande, die Besonderheiten der natürlichen geographischen und — für unseren Fall — geologischen Verhältnisse, die Zusammenhänge von Arbeits- und Lebenswelt (Mobilität, Bevölkerungsentwicklung, Wohnweise, sozialer Kontakt) zu erfassen. Zugleich erscheint gerade dieser Ansatz geeignet, die materiellen und mentalen Bedingungen für die Umsetzung von stillen Bedürfnissen in artikulierte Interessen, die Durchsetzungschancen von Basisinteressen gegenüber den bürokratisierten und jeweils höheren Allgemeinheitsansprüchen entsprechen müssenden Institutionen der Interessenverbände und des Staates ebenso wie auch für die regional besonderen Ideologien sowie Deutungs- und Reaktionsmuster hervortreten zu lassen.

Das, was die regionale Einengung ermöglicht, erfordert die vergleichende Fragestellung, besonders angesichts eines derart komplexen Untersuchungsfeldes: das Herantragen eines engmaschigen Rasters von möglichst präzisen und auf das Erkenntnisziel ausgerichteten Fragestellungen an das erreichbare historische Material. Dies erscheint als die wohl einzige methodische Vorgehensweise, alternative Entwicklungsmöglichkeiten durch den Vergleich mit dem jeweils anderen Fall fortwährend im Auge zu behalten und nach funktionalen Äquivalenten zu suchen und damit zugleich der Gefahr eines banalen ökonomischen Determinismus einerseits und der Konzeption einer wirtschaftsunabhängigen Sozial- bzw. politischen Geschichte sowie einer politikfernen Sozialgeschichte andererseits zu entgehen.

Unser Erkenntnisinteresse orientiert sich an den im Konzept des Organisierten Kapitalismus gebündelten Strukturmerkmalen moderner kapitalistischer Gesellschaftsordnungen[7]. Es betont in der Hauptsache die Tendenz zu Konzentration und Kartellierung im Bereich der Produktion, zur wachsenden Rolle des Staates im sozialen und unmittelbar wirtschaftlichen Bereich sowie die steigende Bedeutung der Interessenverbände in den industriell fortgeschrittensten Ländern ab etwa 1880/90. Dieses Konzept, das im Gegensatz etwa zur Theorie des Staatsmonopolistischen Kapitalismus[8] eine vor allem für die Zwecke des Vergleichs sowie weiterer (abweichender) Interpretationsmöglichkeiten eine nützliche Offenheit — wenn auch mangelnde Überprüfbarkeit — aufweist, strukturiert gleichzeitig unsere übergreifenden Fragestellungen.

Diese lauten etwa: Welche naturgegebenen und nicht naturgegebenen Faktoren fördern bzw. hemmen das Tempo des wirtschaftlichen Wachstums und darüber hinaus den Prozeß der wirtschaftlichen Konzentration und Kartellierung? Wie wirkt sich langsameres bzw. schnelleres wirtschaftliches Wachstum auf die Bevölkerungsentwicklung, auf die unmittelbaren Arbeits- und Lebensverhältnisse, auf die Solidarisierungs- und Organisationsfähigkeit der betroffenen Menschen aus? Was bedeuten rasches bzw. gehemmtes wirtschaftliches Wachstum einerseits sowie Konzentration und Kartellierung andererseits für den Arbeitsmarkt und die Bereitschaft und Fähigkeit zur Interessenorganisation? Fördert rasche wirtschaftliche Expansion die Schichten- und Klassenbildung, oder hemmt langsame wirtschaftliche Entwicklung diese? Welche außerökonomischen Bedingungen (mentale Traditionen und soziale Umwelt) wirken hemmend auf die Herausbildung von sozialen Schichten und Klassen? Welche Durchsetzungsfähigkeit besitzen die artikulierten Interessen von Individuen, Gruppen und Schichten innerhalb der eigenen Interessenorganisationen, gegenüber den jeweils anderen

[7] Vgl. H.A. Winkler, Hg., Organisierter Kapitalismus, 1974, bes. hierin der Beitrag von J. Kocka, Organisierter Kapitalismus oder Staatsmonopolistischer Kapitalismus? Begriffliche Vorbemerkungen, S. 19-35.

[8] Vgl. hierzu: R. Ebbighausen, Hg., Monopol und Staat. Zur Marxrezeption in der Theorie des staatsmonopolistischen Kapitalismus, 1974; M. Wirth, Kapitalismustheorie in der DDR. Entstehung und Entwicklung der Theorie des staatsmonopolistischen Kapitalismus. 1972; Imperialismus Heute. Der staatsmonopolistische Kapitalismus in Westdeutschland, 1966; Der Staatsmonopolistische Kapitalismus, 1972.

Interessenten und gegenüber dem Staat? Welchen Einfluß besitzt der Staat auf die Interessenorganisationen der Produzenten und welches Eigengewicht kann er den artikulierten Interessen entgegensetzen? Was geschieht mit den nicht berücksichtigten Interessen? Zu welchem sozialen und unmittelbar wirtschaftlichen Engagement ist der Staat bereit und fähig, und ab welchem Zeitpunkt? Welche speziellen Überzeugungen, Ideologien und Programme einerseits und welche strukturellen und funktionalen Zwänge andererseits stehen hinter den Handelnden, die die jeweilige Entwicklung beschleunigen, aufhalten oder bremsen?

Dieser grundsätzlichen Fragerichtung, die also vom Bereich der Wirtschaft ausgehend über die soziale auf die politische Sphäre sowie auf deren Einflußmöglichkeiten zurück auf die beiden ersteren Bereiche abzielt, paßt sich die Gliederung — bei allen prinzipiellen Zuordnungsschwierigkeiten, die bei der Behandlung ganzer Gesellschaftssysteme und ihrer Teilausschnitte auftreten — der vorliegenden Arbeit an. Kapitel 2 behandelt den wirtschaftlichen Bereich: die natürlichen Bedingungen der Produktion und des Absatzes, den Einsatz von Technik und Kapital sowie das Auftreten von Konjunkturschwankungen und deren gemeinsame Auswirkungen auf die Konzentrations- und Kartellierungsbewegung. Kapitel 3 zeigt die Bevölkerungsentwicklung, die dem Prozeß des wirtschaftlichen Wachstums zeitlich vorausging und ihn begleitete sowie sachlich diesen ebenso bedingte wie voraussetzte. Kapitel 4, das die betriebliche Organisation der Produktion in ihren Grundzügen darstellt, versucht aufzuzeigen, in welches unmittelbare institutionelle Räderwerk sich die Menschen hineinzubegeben hatten, um am Prozeß der Produktion teilnehmen, d.h. zu ‚Produzenten' werden zu können. Kapitel 5 schließlich sucht aufzuweisen, wie diese Organisation der Produktion sich auf das Selbstverständnis der ‚Produzenten' auswirkte, war sie doch zugleich Ergebnis und Reflex der innerbetrieblichen Arbeitsteilung, welche die in ihr arbeitenden Menschen in ihrem inner- wie außerbetrieblichen Dasein in ein System von Über- und Unterordnung brachte. Dieser Prozeß hatte, wie die Untersuchung zeigen wird, zur Folge, daß sich tendenziell die ganze Gesellschaft durch die Ähnlichkeit in der Ungleichheit der Verteilung von Einkommen, Lebensverhältnissen und Ansehen in Schichten bzw. Klassen aufgeteilt sah. Kennzeichen dieses (abtrennenden) Selbst- und Fremdverständnisses war die Solidarisierung sowie die Formulierung und Organisation separater, potentiell auch gegen die Interessen der jeweils anderen Schichten (bzw. Klassen) und den Staat gerichteter, schichten- bzw. klassenspezifischer Interessen. Weiterhin sucht Kapitel 5, welches gemäß der Konzeption den Hauptteil der Studie bildet, deutlich zu machen, aufgrund welcher Traditionen, welcher strukturellen und funktionalen Bedingungen sowie welcher politischen Bindungen welche Interessen in welchem Grade der Staat zu berücksichtigen gewillt und in der Lage war.

2. Konzepte und Begriffe

Die Industrialisierung verlief in beiden hier verglichenen Ländern und Regionen unter kapitalistischem Vorzeichen. Diese prinzipielle strukturelle Gemeinsamkeit bietet dem Vergleich eine hinreichende Basis und rechtfertigt damit zunächst einen einheitlichen begrifflichen Zugriff. Die hier verwendeten Begriffe fügen sich ein in das bisher wenig entwickelte und bis heute an keiner praktischen Untersuchung getestete Konzept des Organisierten Kapitalismus[9]. Ebenso wie dies die übergreifenden Fragestellungen leitet, soll es auch die aus der gesamtgesellschaftlichen Perspektive nebeneinandergeordneten Wirklichkeitsbereiche, die die Lebensverhältnisse der Menschen bestimmen und auf ihr Verhalten — wie sich zeigen wird — entscheidenden Einfluß haben, inhaltlich in Richtung auf eine umfassende sozioökonomische Interpretation verknüpfen helfen.

Das Konzept basiert bisher auf wenigen strukturellen Grundannahmen, die auf Beobachtungen besonders der deutschen industriellen Entwicklung ab den 80er und 90er Jahren des 19. Jahrhunderts beruhen. Insofern das hier verwendete Konzept und die benutzten Begriffe in der Konfrontation mit einer Phase gewonnen worden sind, die, gemessen an unserem Untersuchungszeitraum, als relativ spät und ‚entwickelt' gelten kann, laufen die hier behandelten Phänomene zeitlich gleichsam auf die vorgestellten Konzepte und Begriffe zu. Je weiter wir also zeitlich in unserer Untersuchung voranschreiten, umso mehr werden Konzepte und Begriffe von der historischen Wirklichkeit ausgefüllt bzw. nähert sich diese den Begriffen und Konzepten an.

Obwohl das historische Vorkommen und die Ausbildung des ‚Kapitalismus' zeitlich nach vorn als schwer abgrenzbar erscheint[10], soll hier unter ‚Kapitalismus' ein ökonomisches System verstanden werden, welches vorwiegend auf privatem Besitz von und privater Verfügung über Kapital beruht und das der Produktion und dem Tausch von Waren zum Zweck des Profits dient. Der moderne Industriekapitalismus, um dessen Durchsetzung es in unserer Studie geht, ist zusätzlich durch die industrielle Unternehmung auf der Basis von Kapitalrechnung und fremdbestimmter, arbeitsvertraglich geregelter, formal freier Lohnarbeit bestimmt[11].

Der Besitz bzw. der Ausschluß vom Besitz an den Produktionsmitteln (Betriebe, Maschinen usw.) bildet bei uns — nach der Marx'schen Definition — das Kriterium der Klassenzugehörigkeit des Individuums in der Gesellschaft. Die Besitzer der Produktionsmittel bilden die Klasse der ‚Kapitali-

[9] Vgl. oben Anmerkung 7.

[10] M. Dobb, Entwicklung des Kapitalismus, S. 28 ff.

[11] D. Landes, Hg., The Rise of Capitalism, 1966, S. 1; J. Kocka, Organisierter Kapitalismus, S. 29.

sten', die vom Besitz der Produktionsmittel Ausgeschlossenen, (meist ausschließlich) auf den Verkauf ihrer Arbeit gegen Lohn bzw. Gehalt Angewiesenen, bilden die Klasse der ,Proletarier'. So sehr diese ,objektive' Klassenlage während der Entwicklung des kapitalistischen Systems seine Gültigkeit behielt, ja sich im Grunde dadurch verschärfte, daß immer weniger Angehörige der ersten Klasse immer mehr Angehörigen der zweiten Klasse gegenüberstanden, so sehr sorgten die parallel hierzu verlaufenden Ergebnisse der wirtschaftlichen ,Konzentration' und die Tendenz zur großbetrieblichen Produktionsweise (Unternehmen, Konzerne) für die Errichtung eines teilweise konkurrierenden Zuordnungsprinzips im sozialen Bewußtsein. Nicht mehr nur die ,objektive Lage', sondern auch die Stellung im Autoritätssystem des Betriebs spielte eine wichtige Rolle. Die Differenzierung der innerbetrieblichen Hierarchie verstärkte — wie noch genauer zu zeigen sein wird — die Ausbildung partikularer Interessenlagen, deren Umsetzung, Organisation und Artikulation die inner- und überbetriebliche Ausbildung von über- bzw. untereinandergelagerten Gruppen, d.h. Schichten, verstärkte[12]. Trotz der oft herrschenden Unschärfe des sozialen Bewußtseins können wir im folgenden drei Schichten voneinander unterscheiden, von denen eine jede unseren beiden regionalen, industriellen Sozialsystemen angehörende Person durch Selbst- und/oder Fremdzurechnung eingegliedert worden wäre: 1. in die Schicht der Unternehmer, 2. der Angestellten und 3. der Arbeiter. An welcher Stelle, wie scharf und zu welcher Zeit die Barrieren zwischen diesen drei Schichten aufgrund objektiver Gegebenheiten (betriebliche Funktion, Aufstieg, Einkommen u.a.) ebenso wie im Selbst- und Fremdverständnis ausgeprägt waren, läßt sich definitorisch nicht vorwegnehmen.

Mit dem wachsenden Partikular- und Selbstverständnis der einzelnen Schichten, das — wie wir sehen werden — einherging mit der Ausbildung und Verständigung über jeweils gemeinsame Ideologien, Programme und Ziele, stieg die Bereitschaft und der Wille der schichten- und fachspezifischen Interessenvertretung gegenüber den staatlichen Institutionen und Behörden, die wir im folgenden zusammenfassend als ,Staat' bezeichnen wollen. Der Wille zur Interessenrepräsentation, der durch die Konkurrenz unter den Schichten gestärkt wurde, aber auch — wie noch zu zeigen sein wird — grundlegende wirtschaftliche und soziale Ungleichgewichtigkeiten oder ihr drohendes Auftreten zogen ein wachsendes Engagement des Staates im wirtschaftlichen und sozialen Bereich nach sich und bedeuteten umgekehrt wieder eine Stärkung der Interessenverbände. Resultat dieser Entwicklung

[12] Für eine gute, auf Operationalisierbarkeit ausgerichtete Diskussion und Abgrenzung der Begriffe ,Klasse' und ,Schicht' vgl. R. Mayntz, Soziale Schichtung und sozialer Wandel in einer Industriegemeinde, S. 75-84; auch: H. Popitz u. a., Das Gesellschaftsbild des Arbeiters, 1972[4]; S. Ossowski, Die Klassenstruktur im sozialen Bewußtsein, 1962; E.J. Hobsbawm, Klassenbewußtsein in der Geschichte, in: I. Mészaros, Hg., Aspekte von Geschichte und Klassenbewußtsein, 1972, S. 13-35.

war ein Anwachsen der Interessenverbände und des Staatsapparates, wie es auch im Bereich der Betriebe, Unternehmen und Konzerne zu beobachten war. Die Entwicklung brachte — wie noch vorzuführen sein wird — auf allen drei Ebenen eine Bürokratisierung mit sich, die zum einen eine relative Verselbständigung der Apparate, zum anderen neue schichtenmäßige Zuordnungen schuf und zum dritten vermitteltere Sicht- und Verhaltensweisen zum Bereich der unmittelbaren Produktion erwarten ließ.

Grundsätzlich und in erster Linie geht es in unserer Untersuchung also darum, am Beispiel eines bestimmten Industriezweiges mit seinen gemeinsamen Bedingungen und Notwendigkeiten aufzuzeigen, wie sich eine spezifische Art und ein spezifischer Verlauf von Industrialisierung auf das Verhalten der an ihr beteiligten und von ihr betroffenen Menschen auswirkt. Individuelles und kollektives Verhalten sind jedoch — ebenso wie die Funktion von Ideologien und Institutionen — nur im Rahmen ihrer jeweiligen ökonomischen, sozialen und politischen, aber auch historischen Bedingungen verständlich und erklärbar und erst durch das Hineinstellen in ihren jeweiligen Kontext eigentlich, und d.h.: in ihrem jeweiligen Wirkungs- und Bedeutungszusammenhang, vergleichbar[13]. Folglich ist die vorliegende Arbeit weniger mit der Frage nach der Vergleichbarkeit einzelner Phänomene konfrontiert als vielmehr mit der Aufgabe, die Phänomene in Bezug auf das zu vergleichende Verhalten von menschlichen Individuen und Kollektiven zu betrachten.

Die vergleichende Vorgehensweise unserer Untersuchung soll und kann also nicht so sehr zu einer *unmittelbaren Gegenüberstellung* der einzelnen wirtschaftlichen, sozialen und politischen Faktoren sowie gesellschaftlicher Gruppen und Institutionen der jeweiligen Region bzw. Nation dienen. Vielmehr soll sie über die Betrachtung dieser einzelnen Bausteine hinaus, und diese jeweils für die betreffende Region bzw. Nation zu einem Ganzen verbindend, zu einem *inhaltlichen Vergleich der Wechselwirkungen* zwischen wirtschaftlichem, sozialem und politischem Bereich sowie der Interaktion zwischen den Gruppen und Institutionen innerhalb der jeweiligen Regionen bzw. Länder dienen. Erst auf diesem Niveau wird es möglich, nicht nur die Ähnlichkeiten und Unterschiede auf gesamtgesellschaftlicher Ebene aufzuzeigen, sondern auch die Bedingtheit der jeweiligen Entwicklung einerseits und die Erfüllung vom idealtypisch hergeleiteten Bild eines industriell entwickelten bzw. rückständigen Gebietes oder Landes andererseits[14] und damit die bestehende Spannung zwischen Modell und Wirklichkeit darzustellen.

[13] Vgl. auch: A. Brodersen, Art. ‚Vergleichende Methode', in: W. Bernsdorf, Hg., Wörterbuch der Soziologie, S. 1235-1238, S. 1237 f.

[14] Vgl. hierzu: A. Gerschenkron, Economic Backwardness in Historical Perspective, 1965².

Der schon oben in großen Zügen dargelegte Aufbau der Arbeit hat sich dieser grundsätzlichen Untersuchungsrichtung anzupassen. So werden, gerade um die Wechselwirkungen, die jeweiligen Abhängigkeiten und Unabhängigkeiten zwischen Wirtschaft, Gesellschaft und Staat näher bestimmen zu können, diese Bereiche weitgehend voneinander getrennt dargestellt. Und weil nicht der unmittelbare Vergleich der jeweiligen Phänomene, Gruppen und Institutionen, sondern die Beziehungen und Wechselwirkungen zwischen ihnen in ihrem regionalen bzw. nationalen Kontext — im oben beschriebenen Sinne — Ziel und Ausgangspunkt unserer vergleichenden Analyse bilden, werden diese sozialen Einheiten für beide Regionen bzw. Länder — trotz aller im einzelnen gezogenen Quervergleiche — nicht gleichzeitig oder miteinander verzahnt beschrieben, sondern auch in eben dieser Reihenfolge miteinander verknüpft und in der jeweiligen Totalität ihres Funktions- und Wirkungszusammenhanges miteinander verglichen. Konkret erfolgt der Vergleich in fünf Etappen: In den jeweils vorausgehenden Abschnitten über Deutschland werden Probleme aufgeworfen und Fragen gestellt, die in den nachfolgenden, parallel angeordneten Kapiteln über Großbritannien wieder aufgenommen und zu beantworten versucht werden. In den Zusammenfassungen der jeweiligen Abschnitte und Kapitel werden diese Fragen und Antworten schrittweise verdichtet, verallgemeinert und auf den übergreifenden Argumentationszusammenhang hin zugespitzt. Hierdurch ergibt sich eine mit dem Fortschreiten der Untersuchung sowie mit der Abfolge der einzelnen Kapitel und ihres jeweiligen Sachgehalts ansteigende Intensität des Vergleichs. Während durch diese Vorgehensweise wichtige Einzelheiten in ihrer Ähnlichkeit bzw. Unterschiedlichkeit stufenweise einander gegenübergestellt werden können, bietet die die Arbeit abschließende Zusammenfassung Raum für die Darlegung und Analyse der allgemeineren Entwicklungstendenzen der beiden Regionen und Länder. Ebenso wie ein wirklicher Vergleich nur anhand detaillierter Fakten möglich und sinnvoll ist, so sind durch die hier angestrebte doppelte Art der Verknüpfung und die schrittweise Argumentationsführung inhaltliche Wiederholungen im einzelnen unumgänglich.

3. Forschungsstand und Ausgangspunkt

Wie jede andere wissenschaftliche Arbeit steht auch diese Untersuchung in einer bestimmten geistigen Tradition und Umgebung. Zwar bildet die Region eine für einen wirtschafts- und sozialwissenschaftlichen Forschungsansatz wichtige (und nützliche) Zwischenstufe auf der Allgemeinheitsskala zwischen Industriegebiet und Industrieort einerseits und der (nationalen) Gesamtgesellschaft andererseits. Die Bahnen der traditionellen, regional ausgerichteten ‚Landesgeschichte' jedoch haben die Industriegeschichte weitgehend umfahren. Und noch vor wenigen Jahren glaubte Sidney Pollard angesichts der herrschenden Forschungslage darauf aufmerksam machen zu müssen, daß die Industrialisierung in regional begrenzten Zentren verlaufen sei und daß die traditionelle, nationale Sichtweise ihre „Grenze als eine Methode sowohl der Darstellung als auch der Analyse" erreicht habe[15].

Zwar gibt es vor allem seit den letzten Jahren eine Reihe von Darstellungen industrieller Regionen, doch beschränken sich diese durchweg auf die wirtschaftliche Entwicklung und/oder auf die Analyse einer einzigen industriellen Gruppe, meist der Arbeiter[16]. Die vorliegende Untersuchung hingegen versucht, aufbauend auf der wirtschaftlichen Entwicklung, alle an diesem Prozeß beteiligten Gruppen: nämlich Unternehmer, Angestellte, Arbeiter und Staat einzubeziehen und diese sowohl in ihrer funktionalen Bedeutung als Akteure als auch in ihrer Eigenschaft als soziale Gruppe zu analysieren und sie in ihrer jeweiligen Wechselwirkung aufeinander zu beziehen.

Das, was für die Untersuchungen auf regionaler Ebene gilt, trifft in noch weit stärkerem Maße für Arbeiten mit vergleichender Perspektive zu. Trotz der auch gerade in jüngerer Zeit sich häufenden Aufforderungen zu vergleichenden Untersuchungen in der Geschichtswissenschaft[17] — wie in anderen Sozialwissenschaften — gibt es nach wie vor sehr wenige vergleichende Arbeiten und — wenn überhaupt — strikt, explizit und durchgehend auf einen Vergleich hin angelegte Untersuchungen[18]. Die vorliegende Studie

[15] S. Pollard, Industrialization and the European Economy, in: EHR 26, 1973, S. 636-648, S. 636.

[16] Vgl. z. B.: A.H. Dodd, The Industrial Revolution in North Wales, 1933; N.J. Smelser, Social Change in the Industrial revolution. An Application of Theory to the Lancashire Cotton Industry 1770-1840, 1959; G. Gothein, Wirtschaftsgeschichte des Schwarzwaldes, 1892; C.-L. Holtfrerich, Quantitative Wirtschaftsgeschichte des Ruhrkohlenbergbaus, 1973; J.H. Morris/L.J. Williams, The South Wales Coal Industry 1841-1875, 1958; E.W. Evans, The Miners of South Wales, 1961; R. Trempé, Les Mineurs de Carmaux 1848-1900, 2 Bde., 1971; G. Stedman Jones, Outcast London, A. Study in the relationship between classes in victorian society, 1971; H. Zwahr, Zur Konstituierung des Proletariats als Klasse. Strukturuntersuchung über das Leipziger Proletariat während der industriellen Revolution, in: H. Bartel/E. Engelberg, Hg., Reichsgründung 1871. Voraussetzungen und Folgen, 1971, S. 501 ff.; J. Scott, The Glass Workers of Carmaux, 1974; J. Foster, Class Struggle and the Industrial Revolution, 1975; L. Schofer, The Formation of a Modern Labor Force: Upper Silesia, 1865-1914, 1975; K. Tenfelde, Sozialgeschichte der Bergarbeiterschaft an der Ruhr im 19. Jahrhundert, 1977.

[17] Vgl. z. B. W. Fischer, Innerbetrieblicher und sozialer Status, S. 284 (1964); H. Mommsen, in: ders., Hg., Sozialdemokratie zwischen Klassenbewegung und Volkspartei, 1974, S. 13; J. Kocka, Sozialgeschichte — Strukturgeschichte — Gesellschaftsgeschichte, in: AfS 15, 1975, S. 1-42, S. 6, 21; H.-J. Puhle, Theorien in der Praxis des vergleichenden Historikers., Ms. 1979.

[18] Vgl. etwa: H. Watkins, Coal and Men. An economic and social study of the British and American coalfields, 1934; G. V. Rimlinger, The Legitimation of Protest. A Compara-

trägt insofern alle Schwächen eines Erstlingswerks. Die Arbeit stellt den Versuch dar, Wirtschafts-, Sozial- und politische Geschichte auf regionaler Ebene zu einer umfassenderen Gesellschaftsgeschichte in vergleichender Absicht zu verbinden[19].

Daher sei hier in aller Kürze auf die diesem Ansatz zugrundeliegenden Annahmen, Hilfsmittel und Ziele hingewiesen. Insofern — Marxschem Denken folgend — der Prozeß der Produktion bzw. Arbeit überhaupt die Auseinandersetzung des Menschen mit der Natur bedeutet, beide Komponenten während dieser wechselseitigen Einwirkung verändert werden, der Produktionsprozeß aber in immer größeren menschlichen Einheiten organisiert ist, hat eine umfassendere Wirtschafts- und Sozial- bzw. Gesellschaftsgeschichte die besondere Aufgabe, wirtschaftliches und soziales Verhalten und Handeln von Menschen in der Vergangenheit unter der Perspektive der Möglichkeit des Einzelnen wie der Kollektive zu betrachten, gesamtgesellschaftlich und ‚politisch' zu handeln. Die jeweiligen wirtschaftlichen und sozialen Verhältnisse werden dabei als Vorbedingung für soziales und politisches Handeln begriffen, ebenso wie nach diesem Verständnis dieses Handeln zugleich die wirtschaftlichen und sozialen Lebensbedingungen beeinflußt und verändert. Und die wirtschaftlich-industrielle Entwicklung insgesamt wie auch die Organisation der Produktion, welche ihrerseits beide das Resultat wirtschaftlichen Handelns bilden, werden hier als Grundlage des aktuellen Prozesses der Produktion verstanden, aus dem wiederum spezifische Bedürfnisse und Interessen der menschlichen Produzenten hervorgehen, über deren Berücksichtigung und Erfüllung tendenziell gesamtgesellschaftlich, und d.h. politisch, entschieden werden muß.

Durch das wirtschaftliche Handeln des Menschen werden somit in dieser, der Gesellschaft zugewandten Erkenntnisrichtung gleichzeitig

(1) Subsistenzmittel geschaffen,
(2) der wirtschaftlich-industrielle Prozeß in Gang gesetzt,
(3) die eigene Situation und relative Lage beeinflußt,

---

tive Study in Labor History, in: CSSH 2, 1959/60, S. 329-343; B. Moore, Soziale Ursprünge von Diktatur und Demokratie. Die Rolle der Grundbesitzer und Bauern bei der Entstehung der modernen Welt, 1969; C.S. Maier, Recasting Bourgeois Europe. Stabilization in France, Germany, and Italy in the decade after World War I, 1975; H.-J. Puhle, Politische Agrarbewegungen in kapitalistischen Industriegesellschaften. Deutschland, USA und Frankreich im 20. Jahrhundert, 1975; J. Kocka, Angestellte zwischen Faschismus und Demokratie. Zur politischen Sozialgeschichte der Angestellten: USA 1890-1940 im internationalen Vergleich, 1977; P.N. Stearns, Lives of Labour. Work in a maturing industrial society, 1975.

[19] Zu diesem Begriff und seinen Implikationen vgl. E.J. Hobsbawm, Von der Sozialgeschichte zur Geschichte der Gesellschaft, in: H.-U. Wehler, Hg., Geschichte und Soziologie, 1972, S. 331-353, J. Kocka, Sozialgeschichte — Strukturgeschichte — Gesellschaftsgeschichte, und zuletzt: H.-U. Wehler, Vorüberlegungen zu einer modernen deutschen Gesellschaftsgeschichte, in: D. Stegmann u. a., Hg., Industrielle Gesellschaft und politisches System, 1978, S. 3-20.

(4) die Vorbedingungen des eigenen politischen Handelns und der eigenen Durchsetzungsfähigkeit geschaffen und beeinflußt,
(5) ‚sozialer Wandel' und der ‚Modernisierungsprozeß' insgesamt in Gang gesetzt.

Die durch das wirtschaftlich-industrielle Handeln des Menschen auftretende gesellschaftliche Ungleichheit der sozialen Lage sowie der Voraussetzungen politischen Handelns (Punkte 3 und 4) wird hier gleichsam aufgefangen von einem Klassen- bzw. Schichtenkonzept (als Verteilungsmesser von Besitz, Einkommen, Bildung usw.), welches mit dem Bereich des politischen Handelns in Verbindung gesetzt und dynamisiert wird durch Annahmen der Organisations- und Verbandstheorie, nach denen die Interessenverbände als Repräsentanten und Akteure der jeweiligen Gruppen, Schichten oder Klassen insbesondere gegenüber dem Staat als ‚politischer', d. h. allgemeingültiger, Verwaltung der Gesellschaft auftreten. Die Interessenverbände tragen hiernach bei zur (spezialisierten) Interessenintegration und -kanalisierung, wirken mit bei der Formulierung und Kontrolle gesamtgesellschaftlich gültiger Werte, Ziele und Handlungen einerseits sowie bei der Konsensus- und Identitätsbildung der Interessenten und Staatsbürger andererseits[20].

Durch diese Konzeption wird es möglich, Wirtschafts- und Sozialgeschichte nicht als Zustandsbeschreibung (zudem: voneinander isolierter) sozialer oder wirtschaftlicher Phänomene, sondern als Handlungs- und Interaktionsprozeß der in ihr vereinigten historischen Handlungsträger und Beteiligten darzustellen und zugleich Wirtschafts-, Sozial- und politische Geschichte handlungstheoretisch zu einer umfassenderen Gesellschaftsgeschichte miteinander zu verbinden. Durch eine solche Forschungsrichtung wird gleichermaßen die Berücksichtigung der Rolle von Ideologie und Bewußtsein, von Fremd- und Selbstverständnis sowie des Bewußtseins von sozialem Zusammenhang und gesellschaftlicher Zusammengehörigkeit ermöglicht.

Ein ansonsten zur Beurteilung und Bewertung von gesamtgesellschaftlichen Systemen und ihrer Ausrichtung notwendiger Katalog von grundlegenden individuellen und gesellschaftlichen Bedürfnissen[21] wird durch den

[20] Der Verfasser beabsichtigt, diese hier in aller Kürze vorgetragene Konzeption in absehbarer Zeit in systematischem Zusammenhang darzulegen. Vgl. vorläufig: S. Ossowski, Klassenstruktur im sozialen Bewußtsein, 1962; G. Albrecht, Die sozialen Klassen, 1926; E. Lederer, Die sozialen Organisationen, 1913; S. Ehrlich, Die Macht der Minderheit. Die Einflußgruppen in der politischen Struktur des Kapitalismus, 1962; J. Hirsch, Die öffentlichen Funktionen der Gewerkschaften. Eine Untersuchung zur Autonomie sozialer Verbände in der modernen Verfassungsordnung, 1966, S. 13 ff.; E.H. Buchholz, Interessen, Gruppen, Interessentengruppen. Elemente einer wirtschaftssoziologischen Organisationslehre unter bes. Berücksichtigung der deutschen Verbandsforschung, 1964.

[21] Vgl. hierzu etwa: A. Etzioni, The Active Society. A Theory of Societal and Political

Vergleich überflüssig. Vielmehr soll durch die Verfolgung innersystemischer ‚Kausalketten'[22] zwischen dem wirtschaftlichen, sozialen und politischen Bereich sowie durch den Vergleich mit dem anderen System die tatsächliche historische Wirksamkeit und Auswirkung von Faktoren bzw. Faktorenbündeln getestet werden mit dem Ziel, Eingriffs- und Gestaltungsmöglichkeiten im historischen Prozeß freizulegen und die Ergebnisse menschlichen Handelns für die Ausprägung und die Zielrichtung des jeweiligen gesamtgesellschaftlichen Systems aufzuzeigen.

4. Einführung in die zu vergleichenden Gebiete

Das Ruhrgebiet und Südwales sind zwei Gebiete des Steinkohlenbergbaus, deren wirtschaftliche Ausformung in ihrer Hauptphase unter den Bedingungen des Kapitalismus stattfand. Obwohl ihre Entwicklung in Zeitpunkt und Tempo in etwa dem jeweiligen nationalen Industrialisierungsprozeß glich und beide Gebiete eine wichtige Stellung in ihrer jeweiligen nationalen Volkswirtschaft errangen, bildeten sie — zum Teil durch geographische Markierungen betont — deutlich erkenn- und abgrenzbare, wenn auch räumlich expandierende Inseln des industriellen Wachstums in einer weitgehend traditionell-agrarischen Umgebung. Das Ruhrgebiet und Südwales bildeten in dieser Weise nicht nur eine wirtschaftliche, sondern auch eine Arbeits-, Lebens- und — trotz aller internen Unterschiedlichkeiten — auch kulturelle Einheit. Von einer inneren Geschlossenheit und Einheitlichkeit einerseits und einer räumlichen Ausdehnung andererseits (beide mehr als 1.000 km^2 mit mindestens jeweils 3 Mill. Einwohnern im Jahre 1910) wie wohl nur wenige andere Industrieregionen, boten sie die Gelegenheit, industrielle Lebens- und Umgangsformen in einem Ausmaß und Umfang zu entwickeln und auszubilden, welche in gewissem Sinne als prototypisch für die jeweilige nationale Gesellschaft und damit vielleicht auch für die moderne industrielle Massengesellschaft insgesamt gelten konnten. Die folgende kurze Übersicht über den Verlauf der Entwicklung beider Gebiete nimmt einige der im Laufe der Untersuchung gewonnenen Ergebnisse bzw. zu erhärtenden Hypothesen im nachfolgenden vorweg.

Wenn auch die deutschen und die britischen Bergbauunternehmer zur öffentlichen Rechtfertigung der von ihnen bestimmten Relation der Höhe von Kohlenpreisen und Löhnen sich wechselseitig die besseren geologischen Verhältnisse in der Lagerung der Kohle zuschrieben, galt für einen zeitgenös-

Processes, 1968, S. 622 ff. Diesem in Deutschland kaum rezipierten Buch verdankt der Verfasser auch darüber hinaus wichtige konzeptionelle Anregungen.

[22] Zu diesem Begriff und zu der von G. v. Schulze-Gävernitz auf dem Gebiet der Volkswirtschaft entwickelten Methode vgl. etwa auch ihre Anwendung bei: K. Kern, Vertikaler Zusammenschluß in der deutschen Industrie, 1923.

sischen Fachmann Südwales als der „Bezirk, der von allen englischen Bergbaudistrikten in den Lagerungsverhältnissen noch die größte Ähnlichkeit mit dem Ruhrrevier zeigt“[23].

Die große prinzipielle Ähnlichkeit des Bergbaubetriebes, die auf jahrhundertelanger Erfahrung in anderen Regionen und ebenso langem Austausch zwischen den Nationen beruhte[24], vorgegeben, begannen die Unterschiede zwischen dem Bergbau im Ruhrgebiet und in Südwales bei der Erreichbarkeit der Kohle. Erforderte die größere Tiefe der Vorkommen im Ruhrgebiet — unter Leitung der staatlichen Bergbaubehörde — den baldigen Übergang zum Tiefbau, so erlaubte die ungleich leichtere Zugänglichkeit in Südwales auf längere Zeit die Beibehaltung der traditionellen bzw. langsam sich entwickelnden Abbautechniken.

Während der Ruhrbergbau, der sich erst seit den letzten Jahren des 18. Jahrhunderts durchgehender gewerblich orientierte, bereits in den 1830er Jahren allmählich zum Tiefbau übergehen mußte, war der südwalisische Bergbau hierzu erst ab den 1860er Jahren gezwungen, obwohl er schon seit der Mitte des 18. Jahrhunderts von den ansässigen Eisenwerken planmäßig betrieben wurde. Der durch die natürlichen Verhältnisse in seiner Intensität und in seinem zeitlichen Verlauf unterschiedlich ausgeübte Druck auf den Einsatz der Technik bedingte seinerseits einen zunächst wesentlich geringeren Kapitaleinsatz in Südwales als im Ruhrgebiet. Während hier — auch angesichts der starken Konjunkturschwankungen — der Zwang zur Rentabilität der Anlagen, der größere Einfluß der Banken sowie die Überschaubarkeit des Absatzmarktes zur wirtschaftlichen Konzentration: der Schaffung und Zusammenlegung größerer Betriebe, Unternehmen und Konzerne sowie zur Kartellierung führte, hielt in Südwales die geringere Rolle der Banken, die stärkere Position des Handels ebenso wie die Unübersichtlichkeit des Absatzmarktes auf lange Zeit die einzelnen Unternehmen relativ klein und die Konkurrenz zwischen ihnen aufrecht. Erst der durch den Wechsel der Abbauverhältnisse hervorgerufene höhere Kapitaleinsatz der Jahre nach 1890 zusammen mit der Suche nach Sicherung des Absatzmarktes ließ auch in Südwales wenige große Unternehmen entstehen, die einen hohen Anteil der Gesamtproduktion auf sich vereinigten. Die auch hier unternommenen Versuche zur Kartellbildung blieben jedoch auch jetzt ohne Erfolg.

---

[23] E. Jüngst, Zur Frage der Verwendung der Schrämmaschine im Ruhrkohlenbergbau, in: Glückauf 45, 1909, S. 969-976, S. 970.

[24] Vgl. etwa: L. Sühling, Bergbau und Hüttenwesen in Mitteleuropa zur Agricola-Zeit, in: G. Agricola, Vom Berg- und Hüttenwesen, 1977, S. 570-584. W. Kroker, Wege zur Verbreitung technologischer Kenntnisse zwischen England und Deutschland in der zweiten Hälfte des 18. Jahrhunderts, 1971; W. Weber, Innovationen im frühindustriellen deutschen Bergbau und Hüttenwesen. Friedrich Anton von Heynitz, 1976; A. Gerschenkron, Wirtschaftliche Rückständigkeit in historischer Perspektive, in: H.-U. Wehler, Hg., Geschichte und Ökonomie, 1973, S. 121-139, S. 123; vgl. auch unten S. 216-218.

Parallel zur Herausbildung der großbetrieblichen Produktionsweise verlief in beiden Gebieten die inner- und überbetriebliche Gruppen- und Schichtenbildung. Standen sich in Südwales bis in die 1860er und 1870er Jahre (meist Eigentümer-) Unternehmer und Arbeiter unvermittelt und durchaus nicht prinzipiell feindlich, sondern eher ihre gemeinsamen Abhängigkeiten und Traditionen betonend, gegenüber, so etablierten sich im Ruhrbergbau schon ab den 1850er Jahren zwischen Unternehmer und Arbeitern die Angestellten als eigenständige Gruppe, die sich — durch gemeinsame Ausbildung und oftmals familiäre Herkunft vermittelt — in ihrer Ideologie und in ihrem Selbstverständnis an die traditionelle Institution des staatlichen Bergbeamten anlehnte. Die als ‚Unternehmer' angesehenen wirtschaftlichen Leiter des Ruhrbergbaus, die — wie ihre Angestellten — durch Herkunft und Ausbildung sich das hohe Prestige und die Einflußmöglichkeiten eines höheren staatlichen Bergbeamten zu sichern wußten, waren — abgesehen von wenigen Eigentümer-Unternehmern — seit dem Abbau des staatlichen Direktionssystems im Jahre 1851 schon bald die ortsansässigen Direktoren und Generaldirektoren. In Südwales dagegen wurden die Betriebe bis in die 1860er Jahre fast regelmäßig unmittelbar von den Eigentümern oder Miteigentümern geleitet, die nicht selten selbst aus den Reihen der Arbeiterschaft stammten. Ab dieser Zeit, und besonders nach 1890, lag die Oberleitung der Unternehmen in der Hand einiger, meist ortsabwesender Direktoren und Generaldirektoren, die die leitenden Inspektoren und Betriebsführer am Ort zumeist nur mehr zu ausführenden Organen werden ließen. Die Arbeiter schließlich, die im Ruhrbergbau wie in Südwales meist zunächst aus den umliegenden, später aus entfernteren agrarischen Gebieten kamen, fügten sich lange Zeit in die vorgegebene Organisations- und Autoritätsstruktur der Betriebe relativ widerspruchslos ein. Das Festhalten der Bergarbeiter an traditionellen Überzeugungen, insbesondere der Religion, war in beiden Gebieten überraschend stark und lockerte sich erst spürbar im letzten Jahrzehnt unseres Untersuchungszeitraums. Erst jetzt entwickelte sich eine breitere Bereitschaft, sich politisch der ideologischen Ausrichtung einer reinen Arbeiterpartei anzuschließen. Auch die Ausbildung umfassender Interessenorganisationen der Arbeiter erfolgte zu einem relativ späten Zeitpunkt, nämlich erst in den 90er Jahren des 19. Jahrhunderts. In Südwales waren die seit den 1830er Jahren erfolgenden Organisationsversuche — trotz der gesetzlichen Kodifikation der Koalitionsfreiheit im Jahre 1824 — in einem umfassenden Sinne gescheitert am prinzipiellen Widerstand und der gleichzeitigen partikularen Verhandlungsbereitschaft der Unternehmer, an der Rechtsprechung der lokalen Gerichte und nicht zuletzt an der späten Ausbildung eines ortsübergreifenden Schichtenbewußtseins auf seiten der Arbeiter. Im Ruhrgebiet andererseits waren es die kompromißlose Feindschaft der Unternehmer, die weitgehend ablehnende Haltung des Staates — trotz der 1869 offiziell verkündeten Koalitionsfreiheit — und nicht zuletzt die Relikte des ehemals staatlich initiierten ‚Standesbewußtseines', das zwar einerseits ein ortsübergreifendes Schichtenbewußtsein schuf, andererseits aber auf ein entmündigendes Schutzverhältnis gegenüber dem Staat und den Unternehmern zielte.

Der Staat hatte in Deutschland im Bergbau — wie in anderen Gewerben — noch vor Beginn der eigentlichen Industrialisierung (ab etwa 1840/50) die Initiative an sich gezogen. Er bildete das Aufsichtspersonal der Bergbaubetriebe vom Steiger bis zum Betriebsleiter, vom Bergamtssekretär bis zum Oberberghauptmann in Berlin in eigenen Schulen und Hochschulen aus, erließ Gesetze und Vorschriften zum inner- und überbetrieblichen Schutz der Bergleute und ihrer Bedürfnisse und führte zugleich bis 1850 mit Hilfe eines umfangreichen inner- und überbetrieblichen Beamtenstabes in wirtschaftlicher, technischer und kaufmännischer Hinsicht die Geschäfte der nur noch den Eigentumsverhältnissen nach ‚privaten' Bergwerke.

Brachten die Jahre zwischen 1850 und 1865 den Rückzug des Staates aus der unmittelbaren Betriebsführung der Zechen, so konnte der im Anschluß hieran reformierte Beamtenkörper nicht nur das Instrument einer effektiveren Sicherheitsaufsicht, sondern auch die Grundlage zu einem verstärkten staatlichen Engagement im sozial- und wirtschaftspolitischen Bereich im Zeitraum zwischen 1890 und 1914 bilden. Dagegen hielt sich der Staat in Großbritannien, wo er seit der Industriellen Revolution keinen unmittelbaren Einfluß auf die industrielle Entwicklung nahm, auch im Bereich des Bergbaus zurück. Erst durch die Interessenvertretung der Bergarbeiter wurde der Staat sehr langsam und allmählich seit den 1840er Jahren im sozialpolitischen Bereich und seit 1872 durch den Erlaß von Ausbildungsvorschriften für das betriebliche Aufsichtspersonal aktiv. Der Aufbau des staatlichen Apparates zur Sicherheitsaufsicht der Bergwerke erfolgte erst sehr allmählich, hauptsächlich erst ab 1900, und widerspiegelt so die Entwicklung des Staatsapparates in Großbritannien insgesamt gegenüber demjenigen der deutschen Staaten, besonders des preußischen. Hier hatte die wirtschaftliche Rückständigkeit einerseits und das frühe Engagement und Anwachsen des Staatsapparates andererseits das Selbstverständnis des wirtschaftlichen und besonders: technischen Antreibers und Förderers entstehen lassen, eine Ideologie, die zwangsläufig eher zu einer tendenziellen Harmonie mit den industriellen Unternehmern als mit den Arbeitnehmern führte. In Großbritannien dagegen, wo sich der Staat nicht in dieser Weise für das Wachstum der industriellen Entwicklung verantwortlich fühlte und die staatlichen Geschäfte meist von Nichtfachleuten und in ihrer Ausbildung meist den industriellen Unternehmern und Angestellten überlegenen Beamten geführt wurden, konnten der Staat und seine Behörden — auch aufgrund der bildungsmäßigen Exklusivität und Homogenität ihrer Diener — auch im öffentlichen Bewußtsein stärker und länger als glaubhaft unparteiischer

Schiedsrichter, Kontrolleur und Interessenvertreter der Allgemeinheit auftreten als in Deutschland.

5. Hypothesen

Diesen im Vorhergehenden geschilderten, umfassenden Entwicklungs- und Wirkungskomplex wollen wir im weiteren unter den folgenden hauptsächlichen Hypothesen im Vergleich angehen:

1. Die Industrialisierung, d.h. der Einsatz von Maschinen, neuen Rohstoffen und nicht-tierischer Energie, verändert entscheidend die bisherige betriebliche und gesellschaftliche Organisation der Produktion.
2. Ebenso wie der Durchbruch der Industriellen Revolution, so ist das Tempo der wirtschaftlichen Entwicklung abhängig von der Möglichkeit des Absatzes, von einer zur Verfügung stehenden Technik, von den natürlichen Abbaubedingungen sowie vom Bereitstehen von Kapital und Arbeitskräften.
3. Je schneller die wirtschaftliche Entwicklung vorangeht, umso größer ist die Tendenz zu wirtschaftlicher Konzentration und zu großbetrieblicher Produktionsweise.
4. Die industrielle Entwicklung unter kapitalistischem Vorzeichen teilt die Gesellschaft in zwei Klassen, die gleichzeitige Entwicklung zur großbetrieblichen Produktionsweise in drei Schichten.
5. Je schneller die industrielle Entwicklung vor sich geht, umso früher und deutlicher wird der Gegensatz von Unternehmer und Arbeitnehmer manifest.
6. Je schneller die wirtschaftliche Entwicklung und — mit ihr — die großbetriebliche Entwicklung vorangeht, umso früher und schärfer wird die Existenz von und der Gegensatz zwischen den drei Schichten: Unternehmern, Angestellten und Arbeitern, sichtbar.
7. Je schneller die Schichtenbildung voranschreitet, umso früher werden von ihnen Interessenorganisationen geschaffen.
8. Je früher Interessenorganisationen gegründet werden, umso früher sieht sich der Staat zum wirtschaftlichen und sozialpolitischen Engagement genötigt.
9. Aber auch: Je rückständiger die industrielle Entwicklung eines Landes ist, umso mehr sieht sich der Staat zu Eingriffen in den wirtschaftlichen Bereich gezwungen[25].

---

[25] Die Hypothesen 4, 5, 6 sowie 8, 9 und 10 stehen in ihren Aussagen miteinander in Konkurrenz, heben sich also in der jeweiligen Wirkungskraft ihrer Inhalte in wechselndem, nicht vorherzubestimmendem Grade auf.

10. Je stärker der Staat sich engagiert, umso früher und schneller wächst der Staatsapparat.
11. Mit dem Anwachsen der Institutionen Betrieb, Interessenorganisation und Staat zeigen diese die typischen Auswirkungen der Bürokratisierung: wachsendes Eigengewicht, sinkende Sensibilität und Durchlässigkeit.

2. Die sachlichen Grundlagen der Produktion

2.1 Die geographischen und geologischen Bedingungen und die wirtschaftlichen Gesetze

2.1.1. Die Entwicklung im Ruhrbergbau: Kurzer Anlauf und anhaltender Spurt

1. Lage, Vorkommen und der frühe Zwang zum Tiefbau

Seit dem 12. und 13. Jahrhundert setzt das Schürfen nach Kohle auf den Höhen und in den Tälern der Ruhrberge und an den Ausläufern des Ardeygebirges ein. Nur dort wurde Kohle gewonnen, wo man sie durch einfaches Graben an den austretenden Stellen erreichen konnte. So entwickelte sich der Bergbau an der Ruhr „geradezu als nördliche Anwachszone" an die durch Kleineisengewerbe und Textilindustrie geprägte Gewerbezone des Sauerlandes bis zum Beginn des 19. Jahrhunderts fort[1]. Beim Eintritt ins 19. Jahrhundert herrschte bereits der Stollen- und einfache Schachtbetrieb vor, bei dem man von der Talsohle aus der Kohle ins Gebirge nachging. Hatte sich die Bergbaufront im Verlauf der 30er Jahre bis an die alte Städtelinie Dortmund, Bochum, Essen, Duisburg vorgeschoben, so ermöglichte die erstmalige Durchbohrung der mehr als 100 m dicken, und nach Norden hin weiter anwachsenden Mergeldecke 1839 das weitere Vordringen nach Norden[2]. Die erste Phase von etwa 1840 bis zum Ende der 50er Jahre war gekennzeichnet durch die Erschließung der Hellwegzone, also etwa entlang der von Osten nach Westen verlaufenden Linie Dortmund, Bochum und Essen. Die zweite Phase der Nordwanderung des Bergbaus (ab 1870) bildete die Erschließung der Emscherzone unter allmählichem Einschluß des vestischen Landrückens; diese Zechen traten etwa ab 1880 in Förderung[3]. Eine vierte, weniger signifikante Ausdehnung des Bergbaugebietes vollzog sich in den Jahren nach 1900 nach Norden zwischen Emscher und Lippe und im Westen am Rhein. Deutlich lassen sich also im wesentlichen das Gebiet des

[1] G. Niemeier, Das Landschaftsbild des heutigen Ruhrreviers vor Beginn der großindustriellen Entwicklung, 1942, S. 96; auch: H. Croon, Vom Werden des Ruhrgebiets, 1967, S. 181.

[2] K. Bergmann, Die wirtschaftliche Entwicklung des Ruhrkohlenbergbaus seit Anfang des 19. Jahrhunderts, 1937, S. 7; A. Prym, Staatswirtschaft und Privatunternehmung in der Geschichte des Ruhrkohlenbergbaus, 1950, S. 20.

[3] K. Tenfelde, Sozialgeschichte der Bergarbeiterschaft an der Ruhr im 19. Jahrhundert, 1977, S. 36.

Ruhrkohlebergbaus in drei Zonen aufteilen: 1. die Zone des alten Bergbaues an der Ruhr, 2. die Hellwegzone und 3. die Emscher-Zone[4].

Bedeckte der Ruhrbergbau um 1850 bei einer Breite von 70 km eine Fläche von etwa 600 km^2, so nahm er nach 1890 bei einer Breite von 100 km eine Fläche von ca. 1.200 km^2 ein[5]. In etwa 40 Jahren hatten sich mit der Verlagerung der Abbaugebiete also das vom Bergbau erschlossene Gebiet etwa verdoppelt. 1913 mag es etwa 1.500 bis 2.000 km^2 betragen haben[6]. Mit der Verlagerung der Abbaugebiete änderte sich der Anteil der verschiedenen Kohlenqualitäten an der Gesamtförderung. Während Magerkohle, die fast ausschließlich im Südrandgebiet gefördert wurde[7], von einem Anteil von 14,38% (1887) auf 4,65% (1913) absank, stieg der Anteil der Fettkohle von knapp einem Drittel (1887) auf knapp zwei Drittel der Gesamtförderung (1913) an. Der Anteil der Eßkohle sank um ca. 11%, derjenige der Gas- und Gasflammkohle um etwa 5%.

Anteil der einzelnen Kohlensorten an der Gesamtförderung des Ruhrbergbaus[8]

	Gas- und Gasflammkohle %	Fettkohle %	Magerkohle %	Eßkohle %
1887	18,39 + 9,82 28,21	29,11	14,38	28,30
1900	29,58	58,11	12,31	
1905	24,03	65,11	4,38	6,48
1910	24,04	64,14	4,53	7,29
1913	23,61	64,49	4,65	7,25

[4] Vgl. W. Brepohl, Der Aufbau des Ruhrvolkes, 1948, S. 33 ff.; vgl. auch die Karte und die Angaben bei Tenfelde, S. 35/6.

[5] Tenfelde, S. 36/7; H. Spethmann, Das Ruhrgebiet im Wechselspiel von Land und Leuten, Bd. 2, 1933, S. 275, spricht von 1000 km^2. Vgl. auch Bergmann, S. 9; A. Heinrichsbauer (Industrielle Siedlung im Ruhrgebiet in Vergangenheit, Gegenwart und Zukunft, 1936, S. 2) nennt allerdings für 1860 nur 100 km^2, für 1885 etwa 400-500 km^2.

[6] Der von einigen Autoren angesprochene „Großraum" Ruhrgebiet, der meist mit ca. 4.600 km^2 angegeben wird, erscheint für unsere Zwecke als wenig geeignet. Vgl. H. Meis, Der Ruhrbergbau im Wechsel der Zeiten, 1933, S. 325; Brepohl, Ruhrvolk, S. 447; P. Wiel, Wirtschaftsgeschichte des Ruhrgebietes, 1970, S. 128. W. Däbritz, Das Ruhrgebiet in der Literatur, 1952, S. 437, unterscheidet sogar ein (engeres) Ruhrgebiet mit 4.600 km^2 von einem Rhein.-Westf. Industriegebiet mit 28.200 km^2. Vgl. auch Tenfelde, S. 37.

[7] Zu dieser Abgrenzung vgl. H. Knübel, Die räumliche Gliederung des Ruhrgebiets, 1965, S. 184; Helmrich, Das Ruhrgebiet, S. 66, und H. Meis, Der Ruhrkohlenbergbau, S. 328.

[8] Zusammengestellt nach: W. Runge, Das Ruhr-Steinkohlenbecken, 1892, S. 66, und H. Meis, Der Ruhrkohlenbergbau, S. 328.

2. Rapides Wachstum und das ungedämmte Einwirken der Konjunkturen

Vor dem Übergang des Ruhrbergbaus zum Tiefbau war die Produktion und die Zahl der Betriebe und der Beschäftigten nur allmählich angestiegen[9]. Von 1797 bis 1803 wurden jährlich etwa 200.000 t Kohle gefördert. Dann stieg die Fördermenge stärker an und hielt sich in den folgenden Jahren bei 350.000 t. 1816 überschritt sie die 400.000 t-Grenze, 1831 die 600.000 t-Grenze, und erreichte 1839 1.000.000 t. Die Zahl der Betriebe schwankte zwischen 150 und 220, auf weite Strecken jedoch nur zwischen 160 und 180. Die Zahl der Beschäftigten stieg von ca. 1.500 (1797) auf etwa 3.000 (1804) und erreichte 1827 die 4.000 Mann-, 1838 die 8.000 Mann-Grenze.

Mit dem Übergang zum Tiefbau beschleunigte sich diese Entwicklung rapide. Die Zahl der Betriebe stieg von 209 im Jahre 1837 auf 299 zwanzig Jahre später an, im gleichen Zeitraum hatte sich die Produktion und die Zahl der Beschäftigten mehr als verdreifacht. Hatte während der Zeit des Direktionsprinzips bis zum Miteigentümergesetz von 1851 der Staat die Zulassung zum Bergbaubetrieb ausgesprochen, die Produktion aller Gruben auf den Absatz abgestimmt, die Arbeiter angelegt, die Preise festgesetzt und dadurch jeder Überproduktion und zwischenbetrieblichen Konkurrenz vorgebeugt[10], so sollte die sprunghaft anwachsende Produktion die von der Direktion der staatlichen Bergbehörden befreiten Unternehmer schon sehr bald vor die Probleme eines freien Marktes stellen, Bedingungen, unter denen die Bergbauunternehmer in Südwales von vornherein angetreten waren. Bereits 1843 wurde im Ruhrgebiet den Tiefbauzechen die Schuld gegeben, daß der Absatz „in betreff des Steinkohlenhandels" stocke, „die Preise dadurch gedrückt werden, die Gewerken ohne Vorteil bauen und beständig große Vorräte an Kohlen liegen bleiben". Die Tiefbauzechen produzierten zuviel, denn sie glaubten, „nicht bestehen zu können, wenn sie keine starke Förderung unterhalten". Auch im Jahr darauf „erlaubt sich" die Handelskammer Essen, „einem hohen Ministerium diesen bedauerlichen Zustand getreulich darzustellen und pflichtmäßig zu berichten", und stellt es „der hohen Weisheit und Fürsorge Hochderselben vertrauensvoll anheim", die geeigneten Mittel „zur Abwendung der vorhandenen und noch drohenden Übelstände" zu ergreifen[11]. In der Tat waren es die hohe Produktion im allgemeinen und die

[9] Zu den folgenden Zahlen vgl. P. Wiel, Wirtschaftsgeschichte, S. 128-130.

[10] Wirtschaftliche Entwicklung des Niederrheinisch-Westfälischen Steinkohlenbergbaues in der zweiten Hälfte des 19. Jahrhunderts, 1904, Bd. 1, S. 49 ff., 190 ff.; H.D. Krampe, Der Staatseinfluß auf den Ruhrkohlenbergbau in der Zeit von 1800 bis 1865, 1961, S. 42 ff., 86 ff.; M.D. Jankowski, Public Policy in Industrial Growth. The Case of Ruhr Mining Region 1776-1865, 1977, S. 43 ff., 127 ff.; W. Muthesius, Ruhrkohle 1893-1943, 1943, S. 11/2; Bergmann, S. 19; Tenfelde, S. 68. Zur Rolle des Staates vgl. auch weiter unten S. 427 ff.

[11] Jahresberichte der Handelskammer Essen 1843 und 1844, zit. nach: W. Fischer, Herz des Reviers, 1965, S. 28.

geringere Anpassungsfähigkeit der Tiefbauzechen an die Veränderungen der Aufnahmefähigkeit des Marktes im besonderen, die die Lage des Ruhrbergbaus in den Konjunkturabläufen des 19. Jahrhunderts kennzeichneten.

Angefacht durch die „Kunde von dem ungeheuren Kohlenreichthum“[12] und getragen von der Ausweitung des Bedarfs, der sich durch die Erweiterung des Eisenbahnnetzes und die technologische Umstellung der Eisenverhüttung durch Koks ergab, entwickelte sich im Ruhrbergbau in den 1850er Jahren ein wahres „Gründungsfieber“[13]. Die Zahl der Zechen schwoll von 178 (1852) auf 299 (1857) an; allein 1857 sollen 85 neue Schachtanlagen abgeteuft worden sein. Von 1855 bis 1858 wurden allein 21 Aktiengesellschaften mit einem Gesamtkapital von 43.350.000 M gegründet. Insgesamt soll das Kapital der in dieser Hausse gegründeten Aktiengesellschaften im Bergbau und in der Hüttenindustrie an der Ruhr über 80 Mill. M betragen haben[14]. Die Zahl der Beschäftigten verdoppelte sich zwischen 1852 und 1858 (von 14.632 auf 31.572 Mann), die Fördermenge stieg im gleichen Zeitraum von 2.306.000 t auf 3.899.000 t. Doch der Umschlag der Konjunktur ließ nicht lange auf sich warten. Von den USA ausgehend, kündigte sich der „Umschwung“ über Frankreich und England während des Jahres 1857 an[15]. Die Kohlenpreise, die sich von 1853 bis 1956 mehr als verdoppelt hatten, fielen bis 1860 allmählich, dann rapide ab. Bis 1863 waren sie fast wieder auf die — schon niedrige — Höhe von 1853 abgesunken[16]. Das plötzliche Absinken der Kohlennachfrage war vor allem durch den Rückgang der mit der englischen Konkurrenz ringenden Eisenindustrie, die etwa schon ein Drittel der Ruhrkohlenförderung abnahm, bedingt. 1860 waren z.B. in der Grafschaft Mark von 23 Hochöfen nur noch 13 in Betrieb. Der Durchschnittserlös der Eisenproduktion des Hoerder Bergwerk- und Hüttenvereins etwa fiel in zwei Jahren um 78 M pro Tonne[17]. Die vorhergegangenen ‚glänzenden‘ Geschäftsergebnisse wandelten sich innerhalb von zwei bis

[12] Vgl. Jahresbericht HK Essen 1855, zit. nach: Fischer, S. 196.

[13] H. Spethmann, Die Großwirtschaft an der Ruhr, 1925, S. 26.

[14] H. Schacht, Zur Finanzgeschichte des Ruhrkohlenbergbaues, in: Schmollers Jb. 1913, S. 1250; Spethmann, Großwirtschaft, S. 22; F. Bock, Die wirtschaftliche Entwicklung der Bergwerks-Aktiengesellschaften des Ruhrkohlenreviers von 1893-1911, 1914, S. 9-12; A. Heinrichsbauer, Harpener Bergbau-AG, 1856-1936, S. 36, spricht von „rd. 100 Mill. Thalern“. Ein Taler entsprach einem Wert von etwa drei Mark.

[15] H. Böhme, Deutschlands Weg zur Großmacht, 1972, S. 77 ff.; H. Rosenberg, Die Weltwirtschaftskrise 1857-1859, 1974, S. 105 ff.

[16] C.L. Holtfrerich, Quantitative Wirtschaftsgeschichte des Ruhrkohlenbergbaus im 19. Jahrhundert, 1973, S. 22-24; Tenfelde, S. 603; zu weiteren Preisangaben vgl. Spethmann, Großwirtschaft, S. 24/6, T. Transfeldt, Die Preisentwicklung der Ruhrkohle 1893-1925, 1926, S. 204, L. Hertel, Die Preisentwicklung der unedlen Metalle und der Steinkohlen seit 1850, 1911, S. 10-22 und wirtschafltiche Entwicklung, Bd. 1, S. 230/1; zur Konjunkturbewegung im Ruhrgebiet vgl. bes. Tenfelde, S. 191 ff., und Fischer, Herz, S. 193-200.

[17] A. Prym, S. 25; H. Spethmann, S. 26.

drei Jahren in ausgeglichene oder Verlust-Konten. Von neun in Förderung stehenden Bergwerksaktiengesellschaften zahlte nur jeweils eine in den drei Jahren von 1859 bis 1861 eine Dividende aus; 1862 wurde gar keine Dividende ausgeschüttet. 1863 zahlte von 15 Aktiengesellschaften nur wiederum eine eine Dividende von 2% aus[18]. Selbst bei gut fundierten und seit längerer Zeit bestehenden Unternehmen machten sich ernste Finanzierungssorgen breit. So schrieb die Harpener Bergbau AG im Januar 1859 wegen Geldbeschaffung gleichzeitig an 22 Banken, von denen nur zwei entsprechende Vorschläge machten, die aber für die kreditsuchende Firma „unannehmbar" waren[19].

Trotz schlechter Absatzlage, niedriger Preise und zurückgehender Gewinne bzw. ansteigender Verluste für manche Werke ging das Wachstum des Ruhrbergbaus weiter. Die Förderung verdoppelte sich von 1860 bis 1865 (auf 8,5 Mill. t) und stieg bis 1870 allmählich auf 11,5 Mill. t. Die Zahl der Beschäftigten verdoppelte sich von 23.235 (1855) auf 50.499 (1870). Die Anzahl der fördernden Werke verringerte sich jedoch beständig seit ihrem Höchststand 1857 (299) auf 220 (1870). Der Preis pro Tonne Kohle, der 1864 noch 4,89 M betragen hatte, stabilisierte sich in den Jahren bis 1870 bei etwa 5,50 M[20].

Die nächste Aufschwungphase, die sich 1869 ankündigte, setzte sich während und vor allem nach dem deutsch-französischen Kriege von 1870/71 verstärkt fort. In den Jahren zwischen 1870 und 1873 wurden allein 13 Aktiengesellschaften mit einem Grundkapital von 98.400.000 M gegründet[21]. Insgesamt wurden in der Montan- und Maschinenindustrie des Ruhrreviers im Jahre 1871 48 neue Aktiengesellschaften mit 172 Mill. M Grundkapital errichtet, 1872 105 Gesellschaften mit 300 Mill. M und 1873 16 mit 89 Mill. M Kapital[22]. Im deutschen Reich wurden von 1871 bis 1874 nicht weniger als 857 Aktiengesellschaften gegründet mit einem Kapital von 3,3 Milliarden M, davon 1872 allein 479 Gesellschaften gegenüber 295 in der Zeit von 1851 bis 1870[23]. Die Zahl der Zechen stieg von 220 im Jahre 1870 auf

[18] Vgl. Wirtschaftliche Entwicklung, Bd. 3, S. 354/5; auch: Bergmann, S. 130.

[19] A. Heinrichsbauer, Harpener Bergbau-AG, S. 39.

[20] P. Wiel, S. 130; Tenfelde, 603. Für die Preisentwicklung der Kohle im Ruhrbergbau und in Südwales vgl. die Graphik im Anhang, Tab. I.

[21] F. Bock, S. 10, 12/3. Davon sind zwei ohne Kapitalangabe. Damit war etwa ein Drittel des im Ruhrbergbau 1874 investierten Aktienkapitals in den drei vorhergehenden Jahren angelegt worden. Vgl. H.-U. Wehler, Bismarck und der Imperialismus, 1969, S. 83; auch: Tenfelde, S. 202.

[22] A. Heinrichsbauer, S. 52. Dies bedeutet, daß — nach Abzug von zwei Bergbau-Aktiengesellschaften, die 1870 mit einem Kapital von insgesamt 8,7 Mill. M gegründet wurden — in der Eisen- und Maschinenindustrie des Ruhrgebiets von 1871-1873 158 Aktiengesellschaften mit einem Gesamtkapital von 649,6 Mill. M gegründet wurden.

[23] Heinrichsbauer, S. 52. Zum Wirtschaftsaufschwung 1870 bis 1873 und zur nachfolgenden „Großen Depression" allgemein vgl. H. Rosenberg, Große Depression und Bismarckzeit, 1976[2], S. 22-57; H.-U. Wehler, Bismarck und der Imperialismus, S. 43-87.

277 im Jahre 1874, um dann jedoch wieder weiter abzusinken. Die Zahl der Beschäftigten stieg von 50.500 (1870) auf knapp 82.000 (1875), also um mehr als 30.000 Mann, eine Vermehrung, zu der man vorher knapp 20 Jahre gebraucht hatte. Die Förderung stieg von 11,5 Mill. t (1870) auf 16,7 Mill. (1875). Waren Anfang 1872 in Deutschland 39 Konvertoren mit einer Produktionsmöglichkeit von 140.000 t Rohstahl tätig, von denen weitaus die meisten zum Ruhrgebiet zählten, so vermochten Ende 1874 insgesamt 69 Konvertoren ohne Schwierigkeit 600.000 t Rohstahl zu erzeugen. Die deutsche Roheisenerzeugung stieg von 1,4 Mill. t (1870) auf 2,2 Mill. t (1873), diejenige des Ruhrgebiets von 559.000 t (1869) auf 928.000 t. Ebenso wie für Roheisen (um 70 - 80%), so ließ der jetzt „nicht zu befriedigende Bedarf" die Preise für Steinkohle steigen: von 5,72 M (1870) auf 11,00 M pro Tonne im Jahre 1874[24].

Doch noch schneller als beim letzten Mal schlug diesmal die Konjunktur um. Aus einem Mangel an Kohle wurde ein Überangebot von 20 bis 25% im Jahre 1874[25]. Die Roheisenproduktion, seit dem 1.10.1873 mit der völligen Aufhebung des seit 1844 bestehenden Schutzzolls dem Weltmarkt ausgeliefert, sank von 2,2 Mill. t im Jahre 1973 auf 1,8 Mill. t (1876), der Preis pro Tonne fiel von 125,20 M auf 57,60 M (1876)[26]. Einzelne Sorten der Eisenverarbeitung fielen im Preis um 200 bis 300%[27]. Der Wert der Roheisengewinnung im Ruhrgebiet fiel von 60 Mill. M (1873) auf 30 Mill. M im Jahre 1879, obwohl sie erst im Jahr zuvor auf 1,09 Mill. t angestiegen war. Der Wert der Kohleförderung, der sich von 1868 mit 58,3 Mill. bis 1873 mit 180,4 Mill. M mehr als verdreifacht hatte, sank bis 1879 — trotz der um ein Viertel gestiegenen Produktion — auf 85 Mill. M. Der Wert von 1873 wurde erst 1889 eingeholt, als die Förderung auf mehr als das Doppelte angestiegen war. Der Preis pro Tonne Kohle, der bis 1874 auf 11,00 M angestiegen war, sank bis 1879 auf 4,14 M, der Ruhrkohlepreis verminderte sich im gleichen Zeitraum fast um Dreiviertel von 30,00 M auf 8,25 M pro Tonne[28]. Waren 1872 und 1873 Dividenden von bis zu 40% und 60% ausgezahlt worden (Harpen stellte für 1873 sogar eine solche von 80% in Aussicht), so verteilten schon 1876 von 32 Bergbau-Aktiengesellschaften nur neun eine Dividende in Höhe von 2,7 Mill., während 21 Gesellschaften mit einem Verlust von

---

[24] W. Däbritz, Bochumer Verein für Bergbau und Gußstahlfabrikation, 1934, S. 130; Hertel, S. 29; Tenfelde, S. 603.

[25] Spethmann, S. 33; Wirtschaftliche Entwicklung, Bd. 1, S. 198.

[26] Hertel, S. 36, Der Roheisenzoll, der 1844 bis 1865 noch 20 M pro t betragen hatte, wurde am 1. Juli 1865 auf 15 M, am 1. Juni 1868 auf 10 M, am 1. Okt. 1870 auf 5 M herabgesetzt und am 1. Okt. 1873 völlig aufgehoben. Vgl. Spethmann, S. 32.

[27] Däbritz, S. 157, 160/1; Spethmann, S. 31; Heinrichsbauer, S. 62-64.

[28] E. Müssig, Eisen- und Kohlenkonjunkturen seit 1870, 1929[4], S. 18, 21; Bergmann, S. 25; W. Herrmann, Entwicklungslinien montanindustrieller Unternehmungen im rhein.-westf. Industriegebiet, 1954, S. 19-25; Schacht, S. 1267-1269; Wehler, S. 77; Heinrichsbauer, S. 51.

insgesamt 7,25 Mill. M abschlossen. Von 154 Gewerkschaften innerhalb des Oberbergamtsbezirks Dortmund, die 55,5% der Gesamtförderung produzierten, erzielten nur 54 einen Ertrag von insgesamt 4,1 Mill. M, während die übrigen Zubußen in Höhe von 12,8 Mill. M erforderten. Etwa ein Drittel aller Bergbauunternehmen arbeitete also während dieser Zeit mit Verlust. „Nur wenige, von langer Hand gut fundierte Werke brachten noch bescheidenen Gewinn“[29]. Die Kursnotierungen fielen bis 1879 an der Berliner Börse anhaltend stark ab[30].

Aus dem Konjunktureinbruch, der 1873 mit dem Wiener Börsenkrach begann, wurde nunmehr ein Dauerproblem. Die Kohlenpreise erholten sich bis 1889 kaum, sie schwankten zwischen 4,50 M und 4,80 M pro Tonne. Hatte sich das im Ruhrbergbau angelegte Kapital von etwa 300 Mill. M im Jahre 1873 noch mit 15,7% verzinst, so sank die Durchschnittsverzinsung 1878 auf 0,96%; in den Folgejahren bis 1887 betrug sie zwischen 3,8 und 3,1%[31]. Die Massenentlassung von knapp 10.000 Arbeitern 1876/77 — also etwa einem Achtel der Gesamtbelegschaft — und die Halbierung der durchschnittlichen Hauerschichtlöhne von 5,30 M (1873) auf 2,55 (1879) vermochte die Lage der Unternehmen zwar zu stabilisieren, jedoch nicht entscheidend zu verbessern[32]. Die Senkung der Verkaufspreise der Kohle konnte nicht voll auf die Löhne abgewälzt werden. Während z.B. bei der Gelsenkirchener Bergwerks-AG (GBAG) der Verkaufspreis pro Tonne Kohle von 1873 bis 1877 um 79% gesunken war, so konnte der Lohn je Mann und Schicht „nur“ um 29% gekürzt werden, erkannten die Unternehmer doch, daß die — wenn auch gefallenen — Lebenshaltungskosten keineswegs eine weitere Lohnsenkung zuließen. Der Durchschnittslohn für die Bergarbeiterkategorien fiel denn auch „nur“ von 3,75 M (1872) auf 2,33 M (1879)[33].

[29] Däbritz, S. 160/1; Heinrichsbauer, S. 57, 63. J. Nonne (Die finanziellen Resultate des Bergbaus auf Steinkohle im Oberbergamtsbezirk Dortmund, in: Glückauf 1877, zit. bei Spethmann, Großwirtschaft, S. 36/7) stellte — mit etwas abweichenden Zahlen — für das Jahr 1876 auf 95% der gesamten Produktion einen Gesamtverlust von 16,04 Mill. M fest, ein Betrag, der 16% des Geschäftsumschlages ausmachte.

[30] Vgl. Spethmann, S. 36; Wehler, S. 83; F.A. Freundt, Kapitel und Arbeit, 1926, S. 29.

[31] Tenfelde, S. 603; K. Uhde, Die Produktionsbedingungen des deutschen und englischen Steinkohlenbergbaus, 1907, S. 107; M. Saitzew, Steinkohlenpreise und Dampfkraftkosten, 1914, S. 319. Effertz spricht für das Jahr 1873 von einer durchschnittlichen Verzinsung von 18,2%, 1875 von 4,5% und für das Konjunkturtal 1877-79 von 1,5%. Für 1887 gibt er einen Satz von 2,25% an. Vgl. R. Effertz, Was sind normale Kohlenpreise?, 1891, S. 12. Im ganzen gibt er etwas niedrigere, die Tendenz jedoch bestätigende Zinssätze an. Vgl. dazu auch die Diskussion bei Uhde, S. 126/7.

[32] Vgl. etwa die Dividendenentwicklung bei den Bergbau-Aktiengesellschaften, an deren Höhe sich von 1875 bis 1888 nichts Entscheidendes änderte. Vgl. Wirtschaftliche Entwicklung, Bd. 3, 354-357; W. Meifert, Die organisatorische Entwicklung der rhein.-westf. Kohlenwirtschaft, 1923, S. 122; W. Lüters, Die Konjunkturpolitik des Rhein.-Westf. Kohlensyndikats vor dem Kriege, 1928, S. 7/8; Muthesius, S. 25; Bergmann, S. 25.

[33] Wehler, S. 79. Dort auch weitere Angaben über die Auswirkungen des Konjunkturumschlags. Vgl. auch Böhme, S. 349-356. Freundt, S. 30; Tenfelde, S. 603, sowie die

So befand sich der Ruhrbergbau -- ebenso wie die Eisen- und Stahlindustrie --in den Jahren zwischen 1874 und 1889 in der typischen Situation einer kapital- und arbeitsintensiven Industrie in der Phase schwierigen Absatzes und niedriger Preise[34]. In der Zeit des Stollenbaus und der kleinen Schächte war man imstande gewesen, unter staatlicher Direktion die Förderung auf den Absatz abzustimmen und die Preise nicht zu weit absinken zu lassen. Die Zubußen, die sich dabei evtl. ergaben, blieben für die Gewerken, d.h. die Besitzer der Anteile (oder „Kuxen") eines Bergbauunternehmens in Form der „Gewerkschaft"[35], meist in erträglichen Grenzen[36]. Der durch die Erschöpfung der kleinen Zechen und Stollen und durch den wachsenden Bedarf notwendig sowie durch den technischen Fortschritt (Dampfmaschine) möglich werdende Tiefbau erforderte von Anbeginn an ungleich größere Kapitalien[37]. So hatten etwa die 9 von 1840 bis 1852, also vor der eigentlichen Gründerhausse der 50er Jahre, geschaffenen Aktiengesellschaften des Ruhrbergbaus ein Gründungskapital von durchschnittlich je etwa 3,6 Mill. M[38]. In Zeiten der Auslastung des mit diesen Kapitalien geschaffenen Produktionsvolumens, den Phasen der Hochkonjunktur, konnte das geliehene Kapital, wie wir sahen, gut bis sehr gut (mit Dividendenausschüttungen von bis zu 40% und 60%) verzinst werden. In Zeiten geringerer Ausnutzung sank der Zinsfuß, und das Kapital mied diese Anlagemöglichkeit „ängstlich"[39]. Betriebswirtschaftlich hieß dies: Die Selbstkosten pro

Aussagen Louis Baares, zit. bei: D. Crew, Bochum. Sozialgeschichte einer Industriestadt, 1860-1914, 1980, S. 42.

34 Diese ist freilich nur die eine Seite der von Rosenberg u.a. mit „Große Depression" etikettierten Entwicklungsphase der deutschen Wirtschaft. Fielen auch die Preise und damit der Produktionswert, wie gezeigt, rapide von 1873 bis zum Ende der 80er Jahre, so stieg die Förderung der Zechen des Ruhrbergbaus in der gleichen Zeit auf mehr als das Doppelte an (1873: 16,4 Mill. t, 1889: 33,8 Mill. t). Zu dieser einschränkenden Kritik seines umfassenden Begriffs vgl. H. Rosenberg, Große Depression und Bismarckzeit, 1974², S. XII f.; zur ähnlichen Kritik für Großbritannien vgl. A.E. Musson, The Great Depression in Britain, 1873-1896: A Reappraisal, in: JEH 19, 1959, S. 199-228, und die Kontroverse zwischen A.E. Musson und D.J. Coppock, in: EHR 15, 1962/63.

35 Zu dieser Unternehmensform vgl. bes. W. Friedrich, Die Entwicklung des Rechts der bergrechtlichen Gewerkschaft in Preußen von 1850 bis zum Ersten Weltkrieg, in: N. Horn/J. Kocka, Hg., Recht und Entwicklung der Großunternehmen im 19. und frühen 20. Jahrhundert, 1979; auch: unten S. 81 f.

36 Dieser Schluß ist zu ziehen aus einem Vergleich von Ausbeute und Zubuße von 145 Stollen und Zechen in der Zeit von 1829-1847. Vgl. die interessanten Zahlen bei H.-A. Metzelder, Der Wittener Steinkohlenbergbau im Umbruch zur Großindustrie 1830-1860, 1964, S. 232-300; M.D. Jankowski, Public Policy in Industrial Growth, Anhang Tafeln 1, 3, 4, 5, 6, 9 (für 1830-1847).

37 Eine in dieser Hinsicht historisch interessante Übergangsstufe bildet die gemeinsame Anlage und Benutzung von Hauptstollen durch mehrere Gruben. Vgl. Bergmann, S. 40.

38 Bei einem Gesamtkapital von 32.280.000 M. Vgl. Wirtschaftliche Entwicklung, Bd. 1, S. 260/1.

39 Spethmann, S. 28. Umgekehrt war es „eine alte Erfahrung der Finanzkundigen, daß, wenn die Bergwerksunternehmungen besonders in die Liebhaberei des Publikums kom-

Tonne stiegen. Verschärft wurde diese Situation durch den hohen Anteil der Löhne an den Selbstkosten (etwa 60%)[40], die Löhne aber besaßen — anders als im südwalisischen Bergbau — bei weitem nicht den Schwankungsspielraum der Preise. So entsprach dem Preisaufschwung der Zeitspanne 1871/73 gegenüber 1868/70 von 82,19% (oder 5,49 M) der Preisrückgang 1875 gegenüber 1873 von 48% (oder 7,20 M). 1859/61 hatte der Preisrückgang 39,05% betragen[41]. Die Rentabilitätsfrage wurde weiter verschärft durch die „natürlichen Bedingungen" des Bergbaus, insbesondere der wachsenden Schachtteufe und die sich verlängernden Anfahrtswege der Bergarbeiter unter Tage.

Um das zur Fortführung und zum weiteren Ausbau ihrer Betriebe notwendige Kapital anlocken und damit möglicherweise eigenes Kapital schaffen zu können, hatten die Werke im wesentlichen drei Ziele anzuvisieren:

(1) die Selbstkosten pro Tonne Förderung zu senken oder zumindest nicht steigen zu lassen;

(2) sich nach sonstigen Möglichkeiten der Erhöhung der Einnahmen umzusehen, und somit für einen Ausgleich der Kosten- und Einnahmeseite der Betriebe zu sorgen;

(3) zu versuchen, den Absatzmarkt ihrer Produkte soweit wie möglich zu kontrollieren und somit Bedarfsvereinigungen, und damit Preisrückgänge, zu vermeiden.

In diesen drei Richtungen nach Lösungen suchen zu müssen, gehörte zu den wichtigsten Erfahrungen der Ruhrbergbau-Unternehmen aus den Konjunkturschwankungen der späten 50er Jahre und vor allem der Jahre zwischen 1873 und 1889. Im folgenden wollen wir versuchen, den Lösungsversuchen, die gleichzeitig und parallel zueinander verliefen, und die, wie besonders im Vergleich zum Bergbau in Südwales zu zeigen sein wird, zu einem erheblichen Teil die Ausprägung der wirtschaftlichen und sozialen Entwicklung des Ruhrbergbaus bis 1914 mitbestimmten, in ihrer Verknüpfung und in ihren Folgewirkungen nachzugehen.

3. Der schnelle Einsatz der Technik und die Intensivierung des Betriebes

Der erste und naheliegendste Versuch, die Selbstkosten bei der Kohleförderung zu senken, bildete die Maschinisierung. Das Vorbild der von Anfang

---

men, die letzte Szene des letzten Aktes zu spielen anfängt". So der freisinnige Abgeordnete Bamberger im Frühjahr 1873, zit. nach H. Spethmann, Krisen der Ruhrwirtschaft, in: Internationale Bergwirtschaft, H. 11-13, 1925-26, S. 285, bei Bergmann, S. 24.

[40] M. Saitzew, Steinkohlenpreise, S. 114/5, 255 ff.; Muthesius, S. 28. Tenfelde spricht von einem Schwanken des Lohnanteils an den Selbstkosten von 1873 bis 1881 zwischen 60 und 79%, Lüters in für Zeit von 1893-1914 von durchschnittlich 50%. Vgl. Tenfelde, S. 303; Lüters, S. 54.

[41] Transfeldt, S. 54/5.

an stärker von Erfindungen und dem Einsatz von neuer Technik abhängigen Hütten- und Eisenindustrie[42] stand dabei den Unternehmern im Ruhrbergbau allerdings offenbar weniger ausgeprägt und mit geringerer Notwendigkeit als in Südwales vor Augen. Die Schwierigkeiten um die Einführung der ersten Dampfmaschine in den Ruhrbergbau beleuchten auch hier schlaglichtartig die initiierende und fördernde Rolle des Staates[43].

Hatte die Anwendung der Technik, vor allem die Einführung der Dampfmaschine zur Wasserhaltung, den Tiefbau erst ermöglicht, so konnte ihre weitere Verbreitung zur Einsparung von Zeit und menschlicher Arbeitskraft, d.h. zur Intensivierung der Arbeit, benutzt werden. Die Schachtteufe der Zechen stieg nach der ersten, technisch schwierigen Durchstoßung der oft hundert und mehr Meter dicken Mergeldecke stetig. Anders als in Südwales, wo der relativ kurze und leichte Zugang zu den Flözen einen allmählichen Übergang bedingte[44], bedeutete im Ruhrgebiet das Vorhandensein und die Unumgänglichkeit der ausgeprägten Mergeldecke zunächst ein Hindernis, sodann allerdings ein bedeutender Beschleunigungsfaktor in — wie im Kommenden zu verfolgen sein wird — technischer und wirtschaftlicher Hinsicht. Kannten die ersten Tiefbauzechen in den 1830er Jahren Teufen zwischen 50 und 60 m, so stieg die Tiefe bei weiterer Durchstoßung während der 40er und 50er Jahre allmählich an.

Die größte Schachtteufe im Ruhrbergbau betrug[45] im Jahre

1858	300 m (Zeche Gewalt),
1886	624 m (Zeche Ewald),
1900	774 m (Zeche Monopol) und
1906	850 m (Zeche Grimberg).

Die durchschnittliche Schachtförderteufe im Ruhrbergbau betrug[46] im Jahre

1885	342 m,
1892	408 m,
1899	430 m,
1904	513 m,
1909	554 m und
1912	577 m.

[42] Vgl. jetzt bes. C.K. Hyde, Technological Change and the British Iron Industry, 1700-1870, 1977; auch: L. Beck, Geschichte des Eisens, Bd. 4, 1899, S. 381 ff.

[43] Vgl. I. Lange-Kothe, Die Odyssee der ältesten Dampfmaschine des Ruhrgebiets, in: Der Anschnitt 7, 1955, S. 24-26; und allgemeiner: H.D. Krampe, S. 59-68.

[44] Vgl. unten S. 102 ff.

[45] C. Goldschmidt, Über die Konzentration im deutschen Kohlenbergbau, 1912, S. 11.

[46] Ebenda; Wiel, S. 135. Zu der auch hier allmählicheren Entwicklung vor 1860 vgl. bes. Bergmann, S. 4, 8, 41. Vgl. auch die Förderung nach Teufen für 1892 und 1904 bei G. Gebhardt, Ruhrbergbau, 1957, S. 495.

Auffällig ist hier das unterschiedliche Tempo der Entwicklung. Brauchte es 50 bis 60 Jahre, um von einer durchschnittlichen Teufe von 60 m zu einer von 400 m zu kommen, so benötigte man nur 20 Jahre, um die Kohlenflöze in einer um 200 m tieferen Durchschnittsteufe abbauen zu müssen. Doch ging in beiden Phasen die Entwicklung rasch voran, stellt man sie der zu vergleichenden in Südwales gegenüber. Hier war die durchschnittliche Schachtteufe zwischen 1837 und 1875 von ca. 60 auf nur 180 m und bis 1914 auf etwa 300 -350 m angestiegen[47]. Demgegenüber wurden im Ruhrbergbau 1892 ein Sechstel, 1904 die Hälfte und 1909 fast zwei Drittel der Gesamtförderung aus einer Teufe von mehr als 500 m gewonnen. Diese zeitliche Abfolge des zunächst verhaltenen Tempos, dann, ab etwa 1890, der rapiden Zunahme der durchschnittlichen Zechenteufe, wird, wie wir im folgenden sehen werden, durch die Ausdehnung der Maschinenkraft bestätigt.

Eine führende Stellung in der Ausbreitung der Technik im Bergbau nahmen von Anfang an die größeren und tieferen Betriebe ein[48]. Vordringlich erschienen hier natürlich die Probleme des Schachtabteufens und der Schachtförderung.

Das Schachtabteufen, das zuerst noch stark handwerksmäßig betrieben worden war, wurde revolutioniert durch das 1838/39 zuerst von der Firma Stinnes auf der Zeche Sälzer und Neuack angewandte Verfahren des Bohrens mit Dampfmaschinenantrieb. Eine Weiterentwicklung war das in den 50er Jahren entwickelte Kind-Chaudron'sche Verfahren, das ein Bohren unter Wasser ermöglichte. Die Vorzüge dieses Verfahrens lagen in der großen Ersparnis an Arbeitskräften, da von den bisher beschäftigten 70 bis 80 Arbeitern nunmehr der zehnte Teil benötigt wurde[49]. Weitere Vereinfachungen brachten (1850-60) die Einführung des Senkschacht- und des Gefrierverfahrens (1902), welches schon 1862 auf einem Schacht in Wales angewandt worden war[50]. Durch die Verbesserungen der Verfahren hatte sich die Abteufzeit zwar verkürzt, doch betrug sie bei sechs Schächten zwischen 1890 und 1900 immer noch zwischen 5,5 und 13 Monaten. Für einen Schacht benötigte man sogar 46 Monate[51]. Entsprechend hoch waren die Kosten: Bei einer Teufe von 600 m kostete 1912 das Bohren pro laufenden Meter durchschnittlich etwa zwischen 15.500 und 29.000 M[52]. Bei einem

[47] Vgl. unten S. 106.

[48] Vgl. etwa die bei Krampe (S. 464/5) und Bergmann (S. 41-43) mit dem technischen Fortschritt in Verbindung gebrachten Zechennamen mit der bei Bergmann (S. 134-137) wiedergegebenen Liste für die größten Betriebe zwischen 1850 und 1879. E. Jüngst in: Glückauf, 1910, S. 1976, zit. in: Saitzew, S. 10.

[49] Bergmann, S. 41-43.

[50] Wiel, S. 152; Meis, S. 25.

[51] L. Hoffmann, Leistungen und Kosten beim Schachtabteufen im Ruhrbezirke, in: Glückauf 1901, S. 775 f., zit. nach A. Bosenick, Der Kohlenbergbau in Preußen, 1906, S. 33/4.

mittleren Kostenaufwand von 20.000 M pro Meter würde dies für einen 600 m tiefen Schacht 12 Mill. M bedeutet haben. Angesichts einer schnelleren und intensiveren Kohlenförderung erschienen jedoch selbst diese Investitionen als lohnend. Waren bis 1900 422 Schächte (davon 279 Förder-, 139 Wetter- und 4 Fahrschächte) mit einer durchschnittlichen Teufe von etwa 450 m (s.o.) im Ruhrgebiet niedergebracht, so wurden zwischen 1903 und 1914 weitere 124 Schächte (davon 87 Förderschächte) abgeteuft[53]. Es existierten 1914 also insgesamt 546 Schächte, davon waren 366 Förderschächte. Eine weitere Intensivierung des Förderbetriebes trat durch die Einführung des Systems der zwei Förderschichten Anfang der 1890er Jahre ein. 1898 förderten von 176 selbständigen Betriebsanlagen 71,1% in doppelter, 9,6% in eineinhalbfacher und 19,3% in einfacher Schicht[54].

Den gesteigerten Möglichkeiten der Schachtnutzung hatten die technischen Mittel der Schachtförderung nachzukommen. Der 1810 beginnende Einsatz von Dampfantrieb für Fördermaschinen konnte nicht voll genutzt werden. Die bis 1835 benutzten Hanfförderseile hielten weder schweren Belastungen noch größeren Beschleunigungen stand. Außerdem trieben die steigenden Rohstoffkosten die Umstellung auf Eisen voran. Die zunächst benutzten Eisenketten erwiesen sich jedoch als zu schwer und reißgefährdet. Daraufhin verwendete man ab etwa 1836 die zwei Jahre zuvor im Harz erfundenen Eisendrahtseile. Die gegenüber den Hanfseilen durch ihre Leistungsfähigkeit und Haltbarkeit um das Fünf- bis Sechsfache gestiegene Rentabilität der Drahtseile sicherte ihnen eine schnelle Verbreitung[55]. Seit Mitte der 1860er Jahre ging man zu Gußstahldrahtseilen über. Diese besaßen ein bedeutend geringeres Seilgewicht und waren bei gleicher Stärke mehr als doppelt so tragfähig als Eisendrähte[56]. Ebenso wie bei den Seilen, so strebte man auch bei den Förderkörben eine Vergrößerung der Nutzlast und eine Verkleinerung des Eigengewichts an. Von Ein- bis Zwei-Wagenkörben anfangend, förderten 1906 etwa 50% der Zechen im

[52] Bosenick, S. 34/5; Saitzew, S. 261-267. Diese Angaben erscheinen allerdings als sehr hoch. So wurden die Kosten eines Schachtes durch 600 m Deckgebirge auf 800.000 Mark, bei Wasserzuflüssen auf 3 Mill. Mark geschätzt. Vgl. C. Goldschmidt, S. 12.

[53] Bosenick, S. 38; Meis, S. 25. Beschleunigt wurde diese Entwicklung durch die 1881 ergangene Vorschrift der Bergbehörde, die aus Sicherheitsgründen das Zweischachtsystem zur Pflicht machte. Zu diesem Zeitpunkt gab es noch 40 Zechen (mit 16% der Ruhrgebietsförderung) mit nur einem Schacht. Vgl. Bergmann, S. 45; Wiel, S. 154; Goldschmidt, S. 11, verlegt die Einführung des Zweischachtsystems ins Jahr 1887.

[54] Pieper, Vorteile und Nachteile der doppelten Förderschicht auf Steinkohlengruben auf Grund der auf den größeren Gruben des Oberbergamtsbezirkes Dortmund gemachten Erfahrungen, in: ZBHSW 1900, S. 52 f., zit. in Bosenick, S. 53.

[55] Krampe, S. 63/4; Bodenick, S. 17; F. Schunder, Tradition und Fortschritt, 1959, S. 103/4.

[56] Trotzdem klagten die Bergbauunternehmer über die seit der Gründung des Drahtsyndikates gestiegenen Anschaffungskosten. Vgl. Wirtschaftliche Entwicklung, Bd. 5, S. 277.

Ruhrgebiet mit dem 4-Wagen-Korb. Daneben kamen Körbe mit bis zu 8 Wagen und 8 Etagen vor. Die Gewichts-, und damit Krafteinsparung war offensichtlich: Bei einem Korb aus Eisen mit einem Wagen Nutzlast war die tote Last oft noch 100 kg schwerer als die zu hebende Nutzlast. Beim Förderkorb aus Stahl mit 8 Etagen war trotz seines Gewichts von 4.300 kg das Verhältnis der Nutzlast zum Korbgewicht wie 1 : 1[57].

1850 gab es im Märkischen Bezirk, der zu diesem Zeitpunkt die technische Entwicklung anführte, 29 Dampffördermaschinen. 1914 waren es im Ruhrgebiet 535. Daneben liefen bereits 74 elektrische Fördermaschinen, die sich im Jahre 1907 durchzusetzen begannen. Während man „früher" die Kohle mit 2 bis 6 m pro Sekunde förderte[58], steigerte sich die mit neuen Vorrichtungen verbesserte Fördermaschine um 1900 auf 10 bis 11 m/sek., 1914 auf 18 bis 20 m/sek[59].

Sehr viel langsamer als die Materialförderung entwickelte sich dagegen die Personenbeförderung. Ohne die im Harz und in Belgien schon seit längerer Zeit zur Verfügung stehenden Vorbilder anzuwenden, startete das Westfälische Bergamt von sich aus Ermittlungen und Versuche, bedeutete doch das bis dahin übliche Klettern auf den sog. Fahrten (Leitern) für die Bergleute große körperliche Anstrengung und für die Unternehmer Zeitverlust. Trotz des Drängens der Bergbehörde fanden sich bis 1864 nur 5 Zechen mit 3.000 Bergleuten angesichts der hohen Kosten und der geringen Zeiteinsparung bereit, eine — inzwischen entwickelte — „Fahrkunst" anzulegen. Nach vorherigem Verbot wurde 1859 die Seilfahrt zur Personenbeförderung zugelassen. 1864 wurde — trotz der „hier und dort noch ängstlichen Bergleute" — knapp die Hälfte der Gesamtbelegschaft durch Seilfahrt befördert. Die Fördergeschwindigkeit betrug etwa ein Drittel bis ein Viertel (4 - 5 m/sek.) derjenigen der Materialförderung[60].

Die erweiterten Förderkapazitäten verlangten nach verbessertem Transport unter Tage. In den 1850er Jahren trat im Ruhrgebiet die Pferdeförderung an die Stelle der menschlichen. 1882 ersetzten 2.200 Pferde unter Tage etwa 15.000 Förderleute. 1899 befanden sich 4.259 Pferde unter Tage. 1914 hatte diese Fördermethode mit 8.008 Pferden bereits ihren Höhepunkt überschritten[61]. Die mit den Betrieben sich ausdehnenden Strecken unter

[57] Ebenda, S. 299.

[58] Ebenda, S. 418. Gemeint ist wohl die Periode vor der Umstellung von Eisen- auf Gußstahldrahtseile, also von 1865 bis 1895. Vgl. Bosenick, S. 17.

[59] Wirtschaftliche Entwicklung, Bd. 5, S. 418; Meis, S. 31. Schon 1902 war auf der Zeche Preußen II (Teufe 549 m) der Harpener Bergbau-AG mit der ersten elektrischen Fördermaschine eine Geschwindigkeit von 16 m/s erreicht worden. Vgl. Bosenick, S. 19/20; Wiel, S. 154; Schunder, S. 106.

[60] Krampe, S. 64-66; Bosenick, S. 19.

[61] Vgl. Bosenick, S. 5; H. Schultz, Die Westfälische Kohlen-Industrie, 1883, S. 22 f., 40; Meis, S. 366. In den Jahren vor 1914 hatte die Zahl der Pferde schon 8.400 betragen. Vgl. Meis, S. 30.

Tage und die nach dem Streik von 1889 deutlich ansteigenden Löhne der Pferdetreiber, deren Lohn ca. ein Drittel des Tonnen-Kilometer-Satzes ausmachte, veranlaßte die Einführung der mechanischen Streckenförderung[62].

Von 1889 bis 1898 wurden 71 Neuanlagen errichtet und die Bahnlänge betrug im letzten Jahr 83.119 m, davon als Maximum 2.680 m auf einer Zeche. Sie Bahnlängen schwankten meist zwischen 1.000 und 2.000 m, kürzere waren kaum vorhanden. Die Antriebsmotoren besaßen meist eine Leistung zwischen 20 und 30 PS. Von 42 Seilförderungen wurden in Westfalen 11 mit Dampf, 21 mit Luft, 8 elektrisch und 2 mit Druckwasser betrieben. Vor allem auf den längeren Strecken sparte man gegenüber der Pferdeförderung[63].

Ebenso wie die Seilförderung wurde auch die Lokomotivförderung im Vergleich zu anderen Bergbaugebieten erst ab 1905 zögernd in den Ruhrbergbau eingeführt. Zu diesem Zeitpunkt gab es neben der Pferdeförderung 149 Fördereinrichtungen mit feststehendem Antrieb (Seil- und Kettenbahnen) und 48 Grubenlokomotiven, davon 15 Fahrdraht-, 1 Akkumulator- und 32 Benzin-und Benzollokomotiven. 1914 war die Zahl bereits auf 374 Seil- und 36 Kettenbahnen sowie 1.164 Lokomotiven angestiegen, davon waren 698 Fahrdraht-, 56 Akkumulator-, 173 Druckluft-, 15 Benzin- und 22 Benzollokomotiven[64].

Vor allem die Einführung von Lokomotiven brachte erhebliche betriebswirtschaftliche Einsparungen mit sich: bezogen auf die Förderung von 1 Mill. t Kohle sank die Zahl der Schlepper von 1.085 (1900) über 964 (1904) auf 850 im Jahre 1908. Durch die Einführung von 33 elektrischen und 3 Benzinlokomotiven wurden 240 Pferde überflüssig. Die Betriebskosten waren hierdurch von 12 bis 25 Pf auf 6 bis 8 Pf bezogen auf 1 t/km zurückgegangen[65].

[62] Die Bedeutung beider Faktoren läßt sich durch zwei Beispiele erhärten: In den nördlichen Bergbaugebieten Englands hatte man wegen der größeren Förderlängen und -mengen schon um 1850, mit großen Einsparungen in der Folge, die mechanische Streckenförderung eingeführt. Vgl. R. Nasse, Notizen, in: ZBHSW 1891, S. 308 f. In Oberschlesien hatten — trotz günstiger Versuchsergebnisse — das große Angebot an niedrig entlohnten Pferdetreibern und an billigem Pferdematerial aus Österreich und Rußland sowie die Kürze der Förderstrecken die Einführung der maschinellen Streckenförderung zunächst verhindert. Erst nach dem 1889er Streik ging man auch hier dazu über. Vgl. Heimann, Die maschinellen Streckenförderungen auf den oberschlesischen Steinkohlengruben, in: ZBHSW 1900, S. 18 f. Im staatlichen Saarbergbau waren sie schon seit 1862 eingeführt worden. Vgl. Bosenick, S. 10. Zum Ruhrgebiet vgl. W. Müller, Die Betriebskosten der unterirdischen Seilförderungen auf den Zechen des Ruhrkohlenbergbezirks, in: Glückauf 36, 1900 I, S. 141-154.

[63] Bosenick, S. 10-12. Schon unter der Direktion der Bergbehörde war die Bahnlänge auf 53 Gruben bis 1849 auf 58.156 Lachter ausgebaut worden. Vgl. Krampe, S. 62/3.

[64] Meis, S. 30/1; Schunder, S. 101.

[65] Vgl. O. Kammerer, Der Ersatz des Handarbeiters durch die Maschine im Bergbau, in: Zeitschr. d. VDI 54, 1910, S. 2019.

Mit der Einführung des Grubentelefons (seit 1884), der Methode des Spülversatzes (seit 1902) und der Inbetriebnahme von Förderbändern (1904) und Schüttelrutschen (1905) war die Technik von der Streckenförderung aus bis dicht an den Arbeitsplatz des Bergarbeiters vorgedrungen. Vor Ort selbst jedoch war die Arbeit des Bergmannes — abgesehen von der rasch wachsenden Bedeutung des Dynamits als Sprengstoff gegen Ende der 1860er Jahre — bis 1914 von der Technik beinahe unberührt geblieben[66].

Im Weichkohlenbergbau der Vereinigten Staaten wurden schon 1891 mit 545 Schrämmaschinen etwa 5,6 Mill. t Kohle und damit knapp 7% der Gesamtförderung, 1907 mit 11.144 Schrämmaschinen 35% der Gesamtförderung (107,8 Mill. t) produziert. Im britischen Bergbau wurden 1902 mit insgesamt 483 Schrämmaschinen etwa 4,2 Mill. t (das war weniger als 2% der Gesamtförderung) im Jahre 1911 mit 2.146 Maschinen rund 19 Mill. t (knapp 7%) maschinell geschrämt. Einzelne Distrikte traten dabei besonders heraus: so Liverpool mit 22,7%, Ostschottland mit 13,6%, Westschottland mit 8,54% und Yorkshire mit 8,7% (1907). Südwales lag mit, wie wir noch sehen werden, weniger als einem halben Prozent an drittletzter Stelle der nationalen Skala[67].

Auf dem europäischen Kontinent hatten schwierigere tektonische Verhältnisse und vor allem niedrigere Löhne die Verbreitung der Schrämmaschine aufgehalten[68]. So wurden 1905 in Frankreich im Gebiet Pas de Calais 1%, im Dep. du Nord 0,5% und an der Saar 1,5% maschinell geschrämt[69]. An der Ruhr hatten die mäßigen Testergebnisse seit 1875, die kaum auf eine höhere Rentabilität gegenüber der Handarbeit hoffen ließen, sowie vielleicht die Furcht vor einer möglichen Überproduktion die Einführung der Schrämmaschine gehemmt[70]. Hinzu kam die Möglichkeit für die Unternehmer,

66 Meis, S. 27/8; Schunder, S. 99; Wiel, S. 153; Tenfelde, S. 206. Das Bergeversatzverfahren hatte sich bis 1914 auf fast allen, die Schüttelrutsche auf 136 (von 234) Schachtanlagen durchgesetzt. Vgl. Meis, S. 28; Bergmann, S. 44. Auf der fiskalischen Königin-Louise-Grube in Oberschlesien konnte gegenüber dem alten Verfahren des Stehenlassens von Sicherheitspfeilern mit dem Einsatz des Spülversatzes 30% mehr an Kohle gefördert werden. Abgesehen von dem volkswirtschaftlichen Gewinn von rd. 700 Mill. M entsprach dies einem betrieblichen Mehrgewinn von etwa 140 Mill. M. Vgl. Kammerer, S. 1975.

67 Vgl. E. Jüngst, Zur Frage der Verwendung der Schrämmaschine im Ruhrkohlenbergbau, in: Glückauf 45, 1909, S. 969-976, S. 970/1; Saitzew, S. 194.

68 Betrugen die Schichtlöhne der amerikanischen Bergarbeiter doch etwa das Zwei- bis Dreifache der deutschen. Vgl. Saitzew, S. 200 (für 1900-1907).

69 E. Jüngst, Zur Frage, S. 971.

70 Saitzew, S. 195-203; Jüngst, S. 973-976; J.V. Bredt, Die Polenfrage im Ruhrkohlengebiet, 1909, S. 15-17. Kammerer, S. 1887/8. Hemmungen von seiten der Arbeiter waren vorhanden, doch dürfen sie bei der — im Vergleich zu England — im Ruhrbergbau „viel stärkeren Stellung seines Unternehmertums“ (Jüngst) nicht überschätzt werden. Vgl. O. Stillich, Steinkohlenindustrie, 1905, S. 69/70; Jüngst, S. 972; auch: Schunder, S. 91, und Meis, S. 30.

anstelle einer weiteren Erhöhung des schon großen fixen Kapitalanteils durch die Anschaffung von weiteren Maschinen das variable Kapital, die Arbeit, intensiver zu nutzen[71]. Zum einen konnten während der ganzen Zeit bis 1914, wie zu zeigen sein wird, hinreichend neue Arbeitskräfte aus den agrarischen Randzonen Mitteleuropas zu nicht zu hohen Löhnen angeworben und eingestellt werden. Zum anderen bestand die Möglichkeit, die Konjunkturschwankungen jeweils durch größere oder geringere Ausnutzung der vorhandenen Arbeitskräfte auszugleichen. So schwankte die durchschnittliche Zahl der jährlich verfahrenen Arbeitsschichten für die eigentlichen Bergarbeiter (vor Ort) im Zeitraum von 1887 - 1911 zwischen 316 auf dem Konjunkturgipfel und 283 im Konjunkturtal und die Schichtleistung hob und senkte sich infolge gezielt durchgeführter Verschiebungen innerhalb der Belegschaft entsprechend der konjunkturellen Lage[72]. Das elastisch zu handhabende Arbeitskräftepotential erwies sich offensichtlich zunächst einer konjunkturgerechten Produktionspolitik als ein brauchbareres Mittel als das nach Ausnutzung strebende, in Maschinen festgelegte Kapital.

1905 wurden im Ruhrgebiet auf 49 Gruben mit 237 Schrämmaschinen 770.000t Kohle gewonnen, das war 1,1% der Gesamtförderung. Von der gesamten deutschen Steinkohleförderung wurden nur 0,8% maschinell produziert[73].

Es mögen die Störungen auf dem Arbeitsmarkt wie die Streiks von 1905 und 1912 sowie eventuelle Zuwanderstockungen, die steigenden Arbeitslöhne und die Aussicht auf dank Syndikatspolitik gesicherte Absatzmärkte gewesen sein, die in den Jahren nach 1905 den Einsatz von Schräm- und Bohrmaschinen beschleunigten. 1913 arbeiteten auf 23 Schachtanlagen 568 Abbauhämmer und 449 Schrämmaschinen. Sie produzierten zwar nur 2,2% der Gesamtförderung[74]. Die mögliche Einsparung menschlicher Arbeits-

[71] 1875 betrugen die Kosten des Maschinenbetriebes bei mittleren Werken etwa 20-25% der Bruttoausgaben an Löhnen und Materialien. Bei den Aktiengesellschaften betrug zwischen 1895 und 1905 das Aktienkapital ca. 78-82% der Aktiva. Vgl. R. Zörner, Belastung und Verbilligung des eigentlichen Grubenbetriebes durch den Maschinenbetrieb, in: ZBHSW 1875, S. 257, zit. nach: Bosenick, S. 55; Uhde, S. 101, 112-114. Vgl. auch Saitzew, S. 310/1.

[72] Vgl. Saitzew, S. 127; Stillich, S. 68, 78/9. Im mechanisierten amerikanischen Bergbau (Ohio, Kentucky, Pensylvania) etwa waren die Löhne hoch genug, um die Kosten der im Konjunkturtal nicht ausgenutzten Maschinen zu kompensieren. Die Zahl der Betriebstage schwankte dort in der gleichen Zeit zwischen 171 und 234. Vgl. Jüngst, S. 972. Vgl. auch unten S. 111-114.

[73] Jüngst, S. 971.

[74] Meis, S. 29/30, 366; auch: H. Grunitz, Der Anteil der Arbeitskosten am Preis der Steinkohle im rhein.-westf. Bergbau, 1928, S. 64/5. Bei einzelnen, meist wohl größeren Bergwerken war jedoch der Anteil bedeutend höher. Bei Hibernia betrug er schon 1905 14%. Vgl. Stillich, S. 71. Zum Arbeitskräftemangel vor 1914 vgl. W. Pothmann, Der im Ruhrbergbau auf den Kopf der Belegschaft entfallende Förderanteil, 1916, S. 69. 1919 gab

kraft durch Bohr- und Schrämmaschinen, deren Einsatz jedoch von den geologischen Verhältnissen, dem technischen Entwicklungsstand der Maschinen sowie vom Kapitaleinsatz abhängig blieb, war aber signifikant: Im Ruhrgebiet verkleinerte sich die Hauerzahl bezogen auf die Förderung von 1 Mill. t Kohle von 1.910 im Jahre 1900 über 1.883 (1904) auf 1.797 Mann im Jahre 1908; zum Vergleich fand in Oberschlesien während der gleichen Zeit zunächst ein Anstieg von 649 auf 784, sodann ein Abfall auf 622 Mann (1908) statt[75].

Gegenüber dem geringen Einsatz von Arbeitsmaschinen wuchs der Bestand an Antriebs- und Kraftmaschinen beständig[76]. Zentrale Kraftquelle blieb seit dem Übergang zum Tiefbau die Dampfmaschine. Diente sie zunächst nur der Wassererhaltung und Förderung, so kamen nach und nach Ventilatoren und die verschiedenen Zweige des Übertagebetriebes hinzu[77].

Anzahl der Dampfmaschinen und der von ihnen erzeugten PS im Ruhrbergbau[78]

Jahr	*Anzahl*	*PS*
1826	16	?
1843	95	4 509
1851	142	9 845
1860	361	30 777
1870	746	61 778
1880	2 070	146 910
1890	3 215	228 432
1900	5 227	515 163
1905	6 062	774 736
1910	6 167	1 086 848
1912	6 117	1 271 854

es im Ruhrbergbau 17.632 Bohrhämmer. Ihre Zahl hatte sich also während des Krieges, vor allem wohl wegen des Mangels an Sprengstoffen, verdreifacht. Vgl. H. Rürup, Die Entwicklung der Technik im Bergbau, 1926, S. 8.

[75] Diese Ergebnisse beruhen auf einer Umfrage von 6 oberschlesischen und 14 Unternehmen im Ruhrbergbau, die „überhaupt solche Maschinen verwenden". Vgl. Kammerer, S. 2017/8. Diese Durchschnittszahlen hängen natürlich von den geologischen Verhältnissen, der Geschicklichkeit und dem guten Willen der Arbeiter wie auch von der Höhe des Kapitaleinsatzes ab.

[76] Zu der begrifflichen Unterscheidung vgl. Dr. Gablers Wirtschaftslexikon (Kurzausgabe), Bd. 4, 1972, S. 975.

[77] Die wenigen Gas- und Benzolmotoren sowie Wassertriebwerke, die 1910 in Betrieb waren, sind hier zu vernachlässigen. Vgl. Saitzew, S. 282. Zur Verteilung der Dampfmaschinen und der erzeugten Energie auf die verschiedenen Betriebszwecke von 1882 bis 1908 vgl. E. Jüngst, Festschrift zur Feier des 50jährigen Bestehens des Vereins für die Bergbaulichen Interessen, 1908, S. 12, und Saitzew, S. 190/1.

[78] Die Zahlen sind zusammengestellt nach den Angaben bei: H. Rürup, S. 3, und Wiel, S. 139. Die Ziffern für 1843 und 1851 gelten nur für die Bochumer und Essener Bezirke.

Hieraus ist zuerst die bis 1890 allmählich, dann schneller wachsende, absolute Bedeutung der Dampfmaschine für den Kohlenbergbau zu erkennen. Ebenso wie die Dampfmaschine die Kohle brauchte, so brauchte die Kohle die Dampfmaschine. Während die Zahl der Maschinen von 1860 bis 1912 um das 17fache zunahm, stieg die PS-Zahl um das 41fache. Die durchschnittliche Leistung der zwischen 1860 und 1908 im Ruhrgebiet neu angeschafften Maschinen wuchs denn auch von 95 PS auf 665 PS[79]. Die relative Bedeutung der Kraftmaschinen wird klar, wenn man ihre Leistung auf die Fördermenge bezieht: 1850 kam bei pro Kopf der Belegschaft von 130t im Jahr auf eine Tonne eine Maschinenkraft von 40 PS, 1900 bei einer Leistung von 260t ein Maschinenaufwand von 65 PS. Kam im Jahr 1863 eine Förderung von 184 t auf 1 PS, so waren es 1904 nur noch 90 t. Stieg im Ruhrgebiet die Bedeutung der Maschinenkraft bis 1904 also nur im Verhältnis 1 : 2, so wuchs sie in den erst während der 1870er bzw. 1880er Jahre zum intensiven Tiefbau übergehenden Bezirken des Saarlandes und Oberschlesiens in der gleichen Zeit in einem Verhältnis von 1 : 5 und 1 : 135[80]. Zwischen 1887 und 1911 verdoppelte sich die PS-Zahl pro 1.000 t Jahresförderung im Ruhrgebiet und in Oberschlesien, während sie bei den Staatswerken an der Saar um 50% anstieg. Während in der gleichen Phase im Ruhrgebiet, in Oberschlesien und an der Saar die Pferdestärken wie 100 : 637, 100 : 511 und 100 : 291 zunahmen, wuchs die Gesamtbelegschaft derselben Reviere nur im Verhältnis 100 : 347, 100 : 290 und 100 : 213[81].

Zu fragen bleibt, wie sich der — wie wir sahen — unterschiedliche Einsatz von Arbeitsmaschinen einerseits und von Kraft- und Antriebsmaschinen andererseits auf die Leistung der beschäftigten Bergarbeiter auswirkte. Die Förderung pro Beschäftigtem stieg kontinuierlich von 1820 mit 120t bis 1888 auf 318t, sank dann aber allmählich auf die mittlere Zahl von etwa 260 t (1910) pro Jahr ab[82]. Die Förderung pro Schicht und Mann der ‚eigentlichen Bergarbeiter' (unter Tage) stieg an der Ruhr in der Zeit von 1887 bis 1911 nur geringfügig wie 100 : 105,6, in Oberschlesien wie 100 : 109,7, im Saargebiet jedoch wie 100 : 129,1. Die Leistung der Gesamtbelegschaft fiel für die drei Bezirke von 100 auf 85,6, bzw. 85,5 und 87,1[83]; in Frankreich, Belgien und

[79] Goldschmidt, S. 14.

[80] Kammerer, S. 1883; Goldschmidt, S. 13. Dagegen hatte sich die Zahl der in Bergbau, Salinen, Industrie und Handwerk in Deutschland installierten PS von 1875 bis 1907 etwa wie 1:8 vermehrt. Hatte der Anteil der drei Bergbaubezirke 1875 daran etwa 10% ausgemacht, so stieg er 1907 auf etwa 16%; für das Ruhrgebiet allein waren die Anteile 7,3% (1875) und 11% (1907). Zu den absoluten Zahlen vgl. Goldschmidt, S. 12; Saitzew, S. 286, und W.G. Hoffmann, Das Wachstum der deutschen Wirtschaft seit der Mitte des 19. Jahrhunderts, 1965, S. 79.

[81] Saitzew, S. 286/7.

[82] Vgl. Wiel, S. 129-131; W. Pothmann, S. 28; Uhde, S. 45 (mit teilweise abweichenden Ziffern).

[83] Saitzew, S. 141-143. Die Leistung variierte — aufgrund tektonischer Verschiedenheiten und anderer Ursachen — sowohl zwischen den Bergbaudistrikten wie den einzelnen

Großbritannien von 100 auf 91,3, bzw. 86,4 und 85,6[84]. Während also — im Gegensatz zu den USA — im europäischen Bergbau insgesamt die Schichtleistung der Gesamtbelegschaft bis 1914 sank, konnte in Deutschland die Schichtleistung des eigentlichen Bergarbeiters unter Tage etwa ab 1890 nur durch intensive Nutzung von Kraft- und Antriebsmaschinen kaum mehr als stabil gehalten werden. Die gleichen Maschinen, die vorher den Tiefbau ermöglicht hatten, kämpften nun — nach erheblicher Ausdehnung — um seine Rentabilität.

Der hier zu erkennenden Wirkung des Gesetzes vom abnehmenden Ertrag bei der Urproduktion[85] auf der Mengenseite wurde auf der Kostenseite des produzierten Gutes teilweise entgegengewirkt. Wie die Anschaffung der meisten Maschinen erst ab einer bestimmten Betriebsgröße geschah und technisch wie wirtschaftlich möglich wurde, so unterlagen sie bei steigender Größe und wachsender Ausnutzung (bis zu einem Grenzpunkt) dem ‚Gesetz des zunehmenden Ertrags'. So sanken z.B. die Gestehungskosten pro PS-Stunde (bei einem Kohlepreis von 12,00 M/t) bei einer Maschinenstärke von 50 PS und einer Ausnutzung von 15.000 Stunden von 7,4 Pf auf 1,2 Pf bei einer Maschinenstärke von 3.000 PS und einer Betriebsdauer von 8.640 Stunden[86].

Revieren als auch zwischen den verschiedenen Anlagen — auch innerhalb derselben Unternehmen — zum Teil erheblich. Vgl. etwa Saitzew, S. 141-143; Pothmann, S. 20; Fischer, Herz, S. 33, 49-57; Freundt, S. 30; Festschrift aus Anlaß des 25jährigen Bestehens der Bergwerksgesellschaft Hibernia (1873-1898), 1898, S. 84; W. Kesten, Geschichte der Bergwerksgesellschaft Dahlbusch, 1952, S. 232/3, 250; W. Däbritz, Bochumer Verein für Bergbau und Gußstahlfabrikation, 1934, Anhang Tab. 7. Zu den mannigfachen Ursachen der verschiedenen Schichtleistungen vgl. Pothmann; L. Pieper, Die Lage der Bergarbeiter im Ruhrrevier, 1903; A. Bosenick, Über die Arbeitsleistung beim Steinkohlenbergbau in Preußen, 1906; A.L. Wirbelauer, Der Lohnkostenanteil an den Selbstkosten im Steinkohlenbergbau, 1930, S. 81-83; Stillich, S. 78; F. Neuhaus, Die Zechenstillegungen im Südrandbezirk des Ruhrgebietes, 1938, S. 31.

[84] Saitzew, S. 141-142. Die Ziffern für die Leistung der Gesamtbelegschaft sind zwar im internationalen Vergleich interessant, doch wird ihre Aussage über die tatsächliche Leistung in Form von Kohlenförderung durch die in sie eingeschlossene Belegschaft der Tages- und Nebenbetriebe verfälscht. Unter ‚eigentlichen' Bergarbeitern verstehen wir die erwachsenen Arbeiter unter Tage, d. h. die Klassen I und II bzw. a und b der preußischen Bergbaustatistik. Ihr Anteil an der Gesamtbelegschaft ging von 79,2% (1888/89) auf 77,8% (1910/11)zurück. In Oberschlesien betrug ihr Anteil 72,8% bzw. 67,1%, an der Saar 83,9% bzw. 82,6%. Vgl. Pothmann, S. 15.

[85] Vgl. grundsätzlich dazu: O.v. Zwiedineck-Südenhorst, Kritische Beiträge zur Grundrentenlehre, 1911. Für den Bergbau vgl. Saitzew, S. 255-58, 293-308. Zielt das Marx'sche ‚Gesetz vom tendenziellen Fall der Profitrate' auf den Absatzmarkt und dessen tendenzielle Sättigung an produzierten Gütern ab, so richtet sich das ‚Gesetz vom abnehmenden Ertrag bei der Urproduktion' auf die spezifischen, natürlichen Bedingungen der Produktion.

[86] Saitzew, S. 296-299, hier: 299; vgl. auch Bosenick, S. 12, 19, 22 u.ö. Bosenick spricht von einem ‚Gesetz des zunehmenden Ertrages bei zunehmender Kapitalkonzentration',

Wie sehr sich die Unternehmer die Wirkung dieses ‚Gesetzes' zunutze machten, zeigt die Entwicklung der durchschnittlichen Dampfmaschinenstärke von 1890 bis 1910.

Durchschnittliche Dampfmaschinenstärke (in PS) im deutschen Steinkohlenbergbau[87]

Jahr	OBA Dortmund	Oberschlesien	Saar (Fiskus)
1890	71,1	85,4	73,5
1900	97,5	98,2	78,4
1910	176,3	213,7	106,9

Beide Faktoren, steigende Größe und wachsende Ausnutzung der Maschinen, die dem ‚Gesetz des abnehmenden Ertrages' bei der Urproduktion entgegenwirken konnten, drängten zum Großbetrieb. Nur dort konnte das ‚Gesetz des zunehmenden Ertrages' voll zur Wirkung gebracht werden.

Bevor wir jedoch zur Behandlung der organisatorischen Durchführung der in diesem ‚Gesetz' angelegten Tendenz kommen, wollen wir, soweit dies für unsere Zwecke erforderlich erscheint, auf weitere durch die Entwicklung der Technik gebotenen Möglichkeiten, das ‚Gesetz des abnehmenden Ertrages' in der eigentlichen Kohleförderung in seiner Wirkung abzuschwächen oder auszugleichen, aufmerksam machen. Es handelt sich hierbei um die Kohleaufbereitung und die Entwicklung der Nebenprodukte.

4. Die Verfeinerung des Angebots und die Diversifizierung der Produkte

Mit der Ausweitung des Kohlekonsums im Laufe des 19. Jahrhunderts trat eine weitgehende Verfeinerung des Bedarfs ein. Seit den 1850er Jahren verfeuerten Eisenbahnen und Dampfschiffe ausnahmslos Stückkohlen, während sie vorher Koks verheizt hatten. Auch andere Konsumenten forderten gegenüber der früher verbrauchten unreinen Förderkohle immer mehr gereinigte und sortierte Kohle wegen des höheren und speziell auf ihre Bedürfnisse zugeschnittenen Heizwertes. Hinzu trat die Enge und — daher — Kostbarkeit des verfügbaren Schiffsraumes, war es doch auch die Kohlenhandelsfirma Stinnes, die schon 1849 die erste Aufbereitungsanlage baute[88].

berücksichtigt dabei aber zu wenig die bei wachsender Teufe prinzipiell steigenden Betriebskosten sowie den Grenzpunkt, von dem ab keine oder kaum noch Einsparungen möglich sind. Vgl. auch Saitzew, S. 304-308, 298; Goldschmidt, S. 17.

[87] Saitzew, S. 298. Bestätigt wurde diese Tatsache auch durch die bis zu einem bestimmten Grenzpunkt mit den Betrieben wachsende Leistung, wurde doch in Großbetrieben die Maschinenkraft intensiver genutzt. Vgl. Pothmann, S. 38/9; Uhde, S. 118.

[88] Schunder, S. 108-110; Goldschmidt, S. 19/20; Bergmann, S. 42; E. Jüngst, Die Berg-und Hüttenindustrie, in: Brandt/Most, Hg., Heimat- und Wirtschaftskunde für Rheinland-Westfalen, 1914, Bd. 1, S. 335-359, S. 336.

Doch die allgemeine Bereitschaft zur Anschaffung dieser größere Investitionen erfordernden Anlagen stieg erst, als zu den mit dem Bedarf steigenden Preisen für Stückkohle die Absatzschwierigkeiten der 1870er und 1880er Jahre kamen und die Konkurrenz zwischen den einzelnen Bergwerken wuchs. Die zahlenmäßige Entwicklung, die auch in diesem Bereich — wie bereits bei der Maschinisierung — die Bedeutung der Jahre zwischen 1890 und 1910 zeigt, ergibt das folgende Bild.

Anzahl der Kohlenwäschen und -siebereien im Ruhrbergbau[89]

Jahre	Wäschen	Siebereien
1870 - 1880	23	1
1880 - 1890	60	15
1890 - 1900	94	38
1900 - 1905	82	27
1905 - 1910	111	143
1910 - 1915	114	184

Um 1900 unterschied man zwischen vier Kohlensorten (1910 waren es sechs) mit jeweils durchschnittlich 20 Untergruppen. Die Investitionsfähigkeit und -bereitschaft der rentablen Betriebe in die Aufbereitungsanlagen machte sich bezahlt: Zum einen konnten sie ein auf den besonderen Verwendungszweck abgestelltes, reineres und damit für den Konsumenten wertvolleres Produkt anbieten, zum anderen brachte gerade diese weitgehende Spezialisierung der Produkte die Möglichkeit, die schwankenden Konjunkturen in Preis und Absatzlage besser auszunutzen[90].

Als Abfallprodukt der Kohlenaufbereitung blieb der Kohlenschlamm zurück. Nachdem 1832 erstmals Kohle unter Zusatz von Teer zu Brikett gepreßt worden war und dieses Verfahren seit 1842 in Frankreich und 1846 in England angewandt wurde, fand es seit 1861 auch Eingang ins Ruhrgebiet. Doch erst als der Absatz der schlechteren und kleineren Kohlensorten während der 1870er und 1880er Jahre schwieriger wurde, der Abfall der Kohlenwäschen sich erhöhte und der Preis für das bei der Nebenproduktegewinnung entstehende Teerpech sank, setzte sich die Brikettierung der Steinkohle endgültig durch[91]. 1883 produzierten sechs Schachtanlagen mit

[89] J. Withake, Die rhein.-westf. Industrie für Kohlenaufbereitung, ihre Entwicklung und wirtschaftliche Bedeutung, 1920, S. 28, zit. nach Bergmann, S. 42. Zu den ‚kaum zu befriedigenden Forderungen der Verbraucher‘ vgl. z. B. A. Heinrichsbauer, Harpener Bergbau-Aktiengesellschaft 1856-1936, 1936, S. 76; Bosenick, S. 59.

[90] Wirtschaftliche Entwicklung, Bd. 1, S. 202-205; Goldschmidt, S. 20. In England spielte die Kohlenaufbereitung — wie wir sehen werden — u. a. auch wegen der größeren natürlichen Reinheit der Kohle eine weitaus geringere Rolle. Vgl. auch Bosenick, S. 59.

[91] Schunder, S. 119; Goldschmidt, S. 24. Während in Deutschland das Preisverhältnis von Förder- und Feinkohle wie 2:1 war, hatte die doppelte Preisdifferenz in Belgien, Frankreich und manchen britischen Distrikten die Brikettierung der Feinkohle beschleunigt. Warum dieser Effekt gerade nicht in Südwales eintrat, wird noch zu zeigen sein.

Brikettherstellung 38.000t, 1913 53 Anlagen knapp 5 Mill. t, i.e. 70% der gesamten deutschen Steinkohlenbrikettproduktion. Dies bedeutete in 30 Jahren eine Steigerung um das 130fache. Die Richtpreise stiegen von 8,50 bis 10,00 M (1893) auf 11,00 bis 14,00 M (1900 — 1911). Für die Magerkohlenzechen am Südrand des Ruhrgebiets, die ihren reichen Abfall an Feinkohle vorher nicht nutzen konnten, wurde die Brikettherstellung jetzt zur „Lebensfrage“[92]. Da die kleinsten Brikettfabriken bei wirtschaftlicher Ausnutzung eine Mindestjahresförderung von 60.000t Kohle pro Betrieb voraussetzte, waren es auch hier die größeren Bergwerke, die bei dieser Rentabilitätszunahme ihrer Produktion im Vorteil waren. So wuchs z.B. der Anteil der Brikettherstellung der Aktiengesellschaften von 14,84% (1893) auf 37,55% im Jahre 1911[93].

Eine weitere und in ihren Folgen zu Beginn nicht zu übersehende Verfeinerung des Angebots der Zechen bedeutete die Verkokung der Kohle. Ähnlich der englischen Erfahrung, wo die Technik der Verkokung aufgrund des mangelnden Waldbestandes und steigender Holzpreise Ende des 18. Jahrhunderts entwickelt wurde, setzten um die gleiche Zeit die ersten Versuche der Verkokung im Ruhrgebiet ein. Trotz der primitiven zur Verfügung stehenden Mittel zur Verkokung — offene Meiler und Backöfen aus Ziegelsteinen — wirkte der dringende Bedarf der Hütten- und der Eisenindustrie des Bergischen Landes, des Sieger- und Sauerlandes seit etwa 1790 anregend[94]. Die Kokereien gehörten nicht zum eigentlichen Bergwerksbetrieb, unterlagen daher auch nicht der staatlichen Aufsicht und Kontrolle und bildeten somit für die Gewerken eine „Quelle recht hoher Nebeneinnahmen“[95]. Unstimmigkeiten in der Rechnungslegung und die wiederholten Klagen der koksverbrauchenden Hütten, die ebenfalls der staatlichen Direktion unterlagen, veranlaßte die Bergbehörde, 1831 auch die Koksmeiler unter ihre Aufsicht zu stellen. Doch schon 1832 ließen es die anhaltenden Klagen der Hütten und die Schwierigkeiten bei der Preiskontrolle als wünschenswert erscheinen, die bergbehördliche Kontrolle wieder aufzugeben[96].

[92] Wiel, S. 142/3; Wirtschaftliche Entwicklung, Bd. 1, S. 212/3; Meis, S. 332; Schunder, S. 119; Bergmann, S. 47; F. Bock, Die wirtschaftliche Entwicklung der Bergwerks-Aktiengesellschaften des Ruhrkohlenreviers von 1893 bis 1911, 1914, S. 37. Die Marktfähigkeit des neuen Produkts wurde erhöht durch die Formung in verschiedenste Größen und Gewichte. Vgl. Wirtschaftliche Entwicklung, Bd. 1, S. 208/9.

[93] Goldschmidt, S. 24/25; Bock, S. 37.

[94] Metzelder, S. 199 ff.; insgesamt für die frühe Entwicklung des Kokereiwesens vgl. bes. H. Spethmann, Die Anfänge der ruhrländischen Koksindustrie, in: Beiträge zur Geschichte von Stadt und Stift Essen 22, 1947, S. 31-84. Wie bei der Einführung vieler anderer technischer Innovationen spielte auch hier ein ausreichendes Kapitalpolster, in diesem Fall das der Familie Haniel, neben der Aussicht auf zusätzlichen Gewinn, eine entscheidende Rolle.

[95] Krampe, S. 74; Metzelder, S. 203, 206.

[96] Metzelder, S. 203/4; Krampe, S. 75/6.

Auch zum technischen Fortschritt im Kokereibetrieb hatte die Bergbehörde trotz intensiver Bemühungen und mehrmaliger Versuche kaum beitragen können[97]. Trotzdem hatte sich die Koksproduktion — vor allem im rheinischen Teil des Ruhrgebietes — bis 1858 unter dem wachsenden Bedarf der Eisenbahnen erheblich ausgedehnt[98]. Doch erst die Entdeckung, daß verkokte Ruhrkohle bei der Eisenverhüttung zu verwenden sei, führte ab 1849 zur eigentlichen Industrialisierung des Kokereiwesens. Kamen 1852 — erst ein Jahr zuvor war der erste angeblasen worden — auf vier Kokshochöfen noch acht Holzkohleöfen, so war das Verhältnis 1857 bereits 28 : 1. Bis 1870 wuchs die Zahl der Hochöfen auf 49, die Roheisenproduktion von 11,5 (1850) auf 360,8 Mill. t (1870) an. Die Zahl der Koksöfen stieg von 351 im Jahre 1863 auf 1.232 (1870), die Kokserzeugung von 73.000 t (1850) auf 341.000 t im Jahre 1870[99].

Doch war es nicht nur die große Ausdehnung der Eisenindustrie unter dem Mantel des Schutzzolls, sondern auch zunehmend technische und wissenschaftliche Entdeckungen und Weiterentwicklungen, die immanent aus dem Kokereibetrieb eine weitverzweigte Technologie der „Nebenprodukte“ entstehen ließ.

Der in England um 1800 entwickelte sog. ‚Bienenkorbofen‘ wurde bis in die 1870er Jahre verändert und in seiner Leistungsfähigkeit entscheidend verbessert. Die Erfindung des Koksofens mit Nebenproduktegewinnung 1881/82 löste den vorhergehenden Copée-Ofen jedoch nur allmählich ab. Hemmend wirkten hierbei zum einen die durch die neue Anlage stark angestiegenen Investitionskosten kombiniert mit der ungewissen Marktfähigkeit der neuen Produkte, zunächst Teer und Ammoniak, zum anderen die Furcht der Hütten vor einer Qualitätsherabsetzung des Kokses, der bei der Nebenprodukteanlage erzeugt wurde. Da die Bergwerksunternehmer sich also nicht mit „Chemischen Fabriken auf Bergwerken“ beschäftigen wollten, gingen sie ein Pachtverhältnis mit den Baufirmen der Gewinnungsanlagen ein, das diesen bei unentgeltlicher Errichtung der Anlagen zum Ausgleich die Nutzung der anfallenden Nebenprodukte auf 10 bis 15 Jahre einräumte[100].

Weitere Verbesserungen der Nebenprodukteanlagen ließen die Skala der Produkte ansteigen. Schon 1904 waren es 21. Im gleichen Jahr wurden

---

[97] Krampe, S. 76-78; Metzelder, S. 208/9.

[98] Vgl. dazu Metzelder, S. 204-212; Krampe, S. 77.

[99] Bergmann, S. 48; Metzelder, S. 215/6; Gebhardt, S. 397-398; Wirtschaftliche Entwicklung, Bd. 12, S. 22/3.

[100] Schunder, S. 122/3, 132/3; Bergmann, S. 49; Wiel, S. 284; Heinrichsbauer, S. 75/6. Die Umstellung von Flamm- auf Nebenproduktöfen erforderte eine Steigerung des Investitionskapitals um das Vierfache pro Ofen, während sie beinahe eine Verzehnfachung gegenüber dem Bienenkorbofen bedeutete. Kostete dieser 1.500 M, so erforderte der Flammofen 3.000 M, der neue Collin-Ofen aber 12.083 M, von dem aber wiederum eine Anzahl von 60 Stück (= 725.000 M) für die kleinste Anlage notwendig war. Vgl. Stillich, S. 58; auch: Goldschmidt, S. 31.

bereits 35% des in Deutschland erzeugten Teers auf den Kokereien selbst aufgearbeitet, ein Produkt, das 1875 noch zu 20% unverarbeitet zu Heizzwecken verwendet worden war. Die Furcht der Eisenhütten vor einer geminderten Koksqualität sicherte zwar dem alten Flammofen ein ‚recht zähes Leben', der Gewinn von 40 bis 55% des Destillationsgases zur Beheizung von Siemens-Martin-Öfen und zum Antrieb von Großgasmaschinen sowie der niedrigere Preis der neuen Koksart kompensierten aber diese Furcht wohl ausreichend[101]. Hinzu kam in den Jahren nach 1900 die Mechanisierung der Kokerei- und Nebenproduktanlagen, die eine Intensivierung des Betriebes und z.B. auf der Stinnes-Zeche Victoria Mathias in Essen die Reduzierung der Arbeiterzahl auf etwa ein Fünftel ermöglichte[102]. Die Vorteile der neuen Anlagen wurden nun für die Bergwerksunternehmer offensichtlich. 1893 waren von etwa 6.000 Koksöfen insgesamt 362 Destillationsöfen, wovon nur ein Ofen auf die eigene Rechnung einer Zeche arbeitete. 1900 wurden 9.601 Koksöfen auf 81 Anlagen gezählt, davon auf 41 Zechen etwa 3.000 Destillationsöfen, von denen wiederum etwa die Hälfte in eigener Regie einer Zeche betrieben wurde[103]. 1910 gab es etwa 15.000 Koksöfen auf 95 Anlagen, davon wurden auf 34 Anlagen nur die primären Erzeugnisse wie Ammoniak und Teer, auf weiteren 46 Anlagen daneben aber auch die in den Destillationsgasen enthaltenen schweren und leichten Kohlenwasserstoffe gewonnen. Bis 1913 existierten insgesamt 127 Kokereianlagen mit über 17.000 Öfen[104].

Während sich die Roheisenproduktion im Ruhrgebiet von 1870 bis 1913 um das 25fache vermehrte, stieg die Koksproduktion also auf das 73fache. Diese Produktionsausdehnung hatte sich trotz der im Vergleich zur Kohle

[101] Schunder, S. 133; Meis, S. 39; Stillich, S. 55. Die Einsparung von Heizmitteln für nachgeschaltete Dampfkessel war schon bei den vorhergehenden Coppée-Öfen erheblich; auf den Zechen Shamrock und Hibernia wurde im Durchschnitt der Jahre 1893-1897 jährlich 45.000 t Kohlen oder etwa 290.000 M eingespart. Vgl. Festschrift Hibernia, S. 89. Die Nutzung der durch die neue Nebenproduktetechnologie verstärkt anfallenden Gasmengen verursachte zum einen über die Einführung von Turbinen die Zentralisierung und Elektrifizierung der Energieversorgung der Zechen. Zum anderen ermöglichte sie den Bergwerken den Verkauf von Gas und elektrischer Energie ab etwa 1905 an Gemeinden und andere Großverbraucher. Die Stromerzeugung hatte sich von 1906 bis 1913 um das 20fache vermehrt. 1913 wurden 906 Mill. m^3 Gas und 1,1 Mrd. kWh an Strom von den Zechen des Ruhrbergbaus erzeugt. In gleichen Jahren wurden bereits 2,5 Mill. Einwohner des Ruhrgebietes mit 140 Mill. m^3 Gas versorgt. Vgl. dazu Meis, S. 35/6; Schunder, S. 115/6, 126; Gebhardt, S. 33/4, 497/9; Wiel, S. 144, 281; Jüngst, Die Berg- und Hüttenindustrie, S. 338.

[102] H. Manitius, Die Nebenerzeugnisse der Steinkohle in der deutschen Volkswirtschaft, 1923, S. 56; Schunder, S. 123.

[103] Gebhardt, S. 498; Wiel, S. 285; Bergmann, S. 49; Heinrichsbauer, S. 117, 129.

[104] E. Jüngst, Die Berg- und Hüttenindustrie, S. 337; Gebhardt, S. 498; Wiel, S. 144; A. Pilz, Die Hüttenzechenfrage im Ruhrbezirk und Richtlinien für eine Erneuerung des Rhein.-Westf. Kohlensyndikats, 1910, S. 32. Hinzu kamen noch etwa 3.000 Öfen auf den Hüttenwerken. Vgl. Pilz, S. 32.

für Koks sehr viel stärkeren Absatzeinschränkungen des Kohlensyndikats vollzogen[105]. Während jedoch die Kohlenförderung im Ruhrgebiet von 1900 bis 1913 um kaum das Doppelte, die Koksproduktion um knapp das Dreifache zunahm, stieg die Gewinnung der Nebenprodukte um das Vielfache: die Produktion von Ammoniak auf das 10fache, von Teer und Benzol sogar auf das 12fache[106]. Noch mehr als für die rapide angestiegene Koksproduktion mußte auch für den Absatz der teilweise bisher noch unbekannten und in ihrem Anwendungsbereich noch unsicheren „Nebenprodukte" gesorgt werden. So wurden neue, gemeinsame Absatzorganisationen geschaffen. Um „unter den Mitgliedern für die Zukunft eine ungesunde Konkurrenz auszuschalten und mit anderen bei der Konkurrenz in Betracht kommenden Firmen, Gesellschaften bzw. Vereinigungen, soweit als tunlich, feste Vereinbarungen über die Beteiligung am Gesamtabsatz sowie über Preise und Lieferbedingungen zu erreichen", wurden die Deutsche Ammoniak-Verkaufsvereinigung (1895), die Deutsche Teer-Verkaufs-Vereinigung (1897) und die (West-) Deutsche Benzol- (Verkaufs-) Vereinigung (1898/1906) in Bochum gegründet[107]. Trotz des ungeheuren Produktionsanstiegs vermochten die Nebenprodukthersteller mit Hilfe dieser Organisationen und eines aufgegliederten Händlernetzes die hergestellten Produkte abzusetzen und die Kontrolle über den europäischen und den Weltmarkt in die Hand zu bekommen. So stieg z.B. der Verbrauch der deutschen Landwirtschaft an schwefelsaurem Ammoniak von 1896 bis 1911 um 300% (auf etwa 400.000 t), der Verbrauch an Chile-Salpeter nur um 40%[108]. Der Export desselben Produktes nahm von 2.400 t auf 74.720 t, also um das 30fache auf etwa 6% der deutschen Gesamtproduktion zu. Der Export an Benzol betrug etwa ein Viertel. Die Preise der „Nebenprodukte"

---

105 Vgl. Pilz, S. 33/4.

106 Meis, S. 330-333. In Oberschlesien, wo die Kokereibetriebe meist „zu ungünstigen Bedingungen" von den Gruben verpachtet waren, verdoppelte sich die Koksproduktion von 1900 bis 1908 und die von jeher schon weit stärkere Nebenproduktegewinnung von 1893 bis 1914 (Ammoniak z. B. von 25.000 t auf 53.000 t). Im Saargebiet, wo in den 1850er und 1860er Jahren die Koksproduktion der des Ruhrgebiets gleichkam, stieg die Koksproduktion von 1900 bis 1910 um 60% auf 1,5 Mill. t. Hatten vorher die fiskalischen Bergwerke die Produktion betrieben, so war die Kokerei seit den 1890er Jahren im wesentlichen ein Hilfsbetrieb der privaten Eisenwerke geworden. Der Fiskus verarbeitete nur noch ein Achtel der Kokskohlen. Von 1.159 Koksöfen, die 1910 in Betrieb waren, beschäftigten sich kaum mehr als die Hälfte (789) mit der Gewinnung von Nebenprodukten. Diese machten noch nicht 10% der Ruhrgebietsproduktion aus. Vgl. Goldschmidt, S. 21, 30; Manitius, S. 47/8; Jüngst, Berg- und Hüttenindustrie, S. 341/2; Brandt/Most, Bd. 2, S. 180/1.

107 Schunder, S. 130; Gebhardt, S. 32.

108 Möllers, Die Nebenprodukte des Gases, ihre Verwertung und wirtschaftliche Bedeutung, 1912, zit. nach: H. Schwerdtfeger, Die wirtschaftliche Stellung der Kohle in den „gemischten Werken" des rhein.-westf. Industriebezirks, 1914, S. 29. Der Preis von 13,50 M für einen Zentner Ammoniak stand 1913 einem Weizenpreis von 10,50 M pro Zentner gegenüber. Vgl. Manitius, S. 95.

zeigten — mit Ausnahme dessen für Benzol — bei sich ausdehnendem Absatzgebiet ein allmähliches und gleichmäßiges Ansteigen: schwefelsaures Ammoniak z.B. von 160,40 M pro t (1896) auf 256,60 M (1913), also um 62%[109].

Die Steigerung der Produktion und der Preise von Koks und Nebenprodukten erhöhte den Wert einer Tonne Kokskohle, wie 1911 geschätzt wurde, um 5,10 M, ein Wert, der in der Hauptsache durch die Gewinnung der Nebenprodukte (3,11 M) erzielt wurde[110].

Innerhalb der einzelnen Unternehmen schafften diese Mehreinnahmen einen spürbaren Ausgleich gegenüber den gestiegenen Kosten in der eigentlichen Förderung. So erhöhte sich z.B. bei der Harpener Bergbau-AG der bei der Kohlenförderung erzielte Rohgewinn 1908/09, 1909/10 und 1910/11 von 2,63 M bzw. 2,39 M bzw. 1,86 M bei der Kokerei um 5,45 M bzw. 5,31 M bzw. 5,45 M. Obwohl hier nur etwa ein Viertel der Kohleförderung verfeinert wurde, brachte sie doch über 72% bzw. 62% bzw. 71% des Rohgewinns der Kohle ein. Damit erwirtschaftete allein der Kokereibetrieb die gesamte ausgezahlte Jahresdividende. Der Rohgewinn der GBAG aus der Nebenproduktegewinnung erhöhte sich von 1895 bis 1906 um das 44fache[111].

Aus einem ehemals abgelehnten oder doch vorsichtig eingeschätzten Zweig der Bergwerksproduktion war bis zum Ausbruch des Ersten Weltkrieges der vielleicht einträglichste geworden. Er wirkte bei seinen stabilen Absatzverhältnissen (Chemische Industrie) nicht nur den großen Schwankungen des Koksabsatzes (Eisenindustrie), sondern auch entscheidend dem Gesetz vom abnehmenden Ertrag bei der Urproduktion entgegen. Selbst dem Bergbauverein erschien schon 1908 „die eigentliche Kohlengewinnung in gewisser Beziehung als Hilfsindustrie"[112].

Die Entwicklung der Kokerei und ihrer Produkte drängte, wie fast alle von uns bisher genannten technischen Anlagen, zum Großbetrieb. Zur Ausnutzung des kleinsten der gebauten Koksofenaggregate mit Destillation benötigte ein Betrieb eine Kohlenförderung von mindestens 150.000 bis 200.000 t pro Jahr. Hiermit war auch das letzte und entscheidende Mittel dem Kleinbetrieb genommen, seine Rentabilität mit Hilfe der Technik aufzubessern[113].

[109] Manitus, S. 98, 94; Schwerdtfeger, S. 29/30; Pilz, S. 33. Der Preis für Benzol war von 400 M (1882) auf 14,55 M im Jahre 1910 gefallen. Vgl. Schunder, S. 131. Für den Export vgl. Ein- und Ausfuhr des deutschen Zollgebiets an Nebenprodukten der Steinkohlenindustrie im 1. Halbjahr 1912, in: Glückauf 48, 1912, S. 1306.

[110] Goldschmidt, S. 26/7. Der Wert der gesamten Produktion des Ruhrbergbaus, so berechnete man später, erhöhte sich damit um 1,50 bis 2,— M pro t geförderter Kohle in den Jahren 1910 und 1913, oder um 16%. Vgl. Meis, S. 329; Grunitz, S. 108-110. Zur Höhe des Kohlenpreises vgl. Anhang, Tafel I.

[111] Goldschmidt, S. 26-29; Stillich, S. 100-104, 118-121; Bock, S. 37; zur allgemein besseren finanziellen Lage vgl. auch Manitius, S. 71-73.

[112] E. Jüngst, Festschrift, S. 6.

Wie einerseits die großbetriebliche Entwicklung erst die Möglichkeit zu einer breiteren Entfaltung und zum durchgehenden Einsatz der Technik bot, so wurde der Großbetrieb in doppelter Hinsicht Folge des Einsatzes der Technik: durch die einseitige Verleihung von wirtschaftlichen Vorteilen und seiner damit gesteigerten Konkurrenzfähigkeit sowie durch die Addition neuer Betriebseinheiten infolge der Diversifizierung der Produkte.

5. *Die frühe Entwicklung zum Großbetrieb*

Die Entwicklung des Großbetriebes im Ruhrbergbau bis 1914 läßt sich im großen und ganzen in zwei Phasen aufteilen. Der Beginn der ersten Periode ist gekennzeichnet durch den Übergang zum Tiefbau. Anders als in allen anderen Gewerben und Industrien war es dieser, der den Bergbau — wie wir sahen — relativ früh, abrupt und auf breiter Front auf diese Weise zum arbeits- und kapitalintensiven Betrieb werden ließ. Die Durchsetzung des Tiefbaus im Ruhrbergbau läßt sich ablesen an der Vervierfachung der durchschnittlichen Belegschaft pro Betrieb zwischen 1847 und 1867 von 53 auf 204. Abheben läßt sich diese Anfangszeit zum einen von der vorhergehenden, die durch ein allmähliches Anwachsen der durchschnittlichen Betriebsbelegschaft um etwa zwei Mann pro Jahr gekennzeichnet war, zum anderen von einem zweiten Teil derselben Phase, der diese beschleunigte Entwicklung mit einer weiteren Verdoppelung bis zum Beginn der 1880er Jahre fortsetzte. Daß gegenüber diesen Durchschnittszahlen manche Betriebe und Gebiete in der Entwicklung weit voraus waren, stellt nur heraus, daß wieder andere hiergegen zurückblieben. So förderten z.B. 1850 fünf Anlagen im Essener Raum, d.h. 2,5% aller Schachtanlagen mit 13,5% aller Beschäftigten, etwa 15,4% der Produktion des Ruhrbergbaus[114]. Auch in der Verteilung der Gesamtförderung des Ruhrgebietes läßt sich eine gewisse Konzentrationsbewegung[115] feststellen[116]:

[113] Vgl. dazu Goldschmidt, S. 31/2.

[114] Tenfelde, S. 70/1, nach: Fischer, Herz, S. 31. Die durchschnittliche Belegschaftszahl des Essener Gebiets war dem Gesamt-Ruhrgebiet voraus: 1850 um 63, 1860 um 26, 1870 um 78, 1880 um 60 Mann. Vgl. Wiel, S. 129/130; G. Adelmann, Die soziale Betriebsverfassung des Ruhrbergbaus vom Anfang des 19. Jahrhunderts bis zum Ersten Weltkrieg, 1962, S. 48. Vgl. auch Metzelder (S. 145, 169, 184) für das Wittener Gebiet und für die Umgebung von Bochum in: Bochum und das mittlere Ruhrgebiet, 1965, S. 111/2.

[115] Unter (wirtschaftlicher) Konzentration bzw. Konzentrationsbewegung wollen wir im folgenden allgemein die Tendenz verstehen, daß eine absolut oder relativ immer geringer werdende Anzahl von Produktionseinheiten einen relativ immer höheren Anteil an der Gesamtheit von Produktion, Arbeitskräften und Kapital auf sich vereinigt. Unter ‚Betriebskonzentration' verstehen wir die Vereinigung mehrerer Betriebe entweder bei Fortbestehen derselben unter einheitlicher Leitung oder durch Zusammenlegung der Betriebsstätten. Unter ‚Unternehmenskonzentration' verstehen wir die Vereinigung mehrerer bisher selbständiger Unternehmungen; ‚horizontale Unternehmenskonzentration' begreifen wir als die Vereinigung von Unternehmen der gleichen Produktionsstufe ‚vertikale Unternehmenskonzentration' als den Zusammenschluß mit Unternehmen von vor-

1850 förderten von 198 Anlagen 8 30,5% der Gesamtförderung mit 20,6% der Gesamtbelegschaft,
1853 förderten von 194 Anlagen 13 45,0% der Gesamtförderung mit 28,5% der Gesamtbelegschaft,
1855 förderten von 240 Anlagen 21 51,5% der Gesamtförderung mit 40,9% der Gesamtbelegschaft und
1858 förderten von 292 Anlagen 26 54,1% der Gesamtförderung mit 43,8% der Gesamtbelegschaft.

1871/73 entsprach die durchschnittliche Betriebsgröße des Ruhrbergbaus mit 275 Beschäftigten ziemlich genau dem nationalen Durchschnitt im Steinkohlenbergbau. Von den anderen Industrien war ihm am ehesten noch der Flußeisen- und Stahlbetrieb vergleichbar. Dort gab es 1881 bis 1885 durchschnittlich 369 Arbeiter pro Betrieb. Alle anderen Industriezweige, mit Ausnahme des Kalibergbaus, blieben im nationalen Durchschnitt weit hinter den für den Steinkohlenbergbau geltenden Zahlen zurück[117].

Dies galt jedoch nicht für einzelne Unternehmen der Schwerindustrie. Immerhin gab es im Ruhrgebiet im Jahre 1858, als die durchschnittliche Betriebsgröße im Ruhrbergbau bei 108 Mann stand, schon 22 Betriebe und Unternehmen, vornehmlich der Eisenindustrie, mit mehr als 100, davon 3 über 500 und 4 mit mehr als 1.000 Mann[118].

Ebenso wie die Arbeiterschaft, so war auch der Kapitaleinsatz pro Betrieb in der Gesamtphase von 1847 bis 1880 infolge des durch den Tiefbau stark forcierten Einsatzes der Technik kräftig angewachsen. Während das durchschnittliche Grundkapital von 29 zwischen 1840 und 1859 gegründeten Aktiengesellschaften 2,38 Mill. M betrug, vereinigte sich auf 12 zwischen 1870 und 1875 gegründete Aktiengesellschaften ein durchschnittliches Grundkapital von 8,845 Mill. M pro Unternehmen, also mehr als das Dreifache[119]. Damit war das zu dieser Zeit in Ruhrbergbau-Unternehmen durchschnittlich angelegte Aktienkapital um mehr als das Doppelte größer als bei den anderen im Deutschen Reich bestehenden Aktiengesellschaften[120]. Die mit diesem großen Kapitalaufwand geschaffenen Produktionsmittel verlangten zum Zwecke einer hinreichenden Rentabilität nach möglichst großer Ausnutzung, d.h. nach einer möglichst hohen Förderziffer pro Betriebsein-

oder nachgeordneten Produktionsstufen. Unter „konzentriertem Unternehmen" wird schließlich ein Unternehmen mit mehr als einem Betrieb verstanden. Vgl. hierzu: K. Kern, Vertikaler Zusammenschluß in der deutschen Industrie, 1923, S. 3-7; Dr. Gablers Wirtschaftslexikon, Kurzausgabe, Bd. 3, 1972, S. 849.

116 Tenfelde, S. 195.

117 Vgl. J. Kuczynski, Die Geschichte der Lage der Arbeiter unter dem Kapitalismus, Bd. 14, 1962, S. 19-23.

118 W. Herrmann, Entwicklungslinien montanindustrieller Unternehmungen im rhein.-westf. Industriegebiet, 1954, S. 33/4.

119 Vgl. die Zusammenstellungen bei: Bock, S. 9-14.

120 Kuczynski, S. 13.

heit. Anders als in den meisten anderen Industrie- und Gewerbezweigen konnten nämlich die Betriebsanlagen nicht zum Stillstand kommen ohne einen weiteren hohen Einsatz oder den Verlust von schon investiertem Kapital. Und je geringer die Förderhöhe, umso größer wurden die Kosten pro Tonne geförderter Kohle.

In der Phase von 1847-1880, dem Zeitraum der größten räumlichen Expansion des Ruhrbergbaus, versuchten die Unternehmer, die möglichst große Auslastung der vorhandenen oder neu geschaffenen Förderkapazitäten vor allem durch zwei Mittel zu erreichen. Zum einen war dies die sog. „Konsolidation", d.h. die Zusammenlegung von zwei oder mehreren aneinandergrenzenden und schon verliehenen Abbaufeldern. Konsolidationen kamen zustande, wenn alle Interessenten bis auf den letzten Realgläubiger einwilligten und das Bergamt die Genehmigung dazu erteilte. Die meisten Konsolidationen fielen in das Jahr 1859. Doch trotz der erleichternden Bestimmungen des Miteigentümergesetzes von 1851 und des Allgemeinen Bergrechts von 1865[121], die nur noch eine Dreiviertel-Mehrheit erforderlich machten, nahm die Zahl der Konsolidationen immer weiter ab. Eine besondere Rolle bei den Hindernissen spielte — dies sei für die walisische Situation im Auge zu behalten — die Einschätzung des Wertes eines Bergwerks, d.h. die Feststellung des Anteilverhältnisses, nach welchem jedes einzelne Bergwerk in das konsolidierte Bergwerk eintreten sollte. Immer mehr Konsolidationen kamen denn auch zustande dadurch, daß die Besitzer des einen Bergwerks gleichzeitig über Dreiviertel der Kuxe (bei der Gewerkschaft) bzw. der Mehrheit der Aktien des anderen besaß. Hierbei wurde das Problem der Einschätzung des Wertes und des plötzlich hochgeschraubten Verkaufswertes dadurch umgangen, daß das eine Bergwerk sich erst allmählich die Kuxe bzw. Aktien des anderen sicherte[122].

Die andere Möglichkeit bot die lange erhobene und durch das Allgemeine Bergrecht 1865 bewilligte Forderung nach einer Vergrößerung der neu verliehenen Normalfelder, die etwa einer Verdoppelung der bisherigen Feldergröße gleichkam. Das weiterhin anhaltende Verlangen nach großem Felderbesitz führte dazu, daß die Fläche, welche die bergrechtlich selbständigen Felder überdeckte, von 625 km² im Jahre 1850 auf 2.101 km² im Jahre

[121] Zur allgemeinen Bedeutung des Miteigentümergesetzes und des Allgemeinen Bergrechts vgl. W. Fischer, Das wirtschafts- und sozialpolitische Ordnungsbild der preußischen Bergrechtsreform 1851-1865, in: ders., Wirtschaft und Gesellschaft im Zeitalter der Industrialisierung, 1972, S. 139-147; ders., Die Stellung der preußischen Bergrechtsreform von 1851-1865 in der Wirtschafts- und Sozialverfassung des 19. Jahrhunderts, in: ebenda, S. 148-160; ders., Die Bedeutung der preußischen Bergrechtsreform (1851-1865) für den industriellen Ausbau des Ruhrgebietes, in: ebenda, S. 161-178; Tenfelde, S. 163-191.

[122] F. Neuhaus, Die Zechenstillegungen, S. 19, 23; L. Tübben, Die Betriebsvereinigungen beim Steinkohlenbergbau im Ruhrkohlenrevier, ihre Ursachen, sowie ihre nationale und soziale Bedeutung, in: ZBR 40, 1899, S. 172-193, S. 175/6.

1900 anstieg, die Zahl der selbständigen Felder aber nur um die Hälfte zunahm[123].

Die beiden genannten Vergrößerungen des Abbaufeldes zogen für das jeweilige Werk nicht nur die Möglichkeit nach sich, die vorhandenen Produktionskapazitäten besser zu nutzen, sondern brachten auch Einsparungen rein bergtechnischer Art, angefangen vom Niederbringen einer geringeren Zahl von Förderschächten über die größere Planmäßigkeit der Aus- und Vorrichtungsarbeiten und die Zentralisierung der Wasserhaltung und Wetterführung bis zum geringeren Verlust beim Abbau der Sicherheitspfeiler, mit sich[124].

War diese Konzentration der Unternehmer auf die betriebstechnischen Belange wesentliches Kennzeichen der Zeit von 1847 bis 1880, so signalisierte dieses Merkmal zugleich — trotz der Konjunkturschwäche von 1857/59 — eine Phase relativ gesicherten Absatzes und stabiler Preise[125]. Diese Phase wurde abgelöst durch die anhaltende Baisse ab 1875/76. Die Lehren, welche die Unternehmer hieraus zogen, und das daraus folgende, intendierte Handeln markierten den Beginn einer neuen Phase etwa ab 1880. Die Kohlenförderung des Ruhrgebiets war von 1850 bis 1879 um das Zehnfache angewachsen: Die Gesamtförderung stieg von knapp 2 Mill. t auf 20,2 Mill. t, die durchschnittliche Förderung pro Werk von 10 t auf 98 t. Allerdings gab es 1850 acht Betriebe mit einer Jahresförderung von mehr als 50.000 t und einer Belegschaft von über 300 Mann, und 1879 bereits 21 Zechen mit mehr als 200.000 t Jahresproduktion. 1870 waren die Betriebe mit einer Förderung bis zu 50.000 t mit 52% an der Gesamtproduktion beteiligt[126].

Wie die Kohlenförderung zusammen mit der ansässigen Eisenindustrie, deren Anteil am Verbrauch von Ruhrkohle allein zwischen 1851 und 1856 von 6,8% auf 17,0% anstieg[127], angewachsen war, so war jetzt die Produktion in der langen Depressionsphase nicht so leicht einzudämmen, wie dies z.T. in der Eisenindustrie gelang. Die Folge war, daß die Produktion hoch, die Konkurrenz unter den Bergwerken zur Aufrechterhaltung ihrer Förderziffer groß und die Preise niedrig waren, meist niedriger, als sie es in den Jahren der vorherigen Phase gewesen waren[128]. Die Zahl der Betriebe war bis 1874 beinahe stetig auf 277 angewachsen.

[123] Neuhaus, S. 19/20, 23/4. Zum Bergrecht und seiner Ausübung durch die staatlichen Behörden (hier: die Vergabe von bergbaulichen Abbaufeldern) vgl. weiter unten Anmerkung 288 und S. 434 ff.

[124] Tübben, S. 178-180. Ob mit dieser Zentralisierung auch die z. B. von Tübben (S. 180) erwartete Einsparung an Verwaltungskosten verbunden war, wird an anderer Stelle weiterverfolgt werden.

[125] Vgl. Transfeld, S. 204; Tenfelde, S. 603.

[126] Vgl. Bergmann, S. 134-137; Heinrichsbauer, S. 35; auch: Tenfelde, S. 204.

[127] Vgl. M.D. Jankowski, Public Policy, S. 269.

War der erste Versuch einer Förderkonvention im Jahre 1878/79[129] daran gescheitert, daß eine 20%ige Fördereinschränkung von einzelnen Werken finanziell nicht zu verkraften war, so hatte er doch in deutlicher Form auf den Zusammenhang zwischen der Gesamtförderung, der Zahl (und damit der Größe) der auf sie entfallenden Betriebe und dem Absatzmarkt aufmerksam gemacht. Entsprechend fielen die Lösungsvorschläge der Unternehmer aus[130].

In Anknüpfung an die vorhergehende Phase versuchte man, durch Konsolidationen und Zusammenlegungen Einsparungen und Gewinne im technischen Betrieb der Bergwerke und durch Verteilung der spezifisch bergbaulichen Risiken auf mehrere oder größere betriebliche Einheiten zu machen. Ziel dieser Maßnahmen waren jedoch nicht mehr nur diese betriebstechnischen Vorteile als solche, sondern „die jetzige große Zersplitterung durch Bildung größerer Komplexe für gemeinsamen Betrieb und gemeinsame Verwaltung zu beseitigen“ und damit zur „Stabilität des Kohlengeschäftes“ beizutragen[131]. Hier sollte gerade das bereits bestehende größere Unternehmen, wie es die GBAG es war, die Leitfunktion wahrnehmen[132]. Die Vorstellungen gingen so weit, daß sie eine Vereinigung des ganzen Ruhrkohlenbergbaus in drei regional voneinander abgegrenzte Unternehmen oder gar in ein einziges Unternehmen vorsahen[133]. Hierzu diente der Staatsbergbau an der Saar den Unternehmern als plastisches und erstrebenswertes Beispiel[134]. Diese Pläne, die „aus der eigenen Initiative der Werke hervorgehen“ müßten, konnten vor allem aus finanziellen Gründen nicht

128 Transfeldt, S. 204; Tenfelde, S. 603. Vgl. auch die graphische Darstellung im Anhang, Tafel I.

129 Zu den Syndikatsbestrebungen vgl. weiter unten S. 92 ff.

130 Dieser Wandel in den die unternehmerischen Entscheidungen beeinflußenden Perspektiven ist am besten an den Geschäftsberichten der Gelsenkirchener Bergwerks-AG abzulesen, die schon zu dieser Zeit eine führende Stellung im Ruhrbergbau einnahm. Vgl. dazu die Zitate bei Freundt, S. 32-40. Daß gerade in dieser Gesellschaft der Einfluß der Banken in Gestalt der Berliner Diskonto-Gesellschaft unter Adolph von Hansemann und dessen persönliche Beziehung zu Emil Kirdorf, dem Generaldirektor der GBAG, besonders ausgeprägt war, gibt Hinweise auf die Rolle der Banken im Konzentrationsprozeß.

131 Geschäftsbericht der GBAG vom 23.4.1881, zit. nach: Freundt, S. 35.

132 Geschäftsbericht der GBAG vom 28.3.1882, zit. nach: Freundt, S. 39. So auch Kirdorfs Selbstverständnis bei: Heinrichsbauer, S. 85, Bergmann, S. 82, und Spethmann, S. 157. Zur weiteren betrieblichen Entwicklung der GBAG als „Leitunternehmen“ vgl. bes. Gebhardt, S. 203 ff.; für die „drei Großen“, Gelsenkirchen, Harpen und Hibernia, vgl. Spethmann, S. 154-164.

133 Vgl. Wirtschaftliche Entwicklung, Bd. 2, S. 108-114; auch Kuczynski, Bd. 14, S. 77 ff.; Bergmann, S. 82; U. Meifert, S. 36. Die drei zu gründenden Unternehmen sollten jeweils 17, 33 bzw. 6 Betriebe vereinigen. Die GBAG war schon mit der Schaffung von 10 bis 15 größeren Unternehmen neben einer Reihe kleinerer Zechen zufrieden. Vgl. Freundt, S. 38.

134 Geschäftsbericht GBAG 1882, zit. bei Freundt, S. 38.

verwirklicht werden, wurde doch z.B. für die Vereinigung von 26 Zechen eine Aktiengesellschaft mit einem Grundkapital von 90 Mill. M veranschlagt[135]. Gleichwohl hatte die Beschäftigung mit diesen Plänen im Bergbauverein vielen Unternehmern die Überzeugung nahegebracht, daß Zusammenlegungen zum einen für den technischen Betrieb „mit erheblichen finanziellen Vorteilen für die Werke verknüpft" und zum anderen eine notwendige Bedingung für eine Kontrolle über den Güter- und den Arbeitsmarkt seien[136].

Diese durch die lange wirtschaftliche Baisse geförderte Erkenntnis verstärkte den Wachstumstrend der Betriebe, der seit dem Übergang zum Tiefbau die Ausdehnung der Produktion im Bergbau begleitete. Von 1880 bis 1913 stieg die Kohlenförderung des Ruhrgebiets von 22,4 Mill. t auf 114,2 Mill. t, die Gesamtbelegschaft von 78.240 auf über 400.000 Mann. Auch während dieser Zeit der Expansion hielt die Tendenz zum Großbetrieb an. Das durchschnittliche Grundkapital der Aktiengesellschaften im Ruhrbergbau, das zwischen 1840 und 1859 2,8 Mill. M und von 1870 bis 1875 8,8 Mill. M betragen hatte, war bis 1900 auf 12,5 Mill. M und bis 1911 auf 18,7 Mill. M angestiegen. Der Kapitalvorsprung gegenüber der durchschnittlichen deutschen Aktiengesellschaft war damit von 100% (1870-75) auf ca. 70% im Jahre 1900 zurückgegangen, während die Kapitalausstattung der ‚gemischten' Aktiengesellschaften (Bergbau und Hütten) im Ruhrgebiet auf mehr als das 2,5fache (18,6 Mill M) gewachsen war[137].

Die Konzentrationsbewegung läßt sich nun auf vier Ebenen der Betriebsorganisation feststellen und verfolgen. Es sind dies die Ebenen

1. des Unternehmens,
2. des „Bergwerks",
3. der Schachtanlage und
4. der „technischen Einheit".

Hierbei weisen die Angaben über die „Bergwerke" in der staatlichen Bergbaustatistik — wie wohl überhaupt in der staatlichen deutschen Gewer-

---

[135] Wirtschaftliche Entwicklung, Bd. 2, S. 110, 114.

[136] Ebenda, S. 110; Bergmann, S. 83; Freundt, S. 38. Wie schwierig und an wie viele Einzelbedingungen wie Besitzverhältnisse, Bankverbindungen und persönliche Beziehungen gebunden die Zusammenlegungen im Einzelfall jedoch noch vorläufig blieben, zeigen z. B. die ersten Zechenerwerbungen der GBAG (seit 1881) und der Harpener Bergbau-AG (seit 1884). Vgl. Freundt, S. 34 ff.; Heinrichsbauer, S. 88 ff.

[137] Wiel, S. 129/130; Wirtschaftliche Entwicklung, Bd. 1, S. 270-273; Bock, S. 11-14; Kuczynski, Bd. 14, S. 13. Auch der folgende Vergleich betont die große Kapitalintensität der Unternehmen im Ruhrbergbau: Um zu den 100 größten deutschen Unternehmen zu gehören, benötigten die Firmen 1887 ein Mindestkapital von 3,8 Mill. M, 1907 ein solches von 10 Mill. M. Vgl. hierzu die Analyse bei J. Kocka, The Rise of the Modern Business Enterprise in Germany, in: A.D. Chandler/H. Daems, Hg., Managerial Hierarchies. Comparative Perspectives on the Rise of the Modern Industrial Enterprise, 1980, S. 77-116, S. 81 f.

bestatistik — den kontinuierlichsten Fortbestand (seit 1792) auf. Sie beruhen auf den Selbstangaben der Unternehmer und reflektieren bis etwa 1880 ein adäquates Bild der realen Entwicklung. Mit der Aufteilung der Betriebe jedoch in mehr oder weniger selbständige technische und kaufmännische Abteilungen seit 1880 — bedingt teilweise durch die Diversifikation der produzierten Güter (z.B. Nebenprodukte)[138], teilweise durch Integration neu hinzukommender Betriebe — entsprechen die Selbstangaben der Unternehmer immer weniger der horizontalen und vertikalen Expansion der Organisation der Produktionseinheiten. Befragt nach der Bergbauberechtigung in einem bestimmten Abbaufeld[139], scheinen die Unternehmer „aus Zweckmäßigkeits- oder Bequemlichkeitsgründen"[140] meist kaufmännisch relativ selbständige Betriebseinheiten für die staatliche Statistik angegeben zu haben.

Wie widerspruchsvoll diese Angaben werden konnten, zeigt das Beispiel, daß die Gewerkschaft Deutscher Kaiser (Thyssen) trotz ihrer sieben Doppelschächte mit vollständig getrennter, unabhängiger Maschinerie, Arbeiterschaft, Grubenverwaltung usw. mit einer Kohlenförderung von 3,6 Mill. t und einer Belegschaft von über 14.000 Mann im Jahre 1909 in der Betriebsstatistik als ein „Bergwerk" zählte, während fünf Zechenanlagen des Mülheimer Bergwerkvereins, deren Werksanlagen ebenso einheitlich bzw. dezentralisiert betrieben wurden, und eine Gesamtproduktion von 1,4 Mill t und eine Belegschaft von etwa 5.000 Mann besaßen, als fünf Bergwerkseinheiten galten[141].

Trotz dieser zweifellos bedeutenden Mängel bietet die staatliche Statistik jedoch im Augenblick die einzige Möglichkeit, etwas über die langfristige zeitliche Entwicklung des betrieblichen Expansions- und Konzentrationsprozesses auszusagen[142]. Meist nur für die Zeit unmittelbar vor 1914 ermögli-

[138] 1910 beschäftigten allein die „Nebenbetriebe" etwa 10.000 -15.000 Mann. Vgl. Brandt/Most, Bd. 2, S. 180/1 und die Differenz, die sich aus dem Vergleich der staatlichen (Wiel, S. 131) und der Statistik des Bergbauvereins (Meis, S. 326) ergibt.

[139] So die Definition des „Bergwerks" in §54 des Allgemeinen Berggesetzes von 1865.

[140] Goldschmidt, S. 36.

[141] Ebenda, S. 36. Zur Vieldeutigkeit und historischen Entwicklung der Begriffe „Bergwerk", „Zeche", „Grube", „Betriebsanlage", „Schacht(anlage)" vgl. auch E. Grube, Die Zählung von Betriebseinheiten im preußischen Steinkohlenbergbau, in: Der Bergbau, 1935, Nr. 10, S. 150 ff., zit. in: H. Müller, Die technische Entwicklung im deutschen Steinkohlenbergbau in ihrer wirtschaftlichen Bedeutung, 1950, S. 17.

[142] Auch die Orientierung an Festschriften und Zusammenstellungen von Betrieben und Unternehmen kann nicht weiterhelfen, da sich auch dort meist die offiziellen Angabeverfahren durchsetzen. Vgl. etwa Freundt, Heinrichsbauer, Däbritz, Hibernia und weiter die Titel, die in der vom Westf. Wirtschaftsarchiv Dortmund 1952 herausgegebenen Zusammenstellung „Die Wirtschaft Westfalens und des Ruhrgebiets in Firmen-Festschriften" veröffentlicht sind. — Es muß an dieser Stelle auch die Frage gestellt werden, ob und in welchem Grade die offenkundigen Mängel der Bergbaustatistik die Ergebnisse der nationalen Betriebsstatistik von 1882, 1895 und 1907, die sich hierauf

chen weitere Informationen eine eingehendere Analyse des Entwicklungsstandes betrieblicher Konzentration. Die Expansion der Förderung der „Bergwerke“ und die gleichzeitige Verringerung ihrer Zahl sowie ihr jeweiliger Anteil an der Gesamtproduktion im Jahre 1912 zeigt folgende Tabelle.

Größe der "Bergwerke" 1850 - 1912 und ihr Anteil an der Gesamtproduktion im Jahre 1912 [143]

Betriebsgrößenklasse (in t)	Zahl der fördernden Werke von 1850-1912								% der Gesamtförderung 1912
	50	60	70	80	90	00	09	12	
1- 1 000	35	61	28	15	9	6	4	2	-
1 000- 5 000	72	89	42	21	10	4	2	6	0,01
5 000- 10 000	29	24	21	15	7	5	2	-	-
1) 1- 10 000	136	174	91	51	26	15	8	8	0,01
10 000- 25 000	22	38	16	4	7	6	6	6	0,10
25 000- 50 000	25	35	28	18	5	4	3	-	-
50 000- 100 000	7	17	29	42	15	7	3	4	0,31
2) 10 000- 100 000	54	90	73	64	27	17	12	10	0,41
100 000- 200 000		6	47	45	52	35	16	12	1,87
200 000- 300 000			4	20	29	26	27	19	4,72
300 000- 400 000			1	9	13	15	21	22	7,51
400 000- 500 000				3	13	12	19	9	4,01
3) 100 000- 500 000		6	52	77	107	88	83	62	18,11
500 000- 600 000				2	7	9	6	15	8,02
600 000- 700 000					1	13	15	11	7,12
700 000- 800 000				2		7	9	9	6,72
800 000- 900 000					2	8	8	3	2,57
900 000- 1 Mill.					2	4	3	9	8,40
4) 500 000- 1 Mill.				4	12	41	41	47	32,83
5) über 1 Mill.					1	5	20	32	48,67
Summe	190	270	216	196	172	166	164	159	100

Im Jahre 1850 lag die Betonung noch ganz auf den Betrieben der ersten Größenklasse von 1 - 10.000t Jahresförderung. Das Jahr 1860 machte die ersten Schritte in die dritte Größenklasse, das Jahr 1870 zeigt, daß die erste Klasse stark an Bedeutung verlor gegenüber den folgenden Klassen. Im Jahre 1880 lag der Schwerpunkt endgültig in der dritten Größenklasse,

stützende Forschung (seit Schmoller) und damit die Ergebnisse im internationalen Vergleich verzerrt haben.

143 Nach: E. Jüngst, Entwicklungstendenzen im Ruhrbergbau, 1910, S. 3, und ders., Die Konzentration im deutschen Wirtschaftsleben, im besonderen im deutschen Steinkohlenbergbau, in: Glückauf 49, 1913, S. 1464.

während es bereits den ersten Schritt in die vierte tat. 1890 hatte der erste Betrieb die fünfte Größenklasse mit über 1 Mill. t Jahresförderung erreicht, und 1900 wuchs die Bedeutung der vierten Größenklasse zur beherrschenden an, während schon fünf Bergwerke mehr als 1 Mill. t förderten. Während von 1900 bis 1912 in den ersten beiden Größenklassen die Zahl der Betriebe schwach, in der dritten Klasse stärker absank, die vierte beinahe stabil blieb, stieg die Anzahl der Bergwerke mit einer Jahresförderung von mehr als 1 Mill. t von 5 auf 32 an, in den drei Jahren von 1909 bis 1912 allein um 12[144]. Dabei sank die Gesamtzahl der Bergwerke von 270 (1860) auf 159 im Jahre 1912. Je kleiner die Betriebe, umso rapider fiel ihre Anzahl (Klasse 1 bis 3), je größer sie waren, umso schneller stieg ihre Zahl (Klasse 4 bis 5). Während 1912 der Förderanteil der Betriebe bis zu einer Jahresförderung von 100.000 t noch nicht 0,5% ausmachte, betrug der Anteil der Bergwerke über 1 Mill. t mit etwa einem Fünftel der Betriebe bereits fast die Hälfte. Der Anteil der Betriebe zwischen 100.000 t und 1 Mill. t vereinigte mit mehr als zwei Drittel der Anzahl der Betriebe knapp die andere Hälfte der Produktion auf sich.

Die Verteilung der Beschäftigten, die schon 1895 zu über 60% in Betrieben mit mehr als 1.000 Mann gearbeitet hatten, auf die verschiedenen Belegschaftsgrößenklassen der Bergwerke in den Jahren 1895 und 1907 zeigt eine einseitige weitere Verschiebung der Belegschaft zugunsten der Betriebe mit mehr als 1.000 Mann.

Relative Verteilung der Arbeiter auf die Belegschaftsgrößen der "Bergwerke", 1895 - 1907[145]

Größenklasse	weniger als 200		201 - 500		501 - 1 000		mehr als 1 000	
Jahr	1895	1907	1895	1907	1895	1907	1895	1907
%	1,61	1,43	7,98	3,95	29,72	14,53	60,69	80,09

Die Beschäftigtenzahl in den kleinen Betrieben mit weniger als 200 Mann blieb in der Zeit von 1895 bis 1907 auffällig stabil, während sie sich in den beiden mittleren Größenklassen halbierte. Die eindeutige Zunahme von 20,6% ging — wie von der Entwicklung der Förderung zu erwarten — zugunsten der Großbetriebe mit mehr als 1.000 Beschäftigten.

Schließlich sei noch durch die Kombination von Produktion und Belegschaftszahl ein Blick auf den regionalen Verlauf der Konzentrationsbewegung zwischen 1860 und 1913 geworfen.

---

144 1913 waren es schon 35 Betriebe. Vgl. die Aufstellung bei Bergmann, S. 138.

145 Jüngst, Die Konzentration, S. 1464.

Regionale Verteilung der Konzentrationstendenz, 1860 - 1913[146]

Förder-zone[a]	Jahr	Zahl der Zechen		Förderung		Belegschaft		Förderhöhe pro Zeche (t)	Belegschaft pro Zeche
		abs.	v.H.	abs.t	v.H.	abs.	v.H.		
Süden 1	1860	97	38,04	821 791	17,69	4 402	15,82	8 472	45
	1874	90	38,46	1 088 867	7,14	6 005	8,88	12 099	67
	1913	19	10,73	2 315 322	2,03	8 366	1,97	121 859	440
Süden 2	1860	96	37,65	1 390 695	29,94	8 372	30,10	14 486	87
	1874	66	28,21	3 817 645	25,05	18 846	27,89	57 843	286
	1913	31	17,52	11 606 173	10,16	45 922	10,80	374 393	1 481
Süden	1860	193	75,69	2 212 486	47,63	12 774	45,92	11 464	66
	1874	156	66,67	4 906 512	32,19	24 851	36,77	31 452	159
	1913	50	28,25	13 921 495	12,19	54 288	12,77	278 430	1 086
Mitte	1860	61	23,92	2 431 770	52,36	14 984	53,86	39 865	246
	1874	71	30,34	9 719 512	63,78	39 122	57,89	136 895	551
	1913	73	41,24	54 456 912	47,68	198 825	46,78	745 985	2 724
Norden	1860	-	-	-	-	-	-	-	-
	1874	3	1,28	155 117	1,02	821	1,22	51 706	274
	1913	46	25,99	36 773 930	32,19	139 141	32,73	799 433	3 024
Westen	1860	1	0,39	645	0,01	60	0,22	645	60
	1874	4	1,71	459 077	3,01	2 786	4,12	114 769	697
	1913	8	4,52	9 073 320	7,94	32 802	7,72	1.134 165	4 100

[a] Die einzelnen Zonen sind wie folgt abgegrenzt:

Süden: Mit der nördlichen Grenze Mülheim-Nord, Essen-Süd, Steele-Nord, Bochum-Süd, Langendreer-Nord, Hörde-Nord, Holzwickede.

Süden 1: das Gebiet südlich der Ruhr,
Süden 2: der Raum nördlich der Ruhr.

Mitte: Mit der Nordgrenze Rhein-Herne-Kanal von westlich Oberhausen bis Castrop-Rauxel-Nord, Bundesautobahn bis zur Eisenbahnlinie Hamm-Soest.

Westen: Alle rechtsrhein. Zechen bis zur Linie Duisburg-Ost, Meiderich-Ost, Hamborn, Dinslaken-Ost, Bahnlinie nach Wesel sowie alle Bergwerke im linksrhein. Abbaugebiet.

Norden: Der östlich an die Westzone und nördlich an die Mittelzone angrenzende Raum.

Bei einer durchschnittlichen Bergwerksgröße im Ruhrgebiet[147] von

15.000 t pro Jahr und 101 Beschäftigten im Jahre 1860,
57.000 t pro Jahr und 293 Beschäftigten im Jahre 1874 und
653.000 t pro Jahr und 2.287 Beschäftigten im Jahre 1913

fällt die beinahe stagnierende bzw. gebremste Entwicklung im Süden des Ruhrgebiets auf, die überlegene Ausgangsposition (1860 und 1874) und die folgende durchschnittliche Entwicklung der Mitte sowie die weitgehend fehlende Startgrundlage und das weit über dem Durchschnitt liegende Wachstum im Norden und im Westen, das dort beinahe die doppelte Geschwindigkeit erreichte. Hier zeichnet sich eine regionale Kumulation von Großbetrieben ab, die wir ebenfalls innerhalb von Südwales finden und

146 Vgl. A. Schmitz, Der Einfluß der Nordwanderung des Ruhrkohlenbergbaus auf die industrielle Standortstruktur und den Wasserstraßenverkehr, 1966, S. 188. Wie aus den Prozentzahlen ersichtlich, überschneiden sich die hier abgegrenzten Zonen teilweise.

147 Wiel, S. 130/1.

deren erheblicher sozialer Resonanz wir in den nachfolgenden Kapiteln begegnen werden.

Für den Bergbau im nationalen Vergleich ergibt sich folgendes Bild[148]. Der Ruhrbergbau entwickelte sich seit 1875 schneller als alle anderen Bergbaubezirke. Die Förderung stieg hier bis 1911 um 562% gegenüber 319% an der Saar, 437% in Oberschlesien und 433% der deutschen Gesamtförderung. Die Zahl der Arbeiter wuchs in den gleichen Gebieten um 416%, 309%, 371% und 336%. Während die Anzahl der Bergwerke an der Ruhr auf 67%, im Saargebiet auf 62%, in Oberschlesien auf 52% und im Reichsgebiet auf 54% sank, stieg die durchschnittliche Jahresförderung eines Betriebes gegenüber 1875 in den gleichen Gebieten auf 952%, 511%, 838% und 809%, die durchschnittliche Belegschaft eines Bergwerks auf 619%, 494%, 689% und 625%. Ging auch die wirtschaftliche Entwicklung im Ruhrgebiet schneller voran, so wuchs in den anderen Gebieten und im Reichsdurchschnitt — wie sich schon bei den Beschäftigten pro Betrieb ankündigt — die Konzentrationsbewegung von 1875 bis 1911 stärker als im Ruhrgebiet. Dies trifft zu bei den Konzentrationskorrelationen zwischen der

a) Anzahl der Betriebe und der Arbeiter,
b) Anzahl der Bergwerke und der auf einen Betrieb entfallenden durchschnittlichen Belegschaft,
c) der Anzahl der Betriebe und der Jahresförderung sowie
d) der Anzahl der Bergwerke und der auf einen Betrieb entfallenden Jahresförderung.

Die Korrelationen verhalten sich für[149]

	das Ruhrgebiet,	die Saar,	Oberschlesien	und das Reich wie:
a)	521	399	613	522
b)	824	697	1.225	1.057
c)	739	414	740	702
d)	1.322	724	1.512	1.398.

Trotz dieses schnelleren Tempos der Konzentrationsbewegung in den anderen Bergbaugebieten, behielt das Ruhrgebiet die Spitzenstellung in der durchschnittlichen Betriebsgröße nach Beschäftigten gegenüber den Durchschnittszahlen für das Reichsgebiet.

Ebenso wie im Ruhrgebiet nahm die Anzahl der Betriebe im Gesamtbergbau (nicht nur Steinkohlenbergbau) mit weniger als 200 Beschäftigten zwischen 1895 und 1907 relativ gleichmäßig, die der Betriebe mit 200 bis 1.000 Beschäftigten im Reich weniger schnell als im Ruhrgebiet ab. Im gleichen

[148] Zum folgenden vgl. L.W. Möller, Die Betriebskonzentration im deutschen Steinkohlen-Bergbau, 1930, Tafel I-XIII.

[149] Vgl. Möller, Tafel VIII-XI; zur Berechnungsmethode s. ebenda, S. 42.

Verteilung der Betriebsgröße nach Beschäftigten im Bergbau des Ruhrgebiets, des Deutschen Reichs sowie in Industrie und Handwerk insgesamt, 1895 und 1907[150]

Größenklasse nach Belegschaft	unter 200		200–1 000		mehr als 1 000	
Jahr	1895	1907	1895	1907	1895	1907
Bergbau Ruhrgebiet %	1,61	1,43	37,70	18,48	60,69	80,09
Reich	16,6	13,1	36,80	28,7	46,6	58,2
Industrie u. Handwerk Reich %	83,9	78,4	12,8	16,7	3,3	4,9.

Maße zeigten auch im Reich die Anzahl der Bergwerke mit mehr als 1.000 Beschäftigten ein geringeres Wachstum.

Der Vergleich mit den Ziffern für Industrie und Handwerk im Ruhrgebiet zeigt deutlich, wie sehr sich die durchschnittliche Betriebsgröße im Bergbau von dem Durchschnitt der anderen Gewerbegruppen unterschied. Noch 1907 besaßen hier mehr als drei Viertel der Betriebe weniger als 200 Beschäftigte, während 1895 nur 4,4% und 1907 6,7% der gewerblich tätigen Personen in Betrieben mit mehr als 1.000 Beschäftigten arbeiteten[151].

Das „Bergwerk", das als statistische Größe zwar am weitesten zurückzuverfolgen ist, dessen realer Hintergrund aber, wie wir bereits oben sahen, umso prekärer wird, je weiter die Zeit fortschreitet, bildete nur eine der vier Ebenen betrieblicher Organisation im Ruhrbergbau. Unterhalb der Ebene des „Unternehmens" lassen sich außerdem „Schachtanlagen" und „technische Einheiten" unterscheiden.

1911 besaßen die 67 Unternehmen der Syndikatsmitglieder 130 Bergwerke mit insgesamt 218 Schachtanlagen[152]. Im ganzen Ruhrbergbau gab es im Jahr 1900 214, 13 Jahre später 234 Schachtanlagen. Durchschnittlich entfiel 1900 bei einer Gesamtförderung von 60,1 Mill. t auf eine Schachtanlage eine durchschnittliche Förderung von 280.932 t, im Jahr 1913 eine solche von 488.145 t. Auf eine Schachtanlage kam 1900 eine durchschnittliche Belegschaft von 1.028, 1913 von 1.647 Mann. Verglichen mit der durchschnittlichen Förderung (1900: 369.000 t, 1913: 653.000 t) und der durchschnittlichen Belegschaft (1900: 1.350,1913: 2.287 Mann) bei den Bergwerken bleibt hier die durchschnittliche Produktionseinheit bis zu

150 Errechnet aus: Jüngst, Die Konzentration, 1464, und W.G. Hoffmann, Das Wachstum, S. 212. Die Ziffern für den Gesamtbergbau betonen, da sie nicht nur den Steinkohlenbergbau erfassen, eher die relative Bedeutung des kleineren Betriebes.

151 Für Preußen betragen diese Zahlen 5,7% bzw. 8,5%. Zit. nach Brandt/Most, Bd. 2, S. 112/3.

152 O. Bartz, Aufbau und Tätigkeit des rhein.-westf. Kohlensyndikats in ihrer Entwicklung von 1893 bis 1912, 1913, S. 152 (Tabelle II).

Förderung des Ruhrbergbaus nach Schachtanlagen, 1900 - 1913[153]

Betriebsgrößenklassen t	Zahl der Schachtanlagen 1900	Zahl der Schachtanlagen 1913	Förderung 1900 t	Förderung 1913 t	% der Gesamt-Förderung 1900	% der Gesamt-Förderung 1913
1- 999	7	4	2 383	1 504		
1 000- 4 999	4	2	6 904	6 680		
5 000- 9 999	4	2	27 307	16 456		
1) 1- 9 999	15	8	36 594	24 640	0,06	0,02
10 000- 24 999	6	2	99 084	24 213		
25 000- 49 999	4	2	144 220	78 665		
50 000- 99 999	10	5	843 263	423 862		
2) 10 000- 99 999	20	9	1 086 567	526 740	1,81	0,47
100 000- 199 999	41	16	6 172 291	2 319 183		
200 000- 299 999	50	20	12 661 560	5 015 268		
300 000- 399 999	40	42	13 659 607	14 860 708		
400 000- 499 999	24	43	19 812 889	19 377 309		
3) 100 000- 499 999	155	121	43 306 347	41 572 468	72,04	36,39
500 000- 599 999	13	24	7 212 026	13 257 144		
600 000- 699 999	3	30	1 912 142	19 144 464		
700 000- 799 999	4	10	2 969 495	7 394 230		
800 000- 899 999	3	9	2 597 087	7 485 425		
900 000- 999 999	1	10	969 120	9 556 664		
4) 500 000- 599 999	24	83	15 680 870	56 834 927	26,09	49,76
5) über 1 000 000	-	13	-	15 266 882	-	13,36
Summe	214	234	60 119 378	114 225 657	100	100

einem Drittel kleiner. Auch die Verteilung der Produktion betont eher geringere Betriebsgrößen.

Anders als bei den „Bergwerken" (vgl. S. 67) lag hier im Jahre 1900 die Betonung sowohl der Anzahl wie der Förderung nach mit beinahe drei Viertel der Gesamtförderung eindeutig auf den Schachtanlagen mit einer Produktion zwischen 100.000 t und 500.000 t. Während von insgesamt 214 Schachtanlagen nur 35 mit einer Förderung bis zu 100.000 t Jahresleistung Bergbau betrieben, aber nur ein Sechzigstel der Gesamtförderung leisteten, waren es zwischen 500.000 t und 1 Mill. t nur 24. Mehr als 1 Mill. t förderte keine Schachtanlage im Jahre 1900. Bis 1913 hatte sich die Zahl der Schachtanlagen mit einer Förderung bis zu 100.000 t halbiert. Von den insgesamt 234 Schachtanlagen lagen immer noch mehr als die Hälfte in der dritten Gruppe (zwischen 100.000 t und 500.000 t), während jedoch die vierte Gruppe von 24 auf 83 und die fünfte von 0 auf 13 anstieg. Noch deutlicher verschob sich der Förderanteil zugunsten der Schachtanlagen mit mehr als 100.000 t Jahresförderung. Hatte er sich für die Gruppe zwischen 100.000 t und 500.000 t halbiert, so stieg er für die Schachtanlagen mit mehr als 500.000 t auf das

153 Meis, S. 328; Bergmann, S. 141.

Doppelte, um im Jahre 1913 beinahe zwei Drittel der Gesamtförderung auszumachen. Hatte er 1900 nur ein Viertel der Gesamtproduktion ausgemacht, so war der Förderanteil bis 1913 auf zwei Drittel angewachsen, während derjenige der Gruppe 3 von mehr als zwei Drittel im Jahre 1900 auf etwa ein Drittel abgesunken war.

Im Vergleich zu den „Bergwerken" können wir feststellen, daß sich die Betriebe bis zu einer Jahresproduktion von 100.000 t der Zahl und der Produktion nach ziemlich gleich blieben, daß der Förderanteil der Betriebe zwischen 100.000 t und 500.000 t 1913 bei den Schachtanlagen mehr als das Doppelte der „Bergwerke" ausmachte, und daß die Betriebe mit einer Förderung von mehr als 500.000 t bei den „Bergwerken" im gleichen Jahr mehr als vier Fünftel, bei den Schachtanlagen jedoch nur zwei Drittel betrug. Besonders auffällig war der Unterschied bei den Betrieben mit über 1 Mill. t Jahresförderung. Betrug ihr Anteil bei den „Bergwerken" fast die Hälfte, so stellte er bei den Schachtanlagen nur ein Achtel der Gesamtförderung im Jahre 1912/13.

Stärker noch als auf der Ebene der Schachtanlagen wird die soziale und produktionsmäßige Differenziertheit des Konzentrationsgrades im Ruhrbergbau vor 1914 auf der Ebene der „technischen Einheiten" sichtbar.

Während die amtliche Statistik für das Jahr 1909 162 in Betrieb befindliche „Bergwerke" im Oberbergamtsbezirk Dortmund feststellte[154], zählte Goldschmidt bei der Auswertung von Betriebsbeschreibungen[155] 396 technisch voneinander unabhängige, selbständige Einheiten. Danach betrug die durchschnittliche Jahresproduktion, auf eine technische Betriebseinheit bezogen, im Jahre 1909 etwa 210.000 t bei einer durchschnittlichen Belegschaft von 860 Mann, im Vergleich zu 508.000 t und 2.039 Mann beim „Bergwerk". Eingeteilt in fünf Größenklassen ergibt sich ein in Produktion und Belegschaft differenzierteres Bild.

Die umseitige Aufstellung zeigt, daß das größte Kontingent der Förderung die 162 Betriebe mittlerer Größe, dann die 93 Betriebe der vierten Größenklasse lieferten. Ebenso beschäftigten diese fast drei Viertel der Gesamtbelegschaft. Die technischen Einheiten mit mehr als 400.000 t Jahresförderung produzierten nur 14,1% mit 15,3% der Belegschaft. Die Betriebe unter 75.000 t Jahresförderung lieferten — bei einer auch pro Mann geringeren Leistung — nur 0,4% der Gesamtproduktion. Während bei den „Bergwerken" 18,48% der Belegschaft in Betrieben zwischen 200 und 1.000 Mann, und 80% der Belegschaft in solchen mit mehr als 1.000 Mann arbeiteten, waren es

154 Mit den linksrheinischen Zechen waren es 167. Vgl. Wiel, S. 131. Wiel bezeichnet die von der staatlichen Statistik gezählten „Bergwerke" fälschlicherweise als „Schachtanlagen".

155 Im Jahrbuch für den Oberbergamtsbezirk Dortmund, 1910. Vgl. Goldschmidt, S. 40 ff.

Produktion und Belegschaft im Ruhrbergbau nach technischen Betriebseinheiten, 1909[156]

Nr.		1 20 bis 75 000 t	2 75 000 bis 150 000 t	3 150 bis 250 000 t	4 250 bis 400 000 t	5 über 400 000 t	Summe bzw. Durchschnitt aller Betriebe	a Unbedeutende Betriebe	b Zechen im Bau
1	Zahl der Betriebe...........	14	72	162	92	25	Σ 366	8	22
2	Summe d. Produktion 1 = 1 000 t	339	8 277	33 071	28 450	12 536	Σ 82 673	61,2	46,0
3	Prozentualer Anteil der Gruppen an der Produktion	0,4 %	10,2 %	40,4 %	34,8 %	14,1 %	Σ 100 %	+0,09 %	+0,05 %
4	Zahl der Belegschaft	1930	35 960	131 630	114 710	51 070	Σ 335 300	277	3545
5	Prozentualer Anteil der Belegschaft	0,57 %	10,73 %	39,2 %	34,2 %	15,3 %	Σ 100 %	+0,09 %	+1,1 %
6	Durchschnittliche Produktion pro Betrieb	24 000 t	115 000 t	204 000 t	306 000 t	502 000 t	229 000 t	7 600 t	2 100 t
7	Durchschnittliche Arbeiterzahl pro Betrieb	138	499	812	1233	2043	915	35	172
8	Durchschnittliche Kohlenleistung des Arbeiters	176 t	229 t	249 t	247 t	246 t	247 t	-	-
9	Σ der Koksproduktion in t	-	1 608 000	5 633 000	4 700 000	3 097 000	Σ15 038 000	-	-
10	Auf 1000 t Kohle ? t Koks	-	194 t	175 t	169 t	244 t	181 t	-	-
11	Σ der Brikettfabrikation in t	33000	1 037 000	1 072 000	967 000	0	Σ3 208 000	-	-
12	Auf 1000 t Kohle kommen t Briketts	103 t	128 t	34 t	33 t	0	39 t	-	-
13	Auf 1000 t Kohle Veredlungsprodukte in t Kohle	103 t	387 t	267 t	258 t	324 t	279 t	-	-

bei den technischen Einheiten 49,93% bzw. 49,5%. Die Belegschaft verteilte sich also jeweils zur Hälfte auf die Betriebe mit mehr und weniger als 1.000 Beschäftigten. Weiterhin werden unsere vorhergehenden, aus wirtschaftlichen und betriebstechnischen Argumenten hergeleiteten Schlüsse bestätigt, daß die kleineren Betriebe sich im wesentlichen mit der Brikettierung, die größeren mehr auf die Gewinnung von Nebenprodukten konzentrierten. Nicht nur setzte die großbetriebliche Produktionsweise in einem gewissen Mindestmaß das Vorhandensein und den Einsatz von Technik voraus, sondern diese trieb umgekehrt — wie oben gezeigt wurde und wie im Vergleich in Südwales zu verdeutlichen sein wird — durch die Gewährung wirtschaftlicher Vorteile die Tendenz zum Großbetrieb voran, ebenso wie dieser der Technik den nötigen technischen und wirtschaftlichen Raum zu ihrer Entwicklung gewähren konnte.

a) Betriebskonzentration

Der nächste Schritt der Konzentration bildete die Zusammenfassung von technischen Betriebseinheiten zu Unternehmen.

Die Konzentrationsbewegung auf der Ebene des „Bergwerks", die von 1880 bis 1913 im Ruhrgebiet durch eine Verfünffachung von Produktion und Belegschaft einerseits und eine Verringerung der Anzahl der „Bergwerke"

[156] Goldschmidt, S. 45.

um etwa ein Achtel andererseits signalisiert wird, setzte sich fort in der Zusammenfassung dieser betrieblichen Einheiten zu Unternehmen. Zu den die betriebstechnischen Ursachen, die beinahe ausschließlich die Betriebskosten vorangetrieben hatten, traten hier marktbestimmte Gründe. Diese bestanden aus dem Bemühen auf seiten der Kohleproduzenten einerseits, Förderung und Absatz aufeinander abzustimmen und zu stabilisieren, und dem Versuch von Kohleverbrauchern andererseits, sich eine qualitativ hochwertige sowie preislich und mengenmäßig stabile Kohlenzufuhr zu sichern.

Im Jahre 1885 lag der Schwerpunkt (vgl. S. 76) eindeutig auf den Unternehmen mit 2 Bergwerken, und die höchste Vereinigungsziffer mit 3 Betrieben, abgesehen von den 5 Zechen der Stinnesfamiliengruppe, erreichten nur 2 Unternehmen. Insgesamt standen 9 Unternehmen mit 2 und mehr Betrieben 170 Unternehmen mit jeweils einem Betrieb im Ruhrbergbau gegenüber. Die folgenden Jahre waren durch das starke Aufkommen der Unternehmen mit 3 Bergwerken gekennzeichnet. Neben dem Entstehen von Unternehmen mit 4 und 5 Betrieben zeigen vor allem die Jahre ab 1900 eine Ausweitung der Unternehmen mit größerer Betriebszahl. Schon 1900 betrug die höchste Betriebszahl 17, 1905 18. Neben der Ausweitung dieses Unternehmens auf 21 Betriebe zeigten die nächsten Jahre im wesentlichen eine Ausdehnung des Bestandes von Unternehmen mit 2 bis 4 Betrieben. Während die Gesamtzahl der Betriebe in den beinahe 30 Jahren zwischen 1885 und 1913 nur um knapp ein Viertel absank und die Anzahl der Unternehmen mit mehr als einem Betrieb von 9 auf 24 stieg, sank die Zahl der Unternehmen mit nur einem Betrieb auf weniger als ein Drittel (von 170 auf 56) und stieg die Gesamtzahl der zu konzentrierten Unternehmen gehörenden Betriebe auf mehr als das Fünffache (von 23 auf 119). Die Konzentration der Produktion vollzog sich im Ruhrbergbau einerseits zwar ebenfalls durch das Anwachsen bestehender Produktionseinheiten und deren steigenden Anteil an der Gesamtförderung, andererseits aber, im Gegensatz — wie noch zu zeigen sein wird — zu dem entsprechenden Vorgang in Südwales, in einem parallel hierzu verlaufenden Prozeß des Betriebs- und des Unternehmenszusammenschlusses.

b) Horizontale Unternehmenskonzentration

Diese letztere Form der Unternehmenskonzentration verlief auf doppelte Weise: in horizontaler und in vertikaler Richtung. Die Gründe für die horizontale Konzentrationsbewegung waren zum einen — wie bei der Betriebsvereinigung — betriebstechnischer Natur. Meist machte die Nachbarschaft neu angegliederter Betriebe die gemeinsame Nutzung von Maschinen und anderen Einrichtungen, wie z.B. der Nebenbetriebe, möglich. Bewährte Einrichtungen und Erfahrungen konnten besser ausgetauscht und Neuheiten an geeigneter Stelle ausprobiert werden. Zudem konnte das spezifisch bergbauliche Risiko auf eine größere Anzahl von Schächten verteilt

Betriebsvereinigung der Unternehmen im Ruhrbergbau, 1885 - 1913[157]

Jahr	Zahl der von einem Unternehmen umfaßten Betriebe																					Betriebe insgesamt	Anzahl der Unternehmen mit mehr als 1 Betrieb	Gesamtzahl der Betriebe, die zu Unternehmen mit mehr als 1 Betrieb gehören
	1	2	3	4	5	6	7	8	9	10	11	12	13	14	15	16	17	18	19	20	21			
1885	170	6	2		1																	193	9	23
1893	119	8	2	1	1	1				1												166	14	47
1900	87	9	5	2	2				1								1					164	20	77
1905	74	3	9	2	2		1				1							1				160	19	86
1910	42	4	7	1	3	1	1	1			2										1	154	21	112
1913	50	6	7	3	2	2	1	1			2										1	175	24	125

157 Die Tabelle ist zusammengestellt und berechnet nach den korrigierten Angaben bei Meifert, S. 37, und Wiel, S. 130/1.

werden. Zum anderen waren es marktorientierte Gründe, die die Unternehmenskonzentration vorantrieben. Die Verbreiterung der Produktionsgrundlagen reduzierte (in der unmittelbaren Nachbarschaft) die Zahl der Konkurrenten auf dem Güter- und — vor allem in Zeiten ansteigender Konjunktur — auf dem Arbeitsmarkt. Dazu erleichterte sie den Prozeß der Kartellierung, die umgekehrt wieder, da die Beteiligungsquote am Syndikat nach Unternehmen festgelegt wurde, die Unternehmenskonzentration beschleunigte[158].

Im Jahre 1885 gab es erst 6 horizontal konzentrierte Unternehmen mit im ganzen 17 Betrieben; bis 1893 stieg die Zahl auf 8 Unternehmen mit 34 Betrieben an, bis 1900 auf 11 Unternehmen mit 53 Bergwerken. Durch das ab 1900 stärkere Wachstum der vertikal konzentrierten Unternehmen sank bei den horizontal organisierten im Jahre 1905 die Zahl der Unternehmen auf 10 mit allerdings 54 Betrieben, 1913 existierten 13 „reine" Unternehmen mit insgesamt 69 Betrieben[159]. Deutlich lag die Wachstumsphase der horizontal konzentrierten Unternehmen im Ruhrbergbau vor 1900.

Neben diesem Prozeß des Zusammenschlusses von Betrieben — und teilweise als dessen Nebenprodukt — gleichsam lautlos einher verlief die zahlenmäßige Verringerung und die Expansion der Unternehmen.

Die sinkende Zahl der Unternehmen des Ruhrbergbaus insgesamt und das rapide Wachstum ihrer durchschnittlichen Produktion und Belegschaft auf mehr als das Vierfache während der beiden Jahrzehnte vor Ausbruch des Weltkrieges zeigt die folgende Zusammenstellung.

Anzahl und durchschnittliche Größe der Unternehmen des Ruhrbergbaus, 1893 - 1912[160]

Jahr	Zahl der Unternehmen	Produktion Ø (t)	Belegschaft Ø Mann
1893	141	274 489	1 037
1895	130	317 522	1 191
1900	133	452 026	1 654
1905	106	629 308	2 473
1910	93	960 375	3 680
1912	85	1 209 652	4 365

Andererseits verursachte diese höhere Konzentration gleichzeitig eine Auseinanderentwicklung in der Größe der einzelnen Unternehmen. Unter den Mitgliedern des Rheinisch-Westfälischen Kohlensyndikats förderte

158 Vgl. Spethmann, S. 154-164; Bergmann, S. 82-84. Zur Kartellierung vgl. weiter unten S. 92 ff.

159 Vgl. Meifert, S. 46/7. Das größte horizontal konzentrierte Unternehmen bildete die Harpener Bergbau-AG mit 21 Betrieben im Jahre 1913. Vgl. Gebhardt, S. 306 ff.

160 Die Tabelle ist berechnet nach den zuverlässigen Angaben bei Bartz, S. 44, Tab. I und S. 146, Tab. I/II; sowie Wiel S. 130/1.

1893 das größte Unternehmen 3,2 Mill. t, das kleinste 13.944 t, 1912 das größte 9,5 Mill. t, das kleinste Unternehmen 101.272 t[161].

c) Vertikale Unternehmenskonzentration

Auch die vertikale Konzentration von Unternehmen war zum einen auf produktionstechnische, zum anderen auf marktbedingte Ursachen zurückzuführen. Mit der Abnahme von etwa einem Drittel des Gesamtabsatzes während ihrer ganzen Entwicklung stellten die Hüttenwerke wesentliche Verbraucher der Ruhrkohle dar. Waren die Hütten — vor allem in Zeiten günstiger Konjunktur — auf eine quantitativ und qualitativ ausreichende Kokslieferung der Zechen angewiesen, so mußten die letzteren um regelmäßigen und stabilen Absatz bemüht sein. Vor allem in Zeiten guter Geschäftslage für die Eisenindustrie und hoher Kohlenpreise wuchs die Bereitschaft und die finanzielle Fähigkeit der Hütten, sich Zechen anzugliedern. Diese Richtung des Konzentrationsimpulses, die auch in Südwales nach 1900 unter vergleichbaren Bedingungen spürbar wurde, blieb denn auch im Ruhrgebiet bis 1914 die bei weitem vorherrschende[162]. Das gemeinsame Vorkommen von Kohle und Eisenerz — noch 1913 wurden knapp 33.000 t Eisenerz im Ruhrgebiet abgebaut[163] — und die langfristigen Lieferbeziehungen hatten schon in der Hochkonjunkturphase der 1850er Jahre zur Angliederung von Bergwerken an Hütten geführt. Bereits 1861 gab es 4 ‚gemischte' Unternehmen, die mit 8,4% an der Gesamtförderung und mit 6,8% an der Belegschaft des Ruhrbergbaus beteiligt waren[164]. Doch obwohl sich ein ähnlicher Angliederungsprozeß in der Hochkonjunkturphase von 1870 bis 1873 wiederholte, blieb die Kombination von Zeche und Hütte bis in die 1890er Jahre ein unternehmensorganisatorisches Problem und ein offensichtlich starkes Rentabilitätsrisiko[165]. Erst die mit der Gründung des Kohlensyndikats 1893 steigenden Kokspreise und die Verwendbarkeit der bei der neuen Nebenproduktentechnologie abfallenden Gase zur Beheizung der Gasöfen brachte eine

---

[161] Bartz, S. 128, Tab. III. Zum Vergleich kamen in Oberschlesien, dem innerhalb des Deutschen Reiches dem Ruhrgebiet am ehesten vergleichbaren Bergbaurevier, im Jahre 1911 auf jedes der 58 Bergwerke durchschnittlich eine Kohleförderung von 631.430 t und eine Beschäftigtenzahl von 2.030 Mann, auf jedes der 18 Unternehmen durchschnittlich eine Förderung von über 2 Mill. t und eine Beschäftigtenzahl von 6.444 Mann. In Oberschlesien lieferten 1904 19 Besitzer 92% der Gesamtförderung, im Ruhrgebiet leisteten zur gleichen Zeit 21 Aktiengesellschaften 46% der Förderung. Die andere Hälfte der Förderung lieferten hier jedoch 70 weitere Unternehmen. Vgl. Zeitschr. d. Oberschles. Berg- u. Hüttenmännischen Vereins 51, 1912, S. 72-75, 167-175; Möller, Tafel I-III; Uhde, S. 90-92.

[162] Die einzige bekannte Ausnahme hiervon bildet die GBAG, die sich 1906 den Schalker Grubenhüttenverein und den Aachener Hüttenverein angliederte. Immerhin stieg z. B. der Preis für vergleichbare Kohlenfelder von 1898 bis 1910 um mehr als das Vierfache. Vgl. Pilz, S. 12/3.

[163] Meis, S. 333.

[164] Spethmann, S. 167.

[165] Vgl. etwa Spethmann, S. 165/6, 168-170; Bergmann, S. 85, und Meifert, S. 44.

maßgebliche Beschleunigung des vertikalen Konzentrationsprozesses. Hinzu kam das beim Syndikatsvertrag von 1903 den Hüttenzechen zugestandene Privileg, das ihnen einen umlagefreien und mengenmäßig nicht begrenzten Absatz an ihre Hütten sicherte[166]. Diese hatten sich in vielen Fällen schon Betriebe mit weitergehender Verarbeitung angegliedert. Zu den Hauptbestandteilen dieser Unternehmen gehörten: Kohlenzeche, Hochofen, Stahlwerk und Walzwerk. Oft ging die Weiterverarbeitung jedoch bis zu den Fertigprodukten[167]. Damit bot sich den Unternehmen zum einen die Möglichkeit, die Zwischengewinne der jeweiligen Produktionsstufen auszuschalten, zum anderen die Schwankungen der Konjunktur bei den verschiedenen Gütern innerhalb des Unternehmens auszugleichen und somit die Beschäftigung zu stabilisieren. Durch diese im eigenen Unternehmen erreichten, technischen und kaufmännischen Vorteile versuchten die vertikal konzentrierten Unternehmen die Konkurrenz auf dem Absatzmarkt zu verdrängen[168].

Die Bedeutung der durch die Fusion und Kartellierung der kohleanbietenden Unternehmen einerseits und durch die technologische Innovation andererseits gesetzten Daten spiegelt sich in der numerischen Entwicklung der „Hüttenzechen".

Aus den vier ‚gemischten' Unternehmen des Jahres 1861 waren 1885 erst 8 mit insgesamt 11 Bergwerken geworden, und zu diesen waren bis 1893 nur 4 Zechen hinzugekommen. Ab 1893 jedoch setzte eine rapide Gründungswelle von vertikal konzentrierten Unternehmen im Ruhrgebiet ein. In den sieben Jahren bis 1900 entstanden allein 15 neue Unternehmen mit insgesamt 39 Bergwerken, von 1900 bis 1905 abermals 12, und von 1905 bis 1910 weitere 10 neue gemischte Unternehmen. Doch trotz dieser zahlreichen Neugründungen stieg durch die Vereinigung von ganzen Unternehmen die Zahl der gleichzeitig bestehenden Hüttenzechen von 8 im Jahre 1885 über 16 (1900) auf 17 im Jahre 1905, um auf dieser Höhe bis 1913 zu verharren[169]. 1900 umfaßten diese Unternehmen insgesamt 39 Bergwerke, 1905 43 und 1910 56 Bergwerke[170].

---

[166] E. Jüngst berechnete die durch die Umlagefreiheit sich ergebenden Einsparungen der Hüttenzechen für die Zeitspanne von 1904 bis 1910 auf 53,4 Mill. M. Vgl. Spethmann, S. 175. Zum Ganzen: H.G. Heymann, Die gemischten Werke im deutschen Großeisengewerbe, 1904.

[167] Schwerdtfeger, S. 6/7.

[168] Vgl. etwa Spethmann, S. 172; Möller, S. 59-62; K. Wiedenfeld, Das Rhein.-Westf. Kohlensyndikat, 1912, S. 7; W. Jutzi, Die deutsche Montanindustrie auf dem Wege zum Trust, 1905, S. 3 ff.; K. Wiedenfeld, Kartelle und Konzerne, 1927, S. 1-5.

[169] 1910 war sie kurzfristig sogar auf 15 gefallen.

[170] Meifert, S. 44/5. Zur Entwicklung einzelner Hüttenzechen vgl. etwa Spethmann, S. 166 ff.; Schwerdtfeger; Däbritz, Bochumer Verein; Krupp 1812-1912, 1912; W. Kunze, Der Aufbau des Phoenix-Konzerns, 1926.

Der enorme Konzentrationsprozeß, der hier auf gleichgeordneter wie unterschiedlicher Produktionsstufe sichtbar wird, veränderte drastisch die Bedeutung der Hüttenzechen in der Ruhrkohlenproduktion. 1893 betrug der Anteil der Kohlenförderung der Hüttenzechen knapp 10% der Gesamtproduktion des Rheinisch-Westfälischen Kohlensyndikats, das seinerseits etwa 90% der Ruhrkohlenförderung umfaßte; 1904 war ihr Anteil auf 17,8% und 1912 auf 34,6% gestiegen[171]. Insgesamt waren im Jahre 1913 also 30 konzentrierte Unternehmen, davon 13 horizontal und 17 vertikal organisierte, am Ruhrbergbau beteiligt. Zur gleichen Zeit waren 69 Bergwerke in der ersten und 56 Bergwerke in der zweiten Unternehmensform vereinigt. Von den 175 in der staatlichen Statistik gemeldeten Bergwerken waren 125, also mehr als 70%, konzentrierten Unternehmen angeschlossen. Im Jahre 1913 gab es im Ruhrbergbau 19 Unternehmen mit einer jährlichen Kohlenförderung von mehr als 1 Mill. t.

Die 19 größten Unternehmen des Ruhrbergbaus im Jahre 1913 [172]

Unternehmen	Es betrugen im Jahre 1913 die							
					Kapitalien			
	Steinkohlenförderung t	Bergwerks-Belegschaft Mann	Roheisengewinnung t	Gesamtbelegschaft Mann	Grundkapital Mill.Mark	Anleihen	Grundkap. auf 1 t Kohle M	Anleihen auf 1 t Kohle M
Gelsenkirchener Bergwerks-Aktiengesellschaft	10 353 050	36 821	1 581 070	53 059	130	49,3	(12,56)	(4,76)
Harpener Bergbau-Aktiengesellschaft	8 625 577	30 987	-	-	85	25,2	9,85	2,92
Hanielsche Zechen	6 677 621	21 539	- -	-	?		-	-
Bergwerksgesellschaft Hibernia	5 697 596	19 314	-	-	70	20,2	12,29	3,55
Deutsch-Luxemburg. Bergwerks- u. Hütten-Aktiengesellschaft	5 255 586	23 102	1 220 000	rd. 40 000	130	21,3	(24,73)'	(4,05)
Phönix Aktiengesellschaft für Bergbau- u. Hüttenbetrieb	5 188 137	18 052	1 237 779	40 260	106	36,1	(20,43)	(6,96)
Preußischer Bergfiskus	4 728 258	19 105	-	-	88	-	18,6	-
Gewerkschaft Deutscher Kaiser (Thyssen)	4 460 000	13 711	774 000	24 511	30	20,0	(6,73)	-
Stinneszechen	3 780 915	13 060	-	-	?	?	-	-
Gutehoffnungshütte	3 711 131	12 438	814 074	39 188	30	-	(8,08)	-
Friedr. Krupp A.-G.	2 819 228	10 814	1 307 000	79 647	180	85,8	(63,85)	(30,44)
Gewerkschaft Ver. Constantin der Große	2 804 374	9 603	-	-	20	?	7,14	-
Arenbergsche Aktien-Gesellschaft f. Bergbau u. Hüttenbetrieb	2 776 644	9 606	-	-	14,4	0,5	5,19	0,18
Gewerkschaft des Steinkohlenbergwerks Ewald	2 633 461	7 949	-	-	28	13,8	10,63	5,24
Essener Steinkohlenbergwerke	2 506 266	8 101	-	-	19	7,0	7,58	2,79
Bochumer Verein f. Bergbau u. Gußstahlfabrikation	1 795 046	5 828	312 831	15 187	36	-	(20,06)	-
Gewerksch. Graf Bismarck	1 705 010	5 648	-	-	11	-	6,45	-
Eisen- u. Stahlwerk Hoesch A.-G.	1 492 040	5 239	528 118	10 907	20	6,6	(13,40)	(4,42)
Rheinische Stahlwerke	1 147 754	4 770	647 093	10 971	46	6,7	(40,07)	(5,84)
							⌀ 9,65 (23,32)	⌀ 1,84 (6,27)

Von den 19 Unternehmen waren 9 Hüttenzechen, 2 Unternehmenskomplexe in Familienbesitz, der fiskalische Besitz an Bergwerken und 7 ‚reine' Bergbauunternehmen. Während die ‚reinen' Unternehmen ein durchschnitt-

[171] Pilz, S. 10; Bergmann, S. 91.

[172] Zusammengestellt nach Bergmann, S. 92, und eigenen Berechnungen, bes. nach Fuster, S. 199-202.

liches Grundkapital von 35,3 Mill. M besaßen, betrug dasjenige der Hüttenzechen 75,4 Mill. M. Die größten neun Unternehmen förderten etwa 23% der Gesamtproduktion des Ruhrbergbaus. Gleichzeitig produzierten die Hüttenzechen, die mit zu der Gruppe der 19 größten Produzenten von Ruhrkohle zählten, vier Fünftel des preußischen und mehr als die Hälfte des deutschen Roheisens[173]. Unter Berücksichtigung der Familienverbindungen stellte Goldschmidt für 1909/10 fest, daß neun Konzerne 66,9% der Kohlenförderung des Reviers und 48% der Produktion des Stahlwerksverbandes beherrschten[174].

d) Rechts- und Eigentumsverhältnisse

Durch die rasche Entwicklung und den großen Kapitalbedarf wurde im Ruhrbergbau die — nie erhebliche — Zahl der Alleinbesitzer bis 1909 auf 1 reduziert und ebenso die Anzahl der Gewerkschaften alten Rechts und der Gesellschaften mit beschränkter Haftung unbedeutend. Neben der Ausdehnung des staatlichen Besitzes seit 1903 spielten die Aktiengesellschaften und die Gewerkschaften neuen Rechts die Hauptrolle. Eingeführt durch das Allgemeine Berggesetz von 1865, unterschieden sich diese von den Aktiengesellschaften im wesentlichen darin, daß ihre Anteilseigner in einigen Fällen weiterhin stärker an der Betriebsführung beteiligt und daß sie in Zeiten von Betriebsverlusten zubußepflichtig wurden[175]. Dadurch wurde der Fortbestand des Grubenbetriebes in einer kritischen Situation wenigstens vorläufig gesichert. Oft waren die Kuxe (= Anteile) in der Hand von Familienmitgliedern und auf dem freien Markt nicht erhältlich. 1885 wurden — neben ganz unbedeutenden — 78 Gewerkschaften mit 12,6 Mill. t Förderung gezählt. 1904 existierten noch 47 mit einer Gesamtproduktion von 16,2 Mill. t, 1910 nur noch 28 mit einer Förderung von allerdings 29,8 Mill. t. Von den 78 Gewerkschaften des Jahres 1885 waren 1910 nur noch 13 selbständig, 7 waren von den anderen Gewerkschaften angekauft, 5 waren zu zwei neuen Gewerkschaften konsolidiert; dagegen wurden 28 mit knapp 4 Mill. t Jahresproduktion von Aktiengesellschaften, 21 mit 3,6 Mill. t von Hüttenwerken erworben und 4 mit einer Förderung von 1,2 Mill. t/Jahr in Aktiengesellschaften umgewandelt.

---

[173] Vgl. Brandt/Most, Bd. 2, S. 190; auch: Pilz, S. 45.

[174] Goldschmidt, S. 67-69. Durch Interessengemeinschaften und Beteiligungen, die zum einen den Produzenten den Absatz garantierten, zum anderen sie am Gewinn der weiterverarbeitenden Unternehmen beteiligte, reichte die Konzentration über die formalen Unternehmensgrenzen noch hinaus. Diese Verbindungen bildeten oft die Vorstufe zur Fusion. Die Beteiligungen betrugen z. B. bei der GBAG im Jahre 1913 18,4% des Aktienkapitals, bei Deutsch-Lux 12,7%. Vgl. A. Merkel, Analytische Kritik an Bilanzen deutscher Steinkohlen-Bergwerks-Aktiengesellschaften, 1923, S. 25-27; allgemein: U. Marquardt, Die Interessengemeinschaften, eine Ergänzung zur Entwicklungsgeschichte der Zusammenschlußbewegung von Unternehmungen, 1910.

[175] Vgl. W. Friedrich, Die Entwicklung des Rechts der bergrechtlichen Gewerkschaft in Preußen, 1979.

Gewerkschaften neuen Rechts im Ruhrbergbau, 1885 - 1909[176]

	1885	1904	1909/10
Zahl der Gewerkschaften	78	47	28
Förderung in 1 000 t	12 644	16 244	29 998
Prozent der jew. Gesamtförderung	48,6 %	23,6 %	34,5 %
Förderung pro Unternehmen	162 000 t	404 000 t	1 640 000 t

In den Ruhrbergbau eingeführt von ausländischen Interessenten, wurde die Aktiengesellschaft die „Trägerin der wirtschaftlichen Konzentration“[177]. Obwohl manche Aktiengesellschaften in Zeiten wirtschaftlicher Bedrängnis kurzfristig oder auf Dauer in Gewerkschaften umgewandelt wurden, konnten sie ihren Anteil an der Förderung des Ruhrbergbaus ohne Unterbrechung bis 1913 ausdehnen.

In der Zeit von 1840 bis 1870 wurden 53 Aktiengesellschaften im Ruhrbergbau gegründet, davon zwar nur 5 bis 1850, aber zwischen 1850 und 1860 allein schon 42[178]. Von den 1910 noch bestehenden wurden 2 vor 1850 gegründet, 8 zwischen 1851 und 1860, 1 in der Zeit zwischen 1861 und 1870, 4 zwischen 1871 und 1880 und 2 von 1881 bis 1900. Im Jahr 1885 betrieben 25 Aktiengesellschaften, im Jahr 1904 21 Gesellschaften allein Bergbau im Ruhrgebiet. Von den 48 Aktiengesellschaften, die im Laufe der Jahre gegründet worden und bis 1910 verschwunden waren, sind 15 von anderen ‚reinen‘ Kohlenbergwerks-Aktiengesellschaften, 13 von Hüttenwerken erworben, 7 in Gewerkschaften umgewandelt worden, 6 nicht zur Förderung gekommen und die übrigen 7 in Konkurs geraten.

'Reine' Kohlenbergwerks-Aktiengesellschaften im Ruhrbergbau, 1885 - 1910[179]

	1885	1904	1910
Zahl der Aktiengesellschaften	26	21	17
Förderung in 1 000 t	9 652	31 570	34 036
Prozent der jew. Gesamtförderung	37,1 %	45,9 %	41,4 %
Förderung pro Gesellschaft in 1 000 t	371	1 503	2 002

176 Goldschmidt, S. 63-66; vgl. auch: Schacht, S. 180/1.

177 Ebenda, S. 55.

178 Wirtschaftliche Entwicklung, Bd. 1, S. 260-264.

179 Ebenda, S. 58; auch: Neuhaus, S. 21/2.

Die Aufstellung zeigt in Ergänzung zu unserer Diskussion der horizontalen und vertikalen Konzentration, daß seit 1904 die relative Bedeutung der ‚reinen' Aktiengesellschaft im Abnehmen begriffen war, wenn auch die durchschnittliche Fördermenge noch stark anstieg.

Von der Anzahl der Unternehmen her war die Entwicklung bei den Hüttenzechen beinahe umgekehrt. Trotz der jedoch erst nach 1904 zurückgehenden Anzahl war ihre Produktionsausweitung bis 1910 ungebrochen.

'Gemischte' Aktiengesellschaften im Ruhrbergbau, 1885 - 1910[180]

	1885	1904	1910
Zahl der Hüttenzechen (AG)	6	16	11
Produktion in 1 000 t	2 219	14 217	20 112
Prozent der Gesamtproduktion	8,5 %	20,7 %	23,8 %
Förderung pro Gesellschaft in 1 000 t	370	880	1 830

Die im Ruhrbergbau im Jahre 1910 vorhandenen Aktiengesellschaften gliederten sich in 17 ‚reine', die mit einer Förderung von 34 Mill. t 41,4% der Gesamtförderung stellten, und 11 ‚gemischte' Unternehmen, die mit einer Produktion von 20,1 Mill. t 23,8% der Gesamtfördermenge lieferten. Insgesamt betrug 1910 der Anteil der Aktiengesellschaften an der Produktion des Ruhrbergbaus 65,2%, der der Gewerkschaften 34,5%, derjenige der beiden zusammen also 99,7%.

Rückblickend können wir für die Konzentrationsbewegung und die Entwicklung zum Großbetrieb im Ruhrbergbau festhalten, daß die Zusammenfassung der technischen Anlagen in wirtschaftliche Einheiten (Unternehmen), zumeist in Form von Aktiengesellschaften, bis 1913 sehr weit fortgeschritten war und daß diese hierdurch eine durchschnittliche Größe erreicht hatten, die — wie zu zeigen sein wird — die Unternehmen in Südwales zu keinem Zeitpunkt vor 1914 erreichten. Die Aufgliederung in Schachtanlagen und technische Einheiten vermittelt zwar immer noch Betriebseinheiten, welche diejenigen der von der staatlichen Statistik für Handel und Industrie durchschnittlich im nationalen Rahmen erfaßten an Beschäftigtenzahl bei weitem überragen, die andererseits aber das bisher in der Forschung über den Ruhrbergbau vermittelte Bild von der Größe der Betriebe korrigieren[181], einer wirtschaftlichen Einheit, welche als Voraussetzung und Basisebene von Interaktion, Handlung und Einstellung der industriellen Produzenten gelten muß.

[180] Goldschmidt, S. 60.

[181] Vgl. etwa Adelmann, Meis, Wiel, Gebhardt, Steinberg u. a.

6. Der rapide Kapitalbedarf und der starke Einfluß der Banken

Der Übergang des Ruhrbergbaus zum Tiefbau hatte — wie wir sahen — durch den Zwang zu weitgehender Maschinisierung zur Entwicklung neuer, großbetrieblicher Formen in der Organisation der Produktion geführt. Verursacht hierdurch und parallel hierzu wuchs der Kapitalbedarf rapide. Äußeres Anzeichen hierfür war die Öffnung der geschlossenen, älteren Besitzform, des Alleinbesitzes und der Gewerkschaft alten Rechts, in Richtung auf die neuen Formen: die Gewerkschaft neuen Rechts und — vor allem — die Aktiengesellschaft[182].

Das pro Zeche benötigte Kapital, das zwischen 1850 und 1870 durchschnittlich 900.000 Taler — ohne die für den Kohlenfelderankauf notwendigen Ausgaben von 100.000 bis 200.000 Taler — betragen hatte, stieg bis 1910 um ein Vielfaches. Im Jahre 1904 z. B. stand bei der GBAG die größte Einzelanlage mit 17 Mill. M, die kleinste mit 3,5 Mill. M zu Buche. Das im Ruhrbergbau investierte Gesamtkapital betrug um 1850 (einschließlich der Eisenindustrie) etwa 80 - 90 Mill. Taler, 1874 ohne die Eisenindustrie ca. 300 Mill. M. Für das Jahr 1904 wurde es auf etwa 1.069 Mill. M geschätzt, gegenüber 1.884 Mill. M für den gesamten deutschen Steinkohlenbergbau, 396 Mill. M für Oberschlesien und 187 Mill. M für den Saarbergbau. 1900 betrug im Ruhrgebiet das ausschließlich in Bergbauunternehmen investierte Aktienkapital 273,5 Mill. M, bei den ‚gemischten' Werken betrug es 260,5 Mill. M, 1911 das der ‚reinen' Bergwerk-Aktiengesellschaften knapp 300 Mill. M[183]. Allein 17 der größten am Bergbau beteiligten Gesellschaften im Ruhrgebiet vereinigten 1913 ein Gesamtkapital von 247,4 Mill. M auf sich[184].

---

182 Vgl. oben, S. 81 f.

183 L. Kluitmann, Der gewerbliche Geld- und Kapitalverkehr im Ruhrgebiet im 19. Jahrhundert, 1931, S. 11, 47; M.D. Jankowski, Public Policy in Industrial Growth, S. 257; Fischer, Herz, S. 168; Bergmann, S. 121; Stillich, S. 170; Wirtschaftliche Entwicklung, Bd. 10, S. 270; Bock, S. 28; Prym, S. 24.

184 S. oben S. 80, und Uhde, S. 136. Im Jahre 1913 bestand der durchschnittliche Vermögenswert je t Förderung aus:

	Mark
Berechtsame	4,05
Grundbesitz	2,13
Wohnungen	2,86
Schacht- u. Grubenbaue	4,73
Kraftanlagen	1,27
sonstige Anlagen des Förderbetriebes	1,15
Aufbereitungsanlagen	0,58
Kokereien	1,15
Sonstige Betriebsanlagen einschl. Brikettfabriken	0,32
Verkehrsanlagen	0,48
Anlagen insgesamt	18,72
Umlaufvermögen	4,58
insgesamt	23,30

Aufgebracht wurde das Kapital bis in die 1840er Jahre hinein im wesentlichen durch den im Ruhrgebiet ansässigen Mittelstand wie Kolonialwaren-, Woll- und Getreidehändler, Apotheker, Beamte und Gastwirte. Deutlich traten jedoch schon aus diesem Kreis Einzelne heraus, die — wie Franz Haniel und Mathias Stinnes — beträchtliches, im Handel erworbenes Vermögen einzusetzen hatten. Bei größeren einmaligen Ausgaben suchte man um Darlehen bei den staatlichen Kassen wie Knappschafts-, Berggewerkschafts- oder Ruhrschiffahrtskasse nach[185]. Mit dem Anwachsen der notwendigen Aufwendungen für Maschinen usw. und der Ablösung des staatlichen Direktionsprinzips ab 1851 fiel diese Rolle — neben einigen lokalen — vor allem den Kölner Banken zu. So hatte schon seit 1839 etwa Abraham Schaaffhausen Anteile an Ruhrzechen erworben und war seit 1845 zu dauernder Beteiligung gekommen. Doch blieb die Bedeutung des Kölner Kapitals, bedingt durch den engen Kreis der Kapitalgeber, der das Risiko von nicht leicht abziehbaren Krediten scheute und daher sichere Anlagen bevorzugte, im wesentlichen auch während der Konjunkturzeit der 1850er Jahre auf seinen ursprünglichen Bereich beschränkt: die Gewährung von direkten und relativ kurzfristigen Krediten und Beteiligungen, „teils mit nur höchst mäßigen Summen“[186]. Entsprechend waren die Beziehungen zwischen den Kölner Banken und den Unternehmen. Wie die Unternehmer es waren, die sich meist persönlich um die Unterbringung von Aktien oder Anleihen zu bemühen hatten, so traten die Banken ihnen gegenüber in ein persönliches Vertrauensverhältnis, das sie in die Lage eines Vermittlers und Ratgebers der Unternehmen versetzte. Die Kölner Banken waren somit an persönlich geleiteten Unternehmen orientiert[187]. Den steigenden Kapitalbedürfnissen der Bergwerke während der 1850er Jahre konnten die Kölner Banken jedoch nicht mehr genügen. Neben ausländischen aus Frankreich, Belgien und Großbritannien kamen zunehmend deutsche Kapitalien außerhalb des Ruhrgebietes zur Investition im Ruhrbergbau[188]. Die wachsende Rolle des Berliner Kapitalmarkts für den Bergbau an der Ruhr wurde jedoch erst deutlich, als die Wirtschaftskrise von 1857/59 dort längerfristige und weiterhin steigende Investitionen und Beteiligungen erforderte. Ihre so

---

Nach: Enquete-Ausschuß, Die deutsche Kohlenwirtschaft, 1929, S. 119, zit. in: H. Müller, Die technische Entwicklung, S. 56.

[185] Fischer, Herz, S. 168; Heinrichsbauer, S. 36; Bergmann, S. 121; Kluitmann, S. 55. Die Ruhrschiffahrtskasse z. B. hatte 1847 fast 190.000 Taler flüssig. Vgl. Fischer, S. 175.

[186] So der Geschäftsbericht des Schaaffhausenschen Bankvereins im Jahre 1852, zit. nach: Kluitmann, S. 114; auch S. 57/8. Vgl. auch: M.L. Hartsough, Business Leaders in Cologne in the Nineteenth Century, in: Journal of Economic and Business History 2, 1929/30, S. 332-352, S. 339.

[187] Kluitmann, S. 103, 115; Fischer, S. 170/1; E. Roos, Das Verhältnis der Banken zur rhein.-westf. Schwerindustrie vom Beginn des 19. Jahrhunderts bis 1875, 1953, S. 62 ff., 99 ff.

[188] Kluitmann, S. 56 ff., 110 ff.; Fischer, S. 169.

gewonnene Stellung im Ruhrbergbau konnten die Berliner Banken in den folgenden Jahren behaupten und vor allem seit den „Gründerjahren" von 1870-83 erheblich ausbauen. Die immer mehr zentralisierte und durchgehende Erfassung des freien Kapitals im deutschen Raum ermöglichte es den Berliner Banken, den Bergbauunternehmen hohe und langfristige Kredite zu gewähren und Beteiligungen zu erwerben sowie gleichzeitig das Anlagekapital auf viele Köpfe in Form von Aktien zu verteilen[189].

Neben der Finanzierung der stehenden Kosten wurden die gewährten Kapitalien zur Neugründung und zum technischen Ausbau von Zechen benutzt, seit 1880 zunehmend aber auch zum Ankauf weiterer Zechen durch größere Unternehmen. Ebenso wie die Banken größere Betriebe von vornherein bevorzugten, so verhalfen sie ihnen auf diese Weise (durch Kapitalerhöhungen) zu weiterer Konzentration[190].

Mit der Stabilisierung der Bergwerkseinnahmen seit etwa 1890 konnten die Unternehmen immer mehr zur Selbstfinanzierung von mindestens nicht allzu hohen Ausgaben schreiten. Sie näherten sich damit dem Modus, der für die Unternehmen in Südwales bei langsamerer wirtschaftlicher Entwicklung während des ganzen 19. Jahrhunderts — wie zu zeigen sein wird — von ausschlaggebender Bedeutung gewesen war. So betrugen im Verhältnis zum Gesamtvermögen die eigenen Mittel im Jahre 1905[191] bei der

Gelsenkirchener Bergwerks-AG	88,0%,
Bergwerksgesellschaft Dahlbusch	86,7%,
Bergwerksgesellschaft Consolidation	92,8%,
Deutsch-Lux. Bergwerks- u. Hütten AG	60,8% (1910).

Falls die eigenen Mittel nicht ausreichten und Schulden aufgenommen werden mußten, bevorzugten die Unternehmen langfristige anstelle von

[189] Zur Finanzpolitik einiger, auch ‚gemischter' Unternehmen in der Eisenindustrie vgl. neuerdings: W. Feldenkirchen, Kapitalbeschaffung in der Eisen- und Stahlindustrie des Ruhrgebiets, 1879-1914, in: Zeitschrift f. Unternehmensgeschichte 24, 1979, S. 39-81. In den Jahren vor Ausbruch des Weltkrieges lag in der Hand der Berliner Kreditbanken die Kontrolle von nahezu 65% des Eigenkapitals aller deutschen Kreditbanken. Vgl. H. Böhme, Prolegomena zu einer Sozial- und Wirtschaftsgeschichte Deutschlands im 19. und 20. Jahrhundert, 1969, S. 99. Zum Wachstum des Finanzsektors in Deutschland von 1860 bis 1913 im allgemeinen vgl. die Zahlen bei R.H. Tilly, Zur Entwicklung des Kapitalmarktes und Industrialisierung im 19. Jahrhundert, in: VSWG 60, 1973, S. 145-165, S. 161; auch: Böhme, Deutschlands Weg, S. 57 ff., 320 ff.; ders., Prolegomena, S. 72-75; Wehler, S. 56-58, 85-87; H. Mottek u. a., Wirtschaftsgeschichte Deutschlands, Bd. 3, 1972, S. 99 ff.; für Rheinland-Westfalen vgl. Fischer, Herz, S. 167 ff.; E. Leist, Das Geld-, Bank- und Börsenwesen, in: Brandt/Most, Bd. 1, S. 497 ff.

[190] Vgl. etwa Bergmann, S. 83, 127; Hibernia, S. 1/2, 23, 31; Heinrichsbauer, Harpener-Bergbau, S. 91/2, 95/7, 115; Freundt, S. 34 ff.; E. Maschke, Grundzüge der deutschen Kartellgeschichte bis 1914, 1964, S. 14; Schacht, S. 1266-1268. Zum hiermit verbundenen, wachsenden Einfluß der Banken auf die Syndikate vgl. J. Rießer, Die Konzentration der deutschen Banken, 1905, S. 186 f.

[191] A. Merkel, S. 64/5.

kurzfristig zurückzuzahlenden Krediten. An den Gesamtschulden hatten die fundierten Schulden 1914 einen Anteil von z. B. bei

GBAG	57,8%,
Dahlbusch	58,8%,
Deutsch.-Lux.	69,7%[192].

Bis 1890 oder 1900 war der Einfluß der Banken durch die auch kurzfristige Kreditabhängigkeit der Unternehmen gewachsen. Zahlreiche Bankdirektoren traten in die Aufsichtsräte der Ruhrbergbauunternehmen ein[193]. Obwohl z.B. von dem Aktienkapital der Harpener Bergbau AG 1914 in Höhe von 27.923.800 M 26.225.200 M in den Händen von 10 Banken konzentriert war und ihnen im Aufsichtsrat von insgesamt 139.619 Stimmen 133.126 zufielen, trat eine kurzfristige Abhängigkeit dieser Gesellschaft aufgrund ihrer ‚gefestigten inneren Lage‘ nicht ein[194]. Seit 1890 hatten sich die vorher existierenden persönlichen Beziehungen zwischen den Bankenvertretern und den Unternehmern jedoch weitgehend anonymisiert.

Zu den finanziellen und persönlichen Faktoren, welche die Unabhängigkeit zwischen Banken und Unternehmen beförderten, traten Probleme technischer und wirtschaftlicher Art. Die schnelle und regelmäßige Erfassung dieser teilweise sehr wechselhaften, aber die Rentabilität der Unternehmen in entscheidendem Maße bestimmenden Faktoren sicherte den Unternehmern eine sachliche Überlegenheit, die den Bankenvertretern oft nur eine ‚bereitwillige Mitarbeit‘ übrig ließ[195]. Eindrucksvoll berichtet wird diese relativ passive Haltung der Bankenvertreter von der Sitzung des Aufsichtsrats der GBAG beim Anschluß des Schalker und des Aachener Grubenvereins: „Die Vertreter der Großbanken waren zwar zahlreich anwesend, aber sie hielten sich auffallend im Hintergrunde und überließen das Wort den Herren der Industrie, selbst da wo es sich um reine Finanzfragen handelte ... Die Herren [der Großbanken] hörten aufmerksam und schweigend zu, und obwohl sie 4 1/2 Mill. M, d.h. 2/3 der angemeldeten Aktien, vertraten, fühlten sie sich offensichtlich nicht als Herren der Situation“[196].

[192] Ebenda, S. 67; auch Bergmann, S. 128. Zur Erhaltung einer starken Liquidität der Unternehmen vgl. auch Bergmann, S. 83; Heinrichsbauer, S. 115; R.H. Tilly, Zur Entwicklung, S. 159.

[193] Vgl. etwa Hibernia, S. 23; Freundt, S. 36, 70; E. Maschke, S. 30/1 Muthesius, S. 49. Ebenso waren industrielle, „und speziell einflußreiche Persönlichkeiten aus der Montanindustrie“ in die Aufsichtsräte der Großbanken eingetreten. Ende 1904 zählte man 30 Unternehmer in den Aufsichtsgremien allein der großen fünf Berliner Banken, während andererseits etwa die Deutsche Bank ihre Direktoren als Aufsichtsräte in 101 Gesellschaften, ihre eigenen Aufsichtsräte in 120 Gesellschaften hatte. Vgl. J. Rießer, S. 187, und O. Jeidels, Das Verhältnis der deutschen Großbanken zur Industrie, 1905, S. 161, zit. nach: E. Rothschild, Kartelle, Gewerkschaften und Genossenschaften nach ihrem inneren Zusammenhang im Wirtschaftsleben, 1912, S. 87/8.

[194] WWA F 24/22: Geschäftsbericht Harpen 1914/15; Heinrichsbauer, S. 91.

[195] So Heinrichsbauer, S. 91.

[196] Zit. nach: Spethmann, S. 178.

Trotz der riesigen Summe des aufgewendeten, eingezahlten Kapitals und des weiterhin großen Kapitalbedarfs hatten die Ruhrbergbauunternehmen — bei stabiler Rentabilität — bis 1914 ein relativ hohes Maß an Selbstbestimmung gegenüber ihren Kapitalgebern erreicht[197]. Das sich gerade auch hier auszahlende Fachwissen der Unternehmer ebenso wie die durch die Reduzierung der alten, unmittelbaren finanziellen Abhängigkeit gewachsene Bewegungsfreiheit mögen nicht unmaßgeblich zum Abbau des alten Prestigedefizits der deutschen Unternehmer im allgemeinen und zum wachsenden Selbstbewußtsein gerade der Ruhrgebietsunternehmer beigetragen haben.

7. Der enge Absatzmarkt und die schwache Rolle des Handels

Der langfristigen Abhängigkeit des Ruhrbergbaus vom Kapitalmarkt entsprach diejenige vom Absatzmarkt. Schon die Bergbehörde zur Zeit der staatlichen Direktion war bemüht gewesen, den Absatzmarkt für Ruhrkohle durch Wegebau, Kanalisierung der Ruhr und durch Verhandlungen mit Verbrauchern und Transporteuren zu verbreitern[198]. Diese Bemühungen setzten die Unternehmer (vor allem durch den Bergbauverein nach dessen Gründung im Jahre 1858) bei wachsender Produktion der Zechen mit verstärkter Intensität fort. Dabei legten die Binnenlandlage des Ruhrgebiets und die durch die Industrialisierung Deutschlands wachsenden Absatzmöglichkeiten zunehmend das Schwergewicht auf die Eisenbahn als Transportmittel. Noch 1851 wurden 45,5% der Produktion als Landfuhre befördert, 29,6% über die Ruhr und nur 24,9% durch die Eisenbahn. Bis 1860 hatte sich das Verhältnis schon bedeutend verschoben: 55,1% verließen über die Eisenbahn, 20,7% über die Landfuhre und 16,7% zu Wasser die Zechen. Bis 1869 war der Anteil der Eisenbahn auf 81,2% gestiegen[199].

Da beim Massenprodukt Kohle der Anteil der Transportkosten am Verkaufspreis relativ hoch ist, galten die Bemühungen der Unternehmer — neben dem weiteren Ausbau des Eisenbahnnetzes — vor allem der Senkung der Eisenbahntransporttarife. Doch erst nach langen und intensiven Bemühungen sowie nach der Verstaatlichung der Eisenbahnen ab 1879 gelang es ihnen, einheitlich auf allen Strecken den Einpfennig-Tarif für Kohle zu erhalten. Zusätzlich wurden Sondertarife besonders für das Küstengebiet

[197] Vgl. hierzu auch die Äußerung Kirdorfs auf der Tagung des Vereins für Socialpolitik 1905, in: Schriften des Vereins für Socialpolitik, Bd. 116, 1906, S. 285; auch: Muthesius, S. 51; zur ähnlichen, allgemeinen Entwicklung der Bedeutung der Banken in Deutschland vgl. auch: Kocka, The Rise, S. 89-92.

[198] Vgl. Krampe, S. 106 ff.; Tenfelde, S. 68 ff.; Jankowski, S. 78 ff.

[199] Um jedoch bis 1890 wieder auf 75,61% abzusinken. Vgl. Festschrift des Bergbauvereins, S. 19; M. Reuss, Mittheilungen aus der Geschichte des Kgl. Oberbergamts zu Dortmund, 1892, S. 84. Zur Organisation des Absatzes allgemein vgl. H. Preute, Die Absatz- und Verkehrsverhältnisse des rhein.-westf. Kohlenbergbaues vor und nach dem Weltkriege, 1929.

abgeschlossen, die auf die jeweilige Preishöhe der konkurrierenden englischen Kohle (aus Northumberland und Durham) abgestimmt wurden. Doch auch die ermäßigten Frachtkosten reichten weder, die englische Kohle vom deutschen Markt zu verdrängen — im Gegenteil verdoppelte sich ihre Importmenge von 1897 bis 1907 — noch die eigene Förderung abzusetzen[200].

Obwohl der Kohlenbedarf des Ruhrgebietes schon in den Jahren um 1880 pro Jahr um 8 - 10% zunahm und auch die Aufnahmefähigkeit des deutschen Marktes stieg, waren es besonders die Zeiten zurückgehender Konjunktur, die nach anderen Wegen suchen ließen. Die allgemeine Konjunkturabhängigkeit des Bergbaus wurde verschärft durch seine starke Abhängigkeit von der Eisenindustrie als konjunkturellem Leitsektor: im Durchschnitt der Jahre 1904 - 1908 verbrauchte allein die Eisenindustrie 41,4% des Kohlenabsatzes bzw. 84,9% des Koksabsatzes des Rheinisch-Westfälischen Kohlensyndikats (RWKS) im Inland[201].

Neben dem oben geschilderten, wechselnden Einsatz der Arbeitskräfte und der vertikalen Konzentration in größeren Unternehmenskomplexen bot sich dem Ruhrbergbau als ein drittes Mittel des Konjunkturausgleichs der Export an. Nach anfänglichen Bemühungen Ende der 1860er Jahre wurde zu diesem Zweck bereits 1876 ein selbständiges Kohlenausführ-Komitee gegründet, in dem im wesentlichen die größeren Betriebe vertreten waren. Obwohl es bis nach der Gründung des RWKS (1894) bestand, scheint sich sein Erfolg — wenn überhaupt — nur sehr allmählich eingestellt zu haben[202]. 1885 betrug der Auslandsabsatz an Kohlen 7,7%, an Koks 0,9% der Gesamtförderung, 1900 stieg er auf 9,7% und 1,05%, bis 1913 auf 13,7% für Kohlen und 6,75% für Koks[203].

Während der Export nach Übersee wegen der scharfen Konkurrenz britischer Kohle bis 1913 unbedeutend blieb (ca. 0,5 Mill. t), wuchs der Anteil der industrialisierten Nachbarländer Frankreich, Belgien und Holland. Zusammen mit Österreich nahmen diese Länder 9/10 der Syndikatsausfuhr auf. Obwohl in den Jahren zuvor der Export der Ruhrkohle um ein Vielfaches

200 Zum Ganzen vgl. Festschrift des Bergbauvereins, S. 19-50; auch: Wirtschaftliche Entwicklung, Bd. 1, S. 227; Meis, S. 11-13, 339; Bergmann, S. 100-105; C. Wilhelms, Die Übererzeugung im Ruhrkohlenbergbau 1913 bis 1932, 1938, S. 6. Zur bisher in der Forschung kaum berücksichtigten Rolle, welche die Eisenbahnen und damit der Staat in Deutschland auf dem Wege der Tarifpolitik für die Absatzchancen einzelner Gewerbezweige spielten, vgl. die zeitgenössische Untersuchung von F. Elsas, Die Ausnahmetarife im Güterverkehr der Preußischen-Hessischen Eisenbahngemeinschaft. Ein Beitrag zur gegenwärtigen Eisenbahn-Tarifpolitik, 1912.

201 Vgl. Pilz, S. 24-26; Freundt, S. 36; Festschrift, S. 57.

202 Vgl. Wirtschaftliche Entwicklung, Bd. 2, S. 73-83; Gebhardt, S. 26. Immerhin konnte das Kohlenausfuhr-Komitee die deutsche Marine für die Verfeuerung westfälischer — statt englischer — Kohle gewinnen. Vgl. Muthesius, S. 35.

203 Berechnet nach: Gebhardt, S. 492-500; auch: Uhde, S. 52/3.

angestiegen war[204], blieb der Anteil des Auslandsabsatzes an der Gesamtproduktion relativ gering. Mehr als 85% der Förderung des Ruhrbergbaus mußte im Inland abgesetzt werden. 46% des Gesamtabsatzes in Deutschland nahm allein die Eisenindustrie in Anspruch, hinzu kamen ca. 6% für den Eigenverbrauch der Zechen, die Herstellung von Koks und Brikett. 1,54% lieferten die Ruhrbergbauunternehmen an eigene Werke und 37,5% der Koksherstellung verbrauchten allein die Hochöfen des Ruhrgebiets[205]. Hinter der Eisenindustrie an zweiter Stelle der Abnahmeskala folgten Eisenbahn und Schiffahrt, die 1/6 des Inlandabsatzes für sich beanspruchten. Auf den Hausbrand einschließlich der Landwirtschaft und das Kleingewerbe entfielen 13%. Es folgten die Industrie der Steine und Erden mit 4,7%, die Gas-und Wasserwerke mit 4%, die chemische Industrie mit 3,3%, die Textilindustrie mit 3%, die Industrie der Nahrungs- und Genußmittel mit 2,7% und die Elektrizitätswerke mit 1,7%. Die Bezüge der übrigen Verbrauchergruppen blieben unter 1 Mill. t oder 1,4%[206].

Die Geschlossenheit und relativ enge regionale Begrenztheit des Absatzmarktes für die Ruhrkohle geht weiterhin aus folgendem hervor: Im Jahre 1907 wurden von einer Gesamtförderung von 80 Mill. t 66 Mill. t (= 80%) auf der Eisenbahn zum Versand gebracht[207]. Hiervon entfielen auf die Entfernungen von 1 - 100 km ca. 58%, von 100 - 200 km ca. 9%, von 200 - 350 km ca. 18%, von 350 - 500 km ca. 9% und über 500 km ungefähr 6%. 85% der Ruhrkohle, die mit der Eisenbahn transportiert wurde, und mindestens 65% der Förderung insgesamt brauchten also nicht mehr als 350 km zum Verbrauchsort[208].

So gerne die Unternehmer im Ruhrbergbau die Hilfe des Staates in Form der Tarifpolitik der Eisenbahnen zur Ausweitung des innerdeutschen Absatzmarktes annahmen, so lehnten sie doch — wenn auch noch einigem Schwanken — Einfuhrzölle auf ausländische, nach Deutschland importierte Kohle ab. Obwohl sie in dieser Frage prinzipiell auf der Seite der Eisenindustrie standen, die 1879 maßgeblich an der Wiedereinführung des Schutzzolls beteiligt war, überwog bei den Kohleproduzenten für ihre Güter doch das Interesse an einer ungehinderten Kohlenausfuhr, die sie als eine mögliche

[204] Meis, S. 10/11; Bergmann, S. 113; Jüngst, Berg- und Hüttenindustrie, S. 343/4. Für den Export des RWKS und seinen Zielgebieten zwischen 1896 und 1911 vgl. die Zusammenstellung bei Bartz, S. 98, Tab. IV; für den deutschen Bergbau insgesamt vgl. J. Rollmann, Die Entwicklung des deutschen Kohlenexports bis 1914, 1922, bes. S. 211.

[205] Meis, S. 6, 338; Pilz, S. 25; Brandt/Most, Bd. 2, S. 176/7.

[206] Meis, S. 9, 338; auch: Saitzew, S. 77/8; Pilz, S. 25/6; Bergmann, S. 113.

[207] Und zwar 52,58% nach dem Rohstofftarif und 47,42% nach den verschiedenen Ausnahmetarifen. Vgl. Bergmann, S. 106, nach: Festschrift, S. 36/7.

[208] Bergmann, S. 107. Zur regionalen Verteilung des Absatzes der Ruhrkohle vgl. Festschrift, S. 38, und Meis, S. 340/1; auch: E. Manno, Die Kohlenversorgung Süddeutschlands, 1914.

Reaktion der anderen Länder auf einen Einfuhrtarif auf deutscher Seite gefährdet sahen. Das gleiche Argument — die Aufrechterhaltung des Kohlenexports — konnten sie erfolgreich dem mehrfach bei der Erörterung der geplanten Reichsfinanzreform vorgetragenen Vorhaben entgegenhalten, das die Einführung einer Steuer oder eines Ausfuhrzolls auf Kohle vorsah[209].

Die Ausweitung des Absatzmarktes für Ruhrkohle in Deutschland und im Ausland reichte jedoch nicht aus, um mit dem Anwachsen der Produktion Schritt zu halten. Das Bestreben der einzelnen Unternehmen, die Selbstkosten zu senken, d.h. den hohen Anteil fixer (auch: Kapital-) Kosten (etwa 30-40% der Selbstkosten) auf eine höhere Tonnenzahl zu verteilen, fand sein — beinahe automatisches — Resultat in einer dauernd steigenden Kohlenförderung; denn: „Möglichste Selbstkostensenkung wurde für wirksamer gehalten als Hoffnungen auf Preiserhöhungen"[210]. Um aber zunächst wenigstens Preissenkungen zu verhindern, mußte die auf dem relativ engen Absatzmarkt zwangsläufig verstärkte Konkurrenz zwischen den einzelnen Unternehmen des Ruhrbergbaus reduziert werden. Dieses Ziel verfolgten die Unternehmer schon bei den Betriebszusammenlegungen durch die Verkleinerung der Anzahl der Anbieter. Doch angesichts der wachsenden Kohlenproduktion und der anhaltenden Absatzschwierigkeiten erschien, da eine durchgreifende Zusammenlegung des Besitzes kurzfristig nicht zu verwirklichen war, eine weitere Vereinheitlichung des Verkaufs und darüber hinaus eine Reduzierung der Förderung als erstrebenswert. Die Bergbauunternehmer versuchten dies durch die Schaffung von Kartellen[211]. Hierbei kamen ihnen teilweise außerhalb ihres Einflusses befindliche Tatbestände entgegen.

[209] Festschrift, S. 52-56; Muthesius, S. 98/9; Bergmann, S. 71.

[210] Zitat aus: Heinrichsbauer, S. 115. Gesch.-Ber. GBAG 1881, zit. bei Stillich, S. 153, und Freundt, S. 37. Umgekehrt schätzte Goldschmidt, daß eine Produktionseinschränkung von 10% eine Erhöhung der Selbstkosten pro t geförderter Kohle um 2%, bei einer Einschränkung von 20% eine Erhöhung um 5%, bei einer solchen von 30% um 9%, bei 40% um 14% und bei 50% Einschränkung um 20% nach sich ziehe. Vgl. Goldschmidt, S. 107. — Nach der Berechnung E. Schmalenbachs bestanden die durchschnittlichen Gestehungskosten im Ruhrbergbau im Jahre 1913 je t aus:

	Mark	%
Löhne u. Gehälter	5,61	57,3
Arbeitskosten	5,61	57,3
Materialkosten	1,65	16,9
Sonstige Kosten	1,43	14,6
Abschreibungen	1,10	11,2
Selbstkosten	9,79	100

Vgl. G. Schmalenbach, Gutachten über die gegenwärtige Lage des rhein.-westf. Steinkohlenbergbaus, 1928, S. 62 ff, zit. nach: H. Müller, Die technische Entwicklung, S. 92.

[211] Unter Kartellen sollen hier Vereinigungen von Produzenten verstanden werden, „die vertragsmäßig sich über gewisse Einschränkungen der freien Konkurrenz untereinander

8. Der erfolgreiche Weg zum Kartell

Anders als in der — ebenfalls kapitalintensiven — Eisenindustrie, wo der Schutz des Einfuhrzolls seit seiner Wiedereinführung im Jahre 1879 die Tendenz zur Konzentration und Kartellierung dadurch beschleunigte, daß eine geringe Anzahl von Produzenten auf dem deutschen Markt konkurrierte und so eine weitere Aufteilung des inneren Marktes erleichterte, waren es im Ruhrbergbau — wie auch den anderen deutschen Bergbaugebieten — der höhere Entwicklungsgrad der Betriebskonzentration, dessen Ursachen im wesentlichen — wie oben ausgeführt — in den technischen und wirtschaftlichen Erfordernissen des Tiefbaus lagen, die größere Einheitlichkeit der produzierten Güter und der — wie bei der Eisenindustrie — unter staatlicher Mithilfe (Eisenbahntarife) relativ gesicherte, übersichtliche Absatzmarkt, der nur an der Peripherie von in- und ausländischer Konkurrenz bedroht wurde, welche die Kartellierung beförderten[212]. Trotz dieser langfristig förderlichen Faktoren gab es für die Unternehmer bei der konkreten Durchführung jedoch eine Menge an Hindernissen zu überwinden.

Schon während der Zeit der bergbehördlichen Direktion, von den 1820er bis in die 1850er Jahre, hatte es im Ruhrbergbau Versuche der Kartellbildung mit mehr oder weniger langfristigem Erfolg gegeben. So gab es eine „Vereinigung Märkischer Gewerken", die von 1823 bis 1859 existierte, deren Zweck jedoch nicht eindeutig feststellbar ist. Auch die weiteren Organisationsversuche, von denen wir hören, konzentrierten sich auf das westliche Revier. 1825 gab es eine Zechenvereinigung im Essen-Werdenschen Bereich, 1838 eine „Essen-Werdensche Steinkohlenhandlung", 1843 einen Verband von Zechen an der Ruhr und 1854 einen „Magerkohlenverband", die sämtlich eine „Regulierung des Förderquantums" und teilweise bereits einen gemeinsamen Verkauf anvisierten.

Wenn auch der spätere Übergang des Märkischen und des Dortmund-Wittener Gewerkenvereins in den Bergbauverein auf die noch fehlende Differenzierung zwischen Wirtschafts- und Interessenverband hinweist, war die Aufgabenstellung der meisten Vereinigungen schon zu dieser frühen Zeit eindeutig auf die Kontrolle von Produktion und Absatz gerichtet[213]. Erfolg

verständigt haben". Vgl. K. Diehl, Nationalökonomische Betrachtungen zur Frage der rechtlichen Regelung der Kartelle, in: Zeitschrift für das Gesamte Handelsrecht 56, 1965, S. 359-434, S. 365. Zur Aufgliederung der Kartelle in solche niederer und höherer Ordnung vgl. Dr. Gablers Wirtschaftslexikon, Bd. 3, S. 785/6. Die Kartelle mit gemeinsamer Verkaufsorganisation nannte man „Syndikate". Vgl. auch ebenda, Bd. 5, S. 1399.

212 Zur Rolle des Einfuhrzolls bei der Eisenindustrie vgl. R. Sonnemann, Die Auswirkungen des Schutzzolls auf die Monopolisierung der deutschen Eisen- und Stahlindustrie, 1879-1892, 1960, bes. S. 27-51.

213 Muthesius, S. 33/4; W. Goetzke, Das Rheinisch-Westfälische Kohlensyndikat, 1905, S. 4; Wirtschaftliche Entwicklung, Bd. 2, S. 139; Kuczynski, Bd. 14, S. 65/6; Fischer, Herz, S. 28.

oder Mißerfolg der Abmachungen scheinen dabei weitgehend von den Ab- oder Aufschwüngen der Konjunktur abhängig gewesen zu sein. Hieran änderte sich zunächst auch in der zweiten Phase der Organisationsversuche wenig, als mit dem Bergbauverein ab 1858 auch das institutionelle Rückgrat dieser Kartellierungsbestrebungen geschaffen war[214]. Die vier zwischen 1878 und 1888 geschaffenen Förderkonventionen scheiterten nach jeweils kurzer Zeit; von den neun Preiskonventionen, die zwischen 1879 und 1888 für verschiedene Kohlensorten abgeschlossen wurden, war die längste — die Gaskohlenvereinigung — allerdings schon mehr als 12 Jahre in Kraft. Den Übergang von diesen institutionell noch relativ lockeren Preiskonventionen zur Einrichtung von Verkaufsvereinen bildete die Errichtung einer gemeinsamen Verkaufsabteilung für die drei unter der Führung der Diskonto-Gesellschaft stehenden Betriebe, unter ihnen die GBAG, die zusammen im Jahre 1892 9,1% der Ruhrgebietsproduktion förderten[215].

Die nächste Stufe der Versuche einer erfolgversprechenden Kartellierung war die Bildung von gemeinsamen Verkaufsvereinen, welche die Produktion von bestimmten Bezirken innerhalb des Reviers erfassen sollte. Insgesamt wurden sieben Vereinigungen in der Zeit zwischen 1888 und 1891 gegründet. Der entscheidende Fortschritt gegenüber den vorhergehenden Absprachen war hierbei die Einrichtung von festen Institutionen, die allein den Verkauf an die Kohlenverbraucher übernahmen. Geblieben war jedoch der frühere und sich bald bemerkbar machende Nachteil, daß die Kunden — vor allem die Eisenindustrie und der Handel — die einzelnen Verkaufsvereine gegeneinander ausspielen konnten und ihren Bedarf zeitweise künstlich einschränkten[216]. Aufgrund dieser Erfahrung gründete man Anfang 1892 als erste zentrale Verkaufsvereinigung die „Zechengemeinschaft", aus der heraus zu Beginn des Jahres 1893 als endgültige Zentralorganisation das „Rheinisch-Westfälische Kohlensyndikat" entstand.

So groß die praktischen Schwierigkeiten im Kartellierungsprozeß und das Vorurteil der öffentlichen Meinung wie mancher Staatsbehörden dieser Zeit auch waren und so weit der Weg des Umlernens für den einzelnen Unternehmer auch sein mochte, so dringend forderte die relative Starrheit der bergbaulichen Produktion eine zentrale Abstimmung auf einen engen und sich schnell ändernden Absatzmarkt[217]. Erleichtert haben mag den Unterneh-

214 Zu dieser programmatischen Aufgabe des Bergbauvereins vgl. Wirtschaftliche Entwicklung, Bd. 2, S. 41, 69. Zum folgenden ebenda, S. 87 ff.; auch: D. Wilhelm, Das Rheinisch-Westfälische Kohlensyndikat und die Oberschlesische Kohlenkonvention bis zum Jahre 1933, 1966.

215 Ebenda, S. 137; vgl. auch oben S. 64.

216 Ebenda, S. 185, 201.

217 Zu den Schwierigkeiten des Kartellierungsprozesses im einzelnen und den dadurch notwendigen Um- und Neugründungen, die den entscheidenden Lernprozeß der Unternehmer zwischen 1877 und 1890 signalisieren, vgl. Wirtschaftliche Entwicklung, Bd. 2,

mern der Umlernprozeß die — teilweise noch erlebte — Erinnerung an den Grundsatz des staatlichen Direktionsprinzips, „daß es ohne eine Art von Planung nicht gehe"[218].

Wie bei den vorhergegangenen Kartellierungsversuchen, so war auch beim Syndikat die Hauptaufgabe der Ausgleich zwischen Angebot und Nachfrage. Die Grundinstrumente hierzu waren die Erfassung eines möglichst großen Teils der Gesamtproduktion, die Festlegung der Förderhöhe der einzelnen Werke und die Bestimmung der Preise. Die vom Syndikat erfaßte Förderung schwankte zwischen 1893 und 1913 um etwa 90% der Ruhrgebietsgesamtförderung (86,66% im Jahre 1893 und 88,88% im Jahre 1913). Der niedrigste Prozentsatz betrug 82,25% im Jahre 1903[219]. Die Fördermenge des Syndikats sowie der einzelnen Mitgliederzechen wurde festgelegt durch die am Anfang der Syndikatsperiode den einzelnen Mitgliedern zugestandenen Beteiligungsquoten und die monatlich nach der Absatzlage festgesetzte, prozentuale Verringerung dieser Beteiligungsanteile. Diese veranschlagten Verringerungsprozentsätze, die meist über dem tatsächlichen Minderabsatz lagen, bewegten sich in den Jahren von 1894 bis 1912 jährlich zwischen den Extremen von 0% (1907) und 39,2% (1909).

Gesamtbeteiligung und Förderung der Syndikatsmitglieder indes stiegen erheblich. Erstere wuchs von 1893 bis 1903 um 80,4%, von 1904 bis 1912 jedoch nur um 8,4%, im Gesamtzeitraum um 124,8%. Die tatsächliche Gesamtförderung von Kohle stieg von 1893 bis 1903 um 60,5% und von 1904 bis 1912 um 39,5%, insgesamt um 179,7%. Bei Koks hob sich die rechnungsmäßige Beteiligungsziffer von 1904 bis 1912 um 45,4%, die tatsächliche Produktion dagegen um 104,3%. Während der 20 Jahre von 1893 bis 1912 sank die Gesamtförderung des Syndikats nur in drei Jahren gegenüber dem jeweils vorhergehenden Jahr, in keinem Jahr jedoch sank die Beteiligungsziffer.[220]

Jährlich wurden, ebenfalls nach der Einschätzung der Konjunktur im allgemeinen und des Kohlenabsatzes im besonderen, die Richtpreise für den Verkauf der verschiedenen Kohlensorten festgesetzt. Hierbei war neben einem allmählichen Aufwärtstrend das Bemühen sichtbar, keine zu großen Preisschwankungen zuzulassen[221].

S. 87-253; Festschrift, S. 88-103; auch: Heinrichsbauer, S. 103. Zum „Genierlichen" und „Peinlichen" und zum Vorurteil der öffentlichen Meinung, der Industriellen und der Staatsbehörden gegenüber der Kartellbildung in den 1870er und 1880er Jahren vgl. etwa Muthesius, S. 29/30, 32, 55/6.

[218] Heinrichsbauer, S. 86; Maschke, S. 11. Vgl. bes. auch: F. Meckenstock, Die Geschichte der Planung im Steinkohlenbergbau des Ruhrgebietes, 1951.

[219] Bartz, S. 146, Tab. I; H. Lüthgen, Das Rhein.-Westfälische Kohlensyndikat, 1926, S. 108. Der wirtschaftliche Druck, den das Syndikat auf die nicht-syndizierten Zechen ausübte, war immerhin so groß, daß auch diese kartellmäßige Verabredungen untereinander trafen und entsprechende Einrichtungen schufen. Vgl. Goldschmidt, S. 118/9.

[220] Vgl. Bartz, S. 44, Tab. II-VII.

Um bei der stark ansteigenden Produktion in Zeiten von Absatzschwierigkeiten nicht gezwungen zu sein, die Preise zu weit herabzusetzen, versuchte das Syndikat, in stärkerer Weise auf den Absatzmarkt Einfluß zu nehmen. Hierbei bediente es sich im wesentlichen dreier Mittel: Das erste war die Zahlung von Exportprämien an die Eisenindustrie im Falle schwierigen Auslandsabsatzes ihrer Produkte. Das zweite Mittel war eine variable Preispolitik in dem von anderen Kohleproduzenten „bestrittenen Absatzgebiet" im In- und Ausland. Und das dritte Instrument war die ab 1896 zunehmende Kontrolle über den Kohlenhandel durch die Gründung von neuen oder die Übernahme oder Beteiligung an schon bestehenden Kohlenhandelsgesellschaften. Neben dem Anschluß von 37 Kohlentransportunternehmen, die im „Kohlenkontor" zusammengefaßt waren, wurde der gesamte natürliche Marktbereich bis 1913 in 29 Bezirke aufgeteilt, welche die vom Kohlensyndikat — über die hierzu geschaffenen Verkaufsverbände — kontrollierten Kohlenhandelsgesellschaften belieferten. Das Syndikat, das im Jahre 1912 ein Beteiligungskonto von 11,5 Mill. M aufwies, war als Gesellschafter nicht nur an den teilweise hohen Dividenden (bis zu 100%) dieser Handels- und Transportgesellschaften beteiligt, sondern erhielt darüber hinaus von ihnen z.T. noch zusätzliche Umschlagsvergütungen in Höhe von bis zu 22% (z.B. in den Jahren 1911 -1914)[222]. Die Exportprämien an die Eisenindustrie, evtl.

[221] Ebenda, S. 62, Tab. I-II; Lüthgen, S. 229. Von allen deutschen Bergbaugebieten stiegen die Preise im OBA Dortmund zwischen 1893/95 und 1912/14 am stärksten. Zum letzteren Zeitpunkt hatten sie einen in etwa einheitlichen Stand erreicht. Die Preise stiegen im OBA Dortmund um 75,65%, im Saargebiet um 64,82% und im OBA Breslau um 57,79%. Vgl. Transfeldt, S. 58; auch Bockhoff, S. 120 ff.; vgl. auch die graphische Darstellung im Anhang, Tafel I.

[222] Bergmann, S. 78/9; Bartz, S. 121; Lüthgen, S. 149 ff., 222/3; Verhandlungen der Sozialisierungskommission über den Kohlenbergbau im Winter 1918/1919, 1921, Tabellen zwischen S. 462 und 463; Meifert, S. 103/4. Zur Organisation der Handelsgesellschaften vgl. auch H. Bonikowsky, S. 246-262. Während der Ruhrbergbau den bei großem Kohlensortiment und zwar geschlossenem, aber großflächigem Absatzmarkt notwendigen Kohlenhandel weitgehend unter seine Kontrolle brachte, reduzierte ihn die Monopolstellung des Staates, das kleinere Absatzgebiet (Süddeutschland) und das geringere Sortiment im Saargebiet zur Bedeutungslosigkeit. Hier vermittelte der Handel bei festgelegten Konditionen nur 20-25% des Gesamtabsatzes. In Oberschlesien dagegen hatte vor allem der räumlich stark verzweigte Absatzmarkt — der Kohlenexport nach Österreich und Rußland war hier zwischen 1890 und 1910 um 200% von knapp einem Sechstel auf 24% der Gesamtförderung angestiegen — dem Handel eine stärkere Stellung erhalten. Zwei Großhandelsfirmen waren daher auch am Zustandekommen der Oberschlesischen Kohlenkonvention beteiligt, die — als Preis- und Produktionskartell weitaus lockerer organisiert als das RWKS — in den Jahren 1910-1912 99,5% der oberschlesischen Gesamtförderung kontrollierte. Erleichtert durch die hohe Konzentration der Besitzverhältnisse waren hier schon seit 1885 Kartellierungspläne verfolgt worden, die aber erst durch den Beitritt des Fiskus im Jahre 1905 (1910), der allein 17% der oberschlesischen Förderung produzierte, voll verwirklicht wurden. Vgl. W. Bockhoff, Der Steinkohlenmarkt Deutschlands in den letzten 20-25 Jahren, in: Preisbildung bei industriellen Rohstoffen und Fabrikaten, 1914, S. 107-220, S. 114-118; H. Bonikowski, Die oberschlesische Montanindustrie, in: Zeitschr. des Oberschles. Berg- und Hüttenmännischen Vereins 51,

Verluste beim Verkauf im bestrittenen Absatzgebiet sowie die Unkosten des Syndikats wurden durch die Erhebung einer Umlage pro t insgesamt abgesetzter Kohle bzw. Koks aufgebracht. Diese betrug für Kohle zwischen 3,67% (1894) und 12% (1911) und für Koks zwischen 24,75% (1894) und 3,5% (1913)[223]. Deutlich ist hieran die Konjunkturabhängigkeit dieser Umlage abzulesen: Je rückläufiger die Nachfrage war, umso höher wurde die Subvention für den Absatz ins bestrittene Gebiet.

Wenn vorher die „Zeiten guter Preise dem Handel zugute kamen, während die Last von Preisrückgängen bei den Zechen verblieb"[224], so flossen jetzt über die Organisation des Kohlensyndikates die Handelsgewinne an die Bergbauunternehmen zurück. Der Handel konnte umso leichter in seine nunmehrige Abhängigkeit vom Kohlensyndikat hineinfinden, als auch sein Einkommen durch die dauernde Ausweitung des Absatzes und die Erhöhung der Preise stieg und gesicherter schien: Waren doch in den Jahren 1893 bis 1912 die Preise um 75%, die Produktion um 180% und der Anteil der Syndikatsförderung an der deutschen Gesamtkohlenproduktion von 45% auf 53%, der Anteil am deutschen Kohlenexport von 40,4% auf 47,8% angestiegen. Im Jahre 1893 produzierte das Syndikat mit 96 Mitgliedern 33,5 Mill. t, 1904 mit 84 Mitgliedern 67,2 Mill. t und 1912 mit 64 Mitgliedern 93,8 Mill. t Steinkohlen. In den Jahren vor 1914 hatte es einen Umsatz von 1,5 Milliarden Mark[225].

Unterhalb dieser die Markterschütterungen dämpfenden Decke des Syndikates jedoch gingen die alten Kämpfe um bessere Ausnutzung der — auch durch die steigende Rentabilität — dauernd neu hinzukommenden Produktionsanlagen weiter. Zum einen kauften Gesellschaften kleinere Anlagen — an Zahl weit über 100 — auf, um sie dann stillzulegen und ihre Beteiligungsquote auf ihre eigenen Anlagen umzulegen[226]. Zum anderen

1912, S. 11-20, S. 14; M. Baumont, La grosse industrie allemande et le charbon, 1928, S. 295; K. Euling, Die Kartelle im oberschlesischen Steinkohlenbergbau, 1939; V. Holzschuher, Soziale und ökonomische Hintergründe der Kartellbewegung, 1962, S. 17 ff.; D. Wilhelm, Das Rheinisch-Westfälische Kohlensyndikat und die Oberschlesische Kohlenkonvention, S. 240 ff.

[223] Lüthgen, S. 234; Bartz, S. 121; Pilz, S. 34.

[224] Heinrichsbauer, S. 97; Schunder, S. 216/7, zitiert Schmoller bei den Kontradiktorischen Verhandlungen über die Kartelle 1903: „Die Kohlengroßhändler beherrschten die Zechen, Preis und Bedingungen zur Zeit der stärksten Konkurrenz untereinander. Das wurde mit dem Syndikat anders." Vgl. auch: Bericht des Bergbauvereins 1890, S. 21, zit. bei: T. Vogelstein, Die Industrie der Rheinprovinz 1888-1900, 1902, S. 85. Zur positiven Reaktion der Kohlenhändler auf das RWKS vgl. vor allem: Bonikowsky, S. 16 ff.

[225] Bartz, S. 44, Tab. I-III; S. 98, Tab. II; Transfeldt, S. 230; Lüthgen, S. 10. Während der Anteil der Ruhrgebietsproduktion an der deutschen Gesamtförderung von 1893 bis 1913 von 52,7% auf 60,4% anstieg, fiel der Anteil des Saargebiets von 7,9% auf 6,8% und der Oberschlesiens von 23,1% auf 22,8% leicht ab. Vgl. Transfeldt, S. 196/7.

[226] Bergmann, S. 77, 74/5; auch: Lüthgen, S. 125/6. Zu der Politik der Dämpfung der Konjunkturschwankungen durch das RWKS vgl. W. Lüters, Die Konjunkturpolitik des

bewirkte die Privilegierung der 1903 in den Syndikatsvertrag aufgenommenen Hüttenzechen eine Welle der Vereinigung von Hütten und Bergwerken[226a] und dadurch eine immer geringer werdende Kontrolle über die Gesamtförderung des Ruhrbergbaus sowie ein mögliches Aufziehen von potenten Konkurrenten. Dieser Kampf um die Beteiligungsquoten, die zunehmende Bedeutung der Außenseiter sowie der Gegensatz zwischen großen und kleinen Unternehmen in der Preisfestsetzung waren denn auch die Faktoren, welche die Existenz des Syndikats kurz vor Ausbruch des Ersten Weltkrieges zunehmend gefährdeten[227].

9. Der Weg zu ausgeglichener Rentabilität

Zum Abschluß bleibt die Frage, zu welchem wirtschaftlichen Resultat der Kohlenbergbau im Ruhrgebiet und seine Organisation führten und welche Stellung ihm auch hierdurch in der deutschen Volkswirtschaft vor 1914 zukam.

Der Übergang zum Tiefbau hatte mit einem plötzlichen Anwachsen des investierten Kapitals zu einer größtmöglichen Ausnutzung der benötigten Produktionsanlagen und damit zu einer dauernd steigenden Förderung geführt. Anhaltend wachsender Kapitalaufwand einerseits und die spezifische, naturbedingte Starrheit bergbaulicher Produktionsweise andererseits verursachten eine Konjunkturempfindlichkeit, deren hohen Grad die Bergbauunternehmer in Deutschland wie in Großbritannien — früher und stärker als Unternehmer anderer Industrien — auszugleichen trachteten. Die besonderen Mittel hierzu waren Konzentration und Kartellierung. Beschleunigend und entscheidend wirkten hierbei gerade die Erfahrungen der 1870er und 1880er Jahre. Die stark sinkenden Kohlenpreise führten zu einer Verzinsung des angelegten Kapitals, welche für die Jahre 1875-1889 durchschnittlich 2,66% für etwa 80% der Gesamtförderung des Ruhrbergbaus ausmachte. Einschließlich der günstigeren Jahre 1873, 1874 und 1890 betrug die durchschnittliche Verzinsung 4,55%[228].

Rhein.-Westf. Kohlensyndikats vor dem Kriege, 1928; Transfeldt, S. 19 ff.; Lüthgen, S. 167 ff.; W. Bockhoff, Der Steinkohlenmarkt Deutschlands in den letzten 20-25 Jahren, 1914, S. 166 ff.

226a Vgl. oben S. 78 f.

227 Diese Gefahr erschien den Unternehmern so greifbar, daß sie in dieser Zeit, wie z. B. Thyssen, ihre Betriebe auf einen technischen Höchststand brachten. Hinzu kam für verschiedene Firmen die Angliederung von insgesamt 20 Handelsreedereien, davon im Frühjahr 1914 allein 11. Vgl. Bergmann, S. 78; Meifert, S. 105. Insgesamt dazu vgl. Lüthgen, S. 22 ff., 182 ff. — Zur durch die Kartellierung bedingten Konzentration der Unternehmen vgl. Goldschmidt, S. 100 ff.

228 Effertz, Was sind normale Kohlenpreise?, nach: Goetzke, S. 72/3; auch: G. Kiersch, Der Gemeinschaftsverkauf im Ruhrkohlenbergbau, in: Beiträge zur Wirtschaftsforschung, 1952, S. 172-207, S. 173 ff.

Die bedeutende Wendung, die die Gründung des Kohlensyndikates in diese Entwicklung brachte, verrät schon ein Blick auf die durchweg auf einem deutlich höheren Niveau stabilisierten Dividendenausschüttung der beteiligten Unternehmen[229]. Bei absolut stark steigendem, relativ zu 1 t Förderung jedoch mindestens gleichbleibendem Anlagekapital, absolut und relativ deutlich ansteigenden Abschreibungen für einen wachsenden und intensiver genutzten Maschinenpark und bei relativ, von ca. 60% auf etwa 50% der Selbstkosten zurückgehenden Lohnkosten, stieg die Verzinsung des angelegten Kapitals in den Jahren zwischen 1893 und 1911 auf durchschnittlich zwischen 7% und 9% an[230]. Es drängt sich die Frage auf, woher die Verdoppelung bis Verdreifachung der Rentabilität der Ruhrbergbauunternehmen in den 19 Jahren des Bestehens des RWKS stammte. Die naheliegende Vermutung, daß die Steigerung der Rentabilität durch die Erhöhung der Richtpreise zustande kam, wird widerlegt durch die Tatsache, daß die Selbstkosten zumeist in demselben Maße gestiegen sind wie der Durchschnittserlös pro Tonne Kohle[231]. Im wesentlichen bleiben u.E. zwei Erklärungsfaktoren übrig. Zum einen ist es der z.T. nicht unbeträchtliche Handelsgewinn, der durch das Syndikat an die Unternehmen zurückfloß. Den wichtigeren, zweiten Grund bietet aber wohl die Tatsache, daß die größeren Unternehmen, deren Anzahl und deren Anteil an der Gesamtproduktion in dieser Phase stark anstieg, einen höheren und während dieser Zeit noch wachsenden durchschnittlichen Reingewinn aufwiesen. Dieser Unterschied konnte im Extremfall bis zu 2,50 M je t Förderung betragen (1900)[232]. Dieser Rentabilitätsvorsprung der größeren Unternehmen gegenüber den kleineren ist aber wohl nur z.T. dem Ankauf günstigerer und der Stillegung weniger rentabler Zechen wie auch dem „Konto Großbetrieb" zuzuschreiben. Bestätigt wird dies durch die Tatsache, daß die reale Leistung bei Überschreitung einer bestimmten Betriebsgröße (300.000-600.000 t/Jahr) wieder abnahm[233]. Den wahrscheinlich wichtigeren Faktor bildet die Nebenproduktgewinnung, an der hauptsächlich — wie wir sahen — Großunternehmen beteiligt waren, stiegen doch die Einnahmen hieraus weit stärker als das Kohlenkonto an[234].

229 Goetzke, S. 73-75; Transfeldt, S. 220/1; Bergmann, S. 130; Meifert, S. 122; Lüters, S. 62-64.

230 Bosenick, S. 74 f.; Saitzew, S. 310-325; Bock, S. 26-28; J. Kempken, Die Rentabilität der Bergbau-Aktiengesellschaften des Ruhrkohlenreviers in den Jahren 1910-1919, 1921, S. 37.

231 Bock, S. 36/7; Saitzew, S. 325/6; Pilz, S. 50; W. Bockhoff, S. 145. Dieselbe Entwicklung in der Relation von Erlösen und Selbstkosten zwischen 1890 und 1910 wird auch für den oberschlesischen Bergbau bestätigt. Vgl. etwa H. Bonikowski, Die oberschlesische Montanindustrie, S. 15.

232 Vgl. die Tabellen bei Uhde, S. 121, und Saitzew, S. 331. Dieser große Rentabilitätsunterschied zwischen den einzelnen Unternehmen wird durch die Untersuchungen von Bock (S. 43) und Kempken (S. 58/9, 74, 79) voll bestätigt.

233 Uhde, S. 120; Goldschmidt, S. 45.

Die Stabilisierung der Marktverhältnisse durch die „gewisse Monopolstellung“ (Kirdorf) des Kohlensyndikats einerseits und die steigenden Einnahmen vor allem aus der Nebenproduktgewinnung andererseits hatten das Rentabilitätsniveau — wenn auch mit erheblicher Differenz zwischen den einzelnen Unternehmen — deutlich angehoben. Die Kursnotierungen der Bergwerksgesellschaften kennzeichneten eine zunehmende und anhaltende Attraktivität von Bergwerkspapieren, wie sie vor der Gründung des Kohlensyndikates nur zu den Hausseperioden der 1850er und 1870er Jahre zu beobachten gewesen war[235].

Die — gegenüber der früheren „Zurückhaltung“ — gestiegende Attraktivität von Bergwerksanteilen im Ruhrgebiet läßt sich auch erklären anhand der steigenden Jahresüberschüsse und ihres Vergleichs zur Rentabilität in deutschen Unternehmen gleicher und verschiedener Industriezweige. Der Jahresmehrgewinn der Aktiengesellschaften des Ruhrbergbaus im Verhältnis zum Unternehmenskapital stieg von 3,75% im Jahre 1893 auf 11,57% (1899) und 12,07% im Jahre 1906. Weiter verhielt er sich im Verhältnis zum Jahresmehrgewinn der Aktiengesellschaften des gesamten Steinkohlenbergbaus und sämtlicher Gewerbegruppen:

Jahresmehrgewinn der Aktiengesellschaften in sämtlichen Gewerbegruppen, im deutschen Steinkohlenbergbau und im Ruhrbergbau, 1907 - 1914 (in %)[236]

Jahr	I sämtl. Gewerbegruppen	II Steinkohlenbergbau	III Ruhrbergbau
1907/08	8,35	11,40	12,52
1908/09	7,03	9,46	9,53
1909/10	7,82	7,54	8,05
1910/11	8,08	7,80	9,19
1911/12	8,14	8,26	9,27
1912/13	8,70	10,09	11,41
1913/14	7,96	12,21	13,87
1907 - 1914	8,01	9,54	10,55

[234] Bock, S. 37; Stillich, S. 118-120; Manitius, S. 71 ff.; Kempken, S. 63 ff. Die Tatsache, daß kurz vor Ausbruch des Weltkrieges die — prozentual auf das Aktienkapital berechnete — Rentabilität der größten Unternehmen, Hibernia, GBAG und Harpen, sich auf mittlerer Ebene bewegte, ist wohl vor allem auf die seit 1905 öfter vorgenommenen Kapitalerhöhungen zurückzuführen. Vgl. Bock, S. 32 ff.; Stillich, S. 184; Merkel, S. 105.

[235] Vgl. Transfeldt, S. 223; Wilhelms, S. 255, 261, 262; Bergmann, S. 128, S. 96 Tab. 11, 12 und Anhang. Die ausgleichende und stabilisierende Wirkung des Kohlensyndikates wird vor allem deutlich im Vergleich zu den weiterhin konjunkturell stark schwankenden Gewinnergebnissen von Unternehmen der Eisenindustrie. Vgl. etwa die Dividendenzusammenstellung bei Goetzke, S. 78. — Zur ‚gewissen Monopolstellung‘ des RWKS vgl. Kirdorf auf der Tagung des Vereins für Socialpolitik 1905, S. 275.

[236] Die Tabellen (I und II nach der Reichsstatistik) sind zusammengestellt aus: Manitius, S. 73; Bock, S. 28, und Kempken, S. 55.

Hatte 1887 bis 1905 der durchschnittliche Prozentsatz des Reingewinns bezogen auf das Anlagekapital im Ruhrbergbau 7,71% betragen und damit um etwa 3% über der „landesüblichen Norm für festverzinsliche Anlagen" gelegen[237], so entsprach dieser Unterschied in etwa (2,54%) auch jenem zwischen den Aktiengesellschaften sämtlicher Gewerbegruppen und denen des Ruhrbergbaus in den folgenden Jahren bis 1914. Der Rentabilitätsvorsprung gegenüber den übrigen Aktiengesellschaften des deutschen Steinkohlenbergbaus betrug durchschnittlich immerhin 1%. Wenn auch die Aktiengesellschaften in vier Gewerbegruppen (Versicherung, Bekleidung, Tabak und chemische Industrie) für diese Zeit durchschnittlich höhere Rentabilitätsziffern aufwiesen, so hielten sich diejenigen für den Ruhrbergbau doch weit oberhalb der durchschnittlichen Linie des nationalen, in Industrie und Gewerbe investierten Kapitals. Am Jahresüberschuß der deutschen Bergwerks-Aktiengesellschaften in Höhe von 68,9 Mill. M im Jahre 1907 waren diejenigen des Ruhrgebiets (einschließlich der GBAG) mit 62,5 Mill. M oder mit nicht weniger als 90,6% beteiligt.

Von dem 1907 im gesamten deutschen Bergbau (einschließlich Hütten- und Salinenwesen sowie Torfgräberei) von Aktiengesellschaften erzielten Gewinn von 130 Mill. M brachten allein die Ruhrbergbau-Aktiengesellschaften mit 48,04% beinahe die Hälfte auf. Beim Vergleich mit der von der Reichsstatistik weiterhin gebildeten Gruppe von Bergbau, Hüttenbetrieb, Metall- und Maschinenindustrie stand 1907 dem Jahresüberschuß der Ruhrbergbau-Aktiengesellschaften von 68,9 Mill. M eine Summe von 95,5 Mill. M gegenüber[238].

10. Die Stellung in der deutschen Volkswirtschaft

Die jährliche Wachstumsrate der Produktion in Industrie und Handwerk betrug in Deutschland zwischen 1870 und 1913 3,7%, die im Steinkohlenbergbau 4,3%. Während der deutsche Anteil an der Weltproduktion aller Güter zwischen 1900 und 1910 mit 16% konstant blieb, sank der Anteil der deutschen Steinkohlenförderung an der Weltkohlenproduktion in der gleichen Zeit um 1%, von 14,2% auf 13,2%, derjenige der deutschen Gesamtkohlenproduktion von 19,4% auf 19,1%. Die Zahl der Beschäftigten in Industrie und Handwerk hatte sich von 1870 bis 1913 mehr als verdoppelt, die im Bereich Bergbau und Salinen verdreifacht. Der Anteil der letzteren an der Gesamtzahl der gewerblich Beschäftigten war jedoch nur von 5,3% auf 7,4% gestiegen.

---

237 Vgl. Saitzew, S. 319, 332.

238 Nach: Bock, S. 25.

Hinter der allgemeinen Produktionssteigerung in derselben Zeit von 90% bis 100% blieb der Bergbau mit 67% zurück[239]. An der gesamtwirtschaftlichen Wertschöpfung, die sich von 1873 bis 1913 verdreifachte, stieg sein Anteil von 1,8% auf 3,9%[240]. Einem Beschäftigtenanteil des Steinkohlenbergbaus am Bereich Bergbau und Salinen von 60,2% im Jahre 1880, 74% (1903) und 80% im Jahre 1913 entsprach ein Wertanteil von 54%, 88,5% und über 90% für die entsprechenden Jahre. Von 1880 bis 1903 hatte die Steinkohlenförderung um 148%, ihr Wert um 309%, von 1903 bis 1913 die Förderung um 61,3%, ihr Wert auf mehr als das Doppelte zugenommen. Bei einem Nettosozialprodukt im Jahre 1913 von 48,5 Mrd. M betrug der Wert der Steinkohleproduktion 2.136 Mill. M, einschließlich der Nebenprodukte etwa 2,35 Mrd. M. Der Ruhrbergbau, der 1880 zu 47,6% und 1903 zu 56,1% am Wert der Steinkohlenförderung beteiligt war, produzierte 1913 mit einem Anteil von 60% an der deutschen Gesamtförderung einen Wert von 1.355 Mill. M und einschließlich der Nebenprodukte, von denen er mehr als 80% stellte, einen solchen von insgesamt 1.573 Mill. M. Damit produzierte er einen Wertanteil von 63,4% bzw. 67%[241].

Der Anteil des Kohlenexports, an dem der Ruhrbergbau in den Jahren vor 1914 mit mehr als 50% beteiligt war, am gesamten deutschen Exportvolumen stieg von 2,0% (1880/84) auf 5,3% im Zeitraum 1910/13. Der Wert der Kohlenausfuhr (Steinkohle, Koks und Preßkohle) stieg von 283 Mill. M im Jahre 1900 auf 708 Mill. M im Jahre 1913, gegenüber einem Exportvolumen z.B. der chemischen Industrie, die ein Viertel der Weltproduktion herstellte, von 125 Mill. M und der Elektroindustrie von 120 Mill. M. Der Wertanteil der Kohlenausfuhr (ohne Nebenprodukte) am deutschen Gesamtexport stieg von 5,9% im Jahre 1900 auf 8,2% im Jahre 1913[242].

[239] W.G. Hoffmann, S. 59, 63, 68/9; F.-W. Henning, Die Industrialisierung in Deutschland 1800-1914, 1973, S. 137, 156, 217, 219; Saitzew, S. 49; Kuczynski, Bd. 4, S. 17, 60.

[240] In dem längeren Zeitraum von 1850 bis 1913 stieg das Nettosozialprodukt um 413,1% oder jährlich um durchschnittlich 6,56%, die Wertschöpfung von Bergbau und Salinen um 2.921% oder um 46,37% pro Jahr. Vgl. L. Poth, Die Stellung, S. 41; G. Hohorst/J. Kocka/G.A. Ritter, Sozialgeschichtliches Arbeitsbuch 1870-1914, 1975, S. 88/9.

[241] M. Baumont, S. 528; W.G. Hoffmann, S. 205, 453-455; Jutzi, S. 9; Spethmann, Großwirtschaft, S. 48; Meis, S. 326, 329. Der Wert der Nebenprodukte, an dem der Ruhrbergbau zu 82,5% (= 150,6 von 182,8 Mill. M) beteiligt war, ist errechnet aus den Zahlenangaben bei Baumont, S. 54/5; C. Wilhelms, S. 12, und H. Schwerdtfeger, S. 30. — In der Wertangabe der Bergbauproduktion bzw. Kohlenförderung für 1913 unterscheiden sich Hoffmann (S. 453/5: 1.903 Mill. M) und Spethmann (S. 48: 2.136 Mill. M). Die durch die Erhebungsmethode unsicheren Zahlen der Reichsstatistik geben K. Flegel/M. Tornow, Montanstatistik des Deutschen Reiches, 1915, S. 18-25, wieder. Nach ihren Angaben betrug der Wertanteil der Steinkohlenförderung an der gesamten deutschen Bergwerksproduktion (außer Nebenprodukten) 1880: 74%, 1900: 76,3% und 1912: 78,1%.

[242] Meis, S. 10; Bartz, S. 98 Tab. II; J. Rollmann, Anhang Tab. Nr. 23; Spethmann, S. 48/9; Hoffmann, S. 153/4, 157; Böhme, Prolegomena, S. 97; F. Grumbach/H. König, Beschäftigung und Löhne der deutschen Industriewirtschaft 1888-1954, in: Weltwirt-

Wenn auch dem Bergbau somit in der Wertschöpfung der deutschen Volkswirtschaft bis 1914 mit 3,9% — etwa im Vergleich zum Bereich Industrie und Handwerk mit 41,1% — ein relativ bescheidener Platz zukam, so war es doch der Sektor, der im Zeitraum von 1850 bis 1914 die von allen anderen Wirtschaftsbereichen prozentual stärkste Expansion in Bezug auf Beschäftigtenzahl, Produktion und Wertschöpfung erlebte. Am „gestaltenden Einfluß", den der Steinkohlenbergbau als die bei weitem wichtigste Energiequelle auf die Industriestruktur und die industriellen Verhältnisse in dieser wichtigen Phase der Industrialisierung Deutschlands ausübte, hatte der Ruhrbergbau entscheidenden Anteil[243].

2.1.2. Die Entwicklung im Bergbau von Südwales: Langer Anlauf und später Spurt

1. Der Entwicklungsvorsprung der Eisenindustrie, Lage und Vorkommen

Wie im Ruhrgebiet, so war auch in Südwales je nach Bedarf und gemäß den technischen Möglichkeiten seit Jahrhunderten nach Kohle gegraben worden. Die ordnende und auf Dauer organisierende Funktion jedoch, die im Ruhrgebiet der Staat und seine Bergbauverwaltung wahrnahmen, fiel in Südwales im wesentlichen der Eisenindustrie zu. Anders als im Ruhrbergbau nämlich erreichte diese ihre Blüte *vor* der großen Expansion des Bergbaus.

Seit Beginn des 18. Jahrhunderts zunehmend hatten englische Unternehmer und Kaufleute — vor allem aus den Midlands — den Wert der im walisischen Bergbaugebiet, ähnlich dem Ruhrgebiet, aufeinanderstoßenden Vorkommen von Kohle und Eisenerz erkannt und mit starker finanzieller Unterstützung von Kaufleuten aus London und Bristol Hüttenwerke gegründet[244]. 1788 produzierten diese in 8 Hochöfen insgesamt 10.400 t Roheisen, oder etwa 1/7 der britischen Gesamtroheisenproduktion. Schon 8 Jahre später hatte sich die Produktion vervierfacht, die Zahl der Hochöfen verdreifacht. 1806 wurden 75.600 t, 1823 182.325 t und 1830 277.243 t Roheisen in 72 bzw. 113 Hochöfen hergestellt. Südwales produzierte damit

schaftliches Archiv 79, 1954, S. 125-155, S. 132. Der Wert des Exports an Steinkohle allein machte dabei 1900: 216,9 Mill. M, an Koks 55,8 Mill. M, 1912 für Steinkohle 436,6 Mill. M, für Koks 126,4 Mill. M aus. An der deutschen Steinkohlenausfuhr war das RWKS 1900 zu 40,5%, im Jahre 1913 zu 45,5% (1910: 49,2%) und zu 91,7% an der deutschen Koksausfuhr beteiligt. Vgl. Bartz, S. 98, Tab. Ib, II; Rollmann, Tab. Nr. 23; Meis, S. 10.

243 L. Poth, S. 35, 42 (Zitat); Hohorst/Kocka/Ritter, S. 88/9.

244 Vgl. hierzu: A.H. John, The Industrial Development of South Wales 1750-1850, 1950, S. 24 ff.; N. Edwards, The Industrial Revolution in South Wales, 1924, S. 9 ff.; J.H. Morris/L.J. Williams, The South Wales Coal Industry 1841-1875, 1958, S. 12 f.; H.S. Jevons, The British Coal Trade, 1969², S. 99; E.D. Lewis, The Rhondda Valleys, 1959, S. 70.

im Jahre 1823 etwa 43% der gesamten britischen Roheisenerzeugung. Nach 1847 machte sein Anteil mit über 700.000 t noch 39% der Gesamtproduktion aus. Von 1820 bis 1860 blieb Südwales der größte Roheisen erzeugende Distrikt Großbritanniens. Im Vergleich hiergegen stellte das Ruhrgebiet 1816 in 5 Werken 1.270 t und 1822 in 7 Werken mit 1.511 t an Roh-, Guß- und Stabeisen etwa 5% der deutschen Gesamtförderung her. Und 1855, als hier noch immer fast die Hälfte des Roheisens mit Holzkohle geschmolzen wurde, erreichte das Ruhrgebiet 20,5% der deutschen Gesamtproduktion[245].

Mit der Roheisenproduktion stieg die Kohlenförderung. Die walisischen Hüttenwerke, die von vornherein die schon Anfang des 18. Jahrhunderts gemachte Entdeckung des Eisenerzschmelzens mit Hilfe von Kohle bzw. Koks anwandten, förderten die zu verbrauchende Kohle in eigener Regie. Neben den bis zu 2.000 Arbeitern in der Fabrik beschäftigten sie schon in den Jahren nach 1800 jeweils mehrere hundert Bergleute[246]. Um 1840 verbrauchten die Hüttenwerke etwa die Hälfte der Gesamtkohleförderung von Südwales, die auf etwa 4,5 Mill. t geschätzt wurde, zu einer Zeit also, als die Hütten im Ruhrgebiet noch ausschließlich Holzkohle verwandten.

Außer dem weiteren „Heimverbrauch" von etwa 1 Mill. t pro Jahr vor allem der ansässigen Kupferschmelzen und Weißblechwerke wurden noch ca. 1,5 Mill. t pro Jahr verschifft. Diese Form des Absatzes, der vor allem in einem engeren geographischen Bereich den küstennahen Bedarf, besonders in Cornwall, deckte, bestand seit langer Zeit und hatte sich von 1799 mit mehr als 300.000 t bis 1819 mit über 600.000 t, und in der Zeit bis 1840 noch einmal verdoppelt[247]. Hieran waren jedoch weniger die hierfür geographisch ungünstig gelegenen und im wesentlichen für den Eigenverbrauch fördernden Hüttenwerke beteiligt als vielmehr die in der Nähe der Küste gelegenen Anthrazitgruben.

Die geographische Lage insgesamt war es denn auch, die das südwalisische Kohlenbecken vor dem Ruhrgebiet auszeichnete. In einem gestreckten Oval von 150 km Länge und einer Breite, die zwischen 25 und 3 km variierte, bedeckte es eine Gesamtfläche von 2.590 km², die große Teile von Monmouthshire, Glamorgan und Carmarthen, kleinere von Brecon und Pembrokeshire umfaßte[248]. Es liegt so nahe am nördlichen Rand des Bristolkanals,

[245] Vgl. die teilweise voneinander etwas abweichenden Zahlen bei A.H. John, S. 192; J.C. Carr/W. Taplin, History of the British Steel Industry, 1962, S. 6/7; C.K. Hyde, Technological Change and the British Iron Industry, 1700-1870, 1977, S. 12, 144, 181, 184; B.R. Mitchell, Abstract of British Historical Statistics, 1971², S. 131, und J. Driscoll, Steel, in: B. Thomas, Hg., The Welsh Economy, 1962, S. 114-137, S. 114. Für die Ruhrgebietsentwicklung vgl. H. Marchand, Säkularstatistik der deutschen Eisenindustrie, 1939, S. 30, 39; Wiel S. 226.

[246] Carr/Taplin, S. 2; Morris/Williams, S. 13.

[247] A.H. John, S. 105 ff., 114; Morris/Williams, S. 6-8.

[248] Der Flächenausdehnung nach kam also das südwalisische Bergbaugebiet dem Ruhrgebiet sehr nahe.

daß keine Zeche mehr als 48 km vom nächsten Seehafen entfernt war. Anders als die weitgehend flache Oberflächenstruktur des Ruhrgebiets ist Südwales in der Hauptsache von sechs z.T. steil abfallenden Tälern durchfurcht, die von Norden nach Süden bzw. von Osten nach Westen über eine Länge von bis zu 30 und teilweise 60 km zur Küste hin verlaufen[249]. Die ringsumgebenden Berg- und Hügelketten, die sich nur ins agrarische Pembrokeshire und zum Meer hin öffnen, schließen Südwales geographisch stärker von der Außenwelt ab, als dies im Ruhrgebiet durch das Mittelgebirge im Süden und den Rhein im Westen geschieht.

Unterhalb dieser Oberfläche ziehen sich von Osten nach Westen mit wachsendem Karbonanteil Kohlenstrata hin, die — in den Grenzzonen sich überschneidend — drei Hauptkohlearten enthalten: die zur Verkokung, für Haus- und Industriezwecke geeignete Fettkohle (bituminous), die zur Kesselbeheizung besonders geeignete „Dampfkohle" (steam coal) und die für spezifische Gewerbe (Landwirtschaft, Brauereien), aber auch teilweise für Hausbrand benutzte Anthrazitkohle. 1904 wurde ihr anteilmäßiges Vorkommen in Südwales auf 30,42% für Fettkohle, 47,31% für Dampfkohle und 22,27% für Anthrazit geschätzt[250].

Wie die Ränder eines schräg gestellten Tellers treten die Kohlenstrata im Norden und Süden, aber auch im Osten und Westen des Kohlenbeckens zutage. Genau diese am leichtesten zugänglichen Kohlevorkommen waren es, die in der ersten Phase der Industrialisierung von Südwales abgebaut wurden. Am Nordrand waren es die Hüttenwerke, welche die dort austretenden Fett- und, in geringerem Maße, Anthrazitkohlenflöze ausbeuteten, im seenahen süd- und südwestlichen Randgebiet förderten kleine Gruben Anthrazit, im wachsenden Maß für den Absatz zu Schiff.

Wenn auch die Zahl der für den Schiffsabsatz produzierenden Zechen weiterhin allmählich anstieg, so trat die einschneidende Veränderung in der räumlichen Verteilung der Fördergebiete erst ein, als seit 1880 auch die absolute Bedeutung der walisischen Hüttenindustrie abnahm. Die in den 1860er Jahren neu entwickelte Verhüttungstechnologie (Bessemer) und der Standort, der zu der seit 1877 zunehmenden Erschöpfung der auch qualitativ geringwertigeren Eisenerzvorkommen zum Nachteil geworden war, verschob wachsende Anteile der Eisen- und Stahlproduktion nach Nordengland und Schottland. Von 1874 bis 1913 schwankte die jährliche walisische Roheisenproduktion zwischen 700.000 t und 900.000 t. 1914 betrug sie nurmehr 8,7% der britischen Gesamterzeugung. Schon 1870 machte ihr Verbrauch nur etwa ein Fünftel der südwalisischen Kohlenförderung aus[251].

---

249 Jevons, S. 92-95; Morris/Williams, S. 15; C. Wilkins, The South Wales Coal Trade, 1888, S. 10, 59; P. Massey, Industrial South Wales, 1940, S. 27 ff.

250 Jevons, S. 98/119.

2. *Allmähliches Wachstum und das ungedämmte Einwirken von Konjunkturen*

Der seit der Mitte des 19. Jahrhunderts weltweit wachsende Energiebedarf und das allmähliche Bekanntwerden der speziellen Eignung der walisischen „Dampfkohle" als Kesselfeuerungsmittel trieb die Bohr- und Abbaugrenze im Zeitraum zwischen 1840 und 1870 von der Peripherie zum Zentrum des Kohlenbeckens voran. Waren es doch gerade die Kohlenqualitäten der zentral gelegenen Aberdare- und Rhonddatäler, die in besonderem Maße den wachsenden Ansprüchen der Kohleverbraucher genügten. So erhöhte sich etwa die Förderung des Rhonddatales von 2,1 Mill. t im Jahre 1874 auf 5,6 Mill. t im Jahre 1884 oder von einem Achtel auf mehr als ein Fünftel an der Gesamtförderung von Südwales in einem Zeitraum von 10 Jahren[252].

Mit der wachsenden Nachfrage stieg die Kohlenförderung in Südwales —wenn auch mit kleinen Unterbrechungen — stetig an. 1840, als die Förderung des Ruhrgebiets noch knapp 1 Mill. t betrug, schätzte man sie hier bereits auf 4,5 Mill. t. 1854 förderte Südwales 8,5 Mill. t, das Ruhrgebiet knapp 3 Mill. t, doch dauerte es noch knapp 20 Jahre, bis die Ruhrgebietsförderung diejenige von Südwales bei 16,5 Mill. t eingeholt hatte. Hatte Südwales sich von 1854 bis 1880 etwa im gleichen Tempo wie der gesamte britische Kohlenbergbau entwickelt, so erhöhte sich sein Anteil von 14,4% mit 21,2 Mill. t im Jahre 1880 allmählich auf 19,7% mit 56,8 Mill. t im Jahre 1913. Während sich der Ruhrbergbau in den Jahren von 1900 bis 1913 von 60 Mill. t auf 114 Mill. t fast verdoppelte, stieg die Kohlenförderung in Südwales im gleichen Zeitraum nur auf das Anderthalbfache an. Und die Beschäftigtenzahl verdreifachte sich hier von 73.328 im Jahre 1874 auf 233.134 im Jahre 1913, während sie sich im Ruhrgebiet verfünffachte[253].

Stieg auch insgesamt der Bedarf — besonders an Dampfkohlen — über den gesamten Zeitraum hin an, so folgte die kürzerfristige Nachfragesituation — wie im Ruhrbergbau — den Konjunkturschwingungen der Gesamtwirtschaft. Spätestens in den 1840er Jahren lösten diese in den Dampfkohlenzechen den saisonalen Produktionsrhythmus ab. Für die Anthrazit- und Hauskohlengruben, die zudem schnell an Bedeutung verloren, spielte dieser jedoch weiterhin eine bedeutende Rolle[254].

---

[251] Mitchell, S. 129-132; T. Vogelstein, Organisationsformen der Eisen- und Textilindustrie in England und Amerika, 1910, S. 265/6; Morris/Williams, S. 48/9.

[252] Zur Wanderungsbewegung vgl. etwa die Liste für 1881 und 1886, die die Verteilung der Förderung auf die einzelnen Täler wiedergibt, bei C. Wilkins, S. 322/3. Speziell für das Rhonddatal vgl. E.D. Lewis, The Rhondda Valleys, 1959, S. 84/5, und die Daten der Zechengründungen S. 56/7, 92/3 und 103/4. Auch: Morris/Williams, S. 91 ff.

[253] Zu den Zahlenangaben vgl. Morris/Williams, S. 76/7; F.A. Gibson, A Compilation of Statistics of the Coal Mining Industry of the United Kingdom, 1922, S. 60; Wiel, S. 130/1. Es ist darauf aufmerksam zu machen, daß hier und im folgenden die englischen Tonnenangaben (1 ton = 1016 kg) nicht in deutsche Tonnen umgerechnet sind.

[254] John, S. 14; Morris/Williams, S. 77/8.

Die Zahl der niedergebrachten Schächte nahm offensichtlich ständig zu. Allein im Rhonddatal wurden in den 50 Jahren zwischen 1831 und 1881 86 Schächte abgeteuft, davon allein 17 zwischen 1872 und 1882. Im Inspektionsbezirk Cardiff und Swansea, dem Hauptbezirk vor der bergbehördlichen Zusammenlegung von Südwales im Jahre 1910, stieg die Zahl der Zechen von 399 im Jahre 1897 auf 528 im Jahre 1909. Für das Gesamtgebiet von Südwales wuchs die Anzahl der Zechen zunächst noch leicht von 647 im Jahre 1909 auf 649 zwei Jahre später, fiel dann jedoch auf 594 vor dem Kriegsbeginn im Jahre 1914 ab. Damit beanspruchte Südwales ein Fünftel der 2.988 Zechen in Großbritannien im Jahre 1914 — entsprechend seinem Anteil an der Gesamtförderung — für sich[255].

Diese dauernd erweiterten und hauptsächlich zu Hochkonjunkturzeiten angelegten Förderkapazitäten wurden umso härter betroffen, wenn die nächste Bedarfsflaute einsetzte. So erfolgte der erste zahlenmäßig nachweisbare Einbruch in den Jahren der Weltwirtschaftskrise ab 1857 mit einem Absinken der Preise und der Produktion um etwa ein Viertel. Bei weiterer allmählicher Ausdehnung der Produktion blieben die Kohlenpreise bis 1863 auf einem niedrigen Niveau, um danach zunächst langsam, dann sprunghaft bis 1872/73 auf das Dreifache des alten Preises anzusteigen. Doch bei — mit Ausnahme des Jahres 1875, in dem die Förderung um 2,3 Mill. t zurückging — anhaltend steigender Produktion, zwischen 1877 und 1887 um durchschnittlich 1 Mill. t pro Jahr, fielen die Preise wieder auf das alte Niveau zurück. Auch in den folgenden 25 Jahren bis 1913, in denen sich die Produktion verdoppelte, erfolgten erhebliche Nachfrage-und Preiseinbrüche, so etwa in den Jahren 1895/96 und 1909.

Fielen diese auch nicht mehr so scharf wie vor 1890 aus, so demonstrierte der Preisrückgang um knapp 2 Shilling pro Tonne oder einem Achtel des Gesamtpreises im Jahre 1909 noch einmal, welche Wirkungskraft die Konjunkturbewegungen in Südwales bis zum Ersten Weltkrieg — anders als im Ruhrbergbau, wo die Politik des RWKS seit 1893 bekanntlich die Konjunkturauswirkungen milderte — behielten. Allein in den Bergbaudistrikten Cardiff und Swansea schlossen 18 meist kleinere Zechen und im März 1909 waren etwa 10.000 Bergleute zeitweilig arbeitslos[256]. Da auf dem Höhepunkt der Konjunktur die zurückgehende Nachfrage immer zuerst und am stärk-

[255] Lewis, S. 56/7, 84, 91-93, 103/4; Reports of Inspectors of Mines (RIM) 1908, S. 8; 1909, S. 6; 1910, S. 7; 1911, S. 4; 1912, S. 4; 1913, S. 4; 1914, S. 5; 1915, S. 6/5. R.H. Walters (The Economic and Business History of the South Wales Steam Coal Industry, 1840-1914, 1977, S. 358) berücksichtigt bei seinen Angaben nicht die wechselnde bergbehördliche Aufteilung von Südwales. Obwohl er die gleichen Quellen angibt, kommt er für die Zeit vor 1900 zu zu kleinen Zahlenangaben.

[256] Morris/Williams, S. 75, 79-82; Wilkins, S. 325/6; Gibson, S. 60, 157, 174; RIM 1909, S. 6, 15, 58; 1910, S. 16, 56; South Wales Daily News (SWDN), 23.3.1909. Für die vergleichende Entwicklung der Kohlenpreise in Südwales und im Ruhrgebiet vgl. die graphische Darstellung im Anhang, Tafel I.

sten die Kohle mit dem höchstliegenden Preis betraf, so nahm Südwales als das Revier mit den höchsten britischen Kohlenpreisen an den Preis- und Wertschwankungen der Kohlenkonjunkturen weit stärker als alle anderen britischen Gebiete teil. Wenn auch die Bergbau-Unternehmen von Südwales ihre potentiellen Investoren davon zu überzeugen suchten, daß ihr Gewerbe „unabhängig von Depressionen oder Schwierigkeiten in irgendeinem Gebiet oder Teil der Industrie" sei, so weisen doch das deutlich größere Schwanken der Preise gegenüber den anderen Bezirken, das teilweise starke und nicht nur die kleineren Unternehmen betreffende Variieren der Dividendenausschüttungen und der Börsennotierungen eindeutig auf eine wertmäßig große Abhängigkeit des südwalisischen Bergbaus von den allgemeinen Konjunkturbewegungen hin[257].

Diese heftigen Preisschwankungen, die wir auch im Ruhrbergbau vor 1890 feststellen konnten, reduzierten in den Konjunkturtälern auch die Gewinne der Bergwerke in Südwales bis auf einige Pfennige pro Tonne oder brachten sogar Verlust[258]. Ebenso wie im Ruhrbergbau mußten auch hier diese Verhältnisse zu Planungen und Maßnahmen führen, die auf Abhilfe hoffen ließen. Welche Pläne entworfen, welche Maßnahmen zu ihrer Durchführung einerseits getroffen und welche fördernden oder behindernden Zwänge andererseits bestanden, wollen wir im weiteren verfolgen.

3. Der gebremste Einsatz der Technik und die begrenzte Diversifizierung der Produkte

Die ersten zu meisternden Zwänge bildeten auch hier die natürlichen, bergbaulichen Verhältnisse. Mit der Vergrößerung der Produktion war — wie wir oben sahen — eine Wanderbewegung der neu angelegten Zechen in Richtung auf das Zentrum des Kohlenbeckens einhergegangen. Wie im Ruhrgebiet, so bedeutete sie auch hier eine Ausdehnung der Schachtteufe.

[257] Vgl. South Wales Coal and Iron Companies, 1914, S. 2, 4 ff, 62-64; Gibson, S. 157; South Wales Coal Annual (SWCA) 1914, S. 174 ff. Zur Gegenüberstellung mit der konjunkturellen Entwicklung im gesamten britischen Bergbau vgl. vor allem A.J. Taylor, Labour Productivity and Technological Innovation in the British Coal Industry, 1850-1914, in: EHR 14, 1961/62, S. 48-70, S. 51 ff., 68/9; auch: D.A. Thomas, The Coal Trade, in: H. Cox, Hg., British Industries under Free Trade, 1903, S. 348-376; G.R. Carter, The Tendency Towards Industrial Combination, 1913, S. 223. Für einen Vergleich zwischen der Preisentwicklung der Ruhrkohle und der sehr viel stärker ausschlagenden Preistrends in Großbritannien zwischen 1860 und 1913 vgl. die Indexkurven bei W. Lüters, S. 44-47.

[258] Vgl. etwa: M.H. Mackworth, D.A. Thomas, Viscount Rhondda, 1921, S. 101; Carter, S. 222; SWCA 1914, S. 6; R.H. Walters, The Economic and Business History of the South Wales Steam Coal Industry, 1840-1914, 1977, S. 110 (Tab. 11), S. 291-294 (Tab. 42-44). Der Colliery Guardian vom 19. Januar 1894 berichtete etwa, die Kohlenpreise seien „little short of disgraceful". Zit. in: D.J. Williams, Capitalist Combination in the Coal Industry, 1924, S. 64.

Der Übergang zum ausgesprochenen Tiefbau erfolgte in Wales jedoch erst sehr viel langsamer und allmählicher. Die Gewinnung von Kohle durch waagerecht zu Tage austretende Stollen und einfache Schächte mit teilweise erheblicher Reichweite, eine Methode, die schon die vor- und frühindustrielle Phase gekennzeichnet hatte, wurde durch die geologischen Bedingungen, insbesondere durch die tiefen Taleinschnitte noch bis in die 1870er und 1880er Jahre am Leben erhalten. Im westlichen Anthrazitkohlengebiet waren sie noch vor dem Ersten Weltkrieg das typische Erscheinungsbild. 1837 war die durchschnittliche Zeche nicht tiefer als 60 - 65 m. Senkrechter Schachtbetrieb wurde erst regelmäßig notwendig, als Ende der 40er Jahre der Abbau der Dampfkohle in Angriff genommen wurde. Jedoch waren vom Talboden, wo die Zechenanlagen errichtet wurden, kaum mehr als 100 m abzuteufen, um ein abbauwürdiges Kohlenflöz zu erreichen. Im Ruhrgebiet hatte eine mehrere hundert Meter dicke und nach Norden hin weiter anwachsende Mergeldecke — wie wir oben sahen — die abzuteufenden Schächte schon seit den 1850er Jahren auf eine Tiefe von bis zu 300 m gebracht, die in den nächsten Jahrzehnten anhaltend weiter zunahm. In Südwales dagegen war bis 1875 die durchschnittliche Schachtteufe im Dampfkohlengebiet nur bis auf etwa 180 m angestiegen. Im Jahre 1888 gab es von insgesamt etwa 600 Zechen nur fünf Zechen mit mehr als 400 m Teufe, 11 Zechen zwischen 300 und 400 m, und 5 zwischen 200 und 300 m[259]. Betrug die durchschnittliche Teufe der Rhondda-Zechen 1871 etwa 180 m, so stieg sie bis 1914 auf etwa 450 - 540 m an. Die Durchschnittsteufe aller Tiefbauanlagen im Bergbau von Südwales lag im Jahre 1914 wohl bei etwa 300 -350 m[260]. Sie betrug damit etwas mehr als die Hälfte der durchschnittlichen Schachtteufe des Ruhrbergbaus[261].

Die durchschnittlich geringere Teufe der walisischen Zechen, besonders aber der sehr allmähliche Übergang zum Tiefbau als der typischen Abbaumethode wirkten hemmend auf die Anwendung und Verbreitung der Technik.

Obwohl schon 1790 in Südwales kaum eine Grube ohne die Anwendung „von Dampfmaschinen oder anderer Maschinerie" für die Wasserhaltung auskam, brauchten die Einführung und der breitere Einsatz der Dampfmaschine über diesen Bereich hinaus, für den sie eigentlich in Nordengland

[259] Vgl. John, S. 140/1; Jevons, S. 699; Morris/Williams, S. 51, 53, 67, 73, 114; Wilkins, S. 69, 274; Lewis, S. 45, 51, 58, 78; SWCA 1916, S. 24.

[260] Zu den Angaben für das Rhonddatal vgl. Lewis, S. 85; als Grundlage der allgemeinen Schätzung für 1914 vgl. die verstreuten Teufenangaben bei den Zechenbeschreibungen in: SWCA 1914, S. 7; 1916, S. 24; 1917, S. 13, 17, 25, 34; 1918, S. 9, 15; und Lewis, S. 84. Für 1912 gibt Goldschmidt (S. 11) die jeweils höchste Teufe für Südwales mit 711 m, für Lancashire mit 1.061 m, Manchester 778 m, Schottland mit 823 m und für Belgien mit 1.150 m an. Vgl. auch die Angaben bei R.H. Walters, S. 90.

[261] Vgl. oben S. 43.

geschaffen worden war, mehr als ein halbes Jahrhundert[262]. Bis in die 1860er Jahre wurde die Schachtförderung allgemein entweder durch ein Hebezeug mit Pferdeantrieb oder durch eine das Gewicht des Wassers nutzende Hebeeinrichtung (water-balance) betrieben. Erst die zunehmende Teufe der Schächte machte seit dem Ende der 1840er Jahre die Einführung der teuren Dampffördermaschinen unumgänglich. Gleichzeitig mit der Umstellung von Hanfseilen und Ketten auf Drahtseile erbrachten sie eine Steigerung der Tagesförderkapazität um das Drei- bis Vierfache. Über die Reaktion der Bergleute auf die Einführung der Personenförderung wie an der Ruhr oder in Nordengland, wo sie zunächst „an nichts als guten Hanfseilen" heruntergelassen werden wollten, ist uns für Südwales nichts bekannt. Etwa um die gleiche Zeit setzte die mechanische Wetterführung ein, die vorher nach belgischem und nordenglischem Vorbild durch ein auf dem Schachtboden entzündetes Feuer betrieben wurde[263].

Sehr viel schneller als im Ruhrbergbau dagegen entwickelte sich die Untertageförderung in Südwales. Hierbei wurde die Vorbildfunktion der Hüttenwerke deutlich, deren niedrige Schächte durch die lange Abbauzeit eine große Ausdehnung erreicht hatten und deren Finanzkraft ihnen andererseits die Einrichtung von kostspieligeren mechanischen Anlagen ermöglichte. Schon als noch Schlepperjungen und Frauen Kohle aus den Örtern in Körben und kleinen Wagen zur Hauptstrecke beförderten, hatten die Hüttenzechen seit den 1750er Jahren eiserne Schienen verlegt. 1811 schätzte man ihre Gesamtlänge unter und über Tage auf 240 km. Hierüber wurden von Pferden die Kohlenwagen gezogen. Doch die Kosten der Pferdeförderung stiegen stark an. Im Jahre 1849 betrugen sie bei der Blaenavon Iron and Coal Company für 300 Pferde jährlich 280.000 bis 300.000 M. 1878 wurde berichtet, daß sich die jährlichen Ausgaben pro Pferd auf 2.500 M beliefen und jedes Jahr 30% der Pferde ausgetauscht werden müßten. Nach einigen Versuchen mit feststehenden Dampfmaschinen in den 1830er und 1840er Jahren, die an der technisch ungeklärten Transmissionsfrage scheiterten, verbreitete sich ab den späten 1850er Jahren, also rund 30 Jahre vor ihrer Einführung in den Ruhrbergbau[264], die unterirdische Streckenförderung mit Preßluft. 1866 konnten bei Dowlais, einem der großen südwalisischen Hüttenwerke, an einem 3 km langen Seil in einem Mal 30 bis 35 Wagen gezogen werden. Da die mechanische Streckenförderung die bisherigen Kosten der Pferdeförderung halbierte, konnte schon 1875 davon gesprochen werden, daß die Untertageförderung bei den meisten der größeren Zechen mechanisch betrieben werde. Doch wurden bis 1914 in den Nebenstrecken und in den kleinen Zechen weiterhin Pferde benutzt. Insgesamt gab es zu dieser Zeit

[262] Vgl. Select Committee on South Wales Colleries, 1810, IV, zit. in: John, S. 36, auch: S. 149/150; J.R. Raynes, Coal and its conflicts, 1928, S. 28.

[263] Morris/Williams, S. 64-66, 70/1; Lewis, S. 57, 59/60, 61/2; Raynes, S. 29.

[264] Vgl. oben S. 46 f.

auf den 609 Zechen des südwalisischen Bergbaus noch 16.744 Pferde, also mehr als das Doppelte der entsprechenden Zahl für das Ruhrgebiet. Gleichzeitig waren im gesamten walisischen Bergbau nur 61 Förderbänder im Einsatz[265]. Lokomotiven, die sich im Ruhrbergbau vor 1914 stark vermehrt hatten, gab es in Südwales auch zu diesem Zeitpunkt noch nicht.

Mit demselben zeitlichen Vorsprung wie bei der Streckenförderung vollzog sich in Südwales bei der Abbautechnik vor Ort auch der Übergang vom Pfeilerbau zum Strebbau. Ab 1857 versuchten Unternehmer, die die Vorteile des Strebbaus in Nordengland kennengelernt hatten, diese Arbeitsmethode auch hier einzuführen[266]. Es waren einerseits der große Verlust an abbaubarer Kohle, zum anderen aber die erhöhten neuen Anforderungen der Verbraucher von Dampfkohle, die nur (große) Stückkohlen abnahmen, welche die Einführung der neuen Methode zunehmend als wünschbar erscheinen ließen. Trotz des anfänglichen Widerstandes der Bergleute, die dadurch eine Beeinträchtigung ihres Lohnes befürchteten, verbreitete sich diese neue Abbaumethode und war um 1870 zur normal betriebenen Technik geworden. Der Gewinn — neben der verbesserten Wetterführung — an dadurch abbaubar gewordener Kohle betrug zwischen 20 und 40%[267].

Die zweite weitergehende Veränderung der Arbeit vor Ort durch die Einführung der Schrämmaschine war in Südwales kaum weiter vorgedrungen als im Ruhrbergbau. Auch hier hatte man in Zeiten hoher Preise und Löhne und bei Arbeitskräftemangel, wie z.B. in den frühen 1870er Jahren, bereits Versuche angestellt, die entweder am Widerstand der Arbeiterschaft oder an den die Erwartungen der Unternehmer nicht befriedigenden Ergebnissen scheiterten. Obwohl die Royal Commission on Coal Supplies im Jahre 1905 hohe und z.T. begründete Erwartungen an die Einführung der Schrämmaschine knüpfte, hielt besonders die südwalisischen Unternehmer — wie diejenigen im Ruhrgebiet —, wohl vor allem die Erfahrung von der weiteren Anwendung der Maschine zurück, daß sich mit ihr keine unmittelbare oder absehbare Einsparung für den Betrieb der Kohlengewinnung ergab. Einen größeren Anteil an der britischen Kohleförderung konnte der

---

[265] Zum Ganzen vgl. John, S. 144/5; Morris/Williams, S. 68-70; B.F. Duckam, Introduction, in: R.L. Galloway, A History of Coal Mining in Great Britain, 1969²; NACM, Transactions 25, 1927/28, S. 181.

[266] Im wesentlichen gab es drei Potentiale, die den technischen Fortschritt im Bergbau von Südwales anregten und ermöglichten: einmal die schon lange Zeit ansässigen Hüttenwerke, zum anderen die seit den 1860er Jahren zuwandernden, meist aus Nordengland stammenden Bergbautechniker und zum dritten die seit 1851 eingesetzten, staatlichen Aufsichtsbeamten. Vgl. dazu die Stellen bei: Morris/Williams, S. 54-57; Lewis, S. 58 ff., 68, 75, und R.H. Walters, The Economic and Business History, S. 54, 58, 85, 86.

[267] O. Proempeler, Das Oberbergamt Dortmund, 1958, S. 23/4; Tenfelde, S. 205/6; John, S. 142/3; Morris/Williams, S. 57-62; Lewis, S. 63-65; D.G.R. Belshaw, The Changing Economic Geography of the Merthyr Valley, 1955, S. 19.

maschinelle Abbau denn auch nur in den dünnen und fast erschöpften Flözen Schottlands mit 21,7% und von West-Yorkshire mit 17,8% im Jahre 1913 erreichen. Im britischen Durchschnitt wurden 1900: 1,5%, 1907: 4,8%, 1910: 6% und 1913: 8,5% maschinell gewonnen. In Südwales betrug der Anteil 1907 0,4% und 1913 — unter dem Einsatz von 115 Schrämmaschinen — 1,1% gegenüber einem solchen im Ruhrbergbau von 1,1% 1905 und 2,2% im Jahre 1913. Obwohl er sich in sechs Jahren mehr als verdoppelt hatte, lag er doch weit — nämlich um sieben Achtel — unter dem nationalen Durchschnitt[268].

Ebenso wie bei der plötzlichen Verdoppelung der Anzahl der Schrämmaschinen nach der Einführung des Acht-Stunden-Tages 1908 und des Mindestlohngesetzes vier Jahre später Erwägungen über den Produktionsfaktor Arbeit eine Rolle gespielt haben[269], so werden in diesem Bereich auch zumindest einige der Ursachen für die lange Verzögerung zu suchen sein.

Sicher spielten die relativ hohen Anlagekosten und die kurzfristigen Rentabilitätserwartungen im Ruhrbergbau wie in Südwales eine bedeutsame Rolle[269a]. Mittel- und langfristig als wichtiger erwies sich jedoch die Anpassung der Produktionskosten an den Verkaufspreis der Kohle. Bei den ausgeprägten Konjunkturschwankungen in der Bergbauproduktion mußte diese als besonders vordringlich erscheinen. Geschah nun diese Konjunkturanpassung im Ruhrbergbau innerbetrieblich durch den verstärkten Einsatz von Kraft- und Antriebsmaschinen sowie der z.T. hierdurch bewirkten Betriebskonzentration einerseits und der mit der Konjunktur wechselnden Ausnutzung der Arbeitskräfte andererseits[270], so wurde sie in Südwales im wesentlichen durch die institutionell abgesicherte Einstellung der Lohnhöhe auf die Kohlenverkaufspreise geschaffen. Schon vor der eigentlichen Einführung der „sliding scale" im Jahre 1879, einer schriftlich fixierten, auf Dauer abgeschlossenen überbetrieblichen Vereinbarung zwischen Unternehmer- und Arbeiterdelegierten, die die Lohnsätze der Arbeiter auf der Basis ausgehandelter Skalen (einschließlich eines äquivalenten Wertes von Lohn- und Preishöhe) während der Laufzeit der Vereinbarung von zumeist 5 Jahren gleichsam ‚automatisch' auf die Kohlenverkaufspreise der Zechen abstimmte, war es in Südwales üblich gewesen, die Lohnhöhe auf den

[268] Morris/Williams, S. 72; Jevons, S. 212/3; S. Mavor, Die maschinelle Kohlengewinnungsarbeit mit besonderer Berücksichtigung der Grubenverhältnisse in Süd-Wales, 1912; A.J. Taylor, S. 59/60; N.K. Buxton, Entrepreneurial Efficiency in the British Coal Industry between the Wars, in: EHR 23, 1970, S. 476-497, S. 484/5; Statistical Review of the Coal Mining Industry, 1925, S. 108; Stone, S. 86; SWCA 1914, S. 202; RIM 1914, S. 6; CIC 1925, Bd. 2, S. 954/5: Von 2.892 Schrämmaschinen im britischen Kohlenbergbau arbeiteten im Jahre 1913 115 in Südwales, und zwar in 41 Zechen.

[269] Vgl. S. Mavor, Die maschinelle Kohlengewinnungsarbeit, S. 1, 4.

[269a] Zur Furcht vor den Anlagekosten etwa bei den schottischen Bergbauunternehmern vgl.: NACM, Transactions 14, 1916/17, S. 356.

[270] Zum letzteren vgl. weiter unten S. 575.

Kohlenpreis einzustellen. Diese Methode der Lohnfestsetzung blieb, auch nach der offiziellen Aufhebung der sliding scale und der Einführung des Conciliation Board im Jahre 1903, prinzipiell bis 1914 uneingeschränkt erhalten. Damit war für die Unternehmer in Südwales, anders als im Ruhrbergbau, wo einerseits die niedrige Lohnhöhe — wie wir sahen — derart hohe Schwankungen nicht zuließ, andererseits die Stellung der Arbeiter und ihrer Delegierten inner- und überbetrieblich — wie noch zu zeigen sein wird — u.a. als Folge staatlicher Entmündigungspolitik zu schwach war, ein hervorragendes Mittel gegeben, die Produktionskosten, an denen die Löhne vor 1914 mit 70-80% beteiligt waren, auf die Kohlenpreise einzustellen. Die Löhne konnten dabei dank der Kohlenpreise so hoch gehalten werden, daß sie damit attraktiv genug blieben für hinreichend neue Arbeitskräfte[271].

Diese beinah ideale — weil gewinnsichernde — Wirtschaftslage der Unternehmer wurde in wachsendem Maße prekär, als nach 1900 u.a. wegen der zunehmenden räumlichen Ausdehnung der Betriebe, der Erschöpfung der besten Flöze und gerade wegen der mangelnden Maschinisierung auf der einen Seite die übrigen Produktionskosten stiegen und die Jahresleistung pro Bergarbeiter sank sowie auf der anderen Seite die steigenden Lebenshaltungskosten und der wachsende Organisationsgrad der Bergarbeiter als auch die zunehmende Konkurrenz auf dem Weltmarkt den Handlungsspielraum verengten. Diese veränderte Rentabilitätslage spitzte sich zu, als das 1908 erlassene Acht-Stunden-Gesetz, das gerade Südwales als das Kohlenrevier mit der längsten Arbeitszeit besonders traf, die Leistungskurve weiter sinken ließ und das Mindestlohngesetz von 1912 die Konjunkturanpassung der unteren Lohngruppen einschränkte[272].

[271] Vgl. L.J. Williams, The Monmouthshire and South Wales Coal Owners' Association (MSWCOA), 1873-1914, 1957, S. 13; Lewis, S. 180; D.A. Thomas, S. 369; Jevons, S. 279; D. Evans, Labour strife in the South Wales Coalfield, 1911, S. 7. Durchschnittlich für Großbritannien wurde 1913 der Anteil der Lohn- (ohne Gehälter) an den Selbstkosten mit 71,6% angegeben. Vgl. Memorandum of evidence taken before the Royal Commission on the Coal Industry, 1925, 12. Tag, S. 378. — Sehr gut zum System der sliding scales und seinen Wirkungen vgl. W.J. Ashley, The Adjustment of Wages, 1902, S. 9-86; A.J. Taylor, S. 62/3; B. Mc Cormick/J.E. Williams, The Miners and the Eight-Hour Day, 1863-1910, in: EHR 12, 1959/60, S. 222-238, S. 231. Diese beinah automatische, konjunkturelle Absicherung des Lohnanteils an den Produktionskosten scheint uns — vor allem im Vergleich zu Deutschland — eher die resultierende technologische Rückständigkeit erklären zu können als die im Vergleich zu den USA entwickelte These von der generellen „Low Wage Economy". Die Schranke der sozialen Rechtfertigung einer bestimmten Einkommenshöhe scheint eher zwischen der „alten" und der „neuen Welt" zu liegen als zwischen den kontinental-europäischen und den angelsächsischen Ländern. Allgemein zur „Low-Wage Economy" vgl. B. Wootton, The Social Foundations of Wages Policy, 1955, S. 40 ff., 50, 68-70, 128/9, und A.L. Levine, Industrial Retardation in Britain, 1880-1914, 1967, S. 76-78.

[272] L.J. Williams, MSWCOA, S. 171, 234; Gibson, S. 12, 199-201; D. Evans, Labour Strife, S. 223; B. Mc Cormick/J.E. Williams, The Miners and the Eight-Hour Day, S. 238; auch: M.G. Woodhouse, Rank and File Movements among the Miners of South Wales, 1910-1926, 1969, S. 18/9.

Dieser im vorhergehenden skizzierte Zustand im Bereich des Produktionsfaktors Arbeit sowie seine Veränderungen waren es denn auch vornehmlich, welche einerseits das ‚Gesetz vom abnehmenden Ertrag bei der Urproduktion' lange Zeit nicht zur Auswirkung kommen ließen und dadurch andere Mittel, die gleichzeitig die Wirkung dieses Gesetzes und der auftretenden Konjunkturschwankungen einschränken konnten, wie z.B. Maschinisierung und Betriebskonzentration, weitgehend überflüssig erscheinen ließen, andererseits dann einen relativ plötzlichen Modernisierungsschub im Bereich der Technik nach 1900 und besonders nach 1908 freisetzten[273].

Auch mögen die für die britischen Verhältnisse relativ ungünstigen tektonischen Bedingungen sich negativ auf den Maschinisierungsprozeß in Südwales ausgewirkt haben[274]. Doch schritt bei relativ gleich gelagerten Abbaubedingungen (gemessen an der Schichtleistung pro Bergarbeiter unter Tage, am Prozentsatz der unter Tage beschäftigten Bergleute und am durchschnittlichen Grubenholzverbrauch pro t geförderter Kohle) die Technisierung zumindest im Bereich der Kraft- und Antriebsmaschinen im Ruhrbergbau sehr viel schneller als in Südwales voran.

Schichtleistung pro Bergarbeiter unter Tage, Prozentsatz der unter Tage beschäftigten Bergleute und durchschnittlicher Grubenholzverbrauch pro t geförderter Kohle, 1913[275]

	Südwales	Ruhrgebiet
Schichtleistung pro Bergarbeiter unter Tage	1,12 t	1,16 t
Prozentsatz der unter Tage beschäftigten Bergleute		
- an der Gesamtarbeiterschaft	85 %	78 %
- an der Arbeiterschaft ohne die in Nebenproduktenanlagen Beschäftigten	-	81 %
Grubenholzverbrauch pro t geförderter Kohle	0,029 t	0,036 t

Ergebnis dieses ungleichen Maschinisierungsgrades war ein Absinken der Leistung, die, bezogen auf einen Mann der Belegschaft berechnet, im Zeit-

273 Ob und welche Folgen diese technische Rückständigkeit und soziale „Modernität" auf britischer und die technische „Modernität", aber soziale Rückständigkeit auf deutscher Seite vor 1914 zeitigten, werden wir im Ablauf der Studie im Auge zu behalten haben.

274 Morris/Williams, S. 71/2; Taylor, S. 63; Jevons, S. 122/3; Gibson, S. 12; Wiel, S. 130/1; Evans, Labour Strife, S. 220-222.

275 Die Tabelle ist berechnet und zusammengestellt nach den Angaben für die Leistung bei: Gebhardt, S. 496; Gibson, S. 63 (geschätzt nach den Angaben für 1916/17); für die Verteilung der Belegschaft: Gibson, S. 12; Meis, S. 345; für den Grubenholzverbrauch: SWCA 1914, S. 19-21, und Meis, S. 32.

raum zwischen 1880 und 1912 in Südwales um beinahe das Dreifache gegenüber derjenigen des Ruhrgebiets abnahm.

Jahresförderleistung pro Mann der Belegschaft, 1880 - 1912 (t)[276]

	1880 - 84	1908 - 12	Abnahme %
Ruhrgebiet	284	262	10,8
Südwales	305	234	30,3

Ob an diesem Resultat der mangelnden Technisierung des Grubenbetriebes eine frühere Einführung des Doppelschichtsystems etwas geändert hätte, bleibt immerhin denkbar. Doch scheiterten diese Versuche, die z.B. schon in den 1860er Jahren von John Nixon, einem der vorausschauendsten Unternehmer seiner Zeit in Südwales[276a], unternommen wurden, nicht nur am prinzipiellen Widerstand der Bergleute. Die nur zögernden und hin und wieder gemachten Ansätze auf Seiten der Unternehmer lassen vielmehr vermuten, daß diese die bei der Einführung des Zweischichtensystems mit Sicherheit --wie an der Ruhr -- auf sie zukommenden zusätzlichen, relativ hohen Investitionskosten sowie die konjunkturunabhängige Rentabilitätsbelastung fürchteten. Die mit der Durchführung des Gesetzes von 1908 notwendig gewordene Arbeitszeitverkürzung für die Untertagearbeiter von durchschnittlich 9,6 auf 8 Stunden machte schließlich die Umstellung auf das Zweischichtsystem für Arbeiter wie Unternehmer unumgänglich[277].

Dem schleppenden und späten Einsatz von Maschinen untertage entsprach die Entwicklung des Übertagebetriebes. Zwar wurde schon in den 1840er und 1850er Jahren -- wie im Ruhrbergbau -- auf das beständige Verlangen der Verbraucher und unter dem Druck der gegenseitigen Konkurrenz die zu Tage gebrachte Förderkohle gesiebt, doch blieb hierbei die Entwicklung für die kommenden 40-50 Jahre weitgehend stehen. Die kostspieligeren Kohlenwäschen, die vorher nur vereinzelt für die zu verko-

[276] Die Tabelle ist zusammengestellt und berechnet nach der staatlichen Statistik, wiedergegeben in: W. Pothmann, Der im Ruhrbergbau auf den Kopf der Belegschaft entfallende Förderanteil, S. 28, und Gibson, S. 48.

[276a] Vgl. J. E. Vincent, John Nixon. Pioneer of the Steam Coal Trade in South Wales, 1900.

[277] Mc Cormick / Williams, S. 233, 238; E. Jüngst, Der Achtstundentag im britischen Steinkohlenbergbau, in: Glückauf 43, 1907, S. 1201-1212, S. 1202-6; John S. 146; Wilkins, S. 99-102; L.J. Williams, MSWCOA, S. 285, 291; Jevons, S. 74. Zu den zusätzlichen Investitionskosten bei der Einführung des Zweischichtsystems im Ruhrbergbau vgl: Die Vorteile und Nachteile der doppelten Förderschicht auf den Gruben des Oberbergamtsbezirks Dortmund, in: Glückauf 36, 1900, S. 407-413, S. 409-412. Zur Furcht vor zu großer Kapitalbelastung und zur Neigung, stattdessen eher relativ billige Arbeitskräfte einzusetzen, bei den britischen Unternehmern im allgemeinen und denen des Kohlenbergbaus im besonderen vgl. W.L. Hichens, Some Problems of Modern Industry, 1918, S. 50/1, und Hutchinson, The Decline and Fall of British Capitalism, 1950, S. 7.

kende Kohle zur Verfügung standen, fanden erst, wohl unter dem zunehmenden Konkurrenzdruck der deutschen Kohle auf den ausländischen Absatzmärkten, ab 1900 allmähliche Verbreitung. Die zurückbleibende Kleinkohle und der Kohlenschlamm wurden, da die Nachfrage nach walisischer Kohle hauptsächlich eine nach großformatiger war, entweder zur Herstellung von Koks gebraucht, falls sie dazu geeignet und entsprechende Anlagen vorhanden waren, oder, was sehr häufig geschah, als Abfall auf Halde geschüttet und abgebrannt. Diese Praxis blieb bei Anthrazitkohle, die zur Brikettierung zu große Mengen an — aufgrund der Rückständigkeit der Nebenproduktenanlagen — teurem Teerpech erforderte, generell sowie für große Mengen an verkokbarer Kohle und Fettkohle, die teilweise erst gar nicht zu Tage gefördert wurde, bis 1914 erhalten. Doch weder die Aussicht, sowohl diese wie auch die — wie wir sahen — gewaltigen Mengen an Kleinkohle, die untertage zurückblieb, verwerten zu können, noch diejenige auf einen möglichen zusätzlichen Gewinn von etwa 2 s. pro t zu den tatsächlich verkauften Kohlen konnte die Bergbauunternehmer bis 1914 zur Anschaffung eigener Brikettierungsanlagen, für die es Vorbilder in England seit 1846 gab, bewegen. Vielmehr überließen sie es den Brikettierungsunternehmen (1914: 9) an der Küste, ihren Kohlenabfall zu verwerten. Diese stellten 1891 fast 700.000 t, 1913 mit 2.031.148 t 99% der britischen und — etwa der Höhe der Kohlenförderung entsprechend — weniger als die Hälfte der Ruhrbrikettproduktion her[278].

Entsprechend dem früheren Einsatz der Erfindung der Eisenerzverhüttung mit Kohle hatte die Koksherstellung eine um etwa 100 Jahre längere Tradition als im Ruhrgebiet. Schon seit der Mitte des 18. Jahrhunderts stellten die Hüttenwerke den zum eigenen Verbrauch gedachten Koks her, und in den 1820er und 1830er Jahren wurden von ihnen etwa 600.000 t Kohlen verkokt. Gegenüber dem Ruhrgebiet, wo sie im gleichen Zeitraum von 1.000 t auf 25 Mill. t zugenommen hatte, war hier die Koksproduktion bis 1908 nur auf 1,2 Mill. t, bis 1913 auf 1,5 Mill. t angestiegen[279]. Dieser äußerst langsamen Entwicklung der Produktion — sie hatte sich bis zu den 70er und 80er Jahren nicht mehr als verdoppelt —, die sicherlich z.T. auch auf die Schrumpfung der Eisenindustrie in Südwales zurückging, entsprach die technologische Rückständigkeit der Koksöfen.

Seit seiner Einführung in der zweiten Hälfte des 18. Jahrhunderts beherrschte der altmodische Beehive-Ofen während des ganzen 19. Jahrhunderts die Koksproduktion. Seit 1874 wurde er allmählich durch den leistungsfähigeren Coppée-Ofen abgelöst, dessen Einführung in England noch

[278] Vgl. oben S. 54/5; Morris/Williams, S. 170-172; Jevons, S. 113, 225/6, 230/1, 244-253; SWCA 1916, S. 190; R.H. Greaves, The Coal Trade and Allied Industries, in: Proceedings of the South Wales Institute of Engineers (SWIE) 31, 1915/16, S. 345-377, S. 356.

[279] Südwales war damit zu knapp einem Zehntel an der britischen Koksproduktion beteiligt. Vgl. Gibson, S. 114; John, S. 156; Morris/Williams, S. 6; Gebhardt, S. 497.

1872 an der Überzeugung der Stahlindustriellen in Sheffield gescheitert war, er produziere schlechteren Koks. Erst 1903, mehr als 20 Jahre nach der Einführung des ersten Nebenproduktеofens in England und im Ruhrgebiet, fanden diese auch Eingang in Südwales. Obwohl hier die Unternehmer wegen der besonderen Qualität ausnehmend hohe Preise für den Koks auf ihrem Absatzmarkt — vor allem die Eisenindustrie in Südwales, den Midlands und im Ausland — und hierdurch eine Wertsteigerung der Kleinkohle um 240 M pro t erwarten konnten, fanden die Nebenproduktеöfen nur sehr langsame Verbreitung. Im Jahre 1913 waren in Südwales von insgesamt 2.584 Koksöfen nur 694, also etwas mehr als ein Viertel, Nebenproduktеöfen. In Großbritannien insgesamt wurden nur 18% des produzierten Koks in 6.000 Nebenproduktеöfen von insgesamt etwa 21.000 Koksöfen gewonnen, was einen jährlichen Verlust, wie sich selbst der bekannte Bergingenieur Sir William Garforth erst zur Kriegszeit bewußt wurde, von 70.000 t Ammoniumsulfat, 250.000 t Teer und 50,4 - 63 Mill. l Benzol bedeutete[280].

Als Ursachen für die verspätete Einführung und langsame Verbreitung der Nebenproduktеöfen wurden schon von den Zeitgenossen, vor allem unter dem die Bedeutung der Nebenprodukte hervorhebenden Erlebnis des Weltkrieges, vielfältige, und vielleicht für die Gesamtsituation der britischen Wirtschaft in dieser Phase typische genannt. Auf der Anbieterseite waren es die mangelnde oder geringe Eignung eines Teils der geförderten Kohle (Anthrazit und Dampfkohle) und die wachsende Möglichkeit, auch Kleinkohle zu annehmbaren Preisen zu verkaufen. Für die Nachfrageseite wurden die stationären Preise und die begrenzten oder — wie zunächst auch im Ruhrbergbau — zumindest unsicheren Absatzmöglichkeiten für die anfallenden Nebenprodukte genannt. Obwohl doch die südwalisische Eisen-, Stahl- und Weißblechindustrie, die nur teilweise von den Zechen etwas weiter entfernt lag als die vergleichbaren Werke im Ruhrgebiet, ein Hauptabnehmer des produzierten Kokses war, wurden bis 1914 kaum Versuche unternommen, die bei der Herstellung von Koks freiwerdenden Energiemengen für die Metallindustrie nutzbar zu machen. Dies führte — zusammen mit den anderen Absatzbeschränkungen und genau entgegengesetzt zur Ruhrgebietserfahrung — zu Kokspreisen, die um etwa 70% höher lagen als beim traditionell hergestellten Beehive-Koks. Gleichzeitig hätten die durch die Nutzbarmachung der freiwerdenden Energie gemachten Einsparungen auch das weiterhin bestehende Vorurteil der Eisen- und Stahlindustrie gegenüber dem in Nebenproduktеanlagen gewonnenen Koks — wie an der Ruhr — früher abbauen helfen. Schon den aufmerksamen Zeitgenossen erschien es

[280] Carr/Taplin, S. 53/4, 210/1; T.G. Watts, Coke-Oven Bye-Products, in: Proceedings of the SWIE 31, 1915/16, S. 319-344, S. 319/20; R.H. Greaves, The Coal Trade, S. 357/8; SWCA 1916, S. 174; Gibson, S. 120; Jevons, S. 240/1; die Feststellung von Sir William Garforth auf der Jahrestagung der Institution of Mining Engineers (IME) 1916, in: Transactions of the IME 51, 1915/16, S. 467.

„seltsam", daß, ungleich der Entwicklung im Ruhrgebiet, die in der Nähe der Zechen liegenden Großstädte von diesen vor 1914 noch nicht oder zu einem nur sehr geringen Teil mit Gas oder Strom versorgt würden. Eine weitere Schwäche des inneren Absatzmarktes sah man im „Konservatismus der Landwirte", die nur etwa ein Siebtel der möglichen und anratsamen Kunstdüngermenge (Ammoniak) verbrauchten und zudem noch den traditionellen Chilesalpeter zu einem Preis vorzögen, der deutlich über dem des vergleichbaren Ammoniakkonzentrats lag. Ein weiteres Hindernis sei die nur zu hohen Frachtkosten zu erreichende und wenig entwickelte chemische Industrie. Hinzu kam die Überlegenheit der deutschen Nebenprodukthersteller im Ausland sowie ihre marktbeherrschende Stellung in Großbritannien selbst[281]. Weiterhin liege es auch am „zu akademischen Zustand" der Universitäten und der nicht hinreichend allgemeinen Ausbildung an den technischen Schulen, die zu wenige und unzureichend ausgebildete Fachkräfte der Industrie zur Verfügung stellten[282].

Der Hauptgrund und die, viele der genannten Argumente in gewisser Hinsicht zusammenfassende, Ursache, die diese wichtige Innovation in der britischen und der walisischen Industrie verzögerte, war die Tatsache, daß — wie zunächst im Ruhrbergbau — für die Unternehmer die höhere Rentabilität der Unterhaltung von Nebenprodukteöfen gegenüber den alten Koksöfen als noch nicht erwiesen galt[283]. Und von entsprechenden Versuchen ließ man sich — anders als an der Ruhr — allzu schnell abschrecken, konnte man für einen Nebenprodukteofen doch immerhin fast fünf Beehive-Öfen

---

[281] So hatten die deutschen Hersteller nicht nur die Kontrolle über die in Großbritannien gebrauchten Farbstoffe im Wert von 40 Mill. M, sondern indirekt auch über die Industrie, die vom Gebrauch dieser Farbstoffe abhing und mit 1,5 Mill. Beschäftigten einen Wert von 4 Mrd. M darstellte, inne.

[282] Zum Ganzen vgl. T.G. Watts, Coke-Oven Bye-Products, und R.H. Greaves, The Coal Trade; Carr/Taplin, S. 153, 176; Jevons, S. 35, 98, 242; T. Vogelstein, S. 46; A.L. Levine, Industrial Retardation in Britain, S. 40/1, 161. Sir James Dewar, der Präsident der British Association schätzte im Jahre 1902 die Zahl der ausgebildeten Chemiker (graduiert und nichtgraduiert) in Großbritannien als „a very liberal allowance" auf 1.500, in Deutschland auf 4.000. Vgl. L.D.S. Cardwell, The Organization of Science in England, 1957, S. 158. — In Bezug auf den landwirtschaftlichen Absatzmarkt sah sich die deutsche Nebenproduktindustrie gegenüber der englischen in einem teilweise natürlichen Vorteil: Die deutschen Landwirte streuten nicht nur etwa die doppelte Menge Ammoniumsulfat auf ihren Acker wie die britischen, sondern bebauten eben auch eine dreimal so große Fläche. Vgl. Greaves, S. 366, und M. Balfour, The Kaiser and His Times, 1963, S. 437; zur Rückständigkeit der brit. chemischen Industrie allgemein vgl. etwa H.W. Richardson, Chemicals, in: D.H. Aldcroft, Hg., Development of British Industry and Foreign Competition 1875-1914, 1968, S. 274-306, und W. M. Gardner, Hg., The British Coal-Tar Industry. Its Origin, Development and Decline, 1915; F. Redlich, Die volkswirtschaftliche Bedeutung der deutschen Teerfarbenindustrie, 1914.

[283] Obwohl schon 1894 öffentlich festgestellt wurde, daß die Gewinnung von Nebenprodukten einen zusätzlichen Gewinn für die ganze britische Industrie in Höhe von 85 Mill. Mark bedeuten würde. Vgl. Journal of the Iron and Steel Institute, 1894, zit. in: Carr/Taplin, S. 154.

bekommen[284]. Es fehlten in Südwales -- und vielleicht in Großbritannien insgesamt -- offensichtlich die ausgebildeten Fachkräfte, die das technische Wagnis überschauen und das finanzielle Risiko tragen konnten.

Die technologische Rückständigkeit in der Nebenprodukteherstellung bremste zugleich auch die Zentralisierung und die Stärke der Energieversorgung auf den Zechen, die in effektiver Form erst -- wie wir im Ruhrbergbau bereits sahen -- durch die Einführung der Elektrizität möglich war. Obwohl ihr „unschätzbarer Beitrag zum wirtschaftlichen Betrieb der Bergwerke" schon seit ihrer Einführung in den 1880er Jahren in England festgestellt wurde, kam die Ausbreitung und Anwendung elektrischer Energie -- wohl auch wegen des aus Sicherheitsgründen gebotenen Widerstandes der Bergaufsichtsbehörden -- sehr langsam vorwärts. Immerhin stand Südwales, wo sich allein in dem Einjahreszeitraum von 1913-1914 die aufgewendete elektrische Energie von 109.879 kW auf 133.727 kW oder um etwa ein Viertel vermehrte, mit Abstand an erster Stelle aller britischen Bergbaugebiete. Bei der Verteilung der erzeugten Energiemenge auf die einzelnen Regionen fällt auf, daß vor allem das durch große Betriebe gekennzeichnete Monmouthshire fast die doppelte Menge elektrischer Energie pro Betriebseinheit aufwies als der durchschnittliche Betrieb in Südwales. Doch vergleicht man die in Monmouthshire pro Betriebseinheit aufgewendeten 893 kW mit den im Ruhrbergbau für die größeren Betriebe gängigen Turbinen mit einer Leistung von 3.000 - 4.000 kW, so wird die tatsächliche Unterentwicklung der walisischen und britischen Bergwerke im Bereich der Erzeugung und Anwendung elektrischer Energie, die in Deutschland spätestens seit 1900 als Symbol einer neuen Zeit angesehen wurde, deutlich[285].

Ungleich der relativen Rückständigkeit des südwalisischen Bergbaus im technischen und maschinellen Bereich vor 1914 war die Spezialisierung im von ihm angebotenen Kohlensortiment ähnlich weit wie im Ruhrbergbau fortgeschritten. Wahrscheinlich war er aufgrund seiner besonderen Absatzlage darin vielen britischen Bergbaugebieten weit voraus und bedurfte damit auch kaum der Mahnung der Royal Commission on Coal Suipplies 1903-1905, die „so eindringlich wie möglich" — angesichts der deutschen Konkurrenz -- die Bedeutung der Spezialisierung und der Einheitlichkeit der verschiedenen Kohlensorten und die damit verbundene Werterhöhung auf dem internationalen Markt hervorhob. In den Jahren vor 1914 unterschied das walisische Sortiment je nach Karbongehalt zwischen vier Hauptkohlen-

[284] Carr/Taplin, S. 153/4; Greaves, S. 376/7.

[285] Raynes, S. 43; Taylor, S. 59; Jevons, S. 61/2, 117; RIM 1913, S. 23; 1914, S. 5, 22; Meis, S. 36. Wie im Ruhrbergbau, so waren es auch in Südwales die größeren, kapitalkräftigeren Betriebe, die gegenüber den kleineren meist einen deutlichen Entwicklungsvorsprung in bezug auf Kokerei und Nebenprodukterzeugung aufwiesen. Vgl. etwa: Lewis, S. 48, 51, 64; M.H. Mackworth, D.A. Thomas, S. 132/3; und die im SWCA besprochenen, vorbildlichen Unternehmen.

sorten: Anthrazit, Hauskohle, Fettkohle und Dampfkohle. Davon teilten sich allein die Dampfkohle in 15 Untersorten, der Anthrazit in 11 und die Fettkohle in 6 Untersorten auf. Koks wurde in vier verschiedenen Arten geliefert[286]. Diese unmittelbar marktzugewandte Seite des südwalisischen Bergbaus demonstriert die Kraft des Einflusses der nationalen und internationalen Konkurrenz auf seine innere Innovationsfähigkeit vor 1914 und markiert gleichzeitig weitgehend deren Grenze[286a].

4. Die späte Entwicklung zum Großbetrieb

Die bisher aufgezeigten natürlichen und technischen Bedingungen im Bergbau von Südwales zeitigten Folgen für die Organisation der Produktion. Anders als im Ruhrbergbau, wo der natürlich bedingte, rapide Übergang zum Tiefbau großbetriebliche Organisationsformen in kurzer Zeit entstehen ließ, schritt diese Entwicklung in Südwales sehr viel allmählicher voran. Dabei bildete die durchschnittlich weitaus geringere Schachtteufe nur das erste Glied einer längeren Bedingungskette: Die kleinere Schachtteufe erforderte einen geringeren Aufwand für Abteufkosten und Maschinen und ermöglichte so — weil mit relativ niedrigen, feststehenden Rentabilitätszwängen belastet — einen kleineren, aber immer noch wirtschaftlichen Abbaubereich untertage. Der kleinere Abbaubereich wiederum bedingte eine geringere Förderung in der Gegenwart und eine kleinere Fördermöglichkeit in der Zukunft, Faktoren, die beide zusätzliche maschinelle Anlagen übertage als nicht erforderlich, mit Blick auf die Zukunft als unrentabel oder gar als nicht möglich (Koksöfen, Nebenprodukteanlagen) erscheinen ließen. Auch Konjunkturschwankungen bewirkten an dieser geringen Intensität an Maschinen und Kapital wenig Änderung, konnten doch im Falle eines Aufschwungs hinreichend Arbeitskräfte angeworben, im Falle einer Baisse Arbeiter entlassen und die Löhne fast dem Preisrückgang der Kohle entsprechend gekürzt werden. Kleinere Betriebe konnten sogar bis 1914 vorübergehend schließen.

Von den nicht-ökonomischen Bedingungen, die die Tendenz zum Großbetrieb behindern oder beschleunigen konnten, sind hier besonders die rechtlichen Verhältnisse zu nennen.

Weniger als offensichtlich in anderen britischen Kohlenrevieren hat das englische Bergrecht die Größe und die Ausdehnung der Betriebe in Südwales

---

[286] Jevons, S. 231, 300; SWCA 1914, S. 174-178, 298, 315.

[286a] Zur technischen Rückständigkeit des britischen Bergbaus im Vergleich zum deutschen, aber auch zu seinen „erstaunlich niedrig[en]" Selbstkosten in den Jahren vor 1914 vgl. die übereinstimmenden Urteile von G. Werner, Zwei Kumpel, 1932, S. 121 f., R. Smillie, My Life for Labour, S. 215 f., und W. Hargreaves, in: NACM Transactions 2, 1904/05, S. 110-113.

beschränkt. Das englische Bergrecht, das – wie das in Deutschland bis heute gültige – bis zur bürgerlichen Revolution im 17. Jahrhundert[287] alles Eigentum an Bodenschätzen der Krone bzw. dem Staat zugeschrieben hatte, erkannte seit dieser Zeit den einzelnen (privaten) Grundstückseigentümern den Besitz der unter ihren Grundstücken liegenden Bodenschätze zu. Anders als in Deutschland, wo der Staat kraft Bergregal die Kohlenfelder ohne Ansehen der Besitzer der darüberliegenden Grundstücke verlieh und damit deren Größe bestimmte, mußte der Bergbauwillige sich in Großbritannien bei einem oder mehreren Eigentümern der Grundstücke über den (vermuteten) Kohlenvorkommen um die Abbaugenehmigung und auch das unter- oder auch überirdische Durchfahrtsrecht bemühen. Beide Genehmigungen erhielt er (in der Regel) gegen die Zahlung von Gebühren an den oder die Grundstücksbesitzer, der „royalty" und der „wayleave". Der Satz der Gebühren wurde meist bemessen nach der Menge der Förderung und/oder dem jeweiligen Kohlenpreis, wie beim Lohn, nach einer „sliding scale". Als ‚royalty' wurde meist ein Satz von 3 d bis 10 d pro t gezahlt, was zwischen 1882 und 1914 einen Royalty-Anteil am Verkaufspreis von 5-10% ausmachte. Die Zahl der Royalty- und Wayleaves-Empfänger konnte bis über 50 pro Schachtanlage betragen.

Durch den großen traditionellen Grundbesitz, den in Südwales noch einige der alteingesessenen adligen Familien hatten, für die die Royalties eine wesentliche Einkommensquelle darstellten, spielten Hindernisse dieser Art schon durch die geringe Zahl der Grundbesitzer – bis auf das westliche Anthrazitabbaugebiet – kaum eine Rolle, was auch die Verträge zwischen Bergbauunternehmern und den Landbesitzern erkennen lassen[288].

[287] Zur Analyse dieser ersten „bürgerlichen" Revolution: L. Stone, The Crisis of the Aristocracy, 1558-1641, 1973.

[288] Zur Gestaltung des englischen Bergrechts vgl. etwa E. Plünnecke, Englands Kohlenbergbau und Kohlenwirtschaft unter dem Einfluß des Krieges und in der Nachkriegszeit, 1925, S. 20-23; J. Kandler, Die Kartellierung im britischen Kohlenbergbau, 1932, S. 54; C. Lütkens, Ausbau und Abbau der Kohlenplanwirtschaft in England, 1921, S. 7-8; J. Stelling, Die Sozialisierung des Kohlebergbaus in Großbritannien, 1950, S. 10; speziell zu Südwales vgl. Morris/Williams, S. 108, 116-123, und Jevons, S. 671; auch: Lewis, S. 82 u.ö. Als knappe Übersicht über die Gestaltung des Bergrechts in Großbritannien, Deutschland und anderen Ländern vgl. R. Isay, Das Bergrecht der wichtigsten Kulturstaaten in rechtsvergleichender Darstellung, 1929. Für die Entwicklung des Bergrechts in Deutschland vgl. auch weiter unten S. 493 ff. Auch in Deutschland hatten die Bergbautreibenden bis 1893 eine Bergwerksabgabe, allerdings an den Staat als Regalherrn abzuführen. Da das Gesetz vom 31.5.1893 diese jedoch nur als „außer Hebung" erklärte, behielten die ehemaligen reichsunmittelbaren Landesfürsten jedoch weiterhin das Recht auf die Abgabe. So erhielt etwa der Herzog von Arenberg, der für das Ruhrgebiet wichtigste Regalempfänger, im Durchschnitt der Jahre 1906-1911 etwa 1,3 Mill. M und insgesamt in der Zeit von 1866-1911 etwa 17,3 Mill. M an Regalabgaben von den unter seinem Gebiet tätigen Bergbauunternehmen. Zum Vergleich erhielt der Marquis of Bute, der größte Royalty-Empfänger in Südwales, schon im Jahre 1875 über 1 Mill. M an Abgaben. In Großbritannien insgesamt gab es 1919 3.789 Royalty-Empfänger, die zusammen knapp 120 Mill. M bezogen. Während hiervon 7 Landbesitzer jeweils mehr als 1,5 Mill. M bekamen, erhielten

Je weniger also die bergrechtlichen Bestimmungen zur Wirkung kommen konnten, umso mehr sind wir imstande, — im Vergleich zum Ruhrgebiet — Ausmaß und Grenzen der Durchsetzungskraft ökonomischer Entwicklungstendenzen, hier: Durchsetzung großbetrieblicher Produktionsformen, zu beobachten. Die durch die natürlichen Abbauverhältnisse bedingte und durch den nur begrenzten Einsatz der Technik verstärkte, langsamere Durchsetzung ökonomischer Zwänge bedeuteten auch ein allmählicheres Wachstum der Produktionseinheiten als im Ruhrbergbau. Hatte hier derselbe Wirkungskomplex mit umgekehrtem Vorzeichen (ungünstigere Abbauverhältnisse und verstärkter Einsatz der Technik) zu einem rapiden Wachstum und zu deutlich von einander unterscheidbaren Entwicklungsphasen der Betriebsgrößen geführt (1847 bis 1867, 1868 bis ca. 1880 und 1881 bis 1914), so läßt das allmählichere Wachstum in Südwales eine solche Phasenbildung schwerer erkennen. Am ehesten sind im südwalisischen Bergbau zwei Entwicklungszeiträume auszumachen: zum einen — sieht man von der frühen Entwicklung der Bergbau treibenden Hüttenwerke ab — der von etwa 1840 bis 1890, als zweiter derjenige von 1890 bis 1914. Der 50jährige Zeitraum von 1840 bis 1890 ist gekennzeichnet vom allmählichen Übergang und der langsamen Verbreitung der großbetrieblichen Produktionsweise. Abteilen hiervon läßt sich eine Anlaufperiode beschleunigten Wachstums von etwa 1875 bis 1890. Ab 1890 dann ist der Großbetrieb — wenn auch immer noch mit erheblichen Unterschieden — weitgehend zur normalen Produktionsorganisation geworden. Dies ist die Phase schneller Entwicklung und Ausdehnung der großen Betriebe und Unternehmen.

Betrug die normale Beschäftigtenzahl einer Schachtanlage in Südwales — wie auch im Ruhrbergbau — zum Ende des 18. Jahrhunderts nicht mehr als 12 Mann, so stieg sie bis 1840 auf knapp 100 Mann an[289]. Nur die den Hütten angeschlossenen Zechen beschäftigten schon zu dieser Zeit bis zu 300 und 400 Bergarbeiter. Von 76 Schachtanlagen in Glamorgan förderten 1842

16 Schachtanlagen unter			100 t,
35 Schachtanlagen unter	2.500	—	15.000 t,
8 Schachtanlagen unter	15.000	—	20.000 t,
12 Schachtanlagen unter	20.000	—	35.000 t und
3 Schachtanlagen unter	50.000	—	70.000 t.

2.546, also etwa zwei Drittel, weniger als 10.000 M pro Jahr. Vgl. E. Jüngst, Festschrift, S. 74-79; ders., Die Bergwerksabgaben an den Herzog von Arenberg, in: Glückauf 48, 1912, S. 2119-2122, S. 2121; Morris/Williams, S. 123; CIC 1919, Bd. 3, S. 230, Plate 35 c.

289 Wenn hier und im folgenden für den britischen Bereich der Begriff „Schachtanlage" verwendet wird, so bildet er die Übersetzung von „colliery". „Colliery" bezeichnet, im Gegensatz zum einfachen Einzelschacht („pit"), die technische und verwaltungsmäßig selbständige Betriebseinheit auf unterster Ebene und faßt so den Untertagebetrieb („mine") und den Übertagebetrieb („surface") begrifflich zusammen. Damit wird die mit „colliery" bezeichnete Einheit weitgehend der deutschen „Schachtanlage" vergleichbar. Zur Definition von „colliery", „surface" und „mine" vgl. etwa Coal Mines Regulation Act, 1887, New Special Rules, 1895, abgedruckt bei: W.G. Dalziel, The MSWCOA, 1895, S. 527-538, S. 527.

Verglichen mit den Bergwerken des Ruhrgebiets waren die Zechen in Südwales durchschnittlich wohl zu dieser Zeit um einiges größer — entsprechend der höheren Förderung —, doch standen die jeweils größten Betriebe bereits auf etwa gleichem Niveau. Waren die südwalisischen Zechen um diese Zeit schon kleiner als die Gruben in Northumberland und Durham, so verschwanden sie beinahe gegenüber den benachbarten Hüttenwerken, von denen um 1840 keines weniger als 1.000, die größten: Dowlais, Cyfarthfa, Ebbw Vale und Nantyglo, einschließlich ihrer Bergarbeiter sogar zwischen 4.000 und 6.000 Mann beschäftigten[290].

In der Zeit bis 1874 nahm die Gesamtförderung eher durch die Schaffung neuer Zechen als durch die Vergrößerung der bereits bestehenden zu. Trotzdem war eine Förderhöhe von 50.000 t, im Jahre 1840 eher die Ausnahme, zur normalen geworden. Eine Untersuchung von 103 Schachtanlagen, die im Jahre 1874 insgesamt fast 5 Mill. t und damit etwa ein Drittel der Gesamtförderung in Südwales produzierten, ergibt folgendes Bild:

Gesamtproduktion nach Schachtanlagen, 1874[291]

Größenklasse	Anzahl der Schachtanlagen	Gesamtproduktion d. Gruppe (1000t)	% d. Gesamtförderung
unter 20 000 t	36	220	4,4
20 000 - 50 000 t	28	1 003	20,1
50 000 -100 000 t	26	1 840	36,8
über 100 000 t	13	1 930	38,6

Die Tabelle zeigt zum einen, wie groß der Abstand zwischen den großen und den kleinen Zechen nach wie vor war, so etwa der zwischen dem Aber-nant-Bergwerk mit mehr als 260.000 t und dem kleinen Mynachdy-Schacht mit 134 t pro Jahr, zum anderen, wie sehr schon die größeren Zechen mit mehr als 50.000 t (pro Jahr) auf dem Vormarsch waren, produzierten sie doch bereits etwa drei Viertel der Gesamtförderung der hier vorliegenden Schachtanlagen[292]. Jedoch noch immer waren ihnen die Zechen in Nordengland voraus, und im Ruhrgebiet gab es zur gleichen Zeit schon 73 Anlagen mit einer Förderung von 10.000 bis 100.000 t und 52 von 100.000 bis 400.000 t[293].

Die bisher allmähliche und graduelle Entwicklung beschleunigte sich in der letzten Phase der Durchsetzung großbetrieblicher Produktionsweise zwischen 1875 und 1890. Bei weiterhin anhaltender, jedoch im Tempo verminderter Zunahme der Anzahl der Schachtanlagen stieg, bei einer —

290 Vgl. Lewis, S. 57; John, S. 139-141; Carr/Taplin, S. 2,8; Morris/Williams, S. 13/4.

291 Morris/Williams, S. 134.

292 Es sei hier angemerkt, daß die Stichprobe wahrscheinlich eine leichte Tendenz hat, die Rolle der größeren Betriebe überzubetonen.

293 Vgl. oben S. 67.

ebenso wie die vorhergehende wohl den Anteil der Großbetriebe überrepräsentierende — Stichprobe von 134 Schachtanlagen, die knapp die Hälfte der Gesamtförderung produzierten, der Anteil der Zechen mit einer Förderung von 100.000 t bis 500.000 t auf 44, und erstmals gab es 2 Anlagen mit einer Jahresförderung zwischen 500.000 t und 1 Mill. t. Der Zahlenanteil der Zechen mit einer Förderung bis zu 100.000 t blieb jedoch relativ konstant[293a].

Ebenso wie im Ruhrgebiet ließ der durch den Übergang zum Tiefbau wachsende Aufwand fixen Kapitals pro Schachtanlage einerseits und die Absatzschwierigkeiten und stark reduzierten Kohlenpreise andererseits die Bergbauunternehmer in Südwales ab den 1860er Jahren nach Einsparungs- bzw. Ausgleichsmöglichkeiten suchen. Weniger wollte man hier durch Betriebszusammenlegungen usw. Einsparungen im technischen Betrieb der Grube erreichen, als vielmehr eine Kontrolle des Absatzmarktes durch Kartellierung. Jedoch — wie weiter unten zu zeigen sein wird — alle Anläufe, auch die der 1890er Jahre, scheiterten. Zum einen war es wohl die große Zahl der Schachtanlagen — um 1890 etwa 600 gegenüber 172 an der Ruhr —, die die Vorhaben unterminierten. Zum anderen von Bedeutung — und u.E. viel entscheidender — war neben der Konjunkturanpassung der Löhne die immer noch weitaus geringere Kapitalbelastung der Unternehmen als etwa im Ruhrbergbau. So betrug das durchschnittliche Grundkapital von 12 repräsentativen Gesellschaften mit beschränkter Haftung in der Zeit von 1856 - 1860 jeweils 587.000 M gegenüber einem solchen im Ruhrbergbau von 2,8 Mill. M in derselben Periode; und bis zum Zeitraum von 1871 - 1875 hatte sich das Durchschnittskapital in Südwales zwar auf 2,2 Mill. M fast vervierfacht, doch betrug es nur ein Viertel des entsprechenden gleichzeitigen Ruhrgebietsdurchschnitts. Auf die Förderhöhe bei den größten Unternehmen, der GBAG und der Powell Duffryn Steam Coal Co., berechnet, war der Kapitalaufwand je t geförderter Kohle im Jahre 1873 in Südwales um etwa 15% niedriger als im Ruhrbergbau. Schon bis 1913 allerdings hatte sich dieser Unterschied durchschnittlich für die größten Unternehmen auf 7,9% halbiert[294]. Diese Konstellation führte — wie zunächst auch an der Ruhr — dazu, daß die Werke ihre vorhandenen Schachtanlagen zur besseren Ausnutzung erweiterten und das bergbauliche Risiko auf mehrere Anlagen zu verteilen sowie gleichzeitig mit dieser erweiterten Produktionsbasis größere Kontrolle über den Absatzmarkt und teilweise auch über den Arbeitsmarkt zu erreichen versuchten. Dies bedeutete aber auch die Aufrechterhal-

[293a] Nach: RIM 1890.

[294] Für die Powell Duffryn Steam Coal Co. berechnet nach Morris / Williams, S. 151 / 2; für die GBAG berechnet nach Meifert, S. 46, und Bock, S. 12, hier auch die Angaben für die übrigen 12 Unternehmen. Für die Annäherung bis 1913 vgl. die Angaben in den Tabellen S. 80 und 135.

tung und Intensivierung der Konkurrenz zwischen den Unternehmen im südwalisischen Bergbau.

Diese Intentionen der Unternehmer, aber auch das Gewicht ihrer Hindernisse, spiegeln sich in der weiteren Entwicklung der Betriebs- und Unternehmensgrößen wider.

Die Zahl der Schachtanlagen stieg bis 1911, jedoch viel langsamer als zuvor, bis auf 649 an, um dann bis 1913 auf 609 zu fallen. Deutlich jedoch — entsprechend der steigenden Gesamtförderung — wuchs die Größe der Schachtanlagen in diesem Zeitraum[295].

Größe der Schachtanlagen in Südwales (1887, 1916) und im Ruhrgebiet (1913)[296]

Größenklasse t/pro Jahr	Zahl der Schachtanlagen					
	Südwales				Ruhrgebiet	
	1887	in % aller Schachtanl.	1916	in % aller Schachtanl.	1913	in % aller Schachtanl.
1 - 999	17		-		4	
1 000 - 4 999	11		7		2	
5 000 - 9 999	6		4		2	
1 - 9 999	34	6,3	11	1,8	8	3,4
10 000 - 24 999	13		13		2	
25 000 - 49 999	20		40		2	
50 000 - 99 999	21		59		5	
10 000 - 99 999	54	10,1	112	18,9	9	3,8
100 000 - 199 999	32		98		16	
200 000 - 299 999	6		48		20	
300 000 - 399 999	5		28		42	
400 000 - 499 999	1		6		43	
100 000 - 499 999	44	8,2	180	30,3	121	51,7
500 000 - 599 999	1		1		24	
600 000 - 699 999	-		1		30	
700 000 - 799 999	-		-		10	
800 000 - 899 999	-		-		9	
900 000 - 999 999	1		-		10	
500 000 - 999 999	2	0,4	2	0,3	83	35,5
über 1 Mill.	-		-		13	5,6
insgesamt: Zahl u. Anteil d. erfaßten Schachtanlagen	134	25	305	51,3	234	100
Erfaßter Anteil an d. Gesamtförderung	48,2		84,6		100	
Durchschnitt. Betriebsgröße	93 654 t		144 415 t		488 145 t	

[295] RIM 1911, S. 4; 1914, S. 5. Vgl. auch die für Monmouthshire und Südwales unterschiedenen Zahlenreihen bei: R.H. Walters, The Economic and Business History, S. 358.

[296] Die Zahlen der Tabelle sind zusammengestellt und berechnet nach den auf verbandsoffiziellen Daten beruhenden Aufstellungen bei Wilkins, S. 327-332, und MSWCOA, Annual Summary 1916/17; zu den Zahlen für den Ruhrbergbau vgl. Meis, S. 328.

Wenn auch die Anzahl der Schachtanlagen mit einer Förderung von mehr als 500.000 t konstant blieb, so war doch deutlich der Trend zur Abnahme bei den Anlagen bis zu 10.000 t und zur Zunahme bei denen zwischen 10.000 t und 100.000 t, noch ausgeprägter bei denen zwischen 100.000 t und 500.000 t (pro Jahr) festzustellen. Mehr als 95% der Zechen befand sich 1916 in den beiden mittleren Gruppen zwischen 10.000 t und 500.000 t Jahresförderung. Auffallend hiergegen ist die bei weitem geringere Besetzung in den Größenklassen bis 100.000 t und die Häufung bei den Gruppen von über 500.000 t Förderung auf der Seite des Ruhrgebietes. Dies wird durch den Anteil der verschiedenen Betriebsgrößenklassen an der Gesamtförderung in die Zeit um 1914 unterstrichen.

Gesamtproduktion nach Schachtanlagen, 1913/16 (in %)[297]

t	Südwales	Ruhrgebiet
1 - 9.999	0,13	0,02
10.000 - 99.999	12,50	0,47
100.000 - 499.999	84,59	36,39
500.000 - 999.999	2,78	49,76
über 1 Mill.	-	13,36
	100,00	100,00

Während in Südwales die Schachtanlagen mit mehr als 500.000 t Jahresförderung kaum 3% der Gesamtproduktion stellten, waren es im Ruhrbergbau mehr als 60%. Doch hatte sich der Förderanteil der Schachtanlagen mit mehr als 100.000 t in Südwales seit 1874 von 38,6% auf 87,37% mehr als verdoppelt[298].

Während die durchschnittliche Betriebsgröße von 1887 bis 1916 um 50.761 t oder etwa 65% anwuchs, betrug sie im letzteren Jahr noch nicht ein Drittel der durchschnittlichen Schachtanlage des Ruhrgebietes. Die Streuung um die durchschnittliche Betriebsgröße war in Wales in beiden Jahren geringer als im Ruhrbergbau. Schließlich wird die wachsende Rolle der größeren Anlagen in Wales für die Gesamtförderung deutlich: 1887 förderten etwa 25% der Schachtanlagen fast die Hälfte der Gesamtproduktion, 1916 produzierten 51,3% der Schachtanlagen 84,6% der Gesamtförderung.

Diesem Wachstum der Produktionsziffern entsprach das Steigen der Beschäftigtenzahl pro Schachtanlage. Die durchschnittliche Belegschaft aller Anlagen in Südwales betrug 1890: 183, 1900: 240 und 1913: 383 Mann gegenüber einer solchen im Ruhrbergbau im Jahre 1900 von 1.069 und 1913 von 1.815 Mann. Die entsprechenden Zahlen des britischen Bergbaureviers mit den durchschnittlich größten Betrieben hatte Südwales vor dem Welt-

[297] Nach MSWCOA, Annual Summary 1916/17, und Meis, S. 328.

[298] Vgl. oben S. 122.

kriege zwar immer noch nicht erreicht, sich ihm aber stark angenähert. Einer durchschnittlichen Belegschaft von 397 Mann und einer durchschnittlichen Förderzahl von 111.111 t in Yorkshire im Jahre 1912 standen in Wales 363 Mann bzw. 80.573 t gegenüber. Mit Betriebsgrößen in anderen Zweigen der britischen Industrie lassen sich diese Zahlen schwer, jedoch besser als in Deutschland vergleichen[299].

Durchschnittliche Belegschaftsstärke der Betriebe im südwalisischen Bergbau und in anderen Zweigen der britischen Industrie in den Jahren 1900/1901[300]

Bergbau von Südwales	240 Mann
Fabriken der:	
— Explosionsstoffe	130 Beschäftigte
— Gummierzeugung	123 Beschäftigte
— Erzgewinnung	117 Beschäftigte
— Kleidung	92 Beschäftigte
— Textilien	78 Beschäftigte
alle Fabriken	38 Beschäftigte

Auf die Betriebsgrößenklassen nach Beschäftigten verteilten sich die Schachtanlagen im südwalisischen und im Ruhrbergbau wie folgt:

Schachtanlagen im südwalisischen (1916) und im Ruhrbergbau (1913) nach Belegschaftsgröße[301]

Belegschaft	Zahl der Schachtanlagen Südwales	Ruhrgebiet
bis 200 Mann	168	14
201 - 500 Mann	109	6
501 - 1000 Mann	83	33
1001 und mehr Mann	67	181
insgesamt	427	234

299 Vgl. oben S. 71, und Gibson S. 12; Meis, S. 326, 328.

300 Gibson, S. 12; Die Belegschaftszahl der Fabriken der übrigen Industriezweige sind entnommen aus: G. Brodnitz, Betriebskonzentration und Kleinbetrieb in der englischen Industrie, in: JNS 35, 1908, S. 173-218, S. 180/1.

301 Ausgezählt nach: SWCA 1917, S. 279-308, und Verzeichnis der im Oberbergamtsbezirk Dortmund während des Jahres 1913 betriebenen Steinkohlenbergwerke und ihrer selbständigen Betriebsabteilungen (Schachtanlagen), Dortmund 1914; der große zahlenmäßige Anteil der kleinen Zechen in Südwales wird noch deutlicher bei einer Aufstellung für das Jahr 1924. Von insgesamt 598 Zechen besaßen:

204 Zechen	unter	50	Beschäftigte,
225 Zechen	50 —	100	Beschäftigte,
89 Zechen	500 —	1000	Beschäftigte,
80 Zechen	über	1000	Beschäftigte.

Vgl. CIC 1925, Bd. 3, S. 178.

Obwohl aus dieser Aufstellung, für Südwales nach der halboffiziellen Statistik des SWCA, schon etwa 150 Zechen mit weniger als 10 Beschäftigten herausfallen, entfielen fast zwei Drittel der Schachtanlagen auf die Größenklassen bis zu 500 Mann. Auffällig ist allerdings auch die fast ausgeglichene Besetzung der Schachtanlagen von 500 bis 1.000 Beschäftigten und von mehr als 1.000 Mann. Dagegen besaßen mehr als drei Viertel der Schachtanlagen des Ruhrbergbaus im Jahr 1913 mehr als 1.000 Beschäftigte.

Regional war der Durchsetzungsgrad der großbetrieblichen Produktionsweise sehr unterschiedlich.

Durchschnittliche Jahresproduktion und Beschäftigtenzahl pro Schachtanlage im südwalisischen Bergbau (1913) nach Grafschaften[302]

	t	Mann
Brecon	22 240	148,4
Carmarthen	39 837	184,3
Glamorgan	97 023	399,7
Monmouth	128 118	501,9
Pembroke	9 174	88,0
Radnor	-	8
insgesamt	93 317	382,8

Deutlich setzen sich hier die großen Tiefbaubetriebe in Monmouth und Glamorgan von der Größe der Schachtlagen in den anderen Grafschaften ab. Diese erreichten an Belegschaftszahl nicht einmal die Hälfte der Größe der durchschnittlichen Schachtanlage in Südwales. Im Anthrazitkohlenabbau, der sich weitgehend über Carmarthen und Pembroke erstreckte, gab es von insgesamt 76 Schachtanlagen nur sieben mit einer Belegschaft von mehr als 500 Mann[303]. Insgesamt zeigt sich, daß die zwischen 1840 und 1880 im Zentrum des südwalisischen Kohlenbeckens in Monmouth und Glamorgan gegründeten Zechen vor dem Ersten Weltkrieg nicht nur den bei weitem größten Anteil (von 56,8 Mill. t 53,4 Mill. t), sondern weitgehend — mit großem Abstand vor den anderen Bezirken — auch die typische Betriebsgröße in Südwales von durchschnittlich etwa 400 - 500 Beschäftigten, also etwa ein Drittel der Ruhrgebietsgröße, bestimmten.

a) Betriebskonzentration

Dem Wachstum der Betriebe, das die Verdoppelung von Produktion und Belegschaft zwischen 1890 und 1914 begleitete, entsprach nicht im gleichen Maße wie im Ruhrbergbau der Prozeß der Zusammenfassung von mehreren Betrieben zu Unternehmen.

302 Berechnet nach: RIM 1914, S. 5.

303 1895 hatte es im Swansea Valley von 13 Anlagen nur 2 mit über 200 Beschäftigten gegeben. Vgl. Jevons, S. 98, 668; J.M. Davies, The Growth of Settlement in the Swansea Valley, 1942, S. 69.

Betriebsvereinigung der Unternehmen im südwalisischen Bergbau, 1874 - 1916[304]

Jahr	Zahl der von einem Unternehmen umfaßten Schachtanlagen															Schachtanlagen insgesamt	Gesamtzahl d. Schachtanlagen, die z. Unternehmen m. mehr als 1 Schachtanlage gehören	Anzahl d. Unternehmen m. mehr als 1 Schachtanlage
	1	2	3	4	5	6	7	8	9	10	11	12	13	14	15			
1874	146	27	9	3	4	4	-	2	2	1	1	-	1	-	1	366	220	55
1916	167	22	11	8	5	3	4	3	2	-	-	-	1	1	-	416	249	60

Tatsächlich zeigt die Tabelle ein Stehenbleiben des rein numerischen Konzentrationsgrades von Betrieben in Unternehmungen, eher noch einen Rückgang der großen Unternehmen mit mehr als 10 Schachtanlagen. Zu beiden Zeitpunkten gehörten rd. 60% der Schachtanlagen konzentrierten Unternehmen (mit mehr als einer Schachtanlage) an, und jedes konzentrierte Unternehmen besaß im Jahre 1874 durchschnittlich 4,0, und im Jahre 1916 4,3 Schachtanlagen.

Die frühe Zusammenfassung von mehreren Zechen zu Unternehmen lag wohl zum einen an der oft bescheidenen Größe dieser Zechen, zum anderen an der früh ausgeübten und wichtigen Rolle der Hüttenwerke im Bezirk. Diese allein besaßen im Jahre 1874 von den 220 konzentrierten Unternehmen zugehörigen Schachtanlagen mindestens 82. Damit änderte sich im Konzentrationsgrad nach der Anzahl der betroffenen Betriebe und Unternehmen in den 40 Jahren vor Ausbruch des Ersten Weltkrieges — sehr im Unterschied zur Ruhrgebietserfahrung[305] — kaum etwas.

b) Horizontale Unternehmenskonzentration

Zu untersuchen bleibt, ob sich neben dieser Stagnation in der Betriebskonzentration eine andersgeartete Entwicklung in der Größe von Produktion und Belegschaft der Unternehmen abzeichnete.

Entwicklung der durchschnittlichen Unternehmensgröße nach der Produktion, 1874 - 1913/14 (in 1000 t)[306]

Bezirke	1874	1880/81	1890/91	1900/01	1910/11	1913/14
Swansea	67	108	137	142	132	139
Newport	130	195	301	459	467	530
Cardiff	167	222	345	664	749	765
insgesamt	121	175	261	422	449	478

304 Zusammengestellt nach: RIM 1874, S. 160-165, und SWCA 1917, S. 279-308. Insgesamt gab es 1874 622 Schachtanlagen und 1916 insgesamt etwa 594 Schachtanlagen.

305 Vgl. oben S. 76, 77. Zu den inhaltlichen Gründen der hier zunächst nur zahlenmäßig vorgeführten Entwicklung vgl. weiter unten.

306 Entnommen und berechnet aus: L.J. Williams, MSWCOA, S. 41. Die ‚Bezirke' bilden die drei geographischen Untergruppierungen der MSWCOA.

Klar ersichtlich wird hieraus zunächst die unterschiedliche Unternehmensgröße vor allem zwischen der Newport- und Cardiff-Region einerseits und dem Swansea-Distrikt, der fast ausschließlich Anthrazitgruben umfaßt, andererseits. Für uns an dieser Stelle wichtiger ist jedoch, ein von 1874 bis 1890 allmähliches Anwachsen, dann aber nach 1890 sprunghaftes Ansteigen der Unternehmensleistung festzustellen. Während die Unternehmensgröße im Swansea-Distrikt beinahe stagnierte, verdoppelten sich die Unternehmensleistungen zwischen 1890 und 1914 im Cardiff- und Newport-Bezirk. Während die Unternehmen der beiden letzteren Bezirke 1913/14 weit über der durchschnittlichen Förderhöhe lagen, produzierten die Unternehmen des Swansea-Distrikts nicht einmal ein Drittel des südwalisischen Durchschnitts.

Besonders deutlich wird der regionale Unterschied einerseits sowie das Voraneilen der größeren und die Bedeutungsüberlagerung der kleinen durch die großen Unternehmen andererseits an der Größenentwicklung der Dampfkohlenunternehmen von Glamorgan und Monmouthshire.

Größe der Dampfkohlenunternehmen in Glamorgan und Monmouthshire, 1873 - 1910[307]

Förderung pro Jahr	bis 250.000t	250.000 - 500.000t	500.000 - 1.000.000t	1.000.000 - 1.500.000t	1.500.000 - 2.000.000t	2.000.000 - 2.500.000t
1873	32	5	6	2	-	-
1880	21	4	5	1	-	-
1890	20	12	8	4	1	-
1900	7	16	9	5	4	1
1910	7	6	12	7	5	2

Gleichzeitig mit der Verschiebung in der jeweiligen Anzahl der Unternehmen in die jeweils höheren Größenklassen wuchs auch, wie die nachfolgende Tabelle klar aufzeigt, der Anteil insbesondere der größten Unternehmen an der Gesamtförderung.

Relativer Anteil der Unternehmensgrößenklassen an der Gesamtproduktion von Dampfkohle[308]

Jahr	0-250.000	250.000 - 500.000	500.000 - 1.000.000	mehr als 1.000.000		Anteil an der Gesamtförderung von Glamorgan und Monmouth (in %)
1873	22,4	19,1	36,1	22,4	100	63
1880	26,5	17,9	40,9	14,7	100	41
1890	11,1	24,7	29,2	35,0	100	64
1900	3,9	20,7	27,2	48,2	100	74
1910	2,9	6,1	25,0	66,0	100	83

307 Die Zusammenstellung basiert auf den Tabellen bei Walters (S. 271 f.), die beruhen auf den zeitgenössischen Angaben in: W.G. Dalziel, Records of the South Wales Coalowners Association 1895, S. 10-11; R. Hunt, Mineral Statistics; MSWCOA, Annual Summaries 1879-1914.

Nachdem wir im vorhergehenden gesehen haben, daß gerade die Unternehmen des Dampfkohlengebietes eine relativ umfangreiche Größe aufwiesen, wollen wir nun — im Vergleich zum Ruhrbergbau — die Verteilung aller südwalisischen Bergbauunternehmen auf die verschiedenen Größenklassen, ihre Entwicklung sowie den Anteil, den die Dampfkohlenunternehmen an ihnen besaßen, betrachten.

Unternehmensgrößen im südwalisischen und im Ruhrbergbau, 1886 - 1916[309]

Förderung pro Jahr in t	Zahl der Unternehmen			
	Südwales		Ruhrgebiet	
	1886	1916	1893	1911
1- 1 000	2	-	-	-
1 000- 5 000	3	-	-	-
5 000- 10 000	4	1	-	-
1- 10.000	9	1	-	-
10 000- 25 000	4	1	2	-
25 000- 50 000	10	10	4	-
50 000- 100 000	13	13	6	-
10 000- 100 000	27	24	12	-
100 000- 200 000	7	21	25	7
200 000- 300 000	9	12	15	5
300 000- 400 000	6	5	14	6
400 000- 500 000	2	7	7	4
100 000- 500 000	24	45	71	22
500 000- 600 000	1	8	2	6
600 000- 700 000	-	4	4	3
700 000- 800 000	2	-	1	5
800 000- 900 000	1	3	1	3
900 000-1000 000	-	3	1	2
500 000-1000 000	4	18	9	19
über 1 Mill.	3	14	6	26
insgesamt	68	101	98	67
Prozent d. erfaßten Gesamtförderung	56,9	84,6	86,7	92,9
Prozent d. erfaßten Unternehmen	15	25	69,5	67
Durchschnittl. Unternehmensgröße	202 481 t	436 103 t	368 457 t	1 153 044 t

308 Nach der Tabelle bei Walters (S. 274) aufgrund von W.G. Dalziel, Records, S. 10-11, und MSWCOA, Annual Summaries 1879-1914.

309 Zusammengestellt und berechnet nach: Wilkins, S. 323-325; MSWCOA, Annual Summary 1916/17; Muthesius, S. 252-258; Bartz, S. 152, Tafel II, S. 128, Tab. III, S. 146, Tab. I.

Die Tabelle zeigt deutlich für beide Gebiete die abnehmende Rolle der kleinen Unternehmen. Für Wales wird dies noch zusätzlich dadurch betont, daß im Jahre 1886 nur ca. 15% aller Unternehmen 56,9% der Gesamtproduktion, 1916 etwa 25% der Unternehmen sogar 84,6% der walisischen Gesamtförderung produzierten. In Südwales verschob sich zwischen 1886 und 1916 das Gewicht vor allem auf die Unternehmen mit einer Förderung zwischen 100.000 t und 1 Mill. t (pro Jahr), während sich im Ruhrbergbau die wesentliche Bedeutung auf die Unternehmen mit mehr als 500.000 t Jahresförderung konzentrierte. Während hier die Zahl der Unternehmen mit einer Förderung von über 1 Mill. t um 20 zunahm, stieg sie in Südwales immerhin um 11[310]. Während die durchschnittliche Unternehmensgröße im Ruhrbergbau auf das Dreifache anstieg, hatte sie sich in Wales mehr als verdoppelt.

Aus der Zusammenstellung ist deutlich die entscheidende und in unserem Zeitraum noch zunehmende Bedeutung der größeren Unternehmen zu ersehen. Die Zahl der Unternehmen mit einer Produktion von über 500.000 t war von 7 auf 32 angestiegen. Die Vermutung, daß gerade die größeren Unternehmen es waren, die im Zeitraum zwischen 1890 und 1914 eine schnelle Expansion erlebten, wird durch die Gegenüberstellung der Entwicklung von kleineren und größeren Unternehmen bestätigt.

Die Entwicklung von kleineren und größeren Bergbau-Unternehmen in Südwales nach der Förderung[311]

Unternehmen	Förderung t 1886	Förderung t 1916/17
Powell Duffryn Steam Coal Co., Ltd.	1 072 012	3 688 000
Ebbw Vale Steel, Iron and Coal Co.,Ltd.	866 752	1 775 528
D. Davis and Sons, Ltd.	810 593	1 388 000
Nixon's Navigation Co., Ltd.	714 624	1 700 530
Glamorgan Coal Co., Ltd.	562 054	950 000
Lewis Merthyr Consol.Coll., Ltd.	486 239	1 615 000
Rhymney Iron Co., Ltd.	407 432	1 030 000
Great Western Colliery Co., Ltd.	393 858	949 774
Penrikyber Navigation Coll.Co.,Ltd.	368 494	460 000
United National Collieris, Ltd.	282 615	805 000
Crawshay Bros., Ltd.	203 953	460 000
Cwmaman Coal Co., Ltd.	177 342	450 000
Marquis of Bute	160 011	191 157
Samuel Thomas	77 885	60 000
Bargoed Coal Co., Ltd.	59 184	310 000
Rhos Colliery Co., Ltd.	46 156	135 000

310 Den 14 Unternehmen in Südwales mit einer Jahresförderung von mehr als 1 Mill. t standen zur gleichen Zeit 23 in Yorkshire und 26 an der Ruhr gegenüber. Vgl. Jevons, S. 69.

311 Zusammengestellt aus: Wilkins, S. 174, 323-325; MSWCOA, Annual Summary 1916/17. Wenn auch prozentual bei dieser wie bei der folgenden Tabelle die kleineren Unternehmen oftmals schneller als die größeren anwuchsen, so konnten die großen Unternehmen absolut doch eindeutig ihre Führungsposition ausbauen.

Die Entwicklung von kleineren und größeren Bergbau-Unternehmen in Südwales nach der Beschäftigtenzahl[312]

Unternehmen	Beschäftigte 1896/98	Beschäftigte 1913/16
Ebbw Vale Steel, Iron and Coal Co.,Ltd.	3 218	7 630
John Lancaster and Co., Ltd.	3 268	5 084
Powell Duffryn Steam Coal Co., Ltd.	3 122	13 611
Tredegar Iron and Coal Co., Ltd.	3 092	6 480
Rhymney Iron Co.	2 217	3 886
Partridge, Jones and Co. Ltd.	2 033	4 316
Powell's Tillery Steam Coal Co., Ltd.	1 712	3 516
Lancaster's Steam Coal Co., Ltd.	1 625	2 986
Newport Abercarn Black Vein Steam Coal Co.,Ltd.	1 600	1 873
Vipond and Co., Ltd.	949	824
Tir-Pentwys Black Vein Steam Coal Co., Ltd.	821	1 422
Coalbrookevale Co., Ltd.	631	157
J. and W. Stone	488	496
Bargoed Coal Co.	325	1 000
Blaendare Co., Ltd.	94	270
T. and E. Williams	81	516

Während im Ruhrbergbau beide Prozesse, sowohl der des Zusammenschlusses mehrerer Betriebe zu Unternehmen wie auch der Produktionsausweitung pro Unternehmen parallel und beinahe unbemerkt nebeneinander herliefen, fand der stark wachsende Förderanteil weniger großer Unternehmen an der Gesamtproduktion zwischen 1890 und 1914 in Südwales weitgehend innerhalb der vorgegebenen Strukturen statt.

Diese letzte Form der horizontalen Konzentration schien den Unternehmen in Südwales — in Ermangelung eines Kartells[313] — die beste Überlebensform zu sein. Neben technisch-betrieblichen Einsparungen, der besseren Ausnutzung vorhandener Maschinen usw., bot sie ihnen vor allem die Möglichkeit, sich größere und damit vielleicht stabilere Marktanteile zu sichern. Wie anfangs im Ruhrbergbau, so war auch hier die Restriktion der Konkurrenz das wesentliche Ziel. Daneben bot die überproportionale Expansion weniger großer Unternehmen diesen — wie noch zu zeigen sein wird — auch Chancen, auf dem Arbeitsmarkt Einfluß auf die Lohn- und sonstigen Arbeitsbedingungen zu nehmen und Forderungen der Belegschaft erfolgreicher zu widerstehen[314].

Daß gerade die großen Unternehmen bei diesem Konzentrationsprozeß von vornherein im Vorteil waren, erklärt sich aus ihrem schon bei der Gründung umfassenden Felderbesitz und der größeren Kapitalausstattung,

312 Zusammengestellt aus: RIM 1896-1898; Jevons, S. 802-803; SWCA 1917, S. 279-308.

313 Vgl. unten S. 149 ff.

314 Vgl. hierzu Carter, S. 152, ff., und weiter unten.

aber auch daraus, daß in der Zeit zwischen 1890 und 1914 — sehr im Gegensatz zur Praxis im Ruhrbergbau — kaum noch neue Schächte abgeteuft wurden[315].

c) Vertikale Unternehmenskonzentration

Die vertikale Konzentration — die Verbindung von Kohlengruben und Hüttenwerken — hatte, wie wir bereits sahen, in Südwales eine sehr viel längere Tradition als etwa im Ruhrgebiet. In den Fällen, wo Kohle und Eisen gemeinsam vorkamen, wurde diese Organisation der Produktion zum Zwang, und Versuche, die Betriebe zu trennen, scheiterten mehrfach. Es gab wohl in Südwales kein Hüttenwerk, das nicht gleichzeitig mindestens eine Zeche betrieb. Und 1874 gehörten von den insgesamt vorhandenen 622 Schachtanlagen allein 215, oder mehr als ein Drittel, zu den Hüttenwerken.

Die entscheidende Schwelle der Auseinanderentwicklung trat jedoch ein, als in den 1860er und 1870er Jahren in beiden Gebieten die Eisenerzvorkommen nachließen und in ihrer Qualität unzureichend wurden. Die Eisenindustrie des Ruhrgebietes konnte, gestützt auf ihren relativen Standortvorteil und auf den Schutzzoll, vor allem aber dadurch, daß sie sich zum hauptsächlichen Einzelerzeuger von Eisen und Stahl in Deutschland etabliert hatte — sein Anteil an der deutschen Roheisenerzeugung stieg von 5,3% im Jahre 1825 über 20% (1855) auf 50% im Jahre 1912[316] —,trotz vorübergehender Absatzschwierigkeiten weiter existieren und expandieren. Genau diese Entwicklungsvorteile des Ruhrgebietes waren es, die mit umgekehrtem Vorzeichen die Eisenindustrie in Südwales in ihrem Bestand stark reduzierten. Der Standortnachteil in den Bergen und die wachsende in- und ausländische Konkurrenz reduzierten die Bedeutung der Eisenindustrie hier auf einen kleinen Prozentsatz ihrer einstigen Bedeutung. Die Hüttenwerke, die auch zuvor meist schon den Kohlenverkauf als Konjunkturausgleich zum ‚riskanten Eisenhandel‘ — so der Leiter der Dowlais-Werke im Jahre 1861[317] — betrieben hatten, stellten sich nach und nach fast vollständig auf die alleinige Produktion von Kohle um. Die sich bietenden Vorteile, der geringere Kapitalaufwand für die Weiterentwicklung der Gruben im Vergleich zu den Neugründungen und das geringere Lohnniveau der an regelmäßige Beschäftigung gewohnten Bergleute, konnten sie in ihrer Entscheidung nur noch bestärken[318].

[315] Lewis, S. 85. Vgl. auch unten S. 139.

[316] Wiel, S. 226/7.

[317] Zit. nach: John, S. 137.

[318] Zu den Motiven und Bedingungen der Unternehmensleitungen in diesem volkswirtschaftlich bedeutsamen Entscheidungsprozeß vgl. Morris/Williams, S. 82-91, hier auch die Zahl der Schachtanlagen (S. 135/6); auch: Jevons, S. 102-107; für die konjunkturell stark schwankenden Gewinnergebnisse der Eisenindustrie vgl. etwa J.P. Addis, The Crawshay Dynasty, 1957, S. 164 ff. — Die in Südwales verbleibenden, jedoch durch die neuen Technologien unwirtschaftlich gewordenen Eisenerzvorräte wurden immerhin auf 15.000 Mill. t geschätzt. Vgl. Belshaw, S. 16.

Eine, wenn auch gedämpfte, Abkehr von dieser Tendenz zum reinen Kohlenbergwerk setzte in den Jahren nach 1900 ein. Wie im Ruhrgebiet die durch die Kartellierung steigenden Kohlenpreise sowie die Verwertbarkeit der bei der Nebenprodukteherstellung entstehenden Gase die Eisen- und Stahlunternehmen zur vertikalen Konzentration trieben, so war es in Großbritannien die steigende ausländische Konkurrenz. Weniger noch, um die technologischen Neuerungen zu nutzen, als vielmehr die Zwischengewinne der jeweiligen Produktionsstufe einzusparen und der vorhergehenden Produktionsstufe einen sicheren Arbeitsmarkt zu gewährleisten, bildeten sich auch einige vertikal organisierte Unternehmen in Südwales. Die bedeutendsten waren Guest, Keen & Nettlefolds, Ltd. (1900) und Baldwins, Ltd. (1902)[319]. Der Einfluß dieser Werke auf die Kohlenindustrie blieb jedoch relativ unbedeutend. Wichtiger wurde in der gleichen Zeit, statt der Rückwärts-Integration der Kohle, die Angliederung von oder der Anschluß an selbständige bzw. gemeinsame Handelsunternehmen. Ersetzte die Kombination der Kohle mit Eisenwerken gleichsam den Schutzzoll der Eisenindustrie, so substituierte die Verbindung von Kohle und Handel die fehlende zentrale Absatzorganisation des Syndikats. Hatte im Ruhrgebiet die rentabilitätsfördernde Wirkung des Schutzzolls auf Eisen, die technischen Vorteile, die preishebende Wirkung des RWKS sowie die seit 1903 geltende Bestimmung des Kartellvertrages, daß der Selbstverbrauch firmeneigener Hütten nicht auf das zugestandene Lieferkontingent angerechnet wurde, eine starke Tendenz zur vertikalen Konzentration zur Folge[320], so ließ in Südwales gerade das Fehlen des Schutzzolls — trotz der fehlenden Wirkung eines Kohlenkartells — die Eisenwerke als Schutz vor der ausländischen Konkurrenz den Anschluß von Bergwerken anstreben, ebenso wie das Fehlen eines Kartells das Zusammenlegen mit Handelsunternehmen förderte. Während etwa die Kohlenhandelsgesellschaft T. Beynon & Co., Ltd. im Jahre 1914 für drei Bergbauunternehmen den alleinigen Verkauf wahrnahm und gleichzeitig die Kontrolle über 4 Mill. t oder fast 9% der jährlichen Kohlenproduktion in Südwales innehatte, gründete D.A. Thomas (später: Lord Rhondda) ab 1907 den Cambrian Combine, der im Jahre 1916 die Kontrolle über die Produktion und den Absatz von knapp 5 Mill. t Kohle wahrnahm[321]. Wie weit nun die tatsächliche Unternehmenskonzentration bis 1913 fortgeschritten war, läßt sich am besten an ihrer Spitze, den 20 größten Unternehmen, ablesen.

[319] Vgl. Carter, S. 65 ff., 110-115; H. Levy, Monopole, Kartelle und Trusts, 1927², S. 190/1, 202/3; D.J. Williams, Capitalist Combination in the Coal Industry, 1924, S. 93-113; auch: Jevons, S. 318-324.

[320] Vgl. oben S. 95-97.

[321] SWCA 1916, S. 5/6; 1914, S. 1 ff.; Mackworth, D.A. Thomas, S. 130 ff.; Lewis, S. 89-91; D.J. Williams, S. 77-79.

Die 20 größten Unternehmen im Bergbau von Südwales im Jahre 1913[322]

Unternehmen	Es betrugen im Jahre 1913 die			Kapitalien		
	Steinkohlenförderung t	Bergwerksbelegschaft Mann	Grundkapital M	Hypotheken u. Anleihen M	Grundkap./Anleihen auf 1 t Kohle M	M
Powell Duffryn Steam Coal Co.,Ltd.	3 873 780	13 611	35 600 300	-	9,13	-
+Consolidated Cambrian, Ltd.	3 000 000	12 035	35 809 480	-	11,93	-
+Ocean Coal and Wilsons, Ltd.	2 500 000	9 496	86 389 900	5 320 260	(34,56)	(2,12)
*Guest, Keen and Nettlefolds,Ltd.	2 000 000	10 487	53 700 000	37 010 000	(26,85)	(18,51)
*Ebbw Vale Steel and Iron Co.,Ltd.	1 806 880	7 630	19 363 500	9 000 000	10,77	5,00
D. Davis and Sons,Ltd.	1 757 000	8 793	17 187 500	1 500 000	9,79	0,85
Lewis' Merthyr Cons.Coll.,Ltd.	1 750 000	7 352	11 500 000	1 874 000	6,57	1,07
Tredegar Iron and Coal Co.,Ltd.	1 750 000	6 480	16 486 700	3 914 400	9,43	2,23
Nixon's Navigation Coll.,Ltd.	1 700 530	5 160	?	?		
+Cory Bros. and Co., Ltd.	1 500 000	5 776	?	?		
*Burnyeat, Brown and Co.,Ltd.	1 250 000	4 035	6 000 000	1 200 000	(4,8)	(0,96)
*Rhymney Iron Co., Ltd.	1 250 000	3 886	20 000 000	9 829 800	(16,00)	(7,84)
North's Navigation Coll.,Ltd.	1 194 514	5 479	12 000 000	1 000 000	10,00	0,83
Great Western Coll. Co.,Ltd.	1 100 000	4 461	10 200 000	-	9,27	-
John Lancaster and Co.,Ltd.	1 072 643	5 084	?	?		
Partridge,Jones and Co.,Ltd.	1 031 291	4 316	?	?		
United National Coal Co.,Ltd.	1 000 000	2 965	13 271 200	-	13,30	-
Powell's Tillery Steam Coal Co.,Ltd.	817 000	3 516	?	?		
Insoles, Ltd.	800 000	3 069	4 800 000	750 000	6,00	0,94
Locket's Merthyr Coll.,Ltd.	750 000	3 000	3 000 000	3 000 000	4,00	4,00
insgesamt	31 903 638	126 631	Durchschnittl. Kapitalaufwand:		8,94 (14,61)	0,99 (8,08)
% der Gesamtförd./-belegschaft	56,1	53,25				
Durchschnittl. Förderung/Belegschaft	1 595 182	6 332				

322 Zusammengestellt nach: South Wales Coal and Iron Companies 1914, 1916, 1918, 1914-1918; MSWCOA, Annual Summary 1916/17; SWCA 1917, S. 279-308; Jevons, S. 802/3.

Von den größten Bergwerksunternehmen in Südwales förderten 17 1 Mill. t und mehr, davon 4 2 Mill. t und mehr. 5 Unternehmen besaßen eine Belegschaft von mehr als 8.000 Beschäftigten, 12 eine Belegschaft von mehr als 5.000 Mann. Unternehmen mit 3.000 und mehr Beschäftigten vereinigten auf sich mehr als die Hälfte der Gesamtbelegschaft[323]. Zur gleichen Zeit förderten im Ruhrgebiet von den 20 größten Unternehmen alle 1 Mill. t und mehr pro Jahr (ein Unternehmen mit 1 Mill. t und einer Belegschaft von 4.300 Mann wird dabei unserer Liste auf S. 80 angefügt[324]), davon jedoch 15 über 2 Mill. t und 6 sogar über 5 Mill. t. 18 Unternehmen hatten hier mehr als 5.000, 14 mehr als 8.000 Beschäftigte.

Einer durchschnittlichen Förderung von 1.595.182 t in Wales stand eine von 3.948.235 t pro Jahr im Ruhrbergbau gegenüber, und eine durchschnittliche Belegschaft von 6.332 Beschäftigten in Wales verglich sich mit einer solchen von 14.000 Mann im Ruhrgebiet. Gegenüber diesen sehr unterschiedlichen absoluten Durchschnittszahlen rücken beide Gebiete im relativen Konzentrationsgrad von Produktion und Beschäftigten auf die größten Unternehmen deutlich zusammen. Während die 20 größten Unternehmen im Ruhrbergbau mit etwa 63,7% der Gesamtbelegschaft 69,2% der Gesamtförderung produzierten, förderten sie in Südwales 56,1% der Gesamtproduktion mit 53,25% der Gesamtbelegschaft. Während im Ruhrbergbau jedoch die restlichen 30,8% der Produktion von etwa 60 Unternehmen gestellt wurden, waren in Südwales etwa 380 weitere Unternehmen mit den verbleibenden 43,9% der Gesamtförderung beschäftigt[325]. Gemessen an der Gesamtzahl der vorhandenen Unternehmen besaßen also die des südwalisischen Bergbaus einen weitaus höheren Konzentrationsgrad als die Unternehmen des Ruhrbergbaus, obwohl sie absolut eine erheblich geringere Durchschnittsproduktion und -belegschaft aufwiesen. Von den 20 größten Unternehmen im Ruhrbergbau im Jahre 1913 waren 9 mit Eisenwerken kombiniert. In Südwales gab es davon nur 4 (*), dagegen aber drei Unterneh-

[323] Interessant erscheint hier der Vergleich mit den Unternehmensgrößen in der britischen Eisen- und Stahlindustrie. Im Jahr 1904 beschäftigten von insgesamt 432 Unternehmen

279 Unternehmen	1 —	200	Arbeiter,
70 Unternehmen	201 —	500	Arbeiter,
38 Unternehmen	501 —	1000	Arbeiter,
45 Unternehmen	über	1000	Arbeiter.

Obwohl diese Statistik durch die Art der Erhebung schon das Gewicht der größeren Unternehmen überbetont, beschäftigten hier weit über die Hälfte der Unternehmen weniger als 200 Arbeiter, während andererseits allerdings das knappe Zehntel der Unternehmen mit über 1.000 Arbeitern deutlich mehr als die Hälfte der Gesamtbelegschaft (160.696 von 230.896) beschäftigte. Die Unternehmensgrößen im Bergbau von Südwales erscheinen damit als wesentlich umfangreicher als die in der britischen Eisen- und Stahlindustrie. Vgl. Report of the Tariff-Commission, Bd. I: The Iron and Steel Trades 1904, No. 11, zit. in G. Brodnitz, Betriebskonzentration, S. 184.

[324] Vgl. Bartz, S. 152 Tafel II.

[325] Vgl. die Tabelle oben S. 80.

men mit eigener Handelsgesellschaft (+). Auch im Zusammenschluß der von ihnen erfaßten Schachtanlagen wiesen die großen Unternehmen einen hohen Grad an Konzentration auf, der aber wohl nicht über dem des Ruhrbergbaus lag[326]. Zu den 20 größten Bergbauunternehmen in Südwales gehörten von insgesamt 608 Schachtanlagen allein 151, davon 89 zu den ‚reinen' Kohlenunternehmen, 34 zu den Unternehmen mit angeschlossenen Handelsorganisationen und 28 zu den Eisenwerken.

Die Summe des angelegten Kapitals der einzelnen Unternehmen des Ruhrbergbaus überstieg deutlich die Kapitalausstattung der walisischen Gesellschaften. Bezogen auf die Unternehmensgröße jedoch stellt sich das — überraschende — Ergebnis ein, daß die Unternehmen in Südwales in den letzten Jahren vor 1914 relativ keineswegs durchgehend eine geringere Kapitalanlage aufwiesen als die des Ruhrbergbaus. Obwohl im Durchschnitt bei den ‚reinen' Bergbauunternehmen auf eine Tonne geförderter Kohle im Ruhrgebiet 9,65 M Grundkapital und 1,84 M Anleihen, in Südwales 8,94 M Grundkapital und 0,99 M Anleihen entfielen, lagen noch 4 der 10 ‚reinen' Bergwerksgesellschaften in Südwales über dem für die Ruhrbergbau-Unternehmen errechneten Durchschnitt[327]. Nach dem weiter vorne erlangten Einblick in die technischen Verhältnisse des walisischen Kohlenbergbaus erscheint es zunächst schwierig, diesen relativ hohen Kapitalaufwand der größten Unternehmen zu begründen. Eine wesentliche Erklärung wird in der Tatsache der großen Dezentralisierung der verschiedenen Schachtanlagen gerade bei den großen Unternehmen liegen, die zunächst einen höheren Einsatz der Technik verhinderte, dann aber — wie wir oben zeigten — ab etwa 1890 und besonders seit 1900 gleichsam im Nachholprozeß und parallel zur stark ansteigenden Förderleistung der Unternehmen einen umso größeren Kapitalaufwand erforderlich machte. Nahmen doch gerade die großen Unternehmen in dieser Phase häufig Kapitalerhöhungen vor[328].

Abschließend bleibt festzustellen, daß Schachtanlagen wie Unternehmen im südwalisischen Bergbau in absoluten Zahlen bei weitem kleiner als ihre Vergleichsobjekte im Ruhrbergbau waren, daß aber die Rolle der großen, konzentrierten Unternehmen in Südwales mindestens ebenso ausgeprägt wie die im Ruhrgebiet und weitaus stärker als durchschnittlich im gesamten britischen Steinkohlenbergbau war[329].

---

[326] Die Zahlen für die „Bergwerke" des Ruhrgebiets (oben S. 65-69) sind leider nicht voll vergleichbar.

[327] Vgl. oben S. 80.

[328] Vgl. etwa: South Wales Coal and Iron Companies 1914.

[329] Noch im Jahre 1923 förderten im britischen Bergbau nämlich:
715 Unternehmen mit je über 100 Beschäftigten 98% der Gesamtproduktion,
467 Unternehmen mit je über 500 Beschäftigten 93% der Gesamtproduktion,
323 Unternehmen mit je über 1000 Beschäftigten 84% der Gesamtproduktion.

5. Der allmähliche Kapitalbedarf, die späte Transformation der Rechts- und Eigentumsverhältnisse und der schwache Einfluß der Banken

Die Entwicklung der großbetrieblichen Produktionsweise in Südwales spiegelte sich — wie im Ruhrgebiet — in der Form der Eigentumsverhältnisse wider. Während bis etwa 1860 die bescheidene Größe der Betriebe den Individualbesitz oder kleine Partnerschaften zur typischen Eigentumsform machten, änderte hieran die Gesetzgebung von 1855/56, die die Haftung der Kapitalgeber bei Unternehmen auf deren investierten Kapitalanteil beschränkte, trotz des etwa zur gleichen Zeit auftretenden verstärkten Kapitalbedarfs im südwalisischen Bergbau — wie allgemein in der britischen Wirtschaft — nur sehr allmählich und graduell etwas. Denn obwohl z.B. 1875 ausschließlich der gemischten Werke, von denen bis dahin nur noch 2 in Familienbesitz waren, fast die Hälfte der Kohlenproduktion von Südwales, im Rhonddatal sogar 16 der 24 Hauptunternehmen, unter der Regie von Gesellschaften mit beschränkter Haftung standen, befanden sich diese Gesellschaften meist immer noch im Besitz von Familien und kleinen Partnerschaften. Diese nahmen zwar die Vorteile der neuen Unternehmensform für sich in Anspruch, traten jedoch nicht als Anleiher auf dem öffentlichen Kapitalmarkt auf. Wie vorher die unbeschränkte Haftung bei den besonderen Risiken bergbaulicher Tätigkeit Investitionen von außenstehender Seite weitgehend verhindert hatte, so war es jetzt das durch die Fehler unerfahrenen Managements und durch die starken Konjunkturschwankungen herbeigeführte, häufige Scheitern von in der neuen Form gegründeten Unternehmen, die — neben dem fehlenden Zwang zur plötzlichen, größeren Kapitalaufnahme — einerseits die Vorsicht der möglichen Investoren kaum verminderte, andererseits die Unternehmer vom Herantreten an den öffentlichen Kapitalmarkt abhielt[330].

Daß diese Verhaltensweise jedoch zumindest nicht nur auf den vielzitierten Individualismus der Unternehmer in Großbritannien — etwa im Vergleich zu Deutschland oder den USA — zurückzuführen ist, zeigt die Entwicklung in Südwales ab etwa 1890. Die Intensivierung des Abbaus und die Durchsetzung des Großbetriebs steigerten den Kapitalbedarf der Unternehmen erheblich, und, infolge der oben gezeigten geringeren technischen Notwendigkeiten, erst jetzt, d.h. 40 - 50 Jahre später als im Ruhrbergbau, erwies sich die Kapitalaufbringung durch Familien oder kleine Partnerschaften als zunehmend unzureichend. Hierbei nahmen die Tiefbauzechen des zentral gelegenen Rhonddatales wieder die Führungsposition ein. Bis 1914

Vgl. CIC 1925, Bd. 1, S. 44.

[330] Von 53 zwischen 1856 und 1867 gegründeten Unternehmen existierten Ende 1875 nur noch 7. Vgl. Morris/Williams, S. 156. Zum Ganzen vgl. John, S. 53-57; Lewis, S. 86/7; Morris/Williams, S. 14, 77, 118, 148-160; Jevons, S. 101; D.J. Williams, S. 99; P.L. Payne, The Emergence of the Large Scale Company in Great Britain 1870-1914, in: EHR 20, 1967, S. 519-542, S. 520.

waren es beinahe alle größeren, nämlich mindestens 28 Unternehmen mit zusammen 55% der Gesamtförderung, die als Anleiher auf dem öffentlichen Kapitalmarkt auftraten. Während also im Ruhrbergbau zwischen 1890 und 1914 zwar viele neue Schachtanlagen, aber keine neuen Unternehmen gegründet wurden, gab es in Südwales fast keine neuen Abteufungen, aber viele Neugründungen von Unternehmen[331]. In dieser Beziehung glich die südwalisische der nationalen britischen Entwicklung sowohl im Bergbau wie auch in den anderen Industriezweigen. Doch im deutlichen Unterschied zu den Bergbauunternehmen in Südwales waren dies meist nicht öffentliche Aktiengesellschaften, sondern blieben weitgehend dem Vorbild der alten Familien- oder Partnerschaftsunternehmung verhaftet. 1913 waren vier Fünftel der 62.762 britischen Aktiengesellschaften („joint stock companies") nichtöffentliche Unternehmen[332].

Ebenso wie 50 Jahre vorher im Ruhrbergbau hatte in Südwales — im klaren Unterschied zur durchschnittlichen britischen Unternehmung, vor allem der Textilindustrie, die weiterhin stark durch Familienbesitz geprägt war — die wegen des Zwangs zum Tiefbau rasche Durchsetzung der großbetrieblichen Produktionsweise bis 1913 weitgehend die individuelle und partnerschaftliche Besitzform durch die öffentliche Aktiengesellschaft ersetzt und damit zur Trennung von Besitz und Verfügungsgewalt geführt[333].

[331] Während im Ruhrgebiet allein zwischen 1903 und 1914 124 Schächte, davon 87 Förderschächte, niedergebracht wurden, waren im Rhonddatal, dem in dieser Phase stärksten Expansionsgebiet in Südwales, in der Zeit zwischen 1893 und 1903 keine, zwischen 1904 und 1914 nur 4 Zechen abgeteuft worden. Vgl. Meis, S. 25; E.D. Lewis, S. 93, 104. Zu den Gründungsdaten der Unternehmen vgl. Bock, S. 9-14; Lewis, S. 85-88, 100; South Wales Coal and Iron Companies, 1914.

[332] Lewis, S. 87/8; P.L. Payne, The Emergence, S. 520/1, 527; Uhde, S. 140; H. Schmidt, Das Problem der Nationalisierung im britischen Kohlenbergbau, 1924, S. 30; Levy, S. 169; D.J. Williams, S. 91/2; Committee on Industry and Trade, Factors in Industrial and Commercial Efficiency, 1927, S. 125; S. Pollard, The Development of the British Economy, 1969², S. 10; South Wales Coal and Iron Companies, 1914; insgesamt zur Entwicklung der britischen Aktiengesellschaften vgl. J.B. Jefferys, Business Organisation in Great Britain, 1856-1914, 1977.

[333] Für die bergbautreibenden Unternehmen in Südwales war damit zur normalen Erscheinung geworden, was in den sonstigen Zweigen der britischen Wirtschaft nur für die ausgesprochenen Großunternehmen zutraf. Vgl. S. Pollard, The Development, S. 10; Payne, S. 528; D.S. Landes, The Structure of Enterprise in the Nineteenth Century. The Cases of Britain and Germany, in: International Congress of Historical Sciences, Rapports, Bd. 5, Histoire Contemporaine, 1960, S. 107-128, S. 111-115; H. Medick, Anfänge und Voraussetzungen des Organisierten Kapitalismus in Großbritannien, 1873-1914, in: H.A. Winkler, Hg., Organisierter Kapitalismus, 1974, S. 58-83, S. 60/1; L. Hannah, Visible and Invisable Hands in Great Britain, in: A.D. Chandler/ H. Daems, Managerial Hierarchies. Comparative Perspectives on the Rise of the Modern Industrial Enterprise, 1980, S. 41-76, S. 53-55, 68; Kandler, Kartellierung, S. 51; J.A. Cartwright, A Study in British Syndicalism: The Miners of South Wales 1906-1914, 1969, S. 102/3; M.G. Woodhouse, Rank and File Movements, S. 23.

Die Höhe des aufzubringenden Kapitals war es, die weitgehend — wenn auch durch den Unternehmerindividualismus manchmal stärker als etwa im Ruhrbergbau hinausgezögert — die Besitzform der Unternehmen bestimmte. Im Gegensatz zu den Hüttenwerken, wo der Stand der Technologie schon seit dem Ende des 18. Jahrhunderts einen relativ hohen Kapitalaufwand erforderlich machte, hielten die oben geschilderten, günstigen Abbauverhältnisse den Kapitaleinsatz im Bergbau zunächst klein. Wenn auch in einzelnen Fällen Investitionen von 1,4 Mill. M, 1,2 Mill. M und 480.000 M bekannt wurden, so schätzte man den normalen Aufwand für die Anlage eines Bergwerks in den ersten zwanzig Jahren des 19. Jahrhunderts auf etwa 150.000 - 200.000 M, während im Ruhrrevier zur gleichen Zeit ohne Mühe 60.000 - 70.000 M allein für die Dampfmaschine ausgegeben werden mußten. Manchmal waren jedoch nur einige tausend M erforderlich. In den vierzig Jahren bis 1860 hatte sich der notwendige Aufwand bei Neugründungen durchschnittlich nicht mehr als verdreifacht und war gleichzeitig um das Viereinhalbfache geringer als im Ruhrbergbau. Der Übergang zum Tiefbau nach 1860 jedoch ließ auch in Südwales den erforderlichen Kapitaleinsatz stark ansteigen. So wuchs das durchschnittliche Gründungskapital der Aktiengesellschaften in Fünfjahreszeiträumen zwischen 1856 und 1875 wie folgt:

1856 — 1860:	587.000 M,	
1861 — 1865:	1.174.920 M,	
1866 — 1870:	752.000 M	(Krise von 1866),
1871 — 1875:	2.239.480 M.	

In den 20 Jahren hatte sich das durchschnittliche, pro Aktiengesellschaft aufgewendete Kapital vervierfacht, war damit jedoch der durchschnittlichen Kapitalkraft einer Aktiengesellschaft im Ruhrbergbau mit 8,8 Mill. M (zwischen 1870 und 1875) kaum näher gerückt[334]. Betrugen in Südwales die Abteufkosten eines Schachtes von 180 m im Jahre 1836 etwa 28.000 M, so waren es bei 480 m Schachtteufe am Ende des Jahrhunderts ca. 260.000 M. Der Gesamtaufwand zur Errichtung eines Bergwerks (einschl. Maschinen) wurde 1836 auf 68.000-70.000 M, in den 1840er Jahren auf 140.000-280.000 M und im Jahre 1907 auf etwa 1 Mill. M geschätzt[335].

Erst nach 1890 nahm der Kapitalaufwand der Gesellschaften, bedingt zum einen durch die natürlichen Verhältnisse, zum anderen durch die Konzentrationsbewegung und die Intensivierung des Abbaus, zu. 1913 betrug das durchschnittliche Kapital (Aktienkapital und Anleihen) der 11 größten, reinen Bergwerksunternehmen in Südwales 18,2 Mill. M, also fast so viel wie

[334] S. oben S. 61.

[335] Schon 1813 betrug das Kapital der Cyfarthfa Hüttenwerke 3,2 Mill. M und die Investitionen der Crawshay-Familie im Jahre 1820 8 Mill. M. Vgl. John, S. 35; Addis, The Crawshay Dynasty, S. 169-173; zum Ganzen vgl. John, S. 23-26; Belshaw, S. 15/6; Morris/Williams, S. 138 ff.; Jevons, S. 193; Jüngst, Der Achtstundentag im britischen Steinkohlenbergbau, S. 1208, und Walters, S. 90. Die Angabe des Preises der Dampfmaschinen im Ruhrgebiet erfolgt nach Jankowski, S. 141.

das durchschnittliche Aktienkapital aller (reinen) Ruhrbergbauunternehmen überhaupt. Ließ sich das im Ruhrbergbau insgesamt investierte Kapital im Jahre 1904 auf etwa 1.069 Mill. M schätzen, so betrug zur gleichen Zeit — bei einer von der Mining Association of Great Britain (MAGB), dem zentralen Interessenverband der Bergbauunternehmer, angenommenen durchschnittlichen Anlage von 11 M pro t — in Südwales das gesamte aufgewendete Kapital 497,2 Mill. M und im ganzen britischen Kohlenbergbau 2.640 Mill. M. Im Jahre 1913 war das geschätzte Aktienkapital schon auf 2.860 Mill. M für den britischen und auf 566 Mill. M für den südwalisischen Bergbau angewachsen[336].

Anders als die Eisenindustrie, die ihre Werke im wesentlichen mit englischem Kapital, das ihnen durch persönliche Beziehungen und durch die Banken insbesondere von Bristol und London zugänglich war, aufbaute, wurde der Bergbau zunächst von dem im vorhergehenden Prozeß der Industrialisierung entstandenen Mittelstand betrieben und finanziert. Es genügten die Ersparnisse von ansässigen Rechtsanwälten, Bergingenieuren, Ladenbesitzern u.a., um die Betriebe allein oder im Verein mit anderen anzulegen und zu führen. Doch gab es unter ihnen — wie im Ruhrbergbau Stinnes, Haniel u.a. — schon in den 1840er Jahren einige wenige, die, wie Thomas Powell, David Davis und Samuel Thomas, als Holz-, Tuch- und Lebensmittelhändler sich große Vermögen erworben hatten und nun in den Bergbau einbringen konnten. Neben einem kleineren Anteil von auswärtigem Kapital und einem anwachsenden von Kohlenhändlern war es die mit den Gewinnen steigende und weitgehend angewandte Möglichkeit der Selbstfinanzierung der Unternehmen, die — bei der nur langsam voranschreitenden Ausdehnung der Betriebe — bis etwa 1860 Besitz und Verfügungsgewalt auf einen relativ kleinen, identifizierbaren Kreis beschränkte. Erst das dringendere Kapitalbedürfnis der stärker wachsenden Betriebe in den 1860er Jahren, besonders aber die konjunkturelle Expansionsphase am Beginn der 1870er Jahre, erweiterte den Kreis der Kapitalgeber. Zum einen waren es nun auf Familienzugehörigkeit oder persönlicher Bekanntschaft beruhende Partnerschaften, zum anderen im wachsenden Maße aber auch Londoner Banken, die ihr Kapital im walisischen Bergbau anlegten. Das Anlagerisiko, das vorher durch die Ortskenntnis der ansässigen Kapitalgeber limitiert wurde, wurde jetzt zunehmend symbolisch durch die Ernennung bekannter und vertrauenswürdiger, oft aber orts- und fachunkundiger

[336] Vgl. oben S. 80. 1904 gab es im britischen Kohlenbergbau 42 Unternehmen mit einem durchschnittlichen Aktienkapital von 9,2 Mill. M, 56 mit einem solchen von 7,7 Mill. M und 296 Unternehmen, die mit ihrer Förderung von durchschnittlich knapp 300.000 t mehr als ein Drittel der britischen Gesamtförderung stellten, mit einem Aktienkapital von durchschnittlich 3,2 Mill. M. Vgl. A.N. Jackmann, Hg., Mining Year Book, 1906; Iron and Coal Trades Review, 12.7.1901; Uhde, S. 136/7, 140; CIC 1919, Bd. 1, S. 35. Die Zahlen für Südwales bilden nur nach den britischen Gesamtangaben berechnete Anteilsziffern und können daher lediglich Annäherungswerte darstellen.

Direktoren auszugleichen versucht. Um genügend Anlagekapital anzulocken, wurde in vielen Fällen — neben dem Hinweis, daß das benötigte Kapital nicht für Neuaufschlüsse, sondern für die weitere Entwicklung bestehender Anlagen benötigt werde — für die ersten Jahre eine Mindestdividende von 10% und mehr garantiert.

Während die langfristigen Investitionen durch Aufnahme von Partnern oder Selbstfinanzierung gedeckt wurden, wurden kurzfristige Anleihen, von denen gerade die kapitalschwachen Unternehmen vor 1860 abhängig waren, von den örtlichen Banken gewährt. Auch hier, auf dem Gebiet der Bankenstruktur, wie bei der Technik und der — wenn auch beschränkten — gleichsam als Nebenprodukt abfallenden Akkumulation von Kapital und technischem Wissen, konnte der Bergbau vom von der Eisenindustrie ausgehenden Industrialisierungseffekt profitieren. Schon in den vierziger Jahren gab es in Südwales neben drei im wesentlichen landwirtschaftlich orientierten Banken vier Bankgesellschaften mit jeweils drei Filialen. 1864 besaßen diese bereits 59 Filialen. Die Höhe und die Dauer des ausgeliehenen Kapitals überstiegen oft die beschränkten Möglichkeiten dieser Banken und brachten sie in einigen Fällen sogar zum Konkurs. Doch trotz der manchmal drückenden Auflagen blieb ihre Bedeutung — wegen ihrer Personen- und Sachkenntnis wohl auch nach 1860 — für die kurzfristigen Kapitalbedürfnisse des Kohlenbergbaus erhalten[337].

Über die Kapitalaufbringung des britischen Bergbaus und speziell über sein Verhältnis zu den Banken nach 1875 ist kaum etwas bekannt[338]. Das allgemein im Anschluß an die Untersuchungen der Coal Industry Commission von 1919 gekennzeichnete Bild vom lokalen und persönlichen Charakter der Beziehungen zwischen Bergbau und Kapitalmarkt bis 1914 erscheint auf dem Hintergrund der dargelegten Unternehmensentwicklung zumindest für Südwales als zweifelhaft.

Wenn — wie die anderen Industriezweige — auch der Bergbau sich mit der traditionellen Desorganisation des britischen Bankenwesens für Industriezwecke abzufinden hatte, so trieb der hohe und wachsende Kapitalbedarf einerseits die großen Unternehmen in Südwales zu einer Öffnung gegenüber diesen spezifischen Verhältnissen des Kapitalmarkts und bewirkte ein größeres Verständnis und eine erhöhte Investitionsbereitschaft der in der Metropole organisierten Kapitalgeber andererseits. Äußere Kennzeichen hierfür waren die Übersiedlung der Hauptverwaltungen vieler Großunternehmen nach London und die — teils von den Unternehmen bewußt anvisierte — Ausweitung des Kreises der Aktionäre. Während etwa die Zahl der Aktio-

[337] Morris/Williams, S. 140 ff.; John, S. 38 ff.

[338] Auch die neueren Untersuchungen von R.H. Walters (S. 89 ff.) vermögen trotz punktueller Einblicke leider kein zusammenhängendes Bild des Verhältnisses von Bergbau und Banken zu vermitteln.

näre der Celtic Collieries Ltd. von März bis Dezember 1916 von 113 auf 1.658 emporschnellte, gab es Anfang 1919 in den reinen Bergwerksunternehmen in Südwales insgesamt 8.402, in gemischten Unternehmen zusätzlich 27.063 Aktionäre. Welche Rolle den Banken bei diesem Annäherungsprozeß zwischen dem Bedarf an industriellem Kapital und dem bereitstehenden Anlagekapital zukam, ist unklar. Einzelne Beobachtungen — wie z.B. die Ernennung von Bergbauindustriellen zu Bankdirektoren — bestätigen das allgemeine, eher an die deutsche Spätphase vor 1914 erinnernde Bild, daß die Industriellen die aktive Rolle in diesem Vermittlungsprozeß spielten[339].

6. *Der weite Absatzmarkt und die große Bedeutung des Handels*

Die anhaltende Erhöhung der Produktion, welche die Anlage von Kapital sowohl ermöglichte wie erforderte, war nur möglich durch die Ausweitung des Absatzes. Die Anlage von ausgebauten Straßen und Kanälen in dieser vorher ausschließlich landwirtschaftlich genutzten Gegend war dazu die erste Bedindung. Zum Teil war auch auf diesem Gebiet die ansässige Eisenindustrie vorangegangen und hatte so die frühe Rolle des Staates im Ruhrgebiet substituiert. Doch blieb, auch verursacht durch die Wanderungsbewegung der Zechen, für die Bergbauunternehmer noch genügend zu tun. In den einzelnen Tälern wurden gemeinsam finanzierte Operationen zur Anlage von Wegen, Kanälen und — seit den 1830er Jahren mit fremder finanzieller Hilfe — auch Eisenbahnen durchgeführt. Die natürliche Richtung dieser Anlagen bildete die Küste, und mit der steigenden auswärtigen Nachfrage nach Kohle wurde dort der Bau von Hafenanlagen erforderlich. 1913 waren die bedeutendsten Hafenplätze (von insgesamt 7):

Cardiff (einschl. Barry)	mit einem monatl. Kohlenumschlag von durchschn.	2.000.000 t,
Newport	mit einem monatl. Kohlenumschlag von durchschn.	500.000 t,
Swansea	mit einem monatl. Kohlenumschlag von durchschn.	350.000 t und
Port Talbot	mit einem monatl. Kohlenumschlag von durchschn.	200.000 t.[340]

Der Eisenbahntransport setzte sich — wie im Ruhrgebiet — sehr schnell durch. Obwohl etwa im Vergleich zu dort oder zu den USA die Zechen in großer Nähe zur Küste lagen, mußte der gesamte Kohlenabsatz zunächst auf die Eisenbahn verladen werden, wie dies mit etwa vier Fünfteln der briti-

[339] In Großbritannien insgesamt gab es 1919 37.316 Aktionäre in reinen und 94.723 Aktionäre in gemischten Unternehmen. Vgl. dazu CIC 1919, Bd. I, S. 317. Schmid, S. 30; Kandler, S. 51; Taylor, S. 63-65; Landes, S. 112; Medick, S. 70/1; Pollard, S. 10, 18; Payne, S. 523; Jevons, S. 321/2; SWCA 1918, S. 32; C.W. v. Wieser, Der finanzielle Aufbau der englischen Industrie, 1919, S. 312; C.T. Shedden, Hg., Iron and Coal Trades Review, 1867-1927, S. 6 (Evan Williams); für D.A. Thomas vgl. etwa Mackworth, S. 137.

[340] Lewis, S. 105 ff.; Morris/Williams, S. 15-93 ff.; SWCA 1915, S. 78-81.

schen Kohle insgesamt geschah. Doch wurden in Südwales bis zu 90% der schon auf die Eisenbahn verladenen Kohlenmengen ab dem nächsten Hafen per Schiff weitertransportiert. Der Grund hierfür war wohl — neben der geographischen Abgetrenntheit von Südwales vom Rest der britischen Insel und der traditionell größeren Rolle des Schiffsverkehrs in Großbritannien — in der Tarifpolitik der hier privaten Eisenbahngesellschaften zu suchen. Während sie günstige Sondertarife (0,575 d. pro t pro Meile etwa bei der Taff Vale) für den Transport zum Hafen gewährten, führte nicht einmal die Konkurrenz untereinander zur Einführung von besonderen Massengütertarifen für den längeren Transport über Land, wie sie in Deutschland dem Staat abgerungen worden waren. Die hohen Transportkosten mußten die Bergbauunternehmer in Südwales von der Kohlenversendung über Land abschrecken[341]. Wer waren nun die Abnehmer?

In den 1840er Jahren waren von einer jährlichen Gesamtförderung von etwa 4,5 Mill. t ca. 70% in Südwales, allein 50% von den Hüttenwerken, verbraucht worden. 30%, d.h. 1,5 Mill. t, der geförderten Kohle wurden verschifft, davon jedoch mehr als 90% im nahen britischen Küstenverkehr und knapp 10% als Export, im wesentlichen nach Frankreich. Den, umgekehrt zur Entwicklung im Ruhrgebiet eintretenden, relativen Rückgang des Kohlenverbrauchs der Eisenindustrie, der zwischen 1855 und 1913 von knapp 30% auf 6% abfiel, kompensierend, trat immer mehr der auswärtige Absatz, vor allem derjenige ins Ausland, in Erscheinung. 1875 wurden 41,4% verschifft, davon 62,9% ins Ausland. Der Exportanteil an der gesamten verschifften Kohle hatte sich also in 30 Jahren mehr als versechsfacht, während sich im gleichen Zeitraum der Gesamtabsatz per Schiff vervierfacht hatte. 1890 wurden 57,8% verschifft, davon 82% ins Ausland. 1913 wurden mehr als 41 Mill. t oder rd. 73% der Gesamtkohlenförderung außerhalb von Südwales abgesetzt, 53% oder 29,9 Mill. t im Ausland. Den in Südwales verbleibenden Rest von gut einem Viertel der Gesamtproduktion teilten sich die Metallindustrie (etwa 20%), Gaswerke und Hausbrand. Hinzu kamen für die britische Kriegsflotte 2 bis 2,5 Mill. t, was fast 10% der Dampfkohlenförderung, jedoch nur 3,5% der Gesamtproduktion ausmachte. Damit wich die Verbraucherstruktur für südwalisische Kohle sowohl von der des Ruhrge-

---

341 Lewis, S. 130; CIC 1919, Bd. 2, S. 794. In Cardiff betrug die durchschnittliche Eisenbahnfrachtbelastung 10 d bis 1 s 6 d pro t. Auch die Frachtunterschiede für den Kohleverbrauch der Hafenstädte und der zu verschiffenden Kohle betrug bis zu 60%. Die Begründung der Eisenbahngesellschaften, sie wollten nicht etwa die Kohlenausfuhr fördern, sondern das rollende Material werde in Häfen schneller frei, traf zumindest auf die Verhältnisse in Südwales nicht zu. Hier benutzten die Bergwerke zum größten Teil eigene Wagen. Vgl. Final Report on the Royal Commission on Coal Supplies, 1903-1905, Teil X, S. 143, 201; E. Zimmermann, Die britische Kohlenausfuhr, ihre Geschichte, Organisation und Bedeutung, 1911, S. 21/1; Jevons, S. 312; W. Fuhr, Die Organisation der britischen Kohlenwirtschaft, 1934, S. 43.

bietes wie auch von der des gesamten britischen Bergbaus weit ab. Während im Jahre 1913 ein Viertel (einschließlich der Bunkerkohle mit 21 Mill. t = 34%) der britischen Kohlenförderung exportiert wurde, verblieben als Hauptabnehmer der restlichen drei Viertel oder 215 Mill. t die allgemeine Industrie zu 37%, der Hausbrand zu 21,6% und die Eisen- und Stahlindustrie zu 11,2%[342].

Die Ausdehnung des auswärtigen Absatzes der südwalisischen Kohle von 1,5 Mill. t im Jahre 1840 auf 5,8 Mill. t 1875, dann aber auf ca. 41 Mill. t im Jahre 1913 hing in doppelter Weise mit der sich verbreitenden Anwendung der Dampfmaschine und der Ausweitung des Transportwesens insgesamt zusammen. Neben den Eisenbahnen, deren Weltnetz sich in den dreißig Jahren vor 1870 um 200.000 km, in den folgenden dreißig Jahren jedoch um 576.000 km vergrößerte, war es vor allem die Schiffahrt, die für den Bergbau in Südwales von besonderer Bedeutung war. Die Vergrößerung der Weltdampfschiffahrtstonnage zwischen 1870 und 1900 um mehr als das Sechsfache, von der zum letzteren Zeitpunkt mehr als 80% unter britischer Flagge fuhr, war es, die den Absatzmarkt der walisischen Kohle in zweifacher Hinsicht ausdehnte: Zum einen wurden schätzungsweise 60% der walisischen Kohlenförderung von in- und ausländischen Schiffen verbraucht, zum anderen senkte die — nun ermöglichte — bessere Ausnutzung des Schiffsraums und die Vergrößerung der Schiffe um das Zwanzigfache die Frachtkosten von 1870 bis 1910 um etwa 60%. Während schon 1890 die britische Kohlenausfuhr, an der die walisische mit mehr als 40% beteiligt war, 55,8% des vorhandenen Schiffsraums beanspruchte, war sie am Gewicht der britischen Gesamtausfuhr mit 74,3% beteiligt. Das die Kohlenausfuhr entscheidend fördernde Problem der britischen Schiffahrt war, daß die Schiffe unter Ballast auslaufen mußten, die übrigen britischen Exportwaren aber durchschnittlich sehr viel weniger Raum einnahmen als die Importgüter. In den Jahren nach 1900 schätzte man daher, daß die Einnahmen der britischen Schiffsindustrie zu einem Fünftel aus dem Kohlenexport stammten und daß Frachtpreise insgesamt um ca. 34-40% erhöht werden müßten, fiele die Kohlenausfuhr aus[343]. Die Bedeutung der günstigen Frachtraten für den

342 Morris/Williams, S. 4, 48/9; John, S. 114 ff., 191; Gibson, Compilation of Statistics, S. 11, 77-84, 116, 126; Walters, S. 316/7; Lewis, S. 134; Jevons, S. 676-705; Colliery Year Book and Coal Trades Directory, 1949, S. 626; auch: Uhde, S. 11/2; Jevons, S. 41-43; Zimmermann, Die britische Kohlenausfuhr, S. 3; Mitchell, S. 122; Allen, S. 40. Die nach Südwales folgenden Exportdistrikte in Großbritannien waren 1913 die Nordostküste mit 47%, Schottland mit 31% und die Midlands mit 13%. Vgl. Kandler, S. 67.

343 Daß hiermit die Frachtdominanz der britischen Handelsflotte, die mit ihren 12,1 Mill. BRT im Jahre 1913 z.B. mehr als ein Drittel des Handelsgutes von Holland, Belgien, Frankreich und Deutschland mit beförderte, gefährdet gewesen wäre, sei hier nur am Rande bemerkt. — In Deutschland mit seinen 3 Mill. BRT machte der Anteil der Kohle am Gesamtgewicht der Ausfuhr etwa die Hälfte aus. — Die Häfen in Südwales hatten im Jahre 1913 bei einem Gesamtumschlag von 47,2 Mill. t einen auszugleichenden Ausfuhrüberschuß von 37 Mill. t. Vgl. J.H. Richards, Transport, in: B. Thomas, Hg., The Welsh

Absatzmarkt der walisischen Kohle wiederum wird aber an folgendem Beispiel deutlich: Im Jahre 1902 betrug die Frachtrate einer Tonne Rhondda-Kohle von der Zeche bis Port Said bei einer Entfernung von 5.530 km 5 s 4 d pro t. Dies war sehr viel günstiger als die Frachtrate per Eisenbahn von der Zeche nach London bei einer Entfernung von 270 km von 6 s 1 d, nach Liverpool bei 280 km und 5 s 10 d oder Southampton mit 205 km und 5 s 8 d. Diese günstigen Frachtraten sicherten trotz konjunktureller und saisonaler Schankungen der wetterbeständigen südwalisischen Kohle einen sich bis 1913 ausdehnenden Absatzmarkt, dessen Schwerpunkte in Frankreich (Westküste), dem Mittelmeerraum und Südamerika lagen[344].

Der normale Auslandsabsatz (ohne Bunkerkohle) walisischer Kohle in Höhe von 29,9 Mill. t oder 53% der Gesamtproduktion im Jahre 1913, zu dessen Beförderung schon allein mehr als 8 Mill. t Kohle notwendig war, ging in 79 verschiedene Absatzgebiete. Hiervon erhielten nur sechs mehr als 1 Mill. t und fünf zwischen 500.000 und 1 Mill. t. Der Rest des Exports verteilte sich auf 68 Gebiete mit jeweils nicht mehr als 500.000 t im Jahr[345].

Diese Zerrissenheit und relative Unübersichtlichkeit des Absatzmarktes mußte dem Kohlenhandel — wie dem für viele andere Exportwaren der britischen Wirtschaft — eine andere Stellung zuweisen, als dies bei den zusammenhängenden und relativ einheitlichen Absatzgebieten der deutschen Kohle der Fall war. Tatsächlich ist für Südwales zu beobachten, wie die Bedeutung des Handels erst mit der Ausdehnung der Absatzgebiete zunahm. War anfänglich in dem begrenzten Absatzgebiet der Direktverkauf an die unmittelbaren Verbraucher oder an auf eigene oder — mehr noch — fremde Rechnung fahrende Schiffe im nahen Hafen üblich, so wuchsen ab etwa 1850 bei expandierendem Markt für die südwalisische Kohle die Stationen zwischen Produzent und Verbraucher an. Nur die wenigen größeren Bergbauunternehmen konnten es sich leisten, zur Sicherung ihres Absatzes

Economy, S. 138-149, S. 139; Zimmermann, S. 27, 28, 39; Rollmann, S. 205/6; Final Report, Teil X, S. 225; Balfour, S. 438; allgemein: D.H. Aldcroft, The Mercantile Marine, in: ders., Hg., Development of British Industry, S. 326-363.

344 Zum Ganzen vgl. Gibson, a.a.O.; M.G. Mulhall, Industries and Wealth of Nations, 1896, S. 19/20; A.W. Kirkaldy, British Shipping, 1914, Appendix XVII; W. Ashworth, The Late Victorian Economy, S. 25/6; Mitchell, S. 218/9; Lewis, S. 134-139; Zimmermann, S. 25-39; A.K. Cairncross, Home and Foreign Investment, 1870-1913, 1953, S. 176; Jevons, S. 675-693; SWCA 1915, S. 34-41, 82/3; Jüngst, Der Achtstundentag, S. 1209/10; Stelling, S. 12/3. Für das Jahr 1895 schätzte Mulhall (S. 20) im Weltmaßstab die aufgewendete PS-Zahl für die Produktion auf 11,3 Mill., für die Eisenbahnen auf 32,2 Mill. und für die Dampfschiffe auf 12 Mill. PS. Transport und Produktion hätten damit im Verhältnis von 4:1 gestanden. — Die Weltnachfrage nach Kohle stieg um 4% pro Jahr, in Großbritannien aber nur um 2,5%. Vgl. Pollard, S. 5.

345 Ob die Streuung der Absatzgebiete die Konjunkturabhängigkeit des Kohlenabsatzes verstärkt oder gemindert hat, bleibt umstritten. Vgl. South Wales Coal and Iron Companies 1914, S. 2; L.J. Williams, MSWCOA, S. 17.

eigene Schiffe, reisende Agenten und Verkaufsbüros in ihren Hauptabsatzgebieten zu unterhalten. Der einfachere und sichere Weg auf den Markt für das normale, kleine und kapitalschwache, südwalisische Unternehmen war es jedoch, ohne die Risiken der Fracht und des auswärtigen Absatzmarktes eingehen zu müssen, ihre Förderung an der Zeche oder im Hafen an Kohlenexporteure zu verkaufen. Diese hatten sich bis in den 1840er Jahren, wie Cory Bros., Beynons u.a., in den Hafenstädten niedergelassen, oder führten, wie Edward Wood und William Cory, von London aus ihre Geschäfte. Wenn auch nach wie vor ein großer Teil der Förderung von den Produzenten direkt an die Hauptabnehmer geliefert wurde, so scheint der Anteil des Handels am Gesamtabsatz bis 1913 deutlich zugenommen zu haben. Das weiterhin expandierende Absatzgebiet und die hierzu erforderliche Spezialkenntnis, die sich ihrerseits in einer Spezialisierung der Handelsunternehmen spiegelte, zwangen offensichtlich auch größere Unternehmen dazu, ihre Produktion — oft auf Kommissionsbasis — den Exporteuren zu überlassen.

Das spekulative Element dieser Handelsgeschäfte, das einerseits dem Bergbau expandierende Märkte und regelmäßigen Absatz brachte, sicherte andererseits den Handelsunternehmen ansehnliche Gewinne. Neben dem Ausbau ihrer Handelsorganisationen, dem Anschluß von Werften usw., über die ganze Welt, investierten sie diese schon seit den 1860er Jahren in heimische Bergbauunternehmen. So besaßen Cory Bros. 1913 mit einer Förderung von 1,5 Mill. t das zehntgrößte Bergbauunternehmen in Südwales, Beynon war — neben anderen großen Kapitaleinlagen — an drei Bergwerken maßgeblich beteiligt[346].

Trotz gelegentlicher kritischer Äußerungen über die Rolle des Handels in den Jahrzehnten zuvor spitzte sich die Kritik von seiten der Unternehmer wie der Arbeiter im Bergbau an den hohen Gewinnen im besonderen und der strategischen Position des Handels in der Preispolitik im allgemeinen erst auf dem Hintergrund der konjunkturellen Flaute der 1890er Jahre zu. Hierbei standen die „speculative middlemen“, die für riskantere Geschäfte auch höhere Gewinne forderten, im Vordergrund, saßen doch die weniger riskierenden, aber ebenfalls gut verdienenden „legitimate middlemen“ in den eigenen Reihen der Unternehmer. Obwohl die Unternehmer durch das Prinzip der sliding scale nach wie vor weniger am Preis als am Absatzvolumen der Kohle interessiert waren, hatte sie nun die Reduzierung ihres Gewinns „bis auf einige Pfennige“ gegen die konjunkturverschärfenden Praktiken des spekulierenden Handels mobilisiert. Doch die in diese Richtung weisenden, neu eingeführten Verkaufsbedingungen zeitigten in den Folgejahren wenig Erfolg. Pläne, die Rolle des Handels auf das nötige Mindestmaß zu beschränken, fanden statt in einem Kartell erst ihre gleichsam partikulare Verwirklichung, als die gestiegene Kapitalkraft es den größten Unternehmen wie

[346] Cory Bros. hatten z. B. im Jahre 1910 etwa 80 Kohlendepots, die über alle Erdteile verstreut waren. Vgl. D. Williams, S. 226/7.

Cons. Cambrian, Ocean Coal and Wilson Ltd. u.a. nach 1905 ermöglichte, sich eigene, weitverzweigte Handelsorganisationen anzuschließen[347].

Weitaus weniger als vom Exporthandel war Südwales aufgrund seiner besonderen Absatzlage vom Binnenhandel abhängig. Den britischen Binnenmarkt an Kohlen teilten sich etwa 1.500 bis 2.000 Großhändler, von denen noch ca. 25.000 Kleinhändler abhängig waren. Diese Zahlen sowie die Tatsache, daß verschiedene Händler bis zu 100 verschiedene Kohlensorten führten, spiegeln die weitverzweigte Aufteilung und Spezialisierung des britischen Binnenmarktes im allgemeinen wider. Im wesentlichen kam Südwales nur mit dem Londoner Absatzmarkt in Berührung, der um 1910 allein 16 Mill. t Kohle pro Jahr verbrauchte. Diesen Markt monopolisierte — wie in vielen anderen britischen Gebieten, aber gleichsam in Umkehrung der deutschen Verhältnisse — ein ‚Ring' von Händlern, der die Preise regulierte und die Kohlenlieferungen der Bergwerke nur an von ihm zugelassene Händler ermöglichte. Die Hälfte der dort verbrauchten Kohle ging durch die Hände eines Unternehmens, William Cory & Son Ltd., dessen Verfügungsgewalt bei einem Aktienkapital von 54,3 Mill. M vom Bergwerksbesitz über Groß- und Einzelhandel bis zum Exporthandel und zu Reedereien reichte[348].

Versuche einer größeren Markt - und Preisbeherrschung auf seiten der Bergbauunternehmer mußten gegenüber einem in dieser Weise organisierten Export- und Binnenhandel im Kohlengeschäft anders ausfallen als etwa in Deutschland, wo schon vor dem Zustandekommen des RWKS die geringere Spezialisierung des äußeren und inneren Absatzmarktes die Bedeutung und Ausdehnungsmöglichkeiten des Kohlenhandels — trotz teilweise günstiger Erwerbslage — beschränkte. Zwar gliederten sich auch im Ruhrbergbau die großen Unternehmen — vor allem unter der Furcht des Zusammenbruchs des Syndikats oder um sich die Option eines eventuellen Austritts offenzuhalten — besonders nach 1905, im Vergleich zu Südwales jedoch kleinere, Handelsunternehmen an, doch blieben diese in ihren Aktivitäten unter der Kontrolle des RWKS. Traten in Deutschland die Banken als Förderer der Konzentration und Kartellierung auf, so war es im britischen Bergbau bei geringerem Kapitalbedarf der Handel, der teils in der Rolle des Kapital- und Kreditgebers, teils als Bergwerksbesitzer die Konkurrenz unter den Zechen aufrechtzuerhalten suchte[349].

---

347 Vgl. John, S. 14, 28, 122-129; Morris/Williams, S. 163-169; SWCA 1914, S. 9-28; 1916, S. 1-17, 21; 1917, S. 39, 125-145; Lewis, S. 82-84, 89-91; L.J. Williams, S. 289-291; D.A. Thomas, Some Notes on the Present State of the Coal Trade, 1896; Mackworth, S. 100/1, 130-137; W.J. Ashley, S. 64/5; D.J. Williams, S. 77-79; 111/2; Jevons, S. 295-299, 303-310; Schmid, S. 34/5.

348 CIC 1919, Bd. 1, S. 379; Kocka, The Rise, S. 90-93. Jevons, S. 317; Macrosty, S. 88-91; Carter, S. 217, 233; Schmidt, S. 29-31; H. Wissmann, Großbritanniens innere Kohlenwirtschaft während des Krieges, 1925, S. 1/2; Rackwitz, S. 24 ff.

349 Carter, S. 233.

7. Die verhinderte Kartellierung

Doch war es auch im südwalisischen wie im britischen Bergbau die spezifische Inflexibilität der Angebots- und die Schwankungen der Nachfrageseite sowie die hieraus resultierenden starken Preisbewegungen, die die Bergbauunternehmer schon früh an eine Abstimmung von Produktion und Absatz denken ließen. Als Musterbeispiel aller weiteren Kartellierungsversuche diente dabei die 'Limitation of the Vend', die von 1771 bis 1844 beinahe ohne Unterbrechung den Kohlenabsatz des Gebietes um Newcastle, insbesondere auf dem Londoner Absatzmarkt, kontrollierte. An der Entwicklung dieses funktionierenden Kartells und an den nachfolgenden Erscheinungen lassen sich — parallel zur Ruhrgebietserfahrung — die Rolle des Staates einerseits und die Auswirkungen wirtschaftlicher Verhältnisse andererseits in exemplarischer Weise aufzeigen. Hatte im Ruhrbergbau der Staat durch sein Direktionsprinzip bei den Unternehmern auch nachträglich die Überzeugung hinterlassen, „daß es ohne eine Art von Planung nicht gehe", und — wie noch zu zeigen sein wird — durch die Weiterführung seiner während dieser Zeit errichteten Ausbildungsinstitutionen eine Homogenität und einen andauernden personellen und fachlichen Austausch der Unternehmer bewirkt, so waren es in Großbritannien, dem Land mit der längeren Tradition (einheits-)staatlicher Institutionen, die im ausgehenden Mittelalter vom König verliehenen Monopole, die das Bestehenbleiben oder die Wiederbelebung marktorientierter Unternehmensorganisationen förderte. Die ‚Limitation of the Vend', die an ein solches Monopol anknüpfte, trotzdem aber in ihrer Quotenzuteilung und Preisfestsetzung für alle Mitglieder schon eindeutig auf die Zukunft verweisende Charakterzüge einer Preis- und Förderkonvention trug, zerfiel trotz aller vorherigen staatlichen Verbote erst in dem Augenblick, als die Konkurrenz einerseits innerhalb des Kartells zwischen großen und kleinen sowie zwischen alten und neugegründeten Unternehmen, andererseits zwischen den verschiedenen Bergbaurevieren zu groß wurde[350]. Im Ruhrbergbau dagegen überlebte — trotz der Konkurrenz mit anderen Bergrevieren sowie der reservierten Haltung mancher Staatsbehörden und der öffentlichen Meinung — der Gedanke und der Glaube an die Planbarkeit, gefördert durch relativ einheitliche Abbauverhältnisse von Betrieb zu Betrieb und den aufrechterhaltenen Austausch zwischen den Unternehmern über die Betriebsgrenzen hinweg. Für die Verhältnisse im britischen Bergbau bis 1914 sollten die obengenannten wirtschaftlichen Bedingungen ausschlaggebend bleiben.

In Südwales gab es schon seit der Mitte des 18. Jahrhunderts informelle Preisabsprachen mit mehr oder weniger langfristiger Wirkung, die sich auf bestimmte Produktionsgebiete und Kohlensorten beschränkten. Zu festeren

[350] Vgl. ausführlich hierzu: D.J. Williams, S. 28 ff.

Preis- und Förderkonventionen versuchte man aber erst mit der schnellen Ausdehnung der Produktion und der damit steigenden Konjunkturabhängigkeit seit den 1840er Jahren zu kommen. Die Bemühungen John Nixons zwischen 1860 und 1885 um eine Förderkonvention für Dampfkohle scheiterten am Widerspruch der Bergbauunternehmer gegen die ihnen zugestandenen Förderquoten, und der alternative Versuch einer Mindestpreisfestsetzung erwies sich sehr rasch durch die Überschreitung des festgelegten Preises durch ein Mitglied als illusorisch. Neben manchen anderen Schwierigkeiten waren es jedoch in dieser Zeit die dauernden Neuaufschlüsse und die verschiedenen Entwicklungsstadien der einzelnen Zechen, die — wie im Ruhrbergbau — die gemeinschaftliche Regelung von Produktion und Absatz erschwerten[351]. Zu erneuten ernsthaften Bemühungen führten erst — wie auch in den übrigen Bergbaubezirken Großbritanniens — die Auswirkungen des Konjunkturtals zwischen 1893 und 1897. Es waren nun nicht mehr nur die Unternehmer, deren Gewinne bis auf ‚einige Pfennige' pro Tonne gesunken waren, sondern auch die Arbeiter, denen der Zusammenhang zwischen Preisen und Löhnen durch verstärkte Organisationsbestrebungen nahegebracht worden war, die auf eine Lösung ihrer schwierigen Lage drängten.

Der Plan George Elliots — einem Teilhaber von Powell Duffryn — von 1893, den gesamten Steinkohlenbergbau Großbritanniens zu einem einzigen Trust mit einem Kapital von etwa 2,2 Mrd. M zusammenzufassen und dem Handelsministerium Kontrollrechte bei einer Dividendenverteilung von mehr als 15% einzuräumen, fand nur das skeptische Staunen der Öffentlichkeit. Sein Vorhaben scheiterte offensichtlich weniger an der Höhe des aufzubringenden Kapitals als an der von den Bergbauunternehmern betonten Schwierigkeit, den Wert der einzelnen Bergwerke festzustellen. Hierzu wäre die Einwilligung von fast 40.000 Aktionären der etwa 1.500 Unternehmen notwendig gewesen.

Sich auf Südwales beschränkend, kamen zwei neue Pläne im Jahre 1896 beinahe gleichzeitig zur Diskussion. Der erste, von den Gewerkschaftsführern entwickelte, Plan sah zusammen mit der prinzipiellen Einführung von Mindestlöhnen und Mindestpreisen die periodische Neufestlegung der Löhne und Preise für die bestimmten Kohlensorten vor. Dieser Plan wurde von den Unternehmern aufgrund ihrer prinzipiellen Gegnerschaft gegen Mindestlöhne und des befürchteten Eingriffs der Gewerkschaften in die Betriebsführung abgelehnt. Das zweite Projekt legte D.A. Thomas, der Besitzer der Cambrian Collieries, vor. Sein Plan beschränkte sich auf das Dampfkohlengebiet und lehnte sich inhaltlich — ausdrücklich — sowohl an die Limitation of the Vend wie an das RWKS an. Er sah die Vergabe von monatlich neu festzusetzenden Förderquoten an die einzelnen Unternehmen

[351] John, S. 40, 129-136; Morris/Williams, S. 174-178; Wilkins, S. 164 ff.; Vincent, John Nixon, S. 230-236; Carter, S. 296.

vor, deren Überschreitung bestraft und deren Unterschreitung durch finanziellen Ausgleich kompensiert werden sollte. Der Verkauf sollte den einzelnen Unternehmen überlassen bleiben, und die Preise würden sich — so war die Erwartung — von selbst aufeinander einpendeln.

Mit kleineren Veränderungen, jedoch mit der Auflage, statt 80 % der Dampfkohle 95% der gesamten südwalisischen Förderung zu umfassen, wurde — unter dem Druck der Gewerkschaften und infolge der ernsthaften Absichten zumindest einiger Unternehmer — dieser Plan den Unternehmen zur Abstimmung vorgelegt. Hierbei stellte sich heraus, daß von insgesamt 160 Unternehmen 65 mit einem Förderanteil von 77,45% überhaupt, abgesehen von weiteren Bedingungen, bereit waren, der projektierten Förderkonvention beizutreten. 95 Unternehmen mit einem Produktionsanteil von 22,55% lehnten ab oder antworteten nicht.

Auffällig an der Reaktion auf die Befragung war, daß im wesentlichen die großen Unternehmen mit einer durchschnittlichen Förderung von mehr als 400.000 t zum Beitritt bereit waren, die kleineren aber mit einer durchschnittlichen Produktion von ca. 80.000 t am Zustandekommen eines Kartells nicht interessiert waren. Dies war Kennzeichen aller Kartellierungsbestrebungen in Südwales — wie im Ruhrgebiet — gewesen. Die größeren Unternehmen des Dampfkohlengebietes mit ihren höheren Selbstkosten, ihrer geringeren Marktanpassungsfähigkeit und ihrem gleichzeitig bedeutenderen Gewicht auf dem Absatzmarkt waren es, die sich beinah seit ihrem Bestehen in besonderer Weise an der Abstimmung von Produktion und Absatz aktiv interessiert zeigten. Doch war auch bei ihnen der ökonomische Zwang zur Hochhaltung der Kohlenpreise geringer als bei vergleichbaren Werken des Ruhrbergbaus, stellte sich doch — abgesehen von den niedrigeren Anlagekosten — ein bedeutender Teil der Selbstkosten, die Löhne, automatisch auf die Höhe der Kohlenpreise ein. Konsequenterweise waren die Unternehmen in Südwales zur Geringhaltung der fixen Kosten weniger an der Aufrechterhaltung hoher Preise als an der regelmäßigen Auslastung ihrer Betriebe interessiert. In den Jahren vor 1913 wurden regelmäßig 60 bis 75%, manchmal bis zu 85% der Gesamtförderung für längerfristige und bekanntermaßen oft erheblich unter den Tagespreisen liegende Verträge produziert. Dieses „underselling" blieb bis 1914 ein ständiger Kritikpunkt der Gewerkschaftsführer. Daß selbst für die größeren Unternehmen eine Kartellierung nicht so eminente und anhaltende Bedeutung besaß, beweisen die vereinzelten, immer nur zu Depressionszeiten hervortretenden Syndizierungspläne sowie die Tatsache, daß auch im Jahre 1897 32 Unternehmen mit einer durchschnittlichen Förderung von mehr als 550.000 t und einem Anteil an der Gesamtproduktion von 52,73% erst einer Förderkonvention beitreten wollten, wenn diese mindestens 95% der Gesamtförderung in sich vereinigte[352].

Außer diesen betriebsinternen gab es sicherlich überbetriebliche Umstände, die eine Kartellierung des Bergbaus in Südwales hemmten. Neben der Furcht der Unternehmer, eine sich unterscheidende Zusammensetzung der — wie sie es nannten — „Controllers of the Output" könne die Existenz ihrer allgemeinen Interessenorganisation, der Monmouthshire and South Wales Coal Owners' Association (MSWCOA), gefährden, war es die unterschiedliche Situation der Produktion auf dem eigenen (z. B. Sorten) und der Nachfrage auf den Absatzmärkten. Sowohl der ganze britische wie zum größten Teil der ausländische Absatzmarkt waren bei einer Preisüberziehung der walisischen Kohle für andere britische oder ausländische Konkurrenten erreichbar. Doch hatte D.A. Thomas für diesen zu erwartenden Fall zum einen mit dem amerikanischen Bergbau und dem RWKS, „das er seinen Pläne nicht abgeneigt fand", Verständigungsverhandlungen aufgenommen und zum anderen in seinem Plan Mittel des konjunkturellen und regionalen Ausgleichs angedeutet. Die immanente Tendenz dieser Ausgleichsmittel wäre es jedoch gewesen, immer weiter in die Leitung der einzelnen Unternehmen einzugreifen. Genau dies war es, was sämtliche Kartellierungspläne weitestgehend zu vermeiden suchten, in eindeutiger Reflexion eines Klimas von „Mißtrauen und Neid", das — anders als an der Ruhr — zwischen den einzelnen Unternehmen herrschte. Ebenso wie dieses Klima etwa die Einrichtung einer gemeinsamen Verkaufsorganisation — und damit einheitlicher Preise — schon im Planungsstadium verhinderte, so war es gerade die hierdurch zustandekommende, mangelnde Kontrollierbarkeit der einzelnen Unternehmen, die das Mißtrauen gegeneinander erhöhen mußte[353].

Ein äußerer, jedoch von den Beteiligten nicht genannter Grund, der die Unternehmer von der Planung und Einrichtung solcher gemeinsamer Kartellinstitutionen hätte abhalten können, mag in der Nichtanerkennung und daher Nichteinklagbarkeit von Kartellverabredungen vor dem britischen Recht gelegen haben. Doch unterschied sich dieser Zustand der Rechtsunsi-

---

[352] Selbst das RWKS vertrat bei seiner Gründung 1893 nur 86,7% der Ruhrgebietsförderung, vgl. Bartz, S. 146, Tab. I. Zum Ganzen vgl. Mackworth, S. 100 ff.; D.J. Williams, S. 285 ff.; Ashley, S. 50-71; Jevons, S. 192/4; Carter, S. 279-283, 234-238; 217, 224/5. Zu den zahlreichen weiteren Kartellen und Kartellierungsversuchen im britischen Kohlenbergbau vgl. D.J. Williams, Capitalist Combination, S. 17 ff.; Macrosty, S. 75 ff.; Levy, S. 16 ff., 94 ff., 166 ff.; Vogelstein, S. 56 ff.; Kandler, S. 50 ff., 116 ff.; E. Auerbach, Die Ordnung des Arbeitsverhältnisses in den Kohlengruben von Northumberland und Durham, 1890, S. 11 ff.

[353] L.J. Williams, a.a.O.; D.J. Williams, S. 68; Zimmermann, S. 19; Mackworth, S. 134/5. In unmittelbare Berührung mit den Praktiken eines Kartells, eben des RWKS, kamen auf Dauer nur die schottischen Bergbau-Unternehmer, die sich nicht genug darüber wundern konnten, daß die deutschen Unternehmen „ihre Kohle manchmal mit Verlust verkauften, nur zu dem Zweck, um mit diesem Land [Großbritannien] in seinen Märkten zu konkurrieren". So der Vorsitzende der Fife Coal Company, Charles Carlow, im November 1913, zit. nach: NACM, Transactions 11, 1913/14, S. 383.

cherheit nicht grundsätzlich von den Verhältnissen, in denen etwa das RWKS gegründet wurde. In Deutschland wurde erst 1897, in Großbritannien allmählich in den Jahren nach 1900 die Rechtmäßigkeit von Kartellen anerkannt[354].

Auch regionale Kartellierungsversuche innerhalb von Südwales scheiterten. Eine Vereinigung von großen Unternehmen in Monmouthshire in den Jahren vor 1893 mit dem Ziel, die Produktion zu senken, sah sich der erhöhten Förderung der Außenseiter gegenüber. Auch die von D.A. Thomas anvisierte Förderkonvention des Dampfkohlengebietes, in dem doch 20 Firmen 80%, 30 Unternehmen 90% und 50 Firmen 95% der Gesamtproduktion förderten, kam nicht zustande[355].

Was den Unternehmern im südwalisischen Bergbau — im Unterschied zu denen des Ruhrbergbaus — zu einer erfolgreichen Kartellbildung fehlte, war ein kontinuierlicher Lernprozeß, der aus der Erfahrung anhaltenden ökonomischen Zwangs resultierte, und verbunden hiermit der Glaube an die Beeinflußbarkeit wirtschaftlicher Konjunkturschwankungen überhaupt. Dies machte sich jedoch hier erst bemerkbar, als die Rentabilität vor allem der größeren Unternehmen infolge der durch Abbauverhältnisse bedingten Steigerung der Produktionskosten zusammen mit einem konjunkturunabhängiger werdenden Lohnaufwand und neuen gesetzlichen Anforderungen (Bergwerks- und Versicherungsgesetze) einerseits und der wachsenden Konkurrenz auf den Absatzmärkten andererseits bedroht wurde. Durch das Scheitern aller Kartellierungsversuche war die spezifische Antwort hierauf die Schaffung von Großunternehmen, deren Rentabilität durch verstärkte Nutzung technischer Innovationen und oft durch den Anschluß von Handelsunternehmen oder an Eisenwerke gestützt wurde. Hier kam ihnen die Spezialisierung der Handelsorganisationen und die durch die stark zunehmende ausländische Konkurrenz bedrängte Lage der britischen Eisen- und Stahlindustrie entgegen. Anders als in Deutschland, wo die durch vorgängigen Konzentrationsprozeß ermöglichte Kartellierung einen Schub von vertikaler Unternehmenskonzentration freisetzte, waren es in Großbritannien die Auswirkungen des fehlenden Schutzzolls, die die Eisenindustrie eine Verbindung mit dem Rohstoff Kohle suchen ließ. Die aus fiskalischen Gründen zwischen 1901 und 1905 erhobene Steuer auf Exportkohle konnte diese

[354] Zur rechtlichen Situation von Kartellen in Großbritannien vgl. J. Macdonell, Notes as to the law relating to combinations, in: Trust Report 1919; F. Koch, Grundzüge des englischen Kartellrechts, 1927; C. Lammers, Kartellgesetzgebung des Auslandes, 1927; Kandler, S. 52/3; Macrosty, S. 17/8; Carter, S. 183, 247/9; Pollard, S. 11; Levy, S. 18, 130. L. Hannahs (S. 67) und J. Kockas (S. 88), Annahmen über die gleichwertige rechtliche Lage der britischen Kartelle bleiben zeitlich ungenau. Als interessanten Kommentar zur deutschen Rechtsprechung vgl. etwa R. Calwer, Kartelle und Trusts, 1906, S. 6-10; vgl. auch oben S. 90.

[355] L.J. Williams, S. 288; ICTR, 24.12.1896, zit. nach: Vogelstein, S. 65.

Tendenz nur verstärken[356]. Während also im Ruhrgebiet der Schutzzoll auf Eisen die Hütten- und Eisenwerke in die finanzielle Lage brachte, durch vertikale Konzentration einerseits dem durch das Kartell bedingten Aufwärtstrend der Kohlenpreise zu entgehen und andererseits die technischen Vorteile sich zunutze zu machen, war es in Südwales umgekehrt gerade das Fehlen des Schutzzolls, das den von in- und ausländischer Konkurrenz bedrängten Eisenwerken zur Hebung ihrer Konkurrenzfähigkeit und Rentabilität auch ohne Vorhandensein eines Kohlenkartells die Angliederung von Bergwerken wünschenswert erscheinen ließ.

Doch blieb auch nach 1890 und noch nach 1900 der Konzentrationsprozeß für die Großunternehmen im konkreten Fall ein schwieriges Vorhaben. Wie die nach 1900 mindestens dreimal angegangene Vertrustung der 62 Anthrazitgruben, von denen 1903 mehr als die Hälfte unter 100 Arbeiter beschäftigten, scheiterte die Zusammenfassung von Betriebseinheiten zu größeren Unternehmen häufig an der Bewertung der verschiedenen Betriebe. Und das Mißtrauen zwischen den Unternehmen konnte oft — bei dem weitgehenden Fehlen der Banken als Mittler — nur durch persönliche Beziehungen oder durch die überparteiliche Stellung der vereidigten Bücherrevisoren (chartered accountants) überbrückt werden, die in einer den britischen Erfordernissen entsprechenden Weise seit den 1890er Jahren immer mehr in eine der Rolle der deutschen Banken äquivalente Funktion im Konzentrationsprozeß hineinwuchsen[357]. Trotzdem blieb die Anzahl der in dieser Weise zusammengelegten Betriebe — wie wir sahen — relativ klein, und der größte Teil der Konzentration fand innerhalb der Grenzen der schon vorhandenen, größeren Unternehmen statt.

Mit der Verhinderung der Kartellierung und ihrer Ersetzung durch das Großunternehmen hatte der südwalisische Bergbau zwar eine begrenztere Kontrolle als der Ruhrbergbau über den Absatzmarkt, aber eine jenem bis zum Kriegsausbruch immer ähnlicher werdende Kontrolle über den Arbeitsmarkt erreicht. Ein immer höherer Anteil der Gesamtbelegschaft arbeitete für eine immer geringer werdende Zahl von Arbeitgebern. Welche Folgen

---

[356] Die oft wiederholten Feststellungen, daß das Vorhandensein von Schutzzoll sowie von Kartellen die vertikale Konzentration fördere, können also — zumindest in dieser Allgemeinheit — nicht ihre Gültigkeit behalten. Zur fördernden Rolle des Schutzzolls und der Kartellierung bei der vertikalen Unternehmenskonzentration vgl. Levy, S. 190/1; auch: Carter, S. 199. Zum Kohlenausfuhrzoll von 1901 bis 1905 vgl. Raynes, S. 92; Rackwitz, S. 4; E. Jüngst, Der Achtstundentag, S. 1210; D.A. Thomas, The Coal Trade, S. 350; Levy, S. 166/7; L.J. Williams, S. 280-284; zur ausländischen Konkurrenz in der Eisen-und Stahlindustrie vgl. bes. P.L. Payne, Iron and Steel Manufactures, in: D.H. Aldcroft, Hg., Development of British Industry, S. 71 ff.

[357] Macrosty, S. 86/7; Schmidt, S. 18; D.J. Williams, S. 69-70; Jevons, S. 324/5, 668-672; Zimmermann, S. 19. Zur Bedeutung der persönlichen Beziehungen, die an den Ruhrbergbau vor der Syndikatsgründung erinnern, vgl. etwa Mackworth, S. 126 ff. Zur wichtigen Rolle der „Chartered Accountants" vgl. Carter, S. 185; Payne, S. 522.

diese Kontrolle und ihr unterschiedliches zeitliches Auftreten auf die beteiligten Arbeitnehmer hatten, wird weiter unten zu verfolgen sein.

8. Das anhaltende Schwanken der Rentabilität

Wie schon angedeutet, war die relativ halbherzige Verfolgung von Kartellierungsplänen im Bergbau von Südwales auch auf die Aufrechterhaltung eines bestimmten Maßes privatwirtschaftlicher Rentabilität zurückzuführen. Der nur allmählich notwendig werdende erhöhte Kapitalaufwand erlaubte bis in die 1890er Jahre, und für die kleineren Betriebe bis zum Ersten Weltkrieg, eine — immer in den Grenzen bergbaulicher Produktion — größere Anpassung an Konjunkturschwankungen als etwa im Ruhrbergbau. In Zeiten schwierigen Absatzes wurde die Arbeitszeit auf zwei oder drei Tage pro Woche beschränkt und kleine Betriebe vorübergehend geschlossen. Zwar wurde der südwalisische Bergbau in mindestens ebenso starkem Maße von den Konjunkturauswirkungen getroffen wie der Ruhrbergbau vor 1893, doch lag — infolge der Qualität der Kohle — sein Preisniveau, bei vielleicht nur geringfügig höheren Produktionskosten[358], in dieser Zeit dauernd um ca. 20% über dem Ruhrgebietsspiegel. Ungleich höher noch lagen die Gewinnerwartungen in Südwales. Während 10% als übliche Kapitalverzinsung für normale Jahre angesehen wurden, bildeten 20% in guten Jahren keine Ausnahme. So wies etwa David Davies and Co. (Ocean) in den Jahren zwischen 1865 und 1875 eine durchschnittliche Kapitalverzinsung von 20,5%, für das ‚normale' Jahr 1884 von 14,3% auf. Der Gewinn pro Tonne Kohle betrug dabei zum ersten Zeitraum 2,89 M, im Jahre 1884 0,85 M. In fünf Jahren während des ersten Zeitraums konnte das gesamte Betriebskapital von 2,8 Mill. M herausgearbeitet werden. Daß diese günstigen Voraussetzungen nicht für alle Bergbautreibenden zutraf, zeigt die schon erwähnte Tatsache, daß von 53 zwischen 1865 und 1867 gegründeten Unternehmen bis 1874 43 gescheitert waren. Doch dürfte für die Zeit vor 1890 eine Kapitalverzinsung von durchschnittlich 8 bis 10% üblich gewesen sein. Sie übertraf damit diejenige des Ruhrbergbaus um das Doppelte und des übrigen britischen Bergbaus um vielleicht das Dreifache[359].

Kritischer wurde diese günstige Einkommenslage, als nach 1890 mehr und mehr die Anforderungen des Tiefbaus auf den südwalisischen Bergbau

---

358 Nur Anhaltspunkte zu diesem Schluß bieten Saitzew, S. 114/5, und Gibson, S. 201.

359 Zur Entwicklung der Kohlenpreise vgl. Gibson, S. 157, 172-174; Morris/Williams, S. 81, und die graphische Darstellung im Anhang. Zum übrigen: Morris/Williams, S. 147, 155-156; Lewis, S. 80; A.J. Taylor, The Coal Industry, in: D.H. Aldcroft, Hg., Development of British Industry, S. 37-70, S. 43. Taylor schätzt die Verzinsung des im britischen Bergbau angelegten Kapitals in den 1880er Jahren auf etwa 3%. Für das Ruhrgebiet vgl. oben S. 97 f.

zukamen. Während die Selbstkosten (ohne Abschreibung, Einkommensteuer etc.) von 1889/93 bis 1914 um 57,1% anwuchsen, stiegen die Kohlenpreise gleichzeitig etwa um 52,2%. Im gesamten britischen Kohlenbergbau, dessen Selbstkosten 1889/93 durchschnittlich um 16,7% und 1914 um 32,5% geringer als in Südwales waren, stiegen diese gleichzeitig um 36,1%, im Ruhrbergbau um etwa 50%. Doch konnte hier die Steigerung der Kohlenpreise Südwales nicht einholen. Im Ruhrgebiet stiegen sie im gleichen Zeitraum um 61,1%, im britischen Bergbau insgesamt um etwa 35,6%. Die Preise der südwalisischen Kohle lagen damit durchgängig vor 1893 um etwa 20%, nach der Gründung des RWKS um etwa 10%, über der der Ruhrkohle und hatten durchschnittlich gegenüber der britischen Kohle bis 1900 einen Preisvorsprung von 10%, nach 1900 von etwa 20%. Allerdings erlebten die Preise in Südwales größere Konjunkturausschläge als im Ruhrgebiet nach 1893. Auffällig im Unterschied zum Ruhrbergbau war, daß der Lohnanteil an den Selbstkosten nicht absank, sondern wie insgesamt in Großbritannien — je nach Konjunkturlage — zwischen 75% und 77% konstant blieb. Lohnkosten und der Aufwand für Maschinen etc. nahmen also im Zeitraum von 1890 bis 1914 in gleichem Maße zu. Trotz der wachsenden Selbstkosten aber stieg der Rohgewinn pro Tonne Kohle an. Mit den eigentlichen Steigerungsraten nach 1900 verdoppelte er sich im Zeitraum zwischen 1890 und 1914. Ein Verlust wurde in der Zeit zwischen 1900 und 1913 denn auch von nur einem Unternehmen für ein Jahr angegeben[360].

Im einzelnen schwankten im Zeitraum zwischen 1898 und 1914 sowohl im Konjunkturablauf wie zwischen den einzelnen Unternehmen die Gewinne im Bergbau erheblich. In Konjunkturtälern wie 1902, 1905 und 1909 verzinste sich das Aktien- und Anleihekapital zu etwa 1% bis 8%, während in Konjunkturhöhen wie 1900, 1907 und 1913 bis zu 20%, 30% und mehr erreicht wurden. Die durchschnittliche Dividende in 27 ‚gemischten' und ‚reinen' Unternehmen, die ihre Geschäftsergebnisse publizierten, im Zeitraum zwischen 1898 und 1910 betrug 11,2%, für 21 ‚reine' Bergwerksunternehmen 12,1%. In 86 bergbautreibenden britischen Unternehmen erreichte die durchschnittliche Dividende im gleichen Zeitraum 11,7%. Insgesamt schätzte man die Verzinsung im britischen Bergbau zwischen 1900 und 1910 auf etwa 8%, und in den letzten Jahren vor dem Ausbruch des Krieges auf etwa 10%. Es dürfte also kein allzu großes Wagnis sein, die durchschnittliche Verzinsung im walisischen Bergbau in der Phase vor dem Ersten Weltkrieg

[360] Alle Angaben zu Preisen, Selbstkosten und Gewinnen sind berechnet nach Gibson, S. 157, 174, 179, 201. Die hier gemachten Aussagen bilden eher — korrekturbedürftige — Annäherungswerte als feststehende Daten. Doch sind sie imstande, die von den Unternehmern laufend herausgestellten Aussagen über ihre bedrohliche finanzielle Situation und hieran anschließende Interpretationen (vgl. etwa L.J. Williams, S. 171/2; Woodhouse, S. 19) zu relativieren. Unbestritten bleibt damit, daß die Unternehmer bei weiterhin sinkender Leistung und steigenden Selbstkosten ihre Lage im Falle steigender Konkurrenz *für die Zukunft* für prekär halten konnten.

auf etwa 12% oder um 2% über dem britischen Durchschnitt liegend zu schätzen. Sie lag damit um mindestens ein Viertel über der des Ruhrbergbaus und um drei Viertel über der „anerkannten" landesüblichen Verzinsung von 3%[361].

Ein großer Anteil dieser hohen Verzinsung fiel — wie dort — den Großunternehmen zu. Durch eine hohe Produktion, den einsparenden Einsatz von Maschinen und allmählich auch durch Nebenprodukteanlagen und eigene Handelsorganisationen erzielten sie die höchsten Gewinne pro Tonne geförderter Kohle. Doch konnten auch die kleineren Betriebe, die bis zu einer Jahresförderung von 100.000t fühlbar geringere Selbstkosten aufwiesen, in der Konkurrenz durchaus mithalten, wenn sie auch stärker von den Konjunkturauswirkungen betroffen wurden. Anders als im Ruhrbergbau nämlich, wo der schützende Mantel des Syndikats die Gewinnergebnisse aller Unternehmen stabilisierte, verlieh in Südwales die große Kapitalkraft nur den einzelnen Großunternehmen den Charakter von Stabilitätsinseln in einem von Konjunkturwellen stark bewegten Meer. Einmal waren dies die gemischten Werke, die nicht allein vom Kohlengeschäft abhängig waren, zum andern die, die über ihre Handelsorganisation bestimmte Ausschnitte des auswärtigen Absatzmarktes beherrschten. Diese — wenn auch nur relative — Marktbeherrschung machte sich bemerkbar in ausgeglicheneren, jährlichen Gewinnserien und Dividendenzahlungen. Und diese Auswirkungen wiederum vermochten größere Zahlen von Kapitalgebern anzulocken mit der Folge, daß die Börsennotierungen der größeren Unternehmen anstiegen und stabiler wurden als die der kleineren[362].

Wenn auch die Bergbaupapiere in Großbritannien sich sicherlich nicht der gleichen Beliebtheit wie in Deutschland erfreuen konnten, so war es gerade die stabilere Gewinnlage der Großunternehmen, die in den Jahren vor Ausbruch des Ersten Weltkrieges eine stärkere Investitionsbereitschaft des kapitalgebenden Publikums weckte. Anders als im Ruhrbergbau, wo der natürlich bedingte, frühe und starke Einsatz von Maschinen eine wechselsei-

---

361 Zum Vergleich lag die jährliche Kapitalverzinsung in der Baumwollindustrie im Jahre 1909 etwa bei 5%. Vgl. Vogelstein, S. 118. — Die im Vergleich zum deutschen im britischen Bergbau höhere Verzinsung entspricht ziemlich genau der unterschiedlichen Kapitalanlage pro t geförderter Kohle, die in Großbritannien etwa 20% unter der deutschen lag. Vgl. Uhde, S. 137, 140; CIC 1919, Bd. 1, S. 35.

362 South Wales Coal and Iron Companies, 1914; Cartwright, App. IV, V; T. Richardson/J.A. Walbank, Profits and Wages in the British Coal Trade 1898-1910, 1911; Uhde, S. 138; A.J. Taylor, The Coal Industry, S. 43, 47; CIC 1919, Bd. 3, S. 10-13; CIC 1925, Bd. 1, S. 259-264; SWCA 1914, S. 14; Carter, S. 86/7, 186, 223/4, 293, 295; J.P. Addis, The Heavy Iron and Steel Industry in South Wales, 1870-1950, 1957, App. III, S. 24/5; D.J. Williams, S. 78/9; Jevons, S. 321/2; Pumpiansky, Das Mindestlohngesetz im englischen Kohlenbergbau, in: AfSS 35, 1912, S. 177-194, S. 182. Feinstein (S. 227) berechnet eine durchschnittliche binnenländische Kapitalverzinsung von 3,2%-3,6%. Vgl. auch: Walters, S. 290 ff.

tige Eigendynamik von Technik und Rentabilität freigesetzt hatte, suchte und fand der Bergbau in Südwales trotz der hohen Selbstkosten und trotz — oder gerade wegen — der anhaltend starken Konjunkturauswirkungen seinen privatwirtschaftlichen Rentabilitätsausgleich nicht oder erst spät in einem verstärkten Einsatz der Technik, sondern in der Möglichkeit, hohe Preise auf seinen Absatzmärkten zu erzielen. Die vor allem aus der Sicht der 1920er Jahre dem britischen Bergbau — etwa im Vergleich zum deutschen — vorgeworfene unrentable Produktionsweise, die volkswirtschaftliche Feststellung einer Tatsache, die erst jetzt privatwirtschaftliche Folgen zeitigte, wurde durch die günstige Absatzlage in ihrer Wirkung außer Kraft gesetzt und somit bis zum Ersten Weltkrieg in ihrer großen Mehrheit konserviert.

9. *Die Stellung in der britischen Volkswirtschaft*

Die Produktion des britischen Kohlenbergbaus stieg denn auch schneller an als die der gesamten britischen Industrie. Während hier die jährliche Zuwachsrate zwischen 1860 und 1913 2,1% und von 1880 bis 1913 1,9% ausmachte, betrug sie im Bergbau für die entsprechenden Zeitabschnitte 2,5% bzw. 2,25%, eine Zunahme, die derjenigen der Produktionsgüterindustrien entsprach. Der britische Anteil an der Weltindustrieproduktion fiel zwischen 1900 und 1910 von 18% auf 14%, der Anteil an der Weltkohlenförderung von 29,7% auf 23,1%. Die Zahl der Beschäftigten in Industrie und Gewerbe hatte sich von 1871 bis 1911 knapp verdreifacht, die in den Bergwerken mehr als verdoppelt. Der Anteil der im Steinkohlenbergbau Beschäftigten an der Gesamtzahl der gewerblich Tätigen hatte sich im gleichen Zeitraum von 2,6% auf 5,2% verdoppelt. Zwischen 1881 und 1911 stieg die Zahl der im Bergbau Beschäftigten um 220%, während der Anteil der männlichen im Gewerbe Beschäftigten insgesamt nur um knapp 50% zunahm. Während die Arbeitsproduktivität (pro Arbeitskraft pro Stunde) zwischen 1870 und 1913 in Industrie und Landwirtschaft um 1,5% — in Deutschland um 2,1% —zunahm, sank die pro Bergarbeiter geförderte Jahrestonnenzahl von 270 auf 257; in Deutschland stieg sie von 209 auf 258. Von 1880 bis 1913 war die britische Steinkohlenproduktion um 95,5%, ihr Wert um 133,2% angestiegen.

Bei einem Nettosozialprodukt von 45,3 Mrd. M im Jahre 1913 betrug der Wert der Steinkohleproduktion 2,9 Mrd. M. Der Bergbau von Südwales, der 1880 zu 7,6% und 1903 zu etwa 23,8% am Wert der Kohlenförderung beteiligt gewesen sein muß, produzierte 1913 mit 20,8% aller im britischen Bergbau Beschäftigten und mit 19,8% der britischen Gesamtförderung einen Wert von etwa 670 Mill. M. Damit leistete er einen Wertanteil von mehr als 23%[363].

---

[363] Patel, Rates of Industrial Growth, S. 319, 326; W.G. Hoffmann, British Industry 1700-1950, 1965, S. 70; Taylor, The Coal Industry, S. 38, 46; J. Kuczynski, Die Geschichte

Der Anteil des Kohlenexports, an dem der südwalisische Bergbau in den Jahren vor 1914 mit mehr als 40% beteiligt war, am gesamten britischen Exportvolumen stieg von etwa 7,2% (1880) auf ca. 7,7% im Jahre 1908. Der Wert der Kohlenausfuhr wuchs von 216 Mill. M im Jahre 1880 über 966 Mill. M (1900) auf 1.364 Mill. M im Jahre 1913 an. In diesem Jahr stand der Kohlenexport als Einzelartikel vor der (gebleichten und ungebleichten) Baumwolle mit 1.090 Mill. M an erster Stelle der britischen Außenhandelsbilanz. Der Wertanteil der Kohlenausfuhr am britischen Gesamtexport stieg von 4,8% im Jahre 1880 über 16,6% (1900) auf 18,1% im Jahre 1909. 1913 fiel ihr Anteil auf etwa 13%. Der seit den 1890er Jahren rückläufige Anteil britischer Gewerbeerzeugnisse am Weltmarkt wurde durch den Kohlenexport, dessen Wert schneller als sein Umfang wuchs, kompensiert[364].

Wenn auch dem Bergbau in der britischen — wie in der deutschen — Volkswirtschaft im Jahre 1913 mit 6,4%, etwa im Vergleich zum Gesamtbereich der Industrie mit 46,4% (1911), ein relativ bescheidener Platz zukam, so bildete er auch hier vor 1914 in Bezug auf Beschäftigtenzahl, Produktion und Wertschöpfung einen wichtigen Wachstumssektor der britischen Industrie[365]. Konnte auch keines der britischen Bergbaureviere eine so entscheidende Rolle wie etwa das Ruhrgebiet in Deutschland spielen, so bildete Südwales doch eines der bedeutendsten Wachstumsgebiete in der Zeit vor 1914.

2.1.3. Der Bergbau im Ruhrgebiet und in Südwales im Vergleich: Langer Entwicklungsunterschied und späte Angleichung

Der Steinkohlenbergbau in Südwales und im Ruhrgebiet entstand und wuchs unter den gleichen wirtschaftlichen Grundbedingungen: dem ‚Gesetz vom abnehmenden Ertrag bei der Urproduktion' und der geringen Elastizität bergbaulicher Produktion gegenüber konjunkturell stark schwankenden Absatz- und Preisverhältnissen. Spezifisch für die beiden Bergreviere hinzu-

der Lage der Arbeiter, Bd. 25, 1965, S. 26; Saitzew, S. 49; C.H. Feinstein, National Income Expenditure and Output of the United Kingdom, 1855-1965, 1972, T 5, T 131; Mitchell, S. 115/6, 368; C.H. Lee, Regional Economic Growth in the United Kingdom since the 1880s, 1971, S. 10, 33; A. Madison, Economic Growth in the West, 1964; F.A. Gibson, S. 60; D.H. Aldcroft, British Industry and Foreign Competition, 1875-1914, in: ders., Hg., The Development, S. 11-36, S. 13. Die für die südwalisische Kohlenproduktion angegebenen Wertbeträge sind geschätzt unter der bereits zuvor gemachten Vorgabe, daß die Kohlenpreise in Südwales vor 1900 um 10%, nach 1900 um 20% über dem nationalen Preisniveau lagen. Zu der Wertangabe für 1913 vgl. RIM 1914, S. 5.

364 Die Angaben zum Exportvolumen sind geschätzt nach Zimmermann, S. 28, und Hoffmann, Das Wachstum, S. 157. G.R. Porter, The Progress of the Nation, 1912⁴, S. 222; Statistical Abstract für the United Kingdom 1911-1925, 1927, S. 334-345; D.A. Thomas, The Coal Trade, S. 349; W. Ashworth, S. 27/8.

365 Berechnet nach Mitchell, S. 115/6; 366-368. Kuczynski, Bd. 25, S. 26.

tretende Produktions- und Absatzbedingungen waren es jedoch, die die beiden prinzipiellen Entwicklungsbedingungen in Ausmaß und zeitlicher Abfolge verschieden zur Wirkung kommen ließen. Entsprechend unterschiedlich waren zunächst die Formen von Produktion und Absatz, doch wurden sie um so ähnlicher, je wirksamer sich die beiden Grundbedingungen im Verhältnis zu den regionalen Sonderbedingungen durchsetzten.

Im Ruhrbergbau zwangen die natürlichen Abbauverhältnisse zu einem frühen und raschen Übergang zum Tiefbau und damit zu einer frühen Einführung maschinen- und kapitalintensiver, großbetrieblicher Produktionsweise. In Südwales erlaubte die leichte Erreichbarkeit der Kohle zunächst auf lange Zeit die Beibehaltung des wenig maschinen- und kapitalaufwendigen Klein- und Mittelbetriebes als typischer Produktionseinheit.

Die Konjunkturschwankungen in der Nachfrage nach Kohle auf dem Weltmarkt, die beide Gebiete mit etwa gleicher Härte trafen, erzeugten hier verschiedene Problemlösungen. Während in Südwales der unter nur geringem Rentabilitätsdruck stehende Mittel- oder Kleinbetrieb ohne allzu große Einbußen die Produktion einschränken oder gar vorübergehend einstellen konnte, war der Tiefbaubetrieb des Ruhrgebiets schon aufgrund des schnellen Verfalls der unterirdischen Baue und des Unbrauchbarwerdens der Maschinen, besonders aber durch den Rentabilitätsdruck des schon zu früher Zeit notwendigen hohen Kapitalaufwandes zur Weiterarbeit gezwungen. Zur Lösung dieses Dilemmas, d. h. zum Ausgleich dieses von Konjunkturtal zu Konjunkturtal bei allen Unternehmen mehr oder weniger auftretenden Rentabilitätseinbruchs, wurden im Ruhrbergbau mehrere Wege parallel zueinander beschritten. Die weitere Anwendung der Technik, die durch den Großbetrieb schon zum Teil erzwungen und durch die ehemals betriebsführenden staatlichen Bergbehörden befördert worden war, wurde beschleunigt und führte zu einer Intensivierung des Betriebs. Technische Innovationen, so besonders der Kokereibetrieb, die umgekehrt erst durch den Großbetrieb den hinreichenden Anwendungsbereich und finanzielle Förderung erhielten, führten weiter zu einer Diversifikation der Produkte, deren Verkauf um so rentabilitätsstabilisierender sein konnte, je mehr sie von den Kohlenkonjunkturen unabhängig waren. Dieser weitere Einsatz der Technik und die Diversifikation der Produkte führten ihrerseits nicht nur zu einer Vergrößerung der Produktionseinheiten, sondern auch zu einem weiterhin steigenden Kapitalaufwand. Durch den wachsenden Kapitalbedarf der Unternehmer, der schon länger nicht mehr allein durch einzelne Familien- oder Bekanntenkreise aufgebracht werden konnte, stieg die Bedeutung und der Einfluß der Banken. Die Banken, an der Aufrechterhaltung ausgeglichener und langfristiger, fast an volkswirtschaftliche Maßstäbe grenzender, Rentabilität interessiert, förderten mit ihren Kapitalien nicht nur die Tendenz zur Technisierung und zum Großbetrieb, sondern trieben auch die weitere Reduzierung der Konkurrenz zwischen den von ihnen unterstützten Unternehmen, die Kartellierung, voran. Gefördert wurde diese Tendenz durch die inzwischen beschränkte Anzahl von Unternehmen, den überschaubaren Absatzmarkt, die begrenzte Rolle des Handels und schließlich infolge des durch die gemeinsame staatliche Ausbildung vermittelten Austauschs zwischen den Unternehmern und durch den Glauben an die Planbarkeit der Abstimmung von Produktion und Absatz aufeinander.

Auch in Südwales drängten besonders die Dampfkohleunternehmen, die wegen der Lagerungsverhältnisse der Kohle — wenn auch sehr viel langsamer als im Ruhrbergbau — gezwungen waren, tiefere, größere und damit kostspieligere Anlagen zu errichten, auf einen Ausgleich zwischen Produktion und Absatz und auf die Regelmäßigkeit des Betriebes. Mehrfach und zu verschiedenen Zeiten wurde auch hier der Versuch unternommen, zu einem Kartell zu gelangen. Doch immer wieder scheiterte das Vorhaben an den gleichen Faktoren: an der nach wie vor großen Zahl der vorhandenen Unternehmen, dem durch den kleineren Kapitalaufwand geringeren Rentabilitätsdruck, der dynamischen Konjunkturanpassung der Löhne, der relativ unbedeutenden Rolle der Banken, der Unübersichtlichkeit des Absatzmarktes und der damit verbundenen großen Bedeutung des Handels. Wie im Ruhrbergbau die Banken die Reduzierung der Konkurrenz, eine ausgeglichene Rentabilität und den Austausch zwischen Unternehmen und Unternehmern beförderten, so war in Südwales der Handel an möglichst niedrigen und dazu stark schwankenden Kohlenpreisen und der Aufrechterhaltung der Konkurrenz zwischen den Unternehmen interessiert. Im Gegensatz zur Wirkung der Banken im Ruhrbergbau führten die Auswirkungen dieser großen Rolle des Handels in Südwales einerseits zu einem relativ geringen, lange Zeit über die Vorleistungen der Hüttenwerke nicht hinausgehenden Einsatz der Technik, die in den anhaltend ausgeprägten Konjunkturtälern eher als unnütz und sicher als starke zusätzliche Rentabilitätsbelastung empfunden worden wäre, und damit zu einer nur beschränkten Diversifikation der Produkte, und andererseits zur Beibehaltung eines ‚Klimas von Neid und Mißgunst' zwischen den Unternehmen.

Hatten sich die beiden wirtschaftlichen Grundbedingungen bergbaulicher Tätigkeit: das ‚Gesetz vom abnehmenden Ertrag bei der Urproduktion' und die geringe Elastizität bergbaulicher Produktion im Ruhrgebiet in ‚reinerer' Form durchsetzen können, so war ihnen in Südwales lange Zeit von regionalen Sonderbedingungen entgegengewirkt worden. Erst in den Jahren nach 1890, also etwa 40 - 50 Jahre später als im Ruhrbergbau, wurden auch hier die Auswirkungen der beiden Grundbedingungen spürbar. Die Lösungen hatten nun an der einmal erreichten Entwicklungsstufe sowie an den weiterwirkenden, regionalen wirtschaftlichen Gesetzmäßigkeiten anzuknüpfen. Der nun auch hier einsetzende, wachsende Rentabilitätsdruck der großen

Unternehmen führte einerseits — wie im Ruhrbergbau — durch den verstärkten Einsatz der Technik zu einer Intensivierung des Betriebes und zu einer stärkeren Diversifizierung der Produkte, andererseits, und in Ermangelung eines Syndikats, zu absatzgarantierenden und handelsgewinnsichernden Kombinationen mit Eisenwerken und Handelsunternehmen. Die hiermit verbundene, eigentlich erst eintretende Entwicklung zu wirklichen, dem Ruhrbergbau zu vergleichende, Großunternehmen im südwalisischen Bergbau nach 1890, die in ihrem Tempo und ihrer Dimension zu diesem Zeitpunkt für die britische Industrie insgesamt eher untypische Züge trug, war nicht — wie teilweise im Ruhrgebiet — Folge der Kartellierung, sondern Kartellersatz.

Die Durchsetzung der grundlegenden wirtschaftlichen Gesetzmäßigkeiten bergbaulicher Produktion zusammen mit denen privatwirtschaftlicher Rentabilität beschleunigte die Entwicklung in Südwales und näherte sie — wenn auch erst spät — dem Entwicklungsstand des Ruhrgebietes an.

Die durchschnittliche Schachtteufe stieg zwischen etwa 1835 und 1875 im Ruhrbergbau auf das Fünffache von 60 m auf ca. 300 m, in Südwales höchstens auf das Dreifache von 60 auf 180 m, und zwischen 1875 und 1912/14 in Südwales um 94,4% auf ca. 350 m, im Ruhrgebiet um nunmehr 92,3% auf 577 m an. Die durchschnittliche Belegschaft pro Schachtanlage stieg in Südwales zwischen 1890 und 1900 um 31,1%, und zwischen 1900 und 1913 um 59,6% gegenüber der des Ruhrbergbaus mit 69,8%. Der erfaßbare Anteil der Schachtanlagen mit weniger als 10.000 t Jahresförderung hatte sich in der Zeit zwischen 1887 und 1916 in Südwales noch nicht verdoppelt (40%), der Anteil der Schachtanlagen mit einer Jahresförderung von mehr als 100.000 t mehr als verdreifacht. Der Anteil der zu konzentrierten Unternehmen vereinigten Betriebe (Schachtanlagen) an der Gesamtzahl der Betriebe (Schachtanlagen) stieg im Ruhrbergbau zwischen 1885 und 1913 von 11,9% auf 71,4%, in Südwales blieb er zwischen 1874 und 1916 etwa stabil bei 60,1% zum ersten und 59,9% zum zweiten Zeitpunkt. Während der gleichen Zeiträume stieg der Anteil der konzentrierten Unternehmen an der Gesamtzahl der Unternehmen im Ruhrgebiet von 5% auf 32,9% und sank in Südwales nur unwesentlich von 27,4% auf 26,4%. Und die Zahl der Unternehmen mit einer Jahresförderung von mehr als 500.000 t stieg im südwalisischen Bergbau zwischen 1886 und 1916 um mehr als das Viereinhalbfache von 7 auf 32, im Ruhrbergbau zwischen 1893 und 1911 um das Dreifache von 15 auf 45 Unternehmen.

Im Ruhrbergbau produzierten die größten 20 Unternehmen im Jahre 1913 mit 63,7% der Gesamtbelegschaft 69,2% der Gesamtförderung, in Südwales förderten sie zur gleichen Zeit 56,1% der Gesamtproduktion mit 43,25% der Gesamtbelegschaft. Dabei entfielen bei den ‚reinen' Bergbauunternehmen auf eine Tonne geförderter Kohle im Ruhrgebiet durchschnittlich 9,65 M Grundkapital und 1,84 M Anleihen, in Südwales bereits 8,94 M Grundkapital und 0,99 M Anleihen. Diese überraschend große Annäherung im relativen Kapitalaufwand zwischen dem Ruhrgebiet und Südwales wird zusätzlich dadurch betont, daß 4 der 10 ,reinen' Bergwerksunternehmen in ihrem Kapitalaufwand in bezug auf die Höhe der Kohlenförderung über dem für die Ruhrbergbauunternehmen errechneten Durchschnitt lagen. Von den 20 größten Unternehmen waren im Ruhrbergbau 9 vertikal konzentriert, in Südwales 4. Sie können nicht nur als Indikator für den Grad der wirtschaftlichen Konzentration, sondern auch als Hinweis für den Umfang ihrer Kontrolle über den Arbeitsmarkt trotz des in beiden Revieren anhaltend starken Bedarfs an Arbeitskräften gelten. Mehr als die Hälfte, im Ruhrbergbau sogar mehr als zwei Drittel der Arbeitnehmer, wurden in beiden Revieren von den 20 größten Arbeitgebern beschäftigt.

Trotz der Annäherung im Entwicklungstempo beider Gebiete und der Angleichung im Entwicklungsstand, vor allem der größten Unternehmen, von denen die ersten 20 in beiden Regionen mehr als die Hälfte der Gesamtproduktion und -belegschaft stellten, blieben die Unterschiede im durchschnittlichen Entwicklungsstand der Anlagen beider Reviere in den Jahren vor 1914 offenkundig. Das niedrigere Entwicklungstempo in Südwales und seine Bedingungen, die für eine größere Anzahl der Betriebe weiterhin ihre Wirkung nicht verloren hatten, hatte die Anzahl der selbständigen Produktionseinheiten groß, ihre durchschnittliche Größe kleiner und den Einsatz der Technik geringer als im Ruhrbergbau gehalten. Die durchschnittliche Schachtteufe betrug in Südwales um 1913 ca. 300 - 350 m, im Ruhrbergbau 577 m.

Während es hier 1913 234 Schachtanlagen bzw. 374 technische Einheiten gab, waren es in Südwales 609 Zechen. Einer durchschnittlichen Jahresförderung von etwa 490.000 t pro Schachtanlage bzw. ca. 229.000 t pro technischer Einheit standen in Südwales eine durchschnittliche Produktion von ca. 93.000 t, der größenmäßig erfaßbaren Schachtanlagen von etwa 144.000 t gegenüber. Einer durchschnittlichen Schachtanlage von 383 Mann in Südwales entsprach eine solche von 1.815 Mann im Ruhrgebiet.

416 Unternehmen in Südwales mit einer durchschnittlichen Jahresförderung von 137.000 t und einer Belegschaft von 560 Mann standen 85 Unternehmen im Ruhrbergbau mit einer Jahresförderung von 1,2 Mill. t und einer Belegschaft von 4.365 Mann gegenüber.

Bei einer etwa doppelt so hohen Gesamtproduktion gab es 1913 im Ruhrbergbau 8.008, in Südwales 16.744 Pferde. Auf 115 Schrämmaschinen hier kamen 449 solcher Maschinen im Ruhrbergbau. Hiermit wurden in Südwales 1,1%, an der Ruhr 2,2% der Gesamtförderung gewonnen. Im Ruhrgebiet stellten ca. 90% der über 17.000 vorhandenen Koksöfen gleichzeitig auch Nebenprodukte her, in Südwales nur etwas über ein Viertel der vorhandenen 2.584 Öfen. Während hier im durch Großbetriebe gekennzeichneten Monmouthshire 1914 die durchschnittlich pro Betriebseinheit aufgewendete elektrische Energie 893 kW betrug, waren im Ruhrbergbau für die größeren Betriebe Turbinen mit einer Leistung von 3.000 bis 4.000 kW gängig.

Auch der Entwicklungsstand der Rechts- und Eigentumsverhältnisse entsprach dem unterschiedlichen Entwicklungstempo und damit dem Grad der Durchsetzung von Großbetrieben in beiden Revieren. Im Ruhrgebiet hatte sich, mit Ausnahme einiger weniger, allerdings großer und meist ‚gemischter' Familienkonzerne wie Stinnes, Haniel, Thyssen und Krupp, durch das rasche Entwicklungstempo die Ablösung von Besitz und Verfügung sehr früh und beinahe übergangslos gleichmäßig in fast allen Unternehmen vollzogen. Die Aktiengesellschaft war spätestens seit 1870 die dominante Unternehmensform. In Südwales, wo einerseits die wirtschaftliche Entwicklung langsamer voranschritt, andererseits der große Unterschied zwischen großen und kleinen Unternehmen bestehen blieb, wenn nicht sogar erweitert wurde, war der Übergang zur Trennung von Besitz und Verfügung bis 1914 nicht für alle Unternehmen durchgängig abgeschlossen. In den zahlreichen kleinen Unternehmen hatte sich dieser Schritt noch nicht als notwendig erwiesen, doch war die Entwicklung in den größeren Unternehmen, die etwa 70 - 80% der Gesamtförderung stellten, weit fortgeschritten und hatte sich dem Stand an der Ruhr weitgehend angeglichen. Die offene Aktiengesellschaft hatte nun auch hier die früheren Arten der Kapitalaufbringung: Partnerschaften von Familienangehörigen oder Bekannten, abgelöst. Während — wie sich zeigen sollte — in den Großunternehmen der unmittelbare persönliche Kontakt zwischen Unternehmern und Beschäftigten im Ruhrbergbau früher, in Südwales erst nach 1900, aufgehoben wurde, blieb er in den kleineren Unternehmen, also weitaus stärker in Südwales als im Ruhrgebiet, bestehen. Nach dem dreigliedrigen Entwicklungsmodell von Unternehmen A.D. Chandlers wurde im Ruhrbergbau die erste Phase des „personal enterprise" weitgehend übersprungen, während diejenige des „entrepreneurial enterprise" sogleich nach der Übernahme der Unternehmen aus der Hand des Staates einsetzte und etwa in den Jahren nach 1870 in das Stadium des „managerial enterprise" überging, in Südwales dagegen folgten — dem Modell entsprechend[366] — die drei Perioden aufeinander: die erste bis ca. 1860, die zweite bis etwa 1890 und die dritte ab diesem Zeitpunkt.

Insgesamt können wir feststellen, daß die Durchsetzung der speziellen grundlegenden Gesetzmäßigkeiten bergbaulicher Produktion zusammen mit der Wirkung der Gesetze privatwirtschaftlicher Rentabilität den Stand

[366] Vgl. A.D. Chandler, jr., The Visible Hand. The Managerial Revolution in American Business, 1977, S. 4-10.

wirtschaftlicher Entwicklung im Steinkohlenbergbau des Ruhrgebietes und von Südwales trotz der aufgezeigten, weiterhin bestehenden Unterschiede in der Zeit bis 1914 wesentlich einander angenähert hatten. Zwar waren bis zu dieser Zeit z. T. verschiedene — und wie sich zeigen sollte, wieder zu verändernde — Formen der Organisation der Produktion entstanden, doch gewährleisteten diese, ebenso wie die vorausgehenden, in Reflex und bei voller Berücksichtigung der regionalen wirtschaftlichen und geographisch-geologischen Besonderheiten und Bedürfnisse einerseits sowie der nationalen geographischen, politischen und volkswirtschaftlichen Randbedingungen (wie der unterschiedlichen traditionellen Rolle des Schiffsbaus, des Handels und der Banken und dem unterschiedlichen Entwicklungsstand der chemischen Industrie) andererseits nur den Ablauf der hinter ihnen stehenden ökonomischen Gesetzmäßigkeiten. Wie hoch aber deren Durchschlagskraft gegenüber hemmenden, nicht-ökonomischen Faktoren etwa war, läßt sich an zwei Beispielen ablesen. Entgegen der allgemeinen Annahme, daß Kartelle nur durch Schutzzoll aufrechterhalten werden können, und trotz der Unsicherheit der Rechtsverhältnisse und der Abneigung des Staates und der öffentlichen Meinung kam im Ruhrgebiet das RWKS im Jahre 1893 zustande. Aus dieser Sicht verhinderte in Südwales also bei etwa gleichen Randbedingungen der geringere durchschnittliche Kapitaleinsatz der Unternehmen eine ähnliche Entwicklung. Zum anderen kam — entgegen der oft wiederholten Ansicht — die vertikale Unternehmenskonzentration nach 1900 zustande, obwohl — wie im Ruhrgebiet — keine Kartellierung des Rohstoffs Kohle vorausgegangen war.

Wie sehr, mit welcher Durchsetzungskraft und in welchen Grenzen die besonderen wirtschaftlichen Gesetzmäßigkeiten bergbaulicher Produktion einerseits und die Gesetze privatwirtschaftlicher Rentabilität andererseits innerhalb des kapitalistischen Systems, das — nach unserer Definition — vorwiegend auf privatem Besitz und privater Verfügung über Kapital beruht und das der Produktion und dem Tausch von Waren zum Zwecke des privaten Profits dient, teils entgegen den, teils in Übereinstimmung mit den nicht-ökonomischen Entwicklungsbedingungen auf regionaler und nationaler Ebene, die Organisation der Produktion verändern konnte, haben wir im vorhergehenden gesehen. In welcher Weise, mit welcher Geschwindigkeit und in welchem Ausmaß diese Gesetze und die von ihnen beförderten Formen die Verhältnisse, Lebensbedingungen und das Verhalten der von ihnen betroffenen Menschen verändern konnten, bleibt im folgenden zu zeigen.

3. Die unmittelbaren Auswirkungen der Industrialisierung auf die menschlichen Verhältnisse: Die Bevölkerungsentwicklung

Einerseits stellte die wirtschaftliche Entwicklung, ihre Ausprägung, ihr Grad und ihr Tempo als sachliche Grundlage des unmittelbaren Produktionsprozesses eine wesentliche Bedingung — wie im weiteren Verlauf der Untersuchung zu verfolgen sein wird — für das Verhalten und die Beziehungen der an der Produktion beteiligten Menschen dar. Zugleich aber war diese wirtschaftliche Entwicklung auch mit Erscheinungen verbunden, die einerseits, zumindest zum Teil, Folge des Industrialisierungsprozesses waren, andererseits und gleichzeitig mittelbar wiederum — gleichsam zwar mit Hilfe, aber hinter dem Rücken der Beteiligten — die Verhältnisse, die Beziehungen und das Handeln der Menschen konditionierten.

Einer der wichtigsten dieser vermittelten, „objektiven" Wirkungsfaktoren stellt die Bevölkerungsentwicklung dar, die zugleich Voraussetzung, Begleiterscheinung und Folge des wirtschaftlichen Entwicklungsprozesses war. Die Entwicklung der Bevölkerung, insbesondere ihr Wachstum, veränderte in einschneidender, sie von ihrer nicht-industriellen Umgebung immer mehr unterscheidenden Weise die unmittelbaren Lebens- und Wohnverhältnisse der Menschen sowie die Möglichkeiten und Notwendigkeiten zu Kommunikation und sozialer Abgrenzung. Wie im folgenden gezeigt werden soll, trug diese Entwicklung zu einer Vereinheitlichung und zugleich zu einer Differenzierung der unmittelbaren Lebensumstände der von ihr betroffenen Menschen und ihrer unmittelbaren Interessen bei.

Trifft diese, sicher nicht umfassende, Charakterisierung der Auswirkungen von Bevölkerungswachstum auf jede industrielle Entwicklung zu, so war es — wie im weiteren nachzuweisen sein wird — die durch die Art der Industrie vermittelte, spezifische Weise der Bevölkerungsentwicklung, die darüber hinaus das unmittelbare Verhalten, nämlich das wiederum für die Entwicklung der Bevölkerung relevante, generative Verhalten, entscheidend beeinflußte.

Die nachfolgende Darstellung der Bevölkerungsentwicklung geht also — die Bewegung für das Ruhrgebiet und Südwales zunächst getrennt verfolgend — aus vom Tempo des Bevölkerungswachstums und seiner lokal und regional unterschiedlichen Verteilung über den zunehmenden Grad an Bevölkerungsdichte, Bebauung und Urbanisierung zur Zusammensetzung,

Herkunft und Mobilität der industriellen Bevölkerung. Sodann wirft unsere Untersuchung die Frage auf, wie ein solches Ausmaß an Bevölkerungswachstum auf so engem Raum zustande kam. Hierbei spielte die Zuwanderung — auch im Vergleich zu anderen Gebieten —, ihr Tempo, ihre Verteilung auf die einzelnen Regionen sowie die wachsende eigene Reproduktion eine Rolle, die ihrerseits schließlich ein spezifisches generatives Verhalten reflektierte, das aus einer bestimmten Art von Industrialisierung sowie aus der mit ihr einhergehenden Bevölkerungsentwicklung resultierte.

3.1. Das Ruhrgebiet

3.1.1. Später Start und rasches Tempo

1. Bevölkerungswachstum und -dichte

Die industrielle Entwicklung brachte einerseits ein verstärktes Angebot von Waren auf dem Gütermarkt mit sich, bedeutete gleichzeitig aber auch die Inanspruchnahme einer wachsenden Anzahl von Menschen für die Produktion. Das Ruhrgebiet, wo — wie wir sahen — die stärkere Einwirkung der speziellen Gesetzmäßigkeiten bergbaulicher Produktion zu einer schnelleren industriellen Entwicklung führte, ging auch hier der Entwicklung in Südwales voran.

Wenn auch die folgende Tabelle keine unmittelbare (Kausal-)Beziehung im zahlenmäßig-prozentualen Wachstum zwischen der Kohleproduktion und der Bevölkerung feststellt, so zeigt sie doch — wie weiter unten deutlich zu machen sein wird — das im Vergleich zu Südwales sehr viel raschere, nebeneinander verlaufende Wachstum von Produktion und Bevölkerung.

Klar erkenntlich wird hieraus eine Geschwindigkeit der Bevölkerungsvermehrung im Ruhrgebiet, die von der Mitte des 19. Jahrhunderts bis zum Weltkrieg derjenigen des Gebiets des deutschen Reichs in jeder Phase um das Drei- bis Vierfache überlegen war und deutlich auch das Bevölkerungswachstum der Provinzen Rheinland und Westfalen, auf deren Territorium das Revier lag, hinter sich ließ. Den Wachstumsraten der Kohleförderung kam das Bevölkerungswachstum aber erst näher, als nach 1890 die prozentuale Zunahme der Kohleförderung zurückging. Damit stieg auch die Bevölkerung im Ruhrgebiet — wie weiter unten klar werden wird — in jedem Zeitraum zwischen 1850 und 1910 schneller als in Südwales, doch hatte hier die Bevölkerung schon vor 1850 einen großen Wachstumsprozeß hinter sich; um 1820 besaß Südwales etwa das Anderthalbfache der Größe der Ruhrgebietsbevölkerung[2].

Ruhrkohleförderung und Bevölkerungswachstum im Ruhrgebiet, in Rheinland und Westfalen und im Deutschen Reich, 1816/25 - 1910[1]

Jahr	Steigerung der Ruhrkohle-förderung %	Bevölkerungswachstum				
		Ruhrgebiet	in %	Rheinld %	Westfalen %	Dt. Reich %
1816/25		244.500				
1858/1864	792,2	472.400	93,2	76,6	56,3	58,6
1871	219,6	723.963	53,3	6,1	6,5	4,2
1875	33,9	872.778	20,6	6,3	7,4	4,1
1880	33,9	959.632	9,9	7,1	7,2	5,9
1885	29,0	1.110.963	15,8	6,6	7,9	3,6
1890	23,1	1.321.683	18,9	8,4	10,2	5,5
1895	16,2	1.590.525	20,3	8,4	11,2	5,8
1900	45,6	2.140.107	34,6	12,8	18,0	7,8
1905	10,9	2.616.636	22,3	11,8	13,5	7,8
1910	33,6	3.163.724	20,9	10,6	14,0	7,1
1816-1910	19.386,5		1.193,9	272,9	286,9	161,5
1871-1910	614,9		337,0	98,9	132,4	58,1
1900-1910	48,2		47,8	23,6	29,4	15,2

Innerhalb von 90 Jahren war die Bevölkerung des Ruhrgebiets, das etwa 0,6% der Reichsfläche ausmachte, von ca. einem Hundertstel auf etwa ein Zwanzigstel der Reichsbevölkerung angewachsen. Innerhalb des Ruhrgebietes konnte das Wachstum der Bevölkerung im Ausmaß, in den einzelnen Regionen und der Zeitphase nach sehr unterschiedlich ausfallen. Während einige Regionen ein allmähliches Wachstum, manchmal sogar eine mehr oder weniger zeitlich anhaltende Abnahme aufwiesen, hatten andere eine Wachstumsrate in zwanzig Jahren von mehr als 1.000% — so etwa Hamborn zwischen 1885 und 1905. Und bis 1910 gab es lokale Bevölkerungszunahmen in Fünfjahreszeiträumen von 70 bis 80%[3]. Wie stark dabei die Bevölkerungs-

[1] Ausgewählt und berechnet nach: Meis, S. 129-131; W. Horst, Studien über die Zusammenhänge zwischen Bevölkerungsbewegung und Industrieentwicklung im niederrhein.-westf. Industriegebiet, 1937, S. 26, 45, 59; R. Müllers, Die Bevölkerungsentwicklung im Rhein.-Westf. Industriegebiet von 1895 bis 1919, 1920, Zahlentafel 1; Brandt/Most, Bd. 2, S. 1/2; Bevölkerung und Wirtschaft, 1972, S. 90. Müllers berechnet ein um 600 km² kleineres „Industriegebiet" als Horst (3.300 km²), kommt aber nur zu geringen Abweichungen bei der Feststellung der Bevölkerungsgröße. Vgl. auch: Steinberg, S. 20, 46, und F. Meier, Die Änderung der Bodennutzung, Tab. I, 8. Die Wachstumsangabe (in %) bezieht sich auf die jeweils vorherliegenden, meist fünfjährigen Zeiträume.

[2] Berechnet nach den Angaben bei Mitchell (S. 20) für die fünf Grafschaften in Südwales.

[3] Vgl. hierzu etwa: H. Fink, Verschiebungen der Volksdichte im rheinischen Ruhrkohlengebiet von 1815 bis 1905, in: Wirtschaftliche Nachrichten aus dem Ruhrbezirk 3, 1922,

zunahme eines lokal begrenzten Raumes von der Entwicklung der Industrie, im Extremfall von der eines einzelnen Unternehmens abhängig sein konnte, zeigt das Beispiel Hamborn.

Kohlenförderung und Gesamtbelegschaft der Zechen der Gewerkschaft Deutscher Kaiser (Thyssen) und die Einwohnerzahl Hamborns, 1871 - 1910[4]

Jahr	Kohleförderung t	Gesamtbelegschaft	Einwohner
1871/76	3.583	90	2.272
1885	183.077	670	4.133
1895	358.272	1.300	6.063
1900	1.199.333	3.600	32.597
1905	1.906.440	7.793	67.453
1909/10	3.600.045	15.700	101.703

Die Zunahme der Bevölkerung auf gleichbleibendem Gebiet zog eine wachsende Bevölkerungsdichte nach sich.

Bevölkerungsdichte pro km² im Ruhrgebiet, in Rheinland und Westfalen und im Deutschen Reich, 1815/16 - 1910[5]

	1815/16	1852	1871	1895	1900	1905	1910
Ruhrgebiet	67	117	220	564	761	927	1.121
Rheinland	69	119 (1861)	133	189	213	238	264
Westfalen	53	82 (1864)	88	134	158	179	204
Dt. Reich	46	73	76	197	104	112	120

Ab der Mitte des 19. Jahrhunderts ließ die Bevölkerungsdichte des Ruhrgebiets zunehmend das Rheinland, Westfalen und das Deutsche Reich hinter sich und stand hinter der Stadt Berlin und dem Stadtstaat Hamburg an

S. 104-126, S. 124/5; E. Knirim, Die Verschiebungen der Volksdichte im engeren westfälischen Ruhrgebiet von 1818 bis 1925 und ihre geographischen Grundlagen, 1928, S. 56-71; R. Müllers, Die Bevölkerungsentwicklung, Zahlentafel 2; F. Strehlow, Die Boden- und Wohnungsfrage des rhein.-westf. Industriebezirkes, 1911, Anhang Tab. 2.

4 Zusammengestellt aus: L. Fischer-Eckert, Die wirtschaftliche und soziale Lage der Frauen in dem modernen Industrieort Hamborn im Rheinland, 1913, S. 9, und Meis, S. 33. In die Bevölkerungsziffern für Hamborn sind die beiden Eingemeindungsgewinne von 5.086 (1895) und 1.800 (1905) Einwohnern eingeschlossen.

5 Zusammengestellt und berechnet nach: H. Fink, Verschiebungen, S. 105; Brandt/Most, Bd. 2, S. 1/2; Meis, S. 10; R. Müllers, Zahlentafel 4 und 5.

dritter Stelle mit weitem Abstand vor den nächstfolgenden Provinzen des Reiches. Doch blieben wie bei der Bevölkerungszunahme innerhalb des Ruhrreviers bis zum Ersten Weltkrieg erhebliche Unterschiede in der Bevölkerungsdichte. Diese bezogen sich bei weitem nicht ausschließlich auf den Unterschied zwischen Stadt- und Landkreisen, sondern auch auf die Verschiedenheit innerhalb dieser. So lebten etwa im Jahre 1910 auf dem Gebiet des Stadt- und Landkreises Hamm 315 Einwohner auf 1 km^2, während der Stadt- und Landkreis Gelsenkirchen 4.020 Einwohner auf demselben Gebiet unterzubringen hatte. Ländliche Ansiedlungen wie Styrum, Grumme, Bulmke und Hüllen mit 3.000 bis 4.000 und mehr Einwohnern pro km^2 standen in einer Linie mit Großstädten wie Oberhausen und Dortmund[6].

Mit Industrialisierung und Bevölkerungswachstum stieg die Bebauung. Im Ruhrrevier wuchs die bebaute Fläche zwischen 1875 und 1893 um 40,8% an, beschleunigte in den folgenden 20 Jahren aber ihr Wachstum auf 102%. Der Anteil der bebauten an der Gesamtfläche stieg von $^1/_{32}$ oder 3,1% (1865) über $^1/_{23}$ oder 4,4% (1893) auf $^1/_{11}$ oder 8,8% im Jahre 1913. Doch blieb in den Stadtkreisen die relative Anzahl der bewohnten Wohnhäuser zwischen 1895 und 1910 mit durchschnittlich 216,6 pro km^2 konstant. Dagegen stieg hier die Behausungsziffer, also die Anzahl der Bewohner pro Wohnhaus, im gleichen Zeitraum um ca. 2 Personen, von durchschnittlich 15 auf 16,9[7].

Doch lag hierbei weniger der Unterschied zwischen städtischen und nichtstädtischen Gebieten als zwischen den Gemeinden mit und ohne Industrieansiedlung. So stieg im Kreis Recklinghausen zwischen 1885 und 1910 die Behausungsziffer in den vorwiegend ländlichen Gemeinden von durchschnittlich 7 auf 8,3, in den Industriegemeinden aber von im Durchschnitt etwa 8 auf 16,5[8].

Für die beteiligten Regierungsbezirke, also unter Einschluß der ländlichen Gebiete, läßt sich der Verdichtungsprozeß in der Bebauung und Wohnung an der folgenden Zusammenstellung ablesen.

In den Regierungsbezirken stieg die Anzahl der (bewohnten) Wohnhäuser bei weitem nicht so schnell an wie die Bevölkerung und die Zahl der Haushalte. Entsprechend schnell — aber immer noch durchschnittlich langsamer als in den Stadtkreisen — wuchs die Einwohnerzahl pro Wohnhaus in den drei-

---

6 Vgl. etwa E. Knirim, Die Verschiebungen, S. 56-71, H. Fink, S. 124 und 125; Müllers, Zahlentafel 4 und 5; Horst, S. 63; Strehlow, Tab. 2.

7 Die Angaben zur bebauten Fläche sind berechnet nach: F. Meier, Die Änderung der Bodennutzung und des Grundeigentums im Ruhrgebiet von 1820 bis 1955, 1961, Tab. III-V, 14, die übrigen nach Müllers, Zahlentafel 6; vgl. auch: Strehlow, Anh. Tab. 1.

8 Dabei schwankte im Jahre 1910 in den vorwiegend ländlichen Gemeinden die Behausungsziffer zwischen 7,2 (Datteln) und 9,9 (Waltrop) und in den Industriegemeinden zwischen 12,3 (Bottrop) und 20,4 (Horst). Vgl. C. Schneider/J. Wiedenhöfer, Der Kreis Recklinghausen 1850-1910, 1911, S. 307/8.

Bebauungs- und Wohndichte in den Regierungsbezirken Düsseldorf, Arnsberg und Münster, 188o - 191o[9]

188o-191o	Düsseldorf	Arnsberg	Münster
proz. Zunahme der			
- Bevölkerung	114,8	73,3	11o,2
- Haushaltungen	119,3	126,5	97,7
- bewohnten Wohnhäuser	64,9	63,7	49,1
Anzahl der Haushaltungen pro Wohnhaus 188o	1,78	1,82	1,22
191o	2,37	2,52	1,62
Anzahl der Einwohner pro Haushalt 188o	4,9	5,2	5,3
191o	4,8	5,1	5,6
Anzahl der Einwohner pro bew. Wohnhaus 188o	8,8	9,4	6,5
191o	11,4	12,9	9,1
Anzahl der bew. Wohnhäuser pro km² 188o	32,9	14,8	1o,o
191o	54,3	24,2	14,9

ßig Jahren vor 1910 um etwa drei Personen an. Doch wohnten hier vor dem Ersten Weltkrieg immer noch etwa sechs Personen oder knapp ein Drittel weniger als in den Häusern der Stadtkreise. Die im Vergleich zur Bevölkerungsentwicklung auffällig gehemmte Haushaltsentwicklung im Regierungsbezirk Münster, die offensichtlich auch den Neubau von Wohnhäusern behinderte, ist wohl — wie noch zu zeigen sein wird — auf die große Kinderzahl der jung zugewanderten Arbeiterfamilien und den relativ hohen Prozentsatz unverheirateter Einlieger zurückzuführen, Faktoren, die beide auf die Jugend der dortigen Industrieansiedlung verweisen. Obwohl die Baudichte naturgemäß stark hinter der der Stadtkreise zurücklag, stieg sie doch in allen Regierungsbezirken in den dreißig Jahren bis 1910 um wenigstens 50%.

[9] Berechnet und zusammengestellt nach: Brandt/Most, Bd. 2, S. 2, 4-11. Die in die Zahl der Haushaltungen nach der preußischen Statistik eingeschlossene Anzahl der „Anstalten" kann für unsere Zwecke vernachlässigt werden. Zur Zunahme der Wohnhäuser, der Bewohner pro Haus und der Wohndichte pro ha in einzelnen Bezirken vgl. Strehlow, Die Boden- und Wohnungsfrage, Anhang Tab. 3 und 5. Die — nach Strehlow, Tab. 5 — höchste Behausungsziffer im Jahre 1908 wies mit 24,7 Werne vor Gelsenkirchen mit 24,3, Wanne mit 23,4 und Lütgendortmund mit 21,0 auf. Die niedrigste Behausungsziffer im Jahre 1908 hatten Westhofen mit 9,1, Sterkrade mit 10,4 und Wellinghofen mit 10,8. 1880 lagen Wanne mit 25,9 und Witten mit 17,8 an vorderster, Bommern mit 9,3 und Mülheim mit 9,4 an letzter Stelle. Zu den Behausungsziffern deutscher Großstädte in den Jahren 1895, 1900 und 1905 vgl. L. Niethammer, Wie wohnten Arbeiter im Kaiserreich?, in: AfS 16, 1976, S. 61-134, S. 90/1.

2. *Urbanisierung*

Das Zusammenwachsen von Häusern, Siedlungen und Dörfern bewirkte einen ablesbaren Prozeß der Verstädterung im Ruhrgebiet. Dabei war es eingebettet in einen gleichgerichteten, langfristigen Trend seiner mittelbaren und unmittelbaren Umgebung. In den vierzig Jahren vor Ausbruch des Ersten Weltkrieges entwickelten sich die Anteile von ländlicher und städtischer Bevölkerung wie folgt:

Ländliche und städtische Bevölkerung im Deutschen Reich, im Rheinland und in Westfalen, 1871 - 1910 (in %)[10]

		ländliche Bevölkerung	städtische Bevölkerung
Dt. Reich:	1871	63,9	36,1
	1890	53,0	47,0
	1910	40,0	60,0
Rheinland:	1871	42,7	57,3
	1890	32,5	67,5
	1910	20,7	79,3
Westfalen:	1871	51,2	48,8
	1890	36,7	63,3
	1910	19,7	80,3

Obwohl der Urbanisierungsprozeß im Deutschen Reich zwischen 1871 und 1910 — wenn auch nur unmaßgeblich — schneller verlief als in den Provinzen Rheinland und Westfalen, sicherte die günstige Startposition Rheinland und Westfalen bis 1910 einen Vorsprung des Urbanisierungsgrades von ca. 20% gegenüber dem Durchschnitt des Deutschen Reiches. Welche Formen im Vergleich zu dieser weiteren Umgebung die Verstädterung im Bereich des Ruhrgebietes in der Periode der schnellsten Entwicklung, zwischen 1895 und 1910, annahm, zeigt die folgende Zusammenstellung.

Insgesamt zeigt die Tabelle das Sinken der Anzahl und des Bevölkerungsanteils der Land- und Klein-, sowie — in geringerem Ausmaß — der Mittelstädte und das rapide Hochschnellen, eine Versechsfachung, des Anteils der

---

[10] Zusammengestellt aus: Hohorst/Kocka/Ritter, Sozialgeschichtliches Arbeitsbuch, S. 42/3. Als ländliche Bevölkerung gelten die Mitglieder von Gemeinden mit weniger als 2.000 Einwohnern.

Formen und Ausmaß der Verstädterung im Ruhrgebiet und im Deutschen Reich, 1895 - 191o[11]

Wohnplätze		1895	19oo	19o5	191o
Großstädte	a	1	2	5	7
1oo ooo und	b	111 222	267 595	864 752	1 219 o85
mehr Einw.	c	7,22	13,oo	34,47	4o,21
Dt. Reich	d	13,9	16,2	19,o	21,3
Mittelstädte	a	18	23	21	21
2o ooo bis	b	513 399	819 911	768 981	871 353
unter 1oo ooo Einwohner	c	33,69	39,86	3o,65	28,73
Dt. Reich	d	1o,7	12,6	12,9	13,4
Kleinstädte	a	57	67	51	55
5 ooo bis unter	b	542 749	622 262	442 411	484 365
2o ooo Einw.	c	35,62	3o,25	17,63	15,o7
Dt. Reich	d	13,6	13,5	13,7	14,1
Landstädte	a	62	57	54	55
2 ooo bis unter	b	247 715	19o 886	177 357	176 o23
5 ooo Einw.	c	16,26	9,27	7,o7	5,81
Dt. Reich	d	12,o	12,1	11,8	11,2
zusammen	a	133	149	131	138
	b	1 415 oo5	1 9oo 654	2 253 5o1	2 75o 831
	c	92,86	92,38	89,82	9o,72
	d	5o,2	54,4	57,4	6o,o
Ländliche	b	1o3 752	156 997	255 843	28o 88o
Wohnplätze	c	7,14	7,62	1o,18	9,28
	d	49,8	45,6	42,6	4o,o
Summe	b	1 523 757	2 o57 651	2 5o9 344	3 o31 711
	c	1oo,oo	1oo,oo	1oo,oo	1oo,oo
	d	1oo,oo	1oo,oo	1oo,oo	1oo,oo

[11] Nach R. Müllers, S. 36, und Hohorst u. a., S. 52. a) bedeutet die Zahl der Wohnplätze im Ruhrgebiet, b) die Gesamtzahl ihrer Einwohner, c) der Anteil der Einwohner an der Gesamtbevölkerung des Ruhrgebietes, d) die Verteilung der Reichsbevölkerung auf die verschiedenen Wohnplätze.

Großstädte mit mehr als 100.000 Einwohnern im Ruhrgebiet[12]. Im Reichsgebiet stand dem eine langsame Bedeutungsverringerung der Landstädte und ein allmähliches Wachstum aller übrigen Stadttypen gegenüber. Während die Großstädte im Ruhrrevier bis 1900 noch eine geringere Rolle als im Reichsgebiet spielten, war die Zahl zwischen 1895 und 1910 von 1 auf 7, ihr Bevölkerungsanteil um das Siebenfache und ihre Bedeutung im Vergleich zum Reichsgebiet auf das Doppelte gestiegen. Obschon auch der ländliche Bevölkerungsanteil leicht anstieg, wohnten im Jahre 1910 — um ca. 30% über dem Reichsniveau liegend — mehr als 90% der Bevölkerung des Ruhrgebietes in Städten, davon beinahe die Hälfte in Großstädten.

Noch zugespitzter ergibt sich das Bild der Bevölkerungszusammenballung im Ruhrgebiet bei einer Betrachtung, die nicht an den relativ beliebigen politischen und verwaltungsrechtlichen Grenzen der einzelnen Gemeinden haltmacht. So fand S. Schott[13] im Ruhrgebiet drei — wie er sie nannte — großstädtische Agglomerationen, indem er um die Großstädte Essen, Dortmund und Duisburg Kreisbögen mit einem Radius von 10 km zog. Bei der Unterscheidung zwischen Gemarkungsfläche, die sich bei den drei Großstädten fortlaufend ausdehnte, innerer und äußerer Agglomeration stellte er für die Zeit zwischen 1890 und 1910 folgende Entwicklung fest.

Die großstädtischen Agglomerationen im Ruhrgebiet, 189o - 191o[14]

	Jahr	Essen	Dortmund	Duisburg
Einwohnerzahl auf die Gemarkungsfläche	189o 19oo 191o	78 7o6 118 862 294 658	89 663 142 733 214 226	59 285 92 73o 229 483
Einwohnerzahl der inneren Agglomeration im Umkreis von 5 km	189o 19oo 191o	179 326 3o2 557 441 458	127 529 2o4 782 3o4 694	1o3 987 158 o56 248 299
Einwohnerzahl der äußeren Agglomeration im Umkreis von üb.5 bis 1o km	189o 19oo 191o	252 444 4o7 658 5o8 7o8	86 966 135 956 172 o32	124 377 214 35o 381 4o2
Einwohnerzahl der ganzen Agglomeration	189o 19oo 191o	481 77o 71o 215 95o 166	214 495 34o 738 476 776	288 364 373 o86 689 7o1

12 Zwischen 1895 und 1910 rückten 12 Mittelstädte in die Reihe der Großstädte und 16 Kleinstädte in die Reihe der Mittelstädte auf. Zur Entwicklung einzelner Städte im Ruhrgebiet vgl. etwa Steinberg, S. 40 f., 46, 55, 68 f., 75-77, 102 f., und Brandt/Most, Bd. 2, S. 32 ff.

Die wachsende Bevölkerungsdichte innerhalb der Agglomeration während der gleichen Zeit läßt sich an der folgenden Tabelle ablesen.

Bevölkerungsdichte auf 1 ha in den einzelnen Teilen der Agglomeration[15]

	Jahr	Essen	(a)	Dortmund	(a)	Duisburg	(a)
in der inneren	1890	22,8		16,2		13,2	
Agglomeration	1900	38,5	146,4	26,1	139,5	20,1	139,3
	1910	56,2		38,8		31,6	
in der äußeren	1890	10,7		3,7		5,3	
Agglomeration	1900	17,3	101,8	5,8	97,2	9,1	205,6
in der ganzen	1890	13,7		6,8		7,3	
Agglomeration	1900	22,6	120,5	10,8	123,5	11,9	160,2
	1910	30,2		15,2		20,0	

Mit großer Regelmäßigkeit und raschem Tempo wuchsen Bevölkerung und Bevölkerungsdichte in allen Agglomerationsgebieten an. Die 134 Gemeinden, die im Bereich der großstädtischen Agglomerationen lagen, beherbergten auf 28% der Fläche mit etwa 2 Mill. Menschen mehr als zwei Drittel der Gesamtbevölkerung des Ruhrgebietes[16].

3.1.2. Starke Zuwanderung in kurzer Frist und der hohe Grad der Differenzierung

Woher kam nun diese Menge an Menschen, die in den 40 Jahren vor Ausbruch des Krieges eine Verfünffachung von Bevölkerung und Bevölkerungsdichte und eine Verdreifachung der bebauten Fläche im Ruhrgebiet bewirkte? Schon für die Zeit zwischen 1844 und 1858 schätzte man die Zahl der Zuwanderer in das Ruhrrevier, abgesehen von den saisonal und konjunkturell eingesetzten Arbeitskräften, auf etwa 15.000 bis 16.000. Ebenso wie diese waren auch von den 100.000 bis 135.000 zwischen 1850 und 1871 Zugewanderten die bei weitem größte Anzahl Nahwanderer, meist kleine Kötter und nicht erbende Bauernsöhne, aber auch Handwerker und ehemalige Textilarbeiter. So stammten noch von 68.682 zwischen 1865 und 1870 in das Revier Eingewanderten 78% aus Rheinland und Westfalen, 8% aus

---

13 S. Schott, Die großstädtischen Agglomerationen des deutschen Reiches 1871 bis 1910, 1912.

14 Zit. nach Müllers, S. 42/3.

15 Vgl. ebenda. (a) bedeutet Zunahme der Bevölkerungsdichte von 1890 bis 1910 in % von 1890. — Um auf die Bevölkerungsdichte pro km² zu kommen, sind die hier genannten Zahlen mit 100 zu multiplizieren.

16 Brandt/Most, Bd. 2, S. 43; Müllers, S. 43.

Hessen, 4% aus Holland und 2,5% aus der Provinz Sachsen, aber erst 1,5% aus den Ostprovinzen[17].

Der größte Zuwanderungsstrom aber setzte erst in den Jahren nach 1870 ein. Hiervon jedoch war das Ruhrgebiet inmitten des im industriellen Aufbruch befindlichen Deutschland weder am stärksten noch, wie die folgende Tabelle zeigt, allein aufgrund seiner schwerindustriellen Beschäftigungsstruktur betroffen.

Wandergewinn bzw. -verlust (in % der betr. Anfangsbevölkerung) in Regierungsbezirken mit vorherrschend schwerer sowie vorherrschend verarbeitender Industrie, 1876 - 1900[18]

	1876 - 80	1881 - 85	1886 - 90	1891 - 95	1896 - 1900
Schwerindustrie					
Ruhrgebiet					
Düsseldorf	0,03	1,9	3,9	1,9	8,0
Arnsberg	- 1,4	1,8	3,0	1,9	9,0
Münster	1,0	- 0,4	2,4	3,4	7,7
Andere Gebiete					
Oppeln	- 2,9	- 2,4	- 3,1	- 1,2	- 1,5
Trier	- 2,0	- 3,6	- 2,1	- 0,4	- 4,0
Verarbeitende Industrie					
Berlin (Stadtkreis)	9,0	11,7	14,1	1,0	7,6
Potsdam	- 1,0	0,2	8,5	10,7	10,0
Wiesbaden	1,2	3,3	5,2	1,6	3,9
Hannover	0,2	- 1,0	2,4	4,0	2,5

Hinter dem Stadtkreis Berlin und den Regierungsbezirken Potsdam und zeitweise auch Wiesbaden und Hannover (alle mit dominant verarbeitender Industrie) lagen die drei Regierungsbezirke des Ruhrgebiets mit Abstand vor den übrigen 28 des preußischen Staates. Die übrigen dominant schwerindustriellen Gebiete des Deutschen Reiches dagegen hatten regelmäßig einen Wanderungsverlust zu verzeichnen.

[17] Vgl. Tenfelde, S. 230 ff.; K. Degen, Die Herkunft der Arbeiter in den Industrien Rheinland-Westfalens bis zur Gründerzeit 1915, S. 26-35.

[18] Zusammengestellt nach: P. Mombert, Studien zur Bevölkerungsbewegung in Deutschland, 1907, S. 218/9.

Im Ruhrgebiet aber stieg zusammen mit dem Umfang der Zuwanderung auch — wie wir ebenso in Südwales sehen werden — der Anteil der Fernwanderer. Allein im Zeitraum zwischen 1890 und 1900 kamen von den 260.131 Zuwanderern ins Rheinland 185.102 oder 71,2%, von den 291.790 Zuwanderern nach Westfalen 261.243 oder 89,5% aus den östlichen Provinzen Preußens[19]. Wie aus der umseitigen Tabelle ersichtlich, stieg der Anteil der Fernwanderer bis 1910 weiter, wenn auch in abnehmendem Tempo.

Von den 94% der Einwohner des Ruhrgebietes im Jahre 1910, die in Preußen geboren waren, entfielen auf die Provinzen und Bezirke[21]:

Westfalen	1 356 266 =	44,7%
Rheinland	899 518 =	29,7%
Ostpreußen	182 225 =	6,1%
Posen	135 995 =	4,5%
Westpreußen	76 460 =	2,5%
Hessen-Nassau	52 555 =	1,7%
Liegnitz (Schlesien)	41 007 =	1,3%
Hannover	27 170 =	0,9%
Oppeln (Schlesien)	25 179 =	0,8%
Pommern	9 346 =	0,3%
Brandenburg	9 455 =	0,3%
Berlin	3 639 =	0,1%
Schleswig-Holstein	3 478 =	0,1%
Hohenzollern	147 =	0,1%.

Obwohl auch noch im Jahre 1910 die Mehrheit der Bevölkerung des Ruhrgebietes aus Rheinland und Westfalen kam, sank der Anteil der in der Zählprovinz Geborenen zwischen 1890 und 1910 von 76,8% auf 67,6%. Entsprechend stiegen die Anteile der Ausländer und der aus anderen preußischen Provinzen Stammenden. Hieran waren vor allem die Provinzen Ostpreußen, Posen und Westpreußen beteiligt. Einschließlich der Berliner stammten im Jahre 1910 483.306 oder 15,9% der Einwohner des Ruhrgebietes aus den östlichen preußischen Provinzen[22]. Die größte Einzelgruppe unter ihnen bildeten die Polen. Ihre Zahl war zwischen 1861 und 1890 von 16 auf knapp 35.000 gestiegen und wurde für 1910 — einschließlich der sprachverwandten Masuren und Kassuben — auf 350.000 bis 450.000 geschätzt.

Mindestens die für 1910 von der amtlichen Statistik erfaßten 236.169 Polen waren — nach dem Kriterium der Muttersprache — kulturell noch nicht an ihre neue Umgebung angepaßt[23]. Zusammen mit den Ausländern, die vor

[19] Ebenda, S. 215.

[21] Ebenda, Zahlentafel 15.

[22] Die Einwohner der 5 Großstädte im Jahre 1907 bestanden durchschnittlich aus 43,3% Ortsgebürtigen, 31,7% Nahwanderern, 22,0% Fernwanderern und 3,0% Ausländern. Vgl. Köllmann, Bevölkerung, S. 118.

[23] Die Zahlen nach: Tenfelde, a.a.O.; H.-U. Wehler, Die Polen im Ruhrgebiet bis 1918, in: ders., Hg., Moderne deutsche Sozialgeschichte, 1966, S. 437-455, S. 441-443; Müllers,

Gebürtigkeit der ortsanwesenden Bevölkerung des Ruhrgebietes, 1890 - 1910[20]

Jahr		ortsanwesende Bevölkerung	von der ortsanw. Bevölkerung waren geboren						
			in der Zählgemeinde (Ortsgebürtige)	in anderen Gemeinden des Zählkrs.	in anderen Kreisen der Zählprovinz	in anderen Provinzen des preuß. Staates	im preuß-Staat zusammen	in anderen deutschen Bundesstaaten	im Ausland
1890	abs.	1 259 324	584 802	110 749	271 333	251 906	1 218 790	23 704	16 830
	%	100	46,45	8,80	21,55	20,01	96,81	1,87	1,32
1900	abs.	2 057 651	841 238	160 811	407 778	534 235	1 944 062	48 006	65 583
	%	100	40,89	7,81	19,82	25,97	94,49	2,33	3,18
1905	abs.	2 509 344	1 095 490	129 601	490 161	654 162	2 369 414	58 030	81 900
	%	100	43,66	5,16	19,53	26,07	94,42	2,32	3,26
1910	abs.	3 031 711	1 304 308	148 544	605 001	799 968	2 851 721	47 415	105 576
	%	100	43,0	4,7	19,9	26,4	94,0	2,5	3,5

20 Zusammengestellt nach Müllers, Zahlentafel 12-15.

allem aus Holland, Italien und Österreich-Ungarn (insbesondere aus der heutigen Tschechoslowakei) kamen, bildeten sie eine sowohl in sich heterogene, als auch von der ansässigen Bevölkerung sprachlich und kulturell verschiedene Gruppe von etwa 350.000 Menschen, die mit 11,5% der Gesamtbevölkerung das Zusammenleben im Ruhrgebiet beeinflussen mußten. Entsprechend ihrer sprachlichen und kulturellen Zugehörigkeit konzentrierten sich denn auch die Einzelgruppen auf bestimmte Orte und Regionen. So besaßen etwa im Jahre 1905 in 35 Gemeinden des Ruhrgebietes die Polen einen Einwohneranteil von mehr als 10%, darunter in sechs Gemeinden einen Anteil von 25 bis 50%[24].

Die Zuwanderung zum Ruhrrevier sowie die Heterogenität der Wanderer bewirkte verschiedene Wanderungsergebnisse für die einzelnen Kreise. Im Jahrfünft von 1895 bis 1900 zeigten noch alle Kreise, mit Ausnahme des Stadtkreises Hamm, eine Mehrzuwanderung. Diese bewegte sich zwischen 43,6% im Stadtkreis Recklinghausen und 2,5% im Landkreis Hattingen. Ansonsten wiesen die Landkreise meist eine größere prozentuale Mehrzuwanderung als die Stadtkreise auf. Im nächsten Jahrfünft zwischen 1900 und 1905 erreichten schon vier Kreise ein, wenn auch geringes, Abwanderungsmehr, nämlich der

Stadtkreis Witten mit	509 Einwohnern bzw. 1,5%,
Stadtkreis Gelsenkirchen mit	5 062 Einwohnern bzw. 3,9%,
Landkreis Hörde mit	3 478 Einwohnern bzw. 3,0%,
Landkreis Hattingen mit	2 971 Einwohnern bzw. 3,7%.

Gleichzeitig betrug der Wanderungsgewinn in vier Kreisen mehr als 10%, in drei Kreisen mehr als 5%, in allen übrigen weniger als 5%. Im Zeitraum von 1905 bis 1910 flachte bei der stark gewachsenen Bevölkerung der prozentuale Wanderungsgewinn der Kreise weiter ab, wenn auch noch einzelne Städte einen Wanderungsgewinn, wie etwa Gladbeck, von bis zu 62% zu verzeichnen hatten. Insgesamt zeigt sich, daß die Zuwanderung ins Ruhrre-

Zahlentafel 16; Brandt/Most, Bd. 2, S. 31; auch: C. Kleßmann, Klassensolidarität und nationales Bewußtsein. Das Verhältnis zwischen der Polnischen Berufsvereinigung (ZZP) und den deutschen Bergarbeitergewerkschaften im Ruhrgebiet 1902-1923, in: IWK 10, 1974, S. 149-178, S. 151; ders., Polnische Bergarbeiter im Ruhrgebiet, 1870-1945, 1978, S. 22, 260-262.

24 M. Broesike, Die Polen im westlichen Preußen 1905, in: Zeitschr. d. Preuß. Stat. Landesamts 48, 1906, S. 251-274, S. 258; auch: F. Schulze, Die polnische Zuwanderung im Ruhrrevier und ihre Wirkungen, 1910, S. 36/7; S. Wachowiak, Die Polen in Rheinland-Westfalen, 1916, S. 18, 20, 24; Tenfelde, S. 241; S. Chmielecki, Die Bevölkerungsentwicklung im Stadt- und Landkreis Recklinghausen in den Jahren 1875 bis 1910, 1914, S. 21, 22, 26, 30/1; F. Mogs, Die sozialgeschichtliche Entwicklung der Stadt Oberhausen zwischen 1850 und 1933, 1956, S. 92-97; H. Kühr, Parteien und Wahlen im Stadt- und Landkreis Essen in der Zeit der Weimarer Republik, 1973, S. 42; Horst, S. 70; Steinberg, S. 105-110; J.V. Bredt, Die Polenfrage im Ruhrkohlengebiet, 1909, S. 12; Wiel, S. 70-72; insgesamt auch: Brepohl, Der Aufbau des Ruhrvolkes, 1948, und Brandt/Most, Bd. 2, S. 14-19.

vier — trotz der lokalen Schwerpunktbildung für kulturelle Minderheiten — weder eine gleichmäßige noch eine stabile Addition von Bevölkerungszahlen in bestimmten Gebieten bedeutete, sondern gerade auch durch die Heterogenität der Zuwanderer neue Wanderungsbewegungen innerhalb des Reviers auslöste[25].

3.1.3. Die Fruchtbarkeit der Bergbaubevölkerung und die Beeinflussung des generativen Verhaltens

Die Ruhrgebietsbevölkerung vermehrte sich nicht nur durch den zweifellos bedeutenden Wanderungszufluß, sondern auch aus eigener Kraft. In welchem Maße Wanderungsgewinn einerseits und Geburtenüberschuß andererseits an der Bevölkerungszunahme zwischen 1895 und 1910 beteiligt waren, zeigt die folgende Tabelle.

Geburtenüberschuß, Wanderungsgewinn und Gesamtzunahme der Bevölkerung im Ruhrgebiet, 1895 - 1910[26]

Zeitabschnitt		Geburtenüberschuß	Wanderungsgewinn	Gesamtzunahme
1895/1900	abs.	266 509	267 385	533 894
	%	17,45	17,51	34,96
1900/1905	abs.	324 889	126 804	451 693
	%	15,84	6,12	21,96
1905/1910	abs.	381 882	140 485	522 367
	%	15,22	5,60	20,82

[25] Für die Wanderbewegung innerhalb des Ruhrgebiets vgl. Müllers, S. 93-95. Die hohe Wanderquote schon seit den 1870er Jahren wird bestätigt durch die Angaben für Bochum, Hamborn, Gelsenkirchen, Oberhausen und Dortmund, wo anfangs die Zahl der jährlich Zuwandernden bis zu einem Drittel der Gesamtbevölkerung ausmachen konnte und die Abmeldequote beinahe regelmäßig 80-90 % der Anmeldequote erreichte. Diese Wanderrate entsprach damit in etwa der anderer deutscher Großstädte. Vgl. Lange, Die Wohnungsverhältnisse der ärmeren Volksklassen in Bochum, in: Die Wohnungsnoth der ärmeren Klassen in deutschen Großstädten. Schriften des Vereins für Socialpolitik, Bd. 31, 1886, S. 73-105, S. 75; Bochum, S. 108, D. Crew, Regionale Mobilität und Arbeiterklasse. Das Beispiel Bochum 1880-1901, in: GG 1, 1975, S. 99-120, S. 100-111; ders., Bochum, S. 72; L. Fischer-Eckert, Die wirtschaftliche und soziale Lage, S. 51, 64-67; H. Husmann, Lebensformen und ihr Wandel beim Arbeiter in Hamborn, in: Rhein.-Westf. Zeitschr. f. Volkskunde 4, 1957, S. 1-39, S. 5. Tenfelde, S. 233; Mogs, Oberhausen, S. 91; R. Lützenkirchen, Der sozialdemokratische Verein für den Reichstagswahlkreis Dortmund-Hörde, 1970, S. 129. Für einige deutsche Großstädte vgl. A. Weber, Die Wohnungsproduktion, in: Grundriß der Sozialökonomik, Abt. VI, 1914, S. 350-368, S. 355, und L. Niethammer, Wie wohnten Arbeiter im Kaiserreich?, S. 83-85. Zur Zu- und Binnenwanderung trat die Abwanderung, die etwa für Rheinland und Westfalen im Jahre

Während der Wanderungsgewinn in den 15 Jahren vor 1910 absolut auf etwas mehr als die Hälfte, relativ auf weniger als ein Drittel zurückging, blieb der Geburtenüberschuß relativ beinahe konstant und stieg absolut um fast die Hälfte des Ausgangsüberschusses an. In dem kurzen Zeitraum von 15 Jahren hatte damit in absoluten Zahlen die Zunahme des Geburtenüberschusses den Abfall des Wanderungsgewinns fast vollständig ausgeglichen. Dieser enorme Geburtenüberschuß kam zustande durch, wie die folgende Tabelle deutlich macht, im Vergleich zu Preußen hohe Heirats- und Geburtenziffern einerseits und eine — infolge der Jugendlichkeit der Bevölkerung — meist niedrigere Sterbeziffer andererseits.

Anzahl der Heiraten, Geburten, Gestorbenen sowie der Überschuß der Zahl der Geborenen über die der Gestorbenen im Ruhrgebiet und in Preußen, 1895 - 1910[27]

Jahr	Heiratsziffer [28]		Geburtenziffer [29]	
	Ruhrgebiet	Preußen	Ruhrgebiet	Preußen
1895	18,9	16,0	45,9	38,1
1900	20,5	17,1	51,2	37,2
1905	18,0	16,2	48,5	34,5
1910	16,4	15,5	41,7	31,5

Jahr	Sterbeziffer [30]		Geburtenüberschuß [31]	
	Ruhrgebiet	Preußen	Ruhrgebiet	Preußen
1895	22,5	23,0	23,4	15,1
1900	24,8	22,9	26,4	14,3
1905	19,3	20,7	29,2	13,8
1910	15,9	16,9	25,8	14,6

1900 mit 659.000 Menschen knapp die Hälfte der Zuwanderung ausmachte. Vgl. E.A. Wrigley, Industrial Growth and Population Change, 1961, S. 165. Der Zusammenhang von Zuwanderung und Abwanderung wird auch durch folgende Zusammenstellung dokumentiert, die allerdings nur die innerhalb des Deutschen Reiches Wandernden erfaßt. Auf 100 Ortsanwesende in Rheinland-Westfalen kamen:

Jahr	1880	1890	1900	1907
Zuwanderer	7,9	10,5	14,8	15,1
Abwanderer	6,3	7,4	8,1	8,4

Berechnet nach: Köllmann, Bevölkerung, S. 232.

26 Müllers, S. 99. Die Prozentzahlen sind berechnet auf die Bevölkerung zu Anfang der jeweiligen Zeitspanne in den Jahren 1895, 1900 und 1905.

27 Zusammengestellt nach Müllers, S. 72, 77, 82, 85. Vergleichszahlen für Rheinland-Westfalen, die Regierungsbezirke Düsseldorf, Arnsberg und Münster sowie einzelne

Die anhaltend und bei weitem höheren Quoten der Heiraten, der Geburten und des Geburtenüberschusses sowie die niedrigere Sterbeziffer im Ruhrgebiet gegenüber Preußen legt die Frage nach dem Warum nahe. Ging es in unserer bisherigen Diskussion der Bevölkerungsentwicklung darum, das Wachstum der Bevölkerung in seinen Auswirkungen auf die Lebensumstände der Menschen zu untersuchen, so sind wir hier offensichtlich an einem Punkt angelangt, an dem die mit der Industrialisierung einhergehende Bevölkerungsentwicklung unmittelbare Auswirkungen auf das *Verhalten* der Menschen bewirkte.

Nicht nur führt — in unserem Fall — Industrialisierung allgemein zu einem Wandel der Bevölkerung, sondern die Entwicklung einer bestimmten Art von Industrie bedingt eine bestimmte Art der Bevölkerungsentwicklung. Kurz: Unsere Argumentation, die nahegelegt wird durch den Vergleich mit der ähnlichen Entwicklung in Südwales und die im folgenden näher begründet werden soll, zur Erklärung der im Vergleich zu Preußen bei weitem höheren Ziffern für Heiraten, Geburten und Geburtenüberschuß sowie der niedrigeren Sterberate im Ruhrgebiet lautet:

Die arbeitsintensive und aus naturgegebenen und technischen Gründen auf standortmäßige Kumulation angewiesene Schwerindustrie erforderte eine, am Wert des Produktes gemessen, relativ große Anzahl von Beschäftigten auf engem Raum, die schwere Arbeit in ihr kräftige, meist relativ junge Arbeitskräfte. Das niedrige Durchschnittsalter, das teilweise Folge der Zuwanderung meist jüngerer Menschen war, führte zu einem hohen Anteil von Verheirateten in der Bevölkerung. Der geringere Prozentsatz von Frauen, bedingt durch die hohe (männliche) Zuwanderungsquote einerseits und das geringe weibliche Beschäftigungsangebot andererseits, führte die jungen Männer zu einer frühen Heiratsentscheidung, welche durch das relativ frühe Erreichen der vollen Verdienstkapazität der hier zum größten Teil verwendeten un- oder angelernten Arbeitskräfte erleichtert wurde und die ihrerseits wieder Ausgangspunkt hoher Fruchtbarkeitsziffern und damit zu einer weiteren Verjüngung der Altersstruktur führte.

Kreise innerhalb und außerhalb des Ruhrgebietes bei: Brandt/Most, Bd. 2, S. 44 ff.; E.A. Wrigley, Industrial Growth, S. 100-161; Horst, S. 112-121; H. Pyszka, Bergarbeiterbevölkerung und Fruchtbarkeit, 1911; W. Köllmann, Bevölkerung, S. 173, 239 ff., Chmielecki, S. 37 ff.; Wiel, S. 77; S. Shadwell, England, Deutschland und Amerika, 1908, S. 166, 178.

[28] Die Anzahl der eheschließenden Personen auf 1.000 der mittleren Bevölkerung.

[29] Die Anzahl der Geburten (einschl. Totgeburten) auf 1.000 der mittleren Bevölkerung.

[30] Die Anzahl der Gestorbenen auf 1.000 der mittleren Bevölkerung.

[31] Der Überschuß der Anzahl der Geborenen über die Anzahl der Gestorbenen auf 1.000 der mittleren Bevölkerung.

Verteilung der Geschlechter im Ruhrgebiet, in Rheinland und Westfalen und in Preußen, 1895 - 1910[32]

	Auf je 1 000 Männer kamen Frauen:			
	1895	1900	1905	1910
Ruhrgebiet	991,4	876,5	901,2	909,1
Rheinland	999,1	986,5	985,2	985,0
Westfalen	956,7	936,8	946,0	949,1
Preußen	1 036,6	1 031,0	1 026,9	1 023,6

Wenn auch die Anzahl der Frauen im Ruhrgebiet seit 1900 relativ wieder anstieg, so hatte sie doch im Jahre 1910 nicht den Stand von 1895 erreicht. Auf 1.000 Männer fehlten mehr als 90 Frauen. Während sie auch in Rheinland und Westfalen dauernd unter der Männerquote lagen, verfügte Preußen insgesamt über einen Frauenüberschuß.

Dem Alter nach setzte sich die Bevölkerung im Ruhrrevier und im Deutschen Reich folgendermaßen zusammen:

Zusammensetzung der Bevölkerung nach dem Alter im Ruhrgebiet und im Deutschen Reich, 1900 - 1910 (in %)[33]

	0 - 20 Jahre		20 - 50 Jahre		50 - 70 Jahre		über 70 Jahre	
	Ruhrgeb.	Reich	Ruhrgeb.	Reich	Ruhrgeb.	Reich	Ruhrgeb.	Reich
1900	49,6	44,2	41,8	35,6	7,6	15,3	1,0	4,9
1910/11	52,2	43,9	39,4	35,9	7,3	15,3	1,1	5,0

Auffällig für das Ruhrgebiet ist, daß in beiden Jahren, 1900 und 1910/11, mehr als 90% der Gesamtbevölkerung jünger als 50 Jahre war. Allein die Hälfte machten die Kinder und Jugendlichen bis zu 20 Jahren aus.

Die resultierende, mit der industriellen Entwicklung fortschreitende Ehefreudigkeit zeigt die folgende Tabelle für den Kreis Recklinghausen und das Deutsche Reich.

Während in dem sich gerade erst wirtschaftlich entwickelnden Kreis Recklinghausen der Anteil der verheirateten Frauen sich von einem im Vergleich zum Deutschen Reich schon hohen Niveau im Zeitraum zwischen 1900 und 1910 weiter erhöhte, stieg der Anteil der verheirateten (zu Ungunsten der

32 Vgl. Müllers. Zahlentafel 9; auch: Wiel, S. 74; Wrigley, S. 147.

33 Zusammengestellt und berechnet nach Müllers. Zahlentafel 10; und Hohorst u.a., S. 23/4. Es ist darauf hinzuweisen, daß die Altersklassen für das Reichsgebiet leicht abweichend gruppiert sind: 20-45, 45-65, 65 und mehr. Vgl. auch Wiel, S. 74/5.

Zusammensetzung der Bevölkerung nach dem Familienstand im Kreis Recklinghausen und im Deutschen Reich, 1900 - 1910[34]

Von 1.000 Männern im Alter von über 20 Jahren und 1.000 Frauen im Alter von mehr als 15 Jahren waren:

	ledig		verheiratet		verwitwet		geschieden	
Männer	Reckl.	Reich	Reckl.	Reich	Reckl.	Reich	Reckl.	Reich
1900	362	302	603	643	34	53	1	2
1910	279	294	693	654	27	49	1	3
Frauen								
1900	276	352	636	520	87	125	1	3
1910	247	356	666	532	86	118	1	4

unverheirateten) Männer explosionsartig und über das Reichsniveau hinaus erst während dieses Zeitraums.

Die mangelnde Beschäftigung der Frauen kann am Beispiel Gelsenkirchens gezeigt werden. Hier, wo 37,1% (= 19.659) der Erwerbstätigen auf den Bergbau entfielen, 6,4% auf den Hüttenbetrieb und 11,6% auf die Metallverarbeitung, kamen im Jahre 1907, die Kinder unter 14 Jahre beiseite gelassen, auf 100 Männer 93,5 Erwerbstätige gegen 90,9 im Durchschnitt aller deutschen Großstädte, und auf 100 Frauen 11,7 im Vergleich zu 28,1 in den übrigen Großstädten[35]. Die Beschäftigungsquote der Frauen in Gelsenkirchen, wie wohl in den übrigen Gegenden des Ruhrgebietes, betrug damit nur fast ein Drittel der in anderen deutschen Großstädten und kaum mehr als 10% der über 14 Jahre alten Frauen insgesamt.

Daß die hier diskutierte Art der Bevölkerungsentwicklung das spezifische Ergebnis schwerindustrieller und besonders, durch den später für die beinah monoindustrielle Entwicklung in Südwales zu ziehenden Vergleich, bergbaulicher Bedingungen war, und daß weiter die hohe Fruchtbarkeit nicht nur aus hohen Zuwanderungsraten und der damit sich ergebenden Verjüngung der Altersstruktur resultierte, zeigt die Gegenüberstellung der Fruchtbarkeitsraten der (schon oben auf den Wandergewinn hin untersuchten) Regie-

[34] Berechnet und zusammengestellt nach: S. Chmielecki, Die Bevölkerungsentwicklung, S. 50, und Hohorst u.a., S. 23, 26. In die Zahlen für Recklinghausen, vor allem diejenigen für 1900, geht die am Gesamtruhrgebiet gemessen relativ späte, industrielle Entwicklung des Kreises ein. Für nach Altersstufen aufgeschlüsselte Verheiratetenquoten für die Regierungsbezirke vgl. Wrigley, S. 144.

[35] F. Lackmann, Die Arbeitsverhältnisse der Schwerindustrie, untersucht am Beispiel der Arbeiterschaft von Gelsenkirchen im Vergleich zu anderen Städten und Gewerben, 1930, S. 3/4.

Fruchtbarkeit in Regierungsbezirken mit vorherrschend schwerer und vorherrschend verarbeitender Industrie, 1881 - 1901[36]

Auf 1 000 verheiratete Frauen im Alter von 15 - 45 Jahren entfielen eheliche Geburten													
	in sämtlichen Gemeindeeinheiten					in den Städten				in den Landgemeinden und Gutsbezirken			
	1881	1885	1890	1896	1901	1881	1891	1896	1901	1881	1891	1896	1901
Schwerindustrie													
Ruhrgebiet													
Düsseldorf	377	371	371	358	348	367	377	334	334	393	361	407	374
Arnsberg	365	373	380	372	372	359	360	349	351	370	394	387	385
Münster	358	377	390	401	412	350	381	384	386	362	393	408	422
Andere Gebiete													
Oppeln	348	378	388	400	383	329	344	344	330	352	399	402	400
Trier	373	376	386	381	386	354	345	340	337	376	394	389	398
Verarbeitende Industrie													
Berlin (Stadtkrs.)	261	238	225	194	177	261	225	194	177	-	-	-	-
Potsdam	278	292	290	258	223	267	279	250	208	285	297	263	238
Wiesbaden	279	283	278	266	260	256	244	241	235	295	308	290	287
Hannover	284	290	281	276	251	279	283	269	231	288	278	284	277
Preußen	320	329	328	317	305	305	297	279	266	329	347	343	337

rungsbezirke mit dominantem Auftreten der Schwerindustrie einerseits und dem Vorherrschen der verarbeitenden Industrie andererseits.

Für alle Gebiete der Schwerindustrie, gleichgültig ob dies Räume mit Wanderungsgewinn wie das Ruhrgebiet oder mit Wanderungsverlust wie Oberschlesien (Oppeln) und das Saarrevier (Trier) waren, befand sich die Fruchtbarkeit besonders auf dem Lande schon zu früher Zeit im Vergleich zu Preußen und den Gebieten der verarbeitenden Industrie auf hohem Niveau[37], um von hier aus in allen fünf schwerindustriell geprägten Regierungsbezirken beinah stetig, die abfallende preußische Durchschnittsziffer immer weiter hinter sich lassend, bis 1901 anzusteigen. Die Gebiete mit vorherrschend verarbeitender Industrie dagegen fielen bei einem schon tiefen Aus-

36 Die Tabelle ist zusammengestellt nach den Angaben bei P. Mombert, Studien zur Bevölkerungsbewegung. S. 196/7, vgl. auch: Brandt/Most, Bd. 2, S. 44/5.

37 Die Geburtenziffer der preußischen Bevölkerung betrug 1882: 38,7; 1895: 37,3 je 1.000 Einwohner, in der Berufsgruppe der Berg- und Hüttenarbeiter dagegen 45,2 bzw. 51,5. Zu Angaben für Rheinland und Westfalen vor 1880 vgl. G. v. Hirschfeld, Geschichte und Statistik der Fruchtbarkeit, in: Correspondenz-Blatt des Niederrhein. Vereins für öffentliche Gesundheitspflege 3, 1874, S. 33-75, 113-171.

gangspunkt, trotz andauernd oder zeitweilig hohen Zuwanderungsüberschüssen spätestens ab 1890 in ihrer Fruchtbarkeit immer weiter unter das preußische Durchschnittsniveau sinkend, in Stadt und Land ab. Daß innerhalb der Regierungsbezirke, auf deren Territorium jeweils ein Teil des Ruhrgebiets lag, nicht die landwirtschaftliche, sondern gerade die schwerindustrielle Bevölkerung zum hohen Grad der Fruchtbarkeit beitrug, verdeutlicht die folgende Tabelle.

Fruchtbarkeit der Bevölkerung in bergbaulichen und landwirtschaftlichen Kreisen des Ruhrgebiets und seiner Umgebung, 1896 - 1913[37a]

Auf 1.000 der mittleren Bevölkerung entfielen Geborene				
Anteil der im Bergbau Beschäftigten an den Erwerbstätigen i. Jahre 1907	Stadt-/ Landkreise	1896-1900	1903	1909-13
60 - 50 %:	LK Gelsenkirchen	58	54,5	45,3
	LK Dortmund	52	54,6	44,9
	LK Bochum	54	51,6	41,2
50 - 40 %:	LK Recklinghausen	53	58,1	50,8
	SK "	59	56,3	46,6
	SK Herne	-	-	48,8
	LK Mülheim	51	45,7	-
40 - 30 %:	LK Essen	51	49,4	40,5
	SK Gelsenkirchen	52	52,1	42,3
	LK Hattingen	46	45,1	34,2
10 - 0 %:	LK Lüdinghausen	34	38,1	40,9
	LK Schwelm	40	37,6	28,7
	SK Duisburg	45	41,3	35,8
	SK Hamm	41	43,7	34,3
	LK Coesfeld	35	36,5	37,0
landwirtschaftl. Kreise:	LK Münster	33	34,6	32,1
	LK Warendorf	30	31,4	32,0
	LK Lippstadt	33	36,3	31,6
	LK Geldern	32	31,7	30,0
	LK Kempen	33	32,3	27,8

Die Fruchtbarkeit der landwirtschaftlichen Bevölkerung lag hiernach zu allen Zeitpunkten mit Abstand niedriger als diejenige in schwerindustriellen Kreisen[37b]. Und mehr noch: Die Höhe der Fruchtbarkeit wuchs — bei zeitlich sinkender Tendenz und trotz mancher Überschneidungen — offensichtlich beinahe regelmäßig mit dem Anteil der bergbaulichen Bevölkerung in den verschiedenen Kreisen.

Das spezifisch schwerindustriell geprägte Bevölkerungssyndrom von niedrigem Durchschnittsalter, großer Heiratsfreudigkeit und hoher Geburtenziffer konnte somit in entscheidendem Maße zum überdurchschnittlichen Bevölkerungswachstum des Ruhrgebietes beitragen und besonders nach 1900 die Zuwandererquote in ihrer Bedeutung schnell ablösen.

3.2. Südwales

3.2.1. Früher Start und langsame Expansion

1. Bevölkerungswachstum und -dichte

Hatte im Ruhrgebiet die schnelle wirtschaftliche Entwicklung der Schwerindustrie ein rasches Anwachsen, eine hohe Differenzierung sowie ein spezifisches generatives Verhalten der Bevölkerung mit sich gebracht, so bleibt für Südwales zu sehen, welche der obengenannten Erscheinungen mit welcher Intensität auch hier eintraten. Die lange Zeit bessere Erreichbarkeit der Kohle hatte hier ein allmähliches wirtschaftliches Wachstum ermöglicht. Andererseits aber hatte Südwales um die Mitte des 19. Jahrhunderts — ungleich dem Ruhrgebiet — schon eine wichtige Phase industrieller Expansion hinter sich gebracht, wie die Verdreifachung der Bevölkerung in Monmouthshire und Glamorgan zwischen 1801 und 1851 zeigt[38]. Beide Faktoren ließen für eine lange Periode nach 1851, wie die folgende Tabelle zeigt, die Wachstumsraten sowohl der Kohleförderung wie der Bevölkerung relativ klein bleiben.

[37a] Die Tabelle ist zusammengestellt nach den Angaben in: Preußische Statistik, Bd. 188, 1904, S. IX f.; Statist. Jahrbuch f. d. Preuß. Staat 2, 1904, 1905, S. 224, 228, und ebd. 13, 1915, 1916, S. 426-433; der Anteil der im Bergbau Beschäftigten nach der Tab. unten S. 278.

[37b] Vgl. hierzu auch die Angaben für die ältere Zeit bei: A. Markow, Das Wachstum der Bevölkerung und die Entwickelung der Aus- und Einwanderungen, Ab- und Zuzüge in Preußen, 1889, S. 90 ff.; für Oberschlesien vgl. die Tabellen bei M.R. Haines, Economic-Demographic Interrelations in Developing Agricultural Regions. A Case Study of Prussian Upper Silesia, 1840-1914, 1977, S. 26-32, 72 f., 80-82, 88; für den belgischen und nordfranzösischen Bergbau vgl. Wrigley, S. 133 ff.

[38] Vgl. die Angaben für die südwalisischen Grafschaften bei Mitchell, S. 20.

Steigerung der Kohleförderung und Bevölkerungswachstum nach Dekaden in Südwales und in Großbritannien, 1851 - 1911[39]

Jahr	Monmouth Produktion %	Monmouth Bevölkerung abs. (1000)	Monmouth Bevölkerung %	Glamorgan Produktion %	Glamorgan Bevölkerung abs. (1000)	Glamorgan Bevölkerung %	Carmarthen Produktion %	Carmarthen Bevölkerung abs. (1000)	Carmarthen Bevölkerung %
1851	-	157	-	-	232	-	-	111	-
1861	-	175	11,5	-	318	37,1	-	112	0,9
1871	-	195	11,4	-	398	25,2	-	116	3,6
1881	10,2	211	8,2	-	511	28,4	-	125	7,8
1891	32,3	252	19,4	36,1	687	34,4	11,2	131	4,6
1901	34,1	297	17,9	27,3	861	25,3	95,4	135	3,1
1911	43,8	395	32,9	20,8	1 122	30,3	49,3	160	18,5

Jahr	Brecknock Produktion %	Brecknock Bevölkerung abs. (1000)	Brecknock Bevölkerung %	Pembroke Produktion %	Pembroke Bevölkerung abs. (1000)	Pembroke Bevölkerung %	Großbritannien Produktion %	Großbritannien Bevölkerung abs. (1000)	Großbritannien Bevölkerung %
1851	-	61	-	-	94	-	-	-	-
1861	-	62	1,6	-	96	2,1	-	-	11,1
1871	-	60	- 3,3	-	92	- 4,3	-	-	12,8
1881	-	58	- 3,4	-	92	0,0	-	-	13,9
1891	164,8	57	- 1,8	- 5,8	89	- 3,4	-	-	11,2
1901	62,7	54	- 5,5	- 77,3	88	- 1,1	-	-	12,0
1911	75,6	59	9,3	9,5	90	2,3	-	-	10,2

Mit Ausnahme von Glamorgan stiegen die Wachstumsraten der Bevölkerung erst nach 1890 oder erst ab 1900 an. In Brecknock und Pembroke führte diese Zeit erst aus dem Bevölkerungsverlust heraus. Außer in Pembroke stieg die Kohlenförderung in allen Grafschaften zu jedem Zeitpunkt — auch bei abnehmender Einwohnerzahl wie in Brecknock — an. Mit Ausnahme des frühstartenden Glamorgan wuchs wie im Ruhrbergbau in den Jahren nach 1900 in allen Grafschaften die Kohlenförderung prozentual schneller als die Bevölkerung. Deutlich über dem nationalen britischen Bevölkerungszuwachs vor 1880 lag nur Glamorgan, danach kamen Monmouthshire und, erst nach 1900, Carmarthen hinzu.

Die beiden bei weitem wichtigsten Grafschaften für den südwalisischen Kohlenbergbau waren Glamorgan und Monmouthshire. Ihre Produktion betrug 1881 96,2%, im Jahre 1911 94,2% der Gesamtförderung. In den

[39] Zusammengestellt und berechnet nach den Angaben bei Morris/Williams, S. 76; F.A. Gibson, S. 13-17; Mitchell, S. 20-22; P. Mathias, The First Industrial Nation, 1974², S. 449.

gleichen Zeitpunkten wuchs aber der Bevölkerungsanteil von 72,5% auf 83,1%. In den dreißig Jahren vor Ausbruch des Ersten Weltkrieges hatte in allen fünf beteiligten Grafschaften die Produktion um 125,8%, in Glamorgan und Monmouthshire um 120,9%, die Bevölkerung allerdings war hier um 110,1%, in den fünf Bezirken insgesamt nur um 83,1% angewachsen. Die Bevölkerung der fünf Grafschaften entwickelte sich damit mehr als doppelt so schnell, die in Glamorgan und Monmouth dreimal so schnell wie die gesamte britische Bevölkerung (37,3%). Doch nahm auch in den beiden wichtigsten Grafschaften die Bevölkerung weniger als halb so schnell als im Ruhrgebiet zu. Das in diesen beiden Grafschaften in allen Phasen nach 1861 im Vergleich zum Ruhrgebiet geringe Wachstum sowohl der Kohleförderung als auch der Bevölkerung macht die folgende Gegenüberstellung eindrücklich deutlich.

Zunahme der Kohleproduktion und der Bevölkerung in Monmouth, Glamorgan und im Ruhrgebiet, 1861 - 1911[40]

Zeitraum	Monmouth		Glamorgan		Ruhrgebiet	
	Produktion %	Bevölkerung %	Produktion %	Bevölkerung %	Produktion %	Bevölkerung %
1861 - 71	-	11,4	-	25,2	150,9	53,3
1871 - 81	10,2	8,2	-	28,4	93,3	32,6
1881 - 91	32,3	19,4	36,1	34,4	58,8	37,7
1891-1901	34,1	17,9	27,3	25,3	69,3	61,9
1901 - 11	43,8	32,9	20,8	30,3	48,2	47,8

Während im Ruhrgebiet Kohleförderung und Bevölkerung von einer anfangs hohen Zuwachsrate in der prozentualen Steigerung abnahmen, stiegen beide in Glamorgan und besonders in Monmouthshire von einer relativ niedrigen anfänglichen Zunahmequote auf eine hohe Zuwachsrate an, jedoch ohne ganz das Steigerungstempo des Ruhrgebiets zu erreichen. 1911 machte die Bevölkerung der fünf insgesamt zum südwalisischen Bergbau beitragenden Grafschaften, wie die des Ruhrgebiets im Deutschen Reich, kanpp 5% der britischen Gesamtbevölkerung aus.

Auch in Glamorgan und Monmouth ging das Bevölkerungswachstum — wie im Ruhrgebiet — keineswegs gleichmäßig voran. Während im westlichen Anthrazitkohlengebiet und in den älteren Gewerbegebieten der Eisenindustrie die Bevölkerung nur allmählich anwuchs — Ebbw Vale etwa verdoppelte seine Bevölkerung zwischen 1881 und 1910 —, stieg die des Rhonddatals im gleichen Zeitraum — manche seiner Teile in der Hälfte der

40 Zusammengestellt nach der vorhergehenden und der Tabelle auf S. 168.

Zeit — um das Dreifache. Die städtische Bevölkerung stieg dabei kaum schneller als die auf dem Lande.

Wie sehr auch in Südwales die Bevölkerung den jeweils neuen Abbaugebieten folgte, zeigt die unterschiedliche Zunahme der Einwohner der einzelnen Täler.

Bevölkerungswachstum in Südwales nach Tälern, 1831 - 1891[41]

	1831	1861	1871	1881	1891
Merthyr Valley	24 016	69 618	54 741	51 712	61 135
Aberdare Valley	6 393	37 487	38 637	38 137	43 314
Rhondda Valley	1 636	11 735	23 950	55 632	88 351
Rhymney Valley		8 000	29 470	32 988	40 748
Western Valleys		19 979	19 703	33 959	43 997

Das Steigen der Einwohnerzahl bedeutete eine Zunahme der Bevölkerungsdichte. Spätestens hier jedoch fällt der Unterschied zwischen industrialisierten und nicht oder wenig industrialisierten Gebieten ins Auge.

Durchschnittliche Bevölkerungsdichte in Südwales und Großbritannien, 1851 - 1911[42]

Jahr	Es kamen auf 1 km² an Einwohnern in					
	Monmouth	Glamorgan	Carmarthen	Brecknock	Pembroke	Großbritannien
1851	113	111	47	33	60	92
1881	152	244	53	31	57	131
1911	285	585	68	31	57	180

Von etwa der gleichen Dichtezahl ausgehend, jedoch schon deutlich über den anderen Grafschaften liegend, war die Bevölkerungsdichte in Monmouth in den 60 Jahren vor Ausbruch des Krieges um das 2 ½fache, in Glamorgan jedoch um mehr als das Fünffache angestiegen. Sie lagen damit deutlich mit ca. 100 bzw. 400 Einwohnern über der nationalen Dichteziffer, und außer den großstädtischen Bezirken von London und Middlesex lag Glamorgan nur noch hinter der Dichtezahl von Lancashire mit 986 Einwohnern pro km². Das Ruhrgebiet, das bis ca. 1850 etwa die gleiche Bevölkerungsdichte wie von Monmouth und Glamorgan erreicht hatte, überholte

41 Vgl. A.G. Jones, The Economic and Social History of Ebbw Vale during the Period 1775-1927, 1928, S. 205-207; T.M. Hodges, The Peopling of the Hinterland and the Port of Cardiff (1801-1914), in: W.E. Minchinton, Hg., Industrial South Wales, 1750-1914, 1969, S. 3-18, S. 6, 7, 10, 14, 17; E.D. Lewis, The Rhondda Valleys, S. 229-231.

42 Berechnet nach: T. Hooson/G. Howe, Work for Wales, 1964, S. 64, und Mitchell, S. 20-22; M. Balfour, The Kaiser, S. 437.

beide Gebiete im Zeitraum zwischen 1860 und 1880 und erreichte mit einer durchschnittlichen Dichte von 1.121 Einwohnern pro km^2 im Jahre 1910 das Doppelte bzw. das Vierfache der durchschnittlichen Einwohnerzahl in Glamorgan bzw. Monmouth. In einzelnen Gebieten von Südwales potenzierte sich die Bevölkerungsdichte um ein Vielfaches. Im Rhonddatal entfielen durchschnittlich 1.730 Einwohner auf 1 km^2, an der dichtesten Stelle sogar 2.471. Auf die bebaute Fläche — große Flächenanteile waren wegen der geographischen Verhältnisse in Südwales nicht oder nur schwierig zu bebauen — drängten sich hier durchschnittlich 9.143, an der dichtesten Stelle 10.131 Menschen pro km^2, in Oberhausen etwa zur gleichen Zeit jedoch schon 13.166.

Obwohl im Rhonddatal — in anderen Teilen von Südwales dürfte es noch weniger gewesen sein — aufgrund der unebenen Oberflächenstruktur bis 1911 etwa nur ein Fünftel der vorhandenen Fläche bebaut war, war doch zwischen 1881 und 1911 die Anzahl der bewohnten Häuser von 9.193 auf 26.250 oder von 95 auf 272 Häuser pro km^2, im weiteren Hinterland von Cardiff zwischen 1901 und 1911 von 80 auf 104 bewohnte Häuser pro km^2 angestiegen. Entfielen hier auf ein Haus 5,6 bzw. 6 Personen, so waren es im Rhonddatal jeweils am Anfang der vier Jahrzehnte vor Ausbruch des Krieges 6,1, 6,5, 5,9 und 5,8 Einwohner[43]. Damit war die durchschnittliche Behausungsziffer in Südwales vor 1914 um knapp die Hälfte niedriger als im Ruhrgebiet. Dies lag sicherlich weniger an der vielleicht unterschiedlichen Zahl der Einlieger oder der Anzahl der im Ruhrgebiet in Menagen Untergebrachten, als vielmehr an der Hausgröße bzw. der Zahl der in einem Haus vorhandenen Wohnungen. Während in Südwales in den Tälern Einfamilienhäuser die Regel waren — sogar im städtischen Hinterland von Cardiff waren 1901 88,8%, 1911 87,7% Einfamilienhäuser —, hatten zur gleichen Zeit in den am Ruhrgebiet beteiligten Regierungsbezirken 17,4% der Wohnhäuser schon mehr als vier Wohnungen[44].

2. *Urbanisierung*

Die wachsende Bevölkerung und zunehmende Bebauung führte — wie im Ruhrgebiet — zur Verstädterung, zumal, wie schon angedeutet, die geographischen Verhältnisse in Südwales die Ansiedlungen — meist in der Talform — stark zusammendrängte[45]. In Glamorgan betrug der Anteil der

[43] Commission of Enquiry into Industrial Unrest, No. 7 Division, 1917, S. 14; E.D. Lewis, S. 230, 232/3; T.M. Hodges, The Peopling, S. 16; F. Mogs, S. 223; F. Kempken, Die wirtschaftliche Entwickelung der Stadt Oberhausen, 1917, S. 96 f.

[44] T.M. Hodges, S. 16; W. Bierbrauer, Die Einwirkungen des Krieges und der Nachkriegszeit auf die Wohnbautätigkeit, unter bes. Berücksichtigung von Rheinland und Westfalen, 1921, S. 13.

städtischen an der Gesamtbevölkerung bereits 1891 80,1% gegenüber 65,6% im Vereinigten Königreich, und ihr Anteil stieg bis 1914 nur auf 80,6% gegenüber 73,4% im nationalen Durchschnitt. Der Anteil der Bevölkerung schließlich, die in Großstädten und städtischen Agglomerationen mit mehr als 100.000 Einwohnern lebte, stieg in den walisischen Provinzen von Südwales (also ohne Monmouth) von 13,4% im Jahre 1891 auf 31,4% im Jahre 1911, von 128.900 auf 449.800. Im Vereinigten Königreich betrugen die entsprechenden Prozentzahlen 45,4 und 50,4. Zwischen 1871 und 1911 wuchs in Südwales die Zahl der Städte von 17 auf 37, die der Städte mit mehr als 10.000 Einwohnern von 1 auf 10.

Allein um die größte Stadt, Cardiff, deren Bevölkerung zwischen 1851 und 1911 um das Zehnfache zugenommen hatte, befanden sich 1911 in einem Umkreis von 20 km 425.000, von 50 km 1,2 Mill. und im Umkreis von 150 km 8,5 Mill. Menschen oder mehr als ein Fünftel der gesamten britischen Bevölkerung[46].

3.2.2. Allmähliche Zuwanderung in langer Dauer und der geringe Grad der Differenzierung

Die Verdreifachung der Bevölkerung in Südwales zwischen 1851 und 1911 von 655.000 auf 1.826.000 kam nicht nur durch natürliches Wachstum zustande. Das andere wesentliche Element bildete die Zuwanderung.

Ebenso wie in Deutschland das Ruhrgebiet, so teilte Südwales die Erfahrung der Zuwanderung mit anderen industriell expandierenden Gebieten in Großbritannien. Auch hier lassen sich — bei allen Abgrenzungsschwierigkeiten — Gebiete mit vorherrschender Schwerindustrie und dominant verarbeitender Industrie herauslösen.

In allen Dekaden schon seit der Mitte des Jahrhunderts nahm Südwales seinen Platz unter den ersten fünf von insgesamt 13 gebildeten Zu- bzw. Abwanderungsgebieten ein. Während in allen anderen Gebieten, sowohl denen der Schwerindustrie wie denen der verarbeitenden Industrie, ab etwa 1880 die Wanderungsgewinne abfielen und sich spätestens seit 1900 in Wanderungsverluste verwandelten, stieg in Südwales seit 1880 der Wanderüberschuß, vergleichbar dem des Ruhrgebietes, steil — wenn auch mit der

[45] Vgl. etwa die Bebauungspläne bei H. Carter, The Towns of Wales, 1965, S. 315-329, und P.N. Jones, Colliery Settlement in the South Wales Coalfield 1850 to 1926, 1969, S. 50 ff. Zur Beschreibung der geographischen Bedingungen auf die Siedlungsverhältnisse vgl. auch: Commission of Enquiry into Industrial Unrest, S. 11-14.

[46] Hodges, S. 14; Balfour, S. 437; C.H. Lee, Regional economic growth, S. 217-219; D.W. Lloyd, Hg., Cardiff. A Commercial and Industrial Centre, 1919, S. 25, 31; B.T. Robson, Urban growth: an approach, 1973, S. 51, 118, auch S. 100-110, 123. Die Aussage über den Anteil der Agglomerationen erfolgt aufgrund der Annahme, daß alle walisischen Ballungszentren mit mehr als 100.000 Einwohnern in Südwales lagen.

Wanderungsgewinn bzw. -verlust (in % der betr. Anfangsbevölkerung) in Gebieten mit vorherrschend schwerer bzw. vorherrschend verarbeitender Industrie, 1851 - 1911[47]

	1851-61	1861-71	1871-81	1881-91	1891-1901	1901-11
Schwerindustrie						
Südwales	3,8	- 1,5	- 0,8	6,5	1,7	9,4
Northumberland und Durham	6,7	8,7	0,6	- 1,1	0,7	- 2,0
Mittelschottland		0,6	0,7	- 2,5	3,1	- 4,2
Verarbeitende Industrie						
London und Home Counties	6,9	5,7	4,8	2,3	3,7	- 2,3
Lancashire, Cheshire und West Riding	3,3	4,4	4,9	0,1	0,8	- 1,3
Midlands	- 0,6	- 3,9	- 2,2	- 5,7	- 0,8	- 3,0

Unterbrechung zwischen 1891 und 1901 — an. Die unterschiedliche Wanderungserfahrung in den englischen und den walisischen Bergbaugebieten, die sich hier ankündigt, sowie die Zuwanderungsverteilung auf Stadt und Land in England und Wales, macht die folgende Zusammenstellung deutlich.

Wanderungsgewinne und -verluste (in 1000) der Bergbauregionen sowie der städtischen und ländlichen Gebiete in England und Wales, 1851 - 1911[48]

	England	Wales	England			Wales		
	Bergbaugebiete		Land	Stadt	Gesamt	Land	Stadt	Gesamt
1851-61	+ 63	+ 42	-	-	-	-	-	-
1861-71	+ 82	+ 9	-	-	-	-	-	-
1871-81	+ 63	+ 10	-769	+673	- 96	- 65	+ 13	- 52
1881-91	- 30	+ 86	-731	+132	-599	-106	+ 88	- 18
1891-1901	+ 18	+ 40	-596	+551	- 45	- 57	+ 48	- 9
1901-11	+ 35	+126	-251	-346	-597	- 38	+132	+ 94

[47] Zusammengestellt nach: E.H. Hunt, Regional Wage Variations in Britain, 1850-1914, 1973, S. 247. Daß Hunt (S. 8) Brecknock nicht unter Südwales rechnet, behindert für unseren Zusammenhang nicht den Wert seiner Berechnungen.

[48] B. Thomas, Migration and Economic Growth. A Study of Great Britain and the Atlantic Economy, 1973², S. 457, Tab. 144 und 145.

Während die englischen Bergbaugebiete bis 1881 weitaus höhere Wanderungsgewinne aufwiesen, kehrte sich danach das Verhältnis abrupt zugunsten von Wales um. Im letzten Jahrzehnt von 1901 bis 1911 hatte der walisische Bergbau fast den vierfachen Wanderungsüberschuß des englischen. Der Wanderungsgewinn des Bergbaus in Wales stellte fast ausschließlich gleichzeitig auch den städtischen Wanderungsgewinn. Der ländliche Wanderungsverlust läßt sich dazu nicht eindeutig in Relation setzen. In England dagegen waren, bis auf das letzte Jahrzehnt des Wanderungsverlustes, die Wanderungsüberschüsse der Städte weitaus höher als die der Bergbaugebiete.

Die hohe Zuwanderquote löste in Südwales — wie im Ruhrgebiet — relativ starke Binnen- und Wiederauswanderungsbewegungen aus. Über die starke Wandertendenz innerhalb des Reviers, sei es von der niedergehenden Eisenindustrie in Bergbaugebiete oder von einem Tal ins nächste, sind wir jedoch nur als solche informiert[49]. Genauer läßt sich die Auswanderungsbewegung etwa in Glamorgan fassen.

Einwanderung nach Glamorgan sowie Auswanderung von Glamorgan nach England und den anderen walisischen Grafschaften, 1871 - 1911[50]

	1871-81	1881-91	1891-1901	1901-11
1. Einwanderung	74 700	108 500	94 400	128 500
2. Auswanderung	14 600	16 700	35 600	39 000
3. Auswanderung in % d.Einwanderung	19,5%	15,4%	37,7%	30,4%

Hiernach stieg in den 40 Jahren vor Kriegsausbruch die Abwanderbewegung stärker an als die Einwanderung, und in den beiden letzten Jahrzehnten — vor allem während der depressiven 1890er Jahre — machten die Abwanderer etwa ein Drittel der Zuwanderer aus. Dabei fällt das Übergewicht der Frauen gegenüber den Männern (ca. 60:40) auf[51], ein Reflex der schwierigen Beschäftigungssituation der ohnehin schon frauenarmen, schwerindustriellen Gegend. Die Auswanderung, deren Hauptrichtung die USA blieben, spielte in Wales keine große Rolle, wenngleich ihr Umfang im 20. Jahrhundert, von 741 im Jahre 1903 auf 1.860 im Jahre 1913, deutlich zunahm[52].

49 Morris/Williams, S. 237/8; Lewis, S. 235.

50 Zusammengestellt und berechnet nach B. Thomas, The Migration of Labour, S. 294.

51 Ebenda, S. 288.

52 Vgl. B. Thomas, Migration and Economic Growth, S. 386; ders., The Growth, S. 189. Zum Verhältnis von Binnen- und Auswanderung in England und Wales vgl. ebenda,

Trotz der im Vergleich zu den anderen Wachstumsgebieten Großbritanniens relativ großen Zuwanderung und insgesamt starken Zunahme fiel die Steigerung der Bevölkerungszahl in Südwales gegenüber dem Ruhrgebiet vergleichsweise bescheiden aus. Hatte sich die Bevölkerung im Ruhrgebiet zwischen 1880 und 1910 mehr als verdreifacht, so brauchte Südwales 30 Jahre mehr für das gleiche Wachstum. Diese nach der Jahrhundertmitte gegenüber dem Ruhrgebiet allmählichere Zunahme war auch auf den höheren Entwicklungsstand zurückzuführen, den Südwales als Ergebnis eines bis dahin schon langen Weges erreicht hatte. Zählte nämlich Südwales 1851 bereits 655.000 Einwohner, so waren es im Ruhrgebiet 1858 erst 472.500. Neben der im Vergleich zum Ruhrgebiet geringeren prozentualen Bevölkerungszunahme hatte diese längere Tradition auch Auswirkungen auf den Prozeß und die Art der Zusammensetzung der Bevölkerung.

Schon seit dem Ende des 18. Jahrhunderts waren die Familien von gelernten und ungelernten Arbeitern vor allem aus den nähergelegenen walisischen und englischen Grafschaften nach Südwales gekommen. Obwohl der Anteil der aus anderen Gegenden von Wales Zugewanderten deutlich überwog, stammten im Jahre 1861 von der ansässigen Bevölkerung in Glamorgan aus:

England	54.885,
davon allein aus den Midlands	40.163,
Schottland	1.824,
Irland	17.926.[53]

Damit betrug zu diesem frühen Zeitpunkt der Anteil der Zugewanderten an der Gesamtbevölkerung in Südwales mindestens ein Zehntel, während er noch zehn Jahre später im Ruhrgebiet erst etwa ein Fünftel ausmachte.

Den zu früher Zeit schon ausgeprägten Umfang der Zuwanderung einerseits und das — im Vergleich zum Ruhrgebiet — allmähliche Anwachsen der Wanderungsbewegung andererseits zeigt die folgende Tabelle am Beispiel Glamorgans, der für den Kohlenbergbau bedeutendsten Grafschaft.

Neben dem stetig wachsenden Anteil der englischen Zuwanderer, deren größte Einzelgruppe meist aus den an Wales grenzenden Midland-Grafschaften stammte, ist vor allem die anhaltend große Zahl der aus den agrarischen Zonen von Wales kommenden Einwanderer bemerkenswert. Ebenso wie in den preußischen Ostprovinzen, so führten auch in Wales und den Midlands die anhaltenden Schwierigkeiten in der Landwirtschaft und die höheren Löhne der Industrie zur Abwanderung des sich bildenden

S. 124. Insgesamt berechnet B. Thomas den Wanderungsgewinn für Südwales zwischen 1851 und 1911 auf 366.000. Bei einer Schätzung der Gesamtzuwanderung auf 600.000 wären somit 234.000 oder ca. 40% in der gleichen Zeitspanne (wieder) abgewandert. Zu der Berechnung des Wanderungsgewinns vgl. B. Thomas, Wales and the Atlantic Economy, in: Scottish Journal of Political Economy 6, 1959, S. 169 ff.

[53] Wilkins, The South Wales Coal Trade, S. 28; A.H. John, S. 58 ff.; Belshaw, S. 20; Hodges, S. 7/8; Edwards, The Industrial Revolution, S. 26-29.

Zuwanderer nach Glamorgan und ihre Herkunft, 1861 - 1911[54]

	1861-71	1871-81	1881-91	1891-1901	1901-11
England	4 500	42 300	56 700	42 000	78 600
Wales	16 200	31 400	47 200	44 600	44 300
Schottland	300	1 000	1 600	1 200	1 800
Irland	-	-	3 000	6 600	3 800
zusammen:	21 000	74 700	108 500	94 400	128 500

ländlichen Bevölkerungsüberschusses in industrielle Regionen. Die nur allmähliche Erschöpfung gerade der Südwales am nächstgelegenen agrarischen Gebiete zeigt das Verhältnis der aus angrenzenden und nichtangrenzenden Grafschaften stammenden Zuwanderer.

Zuwanderer nach Glamorgan aus angrenzenden und nicht angrenzenden Grafschaften, 1871 - 1911[55]

1871-81		1881-91		1891-1901		1901-11	
angrenzend	nicht angrenzend	angrenzend	nicht angrenzend	angrenzend	nicht angrenzend	angrenzend	nicht angrenzend
37 200	37 500	39 900	68 600	42 000	52 400	34 400	94 100
50%	50%	37%	63%	44%	56%	27%	73%

Schon im Zeitraum zwischen 1871 und 1881 hatte der Fernwandereranteil denjenigen des Nahwandereranteils erreicht, und der weitere Anstieg bis auf knapp drei Viertel während der letzten Dekade fand vor dem Hintergrund eines absolut fast gleichbleibenden Nahwandererquantums statt.

Resultat dieses dem Ruhrgebiet gegenüber zu früher Zeit erlangten Entwicklungsvorsprungs war ein zu einem relativ frühen Zeitpunkt erreichter hoher Stand und eine im Anschluß hieran eher rückschreitende Entwicklung bevölkerungsmäßiger Differenzierung. Dies wird deutlich bei der Beobachtung der absolut zwar wachsenden Zahl, dem anteilig jedoch eher zurückgehenden Prozentsatz von Zuwanderern an der ansässigen Bevölkerung.

Über den 50jährigen Zeitraum zwischen 1861 und 1911 nahm der Anteil der auswärts Geborenen — nur unterbrochen von der hohen Quote von 37,9% im Jahre 1891 — insgesamt um etwa 2% ab. Ein adäquates Bild des bis

[54] Berechnet und zusammengestellt nach B. Thomas, The Migration of Labour into the Glamorganshire Coalfield (1861-1911), in: Economica 10, 1930, S. 275-294, S. 293/4.

[55] Ebenda, S. 294.

Ansässige Bevölkerung und auswärts Geborene in Glamorgan, 1861 - 1911[56]

	1861	1871	1881	1891	1901	1911
ansässige Bevölkerung	317 752	397 859	511 433	687 218	859 931	1 120 910
auswärts Geborene	116 812	117 904	180 794	260 684	297 833	390 941
Verhältnis von auswärts Geborenen zur ansäss. Bevölk.	36,8	29,6	35,4	37,9	34,6	34,9

1911 erreichten Entwicklungsstandes einer weniger differenzierten Bevölkerung als der des Ruhrgebiets vermittelt die folgende Übersicht.

Herkunft der Bevölkerung in den Grafschaften Glamorgan und Monmouth im Jahre 1911[57]

Geburtsprovinz/-land	Glamorgan		Monmouth	
	abs.	%	abs.	%
Zählprovinz	729 969	65,13	251 269	63,5
Wales (außer Zählprovinz)	151 877	13,55	42 408	10,7
Vereinigtes Königreich	215 940	19,25	95 079	24,1
Ausland	11 419	1,02	2 501	0,6
Geburtsort nicht angegeben	11 705	1,05	4 462	1,1
insgesamt:	1 120 910	100,00	395 719	100,00

Knapp zwei Drittel der Bevölkerung der beiden Grafschaften waren hier geboren; diese eingeschlossen stammten drei Viertel aus Wales und Monmouthshire. Dagegen stammten im Ruhrgebiet nur 47,7% aus den Zählkreisen und etwa 70% der Bevölkerung aus dem Rheinland und Westfalen. Aus England, Schottland und Irland kamen etwa ein Viertel bis ein Fünftel. Ausländer spielten dagegen kaum eine Rolle, machte doch ihr Anteil nur ein Drittel des Ausländeranteils im Ruhrgebiet aus. Die Zahl der Iren, die im weiteren Hinterland von Cardiff auf ihrem Höhepunkt 1861 17.926 betragen hatte, ging nach mehreren anti-irischen Tumulten beständig bis auf 5.980 im Jahre 1911 zurück. Insgesamt dürften in der Zeit von 1851 bis 1911 etwa

[56] Ebenda.

[57] Commission of Enquiry into Industrial Unrest, S. 15. Auch für frühere Zeitpunkte vgl. die — leider unvollständigen — Tabellen bei Morris/Williams, S. 235, Hodges, S. 12, und Lewis, S. 238/9. Zur Herkunftsstruktur der Bevölkerung in einzelnen engeren Regionen vgl. Lewis, The Rhondda Valleys, S. 234-239; A.G. Jones, The Economic and Social History of Ebbw Vale, S. 205-208; J.M. Davies, The Growth of Settlement in the Swansea Valley, S. 130/1.

600.000 Menschen nach Südwales eingewandert sein. Davon stammten 320.000, also mehr als die Hälfte, aus den agrarischen Teilen von Wales[58].

Die große Zahl der Zuwanderer brachte in Südwales — wie im Ruhrbergbau — auch eine Veränderung in der sprachlich-kulturellen Zusammensetzung der Bevölkerung mit sich. Doch anders als an der Ruhr, wo die zugewanderte Bevölkerung — wie wir sahen — aus vielen verschiedenen Teilen Deutschlands und des Auslands kam, waren es in Südwales nur zwei Gruppen, die zu 98% die Bevölkerung ausmachten: die Waliser und die Engländer. Während lange Zeit die Zuwanderer aus den agrarischen Teilen von Wales zusammen mit der ansässigen und sich stark vermehrenden Bergbaubevölkerung bei weitem den Hauptanteil stellten, verschob die mit der wirtschaftlichen Expansion einhergehende, stark wachsende Zuwanderung von Engländern besonders aus den agrarischen Teilen der Midlands allmählich die Zusammensetzung der Bevölkerung. Allein in Glamorgan stieg der Anteil der aus dem fremdsprachigen England Zuwandernden von knapp über der Hälfte in der Zeitspanne 1881-1891 auf über 60% zwischen 1901 und 1911 an[59].

Den Übergang von einer relativ homogen walisischen zu einer gemischtsprachigen und bereits zur Dominanz des Englischen neigenden Bevölkerung zeigt die folgende Übersicht über die Sprachkenntnisse im Rhonddatal.

Sprachverteilung im Rhonddatal, 1891 - 1911[60]

	nur walisisch (%)	nur englisch (%)	walisisch und englisch (%)	keine Angabe (%)
1891	29,6	36,5	33,9	-
1901	11,4	35,5	52,9	0,2
1911	4,4	43,1	50,8	1,7

Bei der weiteren Aufschlüsselung nach dem Alter fällt auf, daß gerade die jüngeren Jahrgänge bis zu 25 Jahren die geringsten Anteile von walisisch Sprechenden aufwiesen. Dies war im wesentlichen Ergebnis einer staatlichen Schulpolitik, die seit den 1880er Jahren das Walisische beinahe vollständig aus allen Schulen verdrängt hatte[61]. In dieser Weise wurde also die walisische Kultur- und Sprachgemeinschaft von zwei Seiten bedroht: zum einen durch die hohe Anzahl der fremd- (meist englisch-)sprachigen Zuwanderer, zum

[58] B. Thomas, The Growth of Industrial Towns, in: A.J. Roderick, Hg., Wales through the Ages, Bd. 2, 1960, S. 185-192, S. 187/8. Zu den Iren vgl. Hodges, S. 8, 12, 15; Lewis, S. 160, 238, und Morris/Williams, S. 236/7; auch: E.H. Hunt, Regional Wage Variations, S. 286-304.

[59] B. Thomas, The Migration of Labour, S. 289.

[60] Berechnet und zusammengestellt nach: E.D. Lewis, S. 241-243.

[61] Ebenda; A.G. Jones, Economic and Social History, S. 174/5.

andern durch die Anglikanisierung des eigenen Nachwuchses. Den Stand, den diese Entwicklung bis 1911 erreicht hatte, zeigt die folgende Zusammenstellung.

Sprachverteilung in Südwales im Jahre 1911[62]

	nur walisisch (%)	nur englisch (%)	walisisch und englisch (%)	unbekannt oder ausländisch (%)
Monmouth	0,41	86,27	9,25	4,07
Glamorgan	3,07	58,90	35,03	3,00
Pembroke	7,88	66,82	25,30	-
Brecknock	5,45	57,10	36,00	1,45
Carmarthen	20,50	13,35	64,50	1,65

Außer in Carmarthen sprachen in allen anderen Grafschaften über die Hälfte der Bevölkerung nur englisch, während mehr als 90% englisch verstanden und sprachen. Kein Englisch sprachen zwischen 5% und 22%. Umgekehrt konnten in Monmouth 10% und in den walisischen Grafschaften mindestens ein Drittel der Bevölkerung in Walisisch kommunizieren.

Die englische Sprache hatte sich also in Südwales bis 1914 weitgehend durchgesetzt. Die mit der Industrialisierung einhergehende Veränderung der Bevölkerungszusammensetzung ebenso wie die Schulpolitik des englischen Staates hatten daran maßgeblich mitgewirkt.

Hatte im Ruhrgebiet das schnelle Anwachsen der Ausländer — vor allem unter der Mithilfe des preußischen Staates — zu einer weitgehenden Differenzierung der Bevölkerung geführt, so verursachte die rapide Wachstumsphase in Südwales unter Mitwirkung des englischen Staates eine Umwandlung und eine erneute sprachlich-kulturelle Homogenisierung der Bevölkerung. Zum geringeren Grad der herkunftsmäßigen Differenzierung trat damit in Südwales im Vergleich zum Ruhrgebiet ein bedeutend höherer Grad an sprachlich-kultureller Gleichheit.

Die Bevölkerung von Südwales, deren Expansion mit einer graduellen und eher wieder rückläufigen Differenzierung verknüpft war, erhöhte sich nicht nur durch Wanderungsgewinne, sondern auch — und, wie im Ruhrgebiet, in steigendem Maße — durch natürliches Wachstum. In welchem Maße nun Wanderungsgewinn bzw. -verlust oder natürliches Wachstum zur Bevölkerungszunahme beitrugen, deuten schon die absoluten Zahlen der folgenden Tabelle an.

62 Vgl. Enquiry into Industrial Unrest, S. 16, und K.O. Morgan, Wales in British Politics, 1970[2], S. 315.

Natürliches Wachstum und Wanderungsgewinn bzw. -verlust der städtischen Bevölkerung im Alter von 20 - 44 Jahren in Südwales, 1871 - 1910 (in 1.000)[63]

Zeitraum	natürliches Wachstum	Wanderungs-gewinn/verlust	zusammen
1871 - 75	+ 26,4	- 5,0	+ 21,4
1876 - 80	+ 35,2	- 14,6	+ 20,6
1881 - 85	+ 37,5	+ 14,1	+ 50,6
1886 - 90	+ 44,5	+ 4,8	+ 49,3
1891 - 95	+ 53,1	+ 1,4	+ 54,5
1896-1900	+ 49,2	+ 1,4	+ 50,6
1901 - 05	+ 50,8	+ 36,6	+ 87,4
1906 - 10	+ 45,0	+ 35,7	+ 80,7

Obwohl aufgrund der fehlenden Basis keine Angaben über die prozentualen Wachstumsraten gemacht werden können, zeigt schon diese, nur die städtische Bevölkerung zwischen 20 und 44 Jahren erfassende, Zusammenstellung die Entwicklungstendenz an. Parallel zu dem lange Zeit relativ bescheidenen Wanderungsgewinn (zwischen 1871 und 1880 sogar Wanderungsverlust) stieg die Ziffer des natürlichen Wachstums stetig an und fiel erst zurück, als in der Zeit nach 1900 der große Wanderungsgewinn einsetzte.

3.2.3. Die Fruchtbarkeit der Bergbaubevölkerung und die Beeinflussung des generativen Verhaltens

Wie im Ruhrgebiet, so deuten sich auch für Südwales an dieser Stelle die Auswirkungen des spezifischen „schwerindustriellen Bevölkerungssyndroms“ an. Auch hier nämlich ging mit der Industrialisierung nicht nur allgemein ein Bevölkerungswachstum einher, sondern mit der bestimmten Art der Industrie war eine spezifische Art der Bevölkerungsentwicklung verknüpft, die auf das wiederum bevölkerungsrelevante, generative Verhalten der von ihr betroffenen Menschen von ausschlaggebender Bedeutung war. Der hohe und wachsende Anteil der Selbstrekrutierung am Bevölkerungswachstum findet — wie im Ruhrgebiet — seine Erklärung im Zusammentreffen von niedrigem Durchschnittsalter und hoher Heirats-, Fruchtbarkeits- und Geburtenziffer.

Wie die folgende Zusammenstellung zeigt, lag die allgemeine Fruchtbarkeitsrate in Glamorgan und Monmouth, obwohl sie nur bis 1871 anstieg, zu

63 Zusammengestellt aus: B. Thomas, Migration, S. 452/3, Tab. 140. Die Tabelle erfaßt nur die städtischen Regionen und die wandernde Bevölkerung zwischen 20 und 40 Jahren, die jedoch regelmäßig den bei weitem überwiegenden Anteil der Wanderbevölkerung stellt. Vgl. D. Friedlander/ R.D. Roshier, A Study of Internal Migration in England and Wales, in: Population Studies 19, 1966, S. 239-279, S. 247, 272/3.

jedem Zeitpunkt zwischen 1851 und 1911 über dem Durchschnitt von England und Wales. Doch wies Durham, das andere große Bergbaugebiet, meist noch höhere Raten auf.

Fruchtbarkeitsrate in Glamorgan, Monmouth, Durham sowie England und Wales, 1851 - 1911[64]

Gebiet	1851	1861	1871	1881	1891	1911
Glamorganshire	2,35	2,56	2,69	2,61	2,57	2,08
Monmouthshire	2,32	2,50	2,70	2,55	2,53	2,07
Durham	2,58	2,73	2,98	2,75	2,57	2,08
England und Wales	2,22	2,28	2,35	2,30	2,01	1,42

Die allmähliche weitere Abnahme der Fruchtbarkeit im ersten Jahrzehnt des 20. Jahrhunderts, die aber immer noch deutliche Überlegenheit über dem nationalen Durchschnitt, demonstrieren die beiden folgenden Tabellen, zum einen für das Rhonddatal, zum andern für Wales insgesamt.

Geburtenziffer in Rhondda, britischen Großstädten sowie in England und Wales, 1901 - 1911[65]

	Durchschnitt für 10 Jahre,1901 - 10	1911
Zahl der Geburten in Rhondda	5 019	5 491
Geburtsrate	38,3	35,7
Geburtsrate von 77 britischen Großstädten	28	25,6
Geburtsrate von England und Wales	27,3	24,4

Relative Fruchtbarkeit in einzelnen Teilen von England und Wales im Jahre 1911 (England und Wales = 100)[66]

	Allgemeine Fruchtbarkeit	Effektive Fruchtbarkeit (überlebende Säuglinge)
England und Wales	100	100
Wales	110	109
Midlands	100	102
Nördl. Engl.u.Wales	101	98
Südl. Engl.u.Wales	95	98

64 D. Friedlander, Demographic Patterns and Socio-economic Characteristics of the Coal-mining Population in England and Wales in the Nineteenth Century, in: Economic Development and Cultural Change 22, 1973/74, S. 39-51, S. 42.

65 Lewis, S. 233.

66 Hunt, S. 233.

Neben der in beiden Zusammenstellungen aufgezeigten weit höheren Fruchtbarkeit in Wales gegenüber anderen Bezirken und dem nationalen Durchschnitt zeigt die letzte Tabelle auch die relativ hohe Säuglingssterblichkeit, die nur noch von den nördlichen Gebieten überboten wurde, in denen Schwerindustrie und Bergbau einen hohen Anteil der Bevölkerung beschäftigten[67].

Gesteigert, und zunächst nicht geschmälert, wurden die Fruchtbarkeits- und Geburtenziffern wie im Ruhrgebiet so auch hier durch die relative Knappheit von Frauen, die ihrerseits wieder zu einer frühen Heiratsentscheidung führte.

Verteilung der Geschlechter in Glamorgan, Monmouth sowie England und Wales, 1841 - 1911[68]

Auf 1.000 Männer kamen Frauen:

	1841	1871	1911
Glamorgan	948	935	924
Monmouth	903	927	912
England und Wales	1 046	1 053	1 068

Ersichtlich wird hier — wie auch an den Vergleichszahlen für das Ruhrgebiet[69] —, wie das unterschiedliche Tempo der wirtschaftlichen Expansion und der durch sie ausgelösten Zuwanderungsbewegung das zahlenmäßige Verhältnis der Geschlechter zueinander sowohl lang- wie kurzfristig beeinflußte, oder eher noch: regulierte. Wie in Glamorgan bei einer allmählich expandierenden wirtschaftlichen Entwicklung der Frauenanteil langsam, im Ruhrgebiet bei der starken Zuwanderung nach 1890 von 911,4 auf 876,5 zwischen 1895 und 1900 sprunghaft absank, stieg er nach plötzlich erfolgtem, wirtschaftlichen Wachstumsschub in Monmouthshire über eine lange Frist, im Ruhrgebiet in dem kurzen Zeitraum nach 1900 wieder an. Im Jahre 1910/11 lagen Glamorgan, Monmouth und das Ruhrgebiet mit einem relativen Frauenanteil von 924, 912 und 909 auf jeweils 1.000 Männer relativ eng beieinander und weit unter dem jeweiligen nationalen Niveau von 1.068 in England und Wales sowie 1.024 in Preußen.

Der relativ geringe Anteil von Frauen verringerte sich noch in bestimmten Regionen und Altersstufen. So sank im Rhonddatal im Alter zwischen 15

[67] Der von Friedlander (S. 41) für England und Wales hergestellte Zusammenhang zwischen Bergbaubevölkerung und Kindersterblichkeit wird für das Ruhrgebiet nicht bestätigt. Besonders gefährdet erscheint hier die Altersstufe von 1-4 Jahren. Vgl. Wrigley, Industrial Growth, S. 101, 104/5.

[68] Zusammengestellt aus: Morris/Williams, S. 237; Enquiry into Industrial Unrest, S. 16; Mitchell, S. 6.

[69] Vgl. oben S. 183.

und 45 Jahren auf 1.000 Männer die Zahl der Frauen im Jahre 1891 auf 610, 1911 auf 742. Die Knappheit an Frauen, die in dieser Intensität und in dieser Altersstufe schließlich doch der Geburtenrate im Rhonddatal eine engere Grenze setzte als etwa im Ruhrgebiet, wurde verschärft durch ihren starken Anteil an der Abwanderung und ihre Konzentration auf eine Großstadt wie Cardiff[70]. Die mangelnde Beschäftigungsmöglichkeit der schwerindustriellen Umgebung, die auch für das Ruhrgebiet nachgewiesen werden konnte, dürfte dafür die Hauptursache gewesen sein, wie die folgende Tabelle eindrücklich belegt.

Anteil der über 15 Jahre alten beschäftigten Frauen in Grafschaften mit vorherrschendem Vorkommen des Bergbaus, der verarbeitenden Industrie und der Landwirtschaft sowie in England und Wales insgesamt in den Jahren 1871 und 1911 (in %)[71]

	1871	1911
Bergbau		
Monmouthshire	30,1	22,4
Glamorganshire	-	23,1
Südwales (Alle Grafschaften)	36,2	26,6
Durham	-	20,6
Verarbeitende Industrie		
London	43,8	44,3
Lancashire	49,7	43,1
Landwirtschaft		
Dorset	41,0	33,0
Gloucestershire	45,1	38,2
Lincolnshire	34,0	26,4
England und Wales	41,1	36,1

Zwar fiel in fast allen Bereichen und Gebieten, mit Ausnahme von London, in der Zeit zwischen 1871 und 1911 der Anteil der beschäftigten Frauen an der Zahl der Frauen insgesamt, doch lag er zu beiden Zeitpunkten in den Bergbaurevieren mit meist weitem Abstand am niedrigsten. Die Knappheit der verbleibenden Frauen einerseits und der relative Mangel an Beschäftigung andererseits führte dazu, daß ein hoher Prozentsatz überhaupt und — wie die Männer — früh heiratete.

70 B. Thomas, The Migration of Labour, S. 288; T.M. Hodges, S. 15.

71 D. Friedlander, S. 47.

Anteil der im Alter von 20 - 24 und im Alter von 40 - 44 Jahren verheirateten Frauen in Grafschaften mit vorherrschendem Vorkommen des Bergbaus, der verarbeitenden Industrie und der Landwirtschaft im Jahre 1851 (in %)[72]

	20 - 24	40 - 44
Bergbau		
Glamorganshire	36,5	91,3
Monmouthshire	38,3	91,8
Durham	41,5	89,3
Verarbeitende Industrie		
Cheshire	31,5	86,1
Lancashire	33,2	85,8
Landwirtschaft		
Cambridgeshire	34,6	88,9
Buckinghamshire	35,1	85,5
Cornwall	26,3	86,7
Gloucestershire	26,8	82,1
Merionethshire	20,0	86,7

Schon im Jahre 1851, also noch vor der großen Expansion des Bergbaus und der bergbaulichen Bevölkerung, war bei den Frauen in den Altersgruppen sowohl von 20-24 als auch von 40-44 Jahren der Anteil der Verheirateten in den Bergbaurevieren mit Abstand größer als in den Grafschaften mit verarbeitender Industrie oder Landwirtschaft.

Dem Alter nach setzte sich die südwalisische Bevölkerung, hier des Rhonddatales, und in England und Wales in den Jahren 1891 und 1911 wie folgt zusammen.

Während in England und Wales der Bevölkerungsteil mit weniger als 45 Jahren zu beiden Zeitpunkten etwa 80% ausmachte, bildete er im Rhonddatal ca. 90%.

War allerdings im Jahre 1910/11 im Rhonddatal der Anteil der mehr als 45jährigen bei den Männern 14,5%, bei den Frauen 13,8%, so betrug im Ruhrgebiet der Prozentsatz der Bevölkerung mit mehr als 50 Jahren nur 8,4%. Während hier der Anteil der weniger als 20jährigen 52,2%, der bis zu 50jährigen Bevölkerung 92,6% ausmachte, betrug im Rhonddatal der bis zu 15 Jahre Alten bei den Männern 33,5%, bei den Frauen 40%, der bis zu 45 Jahre Alten bei den Männern 85,5%, bei den Frauen 86,2%.

72 Ebenda, S. 43; Lewis, S. 233. Für das Ruhrgebiet vgl. dazu auch Wrigley, Industrial Growth, S. 144.

Zusammensetzung der Bevölkerung nach dem Alter in Rhondda sowie England und Wales, 1891 - 1911[73]

	0 - 15		15 - 25		25 - 45		über 45 J.	
	M	F	M	F	M	F	M	F
Rhondda:								
1891	24,5	24,0	48,3	43,5	20,1	22,2	7,1	10,3
1911	33,5	40,0	19,3	18,1	32,7	28,1	14,5	13,8
England und Wales:								
1891	36,1	34,1	19,3	19,3	26,3	26,8	18,3	19,8
1911	32,8	29,6	18,1	18,0	28,6	30,3	20,5	22,1

Nicht nur war also die Bevölkerung im Rhonddatal und sicherlich auch im übrigen Südwales durchschnittlich — wenn auch geringfügig — zu diesem Zeitpunkt älter als diejenige des Ruhrgebietes, sondern sie wurde auch während des vorhergehenden 20jährigen Zeitraums trotz verstärkter Zuwanderung und hoher Geburtenziffer durchschnittlich älter, während sie sich im Ruhrgebiet durch die forciertere Wirkung beider Faktoren während der letzten 10 Jahre noch verjüngt hatte.

Hierdurch wie durch die generell zu beobachtende frühe Sterblichkeit der Bergbaubevölkerung in Großbritannien, die wohl nicht zuletzt durch den unterschiedlichen Grad ärztlicher Versorgung von der deutschen Erfahrung abwich, erklärt sich die im Vergleich sowohl zum Ruhrgebiet wie zu England und Wales insgesamt höhere Sterbequote bei den mehr als 25jährigen.

Mortalität in verschiedenen Altersgruppen in Glamorgan sowie in England und Wales, 1861 - 1910[74]

	Es starben auf 1.000 der Bevölkerung im Alter von									
	25 - 35		35 - 45		45 - 55		55 - 65		65 - 75	
	Glamorgan	England u.Wales	Glamorgan	England u.Wales	Glamorgan	England u.Wales	Glamorgan	England u.Wales	Glamorgan	England u.Wales
1861-70	11	9,83	13	12,77	-	-	-	-	-	-
1871-80	10	9,0	13	12,72	17	17,85	-	-	-	-
1881-90	8	7,59	12	11,51	17	17,22	34	31,57	-	-
1891-1900	8	6,44	11	10,57	17	16,86	35	31,62	70	65,56
1901-1910	6	5,15	9	8,36	15	14,40	34	28,37	68	59,41

[73] Berechnet und zusammengestellt nach: Lewis, S. 239, 243, und Mitchell, S. 12 (M = Männer, F = Frauen).

[74] Zusammengestellt und berechnet nach: B. Thomas, The Migration of Labour, S. 278, und Mitchell, S. 38-41.

Wie auch im Ruhrgebiet weisen vor allem die Altersgruppen über 55 Jahre in Glamorgan eine bedeutend höhere Sterblichkeit als im nationalen Durchschnitt auf. Obwohl die Sterblichkeit in allen Altersgruppen sowohl in England und Wales wie auch in Glamorgan zwischen 1861 und 1910 zurückging, blieb sie bis zum ersten Jahrzehnt des neuen Jahrhunderts in allen Gruppen deutlich oberhalb des nationalen Durchschnitts[75]. Die relativ höhere Sterbeziffer jedoch konnte die rapide Bevölkerungsvermehrung in Südwales — wie wir sahen — nicht aufhalten.

Daß die Art der Bevölkerungsentwicklung hier — ebenso wie im Ruhrgebiet — Resultat einer spezifischen, nämlich schwerindustriellen Entwicklung war, und daß auch hier die hohe Fruchtbarkeit nicht ausschließlich Ergebnis einer hohen Zuwanderungsquote war, zeigt schließlich die folgende Zusammenstellung der Anteile des natürlichen Bevölkerungswachstums in den schon oben genannten Gebieten der Schwer- und der verarbeitenden Industrie.

Natürliches Bevölkerungswachstum (in % der jeweiligen Anfangsbevölkerung) in Gebieten mit vorherrschend schwerer bzw. vorherrschend verarbeitender Industrie, 1851 - 1911[76]

	1851-61	1861-71	1871-81	1881-91	1891-1901	1901-11
Schwerindustrie						
Südwales	15	16	18	17	17	19
Northumberland und Durham	17	19	21	18	17	17
Mittelschottland	-	14	15	15	14	14
Verarbeitende Industrie						
London und Home Counties	11	13	15	15	13	13
Lancashire, Cheshire u. West Riding	13	13	15	13	11	11
Midlands	15	16	18	16	15	14

[75] Die Tatsache der durchgehend kürzeren Lebenserwartung, die auch für andere Gegenden der britischen Schwerindustrie und des Bergbaus bestätigt wird, entspricht jedoch — wahrscheinlich aufgrund der besseren medizinischen Versorgung — nicht, wie oben schon angedeutet wurde, der Erfahrung des Ruhrgebietes. Vgl. Friedlander, S. 41; Wrigley, Industrial Growth, S. 100, 104/5. Zur medizinischen Versorgung der Ruhrbergarbeiter vgl. bes. die Angaben bei: Dr. Tenholt, Das Gesundheitswesen im Bereiche des Allgemeinen Knappschafts-Vereins zu Bochum, 1897.

[76] Zusammengestellt nach E.H. Hunt, Regional Wage Variations, S. 226. Alle Ziffern sind Prozentzahlen, bezogen auf die Bevölkerung am Anfang der jeweiligen Dekade. Dafür, daß das „natürliche" Bevölkerungswachstum nicht etwa durch extrem lange

Wie in Deutschland so wiesen auch in Großbritannien im Zeitraum zwischen 1851 und 1911 regelmäßig die schwerindustriellen Gebiete ein größeres natürliches Bevölkerungswachstum auf als die der verarbeitenden Industrie[77]. Die Überschneidungen, die sich zwischen Mittelschottland und den Midlands ergeben, wurzeln in der schlechten regionalen Abgrenzbarkeit verschiedener, nah beieinander liegender Industriezweige (auch in den Midlands gab es schwerindustrielle Bezirke), doch bekräftigen ihre Daten gleichzeitig die Tatsache, daß (hohe) Wanderungsgewinne nicht automatisch hohe Fruchtbarkeit und umgekehrt Wanderungsverluste nicht zwangsläufig geringeres natürliches Bevölkerungswachstum nach sich ziehen müssen. Insgesamt aber ließ sich in einer ganz Großbritannien erfassenden Statistik noch für das Jahr 1911 feststellen, daß die Familien der Bergleute bis zum 25. Ehejahr durchschnittlich ein Kind mehr aufwiesen als die der Angehörigen aller anderen Berufe[78].

3.3. Das Ruhrgebiet und Südwales: Bergbauliche Bevölkerungsstrukturen im Vergleich

Nach einer bereits etwa einhundertjährigen industriellen Entwicklung hatten die südwalisischen Grafschaften im Jahre 1821 zusammen eine Bevölkerung von 386.000 Einwohnern und damit etwa das Anderthalbfache des Ruhrgebiets (244.500) erreicht. In der folgenden 40jährigen Phase zwischen 1821 und 1861 stiegen beide im gleichen Tempo an, sie verdoppelten sich in Südwales auf 763.000, im Ruhrgebiet auf 472.400 Einwohner. In den folgenden 20 Jahren bis 1881 holte das Ruhrgebiet Südwales bei knapp 1 Mill. Einwohnern ein, und während sich in den kommenden 30 Jahren bis 1911 die Bevölkerung in Südwales auf 1,8 Mill. nur knapp verdoppelte, hatte sie im Ruhrgebiet auf mehr als das Dreifache (3,2 Mill.) zugenommen[79]. Hatten Monmouthshire und Glamorgan sowie das Ruhrgebiet bis zur Jahrhundertmitte eine gemeinsame Bevölkerungsdichte von 113, 111 und 117 Einwohnern pro km^2 erreicht, so nahm sie in den folgenden 60 Jahren im Ruhrgebiet auf das Zehnfache, in Glamorgan auf das Fünffache und in Monmouth nur auf knapp das Dreifache zu.

Lebensdauer, sondern durch Geburtenüberschuß zustande kam, vgl. die beiden Tabellen oben S. 205.

[77] Bestätigt wird die hohe Fruchtbarkeit insbesondere auch der Bergbaureviere durch die von B. Thomas erstellte Tabelle für Yorkshire, die allerdings nur die städtische Bevölkerung zwischen 20 und 44 Jahren erfaßt. Vgl. B. Thomas, Migration and Economic Growth, S. 452.

[78] Vgl. unten S. 558.

[79] Für die Grafschaften in Südwales vgl. Mitchell, S. 20.

Das Wachstum und die steigende Dichte der Bevölkerung brachte mit der wachsenden Bebauung im Ruhrgebiet und in Südwales ein Ansteigen der Anzahl und der Größe der Städte mit sich. Während in Südwales die Zahl der Städte zwischen 1871 und 1911 von 17 auf 37 stieg, wuchs sie im Ruhrgebiet von einem bereits höheren Entwicklungsstand im Jahre 1891 von 133 auf 138 im Jahre 1910 an. Besonders rasch stieg die Bevölkerung der Großstädte und großstädtischen Agglomerationen zwischen 1891 und 1911 in Südwales (ohne Monmouth) auf mehr als das Dreifache von 128.900 auf 449.800 und im Ruhrgebiet auf mehr als das Doppelte von 984.629 auf 2,1 Mill. Einwohner.

Trotz des großen absoluten Wachstums der Städte stieg ihr Anteil an der Gesamtbevölkerung unserer Bergbaureviere nicht unbedingt an. Zwar stieg noch der Anteil der Großstädte und städtischen Agglomerationen in Südwales (ohne Monmouth) zwischen 1891 und 1911 von 13,4% auf 31,4% und im Ruhrgebiet der Anteil der Großstädte von 7,2% auf 40,2% der Gesamtbevölkerung, doch fiel der Anteil der großstädtischen Agglomerationen im Ruhrgebiet von 74,5% auf 66,9%. Während in Glamorgan der Anteil der städtischen Bevölkerung zwischen 1891 und 1914 mit 80,1% auf 80,6% noch gerade ein Ansteigen aufweisen konnte, nahm im Ruhrgebiet in etwa der gleichen Zeit der Anteil der städtischen Bevölkerung von 92,9% auf 90,7% ab und der Anteil der ländlichen Wohnplätze von 7,1% auf 9,3% zu. Denn immerhin stieg im Ruhrgebiet die Bevölkerung von Orten mit weniger als 2.000 Einwohnern zwischen 1895 und 1910 von 103.752 auf 280.880. Neben der allmählichen räumlichen Sättigung, die diese großstädtischen Gebiete nach einem anhaltenden industriebedingten Wachstum von etwa 100 Jahren nun erreicht zu haben schienen, und der Tendenz der Einwohner, den wachsenden Nachteilen der großstädtischen Umgebung (Miet- und Grundstückspreise usw.) zu entgehen, ist dieser Prozeß möglicherweise auch Ergebnis des dem Bergbau immanenten Zwangs der Wanderung, sobald die bisher am Ort abgebauten Flöze erschöpft sind.

Hatte das Bevölkerungswachstum in Südwales zusammen mit einem steigenden Maß an Bebauungs- und Wohndichte ein dem Ruhrgebiet durchaus vergleichbares Ausmaß an Urbanisierung mit sich gebracht, so hatte es für diese Zunahme der Bevölkerung — wie wir oben sahen — einen wesentlich längeren Zeitraum zur Verfügung gehabt. Wenn allerdings — wie im Ruhrgebiet — auch hier über eine längere Phase die eigenen Kräfte zur Reproduktion nicht ausreichten, so erlaubte doch das langsamere Wirtschaftswachstum ebenso wie die lange industrielle Tradition eine allmählichere Zuwanderung als im Ruhrrevier. Dies bedeutete gleichzeitig, daß zu einem bestimmten Zeitpunkt immer nur ein nicht allzu hoher und dazu: abnehmender Prozentsatz der Bevölkerung Zugewanderte waren. Hinzu kam, daß die nur allmählichen Zuwanderungsraten lange Zeit zu einem großen Teil von der unmittelbar umgebenden agrarischen und dazu: walisischen Bevölkerung gespeist werden konnten. Hatte sich auf diese Weise, durch die allmähliche Zuwanderungsrate einerseits und durch die weitgehende sprachliche Gleichheit andererseits, die südwalisische Bevölkerung bis in die 1890er Jahre einen hohen Grad an Homogenität sowie feste, kaum veränderte, gleichzeitig aber — für Neuankömmlinge — integrationsfähige Strukturen und Lebensformen bewahrt, so veränderte ab den 1890er Jahren die hohe Zuwanderung aus England zusammen mit der Schulpolitik des Staates die Sprachverhältnisse abrupt zugunsten des Englischen, doch ließ sie weitgehend die traditionellen Strukturen, wenn auch — wie zu zeigen sein wird — mit gewandelten Inhalten, weiter bestehen. Nach kurzer Zeit der Transformation war die südwalisische Bevölkerung in den Jahren nach 1905 also wieder zu einem relativ hohen Grad an Homogenität zurückgekehrt.

Im Ruhrgebiet dagegen, wo in der Zeit vor 1850 die Zuwanderung offensichtlich geringer als in Südwales war, wurde unmittelbar nach 1850 — zusammen also mit der starken Expansionsbewegung des Bergbaus und dem Übergang zum Tiefbau — fast plötzlich die Zahl der Zuwanderer ungleich größer als dort. Während noch bis 1870 der größte Teil der Neuankömmlinge Nahwanderer, meist aus Rheinland und Westfalen, waren, änderte sich deren Herkunft, bei anhaltend starker, industrieller Expansion und entsprechendem Bedarf an Arbeitskräften, allmählich nach 1870 und vollends nach 1890. Bei anhaltend hoher Nachfrage nach Arbeitskräften wuchs die Bevölkerung immer schneller, ihre Zusammensetzung differenzierte sich immer weiter und die Zahl der Zuwanderer nahm relativ, mehr aber noch absolut, deutlich zu. Während der Anteil der in anderen Provinzen des preußischen Staates Geborenen, also hauptsächlich aus dem Osten Stammenden, zwischen 1890 und 1910 nur von 20,01% auf 26,4% der Gesamtbevölkerung des Ruhrgebietes anwuchs, hatte sich in dieser Zeit ihre absolute Zahl von 251.906 auf 799.968 mehr als verdreifacht. Und die Zahl der — schon aus verschiedenen Ländern Europas kommenden — Ausländer, deren Anteil in der gleichen Phase von 1,32% auf 3,5% anwuchs, war von 16.830 auf 105.576, also auf mehr als das Sechsfache, angestiegen.

Dieses Tempo, Ausmaß und diese herkunftmäßige Zersplitterung der Zuwanderung hatte im Ruhrrevier zu einer stark differenzierten Bevölkerungsstruktur geführt. Das seit der Jahrhundertmitte anhaltende, rasche Wachstum und der hohe Grad der Differenzierung der Bevölkerung, zu deren Intensivierung die staatliche Ausländerpolitik beitrug, hatten hier — anders als in Südwales — keine festen und einheitlichen Lebensformen und Strukturen, soweit sie vorher bestanden, überleben lassen, die sowohl eine allgemeine Gültigkeit für die Ansässigen gehabt als auch ein unmittelbares Integrationsmedium für die Zuwandernden hätten bilden können. Resultat und zugleich Verstärkung des hohen Grades der Differenzierung der Bevölkerung war die siedlungs- und wohnungsmäßige Segregation nach Herkunftsgebieten, eine Tendenz, die — wie im folgenden darzustellen sein wird — sowohl durch den Werkswohnungsbau der Unternehmer als auch durch die sich differenzierende Gewerbestruktur des Ruhrgebietes gefördert wurde. Bevölkerungsdichte allein, so zeigt sich im Vergleich, bedeutete noch keine enge, durchgängige Kommunikation.

Nicht nur veränderte Industrialisierung die Bevölkerung und mit ihr die unmittelbaren Lebensumstände der Menschen. Vielmehr beeinflußte auch die bestimmte Art der Industrie, so konnte oben nachgewiesen werden, ihr — generatives — Verhalten. Im Ruhrgebiet und in Südwales, ebenso wie in anderen schwerindustriellen Bezirken, wurden im Durchschnitt mit Abstand immer mehr Kinder geboren als im gesamtstaatlichen Durchschnitt oder in anderen Regionen. Die beinah monoindustrielle Ausrichtung von Südwales läßt vermuten, daß die Gründe hierfür besonders bei den Verhältnissen der Bergbaubevölkerung zu suchen sind. Die Vielzahl der möglichen und tatsächlichen Ursachen dieses abweichenden generativen Verhaltens der Bergbaubevölkerung versuchen wir im folgenden in drei, inhaltlich miteinander in Verbindung stehenden Argumentationskomplexen zusammenzufassen, die wir bezeichnen wollen als (1) bevölkerungsmäßige, (2) beschäftigungs- und lohnspezifische und (3) psychologisch-mentale Auswirkungen des Industriezweiges.

Den ersten Komplex, die bevölkerungsmäßigen Auswirkungen der Schwerindustrie, besonders des Bergbaus, die für das Ruhrgebiet und Südwales gleichermaßen zutrafen, haben wir im vorhergehenden schon weitgehend behandelt. Der arbeitsintensive Bergbau erforderte eine relativ große Zahl von Beschäftigten auf engem Raum, die schwere Arbeit in ihm kräftige, meist junge Arbeitskräfte. Das niedrige Durchschnittsalter, das teilweise Folge der Zuwanderung meist jüngerer Menschen war, führte zu einem hohen Anteil von Verheirateten in der Bevölkerung. Der geringere Prozentsatz von Frauen, bedingt durch die hohe (männliche) Zuwanderungsquote einerseits und das geringe weibliche Beschäftigungsangebot andererseits, führte die jungen Männer inmitten einer Umwelt, die dieses Verhalten seit Generationen vorlebte, zu einer frühen Heiratsentscheidung, die ihrerseits wieder Ausgangspunkt hoher Fruchtbarkeitsziffern wurde.

Die beschäftigungs- und lohnspezifischen Momente, die gleichzeitig Folgen des Industriezweiges und Bedingungen der hohen Fruchtbarkeit seiner Bevölkerung waren, konnten im vorhergehenden nur angedeutet werden. Der Steinkohlenbergbau zeichnete sich durch eine hohe Aufnahmefähigkeit gegenüber un- und angelernten, meist jüngeren Arbeitskräften aus, die diesen schon in jungen Jahren (etwa ab 20-21) die volle Verdienstkapazität zusicherte. Dies ebenso wie die große Zahl materiell relativ anspruchsloser Zuwanderer aus agrarischen Gebieten beschleunigte die schon durch die Knappheit an Frauen nahegelegte frühe Heiratsentscheidung, die ihrerseits wiederum eine lange Fruchtbarkeitsphase der Frauen nach sich zog. Heirats- und Geburtenziffern waren offensichtlich konjunkturabhängig, d. h. meist dann, wenn die Kohlenpreise und die Löhne hoch standen, wurde die Entscheidung zur Heirat und zur Zeugung gefällt. Trafen die bisher genannten beschäftigungs- und lohnspezifischen Momente gleichermaßen für das Ruhrgebiet und für Südwales zu, so gab es auch andere, die für beide Regionen unterschiedlich auftraten, und deren Wirkung aber mit dem hier ausgebreiteten Material nur ansatzweise untersucht werden kann. Waren in beiden Regionen die Beschäftigungsmöglichkeiten von Frauen, also sowohl von Ehefrauen wie Töchtern, gering, so waren diejenigen der Söhne unterschiedlich. Wurde in Südwales — wie in Großbritannien insgesamt — das für (männliche) Beschäftigte im Bergbau geltende Mindestalter zwischen 1842 und 1911 nur sehr allmählich von 10 auf 12 Jahre heraufgesetzt, galten im Ruhrbergbau seit 1855 12 Jahre als Mindestalter und wurden dort besonders seit den 1890er Jahren einschneidende gesetzliche Bestimmungen wirksam, die neben der Erhöhung des Mindestalters um ein Jahr und neben weiteren Schutzbestimmungen die Tätigkeitsbereiche der Jugendlichen stark beschränkten[80]. Auch aus diesem Grund waren — wie später gezeigt werden kann — die Löhne für Jugendliche im Ruhrbergbau relativ niedrig, in Südwales vergleichsweise hoch. Entsprechend konnten die Jugendlichen im Ruhrbergbau besonders ab den 1890er Jahren, wenn nicht gar die Kosten ihres Lebensunterhalts ihren Verdienst überstiegen, in nur bescheidenem Maße, in Südwales dagegen, wo ihre Anzahl absolut und — im Gegensatz zum Ruhrbergbau — auch relativ stark anstieg, in entscheidenem Maße zum elterlichen Haushalt beitragen. Zeitlich parallel hierzu verlief im Ruhrbergbau ab etwa 1880 ein dem nationalen Durchschnitt entsprechendes Steigen des Reallohns, in Südwales, bei heftigeren Schwankungen als an der Ruhr, ein besonders nach 1900 deutliches Fallen des Reallohns. Ob sich beide Faktoren, zurückgehende Verdienstmöglichkeiten und ansteigender Reallohn im Ruhrbergbau, sowie hohe Einkommenschancen der Jugendlichen und Reallohnabfall in Südwales, in ihrer Wirkung gegenseitig aufhoben, ist schwer zu beurteilen. Wenn auch beide Gebiete nach 1900 sich dem jeweiligen, mit steigendem Wohlstand einhergehenden, nationalen Trend nach Rückgang der Fruchtbarkeit anschlossen, so taten sie dies immer noch auf weit höherem Niveau.

Die Zusammenstellung zeigt für den Zeitraum zwischen 1881 und 1911 den schnelleren Abfall der Fruchtbarkeitsrate für die industriell früher ent-

[80] Vgl. H. Imbusch, Jugendliche Arbeiter im Bergbau, 1916, S. 22 ff.; D. Morrah, A historical outline of coal mining legislation, in: MAGB, Hg., Historial Review of Coal Mining, 1924, S. 301-320, S. 308, 316.

Relative Entwicklung der Fruchtbarkeitsrate im Ruhrgebiet, in Preußen, in Südwales sowie in England und Wales, 1881 - 1911 (1891 = 100)[81]

	1881	1891	1911
Düsseldorf	102	100	
Arnsberg	96	100	
Münster	92	100	
Ruhrgebiet		100	91
Preußen	98	100	83
Glamorgan	102	100	81
Monmouth	101	100	82
England und Wales	114	100	71

wickelte britische Seite insgesamt im Vergleich zum industriellen Spätentwickler Deutschland. Deutlich wird aber in Relation zu beiden nationalen Durchschnitten das langsamere Abfallen der Fruchtbarkeit in den Bergbaugebieten erkennbar. Doch sanken auch in Glamorgan und Monmouthshire — dem gesamtbritischen Trend folgend — die Fruchtbarkeitsraten schneller als im Ruhrgebiet.

Der dritte Komplex, die psychologisch-mentalen Folgen des spezifischen Industriezweiges, läßt sich in seinen Auswirkungen auf die Fruchtbarkeit noch schwerer bestimmen als die beiden vorangegangenen. Doch läßt sich vielleicht folgendes sagen: Die harte, gefährliche Arbeit und die geringe sonstige Ablenkungsmöglichkeit des Bergmannes[82] einerseits und die durch die schwerindustrielle Umgebung erzwungene Beschäftigungslosigkeit der Frau mit dem Resultat des häufigen Alleinseins und der Frustration zu Hause[83] andererseits ließen den sexuellen Bereich zum hauptsächlichen Bereich des Lustempfindens aufrücken und förderte gleichzeitig den Wunsch nach Kindern.

Ob die bei den Bergleuten durchgehend gehegte Meinung, daß der Bereich der Frau das Haus sei, nur der bewußtseinsmäßige Reflex der unzulänglichen Beschäftigungsmöglichkeit der Frau war, und ob weiterhin das sich

[81] Zusammengestellt und berechnet nach den Tabellen S. 201, 219. Für das Ruhrgebiet ist die Ziffer von 1895 = 100 gesetzt. Wegen der Unklarheit der Berechnungsmethoden für die britische Seite können hier die absoluten Fruchtbarkeitsziffern nicht verglichen werden.

[82] Vgl. hierzu etwa: L. Brentano, The Doctrine of Malthus and the Increase of Population During the Last Decades, in: Economic Journal 20, 1910, S. 371-393, bes. S. 388/9; S.H. Coontz, Population Theories and the Economic Interpretation, 1961, S. 67-69.

[83] Vgl. hierzu bes. das aufschlußreiche Buch von L. Fischer-Eckert.

haltende Ideal der Beschäftigungslosigkeit und des Zu-Hause-Seins der Frau gerade beim ehemals privilegierten deutschen Bergmann das Produkt der Furcht vor dem sozialen Abstieg, der mit kleinbürgerlichen Statussymbolen verdeckt werden sollte, und weiterhin nur die Verbrämung der mißlichen Lage der Frau war, sei hier nur als in den Bereich der unmittelbaren sozialen Verhältnisse der Bergleute überführende Frage angedeutet.

Wenn auch nicht gezeigt werden kann, in jeweils welchem Ausmaß, so kann doch gesagt werden, daß alle drei Komponenten dessen, was wir als das „schwerindustrielle Bevölkerungssyndrom" bezeichnen wollen, nämlich die bevölkerungsmäßigen, die beschäftigungs- und lohnspezifischen sowie psychologisch-mentalen Auswirkungen des speziellen Industriezweiges zusammengenommen auf eine höhere Fruchtbarkeit der schwerindustriellen Bevölkerung im Vergleich zu ihrer jeweiligen nationalen Umwelt hingewirkt haben.

Am Schluß zeigt sich, in welcher Intensität die Industrialisierung die Bevölkerung und mit ihr wichtige unmittelbare Lebensbereiche sowie darüber hinaus das wieder bevölkerungsrelevante, generative Verhalten der Menschen beeinflußte. Bei großem Bevölkerungswachstum, das sich in beiden Fällen zu jeweils großen Anteilen aus der großen Zahl der Zuwanderer sowie aus dem hohen Geburtenüberschuß ergab, führte im Ruhrgebiet die stärkere Intensität des Wachstums sowie die starke herkunftsmäßige Differenziertheit der Zuwanderer zu einem hohen Grad der Heterogenität und Segregation der Bevölkerung, während in Südwales die über einen langen Zeitraum vorhandene, relativ langsame Zuwanderungsquote sowie die wenig differenzierte Zusammensetzung der Zuwanderer eine, wenn auch sprachlich veränderte, so doch relativ homogene Bevölkerung mit einheitlichen Lebens- und Integrationsformen nach sich zog.

Zeigte dies das Ausmaß der Veränderungsfähigkeit industrieller Entwicklung auf die Bevölkerungs- und unmittelbaren Lebensbereiche des Menschen, so konnte anhand des „schwerindustriellen Bevölkerungssyndroms" die Durchschlagskraft einer bestimmten industriellen Entwicklung auf das Verhalten der von ihr betroffenen Menschen nachgewiesen werden. Die Bevölkerungsentwicklung war somit entscheidende Grundlage und Vorbedingung für das Verhalten und die nicht unmittelbar produktionsbezogenen Interessen sowie darüber hinaus für die Durchsetzungschancen der weitergehenden Interessen, die sich aus der Stellung in der Organisation der Produktion ergaben.

4. Die Organisation der Produktion: Der Betrieb als Ausgangspunkt von Gütern und gesellschaftlichen Interessenlagen

4.1 Kapitalistische Betriebsherrschaft und großbetriebliche Arbeitsteilung

Haben wir in den beiden vorangegangenen Kapiteln die wirtschaftliche Entwicklung sowie die Veränderungen der Bevölkerung als Grundlagen, Bedingungen und Folgen des unmittelbaren Prozesses der Produktion betrachtet, so wollen wir uns im folgenden dem eigentlichen Ort der Produktion, dem Betrieb, zuwenden, in den die Menschen sich hineinzubegeben haben, um am Prozeß der Produktion und an der Verteilung des Produktionsergebnisses teilzuhaben. Der Betrieb ist die Stelle, an der die zur gesellschaftlichen Reproduktion notwendigen Subsistenzmittel hergestellt werden, und gleichzeitig der Ausgangspunkt der gesellschaftlichen Interessenlagen der im Produktionsprozeß vereinigten Menschen. Denn der jeweils innerhalb der Mauern des Betriebes ablaufende Produktionsprozeß, dessen organisatorische Ausgestaltung abhängig von und zugleich Ausdruck des Entwicklungsstandes der gesellschaftlichen Produktion überhaupt ist, bildet nicht nur ein System der Kooperation, sondern infolge der fortgesetzten Arbeitsteilung und der Verselbständigung und Verfestigung bestimmter Funktionen ein System der Über- und Unterordnung[1].

Einerseits bedeutet — wie wir sahen — industrielle Produktion die betriebsmäßige Zusammenfassung von Menschen zum Zweck der Sicherstellung der gesellschaftlichen Reproduktion, andererseits und gleichzeitig aber im System der kapitalisitsch orientierten, industriellen Entwicklung den Verwertungsprozeß des Kapitals und konstituiert damit die kapitalistische Form der Warenproduktion und das Herrschaftsverhältnis des Kapitals über die Arbeit. Verankert und abgesichert in der gesamtgesellschaftlich gesetzten Norm des Privateigentums fällt damit dem Kapitalisten oder Eigentümer des Kapitals bzw. der Produktionsmittel — im Gegensatz zu den Nichteigentümern — die Herrschaft über den Betrieb zu. Nicht nur legt der Eigentümer die Ziele und Zwecke der Produktion und des Betriebes sowie deren Rangfolge fest. Er bestimmt auch über den Einsatz oder Nichteinsatz von Kapital und Arbeit, über das Eingehen von Fusionen und den Anschluß an Kartelle. Auch nimmt er die Verteilung des erwirtschafteten Gewinns nicht nur auf Kapital und Arbeit, sondern, innerhalb dieser Teile,

---

[1] Vgl. hierzu etwa: U. Schumm-Garling, Herrschaft in der industriellen Arbeitsorganisation, 1972, S. 26-28; J. Kocka, Unternehmensverwaltung, S. 24-27.

zusätzlich noch nach Gruppen und z. T. Individuen vor. Ebenso besitzt er die (oberste) Anordnungsbefugnis bei der Koordination, Leitung und Regelung des betrieblichen Kooperationsprozesses zum Zwecke der Produktion[2]. Ist in dieser Weise der kapitalistische Industriebetrieb der zentrale Raum kapitalistischer Herrschaft und damit der Abhängigkeit des Faktors ‚Arbeit' vom Faktor ‚Kapital', so bildete gleichzeitig das Anwachsen und das steigende Ausmaß der Arbeitsteilung parallel hierzu — wie oben angedeutet — ein System der innerbetrieblichen Über- und Unterordnung heraus. Funktionen im Arbeitsprozeß verfestigten sich zu ‚Stellungen' im betrieblichen Leitungs- und Autoritätssystem. Der fortgesetzte Prozeß der Arbeitsteilung führte damit nicht nur zu einem immer mehr erweiterten (horizontalen) Kooperationsprozeß auf gleichgeordneter Ebene, sondern — durch die Erweiterung solcher ‚Stellungen' — zur Herausbildung von innerbetrieblichen Gruppen, die zunehmend durch das ausschließliche Verhältnis von Anordnungsbefugnis und Gehorsam miteinander verkehrten, obwohl einige Gruppen sowohl Empfänger wie Ausgeber von Anordnungen blieben. Verstärkt durch Verhalten und Konfliktlagen, die sich aus ihrer jeweils gemeinsamen oder ähnlichen Funktion im Arbeitsprozeß ergaben, kam es zur Erkenntnis von Interessengemeinsamkeiten und zur jeweils gemeinsamen Organisation und Artikulation der Interessen dieser Gruppen, deren Handlungsbasis, -voraussetzung und -bedingung und deren Ausgangspunkt von Ideologien, Vorstellungen und Einschätzungen sowie deren Art und Grad der Selbst- und Fremdeinschätzung der Betrieb und ihre jeweilige Stellung in ihm blieb, für die jedoch die Tatsache dieser Selbst- und Fremdeinschätzung über den Betrieb hinaus schichtenkonstituierend im Hinblick auf die Zurechnung zur gesamtgesellschaftlichen Rangordnung wirkte[3].

Wie also das kapitalistische System die industrielle Gesellschaft zunehmend in die Klasse der Eigentümer der Produktionsmittel oder ‚Kapitalisten' und die Klasse der Lohnabhängigen bzw. ‚Proletarier' teilte, so bedeutete gleichzeitig die hiermit einhergehende Entwicklung der Organisation des arbeitsteiligen, großbetrieblichen Produktionsprozesses die Herausbildung der inner- und überbetrieblichen Schichten der Unternehmer, Angestellten und Arbeiter, also von Gruppen von Menschen, deren soziale Einteilung und Zuordnung in ihrer Wirksamkeit mit der prinzipiellen, kapitalistischen Gesellschaftsgliederung konkurrierte.

Ebensosehr wie die Geschichte von Kapitalisten und Proletariern und ihrer Beziehungen zueinander die Geschichte des Kapitalismus darstellt, so ist die Geschichte der Herausbildung der gesellschaftlichen Schichten von

[2] Vgl. E. Grochla, Unternehmensorganisation, 1972, S. 48 ff.; H. Oppenheimer, Zur Lohntheorie der Gewerkvereine, 1917, S. 15 ff.; G. Briefs, Das gewerbliche Proletariat, in: Grundriß der Sozialökonomik, Bd. IX, 1, 1926, S. 142-240, S. 150.

[3] G. Briefs, Betriebsführung und Betriebsleben in der Industrie, 1934, S. 5, 142/3.

Unternehmern, Angestellten und Arbeitern die Geschichte der Herausbildung der Organisation des arbeitsteiligen, großbetrieblichen Produktionsprozesses. Bevor wir uns also im nächsten Kapitel auf dem Hintergrund der prinzipiellen kapitalistischen Klassengliederung der Herausbildung der gesellschaftlichen Schichten, ihrer betrieblichen Verhältnisse, Lebensbedingungen, Interessenfindung und -vertretung sowie ihrer Beziehungen untereinander zuwenden, wollen wir hier die Entwicklung und das Funktionieren der Organisation des arbeitsteiligen, großbetrieblichen Produktionsprozesses im Bereich des Bergbaus in groben Zügen verfolgen. Denn während in allen Industrien das Produktionsergebnis von allen im betrieblichen Produktionsprozeß vereinigten Individuen und Gruppen, ihrer Bereitschaft zur Zusammenarbeit und zur Leistung, abhängig ist, so gilt es doch, den eigentlichen Arbeitsablauf, die Art und den Grad der Kooperation, sowie die Betriebsstruktur und die Art ihrer Entwicklung für den jeweiligen spezifischen Industriezweig zu kennen, um deren tatsächliche und wahrscheinliche Auswirkungen auf die in ihm arbeitenden Individuen und Gruppen ausmachen zu können.

4.2. Die Entwicklung der bergbaulichen Betriebsstruktur: Ähnlichkeit durch Tradition und Austausch

Der Bergbau war der Industriezweig, in dem der einzelne Betrieb infolge der technischen Erfordernisse des Abbaus schon zu früher Zeit und vor den meisten, wenn nicht allen anderen Gewerben eine relativ große Anzahl von Menschen beschäftigen mußte. Als also die Industrialisierung der übrigen Gewerbezweige einsetzte, konnte der Bergbau schon auf eine lange Tradition einer — im Vergleich zu anderen Gewerben — großbetrieblichen Entwicklung zurückschauen. Dieser Entwicklungsvorsprung des Bergbaus hatte vor allem zwei Erscheinungen zur Folge: Zum einen war die Expansion der Betriebe und damit der Bruch der Betriebsstrukturen zu Beginn der eigentlichen Industrialisierung relativ geringer im Vergleich zu anderen Gewerben wie z. B. der Baumwollindustrie, wo sich in Lancashire innerhalb weniger Jahrzehnte Fabriken mit bereits im Jahre 1788 durchschnittlich etwa 650 Arbeitern herausbildeten[4]. Zum anderen verfügte der Bergbau aufgrund seiner jahrhundertelangen Erfahrung mit der Beschäftigung einer relativ großen Anzahl von Menschen über eine vergleichsweise differenzierte Betriebsstruktur, die sich durch fortgesetzten Austausch zwischen Regionen und Nationen sowohl entwickelt wie von Region zu Region angeglichen hatte, zu einem Zeitpunkt, als die Leiter der expandierenden Fabriken anderer Industrien hilfesuchend nach angemessenen Organisationsmustern Ausschau hielten und diese beim Militär, in Gefängnissen und später bei der

[4] Vgl. H. v. Nostitz, Das Aufsteigen des Arbeiterstandes in England. Ein Beitrag zur socialen Geschichte der Gegenwart, 1900, S. 8.

staatlichen Bürokratie zu finden glaubten. Der im Vergleich zu diesen Gewerben am Beginn der eigentlichen Industrialisierung vorhandene, größere Erfahrungsschatz sowie die zunächst in der zahlenmäßigen Expansion der Beschäftigtenzahl weniger sprunghafte Entwicklung erhielten für den Bergbau und seinen Betrieb einen Grad an Kontinuität aufrecht, der seinerseits auf lange Zeit der bergbaulichen Betriebsstruktur und der Betriebsführung ihren konservativen Charakter verlieh.

Vor allem zwei Dinge hatten im Bergbau schon früh zu einer arbeitsteiligen Organisation des Produktionsprozesses geführt: der durch die natürlichen Vorkommen erzwungene Übergang zum Tiefbau und die frühe Trennung sowohl von Kapital und Arbeit als auch von Besitz und Verfügung über die Produktionsmittel.

Mit dem Übergang zum Tiefbau trat neben der Trennung in Unter- und Übertage-Beschäftigte zunehmend mit der Ausdehnung der Betriebe und Unternehmen die Aufspaltung der Tätigkeitsbereiche. Schon im 16. Jahrhundert unterschied man in den damaligen größeren Betrieben etwa 20 verschiedene Arbeiterkategorien unter Tage, und bis 1850 waren im Ruhrbergbau neben diese Mindestzahl unter Tage 13 verschiedene Tätigkeitsbereiche über Tage getreten. Vor 1914 waren es vielleicht 40 bis 50 verschiedene Tätigkeitsbereiche, die ein großes Bergwerk zu vergeben hatte[5].

Die schon zu früher Zeit vergleichsweise ausgeprägte Arbeitsteiligkeit (besonders in größeren Betrieben) verursachte einen zunehmenden Einsatz an Aufsichtspersonal und gleichzeitig auch hier eine ansteigende Arbeitsteilung.

Aufgrund der Größe mancher Betriebe, der frühen Trennung zwischen Kapital und Arbeit, des Absentismus des oder der Eigentümer, des hohen Sicherheitsrisikos und des nachhaltigen, finanziellen Interesses der Landesherren an den Bodenschätzen in Deutschland war der Bergbau einer der ersten Industriezweige, die eine ausgeprägte Aufsichts- und Verwaltungsstruktur entwickelten. So standen in Nordengland vor 1700 auf einer Zeche beispielsweise 500 Arbeitern etwa 50 Mann an Aufsichtspersonal, im Jahre 1844 in einem anderen Zechenkomplex 1.855 Arbeitern 100 Mann an Aufsehern fünf verschiedener Kategorien gegenüber. Schon 1548 teilten sich die 26 Beschäftigten des landesherrlichen Bergamts in St. Joachimstal 14 verschiedene Verwaltungs- und Aufsichtsfunktionen, während jeweils zwei gewerkschaftliche (nicht-staatliche) Aufsichtsbeamte unmittelbar den Berg-

[5] Vgl. O. Hue, Der Bergarbeiter, Bd. 1, 1910, S. 145 ff., 232 ff.; Wirtschaftliche Entwicklung, Bd. 1, S. 28/9; für Großbritannien vgl. etwa J.U. Nef, The Rise of the British Coal Industry, 1966², Bd. 1, S. 411 ff.; T.S. Ashton/J. Sykes, The Coal Industry of the Eighteenth Century, 1964², S. 14 ff.; Lohnordnung für das rhein.-westf. Steinkohlenrevier vom 25. Oktober 1919, zum Tarifvertrag vom gleichen Datum, in: StAM, OBA Dortmund 1396, Bl. 79 ff.

arbeitern auf der Zeche vorstanden. Dreihundert Jahre später schließlich, im Jahre 1850, bestand die staatliche Bergbehörde des Ruhrgebietes aus etwa 70 Personen, die 18 unterschiedliche Arbeitsbereiche wahrnahmen. Diesen standen — bei insgesamt 12.331 Arbeitern — 470 gewerkschaftliche Beamte und Aufseher mit sieben verschiedenen Aufsichtsfunktionen gegenüber[6]. Bis zum Beginn des Ersten Weltkrieges sollten sich die Aufgabenbereiche der bergbaulichen Angestellten noch mindestens verdoppeln.

4.3. Der innerbetriebliche Arbeitsablauf

Produkt der langen Tradition des Bergbaus und seiner Betriebsstruktur sowie des intensiven bergbaulichen Erfahrungsaustausches zwischen Regionen und Nationen war der ähnliche Arbeitsablauf, der die Bergbaubetriebe auch — neben einigen, allerdings typischen Unterschieden — im Ruhrgebiet und in Südwales kennzeichnete. Ihn wollen wir uns im Nachfolgenden, wenn auch nur stark typisiert, vor Augen führen[7].

Die tägliche Arbeitszeit eines Bergwerks war in drei Schichten (in Südwales erst ab 1909) eingeteilt, wovon die letzte oder Nachtschicht ausschließlich Ausbau- oder Reparaturzwecken diente. Hierzu wurden meist erfahrene, ältere und nicht mehr die volle Hauerleistung erreichende Arbeiter eingesetzt.

---

6 J.U. Nef, The Rise, Bd. 1, S. 266 ff., 418 ff.; S. Pollard, The Genesis of Modern Management, (1965) 1968, S. 41/2, 78 ff., 86 ff., 311; O. Hue, Bergarbeiter, Bd. 1, S. 145-150, 234-240; Wirtschaftliche Entwicklung, Bd. 1, S. 28/9. Vgl. auch: H.-A. Metzelder, Der Wittener Steinkohlenbergbau, S. 30-69; H.D. Krampe, Der Staatseinfluß, S. 24-29; Ashton/Sykes, The Coal Industry, S. 20; K.J. Raub, Vom Beruf des Steigers. Die Aufsichtspersonen im Ruhrgebiet vor Erlaß des Allgemeinen Berggesetzes von 1865, in: Der Anschnitt 7, 1955, S. 9-15, S. 14.

7 Vgl. zum folgenden für das Ruhrgebiet: H. Westermann, Die Lohnbuchhaltung der Steinkohlenbergwerke im rhein.-westf. Industriebezirk, 1921; G. Steiner, Arbeits- und Lohnverhältnisse der Bergarbeiter im Ruhrbergbau, 1925, S. 8 ff.; C. Jantke, Bergmann und Zeche, 1953, S. 33 ff.; G. Koepper, Hg., In Schacht und Hütte, (1921), S. 50-72; A. Zimmermann, Von Haspe bis Duisburg, 1912, S. 19-37; J. Dallmeier, Geschichte der Arbeitskämpfe im rhein.-westf. Steinkohlenrevier, 1922, S. 8-12; H. und A. Stirn, Zwischenmenschliche Beziehungen im Bergbau unter Tage in ihrer Auswirkung auf Zufriedenheit und Stabilität, in: Zentralblatt für Arbeitswissenschaft 7, 1953, S. 150-153; 163-168; 180-183; E. Herbig, Schwierigkeiten des Lohnwesens im Bergbau, in: Soziale Praxis 17, 1907/08, S. 217-223. Zur Entstehung des Gedinges vgl. L. Bernhard, Die Entwicklung der Gedingeordnungen im deutschen Bergrecht, 1902. Für Südwales bzw. Großbritannien vgl. H.S. Jevons, S. 220-226, 288-290, 333-364, 406/7, 423, 525 ff., 611-617; D. Evans, Labour Strife, S. 2-12, 215-220; N. Edwards, History of the South Wales Miners' Federation, 1938, S. 33-52. H. Toussaint, Die Organisation der Arbeit und des Lohnwesens im deutschen und englischen Bergbau, 1926; W. Zoder, Die Arbeitsverfassung im englischen Kohlenbergbau seit der Kriegszeit, 1927, S. 19-100; N. Dennis u.a., Coal is our Life, 1969², S. 38 ff.; W.H. Scott u.a., Coal and Conflict, 1963, S. 63 ff.; zum bergbaulichen Erfahrungsaustausch vgl. etwa: W. Weber, Innovationen im frühindustriellen deutschen Bergbau; W. Kroker, Wege zur Verbreitung technologischer Kenntnisse.

Bevor morgens gegen 5 oder 6 Uhr die Angehörigen der ersten Förderschicht einfuhren, hatten die Wettermänner, in Südwales die Steiger (firemen), die unterirdischen Baue auf etwa vorhandene, gefährliche Gase untersucht und diese — soweit möglich — vertrieben. Die einfahrenden Bergleute konnten sodann, verteilt auf die verschiedenen Reviere, Strecken und ‚Örter', an ihre Arbeit gehen. An den einzelnen Arbeitsplätzen arbeitete jeweils eine Kameradschaft von meist 3 bis 5, manchmal auch mehr, Bergleuten. Der Vorarbeiter dieser Arbeitsgruppe war der Ortsälteste, der gleichzeitig die Arbeit vor Ort leitete sowie seine Mannschaft nach außen gegenüber den beaufsichtigenden Organen des Betriebes und des Staates vertrat. Er arbeitete zusammen mit weiteren Hauern sowie meist einem noch unerfahrenen Lehrhauer. Neben allgemeinen Hilfestellungen war es die Hauptaufgabe dieses Anzulernenden, die von den Hauern aus dem Flöz losgeschlagenen Kohlen in die bereitstehenden Förderwagen zu laden und diese dann zum Bremsberg zu schieben[8]. Am Kopf des Bremsberges erwartete sie der Bremser, der den vollen Wagen „an-" und wieder einen leeren Wagen zu dem betreffenden Ort „hinzieht". Weiter beförderte der Bremser den vollen Wagen zur Sohle, wo nun der Abnehmer gleichfalls die vollen Wagen gegen leere oder diesmal mit Bergeversatz gefüllte Wagen umtauschte. Von der Sohle wurden die vollen Kohlenwagen mit Pferden, Lokomotiven oder mit einer Seil- oder Kettenbahn, die von Pferdetreibern, Lokomotivführern, Maschinisten, Rangierern, An- und Abkneblern und Weichenstellern bedient wurden, zum Schacht befördert. Dort wurden vom Anschläger und weiteren Schleppern die vollen Wagen auf die Förderkörbe gefahren und die auf dem Korb befindlichen leeren abgezogen und wieder zu einem Zuge zusammengestellt. Auf das gegebene Signal hin wurde sodann der Förderkorb mit den vollen Wagen zu Tage gezogen, während zur selben Zeit ein anderer Korb mit leeren Wagen vom Tage sich in die Grube bewegte. Über Tage, auf der Hängebank, wurden die vollen Kohlenwagen durch die Hängebankleute vom Korb gezogen und zugleich leere aufgeschoben. Sobald die vollen Wagen den Korb verlassen hatten, wurden sie zur Sieberei gefahren, wo die Kohlen von maschinell angetriebenen Sieben auf verschiedene Größen sortiert und auf Lesebändern von meist jugendlichen Arbeitern (auf Berge usw.) verlesen wurden. Während die so sortierten größeren Kohlensorten von Verladearbeitern sofort auf die bereitstehenden Eisenbahnwagen geleitet wurden, fanden die kleineren und geringeren Qualitäten meist Verwendung im Bereich des eigenen Bergwerks. Die beim Waschen der kleineren Kohlensorten übriggebliebene Feinkohle wurde je nach Möglichkeit und Bedarf der Kokerei oder der Brikettfabrik zugeführt. Neben diesen wären als Beschäftigte über Tage vor allem noch die Zechenhandwerker sowie die Verwaltung zu nennen.

---

[8] Diese Arbeitsverrichtung wurde ersetzt durch die Einführung der Schüttelrutsche in den Jahren nach 1908.

Die Aufsicht über die Effizienz und Sicherheit der Arbeiter über und unter Tage sowie die Kontrolle über die Löhne lag bei den ‚Grubenbeamten' oder ‚colliery officials', einer Gruppe, auf deren Größe und Zusammensetzung wir noch weiter unten eingehen werden.

Während die Beschäftigten über Tage fast durchgängig und die meisten der im unterirdischen Transport beschäftigten Arbeiter im Zeitlohn standen, arbeiteten die eigentlichen, vor Ort beschäftigten Bergleute regelmäßig im Gedinge, der bergbaulichen Form des Akkords. Da die Einschätzung des Leistungsaufwandes wegen der natürlichen und wechselnden Verhältnisse im Bergbau jedoch sehr viel mehr als in anderen Industriezweigen von subjektiven Momenten abhing, bildeten gerade die Gedingeverhandlungen zwischen dem Ortsältesten und seiner Kameradschaft auf der einen und den technischen Grubenbeamten auf der anderen Seite die hauptsächliche Ursache innerbetrieblichen Konflikts. Im Ruhrbergbau fanden die Gedingeverhandlungen am Anfang eines jeden Monats vor Ort zwischen dem Ortsältesten und dem Fahr- und Reviersteiger statt, in Südwales wurde das Gedinge aufgeteilt in eine einmal für ein Flöz festgelegte Preisliste für die Kohlengewinnung sowie die normalen auszuführenden Arbeiten und jeweils neu zu verhandelnde, unter Sonderbedingungen zu bewältigende Arbeiten. Während in Südwales die Preislisten, sobald sie einmal zwischen dem Betriebsführer und dem Arbeiterkomitee ausgehandelt waren, so gut wie unveränderbar für Jahre und Jahrzehnte in Geltung blieben, waren die Abmachungen über die Sonderarbeiten in Wales und im Ruhrbergbau über beinah alle Gedinge (außer dem Generalgedinge) auch während der monatlichen Laufzeit veränderbar. Diese dauernde Unsicherheit gefährdete anhaltend den labilen betrieblichen Frieden.

Die Leistungen der Kameradschaften und der einzelnen Bergarbeiter wurden kontrolliert durch die Gedingeabnahme am Ende des Monats vor Ort, die täglichen Eintragungen des Steigers in sein Journal, die Schichtenübersicht des Markenkontrolleurs sowie die Wiegemeister, die die Anzahl und Qualität der von jeder Mannschaft geförderten Kohlenwagen festhielten. Während im Ruhrbergbau die Arbeiter nicht die ab 1892 vom Gesetz gebotene Möglichkeit eines von ihnen gewählten und bezahlten Wiegekontrolleurs, vielleicht aus Sparsamkeit, Uneinigkeit und mangelndem Selbstvertrauen, wahrnahmen, errichteten die Bergleute in Südwales — ebenso wie im übrigen britischen Bergbau — mit dieser Institution die Basis ihrer inner- und, wie zu zeigen sein wird, überbetrieblichen Interessenvertretung.

Alle schriftlich niedergelegten Leistungskontrollen wurden zunächst an den Betriebsführer weitergegeben, der sie seinerseits — nach weiterer Prüfung — an das Lohnbüro der Schichtmeisterei weitergab. Hier errechneten

— weitgehend ohne Zuhilfenahme von Rechenmaschinen — unter der Leitung eines Schichtmeisters (Rechnungsführer) meist die älteren kaufmännischen Grubenbeamten die von der Zeche an die Kameradschaften ingesamt zu zahlenden Lohnbeträge, die jüngeren verteilten diese auf die einzelnen Arbeiter. Nach der Berücksichtigung der vielfachen Abzüge, die ebenfalls vom Lohnbüro errechnet werden mußten, wurde der Lohn dann mit ein- bis anderthalbwöchiger Verspätung wöchentlich (Südwales) oder in drei monatlichen Abschlagszahlungen (Ruhrgebiet) von einem technischen und zwei kaufmännischen Grubenbeamten gegen Quittung ausbezahlt.

Neben der Lohnberechnung hatte die Schichtmeisterei noch die monatlichen, vierteljährlichen und jährlichen Aufstellungen und Statistiken (über Produktion, Zahl der Arbeiter, Löhne, Selbstkosten etc.) für die staatliche Bergbehörde und die eigene Unternehmensleitung anzufertigen.

4.4. Die einseitige Differenzierung von Arbeitsfunktionen im bergbaulichen Großbetrieb: Der Ruhrbergbau als Modell für den Bergbau von Südwales

Die relativ große Ähnlichkeit im Arbeitsablauf, die durch die lange Tradition und den Erfahrungsaustausch im Bergbau bedingt war, stellte sich im Bereich der Differenzierung der Arbeitsfunktionen, vor allem im Bereich der Aufsicht und der Verwaltung, in Südwales erst spät gegenüber dem Ruhrgebiet ein. Während in Südwales das lange Vorherrschen des Klein- und Mittelbetriebs diese betrieblichen Arbeitsbereiche ebenso wie den Grad ihrer Differenzierung bis in die 1890er Jahre klein gehalten hatte, förderte der früh entwickelte Großbetrieb des Ruhrbergbaus eine andere, gleichsam zwiespältige Entwicklung. Während die Arbeit unter Tage, vor allem die unmittelbare, produktive Arbeit des eigentlichen Bergmanns vor Ort, nach 1850 kaum einem weiteren Prozeß der Arbeitsteilung unterlag, wie es in anderen Industrien oftmals durch die Maschinisierung, die aber im Bergbau den Arbeiter vor Ort vor 1914 — wie wir sahen — in nur begrenztem Ausmaß erreichte, geschah, erzwang die — wie oben gezeigt — rapide wachsende Betriebs- und Unternehmensgröße, der zunehmende Einsatz der Technik sowie die Kapitalintensität des Betriebs, die ihrerseits wiederum alle Resultat der natürlichen Abbauverhältnisse und der Wirksamkeit der spezifisch bergbaulichen und allgemeinen wirtschaftlichen Gesetzmäßigkeiten waren, im Aufsichts- und Verwaltungsbereich eine fortgesetzte, starke Ausdifferenzierung der Arbeitsfunktionen und ein noch stärkeres Anwachsen der Zahl der Träger dieser betrieblichen Funktionen, der Angestellten. Als Inhaber weitgehender, betrieblicher Kontroll- und Überwachungsfunktionen gegenüber dem Bereich der unmittelbaren Produktion waren die Angestellten somit gleichzeitig Produkt und Mittel der Intensivierung des Betriebes. Dabei bildete diese wachsende, einseitige Arbeitsteilung im Bereich der Aufsicht und der Verwaltung, die durch die steigende Zahl von Angestellten wie der verschiedenen Angestelltenpositionen angezeigt wird, besonders im Vergleich zum beharrenden, beinah handwerklichen System der bescheidenen Arbeitsteilung bei den vor Ort arbeitenden Bergleuten den Reflex der partiellen, technischen Modernisierung des Bergbaus überhaupt.

Die Zunahme der Zahl der technischen Angestellten im Ruhrbergbau, oder: technischen Grubenbeamten, wie sie hier genannt wurden, im Vergleich zur Zahl der Arbeiter und die Höhe der Kohleförderung zeigt die folgende Tabelle.

Zahl der technischen Grubenbeamten, der Arbeiter und die Höhe der Förderung im Ruhrbergbau, 1850 - 1910[9]

Jahr	Zahl der techn. Grubenbeamten	Zahl der Arbeiter	Förderung in 1000 t	Förderung t auf 1 Beamten	Zahl der Arbeiter auf 1 Beamten
1850	277	12 321	1 961	7 078	44
1887	2 578	98 507	30 150	11 695	38
1888	4 086	102 195	33 224	8 131	25
1889	4 051	112 073	33 855	8 357	28
1890	4 229	123 984	35 469	8 387	29
1891	4 321	134 603	37 402	8 656	31
1892	4 391	138 231	36 854	8 393	31
1893	4 552	142 285	38 613	8 483	31
1894	4 667	148 280	40 613	8 702	32
1895	4 761	150 212	41 146	8 642	32
1896	4 929	157 137	44 893	9 108	32
1897	5 215	171 040	48 424	9 286	33
1898	5 613	185 953	51 002	9 086	33
1899	6 075	199 138	54 641	8 994	33
1900	6 677	220 031	59 619	8 929	33
1901	7 101	236 769	58 448	8 231	33
1902	7 309	236 543	58 039	7 941	32
1903	7 767	248 120	64 690	8 329	32
1904	8 295	262 037	67 534	8 141	32
1905	8 108	259 608	65 374	8 063	32
1906	8 458	270 288	76 811	9 081	32
1907	9 025	294 101	80 183	8 885	33
1908	9 656	324 895	82 665	8 561	34
1909	10 136	330 414	82 804	8 169	33
1910	10 549	334 619	86 865	8 234	32

Allein diese Gruppe der technischen Grubenbeamten vermehrte sich zwischen 1850 und 1910 um das 38fache. Seit 1888 stieg ihre Zahl stetig — nicht unterbrochen von den Konjunkturphasen, sondern von den beiden Streikjahren 1889 und 1905 — von 4.086 auf 10.549 im Jahre 1910 an. Zwischen 1890 und 1910 stieg die Zahl der Angestellten um 149%, die der Arbeiter um 170% und die Förderung um 145%. Die auf einen Angestellten entfallende Fördermenge sowie Anzahl der Arbeiter blieb während der zwei Jahrzehnte auffällig stabil. Gegenüber 1850 jedoch entfielen ca. 10 Arbeiter weniger auf einen technischen Grubenbeamten. Klarer wird das steigende, innerbetriebliche, numerische Gewicht der Gruppe der (hier: technischen) Angestellten, bezieht man ihre Zahl auf die Anzahl der Bergwerke bzw. Unternehmen.

Durchschnittliche Anzahl von technischen Angestellten in Bergwerken und Unternehmen des Ruhrbergbaus, 1850 - 1910[10]

Es kommen an technischen Angestellten auf		
	1 Bergwerk	1 Unternehmen
1850	1,5	-
1890/93	25	30
1895	30	36
1900	41	50
1905	51	70
1906	53	81
1907	58	90
1908	63	100
1909	66	106
1910	69	113

[9] Vgl. W. Viebig, Die technischen Grubenbeamten beim Steinkohlenbergbau im Oberbergamtsbezirk Dortmund, in: Glückauf 47, 1911, S. 1133-1142, S. 1134. Zu den technischen Grubenbeamten zählt die staatliche Statistik „alle von den Bergwerksbesitzern gegen feste Bezüge zur Leitung und Beaufsichtigung des Betriebs angenommenen Aufsichtspersonen, deren Befähigung für den von ihnen zu überwachenden Geschäftskreis von der Bergbehörde von Fall zu Fall anerkannt ist", aber auch Rottenführer und Meister im Übertagebetrieb, die „keine besondere Fachausbildung genossen haben, und die auf vielen Zechen auch keine Beamtenstellung einnehmen". Von dieser Zählung ausgeschlossen sind alle in der kaufmännischen und allgemeinen Verwaltung beschäftigten Personen wie Direktoren, Betriebsinspektoren, Markscheider, Schichtmeister, Versandmeister, Magazinverwalter, Techniker usw. Vgl. W. Viebig, S. 1133. Die von den Zeitgenossen verwandten und an das Vorbild des staatlichen Beamten angelehnten Begriffe des ‚Privatbeamten', ‚Grubenbeamten', oder einfach ‚Beamten' sind weitgehend, wenn auch nicht vollständig synonym mit dem heutigen Begriff des ‚Angestellten'. Zur Deutung des Begriffs und zur zeitgenössischen Differenzierung zwischen ‚(Gruben-)Beamten' und ‚Angestellten' vgl. weiter unten.

[10] Zusammengestellt und berechnet nach W. Viebig, Die technischen Grubenbeamten, S. 1134, und O. Bartz, S. 128, Tab. III, S. 146, Tab. I/II.

Während durchschnittlich in einem Bergwerk die Zahl der technischen Grubenbeamten zwischen 1850 und 1890 um mehr als das 16fache zunahm, stieg sie hier von 1890 bis 1910 um 176%, durchschnittlich in einem Unternehmen jedoch um 277%. Allein zwischen 1900 und 1910 wuchs die Zahl der durchschnittlich in einem Unternehmen beschäftigten technischen Angestellten auf mehr als das Doppelte an. Wie die Zunahme der Angestellten in einem für das Ruhrgebiet typischen, im Konzentrationsprozeß befindlichen Unternehmen aussah, zeigt die Zusammenstellung für die GBAG.

Beamte und Arbeiter der Gelsenkirchener Bergwerks-AG, 1873 - 1910[11]

Jahr	Gesamtzahl aller Arbeiter auf den Werken d. Gesellschaft (ohne Beamte ab 1882) incl. Eisenwerke	Belegschaft der Steinkohlenbergwerke (ab 1882 ohne Beamte) (ab 1896 einschl. Nebenbetriebe)	Gesamtzahl aller Beamten der Gesellsch. (einschl. Eisenwerke usw.)	Zahl der Beamten auf den Steinkohlenbergw. (ab 1897 einschl. Hauptverwaltungsbeamte)	Zahl der techn. Grubenbeamten (gem. amtl. Lohnstatistik) (ab 1905 ohne Verwaltungs- und Bureaubeamte	Bemerkungen (Begründung für erhebliche Steigerungen in den einzelnen Jahren)
1873	1 580	1 580				
4	1 630	1 630				
5	1 975	1 975				
6	2 020	2 020				
7	1 969	1 969	Angaben können nicht gemacht werden, da die Unterlagen fehlen.			
8	1 972	1 972				
9	1 965	1 965				
1880	1 910	1 910				
1	1 879	1 879				
2	3 225	3 225	103	103		Erwerb von ver. Stein und Hardenberg
3	3 448	3 448	111	111		
4	3 539	3 539	111	111		
5	3 510	3 510	110	110		
6	3 448	3 448	112	112		
7	4 577	4 577	149	149		Erwerb von Erin.
8	4 965	4 965	167	167		
9	8 217	8 217	218	218		Erwerb von Hansa, Zollern und Germania.
1890	8 799	8 799	226	226	290	
1	9 550	9 550	160	160	288	
2	10 498	10 498	187	187	327	Erwerb von Monopol.
3	10 590	10 590	194	194	340	
4	10 892	10 892	210	210	349	
5	10 827	10 827	216	216	354	
6	11 617	11 617	223	223	357	
7	13 320	13 320	350	350	412	
8	15 097	15 097	378	378	470	Erwerb von Westhausen.
9	17 441	17 441	542	542	538	
1900	19 050	19 050	614	614	579	Erwerb von Bonifacius
1	21 111	21 111	693	693	616	
2	21 048	21 048	741	741	651	
3	21 434	21 434	791	791	693	
4	24 069	24 069	917	917	928	
5	23 905	23 905	972	972	821	Erwerb von Hamburg und Franziska.
6	24 234	24 234	1 025	1 025	789	
7	41 681	30 013	1 612	1 218	979	Erwerb des Aachener Hütten-Aktien-Vereins u. des Schalker Gruben- und Hütten-Vereins.
8	44 343	33 752	1 705	1 309	1 023	
9	44 589	31 157	1 860	1 375	1 014	
1910	45 640	34 445	1 941	1 439	1 096	

In dem Vierteljahrhundert bis zur Kombination mit Hüttenwerken stieg in diesem Unternehmen die Angestelltenzahl — allerdings unter Hinzufügung der Angestellten der Hauptverwaltung — um das Zehnfache. Im Jahre 1910 hatte die GBAG insgesamt fast 2.000 technische und kaufmännische Angestellte, davon ca. 1.500 auf ihren Zechen und in der Hauptverwaltung. Die Verteilung der Angestellten auf die wichtigsten gemischten und ‚reinen' Unternehmen im Jahre 1910 zeigt die folgende Tabelle.

Zahl der Angestellten in 'gemischten' und 'reinen' Unternehmen des Ruhrgebietes im Jahre 1910[12]

	Gesamtbeamtenzahl (einschl. Hauptbureau)	Gesamtbeamtenzahl auf den Steinkohlenbergw.	Zahl der technischen Grubenbeamten (gemäß den Angaben für die amtl. Lohnstatistik)	
			zus.	% d. Gesamtbeamtenschaft (Spalte 1)
'Gemischte' Unternehmen				
Gelsenkirchener B. A. G.	1 941	1 439	1 096	56
Deutsch-Luxembg.	1 767	717	593	34
Phönix	1 439	524	413	29
'Reine' Unternehmen				
Hibernia	994	852	743	75
Harpener B. A. G. ...	963	851	771	80

Von den fünf größten Unternehmen des Ruhrgebietes hatte kaum eines wesentlich weniger als 1.000 Angestellte. Allein in den Hauptverwaltungen arbeiteten davon wohl in keinem Fall unter 100 Angestellte. Welche Gruppen innerhalb der Angestelltenschaft am stärksten zunahmen, und zugleich hiermit den Prozeß und die Geschwindigkeit der Differenzierung allerdings nur der betrieblichen Aufsichtsfunktionen im technischen Bereich, zeigt die folgende Übersicht.

Die Anzahl der Tätigkeitsbereiche hatte sich im Zeitraum zwischen 1850 und 1893 verdoppelt, war seitdem jedoch kaum noch angewachsen. Die Gruppe der unteren Angestellten wie Hilfssteiger, Fahrhauer und sonstige Beamte hatte am stärksten zugenommen. Für die Zeit zwischen 1893 und 1907 zeigt dies die weiterhin folgende Zusammenstellung auf S. 226.

---

[11] Viebig, S. 1138.

[12] Viebig, S. 1137, auch Stillich, S. 66. Noch stärker wäre sicherlich die Zahl der in den einzelnen Ruhrbergbau-Unternehmen beschäftigten kaufmännischen Angestellten gewesen, wäre nicht der Verkauf ab 1893 im RWKS zentralisiert worden. Das Syndikat allein beschäftigte in den Jahren um 1900 in Essen 256 und einschließlich der Außenstellen insgesamt 288 Angestellte. Vgl. VMB des CVDI, Nr. 89, 1901, S. 227.

Technische Grubenbeamte im Ruhrgebiet, 1850 - 1907[13]

Bezeichnung der Stellung	1850	1893	1907
Betriebsführer	-	214	307
Obersteiger	-	44	88
Fahrsteiger	32	50	234
Wettersteiger	165	1 120	138
Reviersteiger			1 786
Hilfssteiger	77	298	1 545
Fahrhauer	-	639	1 130
Maschinensteiger	2	150	301
Sonstige Beamte	-	173	1 502
zus.	277	2 688	7 031

Zahlenmäßiges Verhältnis von unteren und oberen technischen Grubenbeamten, 1893 - 1907[14]

Auf einen Betriebsführer entfielen durchschnittlich:

	Gruben- und Wettersteiger	Hilfssteiger u. Fahrhauer
1893	5	4
1907	6	9

Während die Zahl der auf einen Betriebsführer entfallenden Hilfssteiger und Fahrhauer sich mehr als verdoppelt hatte, nahmen die Gruben- und Wettersteiger nur von 5 auf 6 zu.

Im Jahre 1913 gab es im Ruhrbergbau 15.345 technische und 4.434 kaufmännische Grubenbeamte, pro Unternehmen also durchschnittlich 180 technische und 52 kaufmännische oder insgesamt 233 Angestellte. Auf einen technischen Angestellten kamen damit 28 Arbeiter, auf einen kaufmännischen schon 96. Zusammengenommen entfielen auf einen Angestellten 1913 im Ruhrbergbau 21 Arbeiter. Im Vergleich zu anderen deutschen Industriezweigen lag sie damit hinter der Hüttenindustrie an zweiter Stelle.

Diese Einordnung legt die Schätzung eines informierten Zeitgenossen nahe, die die folgende Aufstellung wiedergibt.

Der südwalisische Bergbau folgte dem Vorbild des Ruhrbergbaus erst mit langer Verzögerung in den Jahren nach 1890 und besonders nach 1900. War allerdings im Ruhrbergbau das frühe Anwachsen und die fortgesetzte Differenzierung im Aufsichts- und Verwaltungsbereich lange Zeit einhergegangen

13 W. Viebig, S. 1137.

14 Ebenda.

Relative zahlenmäßige Bedeutung der Angestellten in deutschen Industrien, 1906[15]

Auf einen Angestellten entfielen an Arbeitern bei:

Hüttenwerken	30 — 26,
Spinnereien	18 — 15,
Webereien	12 — 10,
Schiffswerften	16 — 8,
Maschinenfabriken	12 — 4,
Gasgesellschaften	9 — 4,
Chemische Fabriken	7 — 6.

mit einer kaum veränderten Arbeitssituation für die eigentlichen Bergarbeiter unter Tage, so traten in Südwales diese Veränderungen in beiden Bereichen, wenn auch vor Ort, wie an der Ruhr, in nur bescheidenem Umfang, gleichzeitig auf. Die Entwicklung des Großbetriebes, der stärkere Einsatz der Technik, die Kapitalintensität und die — relative — Veränderung der bergmännischen Arbeit verliefen hier, nach einer langen, kleinbetrieblichen Entwicklungsphase, gleichzeitig mit- und nebeneinander her.

Noch 1890 lag Südwales im Stand der Ausdifferenzierung und der Zahl der Stellen in den Bereichen der Aufsicht und der Verwaltung eindeutig hinter dem Ruhrbergbau wie auch den übrigen britischen, besonders den nordenglischen Bergbaurevieren zurück. So beschäftigten selbst zwei der größten Unternehmen in Südwales, Llynipia und Harris Deep Navigation, im Jahre 1890 bei einer Arbeiterbelegschaft unter Tage von 2.800 bzw. 1.400 Mann nur 16 bzw. 17 technische Angestellte, die sich drei verschiedene Aufgabenbereiche teilten. Damit kamen hier auf einen Angestellten 175 bzw. 82 Arbeiter, während gleichzeitig in nordenglischen Bergbauunternehmen auf einen technischen Angestellten nur zwischen 17 und 32 Arbeiter unter Tage entfielen[16]. Doch die Wachstumsphase der Unternehmen in Südwales, die ihrerseits eine Folge der erst jetzt sich ändernden natürlichen Abbauverhältnisse (Tiefbau) und der mit ihr einhergehenden Wirkungsweise der wirtschaftlichen Gesetzmäßigkeiten war, zeigte die gleichen Konsequenzen wie im Ruhrbergbau. Im Jahre 1914 beschäftigte der südwalisische Bergbau etwa 400 Betriebsführer (manager), vielleicht etwa 150 stellvertretende Betriebsführer (undermanager), etwa 1.000 Fahrsteiger (overmen), 6.025 Steiger (firemen) und vielleicht ungefähr 2.000 Büroangestellte (clerks)[17]. Bei einer

[15] Meis, S. 326; W. v. Oechelhäuser, Technische Arbeit einst und jetzt, in: Zeitschr. d. VDI 50, 1906, S. 1137.

[16] Vgl. hierzu R. Nasse/G. Krümmer, Die Bergarbeiter-Verhältnisse in Großbritannien, 1891, S. 80. Zum in etwa parallelen Gebrauch von ‚colliery official' und ‚Grubenbeamter' vgl. weiter unten.

[17] Vgl. National Association of Colliery Managers (NACM). Transactions 18, 1920-21, S. 11; F.A. Gibson, Miners' Wages and Hours, 1919, S. 9. Die Anzahl der Büroangestellten ist geschätzt nach der Mitgliederzahl der National Union of Clerks (NUC) in Südwales

Gesamtarbeiterzahl im Jahre 1913 von 226.542 fielen damit auf einen technischen Grubenbeamten 40 Arbeiter, auf einen kaufmännischen 113 und auf einen Angestellten überhaupt 30 Arbeiter, also 9 bzw. fast ein Drittel mehr als im Ruhrbergbau.

Wenn auch die relative Anzahl der Angestellten in Südwales gegenüber der des Ruhrbergbaus bis 1914 zurückblieb, so hatte sich hier in der verhältnismäßig kurzen Zeit von zwei Jahrzehnten sowohl die absolute und relative Anzahl der Stellen als auch die Differenzierung der Funktionen im Aufsichts- und Verwaltungsbereich erheblich vermehrt. Die eigentliche Unternehmensstruktur, d. h. die Staffelung der wesentlichen Instanzen der typischen Unternehmen, hatte sich derjenigen des Ruhrbergbaus bis 1914 immer weiter angeglichen.

Unternehmensstruktur der Bergbauunternehmen im Ruhrgebiet und in Südwales um 1910 (Schema)

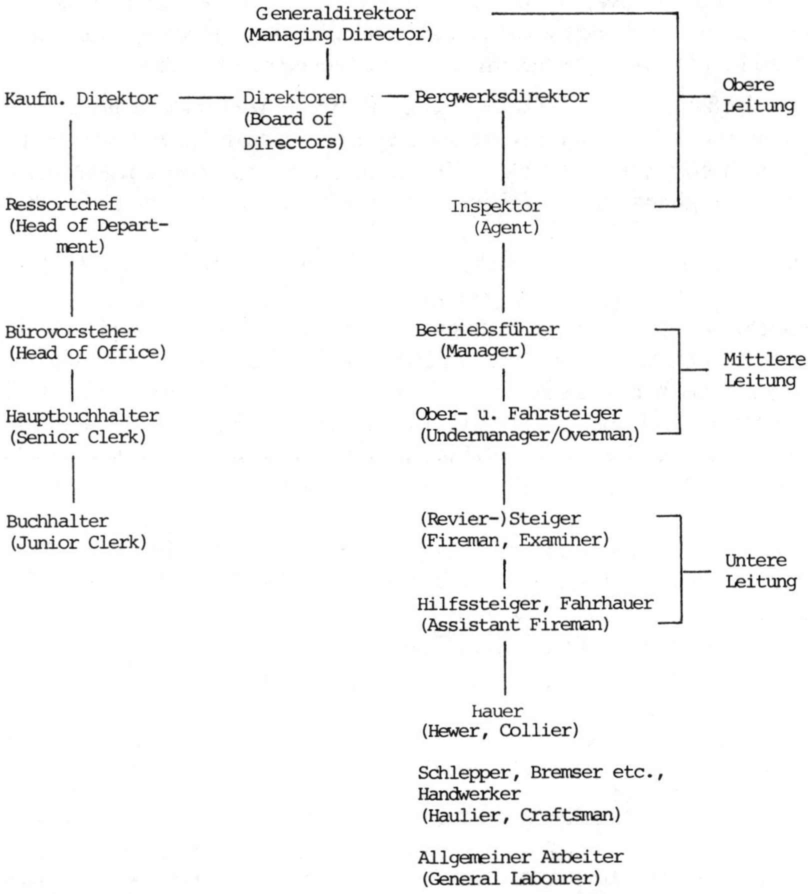

Die in dieser Weise mit der wachsenden Arbeitsteilung, insbesondere oberhalb der Gruppe der eigentlichen Bergarbeiter und mehr noch über Tage, vor sich gehende Differenzierung und Bürokratisierung der Betriebs- und Unternehmensstruktur bewirkte zum einen innerbetriebliche Führungs- und Kooperationsprobleme und förderte zum anderen gruppenbildende Einstellungen und Haltungen, deren überbetriebliche Austragung wieder auf den betrieblichen Bereich zurückschlug.

4.5. Die Folgen der innerbetrieblichen Differenzierung: Versachlichte Kooperation und die Herausbildung von Konfliktzonen

Die durch die frühe Trennung von Kapital- und Unternehmerfunktion, durch die staatliche Direktion bzw. Inspektion sowie die innerbetriebliche Arbeitsteilung früher als in anderen Gewerbe- und Industriezweigen erreichte Systematik der Unternehmensleitung schien dem Bergbau für lange Zeit auszureichen[18]. Bis etwa 1870 im Ruhrbergbau und bis in die 1890er Jahre in Südwales lag die Betriebsleitung meist in der Hand von Männern ohne weitergehende technische Ausbildung, von denen „der größte Teil nach einer Jahrhunderte alten Schablone“ arbeitete. Noch bis in die 1890er Jahre im Ruhrgebiet, und länger noch in Südwales, versuchten einzelne Unternehmer, den persönlichen Kontakt mit ihren Beschäftigten innerhalb und außerhalb des Betriebes aufrechtzuerhalten[19]. Doch die wachsenden Instanzenzüge der expandierenden Unternehmen machten — wie in anderen Industriezweigen — in steigendem Maße formalisierte Wege der internen Kommunikation notwendig. Selbst die früher oft persönlichen Hilfeleistungen im Rahmen der von vielen Ruhrbergbauunternehmen gepflegten betrieblichen Sozialpolitik gerannen zu bürokratischen Abteilungen im Rahmen der Unternehmensverwaltung.

Die Eigenart des Großbetriebs einerseits und die in ihm fortwirkenden Gesetzmäßigkeiten bergbaulicher Produktion sowie die — im Vergleich zur Fabrik — mangelnde Übersichtlichkeit und Kalkulierbarkeit des Bergbau-

---

von insgesamt 5.604 im Jahre 1919. Vgl. NUC, Annual Conference 1920, S. 12. Die Zahlen für die stellvertretenden Betriebsführer und Fahrsteiger sind frei geschätzt. Während in Südwales normale Unternehmen bei ihrem Beginn vielleicht 1 bis 2 Büroangestellte besaßen, stieg deren Zahl bis 1914 auf ungefähr vielleicht 50. D. Davis & Sons Ltd. besaßen im Jahre 1908 mit neun Schachtanlagen insgesamt 34 Büroangestellte an den jeweiligen Anlagen und 18 weitere in ihren Verkaufsbüros in Cardiff. Cory Bros. hatten vor Beginn des Weltkrieges insgesamt sogar 100 Büroangestellte und erreichten damit die größten Ruhrunternehmen. Vgl. SWCA 1908, S. 18, 25; R.H. Walters, S. 180.

[18] S. Pollard, The Genesis, S. 248; Krampe, S. 113-122.

[19] B. Schulz-Briesen, Erinnerungen eines alten Bergmanns aus den letzten 50 Jahren, 1903, S. 5; A.J. Taylor, The Coal Industry, S. 60-62; G. Adelmann, Die soziale Betriebsverfassung, S. 96; vgl. auch unten, S. 293.

betriebs andererseits zeitigten Folgen in der Art und der Form der notwendigen innerbetrieblichen Kooperation und Kommunikation. Regelmäßige und genaue Informationen über komplexe Sachgebiete konnten nur noch in Berichten, Nachweisungen, Aufstellungen, Statistiken, Verfügungen und Konferenzen ausgetauscht werden. Der formalisierte, schriftliche Kontakt ersetzte zunehmend den mehr spontan-persönlichen, denn, so berichtet ein betroffener Zeitgenosse, „dieses große Zahlen- und Schreibwerk ist bei dem umfangreichen Verwaltungskörper, den ein neuzeitliches Steinkohlenbergwerk bildet, für den Leiter das einzige Mittel, schnell und klar in jede Einzelheit des Betriebes hineinzusehen, ja überhaupt das einzige Mittel, seine Leitung tatsächlich auszuüben“[20]. Das gestiegene Kontroll- und Leitungsbedürfnis der Großunternehmen, aber auch die durch den hohen Kapitaleinsatz bewirkte Intensivierung des Betriebs sowie die — in den südwalisischen Unternehmen wegen des fehlenden Syndikats größeren — Bemühungen um die Sicherung des Absatzmarktes, ließen deshalb zusammen mit den steigenden Anforderungen durch die staatliche Aufsicht und die Interessenverbände die Schreibarbeiten sowohl für die eigentlichen Bürobeamten als auch für die die Produktion unmittelbar beaufsichtigenden Steiger fühlbar anwachsen. Die Belastung vor allem der Steiger durch diese ursprünglichen Nebenarbeiten wurden immer größer, da die Unternehmensleitungen versuchten, die Zahl der mit „unproduktiven“ Arbeiten Beschäftigten möglichst klein zu halten, waren doch z. B. im Ruhrbergbau die Gehaltskosten allein der technischen Grubenbeamten pro Tonne Förderung zwischen 1887/89 und 1909/11 auf das Doppelte gestiegen[21].

Als unterste Stufe der betrieblichen Verwaltungshierarchie waren es denn auch die Steiger, die für die von den oberen Instanzen immer weiter abgedrängten Bergarbeiter die Betriebs- und Unternehmensleitung symbolisierten[22]. Dabei bemerkten die Arbeiter kaum, daß ebenso wie die zunehmenden

---

[20] E. Herbig, Taylors „Wissenschaftliche Betriebsführung“ und der Bergbau, in: Glückauf 53, 1917, S. 207; Royal Commission on Mines 1909, P.P. Bd. 34, S. 117, Q. 40978. Allgemein hierzu vgl. J. Kocka, Unternehmer, S. 73 ff., 110 ff.; E.H. Phelps Brown, The Growth of Industrial Relations, 1965, S. 98-113; A.L. Levine, Industrial Retardation, S. 43 ff.; G. Brandt, Gewerkschaftliche Interessenvertretung und sozialer Wandel. Eine soziologische Untersuchung über die Entwicklung der Gewerkschaften in der britischen Eisen-und Stahlindustrie 1886-1917, 1975, S. 63 ff.; W. Sombart, Der moderne Kapitalismus, Bd. 3, II, 1927, S. 884-927. Zur ähnlichen Entwicklung von Unternehmen in der französischen Hüttenindustrie und der deutschen Elektroindustrie vgl. G.H. Hardach, Der soziale Status des Arbeiters in der Frühindustrialisierung. Eine Untersuchung über die Arbeitnehmer in der französischen eisenschaffenden Industrie zwischen 1800 und 1870, 1969, S. 144 ff., und J. Kocka, Unternehmensverwaltung.

[21] E. Herbig, Taylors „Wissenschaftliche Betriebsführung“, S. 207, 211; Saitzew, S. 212/3.

[22] Zu dieser allgemeinen Verhaltensdisposition der Arbeiter gegenüber den unmittelbaren Vorgesetzten vgl. etwa U. Schumm-Garling, Herrschaft in der industriellen Arbeitsorganisation, 1972, S. 81/2; F. Weltz, Vorgesetzte zwischen Management und Arbeitern.

Unternehmensgrößen die betriebliche Zwischenschicht, zu der auch die Steiger selbst gehörten, anwachsen ließen, sie gleichzeitig die Stellung und die Aufgaben der Steiger komplizierten und erweiterten. Zum einen erschwerten die Vergrößerung der Untertagebetriebe sowie die Zunahme und das Anwachsen der Abbaustellen es ihnen zunehmend, ihrer Verantwortung für die Aufsicht und vor allem für die Sicherheit des Betriebs besonders gegenüber der staatlichen Bergbehörde zu genügen. Zum anderen wurden sie als unterste Organe der Verwaltungshierarchie, bildeten doch gerade sie den Brückenkopf zwischen dem hochspezialisierten und von der Planung und Kalkulation her ‚sicheren' Bereich der Verwaltung und dem weniger differenzierten, schwer kontrollierbaren und ‚unsicheren' Untertagebetrieb, zunehmend für die privatwirtschaftliche Rentabilität des unterirdischen Bergwerksbetriebs verantwortlich gemacht. Die steigenden Selbstkosten sowie die in anderen Industrien entwickelten und in den Bergbau übernommenen und verfeinerten Methoden der Buchführung und Selbstkostenberechnung führten die Unternehmensleitungen seit den 1890er Jahren, besonders aber nach dem Konjunktureinbruch von 1902 dazu, einen verstärkten Druck auf die Steiger auszuüben. Ebenso wie die Aufsicht über die Bergarbeiter durch Steiger, Hilfssteiger und Fahrhauer zunahm, so wurden in den Inspektoren und Fahrsteigern neue Kontrollinstanzen für die Betriebsführer und Steiger selbst geschaffen. Durch Förder- und Selbstkostenprämien, die manchmal mehr als 100% ihres Gehalts ausmachten, durch Konkurrenz der Steiger untereinander sowie durch die Aussicht durch betrieblichen Auf- oder Abstieg versuchten die Unternehmensleitungen die Produktionskosten möglichst niedrig zu halten[23].

Neben einem mehr oder weniger flüssigen Ablauf der Förderarbeiten unter Tage waren es vor allem — wie wir oben sahen — die Löhne der Arbeiter, die weitgehend die Höhe der Selbstkosten bestimmten. Der von den Unternehmensleitungen ausgeübte Druck auf Einsparungen machte sich also besonders auf die Gedingeverhandlungen bemerkbar, der eigentlichen und anhaltenden Konfrontationssituation zwischen Unternehmensverwaltung und Arbeiterschaft. Als besondere Form des Akkords hatte sich das Gedinge im schwer überschaubaren bergbaulichen Untertagebetrieb für die

Eine industriesoziologische Untersuchung der Situation und Vorstellungen von Meistern und Steigern, 1964, S. 36 ff.; C. Jantke, Bergmann und Zeche, S. 56; O. Neuloh, Die deutsche Betriebsverfassung, S. 242/3; H. Popitz u.a., Das Gesellschaftsbild des Arbeiters, S. 110; N. Dennis u.a., Coal is our Life, S. 31/2, 66.

23 E. Herbig, Taylors „Wissenschaftliche Betriebsführung", S. 209-11; L. Pieper, Die Steigerbewegung im Ruhrrevier, in: Soziale Praxis 16, 1906/7, Sp. 1165-1199; G. Werner, Meine Rechnung geht in Ordnung, 1958, S. 74 ff., 98 ff. (zum „Stinnessystem"); R. Woldt, Das großindustrielle Beamtentum, 1911, S. 59-62; R. Pöller, Die Gefahren des Bergbaus und die Grubenkontrolle im Ruhrrevier, 1914, S. 20-23, 90 ff.; H.S. Jevons, The British Coal Trade, S. 333/4, 528; Royal Commission on Mines, 1907, P. P., Bd. 14, S. 157 ff.

unmittelbar vor Kohle stehenden Arbeiter, die 50 oder mehr Prozent der Gesamtbelegschaft ausmachten, überall durchgesetzt. Während aber in Deutschland wohl die lohnsichernde Fürsorge der staatlichen Bergbehörde die Institution des allmonatlichen Gedingeabschlusses konservierte und dadurch eine Solidarisierung der Bergarbeiter gegenüber der Unternehmensverwaltung verhinderte, ermöglichte im britischen Bergbau die Durchsetzung von Preislisten auf längere Zeit und für größere Teile des Untertagebetriebes (etwa Flöze) unterhalb der Ebene der sliding scale die Bildung einer einheitlichen Verhandlungsfront auf der Seite der eigentlichen Bergarbeiter. Waren also im britischen wie im südwalisischen Bergbau durch die einmal zwischen Betriebs- bzw. Unternehmensleitung und dem Arbeiterkomitee der Schachtanlage abgeschlossenen Preisliste die Gedingesätze für die üblichen und voraussehbaren Arbeiten für mehrere Jahre und Jahrzehnte festgelegt, so blieben — wie im Ruhrbergbau für alle Arbeiten — spezielle und unter besonderen Bedingungen (abnormal places) auszuführende Arbeiten der allmonatlichen (oder vierzehntäglichen) Verhandlung zwischen dem Ortsältesten der jeweiligen Kameradschaft und den Vertretern der Betriebsverwaltung vorbehalten[24]. Nach den berggesetzlichen Vorschriften sollte diese dabei durch den Betriebsführer oder seinen Stellvertreter repräsentiert werden, doch wurde bei dem Anwachsen der Betriebe diese Aufgabe weitgehend an die Ober-, Fahr- und Reviersteiger delegiert.

Sehr viel stärker nun als in anderen Industriezweigen war aufgrund der natürlichen Arbeitsbedingungen im Bergbau die Einschätzung der Leistungsmöglichkeit von subjektiven Überzeugungen abhängig. Hinzu trat — leichter als im Akkord — die Möglichkeit, das Gedinge zu ändern, sobald sich die natürlichen Bedingungen verschoben. Noch unsicherer wurde das abgeschlossene Gedinge dadurch, daß nicht nur die beiden vertragschließenden Parteien, sondern auch als formal zuständige, faktisch jedoch zunächst außenstehende Instanz der Betriebsführer eine Änderung des Gedinges während seiner Laufzeit verlangen konnte. In der Praxis bedeutete dies, daß die gedingeschließenden Arbeiter weitgehend vom guten Willen der Betriebsverwaltung, vor allem der Steiger, abhängig waren. Vom Steiger hing die Zuteilung zu guten oder schlechten Arbeitsplätzen und Kameradschaften, die Lohnhöhe sowie der mögliche betriebliche Aufstieg der Bergarbeiter ab. Auch standen den Steigern neben der allgemeinen Rückendeckung durch die Betriebsleitungen relativ weitgehende Strafbestimmungen zur Verfügung, mit deren Hilfe sie ihren Anordnungen Nachdruck verleihen konnten[25].

---

[24] In Südwales nahmen diese Fälle — wie wir noch weiter unten sehen werden — aus zwei Gründen zu. Einmal vermehrte die Ausweitung der Schachtanlagen die außergewöhnlichen Arbeiten, zum anderen fanden es die Betriebsleitungen — wie im Ruhrbergbau — auch bei normalen Arbeiten leichter, sich mit einzelnen Kameradschaften auf für sie günstige und zudem veränderbare Gedingesätze zu einigen. Dies bedeutete jedoch gleichzeitig, daß das Aufsichtspersonal zunahm.

Daß eine solche Arbeitssituation sehr leicht Anlaß zur Klage und Uneinigkeit bieten konnte, bedarf keiner weiteren Erklärung. Neben großen, aber wenigen Streiks, war die Reaktion vor allem — als stiller, aber anhaltender Protest — die hohe Rate des Arbeitsplatzwechsels bei den Bergarbeitern und teilweise auch bei den Steigern. Oft nahmen dabei die Bergarbeiter lieber die auf Kontraktbruch stehende, für ihre Verhältnisse hohe Geldstrafe auf sich, als unter den gegebenen Arbeitsbedingungen bis zum Ablauf der Kündigungsfrist weiterzuarbeiten. Während im Ruhrbergbau von 1896 bis 1913 auf 100 Mann Belegschaft der Zugang zwischen 48 und 78, der Abgang zwischen 34 und 69 Bergleuten pro Jahr lag, wechselte in Südwales etwa im Jahre 1911 mehr als ein Viertel der Gesamtbelegschaft (60.000 von 220.000) den Arbeitsplatz. Noch weniger jedoch als die Maßnahmen der Unternehmer: offene oder versteckte Sperrsysteme und — vor allem im Ruhrgebiet — gezielte betriebliche Sozialleistungen, letztlich gegen die hohe Belegschaftsfluktuation halfen, konnten sie die dahinterliegenden Probleme der großbetrieblichen Arbeitsorganisation lösen[26].

4.6. Die gesetzgeberischen Eingriffe in die bergbauliche Betriebsstruktur: Der Versuch zur Milderung

Aus Rücksicht auf die wirtschaftliche Bedeutung des Bergbaus und die hohen Sicherheitsrisiken für viele Bürger hatte sich deshalb der Staat schon

---

[25] Die äußerste Form der Abhängigkeit des Bergarbeiters markierte das „Scheingedinge", bei dem eine ausreichende Lohnhöhe nur durch das „Zuschreiben" des Steigers auf ein von Anfang an zu niedrig gesetztes Gedinge zustandekam. Zur Arbeits- und Gedingesituation insgesamt vgl. L. Pieper, Die Steigerbewegung, a.a.O.; G. Werner, Meine Rechnung, a.a.O.; G. Adelmann, S. 34/5, 83-86; G. Steiner, Arbeits- und Lohnverhältnisse, S. 8 ff.; I. Dallmeier, Geschichte der Arbeitskämpfe im rhein.-westf. Steinkohlenrevier, 1922, S. 8 ff.; R. Schwenger, Die betriebliche Sozialpolitik im Ruhrkohlenbergbau, 1932, S. 115 ff.; E. Herbig, Schwierigkeiten des Lohnwesens; ders., Taylors, S. 251-256; L. Verkauf, Die Gesetzgebung zu Gunsten der Bergarbeiter in Deutschland und Österreich, in: Archiv f. soz. Gesetzgebung und Statistik 4, 1891, S. 618-663, S. 644/5, 660/1; K. Oldenberg, Studien über die rhein.-westf. Bergarbeiterbewegung I, in: Schmollers Jb. 14, 1890, S. 603-673, S. 628-671; Tenfelde, S. 101-105; Krampe, S. 137 ff.; Jevons, S. 288-290, 333 ff., 525 ff., 602 ff.; H. Toussaint, Die Organisation, S. 80 ff.; W. Zoder, Die Arbeitsverfassung, S. 74 ff.; C. Jantke, Bergmann und Zeche, S. 33-134; H. und A. Stirn, Zwischenmenschliche Beziehungen, a.a.O.; W. H. Scott u. a., Coal and Conflict, S. 63 ff.; N. Dennis u. a., Coal is our Life, S. 44-83.

[26] G. Adelmann, S. 155 ff.; L. Pieper, Die Lage der Bergarbeiter, S. 125-128; ders., Die Steigerbewegung, Sp. 1197; L. Tübben, Die Betriebsvereinigung, S. 184; P. Osthold, Die Geschichte des Zechenverbandes, 1908-1933, 1934, S. 31 ff.; E. Francke, Der Arbeitsnachweis des Zechenverbandes im Ruhrkohlenrevier, in: Preuß. Jahrbücher 139, 1910, S. 201-224, bes. S. 207/8; L.J. Williams, The MSWCOA, S. 244-262, allgemein auch: F. Syrup, Studien über den industriellen Arbeiterwechsel, in: Archiv f. exakte Wirtschaftsforschung 4, 1912, S. 261-303. Zu den betrieblichen Sozialleistungen des Ruhrbergbaus vgl. etwa: R. Schwenger, Die betriebliche Sozialpolitik; G. Adelmann, S. 40-46, 92-96, 177-182.

früher als in anderen Gewerben wie zu Schutz- und Kontrollmaßnahmen allgemein so auch zu überbrückenden Eingriffen in die Betriebsstruktur bereitgefunden[27]. Obwohl der Staat in Preußen-Deutschland — wie zu zeigen sein wird — eine weit längere Tradition intensiver Intervention als in Großbritannien besaß[28], griff er in die Betriebsstruktur der aus der staatlichen Direktion entlassenen Unternehmen erst sehr viel später als dort ein.

Als erster bestimmte in Großbritannien der Staat im Berggesetz von 1860 die Einsetzung von Wiegekontrolleuren (checkweigher). Ihre Aufgabe war es, den von den Betriebsleitungen eingesetzten Wiegemeister, der die von den Kameradschaften zutage geförderten Kohlenwagen zählte, wog und auf die Reinheit ihres Inhalts überprüfte, zu kontrollieren und auf die Richtigkeit der dabei verwendeten Maße zu achten. Die Tatsache, daß er von den Arbeitern gewählt bzw. bestimmt und — durch Umlage — bezahlt wurde, ließ den Wiegekontrolleur über seine eigentliche, vom Gesetz ihm zugeschriebene Funktion hinaus allmählich zum Vertrauensmann der Arbeiter im Betrieb, zum vom Unternehmer unabhängigen Führer des Betriebskomitees und damit gleichzeitig zur untersten Instanz der überbetrieblichen Interessenvertretung der Arbeiter werden. Die gleiche Einrichtung, die im deutschen Berggesetz von 1892 vorgesehen war und wiederholt von den Gewerkschaften gefordert wurde, scheiterte trotz der häufigen Klagen über das „Nullen" von unzureichend gefüllten Kohlenwagen[29], vielleicht — wie wir schon vorher vermuteten — an der Sparsamkeit, der Uneinigkeit oder dem mangelnden Selbstvertrauen der Arbeiter. Waren die deutschen Bergarbeiter nicht dazu in der Lage, diese indirekte Hilfestellung zu einer zumindest innerbetrieblichen Interessenvertretung zu nutzen, so mußte der Staat in dieser Richtung noch weiter nachhelfen. Hatte er schon seit 1890, wie in den anderen Gewerben, so auch im Bergbau, die Einrichtung von Arbeiterausschüssen empfohlen und sie in den eigenen Bergwerken errichtet, so mußte er — aufgrund der anhaltenden Weigerung der Bergbauunternehmer einerseits und wegen des großen Streiks von 1905 und weiter drohender Unruhen auf Seiten der Arbeiter andererseits — die Schaffung der Ausschüsse mit der Bergnovelle von 1905 erzwingen. Wenn auch diese Arbeiterausschüsse aufgrund der mangelnden Repräsentativität und überbetrieblichen Verankerung zu keinem Zeitpunkt das Gewicht der britischen, ohne staatliche Einwirkung gebildeten, Betriebskomitees besaßen, konnten sie doch zum

[27] Vgl. etwa die Begründung der preuß. Bergnovelle von 1905, abgedruckt bei: H. Koch, Arbeiterausschüsse, 1907, S. 31, und die Denkschrift von Berlepsch's vom 23.1.1890, abgedruckt in: P. Rassow/K.E. Born, Akten zur staatlichen Sozialpolitik in Deutschland 1890-1914, 1959, S. 34-38.

[28] Vgl. weiter unten.

[29] D. Morrah, A historical outline of coal mining legislation, in: MAGB, Hg., Historical Review of Coal Mining, 1924, S. 301-320, S. 313; Jevons, S. 220; Toussaint, S. 77; Adelmann, S. 187; M.J. Koch, S. 90.

Austausch und zu einem allmählichen Verständlichmachen der Interessen und Standpunkte von Betriebs- und Unternehmensverwaltung auf der einen und Arbeiterschaft auf der anderen Seite beitragen, obwohl gerade die Erörterung von Lohnfragen zumindest formal ausgeschlossen war[30]. Die dritte staatliche Maßnahme, die aus der Situation großer Bergwerksunglücke entsprang, war die Schaffung von Sicherheitsmännern (workmen examiners), im britischen Bergbau im Jahre 1872, im deutschen erst 1909. Die Sicherheitsmänner hatten die Aufgabe, mindestens einmal im Monat die Untertagebetriebe zu befahren und auf ihre Sicherheit zu untersuchen. Etwaige Mängel, soweit sie nicht sofort abgestellt werden konnten, sollten von ihnen schriftlich niedergelegt und zur Einsicht an die Betriebsleitung, die staatlichen Bergrevierbeamten und die Arbeiter weitergegeben werden. Der den Sicherheitsmännern hierbei entstehende Lohnausfall wurde ihnen in Großbritannien zu halben Teilen von Unternehmern und Arbeitern, in Deutschland ausschließlich von den Unternehmern erstattet. Gerade diese Abhängigkeit von den Unternehmern, aber auch der Widerstand von Steigern und Arbeitern, die in der Überprüfung durch Untergebene oder Gleichgestellte ein Mißtrauensvotum und eine Herabsetzung sowie eine mögliche Gefährdung ihrer Einkommenshöhe und einen eventuellen Anlaß zur Bestrafung erblickten, brachte die Institution mehr oder weniger zum Scheitern.

Infolge dieser vielfachen Abhängigkeit wagten die Sicherheitsmänner meist keine wirklichen Mißstände anzuzeigen. Dadurch verloren sie selbst, die Arbeiter und die Unternehmensleitungen fast jedes Interesse an ihrem Amt. Im Bergrevier Ost-Recklinghausen etwa nahmen die Sicherheitsmänner im Jahre 1913 nur noch 39,5% der gesetzlich zulässigen Befahrungen vor, während sich nur noch etwa ein Drittel der Belegschaft an den Wahlen beteiligte. In mindestens einem Fall stimmte sogar das Oberbergamt der Selbstauflösung der Institution der Sicherheitsmänner zu. In Südwales erreichte es wenigstens das schwere Senghenydd-Unglück von 1911 zusammen mit reformierten Berggesetzbestimmungen, daß mehrere Bezirke langfristig ausschließlich von den Bergarbeitern ernannte und bezahlte Sicherheitsmänner unterhielten. Die Wünsche der Gewerkschaften im britischen und deutschen Bergbau auf die Einsetzung unabhängiger, staatlich besoldeter Sicherheitsmänner erfüllten sich dagegen nicht[31].

---

30 Trotz dieser Bestimmung wurden zumindest in einigen Arbeiterausschüssen durchaus Lohnfragen diskutiert. H. Koch, Arbeiterausschüsse, S. 31 ff.; Adelmann, S. 127 ff., 134 ff.; H.G. Kirchhoff, Die staatliche Sozialpolitik, S. 153-159; H.J. Teuteberg, Geschichte, S. 371 ff., 433 ff.; B. Bodenstein, Arbeiterausschüsse, Arbeitsordnungen, Unterstützungskassen im Bergbau, 1905; Historisches Archiv des Bochumer Vereins (Krupp) 31500 Nr. 3.

31 Jevons, S. 408/9, 441; Royal Commission on Mines 1907, P. P., Bd. 14, S. 157 ff.; Home Office, The law relating to mines under the Coal Mines Act, 1911, 1914, S. 27/8; Adelmann, S. 145-149; Teuteberg, S. 455 ff.; R. Pöller, Die Gefahren des Bergbaus,

Auch diese Gesetzgebung des Staates konnte und wollte nicht die Probleme der großbetrieblichen Arbeitsorganisation lösen. Schon der zeitliche Ablauf der Eingriffe in die betriebliche Arbeitsorganisation in beiden Ländern zeigt dies. Obwohl sich der Bergbau in Großbritannien nur relativ langsam entwickelte, griff der Staat hier zu weitaus früheren Zeitpunkten als in Deutschland ein. Die entscheidende treibende Kraft war hier die Stärke der Bergarbeiter und ihrer Organisationen. In Deutschland dagegen, wo der Bergbau sich rasch entwickelte, griff der Staat mit ähnlichen Maßnahmen zu einem jeweils weit späteren Zeitpunkt ein. Hier entschied er sich — aufgrund der Schwäche der Bergarbeiter und ihrer Organisationen[32] — erst meist zu Eingriffen, als er angesichts akuter Konflikte die Kohleversorgung der Volkswirtschaft und/oder sein Ansehen in der Öffentlichkeit aufgrund enttäuschter Fürsorgeerwartungen gefährdet sah.

Welche Folgewirkungen seine Maßnahmen mit sich brachten, war für den Intervent Staat nicht vorhersehbar. Er konnte nur Möglichkeiten bieten, welche die von ihr Betroffenen je nach ihren Bedingungen und Fähigkeiten besser oder schlechter zu nutzen verstanden. Das staatliche Eingreifen reflektierte damit zunächst nur das Problematischer-Werden der großbetrieblichen Arbeitsorganisation sowie vielleicht des dahinterliegenden kapitalistischen Herrschafts- und Arbeitsverhältnisses und markierte die Auseinanderentwicklung der im betrieblichen Produktionsprozeß vereinigten Produzenten.

S. 111-145; W. Rohn, Der Arbeitsvertrag der Bergarbeiter, 1913, S. 67-71; StAM, OBA Dortmund 1853, bes. Bl. 8-9; Historisches Archiv des Bochumer Vereins (Krupp), 31500 Nr. 3 (27.4./305.1912: Zeche Ver. Engelsburg).

32 Zur relativen Stärke und Schwäche der Bergarbeiter und ihrer Organisationen in Deutschland und Großbritannien vgl. weiter unten.

5. Die Produzenten

Haben wir im vorausgehenden unser Augenmerk auf die für die betroffenen Menschen eher mittelbaren Auswirkungen der Industrialisierung, ihrer Gesetzmäßigkeiten und ihres Ablaufs, auf die allgemeinen Lebensbedingungen der Bevölkerung sowie die Formen und die Organisation der Produktion, mithin also auf die Voraussetzungen des unmittelbaren Produktionsprozesses, gerichtet, so wollen wir im weiteren die unmittelbaren Folgen der industriellen Entwicklung auf die sie vorantreibenden Menschen und auf ihre Daseinsweise als soziale Gruppen untersuchen.

Um am Prozeß der industriellen Produktion und an der Verteilung des Produktionsergebnisses teilhaben, um also zum Motor der industriellen Entwicklung werden zu können, mußten sich — wie wir oben sahen — die Menschen, und zwar eine immer größere Anzahl von Ihnen, gleichsam in das Gehäuse dieses Motors, in den industriellen Betrieb hineinbegeben, der nicht nur privatkapitalistischen Arbeits- und Herrschaftsbedingungen unterlag, sonders ebenso und gleichzeitig — bei wachsender Arbeitsteilung und ansteigender Betriebsgröße — ein System der Kooperation und der Über- und Unterordnung wurde. Während die Produktion selbst ebenso wie die am Produktionsprozeß beteiligten Individuen und Gruppen immer abhängiger von einer zunehmenden Anzahl von Arbeitsfunktionen und ihrer Träger wurden, bildete sich gleichzeitig zusammen mit ihrem Wachstum eine ansteigende Eigenständigkeit der im betrieblichen Arbeitsprozeß kooperierenden Gruppen heraus. Die großbetriebliche Arbeitsteilung, deren Entwicklungsstand als Reflex des Entwicklungsgrades der gesellschaftlichen Produktion überhaupt gelten konnte, machte somit nicht nur eine immer weitergehende Kooperation auf gleichgeordneter Ebene notwendig, sondern zog gleichzeitig hiermit und mit der Zunahme der am betrieblichen Produktionsprozeß Beteiligten überhaupt die Verselbständigung und Verfestigung von Leitungs-, Kontroll- und Aufsichtsfunktionen im betrieblichen Arbeitsprozeß nach sich. Insgesamt bildeten sich drei, zum Teil sich überlappende, betriebliche Funktionsbereiche heraus, denen die am Produktionsprozeß Beteiligten im Selbst- und im Fremdverständnis zunehmend zugerechnet wurden, wobei die hier verwendeten Begriffe schon das sprachliche Ergebnis einer sozialökonomischen Entwicklung und also ein Vorgriff auf den hier zu zeigenden Entwicklungsablauf sind: die hauptsächlich die Leitungsfunktionen Ausübenden bilden die Gruppe der Unternehmer, die mit Kontroll- und Aufsichtsfunktionen Betrauten die der Angestellten, und die im wesentlichen ausführende Arbeit Leistenden die der Arbeiter.

Ausgehend von diesen Funktionsbereichen und der mit ihnen verbundenen Stellung im Autoritätssystem des Betriebs bildeten sich, wie im weiteren zu verfolgen sein wird, trotz aller weitergehenden Arbeitsteilung innerhalb dieser Bereiche für die jeweiligen Gruppen gemeinsame — zunächst innerbetriebliche — Konflikthaltungen, Einschätzungen, Meinungen, Ideologien und z. T. Programme heraus, die Grundlage für die jeweils gemeinsame Organisation und Artikulation von Interessen sowie für die Beziehungen zu den jeweils anderen mit ihnen im Produktionsprozeß vereinigten Gruppen und zum betrieblichen und gesellschaftlichen Produktionsprozeß insgesamt wurden. Verstärkt wurde die Abtrennung zwischen diesen Gruppen noch durch die unterschiedliche Beteiligung am Produktionsergebnis und der daraus folgenden, verschiedenen, relativen sozialen Lage und unmittelbaren Lebensumstände, die der Außenwelt und, im Reflex mit ihr, den innerbetrieblichen Gruppen selbst die Zurechnung zu den gesamtgesellschaftlichen Schichten der Unternehmer, der Angestellten bzw. dem Mittelstand und der Arbeiterschaft erleichterte. Wie stark die Identifikation dieser Gruppe mit dem großbetrieblich vermittelten Schichtungsbegriff war, zeigt die Tatsache, daß die soziale Zurechnung nach den prinzipiellen Einteilungskategorien der kapitalistischen Gesellschaftsordnung (in Kapitalisten und Proletarier) immer weniger in das Bewußtsein der Beteiligten trat. Das öffentliche Auftreten und das gemeinsame soziale und politische Handeln, die gemeinsamen Siege und Niederlagen verliehen den gesellschaftlichen Schichten ein gemeinsames Selbstbewußtsein nach innen und eine augenscheinliche Zusammengehörigkeit nach außen, die offensichtlich durch die prinzipiellen, abstrakt-ökonomischen (Klassen-)Einteilungskriterien der kapitalistischen Gesellschaft, deren grundlegende Wirkkräfte gleichwohl in unverminderter Tätigkeit blieben, in ihrer Wirksamkeit auf das soziale Bewußtsein nicht erreicht wurden.

Entsprechend dem hier vorgeschlagenen Weg, die soziale Zurechnung von sich herausbildenden industriellen Gruppen untereinander und zur Gesamtgesellschaft zu verstehen, werden wir im folgenden — vom Betrieb allmählich auf die ihrerseits sich verändernde Umwelt übergreifend —, soweit dies das erhaltene historische Material erlaubt, von der Funktion und Stellung der bestimmten Gruppe im Betrieb[1], den Möglichkeiten und Notwendigkeiten der vertikalen und horizontalen Mobilität über das Einkommen auf den Haushalt und die Wohnsituation ausgehen. Diese Determinanten der jeweiligen sozialen Lage und der Lebenswelt insgesamt werden zusammen mit den

[1] Zur Bedeutung der Arbeit und des Arbeitsplatzes für die Lage und Organisation von Interessen vgl. etwa: F. Fürstenberg, Das Arbeitsverhalten in soziologischer Sicht, in: Arbeit und Leistung 20, 1966, S. 115-119; ders., Der Arbeitsplatz aus soziologischer Sicht, in: ebenda 22, 1968, S. 205 f.; W. H. Schröder, Arbeitergeschichte und Arbeiterbewegung. Industriearbeit und Organisationsverhalten im 19. und frühen 20. Jahrhundert, 1978.

spezifischen Eigenschaften der wirtschaftlichen und Bevölkerungsentwicklung als Ausgangspunkt und Bedingung der Findung, Organisation und Artikulation der jeweiligen Interessen sowie der Möglichkeiten und Methoden ihrer Durchsetzung zu untersuchen sein. Hierbei soll nach dem jeweiligen relativen Gewicht von ökonomischen und nicht-ökonomischen sowie historischen und aktuellen Faktoren, nach den die Einheit der die jeweiligen Gruppen und Schichten fördernden, hemmenden und gefährdenden Faktoren ebenso wie nach den Bindungen und Verbindungen zwischen den einzelnen Gruppen und Schichten gefragt werden.

Obwohl dem zeitgenössischen Beobachter, und damit für das hier so wichtige Faktum der Selbst- und Fremdzurechnung, das unmittelbare Nebeneinander der verschiedenen Schichten, ihrer relativen betrieblichen und überbetrieblichen Verhältnisse, für die jeweilige soziale Zurechnung entscheidend gewesen sein mag, können wir aus Gründen der Darstellung, aber auch, um die Verbindung zwischen sozialer Lage und Interessenbildung zu betonen, die einzelnen Gruppen trotz aller geschlagenen Querverbindungen nur —getrennt nach den jeweils zusammengehörigen, bergbaulichen Sozialgefügen an der Ruhr und in Südwales — nacheinander behandeln. Für beide aber läßt sich die Darstellung, und damit die Auswertung des historischen Materials, von derselben Fragestellung leiten: Welche Faktoren — von der materiellen Basis bis zur Ideologiebildung fortschreitend — beschleunigten bzw. hemmten den Prozeß der Herausbildung und der Abgrenzung der sozialen Schichten und welche Artikulations- und Durchsetzungschancen besaßen die Interessen der jeweiligen Schichten gegenüber den anderen Gruppen wie auch gegenüber dem Staat?

5.1. Der Ruhrbergbau

Die Normen für den Umgang der im betrieblichen Produktionsprozeß vereinigten Produzenten miteinander ebenso — wie noch zu zeigen sein wird — wie die Bedingungen der einzelnen Gruppen waren im Ruhrbergbau in entscheidendem Maße durch den Staat gesetzt worden[2]. In striktem Festhalten an seinen am industriellen Wachstum orientierten Grundsätzen von Autorität und Fürsorge hatte er während der Zeit des Direktionsprinzips durch seine umfassende Kompetenz in technischer, wirtschaftlicher, kaufmännischer und personalpolitischer Hinsicht die industriellen Produzenten nicht nur in den planmäßigen, industriellen Betrieb und dazu in die allmählich sich herausbildende großbetriebliche Produktionsweise eingewöhnt, sondern darüber hinaus den industriellen Gruppen Normen und Verhaltensformen mitgegeben, deren Folgen — wie weiter unten deutlich wird — noch lange

[2] Zur Rolle des Staates vgl. weiter unten.

Zeit über das nach 1850 auslaufende Direktionsprinzip des Staates wirksam blieben. Im Unterschied zu Südwales und dem britischen Bergbau insgesamt bedeutete dies die typische Vorprägung freikapitalistischer Verhältnisse in einem Land mit relativem industriellen Entwicklungsrückstand. Diese etatistische Vorgabe einerseits und das hohe Tempo der wirtschaftlichen Entwicklung, welches Resultat spezifischer Naturbedingungen und der Wirkung bestimmter ökonomischer Gesetzmäßigkeiten — wie wir oben sahen — war, andererseits bildeten die beiden wesentlichen Grundlagen und Bedingungen der Entwicklung der industriellen Produzentengruppen, ihrer Verhältnisse und ihrer inner- und überbetrieblichen Beziehungen zueinander.

5.1.1. Die Arbeiter: Prestigeverlust und verspätete Interessenfindung in einer sich komplizierenden Umwelt

5.1.1.1. Die Lebenswelt

1. Die betriebliche Ausgangssituation: Rasches Anwachsen, hohe herkunftsmäßige und gleichbleibend mäßige, berufliche Heterogenität

Das rasche wirtschaftliche Wachstum des Kohlenbergbaus, dessen Produktionshöhe in direktem Verhältnis von der Anzahl der eingesetzten Arbeitskräfte abhängig war, erforderte auch im Ruhrgebiet eine schnelle Zunahme der Zahl der Bergarbeiter. Besonders die Einführung des Tiefbaus, die mit ihm verbundene Tendenz zum Großbetrieb und zu erhöhtem Einsatz von Arbeitskräften — vor allem im Vergleich zur Entwicklung in Südwales — läßt sich an der folgenden Zusammenstellung ablesen.

Zahl der Beschäftigten im Bergbau des Ruhrgebietes und von Südwales, 1841 - 1913[3]

	Ruhrbergbau		Südwales	
Jahr	Beschäftigte	Steigerung (%)	Beschäftigte	Steigerung (%)
(1841)	(9.215)		(26.186)	
1850	12.138			
1855	23.235	89,6		
1860	28.487	22,6	26.292	
1865	42.306	48,5	29.076	10,6
1870	50.499	19,4	37.960	30,6
1875	81.822	62,0	72.643	91,4
1880	78.240	- 4,6	69.158	- 5,0
1885	100.557	28,5	85.217	23,2
1890	127.534	26,8	109.935	29,0
1895	154.796	21,4	126.199	14,8
1900	220.010	42,1	147.652	16,9
1905	265.143	20,5	165.609	12,2
1910	342.249	29,1	213.252	28,8
1913	400.243	16,9	233.134	9,3

Während in Südwales zwischen 1841 — der frühesten erreichbaren Zahl — und 1860 die Zahl der Beschäftigten auf einem bereits höheren Niveau beinahe konstant blieb, stieg sie im Ruhrbergbau allein zwischen 1850 und 1855 auf fast das Doppelte an. Erst in der Phase zwischen 1865 und 1890 wies Südwales dem Ruhrbergbau vergleichbare, oft sogar höhere Wachstumsraten in der Belegschaft auf. Im Zeitraum nach 1890 jedoch konnte der Ruhrbergbau nach jedem Fünfjahreszeitraum auf größere, meist bei weitem höhere Zunahmequoten zurückblicken.

Diese Höhe der Wachstumsraten konnte nur durch einen — parallel zur Bevölkerungsentwicklung — steigenden Anteil von zugewanderten Arbeitskräften und damit eines hohen und weiterhin steigenden Grades der herkunftsmäßigen Heterogenität der Belegschaft insgesamt und insbesondere der Arbeiterschaft erkauft werden.

Anteile der in den östlichen Provinzen Geborenen und der Ausländer an der Gesamtbelegschaft des Ruhrbergbaus, 1893 - 1912 (in %)[4]

	1893	1904	1912
Aus östlichen Provinzen	25,5	32,2	36,8
Ausländer	2,8	6,5	8,3

Der Anteil der in den östlichen Provinzen Geborenen, der schon im Jahre 1893 mehr als ein Viertel der Gesamtbelegschaft ausmachte, stieg bis 1912 auf über ein Drittel an. Der Anteil der Ausländer verdreifachte sich im gleichen Zeitraum, und beide Kontingente zusammen stellten vor dem Ersten Weltkrieg beinahe die Hälfte der Belegschaft. Doch teilten sich die Zuwanderer nach den verschiedenen Heimatregionen und -ländern noch weiter auf.

Schon im Jahre 1893 kamen die Zuwanderer aus dem deutschen Osten im wesentlichen aus vier Provinzen, und diejenigen aus dem Ausland aus wenigstens fünf, 1907 aus mindestens sechs verschiedenen Ländern. Und bis auf Schlesien stellten alle Regionen einen sowohl absolut als auch relativ wachsenden Anteil an der Belegschaft des Ruhrbergbaus. Der herkunftsmäßig heterogene Charakter besonders der Arbeiterbelegschaft nahm damit bis

[3] Die Tabelle ist zusammengestellt und berechnet nach den Angaben bei: Wiel, Wirtschaftsgeschichte, S. 129-131; R.H. Walters, The Economic and Business History, S. 353; F.A. Gibson, A Compilation of Statistics, S. 12. Die beiden für Südwales genannten Zahlen unter 1860 und 1865 gelten für 1861 bzw. 1864. Die beiden in Klammern gesetzten Zahlen für 1841 sind von der Prozentrechnung ausgenommen.

[4] Berechnet nach den Angaben in der Tabelle bei W. Horst, Studien, S. 67.

Herkunft der Zuwanderer aus den östlichen Provinzen und dem Ausland und ihr Anteil an der Gesamtbelegschaft in den Jahren 1893 und 1907[5]

im Jahre	Es kamen aus 1893 abs.	1893 in %	1907 abs.	1907 in %
(Ober-)Schlesien	9 453	5,97	7 612	2,45
Posen	9 839	6,21	40 134	12,90
Westpreußen	} 20 096	12,69	12 625	4,06
Ostpreußen			44 724	14,38
den östlichen Provinzen insgesamt	39 388	24,87	105 095	33,79
Österreich-Ungarn	1 920	1,21	16 951	5,45
Holland	1 334	0,84	3 863	1,24
Italien	610	0,39	3 608	1,16
Rußland	82	0,05	800	0,26
Belgien	-	-	144	0,05
anderen Ländern	82	0,05	205	0,07
dem Ausland insgesamt	4 028	2,54	25 571	8,22
bei einer Gesamtbelegschaft von	158 368	100,00	311 080	100,00

zum Ausbruch des Ersten Weltkrieges ständig und stärker noch als derjenige der Bevölkerung des Ruhrgebietes insgesamt zu[6].

Entgegen dieser anhaltend starken Differenzierung der Belegschaft nach der Herkunft blieb ihre Zusammensetzung nach betrieblichen Aufgabenbereichen ab einem früh erreichten Entwicklungsstand innerbetrieblicher Arbeitsteilung, wie oben angedeutet, trotz rapider Belegschaftszunahme relativ stabil. Der Anteil der unter Tage Beschäftigten fiel allmählich besonders auch aufgrund der Ausdehnung der Übertagebetriebe (Nebenprodukte), und zwar von ca. 79,21% im Jahre 1875 über 79,54% (1893) und 76,58% (1902) auf 75,95% im Jahre 1913. Etwas stärker noch ging der Anteil

---

[5] Zusammengestellt und berechnet nach den Angaben bei Tenfelde, S. 243 (nach Taeglichsbeck), und J. v. Bredt, Die Polenfrage, S. 16.

[6] Noch weiter kompliziert wurde die Zusammensetzung der Arbeiterbelegschaft des Ruhrbergbaus durch den wachsenden Einsatz von Subunternehmern. Von diesen gab es:

1895 : 12 mit 895 Arbeitern,
1908 : 19 mit 4.206 Arbeitern und
1914 : 30 mit vielleicht etwa 6.000 Arbeitern.

Vgl. hierzu: H. Toussaint, Die Organisation, S. 34, und allgemein: W. Pieper, Die Vergebung von Gruben-Gesteinsarbeiten an besondere Unternehmer, 1919, bes. S. 81 f.

der unmittelbar vor Kohle stehenden Hauer zurück, und zwar von 61,1% im Jahre 1890 über 51,3% (1900) auf 50,7%[7]. Die relativ hohe Stabilität der Belegschaftszusammensetzung nach Beschäftigungsarten für den Zeitraum der letzten zwölf Jahre vor 1914 jedoch macht insgesamt die folgende Zusammenstellung deutlich.

Relative Bewegung der Belegschaftsgruppen im Ruhrbergbau, 1902 - 1913[8]

Beschäftigungsart	Auf 1000 Mann der Gesamtbelegschaft entfielen											
	1902	1903	1904	1905	1906	1907	1908	1909	1910	1911	1912	1913
a) Beamte	28,1	28,1	28,0	28,7	28,7	33,1	28,8	31,2	33,9	34,3	34,5	34,5
b) Unter Tage besch. Arbeiter	765,8	763,7	769,0	766,1	766,1	755,2	764,1	770,2	758,1	759,8	758,7	759,5
davon 1. Hauer	475,7	476,7	481,0	478,5	478,5	473,1	475,8	481,3	473,7	480,7	480,1	485,7
2. Zimmerhauer	95,2	99,1	99,0	99,1	99,1	98,3	100,1	106,1	109,9	108,1	106,3	101,5
3. Schlepper	132,1	126,7	126,0	123,6	123,6	120,5	122,7	120,6	115,6	111,8	112,7	114,7
4. Sonstige	62,8	61,2	63,0	64,9	64,9	63,3	65,5	62,2	58,9	59,2	59,6	57,6
c) Über Tage besch. Arbeiter	206,1	208,2	203,0	205,2	205,2	211,7	207,1	198,6	208,0	205,9	206,8	206,0
Zusammen	1000,0	1000,0	1000,0	1000,0	1000,0	1000,0	1000,0	1000,0	1000,0	1000,0	1000,0	1000,0

Die Tabelle zeigt zum einen die hohe längerfristige Stabilität und zum anderen die kurzfristigen konjunkturellen Auswirkungen auf die Belegschaftszusammensetzung, die zum jeweiligen Anheben bzw. Sinken des Anteils der Hauer führten. Der neben dem Wachstum des Beamtenanteils, auf das wir näher weiter unten einzugehen haben, einzige längerfristige Wandel bildet die Abnahme des Anteils der Schlepper. Dieser weist hin auf die Fortschritte in der Mechanisierung des unterirdischen Transports und insbesondere auf die schon oben angedeutete Veränderung der Arbeitssituation vor Ort, die mit der Einführung des mechanisierten Schüttelrutschenbetriebes ab 1908 einherging.

Waren für die Zeit vor 1900 Kameradschaften vor Ort von zwei bis vier Arbeitern und — als nächste Organisationsebene — Steigerreviere von 50 bis

[7] K. Tenfelde, Sozialgeschichte, S. 248; B. Heymann/K. Freudenberg, Morbidität und Mortalität der Bergleute im Ruhrgebiet, 1925, S. 17, Tab. 11; Wirtschaftliche Entwicklung, Bd. 3, S. 80-82; Verband der Bergarbeiter Deutschlands, Protokoll der 16. Generalversammlung, 1905, S. 22; W. Willms, Die Bedeutung des Rheinisch-Westfälischen Kohlensyndikats, 1921, S. 90a. Die Zahl für 1875 ist aus dem Durchschnitt für nur drei Betriebe gewonnen. Vgl. auch: W. Retzlaff, Das Lohngefüge im deutschen Steinkohlenbergbau von 1886 bis 1956, 1958, S. 44 f.

[8] Nach den Berichten des Allgem. Knappschaftsverbandes Bochum, in: B. Heymann/K. Freudenberg, Morbidität und Mortalität, S. 17, Tab. 11. An „Beamten" sind hier nur die in der Knappschaftskasse versicherten Angestellten erfaßt. Vgl. auch: Meis, S. 345.

100 Bergleuten typisch, so konnten vor 1914 Kameradschaften im mechanisierten Schüttelrutschenbetrieb eine Größe von bis zu 85, durchschnittlich jedoch erst 20, Steigerreviere eine solche von bis zu 600 Mann erreichen. Obwohl die mechanische Abbauförderung im Jahre 1912 schon auf 96 Schachtanlagen in insgesamt 654 Abbaustrecken eingeführt war, betrug der so geförderte Anteil an der Gesamtproduktion des Ruhrbergbaus erst 10,3%[9]. An der hergebrachten Verteilung der innerbetrieblichen Beschäftigungsbereiche konnte dieser Wandel jedoch bis 1914 kaum etwas Wesentliches ändern. Nach wie vor typisch für die Zusammensetzung eines Betriebes mag daher auch die folgende, überlieferte Belegschaftsverteilung der Zeche Hibernia im Jahre 1898 gewesen sein.

Zusammensetzung der Belegschaft der Zeche Hibernia im Jahre 1898[10]

48	mit festem Einkommen Angestellte	=	4,66%
428	Kohlenhauer	=	41,55%
52	Gesteinshauer	=	5,05%
104	Reparaturhauer	=	10,10%
197	diverse Grubenarbeiter	=	19,13%
12	Maschinisten	=	1,16%
130	Tagesarbeiter	=	12,62%
23	Werkstättenarbeiter	=	2,23%
8	Wäschearbeiter	=	0,78%
28	Koksarbeiter	=	2,72%
1 030	Arbeiter	=	100,00%

Die gegenläufigen Wirkungen, die beide Tendenzen, die wachsende Heterogenität nach der Herkunft zum einen und die relative Stabilität der innerbetrieblichen Beschäftigungsarten zum anderen, auf die Art der Integration der Arbeiterschaft ausübten, sind aufgrund weniger Indikatoren nur in Umrissen erkennbar. Während im Laufe der stärksten Zuwanderung in dem Jahrzehnt nach 1890 mit Zuwandereranteilen von Belegschaften mehrerer Zechen von 60-80% eindeutig die (fremde) regionale bzw. nationale Integration überwog, folgte in der Zeit nach etwa 1903/04 die Phase der beginnenden sozialen Integration der Zuwanderer in die Arbeiterschaft, als die Anteile in den vorher mit Zuwanderern am höchsten besetzten Betriebe zurückgingen und sich die Zuwanderer, bei weiterem Ansteigen ihrer Zahl, gleichmäßiger als vorher über die einzelnen Bergreviere verteilten[11]. Die

[9] H. Herbig, Taylors „Wissenschaftliche Betriebsführung", S. 209 ff.; G. Werner, Meine Rechnung, S. 73/4; C. Pommer, Die mechanische Abbauförderung beim Steinkohlenbergbau im Oberbergamtsbezirk Dortmund, in: ZBHSW 61, 1913, S. 254-296, S. 255-7, 288.

[10] Nach: L. Pieper, Die Lage der Bergarbeiter, S. 27.

[11] Zu den Angaben für die Betriebe vgl. H. Münz, Die Lage der Bergarbeiter im Ruhrrevier, 1909, S. 20-1; für die Reviere bei W. Horst, Studien, S. 67; auch: H. Hilbert, Die Zusammensetzung der Grubenbelegschaft des Ruhrkohlengebietes um die Jahrhundertwende und ihre Probleme, 1952, S. 24 f.

Heterogenität nach der Herkunft fand, wenn auch nur zögernd, ansatzweise und unter Überwindung — wie zu zeigen sein wird — weiterer Hindernisse, ihr Gegengewicht in dem vom Betrieb ausgehenden und durch ihn vermittelten gemeinsamen Lebensschicksal des Arbeiterseins.

2. Der sich verengende Weg zum Aufstieg und die hohe horizontale Mobilität

Die Gemeinsamkeit des Lebensschicksals der Bergarbeiter ebenso wie die Intensität seiner sozialen Deutung wurde gestärkt durch die Verringerung der Möglichkeiten und der Wahrscheinlichkeit des individuellen Aufstiegs. Nach dem üblichen beruflichen Werdegang vom jugendlichen Kohlenklauber am Leseband über den Pferdejungen und Schlepper bis zum Lehrhauer und Hauer hatte der Bergarbeiter im Ruhrbergbau bei hinreichendem Fleiß und Strebsamkeit fast während des ganzen 19. Jahrhunderts relativ gute Chancen, aufgrund des frühen und anhaltenden Wachstums der Betriebe in eine Angestelltenposition im Bergbau aufzurücken[11a].

Dies änderte sich seit den 1890er Jahren. Denn obwohl der Aufsichtsapparat — nur für diesen, kaum dagegen für den Verwaltungsbereich kamen ja ehemalige Bergarbeiter in Frage — der Bergbauunternehmen, wie wir sahen, weiter expandierte, geriet die Zahl der zu besetzenden Stellen und die absolut bei weitem stärker anwachsende Zahl der Bergarbeiter in ein steigendes Mißverhältnis. Hinzu kam, daß ein großer Teil der vorhandenen Stellen von meist langdienenden und besonders erst seit den 1870er Jahren in den Dienst gekommenen Grubenbeamten besetzt war, zum andern, daß ein steigender Anteil Berufsfremder — wohl aufgrund der relativ guten Entlohnung — in den mittleren Bergwerksdienst drängte, und zum dritten, daß ein zunehmender Anteil der unteren Aufsichtsstellen von den Unternehmen mit ungeschulten Arbeitskräften (Fahrhauer, Hilfssteiger)[12] besetzt wurde. Waren — außer in ausgesprochenen Jahren der Baisse — in der Zeit anhaltenden Bedarfs, manchmal sogar deutlichen Mangels, an Grubensteigern für einen großen Teil — man schätzte ihn auf 2/3 — der sich bewerbenden Bergarbeiter die mittleren Sprossen der Betriebshierarchie und hierüber als „Einfahrer" die unterste Ebene des Staatsdienstes erreichbar, so wurden in den Jahren vor 1914 durchschnittlich nur 22% der Bewerber zur erforderlichen Bergschulausbildung überhaupt erst zugelassen[13]. Wirkte dies schon als ein dichtes

[11a] Immerhin hatten von den in einer Stichprobe erfaßten Bochumer Bergarbeitersöhnen bis zum Zeitpunkt ihrer Heirat im Jahre 1900 27% ein höheres Qualifikationsniveau als der Vater und zusätzlich 19% den Status nicht-körperlicher Arbeit erreicht. Vgl. Crew, Bochum, S. 100.

[12] Vgl. hierzu unten S. 347, 363.

[13] Tenfelde, S. 257; R. Schwenger, Die betriebliche Sozialpolitik, S. 111. Vgl. auch: G. Werner, Meine Rechnung, S. 50 ff., 92 ff.; W. Goetzke, S. 140. Die günstigere Aufstiegs-

Aufstiegssieb, so zeigt etwa die Zusammensetzung der Unter- bzw. Steigerklasse und der Ober- bzw. Betriebsführerklasse der Bochumer Bergschule in den Jahren 1911-1913, welche Aufstiegschancen dem Bergarbeiter nunmehr offenstanden[14].

Es waren von insgesamt 1277 Schülern der Unterklasse Söhne von

Bergarbeitern	774 = 60,6%,
Grubenbeamten	160 = 12,5%,
Nicht-Bergleuten	343 = 26,9%.

Von den 139 Schülern der Oberklasse waren allerdings Söhne von

Bergarbeitern	62 = 44,6%,
Grubenbeamten	34 = 24,5%,
Nicht-Bergleuten	43 = 30,9%.

Während die Söhne von Bergarbeitern in der Unterklasse eindeutig überwogen, näherte sich ihr Anteil in der Oberklasse dem der beiden übrigen Gruppen deutlich an. Bedenkt man, daß die Zahl der Grubenbeamten nur etwa 5% der Zahl der Arbeiter im Ruhrbergbau ausmachte, so wird deutlich, wie sehr die Söhne der Angestellten in beiden Klassen der Bergschule überrepräsentiert waren. Beinahe ein Drittel machten in beiden Klassen immerhin die Söhne der Nicht-Bergleute aus. Darüber hinaus war der Eintritt von Bergarbeitern in den Staatsdienst wegen des ebenfalls zwischen 1890 und 1900 sich herausbildenden Überhangs an Bergakademikern so gut wie unmöglich geworden. Ein außerberuflicher Aufstieg der Bergarbeiter oder ihrer Söhne durch den Besuch von weiterbildenden Schulen, etwa dem Gymnasium oder der Realschule, kam aus finanziellen (Schulgeldzwang) und anderen Gründen kaum vor[15]. Zwar taten sich mit der Differenzierung der Gewerbestruktur des Ruhrgebietes prinzipiell solche Möglichkeiten auf,

situation von Bergarbeitern in der Zeit zwischen 1880 und 1900 bestätigt eine Stichproblemanalyse für Bochum. Während in dieser Zeit den Bergarbeitern die beste Aufstiegsmöglichkeit in nicht-manuelle Berufe unter den ungelernten Arbeitern zukommt, stehen die Söhne der Bergarbeiter sogar zwischen gelernten und ungelernten Arbeitern an erster Stelle. Vgl. D. Crew, Definition of modernity: Social mobility in a German town, 1880-1901, in: JSH 7, 1973, S. 51-74, S. 56, 58, 61.

[14] Vgl. Bericht über die Verwaltung der Westfälischen Berggewerkschaftskasse, Bochum 1911/12 - 1913/14.

[15] So ergab eine Stichprobe, daß in den Jahren 1876 bis 1906 unter den Eltern der Schüler in der Eingangsklasse des Gymnasiums und der Oberrealschule in Bochum nur zwischen 2,5% und 4,3% ungelernte Handarbeiter (unskilled manual) waren. Vgl. D. Crew, Definitions, S. 63/64. Auch: Fischer-Eckert, S. 16; F. Mogs, Die sozialgeschichtliche Entwicklung, S. 68. Die geringsten inner- und außerbetrieblichen Aufstiegschancen besaßen die Fernzuwanderer, unter ihnen die Polen. Von den männlichen Polen, Masuren und Kassuben insgesamt waren z. B. im Jahre 1905

98,61% Arbeiter, davon 81,54% im Bergbau und in der Hüttenindustrie,
0,27% Angestellte und
1,12% Selbständige.

Vgl. hierzu: M. Broesike, Die Polen, S. 271-274; Köllmann, S. 174-185; S. Wachowiak, Die Polen, S. 41/2.

doch erforderten die dort geschaffenen Stellen gleichzeitig eine spezialisierte und weitergehende Ausbildung, als die Bergleute sie anbieten konnten. Denn entsprachen die Voraussetzungen der Elementarschulbildung (gemessen am Schulbesuch und am Zahlenverhältnis von Lehrern und Schülern) und damit wohl auch der Bildungsgrad im Ruhrgebiet bis in die 1860er Jahre durchaus dem vergleichsweise hohen Durchschnitt des preußischen Staates[16], so sank der Bildungsstand der Bergarbeiter durch die hohen Zuwanderungsraten aus bildungsarmen, agrarischen Gebieten ab den 1870er Jahren auch im Bewußtsein der Zeitgenossen kontinuierlich. Im Jahre 1893 wurden unter der Belegschaft 3.851 Analphabeten gezählt[17]. Das wie in Südwales mit der Herausbildung der Angestelltenschaft infolge der großbetrieblichen Entwicklung in den Reihen der Arbeiterschaft um etwa 1860 deutlich verspürte Bildungsvakuum und die hieraus entspringende Bildungswilligkeit wurde im Ruhrbergbau gleichsam verschüttet von der Masse der ungebildeten Zuwanderer.

Hierdurch und durch den frühen Zwang zu weitergehender, spezialisierter Ausbildung für die technischen Angestellten im Bergbau vergrößerte sich die Ausbildungsdiskrepanz, intensiviert durch die Konzentration der bürgerlich geführten Magistrate und Gemeindevertretungen auf die höhere Schulbildung, sowohl zwischen den Bergbauangestellten und den Bergarbeitern als auch zwischen diesen und der übrigen bürgerlichen Bevölkerung.

Das durch das starke Eindringen unqualifizierter und kulturell anspruchsloser Arbeitskräfte sinkende, ehemals höhere und staatlich geförderte Berufsprestige der Bergarbeiter, die Verengung ihrer beruflichen Aufstiegsmöglichkeiten die — wie noch zu zeigen sein wird — hinter der anderer, ansässiger Industriezweige zurückbleibende und zwischen den einzelnen Bergwerken unterschiedliche Lohnhöhe, der je nach der Lage des Arbeitsmarktes durch das im wesentlichen konjunkturell bedingte Hin- und Herschieben zwischen besser und schlechter bezahlten Arbeitsplätzen erzwungene Lohnverzicht der jugendlichen Arbeiter, eine frühe und stärker als in anderen Berufen eintretende Invalidität[18], ungelöste innerbetriebliche Konflikte sowie die nicht selten zahlreich vorgenommenen Maßregelungen

---

[16] Vgl. hierzu die Angaben bei K. Tenfelde, Bildung und sozialer Aufstieg im Ruhrbergbau vor 1914. Vorläufige Überlegungen und Thesen, unveröffentl. Manuskr. 1979.

[17] Vgl. L. Pieper, Die Lage der Bergarbeiter im Ruhrrevier, 1903, S. 241.

[18] Die Invalidität der Ruhrbergarbeiter etwa im Jahre 1907 trat ein (nach Heymann/Freudenberg, S. 11):

im Alter unter	20 Jahren	bei 0%,
im Alter von	20 – 30 Jahren	bei 3%,
im Alter von	30 – 40 Jahren	bei 11%,
im Alter von	40 – 50 Jahren	bei 21%, und
im Alter über	50 Jahren	bei 65%.

von mißliebigen Arbeitern durch die Unternehmer[19] erzeugten eine horizontale Mobilität in mehrfacher Richtung:

(1) Ein hoher Prozentsatz vor allem der neu zugewanderten Bergarbeiter wechselte ein- oder mehrmals jährlich den Arbeitsplatz. Daß dies bei weitem nicht ausschließlich etwas mit der Eingewöhnung und der vielzitierten „Unruhe" der Zuwanderer zu tun hatte, zeigt die umseitige Gegenüberstellung. Dabei wird deutlich, daß der jährliche Belegschaftswechsel auf den 41 Schachtanlagen des Stadt- und Landkreises Recklinghausen mit einem Zuwandereranteil von 50,7% (1902), 51,7% (1905) und 56,1% (1910) kaum höher war als im Ruhrgebiet insgesamt.

(2) Ein nicht geringer Anteil der Arbeiter verließ endgültig den Bergbau. So gingen dem Ruhrbergbau von 1901 bis einschließlich 1911 261.100 Mitglieder zu, doch stieg sein Bestand nur um 110.000. Nach Abzug der Gestorbenen und Invaliden (56.000) blieb eine Abwanderung von 94.600, oder durchschnittlich fast 10.000 Mann pro Jahr. Insgesamt verließen in dem zehnjährigen Zeitraum also 36,2% des Umfanges des Arbeiter-Zugangs wieder den Ruhrbergbau[21].

(3) Ein kleinerer Teil meist ansässiger Arbeiter wechselte — manchmal konjunkturell bedingt — vorläufig oder endgültig in einen anderen Industriezweig, vor allem in die Eisenindustrie, über[22], oder sie wurden als Invaliden bzw. Gemaßregelte Gastwirte oder Verbandsangestellte.

(4) Ein wachsender Anteil meist heimischer Bergarbeiter veranlaßte seine Söhne, nicht den Beruf des Vaters zu ergreifen. Schon im Jahre 1893 waren nur noch 37,42% der Gesamtbelegschaft, in den südlichen Stammrevieren allerdings wie Süd-Dortmund noch 47,17%, Hattingen 52,06% und Werden 55,69% der Belegschaft Söhne von Bergarbeitern. Im Jahre 1900 waren nur noch 40% aller Bergarbeitersöhne im Bergbau beschäftigt. Diese Entscheidung von Vätern und Söhnen war nicht nur auf das nachlassende Prestige des Bergarbeiterberufs zurückzuführen, sondern auch auf die anhaltende, niedrige Entlohnung für die gesetzlich den Jugendlichen erlaubten Tätigkeiten im Bergwerksbetrieb. Ihr Lohn war zu bescheiden, um zum Budget des elterlichen Haushalts wirksam beizutragen und erhöhte sich erst, kam ihnen nicht ein konjunkturbedingter Arbeitermangel vor Ort zu Hilfe, wenn sie nach Ableistung ihrer dreijährigen Militärdienstzeit — der spezifischen Wirkungsweise schwerindustrieller Bevölkerungsentwicklung folgend —

---

[19] Allein in den Jahren 1911 und 1912 zählte der ‚alte' Bergarbeiterverband 1.054 bzw. 2.994 Gemaßregelte. Vgl. Verband der Bergarbeiter Deutschlands, Protokoll der 20. Generalversammlung 1913, S. 111.

[21] G. Werner, Der Arbeiterersatz im Ruhrbergbau, in: TGB 6, 1913, S. 69 (Berechnet nach den Zahlen des Knappschaftsvereins).

[22] Vgl. D. Crew, Definitions of modernity: Social mobility in a German town (Bochum), 1880-1901, S. 53, 56, 60.

Belegschaftswechsel (pro Jahr) auf den Zechen des Stadt- und Landkreises Recklinghausen und des Ruhrgebietes, 1900 - 1910[20]

Belegschaftswechsel (pro Jahr) auf den Zechen des Stadt- und Landkreises Recklinghausen und des Ruhrgebietes, 1900 - 1910[20]

	1900			1902			1907			1910		
	Zugänge	Abgänge	Gesamtwechsel	Zugänge	Abgänge	Gesamtwechsel	Zugänge	Abgänge	Gesamtwechsel	Zugänge	Abgänge	Gesamtwechsel
Recklinghausen im ganzen	23 551	16 536	40 087	16 033	15 373	31 406	42 604	31 459	74 063	34 912	34 102	69 011
auf 100 Mann	73	51	124	44	42	86	77	56	133	50	49	99
Ruhrgebiet im ganzen	159 353	121 487	280 840	118 900	109 880	228 780	218 951	173 093	392 044	174 640	170 281	344 921
auf 100 Mann	68	52	120	48	44	92	71	56	129	50	48	98

[20] Zusammengestellt und berechnet nach S. Chmielecki, Die Bevölkerungsentwicklung, S. 26, 34, und Adelmann, Die soziale Betriebsverfassung, S. 155.

daran dachten, einen eigenen Hausstand zu gründen. Angesichts dieser Bedingungen konnte die Entscheidung von Eltern und Söhnen nur plausibel erscheinen, unter ähnlichem Einkommensverzicht während der ersten Berufsjahre doch gleich einen Lehrberuf mit relativ gesichertem Lebensstandard und höherem Ansehen zu ergreifen[23].

(5) Die unter den Punkten 2-4 genannten Tatbestände machten eine weitere Zuwanderung von bergfremden Arbeitskräften erforderlich, trugen also ihrerseits wiederum zu einer erhöhten Mobilität und Heterogenität der Bergarbeiterschaft bei[24].

3. Der Lohn: Zunehmende Differenzierung, absoluter Anstieg und relativer Abfall

Der Lohn, dessen Höhe insbesondere jeweils nach Maßgabe der Konkurrenz auf dem Arbeitsmarkt und, innerhalb dieser Grenzen, nach der Leistung bzw. der Einschätzung der (innerbetrieblichen) Bedeutung der jeweiligen Tätigkeit vom Unternehmer für den Bereich des einzelnen Betriebes oder Unternehmens — in näheren oder weiteren, von den Trägern der Aufsichtsfunktionen für den jeweiligen Teilbereich bzw. den einzelnen Fall zu konkretisierenden Grenzen — festgelegt wurde, bildete für den Arbeiter zum einen die Beteiligung am erwirtschafteten Produktionsergebnis der jeweiligen Kooperationseinheit Betrieb bzw. Unternehmen, zum anderen und gleichzeitig aber die bestimmende Grundlage für die Eröffnung seiner außerbetrieblichen Lebenschancen. Der Lohn, seine Höhe und sein Auszahlungsmodus, waren damit im Vergleich zu den übrigen inner- und außerbetrieblichen Gruppen und Schichten wesentliches Bestimmungselement des Arbeiterseins. Einer der hauptsächlichen Ausgangs- und Zielpunkte der Interessen der Arbeiterschaft — ebenso wie das Einkommen bei den anderen Gruppen — mußte daher der Lohn und seine jeweilige Bestimmung sein.

[23] J.V. Bredt, Die Polenfrage, S. 15/7; Crew, Definitions of modernity, S. 61 f.; D. Donay, Die Beziehungen zwischen Herkunft und Beruf auf Grund einer statistischen Untersuchung in der Dortmunder Bevölkerung, 1941, S. 34 ff.; H. Waterkamp, Die Bevölkerung von Duisburg, ihr Werdegang und ihre Zusammensetzung, 1936, S. 66 ff., 101-105; D. Engelhardt, Studien über den Verlauf des sozialen Schichtungsprozesses auf Grund einer statistischen Erhebung in einer westdeutschen Industriegroßstadt (Essen), 1923, S. 43. Zu den Verhältnissen der Jugendlichen im Bergbau vgl. Leybold, Die Beschäftigung jugendlicher Arbeiter beim niederrheinisch-westf. Steinkohlenbergbau, in: Glückauf 36, 1900, S. 25-32; H. Imbusch, Jugendliche Arbeiter im Bergbau, 1916, S. 45-50; Tenfelde, S. 268-271; zur altersbedingten Einkommensstruktur der Bergarbeiterfamilien an der Ruhr vgl. Protokoll des 2. Bergarbeiter-Delegiertentages für Preußen 1906, S. 36/7.

[24] Die auch von D. Crew beobachtete, starke Mobilität der Bergarbeiter hatte also einen weitaus umfassenderen Ursachenkatalog, als Crew angibt. Vgl. D. Crew, Definitions, S. 56 ff., und ders., Regionale Mobilität, S. 103 ff.; zu weiterer Analyse und weiteren Vergleichen vgl. F. Syrup, Studien über den industriellen Arbeitswechsel.

Bildete der Lohn, sein Festlegungs- und Auszahlungsmodus ebenso wie seine zeitliche Bewegung insgesamt den bestimmenden Ausgangspunkt der Lebensverhältnisse und damit einen der konstituierenden Faktoren der Selbst- wie der Fremdzurechnung (zur Arbeiterschaft) und mithin des Zusammengehörigkeitsgefühls und der Solidarität innerhalb der Arbeiterschaft, so wurden die Unterschiede und die zeitlichen Verschiebungen zwischen den verschiedenen Lohn- und Berufsgruppen, die individuellen Unterschiede in der Lohnhöhe innerhalb der einzelnen Lohnkategorien und die Unterschiede zwischen den verschiedenen Arbeitsplätzen desselben Betriebes sowie zwischen den einzelnen Betrieben zum Ausgangspunkt potentiell unterschiedlicher Einzel- und Gruppeninteressen und damit der möglichen Gefährdung der einheitlichen, lohnbezogenen Interessensolidarität innerhalb der Arbeiterschaft insgesamt. Die gemeinsame Lohnabhängigkeit der Arbeiter brachte besonders für die unmittelbar vor Ort arbeitenden Kameradschaften von Hauern und Schleppern, für die das geltende Gedinge eine jeweils gemeinsame Lohnhöhe festlegte, somit nicht nur ein Zusammengehörigkeitsgefühl mit sich, sondern war gleichzeitig auch, gerade wegen — wie noch im folgenden zu zeigen sein wird — der relativen Gleichartigkeit ihrer Bedürfnisse, Ausgangspunkt zumindest kurzfristig unterschiedlicher Interessen sowie der unterschiedlichen Beurteilung ihrer Durchsetzbarkeit und damit der Risikobereitschaft. Allem voran jedoch mußte gerade angesichts dieser Unterschiedlichkeiten für das Zusammengehörigkeitsgefühl die Beantwortung der Frage von entscheidender Bedeutung sein, ob bestimmte Forderungen der Arbeiter und die zu ihrer Durchsetzung ergriffenen Maßnahmen in den Augen der Arbeiterschaft notwendig und gerechtfertigt erschienen oder nicht. Gerade hier taten sich — wie weiter unten deutlich werden wird — zwischen den Bergarbeitern im Ruhrgebiet und in Südwales erhebliche Unterschiede auf. Während die Arbeiter in Südwales von Anfang an den Kräften des freien Marktes ausgeliefert waren, blieben im Ruhrbergbau sowohl die Verhältnisse der Produktion und des Absatzes als auch die des Arbeitsmarktes bis zur Mitte des Jahrhunderts unter der Kontrolle des Staates. Hatte zu dieser Zeit der staatlichen Direktion die Bergbehörde — ohne jegliche Einflußmöglichkeit bzw. Mitspracherecht der Bergarbeiter — für bescheidene, aber auskömmliche Löhne gesorgt, so blieb erst ab 1860 die Lohnhöhe dem formal freien, individuellen Arbeitsvertrag zwischen Arbeiter und Arbeitgeber, und das hieß im wesentlichen: der jeweiligen Lage des Arbeitsmarktes, überlassen[25]. Trotz der gerade zu dieser Zeit abrupt einsetzenden Nachfrage nach Arbeitskräften und der zunehmenden Erschöpfung des regionalen Arbeitsmarktes stieg der Lohn jedoch — wie weiter unten deutlich werden wird — kaum schneller als die durchschnittliche Zunahme der Lohnhöhe in Deutschland insgesamt an. Gerade die

---

[25] Vgl. hierzu bes. Tenfelde, S. 101 ff., 261 ff.; Krampe, S. 126-163; Adelmann, Soziale Betriebsverfassung, S. 30 ff., 51 ff.

relative Knappheit an Arbeitskräften machten sich die Unternehmer zu nutze. Je mehr nämlich klar wurde, daß — entgegen der vorher von der staatlichen Bergbehörde vertretenen Ansicht — auch unausgebildete Arbeitskräfte die bergmännische Arbeit verrichten konnten, umso mehr versuchten die Unternehmer, die Wirkung des Gesetzes von Angebot und Nachfrage auf dem Arbeitsmarkt — parallel zu ihren Bemühungen auf dem Absatzmarkt — durch gezielte, nicht immer mit fairen Mitteln betriebene Anwerbung von Arbeitskräften in den Niedriglohngebieten des agrarischen Randgürtels Mitteleuropas zu ihren Gunsten zu beeinflussen[26]. Wie erfolgreich sie auch schon kurzfristig hierbei waren, zeigt das Beispiel der Hanielschen Zechen, die — nach einem zeitgenössischen Überschlag[27] — in den Jahren vor 1914 durchschnittlich etwa 3.000 Arbeiter pro Jahr in dieser Weise angeworben hatten. Die Kosten für Anwerbung, Transport usw. betrugen etwa 50 M pro Mann, jährlich also ca. 150.000 M. Dafür konnte der Lohn pro Schicht um mindestens 10 Pfg. niedriger gehalten werden. Bei den ca. 30.000 vorhandenen Arbeitern ergab dies pro Jahr eine ersparte Lohnsumme von etwa 900.000 M. Doch auch langfristig und über den einzelnen Betrieb und das einzelne Unternehmen hinaus wird diese Beeinflussung des Arbeitsmarktes durch die Unternehmer nicht ohne Wirkung auf die Löhne gewesen sein. Ihre anhaltenden Bemühungen jedenfalls weisen in diese Richtung.

Wie diese Anstrengungen der Unternehmer die Steigerung der Löhne — und damit der, wie wir sahen, für den Bergbau so wichtigen Lohnkosten — angesichts der Menge der erforderlichen Arbeitskräfte relativ niedrig hielt, so konnten sie auch, neben anderen Faktoren wie vor allem der durch die natürlichen Abbaubedingungen bewirkten, langfristigen Verschiebungen der Belegschaftszusammensetzung (als sichtbares Kennzeichen des Gesetzes vom abnehmenden Ertrag bei der Urproduktion), beitragen zu der Veränderung in der relativen Größe und der Höhe der Entlohnung der verschiedenen Arbeitergruppen. Die staatliche Lohnstatistik, deren Erfassungsmethoden zwar kritisierbar erscheinen, die allerdings immer noch den zuverlässigsten Überblick über die Lohnentwicklung der Bergarbeiter nach 1886 vermittelt, teilt die Arbeiterbelegschaft in vier Kategorien auf[28].

---

[26] Für die Anwerbemethode vgl. etwa den bei S. Wachowiak (Die Polen, S. 11-13) abgedruckten Werbeaufruf an die Masuren; auch L. Fischer-Eckert, S. 59-62.

[27] Vgl. G. Werner, Der Arbeiterersatz im Ruhrbergbau III, in: TGB 6, 1913, S. 70-72, S. 71.

[28] Zur teilweise scharfen Kritik an der staatlichen Erhebungsmethode der Bergarbeiterlöhne vgl. etwa L. Pieper, S. 58 ff.; E. Jüngst, Arbeitslohn und Unternehmergewinn im rhein.-westf. Steinkohlenbergbau, in: Glückauf 42, 1906, bes. S. 1217 ff.; J. Goldstein, Die Lage der Arbeiter im Ruhrrevier, AfSS 19, 1904, S. 489-502; ders., Das Kohlensyndikat im Lichte der Kartellenquete, in: ebenda 20, 1904/05, S. 610-632, S. 627; G. Neuhaus, Arbeitslohn und Arbeitsleistung der Arbeiter im Steinkohlenbergbau Preußens von 1891 bis 1905, 1907, S. 214; W. Retzlaff, Das Lohngefüge, S. 16 ff.

Anteil von Arbeiterbelegschaftsgruppen an der Gesamtbelegschaft und ihr durchschnittlicher Schichtlohn pro Jahr im Ruhrbergbau, 1888 - 1913[29]

Jahr	Klasse I Hauer und Gedingeschlepper		Klasse II Sonstige unterirdisch besch. Arbeiter		Klasse III Über Tage besch. erwachsene Arbeiter		Klasse IV Jugendliche Arbeiter 14 - 16 Jahre	
	Anteil an d.Ges.bel. %	Schicht-lohn M	Anteil an d.Ges.bel. %	Schicht-lohn M	Anteil an d.Ges.bel. %	Schicht-lohn M	Anteil an d.Ges.bel. %	Schicht-lohn M
1888	64,55	2,96	14,53	2,34	17,17	2,37	3,75	1,01
1900	51,32	5,16	27,35	3,36	17,98	3,32	3,34	1,28
1913	50,74	6,47	26,25	4,54	19,31	4,34	3,70	1,46
Ab-/Zunahme 1888 - 1913 (in %)	-13,81	118,6	11,72	94,0	2,14	83,1	-0,05	44,5

[29] Zusammengestellt und berechnet nach: Wirtschaftliche Entwicklung, Bd. 3, S. 80-82, und Meis, S. 345. Vgl. auch: W. Retzlaff, Das Lohngefüge, S. 81. Zur Lohn- und Haushaltssituation der Ruhrbergarbeiter von 1850 bis 1890 vgl. auch: Tenfelde, S. 292 ff.; W. Fischer, Herz des Reviers, S. 251 ff.

Die am höchsten entlohnte Gruppe der eigentlichen Bergarbeiter (Klasse I) nahm in den 25 Jahren zwischen 1888 und 1913 von fast zwei Drittel auf etwa die Hälfte der Gesamtbelegschaft oder um ca. ein Fünftel ab. Die fühlbar weniger verdienende Klasse II nahm fast den gesamten, aus der Klasse I herausfallenden Belegschaftsanteil auf und steigerte ihren Anteil auf beinahe das Doppelte. Die beiden über Tage arbeitenden Klassen der erwachsenen und jugendlichen Arbeiter hielten ihren Prozentsatz relativ stabil. Der durchschnittliche Schichtlohn aber stieg in der Reihenfolge der Ausgangslöhne, am stärksten bei den vor Ort arbeitenden Gesteins- und Kohlenhauern (118,6%), am schwächsten bei den Jugendlichen (44,5%). Die Klassen II und III kamen sich in der Steigerung und in der absoluten Höhe ihrer Löhne am nächsten. Insgesamt vergrößerte sich der Abstand in den durchschnittlichen Schichtverdiensten zwischen den Klassen I, II und III und der Gruppe IV in dem Vierteljahrhundert vor Ausbruch des Krieges deutlich, während gleichzeitig die mit Abstand am höchsten entlohnte Arbeitergruppe in ihrem Belegschaftsanteil am stärksten, nämlich um 1/5 abnahm. Als Hauptgrund beider Entwicklungstendenzen darf man wohl das starke Einströmen unausgebildeter Arbeitskräfte vermuten.

Doch gingen die Unterschiede in der Lohnhöhe noch deutlicher hierüber hinaus. Wie weit die gezahlten Löhne innerhalb der verschiedenen, von der amtlichen Statistik gebildeten Arbeiterkategorien, von Betrieb zu Betrieb und von Jahr zu Jahr variieren konnten, zeigen exemplarisch die beiden folgenden Tabellen.

Deutlich erkennbar werden hier die Lohnunterschiede innerhalb der verschiedenen Arbeiterkategorien, die kleineren, aber für den Einzelnen durchaus spürbaren Schwankungen von Jahr zu Jahr sowie die möglichen, beträchtlichen Lohndifferenzen (teilweise mehr als 100%) — trotz der egalisierenden Wirkung des Gedinges innerhalb einer Kameradschaft — von

Durchschnittslöhne für verschiedene Arbeitergruppen auf drei Schachtanlagen der GBAG, 1894 - 1900[30]

	Rheinelbe				Germania				Hansa			
Jahr	1894	1895	1899	1900	1894	1895	1899	1900	1894	1895	1899	1900
	M.	M.	M.	M.	M.	M.	M.	M.	M.	M.	M.	M.
Kohlenhauer	4,35	4,33	5,25	5,76	3,79	3,75	5,10	5,43	4,17	4,11	5,35	5,68
Gesteinshauer	4,58	4,68	5,97	6,06	4,00	4,16	4,97	5,63	4,32	4,00	5,12	5,36
Reparaturhauer	3,12	3,13	3,37	3,68	3,39	3,35	4,03	4,27	3,04	3,15	4,03	4,28
Schlepper u. Bremser	2,53	2,56	3,09	3,19	2,51	2,37	3,00	3,09	2,50	2,53	2,99	3,14
Pferdeführer	2,10	2,09	2,36	2,51	2,01	2,13	2,42	2,50	2,03	2,04	2,46	2,60

[30] L. Pieper, S. 80.

Höchste und geringste ausgezahlte Hauerlöhne auf verschiedenen Schachtanlagen im 3. und 4. Vierteljahr 1906[31]

	Höchstlohn	Mindestlohn	Differenz
Rheinpreußen	6,97 M	3,35 M	3,62 M
Kaiserstuhl	7,62 M	3,48 M.	4,14 M
Graf Moltke	6,65 M	3,49 M	3,16 M
Alte Haase	5,82 M	3,29 M	2,53 M
Pluto	6,94 M	3,36 M	3,58 M
Massen	7,46 M	2,79 M	4,67 M
Freie Vogel u. Unverhofft	6,15 M	2,75 M	3,40 M
Constantin	7,29 M	3,15 M	4,17 M

Mann zu Mann bei den im Gedinge arbeitenden Hauern, von Betrieb zu Betrieb sowie innerhalb desselben Betriebes bzw. Unternehmens.

Für die Berufswahl, den Berufswechsel und die Selbst- und Fremdeinschätzung des Bergarbeiters war seine relative Lohnsituation und ihre Entwicklung im Vergleich zu Arbeitern in unmittelbar benachbarten Betrieben anderer Industriezweige bedeutsam.

Durchschnittsjahresverdienst in verschiedenen rheinisch-westfälischen Industrien[32]

	1890 M.	1895 M.	1900 M.	1905 M.	1906 M.	1907 M.	1908 M.	1909 M.	1910 M.	1911 M.	Lohnsteigerung 1890 - 1911 M.	Lohnsteigerung 1890 - 1911 %
Rheinisch-westfälische Hütten- u. Walzwerksberufsgenossenschaft	1096	1131	1354	1413	1500	1553	1523	1526	1577	1604	5C8	46,4
Fried. Krupp, Essen, Gußstahlfabrik	1185	1230	1434	1536	1605	1605	1605	1632	1653	1677	492	41,5
Phönix Gesamt: Eisen und Stahl Kohlen und Erz	1136	1361	1238	1295	1523	1577	1492	1491	1529	1601	465	40,9
Gesamtbelegschaft im Ruhrbergbau	1067	968	1332	1186	1402	1562	1494	1350	1382	1446	349	32,7
Gesamtbelegschaft im staatlichen Saarbergbau ..	1114	929	1044	1114	1146	1185	1182	1136	1122	1168	54	4,8
Rheinisch-westfälische Textil-Berufsgenossensch.	664	689	777	821	853	890	889	912	920	927	263	39,6
Rheinisch-westfälische Baugewerks-Berufsgenossenschaft	872	909	1072	1113	1168	1221	1296	1308	1344	1395	523	59,9

Mit der Ausnahme des weiter entfernt liegenden staatlichen Saarbergbaus war die Steigerung des durchschnittlichen Jahreslohns der Arbeiter im Ruhrbergbau geringer als in den umliegenden Industriezweigen und die durchschnittlich auf einen Mann entfallende Lohnsumme pro Jahr — bis auf

[31] Nach einer Enquete des Verbandes der Bergarbeiter Deutschlands, abgedruckt in: Protokoll der 18. Generalversammlung 1909, S. 192.

[32] Zusammengestellt und berechnet nach: E. Hoff, Die Lage der Arbeitnehmer, in: Brandt/Most, Hg., Heimat- und Wirtschaftskunde, Bd. 1, S. 183-194, S. 185. Vgl. auch die

die ausgesprochenen konjunkturellen Täler in der Hüttenindustrie — kleiner als bei Phönix, Krupp und der Walzwerksberufsgenossenschaft. Nur die Jahreslöhne der Textil- und Baugewerbsberufsgenossenschaft sowie des Saarbergbaus lagen in ihrer absoluten Höhe beinahe regelmäßig bis 1911 unter denjenigen des Ruhrbergbaus.

Deutlicher über die relative Position der verschiedenen Bergarbeiterkategorien und ihrer Entwicklung im Vergleich zu anderen Arbeiterkategorien des Ruhrgebietes gibt die folgende Zusammenstellung Auskunft:

Schicht- bzw. Tageslöhne in verschiedenen Gewerben und Berufen im Ruhrgebiet, 1889 - 1909/10[33]

Bergbau	1889	1909/10
	M.	M.
Kl. I: eigentliche Bergarbeiter	3,42	5,33
Kl. II: sonstige Bergarbeiter u. Tge	2,60	3,92
Kl. III: Arbeiter über Tage	2,57	3,83
Kl. IV: Jugendliche (14 - 16)	1,12	1,31
Eisen- und Stahlwerke		
Vorwalzer	4,15	8,50 - 12,00
Schweißer	4,04	5,00 - 12,00
Fertigwalzer	3,43	5,50 - 7,00
Schmelzer	2,88	3,50 - 7,80
Erz-, Eisen- u. Koksfahrer	2,86	4,00 - 6,50
Former	4,26	3,50 - 6,50
Verlader	4,20	4,50 - 5,50
Schmiede	3,62	4,00 - 5,50
Schlosser	3,17	4,00 - 5,50
Platzarbeiter	2,41	3,50 - 4,00
Hilfsarbeiter	2,55	3,50 - 4,50
Lehrlinge und Jugendliche	1,66	3,50
Baugewerbe		
Maurer	3,80	5,24
Zimmerer	3,60	5,56
Dachdecker	3,80	5,60
Klempner	3,00	5,16
Stuckateure	5,00	7,00
Anstreicher	3,50	5,31
Plattenleger	4,00	8,00
Handlanger (Maurer-)	2,60	4,68
Tagelöhne	2,00 - 2,40	3,00 - 3,60

Schon im Jahre 1889, nachdem sie während der Zeit der staatlichen Direktion auf einem relativ hohen Niveau gehalten worden waren und seit den 1850er Jahren von einem Stand, der mit Abstand die Spitzenstellung zu den anderen Berufen der Umgebung behauptete, allmählich, heftiger dann in den Krisenjahren nach 1873 relativ abgesunken waren[34], lagen die Löhne der eigentlichen Bergarbeiter schon nicht mehr an der Spitze, doch waren sie noch in der Führungsgruppe der aufgeführten Arbeiterkategorien zu finden. 1909 dagegen lagen sie eher im Mittelfeld der Lohngruppen der anderen Gewerbezweige, hatte doch schon im Jahre 1906 etwa bei der Firma Krupp die größte Arbeiterlohngruppe von insgesamt 20 zwischen einem durchschnittlichen Tagesverdienst von 5,50 M und 6,00 M gelegen[35]. Die drei übrigen Bergarbeiterkategorien lagen in beiden Jahren deutlich am Schluß aller hier genannten Arbeitergruppen.

Wenn auch alle Lohngruppen der Bergarbeiter an der Ruhr im Vergleich zu den Arbeitern in anderen umliegenden Gewerben und Berufen in den drei bis vier Jahrzehnten in ihrer Lohnhöhe zurückgefallen waren, so standen doch die eigentlichen Bergarbeiter (der I. Klasse), deren Lohnabstand sich,

---

Tabellen bei: E. Jüngst, Festschrift, S. 159. Die von Hoff für das Jahr 1886 genannten Zahlen für die Jahreslöhne wurden hier nicht übernommen. Zum einen war zu diesem Zeitpunkt noch die Berechnungsweise der Jahreslöhne durch die verschiedenen Berufsgenossenschaften unterschiedlich, zum anderen hatten die Bergarbeiterlöhne — wie weiter unten ersichtlich wird — gerade in diesem Jahr einen konjunkturell bedingten, untypisch tiefen Stand erreicht.

[33] Die Zahlen für das Jahr 1889 sind entnommen aus M.J. Koch, Die Bergarbeiterbewegung, S. 141, und W.J. Ashley, Das Aufsteigen der arbeitenden Klassen Deutschlands im letzten Vierteljahrhundert, 1906, S. 98 (Tagelöhne für 1884), diejenigen für 1909/10 aus Bredt, S. 114-117, E. Enke, Private, genossenschaftliche und städtische Wohnungspolitik in Essen, 1912, S. 87/8; R. Ehrenberg, Krupp-Studien II, S. 225, und Brandt/Most, Bd. 2, S. 221-225 (Tagelöhne für 1911). Zu weiteren Lohnangaben für das Ruhrgebiet für die Zeit vor 1914 vgl. etwa: F. Kempken, S. 86-88; D. Crew, Bochum, S. 188 f.; R. Ehrenberg/H. Racine, Kruppsche Arbeiterfamilien, 1912, S. 333 ff.; R. Ehrenberg, Krupp-Studien II, in: Thünen-Archiv 2, 1907/1909, S. 203-227; W. Däbritz, Bochumer Verein, Anhang Tab. 4; für die Lohnunterschiede zwischen dem Ruhrrevier und dem übrigen Deutschland vgl. F. Grumbach/H. König, Beschäftigung und Löhne der deutschen Industriewirtschaft 1888-1954, in: Weltwirtschaftliches Archiv 79, 1957, S. 125-155, S. 144; Sysiphusarbeit oder positive Erfolge? Beiträge zur Wertschätzung der Tätigkeit der deutschen Gewerkschaften, 1910, S. 26 ff.; R. Kuczynski, Arbeitslohn und Arbeitszeit in Europa und Amerika, 1870-1909, 1913, S. 27 ff.; G. Schmoller, Die soziale Frage, 1918, S. 265; Life and Labour in Germany. Report of the Labour Party and Trade Union Commission on Wages, Hours of Employment, Working Conditions and the Standard of Living, 1910, S. 33 ff.; The Tariff Reform League, Reports on Labour and Social Conditions in Germany, 2 Bde., 1910; J. Schiefer, Wirtschaftliche Streiks und Aussperrungen in Rheinland und Westfalen, 1870-1932, 1947, S. 117 ff.; W.J. Ashley, Das Aufsteigen, S. 72 ff.; Brandt/Most, Bd. 2, S. 220-229.

[34] Vgl. Tenfelde, Sozialgeschichte, S. 107-115, 294, 310, 320 f.

[35] Ehrenberg, Krupp-Studien II, S. 215. Zur relativ schlechteren Lohnsituation der Bergarbeiter um 1910 vgl. auch: L. Fischer-Eckert, S. 81.

wie wir sahen, zwischen 1888 und 1913 noch vergrößerte, gegenüber den übrigen Lohngruppen im Bergbau angesichts der relativ ähnlichen Bedürfnisse bei weitem am besten da. Weit prekärer war die Situation der Mitglieder der übrigen Bergarbeiterkategorien, vor allem derer, die für ihren eigenen und eventuell für den Lebensunterhalt einer Familie aufzukommen hatten. Die folgende Tabelle legt die schwierige Lage, zugleich aber auch einen zu ihrer Lösung eingeschlagenen Weg offen. (Die jugendlichen Arbeiter zwischen 14 und 16 Jahren können hierbei unberücksichtigt bleiben.)

Durchschnittliche Löhne und Schichtenzahl (auf 1 Arbeiter) der Bergarbeiterkategorien im Ruhrgebiet, 1886 - 1912[36]

Jahr	Gesamtbelegschaft			Hauer und Gedingeschlepper			Sonst. unt. Tage besch. Arbeiter			Über Tage besch. erw. männl. Arbeiter		
	Schichtenzahl	Schichtverdienst M	Jahresverdienst M	Schichtenzahl	Schichtverdienst M	Jahresverdienst M	Schichtenzahl	Schichtverdienst M	Jahresverdienst M	Schichtenzahl	Schichtverdienst M	Jahresverdienst M
1886	300	2,58	772	290	2,92	848	307	2,17	666	324	2,35	762
1890	306	3,49	1067	297	3,98	1183	314	2,93	920	333	2,82	937
1895	305	3,18	968	297	3,75	1114	308	2,65	816	326	2,72	893
1900	318	4,18	1332	309	5,16	1592	327	3,36	1096	339	3,32	1125
1905	295	4,03	1186	283	4,84	1370	291	3,40	987	334	3,42	1143
1906	321	4,37	1402	315	5,29	1664	318	3,64	1156	348	3,61	1255
1907	321	4,87	1562	313	5,98	1871	319	4,04	1289	350	3,88	1356
1908	310	4,82	1494	301	5,86	1766	308	4,08	1255	341	3,91	1334
1909	301	4,49	1350	292	5,33	1556	297	3,92	1162	332	3,83	1272
1910	304	4,54	1382	296	5,37	1589	300	3,98	1195	335	3,88	1299
1911	308	4,69	1446	300	5,55	1666	305	4,09	1247	337	3,97	1340
1912	315	5,03	1586	309	6,02	1858	311	4,31	1341	344	4,15	1429

Die gegenüber den Hauern weitaus niedrigeren Schichtlöhne suchten die beiden übrigen Gruppen der erwachsenen Arbeiter, insbesondere die über

[36] Hier zit. nach G. Steiner, Arbeits- und Lohnverhältnisse der Bergarbeiter im Ruhrbergbau, letztere unter besonderer Berücksichtigung des Familienstandlohnes, 1925, S. 19. Für einen Vergleich der Lohnentwicklung im französischen Bergbau vgl. F. Simiand, Le salaire des ouvriers des mines de charbon en France. Contribution à la théorie économique du salaire, 1907.

Tage Beschäftigten, durch das Verfahren zusätzlicher Schichten auszugleichen. Während der Schichtlohn der Klasse II im Jahre 1886 74,3%, der der Klasse III 80,5% des Schichtlohns der Klasse I ausmachte, erreichte der Jahreslohn durch eine hohe Schichtendifferenz 78,5 bzw. 89,9% des Jahreslohns der Klasse I. Im Jahre 1912 betrug der Schichtlohn der Klasse II 71,6%, der der Klasse III 68,9% des Schichtlohns der eigentlichen Bergarbeiter; durch eine niedrige Schichtdifferenz stieg der Jahreslohn jetzt nur auf 72,2 bzw. 76,9% des Jahreslohns von Klasse I. Während die beiden niedriger entlohnten Gruppen im ruhigen Geschäftsjahr 1886 also 4,2 bzw. 9,4% gegenüber der höchst bezahlten Klasse aufholen konnten, brachten sie es im Konjunkturjahr 1912 nur auf 0,6 bzw. 8%. Je weiter also die Konjunktur im Bergbau anstieg, um so größer wurde die Lohndifferenz unter den Bergarbeitern und umgekehrt.

Sahen sich die Angehörigen der niedrig bezahlten Arbeiterkategorien — mehr noch als die übrigen[36a] — gezwungen, die kurzfristigen Konjunkturtäler und damit Schichtlohneinbußen durch das Verfahren vermehrter Schichten zu überbrücken, so stellt sich die Frage, ob und inwieweit langfristig die Lohnsteigerung der Bergarbeiterschaft als ganzer und in ihren Teilen, fielen sie doch insgesamt hinter der Lohnsteigerung der sie umgebenden Berufsgruppen zurück, ausreichte, den vor 1914 anhaltend steigenden Lebenshaltungskosten zu entsprechen[37]. Oder anders formuliert, ist die Frage aufzuwerfen: Wie stellte sich für den Bergarbeiter die Entwicklung der tatsächlichen Kaufkraft seines Lohns dar? Zu dieser Überprüfung der Reallohnentwicklung übernehmen wir von E. Jüngst und G. Steiner für vier Städte des Ruhrgebiets die Verhältnisziffern für die Entwicklung der Lebensmittelkosten zwischen 1886 und 1912, deren Zusammensetzung auf einer gewogenen Analyse nach den Angaben der Berliner Enquete von Arbeiterhaushalten im Jahre 1903 beruht. Die Reallohnentwicklung der Ruhrbergleute erhalten wir durch die Gegenüberstellung von Verhältniszahlen für die durchschnittliche Entwicklung der Nahrungsmittelpreise in den vier Städten und für die Entwicklung der durchschnittlichen Jahreslöhne der Gesamtbelegschaft.

Der Reallohn der Ruhrbergarbeiterschaft stieg von der allerdings niedrigen Ausgangsbasis des Jahres 1886 bis 1912 um fast 60 Punkte an. Innerhalb dieser Anstiegsbewegung werden aber die Auswirkungen der Konjunktur-

---

[36a] Zum Konjunkturausgleich des Lohnes durch die Anzahl der Schichten für alle Bergarbeiter vgl. auch: Crew, Bochum, S. 224.

[37] Zur Erhöhung des Preisniveaus in Deutschland zwischen 1870 und 1913 vgl. etwa: A. Jacobs/H. Richter, Die Großhandelspreise in Deutschland von 1792 bis 1934. Sonderhefte des Instituts für Konjunkturforschung, Nr. 37, 1935, S. 43 ff.; A.V. Desai, Real Wages in Germany, 1871-1913, 1968, S. 117-119; G. Bry, Wages in Germany, 1871-1945, 1960, S. 63 ff.

Entwicklung der Lebensmittelkosten, der durchschnittlichen Jahreslöhne aller erwachsenen Bergarbeiter und der Reallöhne im Ruhrgebiet, 1886 - 1912[38]

Jahr	Dortmund	Bochum	Witten	Essen	Im Durchschnitt d. 4 Städte	Steigerung d. Jahreslöhne in %	Reallohnentwicklung
1886	100,00	100,00	100,00	100,00	100,00	100,00	100,00
1890	116,66	110,88	112,38	113,59	113,35	138,21	121,93
1895	112,62	100,95	105,41	101,41	104,95	125,39	119,99
1900	111,60	105,94	106,53	111,84	109,00	172,54	158,29
1905	118,41	109,77	114,50	114,78	114,32	153,63	134,38
1906	128,27	122,82	123,76	117,49	122,94	181,61	147,72
1907	121,43	119,17	117,18	112,08	117,34	202,32	172,42
1908	123,70	119,93	118,21	111,20	118,06	193,52	169,92
1909	136,27	125,96	118,65	115,75	121,75	174,87	143,63
1910	130,59	126,91	123,94	118,49	124,84	179,02	143,39
1911	126,28	122,17	122,52	113,50	120,95	187,31	154,86
1912	132,37	129,27	128,11	124,49	128,49	205,44	158,65

einbrüche der 1890er Jahre, von 1905 und von 1909-1911 sichtbar, die jeweils zum Anlaß von Streikbewegungen wurden.

Grundlage der bisherigen Berechnung der zweifellos vorhandenen, deutlichen Reallohnsteigerung waren die Jahreslöhne der Gesamtarbeiterschaft. Zu prüfen bleibt, wie die einzelnen Arbeiterkategorien, und hier wiederum unterschieden nach Schicht- und Jahreslohn, an der Erhöhung des Reallohns teilnahmen.

Reallohnsteigerung der Bergarbeiterkategorien nach Jahreslohn und Schichtlohn, 1886 - 1912[39]

	Klasse I	Klasse II	Klasse III	Gesamtbelegschaft	Deutsches Reich
Jüngst/Steiner					
Jahreslohn	170,52	156,71	145,95	159,89	-
Schichtlohn	160,45	154,58	137,44	151,73	-
Desai					
Jahreslohn	163,04	149,83	139,54	152,87	138,86
Schichtlohn	153,41	147,79	131,41	145,07	-

38 G. Steiner, Arbeits- und Lohnverhältnisse, S. 22. Zur Darstellung und Methode vgl. E. Jüngst, Festschrift, S. 160-162; auch: ders., Arbeitslohn und Unternehmergewinn, S. 1315-1320; zur Kritik, die sich vor allem auf die Benutzung der Maximallebensmittelpreise bezieht, welche die Schwankungen der Preise eher zu klein erscheinen lassen, ihre Steigerung aber angemessen wiedergeben, vgl. J. Goldstein, Das Kohlensyndikat, S. 627/28. Zu der Berliner Berechnungsvorlage vgl. Lohnermittlungen und Haushaltsrechnungen der

Neben der günstigeren Annahme der Reallohnentwicklung durch Jüngst und Steiner (gegenüber Desai) kommt in dieser Gegenüberstellung auch die nach der absoluten Lohnhöhe gestaffelte Teilnahme an der Steigerung der Reallöhne zum Ausdruck. Die höchste Lohngruppe gewinnt am stärksten, die niedrigste am wenigsten[40]. Der eigentliche, durchschnittliche Reallohn, nämlich der auf eine Schicht berechnete, stieg in allen Klassen deutlich langsamer an als der aufgrund des Jahreslohns berechnete. Ebenso lagen alle Klassen (außer den Jugendlichen) — am wenigsten die Klasse III — über der durchschnittlichen Reallohnsteigerung (Jahreslohn) für alle Arbeiter im Gebiet des Deutschen Reichs.

Könnte die Gegenüberstellung dieser Ziffern — die Jüngst/Steinerschen enthalten allerdings nicht die Angaben u. a. für Kleidung und Miete, welche jedoch nicht schneller als die Ausgaben für Lebensmittel gestiegen sein dürften[41] — das Bild einer relativen Wohlhabenheit der Bergarbeiterfamilien im Ruhrgebiet vor 1914 erzeugen, so stimmen die folgenden, überlieferten Zahlen eher pessimistisch.

Bei einem Durchschnittslohn der Gesamtarbeiterschaft (außer Jugendlichen) in den Jahren 1912 und 1913 von

1542,66 M bzw. 1696,— M	verbrauchte eine vierköpfige Bergarbeiterfamilie in Westfalen allein für Nahrungsmittel
1305,60 M bzw. 1356,— M.	Hiernach verblieben nur
237,06 M bzw. 340,— M	oder 15,4% bzw. 20,0% für alle anderen Ausgaben[42].

minderbemittelten Bevölkerung im Jahre 1903, Berlin 1903. Die von Jüngst und Steiner für das Ruhrgebiet kalkulierte Steigerung der Lebensmittelpreise entspricht ziemlich genau der von A.V. Desai für das Deutsche Reich berechneten. Vgl. A.V. Desai, Real Wages in Germany, S. 117; auch: G. Bry, Wages, S. 70-74. Vgl. auch die Entwicklung der Lebensmittelpreise der Kruppschen Konsumanstalt zwischen 1895 und 1911, in: Brandt/Most, Bd. 2, S. 292.

[39] Berechnet zum einen nach dem Lebensmittelkostenindex von Jüngst/Steiner, zum anderen nach dem Lebenshaltungskostenindex von Desai. Vgl. Steiner, a.a.O., und A.V. Desai, Real Wages, S. 112, 117.

[40] Stärker noch wird die unterschiedliche Reallohnsteigerung (Schichtlohn) deutlich, berechnet man sie auf die Zeitspanne zwischen den beiden Konjunkturjahren 1888 und 1913. In diesem Zeitraum stiegen die durchschnittlichen Reallöhne der einzelnen Belegschaftsgruppen — berechnet nach dem Lebenshaltungskostenindex von Desai — wie folgt:

Klasse I	: 163,85
Klasse II	: 145,44
Klasse III	: 137,27
Jugendliche	: 108,36.

[41] Vgl. hierzu etwa die Angaben bei E. Jüngst, Arbeitslohn und Unternehmergewinn, S. 1320-1323, der an ausgewählten Beispielen für die Zeit zwischen 1887 und 1905 im Ruhrgebiet eine durchschnittliche Mietsteigerung von knapp 30% berechnete. Vgl. auch: H. Münz, Die Lage der Bergarbeiter, S. 96.

[42] Bergknappe 1913, Nr. 13, zit. nach: W. Willms, Die Bedeutung des Rhein-Westf. Kohlensyndikates für die Bergarbeiter, 1921, S. 141.

Selbst wenn diese Angaben etwas zu hoch ausgefallen sein sollten und die im folgenden besprochenen zusätzlichen Familieneinkünfte berücksichtigt werden — in Berlin etwa sollen die Nahrungsmittelausgaben einer vierköpfigen Arbeiterfamilie nach 1900 nie mehr als 60% des Einkommens ausgemacht haben[43] —, so schildern sie doch die relative wirtschaftliche Enge des Bergarbeiterhaushalts in der Zeit vor 1914[44].

Insgesamt läßt sich feststellen, daß der Lohn der Bergarbeiter im Ruhrgebiet sowohl nominal als auch real anhaltend und — wie im Vergleich zu Südwales festzustellen ist — durch die Wirkung der absatzmarktkontrollierenden Funktion des RWKS zwischen 1886 und 1913 ohne große zeitliche Schwankungen angestiegen ist. Dieser Lohnanstieg ging trotz des großen Arbeitskräftebedarfs über den nationalen Durchschnitt jedoch kaum hinaus, da, neben anderen Faktoren, die — parallel zu den erforlgreichen Bemühungen auf dem Absatzmarkt — arbeitsmarktkontrollierenden Maßnahmen der Unternehmer, vor allem der Import von unausgebildeten Arbeitskräften aus Niedriglohngebieten ihre beabsichtigte, senkende Wirkung auf die Lohnhöhe nicht verfehlten. Im Vergleich zu den übrigen Industrien und Gewerben des Ruhrgebiets sanken denn auch die Löhne der Bergarbeiter in den letzten Jahrzehnten vor Ausbruch des Ersten Weltkrieges deutlich ab. Betrafen beide Erscheinungen, der absolute Anstieg und der relative Abfall der Lohnhöhe, die Bergarbeiterschaft insgesamt, so hatte die Zuwanderung noch eine weitere, jedoch auch noch von weiteren Faktoren beeinflußte, Folge: die neben den individuellen und von Betrieb zu Betrieb gleichzeitig bestehenden Lohnunterschieden vor sich gehende, anhaltende Auseinanderentwicklung der verschiedenen Arbeitergruppen nach der Lohnhöhe sowie nach ihrer anteilmäßigen Zusammensetzung.

4. Der Haushalt

Neben dem allgemeinen Verhältnis von Lohnhöhe und Lebenshaltungskosten war der Haushalt des einzelnen Bergmanns insbesondere abhängig

[43] Vgl. G. Brutzer, Die Verteuerung der Lebensmittel in Berlin im Laufe der letzten 30 Jahre und ihre Bedeutung für den Berliner Arbeiterhaushalt, 1912, S. 5; desgleichen: Münz, Die Lage der Arbeiter im Ruhrrevier, S. 90. Im Jahre 1889 verbrauchten z. B. zwei fünfköpfige Bergarbeiterfamilien 63,8% bzw. 56,1% des Lohnes ausschließlich für Lebensmittel, zit. bei Tenfelde, S. 319.

[44] Für die besondere Notlage von Bergarbeiterfamilien in der Zeit von 1909 bis 1912 vgl. etwa die Angaben bei L. Fischer-Eckert, S. 100-113; auch die Angaben über die Steigerung der Nahrungsmittelpreise im Jahre 1911 bei: Brandt/Most, Bd. 2, S. 284-289. Eine Untersuchung von repräsentativen Haushaltsrechnungen der Ruhrbergarbeiter liegt erst für 1927/28 vor bei L. Breuer, Die Lebenshaltung der Bergarbeiter im Ruhrgebiet. Eine haushaltsstatistische Untersuchung, 1935; auch: F. Lackmann, Die Arbeitsverhältnisse, S. 110-116; Crew, Bochum, S. 56.

von seinem Alter, Familienstand, von der Anzahl der zu versorgenden Angehörigen sowie deren Möglichkeit und Bereitschaft des Hinzuverdienens und der Fähigkeit einer wirtschaftlichen Haushaltsführung. Markierten die Daten der Lohnentwicklung eher eine Aufspaltung der Bergarbeiterschaft an der Ruhr vor 1914, so deuten die hier im Vordergrund stehenden Symptome auf eine relative Vereinheitlichung hin. Die relative Jugendlichkeit der Ruhrbergarbeiterschaft, die beinahe fortwährend zu mehr als der Hälfte Beschäftigte bis zu 30 Jahren umfaßte, zeigt die folgende Zusammenstellung.

Altersstruktur der Arbeiterbelegschaft im Ruhrbergbau, 1893 - 1907 (in %)[45]

Lebensalter in Jahren	1893	1902	1903	1904	1905	1907
bis 20	21,36	18,89	18,83	18,47	17,88	15
21 - 30	33,73	37,05	36,82	36,43	35,37	32
31 - 40	24,38	26,55	26,83	27,33	28,10	30
41 - 50	14,24	12,91	12,98	13,18	13,90	16
über 50	6,29	4,60	4,54	4,59	4,75	7

Doch ist gleichzeitig in dem von der Tabelle erfaßten Zeitraum die dem Konjunkturrhythmus folgende Tendenz — entgegen der Bewegung der Gesamtbevölkerung des Ruhrgebietes — zum altersmäßigen Ausgleich, zur Verschiebung der Arbeiterschaft wieder zugunsten der älteren Jahrgänge von mehr als 30 Jahren, in der Phase ab 1904 erkennbar.

Entsprechend dieser Altersentwicklung und trotz des wahrscheinlich durchgehend zunehmenden Ledigenanteils der Zuwanderer[46] nahm der Anteil der Verheirateten an der Arbeiterbelegschaft, wenn auch über einen längeren Zeitraum, deutlich sichtbar zu.

Obwohl im Reichsdurchschnitt im Jahre 1907 schon unter den 20- bis 25-jährigen Bergarbeitern 17,8%, im Vergleich zu 9,4% bei den anderen männlichen Erwerbstätigen gleichen Alters, verheiratet waren — auch hier wird eine Folgewirkung des ‚schwerindustriellen Bevölkerungssyndroms' ersichtlich —, wird man doch H. Münz darin folgen dürfen, anzunehmen, daß die Unverheirateten vor allem unter den jugendlichen Bergarbeitern bis zu 25

[45] Zusammengestellt und berechnet nach den Angaben bei: Taeglichsbeck, Die Belegschaft, 1. Teil, S. 280a/281a; Münz, S. 22, und Heymann/Freudenberg, Morbidität und Mortalität, S. 10. Der Vergleich mit anderen Industriezweigen zeigt den — hinter der chemischen Industrie — geringsten Anteil der Jugendlichen im Bergbau und einen geringen Prozentsatz von über 50- bzw. über 60jährigen. Vgl. Heymann/Freudenberg, S. 10.

[46] Vgl. die Angaben unten in Anmerkung 64.

Familienstand der Arbeiterbelegschaft im Ruhrbergbau, 1873 - 1914 (in %)[47]

Jahr	Ledig	Verheiratet	Verwitwet	Geschieden
1873	55,2	44,8		
1893	40,55	57,9	1,5	0,05
1902	39,0	60,0	0,9	0,1
1904	39,6	59,4	0,9	0,1
1906	37,8	61,1	0,8	0,1
1914	37,8	61,0	1,6	0,14

Jahren zu finden sind[48]. Es dürften hiernach also seit den 1890er Jahren etwa 80-90% der über 25 Jahre alten Bergarbeiter an der Ruhr verheiratet gewesen sein.

Der Anteil der Ledigen und Verheirateten kehrte sich in den 40 Jahren vor 1914 fast um. Die Verheirateten nahmen um beinahe den gleichen Prozentsatz zu, wie die Ledigen abnahmen (17-18%). Damit waren bis 1914 fast zwei Drittel der Arbeiterschaft verheiratet, während es noch 1873 nur weniger als die Hälfte gewesen waren.

Schneller noch als der Anteil der Verheirateten stieg in den Jahren nach 1900 die Zahl der eigenständigen Bergarbeiterhaushalte.

Entwicklung der eigenständigen Bergarbeiterhaushalte, 1893 - 1914[49]

Von 100 Bergleuten hatten einen eigenen Haushalt im Jahre

1893 55,0,
1900 55,0,
1907 61,5,
1912 62,7,
1914 . . . . 62,2.

Während die Verheiratetenquote 1893 um 2,9% über dem Anteil der selbständigen Haushalte lag, ließ dieser bis 1912 die Verheiratetenquote um 1,6% hinter sich. Hatten bis etwa 1900, wie weiter unten ersichtlich wird, eine größere Anzahl von verheirateten, zugewanderten Bergleuten bei ihren Arbeitskollegen gewohnt, so ließen die Zuwanderer in den Jahren nach 1900 in verstärktem Maße ihre Familie nachkommen und gründeten einen eigenen Hausstand. Hinzu kam, daß ab etwa 1907 — wenn auch nur in bescheidenem Maße — eine wachsende Anzahl unverheirateter, wohl meist

[47] Zusammengestellt und berechnet nach: Tenfelde, S. 299; Pieper, Lage, S. 240; Münz, S. 24, und H. Dertmann, Bergarbeiterlöhne und Lebensmittelpreise im rhein.-westf. Ruhrkohlengebiet in den Jahren 1914-1920, 1922, S. 39.

[48] Heymann/Freudenberg, S. 23; Münz, S. 24; auch: Pieper, S. 225.

[49] Zusammengestellt aus: R. Hundt, Bergarbeiter-Wohnungen im Ruhrrevier, 1902, S. 9; W. Horst, Studien, S. 64.

jüngerer, Bergleute sich einen eigenen Haushalt schuf. Nicht nur hierdurch bedingt, sondern vor allem wohl durch die nach 1900 sinkende Fruchtbarkeitsrate der Bevölkerung insgesamt fiel die durchschnittliche Angehörigenziffer der Bergarbeiterfamilien, die zwischen 1873 und 1893 von 2,69 auf 4,13 angestiegen war, um 1914 auf etwa 3,5 ab[50]. Stieg die Zahl der verheirateten Bergleute mit eigenem Haushalt absolut und relativ deutlich an, so bedeutete dies eine Vereinheitlichung ihres unmittelbaren Lebensbereichs. Ein immer größerer Anteil der Bergarbeiter unterlag damit den spezifischen Bedingungen und Verhältnissen des bergmännischen Haushalts, seiner Traditionsbeladenheit ebenso wie seinen Veränderungen.

Lange Zeit führte das niedrige Durchschnittsalter, das relativ frühe Erreichen der vollen Verdienstkapazität auf seiten der Bergarbeiter sowie die verhältnismäßige Knappheit an Frauen und deren relative Beschäftigungslosigkeit zusammen mit der Aussicht des Hinzuverdienens durch die — männlichen — Kinder im Ruhrbergbau ebenso wie in Südwales zu einer großen Kinderzahl pro Familie. Wie sich Textilarbeiter der vormaschinellen Phase aufgrund ihrer spezifischen gewerblichen Eignung über die Geburt von Töchtern freuten[51], so geschah dies bei den Bergarbeitern und ihren Familien über die Geburt von Söhnen. Während aber die übrigen Faktoren, die zu der hohen Fruchtbarkeit der Bergarbeiterfamilien beitrugen, weiterbestanden, fiel — im Ruhrgebiet anders als in Südwales — gerade der für den Haushalt grundlegende, ökonomische Faktor, die Aussicht auf einen entscheidenden finanziellen Beitrag durch die Löhne der Jugendlichen zum elterlichen Haushalt, immer weiter weg. Die gesetzlichen Schutzbestimmungen des preußischen Staates besonders seit den 1890er Jahren reduzierten immer mehr die Beschäftigungsmöglichkeiten für Jugendliche[52] — Arbeiter unter 16 Jahren wurden unter Tage nicht mehr zugelassen — und mit ihnen lohnende Verdienstmöglichkeiten.

Die auch nach 1890 anhaltend hohe Kinderzahl — 1893 z. B. betrug diese durchschnittlich 3,15 — der Bergarbeiterfamilien, die nicht selten 7 und 8 erreichte und erst in den Jahren nach 1900, allerdings nur sehr langsam —wie wir sahen — abfiel, belastete vor allem im nichterwerbsfähigen Alter der Kinder zunehmend den Bergarbeiterhaushalt[53], während die Aussicht auf

[50] Vgl. Tenfelde, S. 299; Pieper, S. 240; Müllers, Die Bevölkerungsentwicklung, S. 103; Heymann/Freudenberg, S. 25; F. Schulze, S. 22. Mit durchschnittlich 2,5 Kindern hätte die Ruhrbergarbeiterfamilie ein Kind weniger zu ernähren gehabt als diejenige des Saargebietes. Vgl. Herbig, Wirtschaftsrechnungen Saarbrücker Bergleute, in: ZBHSW 60, 1912, S. 460.

[51] Vgl. R. Braun, Industrialisierung und Volksleben. Die Veränderungen der Lebensformen in einem ländlichen Industriegebiet vor 1800 (Zürcher Oberland), 1960, S. 81.

[52] Vgl. oben S. 248, und unten S. 468 ff.

[53] Vgl. etwa Tenfelde, S. 309 ff.; L. Breuer, Die Lebenshaltung der Bergarbeiter im Ruhrgebiet, 1935, S. 119 ff.; auch: E. Herbig, Wirtschaftsrechnungen Saarbrücker Berg-

spätere Kompensation durch das Verdienst der jugendlichen Söhne immer geringer wurde. Deren geringer Lohn, dessen Anstieg zwischen 1888 und 1913 — wie wir feststellen konnten — kaum die Hälfte der Zunahme der Löhne der übrigen Bergarbeitergruppen ausmachte und durch den parallelen Anstieg der Lebenshaltungskosten beinah völlig aufgehoben wurde, reichte höchstens für den Unterhalt der Jugendlichen selbst. Stieg der Lohn ab etwa dem zwanzigsten Lebensjahr, so verließ — wie oben angedeutet — der ebenfalls im Bergbau arbeitende Sohn meist nach der Ableistung des pflichtmäßigen dreijährigen Militärdienstes den elterlichen Haushalt, um — in anscheinend noch steigendem Maße nach 1900 — in relativ jungen Jahren einen eigenen Hausstand zu gründen[54]. Folge dieser Entwicklung im Ruhrgebiet war, daß — wie wir sahen — ein wachsender Anteil von Bergarbeitersöhnen gar nicht erst den Bergmannsberuf ergriffen, sondern in andere, umliegende Gewerbe mit oft auch schon für jugendliche Arbeiter höheren Löhnen abwanderten.

Veränderte somit die gegenläufige Entwicklung von Löhnen und Lebenshaltungskosten anders als in Südwales — neben der Lage des elterlichen Haushalts — die Situation und oft die Berufswahl der Bergarbeitersöhne, so wurden die Töchter offensichtlich bis 1914 kaum von irgendeinem Wandel, der sich in Südwales auch nur zu heftigen Krisenzeiten einstellte, betroffen. Nach wie vor blieben die Bergarbeitertöchter meist bis zu ihrer Heirat im elterlichen Haushalt oder wurden — offenbar seltener! — Dienst- oder Hausmädchen in nahegelegenen Ortschaften, Tätigkeitsbereiche, die sowohl die geringe Auswahl weiblicher Beschäftigungsmöglichkeiten schwerindustrieller Gebiete als auch die Ehewünsche ihrer Väter und zukünftigen Gatten reflektierten.

Noch weniger als die Töchter dachten die Bergarbeiterfrauen an eine Fabrik- oder überhaupt an eine außer Haus liegende Arbeit. Hierbei dürfte nicht nur die manchmal hohe Kinderzahl und das mangelnde Beschäftigungsangebot der schwerindustriellen Region eine Rolle gespielt haben — der Ruhrbergbau selbst etwa beschäftigte im Juli 1914 nur 543 Frauen, meist zur Reinigung der Büroräume[55] —, sondern auch die Arbeitsunwillig-

leute, in: ZBHSW 60, 1912, S. 451-613, S. 602 ff. Als Beispiele für die Anzahl der Kinder pro Familie vgl. etwa die Zusammenstellungen in: Bochum, S. 96; Pieper, S. 252-266, und Fischer-Eckert, S. 81-95, 119-126. Die durchschnittliche Kinderzahl der verheirateten, geschiedenen und verwitweten Mitglieder der Belegschaft des Ruhrbergbaus (also einschließlich der Angestellten) ist berechnet nach: O. Taeglichsbeck, Die Belegschaft der Bergwerke und Salinen, 1. Teil, S. 15, 31.

[54] Anders als die Söhne der Ruhrbergarbeiter konnten diejenigen der Arbeiter in der Eisenindustrie schon einen bedeutenden Beitrag zum Familieneinkommen leisten, als ihre Väter noch bei voller Arbeitskraft (im Alter von 50 und mehr Jahren) einen normalen Lohn verdienten. Die Folge war hier, daß der gehobene Lebensstandard der Familie die Söhne länger zu Hause hielt. Zum Verhalten und zum Verdienst der Jugendlichen in der Eisenindustrie vgl. R. Ehrenberg, Krupp-Studien II, S. 222-225.

[55] Vgl. Heymann/Freudenberg, S. 8.

keit der Frau und die kleinbürgerliche Statuserwartung beider Ehepartner. Auf die Tatsache, daß gerade der letzte Faktor beim im Fremd- wie im Selbstverständnis vom sozialen Abstieg bedrohten Ruhrbergmann eine nicht zu unterschätzende Rolle gespielt haben dürfte, weisen besonders zwei, wenn auch scheinbar auseinanderliegende Dinge hin: einmal, daß auch in kleineren Familien trotz manchmal bedrängender Armut Mütter und Töchter offensichtlich nur ausnahmsweise entweder außer Haus oder mit Heimarbeit beschäftigt waren[56], während die große, den Haushalt manchmal extrem belastende Anzahl von Kindern oft erst das Resultat von Beschäftigungslosigkeit und Langeweile sowie — vielleicht — der mangelnden Kenntnis von Methoden der Empfängnisverhütung und von der aus dem ostelbisch-agrarischen Raum z. T. mit hinübergenommenen Erwartung auf reichen Kindersegen[57] war, zum anderen, daß oft trotz beengtester Wohnbedingungen — wie im folgenden zu zeigen sein wird — von den Bergarbeiterfamilien regelmäßig, anders als in Südwales, ein nur an Sonn- und Feiertagen zu benutzender „Salon" eingerichtet und beibehalten wurde[58]. Der engste Bereich des Bergarbeiterhaushalts im Ruhrgebiet blieb also, getragen von den Zwängen der schwerindustriellen Region einerseits und der sozialen Beharrungsideologie, die sich aus der Furcht vor dem Offenkundigwerden des sozialen Abstiegs der Bergarbeiterschaft an der Ruhr ergab, andererseits in einer sich stark wandelnden Umwelt bis 1914 — fast in dem Maße, wie wir es in Südwales kennenlernen werden — beinahe unverändert.

Obwohl die Bergarbeiterfrauen selbst so gut wie nie Fabrikarbeiterinnen gewesen waren, wohl aber zu ihrem übergroßen Anteil aus Familien un- oder angelernter Arbeiter (einschließlich Bergleute) stammten — in Hamborn etwa waren dies im Jahre 1911 ca. 80% —, gab ihre mangelnde Kenntnis der Haushaltsführung, wenn auch etwas weniger als bei den Frauen der Fabrikarbeiter, sowohl bei ihren Ehemännern, die sich in diesen Fällen resigniert immer öfter in die Gastwirtschaft zurückzogen, als auch bei den entweder ablehnenden oder tadelnd belehrenden, bürgerlichen Beobachtern, immer wieder Anlaß zu Klagen. Offensichtlich hatten sie während ihrer vorehelichen Tätigkeit im elterlichen oder im fremden Haushalt nur wenig über wirtschaftliche Haushaltsführung lernen können[59].

---

[56] Vgl. hierzu: L. Fischer-Eckert, S. 68 ff.; E. Enke, Wohnungspolitik, S. 152; E. Tremöhlen, Wohnungsfürsorge für Industriearbeiter in der Provinz Westfalen, unter besonderer Berücksichtigung des Kleinwohnungsbaus, 1911, S. 75/6.

[57] Vgl. Fischer-Eckert, S. 86/7, 94, 133-137; H. Pyszka, Bergarbeiterbevölkerung und Fruchtbarkeit, S. 16, 25, 28, 31, 35; W. Köllmann, Bevölkerung, S. 43; F. Schulze, Die polnische Zuwanderung, S. 44/5.

[58] E. Tremöhlen, Wohnungsfürsorge, S. 75/6.

[59] Zu den häuslichen Verhältnissen insgesamt und der Stellung der Frau insbesondere vgl. die knappen Angaben bei H. Pyszka, Bergarbeiterbevölkerung, S. 25; L. Fischer-Eckert, S. 68 ff.; E. Enke, Wohnungspolitik, S. 152; H. Croon/K. Utermann, Zeche und Gemeinde, 1958, S. 140-146; L. Pieper, Die Lage der Bergarbeiter, S. 70, 221, 225. Für die

Um die hohe und zunehmende Belastung, die sich trotz der Reallohnerhöhung der Bergarbeiter durch die nach wie vor meist große Anzahl der Kinder, die fehlende gewerbliche Beschäftigung der Ehefrauen und Töchter, die relativ zurückgehenden Verdienstchancen der jugendlichen Söhne und die geringen hauswirtschaftlichen Kenntnisse der Ehefrauen einerseits und die anhaltende Steigerung der Lebenshaltungskosten andererseits ergab und die durch Arbeitsunterbrechungen oder den völligen Arbeitsabbruch des Ernährers infolge von Streiks oder Entlassungen sowie der berufsspezifisch hohen Quote an Erkrankungen, Unfällen, früher Invalidität und Tod[60] verschärft werden konnte, gab es für die Bergarbeiterfamilien, und besonders die Ehefrauen, im wesentlichen zwei Möglichkeiten neben der temporären Überbrückung durch das weitverbreitete System des Borgens, das Nachbarn, Verwandte und Bekannte ebenso einbezog wie Lebensmittelhändler und Wirte[61], das Haushaltsbudget auszugleichen, das zudem — wie weiter unten zu zeigen sein wird — eine im Vergleich zu anderen Gewerben offensichtlich spezifisch bergbauliche Ausgabenstruktur aufwies. Die erste Möglichkeit war die Viehhaltung, die zweite die Aufnahme von Kostgängern. Welche Rolle die Viehhaltung in den Bergarbeiterhaushalten spielte, zeigt die folgende Zusammenstellung.

Viehhaltung der Bergarbeiter im Ruhrgebiet, 1893 - 1914[62]

	Dez. 1893	Juli 1914	Zu- bzw. Abnahme	Zunahme der Arbeiterschaft
Schweine	39 339	104 909	166,7%	
Ziegen	32 514	27 317	- 16,0%	ca. 150%
Schafe	898	2 962	303,2%	

Trotz der großen Expansion des Bergbaus zwischen 1893 und 1914 hatte die Viehhaltung der Bergleute etwa in dem gleichen Maße zugenommen wie die Zahl der Bergarbeiter selbst. Während die Anzahl der von den Bergleuten gehaltenen Schafe um etwa das Doppelte der Arbeiterzahl anwuchs, stieg die Anzahl der Schweine auf etwa gleicher Basis, die der Ziegen blieb prozentual leicht zurück. Immerhin besaß zu beiden Zeitpunkten fast jeder dritte Bergmann und jede zweite Bergarbeiterfamilie ein Schwein.

parallele Erscheinung der mangelnden hauswirtschaftlichen Kenntnisse der Ehefrau bei frühindustriellen Arbeitern vgl. R. Braun, Industrialisierung und Volksleben, S. 65.

60 Vgl. Heymann/Freudenberg, Morbidität und Mortalität, S. 158 ff.

61 Vgl. hierzu: M. Liefering, Das Rheinisch-Westfälische Kohlensyndikat und sein Einfluß auf die Kohlenpreise und die Lage der Bergarbeiter, 1910, S. 72.

62 Zusammengestellt und berechnet nach Pieper, S. 220, und STAM, OBA Dortmund 1808. Die Zahlen gelten für den Oberbergamtsbezirk Dortmund.

Der Ruhrbergbau

Die wesentlichere Hinzuverdienstmöglichkeit besonders der Bergarbeiterfrauen war die Aufnahme von Kostgängern. Die durch das Kostgeld einkommenden Einnahmen konnten manchmal bis zur Hälfte, in wenigen Fällen bis zu drei Viertel der Gesamteinnahmen der Familien erreichen[63]. Hierbei kam ihnen die steigende Zahl der Ledigen — im Jahre 1906 etwa kamen unter den Zuwanderern auf 45.145 Haushaltungsvorstände 35.836 Kostgänger — und die allgemeine Wohnungsnot zustatten. Schon 1893 hatten 20,22% der Bergarbeiter Wohnung und Kost bei Freunden. Von diesen Einliegern waren verheiratet: 11,18%, verwitwet: 1,94%, ledig: 86,75% und geschieden: 0,13%. Für 28 M bei „halber Kost" (enthaltend 1 Bett, Mittagessen und Morgenkaffee; Brot und Zubehör mußten selbst besorgt werden) oder 50-60 M, manchmal auch weniger, für „volle Kost" monatlich im Jahre 1900 bei einem Monatslohn von ca. 75 bis 110 M nahmen allein von den in Zechenhäusern Wohnenden mehr als jede zweite Bergarbeiterfamilie einen Kostgänger auf. Auf 12.003 Familien entfielen hier 2.440 in den Bergwerken arbeitende Söhne, aber 7.507, also mehr als das Dreifache, an Kostgängern. Auf alle 89.955 Familien insgesamt waren im Jahre 1893 34.283 im Ruhrbergbau arbeitende Söhne und 31.809 Kostgänger gekommen[64].

Die Unterbringung von manchmal bis zu fünf und mehr Kostgängern fand bei der meist vorhandenen Zimmerzahl — von zwei bis drei vor 1900, von drei bis vier nach 1900 — unter schwierigen Umständen statt.

Quartiergeber, Kostgänger und die ihnen zur Verfügung stehenden Räume im Landkreis Bochum und in der Stadt Dortmund, 1879 - 1885[65]

	Jahr	Quartiergeber	Kostgänger	Räume	Kostgänger auf 1 Quartierg.	1 Raum
Bochum						
	1879	4512	8509	-	1,89	-
	1880	5637	9717	-	1,72	-
	1881	6532	11006	6063	1,68	1,82
	1882	7264	12376	7272	1,70	1,70
	1883	7313	13039	7364	1,78	1,77
	1884	7843	14161	8184	1,81	1,73
	1885	7696	15507	8530	2,01	1,82
Dortmund						
	1885	867	1859	973	2,14	1,91

63 Vgl. Ehrenberg, Krupp-Studien II, S. 224.

64 Pieper, S. 216, 224; Schulze, S. 86-88; G. Werner, Meine Rechnung, S. 44/5; R. Hundt, Bergarbeiterwohnungen, S. 12. Zu den Zahlen für 1893 vgl. Taeglichsbeck, I. Teil, S. 31. Die Anzahl der Familien ist hier nach derjenigen der Ehefrauen bestimmt. Allgemein zum Schlafgängerwesen vgl. die kurzen Hinweise bei: L. Niethammer, Wie wohnten Arbeiter im Kaiserreich?, S. 115-128.

Parallel zur konjunkturellen Entwicklung steigend und fallend und mit dem nicht allzu großen Unterschied zwischen Stadt und Land bewegte sich hier die durchschnittliche Zahl der Kostgänger auf einen Quartiergeber zwischen 1,68 und 2,14 und auf einen Raum zwischen 1,70 und 1,91. Diese Verhältnisse hatten sich bis in die Jahre nach 1900 keineswegs gebessert[66]. Bei einer Untersuchung im Jahre 1905 wurde festgestellt, daß in den westfälischen Städten des Ruhrgebiets in 67% der Häuser Zimmermieter und Schlafgänger untergebracht waren, und jedes einzelne Zimmer aller untersuchten Wohnungen mit durchschnittlich 1-2 Schlafgängern belegt war.

Durchschnittliche Anzahl der Schlafgänger in Zweizimmerwohnungen im Jahre 1905[67]

Bochum	1,55 pro Wohnung
Herne	1,50 pro Wohnung
Recklinghausen	1,79 pro Wohnung
Hörde	1,60 pro Wohnung
Wattenscheid	1,40 pro Wohnung

Anzahl von Schlafgängern in Dreizimmerwohnungen im Jahre 1905[68]

Stadt	Gesamtzahl der Dreizimmer-wohnungen mit Schlafgängern	Davon waren belegt mit Schlafgängern 1	2	3	4 - 5
Recklinghausen	670 = 23,6%	41%	32%	16%	11%
Castrop	230 = 21,6%	44%	34%	15%	7%
Wattenscheid	367 = 19,3%	46%	34%	12%	8%
Herne	376 = 18,6%	48%	33%	14%	5%
Bochum	850 = 12,7%	52%	28%	13%	7%
Gevelsberg	96 = 11,1%	50%	23%	8%	19%
Hörde	206 = 11,0%	48%	25%	14%	13%
Hattingen	86 = 9,8%	53%	28%	15%	4%

In den 8 Orten hatten zwischen einem Zehntel und einem Viertel der Dreizimmerwohnungen Kostgänger zu beherbergen. In 5 Orten davon, Recklinghausen, Castrop, Wattenscheid, Herne und Hörde, nahmen über 50% der Wohnungen zwei oder mehr Schlafgänger auf. In 3 Orten waren mehr als 10% der Dreizimmerwohnungen mit vier und mehr Kostgängern

[65] Zusammengestellt und berechnet nach den Angaben bei: Tenfelde, S. 329; Arnecke, die Arbeiterwohnungsfrage in Dortmund, in: Die Wohnungsnoth der ärmeren Klassen in deutschen Großstädten. Schriften des Vereins für Socialpolitik, Bd. 31, S. 157-186, S. 177.

[66] Zum folgenden vgl. Westfälischer Verein zur Förderung des Kleinwohnungswesen, Ergebnisse der Wohnungsaufnahme in westfälischen Städten vom 1.12.1905, 1907, zit. nach: E. Tremöhlen, Wohnungsfürsorge für Industriearbeiter in der Provinz Westfalen, S. 6-8.

[67] Ebenda.

[68] Ebenda.

belegt[69]. In Essen schließlich, dem wohl am stärksten bevölkerten Bezirk, beherbergten im Jahre 1902 2.599 Haushaltungen 7.851 Schlafgänger, d. h. es kamen drei Schlafgänger auf einen Haushalt. 85% der Kostgänger hatten keinen ganzen Raum zu ihrer alleinigen Benutzung. Und zwar schliefen in einem Raum zu viert 1.042 Schlafgänger, zu fünft 360, zu sechst 198, zu siebent und mehr 185 Schlafgänger[70].

Die Kostgänger konnten zwar, vor allem in dieser Massierung, oft entscheidend zum Haushaltsbudget der Bergarbeiterfamilien beitragen, doch verschlechterten sie — ebenso wie in Südwales — gleichzeitig deren insgesamt schon verbesserungswürdige Wohnsituation.

5. Die Wohnung

Bedeuteten von den bisher besprochenen Bereichen und Faktoren der Lebenswelt die Herkunfts- und Einkommensverhältnisse eher eine Komplizierung, die Arbeits- und Haushaltsverhältnisse eher eine Vereinheitlichung der Bergarbeiterschaft, ihrer Lebensbedingungen und Interessen, so brachte der Bereich der Wohnung für sie zugleich beide Wirkungen mit sich. Einerseits glich er mit den sich vereinheitlichenden, individuellen Wohnbedingungen die soziale Lage einer immer größeren Zahl von Bergarbeiterfamilien einander an, teilte zum anderen die Bergarbeiterschaft räumlich untereinander in separate Siedlungen auf und von der Außenwelt ab und sorgte zum dritten für eine unterschiedliche Abhängigkeit der Belegschaften von einzelnen Betrieben und Unternehmen. Während der Anteil der Hauseigentümer unter den Bergarbeitern im Ruhrgebiet — wenn auch nur langsam — von 11,55% im Jahre 1873 über 10,07% (1893) und 9,4% (1900) auf etwa 9% im Jahre 1905 abnahm, stieg mit der Ausdehnung des Bergbaus nach Norden vor allem dort der Anteil der Bergleute, die in Zechenwohnungen untergebracht waren, von denen die meisten, 1900: 68,6% (nach Hundt : 71,2%) und

[69] In den von Ehrenberg (Krupp-Studien II, S. 224) untersuchten Fällen erreichten manche ‚Kostgänger-Wirtschaften' bis zu 60 Schlafgängern, blieben jedoch meist unter 10. Zu den familiären und sittlichen Folgen dieser Überbelegung, zu deren Bewältigung die betroffenen Bergarbeiterfamilien über Generationen hinweg erhebliche Energien aufzubieten hatten, vgl. etwa Lange, Die Wohnungsverhältnisse der ärmeren Volksklassen in Bochum (1886), S. 92/3; N. Joniak, Arbeiterwohnungselend im rhein.-westf. Industriebezirk, 1908; E. Tremöhlen, Wohnungsfürsorge, S. 8-10; G. Werner, Meine Rechnung, S. 45; C. Debus, Arbeiterwohnungswesen im rhein.-westf. Industriebezirk, 1915, S. 11-12; H. Hilbert, Die Zusammensetzung, S. 120. Für gleichartige Wohnungsverhältnisse mit ähnlichen Folgen bei frühindustriellen Arbeitern vgl. etwa R. Braun, Industrialisierung und Volksleben, S. 168-171.

[70] Nach: Beiträge zur Statistik der Stadt Essen 1902/3, zit. bei S. Wachowiak, Die Polen, S. 52. Auch in Hamborn kamen um 1910 auf jeden Quartiergeber durchschnittlich 3 Kostgänger. Vgl. Fischer-Eckert, S. 40. Vgl. auch die Angaben bei: C. Kleßmann, Polnische Bergarbeiter, S. 46-9, 270 f.

1907:76,4%, auf die gleichförmigen, engumbauten und von der Außenwelt abgeschirmten Koloniesiedlungen entfielen[71]. Der Prozentsatz der überhaupt in zecheneigenen Wohnungen lebenden Bergarbeiter wuchs zwischen 1872, als sich erst wenige Unternehmen zu dem kostspieligen Bau von Werkswohnungen durchgerungen hatten, und 1914 — in entscheidendem Unterschied zu Südwales, wo der Werkswohnungsbau bis 1914, wie weiter unten ausgeführt werden soll, eine nur untergeordnete Rolle spielte — um mehr als das Neunfache, ihre absolute Zahl um mehr als das Fünfzigfache. Um die Jahrhundertwende waren damit — wie aus der folgenden Tabelle hervorgeht — etwa ein Fünftel, im Jahre 1914 deutlich mehr als ein Drittel der Belegschaft des Ruhrbergbaus in zecheneigenen Wohnungen untergebracht. Rechnet man nicht nur die Haushaltsvorstände, sondern auch die im Bergbau beschäftigten Söhne und Einlieger, so wohnten bereits im Jahre 1893 29,34% der Gesamtbelegschaft in Kolonien[71a].

Werkswohnungen im Ruhrbergbau und die dort untergebrachten Anteile der Gesamtbelegschaft, 1872 - 1914[72]

Jahr	Zahl der Häuser im Werksbesitz	Zahl der Wohnungen im Werksbesitz	Zahl der darin wohnenden Belegschaftsmitglieder	Gesamtbelegschaft	In Werkswohnungen untergebrachte Bergleute in % d. Gesamtbelegsch.
1872	489	1434	2864	69491	4,12
1873	1521	6772	-	-	-
1883	3009	-	12402	100000	12,40
1901	-	25151	47979	243926	19,67
1907	-	52897	83269	303089	27,47
1912	-	81780	129372	836000	36,34
1.3.1914	ca.34000	94027	148583	382896	38,80

[71] Jüngst, Arbeitslohn und Unternehmergewinn, S. 1322; ders., Festschrift, S. 111; R. Hundt, Bergarbeiter-Wohnungen, S. 9, 12, 17-25, 30; Horst, S. 65; Koch, S. 16, 81; Niethammer, S. 75-78; Münz, S. 131; Pieper, S. 203. Zur Charakterisierung der abgeschlossenen Bauweise der „Kolonien", die jeweils unter die „strenge Aufsicht" eines ‚Koloniewarts' gestellt waren, welche sich oft nicht nur auf die Wohnungsverhältnisse, sondern auch auf die gewerkschaftliche und politische Betätigung der Bewohner richtete, vgl. Hundt, S. 14, 30/1; W. Dege, Zechenkolonien und Bergarbeitersiedlungen im Ruhrgebiet. Ihre Entwicklung und Typisierung, in: Naturkunde in Westfalen 4, 1968, S. 119-128; I. Lange, Die Entwicklung des Bergmannshauses in Westfalen, in: Westfälischer Heimatkalender 21, 1967, S. 106-115; C. Debus, Arbeiterwohnungswesen, S. 33 ff.; Fischer-Eckert, S. 22 ff. Trotz dieser Nachteile war die Nachfrage nach Zechenwohnungen meist größer als das Angebot. Der wesentliche Grund hierfür lag sicherlich in den um durchschnittlich etwa 50% niedrigeren Mietsätzen gegenüber dem übrigen Privatwohnungsbau. Während die Koloniebewohner durchschnittlich um 10-13% ihres Einkommens (Klasse I der Lohnstatistik) auszugeben hatten, konnte bei den anderen dieser Anteil leicht das Doppelte erreichen. Vgl. Hundt, S. 39; Koch, S. 80; Pieper, S. 213; Strehlow, S. 67/8; W. Reichardt, Boden- und Wohnungsverhältnisse in Duisburg, 1939, S. 127 ff.; vgl. auch den Mietspiegel für die Städte des Ruhrgebiets im Jahre 1905 bei: H.E. Krueger, Die wirtschaftliche und soziale Lage der Privatangestellten, 1912, S. 233. Zum Vergleich mit Mietausgaben anderer Arbeitergruppen vgl. H. Herkner, Die Arbeiterfrage, Bd. 1, 1916[6],

Wie sich im Vergleich hierzu die Art der Unterbringung der verheirateten Bergarbeiter während des gleichen Zeitraums entwickelte, zeigt die folgende Zusammenstellung.

Unterbringung der verheirateten Arbeiter im Ruhrbergbau, 1873 - 1914 (Anteile in %)[73]

	1873	1893	1900	1914
Eigenes Haus	28,02	17,12	17	14,65
Zechenwohnung	19,23	11,18	21,1	39,68
fremde Mietwohnung	52,75	71,7	61,9	45,67

Während noch 1873 mehr als ein Viertel der verheirateten Bergarbeiter ein eigenes Haus besaßen, bewohnten 1914 kaum mehr ein Siebtel ein Eigentum. Gleichzeitig verdoppelte sich der Anteil der in Zechenwohnungen Lebenden, während der Prozentsatz der sich in fremde Wohnungen einmietenden Bergarbeiter auf unter die Hälfte absank[74].

1912 besaßen 7, 1913 nur noch 3, meist kleinere, Bergbauunternehmen keine Arbeiterwohnungen. Die übrigen brachten einen mehr oder weniger großen Teil ihrer Arbeiterschaft in eigenen Wohnungen unter.

Die meisten Betriebe brachten zwischen 1% und 40% ihrer Belegschaft in eigenen Wohnungen unter, doch waren es immerhin 29 bzw. 28 Bergwerke,

S. 42; Niethammer, S. 78-82; L. Pohle, Die Wohnungsfrage II, 1910, S. 159; zum Vergleich mit den Wohnungsverhältnissen in Düsseldorf, Elberfeld und Barmen vgl. R. Eberstadt, Rheinische Wohnverhältnisse und ihre Bedeutung für das Wohnungswesen in Deutschland, 1903; allgemein zur Wohnweise der Arbeiter in Deutschland vor 1914 vgl. L. Niethammer, Wie wohnten Arbeiter im Kaiserreich?

[71a] Vgl. Taeglichsbeck, 2. Teil, S. X.

[72] Zusammengestellt und berechnet nach: W. Hagemann, Die Bergarbeiteransiedlung im rhein.-westf. Steinkohlenbezirk 1920-1924, 1926, S. 102, und C. Debus, S. 26.

[73] Berechnet nach Hagemann, S. 102, Tenfelde, S. 325, und den obigen Angaben zum Anteil der Verheirateten. Vgl. auch Hundt, S. 8/9, 13. Die errechneten Angaben für 1873 weichen von der Realität leicht ab. Es wohnten 26% im eigenen Haus, 16% in Zechenwohnungen und 58% der Bergarbeiter in fremden Mietwohnungen. Vgl. Hundt, S. 8. Zum Anteil der Hausbesitzer an einzelnen Zechenbelegschaften in den Jahren 1873 und 1893 vgl. Tenfelde, S. 326. Insgesamt auch: Wirtschaftliche Entwicklung, Bd. 3, S. 186-208.

[74] Ähnliche hohe Ziffern der Zechenunterbringung erreichten die Bergwerke in Oberschlesien. Hier lebten 1890 21% der verheirateten Arbeiter (= 57,3% der männlichen Arbeiter), 1912 29,7% dieser (= 57,2% der männlichen Arbeiter) in Zechenwohnungen. Im staatlichen Saarbergbau dagegen wohnten 1875 67,74% der Bergarbeiter (= 59% aller Arbeiter), 1910 62,96% der Bergleute (= 58,5% aller Arbeiter) in eigenen Wohnhäusern. Von den Ledigen wohnten in beiden Bezirken ein hoher Anteil bei den Eltern, so in Oberschlesien im Jahre 1890: 64%, 1912: 63,6%. Nur 27,6% (1890) bzw. 9,5% (1912) der Ledigen wohnten hier als Kostgänger. Vgl. K. Seidl, Das Arbeiterwohnungswesen in der oberschlesischen Montanindustrie, S. 12/3, 20-25; E. Herbig, Das Saarbrücker Prämienhaus, in: ZBHSW 59, 1911, S. 506-571, S. 506/7; ders., Wirtschaftsrechnungen Saarbrücker Bergleute, S. 454-460.

Relative Unterbringung der Arbeiterbelegschaft nach Bergwerken, 1912 - 1914[75]

Von der Gesamtbelegschaft wohnten in Werkswohnungen	am 1.12.1912 Bergwerke	am 1.3.1914 Bergwerke
bis zu 1%	5	3
" " 10%	38	38
" " 20%	26	28
" " 30%	22	23
" " 40%	21	21
" " 50%	14	19
" " 60%	16	12
" " 70%	8	7
" " 80%	2	3
" " 90%	1	5

die mehr als 50% ihrer Belegschaft aufnahmen. Zu einem wie unterschiedlichen Grade allerdings die einzelnen Unternehmen des Ruhrbergbaus zur Aufnahme ihrer Arbeiter bereit waren und wie unterschiedlich andererseits das Abhängigkeitsverhältnis, das die Übernahme einer Werkswohnung mit zwar durchschnittlich etwa um 50% niedrigeren Mietsätzen gegenüber den knappen sonstigen Mietwohnungen, zugleich aber einen mit dem Arbeitskontrakt gekoppelten Mietvertrag mit sich brachte, der verschiedenen Belegschaften gegenüber den einzelnen Unternehmen war, zeigt die umseitige Tabelle.

Während drei Unternehmen im Jahre 1912 mehr als 50%, manche anderen Unternehmen um 30% ihrer Arbeiter unterbringen konnten, reicht die Skala aller Unternehmen von 0,6% als tiefstem bis zu 76% als höchstem Punkt.

Wird hierdurch die Unterschiedlichkeit in der Abhängigkeit der Arbeiter von den einzelnen Unternehmen, deren Intensität an einer bis zu 70 und 80% niedrigeren Mobilität im Vergleich zu nicht in Werkswohnungen lebenden Arbeitern abzulesen ist[77], dokumentiert, so weist die Zimmerzahl der Wohnungen auf die gleichzeitig mit dem Zechenwohnungsbau einhergehende Einheitlichkeit der konkreten Wohnsituation der Bergleute hin. Wie schon im Jahre 1900, weniger deutlich jedoch 1893, lag das Schwergewicht der Wohnungsgröße auf der Drei- bis Vierzimmerwohnung. Von den 1911 bestehenden Zechenwohnungen enthielten

2,72% je 2 Zimmer,
30,92% je 3 Zimmer,
45,52% je 4 Zimmer,
20,84% je 5 und mehr Zimmer[78].

[75] H. Schütz, Die Bedeutung der Naturalbelieferung der Bergleute des Ruhrkohlenbezirks für die Entwicklung ihrer Nominallöhne seit Kriegsausbruch, 1920, S. 6/7.

Die Ruhrbergbauunternehmen und ihre Werkswohnungen im Jahre 1912[76]

Name des Arbeitgebers	Gesamtzahl der bis Ende 1911 fertiggest. Wohnungen f.Arbeiter	mit 2 Zimmern	mit 3 Zimmern	mit 4 Zimmern	mit 5 und mehr Zimmern	Anteil der Arbeiter, die in Werkswohnungen wohnen
Bochumer Verein für Bergbau und Gußstahlfabrikation	1511	73	548	709	181	35,00 %
Gewerkschaft ver. Constantin d.Grosse	543	9	132	380	22	10,06 %
Bochumer Bergwerks-A.-G.	9	—	5	3	1	0,63 %
Zeche Mansfeld	128	—	38	89	1	12,10 %
Zechen Hannover und Hannibal	1369	3	250	897	219	18,00 %
Gewerkschaft General	19	—	6	10	3	3,60 %
" Lothringen	557	5	68	479	5	34,00 %
" Tremonia	83	32	27	7	17	5,50 %
Harpener Bergbau-A.-G.	4984	302	1350	2223	1109	20,00 %
Gewerkschaft Graf Schwerin	44	2	194	198	46	60,00 %
" Mont Cenis	19	4	13	2	—	0,62 %
" Minister Achenbach	1013	59	543	321	90	50,30 %
" Dorstfeld	256	17	223	16	—	9,30 %
" Oespel	24	—	19	5	—	3,00 %
Gelsenkirchener Bergwergs-A.-G.	5907	143	2361	2888	515	16,00 %
Steinkohlenbergwerk Graf Bismarck	1116	—	783	337	46	21,27 %
Rheinische Stahlwerke Zeche Zentrum	250	16	145	71	18	5,48 %
Gewerkschaft Unser Fritz	514	31	103	305	75	19,00 %
Bergwerksgesellschaft Trier	1222	—	—	1118	104	76,00 %
Bergwerks-A.-G. Hibernia	2581	42	1011	1275	253	13,50 %
Phönix A.-G. für Bergbau u. Hüttenbetrieb, Abt. Hörder Verein	815	37	127	466	185	8,66 %
Gewerkschaft Ewald	1514	70	462	868	114	33,00 %
" Mathias Stinnes III u.IV	596	58	167	315	56	30,00 %
Recklinghausen Königl. Berginspektion (Fiskus) 2	1787	168	215	1374	30	30,00 %
" " " 3	1308	—	141	1137	30	35,00 %
" " " 4	229	—	64	159	6	33,00 %
" " " 5	186	—	20	151	15	13,12 %

76 C. Debus, Arbeiterwohnungswesen, S. 26/7; zu ähnlichen Tabellen für 1900 und 1893 vgl. Hundt, S. 12, und Taeglichsbeck, 2. Teil, S. VIII - X.

77 Vgl. Hundt, S. 33-38.

78 Vgl. H. Schütz, Die Bedeutung, S. 6; Pieper, S. 200, 202; Hundt, S. 14, insgesamt auch: A. Heinrichsbauer, Industrielle Siedlung im Ruhrgebiet, 1936, S. 23-74.

Die Einheitlichkeit ging noch weiter. Das typische Koloniehaus war ein Mehrfamilienhaus, jedoch keine Mietskaserne, die von den Zechen nur selten und — wegen der steigenden Bodenpreise — meist in städtischen Gebieten bevorzugt wurde[79]. 1900 waren von den Zechenhäusern

11,1% Zwei-Familienhäuser,
22,2% Drei-Familienhäuser,
53,2% Vier-Familienhäuser,
13,5% Fünf- und Mehrfamilienhäuser.

86,3% der Wohnungen hatten zugleich Gartenland, und 96% schlossen Stallungen für Ziege und Schwein mit ein[80].

Brachten nun diese Wohnverhältnisse gerade durch ihre relative Einheitlichkeit und Abgeschlossenheit eine Separierung von der Außenwelt mit sich, so bewirkten sie nach innen einerseits einen verstärkten sozialen Kontakt, andererseits eine Förderung der Gruppenbildung *innerhalb* der Bergarbeiterschaft. Die schon weiter oben gezeigte Kumulation meist regional bzw. national bestimmter Arbeitergruppen in einzelnen Revieren wurde verstärkt durch die Wohnungspolitik der Bergbauunternehmen und die soziale Kohäsion der Zuwanderer. So gab es in den Jahren zwischen 1900 und 1914 nicht wenige Schachtanlagen — wie auch Kolonien —, in denen bis zur Hälfte und bis zu drei Viertel Polen beschäftigt waren[81]. Intensiviert und gefestigt wurde dieser soziale Kontakt durch die bei weitem (bis zu 70% und 80%) niedrigere Mobilität der Koloniebewohner[82], ein Resultat, das seinerseits wiederum zu den Hauptintentionen der Unternehmer beim Zechenwohnungsbau zählte[83]

---

[79] Erst in den Jahren nach 1903 gingen einige Unternehmen mit dem allgemeinen Trend zum Bau von drei- bis vierstöckigen „Mietkasernen" über, die von 6-8 und mehr Familien bewohnt wurden. Vgl. Strehlow, Die Boden- und Wohnungsfrage des rhein.-westf. Industriebezirks 1911, S. 32, 40, 75, 142/3; W. Reichardt, Boden- und Wohnungsverhältnisse in Duisburg, S. 48, 163-170. Zur Beschreibung der Wohn- und Lebensverhältnisse in diesen Mietkasernen vgl. etwa: N. Joniak, Das Arbeiter-Wohnungselend, S. 3 ff.; Fischer-Eckert, S. 26/7. Zur zeitgenössischen Diskussion von Mietkaserne und Kleinhaus vgl. T. Bach, Kleinhaus oder Miethaus, in: Technische Blätter 42, 1910, S. 167-183, und K. Jaray, Zur Miethausfrage, in: ebenda 44, 1912, S. 65-77.

[80] Pieper, S. 202/3; Hundt, S. 15, 28-31.

[81] Pieper, S. 242; Wachowiak, Die Polen, S. 28-34; Schulze, S. 23-35; Bredt, S. 17/8; Brepohl, S. 244 ff.; Koch, S. 21/2; für das Beispiel eines Unternehmens (Arenberg) vgl. H.T. Schmidt, Belegschaftsbildung im Ruhrgebiet im Zeichen der Industrialisierung, in: Tradition 1/2, 1956/57, S. 265-273.

[82] Vgl. die umfassenden Angaben bei R. Hundt, S. 33-38, und Adelmann, S. 173. Die niedrigere Mobilität kam wesentlich durch die Kombination von Arbeits- und Mietvertrag zustande. Wer von den Koloniebewohnern seine Arbeitsstelle, gerade auch im Falle eines Streiks, verließ, mußte in kürzester Zeit seine Wohnung räumen. Vgl. Pieper, S. 204/5; F. Allmers, Private Arbeiterwohnungspolitik im Rheinland von 1815-1914, 1925, S. 163 ff.; Fischer-Eckert, S. 30-35; A. Thimm, Die Bergmannssiedelungen im Ruhrkohlenbezirk, 1920, S. 7.

[83] Zu den übrigen Motiven vgl. bes. die Darstellung von A.F. Heinrich, Die Wohnungsnot und die Wohnungsfürsorge privater Arbeitgeber in Deutschland im 19. Jahrhun-

und dessen relativ hohe Kosten rechtfertigte[84]. Gleichzeitig schlossen sich die einzelnen Kolonien und kleinen Ortschaften von einander ab, Einheimische von Zuwanderern, die eine nationale, regionale oder konfessionelle Gruppe von der anderen, und verhinderten — oft über Generationen — jeden intensiveren sozialen Austausch (z. B. Konnubium) untereinander[85]. Erst die in den Jahren nach 1905 zaghaft beginnenden Tendenzen zur sozialen Integration konnten — wie oben angedeutet — die durch die Wohnungsweise gestützte herkunftsmäßige Heterogenität der Bergarbeiter ansatzweise überlagern.

6. Die soziale Umwelt

Wie die Entwicklung der betrieblichen Ausgangssituation, des Einkommens, des Haushalts und der Wohnung die Lebenswelt der Bergarbeiter — sei es zu einer Vereinheitlichung, sei es zu einer größeren Verschiedenartigkeit hin — in kleinerem oder größerem Maße veränderten, so veränderte sich die soziale Umwelt und die Lage der Bergarbeiterschaft in ihr. Dies konnte für die Beziehungen zwischen den Bergarbeitern und ihrer Umwelt, innerhalb der Bergarbeiterschaft selbst sowie für die Anschauungsweise und Haltung gegenüber ihrer weiteren, nicht unmittelbar einsehbaren Umwelt nicht ohne Folgen bleiben. Anders nämlich als — wie noch zu zeigen sein wird — in Südwales führte im Ruhrgebiet die wachsende gewerbliche Differenzierung, deren Triebkräfte wir oben im Rahmen der wirtschaftlichen Konzentrationsbewegung angedeutet haben, im ganzen zu einer Komplizierung der unmittelbaren sozialen Umwelt der Bergarbeiter.

Als erstes ist der relative Abfall des Bergarbeiteranteils an der Bevölkerung bemerkenswert. Trotz des starken Ansteigens ihrer Zahl sank der

---

dert, 1970, S. 124-170, die stark die Verhältnisse im Ruhrgebiet berücksichtigt. Auch: F. Allmers, S. 169 ff.; Heinrichsbauer, Harpener Bergbau AG, S. 159, 164.

[84] Zu den Kosten vgl. Hundt, S. 26, 32-38; Jüngst, Festschrift, S. 111/2; Debus, S. 41. Die Abhängigkeit des Werkswohnungsbaus von der wirtschaftlichen Lage der Unternehmen zeigt die Tatsache, daß im Zeitraum von 1873 bis 1893, also vor der Gründung des Kohlensyndikats, durchschnittlich pro Jahr nur 234 Wohnungen, in der Phase zwischen 1893 und 1907 aber durchschnittlich 2.825 Wohnungen jährlich gebaut wurden. Bis 1907 hatten die Bergbauunternehmen an der Ruhr immerhin fast 200 Mill. M für den Wohnungsbau ausgegeben. Vgl. M. Liefering, Das RWKS und sein Einfluß auf die Kohlenpreise und die Lage der Bergarbeiter, 1910, S. 173; E. Enke, S. 239; W. Reichardt, S. 21-26; Fischer-Eckert, S. 27/8.

[85] Vgl. Bredt, S. 241-245; Schulze, S. 42/3; Bochum, S. 95/6, Croon/Utermann, Zeche und Gemeinde, S. 18-189; H.T. Schmidt, S. 267; H. Brauns, Die Arbeiterfrage im Ruhrrevier I, in: AfSS 24, 1909, S. 931-942, S. 931-934; Brepohl, S. 98 ff. Zur Wirkung der Koloniebauweise auf ihre Bewohner vgl. die seltenen Selbstaussagen in: F. Fehr, Hg., Stimmen aus dem Schacht! Bergmanns Urteile über Erziehung und Schule. Arbeiterstimmen aus dem Ruhrgebiet, 1921.

Anteil der Bergarbeiter und ihrer Angehörigen an der Bevölkerung des Ruhrgebiets, von einem vorher wahrscheinlich noch höheren Niveau, zwischen 1893 und 1907 von 42,2% auf 35,4% und ebenso fiel — bei fortgesetzt sich entfaltender Gewerbestruktur[86] — ihr Anteil an den Erwerbstätigen[87].

Anteil der Bergleute an der Bevölkerung im Ruhrgebiet im Jahre 1907[88]

Kreis	Erwerbstätige			Berufszugehörige insgesamt		
	überhaupt	davon hauptberufl. im Kohlenbergbau	% im Kohlenbergbau	überhaupt	davon zum Kohlenbergbau	% zum Kohlenbergbau
Stadtkreis Essen	96 469	7 837	8,1	242 165	24 616	10,2
" Duisburg	73 704	2 708	3,4	204 283	9 021	4,4
" Dortmund	78 905	5 336	6,8	188 817	16 607	8,8
" Gelsenkirchen	55 522	19 659	35,4	154 585	68 387	44,2
" Bochum	50 773	14 879	29,3	125 926	35 049	27,8
" Hamm	16 333	453	2,8	39 300	1 118	2,8
" Recklingh.	18 190	8 105	44,6	48 396	26 998	55,8
" Witten	14 829	981	6,6	36 280	3 183	8,8
" Herne	13 177	5 806	44,1	35 181	18 210	51,8
" Oberhausen	22 134	4 988	22,5	55 962	14 256	25,5
" Mülheim	37 231	2 478	6,7	96 862	8 757	9,0
Kreis Coesfeld	25 275	503	2,0	53 268	1 861	3,5
" Hörde	49 728	11 213	22,5	131 982	37 322	28,3
" Hattingen	34 824	10 900	31,3	91 671	35 699	38,9
" Schwelm	34 505	1 458	4,2	82 380	4 333	5,3
" Moers	54 449	9 113	16,7	120 851	27 535	22,8
" Dinslaken	57 447	16 387	28,5	145.112	53 035	36,5
" Lüdinghausen	23 456	1 180	5,0	47 767	3 481	7,3
Landkreis Recklinghausen	91 189	43 200	47,4	245 811	139 805	56,9
" Hamm	35 149	9 623	27,4	89 733	33 994	37,9
" Dortmund	70 994	36 678	51,7	194 470	120 381	61,9
" Bochum	45 567	22 835	50,1	126 455	74 180	58,7
" Gelsenkirchen	44 312	24 534	55,4	127 059	81 530	64,2
" Hagen	28 744	1 759	6,1	72 168	5 652	7,8
" Mülheim	13 091	5 293	40,4	37 236	18 634	50,0
" Essen	94 179	36 501	38,8	262 363	118 380	48,9
Zusammen:	1 186 176	304 407	25,7	3 056 083	992 024	32,5

[86] Vgl. hierzu besonders die im Anhang wiedergegebene Tabelle von Brandt/Most, Bd. 2, S. 76/7, für einzelne Städte vgl. auch: Köllmann, S. 178; Fischer-Eckert, S. 11-13; R. Lützenkirchen, S. 121/2; H. Hellgrewe, Dortmund als Industrie- und Arbeiterstadt, 1951, S. 69-81; H. Kühr, S. 35; H. Hudde, Die Wirtschafts- und Bevölkerungsentwicklung der Stadt Essen in den Jahren 1800 bis 1914, 1928, S. 17, 59; D. Crew, Bochum, S. 20-24; Croon/Utermann, S. 25-28.

Der Anteil der Bergleute an den Erwerbstätigen betrug durchschnittlich in allen 26 Kreisen etwa ein Viertel, am höchsten stand er

in 3 Kreisen (Land) mit mehr als 50%,
in 4 Kreisen (Land) mit mehr als 40 - 50%,
in 3 Kreisen (Land) mit mehr als 30 - 40%.

Der Prozentsatz der Bergleute und ihrer Angehörigen an allen Berufszugehörigen belief sich durchschnittlich auf etwa ein Drittel, davon

in 2 Kreisen (Land) auf mehr als 60%,
in 5 Kreisen (Land) auf mehr als 50 - 60%,
in 2 Kreisen (Land) auf mehr als 40 - 50%,
in 3 Kreisen (Land) auf mehr als 30 - 40%.

Waren es oben 16 Kreise mit einem Anteil von weniger als 30%, so waren es hier noch 14 Kreise. Im durchweg, durchschnittlich um 6,8%, höheren Berufszugehörigenanteil wird auch hierdurch wiederum die deutlich größere Kinderzahl der Bergleute gegenüber ihrer unmittelbaren Umgebung dokumentiert. Wenn auch der Anteil der Bergarbeiter und ihrer Angehörigen an der Gesamtbevölkerung des Ruhrgebiets zurückging, so war und blieb ihr Anteil in den einzelnen Kreisen jedoch bis zum Ausbruch des Ersten Weltkrieges sehr unterschiedlich. Der Anteil der Bergleute an den Erwerbstätigen schwankte 1907 zwischen 2,0% im gerade erst sich dem Bergbau erschließenden Kreis Coesfeld und 55,4% im Landkreis Gelsenkirchen, und der Anteil der Bergleute und ihrer Familien an den Berufszugehörigen insgesamt zwischen 2,8% im Stadtkreis Hamm und 64,2% wiederum im Landkreis Gelsenkirchen. Diese beträchtlichen Unterschiede können nicht ohne Folgen auf den Kontakt und die Abgrenzung der Bergarbeiter von der sozialen Umwelt sowie auf die Beziehungen innerhalb der Bergarbeiterschaft geblieben sein, Folgen, die wir vor allem im Unterschied zur Entwicklung in Südwales im Abschnitt über die Interessenfindung und -organisation wieder aufzunehmen haben.

Doch hatte die Differenzierung der Gewerbestruktur nicht nur diese Auswirkung für die Bergarbeiter. Gleichzeitig mit der Ausweitung der Gewerbestruktur und dem zurückgehenden Anteil der Bergarbeiter (-bevölkerung) vollzog sich eine Vereinseitigung der Klassen-, jedoch eine Entfaltung der Schichtenstruktur der sie umgebenden Bevölkerung.

Die Verschiebung des Anteils von Selbständigen und Lohnabhängigen einerseits und die Aufspaltung der Lohnabhängigen in Angestellte und Arbeiter andererseits zeigt die folgende Zusammenstellung.

[87] Die Prozentzahlen sind berechnet aufgrund von Schätzungen für die Bevölkerungsgröße 1893 und 1907 nach den Angaben bei R. Müllers, Zahlentafel 1; Tenfelde (S. 45) schätzt, wie er selbst zugesteht, den Anteil der bergmännischen an der Gesamtbevölkerung im Jahre 1893 mit 50,5% als zu hoch ein. Vgl. auch Horst, S. 46. Der Rückgang des Anteils an den Erwerbstätigen kann berechnet werden aufgrund der Angaben für Rheinland-Westfalen bei: Brandt/Most, Bd. 2, S. 76/7.

[88] Aus: Heymann/Freudenberg, S. 26.

Erwerbstätige nach ihrer Berufsstellung im Deutschen Reich, in Preußen sowie in Rheinland und Westfalen, 1882 - 1907[89]

			Deutsches Reich			Preußen			Rheinland			Westfalen		
			1882	1895	1907	1882	1895	1907	1882	1895	1907	1882	1895	1907
Von je 100 Erwerbstätigen beiderlei Geschlechts waren ihrer Berufsstellung nach in	Landwirtschaft	Selbständige	27,78	30,98	25,31	25,91	29,11	23,10	36,20	39,68	30,65	33,88	38,54	28,36
		Angestellte	0,81	1,16	1,00	1,17	1,54	1,21	0,36	0,46	0,44	0,45	0,88	0,67
		Arbeiter	71,41	67,86	73,69	72,92	69,35	75,68	63,44	59,86	68,91	65,67	60,58	70,97
	Industrie, Bergbau usw.	Selbständige	34,41	24,90	17,56	32,44	23,70	16,24	31,14	21,26	13,58	24,11	16,89	10,89
		Angestellte	1,55	3,18	6,09	1,62	3,17	6,16	1,35	3,35	6,82	1,49	3,16	5,48
		Arbeiter	64,04	71,92	76,34	65,94	73,13	77,60	67,51	75,39	79,60	74,40	79,95	83,63
	Handel und Verkehr	Selbständige	44,68	36,07	29,11	44,25	35,73	28,71	46,53	36,49	29,35	44,01	34,06	28,44
		Angestellte	9,01	11,20	14,55	8,32	11,00	13,93	9,23	10,89	13,45	8,27	10,77	11,70
		Arbeiter	46,31	52,73	56,35	47,43	53,27	57,36	44,24	52,62	57,20	47,72	55,17	59,86
	Insgesamt	Selbständige	32,03	28,94	22,30	30,29	27,57	20,75	34,62	28,91	20,45	29,62	25,37	17,54
		Angestellte	1,90	3,29	5,24	2,05	3,43	5,26	1,79	3,46	6,13	1,62	3,24	4,93
		Arbeiter	66,07	67,77	72,45	67,66	69,00	73,99	63,59	67,63	73,42	68,76	71,39	77,53

[89] Nach: Brandt/Most, Bd. 2, S. 82/3.

Während in den drei Jahrzehnten vor Ausbruch des Krieges in Rheinland und Westfalen in allen drei Wirtschaftssektoren — wie in Preußen und im Deutschen Reich — der Anteil der Selbständigen stark absank und der der Arbeitnehmer im gleichen Maße zunahm, war diese Vereinseitigung der Klassenstruktur im Bereich von Industrie und Bergbau am größten. Schneller als in Preußen und im Deutschen Reich sank hier der Prozentsatz der Selbständigen auf weniger als die Hälfte, während der Anteil der Arbeitnehmer, vor allem der Arbeiter, im übrigen Deutschland nicht bekannte Größen annahm. In noch schnellerem Tempo jedoch als die Arbeiterschaft wuchs zwischen 1882 und 1907 der andere Teil der Klasse der Lohnabhängigen: die Angestelltenschaft. Auf die Entwicklung dieser Gruppe im Bergbau, der wir bereits bei der Entfaltung der Betriebsstruktur und den Aufstiegschancen der Bergarbeiter begegneten, werden wir im weiteren Verlauf der Arbeit zurückzukommen haben. Schärfer noch stellte sich dieser Gegensatz im Ruhrgebiet selbst, hier vor allem in den Großstädten, heraus, in denen aber schon seit den 1880er Jahren der Anteil der Arbeiterschaft abgenommen hatte[90].

Der relative Anteil von Selbständigen, Angestellten und Arbeitern in der industriellen, städtischen Sozialstruktur des Ruhrgebiets im Jahre 1907[91]

Von 100 Berufstätigen in Industrie und Bergbau waren					
	Duisburg	Essen	Bochum	Dortmund	Gelsenkirchen
Selbständige	7,1	6,3	6,4	7,9	4,6
Angestellte	8,3	6,3	6,4	8,7	5,8
Arbeiter	84,6	83,0	86,5	83,4	89,6

In allen untersuchten Städten waren (in Industrie und Bergbau) mehr als 92% Arbeitnehmer, in Gelsenkirchen sogar 95,4%. Der Anteil der Arbeiter sank in keinem Fall auf unter 83%. Der Anteil der Angestellten jedoch bewegte sich zwischen 5,8% und 8,7% und fiel selbst nicht — wie in Rheinland und Westfalen insgesamt — unter denjenigen der Selbständigen. Außerhalb der traditionellen Großstädte allerdings und in den industriellen Landgemeinden erreichte der Prozentsatz der Arbeiter wohl regelmäßig 90%, wie etwa in Hamborn, wo die Arbeiterbevölkerung ca. 92,5% der Gesamtbevölkerung ausmachte[92].

[90] Vgl. etwa F. Mogs, S. 102 (für Oberhausen).

[91] Ausgewählt aus den Tabellen bei Köllmann, S. 181/2. Nach Köllmanns Berechnungsvorgang addieren sich die Verhältniszahlen für Essen und Bochum nicht ganz auf 100. F. Lackmann (Die Arbeitsverhältnisse, S. 4) berechnet für den Bereich aller Berufstätigen in Gelsenkirchen im Jahre 1907 eine Verteilung von 8,1% Selbständigen, 6,3% Angestellten und 85,6% Arbeitern.

[92] Berechnet nach: Fischer-Eckert, S. 13/4; für Bochum vgl. auch die weitere Aufschlüsselung der Selbständigen bei: Crew, Bochum, S. 26, auch: S. 28.

Verbunden mit dieser Zuspitzung und zugleich Vereinfachung der Klassenstruktur einerseits und der Aufspaltung der Schichtenstruktur andererseits war die Entfaltung der Einkommensstruktur der Bevölkerung des Ruhrgebiets und seiner Gemeinden. In diesem Prozeß standen die Bergarbeiter in einer sozialen Umgebung, die ihnen ihren sozialen Platz zuwies, ebenso wie die Bergarbeiterschaft selbst ihren Rang innerhalb und außerhalb ihrer Gemeinde zu finden hatte. Hatten die Bergarbeiter sich früh und unter staatlicher Mithilfe in den Status produktionsmittelloser Lohnabhängigkeit hineingefunden, so sahen sie sich jetzt immer mehr in die unteren Bereiche der lokalen und regionalen Einkommensskala abgedrängt.

Wie sich der Prozeß der Entfaltung der Einkommensstruktur über fast ein halbes Jahrhundert fortsetzte und sich vor allem seit der Mitte der 1890er Jahre beschleunigte, zeigt exemplarisch die Einkommensentwicklung der einkommensteuerpflichtigen Oberhausener Bevölkerung, die sich etwa im Jahre 1907, wie oben ersichtlich, zu mehr als einem Viertel aus Bergleuten und ihren Angehörigen zusammensetzte.

Trotz der Veränderung der Einkommensteuerbestimmungen im Jahre 1892 läßt sich die Entwicklung der Einkommenshöhen gut ablesen. Zuerst fällt der hohe Anteil der in der Steuerklasse von 420-900 M Steuernden, dann ab 1892 zunehmend der der Klasse von 901-3.000 M auf. Obwohl eine Aufschlüsselung gerade dieser Steuerklasse wichtig wäre[93a], deutet sich der von uns vermutete, und wohl auch für diese Klasse gültige Trend der Differenzierung in der nächsten Steuerklasse von mehr als 3.001 M an. Zwar behält hier die unterste Gruppe zwischen 3.001 bis 6.500 M den Hauptanteil, doch nehmen die anderen Gruppen — wie die Klasse insgesamt — sichtlich an Bedeutung zu.

Wie die übrige Arbeiterschaft und der größte Teil der anderen steuerpflichtigen Bevölkerung hat die Bergarbeiterschaft bis etwa 1890 in der ersten Klasse gesteuert. Seit den 1860er Jahren lag sie einkommensmäßig an der Spitze dieser Klasse, seit dem Übergang in die zweite Steuerklasse lag sie bis in die Zeit vor dem Ersten Weltkrieg eher am unteren Ende dieser neuen Klasse[94], während andere Gruppen der Arbeiterschaft und der Bevölkerung (Angestellte und Handwerker) bis 1914 sich eher in der Mittel- bzw. Spitzengruppe befanden[95].

93a Vgl. hierzu jetzt für Bochum: D. Crew, Bochum, S. 31 f.

94 Vgl. die Tabellen für das Jahreseinkommen der Bergarbeiter bei Tenfelde, S. 604, und oben S. 258; auch: W. Fischer, Herz des Reviers, S. 258; Crew, Bochum, S. 31 f.

95 Im Bericht der Handelskammer Oberhausen für 1906/07 wird ausdrücklich darauf hingewiesen, daß die Arbeiter zum Teil besser gestellt seien als der sog. Mittelstand (Kleinkaufleute, Handwerker, untere Beamte und Lehrer). Vgl. hierzu wie auch zur Kommentierung insgesamt: F. Mogs, S. 106.

Veranlagung zur Klassen- und klassifizierten Einkommensteuer sowie zur Staatseinkommensteuer in Oberhausen, 1866 - 1914[93]

Steuerjahr	insgesamt	Zensiten (Einzelsteuernde und Haushaltungsvorstände) davon veranlagt mit einem Jahreseinkommen von: a) 420-900 M	b) 901-3000 M	3001-6500[1)] M	6501-9500 M	9501-30500 M	30501-100000 M	über 100000 M	c) über 3.001 M	Von den Zensiten entfallen auf a %	b %	c %
1866/67	3 123	2 626	489						8	84,1	15,6	0,3
68/69	3 509	2 922	473						14	83,3	16,3	0,4
70/71	4 367	3 639	710						18	83,3	16,3	0,4
72/73	5 058	4 329	708						21	85,6	14,0	0,4
73/74	5 485	4 647	813						25	84,7	14,8	0,5
74/75	4 713	3 830	829						54	81,3	17,6	1,1
75/76	5 023	3 809	1 145						69	75,8	22,8	1,4
77/78	4 249	3 181	994						74	74,9	23,4	1,7
83/84	5 291	4 164	1 063						64	78,7	20,1	1,2
87/88	5 393	4 182	1 127						84	77,5	20,9	1,6
91/92	6 647	5 024	1 492						131	75,6	22,4	2,0
92/93	8 760	2 647	5 849	212	31	18	3	(2) 2	264	30,2	66,8	3,0
96/97	8 750	2 890	5 567	216	41	(1) 29	(1) 5	(2) 2	293	33,0	63,6	3,4
98/99	10 680	1 958	8 366	254	57	(1) 38	4	(3) 3	356	18,4	78,3	3,3
1900/01	13 131	1 382	11 304	315	73	(2) 44	7	(4) 6	445	10,5	86,1	3,4
02/03	12 929	947	11 486	361	70	(1) 54	(1) 6	(3) 5	496	7,3	88,9	3,8
04/05	14 848	3 405	10 872	405	95	56	(1) 11	(3) 4	571	22,9	73,2	3,0
06/07	16 801	2 100	(1) 13 992	527	93	70	(1) 15	(3) 4	709	12,5	83,3	4,2
08/09	18 980	1 588	(6) 16 606	(4) 580	(2) 103	(6) 80	15	(8) 9	786	8,4	87,5	4,1
10/11	25 087	2 583	(3) 21 476	(5) 816	(1) 99	(2) 96	(2) 13	(3) 4	1 028	10,3	85,6	4,1
12/13	26 835	2 053	(7) 23 607	(3) 945	(1) 113	(5) 117	(2) 14	(2) 4	1 193	7,6	88,0	4,4
13/14	28 139	1 861	(4) 24 987	(7) 1 031	(2) 105	(6) 131	(2) 18	(3) 5	1 291	6,6	88,8	4,6

( ) die in den Zahlen enthaltenen nicht physischen Personen 1) 1892-1904 lag die Grenze bei 6.000 M

93 Nach: Mogs, S. 105, 107. Eine ähnliche Tendenz, vor allem eine Stärkung der Mittelgruppe, wird sichtbar in den nach Einkommensgrößen festgesetzten drei Wählerabteilungen für das Dreiklassenwahlrecht bei den Gemeinderatswahlen. Vgl. Croon/Utermann, S. 11, 34, 288; H. Croon, Die Einwirkungen der Industrialisierung auf die gesellschaftliche Schichtung der Bevölkerung im rhein.-westf. Industriegebiet, in: Rhein. Vierteljahresbl. 20, 1955, S. 301-316, S. 314/5; Mogs, S. 176.

Die sowohl absolute als auch relative Zunahme der in der Klasse der über 3.000 M Steuernden und ihrer einzelnen Untergruppen (ab 1892) macht die von uns zu betonende Tendenz zur zunehmenden Differenzierung der Einkommensstruktur der Bevölkerung des Ruhrgebietes und des relativen Rückfalls der Bergarbeiterschaft als ganzer in ihr überdeutlich.

Die Differenzierung der Gewerbestruktur des Ruhrgebietes zur gleichen Zeit mit der großen Expansion des Bergbaus hatte zu einer Vereinseitigung der Klassenstruktur einerseits und einer Aufspaltung der Schichten- und Einkommensstruktur der Bevölkerung andererseits geführt, in welcher die Bergarbeiterschaft während der Zeit ihres größten Wachstums und deutlich steigender Nominal- und Reallöhne sowohl nach ihrem zahlenmäßigen Anteil als auch nach der Höhe ihres Einkommens relativ zurückfiel.

Es war die Lebenswelt, die vom Betrieb über den Lohn, den Haushalt und die Wohnung bis zur sozialen Umwelt reichte, welche die Bergarbeiterschaft und den einzelnen Bergarbeiter formte, ebenso wie er seine Lebenswelt mithalf zu formen. Beide parallel zueinander verlaufenden und sich wechselseitig beeinflussenden Prozesse bestimmten sowohl die Beziehungen unter den Bergarbeitern als auch zwischen ihnen und der Außenwelt. Während die Herkunfts- und Einkommensverhältnisse eher eine größere Unterschiedlichkeit, die Arbeits- und Haushaltsverhältnisse eher eine Vereinheitlichung, die Wohnsituation beides zugleich innerhalb der Bergarbeiterschaft hervorriefen, fügten sich alle Faktoren zusammengenommen zu dem Bild zusammen, das die ihrerseits sich differenzierende, soziale Umwelt von der Bergarbeiterschaft gewann. Dieses Bild mußte oft genug durch den jeweiligen Standpunkt zwangsläufig ebenso verdreht sein wie das, welches die Bergarbeiter von ihrer sozialen Umwelt hatten. Daß die Lebenswelt der Bergarbeiter — wie von außen her oft fälschlicherweise angenommen — keineswegs nur auf gleichlaufenden und vereinheitlichenden Strukturen, Tendenzen und Entwicklungen beruhte, haben wir im vorhergehenden dargelegt. Wie sich Ähnliches und Unterschiedliches auf die Findung, Formulierung und Organisation ihrer sich hieraus ergebenden Interessen auswirkten, wollen wir im weiteren verfolgen.

5.1.1.2. Die Deutung und Bewältigung der sozialen Lage: Die kollektive Selbstfindung und die Herausbildung, Organisation und Durchsetzungschance der Interessen

Die individuelle und kollektive Deutung der eigenen sozialen Lage kann als entscheidender Indikator der sozialen Selbstzurechnung zu der jeweiligen Gruppe der gesellschaftlichen Rangskala und damit des Bewußtseins von der Existenz einer sozialen Schichtung überhaupt gelten. Insofern ist die Herausbildung solcher Kollektive nicht nur eine überindividuelle Selbstvergewisserung und Anzeichen eines nicht zufälligen, vielmehr auf der kollektiven Perzeption der gemeinsamen sozialen Lage beruhenden Zusammengehörigkeitsgefühls, sondern auch die Abgrenzung von und die Selbstbehauptung gegenüber den anderen, nicht zur eigenen Gruppe als zugehörig empfundenen Individuen und Kollektiven. Bei dieser Selbst- und Fremdzurechnung spielt — wie sich zeigen wird — die Funktion und Stellung in der betrieblichen Organisation der Produktion sowie der sich z. T. aus ihr ergebenden sozialen Lage eine entscheidende Rolle.

Ist hiermit die grundsätzliche Richtung des Solidarisierungsprozesses beschrieben, so waren dessen Formen, Aufgaben, Ausrichtung, Zeitpunkt und Tempo sowohl von den ‚inneren' Verhältnissen der sozialen Gruppe als auch von den ‚äußeren', durch die übrigen Gruppen und durch den Staat gesetzten Bedingungen abhängig.

Der Solidarisierungsprozeß der Bergarbeiter im Ruhrgebiet, wie auch in Südwales, fand sowohl in seiner historischen Entwicklung als auch auf der Skala zwischen unmittelbarer und mittelbarer Umwelt auf zwei verschiedenen Stufen statt, als erster auf der der Vereine, als zweiter auf derjenigen der Interessenverbände.

Haben wir im vorhergehenden die für alle Ruhrbergarbeiter gemeinsame, gleichsam materielle Grundlage der im weiteren zu verfolgenden Findung und Organisation ihrer kollektiven Interessen beleuchtet, so wollen wir im folgenden nicht nur insgesamt die organisationsfördernden und — hemmenden Faktoren aufspüren, sondern auch die Durchlässigkeit und das Eigengewicht, welche die einmal geschaffene Interessenorganisation gegenüber individuellen und kollektiven Basisinteressen aufwiesen. Darüber hinaus soll versucht werden aufzuzeigen, welche Einflußmöglichkeiten und Durchsetzungschancen die Interessenverbände der Ruhrbergarbeiter insbesondere gegenüber den Unternehmern und dem Staat als politischer, d. h. allgemein gültiger Verwaltung der Gesellschaft besaßen, und ebenso umgekehrt, welche Informations- und Steuerungsmöglichkeiten hierdurch dem Staat gegenüber diesem Bereich der Gesellschaft zur Verfügung standen.

5.1.1.2.1. Die Vereine

Das Identitätsgefühl der Bergleute an der Ruhr war nicht nur durch — wie oben gezeigt — rasche ökonomische und großbetriebliche Entwicklung, sondern auch durch die staatlich initiierte Privilegierung frühzeitig entwickelt und gestärkt worden. Die Verleihung der Freizügigkeit und die Befreiung von Steuern und Wehrpflicht zur Zeit der staatlichen Direktion hatten Absonderung und Trennung innerhalb ihrer noch ständisch gegliederten Umwelt bedeutet. Herzstück der Abgrenzung nach außen und der Identitätsförderung nach innen bildete die Knappschaft, die als Versicherungsinstitut die materielle Absicherung darstellte und gleichzeitig den sozialen und geselligen Kontakt der Bergleute umschloß[96]. Nach der Aufhebung des staatlichen Direktionsprinzips verlor die Knappschaft diese Doppelfunktion und war weiterhin nur noch Versicherungsinstitut[97].

Diese frühzeitige und auch nach der staatlichen Institutionalisierung beibehaltene, materielle Absicherung der Bergarbeiter an der Ruhr hatte zwei Folgen, die sie von ihren Kameraden in Südwales wesentlich unterschied. Zum einen beschränkte sie das Vereinswesen der Bergleute auch nach der Auflösung der ständisch-hierarchischen Ordnung, die ihrerseits allgemein erst das Bedürfnis und die Möglichkeit nach (freien) Vereinen freisetzte[98], weitgehend — mit der Ausnahme unbedeutender Unterstützungskassen für Sterbefälle usw.[99] — auf gesellige und religiöse Zwecke, zum anderen nahm gerade das zentrale und von staatlichen Stellen geleitete bzw. beaufsichtigte Institut der Knappschaft trotz des Mitspracherechts der von den Bergleuten aus den eigenen Reihen gewählten Knappschaftsältesten den Bergarbeitern die Möglichkeit zur Übung und Erfahrung in der Selbstverwaltung[100].

Die geselligen und religiösen Bedürfnisse wurden nach der Funktionsbeschränkung der Knappschaft von den von Bergleuten oder katholischen Pfarrern nach 1850 gegründeten Knappen oder bergmännischen Arbeitervereinen übernommen. Daneben gab es eine große Zahl von Wohltätigkeits-, Gesang-, Tierzucht- und (später) Turnvereinen usw. Gesteigert wurde diese, von den bürgerlichen Zeitgenossen oft als Vergnügungs- und Verschwendungssucht kritisierte „Vereinsmeierei“ noch durch den spezifischen Geselligkeitsbedarf der verschiedenen Gruppen der zahlreichen Zuwanderer,

96 Tenfelde, S. 87 ff., 123 ff.; Krampe, S. 126 ff.

97 Zu den Wandlungen der Aufgaben der Knappschaft vgl. bes. A. Wirtz, Entwicklung und Organisation des Knappschaftswesens im Ruhrkohlenbezirk, 1911.

98 Vgl. hierzu etwa: G. Schulz, Über Entstehung und Formen von Interessengruppen in Deutschland, in: H.J. Varain, Hg., Interessenverbände in Deutschland, 1973, S. 24-54; T. Nipperdey, Verein als soziale Struktur in Deutschland im späten 18. und frühen 19. Jahrhundert, in: ders., Gesellschaft, Kultur, Theorie, 1976, S. 74-105.

99 Vgl. Tenfelde, S. 354-357.

100 Auch in anderen Körperschaften der Selbstverwaltung hatten die Ruhrbergarbeiter, anders als ihre Kameraden in Südwales, kaum Möglichkeiten zur Betätigung. In den Stadtverordnetenversammlungen, Gemeinderäten und Magistraten saßen — infolge des auch hier geltenden Dreiklassenwahlrechts — durchgehend weder Bergleute noch ihre Interessenvertreter in nennenswertem Umfang. Und die Bewegung der Arbeiterkonsumvereine kam im Ruhrgebiet erst in der Zeit nach der Jahrhundertwende auf. Vgl. hierzu: A. Huck, Arbeiterkonsumverein und Verbraucherorganisation. Die Entwicklung der Konsumgenossenschaften im Ruhrgebiet 1860-1914, in: J. Reulecke/W. Weber, Hg., Fabrik, Familie, Feierabend. Beiträge zur Sozialgeschichte des Alltags im Industriezeitalter, 1978, S. 215-246, S. 234 f.

besonders der Polen[101]. Dienten diese Vereine, denen fast ausschließlich Bergleute, in selteneren Fällen noch andere Arbeiter, angehörten, prinzipiell der kollektiven Deutung und Bewältigung der spezifischen Belastungen und Wechselhaftigkeiten des bergmännischen Daseins, die wir oben kennengelernt haben, und führten sie damit — obwohl z. T. unter national bzw. regional unterschiedlichen Vorzeichen — zu einer, wenn auch manchmal nur begrenzten sozialen Integration wenigstens im unmittelbaren Lebensbereich innerhalb der Bergarbeiterschaft, so hatten die Kriegervereine neben der Erfüllung des für die Bergarbeiter angesichts ihrer geringen Abwechslung im Lebensrhythmus insgesamt so typischen Bedürfnisses an Aufwand und Gepräge[102] für die Bergleute offensichtlich die Funktion, den Kontakt zur — wie wir oben sahen — sich immer weiter komplizierenden Umwelt aufrechtzuerhalten. Angesichts der Verdrängung aus dem ehemaligen numerischen Übergewicht der Bergleute an der Gesamtbevölkerung des Ruhrgebiets, ihrem abnehmenden Ansehen, der Abtrennung in Wohnweise, Arbeitsplatz und der herkunftsmäßigen Zusammensetzung der Bergarbeiterschaft vom Rest der Bevölkerung sowie der fortschreitenden schichtenmäßigen Aufspaltung der sozialen Umwelt bedeuteten die nach dem siegreichen Krieg mit Frankreich nach 1870 wieder stark aufkommenden Kriegervereine für die Bergleute und die übrigen Arbeiter immer mehr das einzige „Band zur Welt bürgerlicher Achtung"[103]. Wie stark bei den mit ihrem Abstieg kämpfenden Ruhrbergarbeitern die auch in anderem Zusammenhang überlieferte[104] Neigung zum Kontakt gerade zu den übergeordneten Schichten ausgeprägt war, zeigen die Entwicklung der Kriegervereine selbst und insbesondere die folgenden, mit ihr verbundenen Einzelheiten.

Trotz der seit ihrer Gründung verfolgten Abgrenzung von den freien Gewerkschaften und der Sozialdemokratie, zu deren Bekämpfung sie eigentlich aufgerufen waren, machten die Mitglieder dieser Organisationen in den Kriegervereinen noch nach 1910 in manchen Fällen, wie die eigenen Führer schätzten, 40 bis 50% aus[105]. Und als im Jahre 1909 die zentrale Leitung der Kriegervereine, der Deutsche Krieger-Bund, den Ausschluß aller Mitglieder der freien Gewerkschaften und der SPD aus den Kriegervereinen forderte, wurde dies von den Mitgliedern des Westfälischen Landeskriegerverbandes

101 Vgl. hierzu Tenfelde, S. 349 ff.; Bredt, S. 67-71; Schulze, S. 61-66; Wachowiak, S. 60-69; Koch, S. 24/5; Mogs, S. 113-120; Pieper, S. 237-239; H. Husmann, Lebensformen, S. 31 f. Zu den Funktionen von Vereinen in einer früheren Phase vgl. T. Nipperdey, Verein als soziale Struktur.

102 Vgl. O. Hue, Die Bergarbeiter, Bd. 1, S. 421; Tenfelde, S. 97 f., 387 ff.; für Südwales vgl. Morris/Williams, S. 243 f.

103 K. Saul, Der „Deutsche Kriegerbund". Zur innenpolitischen Funktion eines nationalen Verbandes im kaiserlichen Deutschland, in: MGM 6, 1969, S. 95-130, S. 119.

104 Vgl. unten Anmerkung 108.

105 StAM, RA I Pa 16: Verhandlungen des 37. Abgeordnetentages des Westf. Provinzial-Krieger-Verbandes, 26.6.1909, S. 15.

in einer eingehenden Diskussion als unzumutbare und undurchführbare ‚Reglementierung von oben' abgelehnt. Eine programmatische Verbindung zwischen der Sozialdemokratie und den freien Gewerkschaften könne nicht gesehen werden, und die Kriegervereinsmitglieder, die gleichzeitig meist aus ‚wirtschaftlichen Vorteilen' den freien Gewerkschaften angehörten, seien ebenso ‚patriotisch denkende Männer' wie die anderen Mitglieder. „Der vornehmste Zweck der Kriegervereine, ... neben der Pflege der Kameradschaft, die Pflege der Treue, der Liebe und der Anhänglichkeit zu König und Vaterland" seien nicht gefährdet, und es sei „ganz ausgeschlossen, daß die freien Gewerkschaften unsere Krieger-Vereine mit sozialdemokratischer Gesinnung durchsetzen"[106]. Und Zeichen der anhaltenden Anziehungskraft der Kriegervereine auf die Bergarbeiter war es, daß sogar eine große und wachsende Zahl der ebenfalls mit dem Makel der fehlenden ‚Vaterlandstreue' versehenen, zugewanderten Polen und Masuren Mitglieder der Kriegervereine wurden. Allein in der Provinz Westfalen verdoppelte sich in der Zeit zwischen 1902 und 1910 deren Anzahl von 2.870 auf 5.460 und ihr Anteil an der Zahl der Kriegervereinsmitglieder insgesamt stieg von 5,2 auf 6,2%. In manchen Kreisen des Ruhrgebietes erreichte deren Anteil sogar bis zu 20%, in einem Kreis sogar 36%[107].

Trotz des bedauernden, oft spöttischen Lächelns klassen- oder besser: schichtenbewußter Sozialdemokraten und freier Gewerkschaftler über „diese den Klimbim stark pflegenden Hurravereine" stieg die Anzahl der Vereine sowie die Zahl der in ihnen organisierten Arbeiter, und damit vielleicht auch der Bergleute, bis 1914 an[108]. In den Jahren vor 1914 gab es Vereine im Ruhrgebiet, in denen die Bergarbeiter mehr als die Hälfte, die Arbeiter insgesamt drei Viertel der Mitglieder stellten. Oftmals war sicher aber auch ein nur geringer Anteil von Bergarbeitern bzw. Arbeitern überhaupt unter den Mitgliedern eines Vereins[109].

---

[106] Vgl. ebenda, S. 13, 21. Der hier zur besseren Bekämpfung der Sozialdemokratie und der freien Gewerkschaften gemachte Vorschlag, man sollte in den Kriegerverbänden mehr die beruflichen Interessen der Mitglieder fördern, wurde bezeichnender Weise durch die Äußerung gekontert, dies werde den Klassengegensatz in die Kriegervereine tragen. Vgl. ebenda, S. 16, 18/9.

[107] Vgl. die Zusammenstellungen bei C. Kleßmann, Polnische Bergarbeiter, S. 272 f.

[108] Jahresbericht des Vorstandes des Verbandes deutscher Bergarbeiter, in: Prot. der 16. Generalversammlung, 1905, S. 37.

[109] H. Henning, Kriegervereine in den preußischen Westprovinzen. Ein Beitrag zur preußischen Innenpolitik zwischen 1860 und 1914, in: Rhein. Vierteljahresbll. 32, 1968, S. 430-475, S. 472/3; Tenfelde, S. 351; HStA D'dorf, LA Moers 754: Mitgliederverzeichnis des Kriegervereins Homberg vom 22.1.1914. Dort waren von 125 Mitgliedern: 1 Bergwerksdirektor, 5 Zechenbeamte, 1 Steiger a.D., 1 Zechenarbeiter und 9 Bergleute. Die zunehmende Suche nach bürgerlichem Kontakt oder, wie Außenstehende es ausdrückten, dem ‚tief verwurzelten Subordinationsgefühl' der Bergarbeiter gegenüber ihren betrieblichen Vorgesetzten im außerbetrieblichen Verkehr, verstärkte offensichtlich den allmählichen Rückzug des bürgerlichen Elements, dessen ‚Berührungsangst' zunahm, seit den

Insgesamt gab es 1914 in den Kreisen des Ruhrgebiets — wie die folgende Übersicht zeigt — 867 Kriegervereine mit 113.872 Mitgliedern.

Anzahl von Kriegervereinen und Kriegervereinsmitgliedern im Ruhrgebiet zu Beginn des Jahres 1914[110]

Stadt- bzw. Landkreise	Zahl der Vereine	Mitglieder
Reg. Bez. Münster		
Buer, St.	22	2005
Recklinghausen, St.u.Ld.	108	10388
Reg. Bez. Arnsberg		
Bochum, St.	37	7211
Bochum, Ld.	30	5284
Dortmund, St. u. Ld.	107	17438
Gelsenkirchen, St.	35	4496
Gelsenkirchen, Ld.	38	5581
Hamm, St. u. Ld.	67	10188
Hattingen	37	4550
Herne, St.	14	1831
Hörde, St. u. Ld.	55	7132
Witten, St.	17	2193
Reg. Bez. Düsseldorf		
Duisburg, St.	54	5168
Essen, St.	70	10773
Essen, Ld.	53	6263
Hamborn, St.	12	1517
Moers	66	6196
Mühlheim/Ruhr, St.	26	2476
Oberhausen, St.	19	3182
zusammen:	867	113.872

Obwohl bei einem angenommenen Anteil von 30-40% ca. 40.000 Bergleute, und das hieße, nur etwa jeder zehnte Bergarbeiter, Mitglied eines Kriegervereins war, ist dies — im Unterschied zu Südwales — doch ein Anzeichen für das Kontaktbedürfnis der Bergarbeiter mit den übrigen gesellschaftlichen Schichten und vielleicht auch für den gerade auch hierdurch

1890er Jahren aus den Kriegervereinen wie auch aus den Schützenvereinen und Kirchengemeinden. Vgl. Henning, S. 465 ff.; Saul, S. 109-112; Archiv der Firma Siemens SAA 14/LG. 619, S. 69; zit. nach: K. Mattheier, Werkvereine und Wirtschaftsfrieden — nationale (gelbe) Arbeiterbewegung im Ruhrgebiet, in: J. Reulecke, Hg., Arbeiterbewegung im Ruhrgebiet, in: J. Reulecke, Hg., Arbeiterbewegung, S. 173-204, S. 191; Tenfelde, S. 350 f.; O. Neuloh/J. Kurucz, Vom Kirchdorf zur Industriegemeinde, Untersuchungen über den Einfluß der Industrialisierung auf die Wertordnung der Arbeitnehmer, 1967, S. 49-51.

110 Zusammengestellt aus: Preußischer Landes-Krieger-Verband, 9. Geschäftsbericht 1914/15, Berlin 1916, S. 33/4; StAM, RA I Pa 16.

angestrebten Ausgleich ihres Sinkens im öffentlichen Ansehen und der sich verengenden, eigenen Aufstiegschancen.

5.1.1.2.2. Die Interessenverbände

Waren, wie oben angedeutet, die Vereine Mittel zur kollektiven Deutung und Bewältigung der Erfahrungen und Belastungen der unmittelbaren bergmännischen Lebenswelt, so dienten die Interessenverbände zur Definition, Organisation und Artikulation der aus diesen Erfahrungen und Belastungen hervorgehenden Bedürfnisse und Interessen in Richtung auf die hierüber hinausreichende Umwelt. Insofern sie einerseits erst das Ergebnis eines bestimmten Maßes an Interessenfindung und Selbsteinschätzung waren, andererseits dann die kollektive Definition der eigenen Lage (im Vergleich zu anderen) und die hieraus folgenden Bedürfnisse und Interessen sowie die soziale Zuordnung und Abgrenzung beschleunigten und präzisierten, waren die Interessenverbände sowohl — mit mehr oder weniger zeitlichem Abstand — Indikator und Produkt als auch Vehikel und Motor des entstehenden Schichten- bzw. Klassenbewußtseins. Gerade aufgrund der zunehmenden Entfernung in der betrieblichen Organisation der Produktion und in der sozialen Lage von den übrigen gesellschaftlichen Schichten, aber auch durch die partielle Berührung mit diesen mußte der Bergarbeiterschaft ihre eigene, und zwar von den übrigen Schichten separate, Interessenlage klar werden. Die Aufhebung ihrer staatlichen Privilegierung, besonders durch die Beseitigung ihrer Arbeitsplatzsicherheit und die Einführung der allgemeinen, staatlichen Sozialversicherung, sowie das betriebliche Ausgeliefertsein an einen wachsenden und sich von ihnen entfernenden, nach privatwirtschaftlichen Maximen funktionierenden Leitungsapparat hatte die Bergleute auf eine Stufe mit den übrigen Arbeitern gestellt, ja frühzeitig — wie wir oben sahen — in der vordersten Front der mit der großbetrieblichen Produktionsweise konfrontierten Arbeiter gebracht. Gerade auf diesem Hintergrund — auch im Vergleich zur Entwicklung in Südwales — wird ersichtlich, wie sehr und wie lange bei der Definition und der Artikulation der eigenen Interessen die Zeit der fürsorglichen Entmündigung durch den Staat nachwirkte.

Trotz des frühzeitig erfahrenen Identitäts- und Zusammengehörigkeitsgefühls sowie der im Vergleich zu Südwales regional und innerbetrieblich relativ ähnlichen wirtschaftlichen Entwicklung ging die Findung und Organisation der Interessen der Ruhrbergarbeiter während der ganzen Phase bis 1914 mühsam voran. Die Industrialisierung als solche, und besonders diejenige, die in industriell rückständigen Ländern unter der vorwärtstreibenden Hand des Staates stattfand, hatte nicht nur — so zeigt sich insbesondere im Vergleich zu Südwales — organisationsfördernde, sondern auch starke organisationshemmende Wirkungen. Zwar brachte die industrielle Entwicklung und insbesondere die Herausbildung des Großbetriebs — wie wir sahen — eine starke betriebliche und außerbetriebliche Kumulation von Arbeitern mit sich, standardisierte grundsätzlich die Arbeits- und Lebensverhältnisse und änderte wenig an der Intimität der unmittelbaren Arbeitssituation vor Ort, doch trennte sie gleichzeitig die Arbeiterschaft untereinander durch die wachsende Anonymität des Großbetriebs, die Schichtarbeit, die Unterteilung von Über- und Untertagearbeitern[111], den ‚Revierpartikularismus' untertage[112], die oft großen Unterschiede in der Entlohnung, die hohe Fluktuationsrate[113] und die Erschöpfung durch die Schwere der Arbeit[114] einer-

[111] Vgl. Gewerkverein christl. Bergarbeiter, Protokoll 1907/08, S. 135.

[112] So O. Hue, nach Pieper, S. 236/7.

[113] Der starke Arbeitsplatzwechsel verursachte ebenso eine hohe Mitgliederfluktuation innerhalb der Verbände. So nahm der Alte Verband von 1900 bis einschließlich 1910 353.197 Mitglieder auf, vermehrte aber seine Gesamtzahl nur von 36.410 auf 124.437. Allein im Streikjahr 1905 blieben von den insgesamt 60.000 im ersten Vierteljahr neu Eingetretenen 24.378 bis zum Ende des Jahres im Verband. Doch auch in streikfreien Zeiten war das Verhältnis kaum besser. Obwohl der christl. Gewerkverein in den Jahren 1907 und 1908 zusammen 29.600 Mitglieder neu aufgenommen hatte, sank seine Stärke von 75.153 auf 74.814. Vgl. hierzu: Hue, Die Bergarbeiter, Bd. 2, S. 613; Verband der Bergarbeiter Deutschlands, Protokoll 1907, S. 42; Gewerkverein christl. Bergarbeiter, Protokoll 1907/08, S. 45/6. Für ebenso hohe Fluktuationsraten in anderen Gewerkschaften vgl. die Angaben bei: H.J. Varain, S. 59/60; F. Tänzler, Die deutschen Arbeitgeberverbände, S. 47; G. Brüggerhoff, Das Unterstützungswesen bei den deutschen „freien" Gewerkschaften, 1908, S. 144; O. Hommer, Die Entwicklung, S. 555/6.

[114] Diese hatte arbeitsplatzbezogene und außerbetriebliche Konsequenzen. Einerseits konnten sich Bergarbeiter während der Arbeit offensichtlich weniger mit Organisations- und politischen Fragen beschäftigen als Arbeiter anderer Berufe. Auf die Frage, woran sie bei der Arbeit denken, antworteten bei einer Umfrage A. Levensteins im Jahre 1910:

Nachdenken über:	befragte Arbeiter:		
	Berg-arbeiter	Textil-arbeiter	Metall-arbeiter
Verdienst	17,5	19,2	27,8
Familie	5,2	11.2	3
berufsmäßige Arbeit	24,3	15,4	25,5
Organisations- und politische Fragen	5,1	18,5	12,8
außerberufliche Probleme	5,1	29,9	17,6
indifferent	42,8	14,8	13,3
	100%	100%	100%

Andererseits bewirkte die schwere Arbeit einen hohen (außerbetrieblichen) Alkoholgenuß. Vgl. A. Levenstein, Die Arbeiterfrage, 1912, S. 115, 123, 130; auch: L. Uhen, Gruppenbewußtsein und informelle Gruppenbildung bei deutschen Arbeitern im Jahrhundert der Industrialisierung, 1964, S. 50. Zum zumindest auch physiologisch zu erklärenden starken Genuß von Alkohol (besonders Schnaps) durch die Bergarbeiter vgl. die Angaben bei: A. Levenstein, a.a.O., S. 245 ff.; G. Werner, Meine Rechnung, S. 73; G.A. Meyer, Die Bekämpfung des Mißbrauchs geistiger Getränke im rhein.-westf. Steinkohlenbergbau, 1912. Zur physiologischen Erklärung vgl. W. Sieber, Die Bedeutung der Mechanisierung von Gewinnung, Ausbau und Versatz für die körperliche Belastung des Bergmanns im Steinkohlenbergbau, 1963, S. 104.

seits und durch die Weitläufigkeit der Wohnweise, die Abgetrenntheit in Kolonien[115], die Trennung und Entfernung von Betrieb und Wohnort und die sich gleichsam hierzwischen schiebende, zunehmende gewerbliche und soziale Differenzierung des Ruhrgebiets andererseits. Während in manchen Zechen die Arbeiter aus bis zu 20, ja manchmal 50 verschiedenen Ortschaften kamen, mußten einige Zahlstellen der Gewerkschaften bis zu 40 verschiedene Ortschaften erfassen[116]. Hinzu kam die durch das rasche Tempo der Industrialisierung hervorgerufene, starke und zunehmende landmannschaftliche und nationale Aufteilung der Bergarbeiterschaft, die hierdurch verstärkte, kulturelle und wohnmäßige Abtrennung untereinander, die unterschiedliche Abhängigkeit der einzelnen Belegschaften von Zechenwohnungen sowie der geringe Bildungsstand.

Mindestens ebenso stark jedoch, so wird der Vergleich mit Südwales zeigen, wie diese sich unmittelbar aus der industriellen Entwicklung ergebenden Momente waren die organisationshemmenden Wirkungen der Aktivität des Staates und ihre Folgen. Nicht nur machte er — wie wir vorher sahen — durch seine Politik der (materiellen) Fürsorge die Selbsthilfe in den Augen vieler Bergarbeiter überflüssig, sondern er betrieb gleichzeitig während der Phase des Direktionsprinzips eine Politik der straffen inner- und außerbetrieblichen Unterordnung und Entmündigung der Bergarbeiterschaft[117]. Das staatliche Direktionsprinzip hinterließ nach seiner Aufhebung den Bergarbeitern für die folgende Zeit der Herrschaft der (staats-) freien, kapitalistischen Produktionsbedingungen ein mehrfaches Erbe: Der Staat hielt im außerbetrieblichen Bereich durch vereinsgesetzliche und andere Maßnahmen an seiner repressiven, die Interessenvertretung der Arbeiter behindernden Politik fest, die Bergarbeiter selbst hatten weder den Einfluß der Konjunkturen auf ihre Löhne und insgesamt die Wirkung von Marktgesetzen kennengelernt noch wirksame Formen der Organisation und Durchsetzung ihrer Interessen entwickelt und verloren erst allmählich die Hoffnung und das Vertrauen auf die altgewohnte Fürsorge von seiten inner- und überbetrieblicher Autoritäten, und die ehemals unbedingte Betriebsherrschaft der staatlichen Bergbehörde ging ungebrochen und beinahe unbemerkt auf die nun von staatlicher Intervention befreiten Unternehmer und Angestellten über.

---

[115] Verband der Bergarbeiter Deutschlands, Protokoll 1907, S. 116, 122.

[116] Verband der Bergarbeiter Deutschlands, Protokoll 1913, S. 132; ders., Protokoll 1911, S. 88. Bereits 1893 hatten 22.154 oder 14,2% mehr als 4 km und 3.185 oder 2,1% der Bergleute mehr als 7,5 km von der Wohnung bis zur Arbeitsstelle zurückzulegen. Vgl. hierzu: Taeglichsbeck, 2. Teil, S. 119. Zu einer Aufzählung von organisationshemmenden Faktoren bei den Metallarbeitern vgl. O. Hommer, S. 33 ff.

[117] Lange Zeit vor ihrer Einführung waren damit die Grundtendenzen der gesamtstaatlichen Bismarckschen Sozialpolitik, Fürsorge und Entmündigung, im Bergbau vorgezeichnet. Nicht zufällig hatte daher gerade der Montanindustrielle Stumm entscheidenden Einfluß auf ihre Konzipierung. Vgl. insgesamt: K.E. Born, Staat und Sozialpolitik.

Trotz der sich gerade jetzt verändernden wirtschaftlichen und sozialen Verhältnisse infolge der Durchsetzung des Großbetriebs setzten die Unternehmer die vom Staat verfolgte Behandlung der Arbeiter — wenn auch in stärker versachlichtem und entpersönlichtem Rahmen — fort. Sie schufen einerseits die sich ihrerseits bürokratisierenden Institutionen betrieblicher Sozialpolitik (wie Versicherungen, Sparkassen und Wohnungsbau)[118], andererseits betrachteten sie „die Arbeiter nur als willenlose Maschinen und Arbeitsinstrumente, deren Arbeitskraft sie zu ihrem Vorteil möglichst ausnutzen könnten"[119]. Und sie sahen ihre betriebliche Autorität schon ‚mißachtet', wenn die Untergebenen kamen, „nicht zu bitten, sondern zu fordern"[120]. Trotz des von Anfang an hohen Kapitalaufwandes, und damit großen finanziellen Risikos wegen eventueller Arbeitsunterbrechungen, lehnten sie — wie noch weiter unten auszuführen sein wird — auch schon vor der Monopolisierung des Absatzmarktes durch das RWKS, anders als die Unternehmer in Südwales, jede kollektive, und vor allem überbetriebliche Interessenvertretung der Arbeiter als Eingriff in ihre betriebliche Autorität und Verfügungsgewalt ab und bekämpften sie. Das Nachgeben zugunsten kurzfristiger Gewinne verurteilten sie im Gegensatz zu ihren kapitalärmeren und weniger vom Staat gestützten Kollegen in Südwales und hatten, allerdings auf dem Boden einer größeren Zusammengehörigkeit, besonders die langfristige Aufrechterhaltung der unbeschränkten Betriebsherrschaft und der Rentabilität im Auge[121].

Die Unternehmer an der Ruhr konnten auf der Fiktion des individuellen Arbeitsvertrages bestehen angesichts der, wie sie selbst feststellten, „bundscheckigste[n] Zusammensetzung der Belegschaft ohne jedes Zusammengehörigkeitsgefühl"[122] und der Hilflosigkeit des einzelnen Bergarbeiters. Stellte doch sogar die eigene Interessenvertretung anläßlich des Auftretens der Bergarbeiter vor den Berggewerbegerichten fest, „daß die Kameraden ja nicht in der Lage sind, ihre Ansprüche zu verteidigen. Sie sind zu schüchtern und ängstlich und geben auch sehr oft ganz verkehrte Antworten. ... Schwieriger ist es noch für die ausländischen Kameraden, die der deutschen Sprache nur sehr wenig mächtig sind ..."[123] Die Löhne und Gedingesätze legten die Unternehmer bzw. die beaufsichtigenden Angestellten bei nur bescheidenem

118 Vgl. R. Schwenger, Die betriebliche Sozialpolitik im Ruhrkohlenbergbau; E. Jüngst, Festschrift, S. 100-133, 163/4; Wirtschaftliche Entwicklung, Bd. 3, S. 186-212; Krupp 1812-1912, 1912, S. 202-215; Heinrichsbauer, Harpener Bergbau AG., S. 157-167.

119 Adelmann, Die soziale Betriebsverfassung, S. 86.

120 Verhandlungen, Mitteilungen und Berichte des Centralverbandes Deutscher Industrieller (CVDI), Nr. 115, 1909, S. 32.

121 Vgl. ebenda, Nr. 91, 1901, S. 25-29; Nr. 108, 1908, S. 27 ff.; auch: P. Osthold, Die Geschichte des Zechenverbandes, 1934, S. 45.

122 Ebenda, Nr. 114, 1909, S. 92.

123 So der Geschäftsbericht des Gewerkvereins christlicher Bergarbeiter Deutschlands für die Jahre 1907 und 1908, S. 70.

Mitspracherecht der jeweiligen Kameradschaft unter Tage fest und bei diesem beinahe völlig verwehrten Einblick in das Zustandekommen der Löhne, aber auch den fehlenden Verhandlungen zwischen Unternehmern und Gewerkschaften, kann es kaum überraschen, daß — wie die Unternehmer feststellten — die Bergarbeiter, in krassem Unterschied zu ihren Kameraden in Südwales, sich „absolut nicht" mit Kohlenpreisen und ihrer Verbindung mit den Löhnen beschäftigten[124]. Diese Unerfahrenheit und Hilflosigkeit der Bergleute auf der einen Seite und der Widerstand der Unternehmer und der staatlichen Behörden auf der anderen Seite kennzeichneten — neben den oben genannten, unmittelbar aus der industriellen Entwicklung erwachsenden Hindernissen — auf lange Zeit die Versuche der Ruhrbergarbeiter zur Interessenorganisation und -artikulation.

Nach einigen hilflosen Protestaktionen vor allem gegen die neuen Knappschaftsbestimmungen in den 1860er Jahren fanden Versuche zu einer dauernden und übergreifenden Organisation der Bergarbeiter erst in den 1870er Jahren statt. Urzellen dieser Organisationsversuche bildeten hierbei die schon oben erwähnten Knappenvereine, die — im Westen unter der Führung des durch den im Kulturkampf Anfang der 1870er Jahre mobilisierten Katholizismus, im östlichen, vorwiegend protestantischen Teil des Ruhrgebietes unter zunehmendem Einfluß der Sozialdemokratie — ihren geselligen Charakter deutlich in Richtung auf eine, wenn auch erst lokale oder regionale Interessenvertretung ausweiteten.[125] Doch schlugen alle übergreifenden Organisationsversuche, sei es aufgrund des Widerstandes der staatlichen Behörden, der Unternehmer oder der Unerfahrenheit und der interessenmäßigen Zersplitterung der Bergleute, fehl. Das Sozialistengesetz schließlich, das für die Zeit von 1878 bis 1889 alle sozialdemokratischen Aktivitäten außerhalb des Reichstags und der Wahlzeiten verbot, unterdrückte während dieser Zeit im Ruhrgebiet jede sozialistische Regung[126]. Doch war dies nur die eine Auswirkung. Die andere war, daß gegenüber der aufkommenden sozialdemokratischen die christlich-soziale Bewegung[127] ihren Bestand im

---

[124] So A. Tille, in: Verhandlungen, Mitteilungen und Berichte des CVDI, Nr. 99, 1904, S. 41 f.

[125] Die weniger zahlreichen, protestantischen Arbeitervereine dagegen verstanden sich „als Gegengewicht gegen die ultramontanen und sozialdemokratischen Vereine". Ihre Mitglieder schloß „vor allem die Pflege evangelischer und patriotischer Gesinnung" und der Wunsch zusammen, „das Verhalten zwischen Arbeitgeber und Arbeiter freundlich zu gestalten". Vgl. H. Schack, Festschrift zur Feier des 25-jährigen Bestehens der ersten evangelischen Arbeitervereine Gelsenkirchen und Schalke, 1907, S. 31.

[126] Zum Ganzen ausführlich vgl. Tenfelde, S. 437-572; auch: H.O. Hemmer, Die Bergarbeiterbewegung im Ruhrgebiet unter dem Sozialistengesetz, in: J. Reulecke, Hg., Arbeiterbewegung an Rhein und Ruhr. Beiträge zur Geschichte der Arbeiterbewegung in Rheinland-Westfalen, 1974, S. 81-110.

[127] Vgl. hierzu bes.: E. Ritter, Die katholisch-soziale Bewegung Deutschlands im 19. Jahrhundert und der Volksverein, 1954.

Ruhrgebiet durch weitergehende Agitation unter den Bergarbeitern während dieser Phase festigen oder ausbauen konnte und damit — wie im weiteren noch zu zeigen sein wird — die Struktur der künftigen Interessenvertretung der Bergarbeiter im Ruhrgebiet prädisponierte.

Durch die weitere inner- und außerbetriebliche Distanzierung zwischen Arbeitern und Unternehmern und die „Treibereien" der dieses Vakuum mit dem für die Erledigung ihrer betrieblichen Aufgaben oft unnötigen Ausbau ihrer Autorität füllenden Angestellten und aufgrund weiterer Mißstände brach im Jahre 1889 der große Streik der Ruhrbergarbeiter aus, der gleichzeitig durch seinen Führungsbedarf die Grundlage zu einer dauerhaften Interessenvertretung der Bergleute legte. Wenn auch im 1890 neugegründeten ‚Verband zur Wahrung und Förderung der bergmännischen Interessen in Rheinland und Westfalen' — wie bei seinen Vorgängern — nach der Satzung „Religion und Politik ... in jeder Richtung total ausgeschlossen" bleiben sollten, so kritisierten doch sehr bald die christlich-sozialen Bergleute den zu starken Einfluß von Sozialdemokraten und — hervorgerufen durch die feindliche Haltung von Behörden und Unternehmern — den zu radikalen Kurs des Verbandes[128]. Die Folge war die Gründung eines Gegenverbandes durch die Christlich-Sozialen. Beides zusammengenommen verursachte in der ersten Hälfte der 1890er Jahre eine deutliche Abnahme der Organisationsbereitschaft der Bergarbeiter, die den christlichen Verband das Leben, den — wie er ab jetzt genannt wurde — ‚Alten Verband' den überwiegenden Teil seiner Mitglieder kostete. Erst mit der ansteigenden Konjunktur der zweiten Hälfte der 1890er Jahre stieg das Organisationsbedürfnis wieder. Doch blieb die Interessenvertretung der Ruhrbergarbeiter gespalten — und spaltete sich noch weiter auf. 1899 wurde ein neuer christlicher Verband, der ‚Christliche Gewerkverein', 1902 die ‚Polnische Berufsvereinigung' gegründet. Mit dem schon seit 1883 existierenden, liberalen Hirsch-Dunckerschen Gewerkverein bestanden also in den Jahren nach 1900 vier Bergarbeitergewerkschaften im Ruhrgebiet[129]. Trieb auch der bewußtseinsmäßig wach-

[128] Erst mit der zurückgehenden Bedeutung des konfessionellen Bekenntnisses um die Jahrhundertwende konnte die SPD auf Kosten der Nationalliberalen Partei und des Zentrums verstärkt Eingang finden in das parteipolitische Spektrum des Ruhrgebietes. Während sie zunehmende Erfolge, besonders ab 1903, bei den Reichstagswahlen zu verzeichnen hatte, fand sie durch die Geltung des Dreiklassenwahlrechts — anders als das Zentrum — geringen Zugang zu den Gemeindevertretungen und keinen Eingang in die Magistrate und Stadträte. Vgl. O. Neuloh/J. Kurucz, Vom Kirchdorf zur Industriegemeinde. Untersuchungen über den Einfluß der Industrialisierung auf die Wertordnung der Arbeitnehmer, 1967, S. 49-54; Fritsch, Eindringen, S. 115-117; G.A. Ritter, Die Arbeiterbewegung, S. 233; R. Lützenkirchen; Mogs, S. 139-148; K. Koszyk, Die sozialdemokratische Arbeiterbewegung 1890 bis 1914, in: J. Reulecke, Hg., Arbeiterbewegung, S. 149-172; Brandt/Most, Bd. 2, S. 324-332; K. Rohe, Vom alten Revier zum heutigen Ruhrgebiet. Die Entwicklung einer regionalen politischen Gesellschaft im Spiegel der Wahlen, in: K. Rohe/ H. Kühr, Hg., Politik und Gesellschaft im Ruhrgebiet. Beiträge zur regionalen Politikforschung, 1979, S. 21-47.

sende Gegensatz zu den Unternehmern immer stärker zur Organisation der Arbeitnehmer- und Arbeiterinteressen, so wurde doch durch die Vielfalt der Verbände die anhaltende Bedeutung und Differenz der dem Arbeitsverhältnis übergeordneten Interessen und Überzeugungen, wie Religion, Weltanschauung und Politik, dokumentiert.

Doch waren diese Unterscheidungen in den grundsätzlichen ideologischen Ausrichtungen keineswegs allein auf die spezifischen Erfahrungen der Bergarbeiter im Ruhrgebiet zurückzuführen. Vielmehr standen sie damit in einer nationalen Umwelt, deren scharfe Aufspaltung in religiöse, weltanschauliche und politische Überzeugungen und Interessen das spezifische Ergebnis deutscher Geschichte und preußisch-deutscher Politik war. Hatten die späte Nationwerdung ebenso wie die spezifische Schwäche der politischen Parteien in einem politischen System, in dem die Regierung nicht dem Parlament verantwortlich war, die Politisierung und politisch-normative Ausrichtung anderer gesellschaftlicher Gruppen — auch der Interessenverbände — bewirkt, so trugen die staatlichen Maßnahmen gegen — für eine ‚nationale' und das hieß auch: preußisch bestimmte, an Industrialisierung orientierte Politik — unbequeme Minderheiten (Katholiken, Sozialdemokraten, Polen), Maßnahmen, die die Staatsbürger in ‚Kaisertreue' und ‚Reichsfeinde' aufteilten, zu einer Betonung und Vertiefung der Unterschiede in der religiösen, weltanschaulichen und politischen Ausrichtung der verschiedenen gesellschaftlichen Gruppen bei[130]. Ebenso wie diese diskriminierenden Maßnahmen des Staates die verschiedenen gesellschaftlichen Gruppen voneinander trennten, so banden sie die Angehörigen dieser Gruppen um so enger zusammen.

Ergebnis und Teil dieser ‚Versäulung' der Gesellschaft war sowohl die engere Bindung zwischen politischen Parteien und Interessenverbänden als auch die im Vergleich zu Großbritannien — wie zu zeigen sein wird —

[129] Zur Entstehung und Entwicklung der Bergarbeiterverbände vgl. bes. M.J. Koch, Die Bergarbeiterbewegung im Ruhrgebiet, S. 48 ff., 109 ff.; O. Hue, Die Bergarbeiter, Bd. 2, S. 382 ff., 437 ff.; H. Imbusch, Arbeitsverhältnis und Arbeiterorganisationen, 1908, S. 307 ff. C. Kleßmann, Klassensolidarität und nationales Bewußtsein, S. 149 ff.; S. Wachowiak, Die Polen, S. 69 ff.; auch Pieper, S. 172 ff.

[130] Vgl. H. Böhme, Deutschlands Weg zur Großmacht; H.-U. Wehler, Das Deutsche Kaiserreich 1871-1918, 1973, S. 60-105; G. Schulz, Über Entstehung und Formen von Interessengruppen in Deutschland seit Beginn der Industrialisierung, in: H.J. Varain, Hg., Interessenverbände in Deutschland, NWB Bd. 60, 1973, S. 25-54; T. Nipperdey, Interessenverbände und Parteien in Deutschland vor dem Ersten Weltkrieg, in: ders., Hg., Gesellschaft, Kultur, Theorie, S. 319-337; ders., Die Organisation der bürgerlichen Parteien in Deutschland vor 1918, in: ebenda, S. 279-318; G.U. Scheideler, Parlament, Parteien und Regierung im Wilhelminischen Reich 1890-1914, in: Aus Politik und Zeitgeschichte B/12, 1971, S. 16-24; H.-J. Puhle, Parlament, Parteien und Interessenverbände 1890-1914, in: M. Stürmer, Hg., Das kaiserliche Deutschland. Politik und Gesellschaft 1870-1918, 1970, S. 340-377.

offensichtlich geringere Rolle des Regionalismus und der Einzelberufe im Bereich der Interessenorganisation.

Die im Ruhrgebiet geschaffenen Organisationen der Bergarbeiter blieben nicht selbständige, regionale Verbände wie diejenigen in Südwales und anderen britischen Revieren, sondern vereinigten sich kurz nach ihrer Gründung mit den Bergarbeiterorganisationen der übrigen Reviere zu jeweils nationalen Bergarbeitergewerkschaften.

Diese nationalen Organisationen schlossen sich den jeweiligen, alle Berufsorganisationen zusammenfassenden Gewerkschaftszentralen an: der Alte Verband der Generalkommission der freien Gewerkschaften, die im Jahre 1891 eine Mitgliederzahl von 277.659, 1900 von 680.427 und 1913 eine solche von 2,5 Mill. aufwies; der Gewerkverein christlicher Bergarbeiter dem Zentralverband der christlichen Gewerkschaften mit 5.500 Mitgliedern im Jahre 1895, 1900 mit 76.744 und mit 341.735 im Jahre 1913; der (Hirsch-Dunckersche) Gewerkverein der deutschen Bergarbeiter dem Zentralverband der deutschen Gewerkvereine mit 65.588 Mitgliedern 1891, 91.661 im Jahre 1900 und 106.618 im Jahre 1913; dazu die polnische Bergarbeiterabteilung der Polnischen Berufsvereinigung (ZZP) mit 40.962 Mitgliedern im Jahre 1906 und mehr als 50.000 im Jahre 1913[131].

Die zentralen Gewerkschaftsverbände wiederum, aber auch die Führer der Einzelgewerkschaften waren entsprechend der gesellschaftlichen Hauptgruppierungen, der liberalen, der christlich-katholischen und der sozialdemokratischen, mit den jeweiligen politischen Parteien verbunden: die Hirsch-Dunckerschen Gewerkvereine mit der nationalliberalen Partei, die christlichen Gewerkschaften mit dem Zentrum, die freien Gewerkschaften

[131] Die Mitgliedszahlen nach: W. Hirsch-Weber, Gewerkschaften in der Politik. Von der Massenstreikdebatte zum Kampf um das Mitbestimmungsrecht, 1959, S. 145-147; M. Berger, Arbeiterbewegung und Demokratisierung. Die wirtschaftliche politische und gesellschaftliche Gleichberechtigung des Arbeiters im Verständnis der katholischen Arbeiterbewegung im Wilhelminischen Deutschland zwischen 1890 und 1914, 1971, S. 284; W. Kuhlemann, Die Berufsvereine I/II, 1908, S. 29; Kleßmann, Klassensolidarität, S. 154. Die polnische Berufsvereinigung (ZZP) trat dem im Jahre 1913 gegründeten ‚Ausführenden Kommittee', dem Dachverband aller Polenverbände und -vereine in Deutschland, bei. Seine Bestrebungen waren insbesondere gerichtet gegen die diskriminierenden Bestimmungen gegen die polnische Sprache (‚Sprachenparagraph') wie gegen die katholische Geistlichkeit des Ruhrgebiets, die die Seelsorge vernachlässige und die Polen ‚germanisieren' wolle. Die Geistlichen waren nämlich von den oberen kirchlichen Behörden angewiesen, vor national-polnischen Bestrebungen zu warnen, und der Erzbischof von Köln, Kardinal Fischer, glaubte sich gleichzeitig mit den besorgten Behörden „im Einvernehmen zu befinden, wenn ich den religiösen Einfluß als das vorzugsweise durchschlagende Mittel gegen die Sozialdemokratie [der sich mehr und mehr auch bes. die jungen Polen anschlossen (Der Verf.)] betrachte, wie solches auch seine Majestät der Kaiser seinerzeit mir persönlich gegenüber ausdrücklich auszusprechen geruhten". Vgl. H. Schäfer, Die Polenfrage im rhein.-westf. Industrierevier während des Krieges und nach dem Kriege, 1921, S. 48, 63, und Schreiben des Erzbischofs von Köln vom 30.1.1911 an den Oberpräsidenten der Rheinprovinz, in: HStA D'dorf, Landratsamt Moers 467 (2).

mit der SPD und — hinzukommend — die Polnische Berufsvereinigung mit der Polenfraktion des Reichstags.

Ebenso wie die gewerkschaftlichen Zentralverbände waren — wiederum in deutlichem Unterschied zu Großbritannien — die beruflichen Einzelgewerkschaften nach straff zentralistischem Muster aufgebaut. Formell wurden bei den Bergarbeiterverbänden hierdurch die einzelnen Reviere auf gleiche Ebene gestellt, faktisch jedoch sicherte diese Organisationsform ein eindeutiges Übergewicht dem Ruhrgebiet, in dem nicht nur die jeweiligen Hauptverwaltungen lagen, sondern sich auch jeweils für die einzelnen Organisationen zwischen der Hälfte und zwei Drittel ihrer Mitglieder kumulierten. Von den insgesamt 820 Zahlstellen des Alten Verbandes, der durch seine zeitliche Entwicklung und seine Größe in seiner Organisation für die übrigen Verbände vorbildlich war, waren im Jahre 1911 322, und von den insgesamt 33 Bezirken 13 im Ruhrgebiet[132]. Wie zunächst bei den allerdings wesentlich kleineren Verhältnissen in Südwales organisierten die Zahlstellen die Bergarbeiter nicht nach einzelnen Schachtanlagen, sondern nach dem Wohngebiet. So kam es, daß — wie oben erwähnt — manche Zahlstellen Bergarbeiter aus bis zu 40 verschiedenen Ortschaften zusammenfaßten[133]. Die Zahlstellen wurden organisiert von den Ortsverwaltungen, diese wiederum wurden (ab 1905) durch die Bezirke zusammengefaßt. Oberhalb dieser Ebene gab es keine Organisation für die einzelnen Reviere, sondern nur noch die zentrale Hauptverwaltung. Nach ebenso zentralistischen Maximen erfolgte die Verwaltung des Verbandes.

Der Vorstand, der zunächst jährlich, dann alle zwei Jahre von den in die Generalversammlung entsandten Delegierten der Bergarbeiter gewählt wurde und dessen Mitglieder unbeschränkt wiederwählbar waren und meist auch wiedergewählt wurden, „führt[e] und beaufsichtigt[e] die Gesamtorganisation“[134]. Er verteilte unter sich die Amtsgeschäfte, stellte ein und entließ alle Verbandsangestellten von der Hauptverwaltung hinab bis zum Ortsverband. Selbst der Vertrauensmann der Zahlstelle war nach der Satzung „vom Zentralvorstand zu bestätigen und ihm jederzeit Rechenschaft schuldig“[135]. Der zunächst 13-, dann 16köpfige Vorstand, von dem jedoch nur der 6-8köpfige, engere Vorstand die eigentlichen Geschäfte führte, wurde beaufsichtigt vom ‚Kontrollausschuß‘ und — seit 1909 — ‚beraten‘ vom ‚Aktionsausschuß‘, Gremien, die beide, ebenso wie der Vorstand, in gehei-

[132] Vgl. Geschäftsbericht des Verbandes der Bergarbeiter Deutschlands für die Jahre 1911 und 1912, S. 63, und Anhang, S. III ff.

[133] Zum folgenden vgl. Verband der Bergarbeiter Deutschlands, Protokoll der Generalversammlung 1911, S. 22 ff.; 1913, S. 34 ff., S. 76 ff.; 1919, S. 12 ff. 43 ff., 70 ff., 315; ders., Geschäftsbericht 1911/12, S. 73 f.; O. Hue, Die Bergarbeiter, Bd. 2, S. 383, 754-756.

[134] So die Satzung, nach: Protokoll 1919, S. 71.

[135] Hue, Bd. 2, S. 383.

mer Abstimmung und mit einfacher Mehrheit von der Generalversammlung gewählt wurden. Zum Aktionsausschuß gehörten gleichzeitig aber auch der Gesamtvorstand, die Redakteure und die Bezirksleiter.

Der im Gegensatz zu dem in Großbritannien durchgehend zentralistische Aufbau der Gewerkschaften hatte vielfache Gründe. Nicht nur reflektierte er das Verwaltungsmodell des preußischen Staates[136] und der meisten übrigen Interessen- und anderen Verbände sowie den Mangel an Führungspersonal in den Reihen der Arbeiter, sondern dieser Aufbau schien auch die spezifische Antwort auf die Bestimmungen der Vereinsgesetze, die Einzelvereine unter staatliche Aufsicht stellten[137], auf die verspürte Konfrontation und Bedrohung von außen und die Uneinigkeit von innen sowie auf die — wie noch im folgenden zu zeigen sein wird — weitgehende Erfolglosigkeit auf regionaler Ebene zu sein.

Wenn auch eine solche geschlossene Struktur der Gewerkschaften den Bergarbeitern nur geringe Chancen der unmittelbaren Beteiligung und Betätigung bot[138], so schien der relative Erfolg in der Organisierung der Bergleute dieser Organisationsform zunächst Recht zu geben. Wie groß diese Fortschritte tatsächlich waren, kann man ermessen, wenn man den Organisationsgrad der Bergarbeiter mit dem der Hütten- und Stahlarbeiter des Ruhrgebiets vergleicht, die unter teils ähnlichen betrieblichen Bedingungen und zum großen Teil unter denselben Arbeitgebern wie die Bergleute tätig waren. Von den im Bezirk der nordwestlichen Gruppe des Vereins Deutscher Eisen- und Stahlindustrieller, der fast identisch mit dem Gebiet Rheinland-Westfalens war, im Jahre 1907 beschäftigten 153.292 Arbeitern waren etwa 53.500 oder 34,9%, im Jahre 1913 von 177.100 etwa 78.000 oder 44,0% organisiert. In den Städten des Ruhrgebiets aber waren im Jahre 1913/14 von 159.046 Arbeitern der Hochöfen, Gießereien, Walz- und Preßwerke jedoch nur 14.224 oder 8,9% organisiert[139]. Dieser — wie das folgende zeigen wird — gegenüber den Bergarbeitern bedeutend geringere Organisationsgrad, lag, wie hier deutlich wird, nicht nur an der grundsätzlichen Gewerkschaftsfeindlichkeit der Unternehmer, sondern auch an der größeren Kontrollierbarkeit der Fabriken und — wie es ein Beobachter an den walisi-

---

[136] Die ‚Bezirke' etwa lehnten sich an die Reviereinteilung der staatlichen Bergbehörde an.

[137] Vgl. hierzu unten Anmerkung 142.

[138] Und das Gefühl der äußeren Bedrohung erhielt diese Struktur, trotz aller Kritik von Seiten der Bergarbeiter, offensichtlich aufrecht.

[139] Die Zahlen beruhen auf Schätzungen nach den Angaben bei: 25 Jahre Arbeitnordwest 1904-1929, hrsg. aus Anlaß seines 25jährigen Bestehens vom Arbeitgeberverband für den Bezirk der nordwestlichen Gruppe des Vereins Deutscher Eisen- und Stahlindustrieller, 1929, S. 25/6, 47; M. Sogemeier, Die Entwicklung und Regelung des Arbeitsmarktes im rhein.-westf. Industriegebiet im Kriege und in der Nachkriegszeit, 1922, S. 32; M. Berger, Arbeiterbewegung und Demokratisierung, S. 285.

schen Stahlarbeitern feststellte — den verschiedenartigeren und maschinenverbundenen Arbeiten, dem, im Vergleich zu den Bergarbeitern, weniger entwickelten „Herdentrieb“ und dem stärkeren Individualismus[140]. Diese Schwäche des Solidaritätsgefühls war z. T. auch begründet, wie Otto Hue, der geistige Führer des ‚Alten Verbandes‘, aus eigener Erfahrung berichten konnte, in der größeren Möglichkeit des individuellen Aufstiegs[141].

Im Bergbau des Ruhrgebiets entwickelte sich im Vergleich hierzu der Organisationsgrad der Arbeiter trotz der gemeinsamen Frontstellung von Betriebs- und Unternehmensleitung sowie besonders der unteren Organe des Obrigkeitsstaates: Polizei und Justiz[142], trotz der anhaltenden Bestrafungen und Maßregelungen sowie der abwehrenden Beaufsichtigung durch die Angestellten[143], und der oft hierdurch auftretenden Organisationsfeindschaft der Bergarbeiterfrauen, die um die Weiterführung ihres Haushalts bangten[144], während des letzten Jahrzehnts vor dem Ersten Weltkrieg folgendermaßen.

Organisationszugehörigkeit und Organisationsgrad der Bergarbeiter im Ruhrgebiet, 1903 - 1912[145]

Jahr	Arbeiterbelegsch.	Alter Verband	Christl. Gewerkverein	Poln. Berufsverein.	Hirsch-Duncker	Syndikalisten	Organisationsgrad
1903	255992	48132	32000	4616	546	-	33,3%
1910	345136	80378	32616	26309	3613	-	41,4%
1912	393879	69648	40000	30334	3325	(400)	36,5%

[140] Vgl. A.G. Jones, The Economic and Social History of Ebbw Vale, S. 177/8; auch: unten S. 581/2.

[141] Protokoll über die Verhandlungen des Parteitages der sozialdemokratischen Partei Deutschlands, 1894, S. 165. Die zu beobachtende Absonderung der Bergleute von den Arbeitern anderer Gewerbe war, da sie nicht nur im Ruhrgebiet, sondern auch in Südwales auftrat, weniger die Folge ihrer privilegierten Stellung in der Vergangenheit oder der Erinnerung hieran, als vielmehr Ergebnis der unmittelbar durch die berufliche Tätigkeit vermittelten Umstände und Charakterzüge. Vgl. auch: D. Crew, Definitions of modernity, S. 74.

[142] Zum repressiven Vorgehen der unteren Staatsorgane — besonders unter dem dehnbaren Mantel des Vereinsgesetzes — gegen die Arbeiterschaft vgl. K. Saul, Staat, Industrie, Arbeiterbewegung im Kaiserreich. Zur Innen- und Außenpolitik des Wilhelminischen Deutschland, 1903-1914, 1974, S. 188 ff.; C. Legien, Das Koalitionsrecht der deutschen Arbeiter in Theorie und Praxis, 1899; auch: Verband der Bergarbeiter Deutschlands, Protokoll der Generalversammlung 16, 1905, S. 46-51, 17; 1907, S. 67-71, 96 ff. (Berichte der Bezirke); 20, 1913, S. 111.

[143] Zur ‚verständnisvollen Mitwirkung‘ der Angestellten im Betrieb beim Kampf gegen die Gewerkschaften und bei der Verbreitung der ‚gelben‘ Werkvereine, vgl. etwa: K. Saul, Staat, Industrie, S. 151/2; K. Mattheier, Werkvereine, S. 191.

[144] Zur organisationshemmenden Wirkung der Bergarbeiterfrauen und den Versuchen der Verbände, diese für sich zu gewinnen, vgl. Verband der Bergarbeiter Deutschlands, Protokoll 1905, S. 163; Gewerkverein christlicher Bergarbeiter Deutschlands, Geschäfts-

Kämpften die Gewerkschaften in den 1890er Jahren noch um ihr Überleben, so hatten sie sich in der Zeit bis zum Ersten Weltkrieg einen festen Halt in den Belegschaften des Ruhrbergbaus verschafft. Doch konnten sie zusammen kaum mehr als 40% der Gesamtbelegschaft organisieren.

Hatte die Industrialisierung und die großbetriebliche Entwicklung, unterstützt durch — wie oben angedeutet — den allmählichen Ausgleich der Belegschafts- und Bevölkerungsverhältnisse nach 1903, zu einer immerhin beachtlichen, wenn auch — aufgrund der angegebenen Hindernisse und Hemmungen — späten gewerkschaftlichen Organisierung der Bergarbeiter geführt, so konnte sie (bei einem in etwa konstant gebliebenen Verhältnis zwischen Katholiken und Protestanten von 1:1 unter der Belegschaft[146]) trotz aller von ihr verursachten Bewegungen und Veränderungen offensichtlich nicht oder nur kaum, wie schon die obige Tabelle zeigt, die gleichsam vorindustriellen, weltanschaulich-ideologischen Barrieren zwischen den Bergarbeitern abbauen. Deutlicher wird dies noch durch die Zusammenstellung der Mandatsträger der verschiedenen Organisationen.

Zwar wird auch hier das große Übergewicht des Alten Verbandes sichtbar, doch blieb während des wiedergegebenen Zeitabschnittes das zahlenmäßige Verhältnis der Organisationen zueinander fast gleich. Diese weltanschaulich-ideologische Beharrung der Ruhrbergarbeiter, die ebenfalls, wie das krampfhafte Aufrechterhalten ihrer unmittelbaren häuslichen und familiären Verhältnisse, als Korrelat ihrer Abstiegsfurcht gedeutet werden kann, zeigt noch

bericht für die Jahre 1907/08, 1909, S. 61, 133, 149, 154/6; ders., Protokoll der 14. Generalversammlung 1913, S. 68.

145 Die Tabelle ist zusammengestellt nach den sowohl auf Gewerkschaftsveröffentlichungen als auch auf staatlichem Archivmaterial beruhenden Angaben bei: Kleßmann, Klassensolidarität, S. 154; J. Fritsch, Eindringen und Ausbreiten des Revisionismus im deutschen Bergarbeiterverband (bis 1914), 1967, S. 109; die Mitgliederzahl der Syndikalisten ist geschätzt nach der Angabe bei U. Linse (Organisierter Anarchismus im Deutschen Kaiserreich von 1871, 1969, S. 241), wonach es im Ruhrgebiet nach 1910 7-8 Ortsvereine der ‚Anarchistischen Föderation für Rheinland-Westfalen' gab, und zwar in Essen, Hamborn, Buschhausen, Gelsenkirchen (2), Werne, Dortmund und Gladbeck. Nimmt man die durchschnittliche Größe dieser Ortsvereine mit 50 an, so ergibt sich eine Gesamtzahl von ca. 400 Mitgliedern. Der Vorsitzende des Alten Verbandes, H. Sachse, sprach von „ein paar Hundert Leuten". Vgl. Verband der Bergarbeiter Deutschlands, Protokoll 1913, S. 102. Der entsprechende nationale Verband, die ‚Freie Vereinigung deutscher Gewerkschaften' organisierte 1900 in 62 Lokalvereinen 19.792 Mitglieder, 1911 in 147 Vereinen 7.133 Mitglieder. Vgl. H. Abegg, Die Entwicklung der gewerkschaftlichen Organisationsformen, 1922, S. 20. Die Mitgliederzahlen des Hirsch-Dunckerschen Gewerkvereins dürften wohl die des Reichsgebiets sein, spielen aber wegen ihrer Geringfügigkeit hier kaum eine Rolle.

146 Das Verhältnis von 51,82% Katholiken und 47,91% Protestanten (bei 0,27% Andersgläubigen) unter der Belegschaft im Jahre 1893 dürfte sich in der folgenden Zeit nur leicht zugunsten der Katholiken verschoben haben. Vgl. L. Pieper, Die Lage, S. 240; Koch, S. 62, und Brandt/Most, Bd. 2, S. 25-29.

Mandatsträger der drei wichtigsten Bergarbeitergewerkschaften im Ruhrgebiet, 1904 - 1912[147]

	Alter Verband	Gewerkverein	Poln. Verein.
Beisitzer der Berggewerbegerichte			
1905	67	15	
1911	132	32	27
Sicherheitsmänner			
1910	806	20	63
1912	437	242	66
Knappschaftsälteste			
1904	170	100	5
1910	229	83	29

klarer die folgende Tabelle, die deutlich macht, daß auch nach einer intensiven Industrialisierung von 40 und mehr Jahren die Stärke des SPD-orientierten Alten Vereins deutlich weiterhin im Osten, diejenige des christlichen Gewerkvereins weiter im Westen des Ruhrgebiets lag, die Polen jedoch sich nur auf einzelne Reviere konzentrierten.

Organisationszugehörigkeit der Sicherheitsmänner in den Bergrevieren des Ruhrgebiets im Jahre 1914[148]

Lfd.Nr.	Name der Bergreviere	Zahl der vorhandenen Sicherheitsmänner	Von den Sicherheitsmännern gehörten an:				
			Alter Verband	Christl.Gewerkverein	Poln. Verein.	Zechenwerkverein	keiner Organisation
1	Hamm	43	12	25	-	2	4
2	Dortmund I	71	45	1	1	6	18
3	Dortmund II	126	96	11	1	5	13
4	Dortmund III	104	48	26	15	3	12
5	Ost-Recklinghausen	135	33	59	21	11	11
6	West-Recklinghausen	133	52	71	-	2	8
7	Witten	61	34	-	-	-	27
8	Hattingen	36	21	12	-	-	3
9	Süd-Bochum	41	7	18	-	-	16
10	Nord-Bochum	80	7	33	1	24	15
11	Herne	87	11	35	25	4	12
12	Gelsenkirchen	73	22	42	5	-	4
13	Wattenscheid	63	30	16	-	11	6
14	Essen I	78	41	27	3	7	-
15	Essen II	34	13	10	-	10	1
16	Essen III	73	21	13	15	14	10
17	Werden	71	12	47	-	7	5
18	Oberhausen	100	22	44	17	4	13
19	Duisburg	94	53	13	22	-	6
	Summe	1503	580	503	126	110	184

Wenn auch nur widerstrebend und nach längerem Lernprozeß, so hatten die Führer der Bergarbeitergewerkschaften die weltanschaulich-ideologische Beharrung der Bergarbeiter in ihrem vollen Ausmaß begriffen. Sie hatten trotz der von einzelnen Bergarbeitergruppen wiederholt gestellten Forderung nach „Verschmelzung" erkannt, daß die Integration der Interessen und Überzeugungen der Bergleute im Ruhrgebiet nur durch die Vielzahl der bestehenden Verbände möglich war. Es sei besser, irgendeiner Organisation anzugehören, als überhaupt keiner, rieten sie den Bergleuten[149]!

Das — wenn auch sehr allmähliche und schwankende — Ansteigen der Mitgliederzahlen hatten die Gewerkschaften in der Tat einer Stratgie zu verdanken, die in hinreichendem Maße die Überzeugungen und Interessen der Bergarbeiter, aber auch — freilich zeitlich und von Fall zu Fall sehr unterschiedlich — die Notwendigkeiten der jeweils anderen Organisation berücksichtigte, auf der anderen Seite als eigentliche Antipoden aber auch die Maßnahmen, Bedingungen und Möglichkeiten der Arbeitgeber und des Staates in Betracht zog. Zentral für die Beziehungen zwischen den Verbänden und ihren Mitgliedern wie auch den Verbänden selbst wurde die von Otto Hue, dem Kopf des Alten Verbandes[150], entwickelte Konzeption der ‚Neutralität', d. h. der Nichtbehandlung von Parteipolitik und Religion, in den Gewerkschaften. Hierdurch sollten die vorhandenen Meinungsverschiedenheiten über andere als die die berufliche Interessenpolitik betreffenden Verhältnisse ausgeschlossen und infolgedessen die Mitgliederwerbung und die Zusammenarbeit der verschiedenen Verbände erleichtert werden[151]. Tatsächlich gelang sporadisch eine Zusammenarbeit der Verbände, und die hierzu während des Streiks von 1905 gegründete ‚Siebenerkommission' bestand trotz längerer Unterbrechung der Treffen offiziell bis 1914 fort. Doch die oft und gerade nach dem Streik von 1905 von den Bergarbeitern vorgetragene Forderung nach der ‚Verschmelzung' vor allem des Alten mit dem Christlichen Verband brachte bei dem letzteren, der sich nicht ‚schlucken' lassen wollte, immer aufs Neue die Rückbesinnung auf — über-

[147] Nach: Kleßmann, Klassensolidarität, S. 156; vgl. dazu auch die teilweise abweichenden Zahlen für die Mandate der Sicherheitsmänner bei Koch, S. 128.

[148] StAM, OBA Dortmund 1853 Bl. 216.

[149] Die Streitigkeiten der Verbandsführer und Redakteure führten öfter bis zu Auseinandersetzungen vor Gericht. Vgl. Gewerkverein christl. Bergarbeiter, Protokoll 1907/08, S. 84-87; 125/9; Verband der Bergarbeiter Deutschlands, Protokoll 1907/8, S. 84-87; 125/9; Verband der Bergarbeiter Deutschlands, Protokoll 1907, S. 57-69.

[150] Zu Otto Hue vgl. die kurzen Darstellungen von N. Osterroth, Otto Hue. Sein Leben und Wirken, 1922, und J. Mugrauer, Otto Hue, in: Rheinisch-Westfälische Wirtschaftsbiographien, Bd. 1, 1932, S. 160-175.

[151] Zum Konzept der ‚Neutralität' vgl. bes. O. Hue, Neutrale oder parteiische Gewerkschaften? Ein Beitrag zur Gewerkschaftsfrage, zugleich eine Geschichte der deutschen Bergarbeiterbewegung, 1900, bes. S. 108 ff.; Verband der Bergarbeiter Deutschlands, Protokoll 1907, S. 61 ff., 231 ff.; Koch, S. 56-59.

höht durch die unterschiedliche Weltanschauung — die parteipolitische Verankerung der beiden Verbände[152].

Mit der — wenn auch oft mühsamen — Zusammenarbeit der Verbände näherten sich auch ihre Ziele und die Einschätzung des gemeinsamen Klassengegners einander an. Obwohl „durch die gewaltige Macht der Werkssyndikate die Stellung des einzelnen Unternehmers gegenüber der Arbeiterschaft außerordentlich verstärkt" werde, seien Konzentration und Kartellierung „eine volkswirtschaftliche Notwendigkeit", die „den Marktverhältnissen eine stabilere Gestalt gegeben" habe und „auch den Arbeitern nicht ohne weiteres schädlich" sei. Zur Regelung der Lohnverhältnisse strebte man daher den Abschluß von Tarifverträgen und die Festsetzung von Mindestlöhnen parallel zu der der Mindestkohlenpreise durch das RWKS an[153]. Die Gewerkschaftsführer waren überzeugt, „daß, wenn man sich nur ein einziges Mal zu Verhandlungen bereitfinden lassen würde, man sich auch besser verstehen lernen würde".

Während solche Forderungen der Gewerkschaften eine eher optimistische Zukunftserwartung in bezug auf die Verhandlungsbereitschaft der Unternehmer hätten erwarten lassen, war man wohl in den meisten Fällen eher pessimistisch, glaubte man doch nicht einmal annehmen zu dürfen, „daß kaufmännische Regungen die Bergwerksbesitzer umstimmen könnten"[154]. Der Alte Verband — im Gegensatz zum Christlichen Gewerkverein — hielt

---

[152] Koch, S. 66-68; Hue, Die Bergarbeiter, Bd. 2, S. 473 ff.; Verband der Bergarbeiter Deutschlands, Protokoll 1905, S. 43-45; ders., Protokoll 1907, S. 59, 61 ff., 251, 255; ders., Protokoll 1913, S. 125, 187-190; Gewerkverein christlicher Bergarbeiter, Protokoll 1907/08, S. 83-88, 121 ff.; ders., Bericht des Hauptvorstandes 1911/12, S. 103-109, 176; H. Imbusch, Ist eine Verschmelzung der Bergarbeiter-Organisationen möglich?, 1906; Protokoll des 2. Bergarbeiterdelegiertentages für Preußen, 1906, S. 97, 102, 112/3.

[153] Verband der Bergarbeiter Deutschlands, Protokoll 1913, S. 31, 242; ders., Protokoll 1907, S. 371/2; auch: Ebenda, S. 75; ders., Protokoll 1909, S. 168 ff.; Gewerkverein christlicher Bergarbeiter, Protokoll 1907/08, S. 41/2; ders., Bericht des Hauptvorstandes 1911/12, S. 117/8; ders., Protokoll 1913, S. 159; J. Effert, in: Methoden des gewerblichen Einigungswesens, Schriften der Gesellschaft für Soziale Reform, H. 23/24, 1907, S. 78-82; Protokoll des 2. Bergarbeiterdelegiertentages, S. 107. Eine Forderung nach Abänderung des betrieblichen Lohn- und Gedingewesens wurde jedoch trotz der vielen Klagen bezeichnenderweise nie gestellt. Vgl. hierzu: L. Bernhard, Die Akkordarbeit in Deutschland, 1903, S. 115-118. Zu der etwas skeptischeren Haltung des Dt. Metallarbeiterverbandes gegenüber der Kartellierung vgl. K. Massatsch, Die Syndikate und Kartelle und ihr Einfluß auf die Arbeitsverhältnisse, 1913. Zur Diskussion über Tarifverträge im Bergbau und ihrem stärkeren Aufkommen in anderen Industriezweigen vgl. etwa: F. Thomas, Kollektive Arbeitsverträge im Steinkohlenbergbau der Vereinigten Staaten von Nordamerika und Deutschlands, 1909, S. 22-45; K. Saul, Staat, S. 61-66; H.J. Teuteberg, Geschichte der industriellen Mitbestimmung, S. 481-487; H. Kaelble/H. Volkmann, Konjunktur und Streik während des Übergangs zum Organisierten Kapitalismus in Deutschland, in: Zeitschr. f. Wirtschafts- und Sozialwissenschaften 92, 1972, S. 513-544, S. 536/7; O. Hommer, Die Entwicklung, S. 96 ff. (Metallarbeiter).

[154] Vgl. J. Effert, in: Methoden des gewerblichen Einigungswesens, S. 79-81.

daher zusätzlich an seiner Verstaatlichungsforderung des Bergbaus von 1890 fest, eine Forderung, die sich — wie der Blick hinüber zu den britischen Bergarbeiterorganisationen lehrt — nicht nur in die sozialdemokratischen Vorstellungen von ‚verstaatlichungsreifen', hochkonzentrierten Industriezweigen einfügte[155]. Auch die meisten der übrigen Forderungen, die die Gewerkschaften in der Zeit zwischen 1890 und 1914 erhoben, ob sie erfüllt wurden, wie die Abschaffung des Wagennullens, die Einführung von Arbeiterausschüssen und Grubenkontrolleuren, oder unerfüllt blieben, wie die Einhaltung der Acht-Stunden-Schicht einschließlich Ein- und Ausfahrt, die Einrichtung von Schiedsgerichten, die Verwaltung der Knappschaft nur durch die Arbeiter, die freie Arztwahl, die Beseitigung von Strafen im Betrieb und die Anerkennung der Arbeiterorganisationen usw., waren entweder unmittelbar oder mittelbar (oft wurde die Ablehnung durch die Unternehmer geradezu vorausgesetzt) an den Staat gerichtet und wurden von ihm entschieden[156]. Den einzigen unmittelbaren Kontakt, der zwischen den Gewerkschaften und den Unternehmern und ihren Verbänden bestand, bildeten die jeweiligen Verbandszeitungen. Nur durch die hier abgedruckten Berichte über die „Mißstände auf den Gruben", die auf Angaben der Verbandsmitglieder basierten, hatten die Gewerkschaften Gelegenheit, direkt auf die Betriebsverhältnisse Einfluß zu nehmen[157].

Die Mittel, die die Gewerkschaften zum Erreichen ihrer Ziele und Forderungen einsetzten, bestanden schwerpunktmäßig in der parlamentarischen Aktion, obwohl gerade das preußische Abgeordnetenhaus, das für die Berggesetzgebung in Preußen zuständig war, aufgrund des Dreiklassenwahlrechts einen nur geringen Prozentsatz von Arbeitervertretern sowie bis 1907 keinen und 1913 nur zehn Sozialdemokraten von insgesamt 443 Abgeordneten aufwies[158]. Alle unmittelbaren Verhandlungen zwischen den Gewerkschaften und den staatlichen Behörden lehnten diese, auch unter dem Druck der Unternehmer, bis in die Zeit des Ersten Weltkrieges ab. Ausschließlich in Zeiten ernster Streiksituationen wurden die Führer der Gewerkschaften von

---

[155] Vgl. O. Hue, Kohlenversorgung und Grubenverstaatlichung, in: Die Neue Zeit 19, 1900/01, I 9, S. 261, zit. in: J. Fritsch, Eindringen, S. 96; Koch, S. 53, 85. Zur Haltung der SPD gegenüber der Konzentration und Kartellierung in der Wirtschaft vgl. F. Blaich, Kartell- und Monopolpolitik im kaiserlichen Deutschland. Das Problem der Marktmacht im deutschen Reichstag zwischen 1879 und 1914, 1973, S. 209-217.

[156] Vgl. hierzu die Listen von Forderungen anläßlich der Streiks bei Koch, S. 55, 90/1.

[157] Diese Berichte wurden wohl regelmäßig vom Bergbauverein bzw. Zechenverband gesammelt und den jeweils darin angesprochenen Zechen zugeschickt.

[158] D. Fricke, Zur Organisation und Tätigkeit der deutschen Arbeiterbewegung (1890-1914), 1962, S. 122; G.A. Ritter, Die Arbeiterbewegung im Wilhelminischen Reich. Die Sozialdemokratische Partei und die Freien Gewerkschaften 1890-1900, 1959, S. 232. Bei gleichem Wahlrecht hätten im Preußischen Abgeordnetenhaus gemäß dem Wahlergebnis von 1912 nach dem prozentualen Verhältnis der abgegebenen Stimmen erhalten müssen:

den zuständigen Ministerien empfangen, jedoch nur in ihrer Eigenschaft als Abgeordnete. Fortlaufende Kontakte bestanden also, anders als — wie zu zeigen sein wird — in Großbritannien, weder zwischen Gewerkschaften und Unternehmern noch zwischen Gewerkschaften und Staat. Um allerdings überhaupt die Interessen der Bergarbeiter vertreten und evtl. durchsetzen zu können, so war den Bergarbeiterführern klar, hatten sie sich — trotz aller Hemmnisse — eher an den Staat und die Öffentlichkeit als an die Unternehmer zu wenden.

Obwohl in dieser Konstellation eine solche Gelegenheit nützlich sein konnte und im gegebenen Fall auch von ihnen genutzt wurde, versuchten die Gewerkschaftsführer nicht, die Bergarbeiter zum Streik zu ermuntern. Im Gegenteil brachen Streiks fast immer, wie der große Ausstand von 1905, gegen den Willen der Gewerkschaftsführer aus. Sie waren nicht — wie meist in Südwales — das planmäßig angewandte Mittel der Arbeiter nach der unzureichenden Durchsetzung ihrer Forderungen, sondern die spontane Entladung von langfristig angesammeltem Unmut[159]. Ein Katalog von Forderungen wurde oft erst während des Streiks formuliert.

Streiks drohten immer dann auszubrechen, wenn mit der Konjunktur die Reallöhne der Bergarbeiter am tiefsten standen und gleichzeitig die Lohnunterschiede zwischen den einzelnen Kategorien am geringsten waren. Um die Streiks wenigstens zu einem bescheidenen unmittelbaren Erfolg (meist in der Lohnhöhe) zu führen, bestand nun die Kunst der Gewerkschaftsführung darin, wenn es überhaupt zu einem Streik kommen mußte, — trotz des großen Verbandseinflusses der ‚eigentlichen' Bergarbeiter, deren Löhne am stärksten den Konjunkturschwankungen folgten — die Streiks auf den

Sozialdemokraten	(28,38%)	: 125	Abgeordnete	statt	10.
Zentrum	(16,53%)	: 73	Abgeordnete	statt	103.
Konservative (u. Anhang)	(14,75%)	: 69	Abgeordnete	statt	149.
Nationalliberale	(13,56%)	: 60	Abgeordnete	statt	78.
Polen u. Dänen	(7,89%)	: 85	Abgeordnete	statt	14.
Fortschrittliche Volkspartei	(6,72%)	: 80	Abgeordnete	statt	60.
Freikonservative	(2,00%)	: 9	Abgeordnete	statt	54 .

Die Abgeordnetenzahl für den Bund der Landwirte (0,89%) und die Antisemiten (0,31%) wurden hier nicht berechnet. Vgl. hierzu: Bergarbeiter-Ztg., Nr. 2, 12. Jan. 1918.

159 Vgl. etwa G. Natorp, Der Ausstand der Bergarbeiter im Niederrhein-westf. Industriebezirk, 1889, S. 5; Koch, S. 35, 85 ff.; D. Fricke, Der Ruhrbergarbeiterstreik von 1905, 1955, S. 55 ff.; A. Gladen, Die Streiks der Bergarbeiter im Ruhrgebiet in den Jahren 1889, 1905 und 1912, in: J. Reulecke, Hg., Arbeiterbewegung, S. 111-148. Die Streiks verbreiteten sich — wie derjenige von 1889 — „mit der Schnelligkeit eines Prairiebrandes", „ohne daß unmittelbare Wahrnehmungen vorlagen, aus welchen die Schnelligkeit des Umsichgreifens der Bewegung hätte hergeleitet werden können". Die großen Streiks von 1889, 1905 und 1912 erfaßten regelmäßig zwischen 60% und 80% der Gesamt- und bis zu 90% der Untertagebelegschaft. Vgl. G. Natorp, Der Ausstand, S. 4; Koch, S. 142-144, 146; O. Hue, Unsere Taktik beim Generalstreik 1905, S. 23.

Anstieg der nächsten Konjunktur zu verschieben, also auf einen Zeitpunkt, an dem bereits die Löhne, besonders der Klasse I, und die Lohnunterschiede zwischen den Arbeitergruppen, die längerfristig — wie wir sahen — ohnehin schon zunahmen, wieder im Steigen und damit das aktuelle Zusammengehörigkeitsgefühl der Bergarbeiter potentiell im Sinken begriffen war. Hatte diese Vorgehensweise auch bessere Erfolgsaussichten im Hinblick auf die unternehmerischen Kalkulationen, so gefährdete sie sowohl das Ansehen der Gewerkschaftsführung („Bremser") als auch die Solidarität der Bergarbeiter[160]. Ein wie zweischneidiges Schwert zudem die Waffe des Streiks gegenüber Unternehmern, die — wie auch die Gewerkschaftsführer erkannten — durch ihre Organisationen eine beinahe vollkommene Monopolstellung sowohl auf dem Arbeits- wie auf dem Absatzmarkt besaßen[161], blieb, zeigt die Tatsache, daß während des Streiks von 1905 jede Woche 2 Mill. M an Streikunterstützung erforderten, und in den beiden Jahren 1911/12 allein der Alte Verband 3,5 Mill. M an Streikgeldern auszahlte, während sein Vermögen von 4,3 Mill. auf 2,7 Mill. M absank[162].

Gerade die Streiktaktik und die dahinterstehende, sich in allen Verbänden durchsetzende, gewerkschaftliche Orientierung der Organisationen war es nun, die sich in zunehmendem Grade der Kritik des politischen und ideologischen Umfeldes des jeweiligen Verbandes aussetzte. Sah sich der Christliche Gewerkverein mit der ansteigenden, teils scharfen Kritik großer Teile des katholischen Klerus wie auch des auf christliche Überbrückung des Klassengegensatzes und auf Wahlsiege hoffenden Zentrums konfrontiert, so

---

160 Diese doppelte Problematik bei dem Zusammenhang zwischen Konjunkturbewegung und Streiks ist — soweit wir sehen — in der Literatur noch nicht behandelt worden. Vgl. etwa A. Rees, Industrial Conflict and Business Fluktuations, in: JPE 601, 1952, S. 371-381; E.J. Hobsbawm, Economic Fluctuations and some social movements since 1800, in: EHR 5, 1952/53; S. 1-25; H. Kaelble/H. Volkmann, Konjunktur und Streik; P.N. Stearns, Measuring the Evolution of Strike Movements, in: IRSH 19, 1974, S. 1-27; E. Shorter/C. Tilly, The Shape of Strikes in France, 1830-1960, in: CSSH 13, 1971, S. 60-86; J.H. Hörr, Streik-Bilanzen. Eine sozialökonomische Studie über den Streik als Waffe im modernen Wirtschaftskampfe, 1926.

161 Die Verträge des RWKS mit ihren Kunden enthielten eine Klausel, nach der bei Nichteinhaltung der Kohlenlieferung infolge von Streiks der Lieferant keine Entschädigung zu leisten habe. Die Unternehmer indes wurden durch die während des Streiks enorm steigenden Kohlenpreise entschädigt. Hinzu trat seit 1909 die aktive Kontrolle des Arbeitsmarktes durch den zentralen Zwangsarbeitsnachweis der Unternehmer. Vgl. hierzu: P. Osthold, Die Geschichte des Zechenverbandes, 1934, S. 57 ff.

162 Koch, S. 97; Verband der Bergarbeiter Deutschlands, Protokoll 1913, S. 114/5. Zur Streikabrechnung 1905 vgl. D. Fricke, Der Bergarbeiterstreik, S. 187/8. Zur vorsichtigen Haltung der Gewerkschaftsführer gegenüber Streiks und ihren möglichen Gewinnen vgl. O. Hue, Unsere Taktik beim Generalstreik, 1905; Verband der Bergarbeiter Deutschlands, Protokoll 1911, S. 89, 110; ders., Protokoll 1913, S. 125; J. Fritsch, Eindringen, S. 66-76. Auch versäumten die Verbandsvorstände nicht, die Mitglieder anhand von Zahlenvergleichen auf die Diskrepanz zwischen Streikkosten und Lohngewinnen aufmerksam zu machen. Vgl. etwa: Verband der Bergarbeiter Deutschlands, Protokoll 1907, S. 291/2.

erblickte vor allem die Linke der SPD in der „Neutralitätsduselei" und der „schlappen" Streikführung des Alten Verbandes eine Hingabe an eine „engherzige, bornierte" Berufs- und Tagespolitik und ein Aufgeben langfristiger Klasseninteressen[163]. Während jedoch die „Wut und Wucht" der Angriffe gegen den Christlichen Gewerkverein bis zum Kriegsausbruch zunahmen, konnte der Alte Verband — zusammen mit den anderen freien Gewerkschaften — seine Stellung gegenüber der Partei nach 1907 sichtlich stärken[164]. Hierzu trug — wie bei den anderen Verbänden — die innere Konsolidierung der Gewerkschaften, ohne deren inner- und außerparlamentarische Unterstützung die Partei rasch ihre Macht und ihren Einfluß hätte schrumpfen sehen müssen, entscheidend bei[165]. Trotzdem zeigte sich hieran, wie sehr sich

163 Obwohl Hue eine „Nurgewerkschaftlerei im Sinne des alten englischen Trades-Unionismus" abgelehnt hatte und es „*persönlich*. . . für selbstverständlich" hielt, daß „alle Bergarbeiter und überhaupt alle Arbeiter, ihre sicherste politische Vertretung in der Sozialdemokratie sehen". Vgl. Hue, Unsere Taktik, S. 28/9; auch in: Verband d. Bergarbeiter, Protokoll 1905, S. 238-240; zum obigen Vorwurf vgl. K. Kautsky, Die Lehren des Bergarbeiterstreiks, in: Die Neue Zeit 23 I, 1905, S. 772-782, bes. S. 780-782. Zur Entwicklung der kontroversen Position innerhalb der SPD vgl. D. Groh, Negative Integration und revolutionärer Attentismus. Die deutsche Sozialdemokratie am Vorabend des Ersten Weltkrieges, 1974².

164 Gewerkverein christlicher Bergarbeiter, Bericht des Hauptvorstandes 1911/12, S. 102, 104-106, 217 ff.; Koch, S. 129-134; J. Windolph, Der deutsche Protestantismus und die christl. Gewerkschaften, 1909; H.J. Wallraff, Die Belastung einer Gewerkschaft durch ideologische Differenzen. Spannungen innerhalb der christlichen Gewerkschaftsbewegung in den Jahren 1900-1914, in: H.O. Vetter, Hg., Vom Sozialistengesetz zur Mitbestimmung. Zum 100. Geburtstag von Hans Böckler, 1975, S. 135-152; R. Brack, Deutscher Episkopat und Gewerkschaftsstreit 1900-1914, 1976.

165 Äußerer Ausdruck für diese Abhängigkeit zwischen Interessenorganisation und Partei war die starke Zunahme der Funktionäre der freien Gewerkschaften in der Reichstagsfraktion der SPD:

	Zahl der SPD-Mandate	davon Gewerkschaftsführer	Anteil in %
Reichstag 1893	43	5	11,6
" 1898	56	12	21,4
" 1903	81	19	23,5
" 1907	44	13	29,5
" 1912	110	36	32,7

Vgl. H.J. Varain, Freie Gewerkschaften, Sozialdemokratie und Staat. Die Politik der Generalkommission unter der Führung Carl Legiens (1890-1920), 1956, S. 45. Zur beruflichen und schichtenmäßigen Zusammensetzung sämtlicher Fraktionen der im Reichstag vertretenen Parteien vgl. die interessante Arbeit von W. Kremer, Der soziale Aufbau der Parteien des Deutschen Reichstages von 1871-1918, 1934. Zum allgemeinen Zusammenhang vgl. Fritsch, S. 18 ff.; H.J. Varain, Freie Gewerkschaften, S. 10-70; G.A. Ritter, Die Arbeiterbewegung, S. 107 ff., 150 ff.; W. Hirsch-Weber, Gewerkschaften, S. 3-15; O. Heilborn, Die „freien" Gewerkschaften seit 1890, 1907, S. 135 ff.; A. Braun, Die Gewerk-

die Gewerkschaften nach wie vor gegen die überkommenen weltanschaulich-ideologischen Traditionen und ihre Trägergruppen zu legitimieren hatten. Noch 20 Jahre nach der Gründung der freien Gewerkschaften glaubte sich der Vorsitzende ihrer Generalkommission, Carl Legien, gegenüber Angriffen aus der SPD (Kautsky) zu einer Verteidigungsschrift genötigt mit dem Titel: „Sysiphusarbeit oder positive Erfolge?".

Aber auch innerhalb der Gewerkschaften gab es Gründe für die Schaffung und Beibehaltung von Weltanschauungen, offensichtlich parallel zu und verschränkt mit dem individuell-häuslichen Bereich der Bergarbeiter, die gleichsam unverletzbar durch die Realität und daher umso besser den eigenen Stand zu stabilisieren imstande waren. Anders als in Großbritannien verstärkten die relative Isolation der Gewerkschaften, ihr beschränkter Betätigungsbereich, die geringe Aussicht auf die Durchsetzung der von ihr vertretenen Interessen ebenso wie die Begrenztheit ihrer Erfolge ihren Bedarf an Rückfalls-, Integrations-, Verteidigungs- und Angriffsideologien. Konnte die Aussicht auf das „ewige Heil" oder auf den sozialistischen Zukunftsstaat über Mißerfolge hinweghelfen, der Rückblick auf die bessere Vergangenheit der Bergarbeiter die Einheit der Bergarbeiter stärken und ihre Forderungen begründen, so bot die marxistische Lehre vom Klassenstaat die Basis zum Angriff. Auch und gerade die Führer der Gewerkschaften, und die Konkurrenz zwischen den Organisationen verstärkte diese Tendenz, waren vom Einsatz und Gebrauch dieser Ideologien und gerade auch vom Wortradikalismus nicht frei[166]. Hatten sich z. B. schon seit ihrer Gründung im Jahre 1891 die freien Gewerkschaften trotz ihrer organisatorischen und persönlichen Verbundenheit mit der SPD, die in ihrem marxistischen Programm die Revolutionierung der bürgerlichen Gesellschaft und ihres Staates kodifiziert hatte[167], ausdrücklich auf den Boden der bestehenden Gesellschaftsordnung gestellt und verfolgten sie durchgehend und programmatisch die konkrete Verbesserung der Arbeits- und Lebensbedingungen der Arbeiter[168], so ließen ihre Führer zwischen aller konkreten Tagesarbeit immer wieder als eigentliches Endziel die ‚sozialistische Produktions- und Gesellschaftsordnung' anklingen. Wie ernst gemeint solche Worte auch waren, den Unternehmern boten sie auch nach der Durchsetzung des Revisionismus Bernstein'scher Prägung — wie sie meinten — hinreichend Anlaß, an die weiterhin revolutio-

schaften vor dem Kriege, 1921², S. 337 ff.; H. Langerhans, Richtungsgewerkschaft und gewerkschaftliche Autonomie, 1890-1914, in: IRSH 2, 1957, S. 22-51; C.E. Schorske, German Social Democracy, 1905-1917. The Development of the Great Schism. 1970², S. 88 ff., 257 ff.; M. Berger, Arbeiterbewegung und Demokratisierung, S. 105 ff., 157 ff.; 196 ff.; 223 ff.

166 Hierzu allgemein vgl. etwa: G. Fülberth, Proletarische Partei und bürgerliche Literatur, 1972, S. 15 ff.

167 Vgl. bes. G.A. Ritter, Die Arbeiterbewegung.

168 H.J. Varain, Freie Gewerkschaften, S. 11 ff.

näre Gefahr durch die Sozialdemokraten und die freien Gewerkschaften zu glauben und andere, wie z. B. die liberalen Parteien und manche Regierungsbeamte, solches glauben zu machen, die dazu neigten, die Verbreitung des Revisionismus für eine „Mauserung“ der Sozialdemokratie von einer „Umsturz“- in eine Reformpartei zu halten[169].

Daß die relative Ideologieverhaftung der Führer der Bergarbeiterorganisationen, anders als in Großbritannien, wie zu zeigen sein wird, eher Produkt der mentalen Tradition sowie der Notwendigkeiten und Zwänge der Institutionen als ihrer eigenen Erziehung und Ausbildung war, in denen sie sich kaum von denen in Südwales unterschieden, zeigt ihr Werdegang. Alle hatten ihren Weg begonnen als normale Arbeiter, meist als Bergarbeiter. Sie hatten in jungen Jahren die Arbeits- und Lebensverhältnisse der Bergarbeiter mit ihren Abhängigkeiten, Ungerechtigkeiten, Nöten und oft mit ihrem Elend erlebt. Meist motiviert durch die starke christlich-religiöse Orientierung, die ihnen das Elternhaus mitgegeben hatte, sannen sie auf Verbesserung, Hilfe und Abhilfe[170]. Allgemein wollten sie, nach einem Bekenntnis Otto Hues, mitwirken an einer „gerechten Ordnung der Welt“[171]. Durch ihren Einsatz für ihre Kameraden stiegen sie Stufe für Stufe allmählich an die Spitze der Organisation. Ihr Hauptlehrmeister nach dem Besuch der Volksschule war die eigene Erfahrung, und alle für die gewerkschaftliche Organisation notwendigen juristischen, volkswirtschaftlichen, politischen usw. Kenntnisse und organisatorische Fähigkeiten mußten lange Zeit alle Gewerkschaftsführer durch Selbststudium neben und mit ihrer Verbandsarbeit erwerben. Das oft gleichzeitige, mehr oder weniger intensive Kennenlernen der marxistischen Lehre vermittelte ihnen zwar ein allgemeines Bild von der Organisation und den Zusammenhängen der kapitalistischen Wirtschaft und Gesellschaft, doch reichte eine solche allgemeine Theorie für die Bewältigung der tagtäglichen gewerkschaftlichen Verbandsarbeit kaum. In Südwales verlief — wie wir unten sehen werden — dieser Prozeß der Aneignung von Wissen genau umgekehrt. So kam es, daß die Gewerkschaftsführer im

[169] Vgl. Verhandlungen, Mitteilungen und Berichte des CVDI, Nr. 91, 1901, S. 22 ff.; Nr. 104, 1906, S. 26 ff. Dort auch die eifrig gesammelten Zitate der Gewerkschaftsführer.

[170] Vgl. etwa: N. Osterroth, Otto Hue. Ein Lebensbild für seine Freunde, 1922; ders., Vom Beter zum Kämpfer, 1920 (Autobiographie), sowie die Biographien von A. Brust, H. Köster, J. Effert und den Brüdern Imbusch in: 25 Jahre christliche Gewerkschaftsbewegung, 1899-1924, 1924. — Hue hebt die tiefe Religiosität der Bergarbeiter hervor, welche auch bei den Leuten bestehe, die wenig zur Kirche gingen. Es läge nahe, die wesentliche Ursache dieser Religiosität der Bergleute, besonders auch im Vergleich zu Südwales, in der Gefahr des Berufes zu suchen. Doch müßte man sie in diesem Fall auch bei anderen gefährlichen Berufen, und — wie etwa bei den Seeleuten — wahrscheinlich vergeblich, suchen. Zumindest ist die Religiosität der Bergleute aber zusammen mit ihrem beruflichen Sonderbewußtsein Ausdruck ihres starken Traditionalismus. Zu den Bergarbeitern vgl. O. Hue, Neutrale oder parteiische Gewerkschaften?, 1900, S. 99 ff.

[171] Berichtet bei: G. Werner, Meine Rechnung geht in Ordnung, 1958, S. 139.

Ruhrbergbau — wie wohl in Deutschland insgesamt — in wachsendem Maße nicht-marxistische, bürgerliche Lehrmeinungen rezipierten und sich diesen z. T. anschlossen. Anknüpfungspunkt und — wie nicht nur aus dem Hauptwerk Otto Hues über „Die Bergarbeiter" hervorgeht — von besonderer Bedeutung waren hierbei die Lehrinhalte der historischen Schule der Nationalökonomie, die — im grundsätzlichen Ansatz von Marx nicht allzu weit entfernt — zum einen die historische Bedingtheit der einzelnen Stufen wirtschaftlicher Entwicklung, zum anderen die Verschränkung von wirtschaftlichen und sozialen Faktoren betonte, und deren Vertreter — die britische Entwicklung zum Vorbild nehmend — die Ausbreitung und Anerkennung der Gewerkschaften und z. T. sogar die Verstaatlichung des Bergbaus forderten und begrüßten[172].

An dem bildungsmäßigen Auf-sich-selbst-gestellt-Sein der Gewerkschaftsführer änderte sich — wie auch in Südwales — bis ins neue Jahrhundert nichts. Erst die relative, programmatische Verselbständigung sowie die Festigung und Ausdehnung der Verbände machten offensichtlich eine planmäßige Schulung des Nachwuchses des gewerkschaftlichen Führungspersonals denkbar und notwendig. Doch waren es nicht die größeren freien Gewerkschaften, die hiermit den Anfang machten. Vielmehr war es die christlich-soziale Bewegung mit dem aktiven ‚Volksverein für das katholische Deutschland' in Mönchen-Gladbach an der Spitze, die sich offensichtlich leichter tat, ihr mangelndes konkretes Wissen zu erkennen und zuzugeben, sich die Ergebnisse der bürgerlichen Wissenschaft zu Nutze zu machen und sich ihrer „zum weltanschaulichen Kampfe gegen Liberalismus und Sozialismus" zu bedienen[173]. Im Jahre 1901 richtete der ‚Volksverein' zehnwöchige „Volkswirtschaftliche Kurse" ein, die bis 1913 jeweils einmal jährlich stattfanden. In diesen, von durchschnittlich etwa 50 bis 60 Teilnehmern besuchten Kursen, in denen zumeist die historisch und volkswirtschaftlich gebildeten Kapläne des Volksvereins als Lehrer auftraten, wurde eine große Zahl der Führer der christlichen Gewerkvereine, darunter auch mindestens zwei Bergarbeiterführer, eingehend in Geschichte, Ökonomie, Poli-

---

[172] Vgl. G. Stavenhagen, Geschichte der Wirtschaftstheorie, 1969⁴, S. 195 ff.; D. Lindenlaub, Richtungskämpfe im Verein für Sozialpolitik, 1965; H. Oppenheimer, Zur Lohntheorie der Gewerkvereine, 1917. Die unmittelbare organisatorische Vermittlung der Lehren der historischen Schule für viele Gewerkschaftsführer erfolgte durch die ‚Gesellschaft für Soziale Reform', die im Jahre 1901 gegründet worden war und durch das ‚Bureau für Socialpolitik' mit dem richtungsweisenden ‚Verein für Socialpolitik' verbunden war. Die Unternehmer des Ruhrbergbaus standen allen diesen Organisationen feindlich und völlig ablehnend gegenüber und betrachteten den ‚Kathedersozialismus' insgesamt „als einen Krebsschaden an unserem Staats- und Gesellschaftskörper". Vgl. Verhandlungen, Mitteilungen und Berichte des CVDI, Nr. 104, 1906, S. 245. Allgemein zur Gesellschaft für Soziale Reform vgl. W. Berg, „Herr im Hause" oder Emanzipation der Arbeitnehmer, 1973, S. 39-43.

[173] E. Ritter, Die katholisch-soziale Bewegung, S. 260.

tik und Gewerkschaftswesen unterrichtet[174]. Trotz dieses auch für die Konkurrenten fühlbaren Vorsprungs kamen die freien Gewerkschaften erst im Jahre 1906 zu eigenen Bildungseinrichtungen. Zwar existierte schon seit 1891 die sozialdemokratische ‚Arbeiterbildungsschule', doch war diese durch ihre einseitige ideologische (marxistische) Ausrichtung zumindest in einzelnen Unterrichtsfächern „für die gewerkschaftliche Schulung, wie man bald erkannte, unzweckmäßig, ja sogar schädlich"[175]. Nach dem ‚Mannheimer Abkommen' von 1906, das den freien Gewerkschaften für die Zukunft eine größere Unabhängigkeit von der SPD gewährte, wurden noch im gleichen Jahr zum einen die ‚Parteischule' der SPD gegründet und zum anderen die ‚Unterrichtskurse' der Generalkommission eingerichtet. Von den durchschnittlich knapp 30 Schülern der jährlich stattfindenden Kurse der Parteischule waren während der drei letzten Jahre im Durchschnitt nur 6 Gewerkschaftler. Und von den insgesamt 141 Teilnehmern standen die Bergarbeiter mit 7 Teilnehmern als berufliche Einzelgruppe zusammen mit den Malern an fünfter Stelle[176]. Angesichts dieser beschränkten Zahl und auch der „andersgearteten Belange ihrer Organisation" nahmen bei weitem die meisten freien Gewerkschaftler, und nicht nur ihre Führungskräfte, an den 4-6wöchigen „Unterrichtskursen" der Generalkommission teil. An den zwischen 1906 und 1914 stattfindenden 22 Lehrgängen nahmen insgesamt 1.417 Hörer teil, von denen 54 Bergarbeiter waren, die als Einzelgruppe hinter anderen Berufen an achter Stelle standen[177]. Die Unterrichtsfächer entsprachen etwa denen des ‚Volksvereins'. Als Lehrer fungierten durchweg in beiden Institutionen Sozialdemokraten, doch während die gewerkschaftlichen Kurse ausschließlich Revisionisten beschäftigten, verschob sich das Spektrum der Lehrer mit Rosa Luxemburg, Hilferding, Mehring und Duncker in der Parteischule eindeutig nach links[178]. Für eine spürbare Auswirkung dieser Bildungsanstrengungen der Gewerkschaften jedoch, die auch nur ansatzweise derjenigen in Südwales — wie wir unten zeigen werden — vergleichbar gewesen wäre, war es für die Zeit bis zum Ersten Weltkrieg in Deutschland und im Ruhrgebiet zu spät.

---

174 Vgl. ebenda, S. 262-264. Hier auch der Abdruck eines Lehrprogramms. Schon kurz nach seiner Gründung hatte der ‚Volksverein' Anfang der 1890er Jahre allgemeine, ‚Praktisch-soziale Kurse' in verschiedenen deutschen Städten, u. a. auch in Dortmund (1895), abgehalten. Vgl. ebenda, S. 195-199.

175 F. Gumpert, Die Bildungsbestrebungen der freien Gewerkschaften, 1923, S. 15/6; D. Bronder, Organisation und Führung der sozialistischen Arbeiterbewegung im Deutschen Reich, 1890-1914, 1952, S. 43.

176 D. Bronder, Organisation, S. 44; vgl. hierzu auch: D. Fricke, Zur Organisation, S. 193-197. Hier auch eine Übersicht der Unterrichtsfächer und -stunden.

177 Ebenda, S. 45; F. Gumpert, S. 20.

178 Bronder, S. 43, 45. Ein Wochenstundenplan der Unterrichtsfächer der gewerkschaftlichen Kurse ist abgedruckt in: W.S. Sandars, Trade Unionism in Germany, 1916, S. 18/9.

Die gemeinsame Ausbildung der Gewerkschaftsangestellten konnte es also nicht in ausschlaggebendem Maße gewesen sein, die den mit der Zeit immer deutlicher spürbar werdenden Graben zwischen Gewerkschaftsleitung und Mitgliedern entstehen ließ[178a]. Vielmehr lag der wesentliche Grund hierfür schlicht im Anwachsen der Gewerkschaften selbst. Die Ausdehnung der Verbände, ihrerseits eine Antwort auf die industrielle Expansion einerseits und die wachsende Organisationsbereitschaft der Bergarbeiter andererseits, erforderte eine Veränderung ihrer Struktur. Während nach der Gründung der Organisationen die jeweilige Zentralverwaltung nur allmählich anwuchs und weite Bereiche der Verwaltungs- und Agitationsarbeit auf der unteren und mittleren Ebene dem freiwilligen und selbstbestimmten Einsatz von ihren Beruf ausübenden Bergarbeitern überlassen blieben, änderte sich dies schlagartig mit dem Jahr 1905. Der große Streik hatte die mangelnde Koordinierungs- und daher auch: Kontrollfähigkeit innerhalb der einzelnen Verbände mit einem Mal bloßgelegt. Innerhalb von kurzer Zeit schufen die einzelnen Organisationen nun — und zwar in ziemlich einheitlicher Form — unter Abänderung ihrer Statuten, die gleichzeitig die stärker gewerkschaftliche Ausrichtung und die Reduzierung der geselligen Funktionen festlegten, eine neue Verwaltungsebene von (im Ruhrgebiet 13) von der Zentralverwaltung besoldeten „Bezirksleitern" und allmählich ab etwa 1910 eine weitere von Lokalangestellten, die von einer oder mehreren Zahlstellen, der untersten Organisationsebene, gemeinsam besoldet werden sollten[179]. Für die Verbindung zwischen Zahlstellen und Mitgliedern schließlich sorgten weiterhin die „Vertrauens"- oder „Straßenmänner", die oftmals gleichzeitig Ortsälteste und Sicherheitsmänner bzw. Arbeiterausschußmitglieder im Betrieb waren[180].

So bildete sich in relativ kurzer Zeit — wie in anderen Gewerkschaften — sowohl der Zahl wie der Art und Höhe der Besoldung nach eine Gruppe von Funktionären heraus, die zwar im Auftrage und für die Bergleute arbeiteten,

[178a] Doch muß hier immerhin erwähnt werden, daß ein spezifisch ausgerichteter und auch praktisch umgesetzter Bildungswille unter den Bergarbeitern an der Ruhr — anders als in Südwales — zumindest in den Jahren um 1910 offensichtlich nicht besonders ausgeprägt war. So entfielen von den in der Bibliothek des Arbeitersekretariats Bochum und Umgegend entliehenen Büchern 1907: 11,9%, 1908: 12,0%, 1910: 9,6% und 1911 nur 5,1% auf die Kategorie „Volkswirtschaft, Sozialwissenschaft, Sozialismus, Gewerkschaftsbewegung". Vgl. hierzu und zu Vergleichen mit anderen Städten A. Weber, Die Lohnbewegungen der Gewerkschaftsdemokratie, 1914, S. 57-60; vgl. auch oben S. 246/7.

[179] Vgl. Verband der Bergarbeiter Deutschlands, Protokoll 1905, S. 39-41; ders., Protokoll 1907, S. 54/5; ders., Protokoll 1909, S. 69, 76. 1911 hatte der Verband insgesamt 30 Bezirksleiter. Vgl. Protokoll 1911, S. 66. Zur Reorganisierung des Gewerkvereins christl. Bergarbeiter vgl. dessen Protokoll 1909, S. 196, und 1913, S. 45 ff.

[180] Vgl. hierzu die Berichte der Bergrevierbeamten über die Sicherheitsmänner im Jahre 1913, in: StAM, OBA Dortmund 1953. Für die innere Organisationsstruktur der freien Gewerkschaften vgl. B. Schildbach, Verfassung und Verwaltung der Freien Gewerkschaften in Deutschland, 1910; Heilborn, Die „freien" Gewerkschaften, S. 5 ff.

sich gleichwohl aber eben durch diese Funktion und ihre Folgen von der Masse der Bergarbeiter abhoben. Beim Alten Verband stieg die Zahl der hauptamtlich angestellten Funktionäre von 4 im Jahre 1898 über 9 (1900) auf 17 im Jahre 1904 und erreichte schließlich im Jahre 1907 58[181]. Im Jahre 1912 beschäftigte allein die Hauptverwaltung 25 Angestellte[182]. Der Christliche Gewerkverein, der noch bis 1902 mit 2 hauptamtlich Angestellten in der Zentralverwaltung ausgekommen war, hatte im Jahre 1912 16 Mitarbeiter in der Hauptverwaltung und insgesamt 63 Angestellte beschäftigt.

Verwaltungsstruktur des Gewerkvereins christlicher Bergarbeiter im Jahre 1912[183]

	insgesamt	Ruhrgebiet
Hauptverwaltung		
"Leitende Beamte"	9	
Hilfskräfte	7	
Bezirksleiter	32	15
Agitatoren	6	2
Rechtsschutz einschl. Schreibkräfte	9	6
Angestellte insgesamt	63	23
Zahlstellen	810	315

[181] Fritsch, S. 19/20. Die Zahlen gelten für das Reichsgebiet.

[182] Voller Stolz und Fortschrittsgläubigkeit verkündete die Gewerkschaftsführung ihren Mitgliedern, daß „aus einem kleinen Büroraume ... ein großes Verwaltungsgebäude geworden" und daß „auf unserem Hauptbüro das Prinzip der Arbeitsteilung durchgeführt" sei. Diese gestaltete sich folgendermaßen:

Bezeichnung der Abteilung	Zahl der beschäftigten Angestellten		
	männlich	weiblich	zusammen
1. Vorstandsbureau	4	2	6
2. Sozialpolitische Abteilung, Zeitungsregistratur und Zentralbibliothek	3	—	3
3. Hauptkasse	2	1	3
4. Kontrolle	1	—	1
5. Bücherei und Mitgliedskartothek	3	2	5
6. Redaktion (deutsch und polnisch)	3	—	3
7. Zeitungs- und Materialversand	2	—	2
8. Druckereiverwaltung und Buchhandel	1	1	2
Zusammen:	19	6	25

Vgl. Verband der Bergarbeiter Deutschlands, Protokoll der 19. Generalversammlung 1911, S. 48, und ders., Geschäftsbericht 1911/12, S. 75 f.

[183] Zusammengestellt nach: Gewerkverein christl. Bergarbeiter, Protokoll 1913, S. 45-54.

Die Angestellten der Hauptverwaltung des Christlichen Gewerkvereins verdienten durchschnittlich in den Jahren 1911 und 1912 1.923 M[184]. Für den Alten Verband erlauben es die Quellen, die Entwicklung der Gehaltslage der einzelnen Angestelltengruppen zu verfolgen und sie den Bergarbeiterlöhnen gegenüberzustellen.

Durchschnittliche Jahreslöhne der Bergarbeiter und Jahresgehälter der Angestellten des Alten Verbandes, 1899 - 1911[185]

Jahr	Jahreslohn der		Jahresgehalt der Verbandsangestellten	
	Hauer	erwachsenen Bergarbeiter		
	M	M		M
1899	1.491	1.198	1 Angestellte(r)	1.955
			1 "	1.800
			4 "	1.560
			2 "	1.440
1900	1.592	1.271	1 "	2.400
			4 "	1.800
1905	1.370	1.166	I. Angest. d. Zentralverwaltung, Redaktion u.Arbeitersekretariate:	1.920 - 2.640
			II Bezirksleiter:	1.680 - 2.540
			III. Lokal- u. Hilfsangestellte:	1.680 - 2.100
1911	1.666	1.418	I. Angest. d. Zentralverwaltung, Redaktion u.Arbeiter-Sekr. Ø 2.670 M	1.920 - 3.000
			II. Bezirksleiter u. Hilfskräfte in der Zentralverwaltung:	1.800 - 2.900
			III. Lokalangest.:	1.680 - 2.440

Deutlich lagen die sich ihrerseits in ihrer Struktur aufspaltenden Gehälter der Verbandsangestellten dauernd und ohne konjunkturell bedingte Einbrü-

[184] Ebenda, S. 60.

[185] Die Tabelle ist zusammengestellt nach den Angaben bei: Fritsch, S. 20; Verband der Bergarbeiter Deutschlands, Protokoll 1905, S. 321; ders., Protokoll 1911, S. 115, 124; ders., Protokoll 1913, S. 120. Obwohl im Deutschen Metallarbeiterverband von 409 Angestellten 7 mehr als 3.000 M erhielten, scheinen die Gehaltssätze der Angestellten der Bergarbeiterorganisationen weitgehend dem Durchschnitt der in den deutschen Gewerkschaften gezahlten Gehälter zu entsprechen. Vgl. für den Deutschen Metallarbeiterverband die detaillierten Angaben bei Hommer, S. 125, sowie für andere Verbände die verstreuten Aussagen bei B. Schildbach, Verfassung, S. 66, 71; H. Heilborn, Die „freien" Gewerkschaften, S. 53/4. Für die Gehaltsabstufungen in einer christlichen Gewerkschaft (zwischen 600 und 2.500 M) vgl. Lupus, Aus einer christlichen Gewerkschaft, (1910), S. 29, 61.

che über dem Durchschnittslohn aller (erwachsenen) Bergarbeiter wie auch der — bestbezahlten — Hauer.

So notwendig auch der verwaltungsmäßige Ausbau zu einer effektiven Organisation sein mochte, so schuf er gleichzeitig neue Probleme. Ähnlich ihrer Situation im Betrieb fühlten sich die Bergarbeiter plötzlich in ihren Bezirken und Zahlstellen schärfer kontrolliert und eingeengt von einer neuen Gruppe von nicht mit ihnen die Erfahrungen und Leiden des Betriebs- und Arbeitsplatzes teilenden und dazu: höher besoldeten Funktionären, die sie ihrerseits wieder von der Spitze „ihres" Verbandes abzudrängen schienen[186].

Es war nicht nur die Erfahrung der Entfremdung in ihrer eigenen Interessenorganisation, sondern auch die Unzufriedenheit mit dem von den Verbänden Erreichten und besonders der als Eigenständigkeitsdemonstration gedachte und aus parteipolitischen Rücksichten begangene „Streikbruch" des Christlichen Gewerkvereins im Jahre 1912, der hierdurch gescheiterte

[186] Auch die Einführung des ‚Aktionsausschusses', der aus den Reihen der Vertrauensmänner alle zwei Jahre gewählt wurde, und der dafür sorgen sollte, „daß ein engeres Verhältnis als bisher zwischen dem Gesamtvorstand und den Mitgliedern eintritt", den Vorstand in wichtigen Fragen aber nur „beraten" sollte, konnte an der wachsenden Distanz zwischen Führung und Basis wenig ändern. Vgl. Verband der Bergarbeiter Deutschlands, Protokoll 1911, S. 65/6; ders., Protokoll 1913, S. 77 ff. Zum Problem der Ausbreitung der ‚Bürokratie' in den deutschen Gewerkschaften — Rosa Luxemburg sprach von der „selbstgefälligen, strahlenden, selbstsicheren Borniertheit der Gewerkschaftsführer" (Heilborn, S. 151) — vgl. G.A. Ritter, S. 169-175 (mit Zahlenangaben für 1900-1914); H.J. Varain, S. 58 ff.; Heilborn, S. 50-57, 148 ff.; A. Braun, Die Gewerkschaften, S. 72 ff.; Hommer, S. 122 ff.; C.E. Schorske, S. 8-16, 116 ff. (SPD); zur zeitgenössischen Kritik vgl. bes. Rosa Luxemburg, Massenstreik, Partei und Gewerkschaften (1906), in: Politische Schriften, 1969, S. 127-225, S. 206 ff.; R. Michels, Zur Soziologie des Parteiwesens in der modernen Demokratie. Untersuchungen über die oligarchischen Tendenzen des Gruppenlebens, 1910. — Die Entfremdung des Ruhrbergarbeiters, und damit die Ansammlung von Unmut und Protestbereitschaft, entstand also weniger an seinem (kaum technisierten) Arbeitsplatz und in der unmittelbaren sozialen Umgebung von Kameradschaft und Familie als durch die mittelbare Umwelt von menschlichen Funktionsträgern, die Apparaten gehorchten, deren Strukturen für die Bergarbeiter schwer übersehbar waren, und über die sie entweder keine Kontrolle hatten oder wenigstens zu haben glaubten — eine psychische Disposition, die der Arbeitsplatz ständig von ihnen forderte. Weniger wird es auch vielleicht die relativ geringe, absolute Zahl der neuen Gewerkschafts-„Bürokraten" gewesen sein, welche die Bergarbeiter beeindruckte, als das Entstehen einer neuen Entwicklungsphase ihrer Interessenverbände, für die sie vorher unter unmittelbarem, persönlichem Einsatz gekämpft und gelitten hatten. Zur möglichen Bedeutung der Rationalisierung des Arbeitsplatzes für die Protestbereitschaft in anderen Industriezweigen, hier der Elektroindustrie, vgl. H. Homburg, Anfänge des Taylorsystems in Deutschland vor dem Ersten Weltkrieg. Eine Problemskizze unter besonderer Berücksichtigung der Arbeitskämpfe bei Bosch 1913, in: GG 4, 1978, S. 170-194, S. 180 ff. Vgl. auch die durchweg positiven Aussagen der Bergarbeiter über ihre eigentliche Arbeit, die ihre relative Selbstverantwortung vor Ort dokumentieren und ihre relative Entfremdung im Kontakt mit ihrer mittelbaren Umwelt aufzeigen, bei A. Levenstein, Die Arbeiterfrage, 1912, S. 16 ff., 44 ff., die Briefe des Bergarbeiters Max Lotz, in: A. Levenstein, Hg., Aus der Tiefe. Arbeiterbriefe, 1909, S. 25 ff., und F. Fehr, Hg., Stimmen aus dem Schacht, 1921.

Streik sowie die im Anschluß hieran ausgefochtenen Kämpfe zwischen den Organisationen, die eine kritische Situation in der Haltung der Ruhrbergarbeiter in den Jahren unmittelbar vor Ausbruch des Ersten Weltkrieges hervorriefen. Ein Teil der Bergleute reagierte mit einer erschreckenden Apathie und Indifferenz gegenüber jeglicher Organisierung, der andere Teil organisierte „wilde" lokale Streiks und trat aus den etablierten Verbänden aus[187]. Hauptgewinner waren dabei die von den Unternehmern frisch ins Leben gerufenen, gelben Werkvereine auf der einen Seite und — in bescheidenerem Maße — die an ältere, lokalistische Traditionen anknüpfende, 1910 gegründete und syndikalistisch ausgerichtete ‚Anarchistische Föderation für

[187] Hierzu vgl. Verband der Bergarbeiter Deutschlands, Protokoll 1905, S. 243/4, ders., Protokoll 1907, S. 45, 51, 61, 72, 95, 120, 228/9, 235, 286, 306; ders., Protokoll 1909, S. 69, 74, 76; ders., Protokoll 1911, S. 29, 64, 88, 117, 135; ders., Protokoll 1913, S. 77-80, 103, 108, 125, 134; Gewerkverein christlicher Bergarbeiter, Geschäftsbericht des Vorstandes 1907/08, S. 124/5, 129, 144, 148, 154, 156; ders., Geschäftsbericht des Hauptvorstandes 1911/12, S. 55/6, 103 ff., 182 ff., 193/7, 212 ff. Eine weitere Folge der Unzufriedenheit und Indifferenz mag das oft beklagte Desinteresse der Jugendlichen gewesen sein, denen zunehmend in den Jahren vor 1914 von den Angestellten der Betriebe und der Gewerkschaften übereinstimmend die mangelnde Bereitschaft zur Unterordnung zum einen und ihre ‚Vergnügungssucht' zum anderen vorgeworfen wurde. Zur mangelnden Unterordnung vgl. G. Werner, Die Bergarbeiter-Organisationen und die technischen Grubenbeamten, in: TGB 1, 1908, S. 70-73, S. 71/2; zum Desinteresse der Jugendlichen und zu ihrem Trachten nach Vergnügen vgl. etwa: Verband der Bergarbeiter Deutschlands, Protokoll der 18. Generalversammlung 1909, S. 74; Gewerkverein christl. Bergarbeiter, Protokoll 1913, S. 68; dass., 1907/08, S. 148. Von den 18.350 im gesamten deutschen Bergbau im Jahre 1913 beschäftigten Jugendlichen unter 16 Jahren waren im christlichen Gewerkverein 522 organisiert. Auch von den 103.000 16-20jährigen waren nur 3.708 Mitglieder des Gewerkvereins. Der christliche Gewerkverein besaß damit im Jahre 1913 einen Jugendlichen-Anteil von 9,27%, während der Alte Verband im Jahre 1907/08 mit ca. 300 Jugendlichen nur einen solchen von 0,25% aufzuweisen hatte. Wie sich dieser Mangel an Jugendlichen auf die Altersstruktur der Verbände im Vergleich zu der Belegschaft auswirkte, zeigt das Beispiel des Bezirkes Recklinghausen des christl. Gewerkvereins im Jahre 1909 (1. Jan.) mit 3.615 Mitgliedern, nachdem er allerdings schon auf eine ‚erfreuliche Zunahme' von Jugendlichen zurückblicken konnte.

Lebens-alter	Recklinghausen %	Gesamt-belegschaft %	Recklinghausen %	Gesamt-belegschaft %
bis zu 20	7,25	17,88	54,85	69,25
21 - 25	13,06	15,24		
26 - 30	16,43	20,13		
31 - 35	18,12	16,00		
36 - 40	13,91	12,10	45,15	30,75
40 - 50	21,30	13,90		
50 - 60	7,77	4,20		
61 und mehr	2,16	0,55		

Rheinland-Westfalen' mit der ,Freien Vereinigung der Bergarbeiter Deutschlands' als Untergruppe. Die gelben Werkvereine konnten, nachdem sie sich durch Anfangserfolge die volle Unterstützung der zunächst noch zögernden Unternehmer gesichert hatten[188], ihre Organisation vom Nullpunkt im Jahre 1911 in zweieinhalb Jahren auf beinahe 20.000 Mitglieder oder etwa 6% der Gesamtbelegschaft bringen.

Zechenwerkvereine im Ruhrgebiet, 1911 - 1914[189]

	Zahl der Vereine	Vereinsmitglieder
1.11.1911	7	131
2. 3.1912	24	3.348
1. 1.1913	65	16.349
1. 3.1914	88	19.306

Auf den insgesamt 65 (1913) bzw. 88 (1914) Zechen, auf denen Werkvereine existierten, waren durchschnittlich im Jahre 1913: 7,94%, 1914: 9,37% der Arbeiter in Werkvereinen organisiert.

Die Syndikalisten besaßen in den Jahren nach 1910 in 7-8 Ortsgruppen im Ruhrgebiet insgesamt vielleicht 400 Mitglieder[190].

Die Schlagkraft der bei weitem stärkeren Gruppe, der gelben Werkvereine, richtete sich vornehmlich gegen den Christlichen Gewerkverein. Gerade aus dessen Reservoir bezogen sie in nicht unerheblichem Maße ihre Mitglieder. Denn je mehr sich der Christliche Verband besonders nach seiner Streikenthaltung 1912 das ,nationale und antisozialistische Mäntelchen' umhängte, um so näher kam er damit den Gelben in ihrer Programmatik von Werksgemeinschaft, Arbeitsfrieden und nationaler Größe, worauf zumindest manche der Bergwerksunternehmer, die erstaunliche finanzielle

188 Schon vorher war die Schaffung eines anderen gelben Werkvereins mit dem Bergrat Krabler vom Kölner Bergwerksverein als seinem „vornehmsten Protektor" gescheitert. Trotz seines geschickt gewählten Titels („Christlich-nationaler Bergarbeiterverband") und einer Propaganda, die den Alten Verband als eine sozialdemokratische und den Gewerkverein als eine Zentrumsgewerkschaft hinzustellen versuchte, wurde er — Anfang des Jahres 1907 gegründet — am Jahresende, nicht erst 1910/11, wie Mattheier (S. 179) meint, wieder aufgelöst. Vgl. K. Mattheier, Werkvereine, S. 179; Verband der Bergarbeiter Deutschlands, Protokoll 1907, S. 115/6.

189 Die Zahlenangaben für 1911 und 1912 erfolgen nach: Mattheier, Werkvereine, S. 188, diejenigen für 1913 und 1914 nach der werks- oder verbandsinternen Zusammenstellung in: BgA 55 (GBAG) BBAG 261-00, Nr. 1/1. Mattheier, der für dieselben Jahre offensichtlich die gleiche Quelle (in einem anderen Unternehmensarchiv) benutzt hat, zählt irrtümlicherweise die dort für manche Eisenwerke mitgenannten Werkvereine mit zu den Zechenwerkvereinen.

190 Vgl. oben Anmerkung 145.

Mittel in das Unternehmen investierten, ihre Hoffnung setzten[191]. Die Werkvereine verzichteten nach ihrem Programm zwar „in keiner Weise auf das Geltendmachen berechtigter Wünsche, hegen aber das Vertrauen zu dem Arbeitgeber, daß soweit es der Erfolg des Unternehmens gestattet, er solchen Wünschen, wiederum im gemeinsamen Interesse, entgegenkommen werde", und erkannten es „als ihre Aufgabe, die mit dem steten Anwachsen der Betriebe geschwundene *persönliche Fühlungnahme* zum Arbeitgeber zu fördern, die Zusammengehörigkeit der Arbeiter innerhalb eines Werkes und zur Leitung desselben nicht verloren gehen zu lassen, sondern wieder zu heben"[192].

Die Ideologie und das Programm der Syndikalisten zielten besonders gegen die SPD und die freien Gewerkschaften, und sie waren in vielem der gleichnamigen Protestbewegung in Südwales — wie sich zeigen wird — sehr nahe. Die größte Zahl der Mitglieder der syndikalistischen Vereine dürfte auch — wie einer ihrer Führer, Karl Besser, aus dem Alten Verband[193] — aus diesem politischen und gewerkschaftlichen Umfeld gestammt haben. Sie erstrebten, ohne politische und gewerkschaftliche Aktion voneinander zu trennen, die Verschärfung des Klassenkampfes und die Abschaffung des kapitalistischen Systems, ein Ziel, das zwar in der SPD und den freien Gewerkschaften noch vorhanden, dessen Erreichen jedoch zeitlich und methodisch — wie wir oben sahen — zugunsten der parlamentarischen Aktion in den Hintergrund getreten war[194]. Im Gegensatz zu den Gewerkschaften glaubten sie nicht an eine Verbesserung der Lage der Arbeiter im

[191] Verband der Bergarbeiter Deutschlands, Protokoll 1913, S. 40 ff., 103/4, 134/5; Mattheier, Werkverein, S. 187-192. Zum größeren Zusammenhang vgl. K. Mattheier, Die Gelben. Nationale Arbeiter zwischen Wirtschaftsfrieden und Streik, 1973, bes. 128-250; K. Saul, Staat, S. 133-187.

[192] Vgl. den Vortrag des Initiators der Werkvereine und Direktors der MAN, Dr. Guggenheimer, auf der Sitzung des CVDI am 12. Dez. 1912 über „Werkvereine — ihre Entstehung und Bedeutung", abgedruckt in: Verhandlungen, Mitteilungen und Berichte des CVDI, Nr. 126, 1913, S. 85-97, S. 87/8.

[193] Verband der Bergarbeiter Deutschlands, Protokoll 1913, S. 102; U. Linse, Organisierter Anarchismus, S. 142-144.

[194] Vgl. etwa. C. Legien, Die deutsche Gewerkschaftsbewegung, 1911, S. 15/6; O. Hue, Kohlenversorgung und Grubenverstaatlichung, S. 261. Zu Legiens Vorstellungen über die Rolle der Gewerkschaften bei der allerdings sehr allmählichen Vorbereitung des ‚Übergangs zum Sozialismus' vgl. ausführlich: J.A. Moses, Carl Legiens Interpretation des demokratischen Sozialismus. Ein Beitrag zu sozialistischen Ideengeschichte, 1965, S. 46/7, 57, 65 ff., 78 ff., 95 ff.; ders., Gewerkschaftliche Kultur- und Klassenkampfaufgabe bei Carl Legien, in: Deutschland in der Weltpolitik des 19. und 20. Jahrhunderts, I. Geiss/B.J. Wendt, Hg., 1973, S. 185-204, S. 197-201. Die Anhänger der anarchosyndikalistischen Anschauung wurden 1906 auf dem Parteitag der SPD aus der Partei ausgeschlossen, da ihre Bestrebungen als „unvereinbar mit den Zielen und Interessen der Sozialdemokratie" galten. Freie Vereinigung deutscher Gewerkschaften, 1912, S. 13/4, zit. nach: H. Abegg, Die Entwicklung der gewerkschaftlichen Organisationsformen, 1922, S. 15; zum Ganzen vgl. ebenda, S. 9-17.

kapitalistischen System und lehnten daher jede parlamentarische Aktion der Arbeiter einerseits und die Eingriffe des Staates in das wirtschaftliche und soziale Leben andererseits ab. Zur Erlangung ihrer Ziele, der Zerstörung des kapitalistischen Systems und des Staates, propagierten sie die „direkte Aktion" und den Generalstreik. Bis zur Durchführung des Generalstreiks, zu der es noch der Aufklärung der Massen bedürfe, wollte man sich mit irritierenden Einzelstreiks, Sabotage, Ca-canny, Boykott und passiver Resistenz begnügen, „kurz alles und jedes, was energisch, revolutionär und direkt, ohne Vermittlung und Umwege geeignet erscheint, die Forderungen des Proletariats durchzusetzen"[195].

Unmittelbarkeit und Direktheit charakterisierten nicht nur die Wahl ihrer Methoden, sondern auch die Form ihrer Organisation. Hier trat der Gegensatz der Organisationsform der Syndikalisten, aber auch der Werkvereine, gegenüber der entfremdenden, zentralistischen Verwaltungsstruktur der traditionellen Gewerkschaften deutlich zutage. Während die Werkvereine ihre Organisationsform auf die Betriebe ausrichteten, organisierten sich die Syndikalisten in Lokalvereinen, innerhalb derer dann die Abgrenzung nach Berufen oder Betrieben möglich war. Diese Lokalvereine waren durch eine Vertrauensmännerorganisation auf nationaler Ebene zusammengefaßt, ohne große Teile ihrer Selbständigkeit aufzugeben. Doch sollten „Solidaritätsgelder" zur Deckung von Streikkosten „gemeinsam und gleichmäßig" aufgebracht werden[196].

Die Vielzahl der vorhandenen, ideologisch-weltanschaulich orientierten Verbände und das traditionelle Berufsbild der Bergarbeiter verhinderte —im Vergleich zu Südwales und zu Großbritannien insgesamt — offensichtlich weitgehend die Entstehung von einzelnen Berufsverbänden innerhalb des Bergbaus. Anders als in den meisten anderen Industrien mit großbetrieblicher Entwicklung jedoch gab es im deutschen Bergbau nicht oder nur kaum eine weitere Differenzierung nach Einzelberufen innerhalb des Betriebes. Alle im Bergbau tätigen Arbeiter fühlten sich mehr oder weniger ausschließlich als ‚Bergarbeiter'. Zwar gab es im Ruhrbergbau einige unbedeutende Verbände für die Übertagearbeiter wie den Heizer- und Maschinisten- sowie den Fördermaschinistenverband, auch der Fabrikarbeiterverband organisierte einige der Arbeiter auf den Nebenanlagen[197], doch kam nie die Frage nach der Organisationsalternative von Berufsorganisation und Industrieverband auf. Industrieverband war im Ruhrbergbau — wie wohl insgesamt im deutschen Bergbau — mindestens bis 1914 so gut wie gleichzusetzen mit Berufsorganisation. Konkurrenz in der Interessenvertretung fand nur — un-

[195] H. Laufenberg, Der politische Streik, 1914, S. 51.

[196] Nach H. Abegg, S. 12, 16.

[197] Vgl. Verband der Bergarbeiter Deutschlands, Protokoll 1911, S. 87; Gewerkverein christl. Bergarbeiter, Protokoll 1913, S. 59.

gleich den „Grenzstreitigkeiten" in vielen anderen Industriezweigen[198] — zwischen gleichsam horizontal nebeneinander geordneten Verbänden, die alle ‚Bergarbeiter' organisierten, statt.

Neben der vergleichsweise schnellen Entwicklung zum Großbetrieb, die den Gegensatz zwischen Unternehmer einerseits und allen Angehörigen der Arbeiterschaft andererseits verschärfte, und der schon angedeuteten, weltanschaulichen und parteipolitischen ‚Versäulung' der deutschen Gesellschaft, beides Faktoren, die den Gegensatz zwischen den Berufen innerhalb des Betriebes etwa im Vergleich zu Großbritannien relativ klein gehalten haben mögen, kam im deutschen Bergbau als entscheidendes Moment hierfür die im Berufsbild fortwirkende Tradition ständestaatlicher Berufspolitik ebenso wie die Verwertung dieser Tradition als gewerkschaftliche Integrations- und Legitimationsideologie zur Durchsetzung von Gegenwartsinteressen[199].

Insgesamt hatten die Industrialisierung und insbesondere die frühe Entwicklung zum Großbetrieb die Bergarbeiterschaft im Ruhrgebiet schon frühzeitig im eigenen wie im fremden Bewußtsein zu einer eigenständigen, von den übrigen sich herausbildenden, industriell geprägten Gesellschaftsschichten der Unternehmer und der Angestellten, wie im weiteren zu erhärten sein wird, separaten Gruppe gemacht. Ihre Arbeit, ihre betriebliche Stellung und ihr überbetriebliches Dasein hatten sie zunehmend und immer deutlicher dieser sozialen Umwelt in ihren Erfahrungen, Lebenschancen und Anschauungen entfernt und untereinander — trotz aller weiterbestehenden oder neu sich herausbildenden Differenzierungen — angenähert. Die mit der Liberalisierung des Bergbaus abgeschafften, rechtlich kodifizierten Privilegien, die das frühe aktive, wirtschaftliche Engagement des Staates mit sich gebracht hatte, zog auf Dauer auch den relativen Abfall der privilegierten, z.B. auch materiellen, Stellung der Bergleute nach sich. Anders als die Bergarbeiter in Südwales und in Großbritannien insgesamt, die einen anhaltenden, relativen Anstieg ihrer materiellen Lage erkämpften, konnten die

198 Vgl. etwa B. Schildbach, Verfassung und Verwaltung, S. 12-20; O. Heilborn, S. 58-65; A. Wende, Die Konzentrationsbewegung bei den deutschen Gewerkschaften, 1913; H. Hommer, S. 65-70; K.-H. Sohn, Berufsverband und Industriegewerkschaften, 1964, S. 1-33; H. Abegg, Die Entwicklung, S. 51 ff.

199 Dieses ‚Sonderbewußtsein' der Bergarbeiter bildete gleichsam die ideologische Überhöhung der relativen Abtrennung ihres Arbeits- und Lebensraumes von der übrigen Bevölkerung, gleichzeitig aber auch wohl Abdeckung ihres tatsächlichen gesellschaftlichen Prestigeverlustes. Sein beredtester Ausdruck ist das Werk von Otto Hue über „Die Bergarbeiter" (1910/13). Vgl. auch die relativ oberflächliche Deutung bei: E. Gothein, Bergbau, in: Grundriß der Sozialökonomik VI, 1914, S. 282-349, S. 335, 346; weiterhin: G.V. Rimlinger, The legimation of protest: a comparative study in labor history, in: CSSH 2, 1959/60, S. 329-343; D. Crew, Definitions, S. 74; vgl. auch oben Anmerkung 141. Für die starke geschichtliche Verwurzelung anderer Berufe, die allerdings schon zu Anfang der 1890er Jahre relativ schnell gelöst wurde, vgl. die Angaben bei G.A. Ritter, Die Arbeiterbewegung, S. 117/8.

Bergleute im Ruhrgebiet und in Deutschland insgesamt ihren privilegierten materiellen Status trotz stetig steigender Lohnhöhe weder ausbauen noch erhalten, obwohl in beiden Regionen die zunehmende Bevölkerungsdichte und Urbanisierung verbesserte Voraussetzungen der Kommunikation und des kollektiven Handelns mit sich gebracht hatten. Zum einen lag dies an der fortwirkenden Tradition und der z. T. fortgeführten Praxis stattlicher Disziplinierung und Entmündigung, an der raschen Zuwanderung und starken herkunftsmäßigen Zersplitterung unausgebildeter Arbeiter und nicht zuletzt an der zunehmenden gewerblichen und sozialen Differenzierung und dem abnehmenden Anteil der Bergleute an der Bevölkerung des Ruhrgebietes[200] sowie an den Schwierigkeiten, die sich aus beiden Faktorenbündeln für die Organisierung und Definierung der Interessen der Bergarbeiter ergaben. Zum anderen hatten die Interessen der Bergleute, sobald sie den schwierigen Schritt der Definition und Organisation getan hatten, entweder überhaupt keinen oder einen zu beschränkten Zugang zu den Gruppen und Institutionen, bei denen sie hätten Unterstützung finden können, oder in denen über diese Interessen hätte entschieden werden können oder tatsächlich entschieden wurde. Die Angestellten und ihre Organisationen standen den Arbeitern und ihren Verbänden „meist recht unfreundlich, wenn nicht gar feindlich gegenüber“[201]. Die Unternehmer und ihre Verbände lehnten jeden Kontakt mit den Gewerkschaften ab. Und der Staat und seine Behörden verweigerten unmittelbare Verhandlungen mit den Gewerkschaften und war für wenige

[200] Das besonders am angelsächsischen Beispiel entwickelte Konzept der „isolierten Masse“, nach dem vor allem die weitgehend von der Außenwelt abgetrennte, unter sich jedoch weitgehend homogene und undifferenzierte Gruppe der Bergarbeiter, mehr als andere Arbeitergruppen zu kollektiver, direkter Aktion und zu Streiks neigen, kann offensichtlich durch das Beispiel des Ruhrgebietes z. T. sowohl falsifiziert wie verifiziert werden. Die Ruhrbergarbeiter waren in diesem Sinne keine ‚isolierte Masse‘, wie in diesem Konzept durchgehend für alle Bergarbeiter angenommen wird. Andererseits jedoch könnte gerade der nicht zu umgehende und oftmals — wie wir sahen — geradezu gesuchte Kontakt zu anderen Bevölkerungsgruppen auf kollektive Aktionen der Bergarbeiter hemmend gewirkt haben.
Die Schwäche des Konzepts der ‚isolierten Masse‘, und daher auch seines Erklärungsansatzes, liegt u. E. besonders in drei Punkten: Es berücksichtigt weder die individuellen historischen Erfahrungen eines Landes oder einer Region noch die jeweilige Rolle des Staates. Und zum dritten wird nicht klar, wodurch der Umfang der jeweiligen ‚isolierten Masse‘ abgegrenzt wird: durch eine Schachtanlage, eine engere Region oder ein ganzes Bergbaurevier. So z. B. gingen die einzelnen Aktionen der Bergarbeiter sowohl im Ruhrgebiet wie in Südwales meist von mehr oder weniger eng umgrenzten ‚Inseln‘ innerhalb des Reviers aus oder blieben darauf beschränkt. Zum Konzept der ‚isolierten Masse‘ vgl. C. Kerr / A. Siegel, The interindustry propensity to strike — an international comparison, in: A. Kornhauser / R. Dubin / A.M. Ross, Hg., Industrial Conflict, 1954, S. 189-212; auch: G.V. Rimlinger, International differences in the strike propensity of coal miners: experience in four countries, in: Industrial Labor Relations Review 12, 1959, S. 389-406, S. 393-396. Zur weiterführenden Diskussion vgl. die Beiträge in: R.H. Tilly, Hg., Sozialer Protest, in: GG 3, 1977.

[201] So der Geschäftsbericht des Gewerkvereins christlicher Bergarbeiter Deutschlands, 1907/08, S. 27.

Gewerkschaftsführer nur gleichsam durch das schmale Fenster des Preußischen Abgeordnetenhauses erreichbar, in dem sie nur in seltenen Fällen auf irgendwelche Unterstützung rechnen konnten. Diese Abgeschlossenheit der Gewerkschaften von den Gruppen und Institutionen, welche die gesamtgesellschaftlich relevanten, wirtschaftlichen und politischen Entscheidungen fällten, trieb die Gewerkschaften, und zwar nicht nur die sozialdemokratisch orientierten, ebenso wie die Arbeiterschaft selbst, in eine, oder besser: in mehrere, voneinander wiederum separierte, ideologisch vermauerte und aufbereitete Subkulturen[202], die zugleich für die Bergarbeiter selbst Grundlage und Ansatzpunkt jeder weitergehenden Orientierung und kollektiven Aktion darstellten als auch den Abfall ihres gesellschaftlichen Ansehens zumindest z. T. weltanschaulich aufzufangen imstande waren, und bedrohte gleichzeitig durch ihre relative Erfolglosigkeit, zusammen mit den Folgen der Bürokratisierung, ihre eigene Glaubwürdigkeit und potentiell ihre Existenz.

Doch schadete diese Isolation nicht nur den Gewerkschaften (und den Arbeitern) selbst, sondern traf in dreifacher Weise auch den Staat. Dieser nämlich wurde — anders als in Großbritannien — durch die bestehenden, unausgetragenen Konflikte zwischen Unternehmern und Arbeiterschaft zusätzlich belastet, erhielt keine unmittelbaren und spezialisierten Informationen über die Lage und die Bedürfnisse der Arbeiter, wie sie die politischen Parteien nicht zu geben imstande waren, und besaß zum dritten keinen direkten Einfluß auf die Haltungen und Handlungen der Arbeiter und ihrer Organisationen außer durch die (traditionellen) Mittel der Repression. Die Bergarbeiter selbst jedoch waren am Schluß der hier behandelten Periode, die mit den sich — wie oben gezeigt — allmählich ausgleichenden Bevölkerungs- und Belegschaftsverhältnissen erst eine entscheidende Erleichterung der Organisationsarbeit mit sich gebracht hatte, nicht mehr ausschließlich an der Durchsetzung ihrer unmittelbaren Interessen orientiert. Vielmehr begannen sie in den Jahren vor Ausbruch des Ersten Weltkrieges, sie, die von der Durchsetzung des Großbetriebs und seinen Folgen in vorderster Front betroffen waren, an dieser Organisation der Produktion und der — wie sie erkannten — eng mit ihr zusammenhängenden Organisation der Gesellschaft, selbst Strukturen, die ihnen als Arbeiter mit wachsender Deutlichkeit die unterste innerbetriebliche und gesellschaftliche Stellung und, im Vergleich zu den übrigen Schichten, die geringeren Lebens- und Durchsetzungschancen zugewiesen hatten und weiterhin zuwiesen, grundle-

202 Insofern erhöhte ironischerweise gerade die mangelnde, systemische Integration der Arbeiterbewegung die Chancen der unmittelbaren, sozialen Integration der Arbeiter selbst. Zu den Problemen der Integration und der ‚Subkultur' bzw. des ‚Sozialmilieus' in der deutschen Arbeiterschaft vgl. bes. G. Roth, The Social Democrats in Imperial Germany. A Study in Working-Class Isolation and National Integration, 1963, und M.R. Lepsius, Parteisystem und Sozialstruktur. Zum Problem der Demokratisierung der deutschen Gesellschaft, in: G.A. Ritter, Hg., Die deutschen Parteien vor 1918, 1973, S. 56-80.

gende Kritik zu üben, die sich unter den Bedingungen des Ersten Weltkrieges und der ersten Nachkriegszeit zur revolutionären Aktion zuspitzen sollte. Einerseits waren die Bergarbeiter an der Ruhr die grüblerischen, tief religiösen, national denkenden, eigensinnigen und mißtrauischen, aber anhänglichen Bergleute geblieben, als die Otto Hue sie kennengelernt hatte[203], andererseits hatten sie begonnen, die betrieblichen und gesellschaftlichen Verhältnisse, unter denen sie als Arbeiter lebten, nicht mehr als selbstverständlich oder doch unabänderlich hinzunehmen, sondern sie als von Grund auf verbesserungsbedürftig zu empfinden.

5.1.2. Die Angestellten: Privilegierung, Disziplinierung und relative Apathie

Die Interessen der Angestellten wurden weder von den Verbänden der Arbeiter noch — wie wir im weiteren sehen werden — denen der Unternehmer vertreten. Obwohl die Angestellten mit den Arbeitern das Schicksal der Lohnabhängigkeit und des Ausschlusses vom Produktionsmittelbesitz teilten und damit die Kriterien der Zugehörigkeit zum Proletariat erfüllten, waren sie doch mehr oder besaßen zumindest andere Eigenschaften als die Arbeiter. Zwar waren auch die Angestellten im Arbeitsverhältnis wie in ihren betrieblichen Funktionen und Aufgaben der Betriebsherrschaft des Unternehmers unterworfen, doch waren sie nicht nur — wie die Arbeiter — Objekt, sondern zugleich auch Instrument dieser Betriebsherrschaft. Es war diese Mischung aus Gehorsamspflicht gegenüber dem Unternehmer und Anordnungsbefugnis gegenüber den Arbeitern, welche die Angestellten im inner- wie im überbetrieblichen Bereich in eine Mittelstellung brachte[204]. So grundsätzlich und konstituierend diese sich aus der betrieblichen Organisation der Produktion ergebende Funktion für diese innerbetriebliche und gesellschaftliche Selbst- und Fremdzurechnung der Angestelltenschaft als ganzer auch war, so waren es im wesentlichen zwei sich ebenso aus dieser Stellung ergebende Faktoren, die diesen — wie im folgenden zu zeigen sein wird, von den Angestellten selbst so sehr verteidigten — Status potentiell gefährden und sie in die Nähe der Arbeiterschaft rücken konnten: zum einen die Bewertung und Behandlung durch Unternehmer und Staat, zum anderen die fortschreitende Arbeitsteilung gerade auch im Leitungs- und Aufsichtsapparat der Großunternehmen und -betriebe, der die Angestellten ja zugleich ihre Existenz verdankten.

Welche Faktoren die Angestelltenschaft in ihrem Selbst- und Fremdverständnis als eigenständige soziale Gruppe bedrohen konnten und welche einigenden Kräfte andererseits auf sie einwirkten oder die Angestellten selbst

203 O. Hue, Neutrale oder parteiische Gewerkschaften, 1900, S. 99.

204 Vgl. hierzu bes. S. Braun, Zur Soziologie der Angestellten, 1964, S. 118-120; J. Kocka, Unternehmensverwaltung, S. 25.

zu mobilisieren vermochten, wodurch und inwieweit mit anderen Worten, die Angestellten sich von ihrer sozialen Umwelt abgrenzten und ein Zusammengehörigkeitsgefühl untereinander herstellen und bewahren konnten, soll für das folgende daher eine leitende Problemstellung bilden.

5.1.2.1. Die Lebenswelt

1. Die betriebliche Ausgangssituation: Frühes und anhaltend rasches Wachstum

Die Herausbildung der Angestelltenschaft stand — wie wir oben sahen — in direktem Verhältnis zur Entwicklung des Großbetriebs. Dessen Entfaltung war, wie wir zeigen konnten, die spezifische, ökonomisch-organisatorische Antwort auf die natürlichen Produktionsbedingungen, die im Ruhrbergbau — im Unterschied zu denjenigen in Südwales — einen frühen Übergang zum Tiefbau erzwangen. Eine der sozialen Folgen dieser Grundbedingung und der mit ihr einhergehenden Wirkung der ökonomischen Gesetzmäßigkeiten bergbaulicher Produktion war die im Ruhrbergbau gegenüber derjenigen in Südwales bedeutend frühere Entstehung der Angestelltenschaft als — auch von ihrer Anzahl her — identifizierbare soziale Gruppe. Und wie einerseits die Anzahl der Angestellten und der von ihnen besetzten Positionen als Spiegelbild der Entfaltung der Betriebs- und Unternehmensstruktur gelten konnte, so bestimmte das Tempo der großbetrieblichen Entwicklung das Wachstum der Angestelltenschaft. In der Zeit zwischen 1850 und 1888 nahm die Anzahl der technischen Angestellten im Ruhrbergbau stetig von 277 auf 4.086 oder um beinahe das 15fache zu, zwischen 1888 und 1910 um das Zweieinhalbfache auf 10.549 und im gesamten Zeitraum zwischen 1850 und 1910 um das 38fache. Die durchschnittliche Zahl der technischen Angestellten pro Bergwerk betrug im Jahre 1850 ca. 1,5, um 1890: 25 und 1910: 69, pro Unternehmen 1890: 30 und 1910: 113. Die Zahl der auf einen technischen Angestellten entfallenden Arbeiter fiel von 44 auf 25 zwischen 1850 und 1888, stieg dann allmählich wieder auf 32 im Jahre 1910 an[205].

Die Entfaltung des Großbetriebs bedeutete jedoch nicht nur eine einfache Zunahme der Zahl der Angestellten, sondern brachte durch die fortgesetzte Arbeitsteilung auch im Leitungs- und Aufsichtsbereich der Unternehmen und Betriebe und die Notwendigkeit jeweils weiterer Zusammenfassung und wachsender Kontrolle gleichzeitig eine Aufspaltung der Angestelltenschaft selbst mit sich. Die Zahl der verschiedenen Kategorien allein der technischen Angestellten stieg von 4 im Jahre 1850 auf 8 im Jahre 1893 und weiter auf 9

[205] Vgl. die Tabellen oben S. 222.

im Jahre 1907[206]. Zwar wuchsen die Angestelltenschaft insgesamt bis auf die beiden Streikjahre 1889 und 1905 ohne Unterbrechung und auch ihre einzelnen Kategorien dauernd an, doch nahmen die letzteren, hier zusammengefaßt in die drei — wie weiter unten zu zeigen sein wird — auch im subjektiven Bewußtsein so wichtigen Gruppen der ‚Oberbeamten', der ‚mittleren Beamten' und der ‚unteren Beamten' sowohl im Vergleich zueinander als auch in den einzelnen Zeitabschnitten in unterschiedlichem Maße an diesem Wachstum teil.

Wachstum der einzelnen Gruppen technischer Angestellter im Ruhrbergbau, 1850 - 1907[207]

	1850	1893	1907	Zunahme in % 1850-93	Zunahme in % 1893-1907
Oberbeamte	32	308	629	862,5	104,2
mittlere Beamte	167	1270	1924	660,5	51,5
untere Beamte (einschl.Fahrhauer)	77	471 (1110)	3047 (4177)	511,7	546,9 (276,3)

Obwohl die Angaben aufgrund der Verschiedenheit der statistischen Quellen das unterschiedliche Wachstum nicht in seinem exakten Ausmaß wiedergeben können, so treten doch die Entwicklungstendenzen deutlich hervor. Während die Zahl der Oberbeamten (Betriebsführer, Obersteiger, Fahrsteiger) und der mittleren Beamten (Revier-, Wetter-, Maschinensteiger) im Zeitraum zwischen 1850 und 1893 schneller anstieg als die der unteren Beamten (Hilfssteiger, sonstige Beamte), allerdings ohne Berücksichtigung der Fahrhauer, nahm im Zeitraum zwischen 1893 und 1907 die Gruppe der unteren Beamten mit Abstand schneller als die beiden anderen Gruppen und die Oberbeamten immer noch doppelt so rasch wie die Gruppe der mittleren Beamten zu. Der absoluten Zahl nach waren jedoch die mittleren und unteren Beamten den oberen zu jedem Zeitpunkt eindeutig überlegen, doch verschob sich das Schwergewicht, das die mittleren Beamten bis 1893 innehatten, im folgenden Zeitraum rasch und eindeutig zugunsten der unteren Beamten. 1907 hatte die Zahl der unteren Beamten mehr als das Doppelte der mittleren erreicht. Wenn man auch zugesteht, daß bei den Bergbauangestellten die Spezialisierung von technischen, administrativen und betriebs-

206 Vgl. oben S. 226.

207 Nach: W. Viebig, Die technischen Grubenbeamten, S. 1137; die Zahlen für 1850 basieren auf den Verwaltungsberichten des Essen-Werdenschen und Märkischen Bergamts für 1850, abgedruckt in: Die Entwicklung, Bd. 10, S. 28; die Zahlen für 1893 auf der oberbergamtlichen Belegschaftszählung vom 16. Dezember 1893; diejenigen für 1907 nach einer Rundfrage des Bergbauvereins vom 9. Aug. 1907. Für eine kurze Übersicht der Lage der Steiger und Meister in der Schwerindustrie des Ruhrgebiets vgl. E.G. Spencer, Between Capital and Labor: Supervisory personnel in Ruhr heavy industry before 1914, in: JSH 9, 1975, S. 178-192.

wirtschaftlichen Fähigkeiten aufgrund der Natur des Betriebes weniger weit fortgeschritten war als in anderen Industrien[208], so muß aus der Aufstellung, die nicht einmal die kaufmännischen Angestellten und die Unternehmensspitzen erfaßt, doch klar werden, wie weit das eigentlich die gesamte Angestelltenschaft kennzeichnende Verhältnis von Anordnungsbefugnis und Gehorsamspflicht — wie in anderen Industriezweigen[209] — zugunsten der höheren und zuungunsten der unteren Angestellten verschoben wurde. Subjektiv bewirkte diese Kompetenzverschiebung innerhalb der Angestelltenschaft — nach dem Vorbild der staatlichen Bürokratie — eine zunehmende Abtrennung der einzelnen Angestelltengruppen voneinander, welche sich z. B. in der auf einigen Zechen geübten Praxis äußerte, daß die mittleren und unteren Grubenbeamten während der allwöchentlichen Betriebskonferenz standen, während die Oberbeamten saßen[210].

Hatte die frühe Herausbildung des Großbetriebs im Ruhrbergbau seit 1850 die Entstehung einer durch ihre betrieblichen Funktionen und ihre Zahl sich von der Arbeiterschaft unterscheidende und zwischen diese und die Unternehmensleitung sich schiebende Angestelltenschaft bewirkt, so brachte die mit der großbetrieblichen Produktionsweise gleichzeitig sich fortsetzende Arbeitsteilung auch im Leitungs- und Aufsichtsbereich der Unternehmen, besonders wohl ab den 1880er Jahren, eine Aufspaltung der Angestelltenschaft mit sich, welche — wie weiter unten zu zeigen sein wird — die Entfremdung zwischen den einzelnen Angestelltengruppen und zugleich der Arbeiterschaft von den oberen betrieblichen Instanzen verursachte und weiterhin förderte.

2. Die soziale Lage: Die deutliche Distanz zur Arbeiterschaft

a) Krankheiten, Unfälle und Lebensdauer

Wie unterschied sich nun die soziale Lage der Angestellten von der der Arbeiter? Der erste sichtbare Ausfluß ihrer betrieblichen Stellung auf ihre

---

208 R. Schwenger, Die betriebliche Sozialpolitik, S. 43. Doch entwickelte sich immerhin das Verhältnis der Spezialbeamten (Wettersteiger, Maschinensteiger und sonstiger Angestellter) zu den eigentlichen Grubenbeamten (Grubensteigern, Hilfssteigern und Fahrhauern) folgendermaßen:

im Jahre 1850 wie 1 : 121,
im Jahre 1893 wie 1 : 6,
im Jahre 1907 wie 1 : 2.

Vgl. Viebig, S. 1137.

209 Für die Elektroindustrie, speziell für den Siemenskonzern vgl. J. Kocka, Unternehmensverwaltung und Angestelltenschaft am Beispiel Siemens 1847-1914, 1969, S. 93 ff., 135 ff., 237 ff., 254 ff., 463 ff.

210 Und während sich die Steiger untereinander duzten, sprachen sie die oberen Grubenbeamten mit ‚Sie' an. Vgl. G. Werner, Meine Rechnung, S. 62, 114.

allgemeinen Verhältnisse war die bessere Gesundheit und längere Arbeitsfähigkeit als die der Bergarbeiter.

Erkrankungen von Grubenbeamten und Bergarbeitern im Ruhrbergbau (auf jeweils 1000 Mann), 1907 - 1913[211]

Beschäftigungsart	1907	1908	1909	1910	1911	1912	1913
(a) Beamte	291,6	301,4	298,1	289,6	332,7	351,1	402,9
(b) Arb. unter Tage	711,0	655,0	682,4	693,1	741,7	704,0	696,2
1. Hauer	801,2	729,4	757,2	764,5	830,3	795,1	773,7
2. Zimmerhauer	521,5	461,3	419,6	463,2	447,8	455,9	465,5
3. Schlepper	595,3	606,4	650,3	659,2	705,3	643,2	667,1
4. Sonstige	551,9	500,9	614,0	614,4	627,7	528,6	507,4
(c) Arb. über Tage	500,0	490,0	498,6	488,8	533,4	487,7	471,0
Zus.	652,5	610,6	633,9	636,9	684,7	647,1	639,7

Wenn sich auch offensichtlich der Gesundheitszustand der Angestellten („Beamten") in den Jahren 1911-1913 verschlechterte, so blieb doch ihre durchschnittliche Erkrankungszahl meist um die Hälfte, jedoch mindestens um ein Drittel hinter der der Gesamtbelegschaft zurück. Wie sich zeigt, war dies im wesentlichen auf die bei weitem geringere Unfallhäufigkeit der Angestellten im Betrieb zurückzuführen.

Unfallhäufigkeit von Grubenbeamten und Bergarbeitern im Ruhrbergbau, 1907 - 1913[212]

	Auf 1000 Bergleute verunglückten im Betrieb 1907-1913 jährlich		Von 100 Unfällen im Betrieb 1907-1913
	überhaupt	tödlich	endeten tödlich
(a) Beamte	56,8	1,8	3,2
(b) Arbeiter unter Tage	191,9	2,5	1,3
1. Hauer	207,5	2,9	1,4
2. Zimmerhauer	101,2	1,5	1,5
3. Schlepper	215,7	1,9	0,9
4. Sonstige	179,4	2,8	1,5
(c) Arbeiter über Tage	130,8	1,6	1,2
Zusammen	174,9	2,3	1,3

211 Nach der Statistik des AKV bei: Heymann/Freudenberg, Morbidität, S. 177, Tab. 189. Besonders groß war der Unterschied bei den typischen bergmännischen Erkrankun-

An den betrieblichen Unfällen war die Gruppe der Angestellten um zwei Drittel weniger als der Durchschnitt der Gesamtbelegschaft und um fast drei Viertel weniger als die Hauer beteiligt. Während sie jedoch auch weniger von den tödlichen Unfällen betroffen waren, war bei den Angestellten der Anteil der tödlichen an der Gesamtzahl der Unfälle mehr als doppelt so hoch wie bei den Hauern und zweieinhalb Mal so hoch wie bei der Gesamtbelegschaft. Auch war der Prozentsatz der Invalidisierung bei den Angestellten größer als bei den Arbeitern.

Invalidität von Angestellten und Arbeitern im Ruhrbergbau, 1907 - 1909[213]

Es wurden invalide:												
im Jahre	Beamte durch						Arbeiter durch					
	Unfall		Krankheit		Insgesamt		Unfall		Krankheit		Insgesamt	
	Zahl	°/oo	Zahl	°/oo	Zahl	°/oo	Zahl	°/oo	Zahl	°/oo	Zahl	°/oo
1907	10	1,63	93	15,18	103	16,81	1092	4,70	2026	8,73	3118	13,43
1908	16	2,39	100	14,94	116	17,33	879	3,07	1962	6,85	2841	9,92
1909	12	1,28	157	16,73	169	18,01	866	3,09	3132	11,20	3998	14,29

Doch trat die Invalidität, die bei den Angestellten ja vor allem die Folge von Krankheit war, durchschnittlich erst neun Jahre — dem Lebens- wie dem Dienstalter nach — später als bei den Arbeitern ein.

Nicht nur waren die Angestellten durchschnittlich etwa neun bis zehn Jahre, sowohl dem Dienst- wie dem Lebensalter nach, länger erwerbsfähig als die Arbeiter, sondern sie lebten auch — soweit man diesen Rückschluß aus dem Lebensalter der gestorbenen Invaliden ziehen darf — ca. 12-17 Jahre länger.

gen der Atemorgane. Vgl. ebenda, S. 73. Nebenbei zeigt sich in dieser und der folgenden Tabelle auch die unterschiedliche Belastung der einzelnen Arbeiterkategorien durch Krankheit und Unfall, die jedoch für alle Arbeiterkategorien deutlich über derjenigen für die Angestellten liegt. — Mit der Übernahme der Statistiken wird in dieser, der vorhergehenden und den folgenden Tabellen an der zeitgenössischen, statistischen Kategorie und dem Terminus der „Beamten" festgehalten, da — wie im folgenden deutlich werden wird — in den einzelnen Unternehmen, dazu nach unterschiedlichen Maßstäben, zwischen „Beamten" und „Angestellten" unterschieden wurde.

212 Ebenda, S. 163, Tab. 167. Insgesamt schwankte die Unfallhäufigkeit im deutschen Bergbau etwa zwischen der zweiten und vierten Stelle aller Berufsgenossenschaften. Vgl. ebenda, S. 158, und H. Herkner, Die Arbeiterfrage, Bd. 1, S. 401.

213 Aus den Knappschaftsberichten nach: TGB 3, 1910, S. 188.

Durchschnittliches Dienst- und Lebensalter von Grubenbeamten und Arbeitern beim Eintritt in die Invalidität, 1907 - 1909[214]

im Jahre	Beamte durch			Arbeiter durch		
	Unfall	Krankheit	Durchschnitt	Unfall	Krankheit	Durchschnitt
	Jahre	Jahre	Jahre	Jahre	Jahre	Jahre
Dienstalter						
1907	19,4	30,6	29,4	12,1	21,2	18,1
1908	16,4	30,3	28,4	9,1	20,8	17,2
1909	18,5	30,4	29,5	10,1	21,8	19,3
Lebensalter						
1907	39,9	52,0	50,8	35,6	45,1	41,7
1908	37,6	52,7	50,6	34,3	45,2	41,8
1909	41,1	52,8	52,0	33,7	45,8	43,1

Durchschnittliches Lebensalter der gestorbenen Invaliden[215]

Jahr	Beamte	Arbeiter
1908	65,0 Jahre	48,3 Jahre
1909	63,2 Jahre	51,3 Jahre

In bezug auf die Betroffenheit durch Krankheit, Invalidität, Arbeitsfähigkeit und Lebensalter waren die Angestellten im Ruhrbergbau im Vergleich zu den Arbeitern deutlich privilegiert, und es liegt kein Grund vor, dies im Parallelschluß (es gibt dort keine entsprechenden Angaben) auch für die Angestellten im südwalisischen Bergbau anzunehmen, resultieren doch alle Faktoren eindeutig aus der Art der betrieblichen Beschäftigung.

b) Das Gehalt

Den zweiten Faktor, in dem sich betriebliche Tätigkeit und Stellung der Angestellten auch auf ihr außerbetriebliches Dasein auswirkte, bildete das Einkommen. Dies erhielten sie als „Privatbeamte"[216] nicht als in der Höhe für den einzelnen Arbeiter oft stark variierenden Lohn dreimal im Monat wie die Arbeiterschaft, sondern als gleichmäßiges und weitgehend vorherbere-

214 Zusammengestellt nach: TGB 3, 1910, S. 188.

215 Ebenda, S. 189.

216 Zum Begriff des „Privatbeamten", der nach Art der Tätigkeit sowie in der Selbst- und Fremdeinschätzung die Nähe des aufkommenden Industriebeamten zum staatlichen Beamten suggerierte, vgl. bes. Kocka, Unternehmensleitung, S. 148 ff.

chenbares monatliches Gehalt. Die Entwicklung der Gehälter für die von der staatlichen Statistik berücksichtigten Angestelltengruppen, die vor allem die technischen Grubenbeamten vom Betriebsführer abwärts umfassen[217], im Vergleich zur Lohnentwicklung aller Bergarbeiter sowie ihren jeweiligen Kostenanteil pro t Förderung und ihren Anteil am Förderwert in den 15 Jahren zwischen 1887 und 1911 zeigt die folgende Tabelle.

Durchschnittliche Jahresverdienste von Bergarbeitern und technischen Angestellten, Lohn- und Gehaltskosten sowie ihr Anteil am Förderwert im Ruhrbergbau, 1887 - 1911[218]

Jahr	Jahresverdienst				Auf 1 Tonne entfallende				Proz.Anteil am Förderwert			
	Bergarbeiter		Angestellte		Lohnkosten		Gehaltskosten		Lohnkosten		Gehaltskosten	
	abs.M	Index	abs.M	Index	abs.M	Index	abs.M	Index	%	Index	%	Index
1887-89	867	100,0	1484	100,0	2,79	100,0	0,16	100,0	56,0	100,0	3,3	100,0
1898-1900	1254	144,7	1945	131,1	4,59	164,5	0,22	137,5	58,6	104,6	2,8	87,5
1909-11	1393	160,7	2527	170,2	5,37	192,5	0,31	193,7	54,7	97,7	3,2	96,9

Die Gehälter der technischen Angestellten, die im Zeitraum zwischen 1887 und 1911 mit den Ausnahmen der Jahre 1888 und 1893 regelmäßig und fast ohne Rücksicht auf konjunkturelle Schwankungen von Jahr zu Jahr anwuchsen[219], stiegen durchschnittlich um mehr als 70% und um 9,5% schneller als die der Bergarbeiter. Vor allem in der Zeit nach 1900 ließen die Gehälter die Löhne stärker hinter sich als vorher. Der Grund hierfür kann nicht — wie weiter unten zu zeigen sein wird — in einer Veränderung der Arbeitsmarktlage gesucht werden, sondern vielmehr — wie klar werden wird — in der zunehmenden programmatischen Verselbständigung der mittleren Angestellten. Obwohl sich im gleichen Zeitraum die auf eine Tonne Förderung entfallenden Gehaltskosten — ebenso wie die Lohnkosten — nahezu verdoppelten, sank ihr Anteil am Förderwert noch stärker als derjenige der Lohnkosten. Gleichzeitig wird aus den Zahlen auch deutlich, wie hoch

[217] Nach dem maßgebenden Ministerialerlaß vom 28. Okt. 1887 erfaßt die staatliche Statistik sämtliche im technischen Betrieb tätigen Grubenbeamten über und unter Tage vom Betriebsführer abwärts, einschließlich der ständigen Aufseher, Fahrhauer usw. Ausgeschlossen sind alle beim Kassen- und Rechnungswesen sowie in der kaufmännischen und allgemeinen Verwaltung beschäftigten Personen wie Direktoren, Betriebsinspektoren, Markscheider, Schichtmeister, Versandmeister, Magazinverwalter, Techniker usw. Hinzugenommen sind andererseits aber noch z. B. Marken-, Brücken-, Bau-, Verlade-, Licht-, Holz- und Bahnhofsaufseher, Schlosser-, Klempner-, Schreiner-, Wasch-, Lampen- und Wiegemeister, Rottenführer usw. Vgl. Viebig, S. 1133.

[218] Die Tabelle ist zusammengestellt nach den Angaben bei M. Saitzew, Steinkohlenpreise, S. 125, 170, 176, 212, 213. Die Angaben sind errechnet auf der Grundlage der staatlichen Statistik.

[219] Vgl. die Zusammenstellung bei Viebig, S. 1140.

zusammengenommen die Lohn- und Gehaltskosten und wie anteilmäßig relativ gering die Gehaltskosten allein waren. Wurden im Ruhrbergbau um 1900 61,4%, 1910 57,9% des vorausgeschätzten Erlöses für Löhne und Gehälter ausgegeben[220], so waren es, nur um einen ungefähren Anhalt an die Hand zu geben, z. B. in der Elektroindustrie in den gleichen Jahren nur 28,8% bzw. 27,3% der Betriebsunkosten[221]. Der Anteil der Gehälter schließlich an den Gesamtarbeitskosten betrug im Ruhrbergbau in den Jahren 1909-1911 nur 5,46% gegenüber 32,19% etwa bei Siemens[222]. Die Steigerung der Gehälter, besonders der weniger zahlreichen oberen Angestelltenkategorien, hatte also etwa im Vergleich zu einer Lohnsteigerung für die Arbeiter kaum irgendwelche Auswirkungen auf die Gestaltung der Selbstkosten. Tatsächlich scheinen sich, soweit die knappen Angaben hierüber Aufschlüsse zulassen, die Gehälter der oberen Angestelltenkategorien zwar prozentual gleichmäßig mit den unteren Gruppen erhöht zu haben, doch stiegen die absolut vom Betrieb zu verausgabenden Summen wie auch die Differenzen zwischen den einzelnen Gehaltsstufen innerhalb der Angestelltenschaft einerseits und zwischen Angestellten und Arbeitern andererseits, gleichsam als Fortsetzung der — wie wir oben sahen — sich aufspaltenden Lohnstruktur der Bergarbeiter, an.

Annähernde, durchschnittliche Jahresverdienste von Grubenbeamten und eigentlichen Bergarbeitern, 1889 - 1912 (in Mark)[223]

	1889	1912
Betriebsführer	2.000 - 4.000	8.000
Reviersteiger	1.000 - 1.500	3.000
eigentl. Bergarbeiter	1.000	1.700

Im Jahre 1912 sah die Einkommensstruktur eines Bergbauunternehmens an der Ruhr etwa folgendermaßen aus:

[220] Der Anteil an den Selbstkosten unterschied sich hiervon nicht sehr. Bei der GBAG machte er in den Jahren 1910 und 1911 61,6% bis 62,4% aus. Vgl. Saitzew, S. 114.

[221] Vgl. G. Siegel, Die Preisbewegung elektrischer Arbeit seit 1898, 1914, S. 67; Kocka, Unternehmensverwaltung, S. 572; vgl. auch: H. Grunitz, Der Anteil der Arbeitskosten, S. 86.

[222] Es muß hier darauf hingewiesen werden, daß in der für den Ruhrbergbau errechneten Prozentzahl nicht alle Angestellten enthalten sind. Doch dürfte auch einschließlich der Gehälter der höheren und der kaufmännischen Angestellten der Anteil nicht mehr als 10% ausgemacht haben.

[223] Zusammengestellt nach den Angaben bei: K. Oldenberg, Studien über die rhein.-westf. Bergarbeiterbewegung, S. 665, und TGB 5, 1912, S. 63. Für eine parallele Entwicklung in der französischen Hüttenindustrie vgl. G.H. Hardach, Der soziale Status, S. 111 ff.

Typische Einkommensstruktur der Beschäftigten eines Bergbauunternehmens an der Ruhr im Jahre 1912[224]

Unternehmensleitung	Jahres-Gehalt/-Lohn (Mark)	Tantieme (Mark)
Generaldirektor	ca. 100000 - 200000	
Vorstandsmitglied (Direktor)	30000	2500
Stellvertr. Vorst.-mitglied (Direk.)	24000	1500
Direktor	15000	1500
Inspektor	12000	
Prokurist	6000-7500 + 1500 Mi.	(60000 M Akt.)

Techn. Betrieb unter Tage	über Tage	Verwaltung		
Oberbeamte	Techn. Direktor 7800-18000	Kaufm. Direktor	4800	
	Betr. Führer 3300-4200			4800 Pr.
	Ingenieur 3600	Markscheider	3600-7500	
Fahrsteiger 2400-2520 + 3180 Pr.	Materialverw. 2400-3300	Bürovorsteher (= 1. Buchhalter)	2520 +	1200 Mi.
+ 600 Mi.		Sekretär	3600	
Mittlere Beamte				
Revier- u. Maschinensteiger 1800-2520 + 480-1140 Pr.	Bauführer 2160-2760	2. (Lohn-)Buchhalter	1980 +	900 Mi.
	Platzmeister 1500-2100	Buchhalter	1680-1920 +	600 Mi.
	Koksmeister 1620-2160 u. 480 Pr.			
+ 500 Mi.				
Untere Beamte				
Hilfssteiger 1560-1860 + 780-860 Pr.	Markenkontrolleur 1560-1680	1. Bürogehilfe	1440 +	500 Mi.
		2. Bürogehilfe	840 +	400 Mi.
		Bürodiener	1560 +	300 Mi.
Fahrhauer 1500-1560	Waschmeister 1440-1560	Portier	1740	
		Kutscher	1320 +	fr. Wohnung
+ 400 Mi.				
'Angestellte'				
	Lademeister 1440-1800 + 480 Pr.	Schichtmeister-, Markscheider- u. Versandgehilfen	1080-1800	
	Fördermaschinist 1200-1320	Stenographin	1080 +	168 Fahrt
	Gehilfen 1320-1980	Telefonistin	720-960	
		Lehrling	240	
+ 300 Mi.				
Arbeiter mit festem Lohn				
	Feuermann 1500-1560			
	Rangierer 1380-1620			
	Lokomotivheizer 1380-1440			
Akkordarbeiter	eigentl. Bergarbeiter Ø 1858			
	alle (erw.) Bergarb. Ø 1586			

Erklärungen: Akt. = Aktien
Mi. = Miete
Pr. = Prämie

Bemerkenswert zunächst ist die penible bürokratische Einteilung der Angestellten in Zugehörige zur Unternehmensleitung, zu den ‚Oberbeamten', ‚mittleren Beamten', ‚unteren Beamten' und den ‚Angestellten', im Selbstverständnis der Zeit die unterste Gruppe der Gehalt beziehenden Beschäftigten, die wohl in ihrer Tätigkeit, nicht aber in der Einkommenshöhe von den Arbeitern mit festem Lohn oder auch den Akkordarbeitern zu unterscheiden waren; als zweites die weite Spanne in der Gehaltsstruktur, die durchaus vergleichbar ist etwa mit der des Elektrokonzerns Siemens, der jedoch als Familienunternehmen an der Spitze eine andere Gliederung aufwies[225]. Als drittes fällt neben der meist nach Lebens- und Dienstalter vorgenommenen Staffelung der Gehälter einzelner Stellungen die starke Prämienabhängigkeit der für die Aufsicht über die eigentliche Produktion verantwortlichen Angestellten: Betriebsführer, Fahr-, Revier- und Hilfssteiger, auf. Die Mietzuschüsse betonten die Abstufungen innerhalb der Angestelltenschaft, durchbrachen sie jedoch für die von den Prämien ausgeschlossenen, aber stark statusempfindlichen Büroangestellten. Der durchschnittliche Bergarbeiter konnte, wenn ihm dies auch nicht auf Dauer, sondern eher in bestimmten Monaten, Jahreszeiten oder Jahren gelungen sein dürfte, mit seinem Einkommen in die Gruppe der unteren Beamten, der ‚eigentliche' Bergarbeiter mit einiger Mühe sogar in die Gruppe der mittleren Beamten vorstoßen.

Durchschnittlich und auf längere Sicht jedoch, so zeigen schon die wenigen, jeweils alle Angehörigen einer spezifischen Angestelltengruppe erfassenden Angaben, lagen alle Angestelltenkategorien eindeutig und mit weit größerem Abstand, wie wir unten sehen werden, als in Südwales in ihrem Einkommen über den Bergarbeitern.

Obwohl offensichtlich in Zeiten der Konjunktur der Abstand sowohl zwischen den Angestelltengruppen als auch zwischen diesen und den Arbeitern sich verringerte, die Bewegung also umgekehrt zu derjenigen zwischen den einzelnen Bergarbeiterkategorien verlief, lag nach den Angaben des

[224] Die Übersicht setzt sich im wesentlichen aus Angaben für die GBAG und die Gewerkschaft Diergardt zusammen. Vgl. Bergbau-Archiv (Bg A) 55, 120/24 (4.1.1912), 128/04 (10.8./1.9.1908, 27.11.1911); 120/30 (22.1.1918), 120/26 (23.5.1914); Bg A 42/26: Beamtengehälter der Gewerkschaft Diergardt 1912-1920. Die Angaben für die Gehälter von Generaldirektoren und Inspektoren erfolgen nach: TGB 5, 1912, S. 63, und Verhandlungen der Sozialisierungskommission für den Kohlenbergbau, Winter 1918/19, Bd. 1, S. 51 (Hue). Vgl. auch die Angaben bei G. v. Klass, Albert Vögler, S. 40. Weitere Vergleiche, meist jedoch für die unteren Angestelltengruppen, bei: L. Pieper, Die Steigerbewegung im Ruhrrevier, Sp. 1168; G. Werner, Meine Rechnung, S. 80; TGB 1, 1908, S. 52/3, 322; 3, 1910, S. 140, 237; 5, 1912, S. 63; H.E. Krueger, Die wirtschaftliche und soziale Lage der Privatangestellten, 2. Teil, 1912, S. 223-226.

[225] Vgl. Kocka, Unternehmensverwaltung, S. 573. Die Direktoren verdienten hier allerdings durchschnittlich 85.717 M. Die Aufspaltung der Gehaltsstruktur wird auch für die französische Eisenindustrie bestätigt bei G.H. Hardach, a.a.O.

Durchschnittliches Monatseinkommen der mittleren und unteren Angestellten sowie der Arbeiter im Ruhrbergbau, 1908 - 1913 (M)[226]

	1908/09	1912	1913
Reviersteiger	276	297	305
Hilfssteiger	221	267	270
eigentl. Bergarbeiter (Kl.I)	131	155	174
alle erw. Bergarbeiter	119	132	146

Zechenverbandes das durchschnittliche Einkommen der Reviersteiger fast regelmäßig um etwa das Doppelte, das der Hilfssteiger um fast ein Drittel über dem der ‚eigentlichen Bergarbeiter' und mit noch größerem Abstand über dem aller erwachsenen Bergarbeiter.

In die zahlenmäßige Besetzung einzelner Einkommensstufen durch die technischen und kaufmännischen Grubenbeamten gibt die folgende Aufstellung des Allgemeinen Knappschaftsvereins zu Bochum (AKV) Einblick, die etwa die Hälfte aller im Ruhrbergbau beschäftigten Angestellten umfaßt. Unter Einrechnung aller Naturalbezüge (Miete, Kohlenbelieferung etc.) verteilten sich die Angestellten auf die gebildeten fünf Einkommensklassen wie folgt:

Verteilung der Grubenbeamten auf die Einkommensstufen nach der Statistik des AKV im Jahre 1910[227]

Beamtenabteilung Nr.	Einkommen M	Zahl der Mitglieder	% der Gesamtzahl
I	über 5.000	3268	33
II	4.000 - 5.000	3420	35
III	3.000 - 4.000	2277	23
IV	2.000 - 3.000	464	5
V	bis 2.000	449	4
	zus.	9.878	100

Nach dieser Aufstellung, in der die Höchstverdiener sicherlich nicht überrepräsentiert waren, bezogen 91% der Grubenbeamten ein Einkommen von

[226] Die Angaben für die Angestellten sind entnommen aus: P. Osthold, Die Geschichte des Zechenverbandes, S. 101; die Zahlen für die Bergarbeiter sind berechnet nach der Preußischen Statistik. Die auf Angaben der Unternehmen beruhenden Gehaltszahlen fallen jedoch relativ hoch aus und überbetonen damit den Abstand insbesondere zwischen unteren Angestellten und Arbeitern. Vgl. hierzu: H.E. Krueger, 2. Teil, S. 226.

[227] W. Viebig, Die technischen Grubenbeamten, S. 1140.

mehr als 3.000 M und 68% ein solches von über 4.000 M. Zur gleichen Zeit verdienten ca. 50% der — am besten verdienenden — Arbeiter durchschnittlich 1.589 M. Mit dieser Einkommenshöhe ließen die Angestellten des Ruhrbergbaus nicht nur ihre Kollegen in anderen deutschen Bergbaubezirken (außer dem Wurmrevier) hinter sich[228], sondern übertrafen auch alle anderen über die Einkommensverhältnisse von Angestellten gemachten Angaben. Selbst das „ganz außerhalb des übrigen Rahmens liegende Ergebnis" einer Untersuchung von 50 Technikerhaushalten im Jahre 1912, die ein durchschnittliches Einkommen von 3.450 M feststellte, bleibt deutlich hinter der Gehaltslage der Ruhrbergbauangestellten zurück[229]. Damit lagen die Angestellten des Ruhrbergbaus in ihrem Einkommen, wenn auch bei zunehmender Auffächerung in einzelne Gruppen innerhalb der Angestelltenschaft und auch der z. T. starken Bindung an die Produktionshöhe, mit Abstand über dem Großteil der Angestellten ihrer Umgebung und auf Dauer deutlich über den Bergarbeitern.

c) Der Haushalt

Wichtig für die Lebenshaltung und ihre Unterschiedlichkeit von den Arbeitern war für die Angestellten nicht nur das Einkommen, sondern auch die Ausgabenstruktur ihres Haushaltes und, da wohl durchgehend die überwiegende Mehrheit — 1893 z. B. waren es 90,7% — von ihnen verheiratet war[229a], ihrer Familie. Die Belastung des Familienbudgets hing — wie wir bei den Arbeitern sehen konnten — in entscheidendem Maße von der Anzahl der Kinder ab.

Lebendgeborene in Familien von Unternehmern, Angestellten und Arbeitern in Industrie und Handwerk in Rheinland und Westfalen im Jahre 1910[230]

Auf je 1.000 Männer derselben Berufsstellung entfielen Geburten

	Rheinland	Westfalen
Unternehmer	124,0	157,8
Angestellte	66,8	82,9
Arbeiter	103,6	120,7

[228] Ebenda.

[229] Vgl. die gesammelten Angaben bei A. Oeckl, Die deutsche Angestelltenschaft und ihre Wohnungsverhältnisse, 1935, S. 34-44, für die obigen Angaben S. 40; E. Lederer, Die Privatangestellten in der modernen Wirtschaftsentwicklung, 1912, S. 69 ff.; H.E. Krueger, Die wirtschaftliche und soziale Lage der Privatangestellten, 2 Teile, 1910-12. Zum Vergleich erhielten im Jahre 1910 die Angestellten etwa bei Siemens ein Durchschnittsgehalt von 2.621 M, bei der Maschinenfabrik Esslingen von 3.213 M. Vgl. Kocka, Unternehmensverwaltung, S. 572; H. Schomerus, Die Arbeiter der Maschinenfabrik Esslingen. Forschungeh zur Lage der Arbeiterschaft im 19. Jahrhundert, 1977, S. 302.

[229a] Vgl. O. Taeglichsbeck, Die Belegschaft der Bergwerke und Salinen, 1. Teil, S. 15.

Die durchschnittliche Angestelltenfamilie wies bedeutend weniger Geburten und damit wohl auch, wie wir dies für Großbritannien genauer feststellen werden, eine deutlich geringere Kinderzahl als die Familien der Unternehmer und der Arbeiter auf. Die von einem technischen Grubenbeamten selbst berichteten, in seinen Kreisen in den letzten Jahren vor 1914 angewandten „Mittelchen, die eine Beschränkung der Kinderzahl erleichtern"[231], deren Erfolg bisher bei den Bergarbeitern „hier aber geringer wie bei den Arbeitern anderer Berufe" war[232], schien sich dagegen, neben anderen, weiter unten zu nennenden Faktoren, bei den Angestellten sehr wohl auf die Kinderzahl auszuwirken[233]. Doch zeigt der Vergleich zwischen Rheinland und Westfalen, wo der Anteil der Bergbauangestellten an den von der Tabelle erfaßten Angestellten höher war als im Rheinland, daß gerade die Grubenbeamten — wohl aufgrund ihrer starken Rekrutierung aus der Arbeiterschaft — über eine meist höhere Kinderzahl als ihre Kollegen in anderen Gewerben verfügten[233a]. Der Haushalt der Grubenbeamten war also sowohl durch ihr höheres Einkommen als auch infolge der durchschnittlich geringeren Kinderzahl weniger belastet als der der Bergarbeiter, wenn auch vermutlich in stärkerem Maße als bei den Angestellten anderer Gewerbezweige.

d) Die Wohnung

Von Unternehmern wie Arbeitern sonderte die Wohnweise die Bergbauangestellten wohl in ihrer Mehrzahl ab, doch machte sie diese Unterbringung gleichzeitig in stärkerem Maße als die Arbeiter abhängig von den Unternehmen. Die Grubenbeamten wohnten zu einem meist sehr viel höheren Prozentsatz als die Arbeiter in zecheneigenen Wohnungen. So waren etwa bei der Bergbau AG Concordia nur 5,4% der Arbeiter, aber 56,7% der Beamten, bei der Harpener Bergbau AG 17,4% der Arbeiter und 66,9% der Beamten, bei der Gutehoffnungshütte 9,4% der Arbeiter und 16,6% der Beamten im

230 Auf der Grundlage der Preußischen Statistik (Bd. 229) und der Statistik des Deutschen Reiches (N.F., Bd. 204) errechnet bei Brandt/Most, Bd. 2, S. 54.

231 TGB 5, 1913, S. 24/5.

232 So die Westdeutsche Arbeiterzeitung, nach: TGB 5, 1913, S. 24; vgl. hierzu auch: N. Joniak, S. 28 ff.

233 Tatsächlich dürfte bei den Angestellten des Ruhrgebiets die Kinderzahl deutlich niedriger und das Heiratsalter höher als bei den Arbeitern gelegen haben. Aber auch zwischen den Angestelltengruppen bestanden Unterschiede. Obwohl — nach der Stichprobenanalyse für die Essener Angestellten (in mittleren und unteren Stellungen) — die technischen Angestellten ein Durchschnittsheiratsalter von 29,34 Jahren, aber eine durchschnittliche Kinderzahl von 1,95 aufwiesen, erreichten die kaufmännischen Angestellten bei einem durchschnittlichen Heiratsalter von 26,77 Jahren nur eine Durchschnittskinderzahl von 1,56 (beide im Alter zwischen 31 und 50 Jahren). Vgl. D. Engelhardt, Studien, S. 85/6.

233a Vgl. auch: H.E. Krueger, 2. Teil, S. 217.

234 F. Strehlow, Die Boden- und Wohnungsfrage, S. 142-144; für Harpen berechnet nach A. Heinrichsbauer, Harpener Bergbau AG 1856-1936, Zahlentafel 8 und 11, und W.

Jahre 1910 in Werkswohnungen untergebracht[234]. Insgesamt sollen zu dieser Zeit mehr als 70% der Angestellten des Ruhrbergbaus in von den Zechen gebauten oder gemieteten Wohnungen gelebt haben[234a]. Zwar lagen ihre Häuser auch oft innerhalb einer „Kolonie", doch waren sie abgetrennt von den Arbeiterwohnhäusern. So heißt es in der Beschreibung einer solchen Kolonie: „Während im nördlichen Teil die Bergleute, Tagesarbeiter und einige Angestellte wohnen, liegen im südlichen Teil die Häuser der ‚Beamten', der leitenden Angestellten und Direktoren. Deutlich sind sie von denen der Bergleute zu unterscheiden. Während einfache Hecken die Vorgärten der Bergleute zur Straße abgrenzen, zieren sorgfältig gearbeitete, regelmäßig gestrichene Zäune die der ‚Beamtenhäuser'. Die Gärten werden von Gärtnern der Zeche sorgfältig instand gehalten. An der Anlage der Gärten, der Größe der Häuser kann man leicht die gesellschaftliche Rangordnung ihrer Bewohner innerhalb der Zeche erkennen. Die Häuser der leitenden Angestellten und Direktoren liegen in großen Gärten, ein Stück abseits der Straße, jeweils so gestellt, daß kein Gegenüber in die Fenster schauen kann." Der erste Direktor vollends bewohnte das „prächtige, hinter hohen Gittern in einem großen Park gelegene Landhaus"[235]. Während die Arbeiterwohnhäuser meist vier bis sechs Wohnungen aufwiesen, bewohnten die Beamten ihre Häuser entweder allein oder höchstens zu zwei Familien[236]. Die Ausstattung ihrer Wohnungen war kaum mit der der Arbeiter zu vergleichen. Die Errichtung und Ausstattung einer ‚Beamtenwohnung' erreichte regelmäßig das Drei- bis Vierfache der Kosten einer Arbeiterwohnung[237].

3. Die soziale Umwelt: Die Bergbauangestellten als Teil eines breiteren Mittelstandes[238]

Trotz des oftmals für die Grubenbeamten typischen relativen Abschlusses im unmittelbaren Wohnbereich sahen sich die Angestellten — wie die Arbei-

Viebig, Die technischen Grubenbeamten, S. 1137. Bei der Bergwerksgesellschaft Hibernia waren im Jahre 1897 6,3% der Arbeiter und 56,8% der Beamten in werkseigenen Häusern untergebracht. Berechnet nach: Festschrift aus Anlaß des 25jährigen Bestehens der Bergwerksgesellschaft Hibernia (1873-1898), 1898, S. 70, 96.

[234a] Vgl. H.E. Krueger, 2. Teil, S. 231 f. Im oberschlesischen Bergbau waren im Jahre 1912 insgesamt 42,6% der Angestellten in Zechenwohnungen untergebracht. Vgl. K. Seidl, Das Arbeiterwohnungswesen, S. 22. Zur gezielten Privilegierung der Angestellten gegenüber den Arbeitern bei der Wohnungsversorgung durch die Unternehmer vgl. auch: A.F. Heinrich, Die Wohnungsnot, S. 151-155.

[235] Croon/Utermann, Zeche und Gemeinde, S. 44/5; zur Abtrennung vgl. auch: ebenda, S. 19, 43/4; Bochum und das mittlere Ruhrgebiet, S. 88 ff. Vgl. hierzu auch die instruktiven Fotos von Arbeiter- und Angestelltenhäusern in: C. Schneider/J. Wiedenhöfer, Der Kreis Recklinghausen, Anhang, Abb. 34 ff.

[236] Vgl. Strehlow, S. 142/3.

[237] Ebenda; H.E. Krueger, 2. Teil, S. 232. Zu der im Vergleich zu den Arbeiterwohnungen luxuriösen Ausstattung der Angestelltenwohnungen vgl. etwa die Beschreibung bei E. Enke, S. 93 ff.

ter — im Ruhrbergbau in zunehmendem Maße mit einer gewerblichen und sozialen Differenzierung konfrontiert, an der sie selbst teilhatten und in der sie zugleich selber standen. Nicht nur nahm mit dem Wachstum der eigenen Industrie und der Entwicklung anderer Gewerbezweige, wie wir oben sahen, die Zahl der Arbeiter zu, sondern auch diejenige der Angestellten selbst, und zwar in manchen anderen Gewerbezweigen, wie sich zeigte, schneller als im Bergbau. Der Anteil der Angestellten an der erwerbstätigen Bevölkerung im Rheinland und in Westfalen stieg zwischen 1895 und 1907 von 3,46 auf 6,13% bzw. von 3,24 auf 4,93%[239], doch stand im Bergbau (im nationalen Bereich) das Wachstum der Angestelltenzahl im gleichen Zeitraum mit 132% an 13. Stelle von 22 Gewerbegruppen, unter denen die für das Ruhrgebiet so wichtigen Bereiche des Maschinenbaus, der Metallverarbeitung und des Verkehrs u. a. die vorderen Plätze einnahmen[240].

Zudem waren es nicht nur die industriellen Angestellten, die zur sozialen Differenzierung im Ruhrgebiet beitrugen. Vielmehr waren dies — bei starker relativer Abnahme der Selbständigen und Unternehmer —, mit einiger Verzögerung nach der Durchsetzung der Industrie, insbesondere die Bereiche der öffentlichen Verwaltung und der Dienstleistungen mit den Beamten und Angestellten des Staates und der Kommunen sowie den Angehörigen der freien Berufe. In den kleineren und sich gerade erst industrialisierenden Ortschaften und engeren Regionen konnten die Grubenbeamten, wie ihre Kollegen in Südwales, lange Zeit allein schon von ihrer absoluten Zahl her einen bedeutenden Teil des örtlichen Mittelstandes stellen. In Hamborn etwa, einer Stadt mit 100.000 Einwohnern, wurde 1910 die Ober- und Mittelschicht, einschließlich der Handwerker und Kleinhändler, von kaum mehr als 10.000 Personen gebildet. Neben den 1.676 Handwerkern und Kleinhändlern, 5 Rechtsanwälten bzw. Notaren, 24 Ärzten, 32 Geistlichen, 36 Rektoren, Ober- und Hauptlehrern sowie 331 Lehrern und Lehrerinnen gab es — nach der Zurechnung und der Diktion der Zeitgenossen — insge-

---

238 ‚Mittelstand' bzw. ‚middle class' soll hier und im folgenden zunächst nur die spezifische gesellschaftliche ‚Mittellage' einer sozialen Schicht bezeichnen. Die Zurechnung der Angestellten zum Mittelstand bzw. zur middle class erfolgt hier, wie im weiteren deutlich werden wird, nach den Kriterien der (zeitgenössischen) Selbst- und Fremdzurechnung. Entscheidende Merkmale hierfür bilden die sozialen Kontakt- und Referenzgruppen und die — von der Arbeiterschaft separate — Interessenwahrnehmung. Zum Bedeutungsfeld von (neuem) Mittelstand und (neuer) middle class, die beide eine Absonderung von der Arbeiterschaft symbolisierten, vgl. Kocka, Unternehmensverwaltung, S. 536-40; G.D.H. Cole, The Conception of the Middle Classes, in: British Journal of Sociology 1, 1950, S. 275-290; R.K. Kelsall/D. Lockwood/ A. Tropp, The middle class in the power structure of Great Britain, in: Transactions of the Third World Congress of Sociology, Bd. 3, 1956, S. 320-329.

239 Vgl. oben Tabelle S. 280.

240 Vgl. H. Potthoff, Die deutsche Privatbeamtenschaft nach der Berufs- und Betriebszählung 1907, in: AfSS 32, 1911, S. 124-135, S. 130.

samt 979 ,obere' und ,mittlere Beamte'. Diese setzten sich wie folgt zusammen[241]:

	Obere Beamte	Mittlere Beamte
Staats- u. Kommunalbeamte	30	190
Kaufmännische Beamte der Großindustrie	60	203
Technische Beamte der Großindustrie	150	346
zusammen	240	739

Der Vorgang und das Tempo der Differenzierung werden deutlicher erkennbar, wenn wir sie über einen Zeitraum hinweg und für mehrere eng beieinanderliegende Orte, wie hier für die Kreis- und Gemeindeverwaltungen des industriell jungen Kreises Recklinghausen, verfolgen.

Zahl der Angestellten und Beamten in den Kreis- und Gemeindeverwaltungen des Kreises Recklinghausen, 1816 - 1910[242]

	1816	1880	1890	1895	1900	1905	1910
Kreisverwaltung	4					64	123
Amt Wulfen	1					6	21
Stadt Dorsten	3		3	4			15
Amt Kirchhellen			2				10
Amt Marl		2	3		5		23
Amt Osterfeld				8			61
Amt Bottrop				22			110
Amt Gladbeck				8			78
Amt Horst				7			50
Amt Buer			16		41		150
Amt Recklinghausen		6	8				135
Amt Datteln		3	7		8		47
Amt Waltrop		3	3		8		30
Stadt Recklinghausen				(80)	100		200
insgesamt				173			1.053

241 Nach: L. Fischer-Eckert, Die wirtschaftliche und soziale Lage der Frauen, S. 13/4.

242 Zusammengestellt nach den Angaben bei: Schneider/Wiedenhöfer, Der Kreis Recklinghausen, S. 182-197.

Die Zusammenstellung zeigt das zunächst langsame Wachstum ab etwa 1880 und die rasche Expansion zwischen 1895 und 1910. Zwar standen auch 1910 noch 1.620 Grubenbeamte bei einer Arbeiterzahl von 50.507 auf 17 Bergwerken in den beiden Bergrevieren den 1.053 Kreis- und Gemeindebeamten und -angestellten gegenüber, doch stieg im Zeitraum zwischen 1895 und 1910 die Zahl der Bergbauangestellten (im ganzen Ruhrgebiet) um 122%, der Verwaltungsbeschäftigten jedoch um 509%. Hinzu kam im Kreis Recklinghausen noch zwischen 1880 und 1910 eine Steigerung der Zahl der Polizeibeamten von ca. 20 auf 305, der Richter von 6 auf 35, der Rechtsanwälte von höchstens 9 auf 31 und der Ärzte auf 98[243]. Spielte diese Differenzierung des Mittelstandes nach Berufen und Bereichen auch schon in den kleineren und industriell jungen Ortschaften besonders ab etwa 1890 eine zunehmende Rolle, so mußte sie dies umso mehr — anders als in Südwales — in den älteren industriellen Zentren tun.

In Bochum z. B. gehörten bereits im Jahre 1858: 176 Personen oder 4,7% der Beschäftigten zur Gruppe der Beamten, 1871: 408 oder 2,9%, 1882: 560 oder 4,3%, 1895: 1.130 oder 6,2% und 1907: 2.556 oder 5,6% zu den Beamten und freien Berufen. In Essen waren im Jahre 1913 mit 17.475 Personen immerhin 3,99% der Beschäftigten in den freien Berufen, der Kirche und der Verwaltung, in Dortmund im Jahre 1907 — neben 6.941 Angestellten (= 9,9% der Beschäftigten) — mit 4.001 Personen schon 5,7% der Erwerbstätigen im öffentlichen Dienst und in den freien Berufen tätig[244]. Dabei machte sich jedoch nicht nur die berufliche Auffächerung[245], sondern, mit dieser einhergehend, auch eine zunehmende Aufspaltung nach dem Einkommen bemerkbar. Nicht nur trat eine zunehmende Auseinanderentwicklung der Gehälter der Grubenbeamten — wie wir oben sahen — unter sich ein, sondern zusätzlich gingen sie damit in die — wie das Oberhausener Beispiel zeigt[246] — ihrerseits noch stärker sich entfaltende Einkommensstruktur der Gesamtbevölkerung ein. Die soziale Lage der Angestellten des Ruhrbergbaus hob sich zwar absolut und relativ im Vergleich zu den Arbeitern und den meisten anderen Angestellten, doch hatten sie sich — wie die Bergarbeiter selbst — in einer unmittelbaren Umgebung ein- und zurechtzufinden, die ihnen, und besonders den weitaus zahlreicheren unteren und mittleren Grubenbeamten, — anders als in den Bergbautälern von Südwales — zuneh-

---

243 Ebenda, S. 198-202; Viebig, S. 1135.

244 Vgl. D. Crew, Bochum, S. 21 f.; H. Kühr, Parteien, S. 35; R. Lützenkirchen, S. 121 f.; vgl. auch: H. Grewe, Die soziale Entwicklung der Stadt Essen im 19. Jahrhundert, 1949.

245 Allein von den Gemeindebeamten des Amtes Buer nahmen die 16 im Jahre 1890 Beschäftigten 9, die 150 Beschäftigten im Jahre 1910 25 verschiedene Tätigkeitsbereiche war. Vgl. Schneider/Wiedenhöfer, S. 193/4. Vgl. auch die Tabelle für die Anteile der Erwerbstätigen in den verschiedenen Gewerben im Rheinland und in Westfalen im Anhang, Tafel IV.

246 Vgl. oben S. 283.

mend die Relativität, die Grenzen und die mögliche Gefährdung des eigenen Status aufzeigten.

4. Die rückläufige Chance des Aufstiegs, geringe horizontale Mobilität und der hohe Grad an Homogenität

Die Mobilität der Bergbauangestellten war offensichtlich geringer als die der Bergarbeiter und wohl auch der Angestellten anderer Gewerbezweige. Durch ihre spezielle Tätigkeit und Ausbildung waren sie stärker an den einen Industriezweig gebunden und wechselten offenbar lange Zeit nur dann die Stelle, von einer Zeche zur anderen, wenn dies ein Fortkommen bedeutete[247]. Solange, wie in der Zeit zwischen 1850 und 1893 — wie wir vorher sahen — die Anzahl der Stellen für die Oberbeamten schneller wuchs als die der mittleren, und diese wiederum rascher als die der unteren Beamten, waren die Aufstiegschancen der Grubenbeamten vergleichsweise gut. Als sich jedoch in der Phase zwischen 1893 und 1907 der relative Wachstumsprozeß dieser Stellen beinahe umkehrte und zugleich die absolute Zahl der jeweils im unteren, mittleren und oberen Leitungs- und Aufsichtsbereich der Bergwerke vorhandenen Positionen — verschärft durch den Konzentrationsprozeß der Betriebe und Unternehmen — in ein immer größeres Mißverhältnis zueinander gerieten, fielen die Aussichten auf individuellen Aufstieg für die Überzahl der unteren und mittleren Grubenbeamten sehr rasch[247a]. Zwar stiegen nach wie vor einige (obere) Grubenbeamte sogar zu Direktorenposten auf, doch mußte sich die große Mehrheit, besonders der unteren und mittleren Grubenbeamten — ähnlich den Bergarbeitern — auf ein Leben als Steiger einrichten[248]. Neben einer verstärkten horizontalen Mobilität[249] und der auch in alten Bergmannsfamilien sich einstellenden Weigerung, sich

[247] Während der Arbeitsplatzwechsel der Steiger, so berichtet uns ein Beobachter im Jahre 1907 „auf etwa 80% der Zechen gleich Null sein mag, erreicht er bei einem Zehntel der Zechen wohl 25% und bei dem letzten Zehntel wohl 100%". Vgl. L. Pieper, Die Steigerbewegung im Ruhrrevier, II, in: Soziale Praxis 16, 1906/07, Sp. 1196-1199, Sp. 1197; vgl. auch: Krueger, 2. Teil, S. 231. Ebenso wie für einzelne Bergarbeiter bot sich auch für manche Grubenbeamten bereits ab etwa 1860 die Möglichkeit, selbst einer der Subunternehmer, die selbständig im Auftrag der Zechen spezielle Arbeiten ausführten, zu werden oder — etwa als Aufseher bzw. „Beamter" — in den Dienst von solchen Subunternehmerfirmen zu treten, die im Jahre 1895 bis zu 219, 1908 bis zu 470 Arbeitern beschäftigen konnten. Vgl. hierzu: W. Pieper, Die Vergebung, S. 46 f., 81, 96 f., und oben Anmerkung 6.

[247a] So beschäftigte z. B. die Zeche Shamrock I/II der Hibernia AG im Jahre 1913 (bei etwa 6.500 Arbeitern) 30 Fahrhauer, 16 Hilfssteiger, 16 Reviersteiger, 3 Fahrsteiger, 1 Obersteiger und 1 Betriebsführer. Vgl. Facilities for taking baths and drying clothes at collieries. Visit of inspection to France, Belgium and Germany by representative workmen from the Ocean Collieries, at the invitation and expense of Mr. David Davies, M.P., June, 1913. NCB: 622: 725.74 FAC.

[248] Vgl. G. Werner, Meine Rechnung, S. 92/3; Krueger, 2. Teil, S. 231.

[249] Vgl. oben Anmerkung 247.

überhaupt für die Laufbahn des Grubenbeamten zu entscheiden[250], brachte diese Entwicklung noch weitere Folgeprobleme mit sich, die uns weiter unten beschäftigen sollen.

Trotzdem blieben die Bergbauangestellten an der Ruhr lange Zeit, anders als die Bergarbeiter und die Angestellten der meisten anderen Gewerbe, sowohl ihrer sozialen und beruflichen wie auch ihrer territorialen Herkunft nach eine weitgehend homogene Gruppe. Die meisten Grubenbeamten stammten aus Bergmannsfamilien, zumeist aus den alten Bergbauregionen im Süden des Reviers. Außenseiter ergriffen nur spärlich das Bergbaufach. „Der schwere Beruf schreckte die Bessersituierten ab", meinte einer der Grubenbeamten[251]. Und für zugewanderte Arbeiter war dieser Sprung ausschließlich und auch dann nur ausnahmsweise möglich, wenn der Bewerber Bergbauerfahrung aus anderen Revieren mitbrachte[252]. Noch im Durchschnitt der Jahre 1911-13 kamen, wie wir oben sahen, von den Schülern der Bochumer Bergschule zwei Drittel bis drei Viertel aus Bergmanns-, 12% bzw. 24% schon aus Grubenbeamtenfamilien. Doch waren hier zu diesem Zeitpunkt immerhin schon ein Viertel (Unterklasse) bzw. knapp ein Drittel (Oberklasse) der Schüler aus bergbaufremden Familien[253]. Auch die Homogenität der regionalen Herkunft ging bei den Bergbauangestellten im Ruhrgebiet — anscheinend nach 1900 — zurück, doch kamen, vor allem im Vergleich zu den Arbeitern, weitaus die meisten Grubenbeamten aus Rheinland und Westfalen und, wie man wohl der Statistik hinzufügen darf, damit aus dem Ruhrgebiet.

Herkunft der Beschäftigten im Bergbau im Rheinland und in Westfalen im Jahre 1907 (ganzer Wirtschaftssektor in v.H.)[254]

	i.d.Wohn- gemeinde		i.d.übrigen Provinz		i.d.Nachbar- provinz		i.Nordost- deutschland		i. übrigen Deutschland		i.deutsch. Reich	
	Rheinl.	Westf.	Rheinl.	Westf.	Rheinl.	Westf.	Rheinl.	Westf.	Rheinl.	Westf.	Rheinl.	Westf.
Selbständ.	0,7	0,5	1,0	0,9	2,0	2,6	0,9	0,6	1,9	2,1	0,1	0,8
Angest.	7,4	11,9	5,8	11,9	8,6	15,3	5,7	13,3	5,1	7,9	6,3	11,4
Arbeiter	12,2	13,8	14,5	20,5	16,0	27,3	45,9	65,9	20,6	33,1	15,2	24,8
Alle Erwerbstät.	9,4	10,9	10,8	16,3	12,3	21,4	40,1	62,4	14,6	25,2	11,6	19,7

250 Vgl. etwa: TGB 1, 1908, S. 208-210; 2, 1909, S. 206/7; 3, 1910, S. 75/6, 197; 6, 1913, S. 64, 86.

251 G. Werner, Meine Rechnung, S. 92, 112.

252 Ein solcher Fall war der Steiger Georg Werner. Doch konnte in den 1870er Jahren noch etwa Karl Friedrich Vögler, der Vater des späteren Vertrauten von Hugo Stinnes und Generaldirektor der Deutsch-Luxemburgischen Bergwerksgesellschaft, in relativ kurzer Zeit vom einfachen Bergarbeiter zum Betriebsführer aufsteigen, obwohl er ohne Bergbauerfahrung aus Oberndorf am Neckar ins Ruhrgebiet gekommen war. Vgl. Werner, a.a.O.; G. v. Klass, Albert Vögler, S. 17.

253 Vgl. oben S. 246.

Zwar blieb der Anteil der Angestellten, die nicht aus Rheinland und Westfalen stammten, bei weitem unter dem entsprechenden Anteil bei der Arbeiterschaft, doch fällt insbesondere der relativ hohe Prozentsatz der Grubenbeamten in Westfalen auf, der aus Nordostdeutschland kam. Insgesamt jedoch blieb die Angestelltenschaft im Ruhrbergbau bis 1914 eine sowohl ihrer beruflichen als auch territorialen Herkunft nach weitgehend homogene Gruppe, wenn sie auch die sich ausweitenden Unterschiede in Stellung, Einkommen und in der Aussicht auf weiteren individuellen Aufstieg untereinander zunehmend aufspalteten.

Obwohl manche Bergarbeiter es trotz der Aufforderung ihrer betrieblichen Vorgesetzten ablehnten, Grubenbeamte zu werden, entweder weil diese „nicht frei genug“ waren und weil von diesen „auch manches verlangt“ wurde, wozu sie sich „nicht hergeben konnten“[255], oder weil sie „das Eindringen fremdsprachiger Elemente“ abschreckte[256], blieb dieser Weg doch bis 1914 für die meisten Bergarbeiter heiß begehrt. Für sie war dies — wie wir oben sahen — die beinahe einzige Möglichkeit zum sozialen Aufstieg, und die Erreichbarkeit und die mit diesem Fortkommen erlangten Vorteile, die sich aus ihm für die gegenwärtige wie für die nächste Generation[257] ergaben, wurden ihnen — seit langer Zeit —, anders als ihren Kameraden in Südwales, täglich und aus nächster Nähe in ihrer sozialen Umwelt vor Augen geführt. Und die betriebliche Ernennung zum „Beamten“ bedeutete einen innerbetrieblichen und gesellschaftlichen Aufstieg aus der anonymen und wenig geachteten Masse der Arbeiter und die Aufnahme in die ‚bürgerliche Gesell-

---

254 Zusammengestellt aus der Tabelle bei Köllmann, S. 252. Die Angaben umfassen den Industriesektor Bergbau, Steine und Erden, der sich in Rheinland-Westfalen aber fast ausschließlich auf Bergbau beschränkt. Vgl. auch die Auszählungen bei: H. Waterkamp, S. 101-105, und E. Donay, S. 106-125.

255 Dies traf z. B. zu für die Gebrüder Imbusch, die stattdessen eine Gewerkschaftslaufbahn als Aufstiegsweg wählten. Vgl. 25 Jahre christliche Gewerkschaftsbewegung, S. 196/7.

256 So das Organ des Deutschen Steigerverbandes: TGB 3, 1910, S. 76.

257 Verbesserten sich doch die Chancen der Kinder von niederen Angestellten und Beamten auf höhere Schulbildung (Gymnasium, Oberrealschule) gegenüber Kindern ungelernter Arbeiter um das 7fache. Doch verursachte diese verbesserte Bildung offenbar nicht ein verstärktes Eindringen von Söhnen technischer Beamter in kaufmännische Stellungen. So stammten aus der von D. Engelhardt 1922 untersuchten Stichprobe von Essener Angestellten 24,51% der technischen von kaufmännischen (unteren und mittleren) Beamten und Angestellten, aber nur 19,5% der kaufmännischen Angestellten von Eltern technischer Berufe (Werkmeister und selbst. Handwerker) ab, während die Selbstrekrutierung mit 26,41% für technische und 34,12% für die kaufmännischen Berufe, unter Einschluß der selbständigen Kaufleute sogar 41,43%, deutlich höher lag. Vgl. D. Engelhardt, Studien, S. 89/90. Zu den besseren Bildungschancen der Angestelltenkinder, die in manchen Fällen sogar bis zum Hochschulstudium reichten, vgl. ebenda, S. 76, 117, 134, und D. Crew, Definitions, S. 64. Für einen nationalen Vergleich der Herkunft von technischen Angestellten s. die Zahlen bei: H. Kaelble, Sozialer Aufstieg in Deutschland 1850-1914, in: VSWG 60, 1973, S. 41-71, S. 66.

schaft' innerhalb der in starkem Maße statusempfindlichen, großbetrieblich geprägten Umwelt des Ruhrgebiets. Der Weg hierhin war für die meisten reichlich mühselig. Und die Kandidaten waren, nach einer Aussage aus ihren eigenen Reihen, „Menschen, die mit eiserner Energie lernten und sich durchsetzen wollten“[258].

5. Die Ausbildung: Frühe Institutionalisierung, weitgehende Erfassung und hohe Anforderungen

Der Bewerber um eine ‚Beamtenstelle‘ hatte nachgewiesene Qualifikationen vorzuweisen, die einen relativ langen Ausbildungsweg erforderten. Schon unter dem Direktionsprinzip im Jahre 1816 hatte der Staat — anders als in Großbritannien —, anknüpfend an die bereits ältere Tradition der Ausbildung der höheren staatlichen Bergbeamten, wegen des schlechten Bildungsstandes der Bewerber um die Stellen im mittleren Bergwerksdienst die erste Bergschule im Ruhrgebiet gegründet[259]. Dieses Ausbildungssystem wurde ausgebaut und durch die Gründung neuer Schulen ergänzt und schließlich als fester Ausbildungsgang ab 1892 obligatorisch gemacht. Hiernach besuchten zunächst die Kandidaten, die durchweg nur eine Volksschulbildung mitbrachten[260], zwei Jahre lang an den Abenden und sonntagmorgens die Bergvorschule, von denen 1873: 10, 1893: 15 und 1903: 23 im Ruhrgebiet bestanden. Durchschnittlich etwa ein Drittel der Schüler schied schon hier aus. Die Erfolgreichen meldeten sich nun zur Aufnahmeprüfung bei einer der beiden Bergschulen in Essen oder Bochum, hatten zur Zulassung aber zunächst „durch Zeugnisse der Betriebsführer nachzuweisen, daß sie mindestens vier Jahre Grubenarbeit betrieben, hierbei Geschick und Fleiß gezeigt, sowie auch sich anständig geführt haben“[261]. Bei dieser Prüfung stieg die Durchfallquote von etwa einem Drittel zwischen 1860 und 1890 auf beinahe vier Fünftel (78%) in den Jahren vor 1914[262]. Der Rest konnte sodann in die Unterklasse der Bergschule aufgenommen werden.

258 So der Steiger Georg Werner, in: Meine Rechnung, S. 92. Vgl. auch: H.E. Krueger, 2. Teil, S. 216.

259 Hierzu und zum folgenden vgl. Wirtschaftliche Entwicklung, Bd. 3, S. 245 ff., Bd. 1, S. 21-24; E. Schmitz, Die deutschen Bergschulen, 1932; J. Raub, Die Aufsichtspersonen, S. 13/4.

260 G. Werner, S. 92.

261 So die vom OBA Dortmund verabschiedeten Satzungen für die bergmännischen Lehranstalten der Westf. Berggewerkschaftskasse zu Bochum vom 9.1.1895, zit. nach: Wirtschaftliche Entwicklung, Bd. 3, S. 262.

262 Nach Tenfelde, S. 257, und R. Schwenger, S. 111. Von den im Oktober 1899 sich zur Prüfung anmeldenden, etwa 1.200 Bewerbern wurden nur 150 aufgenommen. Vgl. Werner, S. 50.

Während der zweijährigen Dauer des Kurses war es weiterhin Pflicht, einer Arbeit als Bergarbeiter nachzugehen. Der Unterricht im Bergwesen, Maschinentechnik, Chemie, Physik, Geologie und im Grubenrettungswesen wurde erteilt von Maschinen-Ingenieuren und auf ihre Beförderung wartenden Bergassessoren, die oftmals die Schüler spüren ließen, daß sie „Menschen niederen Standes seien“[263]. Bei Bestehen der Abschlußprüfung, zwischen 1854 und 1902 waren dies immerhin 96,8% auf der Bochumer und 90,8% auf der Essener Bergschule[264], konnten die Absolventen der Unterklasse auf eine Anstellung als (Revier-)Steiger hoffen. Ihr Zeugnis berechtigte sie zur Übernahme von Stellen bis einschließlich der des Fahrsteigers. Um höher in der betrieblichen Hierarchie aufrücken zu können, war wiederum ein zweijähriger Schulbesuch, diesmal der Oberklasse der Bergschule, erforderlich. Und diejenigen Schüler, die ihren Unterhalt durch keine anderen Einnahmen bestreiten konnten, hatten auch während dieser Zeit, wenn auch nur in beschränktem Umfang, ihrer Berufstätigkeit nachzugehen. Eine Aufnahmeprüfung für die Oberklasse wurde nur denjenigen Kandidaten erlassen, die die Unterklasse mit dem Prädikat „gut“ abgeschlossen hatten[265]. Die Durchfallquote bei der Abschlußprüfung war hier noch geringer als in der Unterklasse.

Bis in die Jahre nach 1900 hatten bei weitem die meisten der technischen Angestellten, für deren Positionen eine Ausbildung vorgeschrieben war, auch eine solche hinter sich gebracht. Nur wenige, meist ältere Angestellte besaßen keine spezielle Ausbildung. Dies zeigt der umseitige Ausbildungsspiegel der technischen Angestellten im Jahre 1907.

Insgesamt waren also von den im Jahre 1907 im Ruhrbergbau beschäftigten technischen Angestellten 39% ungeschult, und 61% hatten eine besondere Fachausbildung. Hiervon hatten besucht:

79% die Bergschulunterklasse,
11% die Bergschuloberklasse,
10% andere Lehranstalten (Hochschule, Technikum usw.)[267].

Bei weitem die meisten der technischen Grubenbeamten des Ruhrbergbaus besaßen in den Jahren nach 1900, anders als — wie unten zu zeigen sein wird — in Südwales, eine mindestens zweijährige, spezialisierte Schulausbildung. Ausschließlich die niedrigste Stufe der unteren Grubenbeamten, die Fahrhauer und sonstigen Beamten, besaßen mehrheitlich keine besondere Ausbildung, vom Grad des Hilfssteigers aufwärts jedoch waren dies inge-

263 G. Werner, Meine Rechnung, S. 51.

264 Berechnet nach den Zahlenangaben in: Wirtschaftliche Entwicklung, Bd. 3, S. 253, 256/7, 259.

265 Vgl. Werner, S. 92.

266 W. Viebig, Die technischen Grubenbeamten, S. 1138, Zahlentafel 6.

267 Ebenda.

Vorbildung der technischen Angestellten des Ruhrbergbaus im Jahre 1907[266]

Bezeichnung der Stellung	Geschult			Ungeschult
	Technikum usw.	Bergschule		
		Oberklasse	Unterklasse	
Betriebsführer	69	137	89	12
Obersteiger	3	30	52	3
Fahrsteiger	12	89	125	8
Wettersteiger	2	38	95	3
Reviersteiger	17	117	1517	135
Hilfssteiger	16	47	1298	184
Fahrhauer	1	-	30	1098
Maschinensteiger	116	3	84	98
Sonstige Beamte	173	6	84	1184
zus.	409	467	3374	2725
	4250			

samt nur 8,4%. Dieser, läßt man die sonstigen Beamten und die Fahrhauer beiseite, die den Übergang zur Arbeiterschaft markierten und deren Status erst 1862[268] festgelegt wurde, hohe, wenn auch einseitige Ausbildungsgrad der technischen Angestellten des Ruhrbergbaus trug — trotz seiner Aufspaltung in die beiden Ausbildungsklassen — weiter, auch im Vergleich zu ihren Kollegen in Südwales, zur Homogenität und zum Zusammengehörigkeitsgefühl der Angestellten gegenüber den ‚ungebildeten' Arbeitern bei, die ihrerseits — wie wir oben sahen diesen Rückstand abzubauen bestrebt waren.

6. Die innerbetriebliche Stellung: Ungeklärte Abhängigkeiten und das hohe Ausmaß an Kontrolle

Die innerbetriebliche Stellung, die die großbetriebliche Organisation der Produktion den Angestellten zunächst verschaffte, sodann mehr und mehr veränderte, war ungleich komplizierter als die der Arbeiter. Der Arbeiter nahm ausschließlich Anordnungen entgegen, konnte und brauchte seinen Mitarbeitern keine Befehle zu erteilen und schöpfte aus dieser ihm bewußten, untersten und kaum je veränderten Lage sein Selbstbewußtsein und orientierte an ihr seine Haltung und Ausrichtung. Die Bergbauangestellten dagegen nahmen nicht nur Anordnungen entgegen, waren dem Unternehmer für

268 Vgl. Tenfelde, S. 251.

die Aufrechterhaltung, Intensivierung, Effektivität und Rentabilität des Betriebes, sondern gleichzeitig der staatlichen Bergbehörde auch für die Sicherheit der Anlagen verantwortlich. Sie hatten nicht nur den Arbeitern, sondern, mit dem Anwachsen der Autoritätshierarchien der Großbetriebe und -unternehmen auf den verschiedenen Instanzenebenen, auch untereinander Anordnungen zu erteilen. Hinzu kam die spezifische, historische Vorbelastung der Bergbauangestellten durch das frühe wirtschaftliche Engagement des Staates im Bergbau.

a) Die Abhängigkeit vom Staat

Zur Zeit der staatlichen Direktion fiel dem einzelnen Bergbauangestellten die Kombination seiner Aufgaben, einerseits für eine ausreichende Förderung, andererseits für die Sicherheit der Grubenbaue zu sorgen, weniger schwer, war er doch ein und derselben Institution, der Bergbehörde, für die Erfüllung beider Funktionen verantwortlich. Dies änderte sich mit der Überleitung der Betriebsführung in private Hände nach 1860. Für die Sicherheit der Baue blieben die Grubenbeamten der nunmehrigen staatlichen Aufsichtsbehörde verantwortlich, für die Rentabilität des Betriebes jedoch waren sie, die ihrerseits — oftmals in der Kontinuität der Person — aus staatlichen Beamten zu Privatbeamten geworden waren[269], jetzt an den privaten Bergwerksunternehmer gebunden. Doch blieb auch jetzt die Abhängigkeit der Grubenbeamten von den staatlichen Stellen in stärkerem Ausmaß und zugleich mit einer anderen gesellschaftlichen Orientierung und Wertung bestehen, als dies etwa der Fall war nach der Einrichtung der staatlichen Bergbehörde in Großbritannien. Die ausführenden Organe der staatlichen Aufsicht, die Revierbeamten, denen die Kontrolle der Sicherheit und damit des Arbeitsbereiches aller technischen Angestellten oblag, behielten — wie noch weiter unten deutlich werden wird — die oftmals engen gesellschaftlichen und familiären Kontakte, die aus der Zeit der staatlichen Direktion stammten, mit den höheren Grubenbeamten bei und intensivierten sie. Diese Mischung aus staatlich autorisierter Kontrolle und gesellschaftlicher Orientierung mußten auch im innerbetrieblichen Bereich besonders die mittleren und unteren Grubenbeamten zu spüren bekommen. Vor allem die Steiger gewannen bei der Begegnung mit den Revierbeamten oftmals den Eindruck, „daß das Fehlen von persönlicher Anständigkeit und von Verantwortungsgefühl von Menschen höherer Stellung gegenüber unteren Schichten nicht nur als nicht ehrenrührig, sondern sogar als standesgemäß angesehen wurde".[270] Ungeachtet des Abschlußzeugnisses der Bergschule nämlich mußte jeder neuverpflichtete Grubenbeamte bei dem

[269] Wirtschaftliche Entwicklung. Bd. 1, S. 33/4; S. Schulz, Die Aufsichtspersonen im ehemals preußischen Bergrechtsgebiet — die Entwicklung ihrer innerbetrieblichen Stellung von der Gründung Preußens bis in die Gegenwart, 1966, S. 49/50.

[270] G. Werner, Meine Rechnung, S. 124.

zuständigen Bergrevierbeamten eine Eignungsprüfung ablegen, gegen deren Bewertung, die wohl nicht immer von den Auswirkungen eines teilweise kaum vorhandenen Einkommensunterschiedes zwischen akademisch gebildetem Revierbeamten einerseits und einem nur an der Bergschule ausgebildeten Steigenanwärter andererseits[271] unbeeinflußt blieb, dem Prüfling keine Beschwerdeinstanz offenstand. Ebenso konnte der Bergrevierbeamte dem Grubenbeamten jederzeit und aus mehr oder minder triftigem Anlaß die Berufsberechtigung entziehen[272]. Besonders diskriminierend wirkten sich die Bestimmungen des Preußischen Berggesetzes von 1865 über die Verantwortlichkeit für die Betriebsführung gerade auf die Steiger aus. Als verantwortlich galten hiernach die eigentlichen ‚Aufsichtsbeamten', in denen die Gesetzgeber des Jahres 1865 naturgemäß nur den Betriebsführer und den Steiger erblicken konnten. Die Ausdifferenzierung der Betriebshierarchie führte jedoch im Laufe der Zeit dazu, daß die oberen Unternehmensinstanzen (vom Inspektor aufwärts) ihren Untergebenen Anweisungen erteilten, für deren bergrechtliche Folgen sie nicht zur Verantwortung gezogen werden konnten. Erst die nach mehreren größeren Grubenunglücken durchgesetzten einschlägigen Bestimmungen der Berggesetznovelle von 1909, gegen die die Unternehmer zehn Jahre lang erfolgreich Widerstand geleistet hatten, änderten diesen Zustand[273]. Die Novelle verbesserte zwar die rechtlichen Verhältnisse, doch änderte sie wenig an den oft erfolgreichen Versuchen der oberen Unternehmensinstanzen, sich durch vertikale und horizontale Kompetenzaufteilung ihrer bergrechtlichen Verantwortlichkeit im Ernstfall zu entziehen[274].

b) Die Angestellten als Instrument der Betriebsführung

Waren die Grubenbeamten den staatlichen Bergbehörden für die Sicherheit der Grubenbaue verantwortlich, so bildeten sie für die Unternehmer das entscheidende Instrument zur Aufrechterhaltung des Ablaufs und zur Intensivierung des Betriebs. Nicht nur hatten die Angestellten das funktionale Zusammenwirken der einzelnen betrieblichen Stellen, der steigenden Zahl der Beschäftigten und ihrer Gruppierungen untereinander sowie von Men-

[271] Im Jahre 1914 z. B. bezogen die staatlichen Bergrevierbeamten ein Gehalt zwischen 3.600 und 7.200 M. vgl. Etat der Berg-, Hütten- und Salinenverwaltung für das Etatsjahr 1914, S. 10, und unten S. 521.

[272] Vgl. etwa G. Werner, S. 124/5; W. Viebig, Festschrift zur Feier des 25-jährigen Bestehens des Verbandes der Vereine technischer Grubenbeamten im Oberbergamtsbezirk Dortmund 1885-1911, S. 117/8; H. Spethmann, Der Verband technischer Grubenbeamten 1886-1936, 1936, S. 70-73; L. Pieper, Die Steigerbewegung, Sp. 1197/98.

[273] Zur Verantwortlichkeit der ‚Aufsichtspersonen' vgl. S. Schulz, Die Aufsichtspersonen, S. 57, 67-72; H. Oversohl, Die Rechtsstellung der Aufsichtspersonen in den Bergwerksbetrieben, 1968, S. 35 ff.; Pöller, S. 85-91; TGB 2, 1909, S. 44 ff.; zum Widerstand der Unternehmer: Viebig, Festschrift, S. 114-117.

[274] R. Woldt, Das großindustrielle Beamtentum, S. 60, 62; Hue, Die Bergarbeiter, Bd. 2, S. 666.

schen und Maschinen zu organisieren, sondern gleichzeitig auch für die Aufrechterhaltung und Steigerung der Rentabilität zu sorgen, die, wie wir oben sahen, bei langfristig nur allmählich steigenden Kohlenpreisen in entscheidendem Maße von den Kosten der Anlagen einerseits und der Lohnhöhe andererseits abhängig war. Während die Unternehmensleitungen die Kohlenpreise, die Lohnkosten sowie die Anschaffung und den Einsatz von Maschinen festlegten, fiel es den Grubenbeamten zu, diese in den Betrieb einzuführen und gleichzeitig über die Einstellung, den Einsatz, die Entlassung, Bestrafung und Belohnung und — in den allmonatlich vor Ort stattfindenden Gedingeverhandlungen — über den Gedingesatz bzw. die Lohnhöhe der Arbeiter zu entscheiden. Da die Leistung und Leistungsmöglichkeit der Gedingearbeiter, wie wir bereits oben sahen[275], nicht allein objektiv zu beurteilen waren, sondern immer auch von subjektiven Überzeugungen abhängig sein mußten, blieben die Gedingeverhandlungen ein andauernder Herd der Konfrontation zwischen Grubenbeamten und Arbeitern. Und — wie ein Beteiligter schrieb — „im Bergbau hört[e] der stille Kampf um das Gedinge keinen Tag auf“[276].

Der Druck der Unternehmer auf die Erzielung hoher Förderziffern und niedriger Kosten, der durch den Kampf um die Beteiligungsziffer und die Überschaubarkeit des Absatzes infolge des Zustandekommens des RWKS sowie durch die verstärkte Möglichkeit der Kostenberechnung eher erhöht wurde[277], gewann für die Grubenbeamten an Schärfe, bestand doch ein großer, im Zweifelsfall nicht einklagbarer Teil ihres Gehalts aus Förder-oder Selbstkostenprämien. Zudem wurde eine barsche, militärische Behandlungsweise der Untergebenen durch die jeweiligen Vorgesetzten begrüßt und durch die häufige Einstellung ehemaliger Unteroffiziere und Sergeanten gefördert. In den Jahren vor 1910 hatten ca. zwei Drittel der Bergschüler im Ruhrgebiet als Soldaten gedient[278]. Die Schaffung neuer Überwachungs- und Kontrollinstanzen in Gestalt der Fahrsteiger und Inspektoren, ein Modell, das seit der Jahrhundertwende von den Stinneszechen allmählich auf andere Unternehmen überging, trugen das ihre dazu bei, das „System der Reibung“ zu verstärken. Behandelte dennoch einer der Grubenbeamten seine Leute nach Ansicht seiner Vorgesetzten „zu lau“, so wurden ihm die Prämien gestrichen, mit der Entlassung gedroht, oder er wurde tatsächlich entlassen. Brachte er zu wenig Kohlen, so mußte er „doppelt machen“ oder „nachexerzieren“. Dieser „Grubenmilitarismus“, der genährt wurde durch ‚unsympathisches Strebertum‘ und die Hoffnung auf weiteren Aufstieg, fand nicht nur seine Anwendung in der Behandlung der Arbeiter, sondern auch

---

275 Vgl. oben S. 251.

276 Vgl. E. Herbig, Schwierigkeiten des Lohnwesens, Sp. 220.

277 Vgl. R. Pöller, Die Gefahren des Bergbaus, S. 94.

278 Vgl. Viebig, S. 1139.

— wie weiter unten klar werden wird — im Umgang unter den Angestellten selbst[279].

c) Die Angestellten als Instrument zur Disziplinierung der Arbeiter

Von den Angestellten des Ruhrbergbaus wurde auf seiten der Unternehmer — und des Staates — nicht nur die Beaufsichtigung, Kontrolle und das Antreiben der Arbeiter zum Zweck der Produktion erwartet, sondern auch eine hierüber hinausgehende Beeinflussung und Disziplinierung der Arbeiter. Sie hatten Einfluß zu nehmen auf das Abstimmungsverhalten der Arbeiter bei politischen Wahlen[280], sollten die Arbeiter von ihren Gewerkschaften, insbesondere aber von der SPD abhalten, vor Streiks warnen und bei mangelnder Willfährigkeit die Bergarbeiter durch innerbetriebliche Sanktionen bestrafen. Waren Streiks ausgebrochen, denunzierten die Grubenbeamten die einzelnen, ihnen bekannten Arbeiter und identifizierten sie so in der an sich unübersehbaren Menge, traten als Streikbrecher und bewaffnete Hilfspolizisten in Erscheinung, die Seite an Seite mit offizieller Polizei und berittenem Militär das bedrohte Eigentum der „Gesellschaft", wie die Arbeiter das Unternehmen anonym bezeichneten, schützen halfen[281].

d) Die Angestellten als Objekt der Betriebsherrschaft

Doch waren die Angestellten nicht nur Instrument, sondern gleichzeitig — wie die Arbeiter — Objekt der unternehmerischen Betriebsherrschaft. Ebenso wie die Bergarbeiter wurden die Grubenbeamten, die in der Zeit vor 1850 ebenfalls vom Staat eingestellt, entlohnt und entlassen worden waren, mit der Aufhebung der staatlichen Direktion aus dem Quasi-Status eines staatlichen Beamten entlassen und in ein (staats-)freies, individuelles Arbeitsverhältnis mit privatem Dienstvertrag überführt[282]. Doch blieben die

279 Zum Ganzen vgl. K. Oldenberg, Studien, S. 645, 664-671; Pöller, S. 95 ff.; die Zeitungsausschnitte abgedruckt bei: W. Köllmann, Hg., Der Bergarbeiterstreik von 1889 und die Gründung des „Alten Verbandes" in ausgewählten Dokumenten der Zeit, 1969, Nr. 136, 145, 151; L. Verkauf, Die Gesetzgebung zu Gunsten der Bergarbeiter, S. 660/1; Niederschrift über die Verhandlung der Kommission zur Untersuchung der Beschwerden der Bergarbeiter auf der Zeche Bruchstraße, abgedruckt in: H. Lindemann, Wen trifft die Schuld? Betrachtungen über Ursachen und Entstehung des Ausstandes der Ruhrbergleute im Januar und Februar 1905, S. 90-99, S. 92 ff.; R. Woldt, Das großindustrielle Beamtentum, S. 59-62; Krueger, 2. Teil, S. 218-222; G. Werner, Meine Rechnung, S. 92, 98 ff. (zum „Stinnessystem"); insgesamt: TGB 1, 1908; 7, 1914. Zum Begriff des ‚Grubenmilitarismus' vgl. G. Briefs, Betriebsführung und Betriebsleben in der Industrie, 1934, S. 121.

280 Vgl. etwa Tenfelde, S. 566; E.G. Spencer, Businessmen, Bureaucrats, and Social Control in the Ruhr 1896-1914, in: H.-U. Wehler, Hg., Sozialgeschichte Heute, S. 452-466, S. 458.

281 Adelmann, S. 193; E.G. Spencer, Between Capital and Labor, Supervisory personnel in Ruhr heavy industry before 1914, in: JSH 9, 1975, S. 178-192, S. 182; Aufsätze über den Streik der Bergarbeiter im Ruhrgebiet. Schriften der Gesellschaft für soziale Reform, H. 17, 1905, S. 40.

282 Doch stand den Unternehmern auch in der Zeit vor 1850 immerhin ein Vorschlagsrecht zu, das die Grundlage zu einer, wenn auch vielleicht in begrenzterem Ausmaß als in

Erwartungen — wie bei den Arbeitern — sowohl auf seiten der Angestellten wie der Unternehmer lange Zeit offensichtlich von den Normen der staatlichen Direktion geprägt. Die Angestellten erwarteten die — vor allem materielle — Fürsorge der Unternehmer, diese wiederum von ihren Angestellten die weitgehende und unbefragte Unterordnung im betrieblichen und überbetrieblichen Bereich. Ebensowenig wie die Arbeiter waren die Bergbauangestellten an Selbsthilfe gewöhnt, und auch nach der Aufhebung des Direktionssystems war von der Seite des Staates keine Ermunterung in dieser Richtung zu erwarten. Noch im Jahre 1907 sagte der Handelsminister den Steigern, die sich in einem Interessenverband zu organisieren versuchten, „in sehr ernstem und vorwurfsvollem Ton, daß es die erste Pflicht der Steiger sei, zu gehorchen", und es sei „daher ... sehr ungehörig, die Steiger gegen die Besitzer aufzuwiegeln"[283].

Auch die Unternehmer des Ruhrbergbaus, die wie gegenüber den Arbeitern so auch gegenüber den Angestellten ihre unbedingte Betriebsherrschaft aufrechtzuerhalten trachteten, versuchten bei ihren Grubenbeamten jede unabhängige und einheitliche Interessenvertretung zu entmutigen und zu zerstören. Andererseits mußte ihnen die zunehmende Bedeutung der Angestellten, ohne deren Hilfe die dauernd expandierenden Betriebe und Unternehmen nicht mehr zu führen waren und ohne deren Mithilfe die Arbeiterschaft völlig aus der Kontrolle der Unternehmer zu geraten drohte, deutlich zu Bewußtsein kommen. Die Mittel zu einer sich nahtlos an die Zeit des staatlichen Direktionsprinzips anschließenden Entmündigung und Disziplinierung ihrer Angestellten sahen die Bergbauunternehmer an der Ruhr einerseits in der relativen materiellen Privilegierung, andererseits — und zunehmend — in der Kontrolle und Überwachung ihres inner- und außerbetrieblichen Umgangs, ihrer Meinungen und ihres eventuellen außerbetrieblichen Engagements. Die relative Privilegierung, z. T. auch die Bindung an einzelne Unternehmen oder an den Ruhrbergbau, wurde erreicht durch die Gewährung vergleichsweise hoher Gehälter, durch gute und preiswerte Werkswohnungen, durch die Einrichtung werksinterner Unterstützungskassen und durch den Abschluß von Lebens- und anderen Versicherungen, deren Kosten zumindest z. T. durch das Unternehmen getragen wurden[284]. Das Instrumentarium zur Überwachung und Kontrolle bestand in dem nur wenig spezifizierten — und daher kaum einklagbaren — Inhalt oder dem oft „fast gänzlichen Fehlen von [dienst-]vertraglichen Abmachungen"[284a] sowie

Südwales, gewissen sozialen und ideologischen Nähe legte. Vgl. Krampe, S. 123-126; Tenfelde, S. 64 ff., 246 ff.; Wirtschaftliche Entwicklung, Bd. 1, S. 16 ff.

283 Nach Werner, S. 122.

284 Vgl. hierzu etwa: Heinrichsbauer, Harpener Bergbau AG, S. 159, 164/5; Festschrift Hibernia, 1898, S. 72-76.

284a Vgl. Krueger, 2. Teil, S. 220.

in der weitgehenden Ablehnung von katholischen Bewerbern um eine Angestelltenstelle, die Anhänger der — in den Augen der Unternehmer — ‚demokratisch-subversiven' Zentrumspartei hätten sein können[285], in der Genehmigungspflicht der Wahrnehmung öffentlicher Ämter der Angestellten und in der Ausgabe von Fragebogen, deren Fragen — nach dem Urteil eines Zeitgenossen — „die Grenze des Notwendigen und mit Rücksicht auf die reinen Persönlichkeitsrechte des Angestellten Zulässigen" überschritt[286]. Die möglichen innerbetrieblichen Sanktionen der Unternehmer bei Unbotmäßigkeit ihrer Angestellten bestanden in der Entziehung der obengenannten Vorteile, wozu die starke Prämienabhängigkeit der Einkommen der technischen Angestellten noch weitere Möglichkeiten hinzufügte, im Beförderungsstop, in der Degradierung und schließlich in der Entlassung. Wie oft solche Sanktionen angewandt wurden oder wie sehr schon ihre Androhung ausreichte, die erstrebte Konformität zu erreichen, kann nicht gesagt werden. Für die Tatsache jedoch, daß sie angewandt wurden, sprechen beredte Zeugnisse von unmittelbar Betroffenen[287].

e) Die Herausbildung der Betriebshierarchie und die Aufteilung der angestelltenschaft

Die materiellen Verhältnisse, die relative soziale Lage sowie die Behandlung durch Staat und Unternehmer mußten die Grundlagen bilden, auf denen die Art und die Richtung der Interessen der Angestellten im Ruhrbergbau ansetzen mußten. Wie sehr dabei die Interessenbildung und die organisatorische Form dieser Interessenvertretung, wie für die Arbeiter, so auch für die Angestellten, von ihrer Stellung in der betrieblichen Organisation der Produktion abhängig war, zeigt zum einen die von Unternehmern wie Arbeitern separate Interessenfindung und -artikulation, mehr jedoch noch die interessenmäßige Gruppenbildung innerhalb der Angestelltenschaft. Im Gegensatz nämlich zu den Arbeitern teilte die Entwicklung des Großbetriebs die Angestellten untereinander auf. Je größer die Betriebe und Unternehmen wurden, und je weiter die Angestellten die Unternehmensleitung von der

[285] Es wurden beinahe ausschließlich Protestanten als Steiger, vor allem aber in den höheren Instanzen, eingestellt. Vgl. G. Werner, S. 66/7; TGB 7, 1914, S. 105/6; Croon/Utermann, Zeche und Gemeinde, S. 24, 30.

[286] Vgl. hierzu: E.L. Raßbach, Betrachtungen zur wirtschaftlichen Lage der technischen Privatangestellten in Deutschland, 1916, S. 230/1. Hier auch der Abdruck des Fragebogens, der „von einem großen Montanbetrieb" stammte. Die Genehmigungspflicht zur Wahrnehmung öffentlicher Ämter mag — neben dem an sich schon geringen politischen Engagement — der Grund dafür gewesen sein, daß die Grubenbeamten im Ruhrgebiet, sehr verschieden zu ihren Kollegen in Südwales, auch in den Körperschaften der lokalen Selbstverwaltung so gut wie nicht vertreten waren. Dieser Mangel fiel ihnen selbst jedoch erst nach Abschluß des Ersten Weltkrieges auf.

[287] Vgl. insgesamt die Arbeiten von: Werner, Meine Rechnung; L. Pieper, Die Steigerbewegung; E. Raßbach, Betrachtungen; W. Mertens, Zur Bewegung der technischen Privatbeamten, in: AfSS 25, 1907, S. 649-713; Krueger, 2. Teil, S. 217 ff.

Arbeiterschaft abdrängte, umso mehr Instanzen wurden innerhalb der Angestelltenschaft geschaffen. In zunehmendem Maße hatten die Angestellten nicht mehr nur Anordnungen von den Unternehmern entgegenzunehmen und diese als Anweisungen an die Arbeiter weiterzugeben, sondern in steigendem Grade hatten sie in hierarchischer Abstufung zugleich den eigenen Kollegen zu befehlen und zu gehorchen. Hierbei waren naturgemäß die mittleren und die unteren Grubenbeamten die Leidtragenden. Während jedoch die unteren Grubenbeamten gleichsam erst Produkte dieser weitgehenden Arbeitsteilung waren und nie andere als untergeordnete Funktionen im Aufsichtsbereich erfüllt hatten, sahen sich vor allem die Reviersteiger von dieser Veränderung betroffen. Hatten die Steiger bis in die 1890er Jahre ihre Reviere ohne große Intervention von oben geleitet[288], so änderte sich dies mit der Einführung der neuen Instanzen der Fahrsteiger und der Inspektoren, die hauptsächlich zur Erhöhung der Leistung dienen sollten, nicht aber für die Sicherheit verantwortlich waren, gründlich. Diese kontrollierten, trieben die Steiger an und brachten sie in gegenseitige Konkurrenz in der „Jagd nach mehr Kohlen" und möglichst niedrigen Selbstkosten. Die zuerst von Hugo Stinnes auf seinen Zechen eingeführten und mit diesen Aufgaben Betrauten waren „junge, energische Betriebsführer, die mit der Schlafmützigkeit rücksichtslos aufräumten und denen das Schicksal des einzelnen nicht nur gleichgültig war, sondern denen es sogar Freude bereitete, recht brutal zu sein". Und die Schüler der Bergschuloberklasse, so berichtet ein Mitschüler, empfanden „instinktiv, daß dieses System der Reibung von oben gewünscht wird. Die Brutalsten und Rücksichtlosesten unter uns hatten die Aussicht, schnell voranzukommen, wenn sie zeigten, daß sie rücksichtslos waren"[289]. Ebenso wie ein solches Verhalten erst auf einer bestimmten Stufe der Entfremdung unter den Grubenbeamten möglich war, so weitete es insbesondere den schon durch die Abstufung in Ausbildung und Einkommen bestehenden Graben zwischen den oberen und mittleren Angestellten. Nicht nur fühlten die Steiger durch die Einführung der neuen Betriebsinstanzen das für alle Angestellten typische Mischungsverhältnis von Anordnungsbefugnis und Gehorsamspflicht auf ihrer Seite sich zugunsten des letzteren verschieben, sondern gleichzeitig verstieß die Art ihrer Behandlung von seiten der oberen Grubenbeamten in flagranter Weise gegen das ‚Ehrgefühl', das gerade für das Selbstbewußtsein der Steiger in ihrer Zugehörigkeit zu einem ehemals privilegierten Beruf einerseits und zum Mittelstand andererseits so wichtig war[290].

Sahen die Steiger so auf ihrer Seite ihre typischen Eigenschaften und ihr Ansehen als Angestellte in den Jahren nach 1900 immer mehr in Gefahr, so

---

288 Vgl. E.G. Spencer, Between Capital, S. 179/80.

289 Vgl. G. Werner, Meine Rechnung, S. 98, 100.

290 Vgl. hierzu auch: W. Mertens, Zur Bewegung, S. 661.

konnten andererseits, gerade auch durch die Intensivierung des Betriebes, die Bergarbeiter, denen die Steiger nach wie vor als die eigentlichen Repräsentanten der Unternehmensleitung erschienen[291], in den Steigern immer weniger — wie zur Zeit der staatlichen Direktion — „kameradschaftliche Vorgesetzte erkennen, sondern sie betrachteten sie" — wie in Südwales — „vielfach nur noch als Kontrolleure und Antreiber"[292]. Diese sich zuspitzende Lage der Steiger zwischen den oberen Angestellten und der Arbeiterschaft zum einen und die mit der expandierenden betrieblichen Organisation der Produktion einhergehende Gruppenbildung innerhalb der Angestelltenschaft überhaupt konnte nicht ohne Wirkung auf die Definition, Organisation und Artikulation der Interessen der Angestellten im Ruhrbergbau bleiben. Die Unternehmer jedenfalls waren sich der großen Bedeutung der Gruppenbildung innerhalb der Angestelltenschaft — ebenso wie der Trennung von Angestellten und Arbeitern — für die Aufrechterhaltung ihrer unbedingten Betriebsherrschaft voll bewußt. Obwohl sie den staatlichen Stellen gegenüber anläßlich des Angestelltenversicherungsgesetzes von 1911 eine definitorische Trennung von Angestellten und Arbeitern im betrieblichen Bereich kaum für möglich hielten[293], hatten sie in ihren eigenen Unternehmen — wie die oben wiedergegebene, typische Einkommensstruktur eines Unternehmens zeigt — nicht nur Angestellte und Arbeiter säuberlich voneinander getrennt, sondern zusätzlich noch die Angestelltenschaft in einzelne, genau voneinander unterschiedene Gruppen aufgeteilt.

5.1.2.2. Die kollektive Definition der eigenen Lage: Die Findung, Organisation und Artikulation der Interessen

Die Aufhebung des staatlichen Direktionsprinzips hatte die Angestellten des Ruhrbergbaus — ebenso wie seine Arbeiter — aus dem Quasi-

---

[291] Zur Identifikation der betrieblichen Herrschaftsstrukturen mit den unmittelbaren Vorgesetzten vgl. Niederschrift über die Verhandlung... auf der Zeche Bruchstraße, S. 92; C. Jantke, Bergmann und Zeche, S. 56, 113/4; F. Weltz, Vorgesetzte zwischen Management und Arbeitern, S. 36 ff.; allgemein: U. Schumm-Garling, Herrschaft in der industriellen Arbeitsorganisation, 1972, S. 81/2; jetzt auch: R. Vetterli, Industriearbeit, Arbeitergewußtsein und gewerkschaftliche Organisation. Dargestellt am Beispiel der Georg Fischer AG (1890-1930), 1978, S. 73 ff. Umso weniger überraschend ist es daher, festzustellen, daß die Bergarbeiter sehr viel eher den oberen Betriebsbeamten vertrauten. Nicht umsonst wurde wohl gerade ihnen der außerbetriebliche Kontakt mit den Arbeitern in den gelben Werkvereinen von den Unternehmern nahegelegt. Noch unbelasteter scheint das Verhältnis zwischen Bergarbeitern und den ansässigen Kux- und Aktienbesitzern der Bergwerke gewesen zu sein. K. Oldenberg, S. 665, 668/9; Niederschrift über die Verhandlung... auf der Zeche Bruchstraße, S. 92; Jantke, Bergmann und Zeche, S. 114; Mattheier, Werkvereine, S. 191.

[292] Zit. nach Adelmann, S. 184/5.

[293] Vgl. unten Anmerkung 314.

Beamtenverhältnis und die Beschränkung der Knappschaft auf Versicherungsfunktionen sie aus der privilegierten und zugleich entmündigten Gemeinschaft der „Bergknappen" entlassen, die alle im Bergbau Tätigen in ihren materiellen und sozialen Bedürfnissen vereint und von der Außenwelt abgeschlossen hatte. Wie für die Bergarbeiter, so war es auch für die Grubenbeamten weder möglich noch nötig gewesen, eigenständige Formen des gesellschaftlichen und geselligen Verkehrs oder der gemeinsamen Interessenvertretung zu entwickeln. Was sie jedoch aus der Zeit der staatlichen Direktion in die Periode der freien Entwicklung des kapitalistischen Systems und des rapiden wirtschaftlichen Wachstums in noch stärkerem Maße als die Bergarbeiter mit hinübernahmen und aufgrund ihrer weitaus größeren Homogenität erhalten konnten, war das hohe, überörtliche Zusammengehörigkeitsgefühl aller Berufszugehörigen. Je mehr jedoch die Trennung zwischen den Arbeitern und den Angestellten innerhalb des Bergbaus offensichtlich wurde, umso mehr spielte das ausgeprägte Standesgefühl des preußischen Staatsbeamten, das viele — nun — Privat-Beamte aus ihrer eigenen Vergangenheit hinübergerettet hatten und andere, weiterhin zum „Berufsstand" sich gehörig fühlende staatliche Bergbeamte beisteuerten, eine konstitutive Rolle[294]. Die religiösen und sich ausbreitenden familiären Bande[295] trugen das ihre zu dieser Gruppenbildung bei.

Wenn auch „durch den gemeinsamen Kampf um die Fortentwicklung unseres Bergbaus, den die Leiter der Werke und ihre Beamten Schulter an Schulter geführt haben und noch führen ... bei beiden Teilen ein warmes Gefühl gegenseitiger Achtung und Anerkennung" entstanden war[296], so hatte — wie wir oben sahen — die großbetriebliche Entwicklung die ehemalige Vertrautheit, Kollegialität und relative soziale Homogenität zwischen Angestellten und Unternehmern einerseits[297] und das auf Fürsorge und Gehorsam beruhende Vertrauen zwischen Angestellten und Arbeitern andererseits zerstört. Ausdruck dieser frühen, „doppelten Isolierung nach unten und oben"[298] war die Bildung von eigenen Vereinen schon seit Beginn der 1860er Jahre. Da die Tätigkeit der Angestellten „auf den einzelnen Gruben

[294] Vgl. etwa zu der wichtigen Rolle, die die staatlichen Bergbeamten bei der Gründung der Grubenbeamtenvereine spielten: H. Spethmann, Der Verband technischer Grubenbeamten, S. 34 ff., 195, 219 ff.

[295] Zur großen Bedeutung der „Familienverbände" unter den technischen Grubenbeamten vgl. etwa G. Werner, S. 112.

[296] W. Viebig, Festschrift, S. 100.

[297] Aussagekräftiges Beispiel hierfür ist die Tatsache, daß dem zu geselligen und wirtschaftlichen Zwecken im Jahre 1880 gegründeten ‚Kohlenklub' kaufmännische Beamte der Zechen als Mitglieder beitreten konnten. Als der wirtschaftliche Zweck mit der Gründung des RWKS erfüllt war, ‚vermochte nur noch die Pflege des geselligen Verkehrs dem Klub seine Lebensfähigkeit nicht zu erhalten'. 1897 wurde er aufgelöst. Vgl. Wirtschaftliche Entwicklung, Bd. 2, S. 114/5.

[298] K. Oldenberg, S. 666.

nicht so leicht Gelegenheit bot, in einem größeren Kreis miteinander in Berührung zu kommen, geschweige denn enger mit den Beamten der verschiedenen Zechen Fühlung zu nehmen", wurden Vereine auf örtlicher Ebene gebildet mit dem Zweck, neben der Pflege des ‚bei jedwedem Bergmann tiefen Verlangens nach echter Kameradschaft' und dem Schöpfen von „Kraft und Mut" aus dieser Vereinigung „zwanglos berufliche Fragen zu erörtern und Erfahrungen auszutauschen" über die ‚hohen Anforderungen', die gerade an den technischen Grubenbeamten als „Mittelsperson zwischen Arbeitgeber und Arbeitnehmer" (!) gestellt wurden[299]. Zwar schlossen sich die Bergbauangestellten in den einzelnen Ortschaften auch — wie später in Südwales — allgemeinen, ausschließlich geselligen Zwecken dienenden Bürger-Gesellschaften und Beamten-Vereinen an, in denen sich, wie F. Mogs für Oberhausen beobachtete, unter Ausbildung eines ‚ausgeprägten Standesgefühls' Kleinunternehmer, Handwerker, kaufmännische und technische Angestellte, Kleinhändler und mittlere Beamte zusammenfanden[300], doch scheint es, als wenn das nachwirkende Berufsbild, die spezifischen tagtäglichen Erfahrungen im Betrieb ebenso wie das mangelnde politische Engagement die Grubenbeamten — anders als in Südwales — das Schwergewicht von Anfang an auf ihre berufsspezifischen Vereine verlegen ließen. Wenn auch bei diesen Vereinen davon die Rede war, daß sich ihre Mitglieder „in Zeiten allgemeiner Nöte" ideell und materiell unterstützen sollten, so ist doch offensichtlich, daß sie sich nicht als Interessenvertretungen verstanden[301]. Dies änderte erst die tiefgehende Wirtschaftskrise von 1876/77, unter der auch „mancher Grubenbeamte brotlos geworden" war und „anderenorts ein Fortkommen suchen" mußte[302], wie auch die Einführung der staatlichen Sozialversicherung in den 1880er Jahren. Die in den 1860er und 1870er Jahren in den verschiedenen Orten des Ruhrgebiets gegründeten Vereine wurden unter einem Dachverband zusammengefaßt, der sich nach längerem Anlauf im Jahre 1886 als ‚Verband technischer Grubenbeamten im Oberbergamtsbezirk Dortmund' konstituierte[303].

Bei Beibehaltung der bisherigen Funktion der Ortsvereine sollte dieser Verband immer dort aktiv werden, wo es „die Vertretung gemeinsamer Standes-und Berufsinteressen galt, wo Vorteile zu erringen, Nachteile abzuwehren waren". Bei diesem Bestreben jedoch, „die gemeinschaftlichen Interessen seiner Mitglieder zu wahren und zu fördern, ließ sich der Verband von dem Grundsatz leiten, daß er seine Aufgabe nicht gegen, sondern Hand in

299 H. Spethmann, Der Verband technischer Grubenbeamten, S. 31/2.

300 Vgl. F. Mogs, Die sozialgeschichtliche Entwicklung der Stadt Oberhausen, S. 72 f., 126-128.

301 H. Spethmann, S. 32.

302 Ebenda, S. 38.

303 Vgl. ebenda, S. 34 ff.

Hand mit den Werkverwaltungen erfüllen müsse“[304]. Neben der Herausgabe einer fachwissenschaftlichen Zeitschrift und der Mitarbeit bei der Ausgestaltung berggesetzlicher und bergpolizeilicher Vorschriften sah er seine Hauptaufgabe in der versicherungsmäßigen Versorgung seiner Mitglieder, bei der der neidische Seitenblick dem ‚sorgenfreien Alter‘ der Staatsbeamten galt[305]. Die Absetzung von der Arbeiterschaft war dabei weiterhin, herausgefordert auch durch das materielle Engagement des Staates für die Arbeiter auf nationaler Ebene, in vollem Gange. Sowohl die Bestimmungen der staatlichen Sozialversicherung als auch „die den Beamten satzungsgemäß zustehenden Leistungen der knappschaftlichen Versicherung im Vergleich zu der sozialen Stellung der technischen Grubenbeamten, der ihnen obliegenden großen Verantwortung sowie ihrer schwierigen und aufopferungsvollen Berufstätigkeit erschienen als durchaus unzulänglich“[306]. Die Bergarbeiterdelegierten, die traditionell — als stehengebliebenes Symbol der alten Einheit aller Bergleute — zugleich die Vertreter der Angestellten in der Knappschaftsverwaltung waren, versagten jedoch den Grubenbeamten den Ausbruch aus der alten Gleichheit und lehnten jede Änderung der Statuten zugunsten der Angestellten ab[307]. Da eine Einigung mit den Zechenverwaltungen nicht zu erreichen war, sah man sich zur Selbsthilfe gezwungen. Der Verband gründete 1891 eine Witwen- und Waisen- sowie eine Pensionskasse, doch schon nach wenigen Jahren stellte sich — auch aufgrund der zu geringen Mitgliederzahl — ihre mangelnde Zahlungsfähigkeit heraus. In der Hoffnung auf Rettung und in der Erwartung auf Fürsorge wandte man sich nun an die Unternehmer. „Trotz aller Sympathie für die Bestrebungen der technischen Grubenbeamtenvereine“ lehnte der Vorstand des Bergbauvereins 1897 die von den Angestellten erbetene Stützungsmaßnahme ab[308] und empfahl stattdessen den Zechen, von sich aus ohne die Mitwirkung der Grubenbeamtenvereine — und das hieß auch: ohne Mitwirkung der Angestellten — diese bei einer privaten Versicherungsgesellschaft zu versichern, deren Policen allerdings von einer dem Bergbau-Verein angeschlossenen Zeche auf die andere übertragbar waren. Die Beiträge für die Versicherungssummen, die nach dem Jahreseinkommen der Versicherten in zehn Klassen aufgeteilt waren[309], sollten und wurden dann auch jeweils zur Hälfte von den Unternehmen und von den Angestellten getragen. Bis zum Jahre 1908 waren

[304] W. Viebig, Festschrift, S. 99.

[305] Spethmann, S. 55.

[306] Viebig, Festschrift, S. 104.

[307] Die Bergbauangestellten waren seit jeher der bergbaulichen Knappschaft angeschlossen. Vgl. A. Wirtz, Entwicklung und Organisation des Knappschaftswesens, S. 42/5, 72/4, 83-89, 110, 140. Zur ablehnenden Haltung der Bergarbeiter vgl. Spethmann, S. 56.

[308] Viebig, Festschrift, S. 106/7.

[309] Zu dieser Klassenaufteilung etwa bei der GBAG vgl. Bg A 55, 210/10, 20.3.1897.

etwa die Hälfte aller im Ruhrbergbau tätigen Angestellten in dieser Weise versichert[310]. Die Knappschaftsreform von 1908 jedoch ermöglichte zu Pensionssätzen, die der „Stellung und Lebenshaltung der Beamten" entsprachen[311], die Rückkehr der Bergbauangestellten in die Knappschaftsversicherung. Damit war der versicherungsrechtliche Sonderstatus der Angestellten im Ruhrbergbau sowohl vom Staat wie auch von den Arbeitern drei Jahre früher als allgemein im Deutschen Reich anerkannt[312].

Die Hilfestellung, welche die Unternehmer des Ruhrbergbaus ihren Angestellten zur Erlangung eines besseren und damit sie von den Arbeitern trennenden, versicherungsmäßigen Status boten, war durchaus nicht für das Verhalten der Unternehmer auf Reichsebene zu verallgemeinern. Zwar hatte auch der Centralverband Deutscher Industrieller (CVDI), in dem die Ruhrindustriellen stark vertreten waren, im Jahre 1907 die geplante Sonderversicherung für Angestellte[313] begrüßt, doch schreckte sie die sodann geplante und schließlich auch vom Reichstag verabschiedete Erweiterung des Versichertenkreises von Angestellten mit einem Jahresgehalt von 2.000 M bzw. 3.000 M auf einen solchen von 5.000 M ab. Die Beitragskosten für die Industrie erschienen zu hoch, die mobilitätshemmenden Wirkungen der werkseigenen Kassen gerieten in Gefahr, zudem seien die Angestellten und die Arbeiter im Betriebe kaum definitorisch voneinander abzutrennen[314], und schließlich müsse „diese unterschiedliche Behandlung ... in der Arbeiterschaft Unzufriedenheit erregen"[315]! Es gebe, meinten die Unternehmer, keinen Grund zur Überstürzung, und die auch vom Staat intendierten Auswirkungen einer solchen Maßnahme, nämlich die Abtrennung der Angestellten von den Arbeitern und insbesondere von der Sozialdemokratie, dürften „nicht überschätzt werden. Diejenigen Angestelltenkreise, die auf nationalem Boden stehen, und das ist sicher die überwiegende Mehrheit, werden sich

[310] Vgl. E. Jüngst, Festschrift, S. 127/8.

[311] Ebenda, S. 128.

[312] Der Errichtung der Beamtenpensionskasse beim Allgemeinen Knappschaftsverein nach dem reformierten Statut vom 1. Juli 1908 kann also mehrfache Bedeutung beigemessen werden: Zum ersten kehrten die Angestellten nach einem halben Jahrhundert in die gemeinschaftliche Versicherungsinstitution aller bergbaulichen Arbeitnehmer zurück. Zum zweiten erkannten die Arbeiter — wenn auch nach langem Zögern — den unterschiedlichen Status der Angestellten innerhalb der Knappschaftsversicherung an. Zum dritten konnte die bergbauliche Versicherungspraxis für das neue, 1911 verabschiedete, Reichsversicherungsgesetz für Angestellte ebenso zum — wenn auch der traditionellen Form verhafteten — Vorbild dienen wie der Arbeitersozialversicherung dreißig Jahre zuvor. Zu den Leistungen der Knappschaft vgl. Krueger, 2. Teil, S. 234-237.

[313] Zum Reichsangestelltenversicherungsgesetz und seinen Motiven in aller Kürze vgl. Kocka, S. 536 ff.

[314] Vgl. Verhandlungen, Mitteilungen und Berichte des CVDI, Nr. 121, 1911, S. 136 ff.; Nr. 122, 1911, S. 29 ff., 80 ff.; Nr. 124, 1911, S. 71 ff.

[315] Ebenda, Nr. 122, 1911, S. 81.

nicht dadurch, daß für die Beratung eines der wichtigsten, ihre Interessen berührenden Gesetzentwurfs ein der Wichtigkeit entsprechender Zeitraum vorbehalten bleibt, in ihrer nationalen Gesinnung irre machen lassen. Andererseits hat sich aus der Geschichte ergeben, daß die Versicherungsgesetzgebung nicht imstande ist, eine politische Entwicklung aufzuhalten oder nur merkbar zu beeinflussen"[316]. Die Anspielung auf die Arbeiterbewegung war unüberhörbar. Tatsächlich traten die Unternehmer noch im November 1911 für einen Ausbau der Arbeiterversicherung ein. Erst Ende 1912, also längst nach der Verabschiedung des Angestelltenversicherungsgesetzes, hielten es die im CVDI zusammengeschlossenen Unternehmer angesichts von Bestrebungen der Vereinheitlichung von Arbeiter- und Angestelltenrecht für ihre „Pflicht, nachdrücklichst darauf hinzuweisen, daß diese Bestrebungen nicht dazu führen dürfen, die Angestellten (Kopfarbeiter) mit den Lohnarbeitern (Handarbeiter) sozial und rechtlich auf eine gleiche Stufe zu stellen". Sie seien vielmehr der Auffassung, „daß die Angestellten ihrer Bildung und wirtschaftlich-technischen Funktion nach ein Zwischenglied zwischen Unternehmern und Lohnarbeitern bilden *und daher eine vermittelnde und in sozialem Sinne ausgleichende Stellung einnehmen"*[317].

Über diese vermittelnde und ausgleichende Stellung der Angestellten hatten die Unternehmer im Ruhrbergbau, die ja deren versicherungsrechtliche Privilegierung konsequent und entscheidend gefördert hatten, ihre eigenen und: weitergehende Vorstellungen. Nicht nur die Angestellten selbst waren hiernach — wie wir oben sahen — im innerbetrieblichen Bereich Instrument und Objekt unternehmerischer Herrschaft, sondern auch ihr Verband. Die Unternehmer bestimmten seine finanziellen Möglichkeiten und legten ihn gleichzeitig auf eine bestimmte politische Richtung fest. Durch die Sonderstellung der Grubenbeamten in der Knappschaft, für die sich besonders die Unternehmer eingesetzt hatten[318], durch das Geschenk von 400.000 M an die Kassen[319], sowie durch die regelmäßigen Mitgliederbeiträge, die die Unternehmen für ihre Angestellten in Höhe von 5 M pro Mann und Jahr an die Grubenbeamtenvereine entrichteten[320], hatten sich die Unternehmer, wie der Vorsitzende des Grubenbeamtenverbandes klar zugestand, „die Grubenbeamten zu großem Dank verpflichtet"[321]. Die Grubenbeamten erwiesen den

[316] Ebenda, Nr. 121, 1911, S. 137.

[317] Vgl. ebenda, Nr. 126, 1913, S. 118. Sperrung im Original. Zum Eintreten für den Ausbau der Arbeiterversicherung vgl. ebenda, Nr. 124, 1911, S. 106.

[318] Nachdem der Verband technischer Grubenbeamten es nicht unterlassen hatte, „darauf aufmerksam zu machen, daß in Zukunft ein zufriedener Beamtenstand stets ein starkes Bollwerk gegen den sozialdemokratischen Ansturm der Arbeiterbewegung darbietet". So der Vorsitzende des Verbandes am 13.2.1907, zit. nach: Viebig, Festschrift, S. 111.

[319] Spethmann, S. 65.

[320] Für die GBAG vgl. etwa: BgA55, 120/25, 14.2.1913.

[321] Viebig, Festschrift, S. 113.

Unternehmern ihren Dank durch die Bekämpfung der Sozialdemokratie im Grubenbetrieb, die sich die Mitglieder der Vereine zu einer ihrer wesentlichen Aufgaben gemacht hatten. Die Vereine gehörten schon seit langem dem „Verein gegen die Sozialdemokratie" an, und bereits 1878 wurde auf einer Versammlung in Bochum ausdrücklich beschlossen, die Grubenbeamten möchten nach Kräften auf die Arbeiter in dem Sinne einwirken, daß sie sie auf die „Verderblichkeit der sozialdemokratischen Lehren und die daraus entstehenden schlimmen Folgen" aufmerksam machen[322]. Hinzu trat für die Vereine — wie im Anschluß zu zeigen sein wird — die Bekämpfung gewerkschaftlicher Tendenzen unter den Angestellten[323].

Der Verband technischer Grubenbeamten organisierte im Jahre 1890 in sieben Vereinen 1.189 Mitglieder, 1900: 1.850 und im Jahre 1912 in sechzehn Vereinen 5.484 Mitglieder. Dies waren etwa 60% der in Frage kommenden Angestellten[324]. Zwar konnten alle technischen Grubenbeamten „von den im Steigerrang stehenden Beamten aufwärts" in die Vereine aufgenommen werden[325], doch bestand ihre Mitgliedschaft, mehr noch ihre Repräsentanten, offensichtlich beinahe ausschließlich aus höheren Grubenbeamten wie Betriebsführern, Inspektoren und Fahrsteigern[326]. Bezeichnend für die Querverbindung der höheren Grubenbeamten zur staatlichen Bergbehörde, mit der der Verband „stets enge und freundschaftliche Beziehungen" unterhielt, war auch die „rege Anteilnahme der Herren Bergrevierbeamten am Vereinsleben der technischen Grubenbeamten, die auch durch vorübergehende Mißverständnisse nicht beeinträchtigt werden konnte"[327]. Allein im Jahre 1900 waren von sieben Vereinsvorsitzenden sechs staatliche Bergrevierbeamte[328].

Anscheinend hauptsächlich die mittleren und unteren Grubenbeamten schlossen sich dem ‚Deutschen Gruben- und Fabrikbeamtenverband' Bochum an, der 1890, also wohl vor allem als Antwort der Angestellten auf die staatlichen Versicherungsgesetze für Arbeiter, gegründet worden war. Seine hauptsächlichen Aufgaben bildeten die Stellenvermittlung und Wohlfahrtseinrichtungen wie Witwen-, Waisen- und Krankheitsunterstützung durch gemeinsame Kassen. Im Betrieb setzte sich diese Organisation — wie der Verband technischer Grubenbeamten — für zwar humane, aber unbedingte Autorität des Vorgesetzten ein. Wenn auch manche sozialen Forderungen den Unternehmern deutlicher vorgebracht wurden, so wahrten sie

322 Spethmann, Der Verband, S. 76.

323 Viebig, S. 113; Spethmann, S. 83 ff.

324 Viebig, S. 96/7; mit geringen Zahlenabweichungen auch: Spethmann, S. 198-201.

325 Viebig, ebenda.

326 Vgl. etwa die Vorstands- und Ehrenmitgliedslisten bei Spethmann, S. 195, 219 ff.

327 Nach Viebig, S. 102.

328 Vgl. Glückauf 36, 1900, S. 417.

diesen gegenüber in der betonten Distanzierung von der Sozialdemokratie und der starken Betonung der monarchischen Idee ein freundliches Verhältnis[329]. Im Jahre 1903 hatte der Gruben- und Fabrikbeamtenverband insgesamt 13.000, 1913 annähernd 16.000 Mitglieder[330].

Die Form und die Inhalte der begrenzten, wirtschaftsfriedlichen Interessenwahrnehmung der Angestellten des Ruhrbergbaus blieben lange Zeit unangefochten. Die Gründe hierfür lagen in dem System von Privilegierung, Entmündigung und Abschreckung. Weder ermunterten oder erlaubten Staat und Unternehmer eine unabhängige und umfassende Interessenvertretung der Grubenbeamten, noch sahen diese einen allzu großen Mißstand in der späten und partiellen Interessenvertretung ausschließlich durch die oberen Grubenbeamten. Erst der oben gezeigte, strukturelle Wandel im Betriebsaufbau, besonders jedoch — wie unten deutlich werden wird — die aktuellen Veränderungen in der sozialen Lage konnten hieran etwas ändern in den Reihen derer, denen ihre Privilegierung zunehmend zweifelhaft wurde: den Steigern. Wenn auch nach dem Zeugnis der oberen Grubenbeamten „die gehobene soziale Stellung der Beamten, sein Auftreten gegenüber dem Arbeiter als Vertreter des Unternehmers, kurz die ganze Art seiner Tätigkeit die Beamten und die Unternehmer einander näher" brachten[331], so konnten die Steiger nicht nur aufgrund der zunehmenden Entfernung von den Unternehmern, die durch fortgesetzte, innerbetriebliche Instanzenbildung — wie wir oben sahen — zustande kam, diese Meinung immer weniger teilen. Unter ihnen waren vielmehr viele, „die mit den Arbeitern fühlen und denken"[332]. Zum einen kamen die (Revier-)Steiger zu zwei Dritteln bis drei Vierteln aus der Bergarbeiterschaft[333], zum anderen verschlechterte sich ihre soziale Lage trotz der — oben ersichtlich gewordenen — Aufrechterhaltung ihres deutlichen Einkommensvorsprungs vor den Bergarbeitern zusehends. Während sie in der Zeit vor 1890 meist mit 22-24 Jahren die Bergschule besuchten und nur ein geringer Teil von ihnen verheiratet war, erreichten die Bergschüler in den Jahren nach 1900 nach oft mehrmaligen Aufnahmeversuchen ein Alter von 26-30 Jahren. Nach einer durchschnittlichen Dienstdauer von 9 Jahren war die Hälfte der Bergschüler verheiratet[334], und gerade sie waren es, die versuchten, mit „Mittelchen..., die eine Beschränkung der Kinderzahl

[329] Emil Kirdorf z. B. war Ehrenmitglied des Verbandes.

[330] Vgl. Hue, Die Bergarbeiter, Bd. 2, S. 664; W. Kulemann, Die Berufsvereine, Bd. 2/II, S. 189.

[331] Viebig, S. 56.

[332] Leserbrief eines Steigers vom Juli 1889, abgedruckt bei: W. Köllmann, Hg., Der Bergarbeiterstreik, S. 221/2.

[333] Vgl. oben S. 246; auch: W. Viebig, Festschrift, S. 333.

[334] Vgl. TGB 1, 1908, S. 53/4, 74/5; Viebig, Festschrift, S. 33; H.E. Krueger, 2. Teil, S. 215 f.

erleichtern", ihre Familie nicht zu sehr anwachsen zu lassen[335]. Hinzu kam ihre schlechtere Position auf einem zunehmend sich füllenden Arbeitsmarkt. Nicht nur stieg — wie wir oben sahen — die Anzahl der Stellen der mittleren Grubenbeamten in den Betrieben ab etwa 1890 in geringerem Maße als die der unteren und oberen Grubenbeamten an und verlangsamte sich gegenüber der Zeit vor 1890 das Zuwachstempo um ein Vielfaches schneller als bei den beiden anderen Gruppen. Vielmehr wuchs die Zahl der jährlichen Absolventen der Bergschulunterklassen von 66 im Jahre 1869 auf 389 im Jahre 1910, die der Oberklassen jedoch nur von 17 auf 39[336]. Der Aufstiegswille der Bergarbeiter verschlechterte somit besonders die Lage der unteren und mittleren Angestellten auf dem Arbeitsmarkt. Ungefähr 20% der Steiger konnten — nach Schätzungen der Beteiligten — in den Jahren vor 1914 mit einem Aufrücken in höher bezahlte Stellungen rechnen. Zwei Drittel hiervon wurden Fahr- und Obersteiger, während Betriebsführer und Inspektoren das andere Drittel ausmachten[336a]. Verschärft wurde die Arbeitsmarktlage noch durch die Neigung einzelner Unternehmen, statt ausgebildeter Steiger billigere, und vielleicht auch willigere, unausgebildete Kräfte als untergeordnetes Aufsichtspersonal einzustellen[337]. Gerade die bergbehördliche Tolerierung der Einstellung unausgebildeter Kräfte als Aufsichtspersonal — immerhin stieg die Zahl der Fahrhauer von 639 im Jahre 1893 auf 1.130 im Jahre 1907 an[338] — mußte den Steigern zeigen, daß sie nicht auf eine Lösung der Arbeitsmarktlage durch Professionalisierung hoffen konnten, die etwa die höhere Angestelltengruppe der Markscheider mit großem Geschick und der Hilfe des Staates auch gegen den Willen der Unternehmer im Jahre 1898 für sich durchsetzen konnte[339].

335 Vgl. Anmerkung 230.

336 Viebig, Festschrift, S. 34.

336a Vgl. H.E. Krueger, 2. Teil, S. 231, nach den Angaben des Steigerverbandes.

337 Mogs' (S. 94/5) Aussage für die Oberhausener Metallindustrie, daß der örtliche Arbeitsmarkt „den Bedarf an qualifiziertem, technischem Betriebs- und Büropersonal nicht befriedigen" konnte, trifft also für den Bergbau nicht zu.

338 Vgl. oben S. 226, und Viebig, Die technischen Grubenbeamten, S. 1137.

339 Die für die über- und unterirdische Abmessung des Bergwerkseigentums zuständige Gruppe der Markscheider machte in dieser Hinsicht eine interessante Entwicklung durch. Während der Zeit der bergbaulichen Direktion hatten sie ein fachwissenschaftliches Studium zu absolvieren. Mit der Aufhebung des Direktionssystems wurde 1856 diese Vorschrift aufgehoben und nur noch eine Bergschulausbildung gefordert, zu der ab 1873 sogar Nicht-Abiturienten zugelassen wurden. Durch die weiterhin bestehende gesellschaftliche Kohärenz zwischen staatlichen und privatangestellten bzw. selbständigen Markscheidern sowie durch ihre Annäherung an die zuständigen Institute der Hochschulen, die ihrerseits die neue Legitimation begrüßten, konnte ihr gemeinsamer Verband, der Deutsche Markscheiderverein, mit den staatlichen Prüfungsvorschriften vom 24.10.1898 die Wiedereinführung eines obligatorischen Hochschulstudiums erreichen. Vgl. hierzu: Mitteilungen aus dem Markscheidewesen N.F., H.1, 1899, S. 3 ff.; H. 4, 1902, S. 54/5; H. 5, 1903, S. 95; H.6., 1904, S. 98-103, u. ö.

Auch in dienstlicher Hinsicht unterschied sich die Lage der Steiger von der der übrigen Angestellten deutlich. Etwa ein Drittel aller die Angestellten betreffenden Unfälle traf sie[340]. Und das Schicksal einer „frühen spärlichen Invalidität" teilten sie kaum in diesem Ausmaß mit den übrigen Grubenbeamten[341]. Deutlicher jedoch noch spürten sie tagtäglich die Konsequenz ihrer Stellung als unterste Instanz der Betriebsleitung. Einerseits war „die Behandlung der Steiger seitens der Herren Betriebsführer und Direktoren vielfach inhumaner als die der Arbeiter"[342], andererseits hatten sie die Entscheidungen und Anweisungen eben dieser Verwaltung den Arbeitern gegenüber zu vertreten und durchzusetzen.

Die ersten Versuche der Steiger zu einer getrennten Interessenwahrnehmung fallen in die Jahre 1889/90 und 1895, als die Streiks der Bergarbeiter auch die „Gärung" und ‚allgemeine Unzufriedenheit' unter den Steigern freisetzte. Man stellte fest, „der Stand der Steiger habe Rückschritte gemacht", doch sei „ein Anschluß oder eine Verbindung mit den technischen Grubenbeamten ... nicht zu empfehlen, vielmehr sei für eine Reorganisation des Steigerstandes nach innen und außen einzutreten". Einige Monate später, am 22. Juni 1890, gründete man den ‚Rheinisch-Westfälischen Steigerverband', der den „guten Zweck" verfolgen sollte, „die wirtschaftliche Lage seiner Mitglieder durch gegenseitige Unterstützung zu sichern, im Gegensatz zu den Vereinen technischer Grubenbeamter, die nach Auffassung des Vorsitzenden sich die geistige Entwicklung ihrer Mitglieder sowie die Wahrung der beruflichen Interessen zur Pflicht gemacht" hatten[343]. Diese unklare Abgrenzung zum Verband technischer Grubenbeamter, die den mangelnden Mut zu einer gewerkschaftlichen Ausrichtung verriet — hatte doch vorher der Verband technischer Grubenbeamter die allgemeine Unzufriedenheit „als eine infame Unwahrheit auf das entschiedenste" zurückgewiesen —[344], sowie die Gegnerschaft der Unternehmer ließen die Organisationsversuche scheitern. Nur wenige Angestellte des Ruhrbergbaus traten in den folgenden Jahren dem ‚Werkmeisterverband' oder dem ‚Bund der technisch-industriellen Beamten', welcher 1907 etwa 50 Ruhrgrubenbeamte organisierte, bei[345].

Erst nach 1907 machte der Steiger Georg Werner den dritten Versuch einer gewerkschaftlichen Interessenvertretung der Steiger. Er gründete den ‚Deutschen Steigerverband', dessen Programm einen großen Katalog längst bekannter Forderungen enthielt: anständige Behandlung, vertragliche Zusi-

340 Viebig, Festschrift, S. 27.

341 Aus: Leserbrief eines Steigers, nach: Köllmann, Bergarbeiterstreik, S. 222. Vgl. auch die Zahlenangaben bei: Krueger, 2. Teil, S. 234-236.

342 Ebenda. Vgl. auch: Krueger, 2. Teil, S. 222.

343 Nach: Spethmann, Der Verband, S. 84/5; Hue, S. 664.

344 Ebenda, S. 79.

345 G. Werner, Meine Rechnung, S. 118.

cherung der Prämien, reichsgesetzliche Reform der landesgesetzlichen Vorschriften, die die Verpflichtung und Qualifikationsentziehung betrafen, Verbesserung der Invaliden- und Hinterbliebenenfürsorge, Zuständigkeit der Berggewerbegerichte für Gehaltsklagen der Grubenbeamten bis zu 5.000 M Einkommen und die Einrichtung von Angestelltenausschüssen[346]. Als sich der Steigerverband nun in einem Schreiben vom 3. September 1907 an den bergbaulichen Verein wandte, antwortete dieser: „Wenn aber nach ihrer Zuschrift der Steigerverband verlangt, ‚nicht mehr so wehrlos auf Gnade und Ungnade der Willkür roher Vorgesetzter ausgesetzt zu sein', wenn ferner behauptet wird, daß der Steiger ein willenloses Werkzeug seiner Vorgesetzten sei und deshalb die Verantwortung für Leben und die Gesundheit der Arbeiter nicht tragen könne, so ist das ein Vorgehen, welches geeignet ist, die Interessen der Steiger auf das Schwerste zu schädigen. Bezeichnend ist ferner, daß die Mehrzahl der Steiger derartige Anschauungen mißbilligt, und halten diejenigen, die Ihnen zustimmen, für durchaus ungeeignet, eine Beamtenstellung zu versehen"[347]. Noch ‚ungeeigneter' und ‚gefährlicher' wurden die im Steigerverband organisierten Steiger dadurch, daß sie, die doch unmittelbar mit der Lohn- und Gedingeregelung vertraut waren, entgegen den Vorstellungen der Unternehmer weiterhin Tarifverträge im Bergbau für möglich hielten und ihre Einführung für sich und die Arbeiter forderten, die Einsetzung von Arbeiterkontrolleuren begrüßten, den Unternehmern die Unterstützung der Steiger im Falle eines Arbeiterstreiks entziehen wollten und schließlich die Einstellung und Besoldung der Steiger durch den Staat sowie die Verstaatlichung des Bergbaus verlangten[348].

Obwohl sich der Steigerverband zunächst betont von der Sozialdemokratie sowohl aus äußeren wie aus inneren Gründen fernhielt, wirkte sie doch „auf 90 und mehr Prozent der Steiger wie ein rotes Tuch", „weil die Sozialdemokratie immer den Arbeitern recht gab"[349], so fand er mit seinen Forderungen weder bei den Unternehmern noch beim Staat Verständnis. Durch das Verlangen nach der gesetzlichen Regelung von Verpflichtung und Qualifikationsentziehung und nach der Einführung von Arbeiterkontrolleuren wurde doch die staatliche Bergbehörde in ihrer Aufsichtsfunktion infrage gestellt und möglicherweise in ihrer Souveränität beschnitten[350]. So konnte denn auch schon bald nach der Gründung des Steigerverbandes der Vorsitzende

---

[346] Vgl. G. Werner, Meine Rechnung, S. 116 ff.; Hue, S. 665; TGB 1, 1908, S. 79/80, 130; 2, 1909, S. 208; 4, 1911, S. 316, u. ö.

[347] Zitiert nach: Spethmann, S. 88.

[348] TGB 1, 1908, S. 168/9; 2, 1909, S. 106 ff., 119 ff., 129 ff., 142 ff., 154 ff., 161 ff., 178 ff., 188 ff., 212 ff.; 4, 1911, S. 169, 182-4, 247 ff., 270; 5, 1912, S. 91/2, 141/2, 149 ff.

[349] G. Werner, Zwei Kumpel, S. 96, 99. Der größte Teil der Grubenbeamten stand — wie die Unternehmer — der Nationalliberalen Partei nahe. Vgl. TBG 3, 1910, S. 80.

[350] G. Werner, Meine Rechnung, S. 122/3, 126/7, 140 ff., 181/2; Spethmann, S. 71/3; TGB 7, 1914, S. 106.

des Bergbauvereins, Kleine, die einheitliche Abwehrfront von Staat und Unternehmern im Bergbau verkünden: „Wir tun das Möglichste, um diesen ganz gefährlichen Steigerverband zu unterdrücken, und zwar unter voller Zustimmung der Bergbehörde. Auch die Bergbehörde hält diesen Steigerverband für etwas ungemein Gefährliches“[351]. Hierbei konnten sie auch auf die tatkräftige Hilfe des durch die Geldzuwendung des Bergbauvereins gestärkten Verbandes technischer Grubenbeamten vertrauen[352], den der Steigerverband von vornherein als „Maulhalteverein“ und als „Schutztruppe“ der Unternehmer bezeichnete[353]. Nur bei den Arbeitergewerkschaften fand der Steigerverband Unterstützung, eine Solidarität, um die die Organisationen auf beiden Seiten mühevoll bei ihren Mitgliedern werben mußten und nie ganz damit durchdrangen. Obwohl es — neben den sich verschlechternden Marktverhältnissen — gerade ihre betriebliche Stellung war, die ihnen ihre zunehmende Arbeiterähnlichkeit vor Augen führte, war es eben dieselbe Stellung, die sie durch die tagtägliche, unmittelbare Auseinandersetzung mit den Arbeitern im Betrieb von der Arbeiterschaft und ihren Organisationen abhielt[354].

Trotz aller dieser Hindernisse und der Tatsache, daß zu diesem Zeitpunkt etwa 90% aller Steiger von nur 11 Arbeitgebern abhängig waren, schaffte es der Steigerverband im ersten Jahr seines Bestehens, etwa 2.000 Steiger, also etwa ein Drittel der in Frage kommenden Grubenbeamten, trotz anhaltender Maßregelungen und Entlassungen in den Unternehmen, auf seine Seite zu ziehen[355]. Erst der Einbruch in seine Geschäftsräume und der Diebstahl seiner Mitgliederkartei im Jahre 1911 durch vom Bergbauverein hierfür bezahlte Polizeibeamte zwang viele Mitglieder zum Austritt[356]. Bis zum Kriegsbeginn, der seine Existenz beendete, organisierte der Steigerverband vielleicht noch etwa 500 bis 800 Mitglieder[357].

---

351 Zit. nach: Hue, S. 665.

352 Vgl. Spethmann, S. 86-89; Viebig, Festschrift, S. 113.

353 TGB 2, 1909, S. 7, 203.

354 Vgl. etwa Verband der Bergarbeiter Deutschlands, Protokoll der 16. Generalversammlung 1909, S. 50/1, 263; Gewerkverein christlicher Bergarbeiter Deutschlands, Geschäftsbericht 1907/08, 1909, S. 26/7, 156; ders., Bericht des Hauptvorstandes 1911/12, 1913, S. 47-50; Werner, Meine Rechnung, S. 128 ff.; TGB 1, 1908, S. 71/2.

355 TGB 1, 1908, S. 208. Im Jahre 1914 gab es im Ruhrgebiet etwa 6.000 Steiger. Vgl. Werner, S. 144; DIBZ 8, 1912, Nr. 2.

356 Vgl. Hue, S. 660; G. Werner, S. 183-186. In unserem Modell der konkurrierenden Geltendmachung von unterschiedlichen Interessen stellt dieses Vorgehen eines der äußersten Mittel dar, die gegnerische Interessenfindung zu blockieren. Zu diesen und anderen Maßnahmen von Unternehmern gegen die Organisationsbestrebungen ihrer Angestellten vgl. etwa K. Saul, Staat, S. 77-81.

357 1910 hatte der Steigerverband noch 929 Mitglieder (TGB 3, S. 196), 1912 konnte der Regierungspräsident von Düsseldorf „nach vertraulichen Mitteilungen“ von 239 Mitgliedern des Verbandes berichten. Vgl. StAD, RD, Nr. 15939, zit. in: Quellensammlung zur

Von den kaufmännischen und Büroangestellten, deren Zahl mit ca. 5.000 im Jahre 1913 etwa nur ein Drittel der Zahl der technischen Grubenbeamten ausmachte, ist für die Zeit vor 1914 keine Organisationsbildung bekannt. Obwohl ihr Gehalt durchschnittlich geringer als das der technischen Angestellten war — aber wohl höher als das der meisten anderen Bürobeamten und Handlungsgehilfen[358] — hielt die räumliche Nähe und die Vergleichbarkeit ihrer Arbeitssituation mit der des Unternehmers — stilisiert im Begriff der „geistigen Arbeit“[359] — sie offensichtlich von einem sochen Schritt ab und zog stattdessen eine konservative, im Verhältnis zum Unternehmer sich als „Mitarbeiterbewußtsein“ und „Vertrauensverhältnis“ ausdrückende Haltung nach sich[360]. Wenn überhaupt, so waren es nur wenige ‚Bürobeamte‘, die Mitglieder in den Organisationen der Techniker waren oder hierdurch ihre Interessen vertreten ließen[361]. Die oft unmittelbar produktionsverbundene und daher teilweise unsaubere Tätigkeit der technischen Grubenbeamten konnte durch ein relativ hohes gesellschaftliches Prestige kompensiert werden, so daß die Voraussetzungen für ein Zusammengehen von höheren technischen und kaufmännischen Grubenbeamten gegeben waren.

Das aktive Engagement des Staates, die rasche wirtschaftliche Entwicklung und der frühe Übergang zum Großbetrieb waren die Faktoren, welche die Angestelltenschaft des Ruhrbergbaus zu früher Zeit ins Leben riefen und zugleich auf lange Zeit und grundsätzlich deren Verhältnisse konditionierten. Hatte auch bei ihnen das staatliche Direktionsprinzip das Gefühl der Gemeinsamkeit aller Berufsgenossen geweckt, so trennte sie das rasche wirtschaftliche Wachstum und die mit diesem verbundene großbetriebliche Organisation der Produktion zu einem frühen Zeitpunkt und immer mehr von den Arbeitern einerseits und von den Unternehmern andererseits ab. Die innerbetriebliche Differenzierung der drei Produzentengruppen brachte eine Auseinanderentwicklung ihrer — auch außerbetrieblichen — sozialen Lage mit sich. Und die relative materielle Privilegierung der Angestellten durch Staat und Unternehmer trug zu der Separierung der Angestellten von den Arbeitern bei, obwohl beide Gruppen gleichermaßen mit der Aufhebung der staatlichen Direktion aus einem Quasi-Beamtenstatus in ein ungeschütztes, marktabhängiges Arbeitsverhältnis überführt worden waren. Zur Abtrennung

Geschichte der sozialen Betriebsverfassung, Bd. 1, 1960, S. 296; vgl. auch E. Lederer, S. 184.

358 Vgl. etwa die Angaben bei: A. Oekl, Die deutsche Angestelltenschaft, S. 39-42; E. Hoff, Die Lage der Arbeitnehmer, in: Brandt/Most, Bd. 1, S. 186.

359 Vgl. allgemein hierzu: A. Sohn-Rethel, Geistige und körperliche Arbeit. Zur Theorie der gesellschaftlichen Synthesis, 1973².

360 Vgl. hierzu: P. Osthold, Die Geschichte des Zechenverbandes, S. 101/2; allgemein: J. Kocka, Unternehmensverwaltung, S. 519-522.

361 P. Osthold, Die Geschichte des Zechenverbandes, S. 101/2.

von Arbeiter- und Angestelltenschaft trug auch die zu früher Zeit und mit der Absicht schneller Industrialisierung vom Staat initiierte Ausbildung bei, die — zusammen mit den Folgen des unmittelbaren staatlichen Engagements — zugleich die Basis zu dem hohen Grad an sozialer und ideologischer Homogenität unter den Grubenbeamten war. Konnte diese Homogenität und das staatlich gestiftete Gemeinsamkeitsgefühl, das sich am Vorbild des preußisch-deutschen (Berg-)Beamten orientierte, die geeignete und fördernde Grundlage zu gemeinsamem Handeln bilden, so blieb doch eben auch die Deutung der eigenen sozialen Lage und die im Anschluß an sie zu vertretenden und gerechtfertigt erscheinenden Interessen von diesem ideologischen Hintergrund abhängig.

Noch vor den Arbeitern gründeten die Angestellten im Ruhrbergbau eigene, festgefügte Vereine, und erst die auch für die Angestellten fühlbaren Folgen der Wirtschaftskrise von 1876/77 führten diese zu einer begrenzten Interessenvertretung gegenüber den Unternehmern zusammen. Doch auch jetzt noch — wie zu Zeiten der staatlichen Direktion — gaben sie sich, ähnlich den Arbeitern, dem Vertrauen auf die Autorität und der Hoffnung auf die Fürsorge der Unternehmer hin. Die Angestellten schien es dabei kaum zu stören, daß, ebenso wie sie selbst im Betrieb, so auch ihr Verband nicht nur Objekt, sondern auch Instrument der Unternehmerherrschaft über die Arbeiter und damit auch wiederum über sie selbst wurde.

Widerstand gegen dieses System der begrenzten und abhängigen Interessenwahrnehmung aus den eigenen Reihen wurde erst laut, als — bedingt durch die weitere Entwicklung der großbetrieblichen Organisation der Produktion, neuer Formen der Kontrolle und Behandlung sowie wechselnde Verhältnisse auf dem Arbeitsmarkt — am unteren Rand der Angestelltenschaft Zweifel an der Tatsache der Privilegierung dieser Gruppe geäußert wurden. Die Zusammengehörigkeit mit und das Vertrauen zu den oberen Grubenbeamten, die bisher beinahe selbstverständlich die Interessen aller Angestellten gegenüber den Unternehmern vertraten, schwand, und aus den Kreisen der Steiger wurde die Forderung nach separater, unabhängiger und unbegrenzter Interessenvertretung erhoben. Erst nach beinahe zwanzig Jahren zeigte der dritte Versuch der eigenen Organisationsbildung größeren Erfolg, doch auch dieser scheiterte schließlich am nach wie vor herrschenden, geschlossenen Widerstand der Unternehmer, des Staates und der oberen Grubenbeamten.

In stärkerem Maße noch als gegenüber den Arbeitern konnten die Unternehmer gegenüber den Angestellten ihre unbedingte Betriebsherrschaft, deren Instrument diese doch gerade auch waren, aufrechterhalten. Und die erfolgreich beibehaltene Trennung von Angestellten und Arbeitern war hierfür eine wichtige Voraussetzung. Der Staat schien an einer unabhängigen Interessenvertretung der Angestellten im Bergbau kein Interesse zu haben, und die zentralen Behörden waren daher auch nicht über die Einzelheiten der Betriebsführung und der Menschenbehandlung informiert[362]. Wie die fehlende parlamentarische Vertretung der Grubenbeamten bei den Angestellten selbst anscheinend kaum als Mangel empfunden wurde, so sah die Regierung noch weniger Grund, auf die eventuellen Wünsche der Grubenbeamten einzugehen.

Die Angestellten des Ruhrbergbaus hatten sich trotz des rapiden Wachstums der Wirtschaft und ihrer eigenen Zahl auf der Basis einer anhaltenden relativen Privilegierung bis zum Ersten Weltkrieg kaum, und in weit geringerem Maße als die Arbeiter, aus dem Grad der Autoritätshörigkeit und Unselbständigkeit gelöst, in die sie sich mit Beginn der industriellen Entwicklung hineinbegeben hatten. Vielmehr ergingen und ergötzten sie sich am ‚wunderbaren Fortschritt unserer großen, heimischen Industrie'[363], dem nicht nur Opfer zu bringen waren, sondern der auch ein nicht zu geringes Maß an Rücksichtslosigkeit und Brutalität zu rechtfertigen schien. Im Ansehen der Unternehmer stiegen mit dieser einseitigen Ausrichtung die schon ansonsten oft „der Zeitströmung verständnislos gegenüberstehenden Beamten"[364] — ein Reflex ihrer beinahe ausschließlich technischen Ausbildung — anscheinend nicht. Neben den von ihnen sicher nicht zu hoch geschätzten Gewerkschaftsbeamten in den vom Staat geplanten Arbeitskammern könne „sich jeder ausmalen", meinten die Unternehmer, „was neben diesen Vertretern ein technischer Angestellter in einer solchen Kammer für eine klägliche Figur machen würde"[365].

5.1.3. Die Unternehmer: Der Primat der Industrie und der Weg vom Untertan zum unbegrenzten Selbstbewußtsein

Die Unternehmer bildeten die dritte Gruppe der zur betrieblichen Produktion notwendigen Produzenten. Die Unternehmer — wie wir bereits oben ausführten — besaßen und/oder verfügten nicht nur über das Kapital und die hiermit geschaffenen Produktionsmittel, sie bestimmten nicht nur über den Einsatz bzw. Nicht-Einsatz weiteren Kapitals und dessen Zwecksetzung und legten die Ziele und Zwecke der Produktion und des Betriebes sowie deren Rangfolge fest, sondern hatten ebenso — abgesichert in der gesellschaftlich gesetzten Norm des Privateigentums — die (oberste) Anordnungsbefugnis bei der Koordination, Leitung und Regelung des betrieblichen Kooperationsprozesses zum Zwecke der Produktion inne. Darüber hinaus

362 Vgl. etwa bei: G. Werner, Meine Rechnung, S. 122 f.

363 Vgl. hierzu etwa insgesamt die Zeitschrift des Verbandes der technischen Grubenbeamten ‚Der Bergbau'.

364 So in: TGB 1, 1908, S. 71.

365 Vgl. Verhandlungen, Mitteilungen und Berichte des CVDI, Nr. 114, 1909, S. 64.

verfügten sie über den Verkauf der produzierten Güter und die Verteilung des gemeinsam erwirtschafteten Gewinns. Die beiden übrigen Produzentengruppen: Angestellte und Arbeiter hingen mithin — wie auch bereits im vorhergehenden deutlich wurde — von den innerbetrieblichen Entscheidungen, welche die Unternehmer fällten, sowohl im betrieblichen als auch im überbetrieblichen Bereich, ab. In der Eindeutigkeit der Stellung auf der Skala zwischen Anordnungsbefugnis und Gehorsamspflicht ähnelten sie somit mehr den Arbeitern, obwohl gerade die Angestellten — wie wir oben sahen — an der innerbetrieblichen Befehlsgewalt teilhatten.

5.1.3.1. Die betriebliche Ausgangssituation: Das staatlich beschleunigte, wirtschaftliche Wachstum, die frühe Homogenität der Eigentümer und der schwierige Aufstieg der Angestellten-Unternehmer

Die Unternehmer des Ruhrbergbaus waren ebenso wie die beiden mit ihnen im betrieblichen Kooperationsprozeß zusammenarbeitenden Gruppen einerseits durch die — durch die natürlichen Abbaubedingungen erzwungene — rapide wirtschaftliche Entwicklung und den frühen Übergang zum Großbetrieb, andererseits durch das frühe aktive Eingreifen des Staates in den wirtschaftlichen Prozeß geprägt, das seinerseits das Resultat der relativen Verspätung der industriellen Entwicklung Deutschlands bildete. Das staatliche Engagement hatte — wie wir im vorhergehenden sahen, — nicht nur die Verhältnisse und die Beziehungen zwischen Arbeitern und Angestellten in nicht zu übersehender Weise beeinflußt, es bestimmte hiermit auch die Handlungsvoraussetzungen der Unternehmer und ihre Beziehungen zu den beiden übrigen Gruppen ebenso wie ihre eigenen Verhältnisse entscheidend mit.

Wie die Angestellten und Arbeiter während der Zeit der staatlichen Direktion unmittelbar den Weisungen der Bergbehörde unterlagen, so reduzierte diese die Funktion der Unternehmer beinahe ausschließlich darauf, „Geld zu geben und zu nehmen“[366]. „Da es die Erfahrung bezeuget, wie sehr es Bergwerks-Liebhabern zum Schaden und Nachteil gereichet, wenn ihnen die Einrichtung des Baues auf ihren gemuteten und bestätigten Werken alleinig überlassen“, durften sie nach der 1766 vom preußischen Staat erlassenen Kleve-Märkischen Bergordnung „zur Vermeidung aller Unordnung ohne Vorwissen des Bergamts bey den Werken nichts verändern“[367]. Lediglich mit

[366] H. Brassert, Hg., Bergordnungen der Preußischen Lande. Sammlung der in Preußen gültigen Bergordnungen, Köln 1858, S. 857, zit. nach: W. Fischer, Wirtschaft und Gesellschaft, S. 164.

[367] So die Kapitel 29 und 32 der revidierten Kleve-Märkischen Bergordnung vom 29.4.1766, hier zitiert nach: Wirtschaftliche Entwicklung, Bd. 1, S. 22, und Krampe, Der Staatseinfluß, S. 28.

Vorschlägen und Einwänden konnten sie sich an die staatlichen Organe wenden und dort „wohlbescheidentlich Vorstellung thun..., welche dann sofort selbige untersuchen und nach Befinden die nötige Vorkehrung treffen sollen“[368]. Auch wenn in den Jahren nach 1820 auf Drängen der — vor allem: rheinischen — Gewerken mehr Mitsprachemöglichkeiten gegenüber der Behörde erreicht werden konnten, so blieb die Situation der Unternehmer bis 1850 doch charakterisiert durch die Gestalt, die entweder im günstigen Falle die im Betrieb ausgeworfene Ausbeute erhob oder — im anderen Falle — „gehorsamst die von einem hohen wohllöblichen Bergamte festgesetzte Zubuße zahlte“[369]. Obwohl die Unternehmer in kapitalmäßiger Hinsicht gleichsam ihr eigenes Erbe antraten, hatten sich ihre Betriebe doch während der ca. 80jährigen Phase der bergbehördlichen Direktion zwar vor ihren Augen, aber zum größten Teil ohne ihr Zutun weitgehend verändert. Der Staat hatte für einen die vorhandenen Bodenschätze vollständig und rationell nutzenden Abbau und für eine planmäßige, geordnete und kontinuierliche Betriebsführung gesorgt[370]. Vor allem jedoch waren viele der vorhandenen Gruben in ihrer Größe bedeutend angewachsen. Dies ebenso wie der ebenfalls von der Bergbehörde forcierte Einsatz von Maschinen hatte ein Zunehmen der notwendigen Kapitalien bedingt. Während — wie wir oben sahen[371] — die im südwalisischen Bergbau zwischen 1856 und 1860 gegründeten Aktiengesellschaften ein durchschnittliches Kapital von 587.000 M aufwiesen, erreichten die von 1840 bis 1859 im Ruhrbergbau geschaffenen Aktiengesellschaften ein solches von 2,3 Mill. M, also etwa das Vierfache. Das — ganz gegen den Willen der Bergbehörde eintretende — Resultat dieses Prozesses war, daß — anders etwa als in Südwales — zu einem relativ frühen Zeitpunkt die vorherige große Zahl an kleinen Kapitalgebern in ihrer Bedeutung hinter die relativ geringe Anzahl großer Kapitalgeber zurückfiel. Gerade auch durch den Übergang zum Tiefbau standen bereits in den 1830er und 1840er Jahren die reichen Gewerkenfamilien im Vordergrund. Im westlichen, vom Tiefbau zuerst berührten Teil des Reviers war dieser Prozeß schon an der absoluten Anzahl der jeweiligen Kapitalgeber abzulesen. Während noch um 1800 — soweit sich sehen läßt — eine große Anzahl von Bergarbeitern und Handwerkern Anteile der Gruben besaßen[372], befanden sich Anfang der 1840er Jahre z. B. unter den 300 Gewerken von 13 Zechen des Essen-Werdenschen Berg-

368 Kleve-Märkische Bergordnung, Kap. 35, zit. nach Krampe, S. 28.

369 Nach: Wirtschaftliche Entwicklung, Bd. 1, S. 16.

370 Vgl. hierzu insbesondere: Krampe, a.a.O., und F. Zunkel, Die Rolle der Bergbaubürokratie beim industriellen Ausbau des Ruhrgebiets 1815-1848, in: H.-U. Wehler, Hg., Sozialgeschichte Heute, S. 130-147.

371 Vgl. oben S. 84, 140.

372 Vgl. H.-A. Metzelder, Der Wittener Steinkohlenbergbau; M.D. Jankowski, Public Policy in Industrial Growth; Tenfelde, S. 115 f.

amtsbezirkes (neben 108 Frauen und unmündigen Kindern) 53 Kaufleute und Fabrikanten, 22 Staats-, Kommunal- und Privatbeamte, 30 Gutsbesitzer und Landwirte und 21 Handwerker, Wirte und Bergleute[373].

Noch während der Zeit der staatlichen Direktion, die sich doch u. a. auch den sozialen Ausgleich zum Ziel gesetzt hatte, hatte sich die Unternehmerschaft des Ruhrbergbaus, zumindest in den vom Tiefbau erfaßten Regionen, in ihrer Zusammensetzung und relativen gruppenmäßigen Bedeutung entscheidend gewandelt und sich zu einer der Herkunft nach zwar immer noch relativ divergenten, vom Besitzstand her jedoch — anders als in Südwales — eher angeglichenen und hierdurch aus ihrer sozialen Umwelt eindeutig herausragenden Gruppe konstituiert. Und in den folgenden Jahren nahm diese Verteilung zu. Von den Gründern der in den 1850er Jahren konzessionierten Aktiengesellschaften der Montanindustrie Rheinlands und Westfalens[374] gehörten zu den

Händlern	33,3%,
Staatsbeamten	12,6%,
Bankiers	9,1%,
Großgrundbesitzern	7,3%,
Gruben- und Hüttenbesitzern	6,8%,
Fabrikanten	5,0%,
Rentiers	4,9% und
leitenden Angestellten	3,7%.

Innerhalb der einzelnen Unternehmen verstärkte sich die Stellung der vermögenderen Gewerken weiter. Als Beispiel hierfür kann die Harpener Bergbau AG dienen[375]. Die zwölf Steinkohlenfelder, die bei der Gründung im Jahre 1853 zunächst von neun Teilhabern zum Preise von insgesamt etwa 600.000 M angekauft worden waren, gingen innerhalb von zwei Jahren in die Verfügung von vier Gewerken über. Das Aktienkapital von 3,3 Mill. M wurde aufgebracht durch die Ausgabe von Aktien mit einem Nennwert von jeweils 600 M, und an einen Zeichner wurden nicht weniger als zwei Aktien abgegeben. Vier der insgesamt 72 Aktionäre vertraten mit 200 Aktien jeweils 120.000 M, die übrigen 68 Aktionäre durchschnittlich 41.470 M, also etwa ein Drittel des Anteils der Hauptaktionäre. Die Verfassung des Unternehmens setzte den Trend zur Heraushebung der kleinen Zahl der großen Geldgeber fort, obwohl diese auch zusammengenommen immer noch einen

---

373 Vgl. F. Zunkel, Die Rolle der Bergbaubürokratie, S. 135. Ähnliche Angaben bei: Jankowski, S. 143; Metzelder, S. 26-28; W. Fischer, Herz des Reviers, S. 38, 169.

374 Nach einer Berechnung in: H. Blumberg, Die Finanzierung der Neugründungen und Erweiterungen von Industriebetrieben in Form der Aktiengesellschaften während der fünfziger Jahre des 19. Jahrhunderts in Deutschland, in: H. Mottek u. a., Studien zur Geschichte der industriellen Revolution in Deutschland, 1960, S. 165-207, S. 196.

375 Zum folgenden vgl. A. Heinrichsbauer, Harpener Bergbau Aktien Gesellschaft, S. 21 ff.; für die ähnliche Entwicklung eines stärker von ausländischem Kapital finanzierten Unternehmens vgl. W. Kesten, Geschichte der Bergwerksgesellschaft Dahlbusch, S. 10 ff.

geringen Anteil (14,5%) des gesamten Aktienkapitals stellten. Es waren in der Generalversammlung nur Aktionäre stimmberechtigt, die mindestens 5 Aktien oder 3.000 M gezeichnet hatten; andererseits konnte aber auch niemand „aus eigener Berechtigung oder auf Grund von Vollmachten anderer Aktionäre einschließlich seiner eigenen Stimmen mehr als 20 Stimmen ausüben"; Mitglieder des Verwaltungsrates, der — da die Gesetzgebung noch keinen Aufsichtsrat vorschrieb — das beschließende Organ des Unternehmens bildete, mußten jeweils mindestens 25 Aktien oder 15.000 M gezeichnet haben.

Die in der ersten Generalversammlung besonders von den Hauptgewerken geforderte, große Selbständigkeit für den Verwaltungsrat wurde von den übrigen Aktionären zugestanden. Denn, so argumentierten die Hauptgewerken, „wollen Sie alle Gewalt der Generalversammlung vorbehalten, so bekommen Sie einen ohnmächtigen Verwaltungsrat, eine Spitze ohne Kopf, die alsdann nicht viel nützen, wohl aber trotzdem sehr viel schaden kann". Der Schutz der Aktionäre liege nicht so sehr bei der Generalversammlung als „in der Wahl von solchen Personen, die Bürgschaft dafür leisten, daß sie nur das Interesse der Allgemeinheit und nicht ihr Privatinteresse vertreten"[376]. Wenn eine solche Argumentation gerade der wenigen großen Kapitalgeber bei den übrigen Aktionären Glauben finden konnte, so war dies nur vor einem bestimmten Hintergrund verständlich. Zum einen faßte die Mehrzahl der Aktionäre ihre Beteiligung, anders als oft in Südwales, nicht als vorübergehende Spekulations-, sondern als Daueranlage auf. Vor allem aber stammten die Aktionäre, auch wenn sie z. T. Aktien aus entfernter liegenden Gegenden vertraten, fast durchweg aus der Dortmunder Gegend, kannten einander persönlich oder geschäftlich und hatten, weil sie in einem gegenseitigen Dauerverhältnis zueinander bleiben wollten, großes Vertrauen zueinander[377]. Indikator hierfür war die Tatsache, daß auf der ersten Generalversammlung alle Beschlüsse einstimmig gefaßt wurden.

Die Folge dieses Vertrauensverhältnisses, in dem sich zugleich die relative soziale Homogenität wiederspiegelte, unter dem Großteil der Aktionäre war die dominierende Rolle des Verwaltungsrates, bei dem zum guten Teil die Entscheidung über laufende Geschäfte lag. „Ihm gegenüber traten die Befugnisse der Generalversammlung und der Direktion sehr stark in den Hintergrund." Diese Machtverteilung zeugte davon, „daß die Anteilseigner sich bewußt nicht als bloße Geldgeber oder ‚Kapitalisten' fühlten, sondern das Geschick ihres Unternehmens, für das sie die Verantwortung trugen, selbst in

[376] Ebenda, S. 25.

[377] Das eindeutige Vorherrschen der ortsansässigen Aktionäre wird auch für die Zechen des Wittener Raumes berichtet. Vgl. Metzelder, S. 27/8. Aber auch in den Fällen, wo der „äußere Kreis", d. h. die auswärtigen Aktionäre, stärker vertreten waren, lag die Betriebsleitung offensichtlich weitgehend in den Händen des „inneren Kreises", d. h. der ortsansässigen Aktionäre. Vgl. Fischer, Herz, S. 169; Kocka, Unternehmer, S. 72.

die Hand nehmen und behalten wollten“[378]. Zugleich eröffneten sie sich hierdurch Kreditchancen bei den Kölner Banken, die — wie wir oben sahen — ebenso wie am persönlichen Verhältnis zwischen Bankleitern und Unternehmern an der persönlichen Betriebsführung der Gewerken orientiert waren.

Die auch schon in den letzten Jahrzehnten vor 1850 relativ rasche wirtschaftliche Entwicklung, in denen der Staat als eigentlicher Leiter der Betriebe zwischen der Rolle des Förderers und des Bremsers, aus Furcht vor einer eventuellen Überproduktion, hin- und herschwankte[379], brachte nicht nur eine relative soziale und regionale Homogenität der Unternehmer, und zwar eindeutig zugunsten der vermögens- und einkommensmäßigen Oberschicht, und — hierdurch ermöglicht — trotz der großen Anzahl der Geldgeber ein unmittelbares und entscheidendes Engagement, soweit und sobald der Staat hierfür den Raum freigab, der Hauptaktionäre in der Betriebsführung mit sich, sondern machte zugleich und in mit der Größe der Betriebe wachsendem Maße auch die Einstellung zunächst von technischen, sodann auch von kaufmännischen, beauftragten Betriebsleitern notwendig, die zumeist nicht oder nur in geringem Maße am Aktienkapital beteiligt waren. Die Harpener Bergbau A.G. z. B. sicherte sich in dieser Weise schon bald nach ihrer Gründung in einem ehemaligen Bergmeister, „den der staatliche Bergamtsdienst nach Aufgabe des Direktionsprinzips nicht mehr befriedigte“, einen „anerkannt tüchtigen Spezial- und Grubendirektor“[380]. Von den technischen Betriebsleitern, die nach der Übergabe der Betriebsführung in private Hände im Jahre 1851 allmählich in allen Bergwerken eingesetzt wurden, gingen fast alle aus der Gruppe der Steiger, von den kaufmännischen aus der der bisherigen Oberschichtmeister hervor. Hatten z. Zt. der staatlichen Direktion die Bergbeamten in ihrer Mehrheit „eine Haltung der Überlegenheit und des Besserwissens“ gegenüber den Bergwerksbesitzern an den Tag gelegt[381], so bekamen die neuen „Bergwerksverwalter“, wie man sie nannte, jetzt ihre ganze Abhängigkeit von den Gewerken zu spüren, obwohl die „Beauftragten“ über eine spezifische Fachausbildung verfügten. Die Gewerken waren eben nicht nur Besitzer des Kapitals, sondern bestimmten aufgrund der — oben entwickelten — Verfassung der Betriebe oftmals noch lange Zeit unmittelbar die Politik ihrer Unternehmen, wozu sie fähig waren, da sie, wie im Falle der Harpener Bergbau AG, „sämtlich, wie das bei den im Revier ansässigen Familien üblich war, eine gewisse Vertrautheit mit bergmännischen Dingen“ besaßen[382]. Die trotz der Größe der Unternehmen ver-

[378] So Heinrichsbauer, S. 26.

[379] Vgl. hierzu bes. Zunkel, Die Rolle.

[380] Zit. nach Heinrichsbauer, S. 29.

[381] Zunkel, Die Rolle, S. 135.

[382] Vgl. Heinrichsbauer, S. 28; auch Kocka, Unternehmer, S. 72.

gleichsweise lange Zeit entscheidende Rolle, welche — wie wir oben sahen — Resultat der relativen und ihrerseits wiederum auf dem beschleunigten Wachstum beruhenden Homogenität war, der Gewerken auch in den tagtäglich zu treffenden Entscheidungen beschränkte den Entscheidungsspielraum und die allgemeine Position der neuen „Bergwerksverwalter" lange Zeit auf ein Mindestmaß. Emil Kirdorf, der spätere Generaldirektor der GBAG, z. B. begann noch im Jahre 1873 seine Laufbahn, wie er selbst schriftlich niederlegte, auf der „niedersten Stufe" der Grubenverwaltung als kaufmännischer, „sogenannter Direktor", der bei einer Belegschaft, die im gleichen Jahre von 980 auf 1.580 Mann anstieg, Korrespondent, Buchhalter und Verkäufer in einer Person war[383]. Die Stellung der „Beauftragten" war also keineswegs beneidenswert, und die „unwürdige Behandlung"[384] seitens der Gewerken trug ein übriges hierzu bei. Wie sehr diese Lage zum Selbstbewußtsein und zur Ausrichtung der späteren Angestellten-Unternehmer beitrug, wird uns weiter unten beschäftigen.

Wie schwer es den Gewerken sowohl in den Familienunternehmen als auch in solchen mit gestreutem Besitz noch in den Jahren um 1870, als die Bergwerke z. B. zwischen 1866 und 1871 von durchschnittlich 186 Mann auf 274 Mann angewachsen waren[385], vor sich selbst, den Angehörigen des Betriebs ebenso wie der Außenwelt, welche sich alle an den persönlichen Stil der Betriebsleitung gewöhnt hatten, fiel, die Verwaltung ihres Unternehmens und ihres Kapitals in die Hände von „Beauftragten" zu geben, geht z. B. aus dem ‚Generalregulativ für die Firma Friedr. Krupp' hervor, das der Inhaber im Jahre 1872 erließ. Zur „Procura" hieß es dort: Die „Procura vertritt den Inhaber der Firma derart, daß alle von ihr ausgehenden Anordnungen als von ihm selbst ausgegangen zu betrachten sind und kein Dritter Anlaß und Befugnis hat, die Frage aufzuwerfen, ob der Inhaber der Firma mit der getroffenen Anordnung einverstanden sei"[386]. Nur allmählich konnten sich offensichtlich auch solche Gewerken und Eigentümer, die, wie es von Hugo Stinnes heißt, „einen hellseherischen Blick für die Charaktere und Fähigkeiten von Menschen" hatten[387], daran gewöhnen, die unmittelbare Kontrolle ihrer Unternehmen an „Beauftragte" abzugeben. Erst die durch das Fortschreiten der wirtschaftlichen Verhältnisse bewirkten Erfahrungen, daß die neuen „Direktoren", wie sie ab den 1860er Jahren zunehmend genannt

[383] Vgl. hierzu H. Böhme, Emil Kirdorf. Überlegungen zu einer Unternehmerbiographie, 1. Teil, in: Tradition 13, 1968, S. 280-300, S. 282-3; F.A. Freundt, Kapital und Arbeit, S. 25; W. Kleinschmidt, Die Siemens-Rheinelbe-Schuckert-Union G.m.b.H., ein Beispiel heutiger Konzentrationsbewegung, 1927, S. 14.

[384] So E. Kirdorf, nach Böhme, S. 283.

[385] Vgl. P. Wiel, Wirtschaftsgeschichte, S. 130.

[386] General-Regulativ für die Firma Friedr. Krupp, zit. nach: E. Schröder, Alfred Krupps Generalregulativ, in Tradition 1, 1956/57, S. 35-57, S. 47.

[387] G.v. Klass, Albert Vögler, 1957, S. 34.

wurden, fleißig und leistungsfähig waren, als Aufsteiger vor allem aber „unbedingt ihre Interessen" vertraten[388] und oftmals, wie Albert Vögler gegenüber Hugo Stinnes, „in tiefer Verehrung" zu ihnen aufsahen[389], erleichterte den Eigentümern zusehends diesen Entschluß. Die nicht geringe Anzahl der Fälle jedoch, in denen Söhne oder andere Verwandte der größeren Kapitaleigner in den jeweiligen Firmen zu Direktoren oder Generaldirektoren gewählt wurden[390], zeigt die auch weiterhin wichtige, jedoch immer noch nicht die Bedeutung für die Verhältnisse in Südwales erreichende, Rolle der verwandtschaftlichen Beziehungen für die Unternehmer im Ruhrbergbau auch nach 1870. Nicht zuletzt Emil Kirdorf berichtete in einem Brief aus den ersten Jahren nach Dienstantritt, „daß die persönlichen Einflüsse im Bergbau es Einem, der zur Mitarbeit berufen, aber nicht geldlich beteiligt war, sehr schwer machten, zur Geltung zu kommen"[391].

Der Zwang zur Trennung zwischen Kapitalbesitz und Verfügungsgewalt im Ruhrbergbau wurde jedoch ab etwa 1870 unausweichlich. Mehrere Faktoren wirkten hierbei zusammen, doch ließen sich alle auf die rapide Vergrößerung der Produktionseinheiten zurückführen, deren technische und wirtschaftliche Ursachen wir oben diskutiert haben. Zum einen war es einfach der wachsende Umfang der Betriebe und Unternehmen sowie die mit ihm zunehmende Unübersichtlichkeit, zum anderen die zunehmenden Probleme der kaufmännischen, besonders aber der technischen Betriebsführung, allen voran jedoch der erforderlich werdende und mit großem Tempo zunehmende Einsatz großer Summen zusätzlichen Kapitals. Das durchschnittliche Kapital der 12 zwischen 1870 und 1875 neugegründeten Aktiengesellschaften des Ruhrbergbaus war mit 8,8 Mill. M auf das Vierfache gegenüber der vor 1860 durchschnittlich benötigten Kapitalmenge angestiegen und betrug zugleich das Vierfache des im gleichen Zeitraum im südwalisischen Bergbau durchschnittlich für ein Unternehmen notwendigen Kapitalaufwandes[392]. Die Höhe dieser Kapitalien war langfristig, wie wir oben sahen, weder durch einzelne Familien — bis auf Krupp — noch durch die Kölner Privatbanken aufzubringen. Die Berliner Universalbanken mit ihrem breiteren Erfassungsnetz an angespartem Guthaben hielten nun ihren Einzug in die Unternehmen des Ruhrbergbaus. Auf der einen Seite bedeutete die Gewährung der jetzt — anders als früher — notwendig werdenden hohen und langfristigen Kredite von seiten der Berliner Banken eine größere Abhängigkeit der Unternehmen. Andererseits drängten sie den vorher so

---

[388] G. Werner, Meine Rechnung, S. 93.

[389] G.v. Klass, Albert Vögler, S. 34/5, 110.

[390] Vgl. etwa: E.G. Spencer, Rulers of the Ruhr: Leadership and Authority in German Big Business Before 1914, in: BHR 53, 1979, S. 40-64, S. 55-7.

[391] Nach H. Böhme, S. 283.

[392] Vgl. oben S. 84, 140.

starken Einfluß weniger Gewerken in den einzelnen Unternehmen zurück und stärkten somit die Position des angestellten Unternehmers. Äußerer Ausdruck dieser neuen Bewegung war der gesetzlich festgelegte Ersatz des alten Verwaltungsrates durch Vorstand und Aufsichtsrat sowie die Aufhebung der bisherigen Stimmrechtsbeschränkungen in der Generalversammlung[393]. Doch blieb das Verhältnis von Direktoren oder Generaldirektoren und Banken nicht — wie in Südwales — bei dieser eher automatischen Hilfestellung stehen. Vielmehr förderten und initiierten z. T. die Banken — wie wir oben sahen — deren Politik der Expansion, Konzentration und Kartellierung. Die Großbanken und ihre Vertreter wurden somit zu Ratgebern und persönlichen Vertrauten der angestellten Unternehmer. Wie vorher die an persönlicher Leitung der Unternehmen orientierten Kölner Banken die gleichsam natürlichen Partner der alten Gewerken waren, so waren es nun die Berliner Universalbanken gegenüber den Generaldirektoren, die gerade erst mit der Hilfe dieser Banken in die Rolle der „neuen" Unternehmer hineinwachsen konnten. Doch gingen aufgrund der zunehmenden Expansion auch die Unternehmen der Familien, die weiterhin die alleinige oder hauptsächliche finanzielle Kontrolle ausübten, wie Krupp, Haniel, Stinnes und Thyssen, allmählich zur Einsetzung von angestellten Unternehmern über.

Ausgerüstet mit — wie wir im folgenden sehen werden — einer guten, meist technischen Ausbildung hatten die neuen Unternehmer rasch die technischen und wirtschaftlichen Notwendigkeiten und Zwänge, aber auch die Möglichkeiten zu ihrer eventuellen Beeinflussung und Ausnutzung erkannt. Selbstkostensenkung eher als Preiserhöhung, Expansion und Konzentration statt Zersplitterung und Kartellierung statt Marktoffenheit wurde zu ihrem Rezept, das seine Gestalt vor allem unter den Einwirkungen der „Großen Depression" zwischen 1873 und 1886 annahm. Der wirtschaftliche Erfolg dieses Konzepts ließ durch die langen Jahre der konjunkturellen Baisse auf sich warten, stellte sich aber — wie wir oben sahen — deutlich ablesbar ab etwa 1890 ein. Die Erträge der Unternehmen stiegen merklich an, und in relativ kurzer Zeit hatten die Unternehmen ein verhältnismäßig hohes Maß an Unabhängigkeit in kurz- und mittelfristiger Sicht von den Banken erreicht. Diesen Erfolg konnten eindeutig die angestellten Unternehmer auf ihrem Konto verbuchen, und deren Unabhängigkeit und Ansehen stieg, je mehr die Außenwelt wie Banken und Staat — bei weiterhin sich komplizierenden Betrieben und artikulationsbehinderten Arbeitnehmern — von der technischen und kaufmännischen Kompetenz und tagtäglichen Vertrautheit mit den spezifischen Problemen des Bergbaus abhängig wurde. Die angestellten Unternehmer, deren Status — wie gezeigt — gerade durch die Auswirkungen eines schon zu relativ früher Zeit raschen Wirtschaftswachs-

[393] Vgl. etwa Heinrichsbauer, S. 26/7.

tums lange Zeit unterentwickelt geblieben war, gelangten durch den weiteren, nicht minder schnellen Fortgang der wirtschaftlichen Entwicklung, die ein hohes Ausmaß an technischen, kaufmännischen und organisatorischen Kenntnissen und Fähigkeiten erforderte, zu hohem gesellschaftlichen Ansehen. Aus einer untergeordneten Stellung im Betrieb waren sie im Selbst- und im Fremdverständnis eindeutig in die Reihen der Unternehmer aufgerückt, ja, zu den eigentlichen Unternehmern geworden, ohne jedoch — wie sich zeigen wird — oftmals den harten Weg ihres Aufstiegs vergessen zu haben.

5.1.3.2. Die Ausbildung: Große Einheitlichkeit, hohe Anforderungen und die anhaltende Dominanz des technischen Fachwissens

Die Art und der Grad der Ausbildung der angestellten Unternehmer trugen zu ihrem hohen Prestige bei. Der Staat half hierbei entscheidend mit. Hatte er während der Phase der Direktion durch die aktive Ausübung der Betriebsleitung gleichsam ein Mindesttempo wirtschaftlicher Entwicklung und die Art und Weise der Betriebsführung den Unternehmen des Ruhrbergbaus für die künftige Entwicklung „nur" mit auf den Weg gegeben, so blieb die Ausbildung der künftigen angestellten Unternehmer weitgehend in seinen Händen. Je mehr sich nämlich die Bergbauunternehmen an der Ruhr, und hinter ihnen — in dem Verlangen nach einer geregelten und verantwortlichen Betriebsführung — wohl vor allem die Banken und die Bergbehörde selbst, für die Einstellung ehemaliger staatlicher Bergbeamter, die der Staat zunächst für den weiterhin in seinem Besitz befindlichen Bergbau an der Saar und in Oberschlesien, aber auch für die allgemeinen Bergbehörden[394] ausgebildet hatte, entschieden, umso mehr gelangten auf diesem Wege gleichsam indirekt staatliche Vorstellungen weiterhin in die Organisation und Leitung der Ruhrunternehmen[395]. Der Staat führte die von ihm seit 1777 gegründeten Berghochschulen in Freiberg, Clausthal, Berlin und Aachen weiter und unterhielt sie[396]. Darüber hinaus verbreitete sich das Lehrangebot im Bergwesen — wie die folgende Zusammenstellung für die Jahre 1911-1913 zeigt — auch auf andere deutsche Hochschulen und Universitäten.

Im Vergleich zu den — wie wir weiter unten sehen werden — zwei spezialisierten, höheren Ausbildungsstätten für Bergbau in Großbritannien, gab es 1911 im deutschsprachigen Raum, einschließlich der österreichischen

[394] Vgl. hierzu weiter unten S. 433 ff.

[395] Zum Eindringen staatlicher Organisations- und Leitungsmuster in die Industrie in Deutschland vgl. J. Kocka, Vorindustrielle Faktoren in der deutschen Industrialisierung. Industriebürokratie und „neuer Mittelstand", in: M. Stürmer, Hg., Das kaiserliche Deutschland, 1970, S. 265-286.

[396] Vgl. E. Schmitz, Die deutschen Bergschulen; F. Schunder, Lehre und Forschung, S. 52 ff.

Das bergwirtschaftliche Lehrangebot an allen deutschsprachigen Hochschulen und Universitäten, 1911 - 1913[397]

Hochschul-Kategorie	Gesamtzahl der Hochschulen	Hochschulen, die in den Studienjahren 1911/12 u. 1912/13 bergwirtschaftliche Vorlesungen u. Übungen hatten		Zahl der Dozenten die 1911/13 bergwirtschaftliche Vorlesungen und Übungen hielten (Dozenten, die an zwei Hochschulen lasen, sind doppelt gezählt)	Zahl der auf bergwirtschaftliche Vorlesungen und Übungen verwendeten Stunden pro Woche				
		Zahl	Verhältnis zur Gesamtzahl Proz.		1911/12 Wi	1911/12 So	1912/13 Wi	1912/13 So	Semesterdurchschnitt
Techn. Hochschulen (einschl. Bergakademien)	22	11	50	21	20,8	19	25,25	28	23,25
Universitäten	30	8	27	11	1	4	6	7	4,50
Handels- u. Verwaltungs Hochschulen	9	6	67	10	6	6	9	6	6,75
Summe	61	25	41	42	27,8	29	40,25	41	34,5

Institutionen in Leoben und Przibram, 6 Berghochschulen, daneben aber noch 19 weitere Hochschulen, an denen bergwirtschaftliche Vorlesungen und Übungen abgehalten wurden. Von insgesamt 42 Dozenten mit einer durchschnittlichen Wochenstundenzahl von 34,5 Stunden wurden an 25 Hochschulen diese Veranstaltungen angeboten. Der individuelle Ausbildungsgang des — wie wir weiter unten zeigen werden — weitaus größten Teils der späteren angestellten Unternehmer im Ruhrbergbau verlief folgendermaßen[398].

Nachdem auf einem Gymnasium oder Realgymnasium oder einer Oberrealschule die Abiturienten-(Abgangs-)Prüfung bestanden und das Zeugnis der Reife erworben war, hatte der betreffende Bewerber sich unter Vorlegung des Abiturientenzeugnisses, eines Gesundheitsattestes und eines Lebenslaufes bei einem Oberbergamt zur Aufnahme in die Zahl der „Bergbaubeflissenen" zu melden. War die Aufnahme erfolgt, so begann die Ausbildung mit einer mindestens einjährigen praktischen Beschäftigung beim Bergbau. Nach Beendigung dieser Beschäftigung, bei nicht ungenügend ausgefallener Probegrubenfahrt sowie nach der oberbergamtlicherseits erfolgten Zulassung zur weiteren Ausbildung war ein dreijähriges Universitätsstudium, worauf der Besuch von Bergakademien oder technischen Hochschulen bis zu einer gewissen Dauer angerechnet wurde, zu absolvieren. Sodann hatte der Bergbaubeflissene sich der ‚ersten Prüfung' zu unterwerfen. Hatte er diese

[397] Nach W. Pieper, Der heutige Stand des bergwirtschaftlichen Unterrichts auf den Hochschulen der deutschen Lande, 1913, S. 9.

[398] Zum folgenden vgl. Wirtschaftliche Entwicklung, Bd. 1, S. 40/1, und F. Ahlfeld, Der höhere Berg- und Hüttenbeamte, 1920, S. 20-24.

bestanden, so wurde er zum „Bergreferendar“ ernannt. Die weitere Ausbildung als Bergreferendar dauerte drei Jahre und erstreckte sich auf die Beschäftigung bei Verwaltungen staatlicher Bergwerke, Hütten oder Salinen (9 Monate), die Befahrung und Besichtigung anderer Bergwerke usw. (9 Monate), die Beschäftigung bei einem konzessionierten Markscheider (2 Monate), bei einem Bergrevierbeamten (6 Monate) und zuletzt beim Oberbergamt (10 Monate). Darauf hatte er die ‚zweite Prüfung‘ abzulegen, nach deren Bestehen er zum „Bergassessor“ ernannt wurde.

Nun bemühte sich der in dieser Weise Ausgebildete, da ihn bei einem fortgesetzten Dienstverhältnis beim Staat eine oftmals mehrjährige Wartezeit auf eine planmäßige Stelle und damit eine „ganz besonders gering[e]“ Bezahlung erwartete[399], um eine Stellung in den privaten Bergbauunternehmen.

In der ersten Zeit nach der Aufhebung der staatlichen Betriebsführung im Jahre 1851, als die Hauptanteilseigner — wie wir vorher sahen — noch weitgehend die Geschicke ihrer Betriebe bestimmten, schien weder der Bedarf noch die Bereitschaft zu bestehen, wissenschaftlich ausgebildete Betriebsleiter anzustellen. Die Tatsache, daß besonders die kleineren Unternehmen noch mehrere Jahre nach der formellen Aufhebung des Direktionsprinzips die staatlichen Beamten für die Betriebsführung in Anspruch nahmen, läßt deren Willen zur Kosteneinsparung bei der Leitung der Betriebe, ebenso wie dies im südwalisischen und im britischen Bergbau nach der gesetzlichen Professionalierung der stellvertretenden Betriebsführer, welche nun oftmals anstelle der kostspieligeren Betriebsführer eingesetzt wurden, am Ende der 1880er Jahre zu beobachten war[400], deutlich erkennen. Von den technischen Betriebsleitern der ersten Stunde waren infolgedessen, wie wir bereits andeuteten, fast alle aus der Gruppe der ehemals staatlich angestellten Steiger, von den kaufmännischen aus der der bisherigen Oberschichtmeister hervorgegangen. Während die meisten der neuen Bergwerksverwalter nur die Bergschule besucht hatten, einigen aber sogar auch diese Ausbildung fehlte, waren im Ruhrbergbau des Jahres 1853 nur zwei Bergwerksverwalter mit wissenschaftlicher Ausbildung tätig[401]. Und noch bis etwa 1870 lag — wie dies zur gleichen Zeit auch in Südwales üblich war — die Leitung der Betriebe „fast ausschließlich in der Hand von Männern, die eine höhere technische Ausbildung nicht besaßen“[402].

---

399 Nach F. Ahlfeld, Der höhere Berg- und Hüttenbeamte, 1920, S. 57. Der staatliche Bergbau hatte in den Jahren vor 1914 „nicht viel über 400 planmäßige Stellen“ zu vergeben, und die vom Staat gezahlten Gehälter lagen, wie weiter unten deutlich werden wird, weit unter denen im Privatbergbau. Zur Anzahl der Stellen vgl. Ahlfeld, S. 56.

400 Vgl. Walters, S. 187.

401 Wirtschaftliche Entwicklung, Bd. 1, S. 24.

402 B. Schulz-Briesen, Erinnerungen eines alten Bergmanns aus den letzten 50 Jahren, 1903, S. 5; vgl. auch die Zahlen bei T. Pierenkemper (Die westfälischen Schwerindustriel-

Dies änderte sich in den folgenden Jahrzehnten — anders als in Südwales — rapide. Bei weitem der größte und weiterhin steigende Anteil der Bergbauunternehmer[403] hatte nach dem oben geschilderten Ablauf, meist durch den Eintritt in den Staatsdienst, eine wissenschaftliche Ausbildung erlangt. Von einer Stichprobe von 66 westfälischen Bergbauunternehmern mit Hochschulabschluß zwischen 1852 und 1913 hatten 47 ein bergmännisches Studium hinter sich gebracht, und von 56 kamen 35 aus dem Staatsdienst, während 12 weitere unmittelbar aus der Ausbildung in ihre Berufstätigkeit eintraten. Nur neun Unternehmer kamen aus anderen Tätigkeitsbereichen[404]. Und von insgesamt 107 Bergbauunternehmern in derselben Phase konnten 69 auf ein Hochschulstudium und 81 auf eine höhere Schulbildung verweisen[405]. Der Grad und die Art dieser Ausbildung zeitigte für die betriebliche und überbetriebliche Stellung der Bergbauunternehmer ebenso wie die von ihnen geleiteten Unternehmen mehrfache Folgen. Zum einen bewirkte sie ein Überwiegen der Techniker gegenüber den kaufmännisch Vorgebildeten im Verhältnis von mindestens 80 zu 20. Verstärkt wurde diese Tendenz — anders als etwa in Südwales — nach 1890 noch durch das RWKS, das einige der wesentlichen kaufmännischen Funktionen aus den einzelnen Unternehmen herausnahm und sie auf übergeordneter Ebene zentralisierte[406]. Zum zweiten verursachte die Länge der Ausbildungszeit mit durchschnittlich 31 Jahren ein relativ hohes Eintrittsalter (gegenüber 25 Jahren in der Eisenindustrie), sicherte ihnen aber von vornherein — sehr im Unterschied zu ihren Angestellten, die sich, wenn überhaupt, auf einen meist langwierigen Aufstieg einzustellen hatten — einen unmittelbaren Zugang zu den oberen Unternehmensebenen[407]. Wie bei den Angestellten des Ruhrbergbaus allerdings, so hatten auch bei den Unternehmern die frühzeitig bereitgestellten Institutionen der spezifischen Fachausbildung mit ihren vergleichsweise hohen Qualifikationsanforderungen und langen Ausbildungsgängen — an-

len 1852-1913, 1979, S. 52/Tab. 18, 57/Tab. 23), die sich aus einer Stichprobe für die westfälische Seite des Ruhrgebiets ergeben. Die Stichprobe umfaßt etwa 21% der westfälischen Schwerindustriellen zwischen 1852 und 1913. Vgl. ebenda, S. 25.

[403] Vgl. T. Pierenkemper, Die westfälischen Schwerindustriellen, S. 54/Tab. 19, 57/Tab. 23.

[404] Vgl. T. Pierenkemper, S. 58/Tab. 24, 82/Tab. 38, 83/Tab. 39.

[405] Ebenda, S. 54/Tab.19, 58/Tab. 24. Damit waren sie dem durchschnittlichen deutschen Unternehmer, der ebenso seine Bildungsanstrengungen im Verlaufe der industriellen Entwicklung verstärkte, bei weitem überlegen. Vgl. dazu Pierenkemper, S. 122/3; H. Beau, Das Leistungswissen des frühindustriellen Unternehmertums in Rheinland und Westfalen, 1959, S. 66-68; W. Stahl, Der Elitekreislauf in der Unternehmerschaft. Eine empirische Untersuchung für den deutschsprachigen Raum, 1973, S. 229, 232; H. Sachtler, Wandlungen des industriellen Unternehmers in Deutschland seit Beginn des 19. Jahrhunderts. Ein Versuch zur Typologie des Unternehmers, 1937, S. 24.

[406] Pierenkemper, S. 56-60/Tab. 21-25, 82/Tab. 38; W. Goetzke, Das Rhein.-Westf. Kohlensyndikat, S. 140.

[407] Vgl. Pierenkemper, S. 78, Tab. 34, 84/Tab. 41.

ders als im südwalisischen und im britischen Bergbau insgesamt — ein hohes Maß an Zusammengehörigkeitsgefühl und ideologischer Homogenität herausgebildet, Eigenschaften, welche sowohl — wie wir oben sahen — die wirtschaftlichen Beziehungen zwischen den einzelnen Unternehmen als auch die sozialen Beziehungen innerhalb der Unternehmerschaft wie zwischen ihr und den übrigen betrieblichen Gruppen, aber auch — wie weiter unten zu sehen sein wird — ihr Verhältnis zu den staatlichen Behörden entscheidend beeinflußten. Die mit der Ausbildung einhergehenden Faktoren der sozialen Herkunft und der gesellschaftlichen Umgebung verstärkten diese Auswirkungen.

5.1.3.3. Die Herkunft und die Eingliederung in die oberste Ebene der gesellschaftlichen Rangordnung: Soziale Homogenität, territoriale Heterogenität und das mühelose Akzeptiertwerden

Die lange Dauer der Ausbildung von insgesamt etwa acht Jahren machte bei den Unternehmern, anders als bei den Angestellten, die Aufbringung bedeutender finanzieller Mittel erforderlich, bevor sie ihre Erwerbstätigkeit begannen. Die Höhe der Ausbildungskosten hing, wie ein Betroffener schrieb, „im weitesten Maße von den Ansprüchen des Studenten und von der Wahl der Hochschule ab". Am billigsten war das Studium in Clausthal, dann folgten Freiberg, Aachen und Berlin. Im Jahre 1920 — frühere Angaben liegen leider nicht vor —, als der durchschnittliche Jahreslohn aller Bergarbeiter bei etwa 6.000 M lag, konnte man für ein Jahr Studium einschließlich aller Nebenausgaben (Kolleggeld, Bücher), aber ohne die Auslagen für Kleidung, 6.000-10.000 M rechnen. Das Gesamtstudium bis zum Referendar-Examen kostete danach 30.000-50.000 M, bis zur zweiten staatlichen Hauptprüfung, dem Assessor-Examen, 48.000-80.000 M. Den Verdienst während des praktischen Jahres, der von dieser Summe abging, konnte man auf 6.000-8.000 M veranschlagen[408]. Die Höhe dieser Studienkosten beschränkte die Herkunft der Studenten und der nachherigen Staatsbeamten und Unternehmer auf Familien mit einer bestimmten sozialen Lage. Tatsächlich kamen die Angestellten-Unternehmer im Ruhrbergbau wohl durchgängig aus Familien von Unternehmern und höheren Beamten, oft wiederum aus Bergbeamtenfamilien[409]. Wie bei den Angestellten spielten auch bei den „neuen" Bergbauunternehmern, ebenso wie bei den „alten", die

[408] Vgl. F. Ahlfeld, Der höhere Berg- und Hüttenbeamte, S. 25.

[409] Vgl. Pierenkemper, S. 44/Tab. 12; H. Beau, Das Leistungswissen, S. 70/1; für den Vergleich mit anderen Unternehmern s. H. Sachtler, Wandlungen, S. 24; W. Stahl, Der Elitekreislauf, S. 104 ff.; H. Kaelble, Sozialer Aufstieg, S. 52/3, und die dort angegebene Literatur.

Familienverbände eine besondere Rolle[410]. Doch beschränkten sich diese Beziehungen nicht mehr nur auf das Ruhrgebiet, wenn auch die hierher stammenden für den Dienst im Privatbergbau offensichtlich immer noch eine gewisse Präferenz genossen[411], sondern bezogen — vermittelt durch den fiskalischen Bergbau und die staatliche Ausbildung — das übrige Deutschland mit ein; ebenso wie eine Reihe von aus Rheinland-Westfalen Stammenden — K. Fuchs zählt elf — und z. T. auch hier Ausgebildeten etwa in der oberschlesischen Schwerindustrie Unternehmerstellungen bekleideten. Zugleich wurden durch den — in Großbritannien schlicht nicht möglichen — häufigen Stellenwechsel vom Staatsbergbau in den privaten und manchmal von da aus auch wieder zurück in den Staatsdienst sowie durch die familiären und sozialen Beziehungen, die durch immer neue Heiraten gestärkt wurden, die Grenzen zwischen fiskalischem Bergbau, allgemeiner staatlicher Bergbauverwaltung und der Unternehmerschaft im Privatbergbau überlagert[412].

Für die Unternehmer im Ruhrbergbau bedeutete dies auch, daß sie einerseits — wie weiter unten deutlich werden wird — aus materieller Sicht einen bedeutenden Aufstieg geschafft hatten, andererseits zugleich nach wie vor am gesellschaftlichen Prestige des preußisch-deutschen (Berg-)Beamten teilhatten[413]. Dieses Ansehen, aber auch die wachsenden technischen Anforderungen, die ihre Unternehmen an sie stellten, führten, wenn auch offensichtlich erst zögernd, auch manche der besitzenden Unternehmerfami-

[410] Vgl. hierzu vor allem die Lebensläufe und Darstellungen in: W. Serlo, Männer des Bergbaus, 1937; ders., Westdeutsche Berg- und Hüttenleute und ihre Familien, 1938; ders., Die Preußischen Bergassessoren, 1938^5; Rheinisch-Westfälische Wirtschaftsbiographien, 6 Bde, 1932-1954. Vgl. auch: Hue, Die Bergarbeiter, Bd. 2, S. 665; Imbusch, Arbeitsverhältnis und Arbeiterorganisationen im deutschen Bergbau, 1908, S. 466; Tenfelde, S. 216-218. Ausdruck der gesellschaftlichen Solidarität und Homogenität von Bergbau-Unternehmern und Bergbeamten gab auch der beide Gruppen organisierende ‚Verein technischer Bergbeamten', der mit eher geselligen Funktionen parallel zu den bergbaulichen Interessenverbänden ab etwa den 1840er Jahren geschaffen worden war und mindestens bis in die 1860er Jahre fortbestand. Vgl. H. Spethmann, Der Verband technischer Grubenbeamten, S. 41-43.

[411] Von insgesamt 202 westfälischen schwerindustriellen Unternehmern zwischen 1852 und 1913 kamen 54 aus dem Ruhrgebiet, 69 aus dem übrigen Rheinland und Westfalen, 65 aus anderen Teilen Deutschlands und 14 aus dem Ausland. Vgl. Pierenkemper, S. 40/Tab. 9; s. auch die Tabelle oben S. 343. Für das Beispiel von Hugo Schultz, dem Leiter der Bochumer Bergschule, vgl. etwa F. Schunder, Lehre und Forschung im Dienste des Ruhrbergbaus, S. 82 ff.

[412] Vgl. K. Fuchs, Wirtschaftliche Führungskräfte in Schlesien 1850-1914, in: Zeitschrift für Ostforschung 21, 1972, S. 264-288, S. 274-81, und die weiteren Angaben in Anmerkung 410.

[413] Vgl. hierzu bes. R. Koselleck, Preußen zwischen Reform und Revolution. Allgemeines Landrecht, Verwaltung und soziale Bewegung von 1791 bis 1848, 1975^2; O. Hintze, Der Beamtenstand, in: ders., Soziologie und Geschichte. Gesammelte Abhandlungen zur Soziologie, Politik und Theorie der Geschichte, 1964^2, S. 66-125; H. Henning, Das westdeutsche Bürgertum in der Epoche der Hochindustrialisierung 1860-1914. Soziales Verhalten und soziale Strukturen, 1972.

lien zu dem Entschluß, ihre Söhne ebenfalls die Anfangsstufen des höheren preußischen Bergdienstes absolvieren zu lassen[414]. Auf der Grundlage der meist gemeinsamen protestantischen Religion[415] war es der Titel des Bergassessors zusammen mit dem des Reserveoffiziers, der symbolisch die Unternehmergruppen des Ruhrbergbaus sozial miteinander verschweißte und gleichzeitig den Anschluß an die gesellschaftliche Elite des Landes garantierte.

Resultat und Indikator dieser Gruppenbildung war der relative Abschluß nach außen. Unternehmern in anderen Regionen und Industriezweigen fühlten die Ruhrbergbau-Unternehmer sich durch Herkommen, Ausbildung, gesellschaftliche Verbindungen und wirtschaftliche Macht überlegen[416]. Der wachsenden Zahl ihrer betrieblichen Untergebenen gegenüber stellte sich ihr Verhältnis immer mehr als das — schon 1889 beobachtete — „vornehme Sich-Zurückhalten der Zechendirektoren"[417] auf der einen und das berstende Machtgefühl und die Intoleranz gegenüber jeglicher selbständigen Regung innerhalb der Arbeitnehmerschaft auf der anderen Seite dar. Diese wiederum empfand „die Direktoren der Ruhrzeichen" zusammen mit der „Schicht staatlicher Bergbeamten" als ‚ganz exklusiven Kreis'[418]. Äußere Anzeichen ihres Rückzuges aus der Stadtbürgerschaft, in der sie vor 1890 eine große Rolle gespielt hatten, war die Gründung und „Reinhaltung" eigener Vereine und Stammtische sowie die Verlegung ihrer Wohnung aus der Stadt in vorstädtische Villen und Landhäuser[419], womit sie im Lebensstil dem ande-

---

414 Vgl. etwa auch Pierenkemper, S. 60/Tab. 25; Croon, Die wirtschaftlichen Führungsschichten, S. 143.

415 Auch die übrigen deutschen Unternehmer waren zu fast drei Vierteln (74%) protestantischer Konfession. Vgl. W. Stahl, S. 208, 216.

416 Deutlich wird dies bei der Gegenüberstellung der Selbständigen und der abhängig Beschäftigten im Durchschnitt aller Gewerbe und im Kohlenbergbau für die Jahre 1895 und 1907. Die Anteile (in %) betrugen nach der Reichsstatistik für:

	1895		1907	
	alle Gewerbe	Bergbau	alle Gewerbe	Bergbau
Selbständige	28,94	0,20	22,30	0,22
Angestellte	3,29	3,30	5,24	4,54
Arbeiter	67,77	96,50	72,45	95,24

417 So in der Eingabe des Pfarrers Lic. Weber an den Minister des Inneren, M.-Gladbach, 25.5.1889, zit. nach Adelmann, S. 89.

418 G. Werner, Meine Rechnung. S. 92/3.

419 Vgl. H. Croon, Die Einwirkung der Industrialisierung auf die gesellschaftliche Schichtung im rhein.-westf. Industriegebiet, in: Rhein. Vjbll. 20, 1955, S. 301-316; ders., Die wirtschaftlichen Führungsschichten des Ruhrgebietes in der Zeit von 1890 bis 1933, in: Bll. f. dt. Landesgeschichte 108, 1972, S. 143-175, S. 143-157; P.M. Mertes, Zum Sozialprofil der Oberschicht im Ruhrgebiet, dargestellt an den Dortmunder Kommerzienräten, in:

ren Pol der Machtellipse des preußisch-deutschen Reiches[420]: den ostelbischen Junkern, sich annähern konnten[421]. Staatlich gefördert wurde diese Tendenz durch die nicht zu sparsame Verleihung von Orden und Titeln[422].

5.1.3.4. Einkommen und Vermögen: Die deutliche Abgrenzung

Die soziale Annäherung zwischen besitzenden und (zunächst) besitzlosen Unternehmern, die im Ruhrbergbau im Zeichen des staatlich vermittelten Berufsprestiges stattfand, fand spätestens ihre Grenze in der Verteilung von Einkommen und Vermögen. Obwohl die Höhe ihrer Gehälter es den Angestellten-Unternehmern ermöglichte, „ein eigenes Vermögen anzusammeln"[423], lagen die Eigentümer-Unternehmer, welche es etwa in Südwales spätestens ab den 1890er Jahren nicht mehr gab, in ihrem Vermögen immer und zumeist mit weitem Abstand in ihrem Jahreseinkommen über demjenigen der Angestellten-Unternehmer. (Vgl. nachf. Aufstellung.)

Nur Emil Kirdorf, der seit 1873 die GBAG leitete, kam in den Jahren vor 1914 sowohl im Vermögen als auch im jährlichen Einkommen, wenn auch immer noch hinter der größeren Zahl der Eigentümer-Unternehmer bleibend, an diese heran. Ansonsten wird aus der Zusammenstellung der weite Abstand in Einkommen und Vermögen zwischen beiden Gruppen deutlich. Dagegen war zwischen der Gruppe der Angestellten-Unternehmer und vielen Angehörigen von Aufsichtsräten und Vorständen kaum ein Unterschied in Einkommen und Vermögen zu erkennen. Innerhalb der Gruppen der Eigentümer- und der Angestellten-Unternehmer, nicht jedoch der der Mitglieder von Aufsichtsräten und Vorständen, lassen sich weiterhin bedeutende Unterschiede feststellen. Bei den besitzlosen Unternehmern konnte das nackte Jahresgehalt — wie wir oben sahen[425] — vom einfachen Direktor bis zum Generaldirektor zwischen 15.000 M und 200.000 M, das gesamte Jahreseinkommen, wie wir jetzt sehen, zwischen 200.000 M und 900.000 M und das Vermögen zwischen 3 Mill. M und 12 Mill. M variieren. Bei den

---

Beiträge zur Gesch. Dortmunds und der Grafschaft Mark 67, 1971, S. 165-226, bes. S. 167, 187; W. Reichardt, Boden- und Wohnungsverhältnisse in Duisburg, S. 113; Fischer-Eckert, S. 129-131.

[420] Das Bild stammt von Dr. F. Kruse, dem Regierungspräsidenten in Düsseldorf in der Zeit von 1909 bis 1919. Vgl. E. Hoffmann, Dr. Francis Kruse, Königlich Preußischer Regierungspräsident, 1937, S. 72.

[421] Zu den „feudalen" Tendenzen in früherer Zeit vgl. F. Zunkel, Der Rheinisch-Westfälische Unternehmer 1834-1879. Ein Beitrag zur Geschichte des deutschen Bürgertums im 19. Jahrhundert, 1962, S. 99 ff.

[422] Vgl. hierzu etwa Pierenkemper, S. 72-74. Doch lehnten nicht wenige der bedeutendsten Ruhrunternehmer angebotene Adelsprädikate ab. Vgl. E.G. Spencer, Rulers of the Ruhr, S. 46; F. Zunkel, Der Rheinisch-Westfälische Unternehmer, S. 126.

[423] Klass, Albert Vögler, S. 40.

Vermögen und Jahreseinkommen von Eigentümer- und Angestellten-Unternehmern sowie von Angehörigen der Aufsichtsräte und Vorstände im Ruhrbergbau, 1895 - 1911[424]

	Jahr	Vermögen Mill. M.	Jahreseinkommen Mill. M.
Eigentümer-Unternehmer			
F.A. Krupp und Geschäftserben	1895	119	7,1
	1902	187	21,0
	1911	254	18,19
F. Haniel	1889	20	0,82
	1911	65	3,38
A. Thyssen	1905	34	1,35
	1911	52	3,025
H. Stinnes	1905	15-20	0,5
	1908	25-30	0,82
C. Funke	1907	14-15	1,0
	1911	31	1,5
A. Waldthausen	1907	14-15	0,7
	1911	20	0,8
Angestellten-Unternehmer			
E. Kirdorf	1911	11-12	0,9
F. Burgers	1911	6-7	0,36
W. Beukenberg	1911	5-6	0,8
A. Kirdorf	1911	5-6	0,48
O. Krawehl	1911	4-5	0,35
F. Baare	1911	4-5	0,31
R. Miser	1911	4-5	0,22
R. Randebrock	1911	3-4	0,25
C. Victor	1911	3-4	0,23
E. Krabler (Witwe)	1911	3-4	0,2
Angehörige von Aufsichtsräten und Vorständen			
T. Schmieding	1911	5-6	0,07
E. Kleine	1911	3-4	0,36
W. Ludwig	1911	3-4	0,32
O. Müller	1911	3-4	0,31
O. Grevel	1911	3-4	0,27
H. Thielen	1911	3-4	0,27
A. Müller	1911	3-4	0,23
F. Asthöver	1911	3-4	0,20
F. Funke	1911	2-3	0,14
P. Stein	1911	2-3	0,12

Eigentümer-Unternehmern bewegte sich im Jahre 1911 das Vermögen zwischen 20 Mill. M und 254 Mill. M, ohne Krupp bis zu 65 Mill. M, das Jahreseinkommen zwischen 8 Mill. M und 18 Mill. M, ohne Krupp bis zu 3,4 Mill. M.

Trotz der großen Unterschiede in Einkommen und Vermögen, die zwischen den besitzenden und besitzlosen Unternehmern, aber auch innerhalb dieser beiden Gruppen bis 1914 fortbestanden, gehörten alle Unternehmer des Ruhrbergbaus eindeutig zur einkommensmäßigen Oberschicht des Ruhrgebietes und des Deutschen Reiches. In Preußen hatten im Jahre 1911 nur 4,8% aller Haushaltungsvorstände und Einzelwirtschaften ein Einkommen von mehr als 3.000 M, während 41,7% ein solches zwischen 900 M und 3.000 M und 53,5% ein Einkommen von bis zu 900 M erhielten; 1,39% der städtischen Haushaltungsvorstände und Einzelwirtschaften besaßen ein Vermögen von mehr als 100.000 M, während 89,4% über ein solches von bis zu 6.000 M verfügten[426]. Und von den insgesamt 25.087 Steuerpflichtigen der Stadt Oberhausen im Jahre 1911 etwa, so können wir aus unserer obigen Tabelle ablesen[427], lagen 113 physische Personen oder 0,45%, über einem Jahreseinkommen von 9.500 M, 17 Personen über einem solchen von 30.500 M und nur 4 Personen über einem Jahreseinkommen von 100.000 M. Die gemeinsame einkommensmäßige und soziale Distanz zwischen den Unternehmern im Ruhrbergbau und dem bei weitem überwiegenden Rest der Bevölkerung, wie sie hier ablesbar wird, war überdeutlich und — wie weiter unten offenkundig werden wird — um mindestens ein Drittel größer als bei ihren Kollegen in Südwales.

5.1.3.5. Die Vorstellungen der Unternehmer über den innerbetrieblichen Kooperationsprozeß: Die langfristige Aufbietung aller Kräfte und das herrschaftlich-autoritäte Konzept der ‚Beseitigung von Hindernissen'

Die Maßnahmen der Unternehmer, ihre Vorstellungen über den Kooperationsprozeß und die Auffassung ihrer eigenen Stellung und Aufgaben darin innerhalb des Betriebs waren geprägt durch den raschen wirtschaftlichen

---

[424] Zusammengestellt nach: R. Martin, Jahrbuch des Vermögens und Einkommens der Millionäre in der Rheinprovinz, 1913; R. Martin, Jahrbuch des Vermögens und Einkommens der Millionäre in Westfalen, 1913. Daneben gab es in Westfalen im Jahre 1911 6 Angestellten-Unternehmer und 7 Angehörige von Vorständen und Aufsichtsräten mit einem Vermögen zwischen 1 und 2 Mill. Mark. Vgl. R. Martin, Jahrbuch des Vermögens und Einkommens der Millionäre in Westfalen 1913, S. 4, 7, 8, 10, 17, 19, 28/9, 32/3, 35/6, 39.

[425] Vgl. oben S. 333.

[426] Nach den amtlichen Angaben in: Zeitschrift d. Preuß. Stat. Landesamts 59, 1919, Statistische Korrespondenz, S. 48/9.

[427] Vgl. S. 283.

Fortschritt, den zu früher Zeit erreichten, relativ hohen Entwicklungsstand, das frühzeitige Engagement und die weiterhin beibehaltenen Vorleistungen (z. B. Ausbildung, Repression gegenüber Arbeitnehmern usw.) des Staates und, wie z. T. schon bei den Angestellten, durch die — im übernationalen Bereich gesehen — industrielle Rückständigkeit und ihre Perzeption.

Von Anfang an, so scheint es, hatte die unmittelbare und mittelbare Förderung durch den Staat und die mit ihr einhergehende Ausweitung und zunehmende Kapitalintensität der Unternehmen den unternehmerischen Bemühungen, Planungen und Perspektiven im Ruhrbergbau einen — im Vergleich etwa zu Großbritannien — langfristigen Charakter gegeben. Besonders drei Faktoren: der unter staatlicher Anleitung relativ früh erreichte Entwicklungsstand, die langfristige Orientierung ebenso wie die angestrebte Intensität des im Industrialisierungsprozeß Aufholenden sind in ihrer Auswirkung auf die drei voneinander unterscheidbaren Ebenen von Unternehmerentscheidungen, 1. der Technik, 2. der inneren Organisation und 3. der Regelung der menschlichen Beziehungen in der Kooperationseinheit Betrieb bzw. Unternehmen, deutlich erkennbar.

1. Die Technik

Die im Jahre 1872 an sein Unternehmen erlassene Vorschrift Alfred Krupps, „stets darauf sorgfältig bedacht zu nehmen, daß die zweckmäßigsten Maschinen hergestellt, die möglichst vollkommene Fabrikationsmethode angewandt werde“[428], konnte Gültigkeit für den ganzen Ruhrbergbau beanspruchen[429]. Ebenso bewußt des frühen Vorbildes staatlicher, stark an der Einführung neuer Technik orientierter Betriebsführung wie getragen vom hohen Stand technischer Ausbildung an den staatlichen Bergakademien und den übrigen Hochschulen, machten die Unternehmer die Not zur Tugend. Wie der Abbau der Kohle — anders als in Südwales — nur durch einen hohen Aufwand an Maschinen seit dem frühen Übergang zum Tiefbau möglich war und die Anschaffung dieser Maschinen die Rentabilität belastete, so konnte nur durch den Einsatz weiterer Technik, wie oben gezeigt wurde, für den Rentabilitätsausgleich gesorgt werden. Die von den Unternehmern „mit der größten Gründlichkeit und Sachkenntnis“[430] sowie mit „wissenschaftliche[r] Durchdringung“[431] entwickelte und angewandte Tech-

---

[428] General-Regulativ, S. 42 (§ 2).

[429] Zu ähnlichen Äußerungen über die Rolle der Technik vgl. etwa: F.A. Freundt, Kapital und Arbeit, S. 11, 18, 21, 32, 37; Heinrichsbauer, Harpener Bergbau AG, S. 29, 54, 87. Die Firma Krupp gehörte seit 1864 auch zu den Zechenbesitzern im Ruhrgebiet. Vgl. Krupp 1812-1912, S. 186 f.

[430] Heinrichsbauer, S. 87.

[431] Freundt, S. 11.

nik war also von Anfang an nicht — wie dies zunächst im südwalisischen Bergbau der Fall war — auf die Funktion der Einsparung menschlicher Arbeitskraft beschränkt, sondern war Mittel zu Neuem, das nicht (ausschließlich) durch menschliche Arbeitskraft zu erreichen war. Zwar brachte dieser verbreiterte Einsatz der Technik eine weitere (feste) Kapitalbelastung der Unternehmen mit sich, doch trug gerade — wie wir oben sahen — die Diversifizierung der Produkte zu einem konjunkturüberbrückenden, langfristigen Rentabilitätsausgleich bei[432]. Oder wie es programmatisch in der Festschrift der Harpener Bergbau AG hieß: „Die Schaffung bestarbeitender Anlagen, ihre Anpassung an den Bedarf und an den jeweils modernsten Stand der Technik sowie die Finanzierung ihrer Errichtung und des Mehrabsatzes aus möglichst eigener Kraft oder doch mindestens durch langfristig gesicherte Verschuldung ermöglichten technische und finanzielle Unabhängigkeit. Diese wiederum erlaubten es, in guten Konjunkturen entsprechend zu gewinnen und sich dadurch gegen unvermeidliche Rückschläge nach Möglichkeit zu sichern“[433].

2. Die innere Organisation

Das ausgesprochene und wohl stärker als gewöhnlich betonte Ziel der inneren Betriebs- und Unternehmensorganisation, das seinerseits Resultat der Kapitalbelastung, der Lohnintensität und des Willens zu industriellem Aufholen war, bildete das möglichst reibungslose Funktionieren und die Intensivierung des betrieblichen Arbeitsablaufes. „Es ist... mit sorgsamer Aufmerksamkeit wie in der Voraussicht so in der Ausführung und Kontrolle darauf zu achten, daß keine Stockungen eintreten und keinerlei Überraschungen vorkommen, daß jedes Bedürfnis die Befriedigung vorbereitet finde“, schrieb wiederum Alfred Krupp seinen Untergebenen vor[434]. Auch auf diesem Gebiet der inneren betrieblichen Organisation war der Staat vorangegangen, und seine zu einem relativ frühen Zeitpunkt getroffenen Maßnahmen und Einrichtungen blieben auch dann noch bestehen, als sie die Möglichkeit der betrieblichen Steuerung, deren Notwendigkeit mit dem Wachsen der Betriebe und Unternehmen zunahm, zu hemmen begannen und ihr archaischer Charakter offenkundig wurde. „Durch Ruhe, Klarheit und Straffheit in seinen Dispositionen“[435] konnte der Bergbauunternehmer an der Ruhr zwar in den meisten Fällen die technische und verwaltungsmäßige

---

[432] Hierin könnte die von D. Landes behauptete, relative Verselbständigung der Technik auf seiten der deutschen Unternehmer ihre Erklärung finden. Vgl. Landes, The Structure of Enterprise, S. 121, 128.

[433] Heinrichsbauer, S. 115.

[434] General-Regulativ, § 3, S. 42.

[435] So Freundt (S. 64/5) über Emil Kirdorf.

Zusammenfassung seiner Betriebe erfolgreich organisieren. Dabei war es infolge zunehmender Expansion und Diversifikation der Betriebe nicht immer leicht und jedenfalls lange Zeit schwieriger als in Südwales, eine Lösung zu finden, die, wie Albert Vögler an seinen Konzernherrn Hugo Stinnes berichtete, „es mir auch ermöglicht, einen vollen Überblick über die Betriebe zu behalten und zugleich mit möglichst wenig Herren zu tun zu haben"[436]. Doch obwohl mit dem anwachsenden Unternehmen die industriellen Leiter immer mehr in die Funktion von Koordinatoren und letzten Entscheidungsträgern hineingerieten, und daher eher Verwaltungsexperten und — auch nach außen — Diplomaten hätten sein müssen[437], blieb — anders als in Südwales, immer wieder erneuert durch die Ausrichtung der staatlichen Ausbildung — das alte Schwergewicht des Technikers, auch gegenüber dem Kaufmann, sowohl in der innerbetrieblichen Bedeutung und Verantwortung als auch im zahlenmäßigen Anteil, wie wir bereits sahen, an der Gesamtzahl der Unternehmer bestehen. Verstärkt wurde diese Tendenz — wie wir bereits oben deutlich machten — noch durch die weitgehende Auslagerung der kommerziellen und Handelsfunktion aus den Unternehmen auf das RWKS.

Der zweite Bereich, in dem von der staatlichen Direktion übernommene Strukturen die Steuerungsfähigkeit der anwachsenden Betriebe und Unternehmen zunächst förderten, dann jedoch schließlich hemmten, war der der Lohngebung und Lohnfestsetzung. Doch spielte bei der Beibehaltung dieser Lohnformen auch — wie schon oben angedeutet — die Furcht der Unternehmer vor der Möglichkeit der breiteren Solidarisierung der Arbeiter eine bedeutende Rolle[438]. Die Tatsache, daß die Unternehmer jede Generalisierung in der Entlohnung und der Lohnfestsetzung vermieden, hatte zwei wichtige, dem ungestörten Betriebsablauf in den modernen Anlagen keineswegs förderliche Folgen. Einerseits war es in den Betrieben keine Seltenheit, daß in jedem Monat 500 Ortsgedinge neu und ohne objektiven Anhaltspunkt ausgehandelt und festgelegt werden mußten. Andererseits war es gerade durch das Fehlen von festen Sätzen in Form von Preislisten, Tarifen usw. —anders als in Südwales — unmöglich, den Lohn der Gedingearbeiter, die — wie wir sahen — etwa die Hälfte der Gesamtarbeiterschaft stellten, oder einzelner ihrer Gruppen gezielt und gleichmäßig um einen bestimmten Prozentsatz zu erhöhen oder zu senken[439]. Die durch dieses archaische Modell bewirkte Steuerungseinbuße von seiten der Betriebs- und Unternehmensleitungen mußte sich vor allem in Zeiten großer und anhaltender Lohnbewegungen wie während des Ersten Weltkrieges bemerkbar machen.

---

[436] Nach Klass, Albert Vögler, S. 46.

[437] So E.G. Spencer, The Rulers, S. 60.

[438] Vgl. hierzu auch: Bergrat Gothein, in: Methoden des gewerblichen Einigungswesens (Schriften der Gesellschaft für Soziale Reform, Heft 23/4), 1907, S. 126.

[439] Vgl. ebenda, S. 135 ff.

Wie beim Einsatz der Technik, so zeigten auch die bei der inneren Organisation der Betriebe und Unternehmen von den Industriellen aus dem frühen staatlichen Modell der Betriebsführung übernommenen und durch den frühen Übergang zum Großbetrieb beschleunigten Mittel die erhoffte und erwartete Auswirkung der Intensivierung der Betriebe. Anders als im Bereich der Technik jedoch bewirkte das Festhalten der Unternehmer an früh entwickelten Einrichtungen und Strukturen in der inneren Organisation der Betriebe und Unternehmen nach einer längeren Phase des wirtschaftlichen Wachstums eine Hemmung des von ihnen selbst angestrebten Ziels: des möglichst reibungslosen Betriebsablaufs.

3. Die menschlichen Beziehungen

Das Bild, das die Unternehmer im Ruhrbergbau von den menschlichen Produzenten im betrieblichen Kooperationszusammenhang hatten, paßte sich mühelos in ihre Vorstellungen über den Einsatz der Technik und die innerbetrieblichen Organisationsstrukturen ein. Untergeordnet unter den gemeinsamen Willen zum industriellen Aufholen und eingeordnet in die Notwendigkeiten des intensiven betrieblichen Arbeitsauflaufs, sahen sie sich selber, ebenso wie die Angestellten und Arbeiter, alle gemeinsam als „Arbeiter“[440]. Angelehnt an das aufgeklärt-absolutistische Selbstbekenntnis Friedrichs des Großen, er sei der erste Diener seines Staates, und an die fortlebende Dienstideologie des preußisch-deutschen Beamten, nahmen sie darüber hinaus, wie Emil Kirdorf es sah, „nichts anderes ein, als die Stelle des ersten Arbeiters in ihren Betrieben“[441]. Jeder „Arbeiter“ hatte im Sinne des möglichst schnellen industriellen Fortschritts seine volle Arbeitskraft einzusetzen. Schon zur Zeit des Direktionsprinzips hatte der Staat mit Strafen und anderen Mitteln die „Faulheit“ und den „Hang zu ungeregeltem Verhalten“ bei den Arbeitern bekämpft[442]. Diese Tendenz setzte sich ungebrochen fort. „Von jeder Person“, so legte es Alfred Krupp im Jahre 1872 schriftlich nieder, und Emil Kirdorf trat ihm hierin noch mehr als 30 Jahre später bei[443], „welche dem Verbande der Firma angehört, in welcher Stellung sie sich darin auch befinde, ist zu fordern, daß sie in Treue und Hingebung das Beste der Firma allzeit fördere und Nachteil von ihr abwende, ist insbesondere Ordnung, Pünktlichkeit und unausgesetzter Fleiß zu verlangen. Darum hat ein

---

[440] Dieses Selbstverständnis galt keineswegs nur für die Angestellten-Unternehmer. Vgl. etwa Freundt, S. 48.

[441] Verhandlungen, Mitteilungen und Berichte des CVDI (im folgenden: VMB), Nr. 107, 1907, S. 85.

[442] Vgl. Tenfelde, S. 89; auch die bergbehördliche Strafordnung von 1824, abgedruckt in: G. Adelmann, Hg., Quellensammlung, Bd. 1, S. 40 ff.

[443] Vgl. Schriften des Vereins für Socialpolitik, Bd. 116, 1906, S. 272/3.

Jeder sich ganz und ausschließlich seinem Berufe zu widmen, und wo das laufende Geschäft einmal seine Zeit und Kräfte nicht voll in Anspruch nimmt, diese in anderer Weise der Firma nutzbar zu machen"[444]. Und weiter: „Da jeder Angestellte [d. h. Beschäftigte] verpflichtet ist, seine ganze Kraft und geschäftliche Thätigkeit der Firma zu widmen, so verbietet sich schon dadurch jede — zumal auf Gelderwerb gerichtete oder für die Öffentlichkeit bestimmte — Nebenbeschäftigung, soweit sie nicht etwa auf gesetzlichem Zwange beruht"[445]. Derjenige, der dem ‚Verband' der im betrieblichen Produktionsprozeß Vereinigten angehörte, sollte diesem, und damit dem industriellen Prozeß, seine ungeteilte Arbeitskraft widmen und jede außerbetriebliche Beschäftigung und Ablenkung soweit irgend möglich meiden. Doch der Anspruch ging noch weiter, beinahe den Ehrenkodex der Knappschaft zur Zeit der staatlichen Direktion wiederholend. „Wie die Firma von Allen, die dem Verbande angehören, nicht blos Tüchtigkeit im Berufe und in der Ausübung ihrer Berufspflichten, sondern überdies verlangen muß, daß ein Jeder sich auch außerhalb seiner Berufstätigkeit nur von Ehre, Rechtsgefühl und Wahrhaftigkeit leiten lasse, und daß vorgekommene Fehler und Versäumnisse nicht verheimlicht, vielmehr sofort zur Kenntnis gebracht werden, um wo noch Abhilfe möglich, diese herbeizuführen, wie sie von Allen die Heilighaltung der Vertragstreue voraussetzt, so wird sie ihrerseits die ihr obliegende Pflicht der Vertragstreue nicht damit für erfüllt und erschöpft ansehen, daß sie die durch die Verträge übernommenen Rechtsverbindlichkeiten erfüllt, vielmehr wird sie, nach wie vor, bestrebt sein, treue Dienste und hervorragende Leistungen außergewöhnlich zu belohnen, und wird auch ihrerseits stets treu in Ehren halten, wer in aufrichtiger Hingebung ihr seine Kräfte gewidmet hat"[446]. Der Betrieb bzw. die Industrie insgesamt, so ging die Vorstellung, beschränkte sich nicht — anders als bei den stärker marktmäßig geregelten Beziehungen in Südwales — auf die jeweils vertraglich festgelegte Leistung und Gegenleistung, sondern erfaßte den Menschen in seiner Ganzheit und mit seinen ideellen und moralischen Werten im

[444] Weiter hatte es in Krupps persönlichem Entwurf hierzu geheißen: „Jeder frivole Zeitvertreib, alles, was nicht zur Verwaltung gehört, auch das Zeitungslesen, muß aus den Büros verbannt sein. Die Erholung und Zerstreuung gönne man sich in den Mußestunden zu Hause. Jeder hat in seinem Bereiche vollauf nützliche Beschäftigung ... Unbeschäftigte Menschen bis zu den Dienern und Laufburschen der Büros und Quartiers dürfen grundsätzlich nirgendwo geduldet werden. Es ist immer eine zeitausfüllende Beschäftigung zu finden und hätte sie auch keinen anderen Zweck und Nutzen als die Menschen von Torheiten und Unarten abzuhalten, wozu Untätigkeit führt." Vgl. General-Regulativ, S. 42.

[445] Vgl. ebenda, S. 43 (§ 9).

[446] Vgl. ebenda, S. 45/46 (§ 19). Vgl. hierzu auch das ähnliche, dreißig Jahre früher liegende Beispiel aus der Industrie des Saargebietes, welches zitiert wird bei: B. Muszynski, Wirtschaftliche Mitbestimmung zwischen Konflikt- und Harmoniekonzeptionen: Theoretische Voraussetzungen, geschichtliche Grundlagen und Hauptprobleme der Mitbestimmungsdiskussion der BRD, 1975, S. 51/2.

inner- wie im außerbetrieblichen Bereich. Dieser totalitäre Anspruch auf den Menschen erschien durch das „oberste Grundgesetz“[447]: die möglichst hohe, industrielle Produktion und Leistung, gerechtfertigt. Um die Leistungsfähigkeit zu erhalten und, wenn möglich, zu erhöhen, um gleichsam dem Menschen wie der Maschine die nötige Pflege zukommen zu lassen[448], gleichzeitig aber auch den einzelnen Beschäftigten an den Betrieb zu binden, wurden „Wohlfahrtseinrichtungen“ von den einzelnen Unternehmen geschaffen. Und um gleichsam alle Zweifel über die Zielsetzung dieser Maßnahmen auszuräumen, erklärte der Direktor der Gutehoffnungshütte, Dr. Woltmann, im Jahre 1913 kurz und bündig: „Die Wohlfahrtseinrichtungen haben selbstverständlich den Zweck, dem einzelnen Unternehmen zu nützen, ihm seßhafte, zufriedene Arbeiter zu verschaffen“[449].

Ebenso wie zum Ziele einer erhöhten Produktion und eines raschen wirtschaftlichen Fortschritts die Erwartungen an den im industriellen Produktionsprozeß Tätigen auf der einen, und die ‚Wohlfahrtsleistungen‘ der Unternehmen auf der anderen Seite — in Parallele zu denen des Staates — über den Arbeitsvertrag hinausgingen, so stellte der Lohn in den Augen der Unternehmer nicht ausschließlich die Bezahlung der Ware Arbeitskraft dar, deren Einsatz im Arbeitsvertrag festgelegt war. Vielmehr war die Politik der Unternehmen im Ruhrbergbau — in ihren eigenen Worten — daran orientiert, „im wohlverstandenen eigenen Interesse zur Erhaltung und Erziehung eines leistungsfähigen Arbeiterstammes auf auskömmliche Löhne Bedacht“ zu nehmen[450]. Ebenso wie die weiter oben diskutierten, unmittelbar wirtschaftlichen Bedingungen, so mußte auch diese Ausrichtung zum Bestreben einer längerfristigen Planbarkeit und damit einer möglichst weitgehenden Marktunabhängigkeit führen. Und tatsächlich — und diese Perspektive spielte bei ihren stärker marktorientierten Kollegen in Südwales anläßlich der Kartellierungsversuche offensichtlich kaum eine Rolle — wurde die kurz nach dem großen Arbeiterstreik von 1889 im Jahre 1893 zustandegekommene, „segensreiche Einrichtung“ des RWKS[451] von den Unternehmern

[447] So im Paragraphen 1 des General-Regulativs.

[448] Vgl. hierzu auch die Aussage Adelmanns, daß die Unternehmer die Arbeitnehmer „nur als willenlose Maschinen und Arbeitsinstrumente“ betrachteten. Adelmann, Die soziale Betriebsverfassung, S. 81.

[449] Vgl. A. Woltmann/W. Brügemann, Zur Frage der Arbeitsverhältnisse in der Großeisenindustrie, in: Stahl und Eisen 33, 1913, S. 845-860, S. 846. Zur betrieblichen Sozialpolitik der Unternehmer vgl. bes. Adelmann, S. 93-95, 177-183; R. Schwenger, Die betriebliche Sozialpolitik. Für die frühe Zeit bis etwa 1870 vgl. bes. L. Puppke, Sozialpolitik und soziale Anschauungen frühindustrieller Unternehmer in Rheinland-Westfalen, 1966, S. 58 ff.

[450] So Emil Kirdorf an den Bankier A.v. Hansemann im Jahre 1889 nach: F.A. Freundt, S. 59; vgl. auch die ähnlichen Aussagen Louis Baares, des Direktors des Bochumer Vereins, im Jahre 1874/75, zit. bei: D. Crew, Bochum, S. 42.

[451] So der Generaldirektor der Gewerkschaft Dorstfeld, F. Trippe, in: Methoden des gewerblichen Einigungswesens, 1907, S. 116.

nicht zuletzt unter diesem Blickwinkel betrachtet[452]. Diese langfristige Orientierung an der Leistungsfähigkeit der Arbeitskräfte bedeutete jedoch nicht, daß die Unternehmer zur Zahlung möglichst hoher Löhne gewillt gewesen wären. Vielmehr nutzten sie einerseits — wie wir oben sahen — die ihnen zur Verfügung stehenden Mittel zur Beeinflussung des Arbeitsmarktes, um die Löhne niedrig zu halten, bildeten doch gerade die Löhne auch langfristig einen bedeutenden Anteil der Produktionskosten[453]; andererseits befürchteten sie — ebenso wie die staatliche Bergbehörde[454] — von einem „zu hohen" Stand oder einer „zu raschen" Aufwärtsbewegung der Löhne eine sinkende Leistungsbereitschaft der Bergleute. Und so war es besonders in der Zeit vor 1890 das oftmals niedrige Niveau der Löhne, das, weil es — wie wir ebenfalls oben feststellen konnten[455] —, anders als in Südwales, das Schwanken der Löhne nicht im gleichen Ausmaß wie die Bewegung der Kohlenpreise zuließ, ohne unter das Existenzminimum zu führen, zusammen mit der Orientierung an der Leistungsfähigkeit zu einer längerfristigen Planung trieb. Hinzu kam, daß in dieser Weise zum einen die Konkurrenz unter den Zechen auf dem Arbeitsmarkt gemildert wurde, besonders aber, daß, und dies wird unten wieder aufzunehmen sein, jedes Engagement der Arbeitnehmer zum Zweck der Lohnerhöhung als ‚unnötig' und ‚überflüssig' erschien, da der Unternehmer, wie Alfred Krupp es 1872 in seinem Aufruf an die streikenden Arbeiter formulierte, „allmählich die Löhne, als Regel immer freiwillig, jeder Erinnerung zuvorkommend", erhöhte[456].

Im Dienste des industriellen Aufholprozesses des Landes, der nur durch die ‚angestrengte Arbeit' in den Betrieben zustande kommen konnte, betrachteten sich die Unternehmer als „erste Arbeiter". Aus dieser, „mit höherer Verantwortung belastet[en]" Stellung[457], ebenso wie aus ihrer Abhängigkeit und Weisungsgebundenheit an die Kapitalgeber, beanspruch-

---

[452] Vgl. Kirdorfs Bericht an Hansemann von 1889, nach Freundt, S. 57 f.; auch: Böhme, Emil Kirdorf, Überlegungen zu einer Unternehmerbiographie 2. Teil, in: Tradition 14, 1969, S. 21-48, S. 33.

[453] Für die Bewußtheit dieses Zusammenhangs vgl. z. B. VMB des CVDI, Nr. 90, 1901, S. 28.

[454] So etwa der preußische Handelsminister in seinem Reskript vom 28. März 1876 an die Oberbergämter, wiedergegeben in: L. Brentano, Über das Verhältnis von Arbeitslohn und Arbeitszeit zur Arbeitsleistung, 1876, S. 6 f.; auch: G. v. Schulze-Gävernitz, Der Großbetrieb, S. 21.

[455] Vgl. oben S. 40; auch: Freundt, S. 30, 55, 59.

[456] Zit. nach Freundt, S. 49. Die gleiche Argumentation wird noch deutlich in den Antwortschreiben der Bergbauunternehmer an die Gewerkschaften während des Ersten Weltkrieges, die Lohnerhöhungen forderten. Vgl. Vorstand des Verbandes der Bergarbeiter Deutschlands, Hg., Material zur Lage der Bergarbeiter während des Weltkrieges, Bochum (1919).

[457] So E. Kirdorf auf der Tagung des Vereins für Socialpolitik im Jahre 1905, in: Schriften des Vereins für Socialpolitik, Bd. 116, S. 272-293, S. 273.

ten sie — anders als in Südwales — den unbedingten Gehorsam ihrer Mit-„Arbeiter", ein Modell, dessen bürokratische Ausformung und dessen Rigidität sowohl auf das Vorbild des staatlichen Direktionsprinzips als auch auf den früh entwickelten Führungsbedarf der großen Unternehmen verweist[458]. „Wir haben genau so den Anweisungen Folge zu geben, die wir von den uns übergeordneten Organen bekommen, als wir verlangen, daß die Ordnungen, die von uns ausgehen, abwärts stufenweise befolgt werden. Damit ist eben die Ordnung und die Zucht und der Erfolg der Betriebe gesichert"[459]. Der Erfolg der Betriebe, die maximale Produktion und die fortschreitende Industrialisierung erschien langfristig nur gesichert, wenn die unbedingte Autorität des Unternehmers gewährleistet war. Schwer, sagte Emil Kirdorf im Jahre 1907 unter Zustimmung seiner Kollegen, „war der Kampf der deutschen Industrie, sich den berechtigten Platz auf dem Weltmarkt zu verschaffen... In einem, behaupte ich, war sie den fremden Industrien überlegen, das war in der Arbeiterschaft, in der vorzüglichen Ordnung und Zucht, die in den deutschen Betrieben herrschte... wenn auf dem Gebiete dieser Industrie wir stark an dem Grundsatz festgehalten haben, die Ordnung, den Herrenstandpunkt..., aufrecht zu erhalten, so sind wir überzeugt..., daß wir dabei das Rechte getan haben: unsere Pflicht erfüllt und unserem Gewissen gemäß gehandelt haben"[460]. Das industrielle Aufholen, so waren die Unternehmer des Ruhrgebietes offensichtlich überzeugt, war nur durch die Aufrechterhaltung des Herr-im-Hause-Standpunktes, der unbedingten Autorität möglich. Diese betriebliche Autorität sahen sie schon gefährdet, wenn einer kam, „nicht zu bitten, sondern zu fordern"[461]. Ihre Autorität bestand in der Kommandoautorität und nicht im ‚schwächlichen Kompromiß'[462], und nicht zufällig wurde diese oft genug mit dem „Maß an Kommandogewalt" verglichen, „das der höhere Offizier über den niederen Offizier, der Leutnant über seine Soldaten hat"[463]. Was sie erwarteten, war

[458] Ebensowenig — wie wir oben sahen — wie die Vorstellung vom „ersten Arbeiter", entgegen der Typologie H. Kaelbles, auf die „Syndikatsdirektoren" beschränkt blieb, sondern auch das Selbstbild zumindest mancher der Eigentümer-Unternehmer wiedergab, so wenig reicht offensichtlich ausschließlich die Größe der Unternehmen aus, die „bürokratische Ideologie" der Unternehmer, und zwar nicht nur — nach Kaelble — der Angestellten-Unternehmer zu erklären. Im Vergleich zum südwalisischen Bergbau, wo es — wie wir oben sahen — ab den 1890er Jahren ebenso große Unternehmen gab, stellt sich für den Ruhrbergbau offensichtlich die staatliche Tradition als entscheidende Vorgabe heraus. Zur These von der „bürokratischen Ideologie" der „Syndikatsdirektoren" vgl. H. Kaelble, Industrielle Interessenpolitik, S. 68 ff.; zum Widerspruch gegen seine These von der ideologiebedingten Gruppenbildung innerhalb des CVDI vgl. etwa D. Stegmann, Die Erben Bismarcks, S. 160 f.

[459] VMB des CVDI, Nr. 107, 1907, S. 85.

[460] Ebenda, S. 83/4.

[461] VMB, Nr. 115, 1909, S. 32.

[462] Vgl. VMB, Nr. 116, 1909, S. 13.

[463] VMB, Nr. 107, 1907, S. 88.

Gehorsam. Die Theorie des individuellen Arbeitsvertrages vorschiebend, lehnten sie kollektive Verhandlungen innerhalb und — wie wir im weiteren sehen werden — außerhalb des Betriebes ab, weil dies ihre Autorität herabsetzte[464], und individuelle Auseinandersetzungen, wenn es überhaupt dazu kam, wurden aufgrund der — wie wir schon oben sahen — Schüchternheit und Unbeholfenheit der Arbeiter, die „nichts weniger als unintelligent" seien[465], zur Farce. „Die Großindustriellen von heute sind ausnahmslos hochgebildete Männer", konstatierte Henry Axel Bueck, der Geschäftsführer des CVDI und „verehrter Freund" Kirdorfs[466], im Jahre 1908 mit Beruhigung. Bei den Arbeitern werde dies jedoch, „trotz allen Bildungsdranges und trotz aller Bildungsfähigkeit", „meistens nicht der Fall sein". Denn wenn sie sich dieses Wissen „hätten aneignen wollen oder aneignen können, dann hätten sie aufhören müssen, Arbeiter zu sein"[467]. Der Stolz auf das selbst Erreichte und die Bewußtheit der sublimeren Grundlagen und Techniken betrieblicher und überbetrieblicher Herrschaft, die auf der spezifischen betrieblichen und gesellschaftlichen Schichtung und Chancenverteilung basiert, traten hier in voller Schärfe zutage. Die Unternehmer sahen ihre Betriebe, auch wenn sie deren Grenzen immer weiter in das Privatleben der Arbeitnehmer hinausschoben, als gleichsam autonomen und von der Außenwelt abgetrennten Bereich an[468].

Alle ‚Einmischung' und ‚Eingriffe' von außen, wie etwa gewerkschaftliche Bestrebungen, die staatliche Einrichtung von Arbeiterausschüssen und Sicherheitsmännern sowie die Verschärfung der Gewerbe- und bergpolizeilichen Aufsicht, lehnte man als „Untergrabung von Respekt und Autorität"[469] und als Gefährdung der — in ihren Augen so wichtigen — ‚Ruhe'[470] im Betrieb ab. Die größte Gefährdung dieser zur Produktion notwendigen, betrieblichen Ruhe sahen sie im Streik. So sehr sie der hiermit jeweils verbundene Produktionsausfall traf, bedeutend mehr störte sie auch hier — anders als ihre Kollegen in Südwales — die Gefährdung des betrieblichen Autoritätsgefüges, denn, so berichtete Kirdorf dem Berliner Bankier Hansemann anläßlich des Streiks von 1889, „gegenüber dem erlittenen Verlust an Autorität der Zechenbeamten sind selbst die... erlittenen und zu befürchtenden Verluste an Geld ein Nichts, insofern diese letzteren früher oder

[464] Vgl. z. B. VMB, Nr. 87, 1900, S. 25-7; VMB, Nr. 108, 1908, S. 51 f.

[465] So F. Trippe, der Generaldirektor der Gewerkschaft Dorstfeld, im Jahre 1906, in: Methoden des gewerblichen Einigungswesens, S. 117.

[466] Vgl. Kirdorfs Aussage auf der Tagung des Vereins für Socialpolitik, in: Schriften 1906, S. 289.

[467] VMB, Nr. 108, 1908, S. 39, 43.

[468] Vergleiche hierzu auch: Zunkel, Der Rheinisch-Westfälische Unternehmer, S. 126 f.

[469] VMB, Nr. 114, 1909, S. 92, 97, 99.

[470] Zur Betonung dieses Ziels vgl. etwa die Aussage des Geschäftsführers des Bergbauvereins des Zechenverbandes, v. Loewenstein, in: VMB, Nr. 114, 1909, S. 99.

später einzuholen die Möglichkeit und Hoffnung sich bieten würde, während die durch die Verdächtigungen und Verleumdungen der Hetzpresse und Wühler sowohl als durch die urteilslose Stellungnahme des größten Teils der besseren Presse und der betörten öffentlichen Meinung vernichtete Autorität der Beamten für absehbare Zeit verloren und ein kranker Punkt in den Organismus unserer Industrie hineingetragen ist, unter dem dieselbe Jahrzehnte leiden und vielleicht dahinsiechen wird"[471]. Und, so meinte Hanns Jencke, der Direktoriumsvorsitzende der Firma Krupp: „Ein Industrieller kann Geld verlieren und dann wieder zurückgewinnen. Aber dasselbe gilt nicht für die Autorität"[472]. Weniger der kurzfristige finanzielle Schaden als die langfristige Gefährdung des Prinzips der Autorität, das in ihrem Verständnis eng mit der Möglichkeit des industriellen Fortschritts verknüpft war, waren für Kirdorf und seine Mitunternehmer entscheidend[473]. Und schon anläßlich des Streiks von 1872 lehnte Alfred Krupp gegenüber seinen Beschäftigten „jedes Eingehen auf ungerechte Anforderungen ab, werde wie bisher jedem gerechten Verlangen nachkommen, fordere daher alle diejenigen, welche damit sich nicht begnügen wollen, hiermit auf, je eher desto lieber zu kündigen, um meiner Kündigung zuvorzukommen und so in gesetzlicher Weise das Etablissement zu verlassen, um anderen Platz zu machen, mit der Versicherung, daß ich in meinem Hause wie auf meinem Boden Herr sein und bleiben will"[474].

Die Mittel zur Aufrechterhaltung dieser Art von Betriebsherrschaft waren vielfältig und mußten umso raffinierter werden, je größer der Druck von seiten der Arbeitnehmer wurde. Doch konnten wir schon bei den Arbeitern und Angestellten sehen, wie vielseitige Ursachen, vor allem auch diejenigen, die im Tempo der industriellen Entwicklung wie in der Organisation der Produktion begründet lagen, wie lange die von dieser Herrschaft Betroffenen vom Widerstand gegen diese Betriebsherrschaft abhielten. Neben den schon genannten Wohlfahrtseinrichtungen, dem Ausbildungsunterschied und der Verweigerung kollektiver Verhandlungen boten sich den Unternehmern als Instrumentarium die prinzipielle Lohnabhängigkeit und die Schwierigkeit des Berufswechsels, die leichte Möglichkeit der Maßregelung, die Einrichtung des ‚Ausstandsversicherungsverbandes' (1890) und des RWKS (1893), die Schaffung von Sperren, schwarzen Listen und eines

---

[471] Zit. nach Freundt, S. 60/1.

[472] A. Bein/H. Goldschmidt, Friedrich Hammacher: Lebensbild eines Parlamentariers und Wirtschaftsführers, 1824-1904, 1932, S. 104, hier zit. nach: E. G. Spencer, The Rulers, S. 63.

[473] Dies traf offensichtlich nicht nur für die Schwerindustrie des Ruhrgebietes zu. Denn auch z. B. der Elektrokonzern Siemens schritt im Jahre 1906 zur Entlassung von etwa 4.000 „roten Arbeitern", „namentlich Agitatoren". Vgl. Kocka, Unternehmensverwaltung, S. 359.

[474] Zit. nach Freundt, S. 49.

Netzes von alleinberechtigten Arbeitsvermittlungsstellen (1909)[475] und nicht zuletzt die sublimeren Mittel der bewußten Aufteilung und z. T. getrennten Behandlung zwischen und innerhalb der Gruppen von Arbeitern und Angestellten sowie des Auf- und Ausbaus und der Förderung der Ideologie der „Werksgemeinschaft", und — zur Propagierung dieser Ideologien — eine zunehmende Kontrolle über die Presse[476], aber auch die anhaltende Inanspruchnahme staatlicher Repressions- und Gewaltmittel. Allem voran jedoch war es die weitgehende und anhaltende Einigkeit der Unternehmer in sozial- und wirtschaftspolitischen Fragen, eine Einigkeit, welche das Resultat des hohen Grades an ideologischer und sozialer Homogenität — eine Folge, wie wir sahen, nicht zuletzt, wie die Ausprägung des Modells betrieblicher Herrschaft selbst, der raschen wirtschaftlichen Entwicklung und der fördernden Rolle des Staates — war, die das Konzept der Betriebsherrschaft der Unternehmer im Ruhrbergbau so lange Zeit und beinahe unverändert aufrecht erhielt.

5.1.3.6. Die kollektive Definition der eigenen Lage: Die Findung, Organisation und Artikulation der Interessen

Anders als ihren betrieblichen Untergebenen fiel den Unternehmern die Findung und Organisation ihrer überbetrieblichen Interessen relativ leicht. Dies lag nicht nur an ihrer eindeutigen Stellung in der Organisation der Produktion, sondern auch an ihrer kleineren Anzahl, besseren Ausbildung und relativ großen Homogenität. Auch die Aufnahme der, wenn auch zunächst wenig geachteten, Angestellten-Unternehmer besonders ab etwa 1880 in diese Gruppe scheint relativ reibungslos verlaufen zu sein, stieg doch ab dem gleichen Zeitpunkt die Zahl der Arbeiter und Angestellten rapide an, und konnten doch gerade die neuen ‚Spezialdirektoren' — vorangetrieben von dem stark empfundenen Prestigedefizit und Profilierungsdrang — wie in Südwales durch ihre Fachkenntnis und durch ihre tagtägliche Vertrautheit mit dem Betrieb zur Formulierung der unternehmerischen Interessen beitragen. Und seit den 1840er Jahren, also nur ca. 20 Jahre früher als die Angestellten, fanden die Unternehmer in den wachsenden Städten des Ruhrgebiets in geselligen Vereinen und Bürgergesellschaften zusammen[477].

[475] Statt „schwarzen Listen" und Sperrabkommen einen zentralen Arbeitgeber-Arbeitsnachweis einzurichten, hatte der preußische Innenminister und baldige Reichskanzler v. Bethmann Hollweg Hugo Stinnes in einem Gespräch Anfang 1909 empfohlen. Auf Stinnes' Vorschlag im Zechenverband wurde zwar für den Aufbau des Arbeitsnachweises entschieden, gleichzeitig jedoch — entgegen Sauls und Spencers Feststellung — die Sperrabkommen aufrechterhalten, ausgedehnt und infolge der nun ermöglichten größeren Kontrolle in ihren Auswirkungen verschärft. Vgl. Saul, Staat, S. 91; E.G. Spencer, Employer Response, S. 405; BgA: GBAG 860-05/1, 19.1.1911.

[476] Vgl. Guratzsch, Macht durch Organisation, und D. Stegmann, Die Erben Bismarcks, S. 166 ff.

In ihrer unmittelbaren Umgebung konnten die Unternehmer oder besser: die Unternehmen, anders als in Südwales, abgesichert durch das auch hier geltende Dreiklassenwahlrecht während der ganzen Phase bis 1914 weitgehend unbehindert ihre Interessen durchsetzen. Während nämlich bis in die 1880er Jahre die einzelnen Unternehmer ihr Engagement in den Selbstverwaltungskörperschaften der Orte und Regionen (Rheinland, Westfalen) als Pflicht des verantwortlichen Stadtbürgers betrachteten, entsandten die einzelnen Unternehmen ab den 1890er Jahren mehr und mehr einzelne, jeweils hierzu abgestellte Direktoren, die in den verschiedenen Körperschaften nicht mehr als Stadtbürger auftraten, sondern ausschließlich die spezifischen Interessen ihres Unternehmens zu vertreten hatten[478].

Auch die überlokale und überregionale Interessenfindung begann im Vergleich zu Angestellten und Arbeitern sehr früh. Schon 1831 in Duisburg und 1840 in Mühlheim und Essen wurden nach dem Vorbild der nahegelegenen und früherentwickelten Städte der Textilindustrie auf der linken Rheinseite Handelskammern gegründet[479]. Zwar konnten in diesen staatlich legitimierten Institutionen die spezifischen Interessen der Bergbauunternehmer keine genügende Berücksichtigung finden, doch ist typisch, daß gerade in den Städten, die durch den Handel per Schiff über die nahegelegenen Flußläufe von Ruhr und Rhein mit einem größeren Absatzmarkt verbunden waren, solche Interessenvertretungen zuerst Fuß faßten. Es waren nämlich gerade die hier ansässigen „unternehmende[n] Kaufleute" oder, in den Augen der staatlichen Bergbeamten: „Spekulanten", die schon ab den 1820er Jahren auf Betrieb, Haushalt und Absatz ihrer Zechen und die Abteufung neuer Gruben größeren Einfluß zu gewinnen versuchten und hierdurch — anders als in Südwales — mit der die Betriebe führenden, staatlichen Bergbehörde zusammenstießen[480]. Während die staatliche Bevormundung die kollektive Interessenfindung — wie wir oben sahen — zumindest bei den Arbeitern gehemmt hatte, hatte sie diese in dieser Weise bei den Unternehmern gefördert. Nachdem sich — neben den wohl eher absatzorientierten Zechenvereinigungen der 1820er Jahre[481] — schon 1834 mehrere Gewerkengruppen gebildet hatten, schlossen sich zwei Jahre später 43 der führenden Bergwerksbesitzer des Ruhrgebiets zusammen, begründeten Gewerkenvereine und wählten Bevollmächtigte, die bei den Behörden vorstellig wurden[482].

477 Vgl. Zunkel, Der Rhein.-Westf. Unternehmer, S. 80-82.

478 Vgl. ebenda, S. 149 ff.; H. Croon, Die wirtschaftlichen Führungsschichten des Ruhrgebietes, S. 153-155; ders., Die Einwirkung der Industrialisierung, S. 315 ff.; Adelmann, Führende Unternehmer, S. 351 f.; H. Jaeger, Unternehmer, S. 84-86; zu den Aktivitäten Kirdorfs vgl. etwa Freundt, S. 64.

479 Vgl. H. Croon, Die wirtschaftlichen Führungsschichten, S. 143.

480 Zunkel, Die Rolle, S. 135, 142.

481 Vgl. oben S. 92.

482 Zunkel, Die Rolle, S. 142; Tenfelde, S. 80-86.

Nach weiteren Organisationsversuchen, die auf eine Zentralisierung abzielten, und welche entscheidend durch die Bewegungen der Revolution von 1848 beschleunigt wurden, gründeten die Bergbau-Unternehmer an der Ruhr als einen der ersten industriellen Interessenverbände in Deutschland im Jahre 1858 den ‚Verein für die bergbaulichen Interessen im Oberbergamtsbezirk Dortmund'. Von dieser Zeit an bis weit in das 20. Jahrhundert bildete dieser Verein das eigentliche Sprachrohr der Ruhrbergbau-Unternehmen, repräsentierte er doch zu jeder Zeit und in zunehmender Weise die übergroße Mehrheit der vorhandenen Bergbau-Unternehmen.

Mitgliedsunternehmen des Bergbauvereins, ihre Belegschaft sowie ihr Anteil an der Gesamtbelegschaft des Ruhrbergbaus, 1858 - 1908[483]

Jahr	Mitglieder	Belegschaft	Anteil an der Gesamtbelegschaft (%)
1858	89	15 857	50,2
1864	139	25 500	67,3
1896	113	173 500	98,5
1903	93	254 396	99,4
1908	96	311 664	93,1

Zunächst und vor allem hatte der Bergbauverein die Aufgabe, die völlige Befreiung des Bergbaus von staatlicher Bevormundung durchzusetzen und ein Forum zu schaffen, auf dem die Unternehmer gemeinsame wirtschaftliche Probleme diskutieren und auf deren Abhilfe sinnen konnten. Obwohl bis zum Erlaß der Preußischen Gewerbeordnung von 1869 alle Vereinigungen verboten waren, die das freie Spiel der Kräfte auf dem Markt gefährden konnten, erkannten die staatlichen Behörden den Bergbauverein schon in den ersten Jahren seiner Existenz an und waren überdies „gern bereit", den Verein in den in Frage kommenden Fällen „vor der zu treffenden Entschließung gutachtlich zu hören"[484]. Nachdem das erste Ziel: die Abschaffung der staatlichen Direktion, erreicht war, konzentrierte der Verband seine Tätigkeit auf Fragen des Transport- und Absatzwesens, das Steuerwesen, den Erlaß neuer Berggesetze und Bergpolizeiverordnungen sowie auch auf die Entwicklung und Anwendung neuer Techniken im Bergbau usw. Gleichzeitig nahm er aber auch durch Eingaben, Gutachten und Denkschriften Stellung zu den staatlichen Gesetzesvorhaben auf dem Gebiet der Sozialpolitik,

483 Zusammengestellt und berechnet nach: Wirtschaftliche Entwicklung, Bd. 2, S. 60-65; Schunder, Tradition, S. 35; Jüngst, Festschrift, S. 190; Wiel, S. 130/1.

484 So der preuß. Handelsminister von der Heydt im Schreiben vom 24.12.1861, zit. in: Wirtschaftliche Entwicklung, Bd. 3, S. 55.

des Vereinsrechts etc. und führte zwischen den Mitgliedern Absprachen zur Behandlung der von ihnen beschäftigten Arbeiter und Angestellten herbei[485].

Erst das Anwachsen der gleichzeitig wahrzunehmenden Probleme und Interessen sowie parallele Entwicklungen in anderen Industriezweigen zwangen zu einer organisatorischen Trennung der bisher vereint wahrgenommenen Funktionen eines Wirtschaftsverbandes und eines Arbeitgeberverbandes. Die sich verschärfende Auseinandersetzung mit den Arbeitnehmern, besonders den Arbeitern und ihren Interessenverbänden, veranlaßte nach dem Streik von 1889 die Gründung eines „Ausstandsversicherungsverbandes" im Jahre 1890 und — nach dem Streik von 1905 — die Einrichtung des ‚Zechenverbandes' im Jahre 1908[486]. Obwohl die Schaffung des Zechenverbandes die endgültige Ausgliederung von Arbeitgeberinteressen aus dem Bergbauverein bedeutete — eine seiner Hauptaufgaben war die Einrichtung und Überwachung des Unternehmerarbeitsnachweises — blieb der Zechenverband in seiner Leitung organisatorisch und personell eng mit dem Bergbauverein verbunden.

Hatte gerade die Hauptzielrichtung der Unternehmerinteressen des Ruhrbergbaus auf den Staat eine zentralistische Interessenorganisation innerhalb des Ruhrgebietes bewirkt, so spielte die regionale Aufteilung — bei großem Wachstum des Umfanges der Unternehmen, jedoch der anhaltenden Verringerung ihrer Anzahl — erst eine Rolle, als diese Zielrichtung ihr Gewicht mit anderen Problembereichen zu teilen hatte. Dies war — wie in Südwales zwei bis drei Jahrzehnte früher — die sich entfaltende Arbeiterbewegung nach dem Streik von 1889. Für den im Jahre darauf gegründeten ‚Ausstandsversicherungsverband' wurde das Ruhrgebiet — nach der alten staatlichen Reviereinteilung — in zunächst sieben, dann acht Bezirke aufgeteilt, deren zugehörige Werke gemeinsame Ausschüsse zu bilden hatten. Diese aus den Vertretern der einzelnen Unternehmen gebildeten Ausschüsse, in denen die Anzahl der Stimmen nach der Jahresförderung der jeweiligen Schachtanlage (je 50.000 t eine Stimme) festgelegt war, hatten insbesondere über die „delikate Frage" zu entscheiden, ob der jeweils von einem Werk gegenüber einem Streik geleistete Widerstand gerechtfertigt und damit entschädigungsberechtigt war[487].

Doch wurden mit der Zeit diese „Bezirksausschüsse zum Mutterboden für eine über die eigentlichen Verbandssatzungen weit hinausgehende Solida-

---

[485] Vgl. hierzu insgesamt: E. Jüngst, Festschrift zur Feier des 50-jährigen Bestehens des Vereins für die bergbaulichen Interessen im Oberbergamtsbezirk Dortmund, 1858-1908, 1908; auch: Wirtschaftliche Entwicklung, Bd. 3, S. 40-73; Schunder, Tradition, S. 32 ff.; M. Erdmann, Die verfassungspolitische Funktion der Wirtschaftsverbände in Deutschland 1815-1871, 1968, S. 214-235.

[486] P. Osthold, Die Geschichte des Zechenverbandes 1908-1933, S. 23 ff.

[487] P. Osthold, S. 28 f.

rität und Zusammenarbeit". Da „die Sorgen des einen Betriebes auch die Sorgen des anderen Betriebes waren, weil bei ihrer nachbarlichen Lagerung größere regionale Unterschiede in den Lebens- und Arbeitsbedingungen nicht vorhanden waren", ergab es sich, „daß die Zechenleiter die in den Bezirksausschüssen veranstalteten Zusammenkünfte gerne dazu benutzten, um auch andere Fragen, die die Interessen ihrer Betriebe berührten, zu erörtern"[488]. Als der Bergbauverein nun unmittelbar nach dem Streik von 1905 daranging, einen separaten Arbeitgeberverband zu planen, stellte sein Geschäftsführer, v. Loewenstein, fest, „daß in den Bezirksausschüssen verschiedene Herren säßen, die Zechen verträten, welche überhaupt nicht zum Ausstands-Versicherungs-Verband gehörten", und daß sich daher in dieser Weise „die Grenze zwischen dem Ausstands-Versicherungs-Verband und dem Bergbau-Verein fast vollständig verwischt habe". Vielmehr seien die Bezirksausschüsse „geradezu zu einem Organ des Bergbau-Vereins herausgebildet" worden[489]. Es lag nahe, diese Bezirksausschüsse als Basisorganisation des neuen Zechenverbandes zu übernehmen. So bestanden im Jahre 1917 folgende Bezirke[490]:

I. Bezirk Dortmund	mit 52 Schachtanlagen,
II. Bezirk Witten	mit 22 Schachtanlagen,
III. Bezirk Bochum	mit 36 Schachtanlagen,
IV. Bezirk Gelsenkirchen	mit 17 Schachtanlagen,
V. Bezirk Essen	mit 34 Schachtanlagen,
VI. Bezirk Oberhausen	mit 34 Schachtanlagen,
VII. Bezirk Altendorf-Werden-Hattingen	mit 13 Schachtanlagen,
VIII. Bezirk Recklinghausen	mit 33 Schachtanlagen.

Anders als bei den Angestellten, aber parallel zur Entwicklung bei den Arbeitergewerkschaften, hatten die zusätzlichen Probleme einerseits und die erhöhten Steuerungs- und Kontrollbedürfnisse der zentralen Interessenorganisationen andererseits zur Einrichtung dezentraler Strukturen, mithin zu einer verstärkten inneren Bürokratisierung geführt. Während diese jedoch bei den Arbeitern durch den Entfremdungseffekt der neuen Funktionäre, die neuen Kontrollmechanismen und die befürchtete zunehmende Mittelbarkeit der Organisation — wie wir sahen — auf Widerstand stieß, konnte sie bei den Unternehmern, war sie doch hier durch ein spontanes Bedürfnis von seiten der Mitglieder zustande gekommen, eher zu einer breiteren Meinungsbildung und ihrer Erfassung beitragen.

Gleichsam nach außen besaß der Bergbauverein aufgrund seiner wirtschaftlichen und gesellschaftlichen Bedeutung — und als Verstärker seiner eigenen Bestrebungen — entscheidenden Einfluß auf den nächstfolgenden

488 Ebenda, S. 29.

489 Ebenda, S. 29/30.

490 Nach: Satzungen für den Zechenverband, Essen 1917, Anlage II, in: Firmenarchiv Mannesmann, P2, 25/62/1.

Stufen der industriellen Interessenintegration: dem 1871 gegründeten ‚Verein zur Wahrung der gemeinsamen wirtschaftlichen Interessen in Rheinland und Westfalen‘[491] und dem fünf Jahre später — eigentlich zur Durchsetzung der Schutzzollgesetzgebung — geschaffenen ‚Centralverband Deutscher Industrieller‘[492] und mit seinen Arbeitgeberinteressen (ab 1908 Zechenverband) der ‚Hauptstelle‘ (1904) und ab 1913 der ‚Vereinigung der Deutschen Arbeitgeberverbände‘[493].

Trotz der Tendenz zur Arbeitsteilung, die das bis zum Weltkrieg sich vervollkommnende Netz unternehmerischer Interessenwahrnehmung symbolisiert, wurden die sozialpolitischen und allgemeinpolitischen Ziele, welche die Arbeiterschaft betrafen, mit weitgehend gleichem Inhalt in allen Verbänden vertreten und verfolgt. In Großbritannien dagegen brachte — wie wir sehen werden — die Verschiedenheit und unterschiedliche Gewichtigkeit der Ziele und der Gesprächspartner auch eine unterschiedliche Struktur und Aufgabenteilung der Verbände mit sich.

Die überbetriebliche Interessendefinition und die dahinterliegende Ideologiebildung der Unternehmer im Ruhrbergbau, deren im vorhergehenden beleuchtete Organisationsformen zugleich Organ ihrer Vertretung und Vehikel ihrer Durchsetzung waren, bildeten die beinahe konsequente Fortsetzung ihrer innerbetrieblichen Interessen und Anschauungen, ja, in den Köpfen nicht weniger Unternehmer verbanden sich beide Bereiche zu einer untrennbaren und kaum mehr unterscheidbaren Einheit[494]. Wesentliche Orientierungspunkte ihrer Interessen- und Ideologiebildung waren hierbei

[491] J. Winschuh, Der Verein mit dem langen Namen. Geschichte eines Wirtschaftsverbandes, 1932.

[492] Die Höhe ihrer Verbandsbeiträge verschaffte den schwerindustriellen Unternehmern an der Ruhr im CVDI ein zusätzliches Gewicht. So zahlten das RWKS und der Stahlwerksverband etwa im Jahre 1907 einen Beitrag von je 10.000 M, während der in der Beitragsliste des CVDI nächstfolgende Verband, das Kalisyndikat, nur 1.500 M beitrug. Vgl. H. Kaelble, Industrielle Interessenpolitik in der Wilhelminischen Gesellschaft. Centralverband Deutscher Industrieller, 1895-1914, 1967, S. 69. Allgemein zum CVDI vgl. H. A. Bueck, Der Centralverband Deutscher Industrieller, 3 Bde, 1901 ff.; H. Kaelble, Industrielle Interessenpolitik. Dem Centralverband auf nationaler Ebene gegenüber stand der deutlich einflußlosere ‚Bund der Industriellen‘, der in sich die Unternehmer meist der mittelständischen und verarbeitenden Industrie vereinigte. Vgl. hierzu: H.-P. Ullmann, Der Bund der Industriellen. Organisation, Einfluß und Politik klein- und mittelbetrieblicher Industrieller im Deutschen Kaiserreich 1895-1914, 1976.

[493] F. Tänzler, Die deutschen Arbeitgeberverbände 1904-1929, 1929; G. Kessler, Die Deutschen Arbeitgeberverbände, 1907; R. Leckebusch, Entstehung und Wandlungen der Zielsetzungen, der Struktur und der Wirkungen von Arbeitgeberverbänden, 1966. Durch die regionale und geschäftliche Nähe waren die Bergbauunternehmer verbunden mit den Verbänden der Eisen- und Stahlindustriellen an der Ruhr, so der ‚Nordwestlichen Gruppe des Vereins Deutscher Eisen- und Stahlindustrieller‘ und dessen Arbeitgeberverband. Vgl. E. Poensgen, 25 Jahre Arbeitnordwest 1904-1929, 1929.

[494] Vgl. etwa: H. Böhme, Emil Kirdorf, 1. Teil, S. 284-286.

— wie im innerbetrieblichen Bereich — die frühe Arbeits- *und* Kapitalintensität ihrer Betriebe, das frühe Modell staatlicher Betriebsführung, die fortgesetzte Hilfe des Staates durch die anhaltende Repression der Arbeitnehmer, die relative industrielle Rückständigkeit des Landes sowie die sich aus allem zusammen ergebende und durch sie ermöglichte langfristige Orientierung der Unternehmer.

Im wirtschaftlichen Bereich hatten sie durch die Schaffung des RWKS und der vorhergehenden Organisationen — anders als ihre Kollegen in Südwales — eine Ausschaltung der Konkurrenz untereinander und eine weitgehende Monopolisierung ihres Absatzmarktes erreicht, Ergebnisse, die Voraussetzung sowohl zur Aufbesserung und Ausgleichung der finanziellen Lage der Unternehmen als auch der Pazifierung und Einschüchterung der Interessen der Arbeitnehmer, ihrer Vertretung und Durchsetzung waren. Trotz des teilweisen Widerstandes der öffentlichen Meinung und der mit den konjunkturellen Tälern wiederkehrenden, teils scharfen Kritik besonders von seiten der verarbeitenden (Nicht-Schwer-) Industrie[495] konnte das Syndikat infolge der ebenfalls eher längerfristigen Orientierung eines großen Teils der übrigen Industrie, die offensichtlich eher an stabilen und im voraus berechenbaren Rohstoffpreisen als an kurzfristigen Konjunkturgewinnen interessiert war[496], und der — wie weiter unten gezeigt werden wird — zunehmend positiven Haltung des Staates geschaffen und beibehalten werden, und zwar über ein Maß hinaus, das die diesen Prozeß initiierenden Banken ursprünglich für möglich und — dann auch — für wünschbar gehalten hatten[497]. Neben diesen marktorientierten Faktoren boten die Kartellierung — wie weiter oben ausgeführt — die Möglichkeit zu einer größeren Planbarkeit, Maschinisierung und insgesamt Intensivierung des Betriebs.

Der — im deutlichen Unterschied zu den Unternehmern in Südwales — einzige Zielpunkt der Bergbauindustriellen des Ruhrgebietes und ihrer Interessenverbände war und blieb — wie im weiteren deutlich werden wird —, wie bei den Arbeitern, der Staat. Die kollektive Interessenwahrnehmung, die für die Unternehmer selbst seit frühester Zeit, wie wir oben sahen, selbstverständlich war, lehnten sie auf seiten der Arbeitnehmer, besonders der Arbeiter ab[498]. Seit dem ungebrochenen Übergang der betrieblichen Autorität vom

[495] Vgl. etwa D. Stegmann, Die Erben, S. 148 (für Stresemann).

[496] Vgl. hierzu etwa die typische Äußerung des Elektroindustriellen Körting aus Hannover, in: VMB des CVDI, Nr. 81, 1901, S. 30-2, 251-7; auch: Generaldirektor Trippe, in: Methoden des gewerblichen Einigungswesens, S. 116.

[497] H. Böhme, Emil Kirdorf, 2. Teil, S. 22/3. Auch der Inhaber der Disconto-Gesellschaft, Emil Russell, z. B. war in den 1880er Jahren davon überzeugt, daß eine solche Organisation den Widerstand der Regierung, der Konsumenten und auch der öffentlichen Meinung herausfordern würde. Vgl. ebenda.

[498] Interessant für die Haltung der gesamten deutschen Industrie und die Stellung der Schwerindustrie in ihr ist, daß im Jahre 1908 von 46 zentralen Arbeitgeberfachverbänden

Staat auf die Unternehmer blieben die Arbeitnehmer in ihren Augen nicht nur die Maschine, die man ölt, damit sie läuft, oder konkreter: die menschlichen Wesen, die durch den Betrieb unterhalten werden und dafür dienstliche Anweisungen auszuführen haben, sondern Menschen, die darüber hinaus auch im überbetrieblichen Bereich Unterwürfigkeit an den Tag zu legen hatten. Da aber — wie wir schon oben sahen — die „Erhaltung und Erziehung eines leistungsfähigen Arbeiterstammes" die Sorge des Unternehmers sein mußte, oder in William Thomas Mulvanys, des zugewanderten Iren, der sich früh an der Gründung und Leitung von Bergbauunternehmen aktiv beteiligte und in den Augen seiner Mitunternehmer „wirklich einer von uns" geworden war[499], Worten anläßlich des Streiks von 1872, „weil die wahren Interessen des Arbeitgebers identisch sind mit denen des Arbeitnehmers, wie die eines Hausvaters und seiner Familie"[500], war jede eigenständige Interessenvertretung des Arbeitnehmers überflüssig. Genau dieses Gefühl, das in seiner familiären Ausdeutung eher an die persönlicheren Verhältnisse der Zeit des Direktionsprinzips erinnerte, aber auch das Selbstverständnis des Bergmanns selbst in seiner — wie wir oben sahen — meist zahlreichen und auf seine Fürsorge und Verantwortung angewiesenen Familie mobilisieren sollte[500a], versuchten die Unternehmer ihren Beschäftigten zu suggerieren. Obwohl die Arbeitgeber nach ihren eigenen Aussagen die Kontrolle über die Betriebe nur noch durch ein „große[s] Zahlen- und Schreibwerk"[501] ausüben und die Haltung der Arbeiter nur noch mit Hilfe des Herumfragens durch die Angestellten ergründen konnten[502], behielten sie dieses Prinzip bei und lehnten jede eigenständige kollektive Interessenwahrnehmung der Arbeitnehmer ab. Weder die Tatsache, daß in einigen Betrieben die Arbeiter bis zum leitenden Direktor vorgelassen wurden, um etwaige Klagen vorzubringen[503], noch die Einrichtung der gesetzlich festgelegten Arbeiterausschüsse im Jahre 1905, die allenfalls die Abstellung kleinerer, von der Unternehmensleitung nicht übersehbarer Mißstände bewirkten konnten, änderte hieran viel. Schon der Streik der Bergarbeiter vom Mai 1872, der den Unternehmern zum ersten Mal zeigte, daß das Arbeitsverhältnis ihrer Arbei-

mehr als 30 die Verhandlungen mit den Koalitionen der Arbeiter nicht grundsätzlich ablehnten. Vgl. W. Kulemann, Die Berufsvereine, Bd. I/3, S. 83 ff., nach R. Leckebusch, S. 130.

[499] Vgl. W. Däbritz, Entstehung und Aufbau des rheinisch-westfälischen Industriebezirks. Beiträge zur Geschichte der Technik und Industrie, 1925, S. 47.

[500] Zit. nach Freundt, S. 51.

[500a] Vgl. W. Beumer, Deutsche und englische Bergarbeiter-Verhältnisse, in: Der Bergbau 3, 1889/90, Nr. 52, S. 2-7, S. 5.

[501] Vgl. oben S. 230.

[502] So Generaldirektor Trippe, in: Methoden, S. 112.

[503] Vgl. Gewerkverein christlicher Bergarbeiter, Geschäftsbericht 1908/08, 1909, S. 158 (für die Gutehoffnungshütte), und Trippe, in: Methoden, S. 110 (für die Gewerkschaft Dorstfeld).

ter „nicht ein untergeordnetes, nachrangiges Problem bei wirtschaftlichen Operationen" war[504], sollte durch die demonstrative Passivität der Unternehmer und dadurch, daß er, wie Emil Krabler vom Kölner Bergwerksverein es ausdrückte, „so zu sagen naturgemäß verliefe", ohne aktuellen Erfolg bleiben und damit ebenso die Möglichkeit wie die Wünschbarkeit einer baldigen Wiederholung ausschließen. Im übrigen sei, so stellte der Bergbauverein weiter fest, der gegenwärtige Streik „der bedauernswerte Ausdruck unklarer Anschauungen über die wirtschaftlichen Verhältnisse, welche auf den Lohn des Arbeiters einwirken, und jahrelanger Gemüt und Geist verhetzender Einflüsse, welche auf eine gründliche Unzufriedenheit mit der gesamten Entwicklung unserer vaterländischen Zustände in den Arbeiterkreisen hinzielen und die Erregung des Klassenkampfes als ein geeignetes Mittel zur Erreichung dieses Zieles in Anwendung bringen"[505]. Da die Arbeiter nach Meinung der Unternehmer aufgrund ihrer Fürsorge ja keinen Anlaß zur Unzufriedenheit hatten, konnte die tatsächliche Bewegung der Bergarbeiter nur das Resultat ihrer Unwissenheit und einer gezielten und umfangreichen „Verhetzung" von außen sein[506].

Dieser schon zu relativ früher Zeit eingeübte Argumentationsgang lag allen unternehmerischen Aktionen und Reaktionen, die die Arbeitnehmer und deren Interessenartikulation betrafen, während der nächsten vier Jahrzehnte zugrunde[507]. Die Arbeitergewerkschaften, deren Entstehung und allmähliche Ausbreitung nach der Ablösung Bismarcks im Jahre 1890, dessen Industrialisierungs- und z. T. Herrschaftskonzept auf der einseitigen Förderung von wirtschaftlichen und Unternehmerinteressen sowie auf der entschiedenen Repression der Arbeiterschaft beruhte[508], nicht mehr aufzuhalten war, hatten sich in den Augen der Unternehmer zwischen Arbeiter und

---

[504] K. Hartmann, Der Weg zur gewerkschaftlichen Organisation, 1977, S. 41.

[505] Protokoll der Generalversammlung des Bergbauvereins 1872, zit. nach: Hartmann, S. 42 f. W.T. Mulvany nahm den Streik von 1872 zum Anlaß, um „einige freundliche Worte an Arbeitgeber und Arbeiter" zu richten. In bezeichnender Weise die industrielle Rückständigkeit Deutschlands reflektierend, führte er aus, daß der Streik nicht nach Deutschland passe anders „als in den Gegenden, wo dieses Prinzip der Streiks aufkam, welches jetzt unglücklicherweise herübergeholt werden zu sollen scheint, vielleicht nur, um die Entwicklung Deutschlands in schlauer Weise zu beeinträchtigen". Zit. nach: Freundt, S. 51/2; vgl. ebenso W. Beumer, Deutsche und englische Bergarbeiter-Verhältnisse, S. 5-7.

[506] Dieser immerfort geäußerte Verdacht der Unternehmer (vgl. auch Böhme, Emil Kirdorf, 2. Teil, S. 32 ff.; Trippe, S. 112) wurde genährt sowohl durch den mangelnden Kontakt zwischen Arbeiterschaft und Unternehmensleitung als auch durch die Furcht der Bergarbeiter vor Verhinderungsmaßnahmen der Unternehmer und eignete sich zugleich als Instrument zur Trennung zwischen den Arbeitern und ihren Organisationen.

[507] E.G. Spencer nimmt dagegen fälschlicherweise an, daß dieses Verhalten Resultat der wirtschaftlichen Konsequenzen der ‚Großen Depression' war. Vgl. E.G. Spencer, Employer Response, S. 401.

[508] Vgl. hierzu etwa: H.-U. Wehler, Bismarck und der Imperialismus, 1969.

Arbeitgeber geschoben und die alte „Solidarität der Interessen" zerstört[509]. Die Organisationen der Arbeiter hätten sich deren Interessenvertretung „angemaßt" und wiesen das „verwerfliche Streben"[510] auf, „täglich nach ihrem Willen die friedliche produktive Arbeit zu stören, auf der das Gedeihen des Staates, der Gesellschaft und unseres ganzen Wirtschaftslebens beruht"[511]. Die Gewerkschaften sowie SPD und Zentrum betrieben, so ging die Meinung der Unternehmer, ebenso eine „planmäßige Untergrabung von Respekt und Autorität gegenüber Behörden, Werksverwaltungen und Beamten" und gefährdeten somit das Fortschreiten und die Existenz des wirtschaftlichen und politischen Systems[512].

Die Überbrückung dieses Gegensatzes zwischen Arbeitgebern und Arbeitnehmern, der prinzipiell — wie sie selbst sahen[513] — in der Verteilung des Produktionsergebnisses begründet liege, hielten sie — anders als ihre Kollegen, aber auch die Arbeiterführer in Südwales — nicht für möglich und lehnten sie deshalb ab. Damit waren sie in bemerkenswerter Übereinstimmung mit den Führern zumindest der freien Gewerkschaften; und die Haltung der freien Gewerkschaften konnte die Unternehmer in ihrer Meinung und ihrem Verhalten nicht unwesentlich stärken und insgesamt deren Position erleichtern[514]. Sagte doch noch im Jahre 1909 Carl Legien über diesen prinzipiellen Gegensatz im Reichstag: „Ausgeglichen und beseitigt kann er nur werden, wenn Arbeit und Kapital vereinigt werden, wenn die Arbeiter auch Besitzer der Produktionsmittel sind. Deshalb ist ihr Bestreben, den Ausgleich zwischen Unternehmer- und Arbeiterinteressen herbeizuführen, utopisch"[515]. Obwohl der Staat den Unternehmern zugestand, „daß der Unternehmer im berechtigten Stolz auf das, was unsere Industrie geleistet hat, in dem berechtigten Bewußtsein seiner Intelligenz und dem Bewußtsein, das Beste des Vaterlandes zu wollen, auch mehr für sich verlangt"[516], lehnten diese die Vermittlungsversuche des Staates und die hierzu geschaffenen Institutionen wie Arbeiterausschüsse, Arbeits- bzw. Arbeiterkammern, Einigungsämter usw. als eine „Expropriation der natürlichen Befugnisse des

---

509 Vgl. VMB des CVDI, Nr. 108, 1908, S. 41 f.; auch: F. Tänzler, Englische Arbeitsverhältnisse, 1912, S. 44.

510 Ebenda, S. 45, 47.

511 VMB, Nr. 91, 1901, S. 27.

512 So der Geschäftsführer des Bergbauvereins v. Loewenstein, in: VMB, Nr. 114, 1909, S. 92, 97.

513 Vgl. VMB, Nr. 108, 1908, S. 40 ff.; auch: H.A. Bueck, Arbeitseinstellungen und die Fortbildung des Arbeitsvertrags, in: Schriften des Vereins f. Socialpolitik 47, 1890, S. 131-155, S. 134 f., 153.

514 Vgl. hierzu auch W. Zimmermann, in: Methoden des gewerblichen Einigungswesens, S. 23 ff.

515 Hier zit. nach: VMB, Nr. 114, 1909, S. 57.

516 So der preußische Minister des Inneren, Delbrück, auf der Jahrestagung des CVDI im Jahre 1907, nach: VMB, Nr. 107, 1907, S. 87.

Fabrikunternehmers"[517] und, um nicht ihre „Pflicht gegen das Vaterland [zu] verletzen..., als seiner Majestät Regierung allergetreueste Opposition" ab[518]. Und obwohl, wie Thomas Mulvany es anläßlich des Streiks von 1872 ausgedrückt und Emil Kirdorf es sich mit eigener Hand abgeschrieben hatte[519], nach Ansicht der Unternehmer „alle Männer deutscher Nation, mit wenigen Ausnahmen, vom Reichskanzler bis zum Hirten, zu den Arbeitern" gehörten, und jeder „ehrenwert" sei, „der die ihm [durch die „Teilung der Arbeit"] angewiesene Stellung redlich wahrnimmt"[520], war für sie die Gleichberechtigung von Arbeitgebern und Arbeitnehmern „auf wirtschaftlichem und socialem Gebiete . . . ein Unding . . . [und] ein Unsinn"[521], und ihre Behauptung „ebenso unangebracht wie lächerlich"[522].

Obwohl von manchen ihrer Kollegen im CVDI die z. T. bestehende „Intelligenz und Gewandtheit"[523] der Gewerkschaftsbeamten anerkannt und ausgesprochen wurde, daß es dort z. T. auch „recht tüchtige und vernünftige Leute, auch Führer der sozialdemokratischen Organisationen, mit denen sich ganz ruhig und verständig reden läßt"[524], gebe, lehnten die Unternehmer des Ruhrbergbaus alle Verhandlungen mit den — wie Kirdorf sie nannte[525] — „angeblichen Vertretern der Arbeiter" ab. Nicht nur, so ging die Meinung der Unternehmer an der Ruhr, hätten die Gewerkschaften die Bergleute nicht unter Kontrolle und könnten solche Verhandlungen die Autorität der Unternehmer gefährden, sondern vor allem auch sei durch Abmachungen mit den Gewerkschaften keine dauerhafte ‚Ruhe' im Betrieb zu erreichen; trotzdem seien aber in einem solchen Falle die Gewerkschaften infolge einer möglichen Anerkennung durch die Unternehmer entscheidend gestärkt worden[526]. Auch nach den Erfahrungen des Bergarbeiterstreiks von 1905 glaubte Emil Kirdorf, das Verhandeln ablehnen zu müssen, und konnte sich nach seinen „Erfahrungen nicht das Geringste in der Richtung versprechen..., daß es dadurch... zu befriedigenden Kompromissen, zu einer gewissen Ruhe für einige Zeit kommen würde. Ich bin im Gegenteil der Ansicht, daß der Kampf

[517] VMB, Nr. 122, 1911, S. 18.

[518] VMB, Nr. 118, 1910, S. 100.

[519] Vgl. Böhme, Emil Kirdorf, 1. Teil, S. 285.

[520] Nach Freundt, S. 48.

[521] So in: VMB, Nr. 91, 1901, S. 28.

[522] VMB, Nr. 114, 1909, S. 69. Ähnlich bereits im Jahre 1890 H.A. Bueck, Arbeitseinstellungen, S. 134 f., 152 f., und W. Beumer, S. 4.

[523] VMB, Nr. 118, 1910, S. 91; auch Nr. 115, 1909, S. 34 f.

[524] So der Sekretär des Arbeitgeberverbandes für Osnabrück, Stumpf, in: VMB, Nr. 108, 1908, S. 57.

[525] So Kirdorf im Jahre 1905 in einem Brief an seinen Bruder Adolph, in: Bg A 55, GBAG Nr. 217-05, zit. nach: Böhme, 1. Teil, S. 30; vgl. auch Beumer, S. 5.

[526] Vgl. VMB, Nr. 108, 1908, S. 51, f.; Nr. 114, 1909, S. 82, 99; Kirdorf in: Schriften des Vereins für Socialpolitik 1906, S. 288-90.

dann ein viel schärferer werden wird; denn ... der Zweck der Arbeiterorganisation ist nach meiner festen Überzeugung — und das ist auch nach den eigenen Äußerungen der Organisationen bewiesen [!] — der Kampf um die Herrschaft bezw. die Vernichtung des ganzen wirtschaftlichen Blühens unserer Industrie"[527].

Aus den gleichen Gründen, aber auch aufgrund der behaupteten Unmöglichkeit der Festlegung eines Mindestlohns und, als dieser im britischen Bergbau eingeführt wurde, aufgrund der unregelmäßigeren tektonischen Verhältnisse wurde der Abschluß von Tarifverträgen abgelehnt[528]. Die Taktik der Unternehmer war eindeutig: Die Gewerkschaften sollten — wie ironischerweise zeitweilig auch in Südwales — als durchaus überflüssig oder, eher noch, als schädlich angesehen werden, sie sollten, wo nur möglich, geschwächt und geschädigt und in ihrem Bestand gefährdet werden[529]. Aus dieser Sicht machten die Unternehmer an der Ruhr nach dem Streik von 1905 der Regierung den Vorwurf, sie habe durch ihre Gesetzgebung, die einen nicht geringen Erfolg der Arbeiterverbände bedeutete, die Gewerkschaften vor ihrer größten Niederlage bewahrt[530]. Wenn hierzu auch in Form von Streiks und Entlassungen kurzfristige Opfer notwendig waren, so ging es den Unternehmern im Ruhrbergbau — anders als in Südwales — um die langfristige Aufrechterhaltung ihrer unbedingten Betriebsherrschaft, die — wie auf dem Absatzmarkt — keine Abhängigkeit duldete. Kurzsichtigkeit und — wie Alfred Hugenberg, ab 1909 Vorsitzender des Direktoriums der Firma Krupp und ab 1912 Vorsitzender des Bergbauvereins, es später nannte[531] — „kapitalistische Augenblickspolitik" waren den Unternehmern des Ruhrbergbaus auch auf diesem Gebiet fremd. Die Kombination von Kapital- und Arbeitsintensität ihrer Betriebe sowie die weitgehende Kontrolle über den Absatzmarkt ließen eine langfristige Einsparung von Lohnkosten auch bei — nicht zu großen — Arbeitsunterbrechungen immer noch gewinnbringender erscheinen als die — wie die Ruhrunternehmer es in anderen Gewerben festzustellen glaubten — langfristig lohntreibende Tendenz von Tarifverträgen[532]. Die umfassende Betriebsherrschaft, die Erhal-

[527] Kirdorf, in: ebenda, S. 289.

[528] So der Tenor der zahlreichen Beiträge über das Tarifwesen in der Verbandszeitschrift ‚Glückauf' in den Jahrgängen 43-45, 1907-1909; vgl. auch die Beiträge von F. Trippe und E. Jüngst, in: Methoden des gewerblichen Einigungswesens, S. 112 ff., 183 ff.

[529] Vgl. etwa VMB, Nr. 100, 1905, S. 44. Insofern waren die entsprechenden Argumente der Führer der Bergarbeitergewerkschaften gegenüber ihren linken Kritikern, z. B. Kautsky, nur zu berechtigt. Vgl. oben S. 307/8.

[530] Vgl. VMB, Nr. 100, 1905, S. 44.

[531] Zit. nach: P. Osthold, S. 45.

[532] Vgl. hierzu etwa das Bekenntnis, das Paul Reusch, der Generaldirektor der GHH, F. Haniel, in seinem Brief vom 11.1.1914 machte: „Ich habe mir, solange ich im wirtschaftlichen Leben stehe, stets die größte Mühe gegeben, der Sozialdemokratie und den sozialdemokratischen Gewerkschaften das Wasser abzugraben, und mich auch nicht gescheut, sie

tung der Autorität und die Bestimmung der Lohnkosten gingen so eine enge Verbindung ein, und ihre wechselseitige Betonung und Bedeutung hing, zusammen mit der Einschätzung weiterer Faktoren, — wie wir im folgenden sehen werden — bei den einzelnen Unternehmern auch von den persönlichen Anschauungen und Haltungen ab.

Kurzsichtigkeit warfen die schwerindustriellen Unternehmer ihren Kollegen in anderen Gewerben, besonders etwa den Buchdruckern vor, die sich, so stellte H.A. Bueck noch im Jahre 1908 im CVDI fest, ihrer „verzweifelte[n] Lage" allmählich klar würden, da dort die Arbeiterorganisationen durch den seit den 1890er Jahren bestehenden Tarifvertrag nun in der Lage seien, mit einem Vermögen von 8 Mill. M „alle im deutschen Buchdruck beschäftigten Arbeiter und deren Angehörigen 4 bis 5 Wochen zu unterhalten... Das hätten sich die großen Betriebe aber vorher überlegen sollen, als sie bei jedem neuen Abschluß des Tarifvertrages, um sich die Nachgiebigkeit der Gehilfenorganisation in der Lohnfrage zu erkaufen, Schritt für Schritt in den Machtfragen, auf welche die Gehilfen das größere Gewicht legten, zurückwichen und nachgaben. Dieser Buchdruckertarif, durch den die großen Betriebe sich ein bequemes Leben mit ihren Arbeitern verschaffen wollten, jedoch ohne die Folgen zu berücksichtigen, ist nur dazu geeignet, abschreckend auf die Großindustrie zu wirken. Diese wird sich wohlweislich hüten, die Organisation in den Arbeiterkreisen in ähnlicher Weise durch Tarifverträge groß zu ziehen und mächtig zu machen, wie es die Buchdrucker getan haben"[533]. Auch wenn die Möglichkeit bestände, „mit entsprechend gebildeten, organisierten und somit verhandlungsfähigen Arbeitern" zusammenzutreffen, würden die Unternehmer jedes Verhandeln ablehnen[534]. Und im Vergleich zu Großbritannien, wohin die Ruhrbergbauunternehmer über Jahrzehnte hin mehrere Studienkommissionen entsandten, konnten sie, obwohl die Organisierung der Arbeiter dort — anders als in Deutschland — deren Selbständigkeit und Verhandlungsfähigkeit befördert habe[534a], auch im Nachhinein — mit Befriedigung ihre langfristige Orientierung und deren „Richtigkeit"[534b] selbst zur Kenntnis nehmend[534c] — auf ihre früh gewonnene Einsicht hinwei-

häufig rücksichtslos zu bekämpfen, nicht nur, weil ich dies für meine Pflicht gehalten habe, sondern auch weil ich der Ansicht bin, daß auch nur das geringste Zurückweichen der Industrie gegenüber den Forderungen der Sozialdemokratie in seinen Konsequenzen politisch und wirtschaftlich von unabsehbaren Folgen sein muß." Historisches Archiv der GHH 300 193000/0, zit. nach Saul, S. 57.

[533] VMB, Nr. 108, 1908, S. 57; für ähnliche Äußerungen bereits im Jahre 1890 vgl. Bueck, Arbeitseinstellungen, S. 151-153, und Beumer, S. 5.

[534] Zitat nach H. Kaelble, Industrielle Interessenpolitik, S. 74/5; so auch Kirdorf, in: Schriften des Vereins für Socialpolitik, Bd. 116, S. 287-291; vgl. auch: W. Fischer, Herz des Reviers, S. 294-296.

[534a] Vgl. W. Beumer, S. 3.

[534b] So W. Beumer, S. 5.

[534c] Vgl. hierzu: F. Tänzler, Englische Arbeitsverhältnisse, S. 39 f.

sen, daß auf die Dauer auch in Großbritannien die Gewerkschaften eine sozialdemokratische Richtung einschlagen, sodann die Leistungen senken, die Produktionskosten erhöhen und damit die industrielle Konkurrenzfähigkeit des Landes erschüttern würden[534d].

So wichtig diese wirtschaftlichen Faktoren waren, auch persönliche Momente wirkten langfristig bei der Ablehnung und der fehlenden Verhandlungsbereitschaft mit den Gewerkschaften offensichtlich mit. Vor allem Emil Kirdorf wies oft genug darauf hin, daß es hier auch um einen „Ehrenstandpunkt" ging[535]. Für ihn, der als Repräsentant der Angestellten-Unternehmer der ersten Generation gelten kann, der sich — wie er vor den Mitgliedern des Vereins für Socialpolitik betonte — nur durch harte Arbeit aus Verhältnissen, die „nicht anders wie die des gewöhnlichen Handarbeiters" waren, zum „Generaldirektor und Geheime[n] Kommerzienrat" emporgeschwungen hatte[536] und der sich trotz aller Erfolge weiterhin als „angestellter Arbeiter" fühlte[537], war ebenso wie für seine gleichaltrigen Freunde in den Interessenverbänden, besonders H.A. Bueck und W. Beumer, ein Verhandeln mit Arbeitervertretern undenkbar und unmöglich[538]. Die Bedeutung dieser persönlichen, sozialen Faktoren wurde offenkundig, als während und nach dem Streik von 1905 die Meinungen im Bergbauverein über die zukünftige Behandlung der Arbeiterschaft auseinandergingen. Zum einen hatte der Streik die große Geschlossenheit der Bergarbeiter und ihrer Organisationen, zum anderen die — wie selbst H.A. Bueck zugestand[539] — große disziplinierende Kraft der Gewerkschaftsführer demonstriert, auf die auch die Unternehmer im Bergbau von Südwales setzten. Während die Angestellten-Unternehmer besonders der älteren Generation wie E. Krabler, E. Kleine und E. Kirdorf, die zugleich die Führung des Bergbauvereins in ihrer Hand hatten, in dem Streik einen erneuten Beweis für die ‚umstürzlerischen Absichten' der Gewerkschaften sahen[540], versuchten offensichtlich eher die Angehörigen und Vertreter der Eigentümer-Unternehmer wie Funke, Waldthausen und Stinnes[541], die weniger der festen Meinungen und Überzeugungen bedurften, als dies für den oftmals steinigen Aufstiegsweg der Angestellten-Unternehmer nötig war, eine den Arbeitern entgegenkommende, den Gewerkschaften gegenüber flexiblere Haltung zu gewinnen. Um „Mittel und

---

[534d] Vgl. Beumer, S. 4 f.; Bueck, Arbeitseinstellungen, S. 137 ff., und Tänzler, Englische Arbeitsverhältnisse, S. 25 ff.

[535] Z. B. in: Schriften des Vereins für Socialpolitik, Bd. 116, S. 290.

[536] Ebenda, S. 292.

[537] Vgl. Böhme, Emil Kirdorf, 1. Teil, S. 284.

[538] Vgl. VMB, Nr. 115, 1909, S. 39, und Beumer, S. 4.

[539] H.A. Bueck, Der Centralverband Deutscher Industrieller, Bd. 3, 1905, S. 530/1.

[540] Böhme, 2. Teil, S. 30 ff.

[541] Vgl. die ausgeführten Stellen bei E.G. Spencer, Employer Response, S. 407 f.

Wege zu finden, mit den Arbeitern zu einer Verständigung zu kommen"[542], schickte der Bergbauverein mindestens *eine* Delegation nach England, entsandte er zwei Vertreter zu den Verhandlungen der Gesellschaft für Soziale Reform Anfang Dezember 1906, an der auch mehrere Vertreter der Hirsch-Dunckerschen und der christlichen Gewerkschaften, unter ihnen auch zwei der christlichen Bergarbeiterorganisation, teilnahmen, und führte mit den Vertretern der Gesellschaft „später... dann weitere vertrauliche Besprechungen in Essen"[543].

Bergassessor Trippe, der Generaldirektor der Gewerkschaft Dorstfeld, einer Zeche, die zum Familienbesitz von Carl Funke gehörte[544], dessen „arbeiterfreundliche Gesinnung" z. B. dem Regierungspräsidenten von Düsseldorf bekannt war[545], ging soweit, seinen Diskussionspartnern in der Gesellschaft für Soziale Reform zu sagen: „Ich kann von mir und allen anderen Bergwerksleitern behaupteten, daß wir uns einen einseitigen Herrenstandpunkt nicht zu eigen machen. Wenn es möglich ist, mit den Arbeiterorganisationen zu verhandeln — das wird sich im Laufe der Zeit finden —werden wir, glaube ich, gar keine Bedenken dagegen haben. Wenigstens ich nicht." Doch fügte er sogleich, und z. T. seiner obigen Aussage widersprechend, hinzu: „Ich habe kein Recht, im Namen des ganzen Bergbaureviers zu sprechen, ich spreche für mich und meine Person"[546].

Mit dieser vorsichtigeren Haltung behielt der Vertreter des Familienunternehmens Funke Recht. Anders als der zweite Vorsitzende der Gesellschaft für Soziale Reform noch Ende 1909 zu beobachten glaubte, setzte sich im Bergbauverein die Strömung durch, die „den absoluten Herrenstandpunkt vertritt". Die andere, die „für Verhandeln und Ausgleich mit den Arbeitern"[547] eintrat, verlor offensichtlich schnell an Boden. Der unmittelbare Druck der Regierung, die während des Streiks das Verhandeln mit den Gewerkschaften gefordert hatte, fiel weg, und die Erhöhung der Kohlenpreise um 0,50 M pro t im Jahre 1905, die ausdrücklich mit der Steigerung der Selbstkosten durch den Streik und die neue Berggesetznovelle begründet worden war[548], erinnerte in angenehmer Weise wieder an den Vorteil und die Standfestigkeit der alten Strukturen.

---

[542] So Generaldirektor Trippe, in: Methoden des gewerblichen Einigungswesens, S. 112.

[543] So der 2. Vorsitzende der Gesellschaft für Soziale Reform, E. Francke, in seinem Aufsatz: Der Arbeitsnachweis des Zechenverbandes im Ruhrkohlenrevier, in: Preuß. Jahrbücher 139, 1910, S. 201-224, S. 220.

[544] Vgl. H. Lemberg, Hg., Jahrbuch der Steinkohlenzechen und Braunkohlengruben Westdeutschlands, 1915, S. 17.

[545] Vgl. E. Hoffmann, Dr. Francis Kruse, S. 79.

[546] Methoden des gewerblichen Einigungswesens, S. 111.

[547] E. Francke, Der Arbeitsnachweis, S. 220.

[548] Vgl. Methoden des gewerblichen Einigungswesens, S. 172.

Es war, wie Eugen Leidig, der stellvertretende Vorsitzende des CVDI, noch im Jahre 1905 verkündete: „... nur gezwungen im äußersten Notfall könnte von einer solchen Anerkennung des Gegners die Rede sein: solange die deutschen Arbeitgeber der Mitwirkung der Organisationen zur Beendigung der Arbeitskämpfe entbehren können, sollen sie deshalb auch darauf verzichten“[549]. Genau um diese Selbständigkeit zu vergrößern, schufen die Unternehmer im Ruhrbergbau im Jahre 1908 den Zechenverband, dessen Einrichtung schon unmittelbar nach dem Streik von 1905 geplant war. Dieser Arbeitgeberverband sollte nämlich nicht als Verhandlungsorgan mit den Gewerkschaften, sondern als Instrument schärferer und zentralisierter Kontrolle über die Bergarbeiter dienen. Die Einrichtung des Zechenverbandes zusammen mit dem ihm angeschlossenen obligatorischen Arbeitsnachweis für alle Bergarbeiter des Ruhrgebietes, eine Organisation, die Kirdorf sich schon im August 1905 gewünscht hatte[550], markierte die vorläufig endgültige Durchsetzung des alten Herr-im-Hause-Standpunktes im Bergbauverein[551].

Zwar hatte der Streik von 1905, wie er bei den Arbeitern und ihren Organisationen neue organisatorische Bewegungen und Gegenbewegungen verursacht hatte, unter den Unternehmern die Suche nach neuen Orientierungen ausgelöst. Die zahlenmäßig größere Gruppe der Angestellten-Unternehmer, die zugleich die Entscheidungsstränge im Bergbauverein und in den übrigen Interessenverbänden in der Hand hielt, setzte sich hierbei gegen die — vielleicht auch weniger geschlossen auftretende — Gruppe der Eigentümer-Unternehmer durch. Doch war dieser Sieg der Angestellten-Unternehmer nicht — wie E.G. Spencer annimmt[552], und wie dies auch der Erfahrung in Südwales in den Jahren nach 1900 entsprach — erreicht und begleitet worden von einer neuen, rationalen und pragmatischen Ideologie und Handlungsorientierung, die das Produkt und gleichsam Reflex der bürokratischen Organisation des Großbetriebs war, sondern vielmehr von der Weiterführung und Weiterentwicklung des alten Herr-im-Hause-Standpunktes, welcher zugleich die staatliche Tradition des Ruhrbergbaus reflektierte und den Bedürfnissen der Aufstiegsvergewisserung[553] der ehe-

[549] Deutsche Industrie-Zeitung, 1905, S. 451, zit. nach: Saul, S. 56.

[550] Vgl. Schriften des Vereins für Socialpolitik, S. 288; auch: Böhme, 2. Teil, S. 34.

[551] Das die alten Argumente zusammenfassende Buch von F. Tänzler, Englische Arbeitsverhältnisse, 1912, bildete offensichtlich den Abschluß der Diskussion. — Zum Zechenverband und den mit ihm verbundenen Arbeitsnachweis vgl. bes. P. Osthold, Die Geschichte des Zechenverbandes; E. Francke, Der Arbeitsnachweis; H.G. Kirchhoff, Die staatliche Sozialpolitik im Ruhrbergbau, 1871-1914, 1958, S. 160-167.

[552] Vgl. E.G. Spencer, Employer Response, S. 409-412.

[553] Bekanntlich hatte Max Weber auf der gleichen Mannheimer Tagung des Vereins für Socialpolitik im Jahre 1905, auf der auch Emil Kirdorf sein Referat hielt, mit dem besonderen Blick auf die Schwerindustrie vom „spießbürgerlichen Herrenkitzel“ und

mals so herablassend behandelten Angestellten-Unternehmer entsprach. Daß dies nicht nur die Angehörigen der älteren Generation, die durch die Vorstellungswelt Bismarckscher Politik geprägt worden war, betraf, zeigte der Fortgang der Entwicklung im Ruhrgebiet. Als nach dem Streik im Jahre 1905 zunächst E. Kirdorf, dann aber auch E. Krabler vom Vorstand des Bergbauvereins zurückgetreten waren, erwartete man im Revier, „daß eine geschmeidigere ..., in der Sache aber eher brutalere Persönlichkeit seinen Platz einnehmen" werde[554]. Der erwartete Mann sollte nicht lange auf sich warten lassen. Alfred Hugenberg, der Aufsteiger und neue Direktoriumsvorsitzende der Firma Krupp, seit 1910 Vorstandsmitglied und seit 1912 Vorsitzender des Bergbauvereins, dem es ein „persönliches Bedürfnis und zugleich ein Gebot der Klugheit" war, „milde in der Form und nicht eigensinnig in den Mitteln zu sein"[555], legte, wie sein Unternehmerkollege von der verarbeitenden Industrie, Gustav Stresemann, formulierte, eine „brutale, verletzende, höhnisch verachtende Art und Form" an den Tag[556], von der nicht nur die Arbeitnehmer des Ruhrbergbaus noch manches zu spüren bekommen sollten[557].

Durch die Ablehnung der Interessenverbände der Arbeitnehmer als Verhandlungspartner und ihre Bekämpfung war und blieb — anders als in Südwales — für die Unternehmer des Ruhrbergbaus und ihre Organisation der Staat der wesentliche Zielpunkt der Durchsetzung ihrer überbetrieblichen Interessen. Die Einschätzung von der Berechtigung und der Durchsetzbarkeit ihrer Interessen mußte aufs engste mit dem Bild zusammenhängen, das die Unternehmer vom Staat, seinen Funktionen und Aufgaben hatten. Die Auffassung der Unternehmer vom Staat, die latent bei ihren Erwartungen und Aktionen dauernd wirksam war, aber nur höchst selten ausgesprochen wurde, war — wie sich zeigt — Ausdruck der Interessenlage der Unternehmer, vor allem aber — wie sich im Vergleich zu den Anschauungen

---

seinem „eigentümlichen physischen Reiz" gesprochen. Vgl. Schriften des Vereins für Socialpolitik, Bd. 116, S. 214/5.

554 Finanz-Chronik Nr. 45, 11. Nov. 1905, zit. nach: Böhme, 2. Teil, S. 33.

555 So bei der Antrittsrede als Vorsitzender des Bergbauvereins im Dezember 1912, abgedruckt in: A. Hugenberg, Streiflichter aus Vergangenheit und Gegenwart, 1927, S. 207-208, S. 208.

556 Zit. nach: D. Guratzsch, Macht durch Organisation. Die Grundlegung des Hugenbergschen Presseimperiums, 1974, S. 85.

557 Hugenbergs Aufstieg in den Kreisen seiner Mitunternehmer an der Ruhr wurde wohl insbesondere durch ein Weltbild gefördert, das in sich relativ geschlossen war und gleichzeitig eine Affinität zu den Überzeugungen seiner neuen Kollegen aufwies. Sein Programm zur ‚Befriedigung' der Arbeitnehmer sah „möglichste Differenzierung, möglichstes Herausheben der Tüchtigsten, möglichste Förderung des Aufstiegs dieser besseren Elemente in die kapitalistische Welt" vor. Innerbetrieblich solle durch die „Werksgemeinschaft" ein Wall gegen „alles, was horizontal teilen will", aufgerichtet werden. Nach: D. Guratzsch, Macht, S. 93; zu Hugenbergs Weltbild vgl. ebenda, S. 85-95.

ihrer Kollegen in Südwales offenbaren wird — der relativen, industriellen Rückständigkeit des Landes. „Ist denn der Staat ein ganz von uns abgesondertes, eigenes Wesen?" fragte H.A. Bueck in einer Sitzung des CVDI im Jahre 1909 und definierte unter dem Beifall der anwesenden Unternehmer: „Nach meiner Ansicht ist der Staat der Inbegriff des Strebens, der Tätigkeit seiner Angehörigen, besteht er aus den Tätigkeitsgebieten, auf denen dieses Streben und diese Tätigkeit sich abspielt; diese Tätigkeitsgebiete sind es eben, die den Staat in seiner Gesamtheit bilden und zu seiner Wohlfahrt beitragen. Und das bedeutendste Tätigkeitsgebiet, welches heute in unserem Vaterlande ist, ist der Gewerbebetrieb, ist die Industrie, und ... ebenso gut, wie für den Staat, gehört für die Tätigkeitsgebiete, wenn sie und wenn der Staat gedeihen sollen, die Autorität — bei uns die Autorität der Arbeitgeber"[558]. Um sich selbst zu stärken, hatte der Staat, der der „Inbegriff des Strebens" und, so könnte man hinzufügen, des Strebens aus der industriellen Unterentwicklung heraus darstellte, die Autorität der Arbeitgeber zu stärken. Und das hieß, daß der Staat die Aufgabe habe, die Unternehmer und die übrige Umwelt nicht in der Überzeugung zu gefährden, wie ein Gewerkschaftler — im Vergleich zu Großbritannien — scharf beobachtete, daß die Unternehmer „allein über das Wohl und Wehe der Industrie zu entscheiden haben und daß sie allein die Werte schaffen können"[559]. Da die Industrie — wie Kirdorf meinte — der ‚eigentliche Träger' der staatlichen Machtpolitik sei, habe der Staat die Aufgabe, diese unter den „Schutz der nationalen Arbeit" zu stellen[560]. So wie das ‚Blühen der Industrie' eine ‚Stärkung des Vaterlandes' bedeute, sei „eine stets zur Hand befindliche, ausreichende und lohnende Arbeitstätigkeit ... die beste Lösung der sozialen Frage"[561].

So wie ein solches Denkmodell in den Augen der Unternehmer die staatliche Berücksichtigung nicht-industrieller, und das hieß für sie, nicht-unternehmerischer, Interessen weitgehend ausblendete, stellt sich ein Eingehen auf die Wünsche anderer gesellschaftlicher Gruppen nur als „Beruhigung der Öffentlichkeit" dar[562], eine Vorstellung, wie sie den Äußerungen der Unternehmer in Südwales — wie wir zeigen werden — direkt zuwiderlief. Die Arbeitnehmer sollten nach ihren Vorstellungen — getreu den Anschauungen Bismarcks — nicht nur durch Repression, sondern auch durch ein gewisses Maß an Fürsorge[563], das aber nicht — nach Kirdorfs Begriff — zur „unheilvollen Fürsorgerei" ausarten dürfe, in ‚Ruhe' gehalten werden[564]. Die

558 VMB, Nr. 114, 1909, S. 60.

559 So G. Hartmann, in: Methoden des gewerblichen Einigungswesens, S. 68/9.

560 Böhme, 2. Teil, S. 33, und VMB, Nr. 107, 1907, S. 82 f.

561 Böhme, 2. Teil, S. 40; Schriften des Vereins für Socialpolitik, S. 292.

562 Vgl. v. Loewenstein, in: VMB, Nr. 114, 1909, S. 100.

563 VMB, Nr. 104, 1906, S. 27 f.

564 Zit. nach: Böhme, 2. Teil, S. 30. Für die in früherer Zeit freundlichere Haltung der Unternehmer gegenüber der staatlichen Sozialpolitik vgl. etwa E. v. Richthofen, Über die

hierüber hinausgehenden Forderungen und Aktionen der Arbeitnehmer, besonders der „Sozial-Demokratie“ und der „Ultramontan-Demokratie“[565] seien abzulehnen und zu bekämpfen. So wie der Staat die ‚Autorität‘ der Unternehmer stützen solle, so würden die Unternehmer die Arbeitnehmer niederhalten[566]. Die im Bewußtsein der Arbeitgeber bestehende Identität der Herrschaftsinteressen von Staat und Unternehmern sowie die von diesen zur Realisierung der Herrschaft anvisierte Methode kam hier voll zum Ausdruck.

Paßten solche Vorstellungen auf das Bismarcksche Deutschland und waren zu dieser Zeit die politischen Auffassungen von Staat und Schwerindustrie nicht weit voneinander entfernt, so wurde dies in der Zeit nach 1890 anders. Während die Unternehmer des Ruhrbergbaus und der übrigen Schwerindustrie bei ihren angestammten Ansichten blieben, sah der Staat sich in wachsendem Maße dem Druck der Interessen der Arbeitnehmerorganisationen und nicht-industrieller Gruppen ausgesetzt. Wenn auch nur — wie weiter unten deutlich werden wird — zögernd und halbherzig, versuchte nun die Regierung, die Arbeitnehmer, und besonders die Arbeiter und ihre Organisationen, in das politische System des Kaiserreiches zu integrieren oder zumindest einen Ausgleich mit ihnen zu erreichen, ein Problem, das sich aufgrund der unterschiedlichen Orientierung der Arbeiterorgnisationen, der Unternehmer, vor allem aber — wie weiter unten zu zeigen sein wird — des Staates in Großbritannien in dieser direkten Form nicht stellte. Eingedenk ihres traditionellen Selbstverständnisses lehnten die Unternehmer im Ruhrbergbau, ebenso wie z. T. die sozialdemokratischen Organisationen, ein solches Vorhaben scharf ab. Die vom Staat zu einer Verständigung zwischen Arbeitgebern und Arbeitnehmern geplanten und z. T. geschaffenen Institutionen wie Arbeiterausschüsse, Arbeits- bzw. Arbeiterkammern verurteilten sie als Symptome „eines sozialpolitischen Beglückungssystems, dessen noch gar nicht zu ermessende, verderbliche Folgen man an den für die Wohlfahrt des Landes verantwortlichen Stellen aller Wahrscheinlichkeit nach erst erkennen wird, wenn es zu spät ist“[567]. Und eine Regierung, die — wie dies in Großbritannien eher die Regel war — auf die Vorstellung der Arbeiterorganisationen einging oder diese für ihre Politik zu gewinnen suchte, nannte Kirdorf eine „rückgratlose“ und „schlappe Regierung“, die „den wichtigsten Stand verriet“, um vor den „Umstürzlern bauchzurutschen“[568]. Ebenso wie

historischen Wandlungen in der Stellung der autoritären Parteien zur Arbeitsschutzgesetzgebung und die Motive dieser Wandlungen, 1901. Für die Herausarbeitung beider Phasen vgl. H. Büren, Arbeitgeber und Sozialpolitik. Untersuchungen über die grundsätzliche Haltung des deutschen Unternehmertums gegenüber der Sozialpolitik in Vorkriegs-, Kriegs- und Nachkriegszeit, 1934, S. 45-59, und S. 60-87.

[565] So das Begriffspaar Kirdorfs, nach: Böhme, 2. Teil, S. 30.

[566] Vgl. VMB, Nr. 108, 1908, S. 41 f.

[567] VMB, Nr. 114, 1909, S. 79.

nach außen „ein größeres und machtvolleres Deutschland, zur Bewahrung der edelsten Güter der deutschen Nation“[569], so waren in den Augen der schwerindustriellen Unternehmer „Ruhe und Frieden im Gewerbe und in den Betrieben... nur durch starke Waffnung zu erhalten“[570].

Anders als der Staat, dessen Intention es bei der Schaffung von neuen Verhandlungsinstitutionen zwischen Arbeitgeber und Arbeitnehmer — wie sie wohl richtig sahen — war, „daß durch den gegenseitigen Verkehr die Gegensätze wenigstens gemildert, wenn nicht ausgeglichen werden“, waren die Unternehmer — zumindest in den Jahren nach 1900 — der Auffassung, „daß die Ansichten, Meinungen, Forderungen und Wünsche von jeder Interessengruppe unverfälscht in voller Reinheit zum Ausdruck gelangen“ sollten[571]. Nur der Staat, nicht etwa die Bürger und ihre Gruppen untereinander, und zwar — wie die Unternehmer meinten — nur die „höchste Instanz“ des Staates habe das Recht und die Pflicht zur Interessenintegration seiner Bürger[572]. Daß eine solche Konzeption angesichts der beinahe unüberwindlichen Gegensätze, die zwischen Arbeitgebern und Arbeitnehmern bestanden, den Staat und die Fähigkeit der Ausübung seiner Funktionen zumindest längerfristig stark belasten mußte, sahen die Unternehmer — vielleicht geblendet sowohl von der eigenen Interessenlage als auch von der einstigen scheinbaren ‚Stärke‘ Bismarckscher Politik — offensichtlich als das kleinere Übel und ein geringeres Risiko an.

Wie die Unternehmer des Ruhrbergbaus den Gewerkschaften im betrieblichen und überbetrieblichen Bereich zu schaden versuchten, so versuchten sie, die ihnen erreichbare Öffentlichkeit und die staatlichen Behörden auf eine gewerkschafts- und vor allem Sozialdemokratie-feindliche Haltung und auf ein Zusammenstehen gegen den *einen* Feind festzulegen. Dieses Vorgehen sollte einerseits einen möglichen Solidarisierungsprozeß hemmen und zum anderen den Einfluß der Arbeitnehmerorganisationen auf den Staatsapparat möglichst gering halten[573]. Der Reichstag, so meinten die Unternehmer im Jahre 1908, stände schon „unter dem Einfluß der Masse“[574], und auch

---

568 Nach Böhme, 2. Teil, S. 29/30. Eine ‚starke‘ Politik konzentrierte sich in den Augen Kirdorfs und seiner Mitunternehmer in der mehr und mehr mythisierten Gestalt Bismarcks, der gegenüber alle ihm folgenden Regierungen als „schwach“ und „dekadent“ erschienen. Zu dieser Haltung Kirdorfs etwa vgl. H. Böhme, Emil Kirdorf, 2. Teil, S. 35 ff.; vgl. auch die Rede Wilhelm Beumers, des Geschäftsführers des Langnam-Vereins anläßlich der 50-Jahrfeier der Westf. Berggewerkschaftskasse, in: dies., Verwaltungsbericht 1913/14, S. 35/6.

569 So Kirdorf, nach ebenda, S. 40.

570 VMB, Nr. 108, 1908, S. 44.

571 Ebenda, S. 40.

572 Ebenda.

573 Vgl. etwa: VMB, Nr. 107, 1907, S. 27; Nr. 129, 1914, S. 13.

574 VMB, Nr. 108, 1908, S. 54.

im Preußischen Abgeordnetenhaus war ihr Einfluß — trotz des hier geltenden Dreiklassenwahlrechts — im Sinken begriffen[575]. In den sechs Legislaturperioden des Reichstages zwischen 1890 und 1918 waren die Bergbauunternehmer an der Ruhr und ihnen Nahestehende durch insgesamt 7 Abgeordnete vertreten, die eine Gesamtzahl von 14 Legislaturperioden (von 42 möglichen) auf sich vereinigten. Und in den sechs Legislaturperioden des Preußischen Abgeordnetenhauses zwischen 1890 und 1918 waren die Industriellen des Ruhrbergbaus und ihnen Nahestehende durch insgesamt 13 Abgeordnete vertreten, die eine Gesamtzahl von 29 Legislaturperioden (von 78 möglichen) auf sich vereinigten. Während im Reichstag von diesen Abgeordneten in der Legislaturperiode 1890/94 3 vertreten waren, war es in derjenigen zwischen 1908 und 1912 einer, von den Abgeordneten im Preußischen Abgeordnetenhaus in der Legislaturperiode 1888/92 6, in derjenigen von 1908/13 5 Abgeordnete. Insgesamt fiel der Anteil der Unternehmer-Vertreter zwischen 1890 und 1912/14 im Reichstag von 27% auf 17,1% und im Preußischen Abgeordnetenhaus von 13,6% auf 10,1%[576]. Trotzdem verspürten die Unternehmer des Ruhrbergbaus, die ihre Interessen immer schon eher durch Abgeordnete in den Parlamenten vertreten ließen, wenig Neigung, sich parteipolitisch zu engagieren, obwohl sie immer wieder die starke Vertretung der Arbeiterschaft, insbesondere im Reichstag, beklagten[577].

Zu allererst wirkte das Gesetz der Zahl gegen sie, und die nur zu Wahlzwecken beschworene Solidarität der Unternehmer „von Krupp herunter bis zu dem kleinsten Handwerker“ klang mühsam und wenig überzeugend[578]. Sodann, so meinte z. B. Emil Kirdorf, könne man „nie im Leben zwei Herren dienen und ein bezahlter Arbeiter, wie ich es bin, ist verpflichtet, seine Aufgabe zu erfüllen und die Interessen der Gesellschaft [d. h. des Unternehmens] zu wahren“[579]. Weder hielten sich — und hierin ihren Kollegen in Südwales nahekommend — vor allem die Angestellten-Unternehmer von der Aufgabe als abkömmlich, mit deren beinahe besessener Erfüllung sie ihren eigenen und den Aufstieg der Industrie erkämpft hatten, noch gestattete ihnen die ideologische Überhöhung und Einordnung ihrer Tätigkeit eine Aufteilung ihrer Arbeitskraft. Doch reichten „die Interessen der Gesell-

575 Vgl. auch: D. Stegmann, Die Erben Bismarcks, S. 146 ff., und die Untersuchungsergebnisse bei: T. Pierenkemper, S. 68 f.; W. Kremer, Der soziale Aufbau der Parteien des Deutschen Reichstages von 1871-1918; vgl. auch: H. Croon, Die Einwirkungen, S. 315/6; P.H. Mertes, Zum Sozialprofil, S. 187-191; G. Adelmann, Führende Unternehmer im Rheinland und Westfalen 1850-1914, in: Rhein.Vjbll. 35, 1971, S. 335-352, S. 349 ff.; für die frühere Zeit vgl. F. Zunkel, Der Rhein.-Westf. Unternehmer, S. 99 ff., 133 ff., 223 ff.; L. Puppke, S. 264 ff.

576 Ausgezählt nach den Angaben bei: H. Jaeger, Unternehmer in der deutschen Politik, S. 313-332. Die Prozentzahlen nach ebenda, S. 48, 67.

577 VMB, Nr. 108, 1908, S. 54, 59.

578 VMB, Nr. 116, 1909, S. 32.

579 Schriften des Vereins für Socialpolitik, S. 277.

schaft" als Maßstab für die Entscheidung, ob man ein politisches Mandat oder eine weitere Aufsichtsrattätigkeit wahrnehmen solle, wohl nicht aus. Es mußten also noch weitere Komponenten im Spiel sein. Während eine weitere Aufsichtsrattätigkeit individuellen finanziellen Gewinn und erhöhten Einfluß mit sich brachte, konnten die Notwendigkeiten und Zwänge parlamentarischer Arbeit, die die Bereitschaft zur Verhandlung und zum Kompromiß einschloß, nur abschreckend wirken auf Leute, deren Vorstellungswelt und Verhandlungsmethoden sich weitgehend — besonders in bezug auf soziale Fragen — auf das Modell von Befehl und Gehorsam reduzierten und die sich durch Kompromißlosigkeit in der Sache auszeichneten. Die zwar hohe, jedoch beinah ausschließlich technische Ausbildung der Bergbauunternehmer, welche diplomatischen Fähigkeiten kaum eine Grundlage zur Entfaltung bot, mußte dieses Syndrom verstärken. Obwohl die Unternehmer an der Ruhr — wie ihre Angestellten — ihre politische Interessenvertretung in der nationalliberalen Partei fanden[580], wußte z. B. Emil Kirdorf keine Partei, „der man aus innerster Überzeugung . . . beitreten kann"[581]. Als warnendes Beispiel etwa konnte der Fall des nationalliberalen Abgeordneten Hammacher dienen, der sich während des Bergarbeiterstreiks von 1889, nach dem Empfang der Bergarbeiter-Delegierten durch den Kaiser, von seinen Parteifreunden dazu überreden ließ, mit den Bergarbeiter-Delegierten — ohne die vorherige Absprache mit dem Bergbauverein — zu verhandeln. Hammacher mußte daraufhin den Platz als Vorsitzender des Bergbauvereins, den er mehr als 30 Jahre innegehabt hatte, räumen[582].

Die Parteien der Unternehmer waren in wachsendem Maße ihre Interessenverbände, und die Identifizierung des einen mit dem anderen in den Augen der Unternehmer — anders als bei ihren britischen Kollegen — ging so weit, daß in ihrem Verständnis die Grenzen zwischen politischen Parteien und Interessenverbänden sowie deren Funktionen fließend wurden[583]. Der Bergbauverein diente schon — wie wir oben sahen — unmittelbar nach der Aufhebung der bergbehördlichen Direktion der spezifischen Interessenformulierung des Ruhrbergbaus gegenüber dem Staat. Und Bismarck hatte in den 1870er Jahren in der Auseinandersetzung um die Einführung der Schutzzölle in deutlich antiparlamentarischer Absicht diese Richtung der Interessenwahrnehmung ermuntert und gefördert[584], Bedürfnisse und Absichten,

[580] Vgl. etwa H. Croon, Die wirtschaftlichen Führungsschichten, S. 148.

[581] Schriften, S. 277. Und W. Beumer wollte es bei dem Empfang des CVDI im Jahre 1908 „hier öffentlich aussprechen", daß die Industrie sich überhaupt freuen könne, „daß sich noch Männer finden, die sich in den Dienst des öffentlichen Lebens stellen, weil in der Industrie leider die Neigung, an diesem öffentlichen Leben, namentlich aber an unserem politischen Leben tätig teilzunehmen, nicht sehr groß ist". Vgl. VMB, Nr. 111, 1908, S. 107.

[582] Vgl. hierzu etwa: K. Hartmann, Der Weg, S. 135, 166-170.

[583] Vgl. VMB, Nr. 116, 1909, S. 25.

[584] Vgl. H. Böhme, Deutschlands Weg zur Großmacht, S. 359 ff., 446 ff., 530 ff.; K. Hartmann, S. 60-63.

die in Großbritannien weitgehend fehlten. Die Vorteile bei diesem Vorgehen lagen für beide Seiten auf der Hand. Der Staat hatte einen festen Gesprächspartner und erhielt in dieser Weise regelmäßige und spezialisierte Informationen, auf die er bei Angestellten und Arbeitern weitgehend verzichten mußte. Für die Unternehmer waren die Interessenverbände gleichsam die Fortsetzung ihrer bürokratischen Unternehmensstruktur, auf der auf kurzem Weg und mit knappem Zeitaufwand ein anhaltender Kontakt mit den staatlichen Behörden gehalten und gute Einflußchancen auf deren Entscheidungen — und ihr Entscheidungsspielraum war durch die verfassungsmäßige Konstruktion des Deutschen Reiches relativ groß[585] — erreicht werden konnten[585a]. Und, so konnte H.A. Bueck, der seit dem 1870er Jahren in schwerindustriellen Verbänden tätige Generalsekretär des CVDI auf einer Sitzung seines Verbandes im Jahre 1909 vor Vertretern der Industrie und der Staatsbehörden ausführen, „der Verkehr mit den Behörden seitens des Centralverbandes ist ein sehr reger. Ich ergreife diese Gelegenheit mit Freuden, um meinen Dank dafür und meine große Befriedigung darüber auszudrücken, daß wir stets, wenn wir gekommen sind, ein offenes Ohr für unsere Klagen und Beschwerden gefunden haben, und daß man uns Rat und Informationen erteilt hat, wenn wir darum gebeten haben“[586]. Als entscheidende Erleichterung dieses Kontaktes zwischen Interessenverbänden und Regierungsbehörden kam für die Bergbauindustriellen das schon angedeutete, relativ hohe Ausmaß an ideologischer und sozialer Homogenität sowie gesellschaftlicher und verwandtschaftlicher Bindungen und Verbindungen hinzu, das zwischen ihnen und der staatlichen Bergbaubürokratie — anders als etwa in Großbritannien — bestand. Wenn auch die „Industrie ... schon sehr häufig Gelegenheit gehabt“ habe, „die schwere Hand des Staates zu fühlen und das Eingreifen von sozialpolitisch voreingenommenen Beamten zu spüren“[587], so sei, wie Kirdorf im Jahre 1907 ausführte, „die einzige Hilfe im politischen Leben und zur Erhaltung der Lebensbedingungen für unsere Industrie bei der Staatsregierung zu finden“[588].

Die relative Verspätung Deutschlands im Industrialisierungsprozeß einerseits und das hieraus folgende aktive Engagement des Staates andererseits

[585] Vgl. hierzu weiter unten 507 f.

[585a] Vgl. hierzu auch die allzu bereitwillige Aufnahme der Klagen englischer Unternehmer, daß für die Verhandlungsinstitutionen mit den Arbeitern „die Kräfte und die Zeit der Unternehmer und ihrer Vertreter ... in Anspruch genommen werden“, bei F. Tänzler, Englische Arbeitsverhältnisse, S. 67.

[586] VMB, Nr. 115, 1909, S. 24. Für die bessere Durchsetzungschance von schwerindustriellen gegenüber anderen industriellen Interessen gegenüber der preußischen Bürokratie und ihren Gründen vgl. auch H.-P. Ullmann, Der Bund der Industriellen, S. 112-122, und Kaelble, S. 112 ff.

[587] VMB, Nr. 108, 1908, S. 52.

[588] VMB, Nr. 107, 1907, S. 83.

hatte, wie auf die Arbeitnehmer, so auf die Unternehmer im Ruhrbergbau nachhaltige Auswirkungen. Die lange Zeit andauernde, unmittelbare Betriebsführung der Zechen durch die staatlichen Behörden, welche die Unternehmer über längere Zeit hin auf die beinahe ausschließliche Rolle von Kapitalgebern reduzierte, gab den Unternehmern, wie deutlich wurde, für längere Zukunft — abweichend vom für Südwales zu entwerfenden Bild — nicht nur ein Modell der Betriebsführung und der hieraus herzuleitenden sozialen Beziehungen mit auf den Weg, sondern beschleunigte, zusammen mit dem frühen Zwang zum Tiefbau, zum Teil wider den eigenen Willen, die wirtschaftliche Entwicklung und die hieraus sich ergebenden sozialen Konsequenzen. Die Expansion und wachsende Maschinisierung der Betriebe erforderte ab etwa den 1830er Jahren einen rapide anwachsenden Kapitalaufwand, welcher frühzeitig und zunehmend, wenn auch nicht ausschließlich, die eigentlichen und bedeutenden Kapitalgeber auf die Angehörigen der gehobenen Vermögensschichten beschränkte. Dies bedeutete eine frühzeitige relative Homogenität und ein wohl insgesamt geringes Interesse an kurzfristiger Rentabilität auf seiten der wesentlichen Kapitalgaber, die zudem ihren finanziellen Einsatz oft eher als langfristige Investition denn als kurzfristige Spekulationsanlage ansahen. Alle drei Momente machten sich in der jeweils verabschiedeten Verfassung der Unternehmen bemerkbar, welche zusätzlich die Einflußmöglichkeiten der kleineren Kapitalgeber beschnitt. Die großen, oft am Ort ansässigen und mit dem Bergbaubetrieb vertrauten Kapitaleigner übernahmen die eigentliche Leitung der Betriebe, sobald der Staat diese aus seiner Hand freigab. Dies war — aufgrund der obengenannten Wirkkräfte — auch dann möglich, wenn eine größere Anzahl auch von bedeutenderen Kapitalgebern außerhalb des Ruhrgebiets lebte und dort anderen Geschäften nachging.

Obwohl die Gewerken durchaus an einer Einsparung von nicht unmittelbar produktiven Kräften interessiert waren, machte die bisher erreichte und weiterhin zunehmende Ausdehnung und die steigende Maschinisierung der Betriebe in vielen Fällen schon unmittelbar nach der Aufhebung der staatlichen Direktion, bald jedoch für die meisten der Betriebe die Einstellung von sog. „Spezialdirektoren“ erforderlich. Doch war dieser neuen Instanz in der Leitung der Betriebe in den 1850er und 1860er Jahren noch nicht anzusehen, daß aus ihr einmal die eigentlichen ‚Unternehmer‘ hervorgehen sollten. Vielmehr behielten die Hauptgewerken die Betriebsführung noch längere Zeit in eigenen Händen und behandelten oftmals die von ihnen ‚bezahlten Angestellten‘ mit Herablassung, so wie ihnen selbst vor 1850 die staatlichen Bergbeamten in einer „Haltung der Überlegenheit und des Besserwissens“ entgegengetreten waren[589]. Der weiterhin wachsende Umfang, der rapide steigende Kapitalbedarf der Betriebe und die mit ihm verbundene größere

[589] Zunkel, Die Rolle, S. 135.

Rolle der Banken jedoch verdrängte ab etwa 1870 die Gewerken von der Betriebsleitung, und an ihre Stelle traten immer deutlicher die ehemals so herablassend behandelten „Direktoren“.

Die an diese ‚neuen‘ Unternehmer z. T. von der Wissenschaft und von der Öffentlichkeit geknüpften Erwartungen und Hoffnungen, die Angestellten-Unternehmer seien eher von Gesichtspunkten des öffentlichen Wohls, nicht so sehr von Kriterien des privaten Profits geleitet, seien eher zu rationalem, sachlichem und systematischem Verhalten disponiert und würden somit zur Lösung oder Milderung sozialer Konflikte beitragen[590], erfüllten sich nicht. Zwar war der Angestellten-Unternehmer nicht mehr — wie der Eigentümer-Unternehmer — Besitzer des gesamten oder eines größeren Teils des investierten Kapitals und dadurch auch nicht mehr unmittelbar am erwirtschafteten Profit interessiert, doch hatten sich die realen Grundlagen und Bedingungen betrieblicher Produktion, zu deren optimaler, d. h. rentabelster Kombinierung er ‚angestellt‘ war, nicht oder kaum verändert. Die Betriebe wiesen weiterhin eine hohe Lohn- und eine noch steigende Kapitalintensität auf. Und die — auch nach der Übernahme des Modells staatlicher Betriebsführung — traditionelle Hilfestellung durch den Staat in Form der Ausbildung und der Repression der Arbeitnehmer blieb, wenn auch beim letzteren Faktor in abnehmender Weise, bestehen. Die langfristige Orientierung der Unternehmer im Ruhrbergbau, die durch die hohe Kapitalintensität der Betriebe von Anfang an notwendig war, wurde durch die staatliche Hilfestellung ermöglicht und abgesichert. Und die Chancen, die in dieser staatlichen Absicherung der Produktion lagen, vermochten die Unternehmer — ausgerüstet mit einer guten technischen Ausbildung — weitgehend zu nutzen, um die Bedürfnisse ihrer langfristigen Betriebspolitik zu erfüllen. In ihrem früh gegründeten, zunächst gegen die staatliche Bevormundung gerichteten Interessenverband, dem Bergbauverein, wurden nicht nur gemeinsame Interessen gegenüber den staatlichen Behörden formuliert, sondern er war — neben dem Austausch von technischen Neuerungen — auch der Ausgangspunkt für gemeinsame Absprachen sowohl in der Frage der Arbeitnehmer und ihrer Behandlung als auch in der Frage des Absatzes und der Preisgestaltung. Die zunehmende Repräsentativität und Stärke des Bergbauvereins, das gemeinsame Vorgehen in Arbeiterfragen sowie die Gründung des ‚Ausstandsversicherungsverbandes‘ (1890) und des RWKS zeigten, daß die Geschlossenheit der Unternehmerschaft des Ruhrbergbaus durch das Hinzukommen der angestellten Unternehmer — wohl mitbedingt durch die weitgehend gemeinsame Ausbildung — gegenüber der vorherigen Zeit eher noch gestiegen war. Deren Erfolg war nicht zuletzt am zunehmend stabilen und längerfristig steigenden Gewinn und an der finanziellen Lage der Unternehmen ablesbar. Obwohl zumindest in den Jahren ab 1907 — wie

590 Vgl. hierzu: Kocka, Unternehmer, S. 116/7.

wir oben sahen — der Jahresmehrgewinn der Aktiengesellschaften des Ruhrbergbaus regelmäßig mit Abstand über demjenigen des Durchschnitts aller Gewerbezweige lag, erhöhte sich der Lohn der Bergarbeiter, aufgrund der Maßnahmen der Unternehmer, aber auch des Staates sowie durch die Schwäche der Gewerkschaften, nur entsprechend der gesamtwirtschaftlichen Lohnentwicklung. Angesichts dieses wirtschaftlichen Erfolgs und den zu seiner Realisierung erforderlichen technischen und organisatorischen Leistungen veränderten die ‚neuen' Direktoren die Haltung der Unternehmerschaft sowohl gegenüber der Arbeitnehmerschaft als auch gegenüber dem Staat kaum. Und es hat, gemessen am Verhalten mancher Eigentümer-Unternehmer anläßlich des Streiks im Jahr 1905, den Anschein, daß neben den betriebs-, volkswirtschaftlichen und allgemein politischen Anschauungen gerade auch das Bedürfnis nach Aufstiegsvergewisserung auf seiten der Angestellten-Unternehmer bei dem starren Festhalten an diesen ideologischen und sozialen Positionen eine nicht unwesentliche Rolle gespielt hat. Und die auf den bei weitem größten Anteil der Angestellten-Unternehmer zutreffende staatliche Ausbildung, die sowohl durch die — finanziell beschränkte — Rekrutierung als auch durch die dort vermittelte Ideologie einerseits und durch den hiermit garantierten Anschluß an den Status und das Ansehen des preußisch-deutschen (Berg-)Beamten andererseits die Kandidaten vom Rest der Bevölkerung und besonders von der Arbeitnehmerschaft abhob, konnte diese Tendenz verstärken.

Anschließend an die vom Staat ehemals im Ruhrbergbau, nach wie vor aber noch in den fiskalischen Gruben des Saargebiets und Oberschlesiens praktizierte und wohl auf den Bergakademien weiterhin verbreitete Ideologie galt der Arbeitnehmer einerseits als ein zu pflegendes Gut, war andererseits aber weitgehend oder ausschließlich widerspruchsloser Befehlsempfänger. Im Dienste des industriellen Aufholens und in Übernahme der Dienstideologie des preußisch-deutschen Beamten waren alle im betrieblichen Produktionsprozeß vereinigten Produzenten „Arbeiter", und die mit der Leitung des Betriebes beauftragten „ersten Arbeiter" konnten aufgrund dessen, aber auch — nach Kirdorfs Vorstellung — aufgrund ihrer Weisungsgebundenheit an die Kapitalgeber, unbedingten Gehorsam und über den Arbeitsvertrag hinausgehenden Einsatz von ihren Mit-„Arbeitern" fordern. Die „Fürsorge" der Unternehmer, so ging deren Meinung, mache jede eigenständige Interessenwahrnehmung der Arbeitnehmer überflüssig und diese gefährde die für die optimale Produktion so notwendige ‚Autorität' des Unternehmers und die ‚Ruhe' des Betriebs. Insbesondere kollektive und überbetriebliche Interessenorganisationen auf seiten der Arbeitnehmer lehnten sie ab und bekämpften sie. Und die mittelbare Interessenvertretung durch besondere Organisationen der Arbeitnehmer, anders als auf der Seite der Unternehmer selbst, war noch im Jahre 1909 in ihren Augen eine „neue Theorie"[591]. Die Unternehmer des Ruhrbergbaus hielten — wie in manchen anderen innerbetrieblichen Bereichen — an dieser archaischen, an vor- und frühindustrielle Verhältnisse erinnernden Konzeption der unbedingten ‚Ruhe' im Betrieb, der beinah wunschlosen Zufriedenheit der Arbeitnehmer und des individuellen Arbeitsverhältnisses fest, obwohl sie angesichts der großen Betriebe und Unternehmen nach ihren eigenen Angaben ein persönliches Verhältnis zu ihren Beschäftigten schon lange nicht mehr halten konnten und z. T. wollten. Konnte diese Konzeption — auch in ihrer Glaubwürdigkeit für die Beteiligten selbst — nur aufrechterhalten werden gegenüber einer relativ unselbständigen Arbeitnehmerschaft und im sicheren Vertrauen auf die Hilfe des Staates in Form von Repression, so veränderte sich die Konzeption allmählich mit der Herausbildung der Arbeiterorganisationen während der 1890er Jahre und besonders nach der Herausforderung des Streiks im Jahre 1905 — bei abfallender Überzeugungskraft des Konzepts auch für die Unternehmer selbst — zu einem bewußt angewandten Instrument der ideologischen Manipulation der Arbeitnehmerschaft. Diese Beobachtung wird von der wichtigen Rolle unterstrichen, die Alfred Hugenberg, dessen Programm zur ‚Befriedung' der Arbeitnehmer auf Vereinzelung einerseits, „Werksgemeinschaft" andererseits und weiter auf die Ablenkung innerer Probleme nach außen abzielte, in den Jahren zwischen 1910 und 1933 im Bergbauverein spielen konnte[592].

Die Industrialisierung des Landes, das Aufholen im internationalen industriellen Entwicklungsniveau waren die Ziele, die in Deutschland, zumindest aber in Preußen, Staat und Unternehmer von Anfang an verbanden. Und die Schwerindustrie war in der preußisch-deutschen Industrialisierung der initiierende und lange Zeit der bedeutendste Sektor. Und einen umso größeren Anteil die Industrie an der Volkswirtschaft erreichen konnte, umso mehr war die ‚Machtpolitik' des Staates von der Industrie abhängig. Beide Zusammenhänge überschauten die schwerindustriellen Unternehmer nur zu klar. Ihre Schlußfolgerung war, daß die Industrie einen gleichsam doppelten Vorrang genießen müsse. Zum einen habe der Staat die Aufgabe, die Industrie bzw. — wie sie es nannten — die „nationale Arbeit" nach außen wie nach innen gegen produktionshemmende Faktoren zu schützen. Und zum anderen stehe der Industrie, und das hieß in ihren Augen: den Unternehmern, ein bevorzugter Zugang zu den Behörden des Staates zu. Der bevorzugte Zugang zu den Staatsbehörden blieb — trotz der abnehmenden Repräsentation in den zentralen Parlamenten — durch die verbandsmäßig organisierte Interessenrepräsentation, die seit den 1860er und 1870er Jahren durch die spezifisch antiparlamentarische Ausrichtung der Politik Bismarcks ermutigt und gefördert worden war und weiterhin durch die ausbil-

[591] Vgl. VMB, Nr. 114, 1909, S. 63.

[592] Allein von 1912 bis 1925 blieb Hugenberg Vorsitzender des Bergbauvereins. Insgesamt vgl. Guratzsch.

dungsbedingte Verflechtung von staatlichen Bergbeamten und Bergbauunternehmern erleichtert wurde, weitgehend ungeschmälert bestehen. Der durch den Staat zu gewährleistende Schutz der „nationalen Arbeit" durch das Schutzzollsystem blieb nach seiner Wiedereinführung im Jahre 1879 erhalten, obwohl die Schwerindustriellen immer wieder Anlaß sahen, um seinen Bestand zu fürchten. Der Schutz nach innen — vor allem gegen die übrigen industriellen Gruppen der Arbeiter und Angestellten —, der lange Zeit durch die Bismarcksche Repressionspolitik gewährleistet war, wurde in der Phase nach 1890 weniger selbstverständlich. Zwar behinderten und störten besonders die unteren und mittleren staatlichen Behörden — wie wir oben sahen — weiterhin den Auf- und Ausbau der Arbeitnehmerorganisationen und griffen im Falle von Streiks regelmäßig gegen die Streikenden mit Polizei und Militär durch, doch versuchten vor allem die oberen Behörden, wenn auch zögernd und wenig kompromißbereit, einen Ausgleich sowohl zwischen dem Staat und den Arbeitnehmerorganisationen als auch zwischen diesen und den Unternehmern zu schaffen. Beides lehnten die schwerindustriellen Unternehmer des Ruhrgebietes mit Vehemenz ab. Und die radikalen Äußerungen von Gewerkschaftsführern, die jeden Ausgleich und jede Integration in die — wie sie es nannten — bestehende Gesellschaftsordnung ablehnten, konnten die Haltung der Unternehmer nur erleichtern und bestärken.

Für die Unternehmer hatte sich — gerade auch, so konnte gezeigt werden, als Folge des empfundenen und ursprünglich vom Staat initiierten Zwanges zum industriellen Aufholen — „die Autorität des Arbeitgebers", die Alleinbestimmung über Betriebe und Industrie, zum — wie Kirdorf es nannte — „Axiom der bestehenden Wirtschaftsordnung" verfestigt[593]. Und die Existenz des RWKS machte es ihnen möglich, diesen Standpunkt zu verteidigen. Gerade diese günstige Handlungsdisposition verstellte ihnen aber offensichtlich die Einsicht und den Blick dafür, daß der Staat, gerade auch um die weitere industrielle Entwicklung zu sichern, die Interessen auch der übrigen Gruppen, die der bisherige industrielle Prozeß hervorgebracht hatte, zu berücksichtigen und zu integrieren. Eine solche Berücksichtigung stand dem langfristigen und lange praktizierten Konzept der schwerindustriellen Unternehmer im Ruhrgebiet entgegen, das zwar die ununterbrochene Aufrechterhaltung der Betriebe, gleichzeitig aber die Niedrighaltung der Lohnkosten vorsah. Dieses letztere Ziel jedoch wäre bei einer stärkeren Berücksichtigung von Arbeitnehmer-, vor allem: Arbeiterinteressen und bei einem verstärkten Einfluß der Arbeitnehmerorganisationen sowohl auf gesamtgesellschaftlicher wie auf betrieblicher Ebene ins Wanken geraten. Betriebliche und politische Herrschaft hatten sich in den Augen der Unternehmer gegenseitig zu unterstützen und ‚ungerechte Forderungen' abzulehnen oder besser noch:

---

593 Nach Böhme, Emil Kirdorf, 2. Teil, S. 32.

die Artikulationschancen der Arbeitnehmer zu verhindern. Die Gesellschaftsordnung, die durch diese Art der Herrschaft aufrechterhalten werden sollte, war für die schwerindustriellen Unternehmer des Ruhrgebietes in engster Weise verknüpft sowohl mit den für ein industrielles Aufholerland und besonders für die Schwerindustrie typischen Vorstellungen über eine leichte und rasche Kapitalbildung als auch — und z.T. mit dem Vorhergehenden verbunden — mit der für sie selbst, wie oben gezeigt werden konnte, so günstigen Verteilung des erwirtschafteten Produktionsergebnisses. Zur Durchsetzung dieses — alten — Konzepts der Herrschaft schien die Mehrheit der Unternehmer im Bergbauverein auch nach 1905 und gegen die Absichten des Staates bis zum äußersten entschlossen. Die Ablehnung eines Zusammengehens aller nicht-sozialdemokratischen Kräfte im ‚Hansa-Bund' (1909-14) und im ‚Kartell der schaffenden Stände'[594], die Kontaktaufnahme mit der äußersten Rechten des organisierten politischen Meinungsspektrums, die sich immer mehr im ‚Alldeutschen Verband' zusammenfand und eine „nationale Front" zu erreichen versuchte, ebenso wie der Aufstieg Hugenbergs deuten in diese Richtung[595]. Und z. B. Kirdorf beklagte es immer wieder, daß die Unternehmer „ohne rücksichtslose Führer" seien, „die gegenüber ihren wirtschaftlichen Interessen alle anderen, auch die höchsten Staatsinteressen" zurücksetzen[596]. Durch die Aufrechterhaltung des alten Herrschaftskonzepts im Betrieb und die Hoffnung der Unternehmer, auch den Staat — wie zu Bismarcks Zeiten — auf dieses Konzept festlegen zu können, waren die Möglichkeiten des Staates zum sozialen Ausgleich zwischen Unternehmern, Angestellten und Arbeitern beschränkt. Während aber der Staat — wie Reichskanzler Bülow Kirdorf im Jahre 1905 mitteilte — glaubte, daß die schwerindustriellen Unternehmer an der Ruhr „und das nach 1889 entwickelte Syndikatswesen" „das Odium für die vorläufige Unwirksamkeit des staatlichen Ausgleichsversuches weiter aber auch die Folgen zu tragen" hätten, war Kirdorf angesichts der staatlichen Vermittlungsversuche der Ansicht: „. . . das Ende wird der Staat selbst auszukosten haben"[596a].

[594] Vgl. hierzu bes. S. Mielke, Der Hansa-Bund für Gewerbe, Handel und Industrie 1909-1914, 1976; D. Stegmann, Die Erben Bismarcks; ders., Zwischen Repression und Manipulation: Konservative Machteliten und Arbeiter- und Angestelltenbewegung 1910-1918, in: AfS 12, 1972, S. 351-432, und Böhme, 2. Teil, S. 34 ff.

[595] Vgl. Guratzsch, und Stegmann, Zwischen Repression und Manipulation.

[596] Nach Böhme, S. 34.

[596a] Beide Zitate aus dem Jahr 1905 nach: Böhme, S. 32.

5.1.4. Der Staat: Die intensive Förderung der Industrie und die Vernachlässigung von Arbeitnehmerinteressen

5.1.4.1. Staat, Gesellschaft und die Chancen der Industrialisierung

5.1.4.1.1. Das Verhältnis von Staat und Gesellschaft

Die Industrialisierung und die mit ihr einhergehende betriebliche und gesellschaftliche Teilung der Arbeit hatte, so wird aus dem vorhergehenden deutlich, in umfassender Weise die Lebensbedingungen der menschlichen Produzenten, ihre individuelle und kollektive Selbst- und Fremdeinschätzung sowie die Ausbildung ihrer Interessen, ihres Verhaltens und Handelns geprägt und verändert. Bedingten und verstärkten die Organisation der Produktion, die — mit dieser korrespondierende — jeweilige Ähnlichkeit bzw. Unterschiedlichkeit der sozialen Lage und die Organisation der Interessen die Konstituierung und zunehmende Separierung der gesellschaftlichen Schichten, Gruppen und Klassen, so bewirkte zugleich — und z. T. gegen den Willen der Beteiligten — die Definition und Artikulation der jeweiligen kollektiven Interessen in Richtung auf die politische Berücksichtigungs- und Entscheidungszentrale, den Staat, eine zunehmende nationale und Systemintegration der neu entstandenen sozialen Einheiten. Darüber hinaus hatten die staatlichen Entscheidungen und Maßnahmen ihrerseits — wie an vielen Stellen deutlich wurde — oftmals spürbar auf die Verhältnisse eingewirkt, die die Ursache und Grundlage der jeweiligen Interessenrepräsentation bildeten.

Staat und Gesellschaft stellen also — so zeigt sich — gerade auch in industriell sich entwickelnden und ausgebildeten Systemen nicht zwei strikt von einander getrennte oder gar beziehungslos oder unverbunden neben- bzw. übereinander geordnete Größen dar; vielmehr ist der Staat funktional auf die Gesellschaft bezogen. Als Träger spezialisierter Funktionen bildet er — systemtheoretisch formuliert — ein Teil- oder Subsystem der Gesamtgesellschaft, die ohne die Leistungen des Staates nicht überleben könnte. Staat und Gesellschaft sind mithin innerhalb des Gesamtsystems nicht als eigenständige, sondern nur als aufeinander bezogene Einheiten denk- und vorstellbar[597].

Produziert die Gesellschaft — neben geistigen und künstlerischen — gewerbliche und industrielle Werte, so liegt die Funktion des Staates gleich-

597 . Vgl. hierzu: E.-W. Böckenförde, Die Bedeutung der Unterscheidung von Staat und Gesellschaft im demokratischen Sozialstaat der Gegenwart, in: Aus Politik und Zeitgeschichte B 49/1971, S. 3-18, bes. S. 7-10; auch: C. Offe, Berufsbildungsreform. Eine Fallstudie über Reformpolitik, 1975, S. 9 ff.; M. Draht, Der Staat der Industriegesellschaft. Entwurf einer sozialwissenschaftlichen Staatstheorie, in: Der Staat 5, 1966, S. 273-284, S. 275 f.

sam in der Produktion politischer Entscheidungen und deren Durchsetzung[598]. Er faßt die Bedürfnisse und Interessen der gesellschaftlichen Individuen und Kollektive (sachlich und geographisch) zusammen, stellt Vermittlungsformen und Organisationsmittel bereit[599] und nimmt allgemein eine für die Gesellschaft notwendige, ihren Bestand bedingende Erhaltungs-, Sicherungs- und auch Veränderungsfunktion wahr[600]. Zur Wahrnehmung dieser Aufgaben und zur Durchsetzung der hierzu notwendigen Entscheidungen bedarf der Staat gegenüber den übrigen Teilsystemen der Gesamtgesellschaft der Macht und der, wenn auch — worauf wir im weiteren zurückkommen werden — legitimierten, Herrschaft. Die Bereitstellung der Machtmittel ebenso wie auf Dauer ausgeübte politische Herrschaft überhaupt „äußert sich und funktioniert", wie bereits Max Weber feststellte, „als Verwaltung"[601]. Obwohl der Staat in notwendiger und mannigfaltiger funktionaler und sozialer Wechselbeziehung mit der Gesellschaft steht, ist er somit zugleich durch die Besonderheit seiner Aufgaben und durch die hiermit erforderliche Organisation von der Gesellschaft unterschieden und gesondert.

In der Erfüllung und Ausübung seiner Funktionen ist der Staat nicht autonom, sondern als „organisierte Wirk- und Entscheidungseinheit"[602] der Gesamtgesellschaft an deren allgemeines Normensystem gebunden. Dies bedeutet in bürgerlich-kapitalistischen Gesellschaften, und mit solchen haben wir es hier zu tun, die Orientierung an den Prinzipien der Rechtsgleichheit, der Erwerbsfreiheit und der Garantie des erworbenen Eigentums[603]. An diesen Grundprinzipien sind — als konkrete, meist schriftlich kodifizitierte Ausfüllung des allgemeinen Normensystems — auch die Verfassungen ausgerichtet, in welche jedoch — da sie den Zugang zum und die Machtverteilung innerhalb des staatlichen Systems regeln — zusätzlich der jeweilige Stand der Kräfteverhältnisse innerhalb der Gesellschaft eingeht. Die staatliche Einhaltung des allgemeinen Normensystems wird kontrolliert durch das Parlament und die in ihm vertretenen politischen Parteien, welche aufgrund ihres Charakters als „Transmissionsriemen"[604] zwischen Gesellschaft und Staat — auch von Ralph Miliband — zusammen mit den Interessenverbänden, Kirchen und Massenmedien zum „politischen System" im Unterschied zum ausschließlich den Staatsapparat umfassenden „Staatssystem" gerechnet werden[605].

598 N. Luhmann, Grundrechte als Institution, 1965, S. 15 ff.

599 C. Offe, Berufsbildungsreform, S. 12 f.

600 Böckenförde, S. 8; Draht, S. 282-284.

601 Vgl. M. Weber, Wirtschaft und Gesellschaft, 1964, Bd. 2, S. 697.

602 So Böckenförde, S. 9.

603 Ebenda, S. 10 ff.

604 Ebenda, S. 12.

Da die Macht und die Herrschaftsposition des Staates „nie allein auf Zwang, [sondern] immer auch auf Anerkennung“ beruht[606], hat sich und sucht sich der Staat gegenüber der Gesellschaft zu legitimieren. Dies tut er nicht nur mit der Befolgung des gesamtgesellschaftlichen Normensystems, sondern auch durch sein effektives Funktionieren und die von ihm für die Gesellschaft errungenen Vorteile und Gewinne und deren Darstellung. In diesem Vermittlungsprozeß der staatlichen Legitimation einerseits und der Anmeldung gesellschaftlicher Bedürfnisse und Interessen andererseits spielen — neben dem Grad der tatsächlichen Berücksichtigung und Erfüllung der jeweiligen Wünsche und Forderungen — die oben zum „politischen System“ gerechneten Institutionen eine bedeutsame Rolle[607].

Hatte der Staat die grundsätzliche Aufgabe, die Produktion und Reproduktion des materiellen Lebens der Gesellschaft zu gewährleisten[608] und nach innen und außen zu sichern, so war die Industrialisierung offensichtlich dazu imstande, ihm diese Funktionen in entscheidendem Maße zu erleichtern. Die Erweiterung der Produktionsbasis zugunsten des gewerblichen und auf Kosten des traditionellen, landwirtschaftlichen Bereichs brachte nicht nur eine verbesserte Beschäftigungsmöglichkeit, Versorgung und einen höheren Lebensstandard der Bevölkerung mit sich, sondern steigerte auch die Steuerkraft der Gesellschaft zugunsten des Staates, erleichterte die militärische Sicherung und erhöhte somit die Macht des Staates nach innen und außen.

Je weiter aber die Industrialisierung unter der mehr oder weniger aktiven Mithilfe des Staates voranschritt, umso abhängiger wurde dieser von der gewerblichen Produktionsbasis der Gesellschaft und der von diesem Sektor erbrachten Leistungen. Und je abhängiger der Staat hiervon wurde, umso mehr wuchs er, das Prinzip des Privateigentums übernehmend, welches — wie Friedrich Jonas feststellt — „ursprünglich keineswegs . . . als das allgemeine Weltprinzip [auftritt], zu dem es sich später entwickelt“[609], „in die Funktion des Schützers, Förderers und Garanten der kapitalistischen Produktionsweise“ hinein und wurde zum „bürgerlichen Staat“[610]. Doch fiel ihm

[605] Vgl. R. Miliband, The State in Capitalist Society (1969) 1973³, S. 50 f.; auch: J. Hirsch, Elemente einer marxistischen Staatstheorie, in: C. v. Braunmühl u. a., Probleme einer materialistischen Staatstheorie, 1973, S. 199-265, S. 259.

[606] M. Draht, S. 280.

[607] Ebenda, S. 282 f.

[608] Vgl. G. Buck u. a., Kybernetische Systemtheorie: Ein Instrument zur Analyse revolutionären sozialen Wandels, in: M. Jänicke, Hg., Politische Systemkrisen, 1973, S. 138-150, S. 142.

[609] Vgl. F. Jonas, Sozialphilosophie der industriellen Arbeitswelt, 1974², S. 147.

[610] C. v. Braunmühl, Weltmarktbewegung des Kapitals, Imperialismus und Staat, in: Braunmühl u. a., Probleme einer materialistischen Staatstheorie, S. 11-91, S. 42.

diese Rolle zunehmend schwerer. Denn je weiter die industrielle Entwicklung voranschritt, umso größer wurde — wie unsere bisherige Untersuchung zeigt — das Ausmaß der betrieblichen und gesellschaftlichen Teilung der Arbeit, der Konzentration des Besitzes und der Kontrolle über die zur Verfügung stehenden industriellen Produktionsmittel in einer immer geringer werdenden Anzahl von Händen sowie der schichten- und klassenmäßigen Differenzierung der industriell beschäftigten Bevölkerung. Das Maß der aus gesellschaftlicher, aber zunehmend auch aus staatlicher Perspektive notwendig werdenden Vermittlungs-, Ausgleichs- und Integrationsleistungen des Staates stieg an, ihr Charakter wurde schwieriger und umfassender, ihre Funktion für die Aufrechterhaltung der bestehenden Organisation der Produktion und der Gesellschaft immer unentbehrlicher. Je mehr also die industrielle Entwicklung zunahm und je größer hiermit die gleichsam materielle Macht des Staates wurde, umso schwieriger wurde seine grundsätzliche Aufgabe der (geographischen, sachlichen und sozialen) Vermittlung innerhalb des Bereichs der Gesellschaft.

5.1.4.1.2. Die Bedeutung der Stellung im internationalen Industrialisierungsprozeß

Gelten die vorher ausgeführten Bedingungen für alle unter kapitalistischem Vorzeichen industrialisierenden Gesamtgesellschaften, so muß es — wie bereits die bisherige Analyse zeigt — von entscheidender Bedeutung für die Rolle des Staates sein, ob die jeweilige Gesellschaft im internationalen Industrialisierungsprozeß eine Führungs- oder eine Nachfolgeposition einnimmt. So wird — und so lautet die erste sich aus der bisherigen Analyse ergebende und im weiteren zu verfolgende Hypothese — im industriellen Nachzüglerland Deutschland im Vergleich zu Großbritannien der Staat ein stärkeres, unmittelbares Engagement im Industrialisierungsprozeß entwickeln, und diese Tätigkeit wird — so lautet die zweite Hypothese — nicht ohne Folgen für die Wahrnehmung seiner allgemeinen Vermittlungsfunktion bleiben.

5.1.4.2. Die partikularen Gewalten und der „Zwang" zur Zentralisierung, der frühe Aufbau der Bürokratie, die materiellen Bedürfnisse und der „Zwang" zur Industrialisierung

Neigte der Staat in Deutschland aufgrund der relativen industriellen Rückständigkeit des Landes ab einer bestimmten Phase der historischen Entwicklung zu einem im Vergleich zu Großbritannien starken industriellen Engagement, so mußten gleichzeitig dieser Entschluß wie seine Durchführung von dem hierzu zur Verfügung stehenden Handwerkszeug: der institutionellen und ideologischen Tradition des Staates, abhängig und geprägt sein. Anders nämlich als die durch die Industrialisierung neu entstehenden Schichten der Unternehmer, Angestellten und Arbeiter und die von ihnen gebildeten Interessenverbände wuchs die Institution des Staates aus der vorindustriellen in die industrielle Zeit hinüber.

Während der Staat in Großbritannien — wie weiter unten zu zeigen sein wird — aufgrund der geographischen Bedingungen und der politischen Entwicklung lange Zeit nur ansatzweise und in wenigen, abgesonderten Bereichen einen eigenständigen, zentralisierten Verwaltungsapparat aufbauen konnte, verlief dieser Prozeß in Deutschland anders. Die seit dem 15. und 16. Jahrhundert auf dem Boden des Deutschen Reiches sich herausbildenden Territorialstaaten entwickelten, obwohl sie nur Teile des Reiches darstellten, zum Ausbau und zur Befestigung ihrer Herrschaft ein umfassendes, hierarchisch gegliedertes, zentralistisch aufgebautes, auf den jeweiligen Landesfürsten ausgerichtetes und von ihm abhängiges Verwaltungssystem. Die Gründe für diese Neuentwicklung, welche sich inhaltlich und von ihren Methoden her am Vorbild der wirtschaftlich hoch entwickelten Städte orientierte[611], können nicht allein allgemein in dem Versuch zur Sicherung und Erhöhung der Staatsfinanzen gelegen haben, obwohl die Folgen des 30jährigen Krieges in Deutschland diese Tendenz sicherlich verstärken konnten. Denn in Frankreich, noch mehr aber in Großbritannien, verzögerte sich der Aufbau einer durchgehenden und umfassenden staatlichen Verwaltung. Insbesondere lassen sich u. E. zwei Ursachen der frühen Ausbildung eines staatlichen Verwaltungsapparates in den deutschen Territorialstaaten nennen: zum einen die anders als in England und Frankreich bestehende, starke Machtkonkurrenz zwischen den Landesherren und dem übrigen Adel, den Städten und den Ständen, d. h. das Fortwirken der für die deutsche Verfassungsgeschichte seit dem frühen Mittelalter typischen zentrifugalen und partikularen Tendenz, der die Territorialstaaten selbst ihre Existenz verdankten[612]; zum anderen die für großflächige Binnenlandstaaten so deutlich hervortretende Notwendigkeit und Schwierigkeit der geographischen Integration[613]. Während also z. B. in Großbritannien angesichts der günstigen Transportmöglichkeiten zur See für fast alle Landesgebiete die relativ geringen Aufwendungen für Straßen und Kanäle privaten Kapitalgebern überlassen bleiben konnten, mußte in den stärker binnenländisch geprägten Staaten

611 Vgl. F. Facius, Wirtschaft und Staat. Die Entwicklung der staatlichen Wirtschaftsverwaltung in Deutschland vom 17. Jahrhundert bis 1945, 1959, S. 11-13; W. Andreas, Deutschland vor der Reformation, 1934², S. 369 f.

612 Vgl. hierzu etwa: H. Mitteis/H. Lieberich, Deutsche Rechtsgeschichte, 1966¹⁰, S. 37-58, 101-106, 117-142, 161-169.

613 Vgl. hierzu: M. Weber, Agrarverhältnisse im Altertum, in: ders., Gesammelte Aufsätze zur Sozial- und Wirtschaftsgeschichte, 1924, S. 1-288, S. 213-274.

auf diesem Sektor, so in Frankreich ab den 1720er, in Preußen ab den 1780er Jahren, der Staat die Initiative ergreifen. Auch die 1772 gegründete staatliche Preußische Seehandlungs-Gesellschaft diente ursprünglich teilweise dem Zweck, bestimmte Landesteile (Ost- und Westpreußen) wirtschaftlich enger miteinander zu verbinden[614].

Die dauerhafte Aufrechterhaltung des lange Zeit oftmals sehr umstrittenen Herrschaftsanspruchs durch den Landesfürsten und die tatsächliche Ausübung (und Erweiterung) der Herrschaft nach innen und außen erforderte in den deutschen Territorialstaaten zu einem vergleichsweise frühen Zeitpunkt den Aufbau einer durchgehenden staatlichen Bürokratie und eines stehenden Heeres. Die Unterhaltung und die Funktionsfähigkeit beider Institutionen bedurfte finanzieller und weiterer materieller Mittel. Obwohl auch in Preußen noch im 17. Jahrhundert ein Teil der Beamten nach traditioneller Methode sich direkt von einem Teil der für den Staat eingenommenen Mittel oder für ihn verwalteten Ländereien zu unterhalten hatte und die Heerführer der jeweils aufgestellten Söldnerheere angesichts des Mangels an Geld oftmals durch die Vergabe von Grundbesitz und fürstlichen Rechten (z. B. Regale) entschädigt werden mußten[615], verstand man es auf Dauer doch, dem seit dem frühen Mittelalter in Deutschland bestehenden Zirkel der Finanzschwäche der zentralen politischen Gewalt und der zentrifugalen Tendenz zur Verselbständigung partikularer Mächte zu entkommen[616]. Gegen den heftigen Widerstand der Stände konnte der Große Kurfürst die Einrichtung eines unmittelbar aus der Staatskasse besoldeten, stehenden Heeres durchsetzen, und auch die Beamten wurden zunehmend unmittelbar aus dem zentralen Staatshaushalt bezahlt. Die Möglichkeit zur Aufbringung der hierzu erforderlichen Mittel sah der Staat in der Erhöhung der Erträge aus dem Besitz des Landesfürsten und der Erschließung möglichst vieler Erwerbsquellen im Lande. Dies erforderte zunächst allgemein die Hebung des Wohlstandes und der Steuerkraft aller Bürger und die Erziehung der Bevölkerung zu systematischer Wirtschaftsführung[617].

Die allgemeinen Ermunterungs- und Förderungsmaßnahmen des Staates zu gewerblicher Tätigkeit im Zeichen der merkantilistischen Politik waren nur zum Teil von Erfolg begleitet. Bedeutend wichtiger für die Ingangsetzung der Industrialisierung war offensichtlich der Besitz und die selbsttätige Nutzung der Regale durch den Staat, die für die Heeresversorgung notwendigen Betriebe und die für beide Bereiche arbeitenden Zulieferbetriebe.[618]

---

614 Vgl. H. Staudinger, Der Staat als Unternehmer, 1932, S. 18.

615 Vgl. ebenda, S. 12 f.

616 Vgl. hierzu die oben angegebenen Stellen bei: Mitteis/Lieberich, Deutsche Rechtsgeschichte.

617 Staudinger, S. 19.

618 Vgl. ebenda, S. 14-17.

5.1.4.2.1. Die grundsätzliche Ausrichtung und die Aufgaben des Staates

Zwar erhöhte sich mit den erweiterten Aufgaben des Staates auch die Zahl der Beamten, doch diente die staatliche Verwaltung in Preußen zunächst der Durchsetzung des gefährdeten landesherrlichen Herrschaftsanspruchs nach innen und außen. Die Einrichtung des bürokratischen Systems in Preußen war also nicht die Folge des staatlichen Willens zur Ermunterung und Förderung gewerblicher und industrieller Tätigkeit, sondern dieser letztere Bereich sollte die staatliche Verwaltung und damit die Durchsetzung und Aufrechterhaltung der Herrschaft des Landesherrn finanzieren helfen. Die ursprüngliche Zielrichtung bei der Gewerbeförderung war, mit Ausnahme der militärischen Notwendigkeiten, mithin eine weitgehend beschränkt fiskalische gewesen. Doch zeigte sich allmählich, daß der eingeschlagene Weg zu einem größeren, volkswirtschaftlichen Ziel führen konnte, welches — im Vergleich mit den fortgeschritteneren westlichen Ländern, vor allem Großbritannien — manchen der Zeitgenossen, vor allem auch in der Beamtenschaft selbst, in den Jahren nach 1800 als wünschbar und erstrebenswert erschien: der Industrialisierung.

Von der Verfolgung dieses Zieles blieb denn auch der Staat, die Beamtenschaft und ihre Haltung zu Unternehmern, Angestellten und Arbeitern in Deutschland, besonders aber in Preußen nachdrücklich und weit stärker als etwa in Großbritannien — wie im folgenden zu zeigen sein wird — bis zum Ausbruch des Ersten Weltkrieges geprägt.

Ebenso wie die grundsätzliche und starke Ausrichtung des Staates auf die Industrialisierung eine bestimmte Rangordnung zwischen den staatlichen Aufgaben herstellte, so trug umgekehrt wiederum konkret die Natur und die — im Vergleich zu Großbritannien — unterschiedliche Gewichtung der wahrgenommenen Aufgaben, wie sich zeigen sollte, in entscheidendem Maße zu dieser prinzipiellen Orientierung des Staates und seiner Beamten bei. Beide Wirkzusammenhänge und ihr schließliches Ergebnis, nämlich die tatsächliche und typische Ausprägung staatlichen Handelns und Einwirkens auf die industrielle Gesellschaft, wollen wir aufzuzeigen versuchen, indem wir die unterschiedlichen Tätigkeiten des Staates in vier Bereiche, nämlich diejenige der (1) direkten und (2) indirekten Maßnahmen der Industrieförderung, (3) der sozialpolitischen Maßnahmen und (4) der Interessenintegration zusammenfassen und schließlich den Charakter seines Personals, der Beamten, beleuchten.

1. Das direkte, industrielle Engagement des Staates

Ziel des merkantilistischen Staates war es — wie wir vorher sahen —, allgemein durch die Anregung der Gewerbetätigkeit der Bevölkerung das

Steueraufkommen zu erhöhen und zusätzlich, insbesondere für die zum Zwecke der Heeresversorgung arbeitenden Betriebe, die Zulieferung vor allem von Rohstoffen zu sichern[619]. Zu beiden Absichten bot das Bergregal den besten Ansatzpunkt. Obwohl während der Phase der Konsolidierung der Territorialstaaten sich die einzelnen Landesherrn diese Regale oftmals erst mühsam sichern mußten und das Regal auf Kohle erst zu Ende des Mittelalters aufkam, befanden sich die Landesherrn im 18. Jahrhundert weitgehend im Besitz der Bodenschätze[620]. Nennenswerte Ausnahmen hiervon waren in Preußen der Herzog von Arenberg im Ruhrgebiet und einige weitere Adelige in Oberschlesien[621]. Die Bodenschätze wurden, soweit ihr Vorkommen bereits bekannt war, — in Feldern aufgeteilt — vom Landesherrn gegen die Entrichtung des ‚Zehnten' an Privatleute verliehen und zur Ausbeute freigegeben. Doch angesichts des zunehmenden Finanzbedarfs und seines grundsätzlichen Interesses an lange anhaltenden, regelmäßigen und möglichst steigenden Abgaben mußte sich das Augenmerk des Staates zunehmend auch auf die Betriebsweise der Zechen richten, nach deren Förderung sich eben die Höhe der ihm zukommenden Abgaben richtete.

Im Ruhrgebiet hatte der preußische Staat schon zu Beginn des 17. Jahrhunderts ohne anhaltenden Erfolg versucht, Ordnung in die Betriebsverhältnisse des Bergbaus zu bringen, doch ging sein Interesse zu dieser Zeit kaum über die Abgabenerhebung hinaus[622]. Dies änderte sich erst nach Ablauf eines weiteren Jahrhunderts, als die Holzknappheit zunahm und die nahegelegene staatliche Saline Königsborn mit Brennstoff aus dem Bergbau des Ruhrgebietes versorgt werden sollte. Die zur Erkundung dieser Möglichkeit von Berlin aus ab 1734 entsandten Kommissionen waren — die besseren Verhältnisse des Bergbaues im Harz und im Erzgebirge vor Augen — erschrocken ob der geringen Planung, Ordnung und Regelmäßigkeit der Betriebsführung. Die Folge war die zunächst nur allmählich fortschreitende, mit dem Erlaß der „Revidierte[n] Bergordnung für das Herzogthum Cleve, Fürstentum Meurs und für die Grafschaft Mark" im Jahre 1766 forciert vorangetriebene Aufsicht durch den Staat. Die neue Bergordnung übertrug die Betriebs- und Haushaltsführung der verliehenen und noch zu verleihenden Gruben ausnahmslos der staatlichen Bergverwaltung. Sie gestattete jedem, der sich durch einen Schürfschein die Genehmigung der Bergbehörde gesichert hatte, das Schürfen auf Mineralien und versprach — zugleich als Anreiz zu wirtschaftlicher Betätigung und zum Wohle der Staatskasse — dem ersten Finder die Verleihung eines Grubenfeldes von bestimmter Größe. Den Abbau und das Rechnungswesen, den Produktenverkauf, die

---

619 Vgl. W. Weber, Innovationen im frühindustriellen deutschen Bergbau, S. 181.

620 Vgl. H.D. Krampe, Der Staatseinfluß, S. 12-15.

621 Für Oberschlesien vgl. K. Fuchs, Vom Dirigismus zum Liberalismus, S. 205-207.

622 Hierzu und zum folgenden vgl. Krampe, S. 15-22.

Materialwirtschaft und die Arbeiterverhältnisse aber leiteten die Organe des Staates, die Bergmeister, Geschworenen, Obersteiger und Oberschichtmeister. Diese regulierten von zentraler Stelle aus die Produktion, den Absatz und die Preise, schafften Ausgleich zwischen verkehrsmäßig benachteiligten und bevorzugten Zechen, verhinderten — falls sie es nach der Marktlage für nötig hielten — das Anlegen neuer Betriebe und schlossen somit zusammen mit den Unternehmern auch die Konkurrenz von den Betrieben aus[623].

Die „Sorge um die planvolle Ausnutzung der Kohlenvorräte und die Sicherstellung der Nachhaltigkeit des Bergbaus“[624] war es, die den Staat und seine Beamten zur Übernahme direkten, industriellen Engagements veranlaßte. Und obwohl der Staat, anders als in Oberschlesien und an der Saar, im Ruhrgebiet die Bergwerke nicht in seinen unmittelbaren Besitz übernahm, wurde auch hier zur Erfüllung dieser Aufgabe ein zunehmender Stab an Beamten erforderlich.

Personal der staatlichen Bergämter im Ruhrgebiet, 1792 - 1838 [625]

	1792	1818	1826	1838
Bergamt	18	15	20	25
Medizinisches Personal	-	12	12	12
Oberschichtmeister	8	12	13	18
Obersteiger	8	9	10	15
zusammen	34	48	55	70

Zu diesem für seine Zeit schon beachtlichen und sich in dieser Phase verdoppelnden Beamtenstab, welcher nicht die anderen Bergbaugebiete umfaßte und nur für den Ruhrbergbau eingesetzt war, kamen noch die vom Staat ernannten, aber von den Gewerken bezahlten Schichtmeister und Steiger, von denen jede Grube schon 1792 mindestens einen, die größeren jeweils Schichtmeister *und* Steiger beschäftigten.

Je stärker der Staat in die Rolle des industriellen Unternehmers hineinwuchs, umso mehr wurden seine Beamten mit der Lösung unmittelbar industrieller Leitungsprobleme konfrontiert. Dies traf in Preußen nicht nur auf den Bereich des Bergbaus zu und endete nicht mit der Phase der aktiven Förderung und Initiierung der industriellen Entwicklung durch den Staat. Zwar wurden viele der staatlich gegründeten und geführten Industriebe-

623 Vgl. F. Zunkel, Die Rolle der Bergbaubürokratie, S. 136-141.

624 So der Bericht des Bergrats Decker aus den 1730er Jahren, zit. nach: Krampe, S. 16.

625 Zusammengestellt nach den Angaben bei: M.D. Jankowski, Public Policy, Anhang Tafel 25-28.

triebe in der liberalen Phase nach 1810, als unter dem Druck der militärischen Niederlage und der Finanzschwäche des Staates ein Teil der öffentlichen Meinung und besonders der höheren Beamtenschaft an die Kompetenz und die Initiative privater Unternehmer zu glauben begann, privaten Trägern übergeben, und wohl zog sich der Staat auf die mehr indirekte Förderung der weiteren Industrialisierung zurück, doch übte er weiterhin — weit stärker als etwa in Großbritannien — vor allem im Bereich des Postwesens, der Gewehrfabriken, der oberschlesischen Metallindustrie und später im Bereich der Eisenbahnen und der staatlichen Werften die unmittelbare Funktion des Unternehmers aus. Der keineswegs unbedeutendste Sektor jedoch, an dem sich zugleich das Maß der Kontinuität, die zeitlichen Schwankungen sowie die ideologischen und institutionellen Bedingungen staatlicher Interventionstätigkeit aufzeigen lassen, bildete der Kohlenbergbau.

Obwohl der preußische König — nun beraten von ökonomisch liberal gesinnten Ministern — schon im Jahre 1809 wie für die übrigen Gewerbe, so auch für den Bergbau angekündigt hatte, daß er um der „allgemeinen Wohlfahrt und Gerechtigkeit" willen alle gesetzlichen Bestimmungen aufgehoben wissen wolle, „die bis jetzt das Individuum in der Verfolgung eines solchen Niveaus persönlichen Wohlergehns behindert haben, das es mit seinen eigenen Kräften erreichen kann"[626], änderte sich am bisherigen gesetzlichen Zustand im Bergbau lange Zeit nichts. Das staatliche Direktionsprinzip wurde erst im Zeitraum zwischen 1851 und 1865 aufgehoben, und darüber hinaus verblieb ein großer Teil des nationalen Bergbaus dem Staat. Nur im Ruhrgebiet wurden die privaten Zechen in die Leitung der Unternehmer überführt und die wenigen staatseigenen Gruben und Hütten sowie die Besitzanteile an weiteren Zechen mit der Ausnahme des etwas entfernter gelegenen Bergbaus von Ibbenbüren an Privatleute verkauft[627]. In Oberschlesien und an der Saar dagegen veräußerte er keine seiner Gruben, sondern baute sie im Gegenteil weiter aus[628]. Wie läßt sich diese Entwicklung angesichts einer dem wirtschaftsliberalen Gedankengut, der privaten Initiative und dem privaten Eigentum verschriebenen politischen Führung erklären?

Neben der zeitweise schwankenden Haltung der oberen Staatsleitung und dem lange Zeit zumeist nur geringen Drängen der privaten Bergbauunternehmer, sie von der fürsorglichen staatlichen Direktion zu befreien[629], ist

---

626 Zit. nach: W. Sombart, Die deutsche Volkswirtschaft im 19. Jahrhundert, 1913³, S. 65/6.

627 Vgl. hierzu: A. Heinrichsbauer, Harpener Bergbau, S. 123; M. Schulz-Briesen, Der preußische Staatsbergbau. Bd. 2, S. 9.

628 Vgl. K. Fuchs, Vom Dirigismus, S. 121-127; Schulz-Briesen, Bd. 1, S. 87-99.

629 Zunkel, Die Rolle, S. 134 f.

hier vor allem der Faktor der Bergbaubürokratie zu nennen. Zwar hatte der Staat sie im Laufe des 18. Jahrhunderts als Werkzeug zum Auf- und Ausbau seiner Grundstoffindustrie geschaffen, doch hatte sie sich mit der Zeit zu einer Gruppe mit einer eigenen Tradition, eigenen Loyalitäten und einer relativ eigenständigen Ideologie entwickelt, wie sie in Großbritannien im industriellen Sektor gar nicht erst entstehen konnte. Der hohe Grad ihrer Ausbildung und ihre Verdienste und Unentbehrlichkeit beim Aufbau und bei der Verwaltung der grundlegenden Basis der Industrialisierung des Landes und eines Industriezweiges, der unter ihrer Leitung zum großen Teil die Waffen für die erfolgreichen Freiheitskriege produziert hatte, trugen hierzu entscheidend bei[630].

Zunächst mußten die Beamten der staatlichen Bergbauverwaltung verständlicherweise daran interessiert sein, daß mit der möglichst uneingeschränkten Verwaltung auch ihre Arbeitsplätze gesichert blieben. Und nicht ohne Grund versuchte der preußische Handelsminister von der Heydt nach der Aufhebung des staatlichen Direktionsprinzips die Beamten der Bergbauverwaltung im Ruhrgebiet im Jahre 1852 mit dem Hinweis zu beruhigen, die größeren — nun wieder privat geleiteten — Bergbauunternehmen würden schon bald eigene technische Direktoren einstellen müssen[631]. Der zweite Grund war, daß sie mit ihrer möglichen Entlassung aus dem staatlichen Bergdienst auch den Erhalt ihres bisherigen und den Erwerb von weiterem Bergwerkbesitz gefährdet sehen konnten, den sie trotz aller königlichen Verbote und amtlichen Kontrollen auf ihre Seite bringen konnten[632]. Mindestens ebenso wichtig war die Furcht der Bergbeamten vor einem mit den beruflichen und amtlichen Funktionen reduzierten gesellschaftlichen Status. Und mit dem offen vorgetragenen Argument einer zu starken Restriktion ihres Amtes leistete nicht so sehr die Bergbaubürokratie in Berlin, sondern diejenige in der Provinz der Verabschiedung jedem der fünf zwischen 1826 und 1848 vorgelegten Entwürfe zur Aufhebung bzw. Modifizierung des Direktionsprinzips erfolgreich Widerstand[633].

In diesem Zusammenhang ist auch die immer wiederkehrende Betonung ihrer Ausbildung, ihres eigenen Wissens und Könnens zu sehen. Gerade die im Revier tätigen Bergbeamten hoben immer wieder hervor, daß „die meisten Gewerken nicht in der Lage seien, den Bergbau selbst in die Hand zu nehmen"[634]. Doch überhörten sie möglichst die Kritik von liberalen Regie-

---

630 Schulz-Briesen, Bd. 1, S. 41.

631 Vgl. Jankowski, S. 225.

632 Zu den vergeblichen Versuchen, hierdurch eine größere Neutralität der Bergbeamten zu gewährleisten vgl. Tenfelde, S. 65 f. (für das Ruhrgebiet), und Fuchs, S. 105-113.

633 Vgl. Jankowski, S. 204.

634 So der Berghauptmann Bölling in einem Gutachten vom 12.1.1827, OBA B 2/36, zit. nach Zunkel, S. 133.

rungsbeamten anderer Ministerien, daß dies „eine Folge der Gesetzgebung selbst“ sei[635]. Nach der Aufhebung des Direktionsprinzips, die, wie M. D. Jankowski richtig vermerkt, für die Bergbeamten „ein Wechsel von direkter Ausübung von Autorität zur Überwachung, von Befehlen zu Ratschlägen, von Direktion zu Inspektion“ bedeutete[636], suchten diese im Ruhrgebiet durch die enge Auslegung von gesetzlichen Vorschriften und insbesondere durch das Hochschrauben der Ausbildungsanforderungen an die privaten Unternehmer ihre Macht und ihren Wissensstand herauszustellen und zu beweisen[637]. Doch hatte gerade die letztere Praxis noch weitere Gründe. Die Erhöhung der Ausbildungsanforderungen bewirkte zum einen die Verlängerung der Machtstellung der Bergbeamten gegenüber den Betrieben und führte damit — worauf Handelsminister von der Heydt das Oberbergamt Dortmund in seiner Instruktion vom Mai 1852 warnend hinwies — zu einer Verlängerung des jetzigen Zustandes „in absolutem Widerspruch zum Sinn und Ziel des vorgenannten Gesetzes“ von 1851[638], zum anderen diente sie dazu, den Bergbeamten selbst neue Stellen im Privatbergbau zu sichern.

Waren dies die Ängste, welche die Bergbeamten in den Revieren gegen die Aufhebung des Direktionsprinzips und die Privatisierung der Bergwerke auftreten ließen, so hegten ihre Kollegen in Berlin mit dem gleichen Ergebnis weniger unmittelbare, vielmehr sehr viel weiterreichende Befürchtungen: Die privaten Unternehmer, so glaubte offenbar eine konservative Gruppe innerhalb der Ministerialbürokratie — und dieses Argument wird uns noch öfter von dieser Seite begegnen — könnten in Zukunft ein zu starker Machtfaktor im Staate werden[639].

Allen Punkten zugrundeliegend und die Angehörigen der Bergbaubürokratie umso stärker zusammenbindend jedoch war das Vorhandensein einer gemeinsamen traditionellen, merkantilistischen Ideologie. Die Bergbeamten waren in ihrer Mehrheit — wie Friedrich Zunkel herausgestellt hat — davon überzeugt, „vom traditionellen System staatlicher Bevormundung nicht abgehen zu können, weil die Nutzung des Bergeigentums — vom Staat nur bedingt verliehen — ihnen mit den sonstigen Gewerben nicht vergleichbar erschien und der Staat nicht nur wegen der vom Ertrage zu entrichtenden Abgaben, sondern vor allem wegen des hohen, nicht wieder ersetzbaren

[635] PrGStA, Rep. 84a (Akten des Preußischen Justizministeriums), 1178, nach: Zunkel, S. 133.

[636] Jankowski, S. 221.

[637] Ebenda, S. 224.

[638] Ebenda, S. 226.

[639] Vgl. Fuchs, S. 111; vgl. auch noch die ähnlichen Befürchtungen konservativer Gruppen fünfzig Jahre später bei: R. Liefmann, Die Erwerbung der Hibernia-Gesellschaft durch den preußischen Staat und dessen weitere Aufgaben im rheinisch-westfälischen Kohlenbergbau, in: Annalen des Deutschen Reichs 38, 1905, S. 401-417, S. 406.

Wertes der Mineralien im öffentlichen Interesse auf einen sachgemäßen Abbau hinwirken mußte"[640]. Von diesem Standpunkt aus konnte der Staat, selbst wenn sich, wie manche liberale Kritiker innerhalb der Regierungsbürokratie annahmen, herausstellte, daß die Steuereinnahmen „auch bei mehrerer Industrie als Folge größerer Freiheit [. . .] gewinnen"[641], weder im Bereich der Betriebsführung noch auch im Bereich der Arbeitskräfte — hier wiederum weiteren merkantilistisch-absolutistischen Überzeugungen folgend — einen höheren Grad der Unmittelbarkeit des Staates zulassen, der — wie der Bochumer Bergamtsdirektor v. Derschau schon im Jahre 1837 feststellte — „die Befugnisse des Landesherrn nur auf die Erlaubnis [beschränke], *daß einer arbeiten dürfe,* wenn ihn *ein anderer arbeiten lassen will*"[642]. Die dieser Argumentation zugrunde liegende, starke merkantilistisch-etatistische Grundhaltung der Bergbeamten kam weiterhin auch z. B. darin zum Ausdruck, daß sie auch nach der offiziellen Erlaubnis im Jahre 1846 die Gründung ausländischer Unternehmen im Ruhrbergbau zu verhindern suchten[643].

Mit Hilfe dieser Ideologie und Argumentation, aber auch gestützt auf das Eigengewicht einer Gruppe, auf deren technisches Wissen und auf deren aktive Mitarbeit der Staat weiterhin angewiesen blieb, war die preußische Bergbaubürokratie — die Schwankungen und Unterschiede in der Haltung sowohl der Regierung als auch der Privatunternehmer nutzend — imstande, die Aufhebung des staatlichen Direktionsprinzips erheblich hinauszuzögern und darüber hinaus einen großen Teil des deutschen Kohlenbergbaus in staatlicher Hand zu belassen[644]. Zugleich hiermit jedoch sicherte sich die Bergbaubürokratie nicht nur ihre eigene Weiterexistenz und die Aufrechterhaltung des bisherigen Ausbildungssystems, sondern auch das — wenn auch modifizierte — Überleben ihrer traditionellen Ideologie. Und diese blieb — wie im folgenden zu zeigen sein wird — nicht nur auf die eigene Gruppe beschränkt.

Zunächst war der Einfluß dieser Ideologie auf die Kodifizierung der preußischen Berggesetzgebung zwischen 1850 und 1865, die den privaten Bergbau — auf preußisch-deutsche Weise — vom Staatseinfluß befreite, unverkennbar. Trotz der ausgesprochenen Absicht, „die Bergwerksmineralien dem freien industriellen Verkehr zu überweisen und zur Grundlage eines auf den wirtschaftlichen Kräften des Volkes fußenden großartigen Gewerbe-

---

640 Vgl. Zunkel, S. 134.

641 Zit. nach Zunkel, S. 132.

642 StAM OBA 360, Bl. 1-54, 21.6.1837, zit. nach: Tenfelde, S. 167. Hervorhebungen im Original.

643 Vgl. Jankowski, S. 226 f.

644 Noch im Jahre 1900 entfielen 15,5% der preußischen Steinkohlenförderung und 16,1% der Bergarbeiter auf die staatseigenen Bergwerke. Vgl. Schulz-Briesen, Bd. 2, S. 217.

betriebes zu erheben"[645], sicherte sich der Staat weiterhin im Vergleich zu den Rechtsverhältnissen in Großbritannien und im nachrevolutionären Frankreich einen weitgehenden Einfluß auf die Verhältnisse im Bergbau. Da das „Gehenlassen, wie's Gott gefällt", so versicherte selbst der von seinen Kollegen als liberal bezeichnete Mitgestalter des Allgemeinen Berggesetzes von 1865, Heinrich von Achenbach, „... aber stets nachteilig" sei, könne die Gesetzgebung in diesen Ländern „demnach für uns nicht mustergültig sein"[646].

Der vor Erlaß dieses Gesetzes bestehende, gesetzliche Betriebszwang für Bergwerke blieb grundsätzlich bestehen, konnte jedoch fortan vom Staat nur noch aus „überwiegenden Gründen des öffentlichen Interesses" verfügt werden[647]. Der früher von der Bergbehörde festgelegte Betriebsplan der Gruben mußte nun vor Beginn des Abbaus von den Unternehmern dieser Behörde vorgelegt und von dieser genehmigt werden. Darüber hinaus besaß diese das Recht, den Plan zu ändern und ihn, im Falle einer Nichteinigung mit den Unternehmern, nach eigenem Ermessen festzustellen[648]. Weiterhin war zwar der im Entwurf des Gesetzes genannte Begriff des ‚staatswirtschaftlichen Interesses' des Bergbaus bei der Verabschiedung weggefallen, doch ließ das Gesetz dem Staat immerhin Maßnahmen zum „Schutz gegen gemeinschädliche Einwirkungen des Bergbaus" offen[649]. Und schließlich war wohl der ursprünglich vorgesehene Begriff der „Bergbauberechtigung", „weil der Mehrzahl der Beurteiler eine bloße Gewerbeberechtigung mit dem unbezweifelbaren Eigentum an den Bergwerksgebäuden nicht vereinbar erschien", dem Begriff des „Bergwerkseigentums" gewichen[650], doch ließ sich dieser in seinem Gehalt und seiner Aussagekraft kaum dem Eigentumsbegriff im westeuropäischen Bergrecht vergleichen. Der Staat war weiterhin berechtigt, für industrielle Zwecke, wie die Anlage von Bergwerken, benötigtes Land, das der Besitzer sich im Bedarfsfalle weigerte zu verkaufen, zu enteignen[651]. Und das Freizügigkeitsgesetz von 1860 legte fest: „Der Bergwerkseigentümer ist bei dem unter der Aufsicht der Bergbehörde stehenden Bergbau der Einwirkung derselben auf die Gewinnung und Benutzung der Mineralien fortan nicht weiter unterworfen, als zur Wahrung der Nachhal-

[645] Vgl. Sammlung sämtlicher Drucksachen des Herrenhauses. Sitzungsperiode 1865, Bd. I. Motive zu dem Entwurfe eines Allgemeinen Berggesetzes, S. 21, zit. nach: W. Herring, Das Problem der Verstaatlichung, S. 25.

[646] H. Achenbach, Das französische Bergrecht und die Fortbildung desselben durch das preußische Allgemeine Berggesetz, 1869, zit. nach: W. Fischer, Das Ordnungsbild der preußischen Bergrechtsreform 1851-1865, in: ders., Wirtschaft und Gesellschaft, S. 141.

[647] So das Allgemeine Berggesetz von 1865, zit. nach: Fischer, S. 142.

[648] Ebenda.

[649] So § 196 des ABG, zit. nach ebenda.

[650] W. Fischer, S. 141.

[651] Vgl. Jankowski, S. 106 f.

tigkeit des Bergbaues, der Sicherheit der Baue, der Oberfläche im Interesse des Privat- und öffentlichen Verkehrs, des Lebens und der Gesundheit der Arbeiter notwendig ist“[652].

Ebenso wie der Erlaß der Berggesetzgebung zwischen 1850 und 1865 die Antwort auf und das Ergebnis der vorhergehenden wirtschaftlichen Entwicklung war, so eröffnete sie nun den formalen Rahmen für den weiteren rascheren Wirtschaftsablauf. Der Staat selbst hatte zu diesem Wirtschaftswachstum, seiner Art und seinem Tempo — wie wir oben sahen — entscheidend beigetragen. Er hatte durch seine aktive Betriebsführung, die Gewährung von Darlehen, die Bemühungen um den technischen Fortschritt und das Verkehrswesen, die Leitung und Abstimmung von Produktion und Absatz den industriellen Wachstumsprozeß beschleunigt und zugleich hiermit, aber auch mit der Konsolidation und Vergrößerung der verliehenen Kohlenfelder, durch die Tarifpolitik der Eisenbahn, durch die Einführung des Schutzzolls für die Eisenindustrie, die Stärkung der unternehmerischen Interessenorganisation, mit dem Beispiel des weiterhin existierenden, fiskalischen Bergbaus und nicht zuletzt durch die Ausbildung und die damit vermittelte Ideologie den wirtschaftlichen Konzentrations- und Kartellierungsprozess beschleunigt und begünstigt. Die Folgen dieser Entwicklung sollten — ebenso wie für die industriellen Produzenten, so auch für den Staat selbst — nicht lange auf sich warten lassen. Immer stärker stellte sich die zunehmende Monopolisierung auf dem Güter- und Arbeitsmarkt sowie die sozialen Folgen der großbetrieblichen Produktionsweise, Erscheinungen, die — wie wir oben sahen — beide auf *einen* Ursachenkomplex zurückgehen, als Problem dar. Förderer und Kritiker dieses Gesamtprozesses beriefen sich dabei weitgehend auf den gleichen Rechtfertigungshintergrund, eben die traditionelle, inzwischen auch durch die wissenschaftliche Forschung verbreitete Ideologie der Bergbaubürokratie und deren fortbestehende Institutionalisierung: den fiskalischen Bergbau.

Zusammen mit den Unternehmern, die inzwischen selbst in den meisten Fällen eine staatliche Bergausbildung hinter sich hatten, standen die staatlichen Bergbeamten und zumindest ein Teil der höheren staatlichen Verwaltungsbeamten im Rheinland und in Westfalen — anders als in manchen anderen Gegenden —, so vor allem die Ober- und Regierungspräsidenten, auf der Seite derer, die den Prozeß der Konzentration und Kartellierung begrüßten. Der Großbetrieb, so meinte wohl die überwiegende Mehrheit der staatlichen Bergbeamten, bewirke „mit der Einsparung an Betriebskosten die Einsparung an Verwaltungskosten sowie an Materialkosten“[653] und

[652] Vgl. Gesetzessammlung für die Kgl. Preußischen Staaten 1860, S. 201, zit. bei: Herring, S. 24.

[653] L. Tübben, Die Betriebsvereinigungen beim Steinkohlenbergbau, S. 180.

befördere zugleich „die Erhöhung der Betriebssicherheit durch eine rationellere Gestaltung des Betriebes und Vervollkommnung der maschinellen Hülfsmittel“[654]. Er bewirke einen nachhaltigen und rationellen Abbau „unsere[r]“ heimischen Bergwerksprodukte, die „als unentbehrliche wirtschaftliche Güter einen wichtigen Bestandteil des Nationalvermögens“ bildeten, auf deren „haushälterische Gewinnung“ der Staat einen „hohen Werth“ lege und die ohne „die Vereinigung [von Betrieben] meist für alle Zeiten dem Nationalvermögen verloren gehen würden“[655]. Daneben könne nur der Großbetrieb wegen seiner stärkeren finanziellen Mittel den Export der Kohle befördern, der für das Ruhrgebiet nötig sei, da aufgrund der Weichheit seiner Kohle „die Fettkohlenzechen oft aus technischen Gründen geradezu gezwungen sind, über den Bedarf des Inlandes hinaus Koks herzustellen“[656]. Sodann lasse der Großbetrieb eine größere Seßhaftigkeit von Angestellten und Arbeitern erhoffen und nur er ermögliche einen Ausbau der Wohlfahrtseinrichtungen und des Werkswohnungsbaus. Und schließlich erscheine es gegenüber dem möglichen Einwand, „daß durch den größeren Zusammenschluß der Betriebe in den Händen weniger Arbeitgeber eine die gesetzlichen Schranken überschreitende Bergarbeiterorganisation und vor allem die sozialdemokratische Agitation erleichtert werde, weil die in wenigen großen Betrieben vereinigten Bergarbeiter ohne Zweifel leichter zu gemeinsamer Handlungsweise zu bewegen sind, als die in vielen kleinen Betrieben zerstreuten Belegschaft, ... durchaus nicht ausgeschlossen, daß einer etwaigen feindlichen und gemeingefährlichen Organisation der Bergarbeiter mit mehr Erfolg entgegengetreten werden kann, wenn derselben der feste Willen einer geringeren Zahl kapitalkräftiger Bergwerksgesellschaften gegenüber steht, als wenn auf dieser Seite konkurrierende Interessen im Spiele sind“[657].

Überhaupt paßte das Phänomen der Konkurrenz kaum in das Bild, das die Beamten eines um industrielles Aufholen bemühten Staates, noch dazu in einem von merkantilistischer Ideologie durchzogenen Wirtschaftszweig wie dem Bergbau, von Wirtschaft und Gesellschaft hatten. So z. B. forderte der Oberpräsident der Rheinprovinz im Jahre 1886 — also vor der Gründung des RWKS — die „Zentralbehörde“ auf, da „auch hier eine ungesunde Überproduktion eingetreten ist, infolgederen die Kohlenpreise stufenweise so herabgedrückt werden, daß mit Rücksicht auf die kostbaren Betriebsanlagen und die Arbeitslöhne viele Gruben *ohne eigentlichen inneren Grund* schwer zu kämpfen haben und schließlich das wertvolle Material, welches die Natur aufgespeichert hat, umsonst hingegeben wird oder überhaupt nicht mehr ohne direkten Schaden gefördert werden kann ..., gesündere Verhält-

654 Ebenda, S. 183.

655 Vgl. ebenda, S. 185 f.

656 Ebenda, S. 189.

657 Ebenda, S. 192/3.

nisse anzubahnen und dem Verschleudern der vorhandenen Kohlenschätze Einhalt zu gebieten"[658]. Und im Jahre zuvor hatte der Regierungspräsident von Düsseldorf die Mithilfe des Staates „zur Verhütung der Überproduktion" gefordert und festgestellt: „Ohne diese staatliche Mitwirkung zur Bekämpfung der Produktionskrisen bleibt die bisherige Sozialreform unvollkommen und wird die Ausrottung der Sozialdemokratie nicht bewirken können[659]." Hatte noch im Jahre 1886 der Oberpräsident der Rheinprovinz den „Mangel an Gemeinsinn" und die „egoistischen Rücksichten" einzelner Unternehmer beklagt[660], so begrüßte dreizehn Jahre später ein führender, staatlicher Bergbeamter im Ruhrgebiet die Absicht des nunmehr geschaffenen RWKS, „die ungesunde innere Konkurrenz auf dem Kohlenmarkte" auszuschließen. Die Kartellierung bringe eine größere „Regelmäßigkeit und Stetigkeit der Förderung, des „Absatzes und der Marktpreise ihrer Produkte", eine gleichmäßigere Beschäftigung der Betriebe und der Arbeiterschaft sowie eine größere Stetigkeit und ein Anheben von Gewinnen und Löhnen. „Alle [diese] privatwirtschaftlichen Vortheile...", so meinte der staatliche Bergbeamte, „liegen sämmtlich auch im volkswirtschaftlichen Interesse"[661]. Die „Ertragsfähigkeit des gesammten westfälischen Steinkohlenbergbaues" und die Überlebensfähigkeit der kleineren Betriebe werde gestärkt; „mitunter" könnten „große Frachtersparnisse erzielt werden". Darüber hinaus aber kämen „insbesondere die Erniedrigung der Produktionskosten und die dadurch ermöglichte bessere Abwehr des ausländischen Wettbewerbs dem vaterländischen Gemeinwohl zu Gute"[662]. Und durch „den gleichmäßigeren Betrieb vieler Bergwerke und die größere Stetigkeit auf dem Kohlenmarkte wird ferner ein günstiger Einfluß auf die gedeihliche Entwickelung sämmtlicher auf den Kohlenverbrauch angewiesenen Industriezweige ausgeübt"[663]. „Dem Nachtheile eines übermäßigen Wettbewerbs" stehe „in gewisser Beziehung das entgegengesetzte Uebel, die ‚Monopolisierung' der Kohlenindustrie in den Händen weniger mächtiger Gesellschaften gegenüber". Die Bedenken aber, daß hierdurch „auch der im staatlichen Interesse liegende Ansporn zu wirtschaftlichen und technischen Verbesserungen fehle", müsse „auf Grund der bisherigen Erfahrungen zurückgewiesen werden"[664]. Und gegenüber der Befürchtung von „Monopolpreisen" dürfe man „wohl annehmen, daß die großen Bergwerksgesell-

---

658 ZStA I, Rep. 120 BB VII, 1, lb, Bd. 3, 162 v f., 30. Nov. 1886, zit. nach: J. Kuczynski, Die Geschichte der Lage der Arbeiter unter dem Kapitalismus, Bd. 14, 1962, S. 164.

659 Ebenda, Bl. 375 f., nach dem Bericht des Oberpräsidenten der Rheinprovinz vom 31. Mai 1885, zit. nach Kuczynski, S. 160.

660 Ebenda, Bl. 266 f., Bericht vom 29. Mai 1886, zit. nach Kuczynski, S. 161.

661 L. Tübben, S. 187.

662 Ebenda.

663 Vgl. ebenda, S. 187/8.

664 Ebenda, S. 188.

schaften in den gesicherteren Betriebs- und Absatzverhältnissen, sowie in dem verminderten Kapitalrisiko ein Aequivalent finden gegen eine etwa mögliche, aber sicherlich nur vorübergehende rücksichtslose Ausbeutung ihrer Macht“[665]. Die Konkurrenz mit der ausländischen Kohle zwinge „von selbst schon, auf die Lage des ‚Weltmarktes‘ Rücksicht zu nehmen“. Auch werde wohl „übermäßigen Preissteigerungen die Zustimmung meist versagt werden“, da „eine Reihe von Gewerken und Bergwerksaktionären zugleich mehr oder weniger stark bei solchen Hüttenwerken beteiligt ist, welche ihren Bedarf an Kohlen aus eigenen Bergwerken nicht zu decken im Stande sind“[666]. „Im Nothfalle“, so meinte der Bergbeamte, „würde es jedoch dem Staate kaum an Mitteln fehlen, eine monopolistische Ausbeutung zu verhindern. Der eigene Wettbewerb des Staates als Bergbautreibender ... [könne] freilich schon infolge der verschiedenen Absatzgebiete nicht in Betracht kommen. Dagegen würde derselbe als Verwalter der Staatseisenbahnen in der Lage sein, durch Bewilligung von Ausnahmetarifen eine Einfuhr an Industriekohlen zu vermitteln und durch Aufhebung der westfälischen Ausnahmetarife einen Druck auf die Preisfestsetzung auszuüben“[667].

Glaubte der staatliche Bergbeamte nun um die Jahrhundertwende, anders als noch die meisten seiner Kollegen eine Generation zuvor, an die weitgehende Fähigkeit zur Selbstregulierung in der Privatwirtschaft, und war er der Meinung, daß „der Staat schwerlich durch Gesetzgebung oder Verwaltung vorzeitig Maßregeln ergreifen“ werde[668], so traten ab den 1880er Jahren Teile der öffentlichen Meinung, der Kathedersozialisten und der jüngeren Schule der Nationalökonomie, die freien Gewerkschaften sowie immer noch einzelne Angehörige der staatlichen Bergbaubürokratie für ein stärkeres Engagement des Staates im Bergbau wie auch in anderen Industriezweigen ein. Dabei richtete sich die Kritik sowohl auf die Phase vor der Gründung des RWKS als auch auf die folgende Zeitspanne. So forderte — getreu der traditionellen Ideologie der Bergbaubürokratie — im Jahre 1886 der Bergrat v. Festenberg-Packisch die Zusammenfassung der „zersplitterten“ und „unrationell“ arbeitenden privaten Steinkohlenzechen „in eine Hand“[669]: „Die Erhaltung der produktiven Kräfte der Nation bis in die fernste Zukunft hinein muß offenbar als eine richtige Staatsraison gelten, und darum sollte

[665] Ebenda, S. 190.

[666] Ebenda.

[667] Vgl. ebenda.

[668] Ebenda, S. 193.

[669] H. v. Festenberg-Packisch, Die Entwicklung und Lage des deutschen Bergbaues, 1890, S. 91, wiedergegeben bei: W. Herring, S. 4. Zur Kontinuität der „staatssozialistischen“ Überzeugungen und zu ihrem Wiederaufleben während des Ersten Weltkrieges vgl. etwa: M. Ströll, Die staatssozialistische Bewegung in Deutschland. Eine historisch-kritische Darstellung, 1885, und F. Zunkel, Industrie und Staatssozialismus. Der Kampf um die Wirtschaftsordnung in Deutschland 1914-18, 1974, bes. S. 50 ff.

dieser wichtige Zweig bergmännischer Tätigkeit rechtzeitig wiederum den Händen der staatlichen Genossenschaft anvertraut werden, welche in Verbindung mit den Eisenbahnen dafür zu sorgen hat, daß die Steinkohle zu gleichbleibenden, mäßigen Preisen allen Teilen der Monarchie zugeführt werden kann, in ähnlicher Weise wie dies zur Zeit des Salzmonopols bezüglich des Salzes geschehen ist"[670]. Hatten sich die Unternehmer durch die Gründung des RWKS die *eine* Richtung der Kritik zueigen gemacht und dadurch der — nach Meinung Lujo Brentanos — „in unserer Produktion herrschenden Anarchie"[671] und, wie Gustav Schmoller es ausdrückte, „überspannten Konkurrenz", die „vielfach lähme, zerstöre und wirtschaftliche Vergeudung bedeute"[672], ein Ende gemacht, so kritisierten die gleichen Kreise nach der Gründung des RWKS und weiterer Kartelle, die — nach Schmoller — „eine Revolutionierung der Verfassung der deutschen Volkswirtschaft" bedeuteten[673], die wirtschaftliche und politische Macht dieser Vereinigungen und forderten deren Verstaatlichung oder Unterstellung unter staatliche Aufsicht. Besonderes Gewicht aber hatte während beider Phasen das Problem der Arbeiterschaft und ihre großbetrieblichen Existenz- und Arbeitsbedingungen. Es gehe nicht an, so bemerkte wiederum v. Festenberg-Packisch in bemerkenswerter Verknüpfung von traditioneller Ideologie und den Phänomenen moderner Wirtschaftsentwicklung, „den Bergbau und seine Arbeiter der Ausbeutung durch das unpersönliche Kapital zu überlassen"[674]. Und besonders nach dem Streik von 1889 wurde die Forderung nach einer Verstaatlichung des Bergbaus „so warm und einflußreich in der öffentlichen Meinung vertreten, daß", wie ein Gegner befürchtete, „möglicherweise jene Ansicht den Sieg davon trägt"[675].

Die Befürworter der Verstaatlichung des Bergbaus oder auch anderer Industriezweige in Deutschland hatten weit bessere und konkretere Argumente aufzuweisen als etwa in anderen Ländern, denn der preußische Staat selbst war nicht nur in Deutschland, sondern — nach der Übernahme der Eisenbahnen — der größte Unternehmer der Welt. Nicht nur im Bergbau und im Eisenbahnwesen, sondern auch im Postwesen und im Schiffsbau, um hier nur die Hauptbereiche zu nennen, stellten er und seine Beamten weiterhin ihre Fähigkeit der Wahrnehmung unternehmerischer Funktionen unter Beweis. „Seine technische Befähigung hat der preußische Staatskohlenberg-

---

[670] H. v. Festenberg-Packisch, Der deutsche Bergbau, 1886, S. 169.

[671] Vgl. Schriften des Vereins für Socialpolitik, Bd. 61, 1895, S. 182.

[672] Dass., Bd. 116, 1906, S. 249.

[673] Ebenda, S. 270.

[674] v. Festenberg-Packisch, Die Entwicklung, wiedergegeben bei: Herring, S. 5.

[675] So A. Schäffle, Trennung von Staat und Volkswirtschaft aus Anlaß des jüngsten Arbeitermassenausstandes im Kohlenbergbau, in: Zeitschrift f. d. Gesamte Staatswissenschaft 45, 1889, S. 591-732, S. 684 f.

bau", ebenso wie andere Bereiche — wie ein unparteiischer Zeitgenosse schrieb — „längst erwiesen"[676]. Und viele Privatunternehmen, ebenso im Bergbau, im Hüttenwesen wie im Schiffsbau[677], taten ein Übriges zu diesem Renommée, indem sie — wie wir sahen — in einer Vielzahl von Fällen ihre leitenden Direktoren nach wie vor aus dem Staatsdienst abwarben. Zeigte sich in dieser Weise der Staat zur Wahrnehmung der Funktionen eines industriellen Unternehmers fähig, so war in den Augen der Öffentlichkeit sein entscheidender Vorteil, daß er offensichtlich die sozialen, im Zusammenhang mit der Arbeiterschaft auftretenden Probleme besser zu lösen vermochte. Und nicht zuletzt — und zusammenhängend mit dem Vorhergehenden — bestand allein im Bergwesen nach wie vor ein staatlicher Verwaltungsapparat, dessen ständiges Personal (ohne außerplanmäßige Stellen) im Bereich der höheren, akademisch gebildeten Beamten sich zwischen 1860 und 1914 von etwa 200 auf ca. 400 verdoppelte und dessen Beamtenstab insgesamt (außer den Aufsichtsbeamten) zum letztgenannten Zeitpunkt eine Zahl von mehr als 2.000 Beschäftigten erreichte[678].

Was tat nun der Staat angesichts einer solchen Erwartungshaltung der Öffentlichkeit und eines immer weiter fortschreitenden Prozesses der Monopolisierung und Kartellierung, einer Bewegung, der doch — wie wir sahen — er selbst so entscheidende Anstöße vermittelt und Hilfestellungen geleistet hatte? Wie wurde er einerseits seiner sozialen und andererseits seiner volkswirtschaftlichen Vermittlungsfunktion gerecht?

Getreu seiner bergbaulichen Tradition und den Erwartungen der monopol- und kartellkritischen Öffentlichkeit sah auch der preußische Staat seine Haupteinwirkungsmöglichkeit von vornherein im aktiven Betreiben eigener Bergwerke. Hatte der preußische Bergfiskus erst 1852 seinen Zechenbesitz im Ruhrgebiet verkauft, so versuchte er hier seit der Mitte der 1870er Jahre wieder Fuß zu fassen. Eine vom Fiskus finanzierte Probebohrung im Norden des Ruhrgebietes sollte 1876 auch unter dem Aspekt einer eigenen Zechengründung vorgenommen werden. Und noch im gleichen Jahr erhielt der staatliche Bergbau ein Kaufangebot von Grubenfeldern bei Recklinghausen. Das Angebot wurde aber trotz anscheinend günstiger geologischer Verhältnisse aufgrund eines Berichtes des zwanzig Jahre zuvor — wie wir sahen — von der staatlichen Rolle im Bergbau so sehr überzeugten Oberbergamts Dortmund abgelehnt, weil der Fiskus dem Herzog von Arenberg abgabepflichtig werden würde und ein Vorteil für die Privatindustrie in der

676 Herring, S. 40.

677 Schulz-Briesen, Bd. 1, S. 95; W. v. Tirpitz, Wie hat sich der Staatsbetrieb beim Aufbau der Flotte bewährt? Eine wirtschaftshistorische Studie auf Grund amtlichen Materials, 1923, S. 47.

678 Aufgrund der Angaben bei: Tenfelde, S. 187; F. Ahlfeld, Der höhere Berg- und Hüttenbeamte, S. 56; Etat der Berg-, Hütten- und Salinenverwaltung für das Etatsjahr 1914.

Inangriffnahme eines staatlichen Bergbaues an der Ruhr nicht zu erblicken wäre, da es für sie eines Beispieles nicht bedürfe, ihr vielmehr eine „unerwünschte Konkurrenz“ entstehen würde. Auch eine Aufforderung des Provinziallandtages in Münster zur Vornahme einer größeren Tiefbohrung durch den Fiskus im Jahre 1885 wurde abgelehnt[679].

Erst nach dem Bergarbeiterstreik von 1889, der zum ersten Mal die innerbetrieblichen Probleme der Arbeiter aufgedeckt, aber auch die Gefahr einer mangelnden Kohlenversorgung deutlich gemacht hatte, wurden vom Handelsminister von Berlepsch, der aufgrund seines sozialpolitischen Engagements während dieses Streikes in sein neues Amt gehoben worden war, erstmals die Ziele einer neuen Betätigung des Bergfiskus klar ausgesprochen. So gab der Erlaß vom 13. Juli 1890 als Zweck an, „durch einen ausreichend großen staatlichen Grubenbesitz im dortigen Bezirk auf die Arbeitsverhältnisse sowie auf die Preisgestaltung der Kohle Einfluß zu gewinnen und nötigenfalls in der Lage zu sein, die für den Bedarf der Staatseisenbahnen, des Heeres und der Marine erforderlichen Kohlen aus den eigenen Gruben zu entnehmen“[680]. Und der junge Kaiser, Wilhelm II., legte zur gleichen Zeit nieder, daß bei „den staatlichen Bergwerksbetrieben der fiskalische Gesichtspunkt höherer Erträge ganz in den Hintergrund treten“ müsse. Vielmehr müßten die staatlichen Bergwerke „Musteranstalten in jeder Hinsicht sein, besonders soweit es sich um die Fürsorge der Arbeiter handelt“[681].

Das Vorhaben, bereits entwickelte Betriebe sowie Grubenfelder für den Staat aufzukaufen, scheiterte jedoch am Widerstand des Finanzministers (Miquel), der darin „eine Gefährdung des Ausgleichs des Staatshaushaltes“ erblickte[682]. Erst die spürbare Verknappung der Kohlenversorgung und die Politik der Hochhaltung der Preise durch das RWKS in den Jahren 1901/02 stellte die Bereitschaft her, 58 Mill. M zum Ankauf von weitgehend noch unerschlossenen Kohlenfeldern zu bewilligen. Ursprünglich weitergehende Pläne waren wiederum am Widerstand des Finanzministers (v. Rheinbaben) gescheitert, setzte doch jetzt schon der angestrebte Förderanteil des Fiskus (an der Ruhrgebietsförderung) von 10% eine Produktion von 6 Mill. t gegenüber 3,5 Mill. t im Jahre 1890 voraus[683].

Die immer wiederkehrenden Angriffe der Kohlenverbraucher auf die Politik des RWKS und die Erkenntnis, daß die Neueinrichtung der geplanten Bergwerke den staatlichen Einfluß noch auf Jahre vom Ruhrrevier fernhalte, führte zum Vorhaben des Erwerbs eines der größten privaten Bergbauunter-

679 Vgl. Schulz-Briesen, Bd. 2, S. 9 f.

680 Zitiert in: ebenda, S. 10 f.

681 So die Ausarbeitung des Kaisers vom 22.1.1890, zit. in: J. Kliersfeld, Die Haltung Kaiser Wilhelms II. zur Arbeiterbewegung und zur Sozialdemokratie, 1933. S. 82-85, S. 84.

682 Schulz-Briesen, Bd. 2, S. 12.

683 Ebenda, S. 11, 14-16.

nehmen, der Bergwerksgesellschaft Hibernia. Zur Verwirklichung dieses Planes trat der Staat, in Gestalt des Handelsministers (Möller), im Jahre 1904 jedoch nicht offen an die Gesellschaft heran, sondern versuchte, sich durch die stille Vermittlung der Dresdner Bank und des Schaaffhausen'schen Bankvereins, also durch die Mittel des privatwirtschaftlichen Kapitalmarktes, in den Besitz der Aktienmehrheit der Hibernia zu bringen. Bekannt geworden durch das rapide Ansteigen des Aktienkurses und durch die nachfolgenden Abwehrmaßnahmen der ‚erbitterten und verärgerten' Aktionäre, die kurzfristig — zusammengeschlossen im „Trotztrust" — eine bedeutende Kapitalerhöhung beschlossen, scheiterte das Vorhaben des Staates. Zwar verfügte er nun mit einem Kapitalaufwand von fast 60 Mill. M über einen Anteil von 46% der Hibernia-Aktien, doch erhielt er dadurch weder Einsicht noch Kontrolle über die Unternehmenspolitik. Erst im Jahre 1910 — ganz im Gegensatz zur Behandlung der übrigen Großaktionäre — erhielt der Fiskus einen Sitz im Aufsichtsrat[684].

Die späte Erklärung des Handelsministers, daß die „Notwendigkeit für den Staat" bestehe, „sich Einfluß im rheinisch-westfälischen Bergbau zu sichern, nachdem die im neuen Kohlensyndikatsvertrage festgelegte Bevorzugung der sogenannten Hüttenzechen zu immer weitergehenden Verschmelzungen in der Großindustrie geführt hätte"[685], vermochte an der Reaktion des privaten Bergbaus kaum etwas zu ändern. Hatte dieser das Abteufen der neuen Schachtanlagen in den Jahren 1902/03 „nur allgemein begrüßt, da man erwarten darf, daß der Fiskus die Leiden und Freuden des Betriebes ebenso empfinden wird wie die Privatindustrie"[686], so war die Aufregung, die durch den „Fall Hibernia" entstand, „ungeheuer". Bei den Bergbauunternehmern des Ruhrgebietes herrschte allgemein die Überzeugung, „die Staatsregierung habe einen Weg beschritten, der, auch gegen den Willen der jetzt leitenden Staatsmänner, zu einer wesentlichen Einschränkung, wenn nicht Beseitigung des privatwirtschaftlichen Systems führen und damit die kohlenverbrauchenden Industriezweige in ein Abhängigkeitsverhältnis vom Staate bringen wird, das die gedeihliche Weiterentwicklung unserer gesamten industriellen Tätigkeit auf dem Weltmarkt ernstlich in Frage zu stellen geeignet ist"[687]. Es fanden, angeblich von der Dresdner Bank ausgehende, Gerüchte Glauben, der Staat wolle auch noch weitere Unternehmen wie Nordstern, Harpen und

---

684 Ebenda, S. 23-31. Vgl. insgesamt auch: H. Mottek, Zur Verstaatlichung des Kapitalismus — der Fall Hibernia, in: JbWG 1968 IV, S. 11-39.

685 Zit. nach: Ebenda, S. 29.

686 B. Schulz-Briesen, Erinnerungen eines alten Bergmanns aus den letzten 50 Jahren, S. 13/4.

687 So die Denkschrift der Vereinigung von Handelskammern des niederrhein.-westf. Industriebezirks an die Häuser des preußischen Landtages vom 1.11. 1904, S. 1/2, in: ZStA II, Rep. 77 Tit. 248 Nr. 30, Bd. 1, Bl. 2 f.; vgl. auch: VMB des CVDI, Nr. 99, 1904, S. 20 ff.

die GBAG kaufen[688]. Der Glaube, es handele sich bei dem Ankaufsversuch der Hibernia nur um einen ersten Schritt zu weiterer Verstaatlichung, fand um so mehr Nahrung, da — und nun kam die offenherzige Begründung der Wissenden — der Staat durch den Ankauf der Hibernia weder — nach den Bestimmungen des RWKS — Sitz und Stimme im Kohlensyndikat erhalten könne[689], noch „zur Erreichung eines irgendwie maßgebenden Einflusses im Kohlensyndikat der Erwerb einer einzigen, wenn auch sehr großen Unternehmung noch kein ausreichendes Mittel gewährt"[690]. Es sollte einige Zeit dauern, bis die überflüssige Aufregung „in den Kreisen der Industrie und des Handels" abgebaut war. Denn obwohl die Regierung einer weiteren Verstaatlichung „völlig ablehnend" gegenüberstand, hob sie im Gesetz von 1907, nachdem allerdings schon bei weitem die meisten und besten Kohlenfelder an Private verliehen waren, die Bergbaufreiheit auf und sicherte sich somit noch den verbleibenden Rest der unverliehenden Kohlenreserven[691].

Neben der vorübergehenden Verstimmung im Verhältnis von Staat und Bergbauunternehmern hatte die relativ schnelle Ausdehnung der staatlichen Unternehmertätigkeit im Ruhrgebiet eine rapide Kostenexpansion und einen dauernden Rückgang der bergfiskalischen Überschüsse zur Folge. Jedoch sanken nicht nur diese durch die Selbstfinanzierung gekennzeichneten, rechnungsmäßigen Überschüsse in den Jahren zwischen 1900 und 1909 auf etwa ein Drittel ab, sondern auch die hiervon entlasteten Überschüsse im weiteren Sinne fielen in der gleichen Zeit um ein Zehntel[692].

Hieran entzündete sich nun der „durchsichtige Kampf des Privatbergbaues mit dem Staatsbergbau"[693]. Die von den ihre Interessengebundenheit an den Privatbergbau kaum verheimlichenden Landtagsabgeordneten gebildete und zusammengesetzte Untersuchungskommission kam einer Umkehrung der Kartellenquête von 1903 nahe[694]. Während dort die Kartelle, besonders auch das RWKS, von Staatsbeamten, Kohlenhändlern und -verbrauchern sowie

688 Schulz-Briesen, Bd. 2, S. 30; W. Treue, Die Feuer verlöschen nie. August Thyssen-Hütte 1890-1926, 1966, S. 70. Bei der GBAG beschleunigte dies den Entschluß zur vertikalen Konzentration. Vgl. auch die entsprechenden Akten der GBAG, in: Bg A 55/1, 84/00. Und die Harpener Bergbau AG schloß sich aus diesem Grund mit dem Schiffsbau- und Transportunternehmen Kannengießer zusammen. Vgl. E. Kirdorf, in: VMB des CVDI, Nr. 99, 1904, S. 20 ff.

689 Nach der Satzung des RWKS war der Verkauf von Zechen und Feldern an Nichtmitglieder verboten. Vgl. M. Schulz-Briesen, Bd. 2, S. 26.

690 So die Denkschrift der Vereinigung von Handelskammern vom 1.11.1904, S. 4.

691 Vgl. M. Schulz-Briesen, Bd. 2, S. 28, S. 32 ff.

692 Vgl. die Tabelle bei: W. Herring, Das Problem der Verstaatlichung, S. 41.

693 So W. Herring, S. 53.

694 Zur Zusammensetzung der Untersuchungskommission sowie zum ‚scharfen und schroffen' Ton der Auseinandersetzung vgl. E. Hofmann, Die Neuorganisation der Preußischen Berg-, Hütten- und Salinenverwaltung und ähnlichen Erscheinungen in anderen deutschen Ländern, 1928, S. 17/8, 21/2.

Professoren nach Preisbildung, Geschäfts- und Absatzpolitik befragt worden waren, nahmen jetzt die Interessenten des Privatbergbaus den fiskalischen Bergbau auf den Prüfstand. Hatte jedoch das RWKS damals jede ihm zu weit gehende Information z. B. über Selbstkosten und Gewinne abgelehnt, so bestanden die Interessenten jetzt erfolgreich auf einer gründlichen Unterrichtung durch die Bergbehörde. Während in der Kartellenquête besonders das RWKS eine relativ günstige Beurteilung gefunden hatte, war — als eigentlich Unbeteiligter — durch wiederholte Vergleiche von seiten der Ruhrunternehmer der Staatsbergbau schon hier in einem nicht gerade günstigen Licht erschienen[695].

Die vom Abgeordnetenhaus 1910 eingesetzte Unterkommission mit dem Auftrag „zu prüfen, in welcher Weise die staatliche Bergwerksverwaltung, unbeschadet ihrer volkswirtschaftlichen und sozialpolitischen Aufgaben, einträglicher als bisher gemacht werden könne“[696], fand viele Ansatzpunkte der Kritik. Als allgemeines, dem Staatsbetrieb anhaftendes Übel stellte sie die beschränkte Dispositionsfeiheit, die Bevormundung der Werksleiter durch höhere Instanzen und die Unbeweglichkeit durch die Fessel des Etats heraus. heraus. Bei den Personalverhältnissen trage zunächst die hohe Mobilität der höheren Beamten zur mangelnden Rentabilität bei. So hatten z. B. von 82 Bergwerksdirektoren an der Saar 57 (= 70%) ihre Werke weniger als sieben Jahre lang geleitet, und die staatliche Bergwerksverwaltung in Dortmund wechselte in sechs Jahren fünfmal ihren Vorsitzenden[697]. Bei den mittleren Angestellten wirke sich ihre mangelnde Leistungsmotivation als unkündbare Staatsbeamte aus. Ebenso führten bei den Arbeitern die „Gleichmacherei der Löhne“ und die „schwächliche Haltung“ der vorgesetzten Instanzen zu schlechten Leistungen. Auch sei „bei ihnen die Unsitte eingerissen, sich mit Rechtfertigungen und Beschwerden nicht an die unmittelbaren Vorgesetzten, sondern unter Umgehung derselben gleich an die höheren Instanzen, selbst an die Ministerialabteilung, zu wenden“[698].

Insgesamt stellte die Unterkommission fest, „daß der staatliche Bergbau, wenn er einträglicher gemacht werden solle, ebenso wie der private Bergbau bei seiner Betriebsführung als Hauptgrundsatz das ‚Postulat der Wirtschaftlichkeit‘ an die Spitze stellen müsse“. Es sei nicht richtig, der staatlichen Bergverwaltung neben ihren betrieblichen noch sonstige sozialpolitische und volkswirtschaftliche Aufgaben zuzuweisen. Der staatliche Bergbau sei weder eine Wohltätigkeitsanstalt für Arbeiter noch eine Versorgungsanstalt

695 Zur Kartellenquete vgl. Kontradiktorische Verhandlungen über Deutsche Kartelle, Bd. 1: Steinkohlen und Koks, 1903; zur Bewertung vgl. J. Goldstein, Das Kohlensyndikat im Lichte der Kartellenquete, in: AfSS 20, 1904/05, S. 610-632, und F. Blaich, Kartell- und Monopolpolitik, S. 253-269.

696 Zit. nach: E. Hofmann, Die Neuorganisation, S. 18.

697 Ebenda, S. 20; M. Schulz-Briesen, Bd. 2, S. 21.

698 Zit. nach: M. Schulz-Briesen, S. 61, und E. Hofmann, S. 21.

für Beamte, sondern lediglich ein *Erwerbsbetrieb,* dessen Ziel darin bestehe, die Bodenschätze unter möglichst billigen Gestehungskosten zu gewinnen und die gewonnenen Erzeugnisse möglichst günstig abzusetzen. Die Bergbauverwaltung habe daher die Aufgabe, „nachdrücklich auf einen hohen Ertrag und eine bestmögliche Verzinsung des Anlage- und Betriebskapitals hinzuwirken“[699].

Zur Hebung der Rentabilität forderte die Unterkommission die frühere Höherstufung der Gehälter der Werksdirektoren, die Einführung von Leistungsprämien für die höheren und mittleren Beamten, die Einstellung der mittleren Betriebsbeamten aufgrund von kündbaren Zeitverträgen und den Leistungslohn für Arbeiter. Darüber hinaus empfahl die Kommission — und diese Empfehlung wurde durch eine Abstimmung im Preußischen Abgeordnetenhaus bekräftigt —, um gegenseitige Preisunterbietungen zwischen Staats- und Privatbergbau zu vermeiden, die „staatliche Bergverwaltung möge mit dem RWKS zusammengehen, dessen wünschenswerte Erneuerung wesentlich vom Verhalten des Fiskus abhängig werde. Hierdurch würde sie nicht nur dem privaten, sondern auch dem fiskalischen Bergbau und darüber hinaus der gesamten Erwerbstätigkeit einen großen Dienst leisten“[700].

Der staatlichen Bergverwaltung, die demgegenüber zumindest zu einem gewissen Ausmaß an ihrem Anspruch der „Musteranstalten“ in volkswirtschaftlicher und sozialer Hinsicht festhalten wollte[701], kamen nur die in ihrem Status bedrohten staatlichen Grubenbeamten[702] und die christlichen Gewerkschaftsführer[703] zu Hilfe, obwohl die Erfahrungen der letzteren mit der Leitung der staatlichen Betriebe im Saargebiet nicht die besten waren[704].

Tatsächlich wurden entsprechend den Empfehlungen der Unterkommission — unter organisatorischer Abtrennung der Bergwerksdirektionen von den Oberbergämtern — im Jahre 1912 eine Neueinstufung und eine Gewinnbeteiligung der höheren Betriebsbeamten, Leistungsprämien und eine längere Wartezeit (10 Jahre) bis zur Überführung ins Beamtenverhältnis für mittlere Grubenbeamte eingeführt[705].

Wurde durch diese und andere Maßnahmen der früher angestrebte Charakter der Staatsbergwerke als „Musteranstalten“ und als Alternative zur privat-kapitalistischen Betriebsführung — infolge der nun ebenso wie dort geübten, beinahe ausschließlichen Orientierung an betriebswirtschaftlicher

---

699 Zit. nach: M. Schulz-Briesen, S. 60, 68.

700 Zit. nach: Ebenda, S. 69; insgesamt: S. 67-69.

701 So der Oberberghauptmann von Velsen, zit. bei: M. Schulz-Briesen, S. 62-65.

702 Vgl. TGB 4, 1911, S. 97 ff., 124 ff., 159 ff.; 5, 1912, S. 25 ff., 91 ff.; 7, 1914, S. 110 ff.

703 Vgl. Hofmann, S. 21/2.

704 Hierzu vgl. F. Allmers, Private Arbeiterwohnungspolitik, S. 184/5; K.A. Gabel, Kämpfe und Werden der Hüttenarbeiterorganisationen an der Saar, 1921.

705 M. Schulz-Briesen, S. 72-75.

Rentabilität — weitgehend aufgehoben, so stellte die letzte, unter dem gleichen Gesichtspunkt formulierte Forderung der Unterkommission die Frage nach der Stellung des Staates zu den Kartellen und Syndikaten und, allgemeiner: nach seiner Wahrnehmung und Übernahmebereitschaft von regulierenden Aufgaben auf einem sich zunehmend konzentrierenden Gütermarkt.

In Übereinstimmung mit ihrer allgemein vorsichtigen und abwartenden Haltung gegenüber Kartellen[706], die von der Unsicherheit in der Einschätzung der weiteren Entwicklung der wirtschaftlichen Konzentration[707] wie von der Furcht vor einer ‚gesteigerten Verantwortlichkeit des Staates'[708] bestimmt war, hatte die Regierung für ihre westfälischen Zechen jeden Beitritt zum RWKS und das ihr schon 1903 von der Syndikatsleitung angebotene Vetorecht in Preisfragen abgelehnt[709]. Nach den kritischen Feststellungen der Rentabilitätskommission reduzierte sich diese grundsätzliche Haltung und damit die Anerkennung der Berechtigung des ‚Kartellgedankens' durch den Staat nun mit einem Mal auf eine „Zweckmäßigkeitsfrage"[710].

Die Regierung war nun bereit, den Anschluß ihrer westfälischen Zechen an das RWKS „in ernstliche Erwägung zu ziehen", falls „das Syndikat gewillt und in der Lage sein wird, dem Staate nicht nur angemessene Bedingungen für seine Beteiligung zuzugestehen, sondern ihm auch die Gewähr für eine hinreichende Sicherstellung der Interessen der Verbraucher zu bieten"[711]. Obwohl „jede Zugehörigkeit zu einem Syndikat für den Fiskus politisch unbequem" sei, werde er, so wurde in der Sitzung des Preußischen Staatsministeriums vom 3. Mai 1911 festgestellt, so oder so für die Preispolitik des RWKS „immer verantwortlich gemacht werden, je mehr seine Förderung im Ruhrgebiet zunehme"[712]. Trotzdem „es — zumal in den Zeiten der Kohlenknappheit — nicht an Klagen über mangelnde Rücksichtnahme auf den Kohlenbedarf der inländischen Verbraucher und bei sinkender wirtschaftli-

[706] F. Blaich, Kartell- und Monopolpolitik, S. 237 ff.

[707] Vgl. das Schreiben des Staatssekretärs Dr. Delbrück (Reichsamt des Innern) an den preußischen Minister für Handel und Gewerbe vom 10.9.1910. ZStA II, Rep. 120 C Abt. VIII Fach 1, Nr. 72, Bd. 5, Bl. 60.

[708] Hierzu das Schreiben Bethmann Hollwegs als Staatssekretär des Innern an den preußischen Handelsminister vom 8.1.1908. Ebenda, Bl. 2.

[709] M. Schulz-Briesen, Bd. 2, S. 26. Kirdorf erklärte später selbst, auch er hätte an Stelle des Staates das Vetorecht abgelehnt. Vgl. Schriften des Vereins für Socialpolitik, Bd. 116, S. 284.

[710] So die Äußerung des Handelsministers Sydow auf der Sitzung des Staatsministeriums am 3.5.1911. Vgl. das Protokoll der Sitzung in: PrGStA Rep. 84 a, Nr. 11127, Bl. 179.

[711] So die vorbereitete Erklärung des Ministers vor dem Abgeordnetenhaus. Ebenda, Bl. 174.

[712] Protokoll der Sitzung des Staatsministeriums. Ebenda, Bl. 178a, 179a.

cher Konjunktur nicht an Klagen darüber gefehlt [habe], daß die Preise sich der Leistungsfähigkeit der Konsumenten nicht genügend anpaßten", habe die Preishöhe sich „aber jedenfalls dem mächtigen Aufschwung der kohlenverbrauchenden Industrie nicht als hinderlich erwiesen"[713]. Darüber hinaus sprächen „doch erheblich wichtigere Gründe" für den Beitritt des Fiskus zum RWKS[714]. Zum einen würden die ‚unübersehbaren Folgen' eines Zusammenbruchs des Syndikats, dessen Verlängerung ohne den Fiskus kaum möglich sei, eine „sicher zu erwartende Verminderung der Bergbauerträgnisse ... einen Lohndruck und damit schwere soziale Kämpfe auf dem schon ohnehin heißen Boden des rheinisch-westfälischen Gebiets, weiter aber eine Erschütterung des ganzen Erwerbslebens und auch eine nachteilige Rückwirkung auf die kommunalen Verhältnisse" nach sich ziehen[715]. Hinzu komme, „daß der Zusammenbruch des Syndikats in die Zeit der Erneuerung der Handelsverträge und des Zolltarifs fallen und deshalb seine schweren wirtschaftlichen Schäden doppelt empfindlich machen würde... und daß die Fortsetzung unserer jetzigen Wirtschaftspolitik daher nicht zum Geringsten von dieser Frage abhängig sei"[716]. Neben diesen Gründen, die sich voll der Argumentation des privaten Ruhrbergbaus anschlossen[717], kam jedoch auch der fiskalische Gesichtspunkt der Rentabilität mindestens ebenso stark zur Geltung. Ebenso — so berichtete der Handelsminister — wie der Bergfiskus durch seinen, vor einiger Zeit erfolgten, Betritt zum Kalisyndikat (1888) und zur Oberschlesischen Kohlenkonvention (1905) in die Lage gekommen sei, „seine Kohlensorten und auch seine Preisskala den Produkten und Preisen der Privatgrubenbesitzer anzupassen und es nicht nötig gehabt [habe], seine Kohlen im Wettbewerb zu allzu niedrigen Preisen abzugeben", so werde auch dieser Beitritt „dem Staate finanziell zum Nutzen" gereichen[718]. Besonders gelte dies für den Saarbergbau. „Bei der rapiden Entwicklung des benachbarten Lothringer Kohlenbergbaus, dem Vordringen der englischen und der Ruhrkohle in bisher unbestrittene Absatzgebiete des Fiskus erscheine es zweifelhaft, ob die Aufrechterhaltung des bestehenden Zustandes auf die Dauer durchführbar sei"[719].

Mit diesen Gründen trat der Staat — ohne besondere Gewährung eines Schutzes der Konsumenten, nur unter Zubilligung eines bevorzugten Kündi-

[713] Erklärung des Ministers, Ebenda, Bl. 173 f.

[714] Protokoll der Sitzung, Bl. 177.

[715] Ebenda, Bl. 177a.

[716] Ebenda, Bl. 179a, 180.

[717] Vgl. hierzu schon die Argumentationsweise der Vereinigung von Handelskammern vom 1.11.1904, vgl. oben Anmerk. 334. So auch Kirdorf im Mai 1911, vgl. A. Zimmermann, Von Haspe bis Duisburg. Industrielle Reisebriefe, 1912, S. 16-18.

[718] Protokoll der Sitzung des Staatsministeriums, a.a.O., Bl. 177.

[719] Ebenda, Bl. 178a.

gungsrechtes und ohne Einbeziehung des Saarbergbaus[720] — Anfang 1912 dem RWKS bei, das hierin nicht nur die staatliche Anerkennung des Syndikatsgedankens im allgemeinen, sondern auch die Billigung und öffentliche Unterstützung seiner Absatz- sowie Betriebs- und Arbeitnehmerpolitik erblicken mußte. Obwohl der Bergfiskus aufgrund einer von ihm kritisierten Preiserhöhung des RWKS schon zu Ende desselben Jahres wieder seine Mitgliedschaft aufkündigte, änderte sich an seiner prinzipiellen Bereitschaft zu einer künftigen Zusammenarbeit mit dem RWKS nichts[721].

Hiermit war, mehr als symbolhaft, eine Entwicklung abgeschlossen, welche als typisch für die Beziehungen zwischen Wirtschaft und Staat in einem Land mit relativer industrieller Rückständigkeit und kapitalistischem Entwicklungsgang gelten kann. In Preußen hatte der Staat zunächst unter den finanziellen und materiellen Anforderungen der Sicherung und Erweiterung seiner Herrschaft, sodann aus der Perspektive der relativen industriellen Rückständigkeit des eigenen Landes die gewerbliche und industrielle Betätigung der Bürger aktiv voranzutreiben gesucht. Zwar streute er seine Hilfen über eine größere Reihe von Gewerbezweigen, doch konzentrierte sich sein aktives und anhaltendes Engagement auf den Bereich des Bergbaus und der Hüttenindustrie. Diese Ausrichtung lag vor allem aus drei Gründen für ihn am nächsten: Zum ersten war er durch die Waffenherstellung unmittelbar von diesem Sektor abhängig; zum zweiten war er der Eigentümer des Bergregals, und nicht zuletzt erkannte der Staat, hier in Gestalt des Ministers v. Heinitz, schon sehr früh den Wert von Mineralien als industrielle Rohstoffe und damit als Grundlage aller anderen Industriezweige[722].

Der Entschluß des Staates zur Übernahme unmittelbar unternehmerischer Funktionen machte gleichzeitig den Aufbau einer spezialisierten, technisch ausgebildeten, staatlichen Verwaltung notwendig, von deren Sachwissen und gutem Willen der Staat zugleich immer abhängiger wurde. Der relativ hohe Ausbildungsgrad und die große Bedeutung gleichermaßen für den Staat wie für die Industrialisierung des Landes setzte bei dieser neugeschaffenen Verwaltung wiederum eine Gruppen- und Ideologiebildung in Gang, welche zwar gebunden blieb an ihren ursprünglichen Auftrag der Industrialisierung des Landes, jedoch eine hohe Resistenz gegenüber

720 ZStA II, Rep. 151 IC Nr. 10037, Bl. 96-101a.

721 Vgl. etwa: M. Saitzew, Steinkohlenpreise, S. 107; W. Herring, Das Problem, S. 81.

722 Vgl. W. Weber, Innovationen, S. 181. Hierin ist Koselleck (Preußen, S. 609) gegenüber der Kritik Zunkels (Die Rolle, S. 145/6.) zuzustimmen, die Bergbeamten hätten sich — sogar noch in den 1830er Jahren — im Rahmen eines „noch weitgehend vorindustriellen Denkens" bewegt. Das für die deutsche industrielle und gesellschaftliche Entwicklung Wichtige war eben, und hierauf wird noch im weiteren zurückzukommen sein, daß die Beamtenschaft, insbesondere die Bergbaubürokratie, schon im Laufe des 18. Jahrhunderts zum Träger einer industriegerichteten Ideologie inmitten einer noch weitgehend vorindustriellen Umgebung wurde.

neuen Formen und Werten entwickelte, die diese Industrialisierung unausweichlich mit sich brachte. Zusammen mit den unmittelbaren Interessen ihrer Existenz war diese Ideologie — und der durch sie gestiftete Zusammenhalt — der Bergbeamten dazu imstande, die völlige Privatisierung des Bergbaus in Deutschland zu vereiteln und die Aufhebung des Direktionsprinzips so lange zu verzögern, bis die nun stark angewachsenen und technologisch relativ hoch entwickelten Privatunternehmen wiederum auf das technische Wissen der staatlichen Bergbeamten und damit auf deren Einstellung angewiesen waren.

Obwohl von jetzt ab — wie wir weiter oben sahen — eine große Zahl ehemals staatlicher Bergbeamter als Unternehmer in die Privatindustrie abwanderte, hatte die lange Aufrechterhaltung des Direktionsprinzips und die weitere Existenz des staatlichen Bergbaus zwei Dinge zur Folge: zum ersten das Überleben und die Verbreitung der traditionellen Ideologie der Bergbaubürokratie über diese hinaus in Teile der Wissenschaft und der öffentlichen Meinung und zum andern das Vorhandensein einer realen und handgreiflichen Alternative zum System des privatkapitalistischen Bergbaus. An beiden Faktoren wurde von einem nicht unbedeutenden Teil der Öffentlichkeit und auch des Staates nicht zuletzt die Entwicklung und die Gefahren im Privatbergbau gemessen, zu denen der Staat selbst entscheidende Impulse gegeben hatte: die großbetriebliche Produktionsweise, Monopolisierung und Kartellierung.

Getreu seiner traditionellen Methode und im „Vertrauen der staatlichen Bergverwaltung in ihre eigene Leistungsfähigkeit"[723], versuchte der Staat durch die Unterhaltung eigener Bergwerke auf diese Tendenz und die von ihr für ihn selbst, die restliche Volkswirtschaft und die Beschäftigten ausgehenden Gefahren Einfluß zu nehmen. Doch hatte der Staat, allen voran aber wohl die Bergbaubürokratie, die nach wie vor den Bereich der Wirtschaft eher als Funktion des Staates denn als eigenständigen Sektor ansah, seine Möglichkeiten in mehrfacher Hinsicht, wie sich bald herausstellte, weit überschätzt. Je länger er zögerte, sich eigenen Bergbaubesitz im Ruhrgebiet zuzulegen, umso geringer waren angesichts der dynamischen Entfaltung und Expansion des privaten Kapitalismus seine Möglichkeiten, einen — wie Berlepsch schon 1890 formuliert hatte — „bestimmenden Einfluß" zu gewinnen, oder auch nur erst einmal Fuß zu fassen[724]. Die vom Staatshaushalt zu erübrigenden Mittel waren relativ knapp bemessen, und zum — versuchten — Erwerb der Hibernia mußte sich der Staat durch die beanspruchte Vermittlung der Banken sogar privatkapitalistischer Mittel und Institutionen

[723] So Herring (S. 36) im Jahre 1914.

[724] Wie gering denn auch — auch im Vergleich zu den übrigen Revieren — der Anteil der Förderung der Staatszechen an der jeweiligen Gesamtproduktion blieb, zeigt die folgende Tabelle.

bedienen. Je mehr aber andererseits die fiskalische Förderung im Ruhrgebiet zunahm, so mußte der Handelsminister schließlich feststellen, umso mehr werde der Staat für die Preispolitik, aber auch schon für das weitere Bestehen des RWKS verantwortlich gemacht. Ein Zusammenbruch des Syndikats aber bringe mit der „sicher zu erwartenden Minderung der Bergbauerträgnisse ... schwere soziale Kämpfe, ... eine Erschütterung des ganzen Erwerbslebens, ... eine nachteilige Rückwirkung auf die kommunalen Verhältnisse" und eine Gefährdung der „jetzigen Wirtschaftspolitik" mit sich. Mit dieser zutreffenden Analyse hatte der Minister nicht mehr und nicht weniger getan, als das für den Staat relevante Ergebnis der bisherigen Industrialisierung zusammengefaßt, nämlich umgekehrt zu der Ausgangslage ein bis anderthalb Jahrhunderte zuvor: die weitgehende Abhängigkeit des Staates von der privatkapitalistischen Wirtschaft. Jedoch noch von einer zusätzlichen Seite aus wirkte das privatkapitalistische Wirtschaftssystem auf den Staat und seine Hilfsmittel ein. Mit Hilfe der parlamentarischen Kontrolle seines Haushalts und mit dem Bestehen auf höchstmögliche Rentabilität vermochten die Vertreter der Privatwirtschaft den staatlichen Bergbau auf den Anschluß an das Syndikat der privaten Unternehmer festzulegen und die innerbetrieblichen Verhältnisse der Staatszechen denjenigen ihrer eigenen Betriebe anzupassen. Hiermit war nicht nur — ohne weitere staatliche Kontrollrechte — die Existenz und die Politik von Kartellen im allgemeinen und des RWKS im besonderen öffentlich legitimiert und für gut befunden und ein erster Schritt zur Verflechtung von privatem und staatlichem Eigentum getan, sondern auch die Existenz einer greifbaren Alternative zur privatkapitalistischen Betriebsführung in einem von der Privatindustrie dominierten Wirtschaftszweig weitgehend abgeschafft[725].

Das im Vergleich etwa zu Großbritannien frühe, unmittelbare Eingreifen in den Bereich der privaten Wirtschaft war das eine Ergebnis der langen, aktiven Förderung der Industrialisierung durch den Staat. Das zweite Resul-

---

Anteil der Förderung des preußischen Bergfiskus in den wichtigsten Bergrevieren, 1900 - 1911 (in %)

	Ruhr	Saar	Oberschlesien
1900	0,29	84,42	21,32
1905	1,25	80,52	20,51
1910	2,59	75,10	17,82
1911	3,00	74,29	17,29

Quelle: E. Fischer, Die Rentabilität der fiskalischen Steinkohlengruben in Oberschlesien in den Rechnungsjahren 1912 - 1921, 1929, S. 2.

[725] Zu einem zeitgenössischen kritischen Kommentar vgl. A. Pohlmann-Hohenaspe, Der Staat und die Syndikate. Ein Beitrag zur Bergwerksfrage, 1912.

tat dieses staatlichen Bemühens um industrielles Aufholen, das nicht selten — wie im Bergbau, im Schiffsbau, im Post- und Eisenbahnwesen usw. — die Übernahme direkter Unternehmerfunktionen bedeutete, war die starke Ausrichtung der Ideologie und der Handlungsorientierung des Staates und seiner Beamten auf die Industrialisierung. Wie stark diese Identifikation des staatlichen Apparates mit dem Ziel des industriellen Wachstums war, zeigte uns das starre und beinahe unverrückbare Festhalten der staatlichen Bergbeamten an ihrer traditionellen Ideologie der industriellen Entwicklung, und das Weiterleben dieser allmählich im Verhältnis zum erreichten Stand der Produktionsverhältnisse zeitlich verschobenen Ideologie selbst mag als Indikator für den Grad dieser Identifikation dienen.

2. Die indirekten Maßnahmen der Industrieförderung

In dem zunächst von eng fiskalischen, sodann von weiter volkswirtschaftlichen Gesichtspunkten ausgehenden Bemühen, die gewerbliche und industrielle Entwicklung des Landes forciert voranzutreiben, scheute der preußisch-deutsche Staat nicht davor zurück, aktiv in den wirtschaftlichen Prozeß einzugreifen. Und nicht nur diese direkten, sondern auch die — im folgenden zu behandelnden — indirekten Maßnahmen der Industrieförderung führten in nicht wenigen Fällen zur Übernahme unmittelbarer Unternehmerfunktionen. Hierin und überhaupt in den Mitteln der Förderung des industriellen Prozesses unterschied sich — wie wir weiter unten feststellen werden — der Staat in Preußen-Deutschland weitgehend von demjenigen in Großbritannien.

Anders als in Großbritannien, wo die Freizügigkeit und die Gewerbefreiheit formal zwar erst in den Jahren um 1800 hergestellt wurde, de facto in den meisten Bereichen aber schon seit langem bestand, mußte der Staat in Preußen, wie in Deutschland insgesamt, diese Grundvoraussetzungen des industriellen Prozesses mit der im Jahre 1807 verkündeten Gewerbefreiheit und den von 1807 bis 1810 erlassenen Gesetzen über die Bauernbefreiung erst schaffen[726]. Sodann suchte der Staat, in der frühzeitigen Erkenntnis, daß seine eigenen, begrenzten, Mittel nicht ausreichten, die private Kapitalbildung und Kapitalaufbringung für industrielle Zwecke zu erleichtern und zu ermutigen. Daß besonders auch das letztere vonnöten war, zeigt die Tatsache, daß Christian v. Rother, der Leiter der staatlichen Seehandlung noch im Jahre 1844 feststellen mußte, daß es anders als in Großbritannien in Deutschland und Preußen die Kapitalbesitzer „in der Regel vorziehen, ihr Geld zu geringeren Zinsen, aber sicherer und leichter umsetzbar auf Grundbesitz und in öffentlichen Papieren anzulegen“[727]. So erließ der preußische

[726] Vgl. hierzu etwa: U.P. Ritter, Die Rolle des Staates, S. 38 ff.

[727] Zit. nach: H. Staudinger, Der Staat, S. 22.

Staat — neben der Einführung und Wiederaufnahme der Schutzzölle — schon im Jahre 1843 ein Gesetz, das die Bildung von Aktiengesellschaften ermöglichte und welches die in den übrigen europäischen Ländern bestehenden Rechtsvorschriften, vor allem in der Frage der Haftung, in seiner Liberalität weit überstieg[728]. Mit Ausnahme der Verausgabung meist kurzfristiger und gezielter Kredite, sei es durch die staatliche Seehandlung oder durch spezielle Fonds, wie wir dies bei der Westfälischen Berggewerkschaftskasse sahen, sowie von Kapital- und Maschinenschenkungen für industrielle Zwecke[729] aber beschränkte sich der Staat — wie in Großbritannien — mehr und mehr vor allem nach 1850, auf die Festlegung der Strukturen des privaten Bankverkehrs und — durch die Kontrolle der zentralen Reichsbank — auf die Geld- und Zinspolitik[730].

Trotz der relativen Kapitalknappheit des Staates, welche nicht zuletzt das Resultat der — wie in Großbritannien — herrschenden Steuerprivilegierung der landwirtschaftlichen Grundbesitzer war, stellte er doch in vergleichsweise hohem Maße die Mittel und die Initiative zur Verbesserung der Infrastruktur: zum Bau und zur weiteren Ausübung unmittelbar unternehmerischer Aufgaben im Post- und Eisenbahnwesen.

„Das es in erster Linie Sache des Staates sei, für die ordnungsgemäße Instandhaltung und Herstellung schiffbarer Wasserstraßen zu sorgen, ist in Preußen, wenn auch nicht gesetzlich ausgesprochen, so doch tatsächlich nie bestritten worden", beobachteten Wissenschaftler in den Jahren um 1900[731]. Ebenso wie der Ausbau des Postwesens, so war derjenige der Wasserstraßen seit der Mitte des 17. Jahrhunderts „ohne unmittelbare Rücksicht auf die Staatskassen vor allem für die Bedürfnisse der Volkswirtschaft und der Heeresbewegung eingerichtet worden"[732]. Wie in anderen Teilen Preußens, so wurden im Ruhrgebiet, nach einigen vergeblichen Anläufen seit 1734, ab 1774 die Flußläufe der Ruhr und der Lippe schiffbar gemacht und zusätzlich kleinere Kanäle gebaut[733]. Während hier der Staat den Bau von Kanälen und Hafenanlagen (Ruhrort) über besondere Fonds allein finanzierte oder über von ihm unterstützte Aktiengesellschaften mittrug[734], wurde zum Ausbau und zur Verwaltung der Ruhr und der Lippe, obwohl diese beinahe ausschließlich dem Kohlentransport dienten und damit eigentlich eher im Kom-

[728] Vgl. U.P. Ritter, Die Rolle des Staates, S. 125 f.

[729] Vgl. U.P. Ritter, S. 65 ff., 115 ff.

[730] Vgl. hierzu: H. Mottek u. a., Wirtschaftsgeschichte Deutschlands, Bd. 3, 1974, S. 133 ff.

[731] O. Schwarz/G. Strutz, Der Staatshaushalt und die Finanzen Preußens, Bd. 2, 3, 1903, S. 1211, zit. bei: Ritter, S. 140.

[732] Staudinger, S. 16.

[733] Vgl. insgesamt Krampe, S. 169 ff., und Jankowski, S. 81 ff.

[734] Ritter, S. 141.

petenzbereich der Bergbaubehörden gelegen hätten, in den 1780er Jahren eine besondere Ruhrschiffahrtsverwaltung geschaffen mit einem Ruhrschiffahrtsdirektor an der Spitze, der unmittelbar dem Ministerium in Berlin unterstand. Wegen der Bedeutung der Ruhr für das angrenzende Bergbaugebiet — z. B. im Jahre 1816 versandten mehr als die Hälfte der Ruhrzechen (91 von insgesamt 175) ihre Kohle über diesen Wasserlauf — wurde 1781 eigens eine Wasser- und Uferordnung erlassen, welche u. a. die Höhe der jeweiligen, gestaffelten Abgaben festlegte[735]. In dieser Weise wurden in Preußen insgesamt im Zeitraum zwischen 1796 und 1836 Wasserstraßen in einer Länge von ca. 780 km angelegt[736].

Der Bau von Straßen war zeitlich hinter demjenigen von Wasserstraßen zurückgeblieben[737]. Grund hierfür war vor allem die Furcht Friedrichs des Großen, ein gutes Straßennetz könne das Eindringen ausländischer Truppen erleichtern. Auch bei den Anliegern der alten und der geplanten neuen Straßen gab es Hindernisse zu überwinden. Die ersteren, vor allem die Wirte, Schmiede und Stellmacher, fürchteten um ihr Einkommen, das vor allem ja durch die Reisenden und deren Unfälle sichergestellt war. Die potentiellen Anlieger von neuen Straßen befürchteten, daß diese Straßen unweigerlich eines Tages von Truppen benutzt werden würden, welche dann Unterkunft und Verpflegung verlangten. Hinzu kam, daß auch die Grundherren wenig Initiative in dieser Sache zeigten, weil diese — wie in Frankreich in den 1720er Jahren — bei der derzeitigen Wirtschaftsverfassung doch gezwungen gewesen wären, diese Arbeiten von ihren Bauern zu verlangen, die sie als zusätzliche Belastung sicher nicht ohne eine Art von Widerstand auf sich genommen hätten.

Die „alte Maxime, daß", wie der hohe preußische Beamte Peter Christian Beuth 1822 feststellte, „unbefahrbare Straßen eine Wohltat seien, nützlich für die Landesverteidigung, und, weil sie den Verkehr im Lande aufhielten, Stellmacher und Gastwirte bereicherten"[738], wurde erst dort und in dem Moment gebrochen, wo die Industrialisierung am weitesten fortgeschritten und die mit ihr einhergehenden Zwänge und Chancen am durchschlagensten waren. Nach gescheiterten, privaten Bemühungen in den 1760er Jahren forderte der zu dieser Zeit mit der Aufsicht des Ruhrbergbaus beauftragte Freiherr vom Stein in seiner Denkschrift vom 6. März 1786 die Anlage von zwei Chausseen in der Grafschaft Mark, da dadurch die Frachten verbilligt, die „innere Communication" erleichtert und das Gewerbe gestärkt würde[739]. Im gleichen Jahr noch starb Friedrich der Große, und als Heinitz

[735] Vgl. Krampe, S. 169-182.

[736] Ritter, S. 141.

[737] Zum folgenden vgl. Ritter, S. 144-146, und Jankowski, S. 97-101.

[738] Zit. bei Ritter, S. 146.

[739] Ebenda.

im Jahr darauf diesen Plan unterstützte, billigte die Regierung ihn und stellte zunächst 80.000 Taler, angesichts der tatsächlichen Baukosten von 300.000 Talern später aber auch noch fast den ganzen Rest, bereit. 1792 fertiggestellt, bildeten sie die beiden ersten modernen Straßen Preußens. Wurden diese Staatschausseen zunächst unmittelbar von der Regierung finanziert, ihre Baukosten und ihre Unterhaltung durch die Erhebung relativ hoher Benutzungsabgaben an den Zollstationen nachträglich aufzubringen versucht[740], so wurden die allmählich nach 1800 gebauten kleineren Verbindungsstraßen der Initiative der Provinzialregierung, den Gemeinden und auch Privatleuten überlassen. Diese, meist bestehend aus Bergbauunternehmern und Kohlenhändlern, bildeten Aktiengesellschaften und waren mit einem Kapital, das durchaus 30.000 Taler erreichen konnte[741], und mit der weiteren finanziellen und technischen Hilfe der Gemeinden und der Bergbehörde imstande, diese kleineren Verbindungsstraßen, meist „Kohlenstraßen" genannt, zu bauen. Existierten zuvor nur schlecht oder überhaupt nicht befestigte Karrenwege, die im Winter oftmals nur von Tragtieren bewältigt werden konnten, so konnten die neuen Straßen, vor allem die weiter reichenden Staatschausseen, wie das Bergamt Bochum im Jahre 1839 berichtete, „zur Verbreitung und Erhöhung des Kohlenabsatzes ... ungemein viel" beitragen[742].

Leisteten die Privatleute auch einen kleinen Beitrag, so lag die Hauptbelastung des Straßenbaus — anders als in Großbritannien — von vornherein beim Staat. Im Jahrzehnt nach 1819 gab die preußische Regierung allein für den Straßenbau in Westfalen mehr als 730.000 Taler aus. Und die staatliche Seehandlung stellte allein zwischen 1825 und 1830 mehr als 400.000 Taler an Krediten für den Straßenbau bereit. Wurden in Preußen bis 1816 nur rund 420 Meilen Staatschausseen gebaut, so waren es zwischen 1816 und 1830 428 Meilen und in den nächsten 15 Jahren weitere 563 Meilen. Im Jahre 1845 schließlich verfügte Preußen insgesamt über 1.412 Meilen staatlicher Chausseen, wozu noch 289 Meilen an Privat-, Kommunal-, Kreis- und Provinzstraßen kamen[743].

Obwohl, oder — wie sich herausstellen sollte —, gerade weil der preußische Staat so stark im Straßenbau engagiert und die ‚Preußische Staatspost' seit 1660 zu „eine[r] der schnellsten, billigsten und einheitlichsten Postanstalten in Deutschland" ausgebaut hatte[744], und obwohl er sich schon im Jahre 1816 direkt für die Einführung von Dampfschiffen einsetzte, zu einer Zeit, als

740 Vgl. Krampe, S. 183, 208.

741 Vgl. Jankowski, S. 101.

742 Zit. nach Krampe, S. 184.

743 Alle Daten nach Ritter, S. 146.

744 So Staudinger, S. 16.

diese in Großbritannien noch keinen Fuß fassen konnten[745], hielt er sich bei der Förderung des modernen Transportmittels, der Eisenbahn, zunächst deutlich zurück. Obgleich sich schon in den Jahren um 1820 in Großbritannien und Belgien die Eisenbahnen als Transportmittel bewährt hatten, hielt die Mehrzahl der hohen preußischen Beamten in den 1820er und 1830er Jahren die Kosten der Eisenbahnen für zu hoch, sahen ihre künftige Rentabilität als zweifelhaft und die technischen Schwierigkeiten als zu groß an und befürchteten ein Sinken der Staatseinnahmen aus dem Postwesen sowie aus den Schiffahrts- und Straßengebühren[746]. Zudem konnte der preußische König „kein großes Vergnügen" darin erkennen, von Berlin aus mit Hilfe der Eisenbahn „einige Stunden früher oder später in Potsdam anzukommen"[747]. Tatsächlich herrschte offensichtlich in weiten Kreisen die dann auch von dem Bau der ersten Eisenbahnen genährte Überzeugung, daß diesen weitgehend die Personenbeförderung vorbehalten sei. Die Anregung zum Bau von Eisenbahnen, die auch in diesem Falle in Gestalt des vielseitigen Unternehmers Friedrich Harkort wiederum aus dem rheinisch-westfälischen Raum kam und zunächst bei dem Freiherrn vom Stein und dem preußischen Finanzminister v. Motz Unterstützung gefunden hatte, wurde nach deren Tode ab 1830 von den Berliner Stellen abgelehnt.

Eine bei weitem andere Haltung dagegen nahmen die staatlichen Behörden vor Ort ein. Vor allem die Bergbehörden im Ruhrgebiet, die einerseits für den Abtransport immer größerer Mengen an Kohle zu sorgen hatten, andererseits von den Klagen der Abnehmer über zu hohe Kohlenpreise getroffen wurden, erkannten bald, daß durch die Eisenbahnen „der Absatz der Kohlen gehoben und die Preise für das Publikum jener entfernteren Gegenden heruntergestellt" würden[748]. Obwohl die Bergbehörde „nicht befugt [war], einzelne Gewerken wider ihren Willen zur Theilnahme am Bahnbau zu nötigen", die Eisenbahn also keine „Betriebssache" war[749], der hierzu notwendige Grund und Boden also nicht enteignet werden durfte, und obgleich vor allem das Finanzministerium das Oberbergamt immer wieder zur Zurückhaltung aufforderte, förderten die Bergbeamten im Ruhrgebiet den Eisenbahnbau schon seit Ende der 1820er Jahre auf vielfältige Weise. Bei „auseinanderstrebenden Wünschen und Forderungen"[750] verhandelten sie mit den Gewerken, suchten deren Vorstellungen „im Interesse der Sache" aufeinander abzustimmen[751] und erklärten ihnen „das Nützliche und Not-

---

[745] Ritter, S. 143 f.

[746] Hierzu und zum folgenden vgl. Ritter, S. 147 f.; Jankowski, S. 101-122; Krampe, S. 189.

[747] Rückübersetzt aus Jankowski, S. 103.

[748] So ein Bericht des Oberbergamts Dortmund vom Jahre 1835, zit. in: Krampe, S. 192.

[749] So die ‚Declaration' des Ministeriums vom 27.10.1804, zit. nach: Krampe, S. 188.

[750] Krampe, S. 187.

wendige dieses gemeinschaftlichen Unternehmens"[752]. Auf die Bitte der Gewerken „um unterstützenden Rath"[753] arbeiteten Bergbeamte in der Bauleitung der Bahnen mit, berieten durch Gutachten die Unternehmer über die Durchführbarkeit der geplanten Anlage und über deren zweckmäßigsten Verlauf und stellten Versuche mit verschiedenen Bahnkonstruktionen an. Manchmal empfahl das Oberbergamt „mit dem ganzen Gewicht seiner Autorität" z. B. den von ihm kontrollierten Knappschaftskassen „dringend" den Ankauf von Bahnpapieren, oder die Bergämter erinnerten in etwa notwendig werdenden Fällen die Gewerkschaften an versprochene finanzielle Beteiligungen[754]. Und obwohl der Bau einer längeren Bahnstrecke in den Jahren 1826/27 an der Konkurrenz zwischen den einzelnen Bergrevieren scheiterte, kam es nicht selten vor, daß sich die privaten Unternehmer nicht eher für ein Projekt entschieden, „bis sie die Ansicht eines wohllöblichen Bergamts darüber kannten"[755]. Bis 1837 waren auf diese Weise 20 Kohlenbahnen mit einer Gesamtlänge von 30 km gebaut worden[756].

Wohl auch angesichts dieser regionalen Fortschritte änderte sich die Einstellung der staatlichen Zentralbehörden allmählich ab dem Ende der 1830er Jahre. Im Oktober 1842 legte die Regierung einem Ausschuß sämtlicher Provinzialstände die — von diesem natürlich bejahte — Frage vor, „ob die Ausführung eines umfassenden Eisenbahnsystems für ein wahres Bedürfnis des Landes gehalten werde"[757]. Aber schon Ende 1838 hatte der Staat den Grundstein für eine bis 1844 anhaltende Serie von gesetzgeberischen Maßnahmen gelegt, die weit in das Eisenbahnwesen eingriffen und die Basis für das weitere staatliche Engagement bildeten[758]. Hiernach war vor dem Bau einer Eisenbahn eine Konzession einzuholen, welche nur vom König, nicht von der Bürokratie, gewährt werden konnte. Die Eisenbahn-Aktiengesellschaften selbst unterlagen der strengen staatlichen Kontrolle. Angesichts der beobachteten Zurückhaltung möglicher Investoren war der Staat in Zukunft bereit, den Aktionären eine Verzinsung ihrer Anteile von 3,5% zu garantieren. Er behielt sich dabei vor, selbst Anteile aufzukaufen bis zu einer Höhe, die ihm die Kontrolle über die Unternehmen und das Recht der Einsetzung bestimmter Beamten in das Unternehmen

---

751 StAM, OBA Dortmund 38/13, 38/14, Streitfall zwischen den Zechen Wiesche und Sellerbeck, 1837, 1841, zit. nach: Krampe, S. 194.

752 So Protokoll des Oberbergamtes Dortmund vom 5.1.1829, zit. in: Krampe, S. 187.

753 So einige Eisenbahninteressenten in einem Schreiben an das Bergamt Bochum vom 22.4.1829, StAM, OBA 132, zit. nach: Krampe, S. 188.

754 Vgl. Krampe, S. 193 f.

755 So die Köln-Mindener Bahngesellschaft in einem Schreiben an das Bergamt Essen vom 30.12.1845, StAM, OBA 38/6, zit. in: Krampe, S. 194.

756 Vgl. Jankowski, S. 109 f.

757 Zit. nach Krampe, S. 190.

758 Für das folgende vgl. Jankowski, S. 103-105.

sicherte[759]. Die für die Zinsgarantien aufzubringenden Kosten wurden gedeckt durch die Einnahmen aus den Staatsanteilen der anderen Eisenbahnen. In dieser Weise sorgte der Staat mit Hilfe eines hierzu errichteten Eisenbahnfonds für einen Rentabilitätsausgleich zwischen ertragreichen und weniger ertragreichen Unternehmen. Zusätzlich mußte jeder Handel mit Eisenbahnpapieren ab 1844 vom Finanzminister registriert und gebilligt werden. Und schließlich erhielt der Staat in einem 1849 von den Ständen gebilligten Gesetz das Recht, nach dem Ablauf von 27 Jahren selbst Eisenbahnen zu bauen. Diese Bestimmungen, die dem Staat entscheidende Einflußmöglichkeiten auf das Eisenbahnwesen sicherte, konnten, wie sich zeigte, für die Zukunft keine Einheitlichkeit in den Tarifen zwischen den einzelnen Bahngesellschaften herstellen, trugen aber dazu bei, daß diese ein „gesetzliches Monopol" auf ihren Strecken besaßen. Denn der Staat bewilligte nicht verschiedene Bahnen, die die gleichen Orte miteinander verbanden. Hier setzte nun schon in den 1860er Jahren die Kritik der Bahnbenutzer, vor allem auch der Bergbauunternehmen ein[760], die zwar gegenüber den einzelnen Eisenbahngesellschaften besondere Rohstofftarife hatten durchsetzen können, die Verschiedenheit und die unterschiedliche Zusammensetzung der Tarife jedoch vergeblich bekämpften. Nachdem alle Bemühungen der Unternehmer gescheitert waren, eine größere Konkurrenz zwischen den Eisenbahnen herzustellen, forderten sie schließlich — anders als, wie sich zeigen wird, ihre Kollegen in Großbritannien angesichts einer ähnlichen Situation — deren Verstaatlichung. Und sie betrachteten dies, wie Friedrich Harkort dies im Reichstag 1869 formulierte, — anders als in ihrem eigenen Fall vierzig Jahre zuvor — als „keine politische, sondern eine höchst wichtige Frage der National-Ökonomie"[761].

Die schließlich ab dem Ende der 1870er Jahre durchgeführte Verstaatlichung der Eisenbahnen kam jedoch nicht nur durch den Druck der Unternehmer zustande. Eine gewichtige Rolle hierbei spielten die militärischen Bedürfnisse, die im Krieg von 1870/71 deutlich geworden waren[762], die politische Absicht Bismarcks, den Zusammenhalt des Reichs zu stärken, ein Vorhaben, welches dann jedoch am Widerstand der Einzelstaaten scheiterte, und schließlich die durch Erfahrung gerechtfertigte Erwartung, daß sich dies als „ein gutes Geschäft" für die Staatskasse erweisen würde[763]. Die Erwartung wurde bestätigt, denn z. B. im Jahre 1899 waren 57% aller Ausgaben des preußischen Staates durch Eisenbahneinnahmen und nur 43% durch Steuern

---

759 Hierzu vgl. Ritter, S. 149.

760 Vgl. hierzu: K. Hartmann, Der Weg, S. 58 f.

761 Verhandlungen des Reichstages 1869, Drucksachen Bd. 1, Nr. 69, zit. nach: Hartmann, S. 57.

762 Vgl. Mottek u. a., Wirtschaftsgeschichte, Bd. 3, S. 119.

763 So Staudinger, S. 25.

gedeckt[764]. Und die Einnahmen aus dem fiskalischen Bergbau etwa machten nur einen Bruchteil dieser Eisenbahneinkünfte aus[765]. Trug somit der staatliche Besitz des Eisenbahnwesens ab etwa 1890 zu einer im Vergleich zu anderen Ländern einmaligen Einnahmenstruktur des preußischen Staatshaushalts bei, so bedeutete dieser Besitz zugleich eine starke finanzielle und — wie in den übrigen bisher genannten Bereichen — personelle Nähe des Staatsapparates zum Bereich der Wirtschaft. An der Stellung des Staates zum privaten Bergbau und zur Frage der Kartelle wurde dies bisher schlaglichtartig deutlich.

Als letzter, jedoch keineswegs geringster Sektor der indirekten Industrieförderung durch den Staat sei hier derjenige der Ausbildung genannt. Hatte sich in Großbritannien der Staat bis 1870 beinahe jeder Einmischung in das Schulwesen enthalten, so bestand in Preußen seit 1717, also anderthalb Jahrhunderte früher als dort, die allgemeine Elementarschulpflicht. Dies bedeutete jedoch keineswegs, daß sogleich alle Kinder und Eltern dieser Vorschrift auch nachkamen. Erst hundert Jahre später, 1816, genügten 60% der Kinder ihrer Schulpflicht, 1846 waren es 82% und erst in der Zeit ab 1870 praktisch 100%[766]. Waren diese „Volksschulen" mit ihrer Orientierung an den „praktischen Notwendigkeiten des täglichen Lebens"[767] dazu bestimmt, Bürger zu produzieren, die wie Fritz Ringer es ausdrückt — „nützlich waren als Produzenten, als Soldaten und als gelehrige Untertane"[768], so bildete neben den städtischen Mittelschulen, deren Bedeutung jedoch in der ersten Hälfte des 19. Jahrhunderts nachließ[769], das Gymnasium die nächste Stufe der Ausbildung. Wie bei den Volksschulen, so unterhielt der Staat auch die Schulen dieser Kategorien. Er stellte die Lehrer ein, bezahlte sie, bildete sie aus und legte allgemein die Lehrpläne der Schulen fest. Vor allem nach den Reformen zwischen 1809 und 1816 entwickelten sich die Gymnasien, entge-

[764] Vgl. Mottek u. a., S. 119; auch: Elsas, S. 118 ff.

[765] Dies macht die folgende Zusammenstellung deutlich:

Preußische Staatseinnahmen, 1903 - 1913 (in Mill. M)

Jahr	Ordentliche Gesamteinnahmen	Erwerbseinkünfte		Eisenbahnen		in % der Erwerbseinkünfte	Bergwerke		in % der Erwerbseinkünfte
		roh	rein	roh	rein		roh	rein	
1903/07	2 995,82	2 181,30	575,24	1 691,40	473,09	82,3	234,50	18,20	3,2
1908/12	3 755,76	2 789,52	609,25	2 169,42	490,90	80,6	293,00	19,99	3,3
1913	4 418,04	3 332,50	590,03	2 528,98	425,12	72,00	385,28	38,49	6,5

Quelle: O.Veit, Der Bergbau als staatliche Finanzquelle,1927,S.45.

[766] Vgl. Koselleck, Preußen, S. 442, und Wehler, Das Deutsche Kaiserreich, S. 125.

[767] Zit. nach F. Ringer, The Decline of the German Mandarins. The German Academic Community, 1890-1933, 1969, S. 30.

[768] Ringer, S. 30.

[769] Koselleck, S. 442.

gen den Ansprüchen der anlaufenden Industrialisierung, eher zu „Gelehrtenschulen“[770]. Vergleichbar den britischen Public Schools wollten sie die Schüler durch die starke Betonung der alten Sprachen, des Griechischen und Lateinischen, und die Lektüre der Klassiker „mit der Sinnes- und Empfindungswelt einer veredelten Menschheit“ vertraut machen, und man war — wie in den Public Schools — stolz darauf, daß die dort vermittelte Bildung „den Notwendigkeiten der Berufe, des Alltags fern stand“[771]. So wenig diese Ausbildung dazu beitragen konnte, die Industrialisierung des Landes voranzutreiben, so sehr erfüllte — wie in Großbritannien — dieser klassische Ausbildungsgang, wie wir noch im weiteren sehen werden, den Zweck der Gruppenbildung und der sozialen Abschottung der in dieser Weise Ausgebildeten. 1885 kamen im Deutschen Reich auf 10.000 Einwohner nur etwa 50 höhere Schüler, und das Verhältnis von Volksschülern zu höheren Schülern betrug mehr als 30 zu 1[772]. Hinzu kam, daß die Gymnasien — wie im folgenden deutlich werden wird — den Zugang zu den Universitäten lange Zeit beinahe monopolisierten.

Entsprachen die Gymnasien somit — wenn auch, wie noch zu zeigen sein wird, in geringerem Maße als die Public Schools in Großbritannien — weit besser dem Bedürfnis nach sozialer Abgrenzung als den Notwendigkeiten industrieller Entwicklung, so wuchsen auf gleicher Stufe schon seit der ersten Hälfte des 19. Jahrhunderts aufgrund privater, dann aber auch kommunaler und staatlicher Initiative Institutionen heran, die der Staat ab 1860 unter den Namen Realschule, Oberrealschule und Realgymnasium organisatorisch zusammenfaßte. Diese, die sich stärker auf die Vermittlung neuer Sprachen, der Naturwissenschaften und der Mathematik konzentrierten und die dem preußischen Kultusministerium in den 1840er Jahren als Ausgangspunkt der gefährlichen Tendenz zu Materialismus, Mangel an Religiosität und Revolution erschienen[773], kamen erst allmählich ab den 1870er Jahren zu bescheidenem Ansehen. Immerhin gab es bereits 1868 in Preußen — ohne Schleswig-Holstein, Hessen-Nassau und Hannover — bereits 60 Realschulen erster Ordnung mit 19.000 Schülern[774]. Und 1885 waren in Preußen von insgesamt 133.000 höheren Schülern 84.000 an Gymnasien, 25.000 an Realgymnasien, 5.000 an Oberrealschulen und 19.000 an Realschulen[775]. Kamen die Schulen neueren Typs mit ihren Schülerzahlen den Gymnasien schon näher, so zeigen die Zahlenverhältnisse der in den verschiedenen Schultypen erzielten Abschlüsse, und — mehr noch — diejenigen für den Übergang zu den Universitäten die bestehen bleibenden Ungleichheiten. Von den preußi-

[770] Vgl. Ritter, S. 23.

[771] Ebenda, S. 24.

[772] Vgl. F. Ringer, S. 39.

[773] Vgl. ebenda, S. 26.

[774] Nach Ritter, S. 24.

[775] Vgl. Ringer, S. 39.

schen höheren Schülern, die im Jahre 1885 ihr Abschlußzeugnis (Abitur) erhielten, waren 3.567 vom Gymnasium, 574 von Realgymnasium und 32 von der Oberrealschule. Und von den Abiturienten, die zur Universität gingen, kamen 2.963 vom Gymnasium, 184 vom Realgymnasium und 32 von der Oberrealschule. Mehr als 85% der Abiturzeugnisse gingen an Gymnasiasten; und 83% der Gymnasiasten, aber nur 32% der erfolgreichen Schüler des Realgymnasiums und 0% der anderen neueren Schultypen gingen an die Universität. Zwischen 1887 und 1890 kamen 85% der Studenten an preußischen Universitäten vom Gymnasium, weniger als 7% von den neuen höheren Schulen und 8% waren durch Sondererlaubnis zugelassene[776].

Die Universitäten bildeten das den höheren Schulen folgende Nadelöhr des bildungsmäßigen Aufstiegs. Bei weitem nicht alle höheren Schüler erhielten das Abitur, und — wie wir bereits oben sahen — nicht alle Abiturienten gingen an die Universität. Denn z. B. im Jahre 1885 besuchten zwar in Preußen auf 10.000 Einwohner jeweils 30 Schüler das Gymnasium, aber weniger als 1,5 Schüler erhielten das Abitur; und im gleichen Jahr gingen insgesamt drei Viertel (75,4%) der Abiturienten an die Universität[777]. Wenn auch die Kontinuität zwischen Abiturienten und Universitätsstudenten offensichtlich weit größer war als diejenige unter den Schülern der höheren Schulen, so stellte doch der Übergang von den höheren Schulen, besonders von den Gymnasien, inhaltlich einen weit stärkeren Bruch dar als etwa in Großbritannien. Blieben dort bis mindestens zum Zeitraum um 1900 vor allem die klassischen Universitäten in starkem Maße an das traditionelle Curriculum von alten Sprachen, Geschichte usw. gebunden, so öffneten sich die Universitäten in Deutschland — wie sie dies ein Jahrhundert zuvor für die Bedürfnisse der staatlichen Bürokratie getan hatten — ab etwa den 1820er Jahren den Anforderungen der Industrialisierung. Obwohl sicher nicht in allen deutschen Universitäten gleichmäßig, drängten ab dieser Zeit mit schnellerem oder langsamerem Tempo die mathematisch-naturwissenschaftlichen Veranstaltungen und praktischen Übungen immer weiter vor[778]. Welches Ausmaß z. B. der akademische Unterricht der Bergbaukunde bis 1911 erreicht hatte, konnten wir oben aufzeigen[779]. Wenn auch der Anteil der Gymnasiasten am Universitätszugang in Preußen erst seit den 1880er Jahren von 85% (1887-90) über 78% (1891-95) und 67% (1905-06) abnahm[780], so hatten sich doch die Universitäten — anders als in Großbritannien — schon weit früher auf einen stärker arbeitsteiligen und naturwissenschaftlich orientierten Lehrbetrieb eingerichtet.

---

776 Alle Daten nach: ebenda.

777 Berechnet nach den Angaben bei Ringer, S. 39; vgl. auch Wehler, S. 127.

778 Vgl. etwa Ritter, S. 26.

779 Vgl. oben S. 379.

780 Ringer, S. 58.

Obwohl die staatliche Bürokratie über die Finanzierung der Universitäten insgesamt, über die Besoldung der Lehrkräfte, über die Schaffung neuer und z. T. auch über die Besetzung schon vorhandener Stellen auf die Universitäten einwirken konnte — von den insgesamt an den deutschen Fakultäten von Theologie, Rechtswissenschaft und Medizin zwischen 1817 und 1900 ernannten 1.355 Lehrkräften wurden nicht weniger als 322 gegen oder ohne die Empfehlung der Fakultäten vom Staat eingesetzt[781] —, ging hier der Prozeß der Einstellung auf die Erfordernisse der industriellen Entwicklung durch die relative Unabhängigkeit der Universitäten insgesamt doch wohl nicht schnell genug voran. Zudem konzentrierte sich die universitäre Lehre stärker auf die abstrakt-theoretische Durchdringung des jeweiligen Gebietes. Was aber vor allem die frühe Phase der Industrialisierung benötigte, waren praktisch ausgebildete Techniker, deren Ausbildung auf dem neuesten Stand der technischen Entwicklung beruhte. Zumindest einige der hohen preußischen Beamten erkannten dies sehr früh. So verkündete Peter Christian Beuth, der 1818 zum Direktor der Abteilung für Handel und Gewerbe ernannt worden war, 1824 seinen Mitstrebern: „Wo die Wissenschaft nicht in die Gewerbe eingeführt ist, da gibt es kein sicher gegründetes Gewerbe, da gibt es kein Fortschreiten“[782]. Dieses Programm in die Wirklichkeit umsetzend, ging er daran, nach dem Vorbild der polytechnischen Institute in Paris (gegründet 1794) und Wien (gegründet 1815) zunächst in Berlin (1821) und anschließend in der Provinz eine Serie von Gewerbeschulen aufzubauen. Bis 1838 gab es bereits 20 Provinzialgewerbeschulen — zumeist auf die einzelnen Regierungsbezirke verteilt — mit jeweils 30 bis 40 Schülern[783]. Diese Außenstellen gleichsam als Sammelbecken benutzend, zog Beuth die Begabtesten durch die Vergabe von staatlichen Stipendien an das — ab 1827 umbenannte — Berliner Gewerbeinstitut (ab 1866: Gewerbeakademie), welches so zu einer wichtigen Aussaatstelle technischen Wissens und zur Schule bedeutender Unternehmer wurde. Indem es seine Schülerzahl von 52 im Jahre 1827 über 103 (1840) und 242 (1859) auf 722 im Jahre 1875 steigerte, in fünf Jahrzehnten insgesamt 3.500 Techniker ausbildete[784], wurde das Berliner Gewerbeinstitut zusammen mit den schon seit dem Ende des 18. Jahrhunderts bestehenden Bergschulen und Bergakademien und den seit 1844 gegründeten, gewerbespezifischen Fachschulen zur bedeutendsten direkten Beeinflussungsmöglichkeit der Verbreitung technischen Wissens außerhalb der traditionellen Universitäten. Auch die zahlenmäßige Gegenüberstellung kann diese — wenn auch erst spät sichtbare — Gewichtsverlagerung deutlich machen: Standen in Deutschland im Jahre 1885 27.000 Universitätsstuden-

[781] Ebenda, S. 37.

[782] Zitiert nach: Ritter, S. 26.

[783] Vgl. Ritter, S. 27 f.; auch: P. Lundgreen, Techniker in Preußen während der frühen Industrialisierung, 1975, S. 41 ff.

[784] Ritter, S. 29, 36.

ten 2.500 Studenten an technischen Instituten gegenüber, so waren es 1914 61.000 Universitäts- gegenüber nun schon mehr als 11.000 Institutsstudenten[785].

Der aktive Einsatz des Staates beim Vorantreiben des industriellen Prozesses und seiner Bereitschaft zur Übernahme direkter und indirekter Förderungsmaßnahmen erweiterte anhaltend und, vor allem im Vergleich zu Großbritannien, seinen Aufgabenbereich und führte damit zu einer zahlenmäßigen Erhöhung seines Personals. Im Rahmen der von ihm betriebenen Unternehmen beschäftigte der preußische Staat im Jahre 1913 im Bergbau etwa 2.000 Beamte und 102.570 Arbeiter[786], bei der Eisenbahn 205.055 Beamte und 59.707 Arbeiter, und rund 26.000 Arbeiter waren auf den Reichsmarinewerften tätig[787]. Im Deutschen Reich gab es etwa zur gleichen Zeit insgesamt ca. 1,2 Mill. Beamte, davon 390.000 Justiz- und Verwaltungsbeamte, etwa ebensoviele Offiziere, Geistliche und Lehrer und etwa 420.000 Beamte im Post- und Eisenbahnwesen sowie in anderen öffentlichen Bereichen[788]. Dies waren etwa 4% aller Erwerbstätigen.

Das starke Engagement des Staates im wirtschaftlichen Prozeß bedeutete nicht nur, daß ein nicht unbedeutender Anteil aller Arbeitnehmer in seinen Diensten stand, sondern auch, daß mit der Wahrnehmung dieser Aufgaben der Staat und seine Beamten selbst, wie gezeigt werden konnte, durch die vom industriellen Prozeß unmittelbar ausgehenden Handlungszwänge und durch ihn vermittelten Mentalitäten und Ideologien weitgehend ungebrochen geprägt werden konnten. Die hiermit verbundene, und im Vergleich etwa zu Großbritannien eintretende, Verschiebung in der Wahrnehmung der grundsätzlichen staatlichen Funktionen, die wir oben beschrieben haben, gilt es, im weiteren zu verfolgen.

3. Die sozialpolitischen Maßnahmen

Wie die übrigen bisher genannten und vom Staat mit so viel Engagement wahrgenommenen Aufgaben direkter und indirekter Industrieförderung, so galten auch — anders als, wie wir weiter unten sehen werden, in Großbritan-

---

[785] Vgl. Ringer, S. 39, 51, 52.

[786] Vgl. oben S. 446, und Schulz-Briesen, Bd. 2, S. 217.

[787] Vgl. K. Saul, Konstitutioneller Staat und betriebliche Herrschaft. Zur Arbeiter- und Beamtenpolitik der preußischen Staatseisenbahnverwaltung 1890 bis 1914, in: D. Stegmann u. a., Hg., Industrielle Gesellschaft und politisches System. Beiträge zur politischen Sozialgeschichte, 1978, S. 315-336, S. 316.

[788] Vgl. O. Hintze, Der Beamtenstand (1911), in: ders., Soziologie und Geschichte, 1964[2], S. 66-125, S. 68. Im Jahre 1907 entfielen von den insgesamt 390.000 öffentlichen Beamten 55.000 auf die höheren, 257.000 auf die mittleren und 77.00 auf die unteren Beamten.

nien — die von ihm ergriffenen sozialpolitischen Maßnahmen zuerst und vor allem der Beschleunigung und Sicherung des industriellen Fortschritts. Der Bergbau ging hierbei — ungleich den britischen Verhältnissen — allen anderen Gewerben voraus. Anders als dort nämlich hatte in den deutschen Einzelstaaten das Interesse der Regalherren an den Einkünften aus den Bergbaubetrieben dazu geführt, daß diese Landesherren — gleichsam ihre hoheitliche und unternehmerische Machtstellung zusammennehmend — die Bergleute mit für die Zeit ungewöhnlichen Freiheiten, Rechten und Sicherungen ausstatteten. So waren den Bergarbeitern schon im späten Mittelalter die persönliche Freiheit, Freizügigkeit, Befreiung von allen Diensten und Steuern (mit Ausnahme der Reichssteuer), die freie Benutzung von Wasser, Weide und Weg sowie eine eigene Berggerichtsbarkeit gewährt worden[789]. In Preußen nahm der Staat im „General-Privilegium der Bergleute" von 1767 diese Rechte wieder auf und fügte vor allem die Befreiung vom Wehrdienst und von allen Einquartierungen hinzu. Zugleich errichtete der Staat Knappschaftskassen, die die Bergarbeiter und ihre Familien — wie wir oben sahen — in Fällen von Krankheit, Invalidität und Tod materiell absicherten. Obwohl nach der Aufhebung der französischen Besetzung im Jahre 1815 das inzwischen durch die französische Bergwerksverfassung abgeschaffte Privilegierungssystem nicht wiederhergestellt wurde, bestanden doch — getragen durch das Direktionsprinzip — die Grundpfeiler des alten Systems fort. Die Wehrdienstverpflichtung blieb eingeschränkt und die Knappschaften wurden ausgebaut. Die Bergbehörde stellte, wie wir oben sahen, die Bergarbeiter ein und durfte sie nur im äußersten Fall entlassen; sie legte die achtstündige Arbeitszeit fest, und sie entschied über Lohn, aber auch über Strafe. Arbeit an Sonn- und Feiertagen war verboten, die Beschäftigung von Kindern untersagt, und Frauenarbeit war im Ruhrbergbau, anders als etwa in Oberschlesien, niemals üblich gewesen[790]. Insgesamt dienten diese staatlichen Maßnahmen der betrieblichen und überbetrieblichen Sozialpolitik unter dem Direktionsprinzip — wie den Landesherren seit Jahrhunderten — im Bergbau dazu, entsprechend den festgelegten Normen des technischen Betriebs, der Kontinuität und der „Nachhaltigkeit", für seßhafte, leistungsfähige und leistungswillige oder, wie die Bergbehörde sich 1860 rückblickend ausdrückte, für „treue und fleißige Arbeiter" zu sorgen[791].

Die Aufhebung des Direktionsprinzips zwischen 1851 und 1865 reduzierte die Tätigkeit des Staates im Ruhrbergbau — wie im übrigen Privatbergbau — auf bergpolizeiliche, oder allgemeiner: gewerbepolizeiliche Aufgaben. Doch blieben auch jetzt die zuvor vom Staat festgelegten sozialpolitischen Bestimmungen und Institutionen weitgehend in Kraft. Und ebenso wie das

---

789 Vgl. H. Imbusch, Arbeitsverhältnis, S. 124 f.

790 Vgl. Tenfelde, S. 87 ff.; Krampe, S. 18 ff.

791 Nach: Kirchhoff, Die staatliche Sozialpolitik, S. 13.

Direktionsprinzip auch über seinen Geltungszeitraum hinaus — wie wir oben sahen — auf die Verhältnisse und Beziehungen der industriellen Produzenten nachhaltige Auswirkungen hatte, so war es auch für die staatliche Bürokratie, ihre Institutionen und Überzeugungen, trotz ihrer beschränkten Befugnisse und veränderten Aufgaben, und in der Ausübung dieser, nicht ohne Folgen.

Anders als — wie wir noch sehen werden — bei der Gewerbeaufsicht in allen anderen Bereichen bestand im Bergbau von vornherein ein starker und ausgebildeter Beamtenstab. Auch nach der Verkleinerung und Umorganisierung der regionalen Bergbehörde des Oberbergamtes Dortmund, dem außer zwei linksrheinischen alle Bergreviere des Ruhrgebiets — als unterste Behördeninstanz — unterstanden, und das seinerseits nach einigen Wechseln seit 1889 unmittelbar dem preußischen Minister für Handel und Gewerbe bzw. der dort bestehenden Ministerial-Abteilung für das Berg-, Hütten- und Salinenwesen (mit 33 Beamten im Jahre 1912) untergeordnet war, sank die Zahl der in der staatlichen Bergaufsicht des Ruhrgebietes tätigen Beamten — völlig anders als, wie wir noch sehen werden, im südwalisischen oder auch im britischen Bergbau — zu keiner Zeit unter 45 und, einschließlich der Büroangestellten, offensichtlich nie unter 69 ab. Vielmehr stieg die Zahl der staatlichen Bergbeamten mit der zunehmenden Belegschaft der Bergwerke und den wachsenden Kontrollfunktionen des Staates vor allem — wie die folgende Zusammenstellung zeigt — in der Zeit nach 1880 rasch an.

Behördenorganisation und Beschäftigtenzahl des Oberbergamtes Dortmund, 1860-1912 [792]

	1860	1870	1880	1890	1900	1912
Oberbergamtspersonal	13	27	24	35	48	59
Revierbeamte	13	13	15	16	18	19
Berginspektoren	-	-	-	-	13	18
Reviergehilfen (Bergassessoren u. -referendare)	19	25	11	37	20	17
Einfahrer	-	-	-	-	34	40
Büroangestellte	(24)	?	?	?	?	(25)
Zusammen	45	65	50	88	133	153

[792] Ausgezählt und zusammengestellt nach: ZBHSW 8, 1860, S. 5 f.; ZBHSW 18, 1870, S. 5/6; ZBHSW 28, 1880, S. 6/7; ZBHSW 38, 1890, S. 11/2, ZBHSW 48, 1900, S. 14-17; ZBHSW 60, 1912, S. 15/6; Wirtschaftliche Entwicklung, Bd. 1, S. 45; zum Behördenaufbau vgl. ebenda, S. 40, 44/45. Die Büroangestellten sind wegen der fehlenden Angaben für den Zeitraum 1870-1900 in die Addition nicht aufgenommen.

Nicht nur war es die gleichsam äußere Form und Größe des Behördenapparates, die der Staat und seine Beamten aus der Zeit der Direktion in die Zeit der Inspektion mit hinübernahmen. Vielmehr waren es auch, so zeigte sich — schon bald nach dem Wechsel — in der Ausübung der neuen Aufgaben, die grundlegenden Überzeugungen und die innere Haltung der Beamten. Hatten die staatlichen Bergbeamten vorher die Aufgabe gehabt, die industrielle Entwicklung aktiv und unmittelbar voranzutreiben, so konnten sie sich auch nach dem Wechsel und der Beschränkung ihrer Aufgaben auf die Aufsichtsfunktion von dieser grundsätzlichen Haltung, die immer wieder gestärkt wurde durch den allgemeinen Industrialisierungswillen der Gesellschaft und des Staates sowie durch ihre Beziehungen zu den Unternehmern, nicht in grundlegender Weise trennen.

Bestand seit 1865 die eigentliche Aufgabe der staatlichen Bergaufsicht wie in Großbritannien in der Feststellung von betrieblichen Mängeln und insbesondere in der Überprüfung der Betriebssicherheit, so waren die staatlichen Aufsichtsbeamten in Deutschland weit weniger als dort an den betrieblichen Risiken und Gefahren für Leib und Leben der Bergleute orientiert als an den Chancen, Bedürfnissen und Notwendigkeiten einer raschen industriellen Entwicklung, eines Komplexes, innerhalb dessen die Beamten sich jeweils „nur“ noch zwischen den kurz- und langfristigen Bedürfnissen einer erfolgreichen Industrialisierung zu entscheiden hatten. Sonntagsarbeit, so ordnete das Oberbergamt Dortmund im Jahre 1873 an, sei auf die für die Aufrechterhaltung des Betriebes erforderlichen Arbeiten beschränkt, doch sollten diese so gelegt werden, daß den Arbeitern die Teilnahme am Gottesdienst entweder vor- oder nachmittags ermöglicht werde[793]. Frauenarbeit spielte im Ruhrbergbau, anders als in Oberschlesien, so gut wie keine Rolle. Aber obwohl das Oberbergamt Dortmund in einem Schreiben an den Handelsminister im Jahre 1868 der Meinung war, daß Frauenarbeit im Bergbau den „Ruin der Arbeiterfamilie unfehlbar herbeiführen“ werde[794], blieb im oberschlesischen Bergbau auch nach dem allgemeinen Verbot der Untertagearbeit für Frauen im Jahre 1878 und trotz der in der Öffentlichkeit geäußerten Meinung, daß „Bergbau keine Weiberarbeit“ sei[795], die Beschäftigung von Frauen übertage bestehen[796].

Eine Beschäftigung von Kindern und Jugendlichen hatte es während des Direktionsprinzips — anders als zur gleichen Zeit in anderen deutschen Gewerben und in Großbritannien — im Bergbau nicht gegeben. Und ein

[793] Vgl. hierzu: Tenfelde, S. 272; Kirchhoff, S. 40.

[794] Vgl. StAM, OBA 1797, 24.8.1868, zit. nach: Tenfelde, S. 271.

[795] So der von Hermann Becker verfaßte Kommissionsbericht des Preußischen Abgeordnetenhauses von 1869, zit. bei: Tenfelde, S. 271.

[796] Vgl. Kirchhoff, S. 40.

Ministerialerlaß von 1854 untersagte auch künftig jede Untertagebeschäftigung von Kindern und Jugendlichen bis zum vollendeten 16. Lebensjahr. Doch aufgrund der unternehmerischen Verstöße gegen diese Bestimmung, vor dem Erlaß der Gewerbeordnung des Norddeutschen Bundes von 1869, welche die unterirdische Beschäftigung zwar an bestimmte Bedingungen knüpfte (die Einhaltung von Pausen und die Bewegung in frischer Luft), prinzipiell aber die Untertagearbeit von Jugendlichen erlaubte[797], erwog die Bergbehörde in den folgenden Jahren wieder ein förmliches Verbot der Beschäftigung von Jugendlichen untertage. Typisch war die Antwort der Revierbeamten, die 1874 nach dem Für und Wider einer solchen Maßnahme befragt wurden. Während der eine Teil ein völliges Verbot der unterirdischen Arbeit befürwortete, weil er die Gesundheit der Jugendlichen und die Sicherheit des Betriebes sowie aller Arbeiter dadurch gefährdet sah, sprach sich der andere Teil, der auch schon vorher gegenüber Gesetzesmißachtungen auf diesem Gebiet ein Auge zugedrückt hatte[798], gegen ein Verbot aus, weil sonst die Ausbildung der Bergleute und die Heranziehung und Erhaltung eines Stammes tüchtiger Arbeiter bedeutend erschwert werde[799]. Auch auf Drängen des Bergbauvereins, der sich dieser letzteren Argumentation anschloß, und trotz der Mitteilung des Handelsministers vom 10.9.1879, daß „ein allgemein anerkanntes Bedürfnis für die Beschäftigung junger Leute unter Tage auch im dortigen Bezirke gegenwärtig noch nicht“ gegeben sei[800], hatte das Oberbergamt Dortmund erst zwei Wochen vorher die Beschäftigung Jugendlicher untertage grundsätzlich erlaubt und nur für die schweren Arbeiten als Bremser, Wagenstößer und Pferdetreiber untersagt[801]. Obwohl aber das Verbot der Tätigkeit als Bremser 1887 wieder aufgehoben wurde, stieg im Ruhrbergbau die Zahl der untertage beschäftigten Jugendlichen nie über 270 (1891) gegenüber 4.477 (1889) über Tage[802]. 1894 wurde die Untertagearbeit für Jugendliche schließlich im vollen Umfange verboten. Die Bergbehörde folgte damit offensichtlich dem leitenden Aspekt der Gesundheitsvorsorge, auf dem schon im Jahre 1874 der Vorsitzende des Oberbergamtes Dortmund, Prinz Schönaich-Carolath, gegenüber den Unternehmern beharrt hatte[803].

Hatten, bei aller Vorsicht, in der Frage der Frauen- und Kinderarbeit, schon in abnehmendem Maße bei der Sonn- und Feiertagsarbeit, die — in den

---

[797] Kirchhoff, S. 42; Tenfelde, S. 269.

[798] Tenfelde, S. 269.

[799] Kirchhoff, S. 42.

[800] Vgl. StAM, OBA 263, zit. nach Tenfelde, S. 270.

[801] Vgl. HStAD, Reg. Düsseldorf 24580: Bergpolizeiverordnung vom 23.8.1879, nach Kirchhoff, S. 42. Im Unterschied hierzu glaubt Tenfelde (S. 270), daß die Untertagearbeit von Jugendlichen grundsätzlich verboten blieb.

[802] Vgl. Kirchhoff, S. 43; Tenfelde, S. 270.

[803] Nach Tenfelde, S. 270.

Augen der Beamten — längerfristigen Bedüfnisse der Industrialisierung in der Meinungsbildung der staatlichen Bürokratie überwogen, so sollte ihre Haltung zur Arbeitszeit und überhaupt zur unmittelbaren Arbeitssituation des Bergarbeiters zur anderen Seite ausschlagen. Obwohl die Bergordnungen unzweifelhaft eine Achtstundenschicht verlangten und obschon das Oberbergamt Dortmund wiederholt, so etwa 1860 und 1892, darauf hingewiesen hatte, daß eine Verlängerung der Arbeitszeit „einen nachteiligen Einfluß auf die bergmännische Bevölkerung aus[zu]üben" werde[804], und „eine nicht zu billigende Härte" darstelle[805], wurden mit ausdrücklicher Sanktion der Bergbehörde vor allem in Zeiten starker Nachfrage allgemein neun-, zehn- und elfstündige Schichten auf den Bergwerken verfahren. Schon 1861 hatte ein Ministerialerlaß festgestellt, daß die Vorschriften der Bergordnung über Arbeitszeit aufgehoben seien und daß „die Bergämter auch nicht befugt sind, zu verlangen, daß in der Arbeitsordnung ein Maximum der Arbeitszeit festgestellt werde"[806]. Zwar war 1883/84 eine Beschränkung der Arbeitszeit auf täglich sechs Stunden an Betriebspunkten mit einer Temperatur von mehr als 29^0 verfügt worden[807], doch lehnte selbst der sozial gestimmte preußische Handelsminister v. Berlepsch 1892 die Festlegung eines Achtstundentages für den ganzen Bergbau ab mit der Begründung, daß hierdurch die Konkurrenzfähigkeit des preußischen Bergbaus und die Rentabilität vieler Betriebe außerordentlich gefährdet werde[808]. Auch das Einlegen von Überschichten, das von den Unternehmen ebenso wie z. T. die Arbeitszeitverlängerungen zur Bewältigung ansteigender Konjunkturen regelmäßig verfügt wurde, verteidigte das Oberbergamt gegenüber scharfen Angriffen im Parlament. Da sich der Bergbau, so führte es 1882 in einem Schreiben an den Minister aus, in einer schlechten wirtschaftlichen Lage befinde, könne von einer Bereicherung der Gruben auf Kosten der Arbeiter keine Rede sein. Doch hatte noch das Oberbergamt die freiwillige Entscheidung des einzelnen Arbeiters für erforderlich gehalten[809], so wies der Minister in seiner Antwort darauf hin, daß es nicht im Belieben(!) des einzelnen Arbeiters stehen dürfe, ob er die Arbeit fortsetzen wolle oder nicht[810].

Obwohl sich die staatlichen Bergbeamten nach der Aufhebung des Direktionsprinzips in ihrer Funktion als Aufsichtsorgane prinzipiell nicht um die

[804] So das Bergamt Essen an das Oberbergamt im Schreiben vom 8.11.1860, StAM, OBA 1775, zit. bei: Tenfelde, S. 265.

[805] StAM, OBA 1789, Bl. 172-175, nach: Tenfelde, S. 267.

[806] StAM, OBA 1774, Bl. 101 f., 13.2.1861, nach: Tenfelde, S. 266.

[807] Vgl. Kirchhoff, S. 38, 110.

[808] Erklärung der Regierung in der Kommission des Abgeordnetenhauses, StAM, OBA B 2. 29, nach Kirchhoff, S. 110.

[809] Im Bericht an den Minister der öffentlichen Arbeiten vom 2.3.1882, StAM, OBA B 91. 7, nach Kirchhoff, S. 35.

[810] Reskript des Ministers vom 14.4.1882, StAM, OBA B 91.7; Kirchhoff, S. 36.

Löhne der Arbeiter und die Gewinne der Unternehmen zu kümmern hatten, besaßen sie — und dies wurde vor allem in Fällen von Streiks sichtbar und virulent — doch feste Vorstellungen über die Verteilung der betrieblich erwirtschafteten Überschüsse und das Zustandekommen und die Berechtigung bestimmter Lohnhöhen. Oft genug erklärten die Bergbehörden dem Handelsminister — wie anläßlich des Streiks von 1889[811] — die Löhne seien überall ausreichend und nicht zuletzt hatte dieser — in voller Übereinstimmung mit den Unternehmern — in einem Reskript an die Oberbergämter im Jahre 1876 festgestellt, daß Lohnsteigerungen keine Steigerung, sondern im Gegenteil eine Abnahme der Arbeitsleistung auf seiten der Arbeiter bewirken würden[812]. Und gegenüber einer Veränderung in der Entlohnungsmethode verhielten sich die Bergbehörden weitgehend ablehnend. Jährliche Geldprämien an treue Arbeiter, Minimallohn bei gleitender Lohnskala und Gewinnbeteiligung der Arbeiter — solche Ideen, die der preußische Handelsminister v. Berlepsch in seinem Reformprogramm im Anschluß an den Streik von 1889 entwickelte und den Bergbehörden zur Stellungnahme vorlegte, waren bisher in der amtlichen Diskussion noch nicht aufgetaucht. Wie die anderen Oberbergämter und staatlichen Bergwerksdirektionen verwarf das Oberbergamt in Dortmund die gleitende Lohnskala[813]. Dies sei eine englische Einrichtung, diene dort im Kampf der Sozialpartner, beruhe auf gegenseitiger Vereinbarung und sei sehr kompliziert; außerdem bestehe zu ihrer Einführung in Deutschland keine Veranlassung. Dagegen befürwortete das Oberbergamt eine Prämienzahlung an die lang gedienten Arbeiter und eine Gewinnbeteiligung, weil damit — und hier kommt wieder die ideologische Traditionsgebundenheit der Bergbeamten zum Vorschein — das Fundament der heutigen Anschauungen, nach denen der Lohn des Arbeiters lediglich von dem Verhältnis zwischen Angebot und Nachfrage abhängig sei, verlassen werde. Allerdings sei dieses System in der Praxis bisher noch nicht erprobt und deshalb angesichts der Arbeitermassen des Bergbaus gefährlich.

Die übrigen befragten Bergbehörden lehnten gleich alle drei Vorschläge ab. Die Einführung der gleitenden Lohnskala werde Anlaß zu ständigem Streit(!) geben; die Arbeiter würden sich Bedürfnisse angewöhnen, die sie bei fallendem Lohn angesichts ihres geringen Sparsinns nicht mehr befriedigen könnten, und in solchen Zeiten deshalb in steigendem Maße unzufrieden werden. Der Lohn habe sich nicht nach dem Gewinn der Werke, sondern nach den Kosten der Lebenshaltung zu richten. Auch die Gewinnbeteiligung wurde abgelehnt. Bei einem solchen System könne der Arbeiter die Höhe des

[811] Oberbergamt Dortmund an den Minister der öffentlichen Arbeiten vom 12.5.1889, StAM, Oberpräsidium Münster B, Nr. 2828, Bd. II, nach Kirchhoff, S. 52.

[812] Vgl. Schulze-Gävernitz, Der Großbetrieb, S. 21; auch: Tenfelde, S. 89.

[813] Hierzu und zum folgenden vgl. die Zusammenstellung der Antworten der Bergbehörden sowie das Protokoll einer Konferenz in Berlin vom 18. bis 20.12.1890, StAM, OBA B 119.252, nach Kirchhoff, S. 119 f.

Verdienstes nicht überschauen. Seine Begehrlichkeit werde dadurch gewiß nicht gestillt, und Versuche einer Einmischung in den Betrieb würden nicht ausbleiben. Schließlich müsse man gewärtigen, daß die Arbeiter in den übrigen staatlichen Betrieben das gleiche Recht verlangten, und damit wäre diese Maßregel schließlich der erste Weg zum sozialistischen Staat. Zudem trage der Bergwerksbesitzer, in diesem Fall der Fiskus, das ganze Risiko des Unternehmers und müsse deshalb den ungeschmälerten Gewinn erhalten, um Reserven anlegen zu können. Minimallöhne schließlich würden, nach Ansicht der Bergbehörden, nur die Trägheit der Arbeiter fördern, und Prämien diejenigen Arbeiter, die nicht berücksichtigt würden, nur noch unzufriedener machen. Gegen Kontraktbruch schützten auch Prämien nicht.

Angesichts der Eindeutigkeit dieser Stellungnahmen braucht kaum besonders darauf hingewiesen zu werden, wie sehr die Bergbehörden auch in ihrer Funktion als staatliche Aufsichtsinstanz über die Betriebe der Privatwirtschaft in ihrer Tradition unmittelbaren industriellen Engagements zum einen, von der gegenwärtigen unternehmerischen Aktivität des Fiskus zum anderen und zum dritten vom nach wie vor anhaltenden Industrialisierungswillen geprägt waren, und wie nah diese Einflüsse den Staat und seine Beamten an die Position und die Vorstellungen der privaten Unternehmer heranrückten[813a].

Konnte auch am Beispiel des Bergbaus, insbesondere dem an der Ruhr, die Haltung und die Ideologie des Staates und seiner Beamten in der Ausübung ihrer Funktion als Gewerbeaufsicht aufgezeigt werden, so war doch der Bergbau aufgrund seiner besonderen Tradition im Vergleich zu anderen Gewerben ein lange Zeit privilegierter Industriezweig. Die spezifischen Überzeugungen und Rücksichten des Staates bei den sozialpolitischen Maßnahmen gegenüber den übrigen Gewerben und Industrien traten dabei auch schon gleichsam äußerlich stärker in den Augenschein.

Während — bei allerdings früherem industriellen Start — in Großbritannien, wie wir weiter unten noch im einzelnen sehen werden, als wesentliche Maßnahmen schon 1833 die Beschäftigung von Kindern unter neun Jahren verboten, als staatliches Beaufsichtigungsorgan hierfür zugleich die staatliche Fabrikinspektion eingerichtet und 1847 der Zehnstundentag für Frauen

[813a] Zur industrieorientierten und an Arbeitsintensität interessierten Haltung auch der Knappschaftsärzte, welche die Bergarbeiter im Ruhrgebiet behandelten, vgl. Tenholt, Das Gesundheitswesen, S. 62-64. So glaubte der Knappschaftsoberarzt im Jahre 1897 immerhin öffentlich festhalten zu müssen: „Arbeitsscheuen Leuten, welche den Arzt als ein Werkzeug in ihrer Hand betrachten, um mittelst desselben unbegründeter Weise die Wohltaten des Vereins zu erlangen, wird der gewissenhafte Arzt stets als ein unliebsamer Gegner erscheinen, der ihm einen Strich durch die falsche Rechnung macht." Vgl. ebenda, S. 62.

und Jugendliche eingeführt wurde, beschloß der preußische Staat nach langer Diskussionsphase schließlich im Jahre 1839 ein Beschäftigungsverbot für Kinder unter 9 Jahren und die Beschränkung der Arbeitszeit für Jugendliche unter 16 Jahren auf höchstens zehn Stunden. Die in das Gesetz hineingenommene Bestimmung, daß in Phasen ungünstiger Wirtschaftslage oder verstärkter Arbeitsnachfrage für eine Übergangszeit von vier Wochen die Kinderarbeitszeit um eine Stunde verlängert werden dürfe[814], zeigt die Richtung der Rücksichtnahme, die von Anfang an die Sozialgesetzgebung des Staates beherrschte. Erst das Gesetz von 1853 schuf mit den staatlichen Gewerbeaufsichtsbeamten auch ein Organ zur Kontrolle der Einhaltung der gesetzlichen Bestimmungen. Die Zahl der Inspektoren erhöhte sich dazu nur relativ langsam. In Preußen waren es im Jahre 1854: 3, 1879: 20 und 1890: 29 Gewerbeaufsichtsbeamte[815]. Damit waren die Gewerbeaufsichtsbeamten in Preußen nicht nur zwanzig Jahre später als in Großbritannien eingeführt worden, auch ihre Anzahl erreichte — wie wir weiter unten sehen werden — jeweils nicht mehr als ein Drittel der britischen Fabrikinspektoren.

Das Gesetz von 1853 bestimmte ferner die Heraufsetzung des Mindestalters für Fabrikarbeiter auf 12 Jahre, ein tägliches Unterrichtssoll von drei Stunden für Fabrikkinder und die Beschränkung der Arbeitszeit von Kindern bis zu 14 Jahren auf täglich sechs Stunden. Erst vierzig Jahre später, mit der Gesetzesnovelle von 1892, wurde die tägliche Arbeitszeit für Frauen auf elf Stunden gesetzlich beschränkt. Zugleich legte diese Novelle das Mindestalter von Kindern in Betrieben auf 13 Jahre fest; 14jährige durften höchstens sechs Stunden und 16jährige maximal zehn Stunden täglich arbeiten. Nachtarbeit wurde für Jugendliche verboten. Außer den erweiterten Kinderschutzbestimmungen der Jahre 1903/05 blieb die staatliche Fabrikgesetzgebung in dieser Form bis 1914 bestehen[816].

Obwohl Bismarck bis 1890 die Erweiterung der Fabrikinspektion, die Beseitigung der Sonntagsarbeit, die Verkürzung der Arbeitszeit, die Einschränkung der Frauen- und Kinderarbeit und die Einführung von Mindestlöhnen mit dem Hinweis auf die Verteuerung der Produktion und die dadurch verminderte Konkurrenzfähigkeit ablehnte[817], Faktoren, die auch für Wilhelm II.[818] und — wie wir bereits oben sahen — den Handelsminister v. Berlepsch von entscheidender Bedeutung blieben, führte er in den 1880er Jahren die Sozialversicherung in Deutschland ein. Wie zunächst in der Zeit der „Gro-

---

[814] Vgl. A. Gladen, Geschichte der Sozialpolitik in Deutschland, 1974, S. 19; auch: H. Rosenberg, Große Depression, S. 213, und L. Puppke, Sozialpolitik, S. 46 ff.

[815] Vgl. hierzu: S. Poerschke, Die Entwicklung der Gewerbeaufsicht in Deutschland, 1913^2, S. 25, 104. Die Zahlen erfassen Gewerberäte und Assistenten.

[816] Gladen, S. 82; Wehler, Kaiserreich, S. 138.

[817] Wehler, S. 136; Kirchhoff, S. 33.

[818] Vgl. Gladen, S. 79.

ßen Depression" unter dem ideologischen Dach des „Schutzes der nationalen Arbeit" die Schutzzollgesetzgebung das Risiko bei der Verwertung von Kapital senken sollte, so spannte die Sozialversicherungsgesetzgebung gleichsam das Fallnetz für die aus dem Verwertungsprozeß ihrer Arbeitskraft Herausfallenden. So gestand Bismarck unverbrämt ein, die Sozialgesetzgebung habe einerseits die Absicht, „die Hindernisse tunlichst zu beseitigen, die der Erwerbsfähigkeit der besitzlosen Klassen im Wege stehen"[819], andererseits „in der großen Masse der Besitzlosen die konservative Gesinnung . . . erzeugen zu wollen, welche das Gefühl der Pensionsberechtigung mit sich bringt"[820]. Das Unfallversicherungsgesetz von 1881, das schon auf ein seit 1871 bestehendes Haftpflichtgesetz zurückging, sowie die Kranken-, Invaliditäts- und Altersversicherung (1881, 1889) konnten nach dem Vorhaben Bismarcks und seiner Mitarbeiter auf der einen Seite dazu dienen, „die Geister einzuschläfern und den Willen zu brechen"[821], und bildeten zugleich keine allzu große Belastung für Industrie und Staat. Die staatliche Leistung beschränkte sich auf die Ausübung des Versicherungszwangs, und die Kosten dieser so errichteten, sozialen Selbsthilfe trugen neben den Unternehmern zum großen Teil, in der Krankenversicherung z. B. zu zwei Dritteln, die Versicherten selbst[822]. Obwohl dieses Bismarcksche System der Sozialversicherung künftig international zum Vorbild wurde, trat eine tatsächliche Verbesserung der Wohlfahrt der Arbeiter, die, wie die britische Delegation zur Berliner Arbeiterschutzkonferenz im Jahre 1890 kritisch bemerkte, „durch Staatszwang auf Kosten der individuellen und gesellschaftlichen Freiheit erreicht werden" sollte[823], nur in äußerst bescheidenem Umfang ein. Die durchschnittliche Versicherungsleistung der Krankenversicherung betrug im Jahre 1885: 1,12 M, 1913: 11,20 M, und diejenige der Invaliditäts- und Altersversicherung (einschließlich der Hinterbliebenenrente) 155 M im Jahre 1900 und 165 M im Jahre 1913[824]. Während der Staat sich also von den Sozialversicherungsgesetzen im Sinne einer gesicherten industriellen Entwicklung eine bessere Nutzung der Arbeitskraft und eine Beruhigung der Arbeiterschaft erhoffte, begrüßten die Unternehmer diese Gesetze zunächst vor allem als eine Entlastung von ansonsten möglicherweise aus ihrem eigenen Betrieb auf sie zukommenden, sozialen Anforderungen[825].

[819] So Bismarck in einem Schreiben an Kaiser Wilhelm I. vom 4. April 1872, hier zit. nach: Gladen, S. 51.

[820] Zit. nach: Wehler, S. 137.

[821] So B. Croce, Geschichte Europas im 19. Jahrhundert, 1968[3], S. 266.

[822] Vgl. Wehler, S. 137/8.

[823] Zit. nach: K.E. Born, Staat und Sozialpolitik seit Bismarcks Sturz, 1957, S. 87.

[824] Vgl. Wehler, S. 137 f.; Rosenberg, S. 212.

[825] Für die Ruhrunternehmer vgl. etwa K. Hartmann, Der Weg, S. 124 ff.

Entsprang die Sozialversicherung zunächst dem Bedürfnis der sozialen Bewältigung von Konjunkturschwankungen, so gab es — in Ermangelung einer Arbeitslosenversicherung — unterhalb der staatlichen auf der lokalen Ebene noch praktische Maßnahmen, die den Arbeitern die Einstellung auf die jährlichen, saisonalen Beschäftigungsschwankungen erleichtern sollten. Von der staatlichen Bergbehörde, die unter dem Direktionsprinzip schon in den 1840er Jahren Bergleute zu Eisenbahnarbeiten vermittelt hatte[826], hatten es offensichtlich die Städte und Gemeinden im Ruhrgebiet spätestens seit den 1870er Jahren übernommen, saisonal Arbeitslose mit speziell hierzu aufgesparten (meist Tiefbau-) Arbeiten zu beschäftigen[827]. Und so hatten sich z. B. in Essen die Arbeitslosen, deren Zahl dort in den Jahren um 1900 in manchen Wochen durchaus 700 und mehr erreichen konnte, „an diese fürsorgende Thätigkeit der Stadtverwaltung so gewöhnt, daß sich allwinterlich auf dem Tiefbauamt in der Frostperiode Arbeitslose melden und um Arbeit nachsuchen“[828].

Gleichsam als eine Nagelprobe für die den sozialpolitischen Maßnahmen zugrundeliegenden Überzeugungen und Ziele, aber auch für die als richtig erachtete Grenze ihres Einsatzes auf seiten des Staates und seiner Beamten kann die Politik betrachtet werden, die der Staat zeitlich parallel zur allgemeinen Sozialpolitik und zur privatwirtschaftlichen Industrialisierung des Landes in seinen eigenen Betrieben verfolgte. Die Berücksichtigung der Gleichzeitigkeit ist hierbei von wesentlicher Bedeutung. Denn wohl hatte der Staat zur Zeit der frühen Industrialisierung — wie wir oben sahen — unter bestimmten Bedingungen und mit klarer Zielsetzung eigene Betriebe geführt, doch hatten sich mit der Aufnahme und der Fortführung der staatlichen Sozialpolitik durch die fortschreitende nationale und internationale Industrialisierung die wirtschaftlichen und nicht-wirtschaftlichen Bedingungen staatlichen Handelns im allgemeinen und — wie bereits weiter oben deutlich wurde — staatlicher Betriebsführung im besonderen entscheidend verändert. Ebenso wie sich die Verhältnisse der nationalen und internationalen Konkurrenz als Vorbedingung sozialpolitischer Maßnahmen gewandelt hatten, so hatte sich die Stellung der Staatsbetriebe in der Volkswirtschaft zugunsten der privaten Industrie verschoben. Ebensowenig wie die wirtschaftspolitischen Überzeugungen und Handlungen, sowenig sollten auch die Maßnahmen der betrieblichen Sozialpolitik in den Staatswerken hiervon unbetroffen bleiben. Diese Maßnahmen können somit zugleich die Zwänge (und die von ihnen erzeugten Reaktionen) aufzeigen, welchen die Beamtenschaft eines sich aktiv industriell betätigenden Staates ausgesetzt ist. Trotz-

---

[826] Vgl. Krampe, S. 195.

[827] K. Hartmann, S. 94-98.

[828] Die Arbeitslosigkeit in der Stadt Essen im Winter 1900/01 und die städtische Arbeitslosen-Beschäftigung, in: Beiträge zur Statistik der Stadt Essen, Nr. 1, 1901, S. 3.

dem und obwohl, wie ein naher Beobachter schrieb, eine „einheitliche, von einem starken Zentralwillen durchströmte Staatsarbeiterpolitik ... niemals zustande gekommen" ist[829], lassen sich dennoch Grundzüge einer betrieblichen Sozialpolitik des Staates erkennen, die sich von derjenigen der privaten Industrie zunächst unterschied.

Festhaltend an dem alten Ziel einer planmäßigen und gesicherten industriellen Entwicklung, war die Betriebsführung der staatlichen Werke vor allem, und stärker noch als etwa die Privatunternehmen des Ruhrbergbaus, am „Grundsatz der Stetigkeit" orientiert. So hatte der Fiskus — auf ein allzu rasches Entwicklungstempo verzichtend — im Saarbergbau seit den 1860er Jahren den Zuzug landfremder Arbeiter ferngehalten. Er hatte „durch ständige Ausdehnung des Verkehrswesens das Rekrutierungsgebiet für die Heranziehung neuer Arbeitskräfte erweitert und dadurch dem dortigen Bergbauvolk den ländlichen Charakter [und den alten Berufsstolz] gewahrt". „Das Saarrevier kennt", wie ein Zeitgenosse noch 1914 schrieb, „das Völkergewimmel im rheinisch-westfälischen Kohlengebiet mit seinen hygienischen, betrieblichen und moralischen Schäden nicht. Es weiß nichts von dem ungeheuren Belegschaftswechsel im Ruhr-Lippe-Gebiet"[830]. Durch „Fürsorge" versuchten die Leitungen der staatlichen Betriebe zur Erhöhung ihrer Effektivität ihre Beschäftigten seßhaft zu machen und auch — wie sich zeigen wird — darüberhinausgehend zu „beruhigen".

Der Staat förderte durch die Vergabe von Darlehen und Zuschüssen den Eigenwohnungsbau seiner Beschäftigten, wie im Saarbergbau oder in den staatseigenen Werften, oder stellte Mietwohnungen, wie für seine neuen Anlagen im Ruhrbergbau, zur Verfügung. Im Saargebiet etwa besaßen zwei Drittel aller verheirateten Arbeiter ein eigenes Haus[831]. Die vom Staat gezahlten Löhne, deren Höhe sich aus fiskalischen, aber auch aus Rücksichten auf die Privatindustrie nie über dem Niveau der entsprechenden privaten Werke bewegte, wiesen in ihrer zeitlichen Bewegung eine noch „größere Unabhängigkeit von der Produktenbewertung" als dort[832], ein langsames, aber von den Konjunkturschwankungen beinahe unberührtes Steigen auf. Hinzu kam, daß einerseits die Zahl der und die Unterschiede zwischen den einzelnen Lohngruppen bei weitem geringer waren als in der Privatindustrie und daß andererseits der Gesichtspunkt der Anciennität sich in starkem Maß gegenüber Akkordlohnsätzen zu behaupten vermochte[833]. Spiegelte sich hierin bereits die schon oben zum Ausdruck gekommene und von den Unternehmern nicht allzu weit entfernte Überzeugung des Staates und seiner

829 W. v. Tirpitz, Wie hat sich der Staatsbetrieb beim Aufbau der Flotte bewährt?, S. 54.
830 W. Herring, Das Problem der Verstaatlichung, S. 48.
831 Herring, S. 49; Tirpitz, S. 66-68.
832 Herring, S. 49.
833 Vgl. Tirpitz, S. 57-61.

Beamten, der Lohn sei weniger ein Entgelt für Leistung, als eine ,Existenzgewährung' und die Sicherung einer ,angemessenen Lebenshaltung'[834], so gestaltete sich der Übergang zwischen Arbeitern und Beamten in den Staatsbetrieben fließend. Zwar war etwa auf den staatlichen Werften der Versuch gescheitert, das auf den britischen Staatswerften vor allem seit 1898 ausgeweitete System der pensionsberechtigten, unkündbar angestellten Arbeiter einzuführen[835], doch besaßen auch die deutschen Staatsarbeiter weitgehende Sicherungen.

Sie konnten nicht aufgrund eines konjunkturellen Arbeitsmangels, sondern nur — wie die preußisch-hessische Eisenbahnverwaltung festlegte — wegen „grober Verstöße gegen die Dienstpflichten" oder „voraussichtlich dauernder Dienstunfähigkeit" entlassen werden[836]. Zudem existierten auf allen Staatswerken seit langer Zeit obligatorische Knappschafts- oder Unterstützungskassen, an deren Kostendeckung sich der Staat oft beteiligte, und aus denen Altersrenten, Witwengelder, Kindererziehungsbeihilfen sowie Unterstützungen an noch aktive Arbeiter oder auch an Hinterbliebene gewährt wurden[837]. Und in ihrer Bedeutung nicht zuletzt bestand für die Arbeiter die Möglichkeit, nach langjähriger, zufriedenstellender Dienstausübung Stufe für Stufe selbst in das Beamtenverhältnis aufzusteigen. Allein bei der Eisenbahnverwaltung wurden in den Jahren vor 1914 jährlich etwa 5.000 bis 6.000 Arbeiter in Beamtenstellen übernommen[838]. Und im Staatsbergbau schließlich waren die bis dahin nur im Angestelltenverhältnis stehenden oberen, mittleren und unteren Werksbeamten in den Jahren 1889-1891 in das Staatsbeamtenverhältnis überführt worden[839], eine Maßnahme, die — wie wir oben sahen — auf den parlamentarischen Druck der Unternehmer hin im Jahre 1911 jedoch nur teilweise wieder rückgängig gemacht wurde.

Der Anreiz dieser Maßnahmen der betrieblichen Sozialpolitik in den Staatswerken blieb nicht ohne Wirkung. Obwohl die Löhne hier keineswegs höher lagen als in der Privatindustrie, standen die Staatsbetriebe immer einem Überangebot an Arbeitskräften gegenüber. Allein von der Eisenbahnverwaltung mußten in den Jahren vor Kriegsausbruch jährlich zwischen

---

[834] Zitate nach den Richtlinien der Eisenbahnverwaltung vom Mai 1896, ZStA II, Rep. 120 BB VII.1.24, Bd. 2, wiedergegeben nach: Saul, Konstitutioneller Staat, S. 323; vgl. auch Tirpitz, S. 62.

[835] Vgl. Tirpitz, S. 66; F. Lünnemann, Die Arbeiterpolitik der englischen und deutschen Staatswerften, 1909, S. 18-21.

[836] Runderlaß des Ministers der öffentlichen Arbeiten vom 18.10.1906, zit. nach: Saul, Konstitutioneller Staat, S. 325. Die Praxis wurde schon seit 1873 verfolgt.

[837] Vgl. Tirpitz, S. 66; Saul, S. 325; H.-H. Pilger, Das Ausbildungswesen im preußisch-fiskalischen Steinkohlenbergbau an der Saar, 1965, S. 95 ff.

[838] Saul, Konstitutioneller Staat, S. 323 f.; Tirpitz, S. 57 f.

[839] Vgl. Pilger, S. 118 f.

30.000 und 40.000 Bewerbungen abgewiesen werden. Bei einem Personalbestand von 560.000 Mann blieb der Belegschaftswechsel mit 20.000-25.000 Mann in den Jahren vor 1914 hier wie in den übrigen Staatsbetrieben meist extrem niedrig[840]. Die Grenzen einer solchen, an relativ niedrigen Löhnen, aber hohen Sozialleistungen orientierten Betriebspolitik wurden dem Staat aber schon zur gleichen Zeit vor Augen geführt: Während es die Steiger und Obersteiger des fiskalischen Saarbergbaus nach wie vor weitgehend ablehnten[841], in die privaten Unternehmen des Ruhrbergbaus abzuwandern, fanden sich in den Jahren vor 1914 immer mehr Bergarbeiter hierzu bereit[842]. Und das erneute staatliche Engagement im Ruhrbergbau belehrte die Beamten, daß sogar durch die Zahlung relativ hoher Löhne und die Bereitstellung guter Mietwohnungen auch der Staat die starke Fluktuation der Arbeiter nicht immer einzuschränken imstande war.

Obwohl in den fiskalischen Betrieben — wie sich die leitenden Staatsbeamten im klaren waren — „kein Fortschritt in der Gestaltung der Arbeiterverhältnisse versucht werden konnte, ohne daß von seiten ... der Privatindustrie der zäheste Widerstand geleistet und die unheilvollsten Wirkungen prophezeit worden wären“[843], dienten die Maßnahmen der betrieblichen Sozialpolitik des Staates weitgehend den gleichen Zielen wie die Maßnahmen der Privatunternehmer und — wie die überbetriebliche Sozialpolitik des Staates.

Alle diese „Wohlfahrtseinrichtungen“ und Sozialleistungen hatten — wie die Eisenbahnverwaltung formulierte — die Aufgabe, „Unzufriedenheit durch Fürsorge“ fernzuhalten[844] sowie eigenständige Interessenvertretungen der Arbeiter unnötig zu machen und als überflüssig erscheinen zu lassen. Die — vorbehaltene — „Möglichkeit ..., Unterstützungen zurückzuziehen, ... wirkte als latentes Mittel gegen kopflose Streikunternehmungen“[845]. Und schon Wilhelm II. hatte 1890 in seinen sozialpolitischen Richtlinien, in denen er die Verbeamtung von Staatsarbeitern forderte, formuliert: „Beamte streiken nicht, schon die Frauen werden es verhindern, weil der Verlust der Pension zu befürchten ist, und solche Arbeiter werden imstande sein, ihre nichtbeamteten Genossen von den Streiks zurückzuhalten“[846].

---

840 Nach Saul, S. 323; vgl. auch Tirpitz, S. 56, 71.

841 Vgl. Verhandlungen der Sozialisierungskommission über den Kohlenbergbau im Jahre 1918/1919, 1921, S. 117, 120, 159.

842 Vgl. Herring, S. 50.

843 Tirpitz, S. 54.

844 So die Ausführungen des Vertreters des Ministers der öffentlichen Arbeiten bei den interministeriellen Kommissionsberatungen vom 5.3.1906, ZuStA I, RPA 4680/7, zit. nach Saul, S. 325.

845 So Tirpitz, S. 66; auch: Saul, S. 325.

846 Vgl. die Ausarbeitung des Kaisers zur Arbeiterfrage vom 22.1.1890, abgedruckt in: J. Kliersfeld, Die Haltung Kaiser Wilhelms II. zur Arbeiterbewegung, S. 82-85, S. 84.

Wie in den Unternehmen der Privatindustrie, so galt für die betriebliche und überbetriebliche Sozialpolitik des Staates die von dem Montanindustriellen Stumm ausgegebene Devise: „Alles für den Arbeiter, nichts durch den Arbeiter“[847], oder genauer formuliert: Alles, was nach dem freien Ermessen und der uneingeschränkten „Autorität“ der betrieblichen und staatlichen Obrigkeit als für den Arbeiter bzw. Arbeitnehmer ‚angemessen‘ erschien.

4. Die Aufgabe der Interessenintegration

a) Die private Industrie

Die relative industrielle Rückständigkeit, der Wille zum wirtschaftlichen Aufholen und die Bereitschaft des Staates zu unmittelbarem, industriellen Engagement hatten — wie wir sahen — in Preußen-Deutschland dazu geführt, daß einerseits ein großer Anteil des staatlichen Personals anhaltend mit der Lösung unmittelbar industrieller Probleme beschäftigt war, und daß andererseits der Staat und seine Beamten in hohem Maße eine Industrialisierungsideologie herausgebildet hatten, welche durch ihr Eigengewicht ebenso schwierig modifizierbar wie grundlegend für die Verarbeitung und Bewältigung anderer staatlicher Aufgaben erschien. Die sozialpolitischen Maßnahmen waren wie die wirtschaftspolitischen vor allem zur Unterstützung der industriellen Effizienz gedacht, und dienten eher zur ‚Vorbeugung‘ von Unzufriedenheit, als daß sie — wie in Großbritannien — die Folge von artikulierten Bedürfnissen waren. Auch die grundsätzliche staatliche Aufgabe der Interessenintegration, deren weitreichende Bedeutung für die Herausbildung der industriellen Produzentengruppen und deren Verhalten wir oben verfolgen konnten, blieb von dieser Schwerpunktbildung in der Ideologie und den Aufgaben des Staates und seiner Beamten nicht unberührt.

Unterlagen z. B. im Ruhrbergbau — wie wir oben sahen — Unternehmer und Arbeitnehmer längere Zeit gleichmäßig der staatlichen Bevormundung, so erhielten ab den 1830er Jahren die Unternehmer zunehmend Mitspracherechte in der Betriebsführung, nicht jedoch die Arbeiter, „weil das“, wie die staatliche Obersteigerinstruction von 1813 ausführte, „von Furchtsamkeit oder Unwissenheit des Beamten zeugt“[848]. In der preußischen Gewerbeordnung von 1845 hatte der Staat für alle Gewerbezweige alle Vereinigungen der Arbeitgeber und Arbeitnehmer, die auf eine Anwendung von Streik und Aussperrung als Mittel im Arbeitskampf zielten, für ungesetzlich erklärt und unter Strafe gestellt. Nach der Revolution von 1848/49, die am Einsatz des Militärs ebenso gescheitert war wie an der Furcht des Bürgertums vor der

[847] Zitat nach H. Rosenberg, Große Depression, S. 226.

[848] Obersteigerinstruction vom 22.6.1813, § 11, zit. bei: Krampe, S. 146/7.

Arbeiterschaft, wurde das Koalitionsrecht noch weiter eingeschränkt. Versammlungen, in denen über „öffentliche Angelegenheiten" unter freiem Himmel diskutiert werden sollte, unterlagen ab 1849 polizeilicher Genehmigung und Aufsicht. Mit dem Gesetz vom 31.1.1850 konnte der Staat politischen Vereinen Beschränkungen auferlegen oder sie auch verbieten. Und schließlich sah die Verordnung vom 11.3.1850 für politische Versammlungen nicht nur ein Verbot der Teilnahme von Frauen, Schülern und Lehrlingen vor, sondern vor allem wurde Vereinen untersagt, mit anderen Organisationen gleicher Art und in gemeinsamen Angelegenheiten Kontakte zu unterhalten und zu diesem Zweck Komitees, Ausschüsse, Zentralorgane oder ähnliche Einrichtungen zu gründen. Auch ein gegenseitiger Schriftwechsel wurde verboten[849].

Im Bergbau änderten weder das Freizügigkeitsgesetz von 1860 noch das Allgemeine Berggesetz von 1865 etwas an dieser Rechtslage[850]. Doch war schon 1861 der preußische Handelsminister „gern bereit", den Interessenverband der Unternehmer im Ruhrbergbau, den Bergbauverein, vor einer jeden, für den Bereich des Bergbaus vom Staat „zu treffenden Entschließung gutachtlich zu hören"[851]. Für die Arbeiter, weniger offensichtlich für die Angestellten, dagegen blieb das staatliche Koalitionsverbot voll in Wirkung. Die bei der Übertragung dieser Bestimmungen auf die Bergarbeiter ausgesprochene Berufung des Gesetzgebers auf den Gleichheitsgrundsatz mutet eher komisch an[852], wenn sie auch für den Vorstellungshorizont der staatlichen Behörden typisch war. Das Freizügigkeitsgesetz, welches ja eigentlich die Bergarbeiter aus der Hand des Staates entließ, sah in § 18 Geld- und Gefängnisstrafen vor für solche Bergleute, die ohne gesetzliche Gründe eigenmächtig die Arbeit verließen oder sich ‚groben Ungehorsams' oder ‚beharrlicher Widerspenstigkeit' im Betriebe schuldig machten[853]. Auch die in diesem Gesetz festgelegten Kündigungsbedingungen waren für den Bergarbeiter weit ungünstiger als für den Arbeitgeber. Der Bergmann konnte sofort abkehren, wenn er zur Fortsetzung der Arbeit unfähig wurde, der Arbeitgeber oder dessen Vertreter sich tätlich an ihm vergriffen oder ihm seinen Lohn vorenthielten. Dem Arbeitgeber dagegen standen eine stattliche Anzahl teilweise recht unbestimmter Gründe zur Verfügung. Die Übertretung einer sicherheitspolizeilichen Vorschrift gehörte dazu ebenso wie Diebstahl, Veruntreuung, grober Ungehorsam und beharrliche Widerspenstigkeit, „Schmähungen" gegen den Arbeitgeber und dessen Organe, liederlicher Lebenswandel, Unfähigkeit zur Fortsetzung der Arbeit oder auch eine „ekel-

---

[849] Zum Ganzen vgl. Gladen, S. 41 f.; Kirchhoff, S. 18.

[850] Gladen, S. 42; Kirchhoff, S. 18.

[851] So das Schreiben des Handelsministers an den Bergbauverein vom 14.12.1861, abgedruckt in: Wirtschaftliche Entwicklung, Bd. 2, S. 55.

[852] Vgl. Gladen, S. 42.

[853] Vgl. Kirchhoff, S. 11.

hafte Krankheit“[854]. Und die vom Gesetz vorläufig nur empfohlenen, innerbetrieblichen Arbeitsordnungen, die der Bestätigung der Bergbehörde bedurften, waren — wie 1878 selbst der Düsseldorfer Regierungspräsident feststellte — so sehr und ausschließlich im Interesse der Arbeitgeber abgefaßt, daß sie diesen alles, dem Arbeiter aber fast nichts gestatteten[855]. Ausgesprochenes Ziel des staatlichen Bestrebens war es, „und hierauf ist im öffentlichen Interesse besonders Gewicht zu legen, daß die Arbeitgeber oder deren Beamte mit der vollen Gewalt über die Arbeiter auch die zur Aufrechterhaltung einer guten Disziplin nötige Autorität denselben gegenüber erlangen“[856].

Mit dem Allgemeinen Berggesetz von 1865 wurden die speziellen Bestimmungen des Freizügigkeitsgesetzes aufgehoben, und vier Jahre später schließlich erließ der Norddeutsche Reichstag zusammen mit der Gewerbeordnung die Koalitionsfreiheit. Nach eingehender Berichterstattung von seiten der unteren Behörden, von denen etwa das Oberbergamt Dortmund schrieb, daß im Ruhrbergbau die Gewährung der Koalitionsfreiheit sicherlich nicht mißbraucht werden würde, da die Bergleute keinerlei Veranlassung zu Arbeitseinstellungen hätten[857], hatte sich Bismarck entschieden, mit der Gewährung der Koalitionsfreiheit die Arbeiter für die Monarchie und das bestehende politische System zu gewinnen. Da Koalitionen von Arbeitgebern niemals nachgewiesen werden könnten, so verdeutlichte er — in Wiederholung der Argumentation englischer Staatsmänner 40 Jahre früher — in einem Schreiben vom 26.1.1865 an den Handelsminister v. Itzenplitz seine Motive, beträfe das Koalitionsverbot nur die Arbeiter, und diese müßten darin ein Unrecht sehen: Wenn man nun die Koalitionsverbote aufhebe, dann würden die Arbeiter sehen, daß der Staat „gerecht über ihnen walte“, und dies werde bei ihnen eine „ruhige, loyale Gesinnung nähren“[858].

Mit dem Erlaß der Gewerbeordnung von 1869 war zwar die Koalitionsfreiheit eingeführt, doch blieben einige Einschränkungen aus den vorhergehenden Gesetzesregelungen bestehen: Da jeder zu jeder Zeit aus Vereinigungen austreten und von Verabredungen zurücktreten konnte, blieb den Koalitionen der juristische Schutz versagt. Sodann wurde ausdrücklich festgelegt, daß derjenige mit Gefängnis bis zu drei Monaten bestraft werden solle, der andere „durch körperlichen Zwang, Drohungen, Ehrverletzungen oder Verrufserklärungen zwingt, an Ausständen teilzunehmen“ oder jeman-

---

[854] Nach Kirchhoff, S. 13/4.

[855] HStA Düsseldorf, Regierung Düsseldorf Nr. 24580, wiedergegeben in: Kirchhoff, S. 31/2; vgl. weiterhin: Kirchhoff, S. 11/12, und Tenfelde, S. 273-281.

[856] Vgl. Zeitschrift für Bergrecht 1, 1860, S. 368, zit. nach: Adelmann, Soziale Betriebsverfassung, S. 57.

[857] So das Memorandum des Oberbergamts Dortmund vom 15.5.1865. StAM, OBA/B 111, 223, wiedergegeben nach: Kirchhoff, S. 20.

[858] Zit. nach Gladen, S. 45.

den hindert, sich davon zu distanzieren (§ 153). Darüber hinaus gab es auch keinen Rechtsschutz gegen Maßnahmen und Abreden, also z. B. auf seiten der Arbeitgeber, durch die die Koalitionsfreiheit beeinträchtigt werden konnte. Bedeuteten die beiden ersten Bestimmungen, wie in Großbritannien, zunächst einen Schutz der individuellen Rechte, so konnten sie „im Interesse der öffentlichen Ruhe und Ordnung“[859] — wie weiter unten deutlich werden wird — zu einem Instrument des Staates werden, um kollektive Forderungen und Aktionen von Arbeitnehmern mit den Machtmitteln des Staates zu bekämpfen.

Mit der Gewährung der Koalitionsfreiheit verfolgten Bismarck und die staatliche Bürokratie — anders als, wie zu zeigen sein wird, der Staat in Großbritannien — noch ein weiteres Ziel. Durch die nun zugelassene Interessenkonkurrenz wollte man, nach den Worten von Bismarcks sozialpolitischem Berater, Hermann Wagener, dem Streben der Unternehmer nach politischer und gesellschaftlicher Vorrangstellung ‚die Spitze abbrechen‘[860]. Die gleiche Absicht, aber auch die Etablierung einer Konkurrenz zum Alleinvertretungsanspruch des Parlaments verfolgte der Staat mit der Einrichtung berufsständischer Vertretungskörperschaften. Zudem sollten diese als Ventile allgemeinen Unmuts dienen und zugleich dem wachsenden Bedürfnis des sozial wie wirtschaftlich intervenierenden Staates nach spezialisierter Information nachkommen. Doch einerseits sicherten die 1849 eingerichteten ‚Gewerberäte‘, der 1880 geschaffene ‚Volkswirtschaftsrat‘ und die dazwischen liegenden, nicht realisierten berufsständischen Konzeptionen, „um eine notwendige Mehrheit bei den Abstimmungen zu erreichen“[861], den Unternehmern von vornherein die übergroße Mehrheit der Stimmenzahl, zum anderen war der Staat gar nicht bereit, diesen Vertretungskörperschaften das Recht der Mitbestimmung oder Mitgestaltung einzuräumen, da dies, wie Bismarck es ausdrückte, „die unabhängige Bewegung der Regierung“ gefährdet hätte[862]. Beide Faktoren, also die staatliche Privilegierung der Interessen des industriellen Wachstums, deren Entscheidungsträger nun einmal die privaten Unternehmer waren, und die fehlende Bereitschaft des Staates, das Ausmaß seiner Entscheidungsfreiheit zu reduzieren, brachten denn auch alle diese Einrichtungen zum Scheitern[863].

---

[859] So die gesetzliche Bestimmung nach: Gladen, S. 46.

[860] Nach ebenda, S. 44/5.

[861] So der Text der Verordnung betr. die Errichtung von Gewerberäten vom 9.2.1849, in: Gesetz-Sammlung für die Königlichen Preußischen Staaten, 1849, S. 93, zit. nach: H.J. Teuteberg, Geschichte der industriellen Mitbestimmung, S. 326.

[862] So Bismarck in einem Schreiben an das Staatsministerium vom 9.11.1880, zit. nach: Teuteberg, S. 360.

[863] Vgl. Teuteberg, S. 326-335, 352-362.

Hatten noch die zentralen staatlichen Behörden bis zum Ende der 1870er Jahre gehofft, mit diesen Mitteln die sich stärkende Stellung der industriellen Unternehmer einzudämmen, die Arbeiterschaft zu integrieren und zugleich ihre eigene Machtposition zu stärken, so legten die regionalen Behörden aufgrund ihrer unmittelbaren Erfahrungen zur gleichen Zeit schon andere Verhaltensweisen an den Tag. Obwohl etwa das Oberbergamt Dortmund nach scharfer vorhergehender Kritik aus parlamentarischen Kreisen die Hoffnung aussprach, daß es ihm und den einzelnen Revierbeamten gelingen werde, durch die Beseitigung vorhandener Mißstände, und durch rechtzeitiges Einschreiten gegen etwa neu entstehende, ein tunlichst harmonisches Verhältnis zwischen den Unternehmern und den Bergarbeitern herbeizuführen, und hierbei auf die Vertrauensstellung hinwies, die der staatliche Beamte habe[864], lehnten die einzelnen Bergbeamten, aber auch das Oberbergamt selbst und die übrigen Behörden weitgehend jede Vermittlung zwischen Arbeitern und Unternehmern ab. Den Streik der Bergarbeiter von 1872, der entgegen dem beruhigenden Bericht des Oberbergamtes von 1865 ausgebrochen war, erklärten die staatlichen Behörden für unberechtigt und rechtswidrig. Wenn die Bewegung auch nur den geringsten Erfolg oder auch nur den Schein eines Erfolges hätte, so erklärte der Dortmunder Landrat in einem Schreiben vom 29.6.1872 an den Innenminister, so würde die Disziplin auf den Bergwerken in der bedenklichsten Weise gelockert, und dieser ersten Arbeitseinstellung würden notwendig andere, nicht nur im Bergbau, sondern auch in den übrigen Industriezweigen, folgen[865]. Von dieser Einschätzung ausgehend, lehnten es die Behörden ab, auf die Arbeitgeber im Sinne eines Vergleichs einzuwirken oder überhaupt zwischen den Parteien zu vermitteln. Und noch zehn Jahre später verteidigte das Oberbergamt die Tatsache, daß die staatlichen Bergbeamten sich bei ihren Revisionen immer nur an die Besitzer und die Werksbeamten, nicht aber an die Arbeiter wendeten, mit dem Hinweis, daß Befragungen der Arbeiter seitens der Bergbehörde höchst bedenklich seien, da ein solches Vorgehen die Kluft zwischen Arbeitgebern und Arbeitnehmern noch weiter aufreißen werde. Wenn schon, dann könnten Mißstände am sichersten beseitigt werden durch ein wohlwollendes und vertrauliches Einwirken der Revierbeamten auf die Zechen[866].

In Bezug auf die Arbeiter zogen die regionalen Behörden aus dem Streik von 1872, also zum gleichen Zeitpunkt, da in Großbritannien der Staat den Gewerkschaften einen gesetzlichen Status verlieh, den Schluß, deren Versammlungen durch die enge Auslegung der Koalitionsbestimmungen zu

[864] So der Runderlaß des Oberbergamts Dortmund an die Revierbeamten vom 3.5.1882; StAM, OBA B 119. 217, wiedergegeben bei Kirchhoff, S. 37.

[865] StAM, Regierung Arnsberg B 59, nach: Kirchhoff, S. 23.

[866] Oberbergamt Dortmund an Minister der öffentlichen Arbeiten vom 2.3.1882, StAM, OBA B 91.7, wiedergegeben in: Kirchhoff, S. 36.

behindern, zu verbieten oder kurz nach Beginn aufzulösen[867]. Darüber hinaus aber wurde in der Erkenntnis, daß zu einem Streik die Existenz größerer Arbeiterorganisationen die Voraussetzung war, von den Behörden seit 1872 keine Bewilligung zur Gründung neuer Knappenvereine oder Unterstützungskassen mehr erteilt und bestehende Vereine und Kassen einer scharfen Polizeiaufsicht unterworfen, damit — wie der Oberpräsident in Münster am 30.6.1873, also während des inzwischen ausgebrochenen Kulturkampfes mit der katholischen Kirche, als Begründung formulierte — den sozialistischen und kirchenpolitischen „staatsfeindlichen Bestrebungen" keine neuen Sammel- und Stützpunkte gegeben werden[868].

Damit waren im größten deutschen Industrierevier Maßnahmen weitgehend entwickelt und vorweggenommen worden, welche in Form des Sozialistengesetzes auf nationaler Ebene in der Zeit zwischen 1878 und 1890 jede sozialistische Regung unterband, somit einen Sektor der Interessenvertretung der Arbeiterschaft blockierte und, hinzukommend, — wie wir oben sahen — die Interessenorganisation der Arbeiter auf Dauer aufspaltete und zugleich hiermit die Chance ihrer Interessendurchsetzung entscheidend verschlechterte. Und das Sozialistengesetz war es, das die Bindung der „staatserhaltenden Kräfte" von Unternehmern und staatlichen Behörden gegen die „rote", aber auch z. T. die „schwarze" Gefahr des „Umsturzes" auf lange Zeit hin festigte[869]. Der trotz des geltenden Sozialistengesetzes ausbrechende Streik der Bergarbeiter im Jahre 1889 zeigte den staatlichen Behörden, daß zum ersten die staatlichen Abschreckungsmethoden ihre Wirkung verfehlten, und zum zweiten, daß die bisher bereitgestellten Mittel und Institutionen der Interessenkanalisierung der Arbeiterschaft angesichts des inzwischen erreichten Ausmaßes und der Formen der wirtschaftlichen Entwicklung unzureichend waren. Mehr noch: Der Streik machte — wie wir bereits oben sahen — den staatlichen Stellen klar, daß diese und weitere Fehlleistungen im Mechanismus der Interessenkanalisierung und -integration nicht nur die Wirtschaft, sondern auch die militärische Einsatzbereitschaft des Landes gefährden konnte.

Alle staatlichen Behörden waren von dem Ausbruch des Streiks völlig überrascht worden. Obwohl nicht der Ausnahmezustand verhängt wurde, ging der Staat mit Polizei, Militär und Gerichtsurteilen gegen die Streikenden vor. Doch zeigte schon der Ausbruch und die sechswöchige Dauer des Streiks die begrenzte Wirkungskraft der Maßnahmen des Staates. Selbst das

---

867 Vgl. Kirchhoff, S. 23.

868 Oberpräsident Münster an Regierung Arnsberg vom 30.6.1873, StAM Reg. Arnsberg B 59, nach: Kirchhoff, S. 27.

869 Zur Zusammenarbeit von staatlichen Behörden und Unternehmern gegen ‚sozialdemokratische und andere aufsässige Elemente' vgl. die Beispiele bei: Kirchhoff, S. 27/8; Tenfelde, S. 525/6.

Oberbergamt Dortmund, das durch sein Vorgehen, seine einhellige Verurteilung des Streiks und die Meinung, daß der „Terrorismus der Streikenden" nur durch die zechenweise Aufteilung der Bewegung gebrochen werden könne, und daß die Unruhe nur durch „sozialdemokratische und klerikale Verhetzung" von außen hineingetragen sei, sich der öffentlichen Kritik und dem Zweifel an seiner Unparteilichkeit nicht nur in Arbeiterkreisen ausgesetzt hatte[870], vermochte sich nun zu weitreichenden Reformvorschlägen durchzuringen.

In einer Denkschrift vom August 1889[871] forderte das Oberbergamt die Wiedereinführung der Bestätigungspflicht der auf den Werken erlassenen Arbeitsordnungen sowie, da die Revierbeamten — und hier folgte eine seltene Selbsterkenntnis — überhaupt keine Fühlung mit den Arbeitern mehr hätten, die Einrichtung von Schiedsgerichten, Einigungsämtern und Arbeiterausschüssen. Da eine Berufung auf die Gewalt, wie sie Streiks und Aussperrung bedeuteten, nicht nur die streitenden Parteien, sondern auch die gesamte nationale Industrie und ihre Wettbewerbsfähigkeit schädige und darüber hinaus im Ernstfall eine Mobilmachung gefährden könne, könne die Abneigung der Arbeitgeber gegen solche Institutionen und gegen einen solchen sogenannten Eingriff in das freie Selbstbestimmungsrecht der Parteien von keiner ausschlaggebenden Bedeutung sein. Die Bergbehörde wehrte sich gegen die Auffassung der Unternehmer, daß der Staat mit diesen Einrichtungen die gefürchtete Organisation der Arbeitnehmer und damit den dauernden Streik oder doch die Gefahr dazu ins Leben rufe. Denn bisher seien solche Bedenken noch bei jeder Organisation geäußert worden, die aus Anlaß der staatlichen Fürsorge für die Arbeiter ins Leben gerufen wurde, ohne daß der Erfolg dem Recht gegeben habe. Die Schiedsgerichte, die ja nur in Rechtsstreitigkeiten aktiv werden könnten, sollten gleichzeitig als Einigungsämter fungieren. In dieser Funktion würden sie zwar keine vollziehbaren Urteile fällen können, das moralische Gewicht über Entscheidungen werde jedoch die öffentliche Meinung entscheidend beeinflussen. Zugleich mit dieser überraschend fortschrittlichen Stellungnahme, deren Inhalte allerdings in der öffentlichen Diskussion schon länger eine Rolle spielten, beantragte das Oberbergamt aber, wie die Unternehmer, widerrechtliche, d. h. unter Vertragsbruch erfolgte, Massenausstände strafrechtlich zu verfolgen[872].

Die verschiedenartigen Reformvorschläge, die von den rheinisch-westfälischen Behörden im Laufe des Jahres 1889 gemacht worden waren, faßte der nunmehrige Oberpräsident der Rheinprovinz, Freiherr v. Ber-

---

[870] Vgl. hierzu: Kirchhoff, S. 67-79.

[871] Denkschrift vom 26.8.1889, StAM, OBA B 119.245, wiedergegeben in Kirchhoff, S. 85-88.

[872] Ebenda, S. 89.

lepsch, der sich zuvor als Düsseldorfer Regierungspräsident aktiv während des Streiks engagiert hatte, auf Verlangen des Staatsministeriums in einer Denkschrift vom Januar 1890 zusammen[873]. Einleitend stellte er fest, daß der Streik des Jahres 1889 erwiesen habe, „daß jede Fühlung zwischen den Arbeitgebern, auch den wohlwollendsten, und den Arbeitnehmern im Bergbau verlorengegangen ist, daß die Bergleute im großen und ganzen mit tiefgehendem Mißtrauen gegen die Zechenverwaltungen erfüllt sind, [und] daß ein wesentliches Hindernis für die Herbeiführung einer Verständigung in Streitfällen zwischen Zechenverwaltung u[nd] Bergleuten in dem Mangel einer organisierten Vertretung der letzteren zu suchen ist". Dieser Mangel mache sich, so fuhr er fort, „für den Beamten der allgemeinen Staatsverwaltung überhaupt bezüglich der Arbeiterschaft großer industrieller Bezirke in allen kritischen Zeiten höchst fühlbar". Während die Unternehmer aller „gewerblichen Berufsstände — Handel, Fabrik, Handwerk, Landwirtschaft — ihre Organisation gefunden haben u[nd] durch selbstgeschaffene oder durch die Staatsregierung ins Leben gerufene Organe mit diesen in beständiger Fühlung sind, fehlen solche Organe für den Stand der Fabrik- und Bergarbeiter gänzlich, mit dem Fühlung zu haben in jetziger Zeit eine der hervorragendsten Aufgaben der Beamten der allgemeinen Staatsverwaltung sein müßte. Die Organisationen, die sich die industrielle Arbeiterschaft selbst gegeben hat, sind entstanden u[nd] stehen fast ausschließlich unter sozialdemokratischem Einfluß, sie sind nicht geeignet und nicht Willens, mit den Staatsbeamten Fühlung zu nehmen"[874].

Da diese Arbeitervertretungen keinerlei Gewähr dafür böten, daß sie ordnungsmäßig gewählt seien, daß sie wirklich ihre angeblichen Auftraggeber hinter sich hätten, und daß mit ihnen mit der Aussicht auf Erfolg und Dauer verhandelt werden könne, und da sie zudem dazu dienten, sozialdemokratische Einflüsse in der Arbeiterschaft zu verstärken, müsse der Staat geeignete Vertretungskörperschaften für die Arbeiter schaffen. Auf der untersten Ebene schlug der baldige Handelsminister die Einrichtung von betrieblichen Arbeiterausschüssen vor mit der Aufgabe, „die Fühlung der Arbeitgeber mit den Arbeitern zu vermitteln". Diese Ausschüsse sollten nach den Vorstellungen Berlepschs, anders als nach denjenigen seines westfälischen Kollegen, „nicht aufgezwungen werden dürfen, ihre Einführung muß freiwillig seitens der Grubenverwaltung erfolgen, die sich ein begutachtendes Organ ihrer Arbeiterschaft schaffen wollen . . . Es handelt sich um einen Akt des Vertrauens, das nicht erzwungen werden kann. Widerwillig gewährt und gehandhabt würde der Arbeiterausschuß nicht nur ein totes Organ sein, sondern das Gegenteil von dem herbeiführen, was von ihm erwartet wird."

[873] Die Denkschrift vom 23.1.1890 ist abgedruckt in: P. Rassow/K.E. Born, Hg., Akten zur staatlichen Sozialpolitik in Deutschland 1890-1914, 1959, S. 34-38; vgl. auch: Kirchhoff, S. 97 ff. und Teuteberg, S. 370 ff.

[874] Rassow/Born, S. 34.

Die staatlichen Behörden sollten sich möglichst jeder Einwirkung enthalten und die Einführung der Betriebsvertretung dem guten Willen der Unternehmer überlassen.

Auf der Ebene der Bergreviere sollten gewerbliche Schiedsgerichte durch Gesetz eingerichtet werden mit dem Zweck, „eine schnelle, billige und das Mißtrauen beseitigende Rechtssprechung in einzelnen Streitfällen herbeizuführen“[875]. „Als das für die Bedürfnisse der Zeit Dringendste“ sehe er jedoch auf einer dritten Ebene die Einrichtung von Bergwerks-Gewerbekammern für die einzelnen Bergreviere an, die zugleich auch als gewerbliche Schiedsgerichte und Einigungsämter fungieren sollten. Dadurch, daß die Kammern nicht allein berufen seien, „in Streitfällen zu vermitteln, sondern als begutachtendes Organ der Regierung für die Gesamt-Interessen des Bergbaus auch in friedlichen Zeiten zu wirken, wird ihnen ein Moment der Dauer u[nd] der Stetigkeit und die Gewöhnung an gemeinsame Beratungen der Arbeitgeber und Arbeitnehmer gegeben, die in Zeiten der Erregung sehr wertvoll werden können“. Neben den Vertretern der Arbeiter und Arbeitgeber sollten in diesen Kammern auch staatliche Beamte Sitz und Stimme haben, „denen die Aufgabe zufallen wird, vermittelnd und unparteiisch zu wirken“. Ebenso wie in ihrer allgemeinen Vermittlungstätigkeit, so sollte der Kammer auch in ihrer Funktion als Einigungsamt nur die Aufgabe einer Begutachtung zufallen. Optimistischerweise nahm Berlepsch auch in diesem Fall an, „daß die Zechenverwaltungen ein Zusammenwirken mit den Arbeitern in der hier gebotenen Form nicht zurückweisen werden, da auch sie den Mangel legitimierter Vertreter der Bergleute bei den Ausständen des vorigen Jahres sowie jetzt, wo durch nicht legitimierte Agitatoren maßlose Forderungen aufgestellt werden, lebhaft empfunden haben und empfinden“[876].

Zusammenfassend meinte Berlepsch, daß den sicher nicht fehlenden Einwendungen etwa von seiten der Arbeitgeber gegen diese Einrichtungen entgegenzuhalten sei, „daß die Organisation der industriellen Arbeiterschaft Deutschlands sich zweifellos jedenfalls vollziehen wird, und zwar, wenn sie sich selbst überlassen bleibt, unter sozialdemokratischer Führung. Bei dieser Aussicht erscheint es doch mindestens ratsam, eine Organisation zu versuchen, die ordnungsmäßig u[nd] nicht unter sozialdemokratischem Einfluß entstehen soll und in der Arbeitgeber und Arbeitnehmer gemeinsam ihre gemeinsamen Angelegenheiten beraten u[nd] zu friedlichem Ausgleich bringen können“[877].

Wie bei Berlepsch, so wurde auch in einer gleichzeitigen Ausarbeitung des Kaisers vom 22.1.1890, die möglicherweise ebenfalls unter dem Einfluß von

[875] Ebenda, S. 35.
[876] Ebenda, S. 37.
[877] Ebenda.

Berlepsch entstand[878], die aktive, ordnende und mäßigende Funktion des Staates betont. Auch der Kaiser empfahl die Einrichtung von inner- und überbetrieblichen Ausschüssen, bei denen „immer aber . . . dafür zu sorgen [sei], daß diese Ausschüsse in Beziehung mit den staatlichen Behörden bleiben . . . Der Grund, weswegen in England die trade unions ihre Wirksamkeit einbüßen und in Deutschland die Fachvereine der Arbeiter zu sozialistischen Genossenschaften ausarten, liegt darin, daß diese Verbände sich selbst überlassen bleiben und ohne Zusammenhang mit staatlichen Organen bestehen"[879].

Die Stoßrichtung der unterbreiteten Vorschläge war klar. Die mit der Industrialisierung entstehenden Gefahr einer — tatsächlich oder vermeintlich — revolutionären Arbeiterschaft für die industrielle Entwicklung selbst und für die Verfassung des Staates sollte kanalisiert und aufgefangen werden in paritätisch von den industriellen Produzenten besetzten, aber vom Staat kontrollierten Vermittlungsgremien, denen — wie ihren historischen Vorläufern — ein nur beschränkter Aufgabenbereich: nämlich Beratung und Begutachtung, zugewiesen war.

Trotz dieser mehrfachen Beschränkungen und Vorbedingungen hätte der Staat im Ruhrbergbau zu diesem Zeitpunkt, da die Arbeiterorganisationen noch keineswegs ausgebildet waren, eine reale Chance gehabt zu dem Versuch, mit einer solchen staatlich inspirierten und kontrollierten Vermittlung zwischen den industriellen Produzentengruppen der von Berlepsch klar vorausgesehenen und als Gefahr anerkannten Aussicht auf die sozialdemokratische Führung der Arbeiterbewegung zu entgehen.

Doch unternahm der Staat nicht einmal den Versuch. Die Bemühungen der Planer auf den unteren und mittleren Rängen der staatlichen Bürokratie, die ja am unmittelbarsten von den Bewegungen der Arbeiter betroffen waren, konnten offensichtlich die hohen staatlichen Stellen auf Dauer nicht beeindrucken. Anscheinend erschien diesen selbst jener limitierte Versuch, — wie der Staatssekretär des Innern, Graf von Posadowski, es wenige Jahre später (1899) ausdrückte — „die Arbeiterfrage nicht nur sozialpolitisch zu behandeln, sondern als Verfassungsfrage zu lösen", als eine unverantwortliche Gefährdung der monarchischen Verfassung in Staat und Reich[880]. Die z. T. von den unteren und mittleren Behörden begonnenen Verhandlungen mit der Arbeiterschaft[881] wurden bereits Ende 1889 von der Regierung

[878] Vgl. Kirchhoff, S. 104.

[879] Vgl. Ausarbeitung des Kaisers zur Arbeiterfrage, abgedruckt bei: Kliersfeld, S. 82-85, S. 83/4.

[880] Vgl. die Aufzeichnungen Posadowskys vom 14.11.1899 über den gemeinsamen Vortrag des Reichskanzlers und des Staatssekretärs des Reichsamtes des Innern beim Kaiser am 13.11.1899, abgedruckt in: Rassow/Born, Hg., Akten, S. 124-126.

[881] Vgl. Kirchhoff, S. 93, 95, 102.

untersagt, und obwohl Berlepsch 1890 zum Handelsminister berufen worden war, wurde die Realisierung seines Programms auch aufgrund von neuerlichen Streikbewegungen im Ruhrbergbau auf unbestimmte Zeit verschoben[882]. Die Gewerbeordnungsnovelle von 1891, die sogenannte „Lex Berlepsch", führte immerhin noch zur Schaffung staatlicher Gewerbegerichte und zum Äußerungsrecht der Arbeiter zu den innerbetrieblich erlassenen Betriebsordnungen und sah die allerdings fakultative Einführung von Arbeiterausschüssen in Betrieben mit mehr als fünfzig Beschäftigten vor. Vor allem die schwerindustriellen Unternehmer (Jencke und Stumm), denen Bismarck, dem die Ausweitung der Gewerbeordnung als unvereinbar mit den wirtschaftlichen Interessen des Reiches[883] und als „humanitärer Schwindel"[884] erschien, kurz vor seiner ebenfalls durch den Bergarbeiterstreik herbeigeführten Entlassung durch seine Mitteilung, auch er lehne die Arbeiterausschüsse ab, entscheidend den Rücken gestärkt hatte[885], hatten in den Beratungen des Preußischen Staatsrats „mit Sachkenntnis und Geschick" die obligatorische Einführung der Ausschüsse zu verhindern vermocht[886]. Sie fanden dann auch in der Industrie, auch aufgrund der relativen Funktionslosigkeit, so gut wie keine Verbreitung[887].

Galten diese Bestimmungen für alle Gewerbebereiche, so wurden zusätzlich für den Bergbau in der Berggesetznovelle von 1892 der Erlaß von Arbeitsordnungen den Unternehmern zur Pflicht gemacht und gleichzeitig ihr Inhalt weitgehend vorgeschrieben. Darüber hinaus ermöglichte die Novelle die Einrichtung der Institution eines Wiegekontrolleurs, eine Chance, die allerdings — wie wir bereits oben sahen — von den Arbeitern nicht genutzt wurde. Auch die Wirkung der geschaffenen Berggewerbegerichte blieb sehr beschränkt[888].

Wenn auch die staatliche Sozialgesetzgebung zu Beginn der 1890er Jahre den Arbeitern erstmals minimale Vetorechte im unmittelbar betrieblichen Bereich einräumte, so war der Staat in dieser sozialhistorisch entscheidenden Phase des Kaiserreichs trotz der befürchteten wirtschaftlichen, politischen und militärischen Auswirkungen weiterer Streiks und trotz der besseren Einsicht einer nicht unbedeutenden Reihe unterer und mittlerer Behörden aufgrund der Befürchtungen eines verlangsamten industriellen Wachstums, des Widerstandes der Unternehmer und der befürchteten Einbuße eigener

---

882 Ebenda, S. 103.

883 Vgl. Teuteberg, S. 368.

884 Zit. nach ebenda, S. 374.

885 Vgl. Kirchhoff, S. 63/4.

886 So das Urteil des Generalfeldmarschalls und Chef des Großen Generalstabes Alfred Graf v. Waldersee, zit. nach Teuteberg, S. 375.

887 Vgl. Teuteberg, S. 388 ff.

888 Vgl. Kirchhoff, S. 106-112; Teuteberg, S. 410 ff.

Entscheidungsfreiheit nicht dazu bereit, den Arbeitnehmern auch nur in staatlich reglementierter Form legitimierte Organe zur Artikulation und Vertretung ihrer Interessen zuzugestehen und als solche anzuerkennen. Noch viel weniger konnte er sich — anders als in Großbritannien — hierzu gegenüber den nicht-reglementierten, ‚naturwüchsigen' Organisationen der Arbeitnehmer verstehen. Noch 1907 bekämpfte — wie wir oben sahen — die Bergbehörde den neugegründeten Steigerverband, und der Handelsminister wies dessen Vorsitzenden mit der Bemerkung zurecht, „daß es die erste Pflicht der Steiger sei zu gehorchen"[889]. Und das Anwachsen der Arbeiterverbände, besonders der sozialdemokratisch orientierten, beobachteten die Behörden mit steigender Sorge. Gerade die konservativen Kräfte in den unteren Staatsorganen, offensichtlich ermuntert von den Entschlüssen der Regierung, nahmen dies zum Anlaß, — wie wir bereits vorne sahen — die Organisationen der Arbeiterschaft, an welchen Stellen es auch immer möglich war, zu bekämpfen und zu behindern. Zwar stand nach 1890 hierzu nicht mehr das Instrument des Sozialistengesetzes zur Verfügung — eine Verlängerung oder Wiederaufnahme wollte der Staat aus umfassenderen innenpolitischen Rücksichten nicht ins Auge fassen —, doch boten die Bestimmungen des Koalitions- und Vereinsgesetzes, wie vorher deutlich wurde, hierzu genügend Möglichkeiten. Daß Verhaftungen, Versammlungsverbote, Ausschankverbot bei Versammlungen und Druck auf die Wirte, damit sie keine Säle hergaben, auch die gegenteilige Wirkung als die erwünschte haben konnten und oft auch hatten, wurde den Behörden offensichtlich nur selten klar.

Doch machten sich auch die oberen Staatsbehörden keine weiteren Gedanken über Mittel und Wege der Interessenintegration der Arbeitnehmer oder verfolgten etwa ihre alten Pläne. Vielmehr unterstützten die Behörden die Unternehmer in ihren Maßnahmen gegen aufsässige oder streikende Arbeiter, auch wenn sie oft — aus Rücksicht auf die politische Sicherheit — zu einem maßvollen Vorgehen rieten[890]. Und selbst Berlepsch schien sich mehr auf Konfrontation als auf Vermittlung eingerichtet zu haben. An dem im Dezember 1889 erlassenen Verbot einer vermittelnden Tätigkeit der Bergrevierbeamten zwischen Unternehmern und Arbeitern hielt er nicht nur fest, sondern bestätigte sie noch einmal ausdrücklich[891]. Darüber hinaus wies er die unteren Organe an, die Industrie auf die Notwendigkeit größerer Kohlenvorräte aufmerksam zu machen[892]. Und der Oberpräsident von West-

---

[889] Vgl. G. Werner, Meine Rechnung, S. 122.

[890] Vgl. etwa Kirchhoff, S. 114/5.

[891] Handelsminister an Oberpräsident Münster vom 24.4.1891, StAM, Oberpräsidium Münster B 2828, Bd. XIII, nach: Kirchhoff, S. 115.

[892] Handelsminister an Oberpräsident Koblenz vom 7.2.1893, HStA Düsseldorf 24714, nach: ebenda.

falen, v. Studt, ventilierte sogar den Plan, im Falle eines Streiks den Betrieb der Bergwerke durch Soldaten aufrecht erhalten zu lassen, fand damit jedoch keine Gegenliebe bei den militärischen Stellen[893]. Und den Ausstandsversicherungsverband der Unternehmer im Ruhrbergbau verbot Berlepsch nicht, obwohl er ihm aufgrund von der Gewerbeordnung zuwiderlaufenden Bestimmungen die offizielle staatliche Genehmigung versagte[894].

Bis zum nächsten Bergarbeiterstreik des Jahres 1905 änderte sich an dieser Haltung der Staatsbehörden kaum etwas. Diesem Streik, der ausgebrochen war und andauerte aufgrund der Weigerung der Unternehmer mit den Arbeitergewerkschaften über bestimmte Forderungen zu verhandeln oder, wie es der staatliche Vermittler formulierte, weil sie „mit den Arbeitern die Beine nicht unter denselben Tisch setzen" wollten[895], standen die Behörden nach einem gescheiterten Vermittlungsversuch zunächst abwartend gegenüber. Als jedoch auch nach mehreren Wochen Dauer noch kein Ende des Ausstandes abzusehen war, geriet der Staat aufgrund äußerer Ereignisse schnell unter noch stärkeren Druck, als dies 1889 der Fall gewesen war. Der Ausbruch der Revolution in Rußland beschwor auch die Gefahr innerer Unruhen in Deutschland herauf und die zu diesem Zeitpunkt erreichte propagandistische und diplomatische Auseinandersetzung mit Großbritannien ließ die Einsatzbereitschaft von Heer und Marine als unbedingt erforderlich erscheinen. Auf den Druck der Reichsregierung hin entschied sich die Preußische Staatsregierung nun sehr rasch zu einer Intervention[896]. Wie sechzehn Jahre zuvor kam erneut die Frage auf, wie man nicht nur diesen Streik, sondern überhaupt Arbeiterausstände möglichst bald zu Ende brächte oder nach Möglichkeit gar nicht erst entstehen ließ. Von den unteren und mittleren Behördeninstanzen, die diesmal kaum Lösungsmöglichkeiten vortrugen, machte allein der Düsseldorfer Regierungspräsident den Vorschlag, durch eine Verschärfung der Bestimmung des Berggesetzes, daß die Unternehmer aus überwiegenden Gründen des öffentlichen Interesses auch gegen ihren Willen die Bergwerke zu betreiben hätten, dem Staat den direkten Zugriff auf die Gruben zu ermöglichen. Schon die Androhung eines solchen Vorgehens werde den Streik erheblich abkürzen[897]. Der Innenmini-

---

[893] Generalkommando des 7. Armeekorps an Oberpräsident Münster vom 19.3.1891, StAM, Oberpräsidium Münster 2828, Bd. XII, nach: ebenda.

[894] Vgl. Gemeinsamer Erlaß des Innen- und Handelsministeriums an den Oberpräsidenten in Koblenz vom 14.3.1892, StA Koblenz, Oberpräsidium Koblenz, Abt. 403, Nr. 7028, nach: ebenda.

[895] So die Äußerung des Leiters der Bergbauabteilung im Handelsministerium, Oberberghauptmann von Velsen nach dem Protokoll einer Besprechung der preußischen Bergbauvereine in Berlin vom 6.1.1909, HStA, Düsseldorf, Reg. Düsseldorf 15934, nach: Kirchhoff, S. 143.

[896] Vgl. Kirchhoff, S. 144-146.

ster v. Hammerstein — wie zuvor Berlepsch — überlegte, wie man eine Gesamtvertretung der Bergarbeiter staatlicherseits ins Leben rufen könne, ohne daß man sich auf die — nun — bestehenden Gewerkschaften stützen müsse. Er dachte dabei an eine Gesamtvertretung der Arbeiterausschüsse, die auf jeder Zeche durch Gesetz eingeführt werden sollten. Jeder dieser Ausschüsse sollte einen oder zwei Delegierte wählen und diese wiederum aus ihrer Mitte eine Körperschaft konstituieren, die zwar keine eigentliche Arbeiter- oder Arbeitskammer in Analogie zu Formen der gewerblichen Wirtschaft, aber doch ein Organ darstellen sollte, mit dem im Bedarfsfall Verhandlungen über Fragen geführt werden konnten, die über die Interessen einer einzelnen Zeche hinausgingen[898]. Diese Ideen zeigten zwar den weiterhin bestehenden Willen des Staates, die eigenständigen Interessenverbände der Arbeiter zu umgehen, doch machten sie zugleich sein Bedürfnis nach Kontrolle oder zumindest Steuerungsmöglichkeiten deutlich.

Die Regierung in Düsseldorf, zum Bericht über diesen Plan aufgefordert, urteilte noch vorsichtiger als der Innenminister. Sie hielt das für die Mitverwaltung der Knappschaft von Bergleuten gewählte Ältesteninstitut schon für hinreichend, auch als Interessenvertretung zu fungieren. Neben den mit den Neuwahlen verbundenen Agitationsmöglichkeiten der Verbände würde durch diese Lösung auch vermieden, daß ein neugebildetes Gremium mangels anderer Aufgaben nichts anderes tun würde, als „Mißständen im Betriebe und in der Verwaltung der Zechen nachzuspüren und solche zur Sprache zu bringen, wodurch eine ständige Beunruhigung in die Belegschaften hineingetragen würde“. Insgesamt aber, so warnte die Regierung in Düsseldorf angesichts der nun, im Jahre 1905, bestehenden Tatsachen, dürfe man von einer solchen Maßnahme keine allzu großen Dinge erwarten; denn der Erfolg einer solchen Gesamtvertretung hänge im wesentlichen davon ab, ob sie bei den Arbeitermassen genug Einfluß und Vertrauen besitze, um auf die Gefolgschaft und die Gefügigkeit dieser Massen in entscheidenden Momenten einigermaßen rechnen zu können. Das sei aber höchst zweifelhaft, solange die freien Organisationen bestünden. Die Frage, welche Stellung der Staat zu diesen beziehen solle und insbesondere, ob er sie als rechtsfähig und als legitime Vertretung der Arbeiter anerkennen wolle, sei viel wichtiger[899]. Tatsächlich hatte die Regierung schon seit dem Jahre 1903 — also rund 30 Jahre später als in Großbritannien — ein Gesetz über die Rechtsfähigkeit der Berufsvereine in den Reichstag eingebracht, dessen Bestimmungen jedoch so sehr die Kontrolle des Staates erhöht und die

[897] Schreiben an Innen- und Handelsminister vom 26.1.1905, HStA Düsseldorf, Reg. Düsseldorf, Präsidialregistratur Nr. 35/38a 2, nach: Kirchhoff, S. 148.

[898] Vgl. das Rundschreiben des Oberpräsidenten in Koblenz an die Regierungspräsidenten vom 4.2.1905, HStA Düsseldorf, Reg. Düsseldorf 15932, nach: Kirchhoff, S. 148/9.

[899] Bericht an den Oberpräsidenten in Koblenz vom 12.2.1905, HStA Düsseldorf, Reg. Düsseldorf 15932, vgl. Kirchhoff, S. 149.

Bewegungsfreiheit der Interessenverbände eingeschränkt hätte, daß es endgültig im Jahre 1906 am Widerstand der Gewerkschaften scheiterte[900].

Der Düsseldorfer Regierungspräsident hatte die Diskussion auf den entscheidenden Punkt gebracht: Ob nämlich der Staat, da das Vertrauen der Arbeiter zu anderen Organisationen „höchst zweifelhaft" sei, bereit war, die Gewerkschaften als legitime Interessenvertreter der Arbeiter anzuerkennen. Noch vor dem Empfang des Berichtes aus Düsseldorf hatten sich aber bereits die höheren staatlichen Stellen in Berlin entschieden. Einerseits akzeptierte man — in überraschend pragmatischer Haltung — den Nutzen, den der Staat aus der Existenz der Gewerkschaften zog. So formulierte der Staatsekretär v. Posadowsky am 3. Februar 1905 offen vor dem Reichstag: „Solange sich aber solche streikenden Arbeitermassen im ganzen ruhig verhalten, hat die Regierung das viel größere Interesse, daß die Organe und Leiter der Bewegung selbst die Ordnung aufrechterhalten, als das die Exekutive zum Einschreiten gezwungen wird"[901]. Andererseits lehnte der Innenminister v. Hammerstein in der Befürchtung vor weiteren, „politische[n] Forderungen" jede Zuweisung von übergeordneten Aufgaben nicht nur an die Gewerkschaften, sondern auch — hinter seinen eigenen, ursprünglichen Plan zurückgehend — an anderweitige, überbetriebliche Arbeiterausschüsse ab. So werde, stellte er in der Kronratssitzung vom 28. Januar 1905 fest, „namentlich auf eine Anerkennung der Arbeiterverbände nicht einzugehen und kein Zweifel darüber zu lassen sein, daß die [zu errichtenden] Arbeiterausschüsse nicht eine Vertretung des Gesamten Arbeiterstandes, sondern lediglich der Arbeiterschaft der Einzelzechen darstellten"[902]. Dieser Meinung, die nun der Innenminister vertrat, waren auch der Handelsminister[903] und das Oberbergamt Dortmund. Obwohl sich die Bergbehörde viel von der Tätigkeit der geplanten Ausschüsse versprach, in der Richtung, daß sie die fast überall fehlende Fühlung zwischen Arbeiterschaft und Zechenverwaltung herzustellen vermöchten, hegte sie ernstliche Bedenken, daß diese Einrichtung von den „berufsmäßigen Agitatoren der Sozialdemokratie und der Gewerkschaften" ausgebeutet werde, um die „schon in schlimmster Weise bestehende Verhetzung und Aufwühlung der großen Arbeitermassen" noch zu verstärken. Diese Gefahr liege sehr nahe, sofern nicht Mittel und Wege gefunden würden, die insbesondere ein korporatives Auftreten sämtlicher Arbeiterausschüsse verhinderten. Wenn dies nämlich eintrete, werde der Sinn der Ausschüsse völlig in sein Gegenteil verkehrt. Denn statt der beabsichtigten

---

[900] Vgl. hierzu: K. Saul, Staat, Industrie, S. 33-50.

[901] Stenographische Berichte über die Verhandlungen des Reichstages, XI. Legislaturperiode, 1. Sess., Zweiter Sess.-Abschnitt, Bd. 6, S. 4226, zit. nach: D. Fricke, Der Ruhrbergarbeiterstreik von 1905, S. 122.

[902] ZStA I, Reichsamt des Innern, Geh. Sachen 1905, 5712/28, fol. 13, zit. bei: Fricke, S. 120/1.

[903] Vgl. Teuteberg, S. 439.

Annäherung der einzelnen Belegschaft an „ihren natürlichen Freund und Berater, den Werkbesitzer", würde auf solche Weise eine geschlossene, auf gesetzlicher Grundlage beruhende Organisation der gesamten Bergarbeiterschaft ins Leben gerufen, von der mit Bestimmtheit vorauszusagen sei, daß sie nichts anderes als eine Kampforganisation darstelle. Wolle die Arbeiterschaft solche Zwecke verfolgen, so möge sie sich unter Benutzung ihres Koalitionsrechts in Berufsvereinigungen zusammenfinden, die aus ganz anderen gesetzgeberischen Absichten heraus erwachsene Einrichtung der obligatorischen Arbeiterausschüsse dürfe dazu keinesfalls mißbraucht werden[904]. Sprach auch aus den letzten Zeilen eine gewisse Machtlosigkeit, zumindest aber eine abwartende Haltung der Behörden gegenüber den selbstgeschaffenen Interessenverbänden der Arbeiter, so vertrauten sie zunächst einmal immer noch, und gleichsam als letzte und rettende Brücke, auf die vom Staat errichteten Organe. Diese sollten jetzt nur noch als innerbetriebliche Vermittlungsinstanzen zwischen Unternehmern und Arbeitern unter — wie im Anschluß deutlich werden wird — geringen, negativen Kontrollbefugnissen der Behörden dienen. In der nach wie vor bestehenden Furcht vor einer Beschränkung seiner politischen Entscheidungsfreiheit hatte damit der Staat in bezug auf die von ihm geschaffenen Vermittlungsinstrumente die für den Staat als so wichtig anerkannten Kontroll- und Steuerungsmöglichkeiten aufgegeben.

Immerhin machte die Berggesetznovelle von 1905 auf allen Bergwerken (nicht in allen industriellen Unternehmen, wie 1890 geplant war), die mehr als 100 Arbeiter beschäftigten, die Einführung von Arbeiterausschüssen obligatorisch. Arbeiter mit einem Lebensalter von 21 Jahren und einer einjährigen ununterbrochenen Tätigkeit im gleichen Betrieb besaßen das aktive, solche mit einem Alter von 30 Jahren und einer Beschäftigung von drei Jahren das passive Wahlrecht. Letztere mußten außerdem noch der deutschen Sprache mächtig sein. Vor allem die für beide Gruppen vorgeschriebene ununterbrochene Tätigkeit war besonders nach einem Streik, bei dem es den Unternehmern anheimgegeben war, ob sie Streikende aus der Belegschaftsliste strichen oder nicht, kein leicht zu überwindendes Hindernis. Allein bei den ersten Wahlen wurden 12.950[905], nach einer anderen Quelle 39.000, Bergleute nicht zur Abstimmung zugelassen[906]. Die Ausschüsse sollten nach von den Unternehmern bestimmten Betriebsabteilungen alle fünf Jahre in geheimer Wahl bestimmt werden und sich aus mindestens drei Arbeitervertretern zusammensetzen. Als Aufgaben wurden den Ausschüssen zugewiesen, die Unterstützungskassen der Zechen mitzu-

---

[904] Bericht an den Handelsminister vom 4.5.1905, StAM, OBA B 2.32, nach: Kirchhoff, S. 155/6.

[905] Vgl. Kirchhoff, S. 154; Koch, S. 101, 112.

[906] Vgl. Teuteberg, S. 450.

verwalten, Wiegekontrolleure zu wählen, sich über erlassene oder geänderte Arbeitsordnungen zu äußern und schließlich mitzuwirken bei dem Erlaß von Bestimmungen über betriebseigene Wohlfahrtseinrichtungen und über das Verhalten jugendlicher Arbeiter außerhalb des Betriebes. Vor allem aber besaßen sie das Recht, Anträge, Wünsche und Beschwerden der Belegschaft, die sich auf die Betriebs- und Arbeitsverhältnisse des Bergwerks bezogen, der Zechenverwaltung vorzutragen und sich dazu gutachtlich zu äußern. Ihre Hauptaufgabe aber sollte darin bestehen, das „gute Einvernehmen" innerhalb der Belegschaft sowie zwischen der Belegschaft und dem Arbeitgeber zu erhalten oder wiederherzustellen. Verstieß der Ausschuß oder einzelne seiner Mitglieder gegen diese grundsätzliche Aufgabe oder überschritten sie ihre Kompetenzen, so konnten die Unternehmer nach eigenem Gutdünken Ausschußmitglieder entlassen oder anderweitig maßregeln, und das Oberbergamt hatte das Recht, einen solchen Ausschuß nach fruchtloser Verwarnung aufzulösen und für die Dauer eines Jahres zu suspendieren[907]. Die Diskussion von Lohnfragen war prinzipiell ausgeschlossen, doch gingen die Unternehmer ab Ende 1906 — wie wir schon oben sahen — aufgrund weiterer Lohnforderungen der Gewerkschaften hierzu über, aber nur in der vom Bergbauverein geplanten Absicht, in den Arbeiterausschüssen anhand von Lohnlisten, graphischen Darstellungen usw. das „fortwährende Steigen der Löhne" nachzuweisen, damit die „Ungerechtigkeit" der Lohnforderungen klarzustellen und darüber hinaus erneut die Überflüssigkeit der Gewerkschaften zu demonstrieren[908].

Angesichts eines so erheblich eingeschränkten Aufgabenbereiches und der weitgehend unkontrollierbaren Disziplinierungsmöglichkeiten von seiten der Unternehmer und der staatlichen Behörden wurde den Arbeiterausschüssen im Bergbau vom Staat, wie es der Handelsminister Möller vor dem Parlament öffentlich proklamierte, „einerseits . . . lediglich eine beratende oder besser informierende Stellung zugewiesen, dem Werksbesitzer dagegen die ihm gebührende volle und freie Entschließung über seine Maßnahmen vorbehalten"[909]. Wie sich selbst, so behielt der Staat, obwohl er zugleich einen räumlich und sachlich begrenzten Meinungsaustausch zwischen Arbeitgebern und Arbeitern erzwungen hatte, auch den Unternehmern als den Entscheidungsträgern über die wirtschaftliche Entwicklung trotz der damit in Form von Streiks usw. verbundenen Gefahren ausdrücklich die uneingeschränkte Entscheidungsfreiheit vor. Die Arbeiterausschüsse im Bergbau wurden im Jahre 1909 — wie wir bereits weiter oben sahen, durch die gesetzlich eingeführte Institution der ‚Sicherheitsmänner' ergänzt, die das Recht hatten, ihre jeweilige Bergwerksabteilung zweimal im Monat in Begleitung eines Steigers zu befahren und sie im Hinblick auf die Sicherung

---

907 Vgl. insgesamt Kirchhoff, S. 155; Teuteberg, S. 440-444.

908 Nach Teuteberg, S. 441.

909 Zit. nach: ebenda, S. 439/440.

des Lebens und der Gesundheit der dort beschäftigten Arbeiter zu untersuchen. Für jede Bergwerksabteilung mußte ein Sicherheitsmann bestellt werden. Für das aktive Wahlrecht galten die für die Ausschußwahlen erlassenen Bestimmungen; für das passive Wahlrecht war ein Alter von 30 Jahren und eine Arbeitszeit von einem Jahr auf demselben Bergwerk, aber von fünf Jahren als Hauer überhaupt, Vorbedingung. Fortan gingen die Arbeiterausschüsse nicht mehr aus direkten Wahlen, sondern aus den Wahlen innerhalb des Kreises der Sicherheitsmänner hervor[910]. Doch fand insgesamt diese Institution der Sicherheitsmänner ebenso wie diejenige der Arbeiterausschüsse, wie weiter oben dargestellt wurde, durch die Beschränkung ihres Aufgabengebietes, durch die vielseitigen Disziplinierungsmöglichkeiten, denen sie ausgesetzt waren, und durch ihre weitgehend antigewerkschaftliche Intention weder bei den Bergarbeitern das nötige Vertrauen und Interesse noch bei den Gewerkschaften die erforderliche Unterstützung.

Kamen jedoch im Bergbau diese Gremien, die zumindest einen Ansatzpunkt zu einer innerbetrieblichen Vermittlung zwischen den industriellen Produzentengruppen (mit Ausnahme der Angestellten) bilden konnten, immerhin — auch gegen den Widerstand der Unternehmer — noch zustande, so scheiterten solche staatlichen Vermittlungsversuche für die anderen Industriezweige völlig. Und dies, obwohl der Staat selbst eine solche Vermittlung sichtbar als umso notwendiger erkannte, je weiter der Prozeß der Industrialisierung und besonders der Ausweitung der großbetrieblichen Produktionsweise auch in den anderen Industriezweigen voranschritt. Den vom Staat geplanten ‚Arbeitskammern', die auf überbetrieblicher Ebene aus Vertretern der Arbeitgeber und der Arbeitnehmer gebildet werden sollten, war nach der Begründung des Gesetzentwurfs die Aufgabe zugedacht, „zu einer persönlichen Fühlung zwischen den Angehörigen beider Gruppen" zu führen und „eine Abschwächung bestehender Gegensätze" zu ermöglichen[911]. Doch die Ablehnung von beiden Seiten der industriellen Produzenten, die Mehrheit der Arbeitervertreter wünschte reine Arbeiterkammern, welche einen ungebrocheneren Zugang zu den staatlichen Stellen gewährt hätten, zwang den Staat zum Rückzug und schließlich zur Aufgabe dieses Projekts.

Im Beharren auf seinen eigenen Standpunkt der unbeschränkten Entscheidungsgewalt blieb dem Staat nichts als — wie der Staatssekretär des Inneren und baldige Reichskanzler v. Bethmann Hollweg es Anfang 1909 abschließend formulierte — den Gegensatz zwischen Arbeitern und Arbeitgebern „als vorhanden" anzuerkennen[912].

---

[910] Vgl. Kirchhoff, S. 172 f.; Teuteberg, S. 458-461.

[911] Zit. nach: Verhandlungen, Mitteilungen und Berichte des CVDI, Nr. 108, 1908, S. 120.

[912] Nach: ebenda, Nr. 114, 1909, S. 47.

Mit dieser Feststellung trat zum ersten Mal etwas deutlich zu Tage, was sich bereits 1892 angedeutet hatte, als die staatliche Bergbehörde das Bestätigungsrecht der Arbeitsordnungen wegen der damit einhergehenden, „nicht angemessenen Verantwortung“[913] fallen ließ: eine Machtlosigkeit und ein eindeutiger Mangel an Kontroll- und Steuerungsfähigkeiten des Staates im sozialen Bereich angesichts einer machtstrotzenden Fassade und einer an die Macht des Staates gewohnten und sie erwartenden staatsbürgerlichen Öffentlichkeit.

Und noch ein zweites wurde zumindest für den Rückschauenden an dieser Entwicklung deutlich: die Tatsache, daß — neben den Unternehmern — der Staat und seine Verfassung selbst es waren, die nicht nur dem sozialpolitischen Fortschritt und der ‚Gleichberechtigung‘ der Arbeitnehmer im Wege standen, sondern daß sie den tatsächlichen Erfordernissen der Leitung und Integration einer industriellen Gesellschaft nicht mehr gerecht wurden. Zwar bestätigte noch 1907 der preußische Handelsminister Delbrück den Unternehmern, „daß die Stärke unseres Vaterlandes beruht auf einer leistungsfähigen Industrie“[914], doch nahm angesichts eines gesicherten wirtschaftlichen Wachstums die Berufung staatlicher Stellen auf eine mögliche Gefährdung des Industrialisierungsprozesses seit den 1890er Jahren ab. Hiermit, aber auch mit der gleichzeitig einhergehenden Abnahme der aggressiven und dem Anwachsen einer pragmatischen Haltung auf seiten der Gewerkschaften sank zugleich die staatliche Rechtfertigungsmöglichkeit sozialer Disziplinierung im Namen eines — gefährdeten — industriellen Aufstiegs. Ja, es war nunmehr der Staat selbst, der nicht nur auf die Möglichkeit, sondern auf die Notwendigkeit von sozialen Reformen und der Herstellung gleichberechtigter Interessenvertretung der industriellen Produzenten für die Stabilität und das Überleben der nunmehr industriellen Gesellschaft hinwies.

Doch beschränkte sich diese Erkenntnis auch noch in der Phase nach 1900 im wesentlichen auf die höchsten staatlichen Stellen, und sie war auch hier keineswegs überall durchgedrungen. Vor allem aber die unteren staatlichen Organe der Justiz, der Polizei und der Verwaltung behinderten mit Hilfe der schon oben aufgezählten Mittel entgegen „der gefährlichen, immer mächtiger sich entwickelnden und vor nichts zurückschreckenden Propaganda der Umsturzparteien . . . zum nachhaltigen Schutze der bedrohten Staats- und Gesellschaftsordnung und zur gründlichen Unterdrückung der Gefahr“ bis zum Ersten Weltkrieg die Gewerkschaften[915]. So begrüßten etwa die staatli-

[913] Vgl. StAM, OBA B 2.29, zit. nach: Kirchhoff, S. 108.

[914] Vgl. VMB des CVDI, Nr. 107, 1907, S. 89.

[915] So die übereinstimmende Meinung der Ersten Staatsanwälte des Oberlandesgerichtsbezirks Hamm, nach: Sammlung der Berichte von Nov./Anfang Dez. 1894, in: PrGStA Rep. 84a/8469, zit. nach: K. Saul, Der Staat und die „Mächte des Umsturzes“, S. 311.

chen Bergbeamten im Ruhrgebiet die lähmende Konkurrenz unter den verschiedenen Gewerkschaftsorganisationen, und die Sicherheitsmänner dienten in ihren Augen in erster Linie der sozialdemokratischen und politischen Agitation, wobei kein programmatischer und ideologischer Unterschied zwischen SPD und freien Gewerkschaften gesehen und als „politisch" alles das bezeichnet wurde, was von den Arbeitnehmern an Interessen und Forderungen (und nicht mehr als „Bitten") formuliert wurde und somit gegen das — alte — Konzept der ‚Autorität' verstieß[916]. Die staatlichen Verwaltungsbehörden verweigerten daher jede Anerkennung oder Kooperation mit den Gewerkschaften[917], obwohl sie gleichzeitig in regem Austausch mit den Unternehmern und ihren Verbänden standen[918]. „Während", wie E.G. Spencer schreibt, „Bürgermeister, Landräte, Regierungs- und Oberpräsidenten häufige und geehrte Gäste der Versammlungen der Unternehmerverbände waren, war die unter deren Aufsicht arbeitende Polizei ungeladener Gast von Arbeiterversammlungen"[919]. Stattdessen galt ihre Hoffnung und aktive Förderung den Kriegervereinen und den aufkommenden gelben Werkvereinen[920] „zum Kampfe gegen den gemeinschaftlichen Feind, gegen die sozialdemokratischen Arbeitervereine"[921].

b) Die staatseigenen Betriebe

Wie auf dem Gebiet der sozialpolitischen Maßnahmen, so kann auch im Bereich der Interessenintegration die staatliche Politik in den fiskalischen Betrieben als weiterer Indikator für die Meinungen, Auffassungen und Absichten der staatlichen Behörden gelten. Behielten in Deutschland auch im Bereich der eigenen Betriebe die staatlichen Maßnahmen zur Interessenintegration bis 1914 weitgehend die gleiche Ausrichtung bei, so wird für die Anschauungen des Staates in Großbritannien auf diesem Gebiet zunächst ebenso ein langes Festhalten an ähnlichen Überzeugungen, ab etwa 1890 aber eine allmähliche ‚Modernisierung' seiner Haltung zu zeigen sein.

Hatten in Deutschland in den Staatsbetrieben wie zumeist in der Privatindustrie bis 1890 keine innerbetrieblichen Gremien der Arbeiterschaft bestanden, so ordnete der Staat unmittelbar nach dem Erlaß über die fakultative

[916] Vgl. die Berichte der Revierbeamten über die Erfahrungen mit der Einrichtung der Sicherheitsmänner vom Dezember 1913, in: StAM, OBA 1853.

[917] Vgl. etwa: Kirchhoff, S. 157; H. Imbusch, Arbeitsverhältnis, Einleitung.

[918] Vgl. z. B. E. Jüngst, Festschrift, S. 172 f.

[919] Vgl. E.G. Spencer, Businessmen, Bureaucrats, S. 462.

[920] Vgl. Verhandlungen des 37. Abgeordnetentages des Westf. Provinzial-Krieger-Verbandes, 26. Juni 1909, S. 14, 40, in: StAM, Reg. Arnsberg I Pa 16; vgl. auch: Bergrat Bennhold in: ZBHSW 60, 1912, S. 142/3; Spencer, S. 462; Hoffmann, Kruse, S. 90; Saul, Staat, Industrie, S. 179 ff.

[921] So der preußische Handelsminister Sydow am 27. Mai 1914, zit. nach: Saul, Staat, Industrie, S. 181.

Errichtung von Arbeiterausschüssen in der Privatindustrie auf den eigenen Werken die Schaffung von Arbeiter- bzw. Vertrauensmännerausschüssen an. Eingerichtet sowohl als Vorbild für die private Industrie als auch zu dem Zweck, die auch auf den Staatswerken „verlorengegangene Fühlungnahme zwischen Direktoren und Arbeitern" wiederzugewinnen[922], sollte mit den Ausschüssen, wie es etwa in der Verfügung des Oberbergamtes Bonn vom 21.2.1890 für den Saarbergbau hieß, den Belegschaften Gelegenheit gegeben werden, durch selbstgewählte Vertreter „Anträge, Wünsche und etwaige Beschwerden der Werksverwaltung vorzutragen und sich hierüber sowie über sonstige allgemeine Fragen und Angelegenheiten des Arbeitsverhältnisses in Zusammenkünften mit dem Bergwerksdirektor gutachtlich zu äußern"[923]. Eine Mitwirkung der Ausschüsse, so hatte schon vor ihrer Einrichtung der Handelsminister v. Berlepsch 1890 den Bergbehörden mitgeteilt, bei Fragen der technischen und wirtschaftlichen Leitung des Betriebes bleibe natürlich ausgeschlossen[924]. Und der Erlaß der Kaiserlichen Werften vom gleichen Jahre sagte deutlich: „Es soll bei der Bildung der Ausschüsse alles vermieden werden, was geeignet ist, die Souveränität des Arbeitgebers zu beeinträchtigen, und alle solche Funktionen und Befugnisse sind auszuscheiden, welche das Selbstbestimmungsrecht der Leitung in irgendeiner Weise schmälern können"[925]. Damit sie sich — wie schon Berlepsch formuliert hatte — aber nicht überflüssig fühlten und ihren Beruf ausschließlch darin sähen, immer neue Lohnforderungen zu stellen[926], hatten die Ausschüsse das Recht „Wünsche und Beschwerden der Arbeiter von allgemeinem Charakter, vielleicht nur die Stimmung derselben an das Ohr des Arbeitgebers zu bringen und zu erklären, gewisse, aus dem allgemeinen Bedürfnis entspringende Wohlfahrtseinrichtungen anzuregen, die Beseitigung allgemein empfundener Übelstände und Gefahrenstände im Betrieb vorzuschlagen, Änderungen und Ergänzungen der bestehenden Arbeitsordnung zu beantragen"[927]. Und kaum etwas an Deutlichkeit zu wünschen übrig, ließ die interne Anweisung des Ministers der öffentlichen Arbeiten vom 4.10.1910 für den Bereich der Eisenbahnen, die Arbeiterausschüsse sollten „einerseits das Interesse der Verwaltung wahren, andererseits aber auch den Eindruck bei den Arbeitern erwecken, daß sie ihren Wünschen mit Wohlwollen gegenüberstehen"[928].

[922] So Handelsminister Berlepsch auf der Tagung der Bergbehörden in Berlin vom 18. bis 20.12.1890, StAM, OBA B 119.252, nach: Kirchhoff, S. 120.

[923] Zit. nach: Teuteberg, S. 416.

[924] Vgl. Anmerkung 922; Kirchhoff, S. 121.

[925] Zit. nach: F. Lünnemann, Die Arbeiterpolitik, S. 93/4.

[926] Vgl. Anmerkung 922; Kirchhoff, S. 120/1.

[927] Zit. nach: Lünnemann, S. 94.

[928] So in der Besprechung mit den Präsidenten der Eisenbahndirektionen vom 4.10.1910, ZStA I, RVR 163, zit. nach: Saul, Konstitutioneller Staat, S. 332.

Konnten die Ausschüsse durch ihre weitgehenden Kompetenzbeschränkungen, aber auch durch die Tatsache, daß sie nur unter der Aufsicht von Beamten der Betriebsleitung tagen und sich nicht mit anderen Ausschüssen zu gemeinsamen Sitzungen zusammenfinden durften[929], kaum zu einer wirklichen Interessenintegration führen, so waren sie vor allem gedacht als Abwehrmittel gegen die Möglichkeit und gegen die Institutionen einer selbständigen Interessenvertretung der Beschäftigten. Die obrigkeitlich errichteten Arbeiterausschüsse richteten sich daher vor allem gegen die Gewerkschaften, und insbesondere gegen die sozialdemokratisch orientierten Organisationen. Doch bekämpfte die Eisenbahnverwaltung sogar einen ‚national' und ‚patriotisch' orientierten Interessenverband, der sich dazu bereit fand, öffentlich Lohn- und andere Forderungen an den staatlichen Arbeitgeber zu richten[930]. Die gemeinsame Gegnerschaft insbesondere gegen die freien Gewerkschaften ließ sich jedoch offensichtlich von den einzelnen staatlichen Werksverwaltungen verschieden interpretieren und nutzen. Während die Eisenbahnverwaltung den Verband der Eisenbahner Deutschlands beschuldigte, er wolle nicht die materiellen Interessen der Eisenbahner verbessern, sondern die Arbeiter nur für die „politische Organisation der Umsturzpartei" gewinnen[931], ließen die Staatswerften gegenüber der Reichskanzlei den gewiß auch für viele private Unternehmer typischen Standpunkt „durchblicken, daß die sozialistischen Arbeiter für die kaiserlichen Werften eigentlich bequemer seien wie [!] die nationalen, weil man ihnen Forderungen wegen Lohnerhöhungen pp. leichteren Herzens abschlagen könne als den nationalen Arbeitern"[932]. Wenn auch die staatlichen Werksverwaltungen aus politischen Rücksichten die christlichen Arbeiterverbände nicht ebenso scharf verfolgen konnten wie die sozialdemokratisch orientierten[933], so lehnten sie doch jede Verhandlung und Anerkennung dieser Verbände ab. Und mit der typischen Mischung aus Fürsorge und Warnung riet z. B. die Königliche Berginspektion in Vienenburg unter der vollen Zustimmung der schwerindustriellen Unternehmer im Jahre 1907 in einem Anschlag „der Belegschaft dringend ab, irgend einem Bergarbeiterverband beizutreten, da es ihr sehr fraglich erscheint, ob diejenigen, die Mitglieder eines Verbandes

---

929 Vgl. Lünnemann, S. 95; Saul, S. 331 f.

930 Vgl. Saul, S. 328-331.

931 So das Organ des preuß. Staatsministeriums ‚Berliner Correspondenz', abgedruckt in: Hamburger Nachrichten Nr. 68, 21.3.1900, zit. nach: Saul, Der Staat und die „Mächte des Umsturzes", S. 325. Für die Maßregelungen und die Furcht der Arbeiter, überhaupt Klagen vorzubringen vgl. Teuteberg, S. 416-418; H. Limbertz, Sozialisiert den Staatsbergbau. Die parlamentarischen Untersuchungen auf den Staatszechen im Bezirk Recklinghausen 1920, 1920, S. 18, 20-22, 29 f.

932 Aufzeichnungen vom 10.6.1909, in: ZStA I, PRK 1395/6, zit. nach: Saul, Staat, Industrie, S. 183.

933 Mit Rücksicht auf das ab 1907 mit die Regierungspolitik tragende Zentrum. Vgl. hierzu: ebenda, S. 72 f., 182-185.

geworden sind, für die zu leistenden Beiträge, die im Laufe der Jahre eine stattliche Höhe erreichen, jemals eine entsprechende Gegenleistung seitens des Verbandes erhalten werden. Andererseits steht zu befürchten, daß das gute Verhältnis, welches bisher zwischen Bergverwaltung und Belegschaft bestanden hat, durch die Einmischung fremder Elemente eine Trübung erfahren kann, und die Bergwerksverwaltung vielleicht weniger geneigt ist, den Wünschen der Belegschaft entgegenzukommen. Haben Mitglieder der Belegschaft irgend welche Wünsche an die Bergwerksverwaltung, so ist der Arbeiterausschuß das geeignete Organ, derartige Wünsche bei der Bergverwaltung geltend zu machen. Mit außerhalb der Belegschaft stehenden Personen, Verbänden usw. wird sich die Bergwerksverwaltung über ihr Verhältnis zur Belegschaft keinesfalls in Verhandlungen einlassen"[934].

Nicht nur gegenüber den Arbeiterverbänden, sondern auch gegenüber anderen ‚Außenstehenden' lehnten die staatlichen Werksverwaltungen jede Vermittlungstätigkeit ab. Zwar hatte man z. B. auch im Saarbergbau Schiedsgerichte mit der Funktion von Einigungsämtern eingerichtet, doch wurden diese ebenso von Angehörigen der staatlichen Bürokratie, von Richtern, geleitet. Und ein Bergrat, der 20 Jahre lang Mitglied der staatlichen Bergverwaltung gewesen war, hielt es vor dem Ausschuß der Gesellschaft für Soziale Reform im Jahre 1905 für sicher, „daß diese Bürokratie sich niemals dem Schiedsspruch eines Dritten, d. h. außerhalb ihr stehenden Persönlichkeit, je unterwerfen wird, und sollte es selbst nach dem englischen Vorbilde eine Persönlichkeit der hohen Aristokratie sein, — sie kann es auch gar nicht, sie würde ihr ganzes Wesen verleugnen, ihren Rückhalt an der Autorität des Staatsganzen"[935].

Kam hier zusätzlich die uns später noch beschäftigende, spezifische Problematik der Legitimation einer Fachbürokratie durch Sachverstand und technisches Wissen hinzu, so wird doch — wie schon oben im Bereich der privaten Industrie — deutlich, wie sehr der Staat und seine Bürokratie selbst nun in der Phase des vollendeten Durchbruchs der Industrialisierung durch seine Haltung und der von ihr bewirkten Konsequenzen weitergehenden sozialpolitischen Reformen im Sinne einer Gleichberechtigung der Interessenvertretung der Arbeitnehmer im Wege stand. An zwei Entwicklungen insbesondere wurde diese behindernde Rolle der Staatsbehörden für die Zeitgenossen sichtbar und fühlbar. Zum einen konnten die von den staatlichen Betriebsleitungen eingesetzten Arbeiter- bzw. Vertrauensmännerausschüsse und die übrigen sozialpolitischen Maßnahmen die Arbeiter vor allem in der Zeit nach 1905 trotz mancherlei Strafen immer weniger davon abhalten, sich den Gewerkschaften anzuschließen und ihre Stimme bei den politi-

[934] Der Anschlag ist zitiert in: VMB des CVDI, Nr. 106, 1907, S. 145/6.

[935] So der Bergrat von Rosenberg-Lipinsky in: Methoden des gewerblichen Einigungswesens, S. 71-78, S. 74.

schen Wahlen der SPD zu geben[936]. Und konnten sich die Verbände auch nicht immer gegenüber den Werksverwaltungen genügend Gehör verschaffen — Streiks wagten sie offensichtlich hier kaum durchzuführen[937] —, so erhöhten sie ihren parlamentarischen Druck. Auf diesem zweiten Wege konnte im Reichstag, in dessen Verantwortungsbereich die kaiserlichen Werften im Gegensatz zum Staatsbergbau und zur Eisenbahnverwaltung lagen, im Jahre 1908 die Resolution durchgebracht werden, die „Marineverwaltung anzuweisen, die Festsetzung oder Neuordnung von Arbeitsbedingungen in den Reichsmarinebetrieben unter Mitwirkung der Arbeiterausschüsse vorzunehmen“[938]. Hierdurch wurde die Marineverwaltung gezwungen, stärker mit den Ausschüssen zusammenzuarbeiten und deren Befugnisse erheblich auszudehnen. Hatten schon zuvor die Staatswerften[939] — ebenso wie die Staatsbergwerke an der Ruhr[940] — nicht auf organisierte, und z.T. auch den freien Gewerkschaften angehörende Arbeiter verzichten können, so erhöhten die gestiegenen innerbetrieblichen Vertretungschancen die Organisationsbereitschaft der Arbeiter weiter. Auf zwei Weften z. B. waren im Jahre 1909 40-50% der Arbeiter allein in den freien Gewerkschaften organisiert[941]. Von jeweils 10 Ausschußmitgliedern waren zur gleichen Zeit in dem einen Werk alle organisiert, im anderen gehörten 8 den freien Gewerkschaften an[942]. Deuten diese Zahlen in dem durch die Reichstagsverantwortlichkeit herausgehobenen Bereich der staatlichen Werften auf einen relativ hohen Grad der Interessenorganisation der Arbeiter hin, so können sie zugleich als Ausdruck des Ausmaßes an Behinderung und Stauung gelten, das der Staat wie im überbetrieblichen Bereich, so auch in seinen eigenen Betrieben durch seine restriktive, auf die Erhaltung seiner unbeschränkten Entscheidungsfreiheit gerichteten Interessenpolitik bewirkte.

c) Die politische Interessenintegration

Angesichts der bisher kennengelernten Ansichten, Haltungen und Maßnahmen des Staates zur Interessenintegration im wirtschaftlichen und sozialen Bereich ist es kaum überraschend, auf politischer Ebene eine ähnliche Verschiebung und Einseitigkeit der Interessenberücksichtigung der industriellen Produzenten festzustellen. Denn nicht nur die Ideologie, sondern ebenso die vom Staat realisierten oder auch unterlassenen Maßnahmen und

---

[936] Vgl. Saul, Staat, Industrie, S. 182-187; ders., Der Staat und die „Mächte des Umsturzes“, S. 318 ff.

[937] Vgl. etwa: Lünnemann, S. 96; Saul, Konstitutioneller Staat, S. 335.

[938] Zit. nach: Lünnemann, S. 97.

[939] Ebenda, S. 91-93.

[940] Saul, Staat, Industrie, S. 184.

[941] Vgl. Lünnemann, S. 91.

[942] Ebenda, S. 98.

Einrichtungen im wirtschaftlichen und sozialen Bereich konnten — wie wir oben sahen — die Interessenfindung der einzelnen Gruppen in entscheidendem Maße fördern oder behindern. Doch ebenso wie diese Vorstellungen und Maßnahmen des Staates solche Wirkungen zeitigen konnten, so war der Ideenhaushalt und die institutionelle Regelung der Interessenberücksichtigung, d. h. die Verfassung des Staates, nur auf der Grundlage eines bestimmten wirtschaftlichen und gesellschaftlichen Werdeganges und Entwicklungsstandes denkbar. Nicht nur hatte — wie wir oben sahen — der im Vergleich zu Großbritannien späte industrielle Start und der Wille zum industriellen Aufholen zu einer hohen Bewertung und Berücksichtigung von Unternehmerinteressen durch den Staat, sondern auch zu einer durch die starke Zuwanderung sowohl gleichsam ‚objektiven' als auch durch die Haltung des Staates bedingten Hemmung der Findung und Organisation von Arbeitnehmerinteressen geführt. Zugleich hatte der relativ späte Ausgangspunkt und das sodann rasche industrielle Wachstum einen im Vergleich zu Großbritannien kurzen (wenn auch immer noch Jahrzehnte dauernden), aber umso heftigeren Ablösungskampf zwischen dem traditionell führenden Wirtschaftssektor: der Landwirtschaft, und der aufstrebenden Industrie bewirkt. Die in dieser Situation angelegte, erhöhte volkswirtschaftliche und politische Rivalität fand, anders als in Großbritannien, unter dem Druck zu industriellem Aufholen einerseits und der großen zeitlichen Nähe von traditioneller und moderner Wirtschaftsform andererseits, ihren ausgleichenden Ansatzpunkt in der gemeinsamen Betonung der Notwendigkeit autoritärer Herrschaftsformen, ausgehend vom innerbetrieblichen auf — vor allem in der Zeit nach der Revolution von 1848 — den überbetrieblichen und politischen Bereich. Der Grad, zu dem die industrielle Entwicklung gefährdet erschien, verursachte somit nicht nur die relative Ausschaltung von Arbeitnehmerinteressen, sondern ermöglichte zugleich eine Verständigung des traditionell führenden Gewerbezweigs der Landwirtschaft mit der — neuen — Industrie auf der Grundlage eines autoritäten Herrschaftskonzepts[943]. Die — wie im folgenden deutlich werden wird — miteinander verwobenen und — im Vergleich zu Großbritannien — jungen Verfassungen des preußischen Staates und des Deutschen Reiches bauten auf diesem Konzept auf. Das nach den siegreichen Kriegen gegen Österreich (1866) und Frankreich (1870) im Jahre 1871 gegründete, auf föderativer Grundlage ruhende Deutsche Reich besaß die Verfassung einer konstitutionellen Monarchie[944]. Nach dieser Verfassung des Deutschen Reiches von 1871, das zumindest einen Teil der seit dem auch formalen Zusammenbruch des alten Reiches von 1806 anhaltenden Einig-

[943] Für die soziale Lage und die politische Ausrichtung des ostelbischen Adels vgl. bes. H. Rosenberg, Die Pseudodemokratisierung der Rittergutsbesitzerklasse; und: Zur sozialen Funktion der Agrarpolitik im Zweiten Reich, beides in: ders., Probleme der deutschen Sozialgeschichte, 1969.

[944] Vgl. hierzu etwa: H.-U. Wehler, Das Deutsche Kaiserreich, S. 33 ff., 60 ff.

keitsbestrebungen erfüllte, blieb die formale exekutive Gewalt in den Händen der von den Landesfürsten geführten Bundesstaaten, die im Bundesrat repräsentiert waren[945].

Der Bundesrat war es, der neue Gesetzesvorhaben in den Reichstag, der Vertretung der Bürger des Reiches, einbrachte, über dessen Gesetzesinitiativen entschied und die Ausführungsbestimmungen der verabschiedeten Gesetze erließ. Ausgearbeitet wurden die Gesetzesvorhaben gewöhnlich vom Reichskanzler und den ihm unterstellten Staatssekretären. In Großbritannien dagegen lagen alle Funktionen weitgehend in der Hand des Parlaments und seiner beiden (bis 1911) gleichberechtigten Kammern. Waren sie dort dem Parlament, so waren die obersten Reichsbehörden in Deutschland dem Kaiser als Reichsoberhaupt, nicht dem Reichstag verantwortlich, welcher aber seinerseits vom Kaiser und vom Bundesrat aufgelöst werden konnte. Die Staatssekretäre besaßen keine exekutive Gewalt und waren auf die Mitarbeit der Behördeninstanzen der Bundesstaaten angewiesen. Die wirkliche Macht ruhte daher auf den Bundesstaaten und besonders auf Preußen, dem mächtigsten und größten aller deutschen Einzelstaaten. Preußen besaß die eindeutige Stimmenmehrheit im Bundesrat, und die Reichspolitik wurde weitgehend bestimmt vom kollegial organisierten Preußischen Staatsministerium. Die Macht des Reichskanzlers basierte auf seiner gleichzeitigen Funktion als Preußischer Ministerpräsident, und die Machtstellung des Kaisers lag in seinem Amt als König von Preußen begründet. Obwohl der Preußische Ministerpräsident in seiner Amtsführung formal nicht vom Preußischen Landtag abhängig war, konnte er wie der britische Premierminister auf Dauer kaum gegen den Willen der Landtagsmehrheit regieren, hing von dieser doch die Budgetbewilligung ab. Anders als der Reichstag, der nach dem allgemeinen gleichen Wahlrecht gewählt wurde, wurde das Abgeordnetenhaus des Preußischen Landtages[946] — wie schon oben mehrfach angedeutet — nach dem Dreiklassenwahlrecht gewählt, das den konservativen Kräften der ostelbischen Junker und der Industriellen auf Dauer eine überlegene Mehrheit garantierte.

Die Preußischen Staatsministerien als Zentralregierung beruhten — anders als die Zentralbehörden in Großbritannien — auf einem dreigliedrigen Instanzenzug von Verwaltungs- und Exekutivbehörden: den Landräten auf der unteren, den Regierungspräsidenten auf der mittleren und den Oberpräsidenten auf der oberen Ebene der Verwaltung neben den ähnlich organi-

[945] Zum folgenden vgl. D. Grosser, Vom monarchischen Konstitutionalismus zur parlamentarischen Demokratie, 1970, S. 1 ff.; A. Rosenberg, Entstehung der Weimarer Republik, 1961², S. 13 ff.; G.D. Feldman, Army, Industry and Labour in Germany, 1914-1918, 1966, S. 8 ff.

[946] Die andere Kammer des preußischen Landtages bildete das Herrenhaus, dessen Mitglieder vom König ernannt wurden. Wie in Großbritannien galt auch in Deutschland bis 1918 das Wahlrecht nur für Männer.

sierten Bereichen der Justiz und der Polizei. Von dieser straff zentralistisch organisierten Verwaltungshierarchie blieben die Organe der bürgerlichen Selbstverwaltung in den Städten und Gemeinden weitgehend abgekoppelt und für die Zielsetzung der ‚höheren Politik' unmaßgeblich, zugleich aber unter der Kontrolle der ersteren.

Sicherte eine solche Verfassung zusammen mit der ideologischen Ausrichtung der staatlichen Beamten, aber auch durch die erzeugte Konkurrenz zwischen den verschiedenen Gewalten und Ämtern sowie durch den hohen Grad der Erfassung und die relativ große Freiheit der staatlichen Bürokratie in der Auslegungs- und Inkraftsetzungsbefugnis von Gesetzes- und Verwaltungsbestimmungen den Unternehmern in Landwirtschaft und Industrie eine hohe Durchsetzungschance sowie dem Staat eine relativ große Entscheidungsfreiheit, so versuchten die staatlichen Stellen, diesen Spielraum noch zu erhöhen, zumindest aber zu erhalten. Nicht nur behinderten sie — wie wir oben sahen — in vielfältiger Weise die Interessenbildung der Arbeitnehmer, sondern trachteten — anders als in Großbritannien — zusätzlich auch die Effektivität und Stoßkraft der Parlamente, deren Funktionsbereich verfassungsmäßig ja schon ohnehin eingeschränkt war, weiter herabzusetzen. So versuchte Bismarck vor allem gegenüber dem Reichstag, durch dessen gleiches Wahlrecht er selbst, in der Hoffnung auf das Übergewicht der zuverlässig konservativen Wähler, „den Parlamentarismus durch den Parlamentarismus zu stürzen" gehofft hatte[947], Konkurrenzinstitutionen in Form von — wie oben deutlich wurde — ‚Wirtschaftsparlamenten' zu schaffen, und seit Bismarck stand die staatliche Bürokratie in engem Kontakt mit den unternehmerischen Interessenverbänden in Industrie und Landwirtschaft.

Die über die Verfassungsnorm hinausgehende Ausschließung von Arbeitnehmerinteressen, ein Effekt, der durch die Auffassung des Kaisers, daß seine Autorität, welche sich vor allem im Oberbefehl über die Armee manifestierte, im Gottesgnadentum begründet sei[948], verstärkt wurde, bewirkte zwar in der letzten Phase des hier behandelten Zeitraums — wie wir sahen — schließlich einen Mangel an Kontroll- und Steuerungsfähigkeit des Staates und aus der Sicht des rückschauenden Betrachters eine — wie H.-U. Wehler schreibt — „Spannung zwischen der voraneilenden ökonomischen und sozialen Entwicklung zur Industriegesellschaft auf der einen Seite und der überkommenen starren politischen Struktur auf der anderen Seite"[949]. Doch hatte der in dieser Weise restriktiv und repressiv verfaßte Staat bis zu diesem vergleichsweise späten Zeitpunkt nicht nur parallel zur wirtschaftlichen und

[947] Zit. nach Wehler, Kaiserreich, S. 61. Zum verbreiteten Antiparlamentarismus auch in den Kreisen der Beamten und Juristen vgl. D. Grosser, S. 11 f.

[948] Vgl. H.-G. Zmarzlik, Bethmann Hollweg als Reichskanzler, 1909-1914. Studien zu Möglichkeiten und Grenzen seiner innerpolitischen Machtstellung, 1957, S. 39.

[949] Wehler, Kaiserreich, S. 71.

sozialen Entfaltung der Industriegesellschaft bestanden und diese offensichtlich nicht behindert, sondern eher befördert, ebenso wie umgekehrt dieses ‚unmoderne' staatliche System seine Funktionsfähigkeit und Stärke gerade *wegen* der Industrialisierung des Landes so lange behaupten konnte. Und nicht zuletzt waren, auch angesichts des immer deutlicher werdenden Versagens staatlicher Politik im Bereich der Interessenintegration und ihrer Folgen, die Diener dieses Staates — wie der Reichskanzler Bethmann Hollweg — noch im Jahre 1914 tief davon überzeugt, daß Deutschland gerade durch den Staat „Leistungen vollbracht habe, ebenbürtig jeder Kulturnation"[950].

5.1.4.2.2. Die Träger der staatlichen Herrschaft: Die Beamten

Die Träger der Funktionen staatlicher Herrschaft, die wir im vorhergehenden behandelt haben, bildeten die Beamten. Dabei waren diese nicht nur durch die Ausübung ihrer Funktionen auf die Gesellschaft bezogen, sondern blieben — wie wir bereits oben andeuteten — als soziale Gruppe Teil der Gesamtgesellschaft. Mithin war auch die Beamtenschaft wie die anderen sozialen Gruppen den Auswirkungen des wirtschaftlichen und sozialen Wandels der Gesamtgesellschaft ausgesetzt und stellte andererseits zugleich — wie im bisherigen Verlauf der Untersuchung deutlich wurde — eine bedeutende Referenzgruppe für die übrigen sozialen Einheiten dar. Denn gerade ihr besonderer Funktionsbereich innerhalb der gesellschaftlichen Arbeitsteilung als Träger und Vertreter der staatlichen Macht und Herrschaft kennzeichnete die Beamtenschaft auch im sozialen Bereich als besondere Gruppe und verlieh ihr Autorität und Ansehen, eine Erscheinung, an der wiederum der Staat wegen der in dieser Weise verbesserten Durchsetzungskraft seiner Maßnahmen interessiert sein mußte. Durch die Formulierung von gesellschaftlichen Normen und Ideologien und zugleich durch die Ausbildung eines Lebensstils, der trotz seines ‚vorindustriellen' Charakters lange Zeit wenig an gesellschaftlicher Attraktivität einbüßte, zählte sie zur sozialen Elite[951] des Landes.

Die Einführung dieses Begriffs der sozialen Elite macht es möglich, den — wie wir sahen — gesellschaftlich so wichtigen Vorbildcharakter[952] der staatlichen Bürokratie zu betonen, ohne dieser zugleich von vornherein eine bestimmte Schichten- oder Klassenzugehörigkeit zuzuweisen[953]. Denn einer-

[950] Vgl. Stenographische Berichte des Reichstages, XIII. Legislaturperiode, Bd. 291, S. 6749 A ff. (23.1.1914), zit. nach Zmarzlik, Bethmann Hollweg, S. 139.

[951] Zu Bedeutungsgehalt und Verwendungsweise dieses Begriffs vgl. den zusammenfassenden Artikel von K. von Beyme, Elite, in: SDG Bd. 2, 1968, Sp. 103-128.

[952] Vgl. hierzu: H.P. Dreitzel, Elitebegriff und Sozialstruktur, 1962, S. 71.

[953] Vgl. A. Etzioni, The Active Society. A Theory of Societal and Political Processes, 1968, S. 113; J.A. Armstrong, The European Administrative Elite, 1973, S. 14. Auch die

seits legte der Staat als Arbeitgeber — wie die privaten Unternehmer im Betrieb, jedoch relativ unabhängig von diesen — die materiellen Lebensverhältnisse seiner Beamten fest, und zum anderen hatte die Beamtenschaft schon einen eigenen gesellschaftlichen Status erreicht, bevor die Schichten- und Klassenbildung der industriellen Gesellschaft einsetzte. Traf diese relative soziale Eigenständigkeit der staatlichen Bürokratie auf alle — zumindest europäischen — Länder zu, so war die Haltung der Beamtenschaft zu den übrigen Gruppen der Gesellschaft in offensichtlich entscheidendem Maße von den spezifischen Erfahrungen des einzelnen Landes insbesondere auch im Industrialisierungsprozeß abhängig.

Wie in den übrigen Ländern, so dienten die Organe der Verwaltung, der Justiz und des Militärs auch in Preußen-Deutschland der Sicherung bzw. Ausdehnung der staatlichen Herrschaft. Anders als in Großbritannien aber — und ähnlich der Entwicklung in Frankreich — diente die Bürokratie in Preußen darüber hinaus, wie bereits oben ausgeführt, der Durchsetzung des von partikularen Gewalten gefährdeten Herrschaftsanspruchs des gerade erst und selbst ernannten Landesherrn und, insbesondere zunächst zur Finanzierung des Beamtenapparats selbst, zur Förderung von Gewerbe und Industrie. Diese beiden von vornherein bestehenden Zielsetzungen erforderten in Preußen den Aufbau einer zentralistischen und zugleich fachlich und hierarchisch gegliederten Bürokratie. Lokale und partikulare Gewalten fielen in Preußen mit dem Ämterkauf, der in Frankreich und England noch lange Zeit fortbestand, weitestgehend weg[954].

Um die gesetzte Aufgabenstellung erfüllen zu können, bedurfte der Staat eines vergleichsweise großen, dem Landesherrn gegenüber loyalen und nicht zuletzt fachlich, und d. h. spezialisiert, ausgebildeten Beamtenstabes. Daher mußte der Staat selbst seit frühester Zeit und in umfassender Weise für die Einrichtung von Ausbildungsinstitutionen für Beamte sorgen, an die die weiteren Ausbildungsbemühungen für die private Industrie, welche wir oben behandelt haben, anknüpfen konnten. „Signum des 18. Jahrhunderts", so stellte Peter Lundgreen für Preußen fest, „. . . ist indessen nicht die Fach-

---

marxistische Soziologie und Geschichtswissenschaft erkennt allmählich die relative soziale Autonomie der staatlichen Bürokratie an. Vgl. etwa: N. Poulantzas, Politische Macht und gesellschaftliche Klassen, 1975², S. 323 ff.; H. Handke, Einige Probleme der inneren Struktur der herrschenden Klasse in Deutschland vom Ende des 19. Jahrhunderts bis zum Ersten Weltkrieg, in: F. Klein, Hg., Studien zum deutschen Imperialismus vor 1914, 1976, S. 85-114, S. 90-93.

[954] Vgl. hierzu etwa: W. Fischer, Rekrutierung und Ausbildung von Personal für den modernen Staat: Beamte, Offiziere und Techniker in England, Frankreich und Preußen in der frühen Neuzeit, in: R. Koselleck, Hg., Studien zum Beginn der modernen Welt, 1977, S. 194-217; P. Lundgreen, Gegensatz und Verschmelzung von „alter" und „neuer" Bürokratie: Ein Vergleich von Frankreich und Preußen, in: H.-U. Wehler, Hg., Sozialgeschichte Heute, S. 104-118; J.A. Armstrong, The European Administrative Elite, S. 83-92.

schule für den Wirtschaftsbürger, sondern für den Beamten"[955]. Das Vorbild Frankreichs vor Augen, richtete der preußische Staat ab den ausgehenden Jahren des 17. Jahrhunderts die Akademie der bildenden Künste und mechanischen Wissenschaften, später in Bauakademie umbenannt, und — neben den Bergakademien — ein Ingenieurkorps, eine Ingenieur- und eine Artillerie-Akademie, eine Militärakademie und ein Collegium medico-chirurgicum für Mediziner ein[956]. Doch auch im nicht-technischen Bereich bedurfte der Staat von vornherein ausgebildeter Spezialisten. Und der Übergang zwischen beiden Gebieten wurde offensichtlich von den Zeitgenossen selbst als fließend empfunden, hatte doch schon Leibniz anläßlich der Gründung der Akademie der Wissenschaften (1700) gefordert, „theoriam cum praxi zu vereinigen, und nicht allein die Künste und Wissenschaften, sondern auch Land und Leute, Feldbau, Manufakturen und Commercien, und mit einem Wort, die Nahrungsmittel zu verbessern"[957].

Die schon um 1700 für den höheren Staatsdienst erforderliche juristische Ausbildung[958] reichte schon bald, außerhalb der unmittelbaren Rechtsprechung, wo das Juristenmonopol erhalten blieb, nicht mehr aus. 1727 wurden in Halle und Frankfurt an der Oder die ersten beiden Lehrstühle für Kameralistik geschaffen, an denen die künftigen Staatsbeamten in Verwaltungs- und Staatswissenschaften ausgebildet wurden[959]. 1770 richtete der Staat auch für die Verwaltungsaspiranten neben der Abschlußprüfung durch die Universität eine zweite Prüfung durch den Staat ein[960], wie sie seit längerem bereits für die Justizkandidaten bestand und auch für die höheren technischen Beamten obligatorisch wurde. Fortan mußte, wer sich bei den Regierungspräsidenten um Aufnahme als Referendar bewarb, nachweisen: die humanistischen Schulkenntnisse in den alten und neuen Sprachen, in Geschichte und Mathematik, ferner die Studien in den Staats- und deren Hilfswissenschaften, namentlich in Ökonomie und Technologie, dazu kam die gründliche Kenntnis des Rechts und, wo möglich, eine praktische Kenntnis der Landwirtschaft oder in einem „anderen Hauptgewerbe"[961]. Erst mit dem teilweisen Rückzug des Staates aus der unmittelbaren Gewerbeförderung um 1820 erhielt das juristische Studium auch in der Verwaltung einen wachsenden Stellenwert. Doch wurden bis 1869 Regierungs- und Justizreferendare getrennt in den Staatsdienst eingeführt. Für das folgende Jahrzehnt war ausschließlich das Rechtsstudium vorgeschrieben, zwischen 1879 und

[955] P. Lundgreen, Techniker in Preußen, S. 16.
[956] Vgl. ebenda, S. 17 f.
[957] Zit. nach ebenda, S. 16/7.
[958] Vgl. W. Fischer, Rekrutierung, S. 207.
[959] Vgl. hierzu bes. F. Ringer, The Decline, S. 16 f.; auch: Fischer, S. 208.
[960] Vgl. W. Fischer, S. 208.
[961] Vgl. hierzu: Koselleck, Preußen, S. 245/6.

1904 fand — offensichtlich wegen der Überfüllung der Verwaltungslaufbahn — wiederum für die Hälfte der Regierungsreferendare eine getrennte Ausbildung statt, bis schließlich das völlige Juristenmonopol sich durchsetzen konnte. Doch noch im Jahre 1917 hatten, aufgrund der wechselnden Vorschriften, vor allem aber wohl auch wegen des — wie oben gezeigt — nach wie vor vergleichsweise hohen Grades unmittelbarer wirtschaftlicher Betätigung durch den Staat, nur die Hälfte der hohen und drei Viertel der mittleren Beamten ihre staatliche Laufbahn als Richter begonnen[962]. Das — wenn auch nur allmähliche — Verschwinden der zählebigen kameralistischen Orientierung der preußischen Beamten machte einer weiteren Spezialisierung Platz. Einerseits gab es die eindeutige Tendenz zur ausschließlich juristischen Ausbildung, andererseits wurde — gerade auch hierdurch — die Stellung der Techniker angesichts der nach wie vor umfassenden Aufgaben der staatlichen Verwaltung gestärkt. Zwar wurde ihnen etwa in den regionalen Regierungspräsidien im Jahre 1825 das allgemeine Stimmrecht entzogen, doch behielt die lange Reihe der sogenannten „technischen Beamten", die Forstmeister, Justitiare, Kassenräte, die geistlichen Räte und die Schulräte, die Medizinal- sowie die Bau- und Gewerberäte, das volle Stimmrecht in Fragen, die den eigenen Geschäftsbereich berührten. Eine weitere Anfrage des Staatsministeriums vom Jahre 1847, ob das Stimmrecht der technischen Beamten weiter beschränkt werden solle, wurde von fast allen befragten Regierungspräsidenten abschlägig beantwortet. Diese wollten den Rat der Nicht-Juristen nicht missen, und die technischen Räte hätten — wie es ein Regierungspräsident ausdrückte — „oft ein praktischeres Urteil als die zunftmäßigen Regierungsräte", deren „Kenntnisse der Gesetzeskunde und sogenannten politischen Wissenschaften" sie oft nur verleiten würden, sich „in abstrakte Regierungskünsteleien zu versteigen"[963].

Die von früher Zeit an umfassende Verwaltungstätigkeit des Staates hatte neben der Spezialisierung der Aufgabenbereiche und der Ausbildung der Beamten noch eine zusätzliche und unausweichliche, gleichsam immanente Folge: Das immer weiter sich verdichtende Netz von Verwaltungsvorschriften sicherte dem Verwaltungsbeamten selbst in den staatseigenen Betrieben gegenüber den Technikern und den Justizbeamten eine „überragende Stellung"[964]. Zugleich war es das der staatlichen Tradition entsprechende, praktische Engagement und die Ausstattung „mit einer Art Kommandogewalt"[965], welche den Verwaltungsbeamten zusammen mit dem Offizier in den

[962] Zum Ganzen vgl. Armstrong, S. 203 f.; auch: J.C.G. Röhl, Beamtenpolitik im Wilhelminischen Deutschland, in: M. Stürmer, Hg., Das kaiserliche Deutschland, 1970, S. 287-311, S. 287.

[963] Vgl. insgesamt, auch für die Zitate, Koselleck, S. 247.

[964] Vgl. Tirpitz, S. 47.

[965] Zit. nach Saul, Staat, Industrie, S. 197.

Augen der Öffentlichkeit als „die Verkörperung der Staatsautorität“ erscheinen ließ[966].

Die staatlich institutionalisierten Ausbildungsstätten und -wege vermochten zwar einen vergleichsweise effektiven Beamtenstab heranzubilden, doch überstieg die von Anfang an große Zahl der erforderlichen Kräfte die Möglichkeiten der traditionellen agrarischen Eliten. Nicht nur, daß deren Bildungswille zunächst nur unzureichend ausgeprägt war[967], sondern es waren ja gerade auch sie, denen gegenüber die landesherrliche Herrschaft sich zunächst einmal durchzusetzen hatte. Wie in keinem anderen Land Europas sicherte diese Bedarfssituation des Staates daher begabten Bürgerlichen über mindestens ein Jahrhundert eine gute Aufstiegschance in die Beamtenschaft. Trotzdem blieb der Anteil des alten Adels in der Verwaltung des Staates, wie die folgenden Zusammenstellungen zeigen, bis in die Zeit des Ersten Weltkrieges auffallend hoch.

Anteil des Altadels (im Vergleich zu Neuadel und Bürgerlichen) im diplomatischen Dienst, in der höheren Verwaltungsbürokratie (Ministerium und Oberpräsidenten) und in der Generalität in Preußen, 1806 - 1918 (in %)[968]

	Diplomaten	Verwaltungsbeamte	Generalität
1806	67	64	93
1816	54	55	83
1829	50	40	91
1847	69	64	79
1862	73	60	79
1878	63	60	81
1890	62	40	69
1909	62	75	59
1918	55	53	45

Können diese Ziffern die — zweifellos hohen — Anteile des alten Adels, also mit Ausnahme der Neugeadelten, nur an der höheren Staatsbeamtenschaft aufzeigen, so vermittelt die folgende Tabelle für den relativ späten Zeitpunkt des Jahres 1911 auch einen Einblick in die mittleren Ränge der preußischen Beamtenschaft.

966 Zit. nach ebenda, S. 196.

967 Vgl. etwa Armstrong, S. 78 f.

968 Berechnet und zusammengestellt nach: N.v. Preradovich, Die Führungsschichten in Österreich und Preußen (1804-1918), 1955, S. 100-103, 121-123, 151-153.

Alter Adel, Neuer Adel und Nichtadelige unter den Beamten des höheren Dienstes, die im Jahre 1911 dem preußischen Innenministerium unterstellt waren.[969]

Dienststellung	Gesamtzahl abs.	Alter Adel abs.	Alter Adel in %	Neuer Adel abs.	Neuer Adel in %	Nichtadelige abs.	Nichtadelige in %
Oberpräsidenten	12	7	58	4	33	1	9
Regierungspräsidenten	36	16	44	7	20	13	36
Oberpräsidialräte	12	6	50	-	-	6	50
Oberregierungsräte	141	27	19	5	4	109	77
Verwaltungsgerichts-direktoren	36	2	6	-	-	34	94
Polizeipräsidenten	22	11	50	4	18	7	32
Regierungsräte	612	117	19	22	4	473	77
Regierungsassessoren	506	161	32	34	7	311	61
Landräte und Amtmänner	481	241	50	27	6	213	44
Zusammen	1858	588	32	103	5	1167	63

Die beiden Tabellen zeigen den hohen Anteil auf, den die Angehörigen des alten Adels bis in die Zeit der fortgeschrittenen Industrialisierung des Landes am Personal der staatlichen Institutionen innehatten. Noch im Jahre 1911 gehörte knapp ein Drittel der Beamtenschaft der mittleren und oberen Ebene der staatlichen Verwaltung dem alten Adel an. In den durch ihre direkte Exekutivgewalt gekennzeichneten Positionen der Ober-, Regierungs- und Polizeipräsidenten sowie der Oberpräsidialräte, der Landräte und Amtmänner stellten die Angehörigen des alten Adels durchschnittlich sogar die Hälfte. Zugleich aber machen die beiden Tabellen den langsam wachsenden, vor allem aber schon frühzeitig ausgebildeten Anteil der Angehörigen des Bürgertums und des neuen Adels deutlich. Der Zusammenhang zwischen beiden Gruppen der staatlichen Bürokratie, den Angehörigen des alten Adels und denen bürgerlicher Herkunft, war also keinesfalls von vornherein gegeben und selbstverständlich, mehr noch: durch den relativ plötzlichen und zahlenmäßig starken Bedarf an ausgebildeten Beamten, der die Entstehung des preußischen Staates begleitete und dessen Befriedigung Preußen

[969] Die Zusammenstellung stammt aus: Stenographische Berichte über die Verhandlungen des Preußischen Hauses der Abgeordneten, 21. Leg.-Periode, IV. Session, 14.1.1911, Bd. 1, Sp. 103/4, und ist abgedruckt bei: Preradovich, S. 114, und G.A. Ritter/J. Kocka, Hg., Deutsche Sozialgeschichte, Bd. 2, 1870-1914, 1974 S. 369. Die Prozentzahlen sind vom Autor berechnet. Für Zahlenreichen, die jedoch nicht zwischen altem und neuem Adel unterscheiden, vgl. auch Koselleck, S. 435, 680 ff., und W. Runge, Politik und Beamtentum im Parteienstaat. Die Demokratisierung der politischen Beamten in Preußen zwischen 1918 und 1933, 1965, S. 170 f.

den Aufstieg erst ermöglichte, stellte sich die Frage nach dem Zusammenhang zwischen beiden Gruppen radikaler als wohl in allen anderen europäischen Ländern. Doch wurde die Frage zum großen Teil bereits durch den Faktor beantwortet, durch den sie aufgeworfen wurde: durch die Ausbildung. Die Examensschwellen sorgten dafür, daß nur akademisch Gebildete Zutritt in den höheren Staatsdienst erhielten, die Studienkosten und die zu erbringenden Vermögensnachweise, die dem Kandidaten einen „standesgemäßen“ Lebensunterhalt während seiner nicht bezahlten Referendarzeit zu sichern hatten, bildeten ferner entscheidende Selektionsmechanismen. Obwohl noch 1841 der preußische König erwog, Adeligen, die nicht bereit waren, zivile oder militärische Stellen im Staatsdienst zu übernehmen, ihren Titel zu entziehen, fiel offensichtlich vor allem den ostelbischen Junkern der Weg zum Dienstadel nicht allzu schwer[970]. Die Übernahme staatlicher Ämter sicherte ihnen einen entscheidenden Einfluß auf die Politik des Staates, bot ihnen die Möglichkeit zur fortgesetzten Ausübung von Befehlsgewalt und erlaubte ihnen zugleich ein hohes Maß der Selbstverwaltung in den ostelbischen Gebieten[971]. Im Austausch hierfür akzeptierten sie die ‚bürgerlichen‘ Anforderungen einer spezialisierten Ausbildung, deren in starker Weise am nationalen und industriellen Fortschritt orientierte Normen sie in relativ kurzer Frist eng mit den Aspiranten bürgerlicher Herkunft verband[972]. Für den allgemeinen Staatsdienst finden wir hier das Element wieder, das wir in seiner entscheidenden, in starkem Maße homogenisierenden Wirkung für die Gruppe der Bergbeamten genauer verfolgen konnten. Schon das Allgemeine Landrecht von 1792 betrachtete die Staatsbeamtenschaft als einen separaten ‚Stand‘[973], eine Tatsache, die sowohl als Indikator für den Grad der Zusammengehörigkeit als auch für das Ansehen der Beamtenschaft gelten kann. Der Herstellung des sozialen Zusammenhangs zwischen den Beamten adeliger und bürgerlicher Herkunft, der sich nicht nur in der Angleichung der Überzeugungen und des Lebensstils, sondern auch in der Bereitschaft zum Konnubium äußerte[974], folgte der relative soziale Abschluß nach außen. Bildete der Staatsdienst bis in die erste Hälfte des 19.

---

[970] Vgl. Armstrong, S. 77 f.

[971] Bis 1848 lag die gutsherrliche Gerichtsbarkeit und bis 1878 die gutsherrliche Polizeigewalt in Ostelbien in den Händen des grundbesitzenden Adels, der insofern bis dahin einen Status von ‚privilegierten‘ Untertanen behielt. Vgl. Böckenförde, Die Bedeutung, S. 5; vgl. auch die Prozentzahlen der von Junkern wahrgenommenen Ämtern der staatlichen Verwaltung in den östlichen Provinzen bei Preradovich, S. 111-114 (Nach L.W. Muncy, The Junker in the Prussian Administration under William II., 1888-1914, 1944).

[972] Vgl. H. Rosenberg, Bureaucracy, Aristrocracy and Autocracy. The Prussian Experience 1660-1815, 1958; Koselleck, S. 245 f.; Armstrong, S. 78 f. Zu den entscheidenden Einflüssen der Haltung der Beamtenschaft auf die frühe bürgerliche Ideologie in Deutschland vgl. etwa W. Voßkamp, Romantheorie in Deutschland. Von Martin Opitz bis Friedrich von Blanckenburg, 1973.

[973] Vgl. hierzu Koselleck, S. 78 ff.

[974] Vgl. ebenda, S. 245 f.; Preradovich, S. 161.

Jahrhunderts für viele noch das wohl bedeutendste, aber auch erreichbare Mittel des sozialen Aufstiegs — die Familie des protestantischen Pfarrers ist hierfür wohl nicht das einzige, wohl aber ein typisches Beispiel[975] —, so wurde es spätestens seit der Mitte des Jahrhunderts zunehmend schwieriger, von außen her den Zutritt zu erlangen.

Während bis 1834 die Zulassung zum Universitätsstudium auch über besondere Eintrittsprüfungen ohne den Abschluß des Abiturs erlangt werden konnte, war von diesem Zeitpunkt an das Abitur eines — humanistischen — Gymnasiums die fast unumgängliche Voraussetzung[976]. Selbst für die staatlichen Bau- und Bergakademien wurde Mitte der 1850er Jahre das gymnasiale Abitur zur Aufnahmebedingung[977]. Diese Bestimmung war schon das Resultat einer vorausgegangenen, verstärkten Hinwendung zum klassischen griechisch-lateinischen Bildungsgut, das — wie in Großbritannien — zum zusätzlichen sozialen Bindemittel zwischen den beiden Gruppen der staatlichen Bürokratie wurde. Anders jedoch als in Großbritannien, blieb diese Ausrichtung in Deutschland bezeichnenderweise auf die Sekundarschulen beschränkt und griff kaum auf die Universitäten über. Im Gegenteil machte sich ja dort, wie wir sahen, spätestens seit 1820 eine starke Tendenz zur Spezialisierung und Technisierung bemerkbar. Aber auch an den Gymnasien blieb — trotz starken Verharrungsvermögens — die Ausrichtung auf die klassischen Unterrichtsfächer, wie die folgende Tabelle zeigt, geringer als an den englischen Public Schools.

Relative zeitliche Verteilung der Unterrichtsfächer an humanistischen Gymnasien und Public Schools, 1840 - 1914 (in %)[978]

	Latein	Griechisch	Klass. Sprachen insgesamt	übrige Literatur und Sprachen	Geschichte	Religion und Philosophie	Philologische Fächer insgesamt	Naturwissenschaftl. Fächer insgesamt	Mathematik	übrige Naturwissenschaft
Gymnasium										
1840 - 1870	34	16	50	14	10	8	82	18	12	6
1871 - 1914	27	14	41	20	10	8	79	21	14	7
Public Schools										
1860	-	-	77	9	-	-	86	14	14	0

975 Vgl. Armstrong, S. 138; Ringer, S. 21.

976 Ringer, S. 26.

977 Ebenda, S. 28.

Die relative Abschließung der Beamtenschaft, zu der die humanistische Bildung wie in Großbritannien als geeignetes Mittel erschien[979], als soziale Elite verfehlte ihre Wirkung auf die Mitbürger nicht. Das soziale Ansehen der Beamtenschaft stieg, doch brachte dies zugleich angesichts des mit der Industrialisierung steigenden Einkommensniveaus der Bevölkerung eine Wirkung mit sich, die man zu Anfang vielleicht gerade mit den Mitteln der Abkapselung zu erreichen versucht hatte: einen immer stärkeren Andrang von Bewerbern für den Staatsdienst. Trotz des ständigen Anwachsens der staatlichen Bürokratie — z. B. allein die Beamtenzahl der zentralen Reichsbehörden in Berlin erhöhte sich zwischen 1872 und 1914 von 79 auf 749 um das Zehnfache[980] — stieg allmählich seit den 1860er Jahren die Zahl der Anwärter über den Bedarf der staatlichen Bürokratie weit hinaus. Allein die Anzahl der jährlichen Bergstudenten wuchs zwischen 1864/69 und 1910/11 in Preußen von 80 auf 300 und insgesamt in Deutschland von 144 auf 806[981]; die Zahl der höheren Beamtenstellen im preußischen Staatsbergbau verdoppelte sich im gleichen Zeitraum aber nur — wie wir oben sahen — von 200 auf 400, und auch die Aufsichtsstellen im preußischen Bergbau dürften sich zur gleichen Zeit kaum mehr als von 500 auf 1.000 verdoppelt haben. Selbst die rigiden Prüfungsmethoden, die — wie bereits in den 1850er Jahren — sowohl in der ersten wie in der zweiten Staatsprüfung zwischen einem Sechstel und einem Drittel der Kandidaten eliminierten[982], konnten nicht verhindern, daß sich die Wartezeiten selbst für die erfolgreichen Assessoren vor allem in den Jahren nach 1900 z. B. in der Justiz auf einen Zeitraum von durchschnittlich 5 - 6 Jahren ausdehnte[983]. Die Frist vom Beginn des Studiums bis zur Übernahme einer voll besoldeten Planstelle konnte somit mühelos 12 - 13 Jahre erreichen.

Als Effekt brachte der Ansturm auf die Stellen in der staatlichen Bürokratie somit noch zusätzlich steigende Anforderungen an die Unterhaltsfähigkeit der Eltern. Denn seit der Mitte des 19. Jahrhunderts waren die Studienkosten ohnehin schon stark angestiegen. Lagen um 1830 die Kosten für einen auswärts untergebrachten Pensionatsschüler bei 675 M (225 Taler)

---

978 Aus Armstrong, S. 139, nach: F. Blättner, Das Gymnasium: Aufgaben der höheren Schule in Geschichte und Gegenwart, 1960, S. 237, 293, und W.J. Reader, Professional Men, S. 104 (für Rugby).

979 Vgl. auch Armstrong, S. 127.

980 Vgl. H. Jacob, German Administration Since Bismarck. Central Authority Versus Local Autonomy, 1963, S. 31.

981 Vgl. P. Lundgreen, Bildung und Wirtschaftswachstum im Industrialisierungsprozeß des 19. Jahrhunderts, 1973, S. 157 (für Preußen); M. Doeberl u. a., Hg., Das akademische Deutschland, Bd. 3: Die deutschen Hochschulen in ihren Beziehungen zur Gegenwartskultur, 1930, S. 319.

982 Vgl. Armstrong, S. 203.

983 Vgl. Saul, Staat, Industrie, S. 194.

jährlich[984], so betrugen die jährlichen Kosten eines Universitätsstudiums um 1885 1.000 - 2.000 M, um 1910 2.000 - 3.000 M pro Jahr[985]. 1913 wurden die gesamten Ausbildungskosten eines Richters, offensichtlich unter Einrechnung der langen Wartefristen, auf 30.000 - 50.000 M geschätzt[986]. Wenn auch an Ausbildungskosten für die übrigen Studienfächer, vor allem wohl der technischen Ausrichtung, bedeutend weniger, vielleicht nur die Hälfte der oben für 1913 genannten Gesamtsumme aufzubringen waren, so bedeutete dies angesichts von Jahreseinkommen etwa für Bergarbeiter von 1.500-2.000 M und für Bergbauangestellte von meist zwischen 2.500 M und 4.000 M den Ausschluß weitester Bevölkerungskreise vom Universitätsstudium. Für Großbritannien jedoch wird sich im Vergleich zeigen, daß dort diese Ausschließung noch vollkommeneren Charakter besaß.

Nicht zuletzt aufgrund dieser steigenden materiellen Anforderungen, die zumindest *auch* — wie wir oben sahen — Reflex des weiterhin hohen Ansehens des Staatsbeamten bildeten, verschob sich die Rekrutierungsbasis der Diener des Staates.

Beruf bzw. Stellung der Väter von höheren Verwaltungsbeamten in Preußen und Großbritannien, 1740 - 1914 (in %)[987]

	Adelige	Höhere Beamte	Freie Berufe	Unternehmer	Lehrer	Klerus	Niedere Beamte	Ladenbesitzer und kaufm. Angestellte	Arbeiter
Preußen									
1740 - 1840	33	30	3	7	2	8	9	5	3
1841 - 1870	27	24	7	10	8	9	8	3	4
1871 - 1914	16	21	7	19	10	6	13	4	4
Großbritannien									
1783 - 1840	8	8	23	21	-	14	6	20	0
1841 - 1914	4	4	12	25	12	19	7	10	7

984 Nach: Koselleck, S. 483.

985 Vgl. Ringer, S. 30 (für 1885), und Armstrong, S. 128.

986 Nach: Saul, Staat, S. 194.

987 Nach Armstrong, S. 91; vgl. auch: H. Kaelble, Sozialer Aufstieg in Deutschland, S. 55; O. Most, Zur Wirtschafts- und Sozialstatistik der höheren Beamten in Preußen, in: Schmollers Jahrbuch 39, 1915, S. 181-218, S. 214-217, und H. Henning, Das Westdeutsche Bürgertum in der Epoche der Industrialisierung 1860-1914, 1972.

Während nach dieser Zusammenstellung der Anteil der höheren preußischen Verwaltungsbeamten, die aus adeligen und aus Familien höherer Beamten kamen, vor allem bei den letzteren nur allmählich zurückging, stieg der Prozentsatz der aus den Familien von niederen Beamten, Lehrern, vor allem aber, besonders in der Phase zwischen 1870 und 1914, von Unternehmern Stammenden. Blieben während der ganzen Zeitspanne zwischen 1740 und 1914 die Anteile der höheren Verwaltungsbeamten, die aus den Familien von Arbeitern, Ladenbesitzern und kaufmännischen Angestellten, aber auch des Klerus und der freien Berufe kamen, vergleichsweise unbedeutend — zusammengenommen erreichten die Gruppen nie mehr als ein Viertel —, so bildeten die Söhne von Adeligen, Unternehmern sowie von höheren und niederen Beamten immer mehr als zwei Drittel. Im Vergleich hierzu fallen für Großbritannien, neben den größeren Anteilen für die Nachkommen des Klerus sowie von Ladenbesitzern und kaufmännischen Angestellten, die hohen Prozentsätze der Söhne aus den Familien von Unternehmern und der freien Berufe und dagegen die geringen Anteile der Nachkommen von Adeligen und höheren Beamten auf. Der Grund hierfür jedoch darf nicht so sehr in dem höheren industriellen Entwicklungsstand des Landes gesucht werden als vielmehr in der unterschiedlichen Struktur des Staatsapparates. Während nämlich in Preußen, wie wohl auch in den übrigen deutschen Staaten — getreu der Tradition der engen und kaum von parlamentarischen Verantwortlichkeiten gestörten Verbindung von König und Beamtentum — bis 1914 auch in die höheren und höchsten politischen Ämter beinahe durchweg Berufsbeamte berufen wurden, fand in Großbritannien aufgrund der parlamentarischen Verantwortlichkeit der Regierungen eine — wie auch aus dieser Tabelle ersichtlich wird — ebenso personell weitgehende Trennung von politischen und Verwaltungsämtern statt. Die Söhne von Adeligen und höheren Beamten schlugen hier — anders als in Deutschland — mit der Durchsetzung der parlamentarischen Verantwortlichkeit der Regierung in geringerem Ausmaß die staatliche Verwaltungslaufbahn ein, sondern bemühten sich über die Absolvierung eines bestimmten, aber — wie zu zeigen sein wird — von der deutschen politischen Elite unterschiedlichen Bildungsweges und über eine aktive Arbeit in den politischen Parteien beinahe ausschließlich um die politischen — und militärischen — Ämter, die der Staat zu vergeben hatte[988].

Bot der Staatsdienst denjenigen, die sich zum Eintritt entschlossen, ehemals durchaus auch — im Vergleich zu den übrigen Betätigungsmöglichkeiten — die Chance zu einer materiellen Verbesserung, so mußte dieser Gesichtspunkt der Auswahl mit der zunehmenden Industrialisierung und den — wie deutlich werden wird — ungleich schneller steigenden Einkom-

[988] Vgl. auch Armstrong, S. 158: für Deutschland z. B.: H.-H. Borchard, 50 Jahre Preußisches Ministerium für Handel und Gewerbe, S. 52 u. ö.

men in anderen Bereichen in den Hintergrund treten. Denjenigen, die die steigenden Ausbildungskosten aufzubringen vermochten, mußte es daher weniger um ein gewisses Maß des — wenn auch sicheren — Einkommens gehen als vielmehr um das mit der Wahrnehmung eines staatlichen Amtes verbundene hohe Ansehen[989], Macht, aber auch — wie wir sahen — um die Aussicht auf eine gute Stellung in der privaten Industrie.

Vor allem die stark zunehmenden Eintritte von Unternehmersöhnen macht dies deutlich. Denn die Einkommen der Staatsbeamten erreichten wohl vor allem ab 1870 nicht, also dem Zeitpunkt, wo verstärkt Unternehmersöhne in den Staatsdienst traten, die Höhe — wie die folgende Zusammenstellung zeigt — der Einkommen der privaten Unternehmer.

Die umseitige Zusammenstellung zeigt das nur allmähliche Ansteigen der Gehälter der staatlichen Beamten über einen Zeitraum von beinahe einem Jahrhundert, Gehälter, die auch in den höchsten Stellen von denjenigen etwa der Ruhrunternehmer — wie wir sahen — leicht um das Doppelte überschritten wurden. Selbst die Angestelltengehälter im Ruhrbergbau erreichten die unteren und mittleren Ränge der staatlichen Bergbeamten. Immerhin aber waren diese Gehälter, wurden sie einmal von den oft lange wartenden Aspiranten erreicht, vor allem auch angesichts ihres gesicherten und regelmäßigen Charakters dazu imstande, den Beamten ein einigermaßen „standesgemäßes" Leben zu garantieren. Die von vornherein bestehenden bedeutenden Unterschiede sowohl innerhalb der Gehälterskala als auch zwischen den Gehältern und den Arbeiterlöhnen, Unterschiede, deren Folgewirkungen wir im privaten Ruhrbergbau beobachten konnten, lassen — die staatliche Orientierung am „auskömmlichen" Einkommen im Gedächtnis — auf eine entsprechende Absicht des stark von vorindustriellen Vorstellungen geprägten staatlichen Arbeitgebers schließen[991].

Weniger jedoch — wie der Vergleich zu Großbritannien zeigen wird — waren es die Gehälter und ihre Höhe, sondern vielmehr die grundsätzliche Zielsetzung, die die staatliche Bürokratie ins Leben rief und von Anfang an begleitete, welche die einseitige Ausrichtung und relative soziale Abgeschlossenheit der preußisch-deutschen Beamtenschaft bewirkte. Der frühe Zeitpunkt der Entstehung und der von Anfang an erreichte relativ große Umfang der staatlichen Bürokratie ermöglichte zwar — neben der Aufnahme eines nicht

[989] Unter diesem Aspekt ist auch die große Zahl verschiedener Typen und Klassen von Orden zu sehen, die den Beamten im Unterschied zu den übrigen Bürgern nach Lebens- und Dienstjahren sowie für besondere Verdienste verliehen wurden. Vgl. etwa die regelmäßigen Mitteilungen über neue Ordensverleihungen und die Reproduktion des hierarchisch gegliederten Ordensspiegels der Bergbeamten in den Jahrgängen der ZBHSW.

[991] Das Element des „Standesgemäßen", an dem sich die staatliche Politik so stark und lange orientierte, wird auch besonders deutlich am Beispiel des Gehaltsspiegels der staatlichen Bergbeamten im Jahre 1914 (alle Summen in Mark).

Jahresgehälter von Staatsbeamten mit und ohne Hochschulbildung, 1820 - 1910 (in Mark)[990]

	1820	1850/62	1870/73	1886/90	1909/10
MIT HOCHSCHULBILDUNG					
Ministerium					
Minister		30.000	36.000	36.000	36.000
Unterstaatssekretäre		12.000	13.500	16.500	22.100
Direktoren		12.000	13.500	16.500	16.100-19.100
Vortragende Räte		6.000-9.000	6.600-9.000	8.700-11.100	8.680-13.180
Provinzialverwaltung					
Oberpräsidenten		18.000	21.000	21.000	21.000
Regierungspräsidenten		7.500-10.500	9.300-12.300	11.400-13.800	15.700-16.600
Regierungsräte	(1.500-3.000)	2.400-4.800	3.600-5.400	4.680-6.660	4.920-8.500
Bergverwaltung					
Oberbergamtsdirektoren/ Vorsitzende der Bergwerksdirektionen	6.000		6.600		11.000-12.000
Bergamts-/Werksdirektoren	3.000-3.600		3.000-5.400		4.200-7.200
Bergrevierbeamte	1.500-1.680				3.600-7.200
Berg-/Betriebsinspektoren			2.700-3.000		3.000-5.400
OHNE HOCHSCHULBILDUNG					
Rendanten	1.200	3.060	4.500		4.200-6.000
Kanzlisten	900-1.050		1.800-2.400		1.650-3.000
Schichtmeister	780	1.200	1.800-2.400		1.800-4.500
Obersteiger	780	1.188	1.860-2.220	1.980-2.700	1.300-4.500
Steiger	546	792-900	990-1.386	1.170-1.686	1.200-2.700
Aufseher		576-720	918-990	990-1.170	1.200-1.700
Sekretäre und Buchhalter		1.500-3.000	1.800-3.000	2.400-4.032	2.550-5.300
Polizeiwachtmeister		900	1.200	1.590-1.740	2.130-2.780
Schutzmänner		720	1.050	1.365-1.515	1.880-2.580
Bergarbeiter (staatlicher Saarbergbau - durchschnittl. Jahreslohn)	357	615 (1862)	942	911	1.136

[990] Die Tabelle ist zusammengestellt nach den Angaben bei: Tenfelde, S. 85; Koselleck, S. 482; Hohorst u. a., Sozialgeschichtliches Arbeitsbuch, S. 109-111; Pilger, S. 95-97, 102, 104, 108 f., 116 f., 121-123; Etat der Berg-, Hütten- und Salinenverwaltung für das Etatjahr 1914, S. 4, 6, 10; H. Arlt, Ein Jahrhundert preußischer Bergverwaltung in den Rheinlanden, 1921, S. 144-148. Die Gehälter der mittleren und unteren Bergbeamten beziehen sich auf den Saarbergbau. — Die für 1820 angegebene Summe bezieht sich auf ein Landratsgehalt. — Zu den Gehältern der Minister und der Oberpräsidenten wurde eine Dienstwohnung gestellt.

unbedeutenden Anteils des ausschließlich agrarisch orientierten Adels — zunächst den Aufstieg einer großen Zahl von leistungsfähigen und anpassungswilligen Bürgerlichen, doch brachte dieser frühe und umfangreiche Start zugleich während der langen Folgezeit ein hohes Maß an Selbstrekrutierung und — im Vergleich zu Großbritannien — den relativen Ausschluß anderer, neuer gesellschaftlicher Gruppen mit sich[992]. Der hohe Grad der Ausbildung, der von Anfang an für die Bewältigung der umfangreichen Aufgaben des entstehenden Staates gefordert wurde, beschränkte zwar von vornherein den Kreis der Aufsteigenden auf Familien relativen Wohlstandes, doch verengten die zusätzlich verschärften Ausbildungsvoraussetzungen, die steigenden Studienkosten und die anwachsenden Wartefristen auf eine voll entlohnte Stellung — trotz des ab etwa 1870 verstärkt steigenden Volks- und Individualeinkommens — die Zusammensetzung dieser Gruppe in entscheidendem Maße. Vor allem die Söhne von Unternehmern konnten

---

Minister für Handel und Gewerbe:	36.000
Unterstaatssekretär:	20.000
Direktor der Ministerialabt. für das Berg-, Hütten- und Salinenwesen:	14.000 - 17.000
Vortragende Räte:	7.000 - 11.500
Expedienten usw.:	3.000 - 6.600

Oberbergämter		Staatswerke	
Berghauptleute:	12.000	Vorsitzende der Bergwerksdirektionen:	11.000
Oberbergräte:	4.200 - 8.400	Werksdirektoren:	4.200 - 7.200
Bergrevierbeamte:	3.600 - 7.200		
Berginspektoren:	3.000 - 5.400	Betriebsinspektoren:	3.000 - 5.400
Oberbergamtsmarkscheider:	4.200 - 6.000	Grubenmarkscheider:	2.700 - 4.800
		Obere Werksbeamte:	2.100 - 4.500
Sekretäre:	2.100 - 4.500	Sekretäre:	2.100 - 4.500
Einfahrer:	1.800 - 4.200	Schichtmeister:	1.800 - 4.500
		Ober-/Fahrsteiger:	1.800 - 3.600
		Steiger:	1.650 - 3.300
Büroassistenten:	1.650 - 3.300	Büroassistenten:	1.650 - 3.300
Kanzlisten:	1.650 - 3.000	Kanzlisten:	1.160 - 3.000
		Untere Werksbeamte:	1.200 - 1.700
Boten:	1.200 - 1.700	Kanzleidiener:	1.200 - 1.700

Quellen: Die Gehälter des Ministers und der Ministerialbeamten nach Hohorst u. a., S. 109; alle übrigen Angaben nach: Etat der Berg-, Hütten- und Salinenverwaltung für das Etatjahr 1914, S. 4, 6, 10. An Prämien erhielten die oberen und mittleren Werksbeamten durchschnittlich 197 M.

[992] Die Tendenz zur Selbstrekrutierung wurde noch dadurch verstärkt, daß die Abkömmlinge von Beamtenfamilien von den einstellenden Behörden wegen „hervorragende[r] Verwaltungstraditionen" und offensichtlich zur leichteren Erlangung der erwünschten Konformität eindeutig bevorzugt wurden. Vgl. W. Runge, Politik und Beamtentum, S. 170-172.

aus dieser Entwicklung Nutzen ziehen und — das Prestige und den Einfluß des staatlichen Beamten schätzend — ihren Anteil erheblich erweitern.

Führten neben dem hohen Grad an Selbstrekrutierung und den ansteigenden Wartefristen vor allem die weitgehenden Ausbildungsvoraussetzungen zu einer relativen sozialen Abschließung und einer vergleichsweise einseitigen Rekrutierung insbesondere der höheren Beamtenschaft, so erwies sich gerade die Ausbildung als Träger mehrfacher und bedeutender Einflußfaktoren auf die Beamtenschaft und ihr Verhältnis zur sozialen Umgebung. Der relativ hohe Grad ihrer Ausbildung setzte die Beamtenschaft nicht nur in den Stand, die ihnen gestellten vielseitigen und oft schwierigen Aufgaben auf Dauer und mit vergleichsweiser Effektivität zu lösen, sondern trug — auch über die anhaltende Bestätigung ihrer technischen und administrativen Fähigkeiten — im fremden wie im eigenen Bewußtsein zum Bild der gesellschaftlichen Elitestellung der höheren Beamtenschaft bei, die über sich nur noch den König duldete. Zugleich ermöglichte diese Ausbildung und die mit ihr verbundene gesellschaftliche Stellung den sozialen Ausgleich zwischen den Beamten bürgerlicher und adeliger Herkunft. Die hierdurch erreichte relative, frühzeitige Homogenität und der ausgeprägte Korpsgeist bewirkte aber gleichzeitig, daß die Überzeugungen und Anschauungen, die der Beamtenschaft im Wege der Rezeption der zeitgenössischen Wissenschaften oder auch der übrigen gesellschaftlichen Werthaltungen *vor* der Industrialisierung des Landes, aber zu ihrer Beschleunigung mit auf den Weg gegeben worden waren und der Beamtenschaft selbst als soziales Bindemittel wie auch zur sozialen Abgrenzung dienten, beinahe ungebrochen — wie am Beispiel der Bergbeamten dargestellt — mit in die industrielle Gesellschaft hinübergenommen wurden. Die einseitig technische oder juristische Ausbildung, die insbesondere gegenüber sozialen Entwicklungen unempfindlich machte und eine typische Beharrungsmentalität mit sich brachte[993], konnte diese Kontinuität eher noch verstärken. Dies wiederum bedeutete, daß die höheren Beamten, die ihre Position als entscheidender Teil der sozialen Elite auch noch inmitten einer fortschreitenden Industriegesellschaft behaupten konnten, durch die relevante Formulierung und Umsetzung von gesellschaftlichen Regeln und Normen ihre ‚vorindustriellen' Haltungen und Wertmaßstäbe in einem nicht unwesentlichen Ausmaß ‚gesellschaftsfähig' halten oder machen konnten.

Die relativ ungestörte Kontinuität und die einseitige Brechung der Überzeugungen der Beamten fand Unterstützung in einer Reihe äußerer Faktoren. Die fehlende parlamentarische Verantwortlichkeit der Regierung zwang — anders als die britischen Politiker — die höheren Beamten, aus deren

[993] Vgl. hierzu Wehler, Kaiserreich. S. 76. Mehr als 90% der zwischen 1893 und 1913 im Preußischen Abgeordnetenhaus sitzenden Landräte gehörten der Konservativen und der Freikonservativen Partei an. Vgl. Runge, S. 177.

Reihen regelmäßig die Minister berufen wurden, nicht, sich nachhaltig mit neuen, in den Parteien und Parlamenten diskutierten Ideen und Vorstellungen auseinanderzusetzen oder auf sie einzugehen. Die anhaltende industrielle Betätigung des Staates konfrontierte einen großen Teil seiner Beamten dauerhaft mit der Wahrnehmung unmittelbar unternehmerischer Aufgaben und brachte sie somit der Denk- und Verhaltensweise der privaten Unternehmer näher, Unternehmer, die ihrerseits wieder stark vom früheren Vorbild des Staates geprägt waren. Und die Verbindung zwischen staatlichen Beamten und privaten Unternehmern blieb keineswegs nur ideell, sondern war für beide Seiten und z. T. auch für die Öffentlichkeit handgreiflich vorhanden. Nicht nur waren staatliche Beamte an privaten Industrieunternehmen finanziell beteiligt — 14,2% der Gründer der in den 1850er Jahren in Preußen konzessionierten Aktiengesellschaften waren Staatsbeamte und Militärs[994] —, auch fand, wie wir weiter oben sahen, ein reger Stellenwechsel von Staatsbeamten in private Unternehmerfunktionen und — in geringerem Ausmaß — in umgekehrter Richtung statt. Diese Bewegung beschränkte sich nicht nur auf die technisch, sondern auch auf die juristisch gebildeten Staatsbeamten. Und der hiermit verbundene hohe Grad gesellschaftlicher und verwandtschaftlicher Beziehungen konnte auch dem oberflächlichsten Betrachter nicht verborgen bleiben.

Dem relativ engen Verhältnis der Träger der staatlichen Macht und Autorität zu den Unternehmern standen ihre meist schroffe Abgrenzung gegenüber den Arbeitnehmern und deren Organisationen und die deutlichen Bemühungen, diese Grenze aufrechtzuerhalten, gegenüber. Bis 1914 blieben Sozialdemokraten völlig, Katholiken und Juden weitgehend vom Staatsdienst ausgeschlossen[995]. Die Mitgliedschaft von Beamten in den Gewerkschaften oder in der SPD wurde mit der Entlassung geahndet und oftmals zu diesem Zweck ein Spitzelsystem in den staatlichen Verwaltungen und Betrieben errichtet[996]. Die „Zuverlässigkeit" der höheren Beamten wurde während der manchmal langen Wartejahre aufmerksam beobachtet, und ihre Einschätzung fand volle, und d. h. ausschlaggebende, Berücksichtigung in den für die Einstellung und Beförderung entscheidenden Beurteilungen der Vorgesetzten[997]. Befanden sich dann immer noch einige — wie sich aus ihren Berichten ablesen ließ — ‚Sympathisanten' der Arbeitnehmer und ihrer

[994] Vgl. H. Blumberg, Die Finanzierung, S. 196.

[995] Im Jahre 1904 z. B. waren bei einem Bevölkerungsanteil von etwa einem Drittel (gegenüber fast zwei Drittel Protestanten) in Preußen nur 16,6% der Regierungsreferendare, 7% der Regierungsassessoren, 14% der Landräte, 20% der Regierungspräsidenten und keiner der Oberpräsidenten katholisch. Vgl. W. Runge, Politik und Beamtentum, S. 173 f.

[996] Vgl. Saul, Der Staat und die „Mächte des Umsturzes", S. 311 ff.; ders., Konstitutioneller Staat, S. 317-322.

[997] Vgl. Wehler, S. 73; Saul, Staat, Industrie, S. 193.

Organisationen in der staatlichen Bürokratie, so wurden diese zunächst verwarnt und im Wiederholungsfall entlassen[998].

Resultat dieser offenen Parteinahme und Starrheit der Beamtenschaft, ein Verhalten, das von den jeweils höheren Instanzen der Diener des Staates erwartet und gefördert wurde, war die mangelnde soziale und politische Glaubwürdigkeit der Beamten in den Augen sowohl der Angestellten als auch der Arbeiter. Der Vorwurf der Parteilichkeit und der ‚Vetternwirtschaft' mit den privaten Unternehmern von seiten der Arbeitnehmer wurde den staatlichen Beamten gegenüber spätestens ab den 1870er Jahren unverändert aufrechterhalten[999]. Jeder Vermittlungsversuch von seiten der Beamtenschaft war hiervon von vornherein auf das Schärfste vorbelastet, und er führte in der Regel dazu, die — nur selten zugegebene — Unfähigkeit der staatlichen Beamten in diesem Bereich zu dokumentieren.

Auch von dieser Seite her muß das ‚vorindustrielle' staatliche Ideal der Konfliktlosigkeit gesehen werden. Die Unfähigkeit zu glaubhafter Vermittlung und zur Lösung von Konflikten, dieses wesentlichen Elements der interessenbestimmten industriellen Gesellschaft, war nur zu sehr dazu imstande, die traditionelle Denkweise der staatlichen Beamten zu der Überzeugung zu verhärten, daß Forderungen und Protest der Arbeitnehmer nicht — wie dies von ihren britischen Kollegen angenommen wurde — der Unwissenheit, sondern dem bösen, die industrielle Entwicklung hemmenden Willen der Beteiligten entsprängen und daher nicht gelöst, sondern nur unterdrückt werden könnten und müßten. Hinzu kam, daß Vermittlungstätigkeiten, wie sie in Großbritannien regelmäßig von Adeligen und anderen nicht unmittelbar der staatlichen Bürokratie angehörenden Personen ausgeübt wurden, der deutschen Bürokratie, deren Selbstverständnis auf (im weiteren Sinne) technischem Sachverstand beruhte, und die als oberster und neutraler Wächter der staatlichen und industriellen Interessen des Landes aufzutreten beanspruchte und zugleich damit ihre Stellung als gesellschaftliche Elite zu verteidigen suchte, völlig undenkbar erschienen. Das Vermeiden, Ausweichen und die hieraus resultierende Ungeübtheit, Unberührtheit und mangelnde Einfühlungs- und Anpassungsfähigkeit des preußisch-deutschen Beamtentums in diesen im engeren Sinne politischen Situationen hatte nicht nur Folgewirkungen auf die Haltung der industriellen Produzentengruppen und die Beziehungen zwischen diesen und dem Staat, sondern auch auf den Staat selbst. Bereits 1899 beklagte der Reichskanzler Hohenlohe, „wie wenig geeignete Leute" für einen freigewordenen Ministersessel

---

[998] Vgl. etwa die Fälle bei Kirchhoff, S. 37, 91, 138.

[999] Vgl. etwa: Der Delegiertentag in Dorstfeld, in: Glück-Auf, Jg. 1, Nr. 35, 31.8.1889, abgedruckt in: W. Köllmann, Hg., Der Bergarbeiterstreik von 1889, S. 273-278, S. 278; G. Werner, Meine Rechnung, S. 92 f., 126; S. Poerschke, Die Entwicklung der Gewerbeaufsicht, S. 172, 176 f., 180 f.

vorhanden seien[1000]. Und in den Jahren unmittelbar vor 1914 schien — nach H.-G. Zmarzliks Worten — „das wilhelminische Staatswesen wie erstarrt dazuliegen, seiner Struktur nach abgeschnitten von dem Zustrom regenerierender Kräfte und daher unfähig zu jener produktiven Wandlungsfähigkeit, wie sie die Anpassung an die sich umschichtenden sozialen und politischen Verhältnisse erforderte"[1001].

Die Industrialisierung des Landes hatte in Preußen-Deutschland ähnliche soziale und politische Kräfte entwickelt und ‚Gesetzmäßigkeiten' zur Wirkung kommen lassen wie — so wird im folgenden zu zeigen sein — in Großbritannien. Die insgesamt vom Prozeß der Industrialisierung gekennzeichneten Verhältnisse der industriellen Produzentengruppen, ihre Beziehungen zueinander und zur gesamtgesellschaftlichen Berücksichtigungs- und Entscheidungszentrale des Staates jedoch wurden, so wird im vorhergehenden am deutschen Beispiel deutlich, in entscheidendem Maß und auch auf lange Sicht für den nationalen Bereich von der Institution des Staates mitgeprägt. Obschon der Staat das gesamtgesellschaftliche Subsystem zur Produktion und Durchsetzung politischer Entscheidungen auch der industriellen Gesellschaft blieb, war er — so stellte sich heraus — seinerseits von seiner Zweckbestimmung, die er vor der Herausbildung einer entwickelteren industriellen Gesellschaft übernommen hatte, dauerhaft und durchdringend beeinflußt.

War — anders als in Großbritannien — in Preußen ebenso wie in den übrigen deutschen Territorialstaaten zur Durchsetzung der Herrschaft des Landesherrn gegenüber partikularen Gewalten der Aufbau einer umfangreichen Verwaltung (einschließlich Militär) notwendig, so mußte dieser staatliche Herrschaftsapparat finanziert werden, und zwar, um weiteren partikularistischen Tendenzen zu entgehen, von zentraler Stelle aus. Quelle dieser (neuen) finanziellen (und militärischen) Anforderungen konnte, dies war den politischen Führern der Zeit klar, neben der Verbesserung der Landwirtschaft vor allem eine Erhöhung der gewerblichen Produktion bilden. Um diese voranzutreiben und auf das Niveau der westeuropäischen Vergleichsländer, vor allem auch Großbritanniens, zu bringen, griff der Staat in Deutschland — anders als dort — in starkem Maße von Anfang an unmittelbar in den Bereich der Produktion ein. Dies bedeutete zugleich, daß der Staat nicht nur dazu gezwungen war, seinen Beamtenstab weiter zu vergrößern, sondern im technischen wie im nicht-technischen Bereich zusätzlich auch für die Ausbildung seiner Beamten zu sorgen.

Ebenso wie diese Maßnahmen, so war die frühzeitige und grundsätzliche Bereitschaft des Staates in Preußen-Deutschland, die Industrialisierung des

[1000] Zit. nach: J.C.G. Röhl, Beamtenpolitik im Wilhelminischen Deutschland, S. 307.

[1001] H.-G. Zmarzlik, Bethmann Hollweg, S. 142.

Landes aktiv zu fördern, von weitreichender Konsequenz sowohl für den Industrialisierungsprozeß und die industriellen Produzenten als auch für den Staat und seine Beamtenschaft selbst. Das frühe staatliche Vorbild und die zahlreichen Maßnahmen der Industrieförderung beschleunigten den Industrialisierungsprozeß, bewirkten somit die starken herkunftsmäßigen Verwerfungen innerhalb der Arbeiterschaft, das vergleichsweise hohe Maß an Solidarität unter den Unternehmern und die Beschleunigung der Tendenz zu wirtschaftlicher Konzentration und Kartellierung. Für den Staat selbst und seine Beamtenschaft bedeutete die frühzeitige Übernahme der umfassenden Maßnahmen direkter und indirekter Industrieförderung und die durch sie beschleunigte industrielle Entwicklung nicht nur eine steigende wirtschaftliche Macht und zugleich eine wachsende Abhängigkeit vom Produktionssektor der Industrie, sondern auch langfristig und mit den gerade auch von dem raschen Wirtschaftswachstum ausgehenden Zwängen zur weiteren Intervention des Staates, die mittelbare oder unmittelbare Ausrichtung der Beamtenschaft auf den industriellen Wachstumsprozeß. Die Folgen waren deutlich ablesbar. Ungeachtet der grundsätzlichen Funktionen des Staates, durch Verwaltung, Justiz und Militär die Grundlagen für die Produktion und Reproduktion des materiellen Lebens der Gesellschaft zu gewährleisten, die hierzu notwendigen Vermittlungsformen zur Verfügung zu stellen und dabei die Norm des Privateigentums zu schützen, ergab sich ein — im Vergleich zu Großbritannien — eindeutiges und dauerhaftes Gefälle in den tatsächlich wahrgenommenen Aufgaben des Staates. Während die zahlreichen Maßnahmen der direkten und indirekten Industrieförderung und ihre Institutionalisierung einen breiten Raum in den staatlichen Aktivitäten einnahmen, fielen hiergegen die Maßnahmen der Sozialpolitik und, mehr noch, diejenigen zur Interessenintegration vor allem der Arbeitnehmer deutlich ab. Jedoch nicht nur quantitativ, sondern auch ihrer Zielsetzung nach waren die beiden letzten Bereiche eindeutig dem ersten Aufgabenkreis der staatlichen Behörden untergeordnet. Die sozialpolitischen Maßnahmen waren weniger das Ergebnis von erfolgreich artikulierten Arbeitnehmerinteressen als der obrigkeitlich initiierte Versuch, die Arbeitsfähigkeit der Arbeitnehmer zu erhalten, und darüber hinaus, durch ‚Fürsorge' der eigenständigen Formulierung von Interessen der Arbeitnehmer zuvorzukommen und jeder selbständigen Regung ‚vorzubeugen'. Entsprechend schwach fielen, anders als gegenüber den Unternehmern, die Versuche des Staates aus, die Interessen der Arbeitnehmer zu integrieren. Die wiederholt vom Staat zu diesem Zweck geschaffenen oder geplanten Organe blieben von vornherein in ihrem Kompetenzbereich und ihren Einflußmöglichkeiten zu beschränkt, als daß sie das Vertrauen der Arbeiter gefunden hätten. Und die eigenständigen Interessenverbände der Arbeitnehmer, deren Entstehung man nicht länger hatte verhindern können und — in der Furcht vor einer, im Sinne der Arbeiter, zu großen Effizienz staatlich geschaffener und überwachter Organe — wollen, wurden vom Staat in ihrer Existenz eher abgelehnt und bekämpft, als daß sie — anders wiederum als die Verbände der Unternehmer — bei ihm Berücksichtigung und Förderung fanden.

Diesem Herrschaftskonzept lag eine Ideologie zugrunde, die lange Zeit offensichtlich dem Bedürfnis der Förderung der Industrie ebenso entsprach wie demjenigen der staatlichen Führung und Verwaltung nach möglichst uneingeschränkter politischer Entscheidungsfreiheit, eine Ideologie, auf welcher der Zusammenhalt und das Elitebewußtsein der staatlichen Bürokratie ruhte und die zum Hauptträger vorindustrieller Vorstellungen in die industrielle Welt hinein — neben den sozialen Darstellungs- und Abgrenzungsbedürfnissen ihrer Trägergruppe — gerade auch deshalb wurde, weil sie auch in ihrer vorindustriellen Entstehungszeit schon auf das Vorantreiben der Industrie gerichtet war. Und die Beharrungskraft dieser Ideologie, die immer wieder durch die frühzeitig vom Staat eingerichteten Ausbildungssysteme, aber auch durch die anhaltend starke mittelbare und unmittelbare Konfrontation der Beamtenschaft mit dem industriellen Prozeß und seinen Bedürfnissen und Zwängen erneuert und verstärkt wurde, zeigte die Tatsache, daß etwa im Bergbau wegen der Furcht vor der Statuseinbuße der Beamten und dem wachsenden gesellschaftlichen und politischen Einfluß der Unternehmer die staatliche Bürokratie sich nur zögernd und nicht in vollem Umfang dazu bereitfand, die Betriebe den privaten Unternehmern zu überlassen, sowie die Erscheinung, daß ein nicht geringer Teil der Beamtenschaft sich lange Zeit nur schwer auf die auch von ihr geschaffenen und beschleunigten Verhältnisse privatkapitalistischer Wirtschaft einzustellen vermochte. Insgesamt und auf lange Sicht jedoch bewirkte der Wille zum industriellen Aufholen und die anhaltende direkte oder indirekte Konfrontation eines großen Teils der Beamtenschaft mit dem industriellen Prozeß eine weitgehende und — trotz des weiterbestehenden Anspruchs auf Überparteilichkeit — kaum verheimlichte Parteinahme zugunsten der Unternehmer.

Konnte die Ideologie der staatlichen Bürokratie und die ihr zugrundeliegende, weitgehende und spezialisierte Ausbildung, ebenso wie die von ihr ausgehenden administrativen und industriellen Erfolge, in entscheidender Weise zur Behauptung ihrer Herrschaftspositionen beitragen, so bedeutete die mit dieser Herrschaft verbundene, relative Ausschließung von Arbeitnehmerinteressen, ein Effekt, der durch die einseitige und sich zur Unternehmerseite hin verschiebende Rekrutierung der Beamtenschaft verschärft wurde, zugleich die ‚Reinhaltung' dieser Ideologie von ‚unerwünschten' äußeren Einflüssen und von neuen, konkurrierenden Ideen. Technisch-administratives Wissen und Vermögen einerseits und sozialer Konservatismus der staatlichen Bürokratie andererseits bedingten somit einander nicht nur nach ihrer historischen Entstehungsphase, sondern auch im zeitlichen Ablauf.

Zog nun gegenüber einer dynamischen industriellen und gesellschaftlichen Entwicklung die relative soziale und ideologische Abschließung ein hohes Ausmaß an Starrheit und Stagnation sowie einen deutlichen Mangel an ,politischen' Köpfen in der Leitung des Staates, die sich aufgrund der mangelnden parlamentarischen Verantwortlichkeit der Regierung nach wie vor aus der Beamtenschaft rekrutierte, nach sich, so wiesen angesichts der wachsenden Vermittlungs- und Steuerungsbedürfnisse einer industriellen Gesellschaft, die nicht zuletzt von den höheren staatlichen Stellen erkannt wurden, die nicht reformierten Inhalte und Formen staatlicher Herrschaft nicht nur einen zunehmenden Mangel an gesellschaftlicher Kontroll- und Steuerungsfähigkeit auf, sondern stellten zugleich hiermit — auch in den Augen einer zunehmenden Anzahl von Zeitgenossen — neben den Unternehmern zusätzlich ein entscheidendes Hindernis der gesellschaftlichen ,Gleichberechtigung' der Arbeitnehmer dar.

Die einseitige und langfristige Orientierung des Staates auf das Vorantreiben der Industrialisierung hatte eine anhaltende Vernachlässigung einer, in seiner Eigenschaft als — wie wir zu Beginn des Kapitels sahen — Produzent gesamtgesellschaftlicher Vermittlungs-, Ausgleichs- und Integrationsleistungen, seiner Hauptaufgaben: der Kanalisierung und des Ausgleichs gesellschaftlicher Interessen, mit sich gebracht. Die schwerindustriellen Unternehmer, in deren Hand die Leitung des industriellen Führungssektors des Landes lag, die die langfristige Ausrichtung des Staates weitgehend für sich übernommen hatten und von ihren Vorteilen profitierten, hielten die Aufrechterhaltung der hergebrachten Form staatlicher Herrschaft nicht nur für wünschenswert, sondern auch für möglich. Die Arbeitnehmer, insbesondere die Arbeiter, und ihre Verbände sahen — gerade durch ihre wachsende Bereitschaft zur Mitarbeit — den Staat und die politischen Regelungen in wachsendem Maße als reformbedürftig, insbesondere in den Jahren vor 1914 aber immer weniger als reformfähig an. Der Staat selbst schließlich — zumindest einige seiner führenden Beamten — hielt in zunehmendem Maße eine Umorientierung der eigenen, dauerhaften Stabilität willen für nötig, angesichts der bestehenden Verteilung politischer Einflußchancen von seiten der Gesellschaft und der beharrenden, an fast unbeschränkte Herrschaft gewohnten Kräfte in den eigenen Reihen aber für vorläufig unmöglich. Der Staat befand sich damit in doppelter Hinsicht in den Fesseln seiner eigenen Politik: Nicht nur hatte er mit der Initiierung der Industrie die gesellschaftlichen Kräfte ins Leben gerufen, die ihn jetzt umgaben, die unterschiedliche Behandlung und Berücksichtigung der verschiedenen gesellschaftlichen Interessen lähmte nun auch seine eigene Beweglichkeit und Reformfähigkeit.

5.1.5. Fazit und Überleitung

Die Industrialisierung als solche, aber auch ihr spezifischer Gang hatten, so wurde deutlich, weitreichende Folgen für die Verhältnisse der und die Beziehungen zwischen den industriellen Produzenten sowie darüber hinaus auch auf den Staat und die Beziehungen zwischen diesem und den industriellen Produzenten. Das vergleichsweise spät einsetzende, durch den frühen Zwang zum Tiefbau aber rasch sich vollziehende Wirtschaftswachstum ließ frühzeitig die großbetriebliche Produktionsweise als typische Organisation der Produktion entstehen und teilte hierdurch schon bald die am industriellen Produktionsprozeß Beteiligten im inner- und überbetrieblichen Bereich, unabhängig von den ‚objektiv'-kapitalistischen Einteilungskriterien des Besitzes bzw. Ausschlusses von den Produktionsmitteln, in die — subjektiv perzipierten — Gruppen der Unternehmer, der Angestellten und der Arbeiter auf. Wie die Überzeugungen der und Beziehungen zwischen den industriellen Produzentengruppen von dem Willen zur Auslastung und zur Intensivierung der Betriebe geprägt waren und wie die Haltung der einzelnen Gruppen von der Ausrichtung und dem Handeln der jeweiligen anderen Gruppen beeinflußt war, so übte auch die gleichsam „vorindustrielle" Institution des Staates auf die Verhältnisse der industriellen Produzenten einen wesentlichen Einfluß aus. Die Industrie zunächst als entscheidendes Hilfsmittel zur finanziellen Stützung der eigenen Bürokratie betrachtend, sodann mit dem allgemeinen Willen zum industriellen Aufholen und geprägt durch das ehemalige und in starkem Maße fortbestehende unmittelbare industrielle Engagement, stärkte der Staat den Standpunkt der Unternehmer auf vielfache Weise: Er förderte deren Ausrichtung auf technische Innovation und eine langfristige Betriebspolitik. Und zugleich legte er — trotz einer frühzeitigen Entmündigung der Unternehmer sowie trotz, und gerade mit den Mitteln, einer frühen Privilegierung der Arbeiter — die Basis für die unternehmerische Politik der Disziplinierung und Manipulation der Arbeitnehmer, eine Politik, die der Staat auf überbetrieblicher Ebene — wie in seinen eigenen Betrieben — noch lange fortzusetzen bestrebt war.

Wie die relative industrielle Rückständigkeit zu einer Verschiebung in der Wahrnehmung der Aufgaben des Staates zugunsten eines mittelbaren und unmittelbaren industriellen Engagements und zu Ungunsten der Aufgabe der Interessenintegration führte und wie beide Faktoren im überbetrieblichen — wie im betrieblichen — Bereich eine partielle Modernisierung und eine partielle Modernität bewirkten, so führten sie schließlich — wenn auch erst nach dem weitgehenden Abschluß des industriellen Aufstiegs — durch die mangelnde Berücksichtigung von Arbeitnehmerinteressen zu einer Erstarrung und Reformunfähigkeit der Strukturen des staatlichen und politischen Systems.

Für Großbritannien bzw. Südwales bleibt im weiteren zu verfolgen, wie sich dort die umgekehrten Voraussetzungen im Ausgangspunkt und im Ablauf der industriellen Entwicklung auf die Strukturen und das Verhalten der industriellen Produzenten und des Staates auswirkten.

5.2. Der Bergbau in Südwales

Haben wir im vorhergehenden die Auswirkungen der betrieblichen Organisation der Produktion auf die Klassen- und Schichtenbildung sowie auf die Findung, Organisation und Durchsetzbarkeit von Interessen im Bereich des Ruhrbergbaus durchgehend verfolgt und dabei gerade durch die Analyse der gesamtgesellschaftlichen Bedingungen der Berücksichtigung und Verknüpfung der durch den Industrialisierungsprozeß bedingten oder freigesetzten Bedürfnisse und Interessen sowohl die Abhängigkeit als auch die relative Unabhängigkeit des sozialen und politischen Bereichs vom wirtschaftlichen aufgezeigt, so haben wir im folgenden für den Vergleichsfall: den Bergbau in Südwales, noch einmal den gleichen Weg zurückzulegen. Anders als der Ruhrbergbau konnte dieser — wie die britische, industrielle Entwicklung insgesamt — auf eine, wie wir oben sahen, lange, allmähliche Entwicklung zurückblicken und entbehrte ebenso der intensiven Intervention des Staates, Faktoren, welche beide für den Ruhrbergbau und die deutsche industrielle Entwicklung insgesamt so bedeutsam waren. Besaßen im industriellen Nachzüglerland Deutschland, wie wir sahen, das starke staatliche Engagement und die schnelle industrielle Entwicklung entscheidende Bedeutung für die Beziehungen zwischen Wirtschaft, Gesellschaft und Staat auch während des weiteren Industrialisierungsprozesses, so war es in Großbritannien als ‚first industrial nation' gerade das weitgehende Fehlen beider Elemente. Wie aber innerhalb dieses — für Großbritannien lange gültigen — Gesamtbildes industrieller Entwicklung die im Vergleich zum Ruhrbergbau und der deutschen Entwicklung insgesamt spät, im Verhältnis zum gesamtbritischen Entwicklungsgang jedoch früh einsetzenden Wirkungen der oben verfolgten, ökonomischen Gesetzmäßigkeiten sich auf den sozialen und politischen Bereich niederschlagen konnten, zeigt die Entwicklung im Bergbau von Südwales.

5.2.1. Die Arbeiter: Selbst erkämpfter Aufstieg in einer wenig veränderten Umwelt

5.2.1.1. Die Lebenswelt

1. Die betriebliche Ausgangssituation: Allmähliches Wachstum und der hohe Grad an Homogenität, lange Stabilität und der späte Zwang zum Wandel

Als der Ruhrbergbau am Beginn seiner industriellen Entwicklung stand, konnte derjenige in Südwales schon, wie oben aufgezeigt, auf eine lange Tradition zurückblicken. Im Jahre 1841 wies der Ruhrbergbau kaum mehr als ein Drittel der Beschäftigtenzahl des südwalisischen Bergbaus auf. Während jedoch im Ruhrbergbau die Belegschaft sich in den folgenden zwanzig Jahren verdreifachte, blieb sie in Südwales nahezu konstant[1].

Die ansteigende Nachfrage nach Kohle führte in den Jahrzehnten danach auch in Südwales zu einer vor allem konjunkturell bedingten, jedoch keineswegs regelmäßigen Steigerung der Belegschaft. Die relativ leichte Erreichbarkeit der Kohle machte die großbetriebliche Produktionsweise noch unnötig. Erst 30 bis 40 Jahre nach der ähnlichen Entwicklung im Ruhrgebiet zwang auch in Südwales die Veränderung dieser naturgegebenen Verhältnisse — wie oben näher ausgeführt — zur Verbreitung des Großbetriebs, und mit ihm zu einer beständigen Vermehrung der Belegschaft. Diese verspätete Entwicklung hatte für den südwalisischen Bergbau zwei Folgen: Zum einen erfolgte das großbetriebliche Wachstum hier mindestens ebenso rasch wie an der Ruhr um 1850, zum anderen blieben bis zum Ersten Weltkrieg Wachstumstempo und Entwicklungsstand in den einzelnen Regionen unterschiedlicher als im Ruhrbergbau. (Vgl. Tabelle auf S. 533.)

Ebensowenig wie im Ruhrbergbau hat sich diese erhebliche, wenn auch gegenüber dort allmählichere, Belegschaftszunahme aus eigenen Kräften gespeist. Obwohl hierüber keinerlei zahlenmäßige Nachweise vorliegen, muß auch hier die Belegschaft aus einem zunehmenden Anteil an Zuwanderern bestanden haben, stieg doch allein in Glamorgan, wie wir oben sahen, die zugewanderte Bevölkerung von 21.000 zwischen 1861 und 1871 um das Sechsfache auf 128.500 im Zeitraum zwischen 1901 und 1911. Dabei fiel in dieser Grafschaft jeweils zu Beginn der Dekaden zwischen 1861 und 1911 der Anteil der auswärts Geborenen an der Gesamtbevölkerung mit Ausnahme des Zeitpunktes von 1871 nie unter ein Drittel[3]. In noch stärkerem Maße —aufgrund der altersmäßigen Relation von Bevölkerung und Erwerbstätigen — muß sich die Arbeiterschaft in den Bergwerken aus Zuwanderern

[1] Vgl. oben S. 240.

[3] Vgl. oben S. 214.

Zahl der Beschäftigten im Bergbau von Südwales und in den einzelnen Grafschaften, 1875 - 1913[2]

Jahr	Monmouth		Glamorgan		Carmarthen		Pembroke		Brecknock		Südwales				
	abs.	Steigerung (%)	abs.	Steigerung (%)	abs.	Steigerung (%)	abs.	Steigerung (%)	abs.	Steigerung (%)	unter Tage abs.	% d. Gesamtbelegsch.	über Tage	insgesamt	Steigerung (%)
1875	18001		54642[x]								60750	83,6	11893	72643	
1880	16123	-10,4	49508		2446		547		534		58238	84,2	10920	69158	- 5,0
1885	21038	30,5	60863	22,9	2301	- 6,3	450	-21,5	565	5,8	73050	85,7	12167	85217	23,2
1890	24901	18,4	80364	32,0	3058	32,9	460	2,2	1152	103,9	94071	85,6	15864	109935	29,0
1895	29792	19,6	90393	12,5	4384	43,4	522	13,5	1108	-3,9	107554	85,2	18645	126199	14,8
1900	34623	16,2	105274	16,5	5659	29,1	443	-17,8	1653	49,2	124441	84,3	23211	147652	16,9
1905	41228	19,1	114568	8,8	7411	30,9	519	17,1	1883	13,9	140860	85,0	24749	165609	12,2
1910	53612	30,0	144933	26,5	10749	45,0	432	-20,1	3526	87,2	181261	84,9	31991	213252	28,8
1913	60231	12,3	156675	8,1	11981	11,5	528	22,2	3711	5,2	198123	84,9	35011	233134	9,3

[x] Einschließlich Carmarthen, Brecknock und Pembroke

2 Zusammengestellt und berechnet nach: F.A. Gibson, A Compilation of Statistics, S. 12-17.

zusammengesetzt haben. Der Anteil der zugewanderten Arbeitskräfte könnte dabei zeitweise und regional, besonders in den für den Bergbau zentralen Grafschaften von Monmouthshire und Glamorgan, durchaus den Anteil der Zuwanderer im Ruhrbergbau erreicht haben, der, wie wir oben feststellten, (für Zugewanderte aus den östlichen Provinzen und dem Ausland) 1893 : 28,3%, 1904 : 38,7% und 1912 : 45,1% betrug[4].

Doch gab es bei der Arbeiterbelegschaft im südwalisischen im Vergleich zum Ruhrbergbau zwei Unterschiede: Zum einen machte der Anteil der zugewanderten Arbeitskräfte in Südwales, anders als im Ruhrbergbau, schon seit langer Zeit einen nicht unbeträchtlichen Prozentsatz der Arbeiterschaft aus, zum anderen, und dies bildet den wesentlicheren Unterschied, war und blieb die Herkunft dieser zugewanderten Arbeitskräfte relativ einheitlich. Während im Zeitraum zwischen 1861 und 1871 von der nach Glamorgan eingewanderten Bevölkerung 77% aus Wales und 21% aus England kamen, kamen in der Periode von 1901 bis 1911 immerhin 61% aus England und 34% aus Wales[5].

Stammten die zugewanderten Arbeitskräfte des Ruhrbergbaus im wesentlichen aus vier bzw. fünf Regionen und — zusätzlich — sechs verschiedenen Ländern, so kamen von der Bevölkerung, die nach Glamorgan und insgesamt wohl auch nach Südwales einwanderte, zu beiden Zeitpunkten mindestens 95% insgesamt aus England und Wales. Der hierdurch — trotz der hohen Zuwanderungsrate — erhaltene, relativ hohe Grad der herkunftsmäßigen Homogenität der Bergarbeiter — ebenso wie der Bevölkerung insgesamt — wurde durch die schon oben beschriebene Sprachentwicklung auf doppelte Weise betont: Ebenso wie die Schnelligkeit des Sprachwechsels vom Walisischen zum Englischen in wenigen Jahren um die Jahrhundertwende nur durch die große Homogenität und den intensiven sozialen Austausch unter den Bergarbeitern zustande kommen konnte, so trug dieser Sprachwechsel — trotz aller Friktionen im einzelnen, auf die wir weiter unten zurückkommen werden — umgekehrt wieder zu einer erhöhten Homogenität der Bergarbeiter bei.

Auch in ihrer Zusammensetzung nach betrieblichen Aufgabenbereichen — hier zunächst ähnlich dem Ruhrbergbau — veränderte sich die Bergarbeiterschaft in Südwales lange Zeit kaum. Der Anteil der unter Tage Arbeitenden an der Gesamtbelegschaft blieb, wie die vorhergehende Tabelle zeigte, in den vierzig Jahren vor dem Ersten Weltkrieg nahezu konstant. Die Verschiebung zwischen Hauern, sonstigen Untertagearbeitern und über Tage Arbeitenden war, wie die folgende Zusammenstellung zeigt, geringer als im Ruhrbergbau.

---

[4] Vgl. oben S. 241.

[5] Vgl. die Tabelle oben S. 196.

Anteil von Hauern, sonstigen Untertage- und Übertagearbeitern im südwalisischen und im Ruhrbergbau, 1889 - 1914[6]

Jahr	Hauer		Sonst.Untertagearb.		Übertagearbeiter	
	Südwales	Ruhr	Südwales	Ruhr	Südwales	Ruhr
1889	51,6	64,5	33,9	14,5	14,5	21,0
1905	48,4	49,9	38,7	28,3	12,9	21,8
1913/14	43,1	50,7	42,8	26,3	14,1	23,0

Während der Anteil der Übertagearbeiter in Südwales im Zeitraum zwischen 1889 und 1914 insgesamt relativ stabil blieb, im Ruhrgebiet um 2% stieg, nahm in Südwales der Anteil der Hauer langsamer als im Ruhrgebiet ab; derjenige der sonstigen Untertagearbeiter vermehrte sich in Südwales langsamer als an der Ruhr. Jedoch wird bereits hier der im Vergleich zum Ruhrbergbau bedeutend schnellere Wandel in Südwales im Zeitraum zwischen 1905 und 1914 deutlich. Auffällig ist der schon im Jahre 1889 um ein Drittel höhere Anteil der Übertagearbeiter im Ruhrbergbau, dessen Ausmaß und weitere Zunahme wohl vor allem auf das Vorhandensein und das Wachstum ausgedehnterer Nebenproduktеanlagen zurückzuführen sein wird. Die Gegenüberstellung zeigt weiterhin für Südwales einen durchgehend weit niedrigeren Anteil der Arbeitergruppe auf, deren Angehörige in Südwales auf der einen und im Ruhrgebiet auf der anderen Seite (nach der staatlichen Lohnstatistik) als Hauer bezeichnet wurden und sich als solche verstanden. Ob die Angehörigen dieser Gruppe wirklich den gleichen Umfang an Arbeitsvorrichtungen in beiden Gebieten ausübten, muß wegen der mangelnden, weiteren Aufschlüsselung dieser Gruppe unklar bleiben. Schon auf der deutschen Seite nämlich gab es offensichtlich Definitionsunterschiede für diese Gruppe zwischen der staatlichen Lohnstatistik, auf die sich die vorangegangene Tabelle stützt, und den Erhebungsmethoden des Allgemeinen Knappschaftsvereins, deren Ergebnisse wir zum Vergleich für die weiteren Arbeitergruppen heranziehen. Auch die folgende Zusammenstellung kann daher nur als relativ grobe Orientierung beim Größenvergleich der jeweiligen Arbeiterkategorien im Bergbau von Südwales und des Ruhrgebietes dienen. Doch vermögen die einzelnen Kategorien, für jedes Gebiet getrennt, einen Einblick in die tatsächliche Zusammensetzung und Struktur der Belegschaft und der relativen Größe der einzelnen Gruppen zu vermitteln.

In nicht ganz so ausgeprägtem Maße wie für den Ruhrbergbau bilden die Hauer auch in Südwales die zahlenmäßig dominante Belegschaftsgruppe.

[6] Zusammengestellt nach den Angaben bei: Walters, S. 200; Wirtschaftliche Entwicklung, Bd. 3, S. 80/1; Meis, S. 345.

Verschiedene Belegschaftsgruppen und ihr jeweiliger Anteil im südwalisischen und im Ruhrbergbau, 1905 - 1913/14[7]

	1905			1913/14		
	Südwales		Ruhr	Südwales		Ruhr
	abs.	%	%	abs.	%	%
Unter Tage						
Grubenbeamte	3.205	2,22	3,61	6.025	3,72	4,34
Hauer	69.731	48,37	60,21	64.897	40,11	61,17
Schlepper	20.447	14,17	15,55	23.289	14,39	14,44
Reparaturhauer	30.984	21,48	12,46	18.283	11,30	12,79
andere Arbeiter	4.388	} 11,56	8,17	20.631	} 30,47	7,26
Jugendliche	12.295			28.662		
Zusammen	144.255	100,00	100,00	161.787	100,00	100,00
Anteil an der Gesamtbelegsch.					84,19	79,41
Über Tage						
Förder-maschinisten				900	2,96	
Maschinisten				1.763	5,80	
Heizer				2.251	7,41	
Hängebank-arbeiter				2.000	6,58	
Sortierer				5.016	16,50	
Handwerker				5.505	18,11	
andere Arbeiter				10.106	33,25	
Jugendliche				2.850	8,49	
Zusammen				30.391	100,00	
Anteil an der Gesamtbelegsch.					15,81	20,59

Nimmt man Hauer und die ihnen nahestehenden Reparaturhauer zusammen, so stellt diese Gruppe in beiden Gebieten und zu beiden Zeitpunkten zwischen 50% und 70% der Untertagebelegschaft. Während der Ruhrbergbau in seiner Belegschaftszusammensetzung in der Phase zwischen 1905 und

7 Die Angaben für Südwales im Jahre 1905 sind berechnet nach der Veröffentlichung des Miners' Eight Hour Day Committee, abgedruckt in: Statistical Review of the Coal Industry, London 1925, S. 109, diejenigen für (Juni) 1914 nach F.A. Gibson, Statistical Summaries and Tables, 1919, S. 26. Gibsons Umfrage erfaßte nicht alle Zechen, kann aber als repräsentativ gelten. Die Angaben für den Ruhrbergbau sind berechnet aufgrund der Statistik des Allgemeinen Knappschaftsvereins Bochum nach der Wiedergabe bei: Heymann/Freudenberg, Morbidität, S. 16.

1913/14 offensichtlich eine große Stabilität aufwies, hielt in Südwales nur die Gruppe der Schlepper ihren Anteil. Ansonsten fand eine deutliche Verschiebung von den unmittelbar produktiven Arbeitergruppen weg zu den mit allgemeinen Tätigkeiten beschäftigten Arbeitern und Jugendlichen statt. Dies kann als gleichsam betriebsinterner Ausdruck dafür angesehen werden, daß zwischen 1905 und 1913 die Belegschaft um 40,8%, die Förderung jedoch um 31,5%, im Zeitraum zwischen 1905 und 1910 sogar die Belegschaft um 26%, die Produktion aber nur um 12% anwuchs, eine Erscheinung, die die Zeitgenossen vor allem auf die Auswirkungen der gesetzlichen Einführung des Acht-Stunden-Tages zurückführten[8], eine Tatsache, die andererseits allerdings auch durch fortlaufende Ausweitung der unterirdischen Betriebe mitbedingt war. Wenn auch zahlenmäßig hinter der Verschiebung der Arbeiterbelegschaft, die hauptsächlich auf Kosten der Hauer und Reparaturhauer ging, zurückbleibend, stieg der Anteil der Grubenbeamten in dieser Phase in Südwales noch deutlich stärker an als im Ruhrbergbau. Hierauf sei schon jetzt aufmerksam gemacht, um an anderer Stelle diesen Faden wieder aufzunehmen.

Die Zahl der Jugendlichen zwischen 14 und 16 Jahren hatte sich in Südwales in der Zeit von 1905 bis 1914 weit mehr als verdoppelt. Zum letzteren Zeitpunkt waren insgesamt 31.512 Jugendliche eingestellt, von denen 91% unter Tage beschäftigt waren, eine Tätigkeit, die für deutsche Bergarbeiter gleichen Alters seit zwanzig Jahren gesetzlich verboten war. Insgesamt war der Anteil der Jugendlichen in Südwales während der ganzen statistisch erfaßten Zeit hoch gewesen. 1841 hatte der Anteil der Jugendlichen von bis zu 18 Jahren bei 23%, derjenigen von weniger als 13 Jahren bei 8,5% gelegen. 30 Jahre später, 1871, betrug der Anteil einschließlich der 19jährigen 28%, davon der bis zu 14 Jahren allein 10,4%. Nur geringfügig fiel der Anteil der Jugendlichen nach dem gesetzlichen Verbot der Beschäftigung von Kindern von weniger als 12 Jahren und des Nachts von Jugendlichen mit weniger als 16 Jahren sowie der allerdings unbedeutenden Einschränkung der Arbeitszeit für diese Gruppe im Jahre 1872. 1905 waren 9,3%, 1914 11% der Gesamtbelegschaft des Bergbaus in Südwales Jugendliche zwischen 14 und 16 Jahren[9]. Im Ruhrgebiet dagegen überstieg der Anteil dieser Gruppe im Zeitraum zwischen 1888 und 1913 nur ein einziges Mal die Vier-Prozent-Grenze (1891: 4,02%) und lag zwischen 1893 und 1907 bei 3,2-3,3%, um erst 1913 mit 3,7% die Ausgangslage von 1888 zu erreichen[10]. Frauen, die im Ruhrgebiet im eigentlichen Bergwerksbetrieb nie tätig und von denen, wie wir oben sahen, im Juli 1914 nur 543 im wesentlichen zur

---

[8] H.S. Jevons, The British Coal Trade, S. 117; F.A. Gibson, S. 12.

[9] Vgl. die Angaben bei: Walters, S. 192, und Census of England and Wales 1871, Bd. 3, aus: D. Friedlander, Demographic Patterns, S. 49.

[10] H. Imbusch, Jugendliche im Bergbau, 1916, S. 10.

Büroreinigung angestellt waren[11], hatten im Zechenbetrieb in Südwales eine lange Tradition. Doch fiel der Umfang der Frauenbeschäftigung schon früh ab. Betrug noch 1841 der Frauenanteil mit 1.912 7,3% an der Gesamtbelegschaft, so sank die Zahl der Frauen, die meist in Monmouthshire und Ostglamorgan beschäftigt waren, auf 797 im Jahre 1889 und 152 im Jahre 1913[12].

Gegenüber der im Vergleich zum Ruhrbergbau deutlichen Belegschaftsverschiebung in Südwales in der Zeit von 1905 bis 1914 blieb die unmittelbare Arbeitssituation der Bergleute vor Ort für lange Zeit unverändert und wurde auch in den Jahren vor 1914 noch weniger vom technischen Fortschritt berührt als an der Ruhr. Die traditionelle Kameradschaft, die im Gedinge vor Ort die Kohle abbaute, hatte sich auch durch die Einführung der long wall-Abbaumethode in den 1860er Jahren nicht verändert und bestand aus zwei bis drei Arbeitern, meist Vater und Sohn mit höchstens noch einem Helfer. Am ungebrochenen Vorherrschen dieser wenig arbeitsteiligen und in hohem Maße handwerklichen Arbeitssituation vermochte auch die allmähliche Einführung von Maschinen bis 1914 kaum etwas zu ändern. Die Zahl der im südwalisischen Bergbau eingeführten Förderbänder stieg von 1908 bis 1913 von 19 auf 61 und die Anzahl der Schrämmaschinen zwischen 1900 und 1913 zwar von 5 über 62 (1908) und 107 (1910) auf 115, doch betrug zum letzteren Zeitpunkt der Anteil der maschinell gewonnenen Kohle an der Förderung insgesamt — wie wir schon oben sahen — mit 1,1% die Hälfte desjenigen im Ruhrbergbau[13].

Die zweifellos wichtigste Veränderung in Südwales fand jedoch in den Jahren vor 1914 gleichsam oberhalb der Ebene der unmittelbaren Arbeit vor Ort im Bereich des betrieblichen und des Arbeitsablaufs und damit im täglichen Lebensablauf der Bergleute statt. Dieser — wie sich im weiteren Verlauf der Studie zeigen wird — folgenreiche Wandel war die Konsequenz des von den Bergarbeitern selbst erkämpften Gesetzes über die Einführung des Acht-Stunden-Tages im Jahre 1908, dessen Auswirkungen auf die Verschiebung der Belegschaftszusammensetzung schon im Vorausgehenden aufgezeigt wurde. Nicht nur reduzierte dieses Gesetz die Arbeitszeit der Bergarbeiter in Südwales, die seit langer Zeit mit die längste im britischen Bergbau war[14], um effektiv durchschnittlich 12,6%, auf die dem Ruhrberg-

[11] Nach der Statistik des Allgem. Knappschaftsvereins bei Heymann/Freudenberg, S. 8.

[12] Vgl. Nasse/Krümmer, Die Bergarbeiter-Verhältnisse in Großbritannien, S. 43; RIM 1914, S. 5; 1915, S. 11.

[13] Angaben nach P.P. bei: Walters, S. 206.

[14] Vgl. etwa die Zusammenstellung bei Walters, S. 214; B. McCormick/J.E. Williams, The Miners and the Eight-Hour Day, 1863-1910, in: EHR 12, 1959/60, S. 222-238, S. 227, 237 f.; auch: Arnot, S. 199 f.

bau vergleichbare Zeit von ca. 8 1/2 Stunden (für Hauer)[15]. Die betriebswirtschaftlichen Folgen des Gesetzes machten vielmehr die Ablösung des althergebrachten und von den Bergarbeitern jahrzehntelang erfolgreich verteidigten Einschichtsystems[16] nunmehr unabdingbar. Die mit der Einführung des Dreischichtsystems verbundenen, durchgreifenden Veränderungen des Lebens- und Arbeitsrhythmus' der Bergleute und ihrer Familien, die im Ruhrbergbau in den 1890er Jahren anscheinend ohne allzu großen Widerstand hingenommen worden waren, hatten in Südwales jedoch — wie im weiteren zu zeigen sein wird — weitreichende soziale und politische Konsequenzen.

Die allmähliche Zuwanderung und der relativ hohe Grad an Homogenität ebenso wie der über lange Zeit hin kaum veränderte, betriebliche und Arbeitsablauf hatten, wie oben bereits für die Bevölkerung angedeutet, in der Bergarbeiterschaft von Südwales — im Gegensatz zu der des Ruhrbergbaus — stabile und für lange Zeit gültige Integrationsstrukturen, Sozialisationsmuster, Sitten und Umgangsformen entwickelt und erhalten, die das Gemeinsamkeitsgefühl der Bergarbeiter — trotz meist hoher Zuwanderungsquoten — gestärkt hatten. Die aus dem betrieblichen Bereich auf sie zukommenden Probleme wurden eher als gemeinsam zu lösende betrachtet. Hieran vermochte auch die vor allem auf Kosten der Arbeiterelite, der Hauer, gehende Belegschaftsverschiebung in den Jahren nach 1905 nichts mehr zu ändern, förderte doch wohl gerade die Plötzlichkeit dieses Wandels im Arbeits- und Lebensrhythmus der Bergleute wiederum ihre Solidarität.

2. Die unverändert geringe Möglichkeit individuellen Aufstiegs und der begrenzte Grad horizontaler Mobilität

Die Gemeinsamkeit des Lebensschicksals, sein Erleben und die Beziehungen zu den übrigen Schichten der Gesellschaft mußten auch im südwalisischen, ebenso wie im Ruhrbergbau, in nicht unwesentlichem Maße abhängen von der Möglichkeit und Wahrscheinlichkeit des individuellen Aufstiegs. Doch anders als im Ruhrbergbau, wo die frühe Entwicklung des Großbetriebs den Bergarbeitern für lange Zeit relativ gute Aufstiegschancen in eine bergbauliche Angestelltenposition sicherte, blieben in Südwales die Aufstiegschancen infolge des langen Vorherrschens von kleinen und mittelgroßen Betrieben während des ganzen 19. Jahrhunderts relativ gering. Die Aussicht auf eine wirtschaftliche Selbständigkeit blieb den Bergarbeitern in

[15] Eight Hour Day Committee Statistical Tables P.P. 1907 XV, S. 570-571, 634-647, nach: Walters, S. 213.

[16] Im Jahre 1905 arbeiteten in Südwales nur 6,6% der Hauer eine zweite und 0,3% eine dritte Schicht. Vgl. ebenda, S. 205.

beiden Gebieten, im Gegensatz zu Arbeitern mancher anderer Gewerbezweige, durchweg versperrt. Erst mit der Entwicklung der Großbetriebe insbesondere seit der Jahrhundertwende wurden vermehrt Angestelltenpositionen in den Betrieben und Unternehmen geschaffen. Doch schoben sich nun gleichsam auf zeitlich engem Raum die Erfahrungen des Ruhrbergbaus zusammen. Zwar wurden, wie wir bereits oben andeuteten und weiter unten ausführen werden, in raschem Tempo neue Angestelltenpositionen eingerichtet, doch war zu diesem Zeitpunkt die Arbeiterschaft in ihrer Zahl schon so stark angewachsen, daß selbst diese vermehrten Aufstiegschancen in keiner Relation zur großen und weiterhin zunehmenden Arbeiterschaft standen. Verstärkend hierbei wirkte — neben der auch in Südwales bestehenden Tatsache, daß Bergarbeiter und meist auch Bergarbeitersöhne von den kaufmännischen und Büropositionen so gut wie ausgeschlossen waren —, daß die Ausbildungs- und vor allem Weiterbildungschancen der Bergarbeiter und ihrer Kinder während des ganzen 19. Jahrhunderts gering geblieben waren[17] und nun, gerade auch angefacht vom Vorbild des mit den Betrieben wachsenden Mittelstandes, dessen Angehörigen, vor allem auch die „Angestellten in den Betrieben", in den Augen der Bergarbeiter „den letzten Pfennig ausgeben, um ihren Kindern eine Ausbildung zukommenzulassen, die ihnen für die Zukunft nicht nur ein gutes Einkommen, sondern sowohl eine gewisse finanzielle als auch soziale Position sichert"[18], durch die Bemühungen der Bergarbeiter und ihrer Vertreter in den Gemeinderäten seit etwa 1900 die Aus- und Fortbildungsmöglichkeiten in den Bergbautälern erheblich ausgebaut wurden.

Das Ergebnis spricht für sich. Allein in Glamorgan standen einer Stellenzahl von vielleicht 3.000 technischen Angestellten ein Bewerberstrom gegenüber, der von 8.000 im Jahre 1902 auf 29.000 im Jahre 1908 anschwoll. Angesichts dieses übermäßigen Angebots konnte der Aufstieg in die unteren Angestelltenpositionen wie Hilfssteiger und Steiger, die durchgehend ohne festgelegten Ausbildungsgang und bis 1911 ohne eigentliche Prüfung zu erreichen waren, und welche — wie im Ruhrbergbau — zu ihrem übergroßen Anteil mit ehemaligen Bergarbeitern und Bergarbeitersöhnen besetzt waren, nur bei durchgehendem Wohlverhalten gegenüber der Betriebsleitung und oft bei persönlichen Beziehungen zum Betriebsführer bewältigt werden[19]. Welche Aussichten nun der Bergarbeiter auf eine mittlere oder höhere Angestelltenposition im Bergbaubetrieb hatte, zeigen die folgenden, allerdings den gesamten britischen Bergbau erfassenden Angaben.

---

[17] Vgl. hierzu bes. E.D. Lewis, The Rhondda Valleys, S. 186 ff., 208 ff.; auch unten S. 595.

[18] So die Aussage von W. Latham (Midlands) in: MFGB, Annual Conference 1917, S. 71.

[19] Vgl. Royal Commission on Mines 1909, P.P. Bd. XXXIV, S. 117 ff. Vgl. auch weiter unten S. 631-3.

Zusammensetzung der Kandidaten für das Zeugnis für Betriebsführer und stellvertretende Betriebsführer im Jahre 1914 (in %)[20]

	Betriebsführer	Stellvertr. Betriebsführer
Angestellte	60,0	62,0
Arbeiter	10,4	36,3
'Lehrlinge'	29,6	1,7

Während noch unter den Kandidaten für das Zeugnis des stellvertretenden Betriebsführers mehr als ein Drittel Arbeiter waren, schrumpfte deren Anteil bei den zukünftigen Betriebsführern auf ein Zehntel. In beiden Gruppen überwältigend und fast stabil war der Anteil der Angestellten. Dagegen stieg der Anteil der Lehrlinge („apprentices"), die aus dem nordenglischen Bergbau und dort meist aus Familien von Angestellten oder des übrigen Mittelstandes kamen[21], von unbedeutenden 1,7% bei den stellvertretenden Betriebsführern auf fast ein Drittel bei den Betriebsführern. Während also insgesamt der Anteil der Angestellten und des Mittelstandes von der niedrigeren zur höheren Stellung von fast zwei Drittel auf 90% stieg, sank derjenige der Arbeiterschaft von mehr als einem Drittel auf ein Zehntel. Im Vergleich hierzu waren zur gleichen Zeit im Ruhrbergbau in den Betriebsführerlehrgängen immerhin 44,6% Söhne von Bergarbeitern gegenüber 24,5% der Söhne von Grubenbeamten und 30,9% solcher von Nicht-Bergleuten[22].

Der Aufstieg in anderen Bereichen als dem Bergbau war in Südwales nicht nur aufgrund des mäßigen Ausbildungsstandes und dem speziellen Tätigkeitsfeld des Bergarbeiters, sondern auch — wie noch im weiteren zu zeigen sein wird — wegen der, anders als im Ruhrgebiet, beinah monoindustriellen Ausrichtung der Bergbautäler und der lange Zeit bescheidenen Verkehrsverbindungen zur Küste so gut wie unmöglich und jedenfalls — vielleicht auch aufgrund der oben aufgezeigten Kohärenz der Bergbaubevölkerung — unüblich. Auch der Aufstieg in eine Angestelltenposition der Bergarbeitergewerkschaft blieb nur wenigen vorbehalten.

[20] Die Zusammensetzung der zentralen Londoner Bergprüfung im Jahre 1914 nach: Colliery Guardian 109, 1915 I, S. 233, 29. Jan. 1915.

[21] Die Einrichtung der Bergbaulehrlinge („apprentices"), d. h. das individuelle Anlernen eines Schülers durch einen Bergbauingenieur für den mittleren oder höheren Bergwerksdienst gegen Entlohnung durch die Eltern des Zöglings, ein System, das schon seit den 1830er Jahren in Nordengland existierte, gab es in Südwales bezeichnenderweise nicht. Dies hatte offensichtlich zwei Gründe: Zum einen machten die technischen Anforderungen der meist kleinen Betriebe in Südwales den Einsatz solcher ausgebildeten Leute nicht oder nur in geringer Zahl erforderlich, zum anderen waren wohl weniger Eltern in einer Gegend, in der es beinah ausschließlich Arbeiter gab, bereit oder in der Lage, eine Ausbildung für ihre Söhne zu bezahlen.

[22] Vgl. oben S. 246.

Insgesamt blieb wohl die Möglichkeit und Wahrscheinlichkeit des individuellen Aufstiegs für den Bergarbeiter in Südwales bis 1914 weniger hoch als im Ruhrgebiet, doch hatte er trotz geringerer Ausbildungsanforderungen in dieser Hinsicht — anders als an der Ruhr —vorher niemals bessere Chancen kennengelernt.

Sicherlich mit aufgrund dieser in geringerem Maße empfundenen Beschränktheit der vertikalen Mobilität blieb auch die horizontale Mobilität im südwalisischen anhaltend bedeutend kleiner als im Ruhrbergbau. Dazu bei trugen ohne Zweifel das starke Zusammengehörigkeitsgefühl der örtlichen Bergarbeitergemeinschaften, die schon oben genannte starke Beschränktheit der Region auf den Bergbau, die — wie weiter unten zu zeigen sein wird — hohen Löhne für Jugendliche und das langfristig relative Ansteigen der Löhne insgesamt sowie die im Vergleich zum Ruhrbergbau besseren betrieblichen und überbetrieblichen Mechanismen und Institutionen der Konfliktregelung. Obwohl uns schon aus den 1860er Jahren, besonders im Zusammenhang mit der Erschließung neuer Bergbauregionen, von Arbeitsplatzwechseln der Bergarbeiter in umfänglicher Form berichtet wird[23], hielt sich der Belegschaftswechsel in dieser Zeit und den folgenden Jahrzehnten in wohl eher relativ bescheidenem Umfang. Und zur Auswanderung etwa in die USA konnten sich auch in den Konjunkturtälern des Bergbaus nur wenige Bergarbeiter entschließen[24]. Erst mit der anwachsenden Anzahl der Zuwanderer, aber auch wohl — wie im Ruhrbergbau — mit der allein schon numerisch stärker sichtbar werdenden Distanzierung der Bergarbeiter von den Angestellten, nahm die innere, horizontale Mobilität offensichtlich zu. So entwickelte sich etwa — wenn man dies als Indikator nehmen darf — der Anteil der Auswanderer aus Glamorgan (nach England und Wales) an der Gesamtbevölkerung in den vier Jahrzehnten vor 1911 von 2,8% über 2,4% und 4,1% auf 3,5%[25]. Im Jahre 1911 wechselten in Südwales durchschnittlich monatlich etwa 5.000 Bergarbeiter ihren Arbeitsplatz[26]. Auf das Jahr berechnet wären dies 60.000 stellenwechselnde Bergarbeiter (Abkehr und Einstellung) oder 27% der Gesamtbelegschaft. Dies würde bedeuten, daß der Belegschaftswechsel im Bergbau von Südwales in den Jahren vor 1914 etwa ein Viertel dessen des Ruhrbergbaus betragen hätte.

[23] Morris/Williams, The South Wales Coal Industry, S. 237/8. Schon 1849 wurde von Merthyr Tydfil berichtet, daß dort im Zeitraum eines Jahres 10.000-11.000 Personen durchzögen. Vgl. A.H. John, The Industrial Development of South Wales, S. 72.

[24] Vgl. die allerdings die Bergarbeiter nicht als gesonderte Gruppe herausstellende Tabelle bei B. Thomas, Migration and Economic Growth, S. 386; vgl. auch oben S. 194.

[25] Hieran waren männliche Einwohner nur zu etwa 40% beteiligt. Im letzten Jahrzehnt waren es höchstens 10% der in Glamorgan beschäftigten Bergleute, die den Weg aus ihrem Milieu herausfanden. Vgl. H.S. Jevons, S. 117, 623-5; B. Thomas, The Migration of Labour, S. 294, und oben S. 194.

[26] L.J. Williams, MSWCOA, S. 261/2.

3. Der Lohn: Abnehmende Differenzierung, relativer Anstieg und absoluter Abfall

Wie für ihre Kameraden im Ruhrbergbau mußte auch für die Bergleute in Südwales die Beteiligung am betrieblich erwirtschafteten Produktionsergebnis durch den Lohn wesentliches Bestimmungselement ihrer außerbetrieblichen Lebenschancen und damit hauptsächlicher Ausgangs- und Zielpunkt ihrer Interessen sein. Bildete der Lohn, seine Höhe, sein Festlegungs- und Auszahlungsmodus ebenso wie seine zeitliche Bewegung eines der wesentlichen Kriterien der Zugehörigkeit zum gemeinsamen Lebensschicksal der Arbeiter und damit entscheidende Voraussetzung der Selbst- wie der Fremdzurechnung zur Arbeiterschaft, so konnten auch in Südwales — wie im Ruhrbergbau — die Unterschiede und die zeitlichen Verschiebungen zwischen den verschiedenen Lohn- und Berufsgruppen, die individuellen Unterschiede in der Lohnhöhe innerhalb der einzelnen Lohnkategorien und die Unterschiede zwischen den verschiedenen Arbeitsplätzen derselben Zeche sowie zwischen den einzelnen Betrieben zum Ausgangspunkt unterschiedlicher Einzel- und Gruppeninteressen und damit zu einer Gefährdung der einheitlichen, lohnbezogenen Interessensolidarität innerhalb der Arbeiterschaft insgesamt werden. Folge hiervon waren mögliche Meinungsverschiedenheiten innerhalb der Arbeiterschaft, ob die Forderungen einzelner Gruppen oder der Arbeiterschaft insgesamt und die zu ihrer Durchsetzung ergriffenen Maßnahmen gerechtfertigt seien. Die jeweilige, kollektive Beantwortung dieser Fragen war jedoch nicht nur von der Gruppenbildung innerhalb der Arbeiterschaft abhängig, sondern in wesentlichem Maße auch von den historischen Erfahrungen der Arbeiter.

Waren die Bergarbeiter an der Ruhr durch die staatliche Direktion lange Zeit vor den Bedrängnissen, aber auch vor den Lehren des freien Marktes bewahrt worden, so waren die Bergleute in Südwales seinen Wechselhaftigkeiten und Zwängen von Anfang an ungeschützt ausgesetzt. Anders als an der Ruhr hatten die Bergarbeiter hier frühzeitig nicht nur die Abhängigkeit ihrer Löhne von den Kohlenpreisen und — worauf noch später einzugehen sein wird — die Durchsetzbarkeit von solidarisch vertretenen Forderungen zumindest einzelnen Unternehmern gegenüber kennengelernt, sondern auch die wechselseitigen Wirkungen von Angebot und Nachfrage sowohl auf dem Güter- als auch auf dem Arbeitsmarkt. Ebenso wie ein Zuviel an Kohle, ablesbar an den Vorräten auf dem Zechenplatz, automatisch und regelmäßig ihren Preis sinken ließ, so mußte ein hohes Angebot an Arbeitskräften lohnsenkende Wirkung haben.

Auch angesichts des über lange Phasen herrschenden Arbeitskräftemangels versuchten — wie im Ruhrbergbau — auch in Südwales einzelne Unternehmer, die Wirkungen dieses Gesetzes zu ihren Gunsten zu beeinflussen. Sie warben Iren, Spanier und Italiener zur Grubenarbeit an, die — ebenso wie die Iren, Deutschen und Polen im schottischen Bergbau — meist von den einheimischen Bergleuten getrennt untergebracht wurden[27]. Konnten die Bergarbeiter in Südwales schon nichts gegen die relativ hohe Anzahl von meist aus den agrarischen Räumen von Wales und England stammenden Zuwanderern tun und versuchten sie diese — weitgehend erfolgreich — sowohl in ihre örtlichen Gemeinschaften als auch in ihre Ideenwelt zu integrieren und damit zur Solidarität zu erziehen, so tolerierten sie von den Unternehmern angeworbene Arbeitskräfte, die aus sprachlichen und religiösen Gründen als schwer integrierbar erscheinen mußten und denen das Odium von Lohndrückern und Streikbrechern vorausging, in den einzelnen Ortschaften und Regionen entweder in nur geringer Zahl oder überhaupt nicht. Diskriminierungen, wiederholte antiirirsche Tumulte[28] und das Erstarken der Arbeiterorganisation, ebenso aber wohl auch die anhaltenden, starken Konjunkturschwankungen und die oftmals geringere Kapitalausstattung der Unternehmen hielten die Unternehmer offensichtlich von weiteren Versuchen in dieser Richtung ab.

Die Entwicklung des Arbeitsmarktes in Südwales war und blieb, anders als an der Ruhr, bis zum Ersten Weltkrieg zwiespältig. Einerseits herrschte langfristig und in Zeiten guten Kohlenabsatzes Nachfrage nach Arbeitskräften, nie jedoch angesichts des allmählicheren Wirtschaftswachstums der anhaltend hohe Bedarf wie im Ruhrbergbau. Andererseits wurden in Zeiten wirtschaftlicher Baisse, deren Wirkungen für Südwales auch im Vergleich zu den übrigen britischen Revieren durch seine einseitige Exportabhängigkeit verschärft wurden, regelmäßig und anhaltend Betriebe geschlossen, Arbeiter entlassen und Kurzarbeit eingeführt[29]. Mit den Konjunkturwellen des Kohlenmarktes, zu dessen gemeinsamer Regulierung — wie wir oben sahen — die Unternehmer sich in Südwales, anders als im Ruhrbergbau, nicht einigen konnten, und seiner Preise stiegen und sanken die Löhne oftmals um bis zur Hälfte. Die dürftigen, erhaltenen Zahlen für den mittleren Wochenlohn aller Bergarbeiter zwischen 1886 und 1914 vermögen hiervon nur unzureichend ein Bild zu vermitteln, zeigen jedoch die größeren, konjunkturell bedingten Lohnschwankungen in Südwales gegenüber dem Durchschnitt aller britischen Bergbaureviere.

Neben dem — bis auf das Jahr 1914 — knappen Zurückbleiben der südwalisischen hinter den nationalen Durchschnittslöhnen gibt die Tabelle, wenn auch nur andeutungsweise, das stärkere Schwanken der Löhne infolge der größeren Exportabhängigkeit des Absatzmarktes in Südwales wieder.

---

[27] Vgl. Jevons, S. 623.

[28] Vgl. etwa E.D. Lewis, S. 160, 238; Morris/Williams, S. 236/7.

[29] Vgl. auch oben S. 106.

Mittlerer Wochenlohn aller Bergarbeiter in Südwales und in Großbritannien, 1886 - 1914[30]

Jahr	Südwales		Großbritannien	
	s.	d.	s.	d.
Okt. 1886	20	5	21	2
Lohnzensus Ende 1886	19	11	21	1
1890	29	2	29	6
1895	21	4	25	5
1900	32	11	33	11
1901	31	7	32	6
1902	28	2	30	4
1914	(32	6)	31	6

Die zwischen den einzelnen Lohngruppen bestehenden Unterschiede im südwalisischen im Vergleich zum Ruhrbergbau macht die folgende Zusammenstellung deutlich.

Schichtlohndifferenzen einzelner Arbeiterkategorien im südwalisischen und im Ruhrbergbau, 1888/1894[31]

	Südwales	Rheinelbe	Germania	Hansa
Kohlenhauer	100	100	100	100
Reparaturhauer	85	72	89	73
Schlepper	69	58	66	60

Trotz der offensichtlich auch unter den Bergarbeiterkategorien in Südwales ausgeprägten Lohndifferenzen waren diejenigen im Ruhrbergbau immer noch größer. Während wir aber oben sahen, daß dort diese Lohndifferenzen bis 1914 noch zunahmen, trat in Südwales der gegenteilige Effekt ein. Die nachfolgende Tabelle teilt die in Südwales beschäftigten Bergarbeiter in fünf verschiedene Kategorien: die Hauer im Gedinge (I), die Hauer im Zeitlohn (II), die Schlepper (III), die Reparaturhauer (IV) und die einfachen Arbeiter (V).

[30] Zusammengestellt nach den Angaben bei: J.R. Raynes, Coal and its Conflicts, S. 102, und CIC 1925, Bd. 3, S. 38. Die Zahl für die mittlere Lohnhöhe von Südwales im Jahre 1914 ist berechnet nach dem Lohnabstand der Durchschnittslöhne aller Bergarbeiter in Südwales und in Großbritannien im Jahre 1914 nach der Tabelle unten S. 547.

[31] Zusammengestellt und berechnet nach den Tabellen oben S. 254, und unten S. 254, 546. Die Angaben für Südwales gelten für 1888, diejenigen für das Ruhrgebiet für 1894.

Durchschnittlicher Schichtlohn der Arbeiterkategorien im südwalisischen Bergbau, 1888 - 1914 (in s.)[32]

Jahr	I	II	III	IV	V
1888	4/10	4/4	3/4	4/2	2/10
1914	9/4	6/5	6/7	7/8	5/9
Zunahme	93%	50%	101%	88%	103%

Nicht nur lagen die Löhne der einzelnen Arbeiterkategorien, wenn auch in nicht sehr ausgeprägtem Maße, schon im Jahre 1888 — wie wir oben sahen — näher beieinander als im Ruhrbergbau. Vielmehr bauten sich die bestehenden Lohndifferenzen bis 1914 weiter ab. Anders als im Ruhrbergbau, wo die am höchsten entlohnten Lohngruppen in der Zeit zwischen 1888 und 1913 weitaus stärker stiegen als die geringer entlohnten, stiegen in Südwales die am niedrigsten entlohnten Arbeiterkategorien, die Schlepper und die einfachen Arbeiter, in ihrem Lohn mit Abstand schneller an als die übrigen höher entlohnten Arbeitergruppen. Der Anteil der am höchsten bezahlten Lohngruppen an der Gesamtbelegschaft sank jedoch in beiden Revieren. Bis 1914 hatten also die Unterschiede in der Lohnhöhe zwischen den einzelnen Arbeiterkategorien deutlich abgenommen. Die Gründe für diese im Vergleich zum Ruhrbergbau unterschiedliche und wichtige Entwicklung lagen wohl hauptsächlich in zwei Bereichen. Zum einen war wohl der jeweilige Anteil der gerade erst zugewanderten, unerfahrenen Arbeiter an der Gesamtbelegschaft in Südwales zu einzelnen Zeitpunkten geringer als im Ruhrbergbau. Walters berechnet diesen Anteil der jeweils seit weniger als zwei Jahren im südwalisischen Bergbau Tätigen in den einzelnen Jahren zwischen 1873 und 1914 auf oftmals unter 5%, meist unter 10% und in nur zwei Fällen auf mehr als 15%[33]. Zum anderen war es wohl — besonders angesichts der auch hier herrschenden, relativen Gleichheit der Bedürfnisse — der, jedoch anders als an der Ruhr, höhere Grad der örtlichen, sozialen Kohärenz unter allen Bergarbeitern sowie die stärkere, inner- und überbetriebliche Organisation, die zum Teil erfolgreich die Unternehmen zu einer allmählichen Egalisierung der Lohnhöhe der verschiedenen Arbeiterkategorien drängen konnten.

Immerhin bestanden aber auch bis zum Jahre 1914 — wie nachfolgende Tabelle zeigt — noch deutliche Unterschiede zwischen den verschiedenen Arbeitergruppen.

Auf einem gegenüber dem gesamten britischen Kohlenbergbau durchweg höheren Niveau, das aber — wie wir oben sahen — sich erst spät herausstellte

[32] Nach: J.W.F. Rowe, Wages in the Coal Industry, 1923, S. 73.

[33] Vgl. Walters, S. 353 f. Zur Problematik dieser pragmatischen Unterscheidung von ‚unskilled' und ‚skilled' vgl. unten S. 550 f.

Mittlere Schichtlöhne verschiedener Arbeitergruppen im südwalisischen und im britischen Kohlenbergbau im Juni 1914[34]

	unter Tage				über Tage							
	Erwachsene		Jugendliche		Erwachsene		Jugendliche		Frauen		Durchschnitt	
	s.	d.	s.	d.	s.	d.	s.	d.	s.	d.	s.	d.
Südwales	7	8x20	3	8x96	5	7x80	3	1x22	2	Ox80	6	9x22
Großbritann.	7	6x89	3	6x90	5	2x23	2	5x42	1	11x40	6	5x64

und offensichtlich Ergebnis der Protest- und Streikbewegung in Südwales während der Jahre 1910/11 und der Einführung des gesetzlichen Mindestlohns im Jahre 1912 war[35], werden hier die auch 1914 immer noch deutlichen Unterschiede in der Lohnhöhe einzelner Arbeitergruppen sichtbar. Besonders fällt die Lohnhöhe der Jugendlichen (14 - 21 Jahre) ins Auge, die für die Berufsentscheidung der Söhne der Bergleute, und damit einerseits für den Nachwuchs der Belegschaft, andererseits — wie zu zeigen sein wird — für das Budget der Bergarbeiterfamilie von nicht zu unterschätzender Bedeutung gewesen ist. Auf die gezielte Lohnpolitik der Unternehmen weist gerade der relativ große Unterschied in der Lohnhöhe der Jugendlichen über Tage zwischen Südwales und dem Durchschnitt des britischen Bergbaus sowie auch aller einzelnen Bergreviere hin. Die immer noch vorhandenen Differenzen in der Lohnhöhe der einzelnen Arbeiterkategorien, die noch durch spürbare Unterschiede von Zeche zu Zeche betont werden konnten, versuchten die geringer entlohnten Arbeiter — wie im Ruhrbergbau — durch das Verfahren einer höheren Zahl von Schichten pro Monat auszugleichen. Während die im Gedinge stehenden Hauer im Juni 1914 durchschnittlich 18,4 Schichten arbeiteten, fielen

20,5 Schichten auf die Hauer im Schichtlohn,
19,4 Schichten auf alle unter Tage beschäftigten Erwachsenen, und
22,6 Schichten auf alle über Tage beschäftigten Erwachsenen[36].

Hatten trotz der bis 1914 fortbestehenden Unterschiede die Lohndifferenzen zwischen den einzelnen Arbeiterkategorien, anders als im Ruhrbergbau, abgenommen, so konnten trotz der vereinheitlichenden Tendenzen in Form der Aufstellung und Abstimmung von Preislisten zwischen verschiedenen

[34] Zusammengestellt nach der Tabelle in: CIC 1919. Bd. 3, S. 109.

[35] Vgl. zur Phase 1912-14 auch Rowes Kommentar, daß „die Bergarbeiter in Südwales auf einen Schlag eine stärkere zusätzliche Lohnerhöhung erreichten, als sie in den vergangenen 25 Jahren lokaler Verhandlungen erlangt hatten". Vgl. Rowe, Wages, S. 81.

[36] Berechnet nach: CIC 1919, Bd. 3, S. 100.

Flözen und Betrieben sowie der sliding scale durchgehend — wie an der Ruhr — große Unterschiedlichkeiten in der Entlohnung einzelner Arbeiter, auch innerhalb derselben Kategorie, auftreten. So verdienten z. B. im März 1901 im Aberdare Valley von insgesamt 187 Bergleuten[37]

64	:	9 — 10 s.,
44	:	10 — 11 s.
28	:	11 — 12 s.,
30	:	12 — 13 s.,
9	:	13 — 14 s.,
8	:	14 s.,
1	:	17 s. 1 d.,
1	:	18 s.,
1	:	19 s. 9 d. und
1	:	24 s.

Auch innerhalb der Gruppe der Hauer konnten erhebliche, offensichtlich aber nicht so große individuelle Unterschiede wie im Ruhrbergbau vorkommen. Im Rhonddatal etwa verdienten pro Tag im Oktober 1910 auf einer Schachtanlage[38] von insgesamt 57 Hauern

2	:	6 s. 9 d.,
12	:	7 s. — 7 s. 6 d.,
15	:	7 s. 6 d. — 8 s.,
12	:	8 s. — 8 s. 6 d.,
8	:	8 s. 6 d. — 9 s.,
6	:	9 s. 6 d. — 10 s. und
2	:	10 s. — 10 s. 6 d.

Obwohl offensichtlich die Unterschiede in der Lohnhöhe der einzelnen Hauer erheblich sein konnten, blieb sie doch erheblich geringer — in diesem Fall um fast die Hälfte — als im Ruhrbergbau[39]. Trotz der aus all diesen, z. T. erheblichen, Lohnunterschieden sich ergebenden Schwierigkeiten und den konjunkturellen Schwankungen und Unsicherheiten, die — wie im weiteren deutlich werden wird — gerade durch die Gründung des RWKS bis 1914 in Südwales ein bedeutend größeres Ausmaß als im Ruhrbergbau behielten, zeigte den Bergarbeitern ein Blick auf die in ihrer mittelbaren oder unmittelbaren Umgebung gezahlten Löhne, daß sich, wo diese Möglichkeit als reale wahrgenommen wurde, ein Überwechseln in einen anderen Beruf, besonders in der Zeitspanne zwischen 1850 und 1902, — sehr entgegen den Erfahrungen der Arbeiter im Ruhrgebiet — immer weniger lohnte[40].

---

[37] Vgl. Raynes, Coal and its Conflicts, S. 101.

[38] Vgl. D. Evans, Labour Strife in the South Wales Coalfield, S. 24.

[39] Vgl. oben S. 255.

[40] Siehe auch die vergleichende Tabelle zur Lohnentwicklung in: G.R. Porter, The Progress of the Nation, 1912, S. 51.

Durchschnittliche Schicht- (bzw. Tage-) und Wochenlöhne der Arbeiter in verschiedenen Beschäftigungsbereichen in Südwales, 1886 - 1906[41]

	1886		1906	
	Schichtlohn	Wochenlohn	Schichtlohn	Wochenlohn
Bergbau:				
Hauer (Gedinge)	4/10	28/10	7/1	42/4
Hauer (Zeitlohn)	4/4	25/10	5/10	34/10
einf. Arbeiter	2/10	16/10	5/2	30/11
Metallindustrie:			durchschn./mittl. Wochenlohn	
Roheisenwerke		26/6	34/7	32/4
Walzwerke		29/91/2	44/6	36/5
Weißblechindustrie (insges.)		33/5	42/0	42/0
(Zeitlohn)		17/5	22/9	
Nichtindustrielle Bereiche:				
Zimmerleute	5/3		6/7	
einf. Arbeiter	3/2		4/2	
Landarbeiter		14/9 (1892)		18/2 (1907)

[41] Zusammengestellt nach den Angaben bei: E.H. Hunt, Regional Wage Variations, S. 70; G. Brandt, Gewerkschaftliche Interessenvertretung und sozialer Wandel, S. 120, 238, 242 (dort auch eine Übersicht über die Lohnstruktur der Metallarbeiter nach dem Anteil der verschiedenen Lohngruppen im Jahre 1906); J.W.F. Rowe, Wages in the Coal Industry, S. 73. Die Wochenlöhne der Bergarbeiter sind auf der Grundlage von jeweils sechs wöchentlich verfahrenen Schichten errechnet. Für die Löhne der Landarbeiter vgl. Hunt, S. 64; A. W. Ashby/I. L. Evans, The Agriculture of Wales and Monmouthshire, 1944, S. 86; vgl. auch die genauere regionale und saisonale Aufschlüsselung bei: D. W. Howell, Land and People in Nineteenth-Century Wales, 1978, S. 101. Zu weiteren, auf der Grundlage der staatlichen Lohnerhebung 1906 basierenden Übersichten über die relative Lohnlage der Arbeiter in verschiedenen Industrien im Jahre 1906 vgl. G. Routh, Occupation and Pay in Great Britain, 1906-1960, 1965, S. 86-102, und G. Brandt, S. 69.

Auch im nationalen Rahmen stand die Einkommenslage der Bergleute in durchaus positivem Vergleich zur Lage der Arbeiter in anderen Industriezweigen.

Wochenlöhne der erwachsenen männlichen Arbeiter im Juni/Juli 1914[42]

	s.	d.	
Kohlenbergbau:			
Hauer im Gedinge	50	9	zusätzlich mindestens
Reparaturhauer	43	2	1 s. wöchentlich
einf. Arbeiter (u. T.)	33	4	für die Lieferung
einf. Arbeiter (ü. T.)	27	9	von Hauskohle usw.
Bauindustrie:			
Maurer	40	7	
Maler	36	3	
einf. Arbeiter	27	0	
Maschinenbau:			
Einrichter und Dreher	38	11	
Former	41	8	
Modellmacher	42	1	
einf. Arbeiter	22	10	
Schiffsbau:			
Schiffsbauer	41	4	
Schiffstischler	40	0	
Plattierer	40	4	
Nieter	37	9	
einf. Arbeiter	22	10	

Dieses hohe, doch — wie sich zeigen wird — zeitlich gebundene Rangieren der Bergleute auf der Einkommensskala der allgemeinen Arbeiterschaft entwickelte, einhergehend mit einem gewissen Berufsstolz, der sich auf physischer Kraft, dem Ausgesetztsein und Bestehen unterirdischer Naturgewalt und dem hohen Maß an Selbständigkeit in der unmittelbaren Arbeit vor Ort sowie auf dem hohen Grad der Vererbung des Berufs vom Vater auf den Sohn gründete[43], besonders bei den Hauern das Bewußtsein — in Anpassung an die insgesamt für die britische Arbeiterschaft, ungleich der deutschen, wie noch weiter unten zu begründen sein wird, subjektiv so wichtige Unterscheidung von ‚skilled' und ‚unskilled' —, sie gehörten zur Gruppe der ‚skilled'[44]. Die Glaubwürdigkeit dieser Einordnung fiel trotz des Fehlens einer formali-

[42] Nach: CIC 1925, Bd. 3, S. 38.

[43] Vgl. etwa N. Dennis u. a., Coal is our Life, S. 61, 73-75; Rowe, Wages, S. 67; Jevons, S. 621-4; Morris/Williams, S. 235.

[44] Zur Bedeutung dieser Unterscheidung vgl. etwa E.J. Hobsbawm, General Labour Unions in Britain, 1889-1914, in: ders., Labouring Men. Studies in the History of Labour, 1972[3], S. 179-203, bes. 182/3; Z. Bauman, Between class and elite. The evolution of the British Labour Movement. A sociological study, 1972, S. 63-65, 135 ff.; J. Saville, Trade Unions and Free Labour: The Background of the the Taff Vale Decision, in: A. Briggs/J. Saville, Hg., Essays in Labour History, 1967, S. 317-350, S. 318-321; J. Hinton, The First Shop Stewards Movement, 1973, S. 56/7.

sierten Ausbildung und der relativ einfachen und raschen Erlernbarkeit der Bergarbeitertätigkeit[45] um so leichter, als auch in anderen Berufen die Unterscheidung der Arbeiter nach den Kategorien von ‚skilled' und ‚unskilled' infolge der zunehmenden Maschinisierung prekär wurde[46]. Obwohl die Bergarbeiter, besonders die Hauer, oftmals — wie hier im Jahre 1914 — mit ihrer Einkommenshöhe in die kleine Elite der britischen ‚Arbeiteraristokratie', zu der E.J. Hobsbawm Arbeiter mit mindestens 40 s. Wochenverdienst rechnet, vorstießen, konnten sie doch ihre Zugehörigkeit zu dieser Gruppe nicht befestigen. Dem für die Zugehörigkeit zur ‚Arbeiteraristokratie' so wichtigen Kriterium der Regelmäßigkeit eines hohen Einkommens vermochten sie nicht zu genügen[47]. Die folgende Tabelle zeigt, wie sehr — im Vergleich zum nationalen Durchschnitt — die Lohnsätze der Bergarbeiter im allgemeinen und der des Exportgebietes von Südwales im Vergleich etwa zum meist für den Inlandsabsatz arbeitenden Durham im Zeitraum zwischen 1880 und 1913 schwankten.

Die Zusammenstellung macht zunächst die großen Schwankungen sichtbar, die die Löhne der Bergarbeiter im exportorientierten Südwales gegenüber denen des Inlandversorgers Durham und dem gesamten britischen Kohlenbergbau, und diese wiederum gegenüber dem Durchschnitt aller britischen Gewerbe aufwiesen. Sodann zeigt die Tabelle den deutlich schnelleren Lohnanstieg des Bergbaus gegenüber dem Durchschnitt aller anderen britischen Gewerbe bis 1902/03, dann jedoch den relativen Abfall der Nominal- und, angesichts der steigenden Lebenshaltungskosten, auch der Reallöhne.

Stärker allerdings noch als im Durchschnitt aller britischen Bergbaureviere und z. T. auch in Durham fielen in dieser Phase — im Gegensatz zur

---

[45] Wieweit die gesetzliche Bestimmung von 1887, die forderte, daß als Hauer nur selbständige Arbeiter mit einer mindestens zweijährigen Lehrzeit angestellt werden durften, eingehalten wurde, bleibt zweifelhaft. Zu dieser Bestimmung vgl. Nostitz, S. 379; weiterhin vgl. z. B. H.S. Jevons, S. 622. Auch in der Sekundärliteratur besteht offensichtlich keine Einigkeit darüber, ob die Bergarbeiterschaft oder einzelne ihrer Kategorien in Großbritannien zur Gruppe der ‚skilled' gehören oder nicht. Während etwa Morris und Williams (S. 235) nur die Hauer, also etwa 50% der Belegschaft zu den ‚skilled' zählen, und nach Meinung von R.H. Walters (S. 353 f.) der Anteil der ‚unskilled' im südwalisischen Bergbau zwischen 1873 und 1914 nie 17% überstieg, sprechen A.H. John (S. 59) und E.D. Lewis (S. 234) davon, daß in den 1860er und 1870er Jahren etwa 70% bis 80% der im südwalisischen Bergbau Beschäftigten ‚unskilled' waren.

[46] H.A. Turner, Trade Union Growth, Structure and Policy: a Comparative Study of the Cotton Unions, 1962, Kap. III, 1; H. Perkin, The Origins of Modern English Society 1780-1880, 1974[4], S. 393-396.

[47] Zur Rolle der ‚Arbeiteraristokratie' in der britischen Arbeiterschaft und Arbeiterbewegung vgl. E.J. Hobsbawm, The Labour Aristocracy in Nineteenthcentury Britain, in: ders., Labouring Men, S. 272-315; H.A. Turner, Trade Union Growth; H. Perkin, The Origins, S. 393 ff.; als Kritik vgl. H. Pelling, The Concept of the Labour Aristocracy, in: ders., Popular Politics and Society in Late Victorian Britain, 1968, S. 37-61.

Nominal- und Reallohnentwicklung im Kohlenbergbau sowie im Durchschnitt aller Gewerbe Großbritanniens, 1880 - 1913[48]

Jahr	Geldlohnsätze Bergbau			Geldlöhne	Lebenshaltungs-	Reallohnsätze	Reallöhne
	Durham	Südwales	GB	GB	kosten GB	südwal. Bergb.	GB
1880	63	60	62	77	115	54	67
1881	63	63	63	77	113	58	69
2	66	66	68	80	112	60	71
3	66	68	69	80	112	61	71
4	65	68	66	80	107	65	75
5	64	63	63	78	100	65	79
6	63	60	61	77	98	66	79
7	64	59	61	78	97	66	82
8	64	62	65	80	97	67	83
9	76	72	76	85	98	78	87
1890	83	88	86	88	98	91	90
1891	83	89	87	88	98	94	89
2	73	71	79	88	99	78	89
3	76	69	80	88	98	76	91
4	76	70	76	88	93	85	95
5	70	65	73	88	91	83	97
6	70	63	72	88	91	80	97
7	72	64	73	89	93	78	95
8	76	69	79	93	97	72	96
9	185	75	84	95	95	81	101
1900	100	100	100	100	100	100	100
1901	102	95	94	99	99	101	99
2	83	86	88	97	99	90	98
3	80	83	85	97	100	88	96
4	78	80	82	95	101	88	94
5	78	75	81	95	101	79	94
6	81	79	83	97	102	78	95
7	83	92	96	102	104	87	98
8	83	92	93	100	102	95	98
9	83	85	89	100	103	85	97
1910	88	87	90	100	105	82	95
1911	85	86	89	101	107	77	94
2	92	91	94	104	110	80	94
3	98	92	100	105	112	79	94

Entwicklung im Ruhrbergbau — die Löhne in Südwales. Anders also als im Ruhrbergbau, wo die Löhne ohne allzu große Schwankungen anhaltend, jedoch nur auf dem durchschnittlich für alle Gewerbe geltenden Niveau, anstiegen, erhöhten sich die Löhne in Südwales, wie im übrigen britischen

[48] Die Tabelle ist berechnet und zusammengestellt nach den Angaben bei: J.H. Porter, Industrial Conciliation and Arbitration 1860-1914, 1968, S. 52, 492, 495; The Labour Year Book 1916, 1972[2], S. 209; A.L. Bowley, Wages and Income in the United Kingdom since 1860, 1937, S. 8. Die Ziffern für die Geldlohnentwicklung in Großbritannien sind insofern den Geldlohnsätzen im Kohlenbergbau vergleichbar, als auch sie (von Bowley) weitgehend nach Geldlohnsätzen berechnet sind. — Unerklärlich große Abweichungen zeigen die auf der gleichen Grundlage beruhenden Berechnungen der Geldlohn- und daher auch Reallohnentwicklung der Bergarbeiter in Südwales bei: J.H. Porter, Industrial Conciliation, S. 485, und E.W. Evans, The Miners of South Wales, S. 242/3; vgl. nun auch: Walters, S. 360-2. Nicht berücksichtigt bei der Berechnung der Lohnsätze für Südwales wurden die Äquivalentveränderungen in den ihnen zugrundeliegenden Kohlenpreisen, die eine Reduzierung der Lohnhöhe um ca. 5% ab 1903 und um etwa 6% ab 1910 mit sich brachten. Zum Vergleich mit den verschiedenen Bereichen der Metallindustrie vgl. etwa G. Brandt, Tab. 16, 23.

Kohlenbergbau, — wenn auch mit heftigen Konjunktureinbrüchen — langfristig schneller als im Durchschnitt aller Gewerbe, um in den Jahren nach 1902/03 bis ca. 1911/12 abzufallen.

Die Tatsache, daß etwa 48%, gegenüber einem nationalen Durchschnitt von 35%, im Jahre 1910 im Schichtlohn standen[49] — eine Erscheinung, hinter der auch die Umschichtung in der Belegschaftszusammensetzung sichtbar wird — und daß im Februar 1912 von einer Stichprobe von 63.218 Hauern keiner mehr als 19 s. pro Schicht verdiente und

81,9% weniger als 10 s.,
60,3% weniger als 8 s. 3 d.,
40,1% weniger als 7 s. 3 d.,
19,3% weniger als 6 s. 3 d. und
9,4% weniger als 5 s. 6 d.

an Lohn — angesichts eines wenige Monate später gesetzlich festgelegten Minimallohnes von 6 s. 10 1/2 d. (entgegen dem geforderten von 7 s. 1 1/2 d. — 7 s. 6 d.)[50] — ausgezahlt erhielten, wovon noch die verschiedenen Abzüge zurückbehalten wurden, verdeutlicht die schlechte Einkommenslage der südwalisischen Bergarbeiter bis unmittelbar vor Ausbruch des Krieges[51].

Berücksichtigt man noch den Einfluß der Unfälle — Südwales wies anhaltend die höchste Unfallrate von allen britischen Kohlenrevieren, jedoch immer noch eine deutlich niedrigere als der Ruhrbergbau, auf[52] —, der konjunkturbedingten Kurzarbeit und Arbeitslosigkeit, die jedoch im nationalen Rahmen im Bergbau nur einen Bruchteil der allgemeinen Arbeitslosig-

[49] Vgl. E.W. Evans, The Miners, S. 198.

[50] Jevons, S. 550, 602.

[51] Vgl. die detaillierte Aufstellung in: CIC 1919, Bd. 3, S. 60.

[52] Vgl. etwa Jevons, S. 124; R.P. Arnot, South Wales Miners. A History of the South Wales Miners' Federation (1898-1914), 1967, S. 152. Folgende Zusammenstellung nach Arnot (S. 152) vermittelt ein Bild von der Häufigkeit der tödlichen Unfälle.

Relative Mortalität von Kohlenbergarbeitern in Großbritannien, 1900 - 1902

	Ganze Mortalität	Unfälle	Alle anderen Ursachen
Alle Männer	1.000	59	941
Alle beschäftigten Männer	925	58	867
Alle Kohlenbergarbeiter	846	123	723
Kohlenbergarbeiter in Südwales	951	169	782

Im Durchschnitt der Jahre 1901-1910 verunglückten von jeweils 1.000 Bergleuten im Ruhrgebiet 2,423 (1891-1900: 2,726), in Südwales, 1,78 tödlich. Vgl. ZBHSW 60, 1912, S. 50; Jevons, S. 124.

keitsquote erreichte[53], auf das Budget der Bergarbeiterfamilien, so stellt sich die Frage, wie der Haushalt der Familien der Bergleute diese Unsicherheiten und Wechselhaftigkeiten verkraftete.

4. Der Haushalt

Die Belastung von Haushalten wird an der relativen Verteilung des Einkommens auf die jeweiligen Ausgabenposten ersichtlich. Der Vergleich zu anderen Bergarbeiterhaushalten und den Haushalten weiterer Arbeiter der Schwerindustrie einerseits und der verarbeitenden Industrie andererseits zeigt die Besonderheiten der Bergarbeiterhaushalte in Südwales im Vergleich zu denjenigen anderer Reviere und anderer Industrien.

Zum einen macht die Zusammenstellung die hohen Ausgaben für Kleidung aller in der Schwerindustrie beschäftigten Arbeiter gegenüber den Arbeitern der verarbeitenden Industrie sichtbar. Dies mochte Resultat sowohl der hohen Abnutzung der Kleidung durch die schwere körperliche Tätigkeit als auch der in der Schwerindustrie vorherrschenden großen Kinderzahl sein. Drei Faktoren unterscheiden jedoch deutlich die Haushaltsbelastung der Bergarbeiter und der Eisen- und Stahlarbeiter: der fast durchweg höhere Aufwand für Lebensmittel, derjenige für Miete, Licht und Heizung und die bedeutend geringeren, zur Verfügung stehenden Mittel für sonstige Ausgaben. Die Bergarbeiter in Südwales wiederum unterschieden sich von dieser zunächst für alle Bergarbeiter zutreffenden Charakterisierung. Für die Bergarbeiter in Südwales wurde diese für die Bergleute allgemein typische Ausgabenstruktur durch einen feststehenden Posten gleichzeitig zugespitzt und verschoben: durch die Aufwendungen für das Wohnen. Mit insgesamt 22,4%, also fast einem Viertel aller Ausgaben, lagen die Kosten für Miete, Licht und Heizung um mehr als 5% über dem in diesem Ausgabenposten am höchsten liegenden Haushalt des Ruhrbergarbeiters. Während die Ruhrbergleute in den Jahren um 1900 in den Werkswohnungen für Miete 10-15 M pro Monat, in den fremden Mietwohnungen allerdings mehr, an Miete auszugeben hatten, erreichten diese Kosten in Südwales leicht 16 - 20 s., um

[53] Vgl. hierzu die Tabellen in: CIC 1925, Bd. 3, S. 11, und J. Harris, Unemployment and Politics. A Study in English Social Policy, 1886-1914, S. 374. Auch im Ruhrbergbau herrschte — selbst in den Konjunkturtälern — offensichtlich eine nur sehr beschränkte Arbeitslosigkeit. Vgl. etwa: Die Arbeitslosigkeit in der Stadt Essen im Winter 1900/01 und die städtische Arbeitslosenbeschäftigung, in: Beiträge zur Statistik der Stadt Essen, Nr. 1, 1901, und E. Hoff, Die Lage der Arbeitnehmer, in: Brandt/Most, Bd. 1, S. 193/4 jetzt auch die Ausstellung bei: Crew, Bochum, S. 61. Allgemein für Deutschland vgl. H. Post, Untersuchungen über den Umfang der Erwerbslosigkeit innerhalb der einzelnen Berufe und Berufsgruppen, 1914. Für Großbritannien vgl. etwa Morris/Williams, S. 222 ff.; Nasse/Krümmer, Bergarbeiter-Verhältnisse, S. 57; Labour Yearbook 1916, S. 212.

Relativer Anteil von Haushaltsausgaben bei Arbeitern des Kohlenbergbaus, der übrigen Schwerindustrie sowie der verarbeitenden Industrie in Großbritannien und Deutschland im Jahre 1889 (in %)[54]

Kohlenbergbau	Südwales	Northumberland	Großbritannien	Dortmund	Essen	Saarbrücken
Lebensmittel	42,4	64,3	53,9	63,8	56,1	54,3
Genußmittel	1,7	-	9,7	-	-	2,4
Kleidung	17,3	10,8	14,5	9,6	19,6	25,3
Miete	16,6	9,4	10,4	14,4	12,0	6,9
Licht, Heizung	5,8	4,7	-	2,9	3,5	3,8
Sonstiges	6,2	10,8	11,5	9,3	8,8	7,4

Andere Industrien:	Eisenarbeiter (fertiges Eisen)		Stahlarbeiter		Chemiearbeiter	Seifenarbeiter
	D	GB	Ost-D	GB	D	D
Lebensmittel	51,2	47,0	50,9	51,6	52,4	55,9
Genußmittel	6,5	7,0	5,8	8,9	3,9	8,7
Kleidung	19,8	15,8	18,9	18,2	12,8	13,9
Miete	6,2	11,1	3,4	9,1	14,5	6,6
Licht, Heizung	-	-	-	-	4,6	11,0
Sonstiges	16,3	19,1	21,0	12,2	11,8	3,9

[54] Die Tabelle ist zusammengestellt und berechnet nach den Angaben bei: R. Nasse, Über die Haushaltung der Bergarbeiter im Saarbrückenschen und in Großbritannien, in: JNS 57, 1891, S. 398-416, S. 399, 406, 409; E. R. Gould, Die Lage der arbeitenden Klassen in den Hauptkulturländern, S. 155 ff.; Tenfelde, Sozialgeschichte, S. 319, und L. Schneider, Der Arbeiterhaushalt im 18. und 19. Jahrhundert, 1967, S. 156 f. Die Haushaltsaufwendungen des Seifenarbeiters gelten für 1886. Zu einem Vergleich mit den Familienbudgets britischer Landarbeiterfamilien (im Jahre 1912) vgl. B. Seebohm Rowntree, How the Labourer Lives. A Study of the Rural Problem, 1918, S. 36 ff.

1910 22 - 28 s., ohne die hier offensichtlich höheren Ausgaben für Licht und Heizung[55]. Ursache dieser abnorm hohen Kosten für das Wohnen in Südwales, die uns auch von anderen Zeitgenossen übermittelt sind[56], waren allgemein das starke Anwachsen der Bevölkerung und die Enge des bebauungsfähigen Landes sowie die — wie im folgenden gezeigt werden soll — weitgehende Passivität der Bergbauunternehmer im Hausbau und die Spekulation mit Grundstücken und Häusern. Wäre ansonsten der relativ niedrige Aufwand für Lebensmittel Anzeichen der relativen Wohlhabenheit eines Haushalts, so belehrt uns der niedrige, zur Verfügung stehende Anteil für sonstige Ausgaben und Genußmittel[57] und die durch andere Quellen überlieferten Feststellungen über hohe Lebensmittelpreise[58] eines anderen. Daß der geringe Anteil der Lebensmittelausgaben auch keineswegs die Folge eines ausnahmsweise hohen Lohnstandes war, sondern 1889 eher das Jahr einer durchschnittlichen Lohnhöhe war, zeigt ein Blick auf die Entwicklung der Nominal- und Reallöhne[59]. Während insgesamt für die Bergarbeiter an der Ruhr das Haushaltsbudget durch die hohen Nahrungsmittelaufwendungen geprägt wurde, war es in Südwales eher durch die Ausgaben für das Wohnen.

Der ablesbar am geringeren, frei bleibenden Anteil für sonstige Ausgaben eher noch bescheidenere Lebensstandard der Bergarbeiter in Südwales gegenüber denen an der Ruhr konnte ebenso wie dort durch eine steigende Anzahl von Kindern — sichtbar in den Angaben für die Aufwendungen für Kleidung und Wohnung — sowohl belasten als auch — und dies, wie im folgenden zu zeigen sein wird, in stärkerem Maße als an der Ruhr — entlasten. Der hohe Anteil der Jugendlichen unter der Bergarbeiterschaft in Südwales zeigt den Weg zur Art und Weise dieser Entlastung.

Die Tabelle macht gegenüber der gleichmäßigeren, gleichsam ‚normalen' Altersverteilung in der Landwirtschaft — parallel zum Bevölkerungsaufbau — die Jugendlichkeit der Bergarbeiterbelegschaft insgesamt sichtbar. Während die walisische Bergarbeiterschaft in den beiden ersten Altersgruppen auch derjenigen in Durham überlegen war, betrug bei ihr der Anteil der unter 15 Jahre Alten fast dreimal soviel wie im Ruhrbergbau, und auch die Gruppe der 15- bis 19jährigen war immer noch deutlich stärker als an der Ruhr.

---

[55] Vgl. R. Hundt, Bergarbeiter-Wohnungen im Ruhrrevier, S. 33 ff.; E.D. Lewis, S. 202; Jevons, S. 122. Vgl. auch die jedoch offensichtlich zu niedrigen Kalkulationen bei: M.J. Daunton, Coal Metropolis Cardiff, 1870-1914, 1977, S. 85.

[56] Vgl. etwa Jevons, S. 637 ff.; Labour Yearbook 1916, S. 212.

[57] Die Angaben für Genußmittelausgaben lagen jedoch meist niedriger als ihr tatsächlicher Anteil.

[58] Jevons, S. 122; Labour Yearbook 1916, S. 212.

[59] Vgl. oben S. 552.

Männliche Beschäftigte in der Landwirtschaft und im Kohlenbergbau in Durham und Südwales (1871) sowie im Ruhrbergbau (1902) nach Altersgruppen (in %)[60]

Altersgruppe	Durham		Südwales		Ruhrgebiet
	Landwirtschaft	Kohlenbergbau	Landwirtschaft	Kohlenbergbau	Kohlenbergbau
Unter 15	2,9	9,9	4,5	10,4	3,84
15 - 19	7,5	16,8	15,6	17,6	15,05
20 - 24	8,1	14,7	11,3	16,7	16,66
25 - 34	19,8	23,5	17,5	23,9	35,23
35 - 44	19,8	16,4	14,4	14,9	19,78
45 - 54	16,2	10,3	14,0	9,5	7,65
55 - 64	12,9	5,5	11,7	5,0	1,65
über 64	12,8	2,9	11,0	2,0	0,14
Zusammen	100,0	100,0	100,0	100,0	100,00

Neben dem stärkeren Anteil der 25- bis 45jährigen im Ruhrbergbau zeigt die Tabelle auch, daß die Bergarbeiter in Südwales offensichtlich länger, wenn auch immer noch weniger lange als in Durham, arbeiteten als ihre Kameraden im Ruhrbergbau. Es dürfte dies das Ergebnis der höheren Unfallraten, der insgesamt gesundheitsschädlicheren Arbeitssituation, aber auch der durch die Knappschaft im Vergleich zu den „friendly societies" in Südwales wie in Großbritannien überhaupt besseren Alters- und Invaliditätsversorgung im Ruhrbergbau gewesen sein[61].

Der größte Teil der Bergarbeitersöhne in Südwales wurde in bereits jungen Jahren mit dem Vater zur Grube geschickt. Wohl alle der unter 15jährigen und der größte Teil der weniger als 20jährigen, oder mehr als ein Viertel der Gesamtbelegschaft, müssen also Söhne von Bergarbeitern gewesen sein. Im Ruhrbergbau lag dieser Prozentsatz höchstens bei 15%, eher jedoch bei nur 10%. Die Söhne der Bergarbeiter in Südwales trugen also in jüngerem Alter als diejenigen im Ruhrbergbau zum elterlichen Haushalt bei, und sie konnten dies — anders als an der Ruhr — in entscheidendem Ausmaß. Das Einkommen zweier Söhne unter 20 Jahren konnte leicht 80% bis 90%, bei knapp über 20 Jahre alten Jugendlichen 110% bis 120% des väterlichen

60 Nach: Census of England and Wales, 1871, Bd. 3, aus: D. Friedlander, Demographic Patterns, S. 49, und H. Münz, Die Lage der Bergarbeiter, S. 22 (nach AKV-Statistik). Aufgrund der oben (S. 263) beobachteten Konjunktureinwirkung auf die Altersstruktur der Bergarbeiterschaft wählen wir hier der besseren Vergleichbarkeit wegen die Angaben für den Ruhrbergbau für 1902. Die Bestimmung der Lebensaltersgruppen im Ruhrbergbau enden und beginnen jeweils ein Jahr später als hier angegeben.

61 Zur lange Zeit begrenzten Leistungsfähigkeit der „friendly societies" in Südwales vgl. E.D. Lewis, S. 184 f., und Morris/Williams, S. 243 f.

Lohns erreichen[62]. In den Jahren nach 1912 erreichten Jugendliche unter 15 Jahren in der Regel einen Wochenlohn von mindestens 13 s., der, gleichmäßig bis zum 20. Lebensjahr anwachsend, auf eine Höhe von mindestens 27 s., gegenüber einem Hauerlohn von ca. 50 - 55 s. anstieg[63]. Konnten in dieser Weise die Söhne der Bergarbeiter in Südwales durch ihren Verdienst im Bergbau wesentlich zum Haushaltsbudget ihrer Eltern beitragen, so wurde diese Chance im Ruhrbergbau besonders nach 1890 immer geringer, es sei denn, die Bergarbeitersöhne wechselten in die Eisenindustrie über, deren Löhne auch für Jugendliche — wie wir oben sahen — sehr viel schneller anstiegen als etwa im Bergbau.

War das Moment der Invaliditäts- und Altersversorgung der Bergarbeiter an der Ruhr durch das frühe und unmittelbare staatliche Engagement: die Errichtung der Knappschaft, schon seit langer Zeit als Anreiz und Notwendigkeit der Kinderarbeit weggefallen, so war es nun, seit ca. 1890, das lange gültig gebliebene Moment der Beisteuerung zum anwachsenden elterlichen Haushalt. Im Bergbau von Südwales dagegen, wie auch in anderen britischen Bergbaurevieren, etwa — wie wir vorher sahen — in Durham, blieben beide Momente bis 1914 unverändert in voller Wirkung und die Unternehmen steuerten mit ihren relativ hohen Löhnen für Jugendliche gleichsam dem allgemeinen Abfallen der Geburtenrate entgegen. Die folgende Tabelle zeigt den hieraus resultierenden Unterschied im generativen Verhalten der Bergarbeiterfamilien im Vergleich zur übrigen Bevölkerung eindrucksvoll.

Durchschnittliche Anzahl von Kindern in Familien von Erwerbstätigen im Bergbau sowie in allen anderen Berufen in England und Wales im Jahre 1911[64]

Es wurden von Frauen mit einem Heiratsalter von 20 - 24 Jahren nach Heiratsdauer an Kindern geboren:		
	Beruf des Ehemannes	
Heiratsdauer (Jahre)	Bergbau	alle anderen
0 - 2	0,52	0,44
2 - 5	1,53	1,36
5 - 10	2,89	2,51
10 - 15	4,44	3,68
15 - 20	5,71	4,81
20 - 25	6,81	5,82

Nach 25 Ehejahren hatte noch im Jahre 1911 durchschnittlich jede Bergarbeiterfamilie mit 6,8 Kindern ein Kind mehr als die Familien aller anderen

62 Vgl. Nasse, Über die Haushaltung, S. 403; G.v. Schulze-Gävernitz, Der Großbetrieb, S. 237/41 (für Northumberland).

63 Jevons, S. 622.

64 Nach: Registrar General for England and Wales, Bd. 12, Teil 2, Census of England and Wales 1911, S. 171, aus: D. Friedlander, S. 42.

Erwerbstätigen. In Südwales dürfte, gemessen am oben berechneten, relativen natürlichen Bevölkerungswachstum, diese Zahl mindestens erreicht worden sein.

Aus dem vorausgeschickten folgt, daß, während bei den Bergarbeitern in Südwales, ähnlich wie bei den Heimarbeitern der protoindustriellen Phase[65], die unmittelbar ökonomischen Motive bei der Zeugung und dem Aufziehen von Kindern im Vordergrund standen und stehenblieben, bei den Bergarbeitern an der Ruhr in abnehmendem Maße diese Motive und zunehmend die — oben aufgezeigten — allgemeinen bevölkerungs- und gewerbespezifischen Wirkungen und Zwänge es waren, die zu einer im Vergleich zur jeweiligen Umgebung höheren Kinderzahl pro Familie führten[66].

Hatte sich bei den Bergarbeitern an der Ruhr — beinahe unversehens — durch das Absinken des Lohnanteils der Söhne ab etwa 1890 wohl die ökonomische Basis der Familien, kaum aber ihr generatives Verhalten geändert, so trat für den Bergarbeiterhaushalt in Südwales in beiden Hinsichten kein bemerkenswerter Wandel auf. Ebensowenig veränderten sich — wie an der Ruhr, wie wir sahen — die übrigen Bedingungen und Umstände des häuslichen Lebens. Die Ehefrauen und Mütter, die meist ihrerseits Bergarbeiterkinder waren, blieben zu Hause, um, nach der Aussage eines Zeitgenossen, „auf dem Niveau vollständiger Gleichheit“ im häuslichen Bereich mit dem Ehemann[67], eine wachsende Familie zu versorgen und großzuziehen. Hierbei halfen ihnen — wie meist im Ruhrbergbau — die Töchter, die zu

[65] Vgl. hierzu etwa: H. Medick, Zur strukturellen Funktion von Haushalt und Familie im Übergang von der traditionellen Agrargesellschaft zum industriellen Kapitalismus: die protoindustrielle Familienwirtschaft, in: W. Conze, Hg., Sozialgeschichte der Familie in der Neuzeit Europas, 1976, S. 254-83; ders., Die protoindustrielle Familienwirtschaft, in: P. Kriedte, H. Medick, J. Schlumbohm, Industrialisierung vor der Industrialisierung. Gewerbliche Warenproduktion auf dem Lande in der Formationsperiode des Kapitalismus, 1977, S. 90-155, bes. S. 112 ff.

[66] Eine Rolle mag hierbei auch die jeweils möglicherweise unterschiedliche Zahl von ‚Ersatzgeburten‘ gespielt haben. Während nämlich im Ruhrgebiet wie in Südwales die Kindersterblichkeit zunächst ab den 1870er Jahren anstieg, spätestens ab der Jahrhundertwende jedoch wieder absank, blieb sie bis 1914 in Südwales deutlich höher als im Ruhrgebiet. So starben im Jahre 1910 von 1.000 Lebendgeborenen im ersten Lebensjahr in:

Südwales:	Aberdare	213
	Rhondda	183
	Merthyr Tydfil	173
	Glamorgan	154
England und Wales:		122
Ruhrgebiet:	Reg. Bez. Düsseldorf	129
	Reg. Bez. Münster	139
	Reg. Bez. Arnsberg	122
Preußen:		157

Vgl. E.D. Lewis, S. 214; Brandt/Most, Bd. 2, S. 60.

[67] A.G. Jones, The Economic and Social History of Ebbw Vale, S. 188.

Hause blieben, bis sie ihrerseits einen Ehemann, meist wiederum einen Bergmann, gefunden hatten. Nur in längeren Phasen von niedrigen Löhnen und Arbeitslosigkeit wurden sie in die Fremde, meist nach England (z. B. London), entlassen[68]. Die Söhne blieben offensichtlich — wie auch im Ruhrbergbau — meist bis zu Beginn des dritten Lebensjahrzehnts im elterlichen Haushalt, um sodann, oft nicht weit entfernt, einen eigenen Hausstand zu gründen. Auch aufgrund dieses individuellen Lebensganges dürfte sich der Aufstiegswille der Bergarbeiter — wie wir oben sahen — im wesentlichen auf den Bereich des Bergbaus beschränkt haben[69].

Der Lohn der Söhne bildete durchgehend die hauptsächliche Ausgleichsmöglichkeit des Bergarbeiterbudgets in Südwales. Doch war auch er von den Konjunkturen des Bergbaus abhängig. Die einzige konjunkturunabhängige Möglichkeit, die an der Ruhr — wie wir sahen — zumindest kurzfristig eine nicht zu unterschätzende Rolle spielte, die Viehhaltung, war den Bergarbeitern in Südwales durch die Enge der Wohn- und Siedlungsverhältnisse weitgehend genommen. Nur an den Rändern des Reviers, besonders im Anthrazitgebiet, konnte sie zur Geltung kommen. Neben der auch hier blühenden, kurzfristig überbrückenden Sitte des Borgens, deren durch die Unternehmer organisierte und ausgebeutete Grundlage: das Trucksystem, seit den 1880er Jahren weitgehend beseitigt worden war[70], kam als dritte Möglichkeit des Budgetausgleichs und seiner Aufstockung — wie im Ruhrgebiet — die Aufnahme von Kostgängern in Frage. Besonders in den Ballungsräumen des Rhonddatals und anderer Regionen nahmen viele Bergarbeiterfamilien — manchmal auch erst durch den Zwang der hausbesitzenden Unternehmen — bis zu vier meist unverheirateter Kostgänger auf, die gleichfalls zur Grube gingen. Diese konnten mit ihrem Kostgeld wenigstens etwas zur Entlastung des Haushaltsbudgets beitragen. In den 1880er Jahren, als die Wochenlöhne der Bergarbeiter etwa zwischen 20 s. und 25 s. betrugen, bezahlten sie ein wöchentliches Kostgeld von 2 s. 6 d. bis 3 s. 6 d.[71].

Insgesamt läßt sich für den Haushalt der Bergarbeiter in Südwales feststellen, daß alle Einkommensmöglichkeiten unmittelbar an die Konjunkturen des Bergbaus gebunden waren und daß sie insbesondere auch durch den hohen Anteil der feststehenden Ausgaben für Wohnung, aber auch Kleidung, sowie infolge des fehlenden Syndikats bis 1914 sehr viel stärker unmittelbar den Wirkungen der Kohlenkunjunkturen ausgesetzt blieben als im Ruhrgebiet.

[68] Vgl. B. Thomas, The Migration of Labour, S. 288, 291.

[69] Zum Ganzen vgl. Jevons, S. 620 ff.

[70] Zum — trotz mehrfachen gesetzlichen Verbots — in Südwales bis in die 1870er Jahre blühenden Trucksystem vgl. bes. den Report of the Commissioners appointed to enquire into the Truck System, P.P. 1871, Bd. XXXVI, S. V - XIV; auch: Morris/Williams, S. 224-30.

[71] E.D. Lewis, S. 203.

5. Die Wohnung

Ebenso wie potentiell eine große Anzahl von Kindern und die Aufnahme von Kostgängern entscheidend zum Ausgleich des Familienbudgets beitragen konnten, so verstärkten sie gleichzeitig — wie die Bevölkerungszunahme insgesamt — die Wohnungsnot. Die Feststellungen, die der Polizeiinspektor von Pentre im Ort Ystrad im Rhonddatal im Jahre 1899 machte, schilderten wohl nicht die durchschnittliche Wohnungssituation der Bergleute, aber wohl auch keine außergewöhnliche Ausnahme. „In sieben Häusern war jeweils ein Raum von Kostgängern besetzt, in fünf Häusern zwei Räume, und in zwei Häusern waren jeweils vier Räume vermietet. In diesen 25 Räumen fanden wir 51 Betten, besetzt von 55 Männern, 9 Frauen und einem Kind“[72].

Daß solche und ähnliche Zustände, besonders auch angesichts der Tatsache, daß sich nach der Arbeit alle Bergarbeiter, anders als im Ruhrgebiet, zu Hause waschen mußten, wie ein Zeitgenosse sich ausdrückte, zu „Schwierigkeiten und Unbehagen“ führen konnten und oftmals das Familienleben zerrütteten, überrascht auch im Vergleich zum Ruhrgebiet kaum[73].

Die Knappheit an Wohnraum in Südwales war nicht nur das Ergebnis des Bevölkerungswachstums, sondern auch der Struktur des Baumarktes, der weitgehend kleinen und kapitalschwachen Bauherren überlassen blieb. Im Gegensatz — wie wir sahen — zu den Unternehmen des Ruhrbergbaus und dem Engagement der größeren, gleichzeitig landbesitzenden Bergbauunternehmer Nordenglands, griffen die Unternehmer in Südwales hier kaum ein. Neben den an älteren, patriarchalischen Vorbildern orientierten Eisenwerken waren es im Bergbau fast während des ganzen 19. Jahrhunderts als Ausnahmen wohl nur die größeren Unternehmen, die für ihre Arbeiter Wohnraum schufen[74]. Trotz der wachsenden Schwierigkeiten ihrer Arbeiter, Wohnungen (in der Nähe der Werke) zu finden[75], und der günstigeren finanziellen Situation der nach 1900 stark an Bedeutung zunehmenden Großunternehmen wohnten bis zum Beginn des Weltkrieges keinesfalls

---

[72] 9. Report of the M. O. H. to the Ystradyfodwg local Board, 1899, S. 66; Jevons, S. 657/8; M. Turner, The Miners' Search for Self-Improvement. The History of Evening Classes in the Rhondda Valley from 1862-1914, 1967, S. 43. Für ähnliche und schlimmere Wohnungsverhältnisse in Südwales in den vorhergehenden Jahrzehnten vgl. etwa N. Edwards, The Industrial Revolution in South Wales, S. 42 ff.; Morris/Williams, S. 240/2; Jevons, S. 127/8; Lewis, S. 182/3, 205; Coal and Power. The Report of an Enquiry presided over by D. Lloyd George, 1924, S. 157 ff.; Morris/Williams, S. 239/40; CIC 1919, Bd. 2, S. 1019/22.

[73] Jevons, S. 657.

[74] Lewis, S. 201/2; Jevons, S. 64, 647/8, 653; P.N. Jones, S. 13; Morris/Williams, S. 240/1; Nasse/Krümmer, S. 87-9; H. Carter, The Towns, S. 308/9.

[75] Jevons, S. 129, 657.

mehr als ein Siebtel der gesamten Bergarbeiterschaft in unternehmenseigenen Häusern. Bei einer Unternehmensumfrage Anfang 1919[76] waren von insgesamt

64.051	erfaßten Häusern
12.284	Bergwerkseigentum,
2.655	von den Unternehmen gepachtete und weitervermietete Häuser,
12.335	von Arbeitern gebaute und
36.777	weder den Unternehmen noch den Arbeitern gehörende Häuser.

Hiernach wohnten kaum mehr Bergarbeiter in Unternehmens- als in eigenen Häusern, während der größte Teil in fremd vermieteten Wohnungen lebte.

Selbst nach der Aufgabe des Trucksystems nutzten also die Bergbauunternehmer in Südwales, anders als ihre Kollegen an der Ruhr, auch diese Möglichkeit zur Kontrolle der Fluktuation ihrer Arbeiter kaum. Neben der auch ohnehin im Vergleich zum Ruhrgebiet — wie wir oben sahen — niedrigen Fluktuationsrate und den aufzuwendenden Kapitalien mag hierbei eine Rolle gespielt haben, daß Zwangsräumungen der Wohnungen von Bergarbeitern als Mittel der Maßregelung, wie sie in Nordengland vorkamen, immer weniger von der britischen — anders als offensichtlich der deutschen — öffentlichen Meinung toleriert wurden[77].

Ein weiterer Unterschied zum Ruhrgebiet war wichtig. Der Baumarkt in Südwales war eher für kleinere Kapitalanleger erreichbar als dort. Kostete im Ruhrgebiet in den Jahren um 1900 ein Einfamilienhaus vielleicht etwa 5.000 - 6.000 M, so war in Südwales ein solches schon für 2.400 - 2.800 M (beide ohne Grundstück) zu erlangen[78]. So kam es, daß hier hauptsächlich Kleinhändler und Gastwirte, also ebenso konjunkturabhängige wie an relativ kurzfristiger Rentabilität interessierte Kreise, sowie spezielle Arbeiterklubs Träger des Bauwesens waren[79]. Prinzipiell war also ein eigenes Haus für die Bergarbeiter in Südwales leichter erreichbar als für ihre Kameraden an der Ruhr. (Manche Arbeiter besaßen sogar drei oder vier Häuser.)[80] Und der zumindest vorübergehende Erfolg vieler Arbeiterwohnungsklubs spricht dafür. Doch offensichtlich mit den nach 1902/03 abfallenden Löhnen

[76] Vgl. die Zusammenstellung in: CIC 1919. Bd. 3, S. 208/9.

[77] Nach Jevons, S. 644 f.

[78] Vgl. die Angaben bei R. Hundt, Bergarbeiter-Wohungen, S. 26, F. Kempken, S. 102, und E.D. Lewis, S. 202. Zu Zahlenangaben für die 1870er und 1880er Jahre im Ruhrgebiet vgl. auch Tenfelde, S. 324.

[79] Vgl. hierzu bes. Jevons, S. 637 ff.

[80] Im Jahre 1909 z. B. gehörten im Rhonddatal von insgesamt etwa 25.000 Häusern mehr als 5.000 Häuser selbstbewohnenden Hauseigentümern. Der jeweilige Wert der Häuser überstieg allerdings nicht 200 Mark. Vgl. Lewis, S. 226.

sank das Interesse der Arbeiter am Hauseigentum, mußten sie doch für ein Haus während einer Zeit von 15 bis 25 Jahren eine monatliche Rate von 15 s. bis 24 s. oder mindestens ebensoviel wie die monatliche Miete zusätzlich aufbringen[81].

Resultat dieser möglichst sparsamen und besonders kurzfristig profitablen Bauweise, aber auch der räumlichen Beschränkung der Bergbautäler war — stärker noch, als es im Ruhrgebiet in wachsendem Maße der Fall war — die ungeheure Einheitlichkeit in der Wohnweise der Bergarbeiter in Südwales. Jede (Klein-) Familie bewohnte in der Regel, soweit dies irgendwie möglich war, ein ganzes Haus für sich. Nicht nur waren die Häuser, die in endlosen Reihen nebeneinander und nur durch eine Straße getrennt gegenüber lagen, von außen her gleich, sondern auch ihre innere Aufteilung und Ausstattung kannten so gut wie keine Unterschiede. Alle besaßen vier oder fünf kleine Räume, ein oder zwei Wohnzimmer und Küche im Erdgeschoß und zwei oder drei Schlafzimmer im ersten Stock[82].

Hatten sich die Wohnungsverhältnisse der Bergleute in Südwales während der zweiten Hälfte des 19. Jahrhunderts durch die nur allmähliche Zuwanderung und die rege Bautätigkeit gegenüber den Stadien der früheren Industrialisierung in Wales (z. B. Merthyr) eher gebessert als verschlechtert[83], so trat mit der verstärkten Zuwanderung ab den 1890er Jahren eine erneute Wende ein. Die Bautätigkeit kam aus den oben angedeuteten Gründen nicht mehr dem Bevölkerungswachstum nach.

Bevölkerungswachstum und Zunahme der Wohnungen in Südwales, 1901 - 1911[84]

Grafschaft	Bevölkerungswachstum (in %) 1901 - 1911	Zunahme der Wohnungen (in %) 1901 - 1911	Bevölkerungswachstum auf jede neu hinzugekommene Wohnung (Personen)
Glamorgan	30,34	19,72	6,34
Monmouth	32,75	27,22	6,07
Carmarthen	18,53	14,15	5,70
Brecknock	9,35	5,90	6,80

Deutlich bleibt die Zunahme der Wohnungen in allen südwalisischen Grafschaften, besonders aber in Glamorgan, zwischen 1901 und 1911 hinter

[81] Nach Jevons, S. 122, 647.

[82] Vgl. die Beschreibung ebenda, S. 127.

[83] Vgl. etwa N. Edwards, The Industrial Revolution, S. 42 ff.; Morris/Williams, S. 240-2; Jevons, S. 127 f.

[84] Tabelle nach: Jevons, S. 639.

dem Bevölkerungswachstum zurück. Die Auswirkungen dieser Entwicklung auf die Wohnweise macht die folgende Zusammenstellung deutlich.

Anzahl der Bewohner pro Haus, der Mietwohnungen und der leerstehenden Wohnungen in Südwales, 1901 - 1911[85]

Grafschaft	Anzahl der Bewohner pro Haus		Anzahl der Mietwohnungen (in %)		Anzahl der leerstehenden Wohnungen (in %)	
	1901	1911	1901	1911	1901	1911
Glamorgan	5,46	5,52	7,93	9,49	5,94	2,58
Monmouth	5,35	5,43	6,58	8,05	9,44	2,93
Carmarthen	4,65	4,73	2,06	2,78	6,13	4,29
Brecknock	4,68	4,74	2,31	2,25	7,22	5,34

Während sich in Großbritannien insgesamt zwischen 1891 und 1911, besonders nach 1901, der Wohnungsmarkt entspannte[86], nahm in Südwales auch zwischen 1901 und 1911 die Zahl der Einwohner pro Haus sowie der Anteil der in — unbeliebten — Mehrfamilienhäusern Wohnenden zu und der Anteil der unbewohnten Wohnungen ab. Oft teilten sich nun zwei Familien ein normales Einfamilienhaus und allein in Glamorgan stieg die Anzahl der in größeren Miethäusern wohnenden Familien zwischen 1901 und 1911 um 9.740 auf 21.322 an. Und im Rhonddatal wurden im Jahre 1911 von den insgesamt 26.250 bewohnten Häusern 705 für zur weiteren Bewohnung „untauglich" befunden[87]. Während sich in dieser Weise die Wohnverhältnisse für die Bergarbeiter in Südwales komplizierten, sprechen für das Ruhrgebiet zumindest einige Zahlen, hier für Essen, während der gleichen Zeit für eine relative Entspannung.

Verbesserte sich in der Dekade nach 1900 die Wohnlage in Essen und vielleicht ebenso in anderen Teilen des Ruhrgebietes auch in der typischen Wohnungsgrößenklasse der Arbeiterschaft, so verschlechterte sie sich in Südwales. Die Wohnungszunahme war hier in dieser Phase deutlich hinter dem Bevölkerungswachstum zurückgeblieben, obwohl sie keineswegs dem relativen Abfall der Neubauraten im gesamtbritischen Kontext folgte. 1914

[85] Nach: Jevons, S. 640.

[86] Vgl. etwa E. Gauldie, Cruel Habitations. A History of Working-Class Housing, 1780-1918, 1974, S. 319/20.

[87] H.S. Jevons, S. 126; Lewis, S. 202; Rhondda Socialist, 16.3.1912, zit. nach: J.A. Cartwright, A Study in British Syndicalism: The Miners of South Wales 1906-1914, 1969, S. 130.

Durchschnittliche Anzahl der Bewohner pro Haus bzw. pro Wohnung in Monmouthshire und Glamorgan sowie in Essen, 1900/01 - 1910/11[88]

Jahr	Monmouth	Glamorgan	Essen		
	Haus	Haus	Wohnung mit Räumen		
			3	4	5
1900/01	5,35	5,46	5,22	5,72	5,87
1910/11	5,43	5,52	4,85	5,47	5,38

wurde die Zahl der fehlenden Häuser auf mindestens 20.000 geschätzt[89]. Während im Ruhrgebiet in der Zeit nach 1900 eine relative Verbesserung, zumindest aber keine durchgehende Verschlechterung der Wohnverhältnisse der Bergleute zu verzeichnen war, trat für die Bergarbeiter in Südwales in dieser Phase neben die Belegschaftsverschiebungen und den Wandel im Arbeits- und Lebensrhythmus eine weitere, entscheidende Veränderung ein. Einerseits war durch das verstärkte Eindringen von Kostgängern in schon überfüllte Häuser und durch das häufigere Beziehen von Mietwohnungen die lange gepflegte Intimität und Integrität des engeren Familienverbandes sowie sich an sie knüpfende, seit Generationen tradierte Überzeugungen und Erwartungshaltungen bedroht, zum anderen schien durch die Tatsache, daß eine wachsende Anzahl von Bergarbeitern durch die Knappheit an Wohnungen oft 20 bis 30 km entfernt von ihrer Arbeitsstelle wohnen mußten[90], eine Erscheinung, die an der Ruhr schon lange keine Seltenheit mehr war, sich der zweite, traditionell so wichtige Verband für die Bergleute in Südwales, die Einheit von Betriebs-, Lebens- und Wohngemeinschaft, — wenn auch erst in Ansätzen — aufzulösen.

6. Die soziale Umwelt

Gegenüber den im vorhergehenden beschriebenen, vollzogenen oder sich erst ankündigenden, wesentlichen Veränderungen in der unmittelbaren Lebenswelt der südwalisischen Bergarbeiter gab es neben dem hohen Grad

[88] Zusammengestellt nach den Angaben bei: Jevons, S. 640, und K.J. Meyer, Die Entwicklung der Essener Wohnungsverhältnisse seit 1900, 1914, S. 19.

[89] J.H. Richards/J.P. Lewis, House Building in the South Wales Coalfield, 1851-1913, in: W.E. Minchinton, Hg., Industrial South Wales, S. 235-248, S. 241-3; P.N. Jones, Colliery Settlement in the South Wales Coalfield 1850 to 1926, S. 14/5; A.K. Cairncross, Home and Foreign Investment, S. 149-157; B. Thomas, Migration and Economic Growth, S. 451; Jevons, S. 129.

[90] Vgl. etwa: Jevons, S. 129.

an herkunftsmäßiger Homogenität und der Stabilität der Haushaltsverhältnisse ein weiteres beharrendes Moment: die soziale Umwelt.

Anders als für ihre Kameraden an der Ruhr, die mit der Ausdehnung der eigenen Industrie dem bedeutenden Wachstum mehrerer anderer Industriezweige und damit einer entscheidenden Vermehrung sowohl der Arbeiterschaft als auch der übrigen Schichten in anderen Bereichen als dem eigenen gegenüberstanden, war für die Bergleute in Südwales Industrialisierung weitgehend gleichbedeutend mit der Expansion ausschließlich des eigenen Industriezweiges. Gegenüber der dominierenden und weiterhin anwachsenden Position des Kohlenbergbaus fielen in Südwales alle anderen Gewerbezweige absolut und relativ zurück.

Beschäftigte in den Haupterwerbszweigen in Südwales und Großbritannien, 1851 - 1911[91]

Von jeweils 1.000 der Bevölkerung waren beschäftigt in:	Großbritannien			Südwales		
	1851	1911	Ab-/ Zunahme	1851	1911	Ab-/ Zunahme
1. Metalle	21	33	+12	44	39	- 5
2. Häuslicher Dienst	48	45	- 3	35	31	- 5
3. Wolle	14	7	- 7	3	1	- 2
4. Baumwolle etc.	34	19	-15	-	-	-
5. Seide, Stroh, Hüte, Strümpfe, Handschuhe	15	4	-11	2	-	- 2
6. Bergbau u. Steinbrüche	16	27	+11	69	119	+50
7. Schuhmacher, Müller, Schneider, Sattler, Zimmerleute	32	20	-12	29	12	-17
8. Eisenbahn	3	12	+ 9	3	15	+12
9. Chemikalien, Glas, Töpferei, Papier	4	6	+ 2	2	1	- 1
10. Kutschen- und Schiffsbau	2	4	+ 2	2	3	+ 1
11. 'Neue' Industrien (Autos, Fahrräder, Elektro)	-	5	+ 5	-	2	+ 2
12. Kommerz	3	22	+19	2	14	+12
13. Landwirtschaft	85	26	-59	86	17	-69

Wie 1851 waren — mit Ausnahme der Landwirtschaft — im Jahre 1911 immer noch hinter dem Bergbau die bedeutendsten Gewerbezweige die

[91] Nach: E.H. Hunt, Regional Wage Variations, S. 150; vgl. auch: C.H. Lee, Regional economic growth, S. 225 ff.

Metallindustrie und das häusliche Dienstgewerbe, obwohl beide um relativ 5 bzw. 4 Beschäftigte zurückgefallen waren. Von allen anderen Gewerbezweigen hob sich — bei einem Anteil, der das Vier- bis Fünffache dessen in Großbritannien erreichte — der Bergbau ab, dessen Wachstum um fast das Doppelte auch die anderen beiden wichtigsten Wachstumsbereiche, nämlich Eisenbahnen und Kommerz, mit sich gerissen hatte. Im relativen Rückgang der anderen Gewerbezweige, mit Ausnahme der Metallindustrie und der chemischen (usw.) Industrie, folgte Südwales der nationalen Entwicklung.

Keiner der anderen Gewerbezweige in Südwales erreichte im Jahre 1911 nur ein Drittel, die meisten weit weniger, der relativen Beschäftigtenzahl des Kohlenbergbaus. Mehr noch in den weitgehend von den anderen Industrien abgeschirmten Tälern des Bergbaus waren und blieben die Bergleute weitgehend unter sich. So waren etwa im Rhonddatal im Jahre 1901: 69%, 1911: 65,1% der männlichen Bevölkerung mit über 10 Lebensjahren und 73% der männlichen Beschäftigten überhaupt im Bergbau tätig, und etwa 95% der Bevölkerung gehörte zu Familien, die unmittelbar oder mittelbar vom Bergbau abhängig waren[92]. Selbst in Gegenden und Ortschaften wie Ebbw Vale und Merthyr Tydfil, wo mehrere Tausend von Eisen- und Stahlarbeitern — in kleinerem Maße andere Gewerbe — konzentriert waren, waren die Bergarbeiter immer noch um ein Vielfaches an Zahl überlegen[93]. Während im Ruhrgebiet der engere, überbetriebliche Kontakt unter den Bergarbeitern durch religiöse, landsmannschaftliche, gewerkschaftliche und z. T. parteipolitische Bindungen und in weitem Ausmaß durch das relativ anonyme Massenmedium der Zeitung erst gleichsam hergestellt werden mußte, ergab er sich durch die weitgehend monoindustrielle Ausrichtung innerhalb der engen Täler, in denen Arbeitsplatz und Wohnungen immer noch meist eng zusammen lagen, von selbst[94].

Inmitten einer trotz des großen Bevölkerungswachstums gewerblich und sozial beinahe — im Gegensatz zum Ruhrgebiet — unveränderten Umwelt hatten sich auch die unmittelbaren Lebensverhältnisse der Bergarbeiter in Südwales lange Zeit kaum gewandelt. Sie blieben gekennzeichnet — anders als an der Ruhr — durch den hohen Grad der Homogenität der Bergleute, die geringen Aufstiegsmöglichkeiten, durch das im Verhältnis zu anderen, umliegenden Gewerben steigende und innerhalb der Bergarbeiterschaft sich ausgleichende Lohnniveau, aber auch die durchschlagende Wirkung der Konjunkturen des Bergbaus und der sonstigen Wechselhaftigkeiten und

[92] Vgl. E.D. Lewis, S. 140, 251; Jevons, S. 621; R. Gregory, The miners and British politics, S. 2.

[93] A.G. Jones, The Economic and Social History of Ebbw Vale, S. 177; G.R. Belshaw, The Changing Economic Geography of the Merthyr Valley, S. 12 f.

[94] Es fällt auf, daß man in den Kreisen der Bergarbeiter von Südwales bis zum Ende des Ersten Weltkrieges eine eigene Zeitung nicht vermißte.

Unsicherheiten der bergmännischen Arbeit sowie die Bemühungen um deren materielle und psychologische Bewältigung, für die die Verbände der Familie und des Wohnortes den entscheidenden sozialen Rahmen bildeten.

Spürbare Veränderungen dieser Lebenswelt der Bergarbeiter in Südwales brachte im wesentlichen erst die rasche wirtschaftliche Entwicklung der Zeit nach 1890 und besonders nach 1900. Obwohl die unmittelbare Arbeit vor Ort von der erst einsetzenden Maschinisierung des Abbaus — wie im Ruhrbergbau — kaum berührt wurde, änderte sich auch als Folge des von den Bergleuten selbst erkämpften Acht-Stunden-Tages die Belegschaftszusammensetzung sowie der Arbeits- und Lebensrhythmus der Bergarbeiter in Südwales drastisch. Folge hiervon wiederum, aber auch der mit der wirtschaftlichen Expansion stark angestiegenen Zahl der Zuwanderer (und der hierdurch zunehmenden Wohnkosten), war die drohende und schon in Ansätzen verwirklichte Auflösung der für ihre geistige und materielle Lebenswelt so wichtigen sozialen Verbände der Familie und des Wohnortes. Anders als im Ruhrbergbau, wo diese Veränderungen, die ja prinzipiell die Auswirkungen der großbetrieblichen Produktionsweise darstellten, das Ergebnis jahrzehntelangen Wandels waren und in der Phase nach 1902/03 sich ihrerseits auf dem Weg zum Ausgleich und zu einer neuen Einheit befanden, mußte die plötzliche Kumulation dieser Veränderungen — trotz der, anders als im Ruhrbergbau, Aufrechterhaltung der Bedeutung der Arbeit der Bergarbeitersöhne — besonders auch angesichts ihrer auf weite Strecken nach wie vor intakten, sozialen Verarbeitungsmechanismen zu Reaktionen der Bergarbeiter in Südwales führen.

5.2.1.2. Die Deutung und Bewältigung der sozialen Lage: Die kollektive Selbstfindung und die Herausbildung, Organisation und Durchsetzungschance der Interessen

Die Identifikation und das Zugehörigkeitsgefühl der Bergarbeiter in Südwales war lange Zeit nicht — wie bei ihren Kameraden an der Ruhr — das Produkt eines Prozesses der individuellen und kollektiven Deutung der eigenen sozialen Lage im Vergleich zu der anderer gesellschaftlicher Gruppen, sondern blieb die gleichsam automatische Folge des unmittelbaren Erlebens der für sie eng miteinander verbundenen Bereiche der Arbeit und des Wohnens. Ergebnis dieser Art von unmittelbarer und eher unreflektierter Solidarisierung war, daß das jeweilige Zusammengehörigkeitsgefühl auf lange Zeit auf die überschaubaren und unmitelbar erlebbaren Bereiche eines Ortes oder eines Tales beschränkt blieb. Durch das lange Vorherrschen des Kleinbetriebes sowie die unveränderte Kontinuität ihrer gewerblichen und sozialen Umgebung schien eine vermitteltere Haltung zu ihrer Umwelt und eine mehr reflektierte Deutung ihrer eigenen (relativen) sozialen Lage einerseits unnötig, andererseits unmöglich.

Ein übriges trug hierzu die ausbleibende Stiftung der Identität bei, die im Ruhrbergbau der Staat als Resultat seines frühen unmittelbaren wirtschaftlichen Engagements den Bergleuten auch im überlokalen Bereich vermittelt hatte. Die reale Basis dieser Identität der Bergarbeiter im Ruhrgebiet, ebenso wie in den anderen deutschen Revieren, bildete eine auch gegenüber ihrer unmittelbaren Umwelt — wie wir oben sahen — deutliche Privilegierung, von der die Lage der Arbeiter im südwalisischen wie im britischen Bergbau insgesamt, wie weiter unten klar wird, deutlich abstach. Doch umgekehrt zum Ruhrgebiet, wo die Privilegierung und materielle Sicherung gleichzeitig auch eine Disziplinierung und Entmündigung der Bergarbeiter mit sich gebracht hatte, beschleunigten die schlechten Verhältnisse im südwalisischen wie im britischen Bergbau, die beinahe nur noch eine Verbesserung zuließen, und die fehlende materielle Sicherung der Bergleute den Willen und den Weg zur Selbsthilfe.

Von dem langen Vorherrschen des Kleinbetriebes, der geringen gewerblichen und sozialen Differenzierung, der schlechten Lage der Bergarbeiterschaft und dem Fehlen staatlichen Engagements hingen nicht nur Förderung und Hemmung der Interessenfindung und -organisation ab, sondern diese Faktoren bestimmten ebenso deren Formen und Inhalte und damit auch die Chance zur übergreifenden Definition und Deutung der eigenen Lage auf seiten der Bergarbeiter in Südwales.

5.2.1.2.1. Die Vereine

Anders als bei den Ruhrbergarbeitern, wo die langfristige, materielle Sicherung die Vereinsbildung weitgehend auf gesellige Zwecke beschränkt hatte, standen bei den Bergleuten in Südwales von vornherein die zu einem spezifischen, materiellen Zweck geschaffenen Vereine im Vordergrund. Die Bedürfnisse nach Versicherung gegen Unfall und Tod, nach ärztlicher Versorgung, nach Wohnraum sowie nach Schulen und Kirchen führte zur Gründung von ‚friendly societies', von medizinischen, Hausbau-, Schul- und Kirchenvereinen, Bedürfnisse, die im Ruhrgebiet zur gleichen Zeit schon durch die Aktivitäten des Staates, der Kirchen und z. T. der Unternehmer abgedeckt wurden. Selbst die Kirchenvereine dienten nicht nur den religiösen Bedürfnissen der Bergarbeiter, sondern auch denen nach schulischer Ausbildung, waren doch Schulen und Kirchen lange Zeit durch die Person des Geistlichen und Lehrers miteinander aufs engste verzahnt[95]. Anders als im

[95] Zu den Vereinen und ihren Aufgaben vgl. Morris/Williams, S. 242-5; E.D. Lewis, The Rhondda Valleys, S. 184 ff., 205 ff., 225 ff.; Jevons, S. 629-633.

Ruhrgebiet brauchten die kleinen und in sich geschlossenen, örtlichen Gemeinschaften zusätzlich zu ihrer „Kapelle“ keine besonderen geselligen Vereine. Das ganze Dorf bildete Arbeits- und Lebensgemeinschaft und bedurfte keiner vermittelnden Institutionen.

In vielen der für ihr materielles Leben und Überleben so wichtigen, zweckgebundenen Vereine verkehrten sie beinahe selbstverständlich mit den Geistlichen sowie mit Angestellten und Unternehmern, und hier war es, wo sie — anders als ihre Kameraden an der Ruhr — zu relativ früher Zeit die Fähigkeit zur Geschäftsführung und zu verantwortlicher Selbstverwaltung erlernen und entwickeln konnten. Erst mit der Entwicklung des Großbetriebs, der allmählich sich durchsetzenden Urbanisierung und mit der beginnenden Zunahme der Angestellten und des Mittelstandes insgesamt und ihrem Abrücken von der Arbeiterschaft ab etwa 1890 wurden in zunehmendem Maße Vereine mit ausschließlich geselligem Zweck von den Bergarbeitern gegründet, und der Mittelstand begann, sich in eigenen Vereinen zusammenzuschließen[96]. Vor allem Gesang- und Sportvereine erfüllten die sich differenzierenden Bedürfnisse einer sich in der Urbanisierung befindlichen Bevölkerung. Zentrum der Kommunikation der örtlichen Gemeinde und in mancher Richtung auch meinungsbildender Faktor jedoch blieb bis zum Ersten Weltkrieg die „Kapelle“, obwohl diese zunehmend — wie unten zu zeigen sein wird — ihrer ehemaligen weltanschaulich-ideologischen Führungsrolle für die Bergarbeiter verlustig ging.

5.2.1.2.2. Die Interessenverbände

Wie im Ruhrgebiet, so sollten auch in Südwales die Interessenorganisationen der Bergarbeiter sowohl Indikator und Produkt als dann auch Vehikel und Motor ihres sich herausbildenden Schichten- bzw. Klassenbewußtseins werden. Die langsamere, industrielle Entwicklung, die lange fortwährende, geringere Größe von Betrieben und Gemeinden, die auch deshalb ermöglichte, weitgehende soziale Integration der Zuwanderer, das Einschichtsystem, die geringere gewerbliche Differenzierung ihrer Umwelt, die fehlende Staatsintervention und die auch hierdurch bedingte, schlechte Lage der Bergarbeiter ebenso wie die früh erlernte Fähigkeit zu Organisation und verantwortlicher Selbstverwaltung waren von den Bedingungen des Ruhrbergbaus sich wesentlich unterscheidende Faktoren, die die Findung und Definierung der — wenn auch zunächst nur kurzfristigen — Interessen der Bergarbeiter in Südwales erleichterten und beschleunigten. Doch ebenso wie die schnelle Industrialisierung im Ruhrbergbau unter aktiver oder fördern-

[96] Vgl. etwa: F.J. Harries, History of Conservatism in the Rhondda, 1912, S. 14 f.; vgl. auch unten.

der Mitwirkung des Staates, so brachte auch das langsame Fortschreiten in Südwales ohne die Mitwirkung des Staates organisationshemmende Momente mit sich. Dies waren zum einen die Konjunkturen, die — wie zu zeigen sein wird — zunächst ein deutliches Hemmnis bildeten, zum anderen aber die regional unterschiedliche und z. T. voneinander separate Entwicklung, und ebenso das lange Vorherrschen des Kleinbetriebes, das zwar die unmittelbare, soziale Integration am Ort und im Betrieb, entgegen allem ‚Revierpartikularismus' beschleunigte, gleichzeitig jedoch so sehr befestigte, daß es den Bergleuten, auch angesichts der regional unterschiedlichen Entwicklungsstufen des Bergbaus, der geographischen Abgetrenntheit der Täler und der fehlenden Identitätsstiftung durch den Staat, schwer wurde, auf überlokaler Ebene zu einem Zusammengehörigkeitsgefühl und einer alle Bergarbeiter des Reviers einschließenden, dauerhaften Interessenorganisation zu kommen.

Ausgangspunkt und wesentliche Orientierung aller Aktionen der Bergleute mußte die eigene reale Lage bilden. Anders als im Ruhrbergbau und insgesamt im Bergbau des deutschen Kulturkreises, wo die schwere, gefährliche und schmutzige Arbeit des Bergarbeiters seit dem Mittelalter durch gesellschaftliche Privilegierung — infolge des hohen Interesses der vielfältigen politischen Gebilde — durch den Staat attraktiv gemacht worden war[96a], wurde in Großbritannien, wo dem Staat seit der bürgerlichen Revolution des 17. Jahrhunderts in beinahe allen Gebieten keine besonderen Rechte im Bereich des Bergbaus mehr zukamen[97], der Bergarbeiter in der frühen Zeit des Kohlenbergbaus — eher den Verhältnissen des antiken griechischen und römischen Bergbaus ähnelnd[98] — kaum als menschliches Wesen angesehen. Durch den Ort und die Art ihrer Arbeit abgeschieden von der Gesellschaft verlebten sie unter primitivsten Verhältnissen ihr meist kurzes Leben unter sich[98a]. Zur Fesselung des Bergarbeiters an seinen Arbeitsplatz diente auf den britischen Inseln jahrhundertelang die Leibeigenschaft und der jährliche Arbeitsvertrag (bond). In Schottland wurde die Leibeigenschaft der Bergarbeiter — im Jahre 1799, also mehr als 30 Jahre nach der Einfüh-

---

[96a] Zur frühen Bewußtheit der Schwere und Schädlichkeit der Grubenarbeit vgl. auch bereits: G. Agricola, Vom Berg- und Hüttenwesen (1556), S. 183-186.

[97] Die einzige, jedoch historisch interessante Ausnahme hiervon bildete bis weit in das 20. Jahrhundert hinein das Bergbaugebiet des Forest of Dean, in dem die englische Krone nach wie vor im Besitz der Bodenschätze war und diese in begrenzten Parzellen an die in die hierfür vorgesehenen ‚gavallers books' eingeschriebenen ‚freeminers' verlieh. In der Entwicklungsgeschichte des Bergbaus bildet dies eine interessante Vorstufe zu den Verhältnissen im deutschen und im Ruhrbergbau vor 1850. Vgl. hierzu: Jevons, S. 83-85.

[98] Vgl. etwa: S. Lauffer, Die Bergwerkssklaven von Laureon, 2 Bde., 1955/56.

[98a] Im Bezirk von Merthyr Tydfil betrug im Jahre 1844 die durchschnittliche Lebenserwartung von Händlern 32 Jahre und von Berg- und Eisenarbeitern 17 Jahre. Vgl. J.A. Owen, The history of the Dowlais Iron Works, 1759-1970, 1977, S. 41.

rung des Direktionsprinzips im Ruhrbergbau — erst aufgehoben, als die Knappheit der Arbeitskräfte die weitere Ausdehnung des Bergbaus gefährdete. Der jährliche Arbeitsvertrag in den übrigen Teilen Großbritanniens wurde erst nach 1870 auf den Druck der sich organisierenden Bergarbeiterschaft beseitigt[99].

Obwohl auch in Südwales die Arbeit im Bergbau zu Anfang als Strafarbeit für Verbrecher angesehen und praktiziert wurde, konnte sich hier nur in eingeschränktem Umfang das System des „yearly bond", sondern vielmehr, als in einem der ersten britischen Bergbaureviere, das des „monthly bond" durchsetzen[100]. Zum einen waren hier — wenn auch nur wenige — erfahrene Bergleute aus Nordengland unter bestimmten Versprechungen angeworben worden, zum anderen verboten es die schon in den frühen Jahren ausgeprägten saisonalen und konjunkturellen Schwankungen den Bergbauunternehmern in Südwales, das Risiko einer garantierten Dauerzeitbeschäftigung einzugehen[101].

Gerade dieses Ausgesetztsein gegenüber den starken Konjunkturschwankungen war es denn auch, das — neben anderen Faktoren — in vielfacher Hinsicht ebenso die Organisationsbestrebungen der Bergarbeiter wie ihre Beziehungen zu den Unternehmern entscheidend und dauerhaft beeinflußte. Anders als im Ruhrbergbau, wo die staatliche Fürsorge jede selbsttätige Regung der Bergarbeiterschaft — wie wir sahen — auf lange Zeit scheinbar überflüssig und eher verdächtig gemacht hatte, waren die Bergleute in Südwales — wie insgesamt in Großbritannien — weitgehend auf Selbsthilfe angewiesen. Schon in den 1820er und 1830er Jahren organisierten sie sich — wie oben ausgeführt — in Unterstützungs- und Sterbekassen, den sog. „friendly societies", die jedoch gleichzeitig — angesichts des gesetzlichen Koalitionsverbots und der auch nach 1824 herrschenden, feindlichen Haltung gegenüber Arbeiterkoalitionen — die ersten Versuche zu gewerkschaftlicher Betätigung darstellten[102].

---

[99] Zu den frühen Verhältnissen im britischen Kohlenbergbau vgl. Ashton/Sykes, The Coal Industry of the Eighteenth Century, S. 70 ff.; J.U. Neff, The Rise of the British Coal Industry, Bd. 2, S. 135 ff.; G. Stone, The British Coal Industry, 1919, S. 14 ff.; F. Engels, Die Lage der arbeitenden Klasse in England, (1845) 1973, S. 265-294; Jevons, S. 445 ff.; W. Zoder, Die Arbeitsverfassung, S. 19-23; G.V. Rimlinger, The legitimation of protest: a comparative study in labor history, in: CSSH 2, 1959/60, S. 329-343.

[100] Vgl. hierzu: F. Hodges, The Miner and his Trade Union, in: MFGB, Hg., Historical Review of Coal Mining, 1924, S. 334-350, S. 341. Der „yearly bond" band den Bergarbeiter durch Vertrag für ein Jahr an seinen Arbeitsplatz.

[101] H.M. Watkins, Coal and Men, S. 145; A.H. John, S. 74/5; Morris/Williams, S. 234; N. Edwards, The Industrial Revolution, S. 9, 28. Allgemein zu den frühen Verhältnissen der Bergarbeiter in Südwales vgl. N. Edwards, The Industrial Revolution, S. 26 ff.; A.H. John, S. 68 ff.; Morris/Williams, S. 209 ff.; E.W. Evans, The Miners, S. 6 ff.

[102] Zur Entwicklung der Organisation der Bergarbeiter in Südwales vgl. insgesamt: E.W. Evans, The Miners of South Wales, S. 15 ff.; E.D. Lewis, The Rhondda Valleys,

Hierbei stand von Anfang an die Beschäftigung mit dem Lohn und seiner Höhe im Vordergrund. Jeder Versuch zur Besserung der Lage der Bergarbeiter in Südwales mußte bei der relativen Stabilisierung ihrer Einkommen beginnen. Jede Vertretung ihrer vorrangigen Interessen mußte darauf gerichtet sein, die Kohlenpreise — deren Zusammenhang mit ihren Löhnen ihnen, anders als an der Ruhr, von den Unternehmern zur Genüge vorgeführt worden war — hochzuhalten und, da ihnen dies — wenn überhaupt — nur in geringem Umfange möglich war, durch ein konkurrierendes Element eine relative Abkopplung der Löhne von den Preisen zu erreichen, und gleichzeitig hiermit auf dem Arbeitsmarkt eine relative Verknappung des Produktionsfaktors Arbeit eintreten zu lassen[103]. Damit schloß sich gerade ihr letzteres Vorhaben eng an die zur gleichen Zeit erfolgreich geübte Strategie der elitären Handwerkergewerkschaften in den anderen britischen Gewerben an. Während diese jedoch den Streik sowohl aufgrund des relativen Erfolges ihrer friedlichen Mittel, und d. h. der erfolgreichen Behauptung ihrer wirtschaftlichen Monopolstellung, wie wohl auch aus Furcht vor der Bedrohung der eigenen privilegierten Stellung weitgehend ablehnten[104], bedeutete bei den Bergarbeitern der Streik nicht nur die öffentliche Kundgebung von Unmut und eine Sanktion gegenüber den Unternehmern bei einer Verschlechterung ihrer Lage, sondern auch den Versuch, durch die Verknappung der Kohle ihren Marktpreis wieder zu steigern.

Alle Organisationsbestrebungen der Bergleute waren also zunächst darauf gerichtet, die alte Lohnhöhe zu verteidigen, wenn die nächste wirtschaftliche Baisse sie bedrohte. Doch meist ebensowenig, wie die angewandten Mittel das erstrebte Ziel zu erreichen imstande waren, gelangten Organisationsversuche über eine gewisse Dauer hinaus. Ebenso häufig wie die aufgrund der bei einem oder mehreren Unternehmern angekündigten oder vollzogenen Lohnkürzungen beinahe automatisch ausbrechenden Streiks lokal oder höchstens regional begrenzte Arbeiterorganisationen ins Leben riefen, ebenso häufig starben diese nach Ablauf der Bewegung wieder aus, gleichgültig, ob sie ihr Ziel erreicht hatten oder nicht. Zwar waren auch im Ruhrgebiet die frühen Organisationsversuche der Bergarbeiter vom örtlichen Bereich ausgegangen, doch drängten diese sehr bald über den unmittelbaren lokalen Raum hinaus. Die Gründe für das Scheitern jedes dauerhaften Organisationsversuches der südwalisischen Bergarbeiter bis etwa 1870 lagen sicherlich in mehreren Bereichen.

S. 155 ff., und Morris/Williams, S. 248 ff.; auch E.J. Jones, ‚Scotch Cattle' and Early Trade Unionism in Wales, S. 209-217; D. Williams, A History of Modern Wales, S. 236; D.J.V. Jones, Before Rebecca. Popular Protests in Wales 1793-1835, 1973, S. 69 ff.

[103] Vgl. hierzu auch oben, S. 543 f.

[104] Vgl. hierzu etwa: H. Perkins, The Origins, S. 396/7.

Einmal war es das dauernde Fortschreiten der bergbaulichen Entwicklung, die Zerstreuung und die relative Isoliertheit von verhältnismäßig kleinen Betrieben und Belegschaften über die einzelnen Täler. Eben diese Entwicklung brachte es mit sich, daß in den einzelnen Zechen und Tälern unterschiedliche Arbeitsbedingungen und Löhne vorherrschten, mußten doch die jeweils neu aufgeschlossenen Gruben, um Arbeitskräfte anlocken zu können, auch attraktivere Arbeitsbedingungen bieten. Hierdurch wurden die Unterschiede, die traditionell schon zwischen den Zechen der Eisenindustrie und den nur für den Verkauf arbeitenden Betrieben bestanden, potenziert. Bei den Bergarbeitern — ebenso wie bei den Unternehmern — riefen diese Unterschiede in den Arbeitsbedingungen eher Gefühle von Konkurrenz als von Solidarität hervor. Resultat dessen war es, daß die Bergarbeiter keinen Grund zu einer überlokalen Vereinigung sahen, für die sie überdies aus ihren stark schwankenden Löhnen Beiträge hätten zahlen müssen. Alle diese Gründe — unter dauernder Wiederkehr der ungebrochenen Wucht wirtschaftlicher Konjunkturen — hatten die südwalisischen Bergarbeiter gegenüber einer effektiven Organisation ihrer Interessen vor 1870 eher apathisch gemacht, während ihre Kameraden im Ruhrgebiet zum gleichen Zeitpunkt aufgrund ihrer besseren materiellen Sicherung (Knappschaft) und im weiterhin noch vorhandenen Vertrauen auf die Fürsorge des Staates und der Unternehmer einen eigenen Interessenverband entweder für unmöglich oder für überflüssig hielten. Hinzu trat auch in Südwales die ausgesprochene Feindlichkeit der meisten Unternehmer gegenüber jeglicher Organisation ihrer Arbeiter, hätten sie doch von einer dauerhaften Organisation eine wachsende, konjunkturelle Inflexibilität eines großen Teils ihrer Produktionskosten in Form des Lohns zu befürchten gehabt. Doch war die Front der Unternehmer — anders als bei den gleichmäßig in die Fußstapfen staatlicher Entmündigungspolitik tretenden, aber auch kapitalstärkeren Ruhrunternehmern — in der Behandlung ihrer Arbeiterschaft nicht ungebrochen. Während allerdings nur einige wenige sich prinzipiell aufgeschlossen oder wenigstens tolerant gegenüber den Anliegen und Organisationsversuchen ihrer Arbeiterschaft verhielten, bröckelte bei gemeinsam durchzuhaltenden Kämpfen mit der Arbeiterschaft — trotz prinzipiell ablehnender Haltung — ihre Einheitsfront immer dann ab, wenn die kompromißbereitere Haltung zumindest kurzfristige wirtschaftliche Vorteile des einzelnen Unternehmens, etwa bei der Wahrnehmung bestimmter Aufträge, zu zeitigen vermochte. Eine Änderung, oder zumindest Modifizierung, dieser unentschiedenen Haltung sowie des daraus resultierenden, unkoordinierten Verhältnisses zwischen Unternehmern und Arbeitern trat erst ein, als sich wesentliche ökonomische und nicht-ökonomische Bedingungen, die dem bisherigen Zustand zugrunde lagen, änderten.

Zunächst waren es die mit der Ausdehnung des Tiefbaus für die Zechen steigenden Maschinenkosten, die den Produktionsausfall durch einen Streik teurer als in der Zeit vorher werden ließen. Eine bessere Regulierung der Arbeiterverhältnisse erschien damit wünschbar. Die Bedeutungsabnahme der Eisenindustrie erleichterte und ermöglichte schließlich einen Ausgleich zwischen den verbleibenden, kohlefördernden Hüttenwerken und den restlichen Unternehmen des Kohlenbergbaus. Und zum dritten endlich machte die fortschreitende Organisation der Bergleute Anfang der 1870er Jahre, gegenüber der die Unternehmer keine geschlossene Organisation der Produktion und des Absatzes wie etwa im Ruhrbergbau das RWKS zustandegebracht hatten, zum ersten Mal auch eine überlokale Verständigung zwischen Unternehmern und Arbeiterschaft notwendig und möglich. Die lokalen Gewerkschaftsführer warben, unter entscheidender Mithilfe des nordenglischen Bergarbeiterführers Thomas Halliday und mit zeitweilig großem Erfolg, für einen Anschluß der südwalisischen Bergarbeiter an die 1869 gegründete, auf den nationalen Bereich ausgerichtete ‚Amalgamated Association of Miners', die sich erstmals auch mit Lohnfragen beschäftigen sollte. Während aber die Amalgamated Association of Miners in der Phase der aufsteigenden Konjunktur, aufgrund des erfolgreichen Streiks von 1871 und der Zulassung ihrer Führer zu den Verhandlungen mit den Unternehmern innerhalb eines Jahres ihre Mitgliederzahl auf 9.000, oder knapp ein Viertel der walisischen Gesamtbelegschaft, steigern konnte, war sie bei der abfallenden Konjunktur der Jahre 1874/75 und bei dem verlorenen Streik Anfang 1875 schon fast wieder ihrem Ende nahe. Bevor sich die Amalgamated Association of Miners endgültig auflöste, hatte sie jedoch — wie auch in anderen Revieren — mit den Unternehmern in Südwales die Einrichtung der „sliding scale", einer mit den Kohlenpreisen gleitenden Lohnskala[105], vereinbart.

Für die verbliebenen Führer der lokalen und der noch im Herbst 1875 in den einzelnen Tälern gegründeten Distriktgewerkschaften, die sich unter größerer Bewahrung ihrer Unabhängigkeit einzeln der neuen ‚Miners National Union' anschließen sollten, war die Einführung der sliding scale angesichts der vollkommenen Niederlage die beinahe einzige Möglichkeit, vor ihren an Zahl ohnehin schon stark abfallenden Mitgliedern das Gesicht zu wahren. Bestärken konnten sie dies mit dem Argument, sie seien nun schließlich durch die Verhandlungen von den Unternehmern als Repräsentanten der Arbeiter anerkannt, und die Lohnhöhe sei nicht mehr allein vom Gutdünken der Arbeitgeber abhängig. Ebenso ließ sich die in den abgeschlossenen Vertrag aufgenommene Bestimmung von einem unteren Ende der Lohnskala als Minimallohnsatz interpretieren und durchführen, bis sie im neuen Vertrag von 1880 dem geschlossenen Widerstand der Unternehmer zum Opfer fiel.

Für die Unternehmer jedoch lagen die Vorteile dieser Regelung des Produktionsfaktors Arbeit im Augenblick und — mehr noch — langfristig, wie

[105] Zur Erklärung vgl. oben S. 111 f.

sich zeigen sollte, auf der Hand. Nicht nur fand hierdurch — wie wir schon oben feststellten — die automatische Einstellung eines großen Teils der Produktionskosten auf die Verkaufspreise bei einer garantierten Mindesthöhe der Rentabilität statt, sondern ebenso wie auf der Seite der Unternehmer selbst wuchs bei den Abnehmern, die keine allgemeinen Arbeitsunterbrechungen mehr zu befürchten hatten, die Bereitschaft, langfristige Verträge einzugehen, was seinerseits wiederum zu einer größeren Kapazitätsauslastung der Bergwerksbetriebe führte. Vor allem jedoch zog der Abschluß und die weiteren Verlängerungen der sliding scale eine Phase zwanzigjähriger, relativer Ruhe nach sich, ohne daß die Unternehmer sich bereitfinden mußten, ihre Verhandlungspartner im sliding scale committee, in welches die Unternehmer und die Distriktorganisationen der Bergleute ihre Delegierten entsandten und das für die Lohnentwicklung des ganzen Reviers zuständig war, als eigentliche Vertreter der Arbeitergewerkschaften und diese gleichzeitig auch als Vertreter aller in den Betrieben arbeitenden Bergarbeiter anzuerkennen und damit einen möglichen Weg zu einer irgendwie gearteten, innerbetrieblichen Mitsprache der Gewerkschaften zu öffnen. Im Gegenteil erkannten die Unternehmer ihre Verhandlungspartner im sliding scale committee — wiederum begrenzt auf die satzungsgemäß mit dem Funktionieren der sliding scale und in nur sehr geringem Maße mit ihrer innerbetrieblichen Anwendung zu führenden Verhandlungen — nur als Vertreter *der* Arbeiter an, welche freiwillig durch Beiträge, die in den Lohnbüros der Bergwerksbetriebe von den Löhnen einbehalten wurden, die Unkosten der Arbeitnehmerseite des Komitees aufbrachten. Und mehr noch behielten die Unternehmer, seit 1871 organisiert in der ‚Monmouthshire and South Wales Coalowners Association‘ (MSWCOA)[106], ihr schon mit der Gründung der Organisation gestelltes Ziel im Auge, die Gewerkschaften endgültig zu zerstören[107].

Wie bei den Arbeitern selbst, so hing auch bei den Unternehmern in Südwales die Entscheidung über den Einsatz des Produktionsfaktors Arbeit und die hierdurch bestimmte, für die sozialen Beziehungen so wichtige Behandlung der Arbeiter und ihrer Organisationen von anderen Voraussetzungen und Bedingungen als bei ihren Kollegen an der Ruhr ab. Weder hatten die südwalisischen Unternehmer — wie gezeigt wurde — die durch staatliches Engagement entmündigten und lange Zeit beinah wehrlosen Ruhrbergarbeiter vor sich, noch verfügten sie — wie oben ausgeführt — bis auf die letzten Jahre vor 1914 über eine Kapitalausstattung einerseits und über einen Zusammenhalt unter den Unternehmern andererseits, die den Verhältnissen im Ruhrbergbau, selbst vor der Gründung des RWKS, auch nur in etwa

---

106 Vgl. hierzu weiter unten S. 678 ff.

107 Vgl. Morris/Williams, The South Wales Sliding Scale, 1876-79: An Experiment in Industrial Relations, in: W.E. Minchinton, Hg., Industrial South Wales, S. 218-231.

nahegekommen wären. Die Suche der Unternehmer im südwalisischen Bergbau, und dies traf wohl — anders als in Deutschland — für die große Mehrheit der britischen Unternehmer zu, richtete sich auf die möglichst volle Ausnutzung der Konjunkturen und — mit dem Anwachsen des Aufwandes an fixem Kapital — auf eine mittelfristige Kapazitätsauslastung der Betriebe, Faktoren, die beide nicht ohne die zumindest relative Pazifierung der Arbeiterschaft denkbar waren. Da eine Pazifierung in Form von Einschüchterung und Disziplinierung hier vom — weniger ausschließlich auf Industrialisierung eingeschworenen — Staat nicht oder kaum aktiv betrieben oder unterstützt wurde, von den Unternehmern aufgrund ihrer mangelnden Einigkeit, deren wirtschaftliche Ursachen wir oben diskutiert haben, wenn überhaupt, dann nur in Ansätzen in die Tat umgesetzt werden konnte, hatten diese zumindest in maßvoller Weise auf die Forderungen der Arbeiter, und diese konnten in zusammengefaßter, verhandlungsfähiger und dauerhafter Form nur von deren übergeordneter Interessenvertretung überbracht und vertreten werden, einzugehen.

Den ersten Schritt in dieser Bedingungskette hatten die Unternehmer im südwalisischen Bergbau durch die Verhandlungen mit den Gewerkschaftsführern der Arbeiter getan, doch versuchten sie sogleich, diesen, durch die Einrichtung einer fast ohne menschliches Zutun funktionierenden sliding scale, wieder zurückzunehmen und gerade auch hierdurch die bestehenden Organisationen überflüssig erscheinen zu lassen und zu zerstören. Tatsächlich bot die Entwicklung der Gewerkschaften in der Zeit der sliding scale Anlaß, diese Hoffnung der Unternehmer zu nähren. Die voneinander unabhängigen Distriktgewerkschaften, deren Vereinigung schon die Amalgamated Association of Miners angestrebt hat, zerfielen wieder. Die schon Ende 1875 gebildeten 24 Distriktgewerkschaften splitterten sich in der Folgezeit noch weiter auf, und die Loslösung der Distrikte von der Miners' National Union im Jahre 1876, die — durch die Beseitigung der anti-englischen Reservehaltung — eine größere Beteiligung und Zunahme an Mitgliedern bewirken sollte, verstärkte höchstens die Führungs- und Richtungslosigkeit. Auch die im Jahre 1888 gegründete Dachorganisation der ‚South Wales and Monmouthshire Colliery Workmen's Federation' änderte an der prinzipiellen Unabhängigkeit der Distrikte kaum etwas. Doch war bis dahin immerhin die gesamte Mitgliederzahl von ca. 4.000 im Jahre 1876 auf wenigstens 28.000 angestiegen. Trotz dieser Mitgliederstärke aber, die etwa 40% der Gesamtbelegschaft ausmachte, erhielt auch dieser Verband keine große Bedeutung. Die Bergarbeiter blieben mit der Machtlosigkeit der Gewerkschaften bei den immer noch häufig auftretenden innerbetrieblichen Differenzen und mit dem Verlauf der durch die sliding scale bestimmten Lohnhöhe, für den sie wiederum die Gewerkschaften verantwortlich machten, unzufrieden. Neben all diesen Punkten jedoch litten die Gewerkschaften an einer finanziellen Dauerschwäche, glaubten doch viele Bergarbeiter von denen, die sich *überhaupt* zu einer Zahlung bereitfanden, ihr Beitrag zum sliding scale committee reiche für beide Zwecke aus.

Erst die zwischen 1892 und 1897 anhaltend sinkenden Löhne brachten in das bisher weitgehend passive Verhalten der Bergarbeiter in Südwales eine Änderung. Da die Unternehmer, konnten sie unter sich schon keine einheitliche Produktions- und Absatzpolitik erreichen, auch die oft vorgebrachte und praktisch ausgeübte Mithilfe der Arbeiter und ihrer Organisationen — bis zur Verfolgung der von den Arbeitern zur Senkung des Kohlenangebots eingelegten „Stop-Tage" mit strafrechtlichen Mitteln — auch wegen der Furcht vor einer weiteren innerbetrieblichen Einmischung ablehnten, die Bergarbeiter jedoch nicht „die Mägen ihrer Familien von den Stimmungen der Börse" abhängig wissen wollten[108], spitzte sich der Kampf zwischen Unternehmern und Gewerkschaften immer mehr auf die Existenz oder Ablösung der sliding scale zu. Der Streik der meist aus England zugewanderten Schlepper im Jahre 1893 und die aufeinanderfolgende Gründung zweier zentraler Gewerkschaftsverbände, die jedoch vorläufig wenig an der nach wie vor herrschenden Dezentralisierung der bisherigen Distriktgewerkschaften änderten, deuteten die Entschlossenheit der Bergleute in dieser Richtung an. Unklar jedoch war man sich über die Methode, wie den Bergarbeitern zu besseren Lebensbedingungen zu verhelfen sei. Während, und hier deutete sich die weiter unten zu verfolgende, mit den 1890er Jahren einsetzende, grundlegende Umorientierung der Bergleute in Südwales an, nach wie vor die walisischen Gewerkschaftsführer — repräsentiert vor allem durch William Abraham (Mabon) — an der sliding scale festhalten wollten, trat die im Osten des Reviers, also an der Grenze zu England, verbreitete ‚Monmouthshire and South Wales District Association' unter William Brace entschieden für eine Abschaffung der ‚starving scale' ein. Im Streik anläßlich der erneuten Verlängerung der gleitenden Skala im Jahre 1898 trafen beide Richtungen scharf aufeinander. Doch sowohl aufgrund dieser Uneinigkeit auf seiten der Arbeiter als auch vor allem durch eine nach wie vor fehlende kampfstarke Zentralorganisation der Arbeiterschaft konnten die Unternehmer, die auf ihrem „prinzipiellen Grundsatz, daß die Lohnsätze die Veränderungen im Kohlenpreis reflektieren sollten", bestanden, nach einem erschöpfenden Streik eine Verlängerung der sliding scale für weitere fünf Jahre durchsetzen[109].

Das wichtigere, indirekte Resultat dieses Kampfes — wie an der Ruhr im Jahre 1889 — war jedoch die nunmehrige Entschlossenheit in weiten Kreisen der Bergarbeiter, wie die Unternehmer eine kampffähige Zentralorganisation zu gründen[110].

---

[108] So William Brace, zit. nach E.W. Evans, S. 172.

[109] E.W. Evans, S. 173.

Bereits am 11. Oktober 1898 wurde die ‚South Wales Miners Federation' (SWMF) aus der Taufe gehoben. Als Präsident bzw. Vizepräsident wurden die beiden bisherigen Antipoden Mabon (W. Abraham) und W. Brace gewählt. Wie ihre Vorgänger blieb dieser neue Verband eine Organisation auf föderativer Grundlage. Die bisherigen und zum Teil neugebildeten Distrikte behielten viel von ihrer alten Unabhängigkeit und damit ein hohes Maß an Kontrolle gegenüber der Zentrale, doch erhielt der Zentralverband jetzt immerhin ein Drittel des Mitgliedsbeitrages, der pro Person monatlich 1 s betrug. Die restlichen zwei Drittel teilten sich Distrikte und Zahlstellen (lodges).

An der Spitze des Verbandes stand der monatlich zusammentretende Geschäftsausschuß (Executive Council), der den Präsidenten, Vizepräsidenten, den Sekretär und den Schatzmeister, die jährlich von der Jahresversammlung gewählt und, wie an der Ruhr, meist auch wiedergewählt wurden sowie neun andere Angestellte, die die Distrikte repräsentierten, umfaßte. Die Jahresversammlung setzte sich zusammen — anders als an der Ruhr, wo unabhängig von den Zahlstellen durchschnittlich auf je 1.000 Mitglieder 1 Delegierter mit gleichem Stimmrecht kam — aus den Delegierten der Zahlstellen, deren Stimmenzahl dann jedoch proportional zur Mitgliederstärke festgesetzt war. Die Distrikte, nun zumeist nach Tälern organisiert, wurden jeweils geleitet von einem Präsidenten, einem Sekretär, einem Schatzmeister, einem direkt gewählten hauptamtlichen ‚agent' und dem Distriktkomitee, das sich monatlich aus den Delegierten der angeschlossenen Zahlstellen konstituierte. Hierunter schob sich die dritte und unterste gewerkschaftliche Organisationsebene der Zahlstellen. Auf dieser Ebene vollzog sich nun gegenüber den bisherigen Organisationen eine der wichtigsten Veränderungen.

Während bisher — wie bei den Gewerkschaften des Ruhrgebietes — die Zahlstelle ihre Mitglieder nach dem Wohngebiet organisierte, also die Bergarbeiter einer Gemeinde oder mehrerer Dörfer unabhängig von ihrem Arbeitsplatz erfaßte, wurde jetzt — nach englischem Vorbild, aber auch wohl nach dem Bedürfnis der wachsenden Belegschaft — das „pit-lodge-System" eingeführt, das in den englischen Revieren seit langer Zeit die Grundlage jeder Organisation der Bergarbeiter war und durch den 1860 erstmals durch ein englisches Berggesetz vorgesehenen Wiegekontrolleur, der sich gleichzeitig zur untersten Ebene der Interessenorganisation der Bergarbeiter entwickelte, zusammengehalten wurde[111]. Hiernach gehörten alle Arbeiter eines bestimmten Bergwerks, und nur diese, zu einer Zahlstelle.

---

[110] Zum folgenden vgl. E.W. Evans, S. 177 ff.; N. Edwards, History of the South Wales Miners Federation, 1938, S. 14 ff.; R.P. Arnot, South Wales Miners. A History of the South Wales Miners' Federation (1898-1914), 1967, S. 67 ff.; Jevons, S. 130-133.

[111] Vgl. weiter unten S. 585.

Diese organisatorische Veränderung zeitigte zwei wichtige Folgen. Einmal erhöhte sie den Organisierungsdruck auf alle auf einer bestimmten Anlage beschäftigten Arbeiter. Zum ersten Mal war damit der Gewerkschaft die Möglichkeit an die Hand gegeben, nachdem sich ihr schon genügend Mitglieder angeschlossen hatten, selbst oder durch ihre Mitglieder im Betrieb Zwang zum Anschluß auch der restlichen Unorganisierten auszuüben[112]. Diese Folge des „Non-unionism" sollte denn auch noch Gewerkschaften wie Unternehmer über Jahre hinweg nach der Gründung der SWMF beschäftigen. Die andere Folge war, daß das lokale Arbeiterkomitee, geführt vom Wiegekontrolleur, dessen Einsetzung sich in Südwales in den 1870er Jahren verbreitet hatte[113], einem Präsidenten, einem Sekretär und einem Schatzmeister, — mit einer gestärkten Mitgliederzahl — unmittelbar und in effektiverer Weise sowie in einem dem Ruhrbergbau kaum vergleichbaren Maße sowohl gegenüber den höheren Instanzen des eigenen Interessenverbandes als auch gegenüber dem jeweiligen Betriebsleiter als Gegenspieler und unmittelbare Interessenvertretung der Arbeiter auftreten konnte. In dieser Weise konnte eine gut organisierte Zahlstelle z. B. den Abschluß einer Preisliste des Betriebes oder eines seiner Teile sehr viel eingehender beeinflussen, als dies vor der Gründung der SWMF möglich war. Alle drei Momente, Organisationszwang, innerbetriebliche Erfolge und die Chance zur effektiveren Mitwirkung des Einzelnen und der unteren Organe insgesamt, die alle zusammengenommen wiederum — wie oben ausgeführt — die große Bedeutung der traditionellen, örtlichen Wohn- und Arbeitsgemeinschaft der Bergarbeiter reflektierten, trugen offensichtlich zur steigenden Mitgliederzahl der SWMF bei. Durch den Mobilisierungseffekt des Streiks von 1898 betrug sie bereits im Mai 1899 104.212, im Jahre 1908 144.579 und 1914 schließlich 134.190[114]. Damit waren zum letzteren Zeitpunkt ca. 60% aller im südwalisischen Bergbau beschäftigten Arbeiter in der SWMF organisiert. Die übrigen, im folgenden noch zu nennenden, besonderen Berufsorganisationen hinzugerechnet, waren in den Jahren vor Ausbruch des Ersten Weltkrieges von den Bergleuten in Südwales mindestens 70%, und damit etwa der doppelte Anteil desjenigen ihrer Kameraden im Ruhrgebiet, organisiert.

---

[112] Die althergebrachte Methode der Behandlung der Nicht-Organisierten, deren Reihen ständig durch die in dieser Phase hohe Rate an meist jugendlichen, ungebundenen Zuwanderern ausgefüllt wurde, hatte sich kaum verändert. Die Unorganisierten wurden oft von den Frauen der übrigen Bergarbeiter ausgebuht, öffentlich beschimpft, mit Eiern und Schmutz beworfen und ihnen schließlich auf offener Straße das symbolische „weiße Hemd" übergezogen. Hinzu kam, daß oft ihre Häuser oder Wohnungen von der Menge gestürmt und Einlieger von ihren Vermieterinnen des Hauses verwiesen wurden.

[113] Vgl. Evans, The Miners, S. 92.

[114] Zahlen nach Evans, S. 178, 188, und Jevons, S. 480.

Die höhere Mitgliederzahl verbesserte im gleichen Zuge die Verhandlungsposition der SWMF auf überbetrieblicher Ebene. Beinahe mühelos konnte sie 1903 die Ersetzung der sliding scale — nach englischem Vorbild — durch ein Conciliation Board ersetzen, das in erweiterter Form das alte sliding scale committee fortsetzte. Zwar wurde die Höhe der Lohnsätze jetzt nicht mehr automatisch durch den Kohlenpreis reguliert, sondern auch durch die Stärke und das Geschick der Verhandlungspartner, doch blieb die Hauptorientierung dabei nach wie vor, besonders in den Fällen der Uneinigkeit, in denen ein unabhängiger, von der Regierung ernannter Schiedsrichter zur Entscheidung angerufen werden konnte, der Kohlenpreis. Ein Mindestlohnsatz, den die Gewerkschaft ebenfalls gegenüber den Unternehmern durchsetzen konnte, erhielt keinen praktischen Wert, weil der Kohlenpreis zu keinem künftigen Zeitpunkt auf oder unter die Äquivalentmarke absank. Nach geringen Veränderungen anläßlich der Verlängerungen in den Jahren 1905 und 1910 war das Conciliation Board Agreement noch während der Zeit des Ersten Weltkrieges in Kraft.

Organisationsfördernd wirkte sich nunmehr auch das spontane und bisher unvermittelte Zusammengehörigkeitsgefühl der Bergarbeiter aus. War vorher die hohe Integrationsfähigkeit und geographische Abgeschiedenheit der kleinen Bergbauortschaften, aber auch die geringe, industrielle und soziale Differenzierung, ein Hemmschuh gegen die Einführung neuer Verhältnisse, so auch gegen die Gründung einer übergreifenden Gewerkschaft, gewesen, bei der z. B. die verschiedenen Arbeiterkategorien in den zugänglicheren und nach ihrer gewerblichen und sozialen Zusammensetzung differenzierteren Küstenstädten[115] seit den 1880er Jahren den Bergleuten vorangeschritten waren[116], so verhalfen ihnen die gleichen Bedingungen jetzt zu einer Führungsrolle in der gewerkschaftlichen Organisierung der Täler. Doch blieben die Metallarbeiter, auf die sie hierbei vor allem stießen, von der neuen Bewegung der Bergleute lange Zeit auffällig unberührt. Ein zeitgenössischer Beobachter berichtete über diese Unterschiedlichkeit, die hier — wie wir oben sahen — ebenso wie im Ruhrgebiet herrschte, folgendes: Die Stahlarbeiter „haben verschiedenartigere Aufgaben; die Arbeit ist mehr verbunden mit Maschinen- und Fabrikprozessen, im Ganzen sind sie konservativer und tendenziell weniger beherrscht vom Herdentrieb als die Bergarbeiter. Sie sind vielleicht weniger spontan und weniger fortschrittlichen Ideen zugänglich. Andererseits sind sie nicht so leichtsinnig wie die Bergleute, und die häufigen Perioden der Arbeitslosigkeit in der Stahlindustrie zwischen

---

115 Vgl. etwa die Tabelle zur Beschäftigungsstruktur von Cardiff zwischen 1871 und 1911 bei: M.J. Daunton, Coal Metropolis: Cardiff 1870-1914, 1977, S. 182.

116 Vgl. hierzu: L.J. Williams, The New Unionism in South Wales 1882-1892, in: WHR 1, 1963, S. 413-430; P.W. Donovan, Unskiled labour unions in South Wales, 1889-1914, 1969; auch: Daunton, S. 182 ff.

1900 und 1914 haben sie gelehrt, sparsamer zu sein und für die Zukunft zu sparen in einer Weise, die den Bergarbeitern unbekannt ist.

Die Bergleute waren in Gewerkschaften organisiert lange vor den Stahlarbeitern. Sie waren homogener und konnten leicht zusammen handeln, und es gab nicht den Unterschied der Berufe und Interessen unter ihnen wie in den Eisenwerken"[117].

Doch waren auch die Arbeiter in den Bergwerken hiervon nicht ganz frei. Ebenso wie im Ruhrbergbau bot in Südwales die Aufspaltung der Interessen in verschiedene Organisationen einen Anlaß zur Schwächung der Bergarbeiterbewegung. Waren es an der Ruhr — wie im übrigen Deutschen Reich, insbesondere infolge der späten Nationwerdung — religiöse, weltanschauliche und politische Grundwerte gewesen, welche die Arbeiterschaft auch organisatorisch gleichsam vertikal aufspalteten und die durch die Repression des Staates und die Erfolglosigkeit der Gewerkschaften — wie wir oben sahen — in ihrer Bedeutung verstärkt wurden, während der zu früher Zeit staatlich gestiftete Status des ‚Bergmanns' alle Bergarbeiter umfaßte und dadurch, zusammen mit der starken ideologischen Ausrichtung, gleichsam horizontale Aufspaltungen überwölbt hatte, teilte sich die Arbeiterschaft im südwalisischen Bergbau, bei deren Organisation — wie bei der britischen Arbeiterschaft insgesamt — weltanschauliche Faktoren kaum eine Rolle spielten, horizontal nach den verschiedenen Einzelberufen auf[118]. Wenig berücksichtigt und besonders zahlenmäßig von den eigentlichen, berufsstolzen Untertagearbeitern abgedrängt, bildeten sich — angelehnt an das britische Vorbild der ‚skilled unions', bei denen weltanschauliche Faktoren kaum eine, das allmähliche Hinüberwachsen und die geringe Brechung von der vorindustriellen in die industrielle Phase bewußtseinsmäßig eine, im Vergleich zu Deutschland, umso größere Rolle spielten — meist in den 1880er und 1890er Jahren separate Organisationen, so etwa der Maschinisten und Heizer u. a. 1910 gab es mindestens fünf solcher separater Gewerkschaften, die ihrerseits teilweise mit nationalen Verbänden zusammengeschlossen waren. Die beiden der nach der Zahl der Mitglieder wohl bedeutendsten zeigt die folgende Zusammenstellung.

Nicht nur traten zwischen der SWMF und diesen Organisationen dauernd Abwerbe- und Grenzkonflikte auf, sondern die verschiedenen Verbände behinderten sich trotz ihrer bescheidenen Größe auch gegenseitig (etwa bei Streiks) — aktiv oder inaktiv — bei der Auseinandersetzung mit den Unternehmern. Diese hatten ihrerseits daher — rasch ihre Chance erkennend — mehrere dieser kleinen Organisationen anerkannt und mit ihnen separate Abkommen über allgemeine Arbeitsbedingungen und Löhne abgeschlossen.

---

[117] A.G. Jones, The Economic and Social History of Ebbw Vale, S. 177/8.

[118] Vgl. E.W. Evans, S. 140/1.

Wichtigste, separate Berufsorganisationen im Bergbau von Südwales, 1897 - 1910[119]

	1897	1910
South Wales & Monmouthshire Colliery Winding Enginemen's Association	83	572
Monmouthshire & South Wales Colliery enginemen, Stokers and Craftsmen's Association	69	9.367

Gegenüber dieser Schwächung einer einheitlichen Interessenwahrnehmung im inner- und überbetrieblichen Bereich fand die Stellung der Bergleute in Südwales und ihrer Hauptorganisation, eine entscheidende Stärkung durch den Anschluß der SWMF an die ‚Miners' Federation of Great Britain' (MFGB) nur wenige Monate nach der Gründung der SWMF im Jahre 1899. Doch zeitigte — wie sich bald zeigen sollte — diese Mitgliedschaft nicht nur fördernde, sondern auch hemmende Wirkung. Anders nämlich als die zentralen Bergarbeitergewerkschaften in Deutschland war die MFGB nicht auf zentralistischer, sondern — ebenso wie die SWMF selbst — stark auf föderativer Basis aufgebaut. Dies war nicht nur auf die — oben angedeutete — geringere Rolle der Weltanschauung und die daher fehlende, gleichsam vertikale ‚Versäulung' in der schon lange herausgebildeten britischen Gesellschaft und Nation, die den in dieser Weise erhaltenen, ausgeprägten Regionalismus hätte abbauen können, zurückzuführen, sondern auch auf die, im Vergleich zu Deutschland, größere Verstreutheit der britischen Kohlenreviere und vielleicht der britischen Industrie insgesamt, auf die wirtschaftlichen und sozialen Entwicklungsunterschiede zwischen den einzelnen Revieren, auf die stärker demokratisch ausgerichtete Struktur und auf die, wenn auch unterschiedlichen, Erfolge der Gewerkschaften auf regionaler Ebene.

Das schon oben angedeutete, in früher Zeit allgemein niedrige Lebensniveau der Bergarbeiter, das diese zwar langfristig entscheidend zur Selbsthilfe anregte, hatte dazu geführt, daß sie zu Anfang fast zehn Jahre dazu benötigten, die ihnen — wie den anderen Arbeitern — im Jahre 1824 verliehene Koalitionsfreiheit zu nutzen[120]. Beginnend mit dem Nordosten im Jahre 1831.

[119] Report on Trade Unions in 1908-1910, P.P. 1912-13, Bd. XXXVIII, Cd. 6109, S. 8-11; dass., 1901, PP. 1902, Bd. XCVII, Cd. 1348, S. 14/5.

[120] Zum folgenden vgl. Clegg/Fox/Thompson, A History of British Trade Unions, S. 15-20; S. und B. Webb, The History of Trade Unionism, 1666-1920, 1920, S. 181-183, 186 299-307; Jevons, S. 445 ff.; G. Stone, The British Coal Industry, S. 41 ff.; Rowe, S. 34 ff. — Zur Koalitionsgesetzgebung zwischen 1800 und 1913 vgl. G. Krojanker, Die Entwicklung des Koalitionsrechts in England, 1914, und unten S. 742 ff.

vereinigten sich nun in den folgenden Jahren auch die Bergleute der anderen, ökonomisch weiterentwickelten Reviere in Nordengland und Schottland in überlokalen Bezirksverbänden. Doch brauchte es von der ersten Bezirksorganisation ebenfalls nur zehn Jahre bis zum ersten Versuch einer nationalen Organisation der Bergarbeiter. Obwohl diese ‚Miners' Association of Great Britain and Ireland' (1841) wie auch ihre mit zeitlichen Abständen immer wieder neu entstehenden Nachfolgeverbände in den 1850er und 1860er Jahren bei dem heftigen Widerstand der Unternehmer meist von nur kurzer Lebensdauer waren, hatte sich doch ihr Wert für die Bergarbeiter deutlich bewiesen. Während sie nämlich dem meist geschlossenen Widerstand der Bergbauunternehmer in den einzelnen Betrieben und Bezirken so gut wie machtlos gegenüberstanden, konnten sie — anders als in Deutschland — auf parlamentarischem Wege einige gesetzgeberische Maßnahmen durchsetzen, welche die bisherigen Arbeits- und Lebensbedingungen der Bergarbeiter entscheidend verbesserten. Obwohl noch bis zum Ende der 1860er Jahre die meisten Unternehmer in Nordengland, besonders in Yorkshire, — ebenso wie in Südwales — die regionalen Gewerkschaften sowie den hierauf aufbauenden nationalen Verband zerstören wollten, führte sie die Entschlossenheit der Bergleute, an ihren Verbänden festzuhalten, ebenso wie ihr — wie oben für ihre Kollegen in Südwales gezeigt — primär auf kurz- und mittelfristige Erfolge gerichteter Geschäftssinn dazu, während der Zeit der Hochkonjunktur am Beginn der 1870er Jahre die Gewerkschaften als Interessenvertreter der Bergarbeiter und als Verhandlungspartner anzuerkennen. Um diese Zeit der hohen Kohlenpreise durch innerbetriebliche Ruhe nutzen zu können, schloß man auch hier sliding scale-Verträge ab und errichtete die zu ihrer Überwachung notwendigen gemeinsamen Komitees, die oft jedoch gleichzeitig — anders als in Südwales — weitgehende Schlichtungsfunktionen in innerbetrieblichen Streitfragen zugewiesen bekamen. Doch nachdem die sinkenden Kohlenpreise der zweiten Hälfte der 1870er Jahre den Bergarbeitern gezeigt hatte, daß die sliding scale ihnen nicht den angestrebten „living wage" garantieren konnte, kündigten die — inzwischen gut organisierten — Gewerkschaften zwischen 1881 und 1893 in einer zunehmenden Zahl von Kohlenrevieren die sliding scale-Verträge auf und errichteten statt dessen zusammen mit den auf regionaler Ebene ebenfalls fest verbundenen Unternehmern die Conciliation Boards, die bis in die Weltkriegszeit hinein in Funktion blieben[121].

Nachdem sich herausgestellt hatte, daß die alte ‚Miners' National Union', die weiterhin von den exportorientierten und — wohl infolge der, wie in Südwales, größeren Konjunkturabhängigkeit — meist schwächer organisierten Revieren unterstützt wurde, zum Mißerfolg verurteilt war, gründeten die

[121] Zum Funktionieren solcher Conciliation Boards vgl. etwa: E. Auerbach, Die Ordnung des Arbeitsverhältnisses in Kohlengruben von Northumberland und Durham, 1890.

besser organisierten und schärfer auf Konfrontationskurs gegenüber den Unternehmern gehenden Verbände zwei Jahre vor der Errichtung des ‚Alten Verbandes' in Deutschland, im Jahre 1888, der Ära des „New Unionism", als neuen nationalen Verband die ‚Miners' Federation of Great Britain' (MFGB), die in den nächsten Jahrzehnten ihre Existenz sichern sowie ihre Stärke und ihren Einflußbereich beträchtlich ausdehnen sollte. Durch den allmählichen Anschluß aller Revierverbände und die — auch hierdurch — verstärkte Beitrittsbereitschaft der Bergarbeiter stieg die Mitgliederzahl der MFGB von 36.000 im Jahre 1888 über 200.000 (1893), 363.000 (1900) auf 736.850 im Jahre 1914, an der Südwales zum letzteren Zeitpunkt mit 134.190 zu fast einem Fünftel teilhatte. Damit überrundete der gewerkschaftliche Organisationsgrad des Bereichs Bergbau, dessen organisierte Beschäftigte zu mehr als 90% der MFGB angehörten, in dem Vierteljahrhundert vor Ausbruch des Krieges alle anderen britischen Gewerbezweige, und zwar von 19% im Jahre 1888 über 56% (1901) auf 60% im Jahre 1910. In Deutschland dagegen waren im Jahre 1907 — alle vier Bergarbeiterverbände zusammengenommen — 32,3% der im Bergbau Beschäftigten organisiert[122].

Obwohl die MFGB auch für die Verhandlungen und den Abschluß der Lohnsätze mit den Unternehmern in den „Federated Districts" Nordenglands und in Nordwales zuständig war, lagen ihre Hauptziele jedoch in der gegenseitigen (auch materiellen) Unterstützung der Reviere und der Integration und Durchsetzung der Interessen aller Bergarbeiter auf nationaler Ebene. Einen Hauptbereich dabei bildete — wie schon oben angedeutet — die Vertretung ihrer Interessen gegenüber den staatlichen Institutionen — meist durch das Parlament. Nachdem schon von ihren Vorgängerorganisationen die grundlegenden Gesetzesmaßnahmen für die Reform des inneren Betriebs der Bergwerke wie das Verbot der Arbeit von Kindern generell und von Frauen und Jugendlichen (bis 12 Jahre) unter Tage, die Einführung von Sicherheitsmaßnahmen und der staatlichen Inspektion sowie die Einsetzung von Wiegekontrolleuren und anderes mehr — wie wir weiter unten aus der Perspektive des Staates sehen werden — durchgesetzt hatten, blieben der MFGB die Verfolgung schon über den unmittelbaren Betrieb hinausreichender Ziele vorbehalten, an der sie seit ihrem Bestehen mit großer Ausdauer und Zähigkeit, und ohne diese Ziele weitgehend zu ändern, festhielt. Zwei ihrer langfristigen Hauptziele, die Einführung des Acht-Stundentages und des Minimallohns, konnte sie nach zwanzigjähriger Agitationsarbeit in den

[122] Jevons, S. 467, 480; G.D.H. Cole, Labour in the Coal-Mining Industry (1914-1921), 1923, S. 3; Clegg/Fox/Thompson, S. 468. Der Organisationsgrad der Bergarbeiter in den einzelnen Revieren lag im Jahre 1910 zwischen 90% und 28%. Innerhalb der 17 Reviere lag Südwales mit 69% immerhin an siebter Stelle. Vgl. R. Gregory, The Miners and British Politics, 1906-1914, 1968, S. 10. Der Organisationsgrad für den deutschen Bergbau ist berechnet nach den Angaben bei: Fritsch, Das Eindringen, S. 109, und O. Polysius, Verbandsbestrebungen im Deutschen Maschinenbau, 1923, S. 37 (Zusammenfassung der Ergebnisse der Berufszählung von 1907).

Jahren 1908 und 1912 durchsetzen. Eine dritte Hauptforderung, die Verstaatlichung des Bergbaus (und der Bodenschätze), blieb trotz der fortwährenden Einbringung entsprechender Gesetzentwürfe ins Parlament — so der letzte im Jahre 1913 — wie in Deutschland unerfüllt[123].

Als nächsthöherer Integrationsebene der Arbeitnehmerinteressen gehörte die MFGB dem ‚Trades Union Congress' (TUC) an und spielte hier aufgrund ihrer Mitgliederzahl und finanziellen Stärke eine bedeutende Rolle. Doch war der TUC, der seit 1868 bestand, in seiner Zentralisationskraft und Integrationsfähigkeit keineswegs den zentralen Spitzenverbänden der deutschen Gewerkschaften vergleichbar. Trotz seiner Mitgliederzahl von ca. 1,7 Mill.[124] vor Ausbruch des Ersten Weltkrieges unterhielt er bei knappsten finanziellen Ressourcen eine Zentrale von zwei bis drei Angestellten. Seine Haupt- und beinahe ausschließliche Beschäftigung war neben der Organisation der jährlichen Gewerkschaftskongresse die Einführung von Gewerkschaftsabordnungen bei staatlichen und parteilichen Stellen sowie — durch sein ‚Parliamentary Committee' — die Absprache, Aufstellung und inner- wie außerparlamentarische Unterstützung von Abgeordneten[125].

Aufgrund der zu berücksichtigenden Meinungsvielfalt und der hiermit einhergehenden Schwerfälligkeit und konservativen Haltung auf seiten des TUC sowie infolge ihres großen Eigengewichts neigten die Bergarbeiter, die mit ihren Organisationen insgesamt und von vornherein etwas abseits des Hauptstromes der Arbeiterbewegung standen, von Anbeginn an zu einer weitgehend selbständigen Wahrnehmung ihrer Interessen. Mit 734.000 Mitgliedern erreichten die Arbeiterverbände des Kohlenbergbaus im Jahre 1911 36,7% der Gesamtmitgliederzahl des TUC und 23,4% aller Gewerkschaftler.

[123] Vgl. Jevons, S. 482 ff.; B. McCormick/J.E. Williams, The Miners and the Eight-Hour Day, 1863-1910, in: EHR 12, 1959/60, S. 222-238.

[124] Seine Mitgliederentwicklung und den Grad seiner Repräsentativität für die gesamte englische organisierte Arbeitnehmerschaft zwischen 1895 und 1910 zeigt die folgende Tabelle:

Jahr	Alle Verbände		TUC-Verbände		TUC-Verbände	TUC-Mitglieder
	Zahl	Mitgl. in 1000	Zahl	Mitgl. in 1000	in % aller Verbände	in % aller Mitglieder
1895	1340	1504	170	1076	12,7	71,5
1900	1323	2022	184	1200	13,9	59,3
1905	1244	1997	205	1555	16,5	77,9
1910	1269	2565	212	1662	16,7	64,8

Quelle: B.C. Roberts, Trade Union Government and Administration, 1956, S. 476, 480.

[125] B.C. Roberts, The Trades Union Congress, 1868-1921, 1958; Clegg/Fox/Thompson, S. 249-268.

Dagegen besaß in Deutschland der Alte Verband im gleichen Jahr einen Anteil von 5% an der Mitgliederzahl der Generalkommission, der christliche Bergarbeiterverband am Gesamtverband christlicher Gewerkschaften aber immerhin einen Anteil von 24%[126].

Da — wie oben angedeutet — seit frühester Zeit das Parlament und die staatlichen Institutionen zu den Hauptadressaten der Interessenartikulation der britischen Bergleute gehörten, trat die Frage nach der (partei-) politischen Repräsentation und der politischen Aktivität überhaupt, wie in Deutschland infolge der gehemmten, staatlichen Entwicklung, stärker und früher in Erscheinung als bei den meisten der anderen britischen Gewerkschaften.

Die alten Handwerkerorganisationen und auch die übrigen bis etwa 1880 sich bildenden Gewerkschaften lehnten — außer im Falle ihrer unmittelbaren Betroffenheit durch Gesetze — jede politische Tätigkeit ab oder standen der politischen Sphäre zumindest gleichgültig gegenüber[127]. Zudem konnten sie sich wenig von parlamentarischen bzw. gesetzgeberischen Maßnahmen versprechen, hatten doch solche gesetzgeberischen Eingriffe durch den Umfang der von ihr Betroffenen eher egalitäre Effekte, die doch gerade die elitären „skilled unions" zu vermeiden suchten. Gerade der große Umfang und die Einheitlichkeit ihrer Verhältnisse war für die Bergarbeiter und das andere große Kontingent der britischen Arbeiterschaft des 19. Jahrhunderts: die Baumwollarbeiter, von entscheidendem Vorteil. Die Durchsetzung auf gesetzgeberischem Wege sowie die Kontrolle durch staatliche Instanzen garantierte den Forderungen der Berg- und Baumwollarbeiter, wie bei entsprechenden, staatlichen Maßnahmen in Preußen, aufgrund der Zuständigkeit der Einzelstaaten jedoch nicht in ganz Deutschland, einen hohen Grad an „Permanenz" und „Universalität"[128].

Wie einerseits der Bereich des Bergbaus — wie derjenige der Baumwollindustrie — der staatlichen Intervention auf diese Weise besonders offenstand, so war es andererseits die territoriale Anhäufung der Bergarbeiterbevölkerung, welche die Entsendung von Abgeordneten in das Parlament ermöglichte, die durch die Wahlentscheidung in ihrem Programm nicht unwesentlich an die Interessen der Bergleute gebunden waren. In den insgesamt 84 Bergbauwahlkreisen betrug der Anteil der Bergarbeiterstimmen im Jahre 1910 zwischen 10% und 76%, davon in 23 Wahlkreisen mehr als 40% und in 11 Wahlkreisen mehr als 50%[129]. Angesichts des — anders als in Deutschland — fest institutionali-

---

[126] Vgl. B.C. Roberts, Trade Union Government, S. 476, 480; die deutschen Prozentzahlen sind berechnet nach: H.J. Varain, Freie Gewerkschaften, S. 35 f.; Fritsch, S. 109; M. Berger, Arbeiterbewegung, S. 284.

[127] Vgl. Clegg/Fox/Thompson, S. 48-54.

[128] Begriffe nach S. und B. Webb, Industrial Democracy, 1914, S. 255.

[129] Vgl. hierzu: R. Gregory, The Miners, S. 12 f., 138 f., 198-201.

sierten Zwei-Parteien-Systems, das weder die bürgerliche Reformbewegung der 1820er und 1830er Jahre noch die — durch die oben angedeutete Uneinigkeit der Arbeiterbewegung gescheiterte — Chartistenbewegung der 1830er und 1840er Jahre zu verändern vermocht hatten[130], ließ den Bergarbeitern nur die Wahl zwischen den weitgehend noch agrarisch orientierten Konservativen und den Liberalen, deren freihändlerische Überzeugung kaum mit den Interessen der oft unmittelbar oder mittelbar vom Export abhängigen Bergleute in Konflikt kam[131]. Die Kompromißbereitschaft der Abgeordneten wurde dadurch gesteigert, daß hier nicht — wie in Preußen — mit bestimmten Schichten auch gewisse Parteien durch ein Dreiklassenwahlrecht von vornherein privilegiert bzw. benachteiligt wurden, sondern jede Stimme gleich viel galt, und zudem, daß die Stimmenmehrheit im Unterhaus für ihre Partei automatisch die Regierungsübernahme bedeutete.

Die Sympathien der Bergleute, wie wohl der meisten anderen Arbeiter, standen von Anfang an auf der Seite der Liberalen Partei. Eine solche Affiliation war bis auf die relativ unbedeutenden Hirsch-Dunckerschen Gewerkschaften in Preußen-Deutschland nicht möglich, in einem Land, in dem die späte und autoritäre Lösung der national-staatlichen Frage die liberalen Parteien und Orientierungen entscheidend geschwächt[132] und die Herausbildung der Sozialdemokratischen Partei beschleunigt hatte. Ebenso wie die Liberale Partei in Großbritannien — besonders nach den Wahlreformen von 1867 und 1884, welche die Zahl der Wahlberechtigten erheblich vermehrten, wenn sie auch noch lange kein allgemeines Wahlrecht brachten[133] — von der Stimmenzahl der Bergarbeiter profitierte, so zeigte sie sich den Forderungen der Bergarbeiter gegenüber und der Arbeiterschaft im allgemeinen, so etwa bei der gesetzlichen Neubestimmung des Status der Gewerkschaften 1871, völlig entgegengesetzt etwa der Nationalliberalen Partei in Deutschland, die weitgehend Unternehmerinteressen vertrat, insgesamt aufgeschlossen. Hinzu kam, daß sie, wenn auch nur sehr allmählich,

---

130 H. Perkin, The Origins, S. 392/3.

131 Diese Interessensolidarität kam etwa zum Ausdruck anläßlich der von der konservativen Regierung im Jahre 1901 erlassenen Kohlensteuer, gegen die die Bergarbeiter zusammen mit den Unternehmern energisch protestierten, wie auch angesichts der zum Buren-Krieg führenden Südafrika-Politik der britischen Regierung, die dem Kohlenbergbau nach 1898 wieder zum Aufschwung verhalf. Vgl. L.J. Williams, MSWCOA, S. 280-3; W.J. Edwards, From the Valley I came, 1956, S. 103.

132 Vgl. etwa: H.A. Winkler, Preußischer Liberalismus und deutscher Nationalstaat, 1964, bes. S. 94 ff.

133 Der Anteil der Wahlberechtigten der britischen Bevölkerung stieg von 2,1% im Jahre 1831 über 4,2% (1832), 8,3% (1871) auf 15,9% im Jahre 1891. Selbst im Jahre 1911 besaßen nur 17,5% der Gesamtbevölkerung, 29,7% aller Erwachsenen und etwa 59% der erwachsenen männlichen Bevölkerung das Stimmrecht. Vgl. H. Setzer, Wahlsystem und Parteienentwicklung in England. Wege zur Demokratisierung der Institutionen 1832 bis 1948, 1973, S. 272; N. Blewitt, The Franchise in the United Kingdom, 1885-1918, in: Past and Present 14, 1965, S. 27-56, S. 31.

eigene Kandidaten der Bergarbeiter — ohne Kandidatur eines liberalen Konkurrenten — zuließ, um sie dann nach ihrer erfolgreichen Wahl als „Lib-Labs" in die eigene Fraktion des Unterhauses aufzunehmen. 1874 waren einer, 1885: 6, ab 1900: 5 und 1908: 16 Bergarbeiter-Abgeordnete als „Lib-Labs" im Unterhaus[134].

Eine praktische Möglichkeit zu einer selbständigen, parlamentarischen Vertretung von Arbeiterinteressen war den Bergleuten — anders als in Deutschland — bis zur Jahrhundertwende nicht geboten worden. Die auf marxistischer Grundlage 1881 (1883) gegründete ‚Social Democratic Federation' blieb gleichsam ein sektiererischer Geheimbund[135]. Und die drei Jahre später ins Leben gerufene ‚Fabian Society' war eine bürgerliche Vereinigung, die in antimarxistischer Tendenz für soziale Reformen mit staatssozialistischem Ziel warb, eine Vereinigung, die in vielen Zügen einer Zusammenfassung des ‚Vereins für Socialpolitik' und der ‚Gesellschaft für Soziale Reform' glich[136]. Und die 1893 gegründete und mit der Fabian Society verbundene ‚Independent Labour Party' (ILP), die mit am Zustandekommen des Labour Representation Committee im Jahre 1900 beteiligt war, gewann bei ihrer zunächst fast ausschließlich über Nordengland verstreuten, relativ geringen Mitgliederzahl, erst allmählich und nur in bestimmten Regionen, so — wie zu zeigen sein wird — besonders auch in Südwales, an Einfluß[137]. Daß die Zugehörigkeit der Bergarbeiter oder zumindest ihrer Führer zur Liberalen Partei — mindestens inzwischen — nicht nur Lippenbekenntnis und ausschließlich Produkt pragmatischer Erwägungen war, zeigte sich, als sich die Frage nach dem Anschluß an das von den Gewerkschaften anderer Branchen aufgrund der wachsenden Angriffe auf die Arbeiterbewegung im Jahre 1900 geschaffene ‚Labour Representation Committee' (LRC) stellte[138].

Trotz der zunehmend feindlichen Haltung der öffentlichen Meinung gegenüber der Arbeiterbewegung, die sich z. B. im Taff-Vale-Urteil äußerte[139], nach dem die Gewerkschaften für Streikschäden haftbar waren,

[134] Vgl. R. Gregory, The Miners, S. 16 ff.

[135] Vgl. hierzu: C. Tsuzuki, H.M. Hyndman and British Socialism, 1961; E.J. Hobsbawm, Hyndman and the SDF, in: ders., Labouring Men, S. 231-8.

[136] Zur Fabian Society vgl. A.M. McBriar, Fabian Socialism and English Politics, 1884-1918, 1966²; Hobsbawm, The Fabians Reconsidered, in: ders., Labouring Men, S. 250-271.

[137] Vgl. C.F. Brand, The British Labour Party. A Short History, 1964, S. 8-12.

[138] Clegg/Fox/Thompson, S. 364 ff.; G.A. Ritter, Zur Geschichte der britischen Labour Party, 1900-1918. Die Umbildung einer parlamentarischen Pressure Group in eine politische Partei, in: ders., Parlament und Demokratie in Großbritannien, Studien zur Entwicklung und Struktur des politischen Systems, 1972, S. 125-181, S. 127-140.

[139] J. Saville, Trade Unions and Free Labour: the Background to the Taff Vale Decision, in: A. Briggs/J. Saville, Hg., Essays in Labour History, Bd. 1, 1967, S. 317-350.

schuf die MFGB im Jahre 1902 einen eigenen Wahlfond, und die Führer sahen keinen Grund, warum sie im LRC ‚sozialistische Kandidaten' unterstützen oder sich um die Schwächen anderer Gewerkschaften kümmern sollten[140]. Eine solche Haltung wäre für die deutschen Bergarbeiter aufgrund der stärkeren schichtenmäßigen und weltanschaulichen Polarisierung der deutschen Gesellschaft, aber auch einfach aufgrund ihrer zahlenmäßig bedeutend kleineren Organisationen undenkbar gewesen. Doch stieg allmählich der Druck von seiten der Mitglieder vor allem in Schottland, Lancashire und — Südwales, die auf einen Anschluß an das LRC drängten. Aber die Urabstimmung fiel im Jahre 1906 — wenn auch mit knappem Abstand — immer noch zu Ungunsten eines Beitritts aus. Eine weitere Urabstimmung im Jahre 1908 brachte schließlich eine Umkehr des Ergebnisses und den Beitritt der MFGB zum LRC, das seit 1906 in „Labour Party" umbenannt worden war. Bis auf zwei ‚Lib-Labs', die es vorläufig immer noch ablehnten, aus der Liberalen Partei auszuscheiden, traten jetzt alle parlamentarischen Repräsentanten der Bergarbeiter, aus mehr oder weniger eigener Überzeugung, der Unterhausfraktion der Labour Party bei[141]. Einschließlich der beiden Lib-Lab-Nachkömmlinge standen in dieser nunmehr selbständigen, die Arbeiterschaft repräsentierenden Fraktion 16 Abgeordnete der Bergarbeiter gegenüber 24 Delegierten für den gesamten Rest der britischen Arbeiterschaft. In den deutschen Parlamenten kamen die Bergarbeitervertreter, in SPD und Zentrum zusammengenommen, kaum jemals über 5 hinaus. Im Jahre 1910 verfügte die Labour Party, die zu 97,5% aus Mitteln der Gewerkschaften finanziert wurde, bei einer angeschlossenen Mitgliederzahl von 1,5 Mill. über 40 Sitze im Unterhaus[142].

Die Gründung der SWMF und der organisatorische Anschluß der Bergleute in Südwales an die nationale Bewegung der Bergarbeiter und der Arbeiterschaft insgesamt in den Jahren 1898/99 markierte den Wendepunkt in der Perzeption und der Vertretung ihrer Interessen. Er legte den Grundstein für den weiteren Ausbau ihrer gewerkschaftlichen Organisation ebenso wie für die bedeutende Ausweitung ihres Einflusses auf die lokalen (Parish bzw. Town Councils) und regionalen (District- und in geringerem Maße: County Councils) Körperschaften der zivilen Selbstverwaltung[143]. Allein im ‚Executive Committee' der SWMF waren im Jahre 1914 von insgesamt 27

[140] Vgl. R. Gregory, S. 23.

[141] Gregory, S. 28 ff.

[142] Im Jahre 1914 waren der Labour Party 101 Gewerkschaften, 179 Ortskartelle und lokale Unterverbände sowie sozialistische Gesellschaften angeschlossen. Vgl. W.A. Orton, Labour in Transition. A Survey of British Industrial History since 1914, 1921, S. 9; Z. Bauman, Between class and elite, S. 190; R. McKibbin, The Evolution of the Labour Party, 1910-1924, 1974, S. 1 ff.; G.A. Ritter, Die Umbildung, S. 144; auch: Labour Year Book 1916, S. 310 ff.

[143] Vgl. etwa A.G. Jones, The Economic and Social History of Ebbw Vale, S. 185.

Mitgliedern neben zwei Parlamentabgeordneten 9 Friedensrichter (J.P.)[144]. Der Gründung einer alle südwalisischen Bergarbeiter umfassenden Interessenorganisation, ihrem Anschluß an die englischen Bergarbeiterverbände und an die Arbeiterbewegung insgesamt sowie den weiteren organisatorischen Fortschritten lag allerdings eine bedeutende, innere Umorientierung der Bergarbeiter in Südwales zugrunde.

Bisher waren — wie oben angedeutet — das Zusammengehörigkeitsgefühl, die Solidarität und die Interessenrichtung der Bergarbeiter in Südwales beinahe automatische Folge des unmittelbaren, kaum reflektierten Erlebens in meist kleinen, überschaubaren sozialen Einheiten gewesen. Die dominant klein- und mittelbetrieblichen Verhältnisse mit ihrer engen Verbindung von Betrieb und Wohnort hatten in zweifacher Richtung eine abstraktere Deutung ihrer Lage auf seiten der Bergleute verhindert: Sie hatten das überlokale Zusammengehörigkeitsgefühl aller Bergarbeiter in Südwales gehemmt und ihr gruppenspezifisches Selbstverständnis als Arbeiter im Vergleich zu anderen Schichten und die hiermit verbundene Definition der eigenen (relativen) Lage weitgehend unausgebildet gelassen. Mit der Verschiebung ihrer realen Grundlage änderten sich beide Faktoren: Die stärkere, wirtschaftliche Expansion und die Verbreitung der großbetrieblichen Produktionsweise seit etwa 1890 sorgten einerseits für eine fortschreitende Urbanisierung und einen zunehmenden Kontakt und Austausch unter den bis dahin oft verstreuten und voneinander separierten Bergbaudörfern, andererseits bewirkten und forcierten sie die Entstehung einer neuen Schicht: des Mittelstandes.

Beide Momente, zusammen mit dem weiteren Abrücken von den noch am Ort verbliebenen Unternehmern, zwangen die Bergarbeiter in Südwales — wie im weiteren zu verfolgen sein wird — zu einer beinah völligen ideologischen Umorientierung. Die traditionelle Verbindung von national-walisischem Separatismus, Liberalismus und religiösem Nonkonformismus, die von den Kanzeln der Kapellen verkündet wurde und daher alle Angehörigen der Gemeinde, unabhängig von ihrer Schichtenzugehörigkeit betraf, wurde abgelöst durch die schichtenspezifische und ortsübergreifende Ideologie des Sozialismus. Die oben aufgezeigte, zeitlich parallel zu dieser ideologischen Umorientierung verlaufende, rasche Verdrängung der walisischen von der englischen Sprache in Südwales mag somit nicht nur Folge des großen Zuwandererstromes aus England gewesen sein, sondern auch das sprachlich adäquate Transportmittel neuer Ideen und zugleich Symbol der Abtrennung der Arbeiterschaft sowohl von ihrer eigenen Vergangenheit als auch von den anderen, sich entwickelnden Schichten der walisischen Gesellschaft in Richtung auf eine, entlang der Schichtenzugehörigkeit verlaufende, nationale Integration in die britische Gesellschaft. Zu der vergleichbaren Umorientierung, die dort somit der eigentlichen Verbandsbildung vorausgehen konnte,

[144] Vgl. SWCA, 1914, S. 324.

hatten die Bergarbeiter im Ruhrgebiet mehrere Jahrzehnte Zeit gehabt. Wie die traditionelle, walisische Ideologie, so hatte auch das staatlich vermittelte Prestige und der Status des „Bergmanns" oder „Bergknappen" schichtenunspezifisch alle Angehörigen erfaßt, sie gleichzeitig jedoch von der Außenwelt abgetrennt. War somit das auch überlokale Zusammengehörigkeitsgefühl schon zu früher Zeit hergestellt, so sorgte die frühe Entwicklung zum Großbetrieb und die zunehmende, industrielle und soziale Differenzierung des Ruhrgebiets zu relativ früher Zeit für ein von den anderen Schichten unabhängiges Selbstbewußtsein und insgesamt zu einer eigenständigen Deutung ihrer relativen sozialen Lage. Die lange gehegten Fürsorgeerwartungen und die Resultate vergangener und gegenwärtiger Repression des Staates und der Unternehmer, wie aber auch die ideologische Differenz unter den Bergarbeitern, die andererseits jedoch — anders als in Großbritannien — ein wirksames Gegengewicht gegen regionalistische Tendenzen bildete, verhinderten hier aber — wie oben dargestellt — lange Zeit die Schaffung von Interessenverbänden.

Die Gewerkschaftsführer in Südwales, die meist seit den 1870er und 1880er Jahren bis mindestens 1910 weitgehend die Politik der SWMF bestimmten, konnten dabei — wie vorher angedeutet — auf einem Wechsel in der Anschauungsweise der Bergarbeiter aufbauen, an dem sie selbst in nur geringem Maße teilnahmen und dessen Ausmaß an Radikalität sie nicht oder erst sehr spät begriffen. Ebenso christlich-religiös motiviert wie die Bergarbeiterführer an der Ruhr, an einer „gerechten Ordnung der Welt" mitzuwirken[145], glaubten sie an die Identität oder zumindest an die Möglichkeit des Ausgleichs der Interessen zwischen Arbeitern und Unternehmern. Die Gewerkschaftsführer ebenso wie die älteren Bergarbeiter standen dabei in der Tradition des religiösen Nonkonformismus, der für mindestens ein halbes Jahrhundert das ideologische Band der gesellschaftlichen Verhältnisse in Wales im allgemeinen und im Kohlenbergbau im besonderen blieb. Der Nonkonformismus, repräsentiert durch die verschiedenen religiösen Gemeinschaften methodistischer Ausrichtung, bot gleichzeitig Mittel, Ideologie und Programm einem Volk, das sich in der relativen Unterentwickeltheit seiner Identität bewußt geworden war. Das Handwerkszeug zur Alphabetisierung bildete die ins Walisische übersetzte Bibel, ihre Sendung an Gleichheit und Gerechtigkeit wurde zum Leitbild und Programm der ‚nationalen' Gleichberechtigung und Selbstbestimmung sowie der sozialen Gleichheit. Der religiöse Nonkonformismus bot — anders als das obrigkeitlich institutionalisierte Christentum der katholischen und protestantischen Kirchen in Deutschland[146] — in dieser Weise das Rüstzeug gegen die ‚natio-

[145] So das Bekenntnis Otto Hues. Vgl. Werner, Meine Rechnung, S. 139. Vgl. auch oben S. 310. Für Südwales vgl. etwa: E.W. Evans, Mabon, 1959.

[146] Vgl. etwa: G. Gundlach, Katholische Arbeiterschaft im Volksstaat von Weimar, in:

nale' Bevormundung durch die englische Regierung ebenso wie gegen die traditionelle Ausbeutung des walisischen Bürgertums und der Arbeiterschaft durch den zwar dem Namen nach ebenso walisischen, inzwischen jedoch weitgehend anglikanisierten Landadel. Dem religiös-ideologischen Gegensatz von anglikanischer Hochkirche und nonkonformistischer Kapelle entsprach der politische zwischen der Konservativen und der Liberalen Partei, die sich zunehmend für die walisischen Interessen engagiert zeigte[147].

Die gesellschaftliche Basis der gemeinsamen ideologischen, politischen und sozialen Frontstellung bildete die gemeinsame Herkunft, Sprache und die geringe soziale Differenzierung zwischen Unternehmern und Arbeitern, die im walisischen Bergbau — wie wir sahen — das Vorherrschen des Kleinbetriebs bis 1860 und oft darüber hinaus zuließ. Die allmähliche Einführung des Großbetriebs und seine Durchsetzung nach 1890 und besonders nach 1900 bewirkte dagegen eine gesellschaftliche Differenzierung zwischen Arbeitern, Angestellten und Unternehmern, die die bisherige, relative soziale und ideologische Homogenität dieser Gruppen zunehmend bedrohte.

Im Ruhrbergbau war es die entmündigende Fürsorge des Staates während des Übergangs zum Großbetrieb und im Anschluß daran die weitgehend feindliche Haltung von Staat, Unternehmern und Kirchen gewesen, die eine verspätete selbständige Interessenvertretung und zugleich eine frühe Politisierung der Arbeiterschaft zur Folge hatte. In Südwales war es die sprachliche und kulturelle Isolation, die geographische Abgeschiedenheit, die hohe Integrationsfähigkeit und Abgeschirmtheit der Bergbaudörfer nach außen, die nur allmähliche Durchsetzung der großbetrieblichen Produktionsweise sowie ebenso die oftmals feindliche Haltung der Unternehmer gewesen, die die durchgängige Organisation der Bergarbeiter verzögerte. Die rasche Durchsetzung des Großbetriebs nach 1890 in privatkapitalistisch-ungehemmter Vorgehensweise beschleunigte den Prozeß der Bewußtwerdung der Stellung und der Interessen der Bergarbeiter in einer in Großbritannien und bisher auch in Wales ungekannten Schnelligkeit.

Erstes Anzeichen für diesen Bewußtseinswechsel war die nachlassende Anziehungs- und Integrationskraft, welche die Kapelle auf die Bergarbeiter auszuüben vermochte. Zum einen konnte die sich um die Kapelle scharende Ortsgemeinde immer weniger die besonders nach 1890 wachsenden Zahlen vor allem nichtwalisischer Zuwanderer integrieren, zum anderen stiegen — wie oben angedeutet — die weltlichen Ablenkungsmöglichkeiten wie Fuß-

G. Briefs u. a., Hg., Das Bild des Arbeiters in der katholischen Sozialbewegung von den Anfängen bis zur Gegenwart, 1960, S. 48 ff.

[147] Vgl. insgesamt: E.T. Davies, Religion in the Industrial Revolution in South Wales, 1965; C.E. Gwyther, Methodism and Syndicalism in the Rhondda Valley, 1906-1926, 1969, S. 57 ff.; D. Williams, A History of Modern Wales, S. 246 ff.; K.O. Morgan, Wales in British Politics, S. 9 ff.; Brennen/Cooney/Pollins, Social Change in South-West-Wales, 1954, S. 111 ff.

ball, Kino, music-hall. Das Trinken hatte — trotz der Feindschaft der methodistischen Priester — wohl auch schon vorher, wie im Ruhrgebiet — eine bedeutende Rolle gespielt. Als wichtigeres Moment kam hinzu, daß die vormals zumindest in Bezug auf die ‚nationale' Emanzipation progressive Ideologie der nonkonformistischen Kapelle weitgehend zu einer sozial konservativen Weltanschauung des anwachsenden Mittelstandes gerann. Die religiöse Erneuerungsbewegung der Jahre 1904/5 ebenso wie das teilweise Eingehen auf die sozialen Fragen der Arbeiterschaft deutete eher auf die verzweifelten Rettungsversuche einer sich in ihrer Bedeutung geschmälert sehenden Kapelle hin als auf ein echtes, soziales Engagement des Methodismus oder eine erneute Zunahme der Stellung der Religion im Leben der Bergarbeiter andererseits[148].

Die Bergleute suchten vielmehr nach einer Ideologie, die ihrer Lage als Arbeiter stärker entsprach und ihr zum Ausdruck verhelfen konnte. Dieses Bedürfnis, das 1898 mit dem Streik gegen die sliding scale schlagartig in Erscheinung trat, erfüllte in zunehmender Weise der von der ILP verkündete ethische Sozialismus, der hier einen Widerhall wie kaum in anderen britischen Regionen fand. Sein Hauptsprecher, Keir Hardie, der von 1900 bis zu seinem Tode im Jahre 1915 Parlamentsabgeordneter für Merthyr Tydfil war, strebte klassenunspezifisch ein „besseres, volleres und glücklicheres Leben für alle" an, trat aber, Gottesglaube und die Forderung nach walisischer Unabhängigkeit geschickt mit seinem Programm verbindend, besonders für die Interessen der Arbeiter ein[149]. Unterstützt durch — an die SPD in Deutschland erinnernd — die Errichtung von Sport- und Jugendgruppen sowie durch kostenfreie Unterhaltungsabende und ein Netz von Zeitschriften und Broschüren, die z. T. auch ins Walisische übersetzt wurden, konnte sich die ILP innerhalb weniger Jahre einen nicht unbedeutenden Wirkungskreis schaffen. 1911 bestanden 77 Ortsverbände in Südwales, von denen allein 14 mit mehr als 550 Mitgliedern (1909) im Rhonddatal lagen[150]. Mit der Zunahme des Einflusses der ILP sank die ideologische Funktion der methodistischen Religion, wenn auch die Kapelle als traditionelles Zentrum der Gemeinde fortbestand. In dieser Stellung konnte sie mit beitragen zu den — trotz aller sozialistischen Einflüsse — anhaltend hohen Wahlerfolgen der Liberalen Partei in Südwales[151].

---

148 Vgl. hierzu: E.T. Davies, Religion, S. 150 ff.; K.O. Morgan, Wales, S. 172/3; C.E. Gwyther, Methodism, S. 269 ff.; C.R. Williams, The Welsh Religious Revival of 1904-5, in: British Journal of Sociology 3, 1952, S. 242-259.

149 K.O. Morgan, Keir Hardie, 1967, S. 42; zu seinem Programm vgl. bes. Keir Hardie, From Serfdom to Socialism, 1907.

150 J.A. Cartwright, A Study in British Syndicalism, S. 81; M.G. Woodhouse, Rank and File Movements among the Miners of South Wales, S. 10; K.O. Fox, The Emergence of the Political Labour Movement in the Eastern Section of the South Wales Coalfield, 1894-1914, 1965, S. 70 ff.

Vor allem der jüngeren Generation der Bergarbeiter reichte die Deutung der eigenen Lage und die sich aus ihr ergebenden Schlußfolgerungen nicht aus. Anders als die Generation ihrer Väter, die noch einen Anteil von 47% (in Merthyr 64%) Analphabeten (1863) unter sich zählen konnte[152], hatte sie an der nach 1870 im nationalen Rahmen verbesserten Ausbildung teilnehmen können[153]. Die Entwicklung des Ausbildungsstandards der Bergarbeiter in Südwales verlief also zeitlich konträr zu demjenigen der Ruhrbergleute, obwohl er hier nie — selbst 1893 waren weniger als 3% Analphabeten unter der Belegschaft — den Tiefstand desjenigen in Südwales erreichte. Dies entspricht dem bisher entwickelten Bild des engagierten und aktiven Staates im industriell rückständigen Land. Aber auch jetzt noch blieb an der Ausbildung in den walisischen Schulen viel zu wünschen übrig. Die oft beibehaltene Dominanz der religiösen Unterweisung, die Größe der Klassen, der geringe Bildungsstand der Lehrer sowie ihre meist antiwalisische und pro-englische Haltung und Ausbildungsrichtung sorgten in nicht wenigen Schulen für eine „deutlich unglückliche" Lernsituation[154]. Die weiterbildenden Abendschulen beschäftigten sich fast ausschließlich mit technischer Ausbildung, Buchhaltung und Kurzschrift, und soweit überhaupt Ökonomie als Thema behandelt wurde, wurde auch nach dem Übergang der Schulaufsicht auf walisische Behörden im Jahre 1902 darauf geachtet, daß „Ökonomie in einer modifizierten Form gelehrt und die Diskussion ökonomischer Theorien vermieden wurde"[155]. Ein Besuch der meist erst um 1900 in den Tälern gegründeten, höheren Schulen war den Bergarbeiterkindern — wie im Ruhrgebiet — schon durch die finanzielle Situation der Eltern durchweg unmöglich[156].

---

151 R. Gregory, The Miners, S. 119-137, 198-201; H. Pelling, Social Geography of British Elections, 1885-1910, 1967, S. 346-371; K.O. Morgan, Wales, S. 222 ff.; ders., The New Liberalism and the Challenge of Labour: The Welsh Experience, 1885-1929; in: WHR 6, 1973, S. 288-312.

152 Vgl. E.J. Hobsbawm, The Labour Aristocracy, S. 313. Zur Beschreibung der Situation vgl. auch: Morris/Williams, S. 242/3; P. Massey, Industrial South Wales, S. 20/1; N. Edwards, The Industrial Revolution, S. 47 ff.; Lewis, S. 186-193, 206-9.

153 Vgl. hierzu allgemein: G.A.N. Lowndes, The Silent Social Revolution. An Account of the Expansion of Public Education in England and Wales, 1895-1965, 1969², S. 3 ff.; für Wales vgl. L.W. Evans, The Evolution of Welsh Educational Structure and Administration, 1881-1921, 1970; Lewis, S. 214-7, 227.

154 A.G. Jones, S. 174/5. Diese pro-englische Ausbildungsrichtung trug gleichzeitig zu dem Generationskonflikt bei, der die Bergarbeiterfamilien in die anglisierte, radikale Jugend und die liberal-walisisch orientierte, ältere Generation teilte. Vgl. ebenda, S. 193.

155 So die Selbstaussage des aufsichtführenden Glamorgan Education Committee, zit. nach: M. Turner, The Miners Search for Self-Improvement. The History of Evening Classes in the Rhondda Valley from 1862-1914, 1967, S. 206.

156 Insgesamt vgl. M. Turner, The Miners' Search, S. 20 ff., 212; E.J. Davies, Origin and Development of Secondary Education in the Rhondda Valleys, 1965; A.G. Jones, S. 174-176.

Aber das Vertrauen der gemäßigten Gewerkschaftsführer und der Unternehmer, die — wie Clifford J. Corry 1896 zum Kostenpunkt von 60.000 M — eine Werksbibliothek einrichteten, daß der Arbeiter durch die „schlaueren Werke von Adam Smith und John Stuart Mill" sowie Chalmers und Jeremy Taylor „das Gesetz verstehen werde, das Reichtum und Armut, Angebot und Nachfrage, Kapital und Arbeit reguliert", und dadurch „Konflikte zwischen den Arbeitgebern und Arbeitnehmern sowie die nutzlosen Streiks und Aussperrungen vermieden" würden[157], erwies sich als trügerisch. Das, auch nach der Lektüre der von den gemäßigten Gewerkschaftsführern und Unternehmern empfohlenen Bücher, bleibende und auch vom normalen Bergarbeiter immer stärker empfundene „Bildungsvakuum"[158], das — wie oben gezeigt — zumindest auch z. T. durch die nun verspürte Konkurrenz des entstehenden Mittelstandes, insbesondere der Angestelltenschaft, zustande kam, brachte die SWMF nach 1905 — wie andere Gewerkschaften nach 1901 — dazu, Stipendien für das Ruskin College in Oxford an befähigte Bergleute aus den eigenen Reihen zu vergeben. Hierzu kamen in besonderer Weise *die* Bergarbeiter in Frage, die — wie auch sehr viele Gewerkschaftsführer — sich durch ihre Tätigkeit im Bereich der Kapelle (Predigt usw.) und der ihr oft angeschlossenen Sonntagsschule ein über das normale hinausgehendes Wissen angeeignet hatten. In dieser Weise wurde einer Anzahl — insgesamt 37 — meist jüngerer Bergleute die Möglichkeit zu einem zweijährigen Studium am Ruskin bzw. Central Labour College in Oxford und — nach der Trennung von Oxford — in London geboten[159]. Hier wurden im — unter finanzieller Mithilfe des Amerikaners Walter Vrooman und mit praktischer Unterstützung des gerade graduierten, später so berühmten Charles A. Beard[160] errichteten — Ruskin College die Bergarbeiter-Studenten aus Südwales mit Darwins Evolutionstheorie und Marxscher Gesellschaftstheorie bekanntgemacht. Hier, wie ein ehemaliger Student später schrieb, lernten sie — auf ihrer Unabhängigkeit vom bürgerlichen Universitätsbetrieb beharrend[161] — die soziale Organisation der kapitalistischen Produktionsweise in ihrem Gewordensein und in ihrer Veränderbarkeit kennen[162]. Ausgestattet

[157] So der Bergarbeiterführer Mabon (W. Abraham) anläßlich der Eröffnung der Bibliothek, zit. in: M. Turner, S. 171.

[158] So Cartwright, S. 85.

[159] 1907 gingen 8, 1908 10 Bergarbeiter, ans Ruskin College nach Oxford, und zwischen 1909 und 1915 19 Bergleute aus Südwales ans Central Labour College in London. Vgl. J.A. Cartwright, S. 86, App. I.

[160] Vgl. etwa C.A. Beard, Eine ökonomische Interpretation der amerikanischen Verfassung (1913), 1974.

[161] Die scharfe Auseinandersetzung um die Lehrinhalte zwischen Universität und College führten schließlich zur Trennung. Vgl. hierzu: W.W. Craik, The Central Labour College, 1909-1929. A Chapter in the History of Adult Working-class Education, 1964, S. 45 ff.; C.F. Gwyther, Methodism, S. 138 ff.

[162] W.W. Craik, The Central Labour College, S. 53, 70.

mit diesem geistigen Handwerkszeug, das ihnen zureichend die eigene Stellung und Lage als Arbeiter zu beschreiben und zu erklären schien, kehrten sie in ihre Täler zurück und sorgten dort in durch die neugegründete ‚Plebs League' veranstalteten Kursen, an denen allein im Rhonddatal jährlich etwa 300 Bergleute teilnahmen[163], für die Verbreitung ihres neu erworbenen Wissens, für das in den Kreisen ihrer Kameraden sichtlicher Bedarf und durch die deutliche Arbeitszeitverkürzung im Jahre 1909 auch mehr Zeit vorhanden war. In Südwales war es also nicht — wie im Ruhrgebiet — die Ausbildung der Gewerkschaftsangestellten, die eine Entfremdung von Organisation und Basis hatte hervorrufen können, sondern es war eher die Ausbildung der Masse, die sie gegenüber den Führern kritisch werden ließ. Auch fanden nun Zweigstellen der Social Democratic Federation (SDF) Eingang, vor allem in das Rhonddatal. Unter ihrer und der Mithilfe von ILP-Anhängern, die z. T. auch schon auf den unteren Ebenen der Gewerkschaftsleitung (Wiegekontrolleure, agents) Eingang gefunden hatten, verdeutlichte und artikulierte sich gleichsam als bewußtseinsmäßiger Reflex einer lange Zeit stabilen, nun jedoch im inner- wie im überbetrieblichen Bereich — wie oben gezeigt — rapide sich verändernden Umwelt, jetzt ein Unbehagen und eine wachsende Kritik der Bergarbeiter an den spezifischen Resultaten der raschen wirtschaftlichen Entwicklung und deutlicher: an den Eigenschaften des sich organisierenden Kapitalismus, eine Kritik, die zugleich die Gemeinsamkeiten, aber auch die spezifischen ökonomischen und sozialen Entwicklungsunterschiede zwischen dem südwalisischen und dem Ruhrbergbau wiederspiegelte.

Anders als die traditionellen Gewerkschaftler, welche die wirtschaftliche Konzentration begrüßten und von ihr eine größere Stabilität der Kohlenpreise sowie vielleicht sogar eine Erhöhung der Löhne erwarteten[164], sahen sich die in den Großbetrieben arbeitenden Bergleute einer gegenteiligen Erfahrung ausgesetzt, und die nach 1902 anhaltend fallenden Löhne schienen diesen Recht zu geben. Gerade die zusammengelegten Großunternehmen nutzten ihre Finanzkraft und ihre Macht auf dem Arbeitsmarkt, um die alten, der Produktivität abträglichen Sitten der Bergarbeiter — wie sie es im Ruhrbergbau aufgrund der größeren betrieblichen Kontrolle durch Unternehmer und Angestellte (und vorher den Staat) nie gegeben hatte — wie das periodische Feiern der Bergleute, das Ausfahren der Belegschaft im Falle eines tödlichen Unfalls und das Geleiten des Toten zu seiner Familie, das kostenlose Mitnehmen von Grubenholzresten usw. abzuschaffen und die neu abzuschließenden Preislisten der einzelnen Zechen gleichmäßig auf ein

---

[163] Plebs Magazine, Okt. 1916, zit. in: Gwyther, S. 148.

[164] Vgl. etwa die Aussagen von A. Onions und D. Watts Morgan in: South Wales Daily News, 30.6.1908.

niedrigeres Niveau zu drücken[165]. Gleichzeitig wurden gerade in den Großbetrieben — wie im Ruhrbergbau — die verfeinerten Methoden der Selbstkostenberechnung eingeführt und die Grubenbeamten in eine gegenseitige Konkurrenz zum Erzielen der niedrigsten Produktionskosten gestellt. Deren Angriffspunkt bildeten automatisch die von den Preislisten nicht abgedeckten Lohnkosten für außergewöhnliche Arbeiten. Ihre Verhandlungen über die Bezahlung dieser Arbeiten vor Ort traten die Grubenbeamten oftmals mit einer vorher festgelegten Kostenhöhe an, und während die Bergarbeiter, die zuerst an die Reihe kamen, zufriedengestellt wurden, blieb für ihre nächstfolgenden Kameraden „nichts mehr übrig“[166]. Hinzu trat die gerade bei den Großunternehmen sich verbreitende Sitte, orts- und sprachfremde Engländer zu Grubenbeamten und Direktoren zu ernennen[167]. Angestellte und Unternehmer waren somit nicht mehr wie früher die — wenn auch oft eigensinnigen — vertrauten und sich um ihre Arbeiter kümmernden Vorgesetzten, sondern Antreiber und Ausbeuter im Dienste eines „seelenlosen, degradierenden Systems“ geworden[168].

Das aggressive, immer mehr auch zu Aussperrungen greifende Vorgehen der Großunternehmen, die immer stärker auch die Politik der MSWCOA bestimmten, senkte gleichzeitig die Erfolgschancen der gegenseitigen Verständigung zwischen Unternehmern und Gewerkschaften. Von der von den Unternehmern überhaupt zur überbetrieblichen Verhandlung zugelassenen Zahl von 391 innerbetrieblichen Streitfällen vermochte das Conciliation Board zwischen 1903 und 1910 231 nicht zu schlichten. Allein in den Jahren 1909 und 1910 konnten von 86 auftretenden Streitfällen nur 16 durch gemeinsame Verhandlungen beigelegt werden[169]. Und im Zeitraum von 1900 bis 1911 waren von insgesamt 676 kleineren Streiks 340, also mehr als die Hälfte, ohne vorherige Anmeldung[170]. Das Mißtrauen und die Ungeduld der Bergarbeiter gegenüber der schwerfälligen Verhandlungsmaschinerie zwischen Unternehmern und Gewerkschaften wuchs. Weder konnte sie die auftretenden betrieblichen Streitigkeiten zufriedenstellend lösen noch die Löhne auf einem ausreichenden Niveau halten, und die Tagesleistungen der Bergarbeiter, nach denen die Löhne sich u. a. richteten, fielen — wie wir oben gezeigt haben — zumindest z. T. auch, anders als an der Ruhr, auf-

[165] A.J. Cartwright, S. 100; 109-112; N. Edwards, History of the South Wales Miners' Federation, S. 34; E.W. Evans, The South Wales Miners, S. 199.

[166] Vgl. Jevons, S. 527-530; M.G. Woodhouse, S. 22-4.

[167] Cartwright, S. 104; Gregory, S. 60.

[168] So G. Barker, miners' agent, Vgl. Rhondda Socialist, 31.8.1912, zit. in: Cartwright, S. 150; allgemein auch: Morris/Williams, S. 125-133; E.T. Davies, S. 149/150; N. Edwards, History, S. 37-39; C.E. Gwyther, S. 171, 184.

[169] Vgl. MSWCOA, Miscallany (Disputes brought before the Concilation Board, 1903-1910); Woodhouse, S. 9; Evans, The Miners, S. 200/1.

[170] MSWCOA, Box File 16; L.J. Williams, S. 242.

grund der zurückbleibenden Technisierung der Betriebe. Doch schloß diese Kritik an der Lohnentwicklung mehr und mehr auch die die Verhandlungen führenden Gewerkschaftsführer mit ein.

Das Anwachsen der Betriebe und der Beschäftigtenzahl hatte nämlich nicht nur eine steigende Mitgliederzahl der Gewerkschaften ermöglicht, sondern ebenso, gerade wegen — anders als an der Ruhr — ihres stärker demokratisch angelegten Aufbaus, eine Ausdehnung der Organisationsstruktur erfordert und damit — zusammen mit der zunehmenden und zielgerichteten Ausbildung der Bergarbeiter — einen größeren Abstand zwischen Basis und Organisationsleitung mit sich gebracht. Die Zahl der Distrikte war von 9 im Jahre 1898 auf 20 im Jahre 1914 gestiegen. Hiermit war die Zahl der hauptamtlichen ‚agents' schon zwischen 1898 und 1913 von 9 auf 21 angewachsen; und 1914 waren außerhalb der 444 Zahlstellen auf der Distriktebene allein insgesamt 81 Amtsträger tätig[171]. Hinzu kam die Tatsache, daß die einmal gewählten und eingestellten agents, die sich oft zu „Zaren in ihren jeweiligen Distrikten"[172] entwickelt hatten, auf Dauer etwa einen Anteil von 70% der Besetzung des zentralen Geschäftsausschusses auf sich vereinigten und damit einen entscheidenden Einfluß auf die Politik der SWMF ausüben konnten[173].

Die Tendenz des Einflusses der Gewerkschaftsbeamten, unter ihnen vier Parlamentsabgeordnete, war — wie an der Ruhr — durchweg mäßigend. Sie waren auf die Erhaltung der von ihnen aufgebauten Organisation bedacht und hiermit beschäftigt, und wollten festhalten an der institutionalisierten Form der Verhandlungen mit den Unternehmern, die nicht nur der Gewerkschaft[174], sondern auch als Gewerkschaftsführer ihnen selbst einen Status hohen Ansehens und gesicherten, regelmäßigen Einkommens verschafft hatte, das in steigendem Maße über dem der Bergarbeiter insgesamt wie auch dem der Hauer lag.

Wöchentliches Einkommen von Bergarbeitern und Gewerkschaftsangestellten in Südwales (in £), 1885 - 1914[175]

Jahr	alle Bergarbeiter	Hauer	agents	Parlaments-abgeordnete
1885/90	-.19.11	1.4.2	1.6.8	3.1.3 (£ 160)
1901	1.11.7			6.14.6 (£ 350)
1914	2.8.-	2.15.1	4.-.-	7.13.10 (£ 400)

[171] E.W. Evans, The Miners, S. 178; SWCA 1915, S. 325; Jevons, S. 132/3.

[172] So der Sekretär der SWMF im Jahre 1911, zit. in: R.P. Arnot, South Wales Miners, S. 75.

[173] M.G. Woodhouse, S. 8.

[174] Vgl. hierzu bes. Woodhouse, S. 4-9.

Zwar waren wohl sämtliche Gewerkschaftsbeamten aus den Reihen der Bergarbeiter am Ort — anders als im Ruhrgebiet — hervorgegangen, doch entfremdeten sie ihr neuer sozialer Status[176] ebenso wie das fehlende unmittelbare Erlebnis der neuen Produktionsform des konzentrierten Großunternehmens umso stärker von den arbeitenden Bergleuten. Die traditionelle Unabhängigkeit im Arbeitsvollzug und — hinzukommend — der hohe Grad an direkter Demokratie auf der untersten Ebene der gewerkschaftlichen Organisation (pit-lodge) mußte den Bergarbeitern diese Distanzierung ihrer Interessenvertreter ebenso wie die wachsende Anonymität ihrer innerbetrieblichen Vorgesetzten um so stärker fühlbar werden lassen, auch im Vergleich zu den Bergleuten an der Ruhr, waren diese doch seit langem an die Autorität ihrer betrieblichen Vorgesetzten gewöhnt und hatten sie doch keinen so engen Kontakt zu ihren Gewerkschaftsangestellten. Unternehmens- und Gewerkschaftsangestellte wurden beide gemeinsam mehr und mehr — wie im Ruhrbergbau — zu Repräsentanten ein und desselben anonymen und sie bedrohenden Systems.

Ebenso wie die beklagte Mäßigung und — in den Augen vieler Bergarbeiter — mangelnde Durchsetzungsfähigkeit der Gewerkschaft, die in Südwales im Vergleich zum Ruhrbergbau wegen ihrer Zulassung zu Verhandlungen mit den Unternehmern umso deutlicher wurde, zur Interesselosigkeit und zum Austritt ihrer Mitglieder führte, so schwächte diese Reaktion der Bergleute ihre Organisation weiter. Zwischen 1903 und 1905 sank die Mitgliederzahl der SWMF von 124.386 auf 110.963 und von 1908 bis 1912 von 144.579 auf 114.207. Waren im Jahre 1900 von 10 Bergleuten beinahe 9 organisiert, so waren es 1905 knapp 7 und 1912 kaum mehr als die Hälfte[177]. Hierdurch gingen der Organisation nicht nur Mitgliederbeiträge verloren, sondern die hieraus folgenden Streiks, welche die Unorganisierten in die Gewerkschaft zwingen sollten, fügten einer Gewerkschaftskasse weiteren Schaden zu, die ohnehin schon durch die Aussperrungspraxis der Unternehmen ebenso wie die an sie wegen der „Stop-Tage“ zu zahlenden Entschädigungen bedenklich dezimiert wurde[178]. Die Unzufriedenheit der Bergarbeiter mit ihren Interessenvertretern auf regionaler wie auf nationaler Ebene auf der Seite der MFGB und im Parlament ging so weit, daß manche Distrikte mit dem Austritt aus

---

[175] Die Tabelle ist zusammengestellt und berechnet nach den Angaben bei: Raynes, S. 102; Rowe, S. 73; CIC 1919, Bd. 3, S. 100, 109; Edwards, History, S. 5; R.P. Arnot, South Wales Miners, S. 30; E.W. Evans, Mabon, S. 35; Cartwright, S. 152, 164; R. Gregory, S. 20. Die Zahlen in Klammern bedeuten Jahresgehalt.

[176] Vgl. hierzu vor allem: P. Stead, Working-class Leadership in South Wales, 1900-1920, in: WHR 7, 1973, S. 329-353, bes. S. 348/9; S. und B. Webb, The History of Trade Unionism, 1920, S. 464-471.

[177] Woodhouse, S. 9; Cartwright, S. 100.

[178] Zu den finanziellen Folgen und der hiermit verbundenen Schwäche der SWMF wie auch der Schädigung der Mitglieder vgl. etwa: Cartwright, S. 101/2; D. Evans, Labour Strife, S. 32; E.W. Evans, The Miners, S. 206, 211, 235.

der SWMF drohten[179]. Bezeichnenderweise war der Kernpunkt der aufgestauten Unzufriedenheit das Rhonddatal, also der Teil des Reviers, in dem sich die großbetriebliche Produktionsweise sowie der Grad der überbetrieblichen, horizontalen Konzentration am stärksten durchgesetzt hatte. Akut wurde die Unzufriedenheit, als die gesetzliche Einführung des Acht-Stunden-Tages im Jahre 1909 die Möglichkeit der Lohnaufbesserung durch Überstunden besonders für die Arbeiter in schwierigen Arbeitsplätzen und für die Übertagearbeiter beschnitt und zusätzlich — wie wir oben sahen — eine nicht geringe Umorganisation der Betriebe, und damit der Haushalte der Bergleute, auf das Drei-Schicht-System erforderlich machte. Das Ventil bildete der Versuch von Großunternehmen im Jahre 1910, notfalls auch mit dem Mittel der Aussperrung Preislisten durchzusetzen, die nach Meinung der betroffenen Bergarbeiter in ihrer Höhe unzureichend waren[180].

Die Ergebnisse von Verhandlungen zwischen Unternehmern und Gewerkschaften weigerten sich die Arbeiter anzunehmen, da sie nicht den Forderungen der Arbeiter entsprachen. Nach wiederholten, die Bergarbeiter nicht befriedigenden Verhandlungen weigerte sich nun die MFGB, die streikenden Bergarbeiter und die SWMF weiterhin finanziell zu unterstützen. Der Streik, der von einer Zeche auf die anderen der zu dem Unternehmenskomplex gehörenden Anlagen im Rhonddatal übersprang, führte dann bei dem Versuch der Unternehmer, fremde Arbeitskräfte heranzuziehen, zu gewalttätigen Ausschreitungen, die nur durch den Einsatz von Polizei und Militär unter Kontrolle zu bringen waren. Trotz des regionalen, sich der Form des konzentrierten Unternehmens anpassenden Zusammenschlusses der Bergarbeiter im Cambrian Combine Committee, das durchaus in Konkurrenz zur SWMF stand, ging der Streik nach mehr als sechsmonatiger Dauer verloren. Indirekter Ausfluß dieser Auseinandersetzung jedoch war die Bildung eines „Unofficial Reform Committee“, das unter dem maßgeblichen Einfluß der im Ruskin und Central Labour College ausgebildeten Bergleute stand, die jetzt meist einflußreiche Stellen an der Basis als Wiegekontrolleure usw. besetzten. Nach mehreren Monaten Beratung faßte das Komitee seine Analyse und seine Reformvorschläge in „The Miners' Next Step“ (1912)[181]

---

[179] Cartwright, S. 113/4.

[180] Hierzu und zum folgenden vgl. Cartwright, S. 114-125; Woodhouse, S. 22 ff.; D. Evans, Labour Strife; N. Edwards, History, S. 23 ff.; R.P. Arnot, South Wales Miners, S. 174 ff.; E.W. Evans, S. 190 ff.; C.E. Gwyther, Methodism, S. 160 ff.

[181] The Miners' Next Step, Being a Suggested Scheme for the Reorganisation of the Federation. Issued by the Unofficial Reform Committee, Tonypandy 1912; neu erschienen in: Reprints in Labour History, Nr. 4, London 1973; (hiernach im folgenden zitiert). Zur Interpretation und zur Stellung des ‚Miners' Next Step‘ zwischen industrial unionism und Syndikalismus vgl. R.M. Jones, Introduction, in: The Miners' Next Step, S. 3-9; C.E. Gwyther, S. 198 ff.; Cartwright, S. 126 ff.; E.L. Burdick, Syndicalism and Industrial Unionism in England until 1918, 1950; B. Pribicevic, The Shop Stewards' Movement and Workers' Control, 1910-1922, 1959, S. 24.

zusammen, welche in bezeichnender Weise die Organisation der Produktion und die der Interessen der Arbeiter aufeinander bezogen.

Es sollten hiernach alle Arbeiter innerhalb der Betriebe in einem einzigen Verband organisiert sein. Der Verband sollte sowohl auf regionaler wie auf nationaler Basis straff zentralistisch aufgebaut werden. Als das eigentliche Machtzentrum war die Zahlstelle vorgesehen, die, vereint mit den übrigen, in häufigen Konferenzen die Politik des Verbandes entscheiden sollte. Die Leitung, jährlich erneut durch direkte Wahl bestimmt, würde dabei auf die administrativen Aufgaben reduziert, und die Parlamentsabgeordneten, die nicht in der Verbandsleitung tätig sein dürfen, erhielten ein direktes Mandat. Die Lohnauseinandersetzung mit den Unternehmern sollte durch die Einführung eines Mindestlohnes gebremst und sonstige Forderungen durch lokale Irritationsstreiks oder durch nationale Maßnahmen erreicht werden. Durch eine dauernde Steigerung des Mindestlohns sollte tendenziell der ganze Geschäftsgewinn absorbiert und der Privatunternehmer durch die Verstaatlichung ersetzt werden. Darüber hinaus sollten die betrieblichen Vorgesetzten durch die Wahl der Arbeiter eingesetzt und — in weiterer Sicht — alle Industriezweige zu einem Zentralen Produktionsamt zusammengefaßt werden. Durch diese Selbst- und Mitbestimmung sollten die Arbeiter interessiert und mobilisiert werden, um der gegenwärtigen „Sklaverei und Unterdrückung" zu entgehen und „wirklich als Menschen leben" zu können[182].

Gemeinsam war den Protestbewegungen der Bergarbeiter in Südwales und im Ruhrgebiet ihre Zielrichtung gegen die institutionelle Entfremdung des Arbeiters, die in beiden Gebieten als Resultat der bisherigen wirtschaftlichen Entwicklung durch die spezifischen und — wie gezeigt — eng miteinander zusammenhängenden Merkmale des sich organisierenden Kapitalismus: die großbetriebliche Organisation der Produktion und die Herausbildung der Interessenverbände, fühlbar wurde. Alle Abänderungsvorschläge und -forderungen richteten sich gegen die schwindende Unmittelbarkeit und zunehmende Bürokratisierung von hierarchisch gegliederten Apparaten, die das spezifische Ergebnis der zentralisierten Massenproduktion zum einen und der Konzentration menschlicher Produzenten zum anderen waren. Die in beiden Regionen innerhalb desselben Industriezweiges vorgetragenen Vorschläge zur Abhilfe des gleichen Phänomens fielen verschieden aus und trugen in bezeichnender Weise den Stempel der jeweiligen Tradition und der jeweils gemachten Erfahrungen. Im Ruhrbergbau verriet das von den Werkvereinen vertretene Konzept der weitgehenden Unterwerfung unter den Willen der Unternehmer die Tradition der Entmündigung und der Fürsorgeerwartung, die von den Anarchosyndikalisten vertretene Anschauung von der baldigen und völligen Zerstörung des gesamten kapitalistischen Systems die Tradition der stark ideologischen, praxisfernen

[182] The Miners' Next Step, S. 33.

Ausrichtung. War im Ruhrgebiet der überlokale und nationale Zusammenhang der verschiedenen Interessenorganisationen der Arbeiter weitgehend aus dem Blickfeld herausgefallen, so blieben sich die Reformer in Südwales — eingedenk ihrer eigenen Erfahrungen — der Bedeutung der nationalen Verbindung der Arbeiterschaft bewußt, strebten zur Erlangung einer größeren Effizienz einerseits nach einer straffen Zentralisierung, andererseits nach einer konsequenten, für sie vorstellbaren und zum Greifen nahe erscheinenden Demokratisierung sowohl ihrer Interessenverbände als auch der betrieblichen Produktion. Der Übergang der Besitzverhältnisse vom Unternehmer zunächst auf den Staat und sodann auf eine selbstverwaltete Zentralkörperschaft sollte allmählich und schrittweise, und nicht plötzlich, wie bei den Syndikalisten des Ruhrgebiets, verlaufen. Bei aller Konkretheit ihres Programms zeigte sich jedoch auch angesichts des nächsten Schritts, anzunehmen, dies sei ein hinreichendes Organisationsmodell für die post-kapitalistische Gesellschaft, die Verfangenheit der Reformer in Südwales in ihrer eigenen Umwelt, der weitgehend monoindustriellen Ausrichtung ihrer Täler.

Die von den Reformern vorgetragene Forderung nach dem Mindestlohn wurde durch seine gesetzliche Einführung noch im gleichen Jahr — nach einem mehrwöchigen nationalen Streik und gegen den verbissenen Widerstand der Unternehmer in Südwales — erfüllt[183]. Die vorgeschlagene Zentralisierung und Demokratisierung der SWMF[184] und der MFGB mißlang oder wurde nicht in Angriff genommen. Doch war die Bildung der „Triple Alliance" zwischen der MFGB, der ‚National Union of Railwaymen' und der ‚National Transport Workers' Federation' im Jahre 1914, die als im Rahmen der traditionellen Gewerkschaftsorganisation bleibende, entfernte, wenn auch nicht von den Beteiligten intendierte, Antwort auf die Forderung nach Zentralisierung gewertet werden kann. Die „Triple Alliance" intendierte in der Phase intensiver industrieller und gesellschaftlicher Auseinandersetzungen[185] die Abstimmung der Aktionen zur Erhöhung ihrer mehr und mehr

183 Hierzu vgl. R.P. Arnot, South Wales Miners, S. 274 ff.; ders., The Miners. Years of Struggle. A History of the Miners' Federation of Great Britain (from 1910 onwards), 1953, S. 99 ff.; Jevons, S. 540 ff.

184 In Südwales lag das Scheitern vor allem auch am Widerstand der weniger großbetrieblich entwickelten Distrikte, die nach wie vor auf ihre relative Eigenständigkeit pochten und den Einfluß der — wie man sie jetzt nannte — „Syndikalisten" fürchteten. Vgl. Cartwright, S. 150-153. Während „je weiter man Richtung West-Wales reiste, umso weniger Sympathie man für die Reformbewegung fand" (Cartwright, S. 126), ist es interessant festzustellen, daß auch in dem anderen britischen Kohlenrevier mit dominant großbetrieblicher Entwicklung, in Durham, ein ähnlich ausgerichtetes „Forward Movement" zur gleichen Zeit tätig war. Vgl. Woodhouse, S. 4; D. Douglass, Pit Life in Co. Durham. Rank and File Movements and Workers' Control, 1970. Für die relative Rückständigkeit im westlichen Teil des südwalisischen Reviers vgl. auch: Brennen/Cooney/Pollins, S. 23, 27/8; D.G. John, An Economic and Historical Survey of the Development of the Anthacite Industry, with special reference to the Swansea Valley, 1923.

185 Insgesamt zur prekären innenpolitischen Situation in Großbritannien zwischen 1910 und 1914 vgl. R.V. Sires, Labour Unrest in England, 1910-1914, in: JEH 15, 1955,

von den Arbeitern in Frage gestellten Durchsetzungsfähigkeit von Gewerkschaften in drei für das Überleben der Volkswirtschaft und des Staates strategischen Industriezweigen, die auf Unternehmerseite einen hohen Grad an Organisation erreicht hatten[186].

Die rasche wirtschaftliche Entwicklung des südwalisischen Bergbaus nach 1890, besonders aber nach 1900, hatte die hiervon betroffenen Arbeiter zum energischen Protest gegen die mit dieser Entwicklung verbundenen Formen der Organisation der Produktion wie ihrer Interessen geführt. Die Bergarbeiter von Südwales nahmen damit die Stellung einer Avantgarde im Rahmen einer nationalen Arbeiterschaft ein, deren durchschnittliche Arbeitsverhältnisse trotz des langen industriellen Anlaufs selbst bis zum Ausbruch des Ersten Weltkrieges nur ansatzweise vom Kleinbetrieb in Richtung auf großbetriebliche Produktionsformen sich zu lösen vermocht hatten.

Insgesamt hatte die Industrialisierung im Bergbau von Südwales — wie im Ruhrgebiet — eine eigenständige, im Selbst- wie im Fremdverständnis von den übrigen Schichten separate Arbeiterschaft herausgebildet. Dieser Bewußtseinsprozeß jedoch verlief anders als bei den Bergleuten an der Ruhr. Zwar hatte sich auch bei den Bergarbeitern in Südwales — wie wir sahen — frühzeitig eine weitgehend einheitliche materielle, soziale Lage und Lebensweise entwickelt, doch hielt das lange Vorherrschen des Kleinbetriebes, die regional unterschiedliche Entwicklung und die geringe gewerbliche und soziale Differenzierung die Bergarbeiter lange Zeit von einer einheitlichen und übergreifenden Deutung ihrer sozialen Lage als Arbeiter ab. Vielmehr ermöglichte — umgekehrt zum Ruhrgebiet — die Überschaubarkeit der Arbeits- und Lebensverhältnisse eine direkte, eher unreflektierte und meist ausschließliche Identifikation mit der unmittelbaren, lokalen Lebenswelt. Gerade diese Haltung jedoch hatte gleichzeitig zusammen mit dem langsameren Wirtschaftswachstum — anders als an der Ruhr — den hohen Grad der sozialen Integration der Bergarbeiter ermöglicht. Die hierdurch entwickelten, festen und verbindlichen Lebensformen bestanden auch fort, als sich der Blick der Bergleute über die eigene unmittelbare, örtliche Umwelt hinaus zu richten begann. Hatten vorher diese gemeinsamen Formen des Lebens und Arbeitens weitgehend überlokale Orientierungen verhindert, so dienten sie jetzt als Basis und entscheidende Beschleuniger einer

S. 246-266; S. Meacham, „The Sense of an Impending Clash": English Working-Class Unrest before the First Word War, in: AHR 77, 1972, S. 1343-1364; H. Pelling, The Labour Unrest, 1911-1914, in: ders., Popular Politics and Society in Late Victorian Britain, 1968, S. 147-164; E.H. Phelps Brown, The Growth of British Industrial Relations, S. 294 ff.; G. Dangerfield, The Strange Death of Liberal England, 1935.

186 Vgl. P.S. Bagwell, The Triple Industrial Alliance, 1913-1922, in: A. Briggs/J. Saville, Hg., Essays in Labour History 1886-1923, 1971, S. 86-128; G.A. Phillips, The Triple Industrial Alliance in 1914, in: EHR 24, 1971, S. 55-67.

sozialen und ideologischen Entwicklung, welche die rapide wirtschaftliche Expansion im südwalisischen Bergbau seit etwa 1890 zur Grundlage hatte.

Nachdem die örtliche Organisierung der Bergarbeiter gerade aufgrund ihrer lokalen Orientierung, ihres entschiedeneren Gegengewichts gegen die betrieblichen Autoritäten als etwa an der Ruhr, der weitgehenden Uneinigkeit der Unternehmer und der fehlenden — schützenden wie disziplinierenden — Interventionen des Staates weit fortgeschritten war, alle übergreifenden Organisationsversuche jedoch gerade an der weitgehend lokalen Orientierung der Bergleute und der — trotz aller Uneinigkeit — bestehenden Feindschaft der Unternehmer gescheitert waren, waren es die Folgen des beschleunigten Industrialisierungsprozesses, die zum Durchbruch führten und eine weitgehende Umorientierung der Bergarbeiter in Südwales mit sich brachten. An dieser Entwicklung dokumentierte sich gleichzeitig, wie einerseits die Herausbildung eines übergreifenden Schichten- und Klassenbewußtseins von der Stärke lokaler Strukturen aufgehalten werden konnte, wie andererseits jedoch ein solches übergreifendes Bewußtsein von der Existenz dieser örtlichen Strukturen nicht nur in Südwales, sondern wohl auch im Ruhrgebiet, wo die örtliche Orientierung der Bergarbeiter allerdings in dieser Ausschließlichkeit nie auftrat, abhängig war[187].

Waren diese Veränderungen, die sich an die Durchsetzung der großbetrieblichen Produktionsweise knüpften, im Ruhrbergbau seit langer Zeit jeweils in Abständen aufeinander gefolgt, und hatten die Bergleute hier daher mehr Zeit, sich auf diese einzustellen, so kamen die Probleme auf die Bergarbeiter in Südwales beinahe gleichzeitig zu. Die altgewohnte, soziale Homogenität der Bergbaudörfer schwand durch die Entstehung eines neuen Mittelstandes, die Integrationsfähigkeit der Gemeinden sank angesichts der steigenden Zahl der Zuwanderer, der zunehmenden Fluktuation sowie der in wachsendem Maße als unzureichend empfundenen Ideologie der nonkonformistischen Kapelle, die wachsende Wohnungsnot, zusammen mit der Einführung des Drei-Schicht-Systems, bedrohte den hergebrachten, selbständigen Rahmen der Familie, und die spürbare Machtausdehnung der Großunternehmen zum einen und die Bürokratisierung der Betriebe sowie der Interessenorganisation zum anderen begannen, ihre altgewohnte Bewegungs- und Entscheidungsfreiheit zu beschneiden. Der Protest gegen diese Symptome einer neuen Zeit und die Forderung nach Reformen, deren Inhalt zugleich ihre spezifischen, historischen Bedingungen und Erfahrungen reflektierte, fielen daher, aber auch angesichts der weiterhin noch

---

[187] John Foster, in seiner Untersuchung über Klassenstrukturen in englischen Städten vor 1850, stellt, aufgrund des frühen Zeitraums beinahe automatisch, nur das behindernde Element örtlicher Strukturen heraus. Vgl. J. Foster, Nineteenth-Century Towns — A Class Dimension, in: H.J. Dyos, Hg., The Study of Urban History, 1968, S. 283.

weitgehend intakten sozialen Verbände von Familie und Wohnort als Institutionen traditioneller, kollektiver Problemverarbeitung[188], heftiger als bei den Bergarbeitern an der Ruhr aus. Anders als ihre Kameraden dort, hatten die Bergleute in Südwales durch ihre (örtliche) Geschlossenheit, durch die Uneinigkeit unter den Unternehmern und durch die weitgehend inaktive Rolle des Staates auf lokaler Ebene bedeutende Vorteile — nicht nur in Lohnfragen — und schließlich die Verhandlungsbereitschaft der Unternehmer auch auf regionaler Ebene erkämpfen können. Auf regionalem Niveau jedoch profitierten sie ansonsten weitgehend und lange Zeit von den Erfolgen, welche die englischen Bergarbeitergewerkschaften auf nationaler Ebene durchgesetzt hatten, bevor sich die südwalisischen Bergleute dieser nationalen Bewegung anschlossen, dann jedoch — angetrieben von ihren spezifischen, heimischen Erfahrungen und neuen Lehrinhalten — in kürzester Zeit von einer ideologisch rückständigen zur programmatisch fortschrittlichsten Gruppe in dieser und eine der ideologisch fortgeschrittensten der britischen Arbeiterbewegung überhaupt wurden.

Diese nationale Bergarbeiterbewegung konnte, sowohl vor als auch nach dem Anschluß der südwalisischen Bergleute, anders als in Deutschland, mit Hilfe eines ihr sehr viel zugänglicheren Parlaments entscheidende Verbesserungen für alle Bergarbeiter durch Gesetze und weitergehende Maßnahmen des Staates erreichen. Obwohl prinzipiell und lange Zeit jeglicher Einmischung in den wirtschaftlichen Bereich abhold, konnte der Staat, auch aufgrund der schlechten Verhältnisse, die — im Vergleich zu Deutschland — gerade auch infolge seiner langen Nichteinmischung im Bergbau herrschten, und aufgrund der Abhängigkeit der Regierungen von der parlamentarischen Mehrheit, auch gegen den Willen der Unternehmer zu verbessernden Eingriffen in den Bereich des Bergbaus veranlaßt werden. Dies waren — zusammen mit der regionalen Anerkennung durch die Unternehmer — Erfolge der organisierten Interessenvertretung der Bergarbeiter, die ihrerseits die Grundlage (z. B. Wiegekontrolleure) und die Bereitschaft zu weiterer Organisierung und insgesamt stärkerem Engagement festigten, allerdings auch angesichts der schlechteren Ausgangslage keinen Raum für Abstiegsfurcht wie bei den Ruhrbergarbeitern ließen, und gleichzeitig den im Ruhrbergbau beobachteten Zwang zu einer verstärkten, innerverbandlichen Ideologiebildung, autoritären Strukturen und zur Entstehung von Subkulturen reduzierte. Hatten somit während eines langen Zeitraums die Interessenverbände der Bergarbeiter schon durch die numerische Stärke, aber auch

[188] In Bezug auf das schon oben angeführte Konzept der ‚isolierten Masse‘ kann also sowohl für das Bergbaurevier von Südwales wie für das Ruhrgebiet festgestellt werden, daß zwar die Fähigkeit und Bereitschaft zu unmittelbarem, kollektivem Handeln durch eine jeweils geringere soziale Differenzierung der Bergbaubevölkerung erhöht wird, die ungleich bedeutenderen Bedingungen aber in den Voraussetzungen, Institutionen und Verbänden der sozialen Kommunikation zu sehen sind.

durch ihre parlamentarische Aktion einen — anders als in Deutschland — nicht zu unterschätzenden Einfluß auf die staatlichen Behörden und ihre Entscheidungen gewonnen, so standen dem Staat seinerseits die spezialisierten Informationen über Haltungen und Handlungen der Bergarbeiter und ihrer Interessenorganisationen, sowie die nicht selten genutzte Möglichkeit zur Verfügung, hierauf in seinem Sinne Einfluß zu nehmen[189].

Trotz des größeren Einflusses, den die Bergarbeiter in Großbritannien im Vergleich zu Deutschland durch ihre Interessenverbände ausüben konnten, glaubten besonders die Bergleute in Südwales immer weniger, sich auf die in dieser Form durchsetzbaren Interessen und die hierzu notwendigen Institutionen verlassen zu können. Die ökonomische Entwicklung und die mit ihr verbundenen Erscheinungen seit etwa 1890 verliefen für sie zu schnell. Nicht nur hatte ihnen die Durchsetzung des Großbetriebs — wie an der Ruhr — die unterste Stufe der immer sichtbarer werdenden gesellschaftlichen Rang- und Verteilungsordnung zugewiesen, die Organisation der Betriebe und ihres Interessenverbandes zunehmend bürokratisiert, sondern bedrohte zusätzlich noch die Existenz der traditionellen Institutionen der sozialen Problemverarbeitung und damit die Basen möglicher, unmittelbarer kollektiver Verteidigung. Nach weitaus kürzerer Zeit großbetrieblicher Entwicklung als im Ruhrbergbau begannen deshalb die Bergarbeiter in Südwales in den Jahren vor dem Ersten Weltkrieg, wie ihre Kameraden an der Ruhr, grundlegende Kritik an der Organisation der Produktion und der Gesellschaft zu üben, deren Begleiterscheinung und sich verfestigendem Resultat: die soziale Ungleichheit, der sie sich in ihrer unmittelbaren Umgebung und damit auch in ihrer gesamtgesellschaftlichen Tragweite gerade erst bewußt wurden, sie zu entgehen und abzuschaffen bestrebt waren. In den beiden Jahrzehnten vor Ausbruch des Ersten Weltkrieges hatten die Bergarbeiter in Südwales, nach einer langen, beinahe veränderungslosen Entwicklung, eine Wendung vollzogen, die sie vom religiös engagierten Dorfbewohner zum radikalen, politischen Missionar werden ließ.

5.2.2. Die Angestellten: Geringes Prestige, freie Entfaltung und frühes Engagement

Für die Entwicklung der Arbeiterschaft im Bergbau von Südwales war — wie wir sehen konnten — das lange Fehlen einerseits und die plötzliche Herausbildung einer auch zahlenmäßig identifizierbaren Gruppe von Angestellten andererseits bedeutsam. Hatte die Angestelltenschaft im südwalisischen Bergbau einen gewissen Entwicklungsstand erreicht, so strebte auch sie wie ihre Kollegen an der Ruhr danach — wie wir im weiteren sehen werden —, ihre Interessen selbständig, unabhängig sowohl von der Arbeiterschaft als auch von den Unternehmern zu vertreten. Zwar teilten die Ange-

[189] Vgl. etwa: R. Smillie, My life for labour, 1924.

stellten auch in Südwales — wie an der Ruhr — mit den Arbeitern das Schicksal der Lohnabhängigkeit und des Ausschlusses vom Produktionsmittelbesitz und erfüllten damit die Kriterien der Zugehörigkeit zum Proletariat, doch war auch für sie — im Gegensatz zur Arbeiterschaft — das Mischungsverhältnis aus Gehorsamspflicht gegenüber dem Unternehmer und der Anordnungsbefugnis gegenüber den Arbeitern typisch. Die sich hieraus ergebende Sonderstellung der Angestellten konnte zum einen durch die Bewertung und Behandlung durch Unternehmer und Staat, zum anderen durch die fortschreitende Arbeitsteilung auch im Leitungs- und Aufsichtsbereich der wachsenden Unternehmen und Betriebe, denen die Angestellten ja zugleich ihre Existenz verdankten, gefördert oder gehemmt werden.

Welche Faktoren die Angestelltenschaft in ihrem Selbst- und Fremdverständnis als eigenständige soziale Gruppe aufhalten und bedrohen konnten und welche einigenden Kräfte andererseits auf sie einwirkten oder die Angestellten selbst zu mobilisieren vermochten, wodurch und inwieweit, mit anderen Worten, die Angestellten sich von ihrer sozialen Umgebung abgrenzen und ein Solidaritätsgefühl untereinander herstellen und bewahren konnten, soll auch hier — wie für die Grubenbeamten an der Ruhr — eine leitende Fragestellung bilden.

Die Frage nach den dominanten Prinzipien der zeitgenössischen Selbst- und Fremdzurechnung zu einer bestimmten sozialen Schicht in einer industriellen Gesellschaft kann am Beispiel der Angestellten im Bergbau von Südwales zugespitzt werden: War bei den Angestellten im Ruhrbergbau die soziale Zurechnung einerseits nicht — wie für andere Industriezweige typisch[190] — durch eine der Herkunft und der Ausbildung nach heterogene Zusammensetzung, andererseits aber durch die staatliche Tradition und die frühe gewerbliche und soziale Differenzierung des Ruhrgebietes gleichsam vorbelastet, so waren die Angestellten in Südwales von diesen Vorgaben weitgehend frei. Die Entscheidung über die Schichtenzugehörigkeit mußte hier also gleichsam naturwüchsig fallen. Umso mehr wird im folgenden der Frage nachzugehen sein, wie, inwieweit, durch welche Faktoren und zu welchem Zeitpunkt sich die Angestellten im südwalisischen Bergbau von den übrigen sie umgebenden Schichten abhoben und zu welchen Gruppen sie — wenn überhaupt — soziale Kontakte pflegten.

5.2.2.1. Die Lebenswelt

1. Die betriebliche Ausgangssituation: Langsames Wachstum und später Spurt

Die Herausbildung der Angestelltenschaft als identifizierbare soziale Gruppe stand — wie wir oben sahen — in direktem Verhältnis zur Entwick-

[190] Vgl. etwa: E.C. Raßbach, Betrachtungen, S. 210 ff.

lung des Großbetriebs. In Südwales hatte, anders als im Ruhrbergbau, wo der frühe Übergang zum Tiefbau die Entfaltung der großbetrieblichen Produktionsweise frühzeitig erzwang, die leichte Erreichbarkeit der Kohle diese Entwicklung lange unnötig gemacht und vermochte auch der in Großbritannien überlieferten Weise der Betriebsführung kein Hindernis in den Weg zu setzen und Impulse zur Veränderung zu vermitteln. Obwohl sich im britischen Bergbau, wie wir oben sahen, Kapital und Betriebsleitung in früher Zeit getrennt hatten, da sich aber gerade diese — aus dem Vorbild des landwirtschaftlichen Gutshofs übernommene — alte Struktur der Betriebsführung relativ frühzeitig verfestigt hatte, blieb — im Vergleich zum Ruhrbergbau — die weitere Differenzierung in den Funktionen der Betriebs-(nicht der Unternehmens-)leitung begrenzt. Hierzu trug das lange Vorherrschen des Systems der Subunternehmer („Butty")[191], die aus dieser Arbeitsmethode folgende und sie überdauernde, nur lockere Art der Arbeitsüberwachung durch Betriebsangestellte[192] sowie die im Vergleich zum deutschen Bergbau — zumindest in den während der ersten Hälfte des 19. Jahrhunderts wichtigen Bergbaurevieren Nordenglands — geringeren, naturgegebenen Schwierigkeiten des Abbaus bei. Vor allem jedoch — vielleicht als Resultat aller vorher genannten Punkte — war es das relativ späte und nur zögernde Eingreifen des Staates, das die traditionelle Aufgabenverteilung in der Betriebsleitung der Bergwerke spät und in nur geringem Ausmaß veränderte. Deutlichster Ausdruck hierfür war das Fehlen der dem Ruhrbergbau schon seit der Zeit der staatlichen Direktion mitgegebenen Trennung der kaufmännischen und der technischen Seite der Betriebsführung, die immer mehr zu einer deutlichen Überlastung des Betriebsführers beitrug, welche ihrerseits wieder negative Auswirkungen auf die Innovationsfreudigkeit der Betriebe zeitigte. Wurde es in den Unternehmen des Ruhrbergbaus in der Zeit vor 1914 eher zum Problem, die Vielfalt und Weitläufigkeit der verschiedenen betrieblichen Leitungsstellen unter einer einheitlichen Kontrolle zu halten, so war es in Südwales die Aufblähung der Aufgabenbereiche innerhalb der einzelnen Instanzen[193].

---

[191] Vgl. E.W. Evans, The Miners, S. 9 ff.; F.D. Lewis, S. 64; A.H. John, S. 75-79; Ashton/Sykes, S. 113/4; Jevons, S. 334/5; G. Stone, S. 27-29; Nasse/Krümmer, Die Bergarbeiterverhältnisse, S. 52/3; H. Toussaint, Die Organisation, S. 38-41; für die Eisenindustrie vgl. G. Brandt, S. 66-72.

[192] J.H. Goldthorpe, Technical organization as factor in supervisor-worker conflict, in: British Journal of Sociology 10, 1959, S. 213-230, S. 214-217.

[193] Vgl. W. Stewart, The Need for Technical Education in the Mining Industry, in: SWIE, Proceedings 32, 1916/17, S. 17-19; NACM, Transactions 13, 1915/16, S. 128-9. Zugleich Ursache wie Folge dieser organisatorischen Entwicklung war im walisischen wie im übrigen britischen Bergbau offensichtlich die — die Arbeitsteilung hemmende — Überzeugung vom „one-man-one-job-principle", wonach nicht viele, sondern nur *eine* Person für einen bestimmten betrieblichen Bereich zuständig und verantwortlich sein müsse. Vgl. hierzu: NACM, Trans. 13, 1915/16, S. 365; 32, 1935, S. 462.

Das relativ späte Eingreifen des englischen Staates in den Bereich des Bergbaus führte nicht nur zur Beibehaltung der traditionellen Struktur der Betriebsleitung, sondern auch für lange Zeit zu einer ungleichmäßigen, wenig spezialisierten und insgesamt unzureichenden Ausbildung der Träger der betrieblichen Leitungsfunktionen. Waren im Ruhrbergbau in den 1820er und 1830er Jahren die grundlegenden Strukturen der Ausbildung des betrieblichen Leitungspersonals auf allen Ebenen geschaffen, so wurde in Großbritannien ein festgelegter Ausbildungsabschluß (mit staatlich anerkannter Prüfung) für Betriebsführer im Jahre 1872, für stellvertretende Betriebsführer 1887 und für Steiger erst im Jahre 1911 obligatorisch. Die gesetzlichen Maßnahmen bildeten die spezifische Antwort des Staates auf die z. T. erheblichen Mißstände in der Betriebsführung, die durch die Einrichtung der staatlichen Bergwerksinspektoren seit 1842[194] der Londoner Zentralregierung immer bekannter wurden, und das Anwachsen der betrieblichen Leitungsfunktionen sowie die Frage ihrer personellen Besetzung.

Tatsächlich stieg im britischen Bergbau die Zahl der Aufsichtsbeamten seit etwa 1870 an. Wie sehr jedoch Südwales zunächst noch hinter der Entwicklung des schon stärker großbetrieblich organisierten Reviers von Durham zurückblieb, zeigt die folgende Zusammenstellung.

Anteil technischer Grubenbeamten unterhalb der Ebene des Betriebsführers an der Untertagebelegschaft in Südwales und in Durham, 1890 - 1913 (in %)[195]

	1890			1905		1913	
	Südwales		Durham	Südwales	Durham	Südwales	Durham
	I	II					
Fahrsteiger	0,18	0,07	0,89			0,43	0,78
Steiger	0,36	1,06	4,00			1,85	3,88
andere Angestellte	-	-	-			0,89	0,42
Grubenbeamte insgesamt	0,54	1,13	4,89	2,27	4,99	3,17	5,08
Arbeiter	99,46	98,87	95,11	97,73	95,01	96,83	94,92

[194] Vgl. hierzu weiter unten S. 738.

[195] Die Tabelle ist zusammengestellt und berechnet nach den Angaben bei: Nasse/Krümmer, Die Bergarbeiterverhältnisse, S. 80; Statistical Review of the Coal Industry. Supplement 1925, S. 109 (Miners Eight Hour Day Committee, 1905) und CIC 1925, Bd. 3, S. 200/1. Die Zahlen für 1890 gelten für jeweils eine Firma, können von daher also nicht als repräsentativ angesehen werden. Die beiden Unternehmen in Südwales sind Llynipia und Harris Deep Navigation mit 2800 bzw. 1400 Mann untertage, das Unternehmen in Durham ist die Harton Coal Co., Ltd. mit 1710 Mann untertage. Die in dieser und den

Zwar können die Zahlen für 1890 nicht den Anspruch auf Repräsentativität erheben, doch machen sie insgesamt — betreffen doch beide Zahlenreihen schon relativ große Betriebe — den im Vergleich zu Durham rückständigen Entwicklungsstand in Südwales nur zu deutlich. Die Grube in Durham wies mehr als den vierfachen Anteil von Grubenbeamten gegenüber der nächstfolgenden in Südwales und mehr als das Neunfache der zweiten dortigen Zeche auf. Während aber in der folgenden Zeit bis 1913 der Anteil der Grubenbeamten in Durham nur sehr allmählich zunahm, verdreifachte bis versechsfachte sich ihr Anteil in Südwales. Gerade auch noch im achtjährigen Zeitraum zwischen 1905 und 1913 wuchs er stark an. Fast ein Drittel der im Jahre 1913 im Bergbau von Südwales vorhandenen technischen Grubenbeamten war in den vorangegangenen acht Jahren zusätzlich eingestellt worden, während fünfzehn Jahre, von 1890 bis 1905, notwendig waren, um das zweite Drittel des 1913 erreichten Anteils zu erlangen. Zwar war, wie sich auch in der nächsten Tabelle zeigt, der Anteil der Grubenbeamten in Durham im Jahre 1913 immer noch deutlich höher als in Südwales, doch hatte der walisische Bergbau bis zu diesem Zeitpunkt — trotz der krassen Rückständigkeit 20 Jahre zuvor — den nationalen Durchschnitt fast erreicht.

Anteil der Grubenbeamten unterhalb der Ebene des Betriebsführers in Südwales, Durham und im gesamten britischen Bergbau im Jahre 1913 (in %)[196]

	Südwales	Durham	Großbritannien
Fahrsteiger	0,37	0,63	0,33
Steiger	1,57	3,16	2,26
andere techn. Angestellte	0,76	0,34	0,28
kaufm. Angestellte	1,40	1,38	1,51
Grubenbeamte insgesamt	4,10	5,51	4,38
Arbeiter	95,90	94,49	95,62

Während der Anteil der kaufmännischen Angestellten in Südwales deutlich — fast gleich mit Durham — unter dem nationalen Durchschnitt lag, hatte der Prozentsatz der technischen Grubenbeamten in Wales mit insge-

beiden folgenden Tabellen berechneten Angaben lassen sich mit entsprechenden Angaben für das Ruhrgebiet aufgrund offensichtlich unterschiedlicher Kategorienbildung leider nicht vergleichen. Vgl. auch die Angaben bei: R. Nasse, Die Beaufsichtigung des Betriebes bei dem Großbritannischen und bei dem Rheinisch-Westfälischen Steinkohlen-Bergbau, in: ZBHSW 40, 1892, S. 251-262, S. 260.

196 Berechnet nach CIC 1925, Bd. 3, S. 197, 200/1.

samt 2,70% den im nationalen Bereich von 2,87% fast erreicht. Weiter fällt für Südwales der relativ geringe Anteil der Steiger und ein hoher der ,anderen technischen Angestellten' auf, welcher wohl — worauf noch weiter unten einzugehen sein wird — von den unteren Rängen der Hilfssteiger und Fahrhauer gestellt wurde.

Wie klein jedoch trotz ihres Anwachsens der Prozentsatz der Angestellten (und der Unternehmer) im britischen — wie im deutschen — Kohlenbergbau im Vergleich zum Durchschnitt aller Gewerbe blieb, zeigt die folgende Zusammenstellung.

Relative Anteile von Arbeitgebern, Angestellten und Arbeitern im britischen und im südwalisischen Kohlenbergbau sowie im Durchschnitt aller britischen Gewerbe im Jahre 1914 (in %)[197]

	alle Gewerbe GB		Kohlenbergbau GB		Kohlenbergbau Südwales	
Arbeitgeber		4,58		0,28		0,29
Angestellte		10,39		4,83		4,71
Betriebsführer	3,65		0,19		0,18	
Meister, Aufseher usw.	1,42		3,22		3,17	
kaufm. Angestellte	5,32		1,42		1,36	
Arbeiter		89,61		94,89		95,00

Die Zusammenstellung zeigt den um mehr als die Hälfte geringeren Anteil der Angestellten im Bergbau gegenüber dem Durchschnitt aller britischen Gewerbe. Während auch die höheren ebenso wie die kaufmännischen Angestellten einen gegenüber dem Durchschnitt aller Gewerbe bei weitem geringeren Anteil im Bergbau aufweisen, ist der Prozentsatz der unteren Angestellten (Aufseher usw.) im Bergbau mehr als doppelt so hoch als durchschnittlich in allen Gewerben. Wie der Kohlenbergbau dabei im Umkreis anderer Gewerbe lag, zeigt die folgende Aufstellung.

Verhältnis von unteren Angestellten und Arbeitern in einzelnen britischen Gewerbezweigen im Jahre 1911[198]

	Auf einen Aufseher (foreman) kamen an Arbeitern
Landwirtschaft	32
Kohlenbergbau	29
übriger (Nicht-Metall-)Bergbau	55
Chemie	24
Metallerzeugung und -verarbeitung	54
Textil	30
Bauwesen	13
alle Gewerbezweige	32

Der Anteil der unteren Angestellten im Kohlenbergbau war größer als in den meisten anderen Gewerbezweigen, besonders jedoch — neben dem übrigen Nicht-Metall-Bergbau — gegenüber der auch für Südwales bedeutenden Eisenindustrie.

Wenn uns auch für die Zeit vor 1890 keine zahlenmäßigen Angaben vorliegen, so tritt doch die Entwicklungstendenz der Angestelltenschaft im Bergbau von Südwales deutlich hervor. Das lange Vorherrschen des Mittel- und Kleinbetriebes, das wir weiter oben nachweisen konnten, hielt, völlig anders als im Ruhrbergbau, auch die Zahl und den Anteil der Angestellten an der Belegschaft lange Zeit offensichtlich sogar in den größeren Betrieben wie Llynipia und Harris Deep Navigation sehr klein. In den nach 1890 folgenden fünfzehn Jahren des beschleunigten Wachstums der Produktion sowie der Betriebe und Unternehmen hatte sich der Anteil der Angestellten wenigstens verdoppelt. Und trotz der rapiden Belegschaftsvermehrung in den acht Jahren zwischen 1905 und 1913/14 stieg der Angestelltenanteil weiter und ihre absolute Zahl verdoppelte sich in etwa[199]. Damit hatte der südwalisische Bergbau — das Wachstumstempo des britischen Bergbaus hinter sich lassend —in den Jahren vor Beginn des Ersten Weltkrieges in etwa das Niveau des Ruhrbergbaus, wenn auch nicht dessen Entwicklungsstand, erreicht. Denn immer noch entfielen — wie wir oben sahen — in Südwales auf einen Angestellten fast ein Drittel an Arbeitern mehr als im Ruhrbergbau. Mit etwa 10.000 Mitgliedern hatte die Angestelltenschaft in Südwales etwa die Hälfte der Zahl der Ruhrangestellten in den Jahren vor 1914 erreicht, und sie war damit in den Bergbautälern von Südwales aus verstreuten Individuen zu einer durchaus identifizierbaren Gruppe geworden.

2. Die soziale Lage: Der fließende Übergang zur Arbeiterschaft

a) Das Gehalt

Ihre innerbetriebliche Stellung wirkte sich auch in Südwales — wie im Ruhrbergbau — auf die überbetriebliche Lage der Angestellten aus. Zwar liegen keine Angaben über deren Beteiligung an Unfällen und Krankheiten vor, doch kann man aufgrund der Aufgabenähnlichkeit in der industriespe-

---

[197] Die Zahlen für die Zusammensetzung aller Gewerbe sind berechnet nach den Angaben bei: G. Routh, Occupation and Pay in Great Britain, 1906-1960, 1965, S. 4/5. Die Anteile für den Bergbau beruhen auf Schätzungen nach den Angaben in: CIC 1925, Bd. 3, S. 182, 197, 201 und NACM, Transactions 18, 1920/21, S. 7, 11; G. Routh, Occupation, S. 28.

[198] Nach G. Routh, Occupation and Pay, S. 28.

[199] Vgl. oben Tabelle, S. 536.

zifischen Arbeitsteilung — wie an der Ruhr — darauf schließen, daß die Angestellten auch im südwalisischen Bergbau in weitaus geringerem Maße von betriebsbedingten Unfällen und Krankheiten betroffen waren. Der zweite Faktor, in dem sich betriebliche Tätigkeit und Stellung der Angestellten auch auf ihr außerbetriebliches Dasein auswirkte, bildete das Einkommen. Ausgezahlt wurde ihnen dies — wie an der Ruhr — im Unterschied zur Arbeiterschaft als zeitlich festgelegtes Gehalt, wobei für die oberen Angestellten meist ein monatlicher, für die mittleren und unteren eher ein wöchentlicher oder sogar Tagessatz festgelegt war[200]. Zwar gab es auch im Ruhrbergbau Angestelltenfunktionen mit wöchentlich festgelegtem Entlohnungssatz, doch waren diese Fälle hier weitaus geringer und zumeist auf spezielle Arbeitsverrichtungen beschränkt; jedenfalls erhielten hier bei weitem die meisten der Angestellten vom Fahrhauer aufwärts ein Monatsgehalt. Zudem erscheinen die Begriffe „wage" und „salary" in Südwales bis 1914 durchgehend prinzipiell vom Wortgebrauch her und in der Anwendung auf die einzelnen Kategorien der Angestellten weniger ausschließlich und voneinander abgegrenzt als im Ruhrbergbau[201]. Die weitgehend strikte Trennung in der Begrifflichkeit im Ruhrbergbau schien ihrerseits schon, anders als es in Südwales möglich war, Ergebnis der frühen großbetrieblichen Produktionsform zum einen und zum anderen des aktiven Eingreifens des Staates mit seiner Normengebung auch im Bereich der Entlohnung gewesen zu sein. Ein weiteres Resultat des Fehlens staatlicher Initiative, aber auch der — wie im weiteren zu zeigen sein wird — ebenfalls hieraus folgenden verschiedenen Ausbildungs- und Arbeitsmarktsituation in Südwales scheint es daher gewesen zu sein, daß die Gehälter der Angestellten in ihrer Höhe vor allem in den unteren Kategorien weniger weit von den Löhnen der Arbeiter entfernt waren als im Ruhrbergbau. Die Entlohnung der Steiger lag in Zeiten regelmäßiger Beschäftigung offensichtlich anhaltend unter der Lohnhöhe der Hauer.

Die Tabelle zeigt, daß in Südwales die durchschnittlichen Schichtverdienste der Steiger zu beiden Zeitpunkten unter denjenigen der Hauer lagen, während sie im britischen Durchschnitt zum ersten Zeitpunkt darüber, zum zweiten zwar darunter, aber immerhin dem Verdienst der Hauer näher lagen als in Südwales.

---

[200] Vgl. hierzu: Jevons, S. 335; Walters, S. 199; Rowe, Wages, S. 56.

[201] Die Grenzlinie zwischen in kürzeren Abständen durch Lohn bezahlten Arbeitern und in längeren Abständen durch Gehalt entschädigten Angestellten wird von J. Kocka für das Siemensunternehmen bestätigt. Doch scheint es sich hier nicht um Unterschiede nationaler Provenienz zu handeln. Für die Maschinenfabrik Eßlingen und andere württembergische Fabriken berichtet H. Schomerus von einem Entlohnungsmodus, der demjenigen im südwalisischen und im britischen Bergbau z. T. gleichkommt. Vgl. hierzu: J. Kocka, Unternehmensverwaltung, S. 106 ff.; H. Schomerus, Die Arbeiter, S. 144/5. Allgemein vgl. auch U. Kadritzke, Angestellte, S. 110-117.

Durchschnittliches Einkommen (pro Schicht) der Steiger und Hauer in Südwales und Großbritannien in den Jahren 1886/88 und 1914[202]

	1886/88	1914
Südwales:		
Steiger	4/4	7/9
Hauer	4/10	9/4
Großbritannien:		
Steiger	4/10	7/8 1/4
Hauer	4/1	8/10

Obgleich aus dieser Zusammenstellung sowohl für Südwales als auch für Großbritannien insgesamt ein relativer Abfall der Einkommen der Steiger abzulesen ist, so tritt dieser doch wegen der großen Lohnbewegungen und -erhöhungen der Bergarbeiter in den Jahren 1911/12 — wie wir oben sahen — für eine längerfristige Betrachtung zu stark hervor. Besonders in den Zeiten der Konjunktur äußerte sich diese Nähe der Entlohnung von unteren bzw. mittleren Angestellten und der höchst entlohnten Arbeiterkategorie darin, daß die Hauer sich weigerten, Grubenbeamte zu werden. So wird von einem Unternehmer berichtet, daß er während der Konjunkturzeit 1856/57 gegen ein regelmäßiges Entgeld pro Woche von 27 s. keinen Bergarbeiter für eine Stelle als ‚overman' gewinnen konnte. Die Arbeiter verdienten nämlich zu dieser Zeit zwischen 30 und 35 s.[203]. In Zeiten mittleren oder schlechteren Geschäftsganges jedoch, und dies kam ja, wie wir oben sahen, in Südwales häufiger als im Ruhrbergbau und — anders als dort — ohne Unterbrechung bis 1914 vor, standen die Gehälter der Angestellten über den Löhnen der Bergarbeiter. So kündigte z. B. ein Bergbauunternehmen im Jahre 1843 in einem Stellenangebot einem ‚foreman' eine Entlohnung von 1 £ pro Woche mit freiem Haus und Garten an, während die Arbeiter durchschnittlich etwa 16 s. verdienten[204]. Zwar lag wohl in den in Südwales oft lange anhaltenden Zeiten, in die nicht ein ausgeprägter Konjunkturgipfel fiel, das Einkommen der Angestellten (einschließlich der meist freien Wohnung) über dem der Bergarbeiter, doch blieb vor allem das Einkommen der unteren und mittleren Angestellten, wie die nachfolgende Zusammenstellung zeigt, durchgängig der Lohnhöhe der Bergarbeiter näher als im Ruhrgebiet.

[202] Zusammengestellt nach Rowe, S. 72, und Colliery Year Book, 1949, S. 664.

[203] Vgl. Morris/Williams, S. 218.

[204] Ebenda, S. 217.

Monatseinkommen von Angestellten und Arbeitern im Bergbau von Südwales und des Ruhrgebietes, 1843 - 1912 (in Mark)[205]

Jahr	Südwales		Ruhrgebiet	
1843	Steiger (foreman)	80	Grubenbeamte	48-60
	Arbeiter	64	Arbeiter	21
1855/1857	Fahrsteiger (overman)	108	Obersteiger	150
			Rechnungsführer	90
	Hauer	120-140	Hauer	58
			Förderleute	40
			sonstige Arbeiter	37
1912	Betriebsführer	500-580	Betriebsführer	325-400
	Steiger	200	Steiger	230-340
	Hauer	208	Hauer	155
	Erw.Arbeiter	158	Erw.Arbeiter	132

Ohne die Angaben aufgrund ihrer unterschiedlichen Herkunft in ihrer Aussagekraft überzustrapazieren, lassen sich doch einige Schlußfolgerungen ziehen. Während im Ruhrbergbau seit den Zeiten der staatlichen Direktion die Löhne der Bergarbeiter durchgehend und mit weitem Abstand unter den Gehältern der Angestellten lagen, waren in Südwales die Löhne insbesondere der Hauer den Einkommen vor allem der unteren und mittleren Angestellten entweder überlegen oder doch jedenfalls sehr nahe. Für die Gehälter der Angestellten auffällig ist noch, daß sich während des halben Jahrhunderts nach 1855 offenbar die Gehälter der oberen Angestellten, hier: der Betriebsführer, in Südwales sehr viel schneller als die der unteren und mittleren Angestellten und auch rascher als diejenigen ihrer Kollegen im Ruhrbergbau erhöht haben. Doch war dies nur scheinbar so. Während nämlich die „manager" in Südwales auch in der Phase der Herausbildung des Großbetriebs wirklich die Betriebe leiteten, waren im Ruhrbergbau — wie unsere Darstellung der Unternehmensstruktur oben deutlich macht — im Laufe der Zeit weitere Instanzen der Betriebs- und Unternehmensleitung oberhalb der Position des „Betriebsführers" geschaffen worden. Im unmittelbaren Vergleich wird deutlich, daß in Südwales die Löhne immer, die Gehälter jedoch nur in

[205] Die Tabelle ist zusammengestellt und berechnet (mit £ 1 = 20 M) nach den Angaben bei: für 1843: Morris/Williams, S. 217; Tenfelde, S. 110; für 1855/57: Morris/Williams, S. 218 (1857); Heinrichsbauer, Harpener Bergbau-AG, S. 157; Tenfelde, S. 293; für 1912: Aufstellungen S. 333 und 618.

einigen Fällen in absoluten Beträgen höher waren als im Ruhrbergbau. Insgesamt lagen zwar durchgängig die Einkommen von unteren und mittleren Angestellten und Arbeitern in Südwales näher beieinander als im Ruhrbergbau, doch hatte sich auch in Südwales dieses Verhältnis mit der Entwicklung des Großbetriebs eher zu ungunsten der Angestellten verschoben. Rechnet man den weiteren Ausbau der Betriebs- und Unternehmenshierarchie oberhalb der Ebene der Steiger in der Zeit nach 1890 und das rapide Anwachsen der Zahl der Steiger selbst sowie die hier nicht berücksichtigte Einsparung an Mietkosten durch Werkswohnungen und die — wie an der Ruhr[205a] — höhere Arbeitsplatzsicherheit auf der einen Seite und den deutlichen Rückgang des Anteils der Hauer und damit den Anstieg der mit Abstand niedriger entlohnten normalen Bergarbeiter sowie den gerade erst erfolgten starken Auftrieb der Bergarbeiterlöhne auf der anderen Seite hinzu, so ergibt sich auch hier — wenn auch später und weniger deutlich als im Ruhrbergbau — eine mit der Entwicklung der großbetrieblichen Produktionsweise einhergehende, einkommensmäßige Entfernung zwischen Angestellten und Arbeitern. Die Grenzen des bis 1912 erreichten Entwicklungsstandes in bezug auf das Verhältnis im Einkommen zwischen Arbeitern und Angestellten einerseits und innerhalb der Angestelltenschaft andererseits zeigt die umseitige Übersicht.

Während die Einkommensrelationen zwischen den einzelnen Kategorien der Angestellten denjenigen ihrer Kollegen an der Ruhr weitgehend gleichkamen, überlappten sich die Löhne der Arbeiter mit den Gehältern der Angestellten in ihrer Höhe doch noch stärker, als sie dies im Ruhrbergbau taten. Während hier die Löhne der eigentlichen Bergarbeiter allerhöchstens im technischen Bereich bis an den unteren Rand der Gehälter der Reviersteiger, die aller erwachsenen Bergarbeiter kaum über diejenigen der Hilfssteiger hinausreichten, kamen die Löhne der eigentlichen Bergarbeiter im Bürobereich kaum an das Gehalt der einfachen Buchhalter, eher nur an das der ersten Bürogehilfen, die aller erwachsenen Bergarbeiter allenfalls an das des Portiers heran[207]. In Südwales dagegen konnten die Löhne der Hauer mit einigem Glück auf der einen Seite den Fahrsteiger, sicher jedoch den Bürovorsteher einholen, die Löhne aller erwachsenen Bergarbeiter den Hilfssteiger, Wieger und Materialverwalter und auf der anderen Seite sogar ebenfalls am unteren Rand den Bürovorsteher, sicher jedoch den Lohnbuchhalter erreichen. Im Ruhrbergbau waren die Überlappungen der Arbeiter- und der Angestellteneinkommen geringer als in Südwales, doch blieben die Löhne an der Ruhr bedeutend stabiler als dort. Trug in dieser Weise im Ruhrbergbau die bürokratische Kontrolle des Absatzmarktes zur Stabilität der Arbeitereinkommen einerseits und zur klareren Abgrenzung zwischen Arbeiter- und

[205a] Vgl. etwa: H.E. Krueger, 2. Teil, S. 229.

[207] Vgl. oben Tabelle S. 333.

Typische Einkommensstruktur der Beschäftigten eines Bergbauunternehmens in Südwales im Jahre 1912[206]

Unternehmensleitung

	Jahresgehalt/-lohn (£)
	£
Generaldirektor :	3.000
Direktor :	400
Agent :	?
Betriebsleitung	
Betriebsführer :	300-350
Stellvertr. Betriebsführer :	(250)

Techn. Betrieb unter Tage / über Tage			*Verwaltung*	M	F
Fahrsteiger :	(160)		Bürovorsteher :	91-156	
Steiger :	120		Lohnbuchhalter:	78-156	
Hilfssteiger:	(100)	Wieger : 91-130			
		Materialverwalter: 91-117	Buchhalter für		
		Zeitnehmer : 78-130	– Berechnung von Zusatzarbeit :	78-130	
		Aufseher für :	– Versicherungsfragen :	78-117	49-78
		– Übertage: 78-117	– allgemein :	72-117	49-78
		– Waage : 78-117	– Produktionsstatistik :	72-91	57-78
		– Verkehr : 78-117	– Hauskohle :	72-91	
			Jugendliche		
			14 Jahre :	26	
			18 Jahre :	46	37
			21 Jahre :	67	46
Hauer :	125				
alle erw. Bergarb.:	90-100				

Erklärung : M = Männer, F = Frauen

[206] Die Angaben zusammengestellt aus: R.P. Arnot, South Wales Miners, S. 64; CIC 1919, Bd. 2, S. 883; Bd. 3, S. 60, 198; Rowe, S. 73. Die wiedergegebenen Zahlen für die Löhne der Übertagearbeiter und die Gehälter der Büroangestellten geben die Mindesteinkommen der betreffenden Kategorien Anfang des Jahres 1917 für die Tredegar Iron and Coal Co., Ltd. wieder, die in etwa der Einkommenshöhe der Beteiligten im Jahre 1912 entsprechen dürften. Die Angaben sind entnommen aus: National Union of Clerks, 26th Annual Report and Balance Sheet, 1917, S. 26/7. Zur Repräsentativität dieser Einkommen vgl. auch die Angaben in: ebenda 27, 1918/19 S. 17/8 (Ebbw Vale Steel, Iron and

Angestellteneinkommen andererseits bei, so machte die stärkere Marktgebundenheit des Absatzes die einkommensmäßige Differenzierung zwischen Arbeitern und Angestellten eher zu einer Frage des Konjunkturablaufs. Die starke zeitliche Bindung der Einkommenshöhe der Bergarbeiter in Südwales ließ somit einerseits die prinzipielle einkommensmäßige Abtrennung von Arbeitern und Angestellten im südwalisischen Bergbau lange Zeit nicht so weit und grundsätzlich wie etwa im Ruhrbergbau sich entwickeln, ebenso wie sie andererseits — wie wir oben sahen — die dauernde Zurechnung zur Arbeiteraristokratie verhinderte. Konnte die geringere und vor allem zeitlich stark variierende Differenzierung der Einkommen von Angestellten und Arbeitern die Homogenität und den Zusammenhang der örtlichen Gemeinde lange Zeit stärken, so zeichnete sich mit der Entwicklung des Großbetriebs eine nicht nur der Zahl nach, sondern auch — wie wir vorher sahen — dem Einkommen nach wachsende Entfernung der Einkommenshöhe sowohl zwischen den einzelnen Angestelltengruppen als auch zwischen Angestelltenschaft und Arbeitern ab. Konnten noch 1857, also während der Zeiten der Konjunktur, die Löhne der Hauer die Einkommen sogar der Fahrsteiger offensichtlich mit Leichtigkeit überholen, so waren sie im Jahre 1912, also in einer Phase keineswegs schlechter Konjunktur, nur noch knapp dem Einkommen der Steiger überlegen.

Die späte großbetriebliche Entwicklung hatte in Südwales zum einen — anders als an der Ruhr — zu einer, wie wir oben sahen, abnehmenden Differenzierung der Einkommen innerhalb der Arbeiterschaft, andererseits — wie im Ruhrbergbau — zu einer wachsenden einkommensmäßigen Differenzierung zwischen Arbeitern und Angestellten sowie innerhalb der Angestelltenschaft geführt. Während der Grad der Differenzierung innerhalb der Angestelltenschaft trotz der relativen Kürze der Zeit in den Jahren vor 1914 ein dem Ruhrbergbau durchaus vergleichbares Ausmaß angenommen hatte, blieb der einkommensmäßige Unterschied zwischen Angestellten und Arbeitern, den die an auskömmlicher Fürsorge für die Arbeiter und an Autorität für die Angestellten orientierte Politik des Staates im Ruhrbergbau offenbar für lange Zeit vorprogrammiert hatte, immer noch geringer als dort.

b) Der Haushalt

Die sich in Südwales mit der Verbreitung der großbetrieblichen Produktionsweise herausbildende, wenn auch immer noch geringer als im Ruhrbergbau bleibende — einkommensmäßige — Differenzierung von Angestellten und Arbeitern wurde offensichtlich auch hier ergänzt durch die

---

Coal Co., Ltd.) und ebenda, 28, 1919, S. 27; NACM, Transactions 3, 1904/05, S. 364; J. A. Owen, The history of the Dowlais Iron Works, S. 94-105, 120-6. Die Angaben in Klammern bilden geschätzte Werte.

häuslichen Verhältnisse. Der Haushalt der Angestellten war offensichtlich — wie im Ruhrgebiet — durch eine geringere Kinderzahl finanziell weniger vorbelastet als derjenige der Arbeiter. Dies jedenfalls legen die für den nationalen Bereich angestellten Untersuchungen nahe.

Durchschnittliche Familiengröße von Arbeitgebern, Angestellten und Arbeitern in Großbritannien, 1890 - 1915[208]

Zeitraum	Arbeitgeber	Angestellte	Arbeiter	Gesamtbevölkerung GB
1890-99	3,28	3,04	5,11	4,34
1900-09	2,64	2,37	4,45	3,53
1915	2,07	1,88	3,54	2,61

Obwohl die Anzahl der Kinder sowohl der Angestellten- als auch der Arbeiterfamilien in Südwales wie in anderen Bergbaugebieten durchweg — wie wir oben sahen — größer war, so dürfte doch das hier wiedergegebene Verhältnis auch für die Familien der Angestellten und Arbeiter in Südwales weitgehend zutreffen.

c) Die Wohnung

Zur Entlastung des Haushalts der Angestellten und gleichzeitig zu einer relativen Absonderung von der Arbeiterschaft trug im südwalisischen Bergbau — wie im Ruhrbergbau — die oft geübte Praxis der Unternehmen bei, anders als zumeist bei den Arbeitern, ihren Angestellten mietfreie und wohl auch, im Gegensatz zu den Arbeitern, bessere Wohnungen und Häuser zur Verfügung zu stellen[209]. Wie groß eine solche Entlastung sein konnte, haben wir bei den Mietausgaben der Arbeiter festgestellt, bei denen die Miete leicht ein Sechstel des gesamten Haushaltsbudgets erreichen konnte.

3. Die soziale Umwelt: Die Bergbauangestellten als wesentlicher Teil eines kleinen Mittelstandes

Das lange Vorherrschen des Klein- und Mittelbetriebs, die geringe gewerbliche und damit auch: soziale Differenzierung, an der auch die wenigen Eisenwerke nichts änderten, deren Angestelltenintensität, wie wir sahen, noch geringer als die der Bergwerke war, und die wenig ausgeprägten Ein-

---

[208] Nach: E.A. Wrigley, Bevölkerungsstruktur im Wandel. Methoden und Ergebnisse der Demographie, 1969, S. 186/7.

[209] Vgl. oben Anmerk. 204.

kommensunterschiede zwischen Angestellten und Arbeiter hatten den Bewohnern der walisischen Bergbaudörfer, wie wir schon oben feststellen konnten, lange Zeit einen hohen Grad an direktem persönlichem Kontakt und an sozialer und ideologischer Homogenität bewahrt. Darüber hinaus ließen sich soziale Unterschiede sowie Meinungs- und Interessenverschiedenheiten zwischen Arbeitern, Angestellten und Unternehmern zumindest langfristig durch die gemeinsame weltanschaulich-politische Orientierung, die durch religiösen Nonkonformismus, Liberalismus und walisischen Regionalismus gekennzeichnet war, überdecken.

Anders als in den alten Städten des Ruhrgebiets gab es in den Tälern von Südwales lange Zeit so gut wie keine Beschäftigten, die nicht unmittelbar im Bergwerk oder in den wenigen Eisenwerken tätig gewesen wären. Die öffentliche Verwaltung, soweit sie überhaupt ausgeübt wurde, geschah von den entfernteren Städten an der Küste aus, und das Trucksystem der Unternehmer, das seinerseits in dem beinahe vollständigen „lack of the shop-keeping class“[210] seine Ursache hatte, verhinderte zugleich auch lange die Herausbildung einer Gruppe von nicht unmittelbar von den Bergbauunternehmern abhängigen Ladenbesitzern. Dies änderte sich erst, als sich die Unternehmer unter dem Druck der staatlichen Gesetzgebung zur Aufgabe des Trucksystems entschlossen[211]. Ab den 1870er Jahren verbreiteten sich die Ladenbesitzer — mit der einsetzenden wirtschaftlichen Expansion des Bergbaus — relativ schnell über die Täler. So gab es etwa in dem industriell früh entwickelten Bezirk von Ebbw Vale um 1880 schon wenigstens 70 Ladenbesitzer, die „zusammen mit weniger als 20 Pfarrern, einem Dutzend Lehrern und wenigen Ärzten, zusammen mit einigen Wirten und den mehr als einem Dutzend Werksangestellten“, in den Augen der Gemeinde die „middle and lower middle classes“ repräsentierten. Bis 1900 hatten sich diese Gruppen stärker als das Bevölkerungswachstum vermehrt, und 1921 gab es hier „über 200 Händler, eine über diese Zahl hinausreichende Anzahl von Lehrern, etwa 25 Pfarrer und eine geringe Anzahl freier Berufe“[212]. Und im Bezirk von Merthyr Tydfil waren im Jahre 1921 immerhin 14,2% der Beschäftigten in den Bereichen öffentlicher Dienst sowie Kommerz und Finanzen tätig[213]. In dieses lokale und regionale Sozialgefüge gerieten die Angestellten des Bergbaus, deren Zahl, wie wir sahen, besonders nach 1890 zunahm. In ihrer wachsenden Zahl sowie in ihrer nun eindeutigeren Stellung und Funktion in der expandierenden, betrieblichen Organisation der Produktion wurden sie sich offensichtlich sehr schnell ihrer von der Arbeiterschaft separaten Interessenlage bewußt. Schon in den 1880er Jahren fanden

[210] So N. Edwards, The Industrial Revolution, S. 39.

[211] Vgl. hierzu oben S. 560.

[212] A.G. Jones, S. 182.

[213] D.G.R. Belshaw, The Changing Economic Geography, S. 12-14.

sich — wie wir weiter unten sehen werden — die Steiger des Aberdare- und Rhonddatales, wo sich der Großbetrieb wegen der tieferliegenden Dampfkohle am frühesten in Südwales verbreitet hatte, zu einer gemeinsamen Kundgebung ihrer spezifischen Interessen zusammen[214]. Und unmittelbar vor den Mauern von Großbetrieben entwickelten sich zuerst die zentralen Stützpunkte der Konservativen Partei, so etwa in Llynipia, Treherbert und Ferndale im Rhonddatal. Und viele gerade dieser meist auch anglikanischen Angestellten standen — wie ein Zeitgenosse berichtet — „sehr feindlich der Arbeiterbewegung" gegenüber[215]. Anders als im Ruhrgebiet war in den Bergbautälern von Südwales kaum jemand, der die Angestellten von der Vertretung und Durchsetzung ihrer unmittelbaren staatsbürgerlichen Interessen und Verpflichtungen abhielt oder diese eher als überflüssig erscheinen ließ. Zu diesem Zeitpunkt etwa gingen die meisten der bedeutenden Unternehmen — wie weiter unten zu zeigen sein wird — dazu über, die Täler zu verlassen und ihre Firmen aus der Ferne zu regieren. Um die kommunalen Verhältnisse kümmerten sie sich kaum noch. Hatten die Angestellten erkannt, daß sie von den Arbeitern verschiedene Interessen hatten, daß gleichzeitig aber niemand in ihrer Umgebung — anders als an der Ruhr — arbeiterfremde Interessen vertrat, so mußten sie es selbst tun. Gegenüber der großen Überzahl der Bergarbeiter fanden sie Bundesgenossen vor allem in den Ladenbesitzern und Pfarrern, mit denen sie zusammen — wie weiter deutlich werden wird —ihre Interessen in den Körperschaften der lokalen und regionalen Selbstverwaltung — mit großem Erfolg — durchzusetzen versuchten. Besonders in einem Punkt kristallisierte sich die Verschiedenheit ihrer Interessen von denen der Arbeiterschaft: Obwohl sich ansonsten die von ihnen kontrollierte Verwaltung — in der Furcht vor höheren Steuersätzen — durch eine übergroße Sparsamkeit auszeichnete, sorgten sie mit aller Energie für die Einrichtung von höheren Schulen, auf die sie — anders als die Bergarbeiter — in zunehmendem Maße ihre Kinder schickten[216], um ihnen, wie die Bergarbeiter erst langsam erkannten, „eine solche Erziehung zukommen zu lassen, die ihnen für die Zukunft nicht nur eine gewisse finanzielle Position, sondern sowohl eine gewisse materielle als auch soziale Stellung sichert"[217].

In dieser offensichtlichen neuen Interessengemeinsamkeit der Angestellten nicht mehr mit ihnen, sondern mit den anderen sich herausbildenden Gruppen empfanden die Bergarbeiter die Angestellten nicht mehr zu ihnen, sondern: zusammen mit den Ladenbesitzern und mehr und mehr auch den

[214] Vgl. unten Anmerk. 282.

[215] F.J. Harries, History of Conservatism in the Rhondda, 1912, S. 14; A.G. Jones, S. 83.

[216] Vgl. etwa A.G. Jones, S. 175/6; F.J. Davies, Origin and Development, S. 259/60; E.D. Lewis, S. 215-7.

[217] Vgl. MFGB, Annual Conference 1917, S. 71.

Pfarrern, zu den „middle classes" gehörig[218]. Die frühere weitgehende Homogenität der Angestellten mit den Arbeitern in Herkunft, Sprache und Ideologie, die sich in dem oft sehr starken Engagement der Angestellten, besonders auch der Betriebsführer, in der Kapelle dokumentierte[219], ging verloren zugunsten einer sprachlich, bildungsmäßig und ideologisch sich von der Arbeiterschaft entfremdenden, eigenständigen Gruppenbildung auf der Seite der Angestellten. Die Bergarbeiter nahmen diesen Wandel in ihrer sozialen Umgebung anscheinend erst voll wahr, als dieser Prozeß schon relativ weit fortgeschritten war. Obwohl sich etwa die Betriebsführer weiterhin gern „als die eine Person vor allen anderen im Bergwerksdorf" in der Rolle des Beschützers und Ratgebers der Arbeiter sahen[220], wurden die Angestellten von den fortgeschritteneren Arbeitern als eine separate Gruppe betrachtet, durch „welche die Anteilseigner die Kohlenreviere besitzen und regieren"[221]. Wenn auch erst in den Jahren um 1900, so hatten die Bergarbeiter in Südwales erkannt, daß die alte Interessengemeinschaft zwischen ihnen und den Angestellten in den Betrieben zerbrochen war. Wie die Herausbildung des Großbetriebs im Ruhrbergbau ein halbes Jahrhundert zuvor, wenn auch zunächst von der ‚sichtbaren Hand' des Staates verborgen, das Gemeinsamkeitsgefühl von Angestellten und Arbeitern zerstört und beide Gruppen zu einer getrennten Interessenfindung und -vertretung getrieben hatte, so bewirkte die Entstehung und Verbreitung der großbetrieblichen Produktionsweise nun auch im Bergbau von Südwales die Aufgabe des eher unreflektierten, gemeinsamen Erlebens und Handelns und die Bewußtwerdung und Vertretung separater Interessen sowohl auf der Seite der Arbeiter wie der Angestellten. Doch anders als an der Ruhr, wo die Grubenbeamten besonders — wie wir sahen — in den jüngeren Industriestädten des Nordens ebenfalls zu den mittleren und oberen Stufen der gesellschaftlichen Rangordnung zählten, entfalteten die Angestellten in Südwales ihre Interessen, weil sie einerseits weitgehend auf sich selbst gestellt waren und andererseits an dieser Entfaltung nicht gehindert wurden.

---

218 Vgl. hierzu: MFGB, Minutes 1917, Annual Conference, S. 6, 70/1. Zur Verwendung der traditionellen Terminologie, die unter „middle class" nach wie vor die aus der bürgerlichen Revolution des 17. Jahrhunderts befreit hervorgegangenen bürgerlichen Träger der weiteren Industrialisierung, d. h. im wesentlichen die Unternehmer, verstand, vgl. etwa: R.H. Gretton, The English Middle Class, 1919; H. Levy, Soziologische Studien über das englische Volk, 1920, S. 1 ff.; vgl. aber auch noch: H. Perkin, The Origins, S. 365 ff.

219 Vgl. etwa: E.T. Davies, Religion, S. 149/50; E.D. Lewis, S. 193/4, 220; C.E. Gwyther, Methodism, S. 28.

220 Vgl. NACM, Transactions 16, 1918/19, S. 9/10.

221 The Miners Next Step, S. 32.

4. Die begrenzte Chance des Aufstiegs, partielle horizontale Mobilität und der beschränkte Grad an Homogenität

Die Mobilität unter den Angestellten im südwalisischen Bergbau war sicherlich noch geringer als die der Bergarbeiter und wohl auch als die der Grubenbeamten im Ruhrbergbau. Die Gründe hierfür liegen auf der Hand. Für die unteren und die mittleren Angestellten, die bis 1911 ohne fachspezifische Ausbildung, ohne Prüfung und ohne Zeugnis ihre Stellung bekleiden konnten, blieb ihre Ernennung zum Angestellten — anders als an der Ruhr — durch den einzelnen Betriebsleiter an den Betrieb oder an das Unternehmen gebunden. Ein Wechsel der Arbeitsstelle bedeutete daher — zumindest vorläufig — in der Regel die Aufgabe des Angestelltenstatus. Die oberen Angestellten kamen zwar in nicht wenigen Fällen aus dem nordenglischen Bergbau, doch scheint es, daß, wenn sie einmal ihre Stelle in Südwales übernommen hatten, sie dort auch lange, vielleicht sogar auf Lebenszeit, blieben[222]. Zumindest ist von den Büroangestellten bekannt, daß viele nicht nur ihre übliche Dienstzeit, sondern bis zu ihrem Tode in ein und demselben Unternehmen blieben[223]. Und ein Überwechseln in andere Gewerbe kam nicht nur wegen mangelnder anderer Industrien am Ort, sondern auch wegen der gewerblichen und beruflichen Separiertheit des Bergbaus kaum in Betracht. Das Äußerste, was möglich erschien, war ein Wechsel als Betriebsführer der Kohlengruben bei einem gemischten Unternehmen sowie von dort zum general manager eines solchen Unternehmens[224].

Die Möglichkeiten des individuellen Aufstiegs waren für die Angestellten — wie für die Arbeiter — geringer als im Ruhrbergbau. Zwar konnten — länger als dort — vor allem kaufmännische Angestellte bis in die 1870er Jahre, Arbeiter bis etwa 1850, in die Reihen der Unternehmer aufsteigen[225], doch blieb ihre Zahl klein. In der Zeit nach 1870 wurde der mögliche Aufstieg besonders im Vergleich zum Ruhrbergbau durch zwei Faktoren beschränkt: zum einen — als Resultat der fehlenden Arbeitsteilung in der oberen Betriebsleitung — durch die durchgehend kleine Zahl an Positionen für obere Angestellte, zum anderen durch die größere Aufspaltung der Ausbildungsvoraussetzungen für die einzelnen Angestelltenkategorien. Die staatlichen Berggesetze von 1872 und 1887 schrieben nicht nur — wie im folgenden zu zeigen sein wird — eine spezifische Ausbildung für Betriebsführer und

---

222 Vgl. etwa E.D. Lewis, S. 42 ff.; Walters, S. 184-6; für die unteren, mittleren und oberen technischen Angestellten vgl. NACM, Transactions 6, 1908/09, S. 367-9.

223 Walters, S. 181. Auch im Ruhrbergbau gab es jedenfalls bis in die 1890er Jahre, wenn auch nur einige wenige, Angestellte, die ein Lebensalter von mehr als 65 Jahren und ein Dienstalter von über 50 Jahren aufweisen konnten. Vgl. hierzu die Tabellen bei: Taeglichsbeck, 1. Teil, S. 280/1, 460/1.

224 Ebenda, S. 185; J. E. Vincent, John Nixon, S. 49 f.; J. A. Owen, S. 100.

225 Vgl. etwa: E.D. Lewis, S. 80-82, und unten den Abschnitt über die Unternehmer.

stellvertretende Betriebsführer vor, sondern nahmen vor allem den Steigern, die von allen Ausbildungsvorausstetzungen bis 1911 freigestellt wurden, weitgehend jede weitere Aufstiegsmöglichkeit. Im Vergleich hierzu jedoch muß die Aussicht der stellvertretenden Betriebsführer, deren Stellung etwa der des deutschen Fahrsteigers entsprach, auf eine Betriebsführerstelle besser gewesen sein. Im Jahre 1914 waren — auf nationaler Ebene —, wie wir oben sahen[226], 60% der Kandidaten für das Betriebsführerzeugnis und, nimmt man die aus ähnlichen Familien stammenden ‚Lehrlinge' hinzu, beinahe 90% schon Angestellte. Bei den Kandidaten für das Zeugnis der stellvertretenden Betriebsführer jedoch waren dies zwar weniger, aber immerhin zu diesem Zeitpunkt schon insgesamt 64%. Für Südwales hinzu kam aber, daß nicht wenige Betriebsführerstellen mit Kandidaten aus Nordengland besetzt wurden, eine Tatsache, die die Aufstiegsmöglichkeiten der schon im südwalisischen Bergbau tätigen Angestellten senkte. Insgesamt bildete sich hierdurch, durch die geringe Anzahl der oberen Angestelltenstellen und durch die stärkere Auffächerung der staatlichen Ausbildungsvorschriften im Bergbau von Südwales eine noch deutlichere formale Trennung zwischen oberen Angestellten einerseits und mittleren und unteren Grubenbeamten andererseits heraus als im Ruhrbergbau. Innerhalb des Betriebs konnte dieser stärkere formale Gegensatz jedoch — im Vergleich zum Ruhrbergbau — durch die nach wie vor geringere Größe der Anlagen ausgeglichen werden[227].

Die soziale und territoriale Herkunft der Angestellten setzte die Trennungslinie zwischen den unteren und mittleren sowie den oberen Grubenbeamten fort. Während die unteren und mittleren Angestellten in den allermeisten Fällen als ehemalige Arbeiter wohl durchgängig aus Südwales kamen, stammten die oberen Angestellten, die diesen Aufstieg oftmals in der zweiten Generation bewältigt hatten, zu einem gewissen Anteil aus Nordengland. Wie im Ruhrgebiet aber kamen wohl alle Grubenbeamte in Südwales aus Familien des Bergbaus, und gerade für die oberen Angestellten — wie für die ebenfalls ausgebildeten oberen und mittleren im Ruhrbergbau — waren die Familienverbände über Generationen hinweg offensichtlich von großer Bedeutung[228]. Insgesamt besaßen die Angestellten im südwalisischen Bergbau ein geringeres Maß an Homogenität unter sich als ihre Kollegen im Ruhrbergbau, doch war dies in Südwales, anders als dort, trotz der sich erst spät herausbildenden Differenzierung nach betrieblicher Stellung und Einkommen offenbar nie anders gewesen. Einen entscheidenden Beitrag hierzu leistete das Maß und die Art ihrer Ausbildung.

---

226 Vgl. oben S. 541.

227 Für die Auswirkungen eines kleineren Bergwerkbetriebs auf die persönlichen Beziehungen vgl. z. B. G. Werner, Meine Rechnung, S. 68 ff.

228 Vgl. Walters, S. 184-6.

5. Die Ausbildung: Späte Einführung, partielle Erfassung und geringere Anforderungen

Die Ausbildungsmöglichkeiten und — infolgedessen — der Ausbildungsstand der Angestellten im südwalisischen Bergbau blieben lange Zeit gering. Dies war nicht nur die Folge der zunächst — wie wir oben sahen — geringen technischen Bedürfnisse und des Vorherrschens des Kleinbetriebs durch die leichte Erreichbarkeit der Kohle, sondern auch der langen Zurückhaltung des Staates im Ausbildungssektor, so wie es dem Selbstverständnis und dem Bild der ‚first industrial nation' entsprach. Hatte der Staat im Ruhrgebiet — anknüpfend an die noch ältere Tradition der staatlichen Bergakademien, in denen die höheren staatlichen Bergbeamten seit 1777 ausgebildet wurden — schon im Jahre 1816 die erste Bergschule für die Beschäftigten im mittleren Bergwerksdienst gegründet, so hielt der Staat in Großbritannien ein solches Engagement lange Zeit für überflüssig. Erst die Möglichkeit zum internationalen Vergleich bei den Vorbereitungen zu und den Erfahrungen in der Londoner Weltausstellung von 1851 änderte diese Haltung der Regierung. Doch das staatlich geschaffene Bildungsangebot lief auch noch zu diesem Zeitpunkt der gesellschaftlichen Nachfrage offensichtlich voraus.

Die 1851 errichtete und 1853 dem neugeschaffenen staatlichen ‚Department of Science and Art' unterstellte ‚Royal School of Mines' konnte in den folgenden neun Jahren durchschnittlich nur 12 Studenten voll immatrikulieren, während 54 Studenten sich als vorübergehende Gasthörer einschrieben. Die Schule konnte ihren Bestand nur dadurch sichern, daß sie ihr Lehrangebot ausweitete und zu einer normalen Hochschule für Naturwissenschaften wurde. Trotzdem hatten in der Zeit zwischen 1851 und 1867/68 nicht mehr als 233 vollimmatrikulierte Studenten und 1.113 nicht-permanente Gasthörer die Schule besucht[229]. Erst die — auch auf Drängen der Bergarbeitergewerkschaften, die um die Sicherheit der Bergleute besorgt waren —berggesetzlich eingeführte Vorschrift eines Befähigungsnachweises für Betriebsführer im Jahre 1872 und für stellvertretende Betriebsführer im Jahre 1887[230] vergrößerte die Ausbildungskapazitäten für die oberen Bergbauangestellten. Es wurden neue regionale Bergschulen gegründet — die ersten waren ab 1860 entstanden —, und in der zentralen, neben dem ‚College of Physical Science' in Newcastle-upon-Tyne auf höherer Ebene einzigen, Royal School of Mines stieg die Zahl der Kandidaten für die Abschlußprüfung, die nun aber auch in stärkerem Maße die Studenten des Hüttenwesens einschloß, von zwei im Jahre 1873 auf 83 (1880) und 145 im

---

[229] W.J. Reader, Professional Men. The Rise of the Professional Classes in Nineteenth Century England, 1966, S. 136, 141, 143/4; P.W. Musgrave, Technical Change, the Labour Force and Education, S. 31.

[230] Vgl. etwa D. Morrah, A Historical Outline, S. 315/6.

Jahre 1890 und erreichte schließlich 126 im Jahre 1900[231]. Und unmittelbar vor Ausbruch des Krieges gab es in Großbritannien etwa 100 Studenten des Bergwesens, die eine vollwertige, ganztägige Ausbildung über einen Zeitraum von drei Jahren absolvierten. Nur einer von 10.000 Beschäftigten im Kohlenbergbau erhalte diese Ausbildung, stellten die Bergbaufachleute fest, und — weiter — allein die Bochumer Bergschule habe „eine größere Zahl an Voll-Zeit-Bergstudenten als in allen Universitäten und Bergschulen Großbritanniens zusammengenommen zu finden seien“[232]. Die Prüfungen zum Erlangen der vom Berggesetz vorgeschriebenen Zertifikate I. Klasse (Betriebsführer) bzw. II. Klasse (stellvertretende Betriebsführer), deren Kandidaten sich nach wie vor — anders als in Deutschland — hauptsächlich durch Selbststudium vorbereiteten[233], wurden von staatlich ernannten, zehnköpfigen Kommissionen abgehalten, die sich zusammensetzten aus drei Vertretern der Unternehmer, drei sonstigen auf den Zechen Beschäftigten (außerhalb der Unternehmer und Betriebsführer), drei in der Praxis tätigen Bergingenieuren, Repräsentanten, Betriebsführern oder Bergbausachverständigen und einem staatlichen Bergwerksinspektor[234]. Anders als in Deutschland, wo der in den Bergschulen stattfindende Unterricht und die auch hier abgehaltenen Prüfungen eine gewisse Distanz zum Markt bewirkte, hatte in Großbritannien die Beteiligung der Interessenten an den Prüfungen eine größere Marktnähe und damit für die examinierten Kandidaten bestimmte Umstände zur Folge, die im weiteren wieder aufzugreifen sind. Die Leistungsanforderungen blieben jedoch auch jetzt noch offensichtlich unter den in deutschen Bergschulen üblichen. Ebenso wie die Zusammensetzung der Prüfungskommission die Ausbildungsrichtung und die Kenntnisse der Prüflinge eindeutig zugunsten der Seite des Praktikers verschieben mußte, so trug die Vielzahl der Prüfungsausschüsse (1890 waren es 14)[235] und die hiermit verbundene Unterschiedlichkeit der Anforderungen in den einzelnen Kommissionen zu einem sehr unterschiedlichen Leistungs- und Bildungsniveau der späteren Grubenbeamten bei, verlieh andererseits den Kandidaten aber — bei genügendem Wechsel der Kommissionen — eine ziemlich sichere Aussicht auf die schließlich erfolgreiche Absolvierung der Prüfung überhaupt[236].

---

[231] NACM, Transactions 27, 1929/30, S. 329; P.W. Musgrave, S. 94, 121. Zu der Bergschule in Wigan etwa, die 1890 265 Schüler hatte, vgl. Nasse/Krümmer, S. 77/8.

[232] W. Stewart, The Need for Technical Education, S. 11, 13.

[233] Vgl. Walters, S. 187 f.

[234] Mit dem Berggesetz von 1911 wurde das Prüfungswesen zentralisiert, und der Prüfungsausschuß setzte sich von diesem Zeitpunkt an durch staatliche Ernennung zusammen aus: 6 Repräsentanten der Unternehmer, Agents, Betriebsführern oder Bergingenieuren, Repräsentanten der Arbeiter, dem staatlichen Hauptinspektor und 2 Revierinspektoren sowie 2 Fachleuten des Bergwesens und der Wissenschaft allgemein. Vgl. Home Office, The Law Relating to Mines, S. 18; Nasse/Krümmer, S. 76/7.

[235] Nasse/Krümmer, S. 77.

Die Gründe für die — im Vergleich zu Deutschland — Beschränktheit besonders der höheren bergtechnischen Ausbildung in Großbritannien waren zunächst — neben der einseitig nicht-technischen Ausrichtung des Grundschulwesens (public schools)[237] — die relative Leichtigkeit, mit der hier zunächst Kohlen abgebaut werden konnten, und das lange Vorherrschen des Kleinbetriebs, in dem der Betriebsführer weitgehend „his master's factotum" blieb[238]. Und nicht die unwichtigste Ursache war, daß die Bergbauunternehmer selbst — wie weiter unten zu zeigen sein wird — anders als in Deutschland nur in den selteneren Fällen eine spezielle bergtechnische Ausbildung besaßen. Doch reichten diese Erklärungsgründe, wie schon die Zeitgenossen sahen, nicht aus. Diese führten sie auf die zu spezialisierte Ausbildung von Wissenschaftlern zurück, „die nicht über den Labortisch hinausschauen können"[239], vor allem aber auf das „Vorurteil" der Bergwerksunternehmer und ihrer Angestellten gegenüber dem Wert wissenschaftlicher und theoretischer Ausbildung allgemein[240]. Fürchteten die alten Grubenbeamten, die häufig noch ohne jede Prüfung und spezialisierte Vorbildung in ihr Amt gekommen waren, die mögliche Konkurrenz und die Gefährdung ihrer betrieblichen Autorität durch besser ausgebildete jüngere Kollegen[241], so schreckten die Unternehmer wohl die finanziellen Voraussetzungen dieser verbesserten Ausbildung, eher aber noch ihre Konsequenzen. Durch ihre parlamentarische Einflußnahme beschränkten die Unternehmer die finanziellen Ressourcen der staatlichen technischen Bildungseinrichtungen auf ein Mindestmaß[242]. Die beinahe unausweichliche Folge einer verbesserten Ausbildung wäre aber vor allem eine Erhöhung der Gehälter der Grubenbeamten und ihre Angleichung an die Einkommenslage der in der öffentlichen Meinung hoch respektierten Mitglieder der „Professions" gewesen. Während nämlich die von den höheren Grubenbeamten so gern zum sozialen Leitbild genommenen Juristen über ein jährliches Einkommen von durchschnittlich £ 348 (Barristers) bzw. £ 422 (Solicitors) und die Ärzte von £ 422 im Jahre 1913/14 verfügten[243], verdienten im Jahre 1913, also im Jahre

[236] Vgl. Royal Commission on Mines 1907, P.P. Bd. XIV. S. 197; dass. 1909, P.P., Bd. XXXIV, S. 404.

[237] Vgl. etwa Musgrave, S. 77.

[238] So A.J. Taylor, The Coal Industry, S. 60. Die bergtechnisch schwierigeren Gegenden in Nordengland halfen sich sehr frühzeitig mit dem System der ‚apprentices', aus dem sich eben auch ein nicht unbedeutender Anteil von Bergtechnikern: meist höheren Angestellten, weniger Unternehmern, in Südwales rekrutierte. Zum ‚apprenticeship' im nordenglischen Bergbau vgl. auch oben S. 541.

[239] T.G. Watts, Coke-Oven Bye Products, S. 343/4.

[240] W. Stewart, The Need, S. 11-13; W.J. Reader, Professional Men, S. 140.

[241] Vgl. Royal Commission on Mines 1907, S. 196, und NACM, Transactions 10, 1912/13, S. 87; 13, 1915/16, S.249 f.

[242] Vgl. Reader, S. 140/1.

[243] Nach G. Routh, Occupation and Pay, S. 63. Zum Heranziehen der Juristen und Ärzte als Referenzgruppen der Betriebsführer vgl. W. Stewart, S. 11.

der Hochkonjunktur, einschließlich der Lieferung von Kohlen und der zur Verfügung gestellten Dienstwohnung, drei Viertel der Betriebsführer im britischen Kohlenbergbau nicht über £ 400 und mehr als die Hälfte weniger als £ 300. Nur drei konnten ein Einkommen von mehr als £ 1.000 nachweisen[244], mit dem sie aber bei weitem noch nicht die obersten Einkommenshöhen der Juristen (£ 1.820 bzw. £ 1.410) und der Ärzte (£ 1.200) erreichten[245]. Auch auf die im gesamtgesellschaftlichen Kontext vergleichsweise deutlich bessere materielle Lage ihrer deutschen Kollegen, und hierunter verstanden sie natürlich die technischen Direktoren, die leicht das Doppelte ihres Gehaltes erreichten, konnten die britischen Grubenbetriebsführer nur neidvoll aufschauen[246]. Zumindest kurzfristig billiger und vielleicht auch bequemer war es für die Bergbauunternehmer, nur mäßig ausgebildete Grubenbeamte als Betriebspersonal unter sich zu haben, die zudem keine großen Anstrengungen zu kostspieligen technischen Neuerungen unternahmen. Hinzu kam die ihnen unter dem bestehenden Ausbildungs- und Prüfungssystem zur Verfügung stehende und offensichtlich reichlich genutzte Möglichkeit, möglichen Gehaltserhöhungen durch die erfolgreiche Examinierung möglichst vieler Kandidaten und dem hiermit bewirkten Konkurrenzdruck unter den Bewerbern der Stelle eines Grubenbeamten zu begegnen. Tatsächlich bekleideten etwa in Südwales, so wird für den Zeitraum 1907-1909 berichtet, eine große Anzahl der Besitzer von Zeugnissen für Betriebsführer bzw. stellvertretende Betriebsführer die Stellen von Steigern oder Fahrsteigern[247]. Doch kam dies — wie wir oben sahen[248] — zur gleichen Zeit auch an der Ruhr, wo die Unternehmer keinen unmittelbaren Einfluß auf die Zahl der erfolgreich Examinierten hatten, nicht allzu selten vor.

Anders als ihre Kollegen an der Ruhr hemmten und entmutigten die Bergbauunternehmer und die höheren Angestellten jede weitergehende und aufwendige technische Ausbildung der Bergbauangestellten. Die Gründe hierfür waren im wesentlichen drei, die ihrerseits wiederum eng miteinander zusammenhingen. Weder zwang — wie im Ruhrbergbau — ein früher Übergang zum Tiefbau zur plötzlichen Suche neuer Techniken und Methoden, noch standen die Unternehmer und Angestellten in der Tradition einer frühen Industrieförderung des Staates, in der die Entwicklung und Übernahme technischer Methoden und die — auch schulmäßige — Verbreitung

244 Vgl. CIC 1919, Bd. 3, S. 198; Taylor, The Coal Industry, S. 63.

245 Zum Vergleich hatten im Bereich der „lower professions" im Jahre 1913 ein durchschnittliches Jahreseinkommen die ausgebildeten Lehrer: £ 154, Zeichner: £ 126, staatl. Tierinspektoren: £ 381 und Laborassistenten: £ 132. Vgl. G. Routh, Occupation, S. 62, 69.

246 Vgl. oben S. 333, 335; auch A.J. Taylor, The Coal Industry, S. 62.

247 Royal Commission on Mines 1909, P.P., Bd. XXXIV, S. 117, 395. Diese Situation wird auch bereits für die 1830er Jahre im nordenglischen Bergbau berichtet. Vgl. J. E. Vincent, John Nixon, S. 42 f.

248 Vgl. oben S. 347.

technischen Wissens zu den Grundpfeilern des Aufholprozesses der industriellen Rückständigkeit gehörten. Und zum dritten war es die nach wie vor herrschende Konkurrenz und das uns sogar von Unternehmervertretern berichtete Klima von Eifersucht und Mißgunst zwischen den einzelnen Unternehmen[249], das den Austausch und die schulische Organisation und Vermittlung von technischem Wissen erschwerte. Und aus Furcht vor den finanziellen Voraussetzungen und möglichen finanziellen Folgen warben die Unternehmer in Südwales, die, wie wir oben sahen, eher an kurz- als an langfristigen Gewinnen orientiert waren, über ein halbes Jahrhundert ihre Betriebsführer lieber aus Nordengland an, woher freilich auch manche der Unternehmer selbst stammten[250]. Obwohl sie wiederholt von den staatlichen Berginspektoren, die oft genug über den geringen Ausbildungsstand der Angestellten klagten, hierzu aufgefordert wurden, lehnten es die Unternehmer lange Zeit ab, eigene Schulen in Südwales zu gründen. Zur University of Wales, die in den 1880er und 1890er Jahren in Form von Colleges an verschiedenen Orten eingerichtet wurde, steuerten sie nur wenig bei, und insgesamt mißtrauten sie eher der ganzen Bewegung. „Ihre Weise", so sagte man, „mit den Universitätsabsolventen umzugehen, war, nichts mit ihnen zu tun zu haben." Nur 48,8% der 82 hier zwischen 1891 und 1913/14 im Fach Bergbau Graduierten traten in Wales eine Stellung an[251].

Erst in den Jahren nach 1910 änderte der dringende Bedarf der wachsenden und — wie wir sahen — vom stärkeren Einsatz der Technik abhängigen Großbetriebe diese passive Haltung der Unternehmer. Ein weiterer Grund könnte der anhaltende Anstieg der Gehälter der oberen Angestellten gewesen sein, dem die Unternehmer auf diese Weise — wie bei den unteren Grubenbeamten — entgegenwirken wollten. „Nachdem eine bedeutende Anzahl von Bergbauunternehmern sich des letztlichen Nutzens für die Industrie und die Bergbaubevölkerung allgemein versichert hatte"[252], gründeten sie nach 1910 die beiden Bergschulen in Treforest und Crumlin. Durch eine „Kombination von technischer und praktischer Ausbildung" sollten hier in

[249] Vgl. D. Evans, in: M.H. Mackworth, Hg., D.A. Thomas, S. 134/5. Der „Betriebsegoismus" in der Lösung technischer Probleme war jedoch auch zumindest der deutschen Eisenindustrie bis 1914 nicht unbekannt. Vgl. hierzu etwa: G.v. Klass, Albert Vögler, S. 51.

[250] Vgl. unten S. 657. Zur frühen Verbindung zwischen Südwales und Nordengland vgl. etwa J. E. Vincent, S. 46 f.

[251] Vgl. hierzu: M. Sanderson, The Universities and British Industry, 1850-1970, 1972, S. 122-130. Die frühen Vorleistungen der Eisenindustrie im schulischen Bereich in Südwales, die auch hier, wie im Bereich der Technik und der Betriebsführung, wenn auch nur bis zu einem gewissen Grade die Leistungen des Staates in Deutschland substituierte, reichten offensichtlich nicht aus, die Unternehmer der Kohlenindustrie zu ähnlichen Aktivitäten anzuregen. Zur vorbildlichen Schule der Dowlais Iron Company in den 1840er Jahren vgl. Walters, S. 182; auch: E.D. Lewis, S. 187-192.

[252] So W. Stewart, S. 13. Vgl. auch M. Turner, The Miner's Search, S. 200.

halbtägiger Unterrichtsdauer auf eine Zeit von acht Monaten künftige Betriebsführer, stellvertretende Betriebsführer, Markscheider usw., in ganztägigen und von halbjährlichen Intervallen unterbrochenen Kursen die höheren Bergbauangestellten (agents usw.) in mehr wissenschaftlicher Ausrichtung mit „den neuesten und besten Grundsätzen" der „modernen Bergbaupraxis" bekannt gemacht werden. Durch die Vergabe von Stipendien sollte den Söhnen der Unternehmer und Betriebsführer sowie den „brilliant sons of humble parents" die „gleiche Chance" zu dieser Aufstiegsmöglichkeit geboten werden[253].

Die unteren und mittleren Grubenbeamten, die Hilfssteiger, Steiger und Fahrsteiger (overmen), blieben auch jetzt noch von der Neuregelung der Ausbildung der bergbaulichen Angestellten ausgeschlossen. Der schon seit längerem bestehende, wenn auch im Vergleich zu Deutschland erst späte Ausbildungszwang für Betriebsführer und stellvertretende Betriebsführer hatte diese Angestelltengruppen eindeutig von der Arbeiterschaft abgetrennt, den Steigern aber gleichzeitig jede weitere Aufstiegsmöglichkeit — ohne die Absolvierung einer besonderen Ausbildung — genommen. Zwar war auch in Deutschland für die Steiger der innerbetriebliche Aufstieg in der Regel von einem weiteren Schulbesuch abhängig[253a], doch war dieser Sprung bei weitem nicht so groß wie in Großbritannien. Über eine Bergschulbildung verfügte neben den Steigern im Ruhrgebiet selbst — wie wir oben sahen — ein großer Anteil der unteren Grubenbeamten, besonders der Hilfssteiger. In Südwales — wie im übrigen britischen Bergbau — standen mit dieser mangelnden Ausbildung die Steiger den Arbeitern deutlich näher als im Ruhrgebiet. Und ihr regelmäßiges, aber gegenüber den Hauern — wie wir oben sahen — keineswegs immer höheres Einkommen brachte sie lange Zeit eher in die Lage einer Arbeiteraristokratie. So konnten sich denn auch die Nachfahren der ‚Wettermänner', die um 1800 noch als erste in Lumpen in die Gruben einfuhren, um dort durch das Entzünden von Feuer unter Lebensgefahr nach dem Vorhandensein von Grubengas zu forschen, nur allmählich von dem Urteil der öffentlichen Meinung befreien, sie gehörten zur Arbeiterschaft[254].

Tatsächlich war bis ins 20. Jahrhundert hinein fast jeder Steiger selbst noch ein Arbeiter gewesen, während die höheren Grubenbeamten eher — wie wir vorher sahen — in der zweiten Generation aus Bergarbeiterfamilien stammten[255]. Die Qualifikation zum Steiger erhielten sie erst nach dem — allerdings nicht vorgeschriebenen — Besuch von technischen Abendschu-

---

[253] Stewart S. 14/5.

[253a] Vgl. H.E. Krueger, 2. Teil S. 216.

[254] Vgl. G. Stone, The British Coal Industry, S. 7/8; D. Williams, A History of Modern Wales, S. 246; auch: Nasse/Krümmer, S. 78/9; J.W.F. Rowe, S. 56.

[255] Vgl. auch CIC 1925, Bd. 2 B, S. 626, 947; W.H. Scott u. a., Coal, S. 64.

len, einer langjährigen Betriebszugehörigkeit und Tätigkeit als Hauer und nicht zuletzt durch persönliche Bekanntschaft oder Freundschaft mit höheren Grubenbeamten[256]. Bei dem Fehlen jeder speziellen Ausbildung und jedes überbetrieblichen Qualifikationsnachweises konnten Unternehmer und Betriebsführer die Eigenschaften eines Steigers — anders als in Deutschland — je nach Bedarf und Wohlwollen zu- oder aberkennen[256a]. In Fällen von Streiks oder Arbeiterdisputen kam es vor, daß der Sprachführer der Arbeiter kurzerhand zum Steiger ernannt wurde, der dann den Arbeitern sagte, „was zu tun sei"[257]. Hinzu trat, daß — mehr noch als bei den übrigen Grubenbeamten — den Unternehmern bei der Ernennung von Steigern ein beinahe unerschöpfliches Reservoir an möglichen Kandidaten zur Verfügung stand, ein Faktum, das die Gehaltshöhe — anders als an der Ruhr — dauernd, und dies in Südwales offensichtlich stärker als in anderen britischen Revieren, so etwa in Durham, Northumberland and Staffordshire, unter der Lohnhöhe des Hauers hielt. Diese Gründe der Gehaltshöhe und der Betriebsdisziplin waren es denn wohl auch, welche die Unternehmer anläßlich der Royal Commission on Mines im Jahre 1907 gegen die Forderungen anderer Gruppen, insbesondere der Arbeitergewerkschaften, auftreten ließen, die eine scharfe Examinierung der Steiger, eine Begrenzung ihres Funktionsbereiches mehr auf die Sicherheit als auf die Rentabilität des Betriebs und schließlich sogar ihre Einstellung durch den Staat verlangten. Diese letzteren, weitergehenden Forderungen lehnten die Unternehmer als Eingriffe in ihre Betriebsführung ab und erklärten — wie 40 Jahre früher bei den Betriebsführern — gleichzeitig jede weitere Ausbildung der Steiger für überflüssig[258], obwohl Fälle bekanntgeworden waren, nach denen einzelne, meist ältere Steiger nicht einmal schreiben konnten[259] — ebenso wie fünfzig Jahre vorher noch viele ihrer unmittelbaren Vorgesetzten, den stellvertretenden Betriebsführern[260]. Das aus der Kommission resultierende Berggesetz von

---

[256] E.J. Davies, Origin and Development, S. 254; M. Turner, The Miners' Search, S. 112 ff.; Royal Commission on Mines 1907, S. 312.

[256a] Allerdings mußten auch die Steiger im Ruhrbergbau im Falle eines Arbeitsplatzwechsels mit einer zeitweisen Degradierung zum Hilfssteiger rechnen. Vgl. hierzu: H.E. Krueger, 2. Teil, S. 220/1.

[257] Royal Commission on Mines 1907, S. 191.

[258] Vgl. insbesondere: Royal Commission on Mines 1907, S. 157 ff., 189 ff., 290 ff.; für die Haltung der Unternehmer vgl. dass. 1909, S. 384 ff.; Stone, S. 46; auch: Jevons, S. 441.

[259] Royal Commission on Mines 1907, S. 311/2.

[260] Vgl. Walters, S. 182. Eine stärkere Privilegierung der Grubenbeamten jedenfalls wäre den Unternehmen nicht schwer gefallen, bildeten doch die Angestelltengehälter auch im britischen Bergbau — wie wir schon für den Ruhrbergbau sahen — einen nur geringen Anteil der Produktionskosten. Im britischen Bergbau verteilten sich im Jahre 1913 die Selbstkosten auf:

Löhne	72,5 %,
Material	24,5 %,
Verwaltungspersonal	2,7 %,
Direktoren	0,3 %.

1911 sah zwar zum ersten Mal einen Zeugniszwang für Steiger vor, doch beschränkte sich die hierfür abzulegende Prüfung auf gutes Hör- und Sehvermögen und den Nachweis, das Auftreten von Gas und seine Dichte messen zu können[261].

Wenn auch diese vorsichtige Maßnahme des Staates keineswegs als eine Professionalisierung wie bei den Betriebsführern 40 Jahre und bei den stellvertretenden Betriebsführern 25 Jahre früher gewertet werden kann, so bedeutete sie schließlich doch eine auch gesetzlich kodifizierte Trennungslinie zwischen Arbeiter- und Angestelltenschaft im Kohlenbergbau, eine Trennungslinie, die in Deutschland durch das unmittelbare Engagement des Staates in aller Deutlichkeit schon seit etwa 100 Jahren bestand.

Insgesamt bewirkten die später eingeführten und unterschiedlichen Qualifikationsvorschriften, die zugleich das Ergebnis langsamer wirtschaftlicher und erst später großbetrieblicher Entwicklung einerseits und nur allmählichen und zögernden staatlichen Engagements andererseits waren, bei den Bergbauangestellten in Südwales — wie auch in den übrigen britischen Revieren — eine geringere herkunfts- und bildungsmäßige Homogenität[262] sowie einen fließenderen Übergang von der Angestellten- zur Arbeiterschaft als im Ruhrbergbau und wohl auch in den anderen deutschen Bergbaugebieten.

6. Die innerbetriebliche Stellung: Eingegrenzte Abhängigkeiten und das geringe Ausmaß an Kontrolle

Wie bei ihren Kollegen im Bergbau an der Ruhr war auch in Südwales die innerbetriebliche Stellung, welche die Angestellten in der betrieblichen Organisation der Produktion einnahmen, komplizierter als die der Arbeiter. Der Arbeiter nahm ausschließlich Anordnungen entgegen und führte sie aus, konnte und brauchte seinen Mitarbeitern keine mit dienstlicher Autorität ausgestatteten Befehle zu erteilen[263], und gerade auf dieser, ihm bewußten stabilen, untersten Lage baute sich sein Weltbild auf[264]. Die Angestellten dagegen hatten nicht nur Anordnungen entgegenzunehmen und waren

Zusammengestellt aus: CIC 1925, Bd. 2 B, S. 932; Bd. 3, S. 45; L. Rackwitz, Die britische Kohlenindustrie, Anhang, Tab. I.

261 Vgl. The Law Relating to Mines, S. 26.

262 Aber eine — wie in Deutschland — wohl immer noch größere als bei anderen britischen Angestelltengruppen.

263 Die Leitung der Kameradschaft vor Ort durch den Ortsältesten etwa kann also nicht in diesem Sinne als Stellung mit dienstlicher Anweisungsbefugnis bewertet werden.

264 Vgl. etwa H. Popitz u. a., Das Gesellschaftsbild des Arbeiters; N. Dennis u. a., Coal is our life; Kern/Schumann, Industriearbeit und Arbeiterbewußtsein, Bd. 1, bes. S. 273 ff.

sowohl dem Unternehmer für die Führung als auch der staatlichen Aufsichtsbehörde für die Sicherheit des Betriebes verantwortlich. Nicht nur hatten sie den Arbeitern, sondern mit dem Anwachsen der Autoritätshierarchien der Großbetriebe und -unternehmen auf den verschiedenen Instanzenebenen auch untereinander Anordnungen zu erteilen. Trotz dieser prinzipiell gleichen Abhängigkeiten bildeten sich für die innerbetriebliche Stellung der Grubenbeamten in Südwales Unterschiede heraus, die das spezifische Ergebnis der typischen Unterschiede der britischen industriellen Entwicklung von der deutschen darstellten: das lange Zeit nur allmähliche Wirtschaftswachstum und das späte und nur zögernde Engagement des Staates.

a) Die Abhängigkeit vom Staat

Wie wir oben andeuteten, waren die Angestellten im britischen wie im deutschen Bergbau den staatlichen Bergbehörden für die Sicherheit der Gruben verantwortlich. In Preußen existierte die staatliche Bergbehörde seit 1777, in Großbritannien wurde sie — wie wir weiter unten sehen werden — zögernd ab den 1840er Jahren aufgebaut[265]. War im Ruhrbergbau die staatliche Sicherheitskontrolle in hohem Maße schon dadurch gewährleistet, daß zu früher Zeit der Staat in eigener Regie die Betriebe führte, so konnten in Großbritannien vor der Einrichtung der staatlichen Aufsichtsbehörde nach (bereits geschehenen) Betriebsunglücken mit Todesfolge die Betriebsleiter und ihre Angestellten von den öffentlichen Gerichten zwar wegen fahrlässiger Tötung (manslaughter) angeklagt, ihre Schuld oder Unschuld von Außenstehenden aber kaum beurteilt werden[266]. Dies änderte sich allmählich mit der Schaffung der staatlichen Bergbehörde. Die — im Vergleich zu Deutschland — späte Einrichtung dieser Institution zusammen mit der ebenso späten wie allmählichen Einführung von Ausbildungsvorschriften mit der hinzukommenden Beschränkung auf die oberen Angestellten hatte zwei wesentliche Folgen: Zum einen waren und blieben — anders als, wie wir sahen, in Deutschland — an erster Stelle die oberen Grubenbeamten den Bergbehörden gegenüber verantwortlich, zum anderen ergab sich keine gesellschaftliche und familiäre Verbindung zwischen staatlichen Bergbeamten und privaten Bergbauangestellten, die derjenigen in Deutschland auch nur entfernt vergleichbar gewesen wäre. Hinzu kam, daß die im Unterschied zu Deutschland nur langsam wachsende Zahl der staatlichen Berginspektoren die Untersuchung der Gruben auf Stichproben reduzierte.

---

[265] Vgl. unten S. 738.

[266] Vgl. Stone, a.a.O.

b) Die Angestellten als Instrument der Betriebsführung

Dem Unternehmer dienten die Angestellten als Instrument zur Aufrechterhaltung und Intensivierung des Betriebs. Wie auch im Ruhrbergbau hatten die Grubenbeamten in Südwales nicht nur das möglichst reibungslose Zusammenwirken der einzelnen betrieblichen Stellen, der steigenden Zahl der Beschäftigten und ihrer Gruppierungen untereinander sowie von Menschen und Maschinen zu organisieren, sondern gleichzeitig auch für eine gute Rentabilität zu sorgen. Doch blieben — anders als an der Ruhr — die Betriebe in Südwales lange Zeit relativ klein, der Einsatz von Maschinen beschränkt und somit die Rentabilität — wie wir oben sahen — stärker von den Bewegungen der Konjunktur als von den Bemühungen um eine dauerhafte Intensivierung des Betriebs abhängig. Der Einsatz von Sub-Unternehmern und die über eine lange Zeitspanne hin geringere Anzahl von Angestellten waren Ausdruck dieser Situation. Den wenigen vorhandenen Angestellten erleichterte diese betriebliche Konstellation ihre Aufgabe, ebenso wie sie den Arbeitern — anders als an der Ruhr — einen großen Freiheitsraum und eine hohe Selbständigkeit in der Bestimmung ihrer Arbeitszeit, ihrer Leistung und ihres Arbeitsplatzes ließ. Und die Angestellten hatten — aufgrund der fehlenden militärischen Dienstpflicht in Großbritannien — wohl nur im Ausnahmefall eine militärische Ausbildung hinter sich. Im Verkehr mit der Arbeiterschaft wurde ihre Aufgabe aber besonders erleichtert durch die tarifartigen Abkommen in Form von Preislisten, sliding scales und conciliation board agreements, die Unternehmer und Arbeiter — wie oben deutlich wurde — auf betrieblicher oder überbetrieblicher Ebene miteinander vereinbart hatten. Diese Abkommen beschränkten zwar die Entscheidungsfreiheit der Angestellten im Betrieb, doch waren damit auch eindeutige Grenzen gegenüber den innerbetrieblichen Forderungen der Arbeiter gesetzt. Und nur zu gern verwiesen die Angestellten die Arbeiter bei dem Auftreten innerbetrieblicher Probleme auf die überbetrieblichen Abmachungen und Verhandlungsinstitutionen.

Diese gleichsam in der langen Anlaufsphase wirtschaftlicher Entwicklung geschaffenen oder auf ihr gründenden, den innerbetrieblichen Verkehr zwischen Angestellten und Arbeitern erleichternden Einrichtungen blieben bestehen, als der durch die natürlichen Abbauverhältnisse bewirkte Zwang zum Tiefbau eine Ausdehnung der Betriebe, ihre zunehmende Maschinisierung und — zusammen mit dem so bewirkten, verstärkten Zwang zur Rentabilität — ihre Intensivierung notwendig machte. Die Zahl der Angestellten wuchs — wie wir sahen — rapide und mit ihnen ihre Aufgaben. Die Angestellten standen nun unter dem wachsenden Druck der Unternehmensleitungen auf Einhaltung und Senkung der von oben festgesetzten Selbstkosten. Die Grubenbeamten waren es, die den Arbeitern die lange in Geltung gebliebenen Sitten verbieten mußten, die die Verhandlungen mit den Arbeitern über die Einhaltung der Arbeitszeit, um die Entlohnung der in den „abnormal places“ Beschäftigten und um die Einhaltung der wachsenden gesetzlichen Sicherheitsbestimmungen führten[267]. Und in den Augen der Bergarbeiter — wie zwanzig oder dreißig Jahre zuvor an der Ruhr — wurden die Angestellten trotz der beibehaltenen, erleichternden überbetrieblichen Institutionen aus ehemaligen Vertrauten immer mehr zu „slave-driving officials“ und „petty bosses“, welche die Repräsentanten des „Systems“ darstellten[268].

c) Die Angestellten als Objekt der Betriebsherrschaft

Auch im Bergbau von Südwales waren die Angestellten nicht nur Instrument, sondern auch Objekt der Betriebsherrschaft der Unternehmer. Doch ungleich der Situation an der Ruhr standen beide Gruppen nicht in der Tradition staatlicher Betriebspolitik, die auf beiden Seiten jeweils die Erwartung auf Fürsorge und Unterwerfung nach sich zog. Zudem wäre den Unternehmern eine weitergehende Kontrolle ihrer Angestellten aufgrund ihres eigenen, häufig vorkommenden Absentismus schwergefallen. Das betriebliche Herrschaftsverhältnis reduzierte sich wohl zumeist — bis auf die häufig älteren, in Vertrauensstellungen sitzenden kaufmännischen Angestellten — auf den Arbeitsvertrag und die innerbetrieblichen Anordnungen der Unternehmer. Und außer den werkseigenen Häusern, in denen die Angestellten oft unentgeltlich wohnten[269], gab es anscheinend — anders als an der Ruhr — auch keine weiteren Einrichtungen wie Kassen, Versicherungen usw., um die Angestellten an den einzelnen Betrieb zu binden. Vielmehr erkannten die Unternehmer, wie weiter unten deutlich werden wird, die Organisationen der Steiger und Betriebsführer — obwohl erst relativ spät — als Verhandlungspartner an und schlossen mit den ersteren Tarifverträge ab.

d) Die Angestellten als Instrument zur Disziplinierung der Arbeiter

Wurde unter ökonomisch ähnlichen Verhältnissen auch von den Angestellten — wie an der Ruhr — von seiten der Unternehmer erwartet und verlangt, daß sie die Arbeiter stärker bei der Arbeit beaufsichtigten und antrieben, so waren und blieben die Erwartungen der Unternehmer — anders als an der Ruhr — zu einer weitergehenden Beeinflussung und Disziplinierung der Arbeiter durch die Angestellten gering. Weder standen alle drei Gruppen in einer entsprechenden Tradition staatlicher Entmündi-

[267] Vgl. auch oben S. 597 f.

[268] Vgl. z. B. D. Evans, Labour Strife, S. 3 ff.; N. Edwards, The South Wales Miners Federation, S. 33 ff.; The Miners Next Step, S. 31-33.

[269] Vgl. oben S. 620.

gung und Disziplinierung, noch standen den Angestellten aussichtsreiche Mittel hierzu zur Verfügung. Zwar traten auch sie in Fällen von Streiks und Unruhen als bewaffnete Hilfspolizisten Seite an Seite mit offizieller Polizei und Militär auf, um die Bergwerksanlagen vor den Bergleuten zu schützen. Doch schon bei der Verrichtung von Streikbrecherarbeiten durch Angestellte wurde es für diese gefährlich. In nicht wenigen Fällen stürmten, anders als im Ruhrgebiet, wo offensichtlich die Schwelle zu solchem Verhalten durch die stärkere soziale und polizeiliche Kontrolle höhergehalten wurde[270], die Bergarbeiter deren Privathäuser und hielten so viele, oftmals die meisten, der Angestellten von vornherein davon ab, solche Arbeiten zu verrichten[271]. Zwar mögen die Grubenbeamten, wenn wohl auch eher unwissentlich, nicht unwesentlich — gerade auch durch ihre besondere Rolle in den nonkonformistischen Kapellen — zu der lang herrschenden ideologischen Homogenität der walisischen Bergbaudörfer beigetragen haben, zwar konnten sie Nicht-Gewerkschaftler innerhalb des Betriebs, wenn auch nur in Grenzen, bevorzugen und Gewerkschaftsbeamten etwa in Fällen von Arbeitsstreitigkeiten den Zutritt zur Zeche verwehren[272], zu einer weitergehenden Beeinflussung — wie an der Ruhr — aber fehlten ihnen die Mittel, aber wohl auch der Wille[272a]. Umgekehrt konnten oftmals — allerdings wohl nur in den kleineren Betrieben des Westens — die Bergarbeiter die Steiger zwingen, wenn sie dies nicht freiwillig taten, in die Arbeitergewerkschaft einzutreten[273].

e) Die Herausbildung der Betriebshierarchie und die Aufteilung der Angestelltenschaft

Die — wenn auch erst späte — Herausbildung des Großbetriebs und die mit ihr einhergehende Arbeitsteilung auch im Leitungs- und Aufsichtsbereich der Betriebe und Unternehmen teilte auch in Südwales — wie im Ruhrgebiet — die Angestelltenschaft des Bergbaus in verschiedene Gruppen auf. Je größer die Einheiten der Produktion wurden und je weiter die Angestellten die Unternehmensleitung von der Arbeiterschaft abdrängten, um so mehr Instanzen wurden innerhalb der Angestelltenschaft geschaffen. Das für die Angestelltenschaft insgesamt typische Mischungsverhältnis von

[270] Vereinzelt gab es auch an der Ruhr solche Ausschreitungen. Vgl. etwa: L. Rothert, Umwelt und Arbeitsverhältnisse von Ruhrbergleuten in der 2. Hälfte des 19. Jahrhunderts, 1976, S. 49 ff.; J. Schiefer, Wirtschaftliche Streiks und Aussperrungen in Rheinland und Westfalen, 1870-1932, 1947, S. 78/9, und Kirchhoff, Die staatliche Sozialpolitik, S. 37.

[271] So noch im Jahre 1911. Vgl. D. Evans, Labour Strife, S. 39.

[272] Vgl. etwa N. Edwards, History of the South Wales Miners Federation, 1938, S. 17; NACM, Transactions 6, 1909, S. 15/6.

[272a] Vgl. hierzu etwa: G. Werner, Zwei Kumpel, S. 123.

[273] Vgl. weiter unten.

Anordnungsbefugnis und Gehorsamspflicht verschob sich auch in den Bergwerken von Südwales zugunsten der oberen Angestellten. Zwar bekamen auch hier gerade die Steiger die wachsende Kontrolle von oben, die zunehmende Abhängigkeit ihres Einkommens von produktionsgebundenen Prämien, die Konkurrenz untereinander um die Senkung der Selbstkosten und die zunehmenden schriftlichen Arbeiten zu spüren[274], doch besaßen sie nicht in diesem Maße das aus der privilegierten Tradition des Berufs entwickelte ‚Ehrgefühl', das den Steigern an der Ruhr diese Umstellung so schwer machte. Und anders als ihren Kollegen an der Ruhr war ihnen ihr Platz in der gesellschaftlichen Rangskala des Bergbaudorfes, in dem sie mit nach wie vor 90 - 95% Bergarbeitern zusammenlebten, sicher.

Über das innerbetriebliche Verhältnis zwischen den verschiedenen Angestelltengruppen ist uns leider — vor allem aus Angestelltenkreisen selbst — nichts bekannt. Doch wird im folgenden die Findung, Organisation und Artikulation von Angestellteninteressen zeigen, daß auch in Südwales — wie an der Ruhr — die Arbeitsteilung und die Stellung in der Organisation der Produktion eine Aufteilung der Angestelltenschaft in untere und mittlere einerseits sowie in obere Grubenbeamte andererseits nach sich zog.

Die Angestellten im Bergbau von Südwales bildeten das späte Produkt einer verzögerten großbetrieblichen Entwicklung. Weniger waren den Grubenbeamten die Verhältnisse, unter denen sie lebten, neu. Vielmehr waren sie selbst, die sie doch durch den häufigen Absentismus der Unternehmer zur wichtigsten Kontaktgruppe der Arbeiterschaft geworden waren, in den Augen der Bergarbeiter im Betrieb wie in der Gemeinde Symbol des Neuen.

5.2.2.2. Die kollektive Definition der eigenen Lage: Die Findung, Organisation und Artikulation der Interessen

Die Definition ihrer gemeinsamen Lage und die Findung und Organisation ihrer kollektiven Interessen fiel den Angestellten im Bergbau von Südwales schwerer als den dortigen Bergarbeitern oder auch ihren Kollegen im Ruhrgebiet. Nicht nur besaßen sie nicht das staatlich vermittelte Zusammengehörigkeitsgefühl auch im überörtlichen Bereich. Fiel es nämlich — wie wir sahen — schon den Grubenbeamten im Ruhrgebiet wegen der räumlichen Trennung der Betriebe zu Anfang schwer, miteinander dauernden Kontakt aufrechtzuerhalten, so war dieses Hindernis für ihre Kollegen in Südwales lange Zeit wohl unüberwindlich. Die geographische Abtrennung der einzelnen Täler und die in den einzelnen Orten jeweils geringe Zahl von Angestellten, aber auch der geringe Grad innerbetrieblicher Differenzierung und Konfrontation ließ sie lange Zeit eine andere soziale Orientierung suchen als

[274] Vgl. Jevons, S. 528-31; auch oben S. 597 f.

ihre Kollegen an der Ruhr. Setzten diese — wie wir oben sahen —, die Stellung des preußisch-deutschen (Berg-)Beamten zum Vorbild nehmend, sich von der ehemals von den staatlichen Behörden geförderten Einheit aller Bergleute ab, so entwickelten sich die Angestellten in Südwales, zusammen mit der allerdings zurückgehenden Zahl der ortsanwesenden Unternehmer, zu den natürlichen Führern der Bergbaudörfer, und das hieß vor allem: der am Ort wohnenden Bergarbeiter.

Die Durchsetzung des Großbetriebs löste nun — wie oben deutlich wurde — diese stark an den einzelnen Ort gebundene Sozialordnung auf, und die Angestellten — ebenso wie die Arbeiter — begannen, nach ortsübergreifenden, und d. h. gleichsam quer zur örtlichen Sozialeinheit verlaufenden, Orientierungen zu suchen. Ihre Führungsrolle in der örtlichen und regionalen Selbstverwaltung konnten sie für ansehnliche Zeit in diese neue Phase mit hinübernehmen. So kam es, daß die Grubenbeamten in Südwales, anders als ihre Kollegen im Ruhrbergbau, gerade auch infolge des immer häufigeren Absentismus der Unternehmer bis in die Zeit um die Jahrhundertwende in ihrer unmittelbaren Umgebung ihre Interessen weitgehend durchsetzen konnten und zugleich auch längerfristig in dieser überbetrieblichen Ausübung von Macht engagiert blieben. Zusammen mit den Ladenbesitzern und Pfarrern hielten sie oftmals die Körperschaften der lokalen, durchweg aber der regionalen Selbstverwaltung fest in ihrer Hand. Nach dem Streik von 1898, der den Beteiligten die Bedeutung der Selbstverwaltungsorgane (Polizei) eindrucksvoll vor Augen geführt hatte, nahm jedoch die Repräsentation der Arbeiterschaft rapide zu, und nur der County Council blieb bis zum Weltkrieg vom Mittelstand beherrscht[275].

Neben den unmittelbaren Auswirkungen der großbetrieblichen Organisation der Produktion führte wohl auch die wachsende Zurückdrängung des Einflusses der Angestellten im lokalen und regionalen Bereich zu einer Belebung ihrer Interessenwahrnehmung auf nationaler Ebene. Im einzelnen hatten drei Dinge schon in den 1880er Jahren die Gründung von überlokalen Interessenverbänden der Bergbauangestellten hervorgerufen: die Organisationsfortschritte der Arbeiter, die gesetzliche Professionalisierung einzelner ihrer Gruppen und — z. T. hiermit verbunden — die Abnahme ihrer Aufstiegschancen. Der Einfluß der verschiedenen Faktoren auf die überbetriebliche Interessenfindung der Grubenbeamten läßt sich deutlich am Beispiel der Betriebsführer aufzeigen.

---

[275] Vgl. etwa A.G. Jones, S. 183-185. Bis auf offenbar wenige, meist anglikanische Angestellte, die Anhänger der Konservativen Partei waren, neigten die meisten Grubenbeamten allerdings, wie die Bergarbeiter, den Liberalen zu. Vgl. ebenda, S. 183. Zur Bedeutung der Grubenbeamten für die Körperschaften der Selbstverwaltung auch in nordenglischen Bergbauortschaften vgl. z. B. R.A.S. Redmayne, Men, Mines and Memories, 1942, S. 23.

Nach langjährigen vergeblichen Bemühungen, die durch ihre gesetzliche Professionalisierung im Jahre 1872 ausgelöst worden waren, gründeten die Betriebsführer ein Jahr nach der gesetzlichen Festlegung von Ausbildungsvorschriften auch für ihre unmittelbaren betrieblichen Untergebenen die ‚National Association of Colliery Managers' (NACM). Doch aufgrund der „Abneigung" („aversion") der Unternehmer und der Vorsicht vieler Betriebsführer, die glaubten, ihre Interessen durch die rein wissenschaftlich und technisch orientierten Bergbauinstitute in den einzelnen Revieren verwirklichen zu können, machte die Organisation zunächst nur geringe Fortschritte. Auch in Südwales hatte die ‚Rhondda Valleys Colliery Officials Association', die nach eigenen Angaben im Jahre 1894 mit 200 Mitgliedern immerhin drei Viertel der ‚officials' dieses Bezirks organisierte, lediglich die Diskussion bergtechnischer Fragen sowie gegebenenfalls die Unterstützung der Mitglieder gegenüber dem Vorgehen der staatlichen Berginspektoren oder gegenüber der Gesetzgebung zum Ziel.

Jeder äußeren Anerkennung ledig, war die NACM in den Jahren um 1900 eher dem Siechtum als der Verfolgung einer aussichtsreichen Aufgabenstellung nahe. Tatsächlich waren die Aussichten bei dem Fehlen beinahe jeder parlamentarischen Repräsentation — im Gegensatz etwa zur Arbeiterschaft — eher entmutigend[276]. Der Unterschied zu ihren deutschen Kollegen lag wohl nur darin, daß sie sich dieses Mangels bewußt waren. Erst die verstärkte Gesetzestätigkeit des Staates nach 1900 brachte die Wende. Durch ihre Fach- und Detailkenntnis wurden nun in den den Gesetzesvorhaben vorausgehenden „heiklen Verhandlungen" die Betriebsführer zu einer bedeutenden „Hilfe ... für die Regierung und die Unternehmer" gegen die Forderungen der Arbeiterschaft[277]. Die Staatsbehörden erkannten die NACM als Interessenvertretung der Betriebsführer an, obwohl die NACM zu diesem Zeitpunkt nur etwa die Hälfte aller Betriebsführer organisierte. Und die Unternehmer kannten mit einem Mal „keine andere Gruppe von Leuten, die mehr als sie die Organisation der NACM aufforderten, sich als Grubenbetriebsführer zu verteidigen", zumal diese eine „wechselseitige Kooperation" zwischen Betriebsführern und Unternehmern anstrebten und jede gewerkschaftliche Ausrichtung von sich wiesen[278]. Die Vertretung in dem zentralen Prüfungsausschuß für Betriebsführer, die Durchsetzung der Forderung, daß alle zu ernennenden staatlichen Bergwerksinspektoren zuvor mindestens zwei Jahre Betriebsführer gewesen sein mußten, aber auch die zunehmende Betroffenheit der Betriebsführer von dem immer dichter wer-

[276] NACM, Transactions 12, 1914/15, S. 27/8; 16, 1918/19, S. 387; J.S. Hayes/G.A. Lewis, The National Association of Colliery Managers, in: C.T. Shedden, Hg., The Iron and Coal Trades Review, 1867-1927, S. 126-128. Für Südwales vgl. Royal Commission on Labour. 5th and Final Report, 1894, C 7421, S. 73.

[277] Vgl. NACM, Trans. 11, 1913/14, S. 21/2.

[278] Ebenda, S. 18.

denden Netz staatlicher Gesetzes-, besonders Sicherheitsbestimmungen, welche die Betriebsführer zusammen mit den Unternehmern als kostensteigernd mindestens für „überflüssig" hielten und die beiden auf die „Panikstimmung im Home Office und das Buhlen um das öffentliche Gefühl und die öffentliche Meinung" sowie auf die fachliche Inkompetenz der zuständigen parlamentarischen Ausschüsse zurückführten, taten nun ein übriges, der NACM ab etwa 1910 neues Leben einzuhauchen[279]. Die Mitgliederzahl stieg von 1.018 im Jahre 1911 auf 1.413 im Jahre 1914, machte damit mehr als zwei Drittel der Gesamtzahl der Grubenbetriebsführer aus. In Südwales, wo sich 1906 die bereits seit längerem bestehende ‚Mid-Glamorgan Association of Colliery Managers' der NACM angeschlossen hatte, erreichte die letztere mit 191 Mitgliedern etwa die Hälfte aller Betriebsführer[280]. Während die NACM nur Betriebsführer organisierte und sogar die stellvertretenden Betriebsführer ausschloß, die Vereine technischer Grubenbeamten im Ruhrgebiet aber prinzipiell — gleichsam als Ausdruck des nachwirkenden, staatlich gestifteten Zusammengehörigkeitsgefühls — alle Kategorien von Bergbauangestellten vom Steiger aufwärts erfaßte, unterschieden sich beide Organisationen in ihren Zielsetzungen nicht sehr. Obwohl die NACM — anders als die technischen Grubenbeamtenvereine im Ruhrgebiet — formal und finanziell unabhängig vom Staat und von den Unternehmern war, verfolgte auch sie die „wechselseitige Kooperation" mit den Unternehmern. Die Art ihrer Organisation jedoch deutete zwei grundlegende Unterschiede an. Während sich die Vereine technischer Grubenbeamten gegen die Arbeiterschaft primär im innerbetrieblichen und im örtlichen Bereich richteten, zielte die Politik der NACM auf die Zurückdrängung und die Erringung von Erfolgen auf gouvernementaler Ebene. Obwohl der Regionalismus — wie wir oben sahen — in Großbritannien stark ausgeprägt war, schlossen sich die Reviervereine der NACM bald nach ihrer Gründung zur nationalen Vereinigung zusammen. Die Vereine technischer Grubenbeamten blieben, trotz der ansonsten in Deutschland — auch aufgrund der ideologischen Konfrontation — herrschenden Neigung zur Zentralisierung, auf das Ruhrgebiet beschränkt, glaubten doch die Ruhrunternehmer auf eine Unterstützung durch ihre Angestellten in Berlin verzichten zu können[281].

Während über das Organisationsverhalten der stellvertretenden Betriebsführer und der Fahrsteiger (overmen) — beide dürften zeitweise und zum

[279] Zum Ganzen vgl. NACM, Trans. 11, 1913/14, S. 18 ff., 131 ff. 375, 663/4; 12, 1914/15, S. 26 ff. Doch war schließlich im Berggesetz von 1911 die auch hier — wie im Ruhrbergbau —anstehende Frage einer gerechteren Verteilung der Verantwortung bei Unfällen zwischen Unternehmern und Betriebsführern zugunsten der letzteren entschieden worden. Zu der vorher auch hier allgemein herrschenden Praxis der alleinigen Haftbarmachung der Betriebsführer vgl. etwa: E.D. Lewis, S. 155. Vgl. auch oben S. 634.

[280] Ebenda 3, 1905/06, S. 160-4, 212, 239; 11, 1913/14, S. 2; 12, 1914/15, S. 2.

[281] Vgl. hierzu die Einschätzung der Angestellten durch die Unternehmer oben S. 369.

Teil etwa der mehr technisch ausgerichteten Rhondda Valleys Colliery Officials Association, der ‚Monmouthshire Colliery Officials Association' bzw. der ‚South Wales Colliery Officials Association', von denen die beiden letzteren mindestens bis 1908 existierten, angehört haben — nichts bekannt ist, versuchten die in betrieblicher Disziplin und Status am nächsten mit der Arbeiterschaft konfrontierten Steiger schon frühzeitig, zur Bildung eines Interessenverbandes zu kommen. Schon 1882 fanden die Steiger des Rhonddatales und von Aberdare zu einer militanten Organisation zusammen, die an die Unternehmer mit der Forderung eines Einheitsgehaltes für alle Steiger in Höhe von £ 8 pro Monat, also einem deutlich über dem Lohn des Hauers liegenden Einkommen, herantrat[282]. Weder von diesem Verband noch irgendeiner anderen Organisation der Steiger hörte man in den nächsten elf Jahren. Erst 1893 wurde die ‚South Wales and Monmouthshire Colliery Examiners' Association' gegründet, die der drei Jahre später auf nationaler Ebene gebildeten ‚General Federation of Colliery Firemen's, Examiners' and Deputies' Associations of Great Britain' beitrat. Ziel beider Organisationen war es, „der Position des Steigers Würde und Bedeutung" zu verschaffen und ihm „aus einer Stellung von beinahe Obskurität zu einer solchen von Ehre und Respekt" zu verhelfen. Die erste Forderung auf diesem Wege sei, „daß seine Arbeitsbedingungen und sein Einkommen zufriedenstellend und ausreichend sind"[283]. Tatsächlich lagen die Gehälter der Steiger, zumindest in Konjunkturzeiten, zwar unter den in der Metall- und Druckindustrie für Meister (foremen) gezahlten Gehältern, jedoch über dem nationalen Durchschnitt, der für neun Gewerbezweige im Jahre 1906 auf £ 113 berechnet wurde[284]. Die Unternehmer, die vor der Royal Commission on Mines ausdrücklich darauf bestanden, daß die Interessen der Steiger allein die der Arbeitgeber sein sollten, erkannten an, daß diese Ziele der Steigerorganisationen „in keiner Weise antagonistisch zu den Interessen der Unternehmer" seien[285]. Da sie es strikt ablehnten, daß Steiger, wie dies oft in den kleinen Gruben des Anthrazitgebietes vorkam, Mitglieder der Arbeitergewerkschaft wurden[286], erkannten sie die ‚Colliery Examiners' Association' kurz nach 1900 als Verhandlungspartner an und schlossen mit ihr kollektive Gehalts-

282 E.W. Evans, The Miners, S. 140; Royal Commission on Labour. 5th and Final Report, 1894, C 7421, S. 73; NACM, Trans. 5, 1907/08, S. 351.

283 General Federation of Colliery Firemen's Examiners' and Deputies' Associations of Great Britain. Minutes of Proceedings of the Annual General Meeting 1915, S. 12/3.

284 G. Routh, Occupation, S. 82. Doch lag das mittlere Einkommen der Arbeiter im Bergbau sicherlich weit höher — so z. B. die Hauer mit £ 112 (1906) — über der durchschnittlichen Lohnhöhe der Arbeiter in allen Gewerbezweigen mit £ 78 als das Gehalt der Steiger über dem der Meister etc. Vgl. ebenda, S. 84, 86.

285 Royal Commission on Mines 1909, S. 384.

286 Ebenda, S. 409. Gleichzeitig gab es in diesem Bezirk jedoch seit 1901 einen separaten Verband der ‚Anthracite Firemen', der 1910 immerhin 80 Mitglieder besaß. Vgl. hierzu: Report on Trade Unions in 1908-1910., P.P. Bd. XXXVIII, 1912/13, S. 10/1.

verträge ab, obwohl die Organisation in Südwales noch Anfang 1915 mit 2.500 Mitgliedern nur etwa 40%, in Großbritannien etwa die Hälfte aller Steiger umfaßte[287]. Wie die Betriebsführer, so hatten sich auch die Steiger im Zuge der großbetrieblichen Entwicklung eine eigene separate Organisation geschaffen. Der Zeitpunkt ihrer Gründung und ihre Form deutete die gleiche Zielrichtung ihrer Politik an: die Behauptung und Verbesserung der eigenen und — wenn möglich — die Zurückdrängung der Position der Arbeiterschaft, die diese — anders als in Deutschland — während mehr als einem halben Jahrhundert und dem beinahe vollständigen Fehlen oder zumindest dem Nicht-in-Erscheinung-Treten einer Angestelltenschaft Zeit hatte aufzubauen.

Dieser Aufholprozeß der Angestellten wurde im Bergbau noch betont durch die Tatsache, daß die in diesem Industriezweig Beschäftigten sich nur allmählich von der öffentlichen Gering- und Abschätzung des Bergbaus als einem abgelegenen und schmutzigen Handwerk zu befreien vermochten. Trotzdem blieben das Auftreten und die Ziele der Bergbauangestellten in Großbritannien insgesamt und ebenso in Südwales — anders etwa als bei den Steigern im Ruhrgebiet — durchaus gemäßigt. Dies war nicht nur das Resultat der Erwartung des allmählichen weiteren Fortschritts ihres ‚Standes', sondern auch der Haltung von Unternehmern und Staat, die beide — anders als an der Ruhr — die eigenständige Interessenfindung und -vertretung der Angestellten — zumindest ab einem bestimmten Moment — nicht behinderten, sondern eher ermutigten, und sei es auch nur, neben dem Interesse und der Notwendigkeit an Sachverstand und detaillierten Informationen, mit dem Hintergedanken, den Organisationen der Arbeiterschaft ein Gegengewicht entgegenzusetzen. Auch in Deutschland war es — wie wir sahen — ein Ziel staatlicher und unternehmerischer Politik, die Angestellten von der Arbeiterbewegung fernzuhalten. Doch statt der Ermunterung der freien Interessenvertretung der Angestellten wie in Großbritannien wählte man hier eher die traditionellen Methoden der materiellen Privilegierung (Angestelltenversicherungsgesetz) einerseits und der Disziplinierung (besonders durch die Unternehmer) andererseits.

In noch stärkerem Maße als die technischen Angestellten blieben anscheinend die Büroangestellten im südwalisischen Bergbau bis zum Ersten Weltkrieg „master's men". Auf sie traf wohl die Beschreibung des Präsidenten der 1901 gegründeten ‚National Union of Clerks' (NUC) zu, die Haltung des Büroangestellten sei dem Unternehmer „ganz und gar unterwürfig". Durch ihre meist langjährige Dienstzeit und ihr Vertrauensverhältnis zum Unternehmer, mit Hilfe von Titeln und individuellen Vergünstigungen am Arbeitsplatz voneinander abgetrennt und in ihr Privatleben zurückgezogen, hielten sie sich — ebenso wie ihre Kollegen an der Ruhr — von jeder Interessenge-

[287] General Federation of Colliery Firemen, Meeting 1915, S. 3, 12.

meinschaft mit ihren Kollegen zurück in der Furcht vor den zahlreich vorhandenen Konkurrenten, die ihre Arbeit billiger und williger übernehmen würden[288]. War doch auch in Südwales schon im Jahre 1894 auf die —durchaus auch in anderen britischen Regionen herrschende — Gefahr hingewiesen worden, „eine Nation von Büroangestellten und Lehrern zu produzieren"[289].

Die Gehälter der Büroangestellten im Bergbau von Südwales standen denn auch — anders als an der Ruhr, wo sie deutlich höher lagen — durchaus auf gleicher Ebene mit den im nationalen Bereich in der Industrie gezahlten Gehältern, deren obere und untere Durchschnitte G. Routh für das Jahr 1906 auf £ 148 und £ 60 berechnet[290]. Während zumeist die Gehälter der unteren und mittleren technischen Angestellten — wie wir oben sahen — in absoluten Beträgen in Südwales über denen ihrer Kollegen im Ruhrbergbau lagen, befanden sich die Gehälter der Büroangestellten mindestens 20 - 30% darunter. Obwohl der Organisationsgrad der kaufmännischen Angestellten im nationalen Bereich im Jahre 1911 um 22%, 1912 um 9% und 1913 um weitere 21% anstieg[291], wurde von einer Organisierung der kaufmännischen Grubenbeamten in Südwales nichts bekannt. Bis zum Ersten Weltkrieg waren hierfür — wie wohl im Ruhrbergbau — die innere Schwelle, aber auch die insgesamt in Großbritannien von den Unternehmern aufgebauten Widerstände zu groß, um überwunden zu werden[292].

Gerade umgekehrt zur Entwicklung im Ruhrbergbau waren das lange Zeit nur allmähliche Wirtschaftswachstum, verbunden mit einem langen Vorherrschen des Klein- und Mittelbetriebs, sowie das fehlende wirtschaftliche und nur zögernde soziale Engagement des Staates für die Entstehung und das Tempo sowie die Charakteristik der Herausbildung der Angestelltenschaft von entscheidender Bedeutung. Die lange Beibehaltung des Klein- und Mittelbetriebs als typische Produktionseinheit hielt die Anzahl der Angestellten sowohl innerhalb des einzelnen Betriebs wie auch insgesamt im

---

[288] NUC, 24th Annual conference 1915, S. 6-8; zur langen Dienstzeit vgl. Walters, S. 181. Daß die Passivität der Büroangestellten nicht auf völliger Zufriedenheit beruhte, zeigte ihre Bewegung in der Zeit während und nach dem Ersten Weltkrieg.

[289] So Owen Edwards, der höhere Verwaltungsbeamte und Befürworter der Intermediate School, zit. nach: E.J. Davies, Origin, S. 259; zum Überangebot von white-collar-Angestellten in Großbritannien und dessen Ursachen vgl. F. Musgrove, Middle-class education and employment in the nineteenth century, in: EHR 12, 1959/60, S. 99-111.

[290] Vgl. G. Routh, Occupation, S. 79.

[291] Nach G. Routh, White Collar Unions in the United Kingdom, in: A. Sturmthal, Hg., White Collar Trade Unions, 1967², S. 165-204, S. 181.

[292] Zu den Arbeits- und Lebensverhältnissen der kaufmännischen Angestellten in Großbritannien vgl. bes.: D. Lockwood, The Blackcoated Worker. A Study in Class Consciousness, 1958; G. Anderson, Victorian Clerks, 1976; J.R. Dale, The Clerk in Industry, 1962; F.D. Klingender, The Condition of Clerical Labour in Britain, 1935.

südwalisischen Revier sowohl im Vergleich zu den Revieren in Nordengland als auch zum Ruhrgebiet klein. Diese Form der Produktion zusammen mit der geographischen Abtrennung der Täler und der Abgeschiedenheit der einzelnen Dörfer ließ sie über Jahrzehnte hin nicht den Weg zueinander, sondern eher zu den Mitbewohnern des Dorfes finden. In dieser Weise traten sie lange Zeit nicht als einheitliche, besonders auch: zusammen handelnde, soziale Gruppe in Erscheinung, sondern eher als gleichsam natürliche Führer der Bergbau-, und das hieß hier: der Bergarbeitergemeinde. Aufgrund der nur allmählichen wirtschaftlichen Entwicklung, besonders aber seines Selbstverständnisses, das ihn nicht auf die — wie im Nachzüglerland Deutschland — aktive Förderung der Industrie verpflichtete, griff der Staat im Vergleich zu Deutschland erst spät und zögernd, im Vergleich zu anderen britischen Industrien aber eher relativ früh ein. Weder hatte er, wie in Deutschland, für Unternehmer, Angestellte und Arbeiter ein Modell der Betriebsführung, des betrieblichen Ablaufs und der inner- und überbetrieblichen Beziehungen geschaffen, noch griff er frühzeitig und durchgreifend in das Ausbildungswesen für Betriebsleiter und Angestellte ein.

Die Bergbauangestellten in Südwales nahmen aus der Zeit des vorherrschenden Klein- und Mittelbetriebs in die Phase der schnelleren wirtschaftlichen Entwicklung mehrere Eigenschaften und Merkmale hinüber, die ihr weiteres Verhalten formten und die sie zugleich von ihren Kollegen an der Ruhr unterschieden. Weder hegten sie besondere Fürsorgeerwartungen an Staat und Unternehmer, noch waren sie an eine weitergehende, inner- und überbetriebliche Disziplinierung gewöhnt worden. Vielmehr hatte sie ihre lange Zeit gleichsam natürliche Führerstellung in den Bergbaudörfern zu Engagement erzogen, zur aktiven Mitwirkung in den Körperschaften der lokalen und regionalen Selbstverwaltung veranlaßt und dabei gleichzeitig der Arbeiterschaft Mittel und Wege weisen lassen. Die lange Zeit nur geringen Ausbildungsmöglichkeiten in Südwales, die ihrerseits den lange Zeit nur geringen Einsatz der Technik und die kurzfristige Perspektive der Unternehmer reflektierten, und die Beschränkung der staatlichen Ausbildungsvorschriften auf die oberen Angestellten zogen einerseits einen — im Vergleich zum Ruhrbergbau — geringeren Grad an herkunfts- und ausbildungsmäßiger Homogenität innerhalb der Angestelltenschaft und einen fließenderen Übergang zur Arbeiterschaft andererseits nach sich. Die Art und Weise der Ausbildung bewirkte einen im Vergleich zum Ruhrgebiet wohl niedrigeren Stand technischen Wissens, erforderte damit offenbar ein geringeres Ausmaß an Aufwand, Anforderungen und persönlichen Opfern und hinterließ — zusammen mit dem bisher nur allmählichen Wirtschaftswachstum und dem ständig spürbaren Gegengewicht der Arbeiterschaft — anscheinend eine geringere Bereitschaft zu Rücksichtslosigkeit und Brutalität als etwa im Ruhrbergbau.

Die schnellere wirtschaftliche Entwicklung und die rasche Verbreitung des Großbetriebs als typischer Produktionsform ab etwa 1890 ließ die Zahl der Angestellten rasch ansteigen und sie selbst sehr bald sowohl im Selbst- wie im Fremdverständnis als eigenständige und von der Arbeiterschaft getrennte Gruppe auftreten. Doch obwohl die unteren und mittleren Angestellten — wie wir sahen — durch Einkommen und Ausbildung weniger von der Arbeiterschaft abgetrennt waren als etwa im Ruhrbergbau, das Gehalt der Steiger sich vielmehr oftmals unterhalb der Höhe des Hauerlohnes bewegte, zählten Steiger und Hilfssteiger sowohl im Selbst- wie im Fremdverständnis nun — ebenso wie im Ruhrbergbau und trotz der anhaltenden Übergangssituation in den kleinen Gruben des Anthrazitkohlengebiets — auch schon vor der Einführung des staatlichen Prüfungsnachweises im Jahre 1911 eindeutig zur Angestelltenschaft. Zwar war nach wie vor der Unterschied zwischen den oberen einerseits sowie den mittleren und unteren Angestellten andererseits stärker ausgeprägt als im Ruhrbergbau — die in Südwales und in Großbritannien von Anfang an vorhandene Trennung in der Interessenvertretung zwischen oberen sowie mittleren und unteren Angestellten wurde, wie wir sahen, im Ruhrbergbau erst angestrebt —, doch bildeten sowohl die Betriebsführer als auch die Steiger von der Arbeiterschaft separate Interessenverbände.

Mit Hilfe dieser Verbände, die — anders als zumeist an der Ruhr — unabhängig sowohl vom Staat als auch von den Unternehmern waren, versuchten die Angestellten nicht — wie im Ruhrbergbau — gegen die Arbeiterschaft im inner- und unmittelbar außerbetrieblichen Bereich vorzugehen, sondern sie erstrebten — mit Hilfe, anders als an der Ruhr, zentral organisierter Verbände — auf gesamtgesellschaftlicher Ebene Fortschritte und Gewinne gegenüber Positionen, welche die Arbeiterschaft, anders als in Deutschland, seit mehr als einem halben Jahrhundert Zeit hatte aufzubauen. Im Ruhrbergbau — und wohl in Deutschland insgesamt — dagegen hatte die relativ späte industrielle Entwicklung, der sodann aber schnelle Übergang zum Großbetrieb die Enstehung und Entwicklung von Arbeiter- und Angestelltenschaft zeitlich mehr ‚zusammengeschoben' als das allmählichere Wirtschaftswachstum und die vergleichsweise späte Herausbildung des Großbetriebs in Großbritannien. Während aber die Interessenorganisation von Arbeitern und Angestellten durch die Repression und Disziplinierung von Unternehmern und Staat in Deutschland erheblich verzögert wurde, konnte in Großbritannien die Organisierung der Arbeiterschaft unter relativ freieren Bedingungen seit langer Zeit, wenn auch mit periodischen Rückschlägen, allmählich fortschreiten. Staat und Unternehmer in Großbritannien ermutigten und förderten, wenn auch erst von einem gewissen Zeitpunkt ab, die Bestrebungen zu einer selbständigen Interessenvertretung der Angestellten, sei es aufgrund des Bedarfs an Sachkenntnis und detaillierten Informationen für die Gesetzgebung, der aufgrund der weniger entwickelten staatlichen Bergbehörde und der geringeren fachlichen Kompetenz der Unternehmer größer sein mußte als in Deutschland, sei es zur Bildung eines Gegengewichts gegen die Organisationen der Arbeiterschaft. Die Bildung eines Gegengewichts gegen die Arbeiterverbände und die Trennung von Arbeiter- und Angestelltenschaft sowie die hiermit einhergehende — so hoffte man — Stabilisierung von betrieblicher und politischer Herrschaft waren Ziele, die — wie wir oben sahen — auch den Unternehmern und dem Staat in Deutschland nicht fremd waren. Während man jedoch in Großbritannien das Mittel der freien und unabhängigen Interessenvertretung der Angestellten hierzu anwandte, vertraute man in Deutschland auf die traditionellen Mittel zur Privilegierung und Disziplinierung, die schon die Schuld für die — im Vergleich zu Großbritannien — zeitliche Verspätung, gemessen am Entwicklungsstand der Organisation der Produktion, der Herausbildung der Interessenorganisationen der Arbeitnehmer überhaupt trugen.

Und gerade die überregionale Konstituierung der Interessen war es, die der Angestelltenschaft in Großbritannien die im Vergleich zum Entwicklungsgang in Deutschland frühe Zurechnung zur (new) middle class bzw. zum Mittelstand auf gesamtgesellschaftlicher Ebene erbrachte[293], obwohl diese Zugehörigkeit prinzipiell und in ihrem engeren Arbeits- und Lebensbereich den Angestellten sowohl im Bergbau des Ruhrgebiets als auch von Südwales — wie wir sahen — vor allem durch die Stellung in der Organisation der Produktion zugemessen wurde. Die sozialen Auswirkungen dieser Stellung mußten in Großbritannien umso größer sein, da es hier für die Angestellten nicht das gesellschaftliche Vorbild der staatlichen (Berg-) Beamten gab, das ihren deutschen Kollegen den hinreichenden Abstand zur Arbeiterschaft lange Zeit zu garantieren schien. Das gesellschaftliche Vorbild der freien Berufe konnte zwar für die höheren Angestellten — wie wir sahen — eine gewisse Gültigkeit erlangen, nicht aber für die mittleren und unteren Angestellten. Um so wichtiger gerade für diese war daher der soziale Kontakt mit anderen Gruppen in ihrer unmittelbaren Umgebung, der den Angestellten — neben ihrer Interessenorganisation auf gesamtgesellschaftlicher Ebene — die Zugehörigkeit zum Mittelstand zu sichern schien. Im Ruhrbergbau dagegen wurde anscheinend der soziale Kontakt zu anderen Gruppen des Mittelstandes von den Angestellten kaum gesucht. Anders als hier sicherte den Bergbauangestellten in Südwales und in Großbritannien insgesamt gerade auch ihr überbetriebliches Engagement ihr lange Zeit geringes und erst zu erringendes, gesellschaftliches Ansehen und ihren sozialen Status[293a].

---

[293] Vgl. hierzu: R.K. Kelsall/D. Lockwood/ A. Tropp, The middle class in the power structure of Great Britain, in: Transactions of the Third World Congress of Sociology, Bd. 3, 1956, S. 320-329.

[293a] Zur Bewußtheit dieses Zusammenhanges bei den Beteiligten vgl. etwa: NACM, Trans. 11, 1913/14, S. 175, 186, 664; 13, 1915/16, S. 154.

5.2.3. Die Unternehmer: Die selbstverantwortliche Industrialisierung und das bürgerliche Bewußtsein des konkurrierenden Gewerbetreibenden

Die Unternehmer bildeten die dritte Gruppe der im betrieblichen Produktionsprozeß vereinigten Produzenten. Die Unternehmer besaßen und/oder verfügten — wie wir bereits oben sahen — nicht nur über das Kapital und die hiermit geschaffenen Produktionsmittel. Sie bestimmten auch über den Einsatz bzw. Nicht-Einsatz weiteren Kapitals und dessen Zwecksetzung. Dazu legten sie die Ziele und Zwecke der Produktion und des Betriebes sowie deren Rangfolge fest. Und — abgesichert in der gesellschaftlich gesetzten Norm des Privateigentums — hatten sie ebenso die (oberste) Anordnungsbefugnis bei der Koordination, Leitung und Regelung des betrieblichen Kooperationsprozesses inne. Darüber hinaus verfügten die Unternehmer über den Verkauf der produzierten Güter und über die Verteilung des erwirtschafteten Gewinns. Die beiden übrigen Produzentengruppen: Angestellte und Arbeiter, hingen mithin — wie schon im vorhergehenden deutlich wurde — von den innerbetrieblichen Entscheidungen, welche die Unternehmer fällten, weitgehend im inner- wie im außerbetrieblichen Bereich ab. Zugleich kamen die Unternehmer in der Eindeutigkeit ihrer Stellung auf der Skala zwischen Anordnungsbefugnis und Gehorsamspflicht den Arbeitern näher, obwohl gerade die Angestellten — wie wir vorher sahen — an der innerbetrieblichen Befehlsgewalt teilhatten.

5.2.3.1. Die betriebliche Ausgangssituation: Das allmähliche wirtschaftliche Wachstum, die frühe Heterogenität der Eigentümer und der unproblematische Aufstieg der Angestellten-Unternehmer

Ebenso wie die übrigen im betrieblichen Kooperationsprozeß zusammenarbeitenden Gruppen waren die Unternehmer im südwalisischen Bergbau — anders als im Ruhrbergbau — von der lange Zeit nur allmählich fortschreitenden wirtschaftlichen Entwicklung, dem langen Vorherrschen des Klein- und Mittelbetriebs und dem unterschiedlichen Entwicklungstempo und Entwicklungsstand in den verschiedenen Regionen des Reviers geprägt. Hinzu kam das im Vergleich zu Deutschland lange Ausbleiben beinahe jeglichen staatlichen Eingreifens, das die industrielle Führungsstellung Großbritanniens lange Zeit überflüssig und eher hinderlich erscheinen ließ. Das fehlende staatliche Engagement hatte — wie wir im vorhergehenden sahen — nicht nur die Verhältnisse und die Beziehungen zwischen Arbeitern und Angestellten beeinflußt, es bestimmte zugleich hiermit auch die Handlungsvoraussetzungen der Unternehmer und ihre Beziehungen zu den beiden übrigen Gruppen ebenso wie ihre eigenen Verhältnisse, Handlungs- und Denkmuster — wie im folgenden zu zeigen sein wird — entscheidend mit.

Angesichts des weitgehenden Fehlens staatlichen Engagements mußten die unmittelbaren ökonomischen Verhältnisse, Möglichkeiten und Notwendigkeiten umso mehr und umso unvermittelter auf die Einschätzungen und Entscheidungen, aber auch auf die Zusammensetzung der Unternehmerschaft an Einfluß gewinnen. Im Ruhrbergbau hatte der durch staatliche Mithilfe beschleunigte und durch die geologischen Verhältnisse bedingte frühe Übergang zum Tiefbau schon frühzeitig hohe Kapitalanlagen notwendig gemacht und dadurch — wie wir sahen — zu einer relativen sozialen Homogenität der Unternehmer geführt. Diese Homogenität bildete ihrerseits die Grundlage für die unmittelbare Ausübung der unternehmerischen Funktionen durch die Hauptkapitalgeber selbst noch zu einer Zeit, als einerseits die Höhe des erforderlichen Kapitals nur noch durch eine große Zahl von Kapitalgebern aufzubringen war und andererseits die wachsenden technischen Probleme die Anstellung von „Spezialdirektoren" notwendig machten. Im südwalisischen Bergbau war und blieb lange Zeit — wie wir oben sahen — nicht nur das durchschnittlich für ein Unternehmen aufzuwendende Kapital mit einem Viertel desjenigen im Ruhrbergbau bedeutend geringer als dort. Die natürlichen Abbaubedingungen erlaubten auch eine deutlich größere Spannweite zwischen den einzelnen Unternehmen. In den Jahren um 1840 z. B. konnten die Kosten für das Abteufen und die Ausrüstung einer Zeche ebensogut 68.000 M wie 380.000 M betragen[294]. Diese unterschiedlichen Eintrittsvoraussetzungen brachten einen geringen Grad an sozialer Homogenität innerhalb der Unternehmerschaft mit sich, und die Unterschiede konnten so weit gehen, daß der eine Unternehmer eine größere Anzahl von Zechen besaß, als der andere an Arbeitern beschäftigte[295].

Der insgesamt jedoch im Vergleich zum Ruhrbergbau geringe Kapitalaufwand konnte — wie wir schon oben sahen — lange Zeit von Einzelpersonen, Familien oder kleinen Partnerschaften aufgebracht werden. Dies bedeutete zugleich — zusammen mit der beschränkten Ausdehnung der Anlagen — die persönliche Leitung der Betriebe durch den Unternehmer, der das jeweils investierte Kapital entweder ganz oder zu großen Teilen besaß. Während in den zahlreichen kleinen Betrieben die Unternehmer die technische und kaufmännische Betriebsführung ungeteilt ausübten, gingen die größeren und kapitalkräftigeren Unternehmer, die oft mehrere und größere Zechen betrieben, schon frühzeitig dazu über, für die tagtägliche Leitung der Betriebe untertage und später auch übertage sogenannte ‚agents' oder ‚manager' einzusetzen[296]. Diese Entwicklung wurde in Südwales — anders als im Ruhrbergbau — dadurch beschleunigt, daß für den Absatz der Kohle in den entfernteren Küstenstädten gesorgt werden mußte und daß gerade hier

[294] Morris/Williams, The South Wales Coal Industry, S. 138/9.

[295] Ebenda, S. 125.

[296] Vgl. E.D. Lewis, The Rhondda Valleys, S. 19, 42 ff., 68, 75, 95; Morris/Williams, S. 125-128, 138-143; A.H. John, S. 38-42.

— durch die rasch wechselnden Bedingungen der Konjunktur, der Saison und der Schiffahrt — über die Profitabilität der Bergwerke entschieden wurde. Der jedoch auch im südwalisischen Bergbau wachsende Kapitalaufwand — das Kapital der neugegründeten Unternehmen stieg von durchschnittlich 587.000 M im Zeitraum zwischen 1856 und 1860 auf 2,2 Mill. M zwischen 1870 und 1875[297] —, die Notwendigkeit zu größeren Partnerschaften und das Anwachsen der Betriebe führte ab etwa den 1860er Jahren zur Einsetzung von ‚general managers', die zum großen Teil als Teilhaber im Auftrag der übrigen Kapitalbesitzer gegen Bezahlung die Leitung der Betriebe übernahmen. In dieser Entwicklung waren die älteren Eisenwerke vorangegangen, bei denen die Bergwerke — wie die anderen Abteilungen des Unternehmens — von ‚managers' geleitet oder an Subunternehmer verpachtet waren[298]. Das Modell des Ruhrbergbaus, in dem — wie wir sahen — mehrere der am stärksten beteiligten Partner gemeinsam und gleichberechtigt die Betriebe und Unternehmen leiteten, fand in Südwales offensichtlich kaum eine Nachahmung. Grund hierfür mag einerseits die spezielle Lage der Ruhrunternehmer nach der lange geforderten Beendigung des Direktionsprinzips gewesen sein, nun auch dem Staat die eigene Fähigkeit der Betriebsführung zu beweisen, andererseits die — wie im weiteren deutlich werden wird — stärkere rentabilitätsspezifische und durch ihre weiteren Beschäftigungen bedingte Verschiedenheit der Interessenlagen der Kapitalgeber in Südwales. Allmählich erst, ab den 1870er Jahren, insbesondere aber ab 1890, änderte sich die bisherige Form der weitgehend persönlichen Betriebs- und Unternehmensleitung und der nur relativen Trennung von Kapital und Verfügungsgewalt[299].

Der nun rascher anwachsende Kapitalbedarf der zum Tiefbau übergehenden Zechen überstieg die Möglichkeiten der bisherigen kapitalbesitzenden Familien und Partnerschaften und machte — wie wir schon oben sahen — den Zufluß auswärtigen, vor allem Londoner Kapitals möglich und nötig. Die Hauptsitze der Unternehmen wurden vielfach nach London verlegt. Und die bisher weitgehend ‚privaten' Unternehmen wurden in Aktiengesellschaften umgewandelt, und von den neuen Kapitalgebern zur Kontrolle und zur Aufsicht über das jeweilige Unternehmen wurde, bedingt durch die Unterschiedlichkeit der rechtlichen Bestimmungen, die neben der Generalversammlung in Deutschland die Einrichtung dreier Organe: der Geschäftsleitung, des Vorstandes und des Aufsichtsrates, in Großbritannien dagegen nur eine solche der Geschäftsleitung und des Board of Directors notwendig machten[300], eine oft große Zahl meist auswärtiger „Direktoren" bestimmt.

---

297 Vgl. oben S. 140.

298 R.H. Walters, S. 142 ff., 152 ff.

299 Vgl. ebenda, S. 154 ff., auch: E.D. Lewis, a.a.O.

300 Vgl. hierzu jetzt: N. Horn, Aktienrechtliche Unternehmensorganisation in der Hochindustrialisierung (1860-1920). Deutschland, England, Frankreich und die USA im

Während sich jedoch dieser weitere Kreis der ‚neuen' Unternehmer nur vierzehntäglich oder monatlich zur Überprüfung der Rechnungslegung und zur Besprechung der allgemeinen Unternehmenspolitik traf[301], lag die eigentliche Leitung der Unternehmen in der Hand der nun ernannten „managing directors" bzw. „general managers". Während manchmal einzelne Direktoren für besondere Aufgaben und Bereiche innerhalb des Unternehmens eingesetzt wurden, besaßen die ‚managing directors' die gesamte Oberleitung über Produktion und Absatz. Doch anders als die Direktoren kamen die — wie man übersetzen könnte — Generaldirektoren anscheinend in den meisten Fällen aus Südwales, und zwar aus den alten Unternehmerfamilien, und nur einige wenige waren aus Nordengland und Schottland zugezogen[302]. Die Gründe für diese Kontinuität in der Modernisierung waren einfach: Während die neuen Direktoren in den meisten Fällen weder mit den Verhältnissen in Südwales noch überhaupt mit bergbaulichen Fragen vertraut waren, brachten die ernannten Generaldirektoren eine Kenntnis der Region und der bergbaulichen Verhältnisse, wenn auch — wie wir im weiteren sehen werden — häufig immer noch keine bergfachliche Ausbildung mit. Eine zusätzliche Sicherheit und ein besonderer Vorteil auch für die übrigen Kapitalgeber war, daß diese Angehörigen der alten Unternehmerfamilien — anders als etwa im Ruhrbergbau — oftmals nach wie vor zu einem nicht geringen Anteil am Kapital ihrer Unternehmen beteiligt und damit in besonderem Maße an der Rentabilität der Betriebe interessiert waren. Aber auch die übrigen alten Partnerschaften und Familiengruppen blieben in nicht unbedeutendem Maße oftmals bis zu einem Drittel oder der Hälfte an ‚ihren' Unternehmen beteiligt[303]. Reine Familienunternehmen oder Eigentümer-Unternehmer von der Art Stinnes', Waldthausens, Funkes und Thyssens gab es dagegen im südwalisischen Bergbau nach der Umwandlung der Unternehmen zwischen den 70er und 90er Jahren des 19. Jahrhunderts nicht mehr.

Bei der Herausbildung der neuen Unternehmerschaft spielten die Banken eine offensichtlich geringere Rolle als im Ruhrbergbau. Zwar ging mit dem wachsenden und langfristigen Kapitalbedarf — wie wir oben sahen — auch in Südwales die Führung von den lokalen, an persönlich geleiteten Unternehmen orientierten Privatbanken auf die großen Londoner Universalbanken über, doch beschränkte sich deren Rolle wohl weitgehend auf das Ansammeln anlegewilligen und die mittelbare Kontrolle des investierten Kapitals. Weder nämlich verfügten die Vertreter der Banken, wie auch die Aktionäre und der größte Teil des äußeren Kreises der Direktoren, über ein spezifisches bergbauliches Wissen, noch brauchte die Position der neuen

Vergleich, in: Horn/Kocka, Hg., Recht und Entwicklung der Großunternehmen, S. 123-189.

301 Vgl. CIC 1919, Bd. 2, S. 883.

302 Vgl. Walters, S. 51 ff., und die Angaben in Anmerkung 296.

303 Vgl. hierzu insbesondere die Aufstellung bei: Walters, S. 145 ff., Tab. 14.

Generaldirektoren — anders als im Ruhrbergbau — aufgewertet zu werden, stammten sie doch oftmals selbst aus den traditionellen Unternehmerfamilien und stellten sie doch in vielen Fällen, zusammen mit den Angehörigen der alten Familien und Partnerschaften, wie wir sahen, einen bedeutenden Anteil des Unternehmenskapitals. Darüber hinaus hatten, anders als anfangs im Ruhrbergbau, weniger die Banken die Sicherheit der Kapitalanlage gegenüber den Aktionären darzustellen als vielmehr die besonders hierzu ernannten, repräsentativen Direktoren, die geeignet waren, durch Titel und Ämter das Vertrauen der Kapitalgeber zu gewinnen und zu erhalten[304]. Genoß der äußere Kreis der Direktoren in der breiteren Öffentlichkeit auch meist ein bei weitem größeres Ansehen als die unmittelbar die Unternehmen leitenden Generaldirektoren und Direktoren, so ließ die klare Abgrenzung der Funktionen ebenso wie der unterschiedliche bergtechnische Wissensstand kaum die Herausbildung eines anhaltenden Konfliktpotentials zu. Wie im Ruhrbergbau hatten sich die Angestellten-Unternehmer in Südwales, welche die unmittelbare Unternehmensleitung innehatten, durch den wirtschaftlichen Erfolg, und das hieß insbesondere: die Höhe der Dividenden, zu legitimieren. Die auch hier zu diesem Zweck von einigen Unternehmern — so George Eliott und D.A. Thomas — vertretene und von, wie wir oben feststellen konnten[305], wenigen propagierte Konzeption der Kartellierung ließ sich nicht verwirklichen. Neben den obengenannten Gründen der, im Vergleich zum Ruhrbergbau, geringeren Kapitalbelastung, der Konjunkturelastizität der Löhne, der Vielzahl und dem unterschiedlichen Entwicklungsstand der einzelnen Unternehmen sowie der Unübersichtlichkeit des Absatzmarktes war es gerade auch die Tatsache, daß viele der Generaldirektoren und betriebsleitenden Direktoren aus den alten Unternehmerfamilien kamen, die diese dazu führte, das jetzt nur noch von ihnen im Auftrag geführte Unternehmen als ‚ihr' Unternehmen anzusehen, dadurch das alte Klima von Neid und Mißgunst zwischen den einzelnen Unternehmen zu erhalten und somit die Kartellierung zum Scheitern zu bringen. Im Ruhrbergbau — so stellten wir fest — war dieses Klima vor allem auch durch die — mit Hilfe der staatlichen Ausbildung vermittelte — soziale und ideologische Homogenität der ‚neuen' Unternehmer überbrückt worden. Trotz teilweise besserer Erkenntnis mußten sich die Bemühungen um Rentabilität in Südwales also ausschließlich auf das eigene Unternehmen richten.

Obwohl auch im südwalisischen Bergbau die Unternehmer die mit der Expansion der Betriebe steigenden Kosten besonders ab den 1890er Jahren — wie wir oben sahen — durch eine zunehmende Intensivierung, Technisierung und eine exaktere Selbstkostenberechnung auszugleichen bestrebt waren, blieben die Unternehmen und mit ihnen die Unternehmer doch sehr

[304] Vgl. etwa J.A. Cartwright, S. 104.

[305] Vgl. oben S. 150 f.

viel stärker als im Ruhrbergbau dem Gebiet des Absatzes und insgesamt der kommerziellen Seite zugewandt[306]. Wer die Konjunkturen nicht auszugleichen vermochte, der mußte an ihrer möglichst weitgehenden finanziellen Ausnutzung interessiert sein, und wer es nicht schaffte, — wie das RWKS — seinen Absatzmarkt weitgehend in kollektiver Form zu monopolisieren, der mußte sich firmeneigene, gleichsam individuelle Märkte und Absatzorganisationen zu sichern versuchen. Während die kleineren Unternehmen die geförderte Kohle weiterhin an den Zwischenhandel verkauften und sie somit von dessen Bedingungen und — oft auch — Spekulationsgeschäften abhängig blieben, gingen — wie wir oben sahen — die großen Unternehmen insbesondere in den Jahren nach 1900 dazu über, sich eigene Handelsorganisationen anzugliedern oder neu aufzubauen. Der hierdurch entstehende zusätzliche Erlös konnte — zusammen mit der weiterhin meist hohen Preislage der südwalisischen Kohle — die steigenden Produktionskosten, wie die Dividendenausschüttungen der Jahre nach 1900 beweisen, mehr als ausgleichen. Der wirtschaftliche Erfolg, den die Nachfahren der Gründer des südwalisischen Bergbaus in ihrer Rolle als ‚neue', beauftragte Unternehmer auf ihrem Konto verbuchen konnten, lag weithin in der Anwendung und Erweiterung *der* Mittel begründet, die ihre Vorfahren — ähnlich wie im Ruhrbergbau der Staat — entwickelt hatten.

5.2.3.2. Die Ausbildung: Große Unterschiedlichkeit, die zunehmende Rolle des kommerziellen Wissens und die Tendenz zur Allgemeinbildung

Die Ausbildung der Unternehmer in Südwales reflektierte zum einen die Bedürfnisse des Betriebes und ihrer zeitlichen Entwicklung und zum anderen die gesamtgesellschaftlichen Bedingungen eines industriell früh entwickelten Landes sowie — in offensichtlich zunehmendem Maße — des Zwanges der sozialen Anpassung an die Maßstäbe der englischen Gesellschaft. Anders als bei den technisch von vornherein schwierigen Tiefbauzechen des Ruhrbergbaus machten die kleineren und, infolge der lange Zeit leichten Erreichbarkeit der Kohle, technisch weniger aufwendigen Gruben im südwalisischen Bergbau eine spezifische Ausbildung der Unternehmer — ebenso wie bei den Angestellten — in nur geringerem Maße, vor allem aber: nicht durchgehend, erforderlich. Und anders als im industriellen Nachzüglerland Deutschland, wo der Wille und die vorwärtstreibende Kraft des Staates schon frühzeitig mit Hilfe einer gezielten und spezialisierten Ausbildung die industrielle Rückständigkeit abzubauen trachtete, ging der Staat in Großbritannien — wie wir bereits oben sahen — nur zögernd dazu über, eine spezifisch bergbauliche — oder überhaupt technische — Ausbildung anzubieten und zu ermutigen. Und die Unterstützung, die er hierbei von der Öffentlichkeit

[306] Vgl. hierzu auch: Walters, S. 64 ff., 168 ff.; J.E. Vincent, S. 66 ff.

und von den Unternehmern selbst erhielt, war und blieb bis 1914 gering und eher entmutigend.

Angesichts der oftmals kleinen und technisch wenig aufwendigen Zechen des südwalisischen Bergbaus erschien eine spezialisierte Ausbildung der Unternehmer in den weitaus meisten Fällen als entbehrlich und überflüssig. In noch größerem Maße als bei den betriebsleitenden Hauptgewerken des Ruhrbergbaus reichte hier eine gewisse Vertrautheit mit den bergbaulichen Verhältnissen und das Befolgen traditioneller Faustregeln aus. Frühe Abweichungen von diesem Gesamtbild bildeten die oftmals schon lange betriebenen Zechen der Eisenwerke und die sich seit den 1850er Jahren dem Tiefbaugebiet der Dampfkohle nähernden Bergwerke. Die Eisenwerke in Südwales — und hier wird, wie im Bereich der Technik und der Unternehmensorganisation, erneut ihr Charakter als Vorbild, Förderer und, im Vergleich zum Ruhrbergbau, Staatsersatz sichtbar — besaßen schon seit längerem eine unternehmensinterne, beinahe formalisierte Ausbildung in Form eines „apprenticeship", welches die Kandidaten für die Position eines Leiters („manager") der verschiedenen Abteilungen innerhalb eines gemischten Unternehmens vorbereitete. Die hier Ausgebildeten blieben nicht immer als „manager" in den Eisenwerken, sondern wandten sich in nicht wenigen Fällen den reinen Bergbauunternehmen zu[307]. Diese, wenn auch zahlenmäßig nicht allzu große, Gruppe sollte — wie weiter unten zu zeigen sein wird —eine bedeutende Rolle bei der Interessendefinition der Unternehmer spielen. Die zweite — ebenfalls nicht allzu zahlreiche — Gruppe, welche wohl noch gründlicheres und spezifisch bergbauliches technisches Wissen mit sich brachte, war diejenige der Zuwanderer aus Nordengland. Diese hatten in ihrer Heimat das schon oben geschilderte „apprenticeship" absolviert und blieben oftmals als technische Betriebsleiter und als Partner in Südwales, nachdem sie von dortigen Partnerschaften als Gutachter und technische Berater für neu abzuteufende Zechen oder für bereits in Arbeit befindliche größere Betriebe angeworben worden waren[308]. Aus Angehörigen beider Gruppen, welche somit zwar im Vergleich zu den sonstigen Verhältnissen in Südwales über eine herausragende, zum weiteren britischen Bergbau eine weitgehend ebenbürtige, im Vergleich zum deutschen Bergbau jedoch bei weitem stärker praktische Ausbildung besaßen, setzten sich weitgehend die „general managers" zusammen, die nach der Ablösung der Partnerschaften aus der unmittelbaren Betriebsführung nun im Auftrag und zumeist als Mitangehörige des erweiterten Kreises der Kapitalgeber — wie wir vorher sahen — die größeren und weiterhin anwachsenden Unternehmen leiteten. Neben dieser zahlenmäßig nach wie vor relativ kleinen, jedoch an persönlichem Einfluß und wirtschaftlicher Macht von vornherein deutlich überlege-

307 Ebenda, S. 51-54.

308 Vgl. ebenda, S. 54-56, J. E. Vincent, S. 41 f., und die Angaben in Anmerkung 296.

nen und weiterhin gewinnenden Gruppe existierte immer noch die große Zahl von Unternehmern, die ihre Betriebe mit noch von ihnen als Bergarbeiter erarbeitetem Geld gegründet hatten und diese meist kleineren Zechen ohne weitere Ausbildung führen konnten.

Daneben wuchs seit den 1840er und 1850er Jahren zunehmend eine weitere Gruppe von Unternehmern heran, welche sich weniger mit der technischen Seite und dem konkreten Arbeitsablauf des Bergbaus beschäftigte und — aufgrund ihrer Ausbildung — beschäftigen konnte, als vielmehr mit der kommerziellen Seite des Absatzes. Dies waren zum einen die ehemaligen größeren und Großhändler, zum anderen die Exporteure und Schiffsbesitzer, welche — wie Stinnes und Haniel im Ruhrgebiet — in ihrer bisherigen Tätigkeit bereits ein größeres Vermögen erwerben konnten[309]. Diese Kaufleute brachten von vornherein eine stärker marktorientierte Ausrichtung mit, und die Entwicklung und Ausdehnung des Absatzmarktes und des hiermit verbundenen Absatz- und Transportgeschäftes der südwalisischen Kohle kam einer solchen Orientierung entgegen. Durch eine geschickte Absatzstrategie und -organisation konnte in Südwales — anders als im Ruhrbergbau — bedeutend mehr verdient werden als im noch so sparsamen Grubenbetrieb.

Die Ausbildung der nächsten Unternehmergeneration, der angestellten Unternehmer, trug dieser Entwicklung, aber auch — wie oben angedeutet — offensichtlich dem Zwang zur Angleichung an die sozialen Normen und Symbole der englischen Gesellschaftsordnung, Rechnung. Einige der Angestellten-Unternehmer, wie z. B. E.M. Hann, der 1879 aus Yorkshire als manager der Rhymney Valley Collieries nach Südwales kam, 1883 Generaldirektor der bedeutenden Powell Duffryn Steam Coal Co. Ltd. und bis 1910 deren zehntgrößter Aktionär wurde, oder auch Hugh Bramwell, agent und Direktor der Great Western Colliery Company, wiesen nach wie vor eine überwiegend technische Ausbildung auf[310]. Doch trotz der wachsenden technischen Anforderungen der Bergwerke ging die Tendenz bei der Mehrzahl der Angestellten-Unternehmer in die entgegengesetzte Richtung. Eine steigende, wenngleich auch immer noch relativ kleine, Anzahl der Söhne der alten Unternehmerfamilien des südwalisischen Bergbaus, die ja — wie oben ausgeführt — nach 1890 in wachsendem Maße die Positionen des Angestellten-Unternehmers besetzten, besuchte nicht die Royal School of Mines in London, das College of Physical Science in Newcastle oder die übrigen Universitäten, an denen ab den 1890er Jahren — wie in Cardiff und Birmingham — Lehrstühle für Bergbaukunde eingerichtet wurden, sondern die alten, weitgehend noch philologisch ausgerichteten, dafür aber prestigesichernden Universitäten von Cambridge und Oxford. Und anläßlich der

309 Walters, S. 64 ff.

310 Ebenda, S. 60; CIC 1919, Bd. 3, S. 872.

Bestrebungen zur Gründung der University of Wales in den 1870er und 1880er Jahren wurde gerade in den Kreisen der Unternehmer argumentiert, „daß die alten Public Schools in England und die alten Universitäten die beste Ausbildung vermittelten, die gegeben werden könne, und eine bessere, als Wales diese auch nur möglicherweise bieten könne“[311]. Wie D.A. Thomas und Evan Williams, die — so stellte ein Zeitgenosse fest — „wie andere Männer, die im Wirtschaftsleben engagiert waren, keine Liebhaber von Büchern“ waren[312], studierte wohl die Mehrzahl von ihnen Mathematik oder Rechtswissenschaft. Nach Abschluß ihres Studiums, das sie meist ohne große Auszeichnung absolvierten und dessen Milieu ihnen offensichtlich fremd blieb[313], stiegen sie in die allgemeine Leitung, besonders aber in die kommerziellen Abteilungen der Unternehmen ein[314].

Wenn auch die Tendenz zum Hochschulbesuch, besonders der Universitäten von Cambridge und Oxford, eindeutig war, so blieb offensichtlich die Anzahl der in dieser Weise Ausgebildeten im Kreise der Angestellten-Unternehmer des südwalisischen Bergbaus — insbesondere im Vergleich zum Ruhrbergbau und zum deutschen Bergbau insgesamt — relativ klein. Und sicherlich blieb hier der Akademikeranteil noch geringer, als ihn C. Erickson für die englischen Stahlindustriellen mit 13% (1865), 15% (1875-95) und 19% (1905-25) berechnet hat[315]. Von älteren Angestellten-Unternehmern im südwalisischen Bergbau mit Universitätsausbildung konnten Edward Davies (Ocean), Fred L. Davis, D.A. Thomas und Evan Williams, von den jüngeren, erst um 1910, und zwar von D.A. Thomas, eingesetzten Kräften, L.W. Llewellyn und A.G. Brown namentlich identifiziert werden[316].

Wenn auch — wie weiter unten deutlich werden wird — der Einfluß dieser akademisch gebildeten Bergbauunternehmer in Südwales im Kreise ihrer Kollegen deutlich im Zunehmen begriffen war, so blieb doch ihre absolute Zahl und ihr Anteil weiterhin gering. Auch in den Jahren vor 1914 war bei weitem der größte Teil von ihnen ohne Universitäts-, und wohl kein geringer Anteil — besonders bei den zahlreichen kleinen Betrieben —, auch ohne höhere Schulbildung. Während im Ruhrbergbau und im deutschen Bergbau insgesamt der Staat — unterstützt von den schon frühzeitig hohen technischen Anforderungen der großen Betriebe — den Unternehmern, wie wir sahen, in ihrer überwältigenden Mehrheit eine intensive, spezialisierte bergbauliche Ausbildung auf Hochschulniveau vermittelte, blieb der Ausbildungsstand ihrer Kollegen in Südwales infolge der langen Passivität des

[311] Vgl. J.V. Morgan, Life of Viscount Rhondda, 1919, S. 47.

[312] Ebenda, S. 52.

[313] Vgl. etwa die Beispiele für D.A. Thomas, in: ebenda, S. 55.

[314] Ebenda, S. 56; J. A. Owen, S. 81; für Evan Williams vgl. CIC 1919, Bd. 3, S. 885.

[315] Vgl. C. Erickson, British Industrialists. Steel and Hosiery, 1850-1950, 1959, S. 37.

[316] Vgl. die Angaben in: Walters, S. 177; J.V. Morgan, a.a.O.; SWCA 1914, S. 18.

Staates und der lange Zeit geringen technischen Anforderungen der Betriebe vergleichsweise gering und in starkem Maße unterschiedlich. Die wenigen Unternehmer mit Hochschulbildung hatten zudem — anders als in Deutschland — keine technische, sondern, bedingt durch die stärker kommerzielle Ausrichtung der Unternehmen, aber auch die zunehmend empfundenen Zwänge der sozialen Schichtung der englischen, nicht (mehr) der walisischen, Gesellschaft, eine allgemeinere, meist mathematisch-naturwissenschaftliche Ausbildung. Nach wie vor traf weitgehend, wenn auch wohl in etwas geringerem Maße, ebenso für einen Vergleich mit Deutschland zu, was ein britischer Beobachter noch kurz vor Ausbruch des Ersten Weltkrieges im Vergleich zu den USA feststellte: „In England graduiert die Universität einen Mann in einen Zylinder, während sie ihn in Amerika in einen Arbeitskittel graduiert“[317].

5.2.3.3. Die Herkunft und die Eingliederung in die oberste Ebene der gesellschaftlichen Rangordnung: Soziale Heterogenität, territoriale Homogenität und das zögernde Akzeptiertwerden

Die Ausbildung der Unternehmer im südwalisischen Bergbau war z. T. schon, so sahen wir vorher, durch ihre territoriale Herkunft mitbestimmt. Vor allem während der Phase des Aufbaus waren nicht wenige nach dem dortigen System des ‚apprenticeship‘ ausgebildete Bergingenieure aus den nordenglischen Bergbaugebieten zugewandert. Hinzu kam eine geringere Anzahl von Großkaufleuten aus London und Bristol. Die überwältigende Mehrheit der südwalisischen Bergbauunternehmer kam aber — anders als ihre Kollegen in der nahen Eisenindustrie — aus Wales. Während nämlich die Eisenindustrie für die Angehörigen der frühen walisischen middle class finanziell nicht erreichbar war und daher englischen Zuwanderern vorbehalten blieb, gaben die einfachen Abbauverhältnisse der Kohle lange Zeit — anders als im Ruhrbergbau — auch dem kleinen Kapitalbesitzer die Chance des Einstiegs[318]. Die Zuwanderer, von denen besonders die technisch gebildeten bei der Vergrößerung der Partnerschaften und der Betriebe, wie wir oben sahen, die unmittelbare Leitung der Unternehmen übernahmen, entwickelten — abgestützt durch ihre wachsende Kapitalbeteiligung an den Unternehmen — oftmals sehr bald enge soziale und verwandtschaftliche Kontakte zu den Angehörigen der — besser gestellten — einheimischen

[317] So Moseley in seinem Bericht über „Technical Education in America“, zit. in: W. Stewart, The Need für Technical Education in the Mining Industry, in: SWIE, Proceedings 32, 1916/17, S. 12. Die weiterblickenden Bergbautechniker Großbritanniens jedoch waren „beeindruckt“ von der „Ausrüstung und der Effizienz“ des amerikanischen technischen Schulwesens. Vgl. hierzu etwa: R.A.S. Redmayne, Men, S. 43-46.

[318] Vgl. hierzu bes. Morris/Williams, S. 125 ff.

Unternehmerschaft. Aus dieser sich immer mehr zu einer sozialen Einheit verschweißenden und zugleich nach ‚unten' abschließenden Gruppe[318a] gingen zumeist die neuen Angestellten-Unternehmer hervor, die ab etwa 1890 zunehmend das Feld beherrschten. Zwar gab es auch unter diesen — wie der Fall von E.M. Hann und die fortgeführte Praxis gerade der älteren, sich immer mehr auf Bergbau konzentrierenden Eisenwerke wie Ebbw Vale, Tredegar und Rhymney, die Unternehmensleitung englischen Zuwanderern anzuvertrauen[319], deutlich machen — noch einige, gerade erst Zugewanderte, doch zeigt sich in dieser Phase — anders als im Ruhrbergbau, wo die staatliche Ausbildung für ein hohes Maß überregionaler Mobilität sorgte — die deutliche Tendenz zur Selbstrekrutiertung und damit zur herkunftsmäßigen Homogenität der Angestellten-Unternehmer. Dies betraf jedoch nur die engere Gruppe derer, die unmittelbar die Unternehmensleitung ausübten. Die kapitalmäßige Öffnung der Unternehmen ab den 1880er Jahren hatte aber — wie wir bereits feststellten — eine zweite, gleichsam ‚äußere' Gruppe von Angestellten-Unternehmern, die ‚Direktoren', entstehen lassen. Dies waren und blieben zum weitaus größten Teil Auswärtige, zumeist wohl Engländer, und falls nicht als Tagungsort von vornherein schon London festgelegt war, blieb ihr unmittelbarer Kontakt mit Südwales auf die vierzehntäglich oder monatlich stattfindenden Konferenzen der Unternehmensleitungen beschränkt.

Ein Stellenwechsel kam für die unmittelbar die Unternehmensleitung ausübenden Angestellten-Unternehmer — im Gegensatz zu den im Auftrag der Aktionäre ausschließlich die Kontrolle ausübenden Direktoren — auch aufgrund ihrer familien- und partnerschaftlich gebundenen Kapitalbeteiligung offensichtlich noch seltener vor als im Ruhrbergbau. Doch gab es auch hier diese Möglichkeit, wenn zwei oder mehrere Unternehmen fusionierten. Die offensichtlich — wie wir weiter unten sehen werden — häufigere Art jedoch, zu erweiterten Erfahrungen und breiterem Einfluß — vor allem auch für den äußeren Kreis der Angestellten-Unternehmer — zu gelangen, war die Annahme und Wahrnehmung weiterer Direktorenposten in anderen Unternehmen. Von einer Abwanderung der Unternehmensleiter oder ihrer Familienmitglieder, wie dies ja im Ruhrbergbau vorkam, ist uns nichts bekannt.

Herkunft, Ausbildung und Mobilität sowie die dahinterliegenden Zwänge und Möglichkeiten bergbaulicher Produktion prägten auch in entscheiden-

---

[318a] Die Aufstiegschancen in die Gruppe der Unternehmer gingen — wie wir schon sahen — in den 1870er und 1880er Jahren, wie in anderen britischen Industriezweigen und -regionen, deutlich zurück. Vgl. oben S. 740; C. Erickson, British Industrialists, S. 43, 56, 117, 123, 129, 245; S.J. Chapman/F.J. Marquis, The Recruiting of the Employing Classes from the Ranks of the Wage-Earners in the Cotton Industry, in: Journal of the Royal Statistical Society 75, 1912, S. 293-313.

[319] Vgl. J.A. Cartwright, S. 104.

dem Maße ihre sozialen Beziehungen. Sowohl ihrem Vermögen wie ihrer Ausbildung nach wiesen die Unternehmer im südwalisischen Bergbau — anders als ihre Kollegen im Ruhrbergbau — einen geringen Grad an sozialer Homogenität auf. Die leichte Zugänglichkeit der Kohle ließ — wie wir schon öfter andeuteten — lange Zeit Männer mit sehr unterschiedlichem Vermögen als Unternehmer zu. „Auf jeden Lebensmittelhändler gab es einen Rechtsanwalt, und jeder Schiffsbesitzer hatte sein Konterfei in einem Großhändler“[320]. Doch trotz der Anzahl der Zuwanderer kamen bei weitem die meisten der Unternehmer des südwalisischen Bergbaus — anders als ihre Kollegen der benachbarten Eisenindustrie, die wohl sämtlich aus England stammten — aus Wales. Die gemeinsame Sprache, Religion und Kultur ebenso wie die meist einfache, auf Reinvestition der Gewinne ausgerichtete Lebensweise verband sie nicht nur untereinander, sondern auch mit ihren Beschäftigten[321]. Das gemeinsame Ausgeliefertsein an die Konjunkturschwankungen des Kohlenmarktes ebenso wie an die Ungewißheiten und Risiken des Bergbaubetriebes erzeugte zudem die — wie oben gezeigt — lange anhaltende Überzeugung von der Interessenharmonie zwischen Unternehmern und Arbeitnehmern. Beredter Ausdruck dieses Gefühls von Solidarität war z. B. die Entscheidung von Arbeitern im Jahre 1866, ihrem bei den abschließenden Abteufarbeiten in finanzielle Nöte geratenen Unternehmer, David Davies, die Löhne für eine volle Woche zu schenken[322]. Auch die oft genug rauhe, unkontrollierte und auf Durchsetzung ausgerichtete Tonart der frühen Gründer[323] änderte — wie wir bereits oben sahen — an dem lokalen Zusammenhalt von Unternehmern, Angestellten und Arbeitern, wie er im Ruhrbergbau nie geherrscht hatte, lange Zeit wenig. In der persönlichen Ausübung seiner Funktionen im Betrieb, in der Kapelle und manchen Vereinen sahen die Arbeiter eher den Ausfluß der natürlichen Führungsstellung und der persönlichen Verbindung des Unternehmers mit ihrem betrieblichen und überbetrieblichen Schicksal.

Seit den 1870er, besonders aber seit den 1880er Jahren, also etwa 20 Jahre vor dem entsprechenden Prozeß in der Arbeiterschaft, löste sich die starke lokale Orientierung der Unternehmer allmählich auf. Die Mitglieder der Gründungspartnerschaften überließen — wie wir vorne sahen — die unmittelbare Betriebsführung jeweils einem aus ihren Reihen und zogen sich aus den Bergbautälern zurück. Den Kontakt mit ihren Unternehmen und Betrieben suchten sie entweder, wie die Brüder George und J.H. Insole[324], durch

[320] Morris/Williams, S. 126.

[321] Vgl. E.D. Lewis, S. 218/9, 240/1; E.T. Davies, Religion, S. 149; K.O. Morgan, Wales, S. 10/1; J. E. Vincent, S. 126.

[322] Vgl. E.D. Lewis, S. 79.

[323] Vgl. etwa Morris/Williams, S. 129.

[324] Lewis, S. 47.

wöchentliche Besuche, oder, wie John Nixon und David Davies (Ocean)[325], ausschließlich oder z. T. durch regelmäßigen Briefverkehr zu halten. Aber auch die unmittelbar die Unternehmen leitenden Partner gaben — z. T. auch im Reflex der sich stärker der kommerziellen Seite zuwendenden Unternehmen — ihren Wohnsitz in den Tälern auf und zogen sich auf ihre inzwischen z. T. selbst erbauten Schlösser und Landsitze zurück. Hiermit paßten sie sich, ebenso wie ihre Nachfolger, die neuen Angestellten-Unternehmer, ihren benachbarten Kollegen in der Eisenindustrie, die diese Lebensweise nie ganz aufgegeben hatten[326], an und nahmen so, wenn auch in ebenso begrenztem Maße wie ihre Kollegen im Ruhrbergbau, teil an der sich in Großbritannien wie in Deutschland besonders ab den 1880er Jahren ausbreitenden Feudalisierung des Lebensstils der industriellen Oberschicht[327].

In der Phase zwischen den 1870er und den 1890er Jahren hatten sich die persönlichen und unmittelbaren Kontakte zwischen den Unternehmern und

[325] Walters, S. 176/7.

[326] Vgl. etwa: E.D. Lewis, S. 82, 217/8; H. Carter, The Towns of Wales, S. 309, 313; A.H. John, S. 138.

[327] Vgl. etwa H. Perkin, The Origins, S. 428 ff. Die ‚Feudalisierung' der industriellen Oberschicht ab etwa 1885 wird auch deutlich an der ansteigenden Zahl ihrer Mitglieder, die in den Adel aufgenommen wurden.

Industrielle im britischen Adel

Personen aus Commerz und Industrie, die Adelstitel erhielten.

Periode	Alle neuen Adeligen	Herkunft aus dem Hochadel	Herkunft aus dem Landadel	Andere: Zahl	Andere: % aller neuen Adeligen	Insgesamt: Zahl	Insgesamt: % aller neuen Adeligen
1837 - 1846	45	0	1	1	2	2	4
1846 - 1855	19	0	2	1	5	3	15
1855 - 1866	45	1	2	2	4	5	10
1866 - 1874	60	1	4	2	3	7	12
1874 - 1885	69	3	4	1	1	8	12
1885 - 1895	87	1	5	18	21	24	28
1895 - 1905	70	2	8	11	16	21	30
1905 - 1911	65	2	5	19	29	26	40
1837 - 1911	460	10	31	55	12	96	21

Quelle: R.E. Pumphrey, The Introduction of Industrialists into the British Peerage: a study in adaptation of a social institution, in: AHR 65, 1959/60, S. 1 - 16.

ihren Beschäftigten in den Zechen, besonders in den großbetrieblichen Gebieten, so gut wie vollständig abgebaut. Hatte noch William Crawshay in den 1820er Jahren seine entfernt wohnenden manager jeden Sonntag zum Gottesdienst eingeladen und mit großen Mengen von Alkohol unterhalten[328], so trafen sich, obwohl etwa D.A. Thomas die Angehörigen seines engeren Stabes in Cardiff beinahe täglich sah, in den Jahren um 1914 die Führungskräfte nur auf Unternehmensfesten, auf denen — wie ein Zeitgenosse berichtete — Fotos geschossen wurden, die „in großzügiger Form die Hierarchie der Angestellten in den Büros des Unternehmens" wiedergaben[329].

Etwa 20 Jahre vor der ähnlichen Entwicklung auf seiten ihrer Arbeitnehmer wurde — wie bereits angedeutet — die weitgehend örtliche, gleichsam vertikale Orientierung der Unternehmer im Bergbau von Südwales durch eine gesamtgesellschaftliche und schichtenspezifische, gleichsam horizontale Ausrichtung abgelöst. Schon 1875 waren für den herbeigereisten englischen Bergarbeiterführer Alexander Macdonald die Unternehmerkreise des Bergbaus als „die großen Familien von Wales" identifizierbar[330]. Ablesbar und spürbar für die Zeitgenossen war die soziale Ablösung am Wohn- und Lebensstil, am Urteil über die Möglichkeiten und die eingeschlagenen Wege in der Ausbildung sowie — wie im weiteren zu zeigen sein wird — an der kollektiven Definition der eigenen Interessen. Die Verstärkung der — großbetrieblich vermittelten — schichtenspezifischen Sichtweise der Unternehmer in Südwales brachte zugleich eine Anpassung an die gesamtgesellschaftlich anerkannten, vor allem englisch geprägten, Kriterien und Symbole einer sozialen Schicht mit sich, in deren Mitte sie sich fremd fühlten und deren Angehörige den Neuankömmlingen, die an der walisischen Kohle reich geworden waren, nur zögernd Beachtung schenkten und eher Vorsicht entgegenbrachten. Hatte den Unternehmern im Ruhrbergbau ebenso wie den übrigen deutschen Bergbauunternehmern — neben ihrer wirtschaftlichen Machtstellung — vor allem der Weg und die Art ihrer Ausbildung, deren Institutionalisierung vom Staat als Mittel des Abbaus der industriellen Rückständigkeit gedacht war, mit den engen Beziehungen zur spezifisch ausgebildeten Fachbürokratie des Staates den Anschluß an die gesellschaftliche Elite des Landes, die hohe Beamtenschaft, schon relativ frühzeitig ermöglicht, so erschwerte und verhinderte bei den Bergbauunternehmern in Südwales — ebenso wie wohl auch in den anderen britischen Regionen — neben der erst allmählich heranwachsenden wirtschaftlichen Macht das Fehlen einer gemeinsamen Ausbildung von Unternehmern und staatlicher Fachbürokratie, aber auch wohl die anhaltenden Ressentiments gegenüber

---

328 Vgl. hierzu die Beschreibung der Szenerie bei: J.V. Morgan, The Life, S. 45/6.

329 Vgl. A.G. Jones, The Economic and Social History of Ebbw Vale, S. 155.

330 Vgl. J.H. Morris/L.J. Williams, The South Wales Sliding Scale, 1876-79: An Experiment in Industrial Relations, in: W.E. Minchinton, Hg., Industrial South Wales, S. 218-231, S. 221.

der bergbaulichen Tätigkeit als solcher und speziell gegenüber dem beargwöhnten walisischen Partikularismus den gesellschaftlichen Zugang zu und die Akzeptierung in den Kreisen der britischen Elite, der hohen staatlichen Bürokratie und Politik.

5.2.3.4. Das Einkommen: Die weniger deutliche Abgrenzung

Das Mittel der Unternehmer im südwalisischen Bergbau, die endgültige soziale Absetzung von ihren walisischen Untergebenen zu dokumentieren und zugleich den Aufstieg in die gesellschaftliche Elite des Landes zu beschleunigen, war denn auch die — in starkem Maße von der Einkommens- und Vermögenslage abhängige — Ausbildung. So strebten sie — wie wir oben sahen — zunehmend seit etwa 1880 nicht eine technische, sondern — dem Ausbildungsgang der Elite des Landes angemessen — die traditionelle, allgemeine Ausbildung an Public Schools und den klassischen Universitäten an. Voraussetzung hierfür war das Einkommen, welches den Unternehmerfamilien seit den 1870er Jahren in wachsendem Maße zufloß. Denn bei jährlichen Ausgaben für einen Schüler bzw. Studenten zwischen 3.000 M und 6.000 M (£ 150-300) in den Jahren um 1900 waren[331], wie ein walisischer Zeitgenosse schrieb, „die Public Schools in England und die Universitäten von Oxford und Cambridge für die Mehrzahl der Waliser unerreichbar"[332]. Leider besitzen wir nicht die detaillierten Angaben über Einkommen und Vermögen der Unternehmer in Südwales, wie wir sie für ihre Kollegen an der Ruhr erlangen konnten. Es kann nach den vorhandenen Quellen jedoch gesagt werden, daß die Generaldirektoren in den 1860er und 1870er Jahren ein Jahresgehalt (zusätzlich einer 3-5%igen Förderbeteiligung) von £ 700 bis £ 1.000, in den Jahren vor 1914 ein solches von etwa £ 3.000 erreichten[333]. Die Direktoren des äußeren Kreises erhielten ein jährliches Gehalt von £ 400[334], doch zeigt die folgende Tabelle, daß sie angesichts der Kumulation der Direktorensitze das 6- bis 7fache Jahreseinkommen zu erwarten hatten und damit fast die Einkommenshöhe der leitenden Generaldirektoren erreichten. Beide Gruppen lagen damit mit weitem Abstand vor dem Einkommen ihrer Arbeitnehmer sowie dem weitaus größten Teil der walisischen und der britischen Bevölkerung insgesamt[335]. Im Vergleich zu ihren Ruhrgebietskollegen jedoch war ihr Einkommensabstand zur übrigen Bevölkerung wohl um mindestens ein Drittel geringer, verdienten doch

---

[331] Vgl. H.v. Nostitz, Das Aufsteigen des Arbeiterstandes, S. 167.

[332] J.V. Morgan, S. 47.

[333] Walters, S. 157, 163; Morris/Williams, The South Wales Coal Industry, S. 160; oben S. 618.

[334] Vgl. CIC 1919, Bd. 2, S. 883.

[335] Vgl. z. B. die Angaben zu den Referenzgruppen der Angestellten oben S. 628 f.

schon die Rektoren der großen Public Schools zwischen £ 5.000 und 10.000, die Minister £ 5.000 und die Unterstaatssekretäre £ 2.000 und hatten doch — wie A.L. Bowley nachträglich berechnete — in Großbritannien im Jahre 1913/14 13.850 Personen ein Einkommen von mehr als £ 5.000 und 47.000 Personen ein solches von mehr als £ 2.000 gegenüber allerdings 1,93 Mill. Personen oder knapp 7% aller Beschäftigten mit einem Einkommen von mehr als £ 160[336].

Obwohl die der Tabelle zugrundeliegenden Daten erst für das Jahr 1925 ermittelt worden sind, machen sie doch die Entwicklungstendenzen der vorangegangenen Zeit deutlich. Die Direktoren der Bergbauunternehmen in Südwales bekleideten mit insgesamt durchschnittlich 6,87 Direktorensitzen gegenüber ihren Kollegen im ganzen britischen Bergbau mit durchschnittlich 3,35 Sitzen mehr als die doppelte Anzahl. Aufgeschlüsselt nach den Unternehmen des Bergbaus und des Nicht-Bergbaus erreichten die südwalisischen Direktoren bei den ersteren gegenüber ihren Kollegen im ganzen britischen Bergbau mit 3,99 gegenüber 2,09 Sitzen nur knapp, bei den Unternehmen des Nicht-Bergbaus mit 2,86 gegenüber 1,26 Sitzen weit mehr als das Doppelte. Neben der hiermit steigenden finanziellen und gesellschaftlichen Exklusivität wird hieran schon etwas deutlich, das wir im weiteren Verlauf wieder aufzunehmen haben: die stärkere Konzentration der Unternehmer im südwalisischen Bergbau auf industrielle Tätigkeitsbereiche und die geringere Bereitschaft zur Übernahme öffentlicher Ämter.

5.2.3.5. Die Vorstellungen der Unternehmer über den innerbetrieblichen Kooperationsprozeß: Die Orientierung am kurzfristigen Gewinn und das Konzept der marktmäßigen Regelung von Konflikten

Die Maßnahmen der Unternehmer, ihre Vorstellungen über den Kooperationsprozeß und die Auffassung ihrer eigenen Aufgabe und Stellung darin innerhalb des Betriebes waren — anders als an der Ruhr — geprägt durch die lange Zeit nur allmähliche wirtschaftliche Entwicklung, die durchgehend ungedämmte Betroffenheit durch starke Konjunkturschwankungen und die

[336] Vgl. H.v. Nostitz, S. 167, und Labour Year Book 1916, S. 524 f.; A.L. Bowley, The Division of the Product of Industry, 1919, S. 8-13; ders., Studies in the National Income, 1942. Doch konnten auch die Bergbauunternehmer in Südwales, wie sich aus einigen bekannt gewordenen Fällen schließen läßt, ein nicht unbeträchtliches Vermögen ansammeln. Samuel Thomas z. B., der Vater von D.A. Thomas, hinterließ in den 1860er Jahren seinen Erben — neben mehreren Schachtanlagen — ein Barvermögen von £ 75.000, Thomas Webb, ein Partner und Direktor der Ocean Co., im Jahre 1908 ein Vermögen von £ 374.651, Louis Gueret, der zwar auch über Bergwerksbesitz verfügte, im wesentlichen aber zu den „legitimate middlemen" zählte, zur gleichen Zeit ein solches von über £ 400.000. Daß dies eher normale Fälle waren, zeigt die Tatsache, daß D.A. Thomas in den Jahren um 1914 Millionär (in £) geworden war. Vgl. J.V. Morgan, S. 50, 130; M.J. Daunton, Coal Metropolis, S. 157/8.

Direktoren von südwalisischen und britischen Bergbauunternehmen sowie die von ihnen bekleideten Sitze in Unternehmen des Bergbaus und des Nicht-Bergbaus im Jahre 1924[337]

	Zahl der Unternehmen	Gesamtförderung (Mill.t)	Gesamtzahl der Direktoren	Anzahl der Direktoren, die in nur einem Bergbauunternehmen Direktorensitze bekleiden		Anzahl der Direktoren, die in einem zusätzlichen bzw. anderen Bergbauunternehmen Sitze bekleiden: Unternehmen, in denen die Gesellschaften einen kontrollierenden oder wesentlichen Anteil besitzen – Zahl der Direktoren		Zahl der Sitze		Unternehmen, in denen die Gesellschaften keinen kontrollierenden oder wesentlichen Anteil besitzen – Zahl der Direktoren		Zahl der Sitze		Anzahl der Direktoren, die ausschließlich in Bergbauunternehmen Direktorensitze bekleiden		Anzahl der Direktoren, die Direktorensitze in anderen als Bergbauunternehmen bekleiden: Unternehmen, in denen die Gesellschaften einen kontrollierenden oder wesentlichen Anteil besitzen – Zahl der Direktoren		Zahl der Sitze		Unternehmen, in denen die Gesellschaften keinen kontrollierenden oder wesentlichen Anteil besitzen – Zahl der Direktoren		Zahl der Sitze		Durchschnittliche Anzahl der Sitze auf einen Direktor in den Unternehmen des Bergbaus	Nicht-bergbaus	insgesamt
			Spalte 4	abs.	in % von Sp.4	abs.	in % von Sp.4	abs.	pro Direktor	abs.	in % von Sp.4	abs.	pro Direktor	abs.	in % von Sp.4	abs.	in % von Sp.4	abs.	pro Direktor	abs.	in % von Sp.4	abs.	pro Direktor			
Südwales	119	42,4	545	163	29,9	113	20,7	132	1,17	337	61,8	1878	5,57	195	35,8	80	14,7	109	1,36	329	60,4	1464	4,45	3,99	2,89	6,87
Großbritannien	572	220,9	2365	1083	45,8	320	13,5	380	1,19	1093	46,2	3485	3,19	1267	53,6	265	11,2	314	1,18	936	39,6	2668	2,85	2,09	1,26	3,35

337 Die Tabelle ist entnommen aus und berechnet nach den Angaben in: CIC 1925, Bd. 3, S. 182. Die tatsächliche Konzentration der Direktorensitze dürfte noch höher gelegen haben, da in Spalte 4 nicht die Direktoren, sondern die Direktorensitze der Unternehmer bezeichnet sind. Allein von D. A. Thomas war z. B. bekannt, daß er zu Anfang des Krieges 30 - 40 Direktoriumssitze auf sich vereinigte. Vgl. SWCA 1918, S. 30.

Struktur des Absatzmarktes ebenso wie die weitgehend passive Rolle des Staates, eine Erscheinung, in der sich die insbesondere industrielle Führungsstellung des Landes bemerkbar machte.

Anders als im Ruhrbergbau hatte der lange Zeit geringe Kapitalaufwand, aber auch die unterschiedlichen bergrechtlichen Bedingungen, die ungebrochene Konkurrenz zwischen den Unternehmen und der wehrhafte Charakter der Arbeiterschaft sowie auch der — im Vergleich zu Deutschland — weitgehend ausbleibende wirtschaftliche und soziale Schutz des Staates den Bemühungen, Planungen und Perspektiven der Unternehmer im südwalisischen Bergbau einen durchweg kurzfristigen Charakter gegeben. Diese vergleichsweise eher kurzfristige Orientierung und das hinter ihr liegende, bedingende Faktorenbündel läßt sich — wie an der Ruhr — auf drei voneinander unterscheidbaren Ebenen von Unternehmerentscheidungen, 1. der Technik, 2. der inneren Organisation und 3. der Regelung der menschlichen Beziehungen in der Kooperationseinheit Betrieb bzw. Unternehmen, ablesen.

1. Die Technik

Die vergleichsweise leichte Erreichbarkeit der Kohle ließ den Unternehmern in Südwales auch in den Fällen, wo es ihnen finanziell möglich war, einen weitgehenden Einsatz der Technik lange Zeit als unnötig und — aus mittelfristiger Sicht gesehen — oft sogar als wirtschaftlich unklug erscheinen. Denn eine verstärkte Anwendung technischer Mittel hätte eine langfristig erhöhte Kapitalbelastung mit sich gebracht, die auch während der Zeit der als sicher zu erwartenden und als unabhänderlich betrachteten, scharf ausgeprägten Konjunkturtäler hätte getragen werden müssen. Anders als im Ruhrbergbau, wo die gerade auch durch den von vornherein nicht zu umgehenden, umfassenden Einsatz von Maschinen hohe Rentabilitätsbelastung und gleichzeitig die Auswirkungen der Konjunkturen durch den weiteren Einsatz der Technik sowie die Intensivierung und Diversifizierung der Betriebe ausgeglichen wurden, so konnten die Unternehmer in Südwales — wie wir bereits oben sahen — gerade durch die geringere maschinelle Intensivierung und damit kleinere Rentabilitätsbelastung ihrer Betriebe — und gestützt durch die beinah automatische Einstellung der Löhne auf die Kohlenpreise — ihre Produktion dynamischer den Konjunktur- und Absatzschwankungen, bis hin zur zeitweiligen Schließung der Betriebe, anpassen. Der Einsatz der Technik entwickelte sich — abgesehen von einigen, wie wir sahen, unmittelbar dem Markt zugewandten Bereichen — lange Zeit kaum über das von den Eisenwerken früh vorgegebene Entwicklungsstadium hinaus. Selbst in der Phase nach dem vergleichsweise spät erzwungenen Übergang zum Tiefbau, der Ausdehnung der Betriebe und der steigenden

Finanzkraft der Unternehmen setzte sich der zunehmende Einsatz der Technik — wie wir oben sahen — zunächst nur mühsam durch. Und bis in die Jahre nach 1900 taten die Unternehmer, offensichtlich die Zurückhaltung des Staates im Anbieten von Ausbildungschancen und in dem Erlaß von Ausbildungsvoraussetzungen für Angestellte begrüßend, wenig, eine weitergehende technische Ausbildung in ihren eigenen Reihen und in den Reihen ihrer Angestellten zu ermutigen und zu fördern. Noch im Jahre 1912 konnte ein Bergingenieur in Südwales zur Maschinisierung feststellen: „Unklugheit ist jenem Betriebsführer eigen, der nicht gesinnt ist, seinen Ruf und vielleicht seinen Posten aufs Spiel zu setzen, wenn er ein System einführen würde, in dem er keine Erfahrung hätte; finanzielle Unklugheit der Werksinhaber ist ein Riegel für jeden Fortschritt“[338].

Was für den Bergingenieur des Jahres 1912 „finanzielle Unklugheit“ war, schien in den Augen der Unternehmer lange Zeit keineswegs als erwiesen. Denn trotz der insbesondere wohl gerade aufgrund der unzureichenden Maschinisierung seit den 1880er Jahren rückläufigen Tagesleistung der Bergarbeiter war die Rentabilität der Unternehmen — wie oben klar wurde — keineswegs bedroht. Und der gleiche südwalisische Bergingenieur mußte feststellen: „Dort, wo man Kohle von außerordentlicher Qualität besitzt und die Kohlengruben einer günstigen geographischen Lage sich erfreuen, wodurch ein hoher Marktpreis erzielt wird, . . . begegnet man einer Gleichgültigkeit gegen jede Neueinführung“[339]. Z. T. jedoch war diese Haltung gegenüber technischen Neuerungen — wie weiter unten deutlich werden wird — auch auf die Abmachungen der Unternehmer mit ihren Arbeitern zurückzuführen, Vereinbarungen, welche von den Unternehmern offensichtlich für bedeutsamer gehalten wurden als die Aussicht auf technische Verbesserungen.

2. Die innere Organisation

Hatte die Marktzugewandtheit der Unternehmen und Unternehmer zusammen mit der leichteren Erreichbarkeit der Kohle und dem Fehlen eines staatlichen Leitungsmodells im Bereich der Technik zu einer relativen ‚Unmodernität‘ der Unternehmen geführt, so führte sie andererseits im Bereich der Unternehmensorganisation zu einer vergleichsweisen ‚Modernität‘. Zwar blieb — anders als im an die staatliche Tradition anknüpfenden Ruhrbergbau — die technische und kaufmännische Leitung der Betriebe ungeteilt in den Händen des Betriebsführers, doch bildete sich — wie wir bereits oben sahen — schon frühzeitig eine starke Trennung zwischen Betriebs- und Unternehmensleitung heraus. Dies brachte zugleich — anders

338 S. Mavor, Die maschinelle Kohlengewinnung in Südwales, S. 11.

339 Ebenda, S. 10/1.

als im Ruhrbergbau, wo die staatliche Ausbildung der Unternehmer und die Existenz des RWKS die Rolle der Kaufleute in den Unternehmen stark begrenzte — die Beschränkung der Techniker auf die aktuelle Führung der Betriebe, der Kaufleute auf die Bestimmung der kommerziellen und übergeordneten Politik der Unternehmen mit sich. „Aus Prinzip", wie D.A. Thomas sagte, hielten sich die Unternehmer von der Einmischung in konkrete Entscheidungen der Betriebsführung zurück[340], und der äußere Kreis der Direktoren wirkte nur „manchmal" bei der Ernennung von Betriebsführern und agents mit[341]. Die Kontakte zwischen den Betriebsführern und der Unternehmensleitung beschränkten sich anscheinend weitgehend auf die vorgegebenen Kalkulationen und Selbstkostenberechnungen der letzteren und die Meldungen über Produktion und Selbstkosten von seiten der ersteren. Eine solche weitgehende Trennung bedeutete aber auch, wie der aufmerksame Cardiffer Ökonom H. Stanley Jevons feststellte, daß die Unternehmer „die Gewinne von ihren Betriebsführern eintrieben, ohne genügend darüber nachzudenken, wie sie gemacht werden"[342].

Der zweite Bereich, in dem die große Marktzugewandtheit und Marktabhängigkeit zusammen mit der relativen Stärke der Arbeiterschaft für eine im Vergleich zum Ruhrbergbau ausgesprochene ‚Modernität' der Betriebs- und Unternehmensorganisation sorgten, war derjenige der Lohngebung und Lohnfestsetzung. Anders als im Ruhrbergbau, wo die stärkere Position der Unternehmer und deren Furcht vor einer Solidarisierung der Arbeiter jede Generalisierung in der Lohnfestsetzung verhindert hatten, hatten die starken Preisschwankungen der südwalisischen Kohle die Unternehmer schon frühzeitig zur Vereinbarung von sliding scales mit den Arbeitern sowie zur Aushandlung von Preislisten für die Arbeit in bestimmten Betrieben und Flözen geführt. Obwohl diese Vereinbarungen bestimmte Arbeiten (z. B. in abnormal places) wegen der technischen Schwierigkeiten immer noch ausschlossen, erhöhten sie doch — im Vergleich zum Ruhrbergbau — in entscheidendem Maße die Übersichtlichkeit und die Steuerungsfähigkeit der Unternehmen. Zugleich waren die Abmachungen — trotz aller nach wie vor auftretenden Konflikte — dazu imstande, den Prozeß der betrieblichen Zusammenarbeit reibungsloser und berechenbarer zu machen.

Während im Ruhrbergbau das weitgehende Festhalten am staatlichen Entwicklungsmodell, aber auch der von vornherein hohe Kapitalaufwand zu einer langfristigen Orientierung der Unternehmer und zugleich hiermit zu einer ‚Modernität' im Bereich der Technik, aber zu einer relativen ‚Unmodernität' im Bereich der betrieblichen Organisation führte, bedingte im südwalisischen Bergbau der hohe Grad der Marktzugewandtheit, die Wehr-

---

340 Daily News, 12. Nov. 1910, zit. nach: Gwyther, Methodism, S. 171.

341 Vgl. hierzu: CIC 1919, Bd. 2, S. 882.

342 Vgl. Anmerkung 340.

haftigkeit der Arbeiter und das weitgehende Fehlen staatlichen Engagements eine durchweg kurzfristige Ausrichtung der Unternehmer und gleichzeitig hiermit eine ‚Unmodernität' im technischen und eine ‚Modernität' im Bereich der Unternehmensorganisation.

3. Die menschlichen Beziehungen

Das Bild, das die Unternehmer im südwalisischen Bergbau vom innerbetrieblichen Kooperationsprozeß und von den in ihm stehenden Menschen hatten, war ebenfalls von der starken Marktabhängigkeit geprägt. Anders als im Ruhrbergbau, wo der staatlich initiierte und gestützte Wille zum industriellen Aufholen über Disziplinierung und Fürsorge die ganze Leistungsfähigkeit und tendenziell den ganzen Menschen erfassen sollte, fehlten bei den Unternehmern im südwalisischen Bergbau ebenso wie wohl im sonstigen Großbritannien solche Vorstellungen. Weder hatte der Staat — wie in Deutschland — ein praktisches Modell der Betriebsführung entwickelt und als beispielgebend hingestellt, noch gingen von ihm überhaupt vergleichbare Anregungen aus. Und nicht zuletzt hatte in Großbritannien nicht — wie weitgehend in Deutschland — als Leitsektor die kapital- und lohnintensive Schwerindustrie die Vorbilder der gewerblich-fabrikmäßigen Kooperation geliefert, sondern insbesondere die Textilindustrie[342a].

Trotz des lange Zeit relativ niedrigen Kapitalaufwandes waren für die Bergbauunternehmer in Südwales die benachbarten alten Eisenwerke, in denen sich alte, ehemals aus England importierte Sozialformen durch die geographische Abgeschiedenheit und die Unberührtheit von der neueren englischen Gewerkschaftsbewegung erhalten hatten, als Vorbild von besonderer Bedeutung; und die hier noch herrschenden Vorstellungen ebenso wie

---

[342a] Noch in den Jahren vor 1914 wies die Textilindustrie in Großbritannien — wenn auch mit weitem Abstand hinter dem Bergbau — die durchschnittlich höchste Beschäftigtenzahl pro Arbeitgeber bzw. Arbeitgeber und Betriebsführer auf. Es entfielen durchschnittlich an Arbeitnehmern auf:

	Arbeitgeber	Arbeitgeber und Betriebsführer
Bergbau	595	96
Textil	93	29
Metalle	34	28
Chemie	28	18

Zusammengestellt nach: G. Brodnitz, Betriebskonzentration und Kleinbetrieb II, S. 56, und G. Routh, Occupation, S. 23.

die z. T. aus den Eisenwerken hervorgegangenen und in ihnen ausgebildeten neuen Bergbauunternehmer gewannen offensichtlich umso mehr an Einfluß unter den Unternehmern des südwalisischen Bergbaus, je höher der notwendige Kapitalaufwand der Betriebe und Unternehmen wurde. „Ich war und ich bin", sagte William Crawshay — ähnlich wie Alfred Krupp — seinen streikenden Arbeitern im Jahre 1853, „vollkommen entschieden, daß sie [die Werke] aufhören werden zu arbeiten, wenn ich nicht der Herr und derjenige bleiben werde, der allein entscheidet, welche Löhne ich zahlen werde"[343]. Und William Thomas Lewis, der, 1837 in Merthyr geboren, seine Lehre im Plymouth-Eisenwerk absolviert hatte und spätestens ab 1870 bis 1900 der — im Kreis der Bergbauunternehmer allseitig anerkannte — Hauptsprecher und Verhandlungsführer war, bestand noch 50 Jahre später auf der möglichst unbeschränkten betrieblichen ‚Autorität' der Unternehmer[344]. Zu sehr mußten die Bergbauunternehmer die für sie ungünstige Beeinflussung der Löhne und damit der Selbstkosten und der Gewinne befürchten, erlaubten sie eine ‚Herabsetzung' dieser Autorität. Doch war die Aufrechterhaltung dieser Betriebsherrschaft keine leichte Sache. Denn einerseits hatten die Unternehmer im Bergbau von Südwales zwar nicht die erfahrenen und selbstbewußten Bergarbeiter mit langer Bergbautradition wie in Northumberland und Durham vor sich, die schon im Jahre 1844 mit dem Hinweis auf den Zusammenschluß der Unternehmer auf ihrer eigenen Organisation beharrten und diesen einen Pakt zur Abstimmung von Einheitslöhnen und -preisen vorschlugen, „da wir unsere Person und Sie Ihr Geld aufs Spiel setzen"[345]; noch hatten sie es aber mit dem Typus der zwar auch in hohem Maße aus landwirtschaftlichen Regionen zugewanderten, aber in der starken Tradition unbedingter staatlicher Autorität stehenden Ruhrbergarbeiter zu tun. Zwar wiesen die Bergarbeiter in Südwales — wie wir sahen — aufgrund des geringen Maßes an Vorbildung, Erfahrung und der starken örtlichen Orientierung lange Zeit einen nicht geringen Führungsbedarf auf, doch war in ihrer dörflichen Gemeinschaft und den ungebrochenen sozialen Institutionen ihr Mut und ihre Solidarität immerhin stark genug, um jede allzu große Unternehmerwillkür, oder was sie hierfür hielten, zumindest innerbetrieblich mit den für den einzelnen Unternehmer fühlbaren und abschreckenden Sanktionen zu beantworten. Vor allem aber waren die Unternehmer, denen — im Vergleich zu ihren Kollegen an der Ruhr — das Vorbild einheitlicher Betriebsführung durch den Staat ebenso wie die gemeinsame staatliche Ausbildung fehlte, nicht dazu imstande, eine einheitliche, auch von ihren

---

343 Zit. nach Morris/Williams, S. 129.

344 Vgl. L.J. Williams, The Monmouthshire and South Wales Coal Owners Association, 1873-1914, 1957, S. 228, 305; auch: Vincent, S. 193, und Owen, S. 51.

345 So in ihrer Eingabe an die Unternehmer vom Anfang des Jahres 1844. Vgl. E. Auerbach, Die Ordnung des Arbeitsverhältnisses in den Kohlengruben von Northumberland und Durham, S. 11; vgl. auch insgesamt die dort abgedruckten Eingaben (S. 11-15).

wirtschaftlichen Interessen her abgesicherte Front gegenüber den Arbeitern zu errichten.

In dieser sehr viel stärker als an der Ruhr den Kompromiß erfordernden Lage, andererseits jedoch entschieden in dem Willen, die Produktionskosten und insbesondere also die Lohnkosten, nicht zu hoch und — vor allem — unflexibel werden zu lassen, machten sich die Unternehmer die Marktgesetze, von denen sie selbst und die finanzielle Lage ihrer Unternehmen in so hohem Maße abhängig waren, weit stärker zunutze als etwa ihre Kollegen im Ruhrbergbau. Obwohl auch sie ebenso wie ihre Kollegen in der walisischen Eisenindustrie und im Ruhrbergbau ihre Arbeiter lange Zeit eher als „lebendige Maschinen“[346] betrachteten, verzichteten die Bergbauunternehmer in Südwales — anders als ihre bereits genannten Kollegen — weitgehend auf jede Fürsorge gegenüber ihren Arbeitern und auf die Mittel der betrieblichen Sozialpolitik insgesamt. Im Gegenteil versuchten sie, wie sie es selbst aussprachen, die Arbeiter „ihre Löhne ausgeben und nicht horten“ zu lassen[347]. Diesem Ziel konnten auf der einen Seite die mit den Kohlenpreisen stark schwankenden Löhne dienen, auf der anderen Seite die hohen und von den Unternehmern durch Eigenleistung gerade nicht — wie im Ruhrbergbau — abgemilderten Aufwendungen der Arbeiter für Wohnungen, Nahrungsmittel, gemeinsame Kassen usw. Und die Löhne wurden durchgängig vierzehntäglich ausgezahlt, während an der Ruhr Bergleute auch „längere Zeit ‚auf der Landstraße‘“ liegen konnten, da sie — nach einer Arbeitsunterbrechung — die sieben Wochen bis zur ersten Lohnauszahlung oder auch nur die vier Wochen bis zum Lohnvorschuß kaum zu überbrücken vermochten[348]. Während im Ruhrbergbau die Unternehmer ihre Arbeiter bei relativ niedrigen, aber stabilen Löhnen eher mit physischem und moralischem Zwang bei der Arbeit zu halten versuchten, machten sich die Unternehmer im südwalisischen Bergbau eher die unmittelbar ökonomischen Zwänge zunutze, die durch die freie Herrschaft der Marktgesetze erzeugt wurden.

Neben den gleichsam ‚natürlichen‘ Mitteln des starken Schwankens des Lohns und der periodischen Arbeitslosigkeit wandten aber auch die südwalisischen Unternehmer zur Aufrechterhaltung der Disziplin und des Willens zu Arbeit und Leistung auf seiten der Arbeiter weitere, gleichsam ‚künstliche‘ Mittel an. Das erste war das bis in die 1870er Jahre aufrechterhaltene Trucksystem, welches neben der Tatsache, daß es den Unternehmern nebenher noch Gewinne in einer Höhe von etwa 10% der

[346] So ein zeitgenössischer Beobachter in: Y Diwygivr, Juni 1853, S. 192, zit. nach: E.W. Evans, The Miners of South Wales, S. 80.

[347] So das offene Bekenntnis eines Unternehmers vor der Truck Commission. Vgl. Report of the Commissioners appointed to enquire into the Truck System, 1871, Bd. II, S. 291, zit. nach: E.T. Davies, S. 46.

[348] Vgl. oben S. 569 f.; W. Pieper, Die Vergebung, S. 111.

gesamten Lohnsumme einbrachte[349], einen großen Teil der Arbeiter in Dauerschulden hielt oder versetzte und ihn somit von einer Kündigung oder Unterbrechung der Arbeit (Streik) abhielt. Weitere angewandte Mittel zur Disziplinierung der Arbeiter und zur Stärkung der Einheitsfront der Unternehmer waren die gerichtliche Verfolgung von Zuwiderhandlungen, das — wie an der Ruhr — bewußte sich-zu-Tode-laufen-Lassen von Streiks, die Einführung fremder Arbeiter zum Zweck des Streikbruchs, den Einsatz von Polizei und Militär, die Aussperrung, die Streikversicherung (ab 1864) und die zu ihrer Durchführung notwendige gegenseitige Kontrolle von Preislisten.

Hätten alle diese Mittel vielleicht die ‚Ruhe' unter den Arbeitern herstellen können, so reichten sie jedoch noch nicht dazu aus, auch die unmittelbare Produktion und damit die Rentabilität der Betriebe sicherzustellen. Konnten die Unternehmer gegenüber den Arbeitern etwa noch erfolgreich darauf beharren, daß den Betriebsführern bei etwaigen Widersetzlichkeiten einzelner Arbeiter das Recht zur sofortigen Entlassung zustünde[350], so scheiterten die oftmals — vor allem während Streiks — eingeführten Abkehrscheine schließlich am geschlossenen Widerstand der Arbeiterschaft[351]. Die oftmals — trotz des Vorhandenseins örtlicher sliding scales — anläßlich von Unstimmigkeiten und Meinungsverschiedenheiten zwischen Arbeitern und Betriebsleitung, wenn auch lokal begrenzt, nach wie vor ausbrechenden Streiks kürzerer oder längerer Dauer und die mit den Anlagekosten steigenden Rentabilitätszwänge hatten die Unternehmer — anders als an der Ruhr — ab 1875 dazu veranlaßt, mit den übergreifenden Einrichtungen der Arbeiter für beide Seiten verbindliche überbetriebliche Vereinbarungen über die Feststellung der Lohnhöhe und — später — die Regelung anderer sich ergebender innerbetrieblicher Probleme einzugehen[352]. Die hiermit verbundene teilweise Aufgabe ihres Prinzips der unbedingten Betriebsherrschaft erschien den Unternehmern aufgewogen durch den Gewinn der künftigen Betriebsruhe und ungestörten Produktion. Und tatsächlich wurde die Zeitspanne ab 1875 bis in die 1890er Jahre eine der ruhigsten Entwicklungsphasen des südwalisischen Bergbaus. Welche Opfer hatten nun die Unternehmer diesem Preis zu bringen? Sie mußten die Gewerkschaftsführer als Delegierte der Arbeiter anerkennen und mit ihnen verhandeln. Als Grundlage der Aushandlung und der immer wieder erforderlichen Neufestlegung der Löhne durch den Mechanismus der sliding scale, die zugleich die Funktion der Löhne, anders als im Ruhrbergbau, wo sie von den Unternehmern und vom Staat eher unter dem Aspekt der Versorgung betrachtet wurden, in bedeu-

[349] Vgl. Report of the Commissioners appointed to enquire into the Truck System, 1871, S. V/VI.

[350] Vgl. L.J. Williams, MSWCOA, S. 183 ff.

[351] Vgl. Morris/Williams, S. 264 f.; L.J. Williams, S. 65, 243-6.

[352] Vgl. auch oben S. 575 ff.

tend stärkerem Maße als dort auch als kurzfristigen Leistungsanreiz kodifizierte, mußten sie den Gewerkschaftsführern Einblick in die von den Unternehmen erzielten Kohlenpreise und deren Entwicklung geben. Und zum dritten gestanden die Unternehmer den Gewerkschaftsführern im Jahre 1879 zu, daß die Veränderung alter und die Einführung neuer Arbeitsmethoden nur unter beidseitiger Zustimmung erfolgen dürfe[353]. Darüber hinaus jedoch versuchten die Unternehmer, die Eingriffsmöglichkeiten der Gewerkschaften, der jeweiligen Arbeiter, deren Disposition zur aktiven Mitwirkung in den Betrieben und dem hieraus entspringenden Selbstgefühl weit stärker ausgebildet war als etwa im Ruhrbergbau, und etwaiger Außenstehender in den Betrieb soweit wie möglich zu beschränken. Die überbetriebliche, gemeinsame Diskussion von individuellen Streitfällen innerhalb der Betriebe wurde in beschränktem Maße erst ab 1892 zugelassen, ab 1903 ihre Erledigung zeitlich begrenzt und gerade durch diese Zuständigkeit des überbetrieblichen Joint Disputes Board die Geltendmachung innerbetrieblicher Forderungen entmutigt[354]. Eingriffe des Staates und anderer Seiten in die betrieblichen und Arbeitsverhältnisse wurden abgelehnt und die Funktionen des unparteiischen Vorsitzenden des Conciliation Board ab 1903 —wie weiter unten deutlich werden wird — auf ein Mindestmaß reduziert. Und schließlich wurde die Mitwirkung der Gewerkschaften bei einer eventuellen Produktionseinschränkung von den Unternehmern abgelehnt und die in den Jahren 1900/01 durch die Einlegung sogenannter „Stop-Tage" in die Tat umgesetzten Versuche hierzu mit strafrechtlichen Mitteln verfolgt[355].

Wenn auch W.T. Lewis, „the last of the industrial barons"[356], ständig die betriebliche Autorität der Unternehmer gefährdet sah, so konnte sie doch — gerade auch durch seine Bestimmtheit und sein Verhandlungsgeschick — weitgehend aufrechterhalten werden gegenüber Arbeitern, deren örtliche Orientierung und Stärke sie immer deutlicher auf aktive Mitwirkung und Widerstand im Betrieb ausgerichtet sein ließ als ihre Kameraden an der Ruhr. Wie stark dieser Druck von seiten der Arbeiterschaft, der jedoch immer weniger die Unternehmer selbst als vielmehr die Betriebsführer unmittelbar betraf, war, zeigt z. B. die Aussage eines Unternehmervertreters beim sliding scale-Komitee im Jahre 1890: „Die meisten Betriebsführer sagen, um nicht gegenüber ihren Beschäftigten in ein schlechtes Licht zu geraten: ‚Ich kann nichts tun. Wendet Euch an das Board of Arbitration'"[357].

---

353 L.J. Williams, S. 234.

354 Ebenda, S. 220, 225 f.

355 Ebenda, S. 292-304; vgl. auch oben S. 578, 600.

356 Vgl. M.H. Mackworth, D.A. Thomas, S. 118.

357 So Edward Jones, in: J.S.S.C. 1889-90. Revision of agreement. Verbatim Minutes of Proceedings. 1. Jan. 1890, S. 656, zit. nach: L.J. Williams, S. 229. Zum Druck der Arbeiter auf innerbetriebliche Verhältnisse vgl. etwa auch: Vincent, S. 59.

Die Herausnahme von wichtigen Problembereichen aus dem innerbetrieblichen Raum und ihre Zentralisierung auf überbetrieblicher Ebene diente also gerade der Aufrechterhaltung der betrieblichen Produktion und Autorität. Doch angesichts der unmittelbaren Stärke der Arbeiterschaft konnten selbst Unternehmer wie W.T. Lewis keine solche Haltung aufrechterhalten wie seine Kollegen an der Ruhr. Weder konnte unter solchen Umständen im Selbstverständnis der Bergbauunternehmer in Südwales die unbedingte Betriebsherrschaft und der unterwürfige Gehorsam der Arbeiter in dem Maße ein ‚Wert an sich' sein wie bei den Ruhrunternehmern, noch die Erwartung und die Neigung zur Fürsorge so verpflichtend sein wie dort. Vielmehr stand beides im Range unterhalb der unmittelbar geschäftlichen, zumeist kurzfristigen Erwägungen und Aussichten. Stellvertretend wohl für die meisten Angestellten-Unternehmer seiner Zeit beschrieb D.A. Thomas seine Auffassung von den Aufgaben des Unternehmers folgendermaßen: „Mein Hauptinteresse an dem Unternehmen ist gerade folgendes: Ich bin zum Vorsitzenden und Generaldirektor ernannt worden. Als solcher betrachte ich mich in einer Vertrauensposition zu den Aktienbesitzern, und ich beabsichtige, mein Bestes für sie zu tun unter Berücksichtigung der billigen und angemessenen Ansprüche der Arbeiter. Wenn ich nicht mit dem Besten meiner Fähigkeit bestrebt wäre, die Interessen derer zu sichern, die mir ihr Vertrauen dadurch gezeigt haben, daß sie mich in diese Vertrauensstellung gebracht haben, würde ich mich sehr wohl dem Vorwurf aussetzen, ein ungerechter Verwalter zu sein"[358]. Wie Emil Kirdorf, dem Generaldirektor der GBAG, sah sich D.A. Thomas, der Generaldirektor des Cambrian Combine, als „Arbeiter" („toiler")[359] und als Verwalter fremden Eigentums, doch beanspruchte D.A. Thomas aus dieser Abhängigkeit heraus nicht — wie Kirdorf — den unbedingten Gehorsam der Beschäftigten des Unternehmens. Und nicht sprach D.A. Thomas von der Fürsorge des Unternehmers, die möglichst ohne Hinzutun der Arbeiter zustande kam, sondern von den auf seiten der Arbeiter selbst entwickelten und von ihnen vertretenen ‚Ansprüchen', deren ‚Billigkeit' und ‚Angemessenheit' nach dem Kriterium der Interessen der Aktienbesitzer entschieden wurde.

Hatte — das gemeinsame Interesse der Bergbauunternehmer an niedrigen Lohnkosten vorausgesetzt — im Ruhrbergbau das unmittelbare und nachhaltige Eingreifen des Staates, die wirtschaftlich fundierte Vereinigung der Unternehmer und die lange Zeit infolge des raschen Wachstums geschwächten sozialen Integrationsstrukturen der Bergarbeiter die weitgehend unbeschränkte Betriebsherrschaft und die sie begründende Ideologie auf seiten der Unternehmer aufrechterhalten, so hatten im Bergbau von Südwales die weitgehende Passivität des Staates, der hohe Grad der Marktabhängigkeit

[358] Zit. in: D. Evans, Labour Strife, S. 4, und M.H. Mackworth, S. 129.

[359] J.V. Morgan, S. 134.

der Unternehmen und die — zumindest im lokalen Bereich vorhandene — Stärke der Arbeiterschaft, die auf der durch die langsamere wirtschaftliche Entwicklung ungebrochenen Funktionsfähigkeit der sozialen Institutionen beruhte, der autonomen Betriebsherrschaft der Unternehmer Beschränkungen auferlegt, wenn auch in geringerem Maße als in anderen britischen Industrien und Regionen. Die Erklärung hierfür kann sowohl in der relativen geographischen Abgelegenheit als auch in einem gleichsam in das Innere des Landes projizierten Konzept der relativen industriellen Rückständigkeit gefunden werden. Zwar glaubten auch die südwalisischen Unternehmer — wie ihre übrigen britischen, aber ungleich ihrer deutschen Kollegen — an den Erfolg industrieller Entwicklung auch ohne Fürsorge und weitgehende Disziplinierung der Arbeiterschaft, doch hielten sie — wie ihre deutschen Kollegen sich ihrer lange Zeit anhaltenden, relativen (regionalen) Rückständigkeit bewußt — an der Notwendigkeit einer starken und möglichst wenig beschränkten Unternehmerinitiative fest.

5.2.3.6. Die kollektive Definition der eigenen Lage: Die Findung, Organisation und Artikulation der Interessen

Von allen drei Faktoren, der relativen Passivität des Staates, der unmittelbaren und ungebrochenen Marktabhängigkeit der Unternehmen und der relativen Stärke der Arbeiterschaft war auch die überbetriebliche, kollektive Interessenfindung der Unternehmer im südwalisischen Bergbau abhängig. Und ebenso eng wie bei ihren Kollegen im Ruhrbergbau war auch bei ihnen die Definition und Organisation der überbetrieblichen Interessen mit den Vorstellungen und Bedingungen im innerbetrieblichen Bereich verbunden.

Während der Zeit des Vorherrschens der kleinbetrieblichen Verhältnisse und vor dem Zunehmen ihres Absentismus waren die Unternehmer — wie schon oben ausgeführt — in den meist kleinen, ortsorientierten Gemeinden der Bergbautäler die natürlichen Führer. Die Übernahme von Ämtern in Vereinen sowie in der lokalen und regionalen Selbstverwaltung sahen sie — wie zu dieser Zeit ihre Kollegen an der Ruhr — als soziale und staatsbürgerliche Pflicht an[360]. Mit dem wachsenden Rückzug aus den Tälern ab etwa den 1860er Jahren jedoch, dessen Ursache nicht zuletzt in der auch von manchen Betriebsführern beklagten „Armut an gebildeter Bekanntschaft“[361] gelegen haben mag, brach mit dem regelmäßigen persönlichen Kontakt auch das Sich-Kümmern um die lokalen Verhältnisse und die Vertretung in lokalen und regionalen Körperschaften ab, Funktionen, in denen sie zunehmend —wie wir oben sahen — von den Angestellten abgelöst wurden. Aber auch in

---

360 Morris/Williams, S. 130-33.

361 So R.A.S. Redmayne, Men, S. 23.

den größeren Hafenstädten wie Cardiff, Newport und Swansea, in die manche der Bergbauunternehmer zogen, kümmerten sie sich offensichtlich kaum um die lokalen politischen und gesellschaftlichen Verhältnisse. Eingedenk der Tatsache, daß ihre Investitionen entweder in den Bergbautälern oder in den über die ganze Welt verstreuten Kohlenstationen lagen, überließen sie den übrigen hier ansässigen Industriellen und dem wachsenden gewerblichen und kommerziell orientierten Mittelstand die Probleme der örtlichen Selbstverwaltung[362]. Auch von besonderen gesellschaftlichen Aktivitäten der Bergbauunternehmer in Südwales ist uns nichts bekannt.

Wie die Arbeiter und Angestellten, so konnten sich offensichtlich auch die Unternehmer in der kollektiven Findung und Definition ihrer fachlichen Interessen zunächst nur schwer von der starken örtlichen Orientierung lösen; und nicht zuletzt der wachsende Absentismus schien diesen Prozeß zu beschleunigen. Tatsächlich hatten die Bergbauunternehmer in Südwales bedeutend stärkere Hindernisse zu überwinden als ihre Kollegen an der Ruhr. Zunächst fehlte ihnen der Staat als Förderer ihrer Identität und zugleich als gemeinsamer Angriffspunkt. Sodann bestanden — wie wir oben bereits sahen —, neben denen der Herkunft und der Ausbildung, große soziale Unterschiede zwischen den Unternehmern, die reichen konnten von demjenigen, der mehr als 10 Zechen besaß, bis zu demjenigen, der trotz des staatlichen Kinderarbeitsverbotes seine 6jährige Tochter in seiner Grube arbeiten ließ[363]. Ein weiteres Hindernis bestand — ungleich dem Ruhrbergbau — in dem offensichtlich lange anhaltenden hohen Grad an Spekulativität des Bergbaugeschäfts und der damit verbundenen Fluktuation in der Unternehmerschaft. Nicht nur war — wohl besonders in der Phase der ersten Expansion — aufgrund von wenig erfahrenem Management die Rate des Scheiterns von Unternehmungen hoch: Von den 53 zwischen 1856 und 1867 gegründeten Unternehmen hatten sich — wie wir oben sahen — bis 1874 43 wieder aufgelöst[364]. Zeitgenossen war es anscheinend eine geläufige Beobachtung, daß viele Spekulanten „ruiniert" worden waren, „während andere, denen gegenüber sie in Schulden geraten waren, Vermögen auf ihren Ruinen aufbauten"[365]. Tatsächlich bot der Bergbau in Südwales nicht nur aufgrund des geringeren Kapitalaufwandes eine günstigere Gelegenheit zur Spekulation, wodurch er sich — ebenso wie mit dem stärkeren Auftreten kleiner Investoren — in weit höherem Maße den kurzfristigen Gewinnerwartungen öffnete. Anders nämlich als im Ruhrbergbau und im deutschen Bergbau insgesamt, wo die Kohlenfelder erst nach fündiger Bohrung vom Staat gegen Bezahlung an die jeweiligen Interessenten verliehen wurden, mußten in Südwales ebenso wie im gesamten britischen Bergbau die Bergbauwilligen

362 Für Cardiff vgl. etwa: M.J. Daunton, Coal Metropolis, S. 173 ff.

363 Morris/Williams, S. 125.

364 Vgl. oben S. 155.

365 Vgl. J.V. Morgan, S. 50.

mit den Landbesitzern zuerst einen Vertrag mit einer gewissen Mindestentschädigung für den Landbesitzer eingehen, bevor die Bohrung nach Kohle beginnen konnte. Resultat war, daß viele Schächte weitgehend oder ausschließlich aus spekulativen Gründen niedergebracht und sodann unmittelbar oder nach einer nur geringen Betriebsdauer — aufgestockt durch eine nicht zu geringe Risikoprämie — wieder verkauft wurden[366].

Weitere Hindernisse für eine überbetriebliche Interessenorganisation bestanden — wie wir bereits oben sahen — in den unterschiedlichen Entwicklungsstadien verschiedener Zechen und Gebiete, in der marktmäßigen Verschiedenheit von Hausbrand-, Anthrazit- und Dampfkohle sowie ihrem jeweiligen geographischen Vorkommen und nicht zuletzt im Interessengegensatz zwischen den kohlefördernden Eisenwerken und den allein für die Ausfuhr arbeitenden Zechen.

Wie in nicht wenigen anderen Dingen gingen auch in der Realisierung der überbetrieblichen Interessenorganisation der Unternehmer in Südwales die Eisenwerke voran. Die Unternehmer der walisischen Eisenindustrie hatten sich schon im Jahre 1796 zusammengefunden, um gegen die geplante Exportsteuer auf Kohle und Eisen zu protestieren. 1802 gründeten sie eine gemeinsame Organisation, in der sie — mit mehr oder weniger Erfolg — über die Festsetzung von Eisenpreisen und über Produktionseinschränkungen entschieden[367], allmählich aber auch die Frage der Löhne und die Bekämpfung der im lokalen Bereich manchmal aufkommenden Arbeiterorganisationen in die gemeinsame Diskussion einführten und Verständigungen hierüber anstrebten und erzielten[368].

Auch unter den kurzlebigen, ersten Organisationsversuchen der Bergbauunternehmer wie dem ‚Newport-Ring‘ von 1830 scheint die Frage der Preise und der Produktion im Vordergrund gestanden zu haben. Doch schon in den 1840er und 1850er Jahren verschob sich dieses Gewicht zugunsten der Lohnfrage. Und bereits im Jahre 1840 hatte der Marquis of Bute die Chartistenbewegung mit den Löhnen der Bergleute in Verbindung gebracht. „Sie kennen meine Meinung“, schrieb er an einen Unternehmer, „die dahingeht, daß die Basis des Chartismus die Vereinigung von Arbeitern ist mit dem Zweck der Regulierung von Löhnen usw.“[369]. Doch obwohl sich die Unternehmer in den 1840er und 1850er Jahren jeweils im Dampfkohlen-, Hauskohlen- und Anthrazitgebiet zur Besprechung und Abstimmung der

366 Vgl. etwa Walters, S. 57-59. Diese Vorgehensweise hatte — neben der geringen Größe der verliehenen Kohlenfelder — oftmals einen unrationellen Abbau und eine Vergeudung vorhandener Kohlenvorräte in einem Ausmaß zur Folge, wie sie in Deutschland wohl kaum denkbar war.

367 Vgl. E.W. Evans, The Miners, S. 27-30.

368 Ebenda, S. 43-47; 80-82.

369 Zit. nach: Morris/Williams, S. 257.

Arbeiterlöhne zusammenfanden[370], scheiterten festere Zusammenschlüsse auch innerhalb eines spezifischen Kohlensortengebietes immer wieder einerseits an der Führungslosigkeit, der — wenn auch oftmals erst nach mehreren Wochen Streik — leichten Besiegbarkeit der Arbeiter und der anhaltenden Konkurrenz zwischen den einzelnen Unternehmen. Vor allem die kleineren Betriebe neigten dazu, im Falle eines Arbeitskampfes aus der geschlossenen Reihe der Unternehmer auszuscheren und die günstige Gelegenheit eines knappen Kohlenangebots durch die Weiterführung der Förderung für das eigene Geschäft zu nutzen.

Nicht zufällig war es daher — wie zwanzig Jahre später bei den Steigern — im von der großbetrieblichen Produktionsweise zuerst gekennzeichneten Aberdaretal, wo 1864 die erste Interessenorganisation mit längerer Lebensdauer geschaffen wurde. Zum einen war hier angesichts der größeren Betriebe der Druck von seiten der Arbeiterschaft größer und entschiedener als in anderen Gebieten[371], zum anderen drängten die mit der Größe der Betriebe wachsenden Produktionskosten auf möglichste Kontinuität der Förderung. Neben dem „Schutz und dem Nutzen der Industrie im allgemeinen" hatte die neugegründete ‚Aberdare Steam Collieries Association' vor allem die Aufgabe, „ungerechtfertigten Forderungen von seiten der Bergleute und Arbeiter nach einer Erhöhung der Löhne Widerstand zu leisten". Zu diesem Zweck wurde mit Hilfe des allgemeinen Mitgliederbeitrages von 3 d. pro t Förderung und einer Abgabe von £ 500 für jeden neu niedergebrachten Schacht eine Streikversicherung eingerichtet. Und zugleich war es den Mitgliedern untersagt, auf anderen Zechen in Streik getretene Arbeiter einzustellen[372]. Die Stärke der Organisation lag darin, daß Mehrheitsentscheidungen in den monatlichen Treffen — in denen das Stimmrecht nach der Förderhöhe geregelt war — auch für die Minderheit bindend waren und daß Verstöße gegen die Bestimmungen des Statuts eingeklagt werden konnten. Die eindeutige Schwäche der Aberdare Steam Collieries Association — trotz ihrer regionalen Kompaktheit — jedoch war, daß sie mit insgesamt 1,6 Mill. t nur 15% der Gesamtförderung in Südwales kontrollierte. Obwohl die Erweiterung und Überführung der Organisation in die ‚South Wales Steam Collieries Association' im Jahre 1870 nun die Kontrolle über 2 Mill. t und 13 Dampfkohlenunternehmen im Aberdare- und Rhonddatal brachte, änderte sich an dieser Schwäche kaum etwas. Doch waren, nachdem 1866 auch im Hauskohlengebiet eine Unternehmerorganisation gegründet worden war, im Jahre 1870 in Glamorgan und Monmouthshire — nach einer Quelle — nur 15 Unternehmen sowohl von den Verbänden der Eisenindustriellen als auch denen der Bergbauunternehmer unabhängig[373].

370 Evans, S. 83.

371 Ebenda, S. 89.

372 Vgl. W.G. Dalziel, The Monmouthshire and South Wales Coal Owners' Association, 1895, S. 3 ff.; Evans, S. 84.

Der Durchbruch zu einer umfassenderen Interessenorganisation der Unternehmer kam erst, als angesichts der mit den Kohlenpreisen steigenden Lohnforderungen und den — wie wir oben sahen — fortschreitenden Organisationsversuchen der Bergarbeiter zu Beginn der 1870er Jahre eine Verständigung und ein Ausgleich zwischen den ausschließlich für die Ausfuhr arbeitenden Zechen und den gemischten Unternehmen, die sich immer mehr auf das Kohlengeschäft verlegten, zustande kam. Den aktuellen Anlaß bot der Staat mit der gesetzlichen Änderung des Gewichtsmaßes und der hierdurch erforderlich werdenden Neuanpassung der Löhne, welche — nach den vorhergegangenen Streiks — den Widerstand der Arbeiter erwarten ließ. Im August 1873 wurde die ‚Monmouthshire and South Wales Collieries Association' gegründet, deren Name mit dem neuen Statut von 1895 in ‚Monmouthshire and South Wales Coal Owners' Association' (MSWCOA) geändert wurde[374]. Obwohl die MSWCOA die erste zentrale Unternehmerorganisation im südwalisischen Bergbau war, setzte sie die Programmatik und Zielrichtung der bisherigen Verbände weitgehend fort, und schon der formale Aufbau ließ dies erkennen. Gleichsam umgekehrt zum Ruhrbergbau, wo die frühe, beinah alleinige Ausrichtung auf den Staat und das erst späte Aufkommen der Arbeiterbewegung eine ausschließlich zentralistische Verbandsstruktur entwickelt, aufrechterhalten und erst spät zugunsten eines dezentralen Aufbaus verändert hatten, besaß die Organisation der Bergbauunternehmer in Südwales — wie diejenige der Arbeiter — von vornherein einen dezentraleren Charakter. Zugleich lehnte sie sich an die regionalen, durch die verschiedenen abgebauten Kohlensorten erzeugten und fortbestehenden Unterschiede an. Die MSWCOA war aufgeteilt in die Bezirke Newport, Cardiff und Swansea, die jeweils über eine Unterorganisation (District Board) verfügten. Der Bezirk Cardiff blieb unter ihnen mit 60-65% der Gesamtförderung immer der bedeutendste vor Newport mit 20-30% und Swansea mit 5-10%. Die Bezirksorganisationen, die ihrerseits selbständig über die Neuaufnahme von Mitgliedern entschieden, bestimmten die Mitglieder des zentralen Organisationsrates (Council) in Cardiff, wobei ihnen jeweils 300.000 t Förderung das Recht auf ein weiteres Mitglied einräumte. Dieser, naturgemäß immer stärker von den Großunternehmen beherrschte, zentrale Organisationsrat war es, der insgesamt die Politik des Verbandes bestimmte, ihren Präsidenten wählte und dem gleichzeitig der nicht geringe Verwaltungsstab mit dem Sekretär an der Spitze zur Seite stand. Auch nach der Auflösung des Rates im Jahre 1880, als die eigentliche Macht wieder an die Generalversammlung zurückfiel, behielten die großen Unternehmen weitgehend ihren bedeutenden Einfluß[375].

---

373 Evans, S. 85; Morris / Williams, S. 277.

374 Evans, S. 109 f.; Morris / Williams, S. 276 f., 281 f.; W.G. Dalziel, a.a.O.; C. Wilkins, S. 281 ff.; Lewis, S. 161-165.

375 Hierzu und zum folgenden vgl. L.J. Williams, S. 32 ff.

Die erste Aufgabe des Verbandes war es, eine größere Einheitlichkeit der Preislisten für die zu leistenden Arbeiten unter den verschiedenen Unternehmen herzustellen. Als Aufnahmevoraussetzung wurden die Preislisten für die verschiedenen Gruben und Schächte eingefordert und von den Mitgliedern und District Boards, also den unmittelbaren Konkurrenten, auf ihre Höhe geprüft. Im Falle der — allerdings seltener auftretenden — Mißbilligung aufgrund zu hoher Lohnsätze wurde das Aufnahmegesuch abgelehnt, im Falle der Billigung die Firma der Zentrale zur Aufnahme vorgeschlagen und unter Entrichtung einer jährlichen, auf die Produktionsziffer berechneten Abgabe aufgenommen. Weitere Aufgaben der MSWCOA waren die Schaffung und finanzielle Stärkung eines Streik- und Aussperrungsentschädigungsfonds — wie an der Ruhr —[376], die Führung der Verhandlungen mit den Arbeitervertretern und die Wahrung der Interessen der angeschlossenen Firmen gegenüber der Außenwelt, besonders gegenüber dem Parlament und den Regierungsbehörden.

Der schwankende, insgesamt aber zunehmende Anteil an der Zahl der Unternehmen und an der Gesamtförderung in Südwales macht sowohl den im Vergleich zum Ruhrbergbau höheren Grad der Schwierigkeiten einer Organisation der Unternehmerinteressen, aber langfristig doch die zunehmende Macht der MSWCOA deutlich.

Mitgliederzahl und Anteil an der südwalisischen Gesamtkohlenförderung der Aberdare Steam Colleries Association (1864), der South Wales Steam Collieries Association (1870) und der MSWCOA.[377]

Jahr	Mitglieder	Anteil an der Gesamtproduktion (%)
1864	11	15
1870	13	15
1874	86	70
1879	59	46
1889	?	58
1897	54	73
1902	74	80
1908	79	80
1914	98	80

376 Im Jahre 1914 hatte der Fonds eine Höhe von £ 383.000. Vgl. L.J. Williams, S. 61.

377 Zusammengestellt nach: ebenda, S. 32-35.

Wesentliches Ziel der MSWCOA konnte es angesichts der weiterhin bestehenden wirtschaftlichen Konkurrenz zwischen den Unternehmen nur sein, mit möglichst geringer Beschränkung der Selbständigkeit der einzelnen Werke und mit möglichst günstigen Kompromissen für die Unternehmer insgesamt die Voraussetzungen für eine ungestörte und möglichst vorteilhafte Produktion zu schaffen. Neben den Eisenbahngesellschaften mußte angesichts der betrieblichen und unmittelbar überbetrieblichen Verhältnisse der Hauptzielpunkt hierfür die Arbeiterschaft sein. Den ideologischen Hintergrund und die Handlungsorientierungen brachten vor allem die (meist teilhabenden) gebildeteren Angestellten-Unternehmer ein, zuvorderst diejenigen, die — wie wir oben sahen — in der Eisenindustrie ihre Ausbildung absolviert hatten und in den dort erhaltenen Eindrücken weitgehend das Modell für die betriebliche Zusammenarbeit einer großen Zahl von Menschen sahen. Und nicht zuletzt wohl aufgrund des Einflusses der Angestellten-Unternehmer, die schon zum Zustandekommen der MSWCOA einen bedeutenden Beitrag geleistet hatten, dürfte auch der Kreis der Zugelassenen relativ weit gefaßt worden sein. So konnten von den Unternehmen von Anfang an als Repräsentanten: Eigentümer, Teil-Eigentümer, Direktoren und Bevollmächtigte von Aktiengesellschaften, aber auch ‚principal agents' von Zechen entsandt werden[378].

Zentraler Punkt des Tätigkeitsbereichs der MSWCOA war von vornherein die Lohnpolitik und insbesondere der Abschluß und das weitere Funktionieren der sliding scale. Obwohl das Prinzip der Abstimmung von Kohlenpreisen und Löhnen — wie für die Arbeiter — für die Unternehmer auch in der Zeit vor 1875 innerhalb ihrer Unternehmen und Betriebe keineswegs fremd war, fiel ihnen doch die Abgabe dieser Kompetenz auf eine übergeordnete Instanz keinesfalls leicht. Doch machte die Tatsache der mit den starken Konjunkturschwankungen einhergehenden, häufigen und nicht selten beträchtlichen Veränderungen der Lohnrate und die durch diese wiederum häufig verursachten Streiks angesichts der steigenden Betriebskosten der Zechen einen solchen Wandel beinahe unausweichlich und schließlich auch wünschbar. Im Aberdaretal z. B. wurde zwischen März 1848 und Mai 1875 die Lohnrate für Hauer 22 mal verändert, davon betrugen neun Erhöhungen jeweils 10% und sieben Kürzungen jeweils 10-20%[379]. Zwar konnten die nicht selten hierbei ausbrechenden Streiks oftmals zugunsten der Unternehmer entschieden werden, doch wog der Produktionsausfall besonders bei den größeren Betrieben immer schwerer. Nicht zuletzt die häufigen Streiks während der Zeit der hohen Kohlenpreise zwischen 1870 und 1873 konnten wohl die Unternehmer von dem Nutzen einer verbindli-

378 Vgl. ebenda, S. 46.

379 Vgl. Morris/Williams, S. 254/5.

chen, überbetrieblichen Festsetzung der Lohnrate überzeugen. Die Ausgangssituation der Unternehmer im südwalisischen Bergbau bei der Kontaktaufnahme mit den Arbeiterverbänden unterschied sich also deutlich von den Verhältnissen ihrer Kollegen im Ruhrbergbau.

Die Vorteile für die Unternehmer in Südwales lagen auf der Hand. Die jeweils erforderliche Prozedur der Angleichung der Löhne an die Kohlenpreise wurde aus dem betrieblichen Bereich herausgenommen, und mit ihr — so hofften sie zunächst ebenso wie die Gewerkschaftsführer — seien alle Ursachen zu betrieblichen Auseinandersetzungen ausgeräumt. Die Gewerkschaftsführer hatten nicht nur die bestehende Verteilungssituation anerkannt, sondern den Unternehmern auch eine Mindestrentabilität in Höhe von 5% Kapitalzinsen und zusätzlich 4% Amortisation zugestanden[380], eine Grenze also, oberhalb der erst die Verteilung des erwirtschafteten Gewinns nach dem Schlüssel der festgelegten Äquivalenthöhen von Preisen und Lohnraten begann (vorausgesetzt, daß — wie dies nur für die ersten fünf Jahre der Laufzeit geschehen war — keine minimale Lohnrate festgesetzt war). Die hinter einer solchen Abmachung stehende Annahme von der Vereinbarkeit und sogar Gleichheit der Interessen von Unternehmern und Arbeitern wurde — in Parallelität zu den Verhältnissen in anderen britischen Revieren[381], aber in direktem Gegensatz zu denen im Ruhrbergbau — von beiden Seiten bis zu der Zeit um 1900 akzeptiert und ausgesprochen[382]. Sodann konnten die Unternehmer in den Verhandlungen mit den Gewerkschaftsführern — das sliding scale-Komitee besaß auf jeder Seite 5 (1875) bez. 11 (1900), das Conciliation Board nach 1903 22 bzw. 24 Mitglieder — ihren Bildungs- und Informationsvorsprung, aber auch das — bei Kaufleuten gegenüber den Technikern etwa des Ruhrbergbaus — größere Verhandlungsgeschick ausnutzen[383]. Wie hoch dieses von den Unternehmern geschätzt wurde — in Deutschland hatten die schwerindustriellen Unternehmer eventuelle Verhandlungen mit den Gewerkschaftsführern abgelehnt und als „überaus lustig" bezeichnet —[384], zeigte die Tatsache, daß sie z. B. dem Vorsitzenden der Unternehmerseite im Conciliation Board ein Jahresgehalt von £ 2.000 zahlten[385]. Die normale Verhandlungsführung etwa von W.T. Lewis, dem langjährigen Leiter der Unternehmerseite im sliding scale-Komitee, entweder als Begründung einer Lohnreduzierung oder der Ablehnung einer Forderung nach Lohnerhöhung, war es etwa, in einer längeren Rede anhand einer großen Anzahl von Fakten und Zahlen nicht auf

---

380 Vgl. L.J. Williams, S. 112.

381 Für Schottland vgl. etwa: A.J. Youngson Brown, Trade Union Policy in the Scots Coalfields, 1855-1865, in: EHR 6, 1953/54, S. 35-50, S. 36, 41 ff.

382 K.O. Morgan, Wales, S. 202 f.; L.J. Williams, S. 154, 305.

383 Vgl. L.J. Williams, S. 74 f., 79, 166, 180.

384 Vgl. VMB des CVDI, Nr. 114, 1909, S. 65.

385 Vgl. L.J. Williams, S. 63.

das Wachstum der eigenen Industrie, sondern — erinnernd an die aber wohl ernster gemeinten Äußerungen der Ruhrunternehmer — auf die schnellere Zunahme der ausländischen Konkurrenz hinzuweisen[386], um somit den Arbeiterführern die mögliche Bedrohung der eigenen Industrie durch die Zahlung zu hoher Löhne vor Augen zu führen.

Die im Interesse der Verständigung zu bringenden Opfer versuchten die Unternehmer mit zunächst großem Erfolg möglichst klein zu halten und das Entgegenkommen auf das Allernotwendigste zu beschränken. Und oft genug schaute aus den Verhandlungen die nackte Absicht der Unternehmer hervor, das sliding scale-Komitee und die in ihm sitzenden Gewerkschaftsführer ausschließlich als Steuerungs- und Pazifierungsinstrument gegenüber der Arbeiterschaft zu benutzen. Zwar waren wohl auch die meisten der Bergbauunternehmer in Südwales der Ansicht des bekannten englischen Eisenindustriellen Hugh Bell, dem — wie er einer deutschen Studienkommission im Jahre 1905 sagte — es schien, „als ob vom reinen Unternehmerstandpunkt es besser wäre, wenn der Unternehmer nur über Sklaven verfüge. Da aber die Arbeiter nicht mehr Sklaven sind, sondern eigene Gedanken und eigene Wünsche hätten, so gehe das eben nicht mehr an." Doch schlossen sich die Unternehmer in Südwales nicht der für ihn sich hieraus ergebenden Meinung an, „daß es ihm viel lieber sei, mit Organisationsführern, mit organisierten Arbeitern zu verhandeln als mit unorganisierten Arbeitern, und . . . daß beide Faktoren, Arbeiter und Unternehmer, heute miteinander, nicht gegeneinander arbeiteten" und arbeiten sollten[387]. Die Bergbauunternehmer in Südwales dagegen, in der Meinung, daß die dürre Verhandlungsmaschinerie zwischen ihnen und den Arbeiterführern ohne den organisatorischen Kontakt zur Arbeiterschaft für ihre Zwecke völlig ausreiche, bekämpften die Gewerkschaften — ähnlich wie ihre Kollegen an der Ruhr — und versuchten, sie zu zerstören[388]. Die Unternehmer erkannten die ihnen gegenübersitzenden Arbeiterführer nicht als Leiter der Gewerkschaften, sondern nur — wie oben bereits deutlich wurde — als Delegierte der Arbeiter an, die durch ihre in den Lohnbüros der Betriebe abgezogenen Beiträge die Hälfte der Kosten des sliding scale-Komitees aufbrachten. Die Gewerkschaftsführer andererseits waren — wie W. Abraham es selbst aussprach — bestrebt, gerade mit Hilfe der sliding scale ein weiteres Aufsplittern der Bergarbeiterschaft zu verhindern[389]. Die Unternehmer wiederum versuchten, die Gewerkschaften gerade durch das beinahe automatische Funktionieren der sliding scale als überflüssig erscheinen zu lassen. Und Eingriffe von außen in die Verhandlun-

386 Vgl. ebenda, S. 75.

387 Methoden des gewerblichen Einigungswesens, S. 60/1.

388 Zu ähnlichen Intentionen der ‚Association of Employers of Operative Engineers' in den 1850er Jahren vgl. etwa E. Wigham, The Power to Manage. A History of the Engineering Employers' Federation, 1973, S. 3 f.

389 Vgl. L.J. Williams, S. 142.

gen etwa mit dem Ziel der Schlichtung lehnten die Unternehmer schon vor Abschluß der sliding scale ab, da dies „neues Leben den Gewerkschaften verleihen würde, die gerade dabei sind, auszusterben“[390].

Weiterhin versuchten die Bergbauunternehmer in Südwales, die Gewerkschaften von der Einmischung in die Frage der Produktionseinschränkungen abzuhalten, ein Projekt, was W.T. Lewis kaum für möglich hielt, und welches seinen wirtschaftsliberalen Überzeugungen ohnehin zuwiderlief[391]. Die überbetriebliche, gemeinschaftliche Diskussion von individuellen, innerbetrieblichen Konflikten konnten sie bis 1892 völlig blockieren und ließen erst danach solche Fälle in sehr begrenzter Zahl zu. Während etwa in Durham allein im Jahre 1890 1.016 Fälle zur Diskussion vor die gemeinsamen Komitees von Unternehmern und Arbeitern gebracht wurden, waren es in Südwales während des 27jährigen Bestehens des sliding-scale-Komitees nur 428 Fälle[392].

Angesichts dieses restriktiven und gegenüber den Gewerkschaften oft genug feindlichen Verhaltens der Unternehmer machte sich bei den Arbeitern und zunehmend auch bei den Gewerkschaftsführern selbst, auf dem Hintergrund der zunehmenden Probleme, die — wie wir oben sahen — mit der Durchsetzung der großbetrieblichen Produktionsweise zusammenhingen, ab der Mitte der 1890er Jahre das Gefühl der Unzufriedenheit mit dem und der Uneffektivität des bestehenden Verhandlungsmechanismus breit. Dies änderte sich auch kaum, als im Jahre 1903 die sliding scale durch das Conciliation Board ersetzt wurde. Zwar stieg nun die Zahl der jährlich im Durchschnitt verhandelten innerbetrieblichen Problemfälle von 16 auf 42, doch konnten, wie wir bereits oben sahen, von den insgesamt zwischen 1903 und 1910 auftretenden 391 Fällen nur 160 durch das Conciliation Board gelöst werden[393]. Und einige der Gewerkschaftsführer betrachteten die Verhandlungen mit den Unternehmern allmählich als „Zeitverschwendung“[394]. Die Unternehmer, die um die Kontinuität der Produktion, aber nach wie vor auch um die Höhe der Löhne besorgt waren, reagierten auf die wachsende Herausforderung durch die Arbeiterschaft auf doppelte Weise. Zum einen ließen sie W.T. Lewis, der dreißig Jahre lang — wie D.A. Thomas es ausdrückte — „die Organisation der Bergbauunternehmer in seiner Westen-

390 Owners' Association Minutes, 28. Mai 1875, zit. nach: Morris/Williams, The South Wales Sliding Scale, S. 220.

391 Vgl. L.J. Williams, S. 299-305; Mackworth, S. 118 f.

392 Ebenda, S. 227. Zur Arbeit und zum Funktionieren des Conciliation Boards in Durham, in anderen Bergbaurevieren und in anderen britischen Industriezweigen vgl. etwa: W. Zimmermann, Gewerbliches Einigungswesen in England und Schottland. (Schriften der Gesellschaft für Soziale Reform, Heft 22), 1906.

393 Ebenda, S. 229.

394 Ebenda, S. 216.

tasche getragen" hatte[395], als ihren Führer fallen. W.T. Lewis, der — ähnlich seinen Altersgenossen im Ruhrbergbau — „keine andere Beziehung zwischen sich und dem Arbeiter zuließ als die zwischen Herr und Diener"[396] und der noch in seinem erbitterten Abschiedsbrief an seine Kollegen festhielt, daß er nur getan habe, „was er für seine Pflicht hielt, ohne Rücksicht auf die Konsequenzen"[397], nämlich war es, der zwar die Arbeiter in dem großen Streik von 1898 niedergekämpft, gleichzeitig damit aber die Konfrontation zwischen Arbeitern und Unternehmern auf die Spitze getrieben hatte. Zum anderen behandelten die Unternehmer, in der — wie sich zeigen sollte — berechtigten Furcht vor den Konsequenzen dieser Konfrontation, die Arbeiterschaft und ihre Führer nun auf eine konziliantere Weise. An die Stelle der durch W.T. Lewis symbolisierten Unternehmergeneration, die zumeist noch als entscheidende Teilhaber ihre Unternehmen führten und eine stark praxisorientierte Ausbildung besaßen, traten nun die neuen Angestellten-Unternehmer, die zumeist nur noch kleinere Kapitalanteile in ihren Unternehmen besaßen und — wie wir oben sahen — in wachsendem Maße über eine allgemeine akademische Ausbildung verfügten. Diese Angehörigen der neuen Unternehmergeneration, repräsentiert vor allem durch F.L. Davis, D.A. Thomas und, erst allmählich, Evan Williams, die schon in den 1890er Jahren Kritik an den autokratischen Methoden W.T. Lewis' geübt hatten[398], traten nun der Arbeiterschaft in milderer und weniger lauter Weise gegenüber. Doch stellte sich in den mit den Gewerkschaftsführern stattfindenden Verhandlungen, die — wie William Brace bemerkte —[399] nun „mit einem höheren Maß an Schlauheit und Bildung" geführt wurden, heraus, daß die neuen Angestelltenunternehmer in der Sache kaum kompromißbereiter waren als ihre Vorgänger. Vor allem in der Lohnfrage mußte sich dies naturgemäß niederschlagen.

Anträge auf Abänderung der Lohnsätze im Conciliation Board des südwalisischen Bergbaus, 1903 - 1910[400]

	Anzahl der Anträge	Übergeleitet an den unabhäng. Vorsitzenden	Zurückgezogen	Gelöst durch Kompromiß	Gelöst durch volle Zustimmung
Von Unternehmern	15	11	2	1	1
von Arbeitern	20	7	5	2	6
Insgesamt	35	18	7	3	7

395 So D.A. Thomas, zit. nach: Mackworth, S. 109.

396 Vgl. ebenda, S. 118.

397 Zit. nach: L.J. Williams, S. 157.

398 Vgl. ebenda, S. 156 ff.

399 Conciliation Board Applications for Changes in Wages. Shorthand Minutes of Proceedings, 14. Febr. 1905, S. 8, zit. nach: ebenda, S. 216.

Von den insgesamt 35 Anträgen auf Abänderung der Lohnsätze im Conciliation Board im Zeitraum zwischen 1903 und 1910 wurden 7, also nur ein Fünftel, durch volle und unmittelbare Zustimmung gelöst. 18, oder mehr als die Hälfte aller Anträge, mußten wegen mangelnder und nicht herstellbarer Übereinstimmung an den unabhängigen Vorsitzenden zur Entscheidung weitergeleitet werden. Zudem versuchten nun die Unternehmer durch eine aggressivere Politik, insbesondere auch durch Aussperrungen, eine Vorgehensweise, die durch die zunehmende Konzentrationsbewegung der Betriebe und Unternehmen gestützt wurde, ihre eigenen Ziele durchzusetzen oder diejenigen der Arbeiterschaft zu verhindern. Die von der MSWCOA an die Mitgliedszechen gezahlten Streik- und Aussperrungsentschädigungen, die für den Zeitraum zwischen 1874 und 1897 pro Jahr durchschnittlich £ 8.412 betragen hatten, stiegen für die Phase von 1900 bis 1914 auf durchschnittlich £ 80.065 pro Jahr[401]. Die Kompromißlosigkeit der Unternehmer und die Radikalität der Arbeiter trieben sich gegenseitig in die Höhe. Für D.A. Thomas, der vorher die Gewerkschaften ermutigt und anerkannt hatte[402] und überzeugt war, „daß das einzige Mittel, mit dem die Verhältnisse der Arbeiter verändert und gebessert werden könnten, eine intelligente und sympathische Anwendung von Geschäftsprinzipien und -methoden auf unmittelbar die Arbeiterschaft betreffende Dinge sei“[403], und seine Kollegen stellten sich die Forderungen der Arbeiter wie z. B. nach dem Minimallohn nun immer mehr als „Kampf um den Sozialismus“[404] und diejenigen, die diese vertraten, als „Agitatoren“ dar, ebenso wie für die ältere Unternehmergeneration vierzig Jahre zuvor[405].

In weniger als einem Jahrzehnt nach Übernahme der Macht in der MSWCOA war also auch die jüngere Unternehmergeneration im südwalisischen Bergbau in einen beinah völligen und unüberbrückbaren Gegensatz zur Arbeiterschaft geraten, eine Situation, die derjenigen ihrer Kollegen im Ruhrbergbau nahe kam. Und tatsächlich wiesen die Mittel, die beide in dieser Lage ergriffen, eine auffällige Ähnlichkeit auf. Zunächst verständigten sie sich, um ihre Betriebsherrschaft zu sichern, mit den Angestellten und erkannten — wie wir oben sahen — deren Organisation in den Jahren nach 1900 an. Sodann griffen die Unternehmer in Südwales, ebenso wie Kirdorf, vor allem aber Hugenberg, und der Bergbauverein im Ruhrgebiet[406], zum Mittel der Propaganda. Hatten sie doch schon in gemeinsamen Konferenzen

400 Aus: ebenda, S. 213.

401 Ebenda, S. 222.

402 Vgl. Mackworth, S. 124.

403 Nach: J.V. Morgan, The Life of Viscount Rhondda, S. 134.

404 L.J. Williams, S. 187; R. Charles, The Development of Industrial Relations, S. 54.

405 Vgl. L.J. Williams, S. 246.

406 Vgl. Böhme, Emil Kirdorf, 2. Teil, S. 38; Guratzsch, Macht durch Organisation; D. Stegmann, Die Erben Bismarcks, S. 166 ff.

feststellen müssen, daß selbst im Kreise der englischen Bergbauunternehmer der den Arbeitern gemachte Vorwurf des „Sozialismus" „hohl klang"[407]. Die MSWCOA eröffnete eine Abteilung für Öffentlichkeitsarbeit. Und D.A. Thomas, der als Abgeordneter „immer schon", wie sein Biograph schrieb, „den Wert einer günstigen öffentlichen Meinung schätzen gelernt und den enormen Einfluß erkannte hatte, den die Presse ausübte in der Formung dieser Meinung, und in der Korrektur von Irrtum und dem Verbreiten der Wahrheit, was das Verhältnis von Kapital und Arbeit angeht, pflegte nicht nur enge Beziehungen zu den Zeitungen seiner Zeit, sondern kaufte auch einige auf und gründete neue"[408]. In den Jahren vor Ausbruch des Weltkrieges übte D.A. Thomas die — nicht nur finanzielle — Kontrolle über mindestens acht Zeitungen und fünf weitere Druckereien aus[409].

Wie ihre Kollegen im Ruhrbergbau versuchten auch die Unternehmer in Südwales durch die finanzielle und inhaltliche Kontrolle von Zeitungen besonders in den Jahren nach 1905 die öffentliche Meinung in ihrem Sinne zu beeinflussen. Wie ihre Angestellten versuchten sie, sich mit der Arbeiterschaft und ihren Organisationen auf überbetrieblichem Gebiet auseinanderzusetzen. Auf eine innerbetriebliche Beeinflussung der Arbeiter verzichteten sie. Denn anders als ihre Kollegen im Ruhrbergbau, denen auf der Basis der langanhaltenden Tradition und Praxis betrieblicher Disziplinierung nach wie vor eine Chance zur innerbetrieblichen, sachlichen und ideologischen Manipulation der Arbeiter und der Arbeitnehmer insgesamt möglich schien, konnten die Unternehmer im südwalisischen Bergbau, denen eine solche Tradition nicht zu Gebote stand, von solchen Versuchen angesichts der nach wie vor bestehenden betrieblichen und überbetrieblichen Geschlossenheit und Wehrhaftigkeit der Bergarbeiter keinen Erfolg erwarten. Und die — im Vergleich zu ihren deutschen Kollegen — immer noch geringere Aggressivität der Angestellten-Unternehmer könnte im Vergleich darauf zurückgeführt werden, daß sie keine eigentlichen Aufsteiger waren, sondern zu einem großen Anteil aus den alten Unternehmerfamilien stammten[410].

Die Interessenwahrnehmung der Bergbauunternehmer in Südwales war in weit geringerem Maße als bei ihren Kollegen im Ruhrgebiet auf den Staat gerichtet. Von ihm erwarteten sie weder im sozial- noch im wirtschaftspolitischen Bereich weitergehende Hilfe. Obwohl z. B. D.A. Thomas — auf seine Überzeugungen sind wir wegen der mangelnden Überlieferung anderer hier angewiesen — „eine berechtigte und vernünftige Einmischung von seiten des Staates begrüßte, um die Massen gegen Unternehmer und Grundbesitzer zu schützen, die ihre Macht mißbrauchen, oder um die Kräfte der Gemeinschaft

407 So R. Charles, The Development, S. 54.

408 Mackworth, S. 137.

409 Ebenda.

410 Vgl. hierzu die Diskussion oben S. 410-414.

für allgemeine Zwecke zu organisieren"[411], „glaubte er mit Adam Smith, daß es keine in stärkerem Maße unvereinbaren Funktionen gebe als die des Souveräns und des Gewerbetreibenden; daß es nämlich die Angelegenheit des Individuums in seiner Eigenschaft als Privatmann sei, einem Gewerbe nachzugehen"[412]. Nach der Ansicht der Unternehmer im Ruhrbergbau dagegen war, wie wir oben sahen[413], der Staat der „Inbegriff des Strebens, der Tätigkeit seiner Angehörigen", bestand er „aus den Tätigkeitsgebieten, auf denen dieses Streben und diese Tätigkeit sich abspielt". Während die Ruhrunternehmer zum Zweck industriellen Fortschritts den „Schutz der nationalen Arbeit" hochhielten und das gemeinsame Interesse des Staates und der Unternehmer an der Unterdrückung der Arbeiterschaft betonten, glaubte D.A. Thomas „streng an das System der Konkurrenz und an den Wettkampf des Individualismus, der ein Antrieb zu Fortschritt und Freiheit und zur Pflege demokratischer Ansichten" sei[414]. Auch in Phasen niedergehenden Exports blieben D.A. Thomas und seine Mitunternehmer unbedingte Anhänger des Freihandels. Selbst wenn es so aussehe, so stellte wiederum D.A. Thomas fest, „daß wir überholt werden im internationalen Wettlauf, darf dies nicht als Argument für einen Wechsel unserer Staatspolitik in Richtung auf den Schutzzoll genommen werden. Es würde sich, so glaube ich, herausstellen, daß dies auf Umstände zurückzuführen ist, die weitgehend außerhalb menschlicher Kontrolle liegen, und über die sich der Mensch vergeblich beunruhigt"[415]. Denn der Überzeugung der Unternehmer nach waren „die Gesetze der politischen Ökonomie natürlich und unwiderstehlich, nicht menschlich und veränderbar". Von daher konnte es — anders als bei ihren Kollegen an der Ruhr — nicht ihre oder die Aufgabe des Staates sein, mithilfe von *Doktrinen* die Wirklichkeit zu verändern, als vielmehr durch *Erfahrung* sich dieser Realität so gut wie möglich anzupassen[415a]. Ebensowenig wie der Staat — anders als in Deutschland — zur Industrialisierung des Landes aktiv beigetragen hatte, ebensowenig konnte, so glaubten die Unternehmer in Südwales, der Staat der Industrie eine dauerhafte Hilfe sein, selbst wenn die industrielle Ausgangs- oder Führungsstellung dabei auf dem Spiele stand. Hiermit bot sich den Unternehmern in Südwales, und vielleicht in Großbritannien insgesamt, die Deutungsmöglichkeit einer gleichsam ‚natürlichen' industriellen Entwicklung, ein Verständnis, das in Deutschland aufgrund des Bewußtseins von der relativen und aufzuholenden industriellen Rückständigkeit gar nicht erst aufkommen konnte und durfte.

---

411 J.V. Morgan, S. 132.

412 Mackworth, S. 125.

413 Vgl. oben S. 415.

414 Morgan, S. 132/3.

415 Zit. nach: Mackworth, S. 121.

415a Vgl. J.E. Vincent, John Nixon, S. 230/1, 234.

Wie die Bergbauunternehmer — anders als ihre Kollegen im Ruhrgebiet — jede unmittelbare Einmischung des Staates in die wirtschaftlichen Verhältnisse ablehnten, so wollten sie — hierin ähnlich den Ruhrunternehmern — seine Aktivität auch im sozialen Bereich auf ein Minimum beschränkt wissen. Sie glaubten — wohl nicht zu Unrecht und im Gegensatz zu ihren Kollegen in Deutschland — daran, daß „Mildtätigkeit (charity) etwas sei, was der britische Arbeiter nicht wünscht", und daß hierdurch „der Stolz und das Gefühl der arbeitenden Klasse leicht verletzt werden könnten"[416]. Wie D.A. Thomas waren die Unternehmer in Südwales der Ansicht, „daß es eine Grenze der Staatsintervention gebe oder geben solle, und daß der Staat, während er allgemeinen Bewegungen im Kreise seiner Bürger nicht entgegentreten solle, daß er diese aber in Schranken halten, führen und sogar bekämpfen solle, wenn sie mit den weiteren Interessen des Staates kollidierten"[417]. Die Unternehmer in Südwales waren daher in den Jahren um 1914, und wie zu dieser Zeit die Angestellten und ihre Kollegen im Ruhrbergbau, „überzeugt, daß mehr Schaden als Nutzen von den vielen gesetzgeberischen Maßnahmen der letzten Regierungen, welche die Beziehungen von Unternehmern und Arbeitern berührten, entstanden sei"[418]. Und „die vielfältigen Befugnisse, die das Board of Trade erhalten habe, um in industrielle Konflikte einzugreifen, tendierten dazu, das regionale und lokale Verantwortungsgefühl zu schwächen"[419]. Nicht vom Staat erwarteten sie auch auf sozialem Gebiet die Lösung, sondern — wie im wirtschaftlichen Bereich und trotz aller Schwierigkeiten mit den Arbeitern — von „privater Initiative"[420]. Obwohl auch die Unternehmer des Ruhrbergbaus — wie wir oben sahen — die Einmischung des Staates in industrielle Auseinandersetzungen ablehnten, verlangten diese zugleich — anders als ihre Kollegen in Südwales — vom Staat auch den Schutz der Unternehmer und die Unterdrückung der Arbeiterschaft. Diese vertrauten nicht, wie ihre britischen Kollegen es taten, auf die Möglichkeit und Bereitschaft zur Verständigung zwischen den ‚staatsfreien' Bürgern des Gemeinwesens, sondern fühlten sich ausschließlich angewiesen auf die — industrialisierungsorientierte und daher, wie sie glaubten, auf oberster Verantwortungsebene zu entscheidende — Interessenintegration durch den Staat. Die Unternehmer im südwalisischen Bergbau dagegen — und vielleicht in Großbritannien insgesamt — vertrauten im wirtschaftlichen wie im sozialen Bereich auf die „private Initiative". Und ihre Politik, die Wahrnehmung ihrer Interessen und der Aufbau ihrer Interessenorganisationen paßten sich in starkem Maße dieser Überzeugung an.

---

416 Morgan, S. 133/4.

417 Ebenda, S. 133.

418 Mackworth, S. 125/6.

419 Ebenda, S. 126.

420 Ebenda.

Die ideologische Haltung entsprach den realen Notwendigkeiten, und die Folgen waren unausweichlich. Die starke Beschäftigung mit den Arbeitern, welche Resultat ihrer zunächst örtlichen Stärke war, die auf der allmählichen wirtschaftlichen Entwicklung und der anhaltenden Funktionsfähigkeit der örtlichen Sozialstrukturen basierte, ebenso wie die langwährende Passivität des Staates bedeutete zugleich eine weitgehende Beschränkung der Interessenwahrnehmung der Unternehmer auf die Region. Die überregionale Hilfe des Staates wurde von den Unternehmern nur sporadisch in den Fällen von Streiks und Unruhen in Form von Polizei und Militär gerufen, deren Einsatz die Unternehmer — anders als in Deutschland — auch noch zu bezahlen hatten[421]. Die Einmischung des Staates — mit Ausnahme der Akzeptierung der staatlich ernannten Vorsitzenden des Conciliation Board — in bestehende Konflikte mit den Arbeitern und Angestellten sowohl in Form der Schlichtung als auch in Form der Vermittlung lehnten die Unternehmer ab und blieben — wie während des großen Streiks von 1898 — auch dann „unbeweglich“[422], wenn die Gewerkschaften einem solchen Vorhaben der staatlichen Behörden zustimmten. Und nur wenn der Staat, wie im Falle der Bergbaugesetze, der Arbeiterversicherungsgesetze, des Minimallohngesetzes und der Kohlensteuer, in die wirtschaftlichen und betrieblichen Verhältnissen des Bergbaus eingriff, wurde eine gezielte, spezifische und von Fall zu Fall geübte Interessenvertretung gegenüber den staatlichen Behörden nötig und — wie im folgenden deutlich werden wird — auch getätigt. Die allgemeine, industrielle Interessenvertretung dagegen fand — dies sei hier vorweggenommen — in bedeutend stärkerem Maße als in Deutschland durch die politischen Parteien statt.

Diesen geringen Ansprüchen entsprechend blieben die zentralen Unternehmerorganisationen im Bergbau ebenso wie in den anderen Industrien Großbritanniens — anders als in Deutschland — bis 1914 vergleichsweise schwache Institutionen und jedenfalls schwächer als die auf die parlamentarische Durchsetzung neuer und oftmals spezifischer Interessen angewiesenen Verbände der Arbeiter und Angestellten. Die ‚Mining Association of Great Britain‘ (MAGB), in der sich nach ihrer Gründung im Jahre 1854 allmählich alle regionalen Unternehmerverbände des Bergbaus — der erste in Northumberland und Durham bestand schon seit 1805[423] — zusammengefunden hatten[424], blieb bis 1914 in ihrer Aufgabenstellung sehr beschränkt, obwohl

[421] Vgl. etwa: Home Office, Colliery Strike and Disturbances in South Wales. Correspondence and Report: November 1910. P.P., Bd. LXIV, Cd. 5568, 1911: Memorandum by General Macready on certain points connected with the strike in South Wales, S. 48.

[422] Vgl. Mackworth, S. 117.

[423] Vgl. Schunder, Tradition und Fortschritt, S. 33.

[424] Zur MAGB vgl. die kurze Darstellung von W.A. Lee, History of Organisation in the Coal Industry, in: MAGB, Hg., Historical Review of Coal Mining, 1924, S. 351-377; auch: L.J. Williams, S. 265 ff.

— trotz der Existenz von insgesamt mindestens 50 britischen Unternehmerverbänden in der Zeit vor 1914[425] — überfachliche Unternehmerverbände auf zentraler Ebene, die in Deutschland in Gestalt des CVDI und des BDI eine so bedeutende Rolle spielten, bis zur Gründung der ‚Federation of British Industries' im Jahre 1916 nicht bestanden. Wie die MAGB im Anschluß an die Verhandlungen um das Berggesetz von 1850 entstanden war, so blieb ihr Aufgabenbereich auf die allgemeine Darstellung und Vertretung der Interessen der Bergbauunternehmer im Parlament und vor den Regierungsbehörden anläßlich der Berg- und anderer Gesetze sowie der Royal Commissions begrenzt[426]. Die Regelung der Lohn- sowie der Arbeiter-und Angestelltenverhältnisse jedoch war im Statut der MAGB nicht vorgesehen und blieb den angeschlossenen Regionalverbänden vorbehalten.[427] Obwohl die Ausdehnung und die wachsende Macht der MFGB auf der einen und die zunehmende Interventionsbereitschaft und Gesetzestätigkeit des Staates auf der anderen Seite auch für manche Unternehmer in der MAGB seit 1899 eine stärkere Zentralisierung in der Arbeiter- und allgemeinen Sozialpolitik als wünschbar erscheinen ließen, scheiterten trotz mehrerer Anläufe in den folgenden 15 Jahren diese Versuche jedoch an der unterschiedlichen Stärke und den z. T. verschiedenen sozialpolitischen Zielen und Orientierungen der regionalen Unternehmerverbände sowie den von Revier zu Revier verschiedenen Produktions- und Absatzverhältnissen[428].

Obwohl die MSWCOA etwa im Geschäftsjahr 1914/15 mit £ 690 nach der ‚North of England United Coal Trade Association' mit £ 836 den mit Abstand größten finanziellen Beitrag der insgesamt 22 angeschlossenen Verbände zum Haushalt der MAGB in Höhe von £ 3.990 leistete[429], blieb

[425] Nach: E.J. Hobsbawm, Industrie und Empire, Britische Wirtschaftsgeschichte seit 1750, Bd. 1, 1969, S. 51. Nach M.B. Hammond (British Labor Conditions and Legislation During the War, 1919, S. 29) gab es allerdings im Jahre 1914 in Großbritannien 1.558 Arbeitgeberorganisationen, von denen 98 Föderationen oder nationale Verbände und 1.460 lokale Organisationen waren. Von ihnen waren 496 im Baugewerbe und 246 in der Metall-, Maschinen- und Schiffsbauindustrie tätig. Mit den entsprechenden Arbeitnehmerverbänden waren diese Arbeitgeberorganisationen im Jahre 1910 durch wenigsten 1.696 Tarifverträge verbunden, die insgesamt 2,4 Mill. Arbeitnehmer umfaßten, davon

900.000 im Bergbau,
500.000 im Transportwesen,
460.000 in der Textilindustrie,
230.000 in der Metall-, Maschinen und Schiffsbauindustrie und
200.000 im Baugewerbe.

Vgl. auch: F. Tänzler, Englische Arbeitsverhältnisse, S. 40.

[426] M.W. Kirby (The British Coalmining Industry, 1870-1946, 1977, S. 11) unterschätzt jedoch offensichtlich die Bedeutung der MAGB.

[427] Das Statut ist abgedruckt in: MAGB, Report of the 61st Annual Meeting 1915, S. 125-129.

[428] Vgl. L.J. Williams, S. 265 ff.

[429] Vgl. MAGB, Report of the 61st Annual Meeting 1915, S. 132.

ihre Mitgliedschaft weitgehend passiv. Stattdessen erweiterte die MSWCOA besonders auch angesichts der zunehmenden Aktivität des Staates ab den 1890er Jahren ihren eigenen Aufgabenbereich, der zuvor statutmäßig auf den unmittelbaren Produktionsprozeß beschränkt gewesen war[430]. Die Bergbauunternehmer in Südwales sahen keinen Grund, sondern scheuten — auch nach oftmaliger Besprechung dieses Themas — eher davor zurück, sich mit den schwächeren und daher kompromißbereiteren Bergbauunternehmern in anderen Revieren zusammenzuschließen, die zudem — so scheint es — oftmals stärker durch das Vorbild anderer englischer Unternehmer und weniger durch die Folgen der relativen industriellen Rückständigkeit im regionalen Bereich geprägt waren als ihre Kollegen in Südwales. Insbesondere das schnelle Nachgeben der nordenglischen Bergbauunternehmer in der Mindestlohnfrage im Jahre 1912, deren Aushandeln zwischen der Regierung, der MFGB und den Unternehmern zugleich die Gefahr eines von den Gewerkschaften erstrebten, künftigen Verhandelns von Lohn- und Arbeiterfragen auf nationaler Ebene heraufbeschwor, machte die Bergbauunternehmer in Südwales gegenüber jeder stärkeren Zentralisierung skeptisch und zumindest vorsichtig und abwartend[431]. Nach wie vor entsandte die MSWCOA nicht nur in den den walisischen Bergbau gesondert angehenden Fragen regelmäßig separate und eigenständige Deputationen an die entscheidenen Regierungsstellen.

Wie bei der Arbeiterschaft lag die Schwäche der fachlichen und das Fehlen der allgemeinen Zentralverbände der Unternehmer — neben der mangelnden ideologischen ‚Versäulung' der britischen Gesellschaft — jedoch vor allem an der — im Vergleich zum ‚Spätkommer' Deutschland — geringeren Staatsorientierung der Unternehmer, dem nach wie vor kleineren Maße der Staatsintervention und der hieraus folgenden Rolle der politischen Parteien. Zwar gab es auch in Deutschland in den verschiedenen Revieren die einzelnen Bergbauvereine, die nur aus Anlaß bestimmter, den Bergbau betreffender gesetzgeberischer Maßnahmen zusammenarbeiteten. Doch angesichts des großen und regelmäßigen Bedarfs der staatlichen Behörden an ebenso umfassenden wie spezialisierten Informationen, welcher sich aus dem stärkeren Engagement des Staates allgemein und der Einführung und Aufrechterhaltung des Schutzzolls im besonderen ergab, konnten sich die allgemeinen Zentralverbände der Unternehmer relativ frühzeitig zu festen und gewichtigen Institutionen, welche gleichsam die Unternehmerinteressen auf vorstaatlicher Stufe verallgemeinerten, herausbilden. Die Bismarcksche Förderung der Interessenverbände mit antiparlamentarischer Absicht konnte diese Tendenz nur verstärken. In Großbritannien dagegen, wo das System des

---

430 Vgl. L.J. Williams, S. 45 f., 63.

431 Ebenda, S. 274 f.

Freihandels, dem die übergroße Mehrheit der Bergbau- wie der übrigen Unternehmer anhing, in bedeutend geringerem Maße regelmäßige und spezifische Informationen weder für die staatlichen Behörden als Empfänger noch für die Unternehmer als Geber notwendig machte, blieben die fachlichen Zentralverbände der Unternehmer vergleichsweise unterentwickelt, und ihre allgemeinen Zentralverbände fehlten. Die allgemeinen Unternehmerinteressen wurden hier dagegen in weitaus stärkerem Maße von den politischen Parteien vertreten. Und anders als in Deutschland war für die Unternehmer in Großbritannien angesichts der Macht und des Ansehens des Parlaments, dem die Regierung verantwortlich war, und angeregt und beschleunigt durch die von seiten der Unternehmer durchgesetzten Reformen in der Wahlkreisaufteilung zu Ungunsten der traditionellen, agrarischen Interessen, der Anreiz zur Tätigkeit in den politischen Parteien und im Parlament — wie die folgende Zusammenstellung zeigt — offensichtlich steigend und entscheidend größer als in Preußen-Deutschland.

Der Anteil der parlamentarischen Interessenvertretung von Industrie, Gewerbe und Verkehr stieg von 17% (1832-67) über 25% (1868-84) auf 31% (1885-1910) und, zusammengenommen mit den Bereichen Handel und Kredit, in den gleichen Zeiträumen von insgesamt 31% über 47% auf 55% der Zusammensetzung des Unterhauses. Die allgemeine parlamentarische Repräsentation von Unternehmerinteressen, besonders im Vergleich zu denen der Arbeiterschaft, konnte hiermit, anders als in Deutschland, wo die Interessenvertretung der Unternehmer — wie wir oben sahen — im Reichstag sich zwischen 27% (1890) und 17,1% (1912), im Preußischen Abgeordnetenhaus zwischen 13,6% (1889) und 10,1% (1914), bewegte[432a], mehr als gesichert erscheinen.

Aus der Tabelle wird zugleich ersichtlich, daß, obwohl auch ihr Anteil bei den Liberalen anstieg, ein relativ wachsender Anteil der Interessenvertreter von Industrie, Gewerbe und Verkehr, wenn auch nicht in dem Tempo wie bei den Vertretern von Handel und Kredit, sich der Konservativen Partei anschloß. Dies entspricht der allgemeinen Beobachtung, daß, je mehr der politische Einfluß der Unternehmer anwuchs, je größer der Druck der Arbeiterbewegung wurde und je mehr sich die Liberale Partei zu innenpolitischen, sozialen Reformen bereitfand, bei den Unternehmern, die noch in den 1820er und 1830er Jahren unter Androhung von Gewalt Reformen durchsetzten, die Bereitschaft wuchs, die politische Ordnung, so wie sie war, aufrechtzuerhalten und zu verteidigen[433]. Dies traf offensichtlich auch für die Unternehmer des Bergbaus zu, deren parlamentarische Repräsentanten zum großen Teil aus den traditionsreichen, nordenglischen Revieren kamen. Denn wäh-

[432a] Vgl. H. Jaeger, Unternehmer, S. 48, 67.

[433] Zum Ganzen vgl. Perkin, The Origins, S. 365 ff., und H. Setzer, Wahlsystem, S. 101-155.

Zusammensetzung des Unterhauses nach Interessengruppen, 1832 - 1910 (Prozentuale Verteilung)[432]

	Durchschnitt aller Parteien			Tories, Konservative, Liberal-Konservative	Whigs, Liberale, Liberal-Radikale	Durchschnitt aller Parteien			Konservative, Liberal-Konservative	Liberale, Liberal-Radikale	Alle Abgeordneten			Konser-vative	Libe-rale	Arbeiter-partei
Interessengruppen	1832	1867		im Durchschnitt aller Wahlperioden von 1832 bis 1867		1868	1884		im Durchschnitt aller Wahlperioden von 1868 bis 1884		1885	Dez. 1910		Durchschnitt aller Legistaturperioden von 1885 bis 1910 Dez.		
Grundbesitz	51	36	45	53	39	34	26	30	41	23	18	13	16	21	10	-
Industrie, Gewerbe, Verkehr	15	21	17	14	19	23	26	25	19	28	30	28	31	26	37	-
Händel und Kredit	13	20	14	9	19	20	24	22	17	25	24	30	24	27	22	3
Beamte und Militärs	12	11	12	14	10	10	8	9	13	6	8	8	7	10	4	-
Freie Berufe																
Erziehung und Wissenschaft	9	12	12	10	13	13	16	14	10	18	19	18	20	16	25	12
Interessenvertreter der Arbeiter	-	-	-	-	-	0	0	0	-	0	1	3	2	-	1	85
Insg.	100	100	100	100	100	100	100	100	100	100	100	100	100	100	100	100

432 Die Tabelle ist übernommen aus: H. Setzer, Wahlsystem und Parteienentwicklung in England, S. 268-270.

rend in der Zeit zwischen 1885 und 1910 niemals weniger als 24 Bergbauunternehmer im Unterhaus saßen[434], ging — nach anderen Quellen — die Zahl der Bergbauunternehmer in der Unterhausfraktion der Liberalen Partei von 7 im Jahre 1892 auf 5 im Jahre 1910 zurück[435]. Diese Wendung vollzogen jedoch nicht die Bergbauunternehmer in Südwales mit. Ihre Kandidaten gehörten weiterhin bis 1914 der Liberalen Partei an, eben der Partei, die sowohl von den Unternehmern als auch — wie wir oben sahen — vom größten Teil der Arbeitnehmer des südwalisischen Bergbaus gewählt wurde. Wie läßt sich nun dieses Verhalten der Unternehmer, vor allem angesichts der zunehmenden sozialen Entfremdung zwischen ihnen und ihren Arbeitnehmern, erklären?

Zunächst war es wohl ihr unbedingtes Festhalten am Freihandel, für dessen Aufrechterhaltung nach wie vor die Liberale Partei stand. Hatte doch die Konservative Regierung im Jahre 1901 die Exportsteuer für Kohle eingeführt und sie bis zum Wahlsieg der Liberalen Partei im Jahre 1906 aufrechterhalten. Sodann war es wohl die nur langsam schwindende Fremdheit gegenüber den englischen Institutionen und Normen. Weder fühlten sie sich trotz der teilweisen Feudalisierung ihres Lebensstils als Neulinge offensichtlich — belastet mit der Tradition des separatistischen walisischen Nationalismus, welcher seit jeher im Verein mit dem religiösen Nonkonformismus mit der Liberalen Partei verbunden war — in den Kreisen, wie z. T. oben belegt werden konnte, der Universitäten, des Parlaments und der politischen Clubs voll akzeptiert, noch waren sie selbst anscheinend — ihrer wachsenden wirtschaftlichen Macht bewußt — zur völligen Anpassung bereit und, aufgrund der oftmals fehlenden, adäquaten Ausbildung, fähig. Und zum dritten waren es — als Folge der langen relativen industriellen Rückständigkeit der Region ebenso wie bei ihren Kollegen des Ruhrbergbaus, und vielleicht bei den deutschen Unternehmern insgesamt — die Rückständigkeit der Nation, die starke Beschäftigung mit dem unmittelbaren Ausbau ihrer Betriebe und Unternehmen sowie mit den — insbesondere in Südwales — weitläufigen Fragen der Organisation des Absatzes und des Handels. Aus dieser Perspektive mußte es ihnen wichtiger erscheinen, sich um die Fortentwicklung ihrer Industrie zu kümmern als um eine Vertretung in einem Parlament, in dem die Repräsentation der allgemeinen Unternehmerinteressen — wie wir sahen — ohnehin schon gesichert erschien.

Obwohl z. B. D.A. Thomas einerseits in den Jahren um 1914 der zweitgrößte Landbesitzer in Monmouthshire war[436] und ein schloßähnliches Landhaus bewohnte, zog er andererseits, wie er seinem Biographen sagte, als

[434] Vgl. R. Gregory, The Miners, S. 15.

[435] Vgl. die Angaben bei: H.V. Emy, Liberals, Radicals and Social Politics, 1892-1914, 1973, S. 103.

[436] Vgl. J.V. Morgan, S. 58.

„Quelle politischer Macht" den Erwerb einer weiteren Zeitung als „Hobby" demjenigen des „Besitzes einer Yacht oder eines herrschaftlichen Hauses in der Stadt" vor[437]. Und mehr als ihre englischen und schottischen Kollegen zogen die Bergbauunternehmer in Südwales — wie wir oben sahen — die Direktorensitze in zahlreichen Unternehmen den Sitzen im Parlament vor. Wohl zu keiner Zeit waren mehr als drei Unternehmer (des engeren Kreises) des südwalisischen Bergbaus Abgeordnete des Unterhauses[438].

Sie beschränkten sich weitgehend darauf, in den lokalen und regionalen Parteiorganisationen Einfluß zu nehmen auf die Aufstellung der Kandidaten, meist der Liberalen Partei[439]. Hierin unterschieden sich die Bergbauunternehmer in Südwales von ihren benachbarten Kollegen der Metallindustrie, die sich politisch stark engagierten und auf Dauer relativ viele Abgeordnete entsandten. Ihnen ermöglichte neben der geringeren Arbeiterzahl und der starken örtlichen Konzentration der Betriebe die durch die Anerkennung und Zusammenarbeit mit den Gewerkschaften (Weißblech- und Siemens-Stahlwerke) oder durch die Aufrechterhaltung patriarchalischer Arbeitsverhältnisse (Eisen- und Bessemer-Stahlwerke im nördlichen Randgebiet und Nickelwerke [Mond]) gesicherte größere Betriebsruhe offensichtlich einen höheren Grad an Abkömmlichkeit und ihre oftmals englische Abstammung einen solchen an politischem Engagement und sozialer Akzeptanz[440].

Die Interessen der Bergbauunternehmer — und der Unternehmer insgesamt — besaßen eine bedeutend stärkere parlamentarische Repräsentation als in Preußen-Deutschland. Ihr unmittelbarer Zugang zur staatlichen Bürokratie blieb jedoch trotz des steigenden Informationsbedürfnisses der staatlichen Behörden aufgrund des nach wie vor geringeren Ansehens bergbaulicher Tätigkeit und der mangelnden Homogenität, die in Deutschland durch die gemeinsame spezielle Fachausbildung, welche der Staat mit dem Willen zum Aufholen der industriellen Rückständigkeit eingerichtet hatte, zwischen beiden Gruppen hergestellt worden war, ungleich schwieriger als in Deutschland.

Anders als im Ruhrbergbau, wo die relative industrielle Rückständigkeit des Landes, das sodann schnelle Wirtschaftswachstum, der frühe Zwang zum Großbetrieb und das aktive Engagement des Staates die Lage sowie die Handlungs-, Orientierungs- und Denkmuster der Unternehmer — ebenso wie der Arbeitnehmer — in, wie wir oben sehen konnten, entscheidendem

[437] Zit. bei: Mackworth, S. 138.

[438] Die evtl. parlamentarische Aktivität des weiteren Kreises der etwa 400 Direktoren ist wegen des Fehlens der Namen nicht kontrollierbar.

[439] Vgl. auch: M.J. Daunton, Coal Metropolis, S. 175-7.

[440] Zu den Verhältnissen in der südwalisischen Metallindustrie vgl. Morris/Williams, S. 129-131; Commission of Enquiry into Industrial Unrest 1917, S. 8-10; W.E. Minchinton, The British Tinplate Industry: A History, 1957; J. Hodge, Workman's Cottage to Windsor Castle, 1931, S. 111 ff.; Brennan u. a., Social Change in South-West Wales, S. 12 ff.

Maße geprägt hatten, so waren es im Bergbau von Südwales gerade umgekehrt das nur allmähliche wirtschaftliche Wachstum, das längere Vorherrschen des Klein- und Mittelbetriebes, die weitgehende Passivität des Staates und die frühe industrielle Entwicklung des Landes, aber — wie sich herausstellte — auch, zu einem geringeren Grade, die innerhalb des nationalen Rahmens lange Zeit herrschende relative industrielle Rückständigkeit der Region. Hatte im Ruhrbergbau das — von staatlicher Hand beschleunigte — Tempo wirtschaftlicher Entwicklung zu einer frühen sozialen Homogenität der Unternehmer geführt, so zogen in Südwales die leichtere Erreichbarkeit der Kohle und das allmählichere Wirtschaftswachstum eine, über eine längere Phase sich hinziehende, starke soziale Heterogenität der Unternehmer nach sich. Zugleich jedoch bedingte die (finanziell und technisch) leichtere Einstiegsmöglichkeit in die Unternehmerposition einen hohen Grad an territorialer und damit: sprachlich-kultureller Homogenität. Hatte aber im kapitalaufwendigen Ruhrbergbau die vergleichsweise hohe soziale Homogenität der Kapitalgeber — wie wir sahen — zunächst zu einer weitgehenden Überlassung der Unternehmerfunktionen an eingesessene Anteilseigner geführt, so bewirkte gerade der geringere, und von Zeche zu Zeche weit unterschiedliche, Kapitalbedarf beinahe das gleiche Ergebnis: Bei weitem der größte Anteil der Unternehmer im südwalisischen Bergbau, im Unterschied zur benachbarten, kapitalaufwendigeren Eisenindustrie, kam aus der näheren Umgebung, aus Wales. Der lange Zeit verhältnismäßig geringe Bedarf an Kapital und technischem Wissen waren nämlich zugleich auch die Ursache für das relativ geringe Ausmaß der Notwendigkeit und des tatsächlichen Auftretens der Zuwanderung von Unternehmern aus anderen Regionen, eine Mobilität, welche hier — anders als im Ruhrbergbau, wo die höheren technischen Anforderungen der Betriebe, vor allem aber das System der staatlichen Ausbildung für eine zunehmende Wanderbewegung der Angestellten-Unternehmer sorgte — aufgrund der wachsenden Selbstrekrutierung in den Reihen der unmittelbar die Unternehmensleitung ausübenden Unternehmer im zeitlichen Ablauf eher im Abnehmen begriffen war.

Obwohl die große Anzahl der kleinen und kleinsten Betriebe oftmals durchgehend unmittelbar von besitzenden Einzelunternehmern geleitet wurden, trat — trotz der nur allmählichen wirtschaftlichen Entwicklung — in manchen der mittleren und vergleichsweise großen Betriebe und Unternehmen eine — auch im Vergleich zum Ruhrbergbau — frühzeitige Teilung der Unternehmerfunktionen auf. Während der Untertagebetrieb oder ganze Betriebe insgesamt der Aufsicht von ‚agents‘ oder ‚managers‘ unterstellt wurden, konzentrierten sich der oder die Eigentümer auf die allgemeine, kaufmännische Leitung der Unternehmen. Die Gründe — aber auch die Möglichkeit — für diese Aufteilung der Unternehmerfunktionen waren in gewisser Weise umgekehrt zu denen im Ruhrbergbau. Machten dort — wie wir sahen — die steigenden technischen Anforderungen der Anlagen die

Einstellung von „Spezialdirektoren" erforderlich, so war es gerade der geringe technische Aufwand der walisischen Gruben, der die Möglichkeit zu anderen Aufteilungen eröffnete. Die Ursachen für die Konzentration der Unternehmer auf die abgehobene kaufmännische Leitung waren ebenso offensichtlich wie zahlreich. Zunächst war es die Tatsache, daß manche Unternehmen schon zu relativ früher Zeit — wie wir oben sahen — mehrere Betriebe auf sich vereinigten, sodann, daß der auch hier wachsende Kapitaleinsatz die Partnerschaften in ihrer zahlenmäßigen Zusammensetzung anwachsen ließ und somit die Beauftragung eines Teilhabers mit der unmittelbaren Unternehmensleitung erforderlich machte, und nicht zuletzt die zunehmende, absatzmarktbedingte kommerzielle Ausrichtung der Unternehmen. Das Modell für diese Aufteilung der Unternehmerfunktionen bildete — neben den tradierten Organisationsformen bergbaulicher Produktion — nicht der Staat wie im Ruhrbergbau, sondern die größeren und vielseitigeren Unternehmen der älteren, benachbarten Eisenindustrie, die für den walisischen Bergbau auch in dieser Hinsicht eine — im Vergleich zum Ruhrgebiet — Art von ‚Staatsersatz' darstellte. Obwohl sich deutlich die Entwicklungsstufen des ‚personal enterprise' (bis etwa 1860), des ‚entrepeneurial enterprise' (ab ca. 1860 bis etwa 1890) und des ‚managerial enterprise' (ab ca. 1890) in ihrer zeitlichen Abfolge und in ihren weiteren Erscheinungen und Wirkungen voneinander unterscheiden lassen, blieb doch die ursprüngliche Aufteilung der Unternehmerfunktionen und die ihr wesentlich zugrundeliegende kommerzielle Ausrichtung der Unternehmen, die sich schon in der ersten Entwicklungsstufe herausgebildet hatte, auch während der nächsten Phasen für die Unternehmer, ihre Orientierung und die Perzeption ihrer Aufgaben, Haltungen, welche durch die zunehmenden sozialen Kontakte zwischen den Unternehmerfamilien und die wachsende Selbstrekrutierung verstärkt und konserviert und durch den nur allmählich absinkenden Kapitalanteil an den jeweiligen Unternehmen abgestützt wurden, von entscheidender Bedeutung.

Die Aufteilung der Unternehmerfunktionen und die zunehmende kommerzielle Ausrichtung der Unternehmen setzte zugleich den Prozeß der Abwanderung der Unternehmer aus den Bergbaudörfern und der allmählichen Entfremdung zwischen ihnen und den Arbeitern in Gang. Während die Arbeiterschaft vor allem wohl aufgrund der Tatsache, daß die Angestellten bruchlos die bisherigen örtlichen Führungsfunktionen der Unternehmer übernahmen, noch längere Zeit — wie wir sahen — an ihrer beinahe ausschließlich örtlichen Orientierung festhielten, erleichterte die Distanzierung von den örtlichen Verhältnissen den Unternehmern offensichtlich den Weg zur kollektiven Interessenfindung. Längere Zeit nämlich waren die Organisationsversuche der Bergbauunternehmer — wie ihrer Arbeiter — gerade an der Unterschiedlichkeit der örtlichen und regionalen Verhältnisse, der Entwicklungsstadien und an den Interessenunterschieden zwischen größeren und kleineren Unternehmen gescheitert. Dies änderte sich zu dem Zeitpunkt und in den Gebieten, in denen die zunehmende Rentabilitätsbelastung der Betriebe und Unternehmen auf eine möglichste Auslastung der Anlagen drängte und der steigende Widerstand der Arbeiterschaft eine solche gefährdete. Anders nämlich als im Ruhrbergbau, wo einerseits die ehemalige betriebliche Autorität des Staates über die Arbeiter ausdrücklich — wie wir sahen — auf die Unternehmer überführt worden war, andererseits — und z. T. auch gerade hierdurch bedingt — die Interessenwahrnehmung der Unternehmer lange Zeit beinahe ausschließlich auf den Staat hin gerichtet war, zielte die Interessendefinition der Unternehmer im südwalisischen Bergbau von Anfang an auf die Arbeiterschaft ab. Denn weder waren sie hier ausgerüstet mit einer Tradition staatlicher Autorität, noch hielten sie die Mittel zu einer langfristigen Unterdrückung der Arbeiterschaft in der Hand. Es fehlte hierzu ebenso die — in Deutschland gewährte — Hilfe des Staates wie die ökonomische Absicherung ihrer gemeinsamen Interessen in Form eines Kartells. Vielmehr sahen sich die walisischen Bergbauunternehmer durchgehend den ungedämmten Schwankungen des Kohlenmarktes und der Konkurrenz zwischen den einzelnen Unternehmen gegenüber. Die hiermit verbundene, — im Vergleich zum Ruhrbergbau — kurzfristige Orientierung der Unternehmerinteressen[441], welche durch ein hohes Ausmaß an Spekulation sowohl in der Gründung von und der Kapitalanlage in Unternehmen als auch auf dem Absatzmarkt verstärkt wurde, fand ihren Ausdruck in der Stellung der Unternehmer zur und der Behandlung der Arbeiterschaft. Obwohl gerade die in der Eisenindustrie ausgebildeten Bergbauunternehmer, welche aufgrund der längeren Organisationserfahrungen der Eisenwerke und infolge ihrer persönlichen Beziehungen zu den gemischten wie zu den reinen Bergbauunternehmen, aber auch aufgrund ihrer walisischen Herkunft entscheidend zur Organisationsbildung der Bergbauunternehmer beitrugen, wohl — wie ihre Kollegen an der Ruhr — aus der Sorge um ‚zu hohe' Lohnkosten die autonome Betriebsherrschaft des Unternehmers möglichst weitgehend aufrechtzuerhalten suchten, erkannte die von ihnen ins Leben gerufene und geführte MSWCOA die Führer der Arbeiterschaft als Verhandlungspartner an, ja diese Verhandlungen waren und blieben die hauptsächliche Aufgabe der Interessenorganisation der Unternehmer. Die — anders als im Ruhrbergbau — von beiden Seiten lange gehegte und ausge-

[441] Zur Kurzfristigkeit der Perspektiven der Unternehmer im Bergbau von Südwales und in der britischen Industrie insgesamt, eine Orientierung, die — so zeigt die bisherige Untersuchung zum großen Teil — auf die vergleichsweise Stärke und das ungeschützte Ausgesetztsein an Konjunkturschwankungen, dem hohen Grad der Marktorientierung, die lange Zeit geringere Kapitalintensität besonders des industriellen Leitsektors: der Textilindustrie, die relative Stärke der Arbeiterschaft und wohl vor allem auf die weitgehend passive Rolle des Staates zurückgeführt werden muß, vgl. E.D. Lewis, The Rhondda Valleys, S. 103 u. ö., Morris/Williams, The South Wales Sliding Scale, S. 220; für Großbritannien: W.J. Ashley, The Adjustment of Wages, S. 60; auch schon: F. Engels, Die Lage (1973), S. 300/301.

sprochene Überzeugung von der Vereinbarkeit und prinzipiellen Gleichheit der Interessen, eine Überzeugung, die sowohl den lange Zeit herrschenden, engen, lokalen Erlebniszusammenhang als auch den — wie wir oben sahen — im Vergleich zu Deutschland zeitlich umgekehrten Verlauf der volkswirtschaftlichen Ideologiebildung reflektierte, kam einer solchen Verhandlungsbereitschaft entgegen. Wenn auch die Verhandlungen mit den Arbeiterführern in der Ausführung der sliding scale auf längere Zeit, anders als in anderen britischen Revieren und Industrien, nichts an der prinzipiellen Gewerkschaftsfeindlichkeit der südwalisischen Bergbauunternehmer änderten, zeigte doch die allmähliche Zulassung innerbetrieblicher Konflikte auf die überbetriebliche Verhandlungsebene, daß die zur Produktion notwendige Ruhe unter den Belegschaften angesichts der lokalen Stärke und Wehrhaftigkeit der Arbeiterschaft auf Dauer nur durch überbetriebliche Vereinbarungen gewährleistet werden konnte. Die Ablösung der sliding scale und die Einführung des Conciliation Board im Jahre 1903, die zugleich den Führungswechsel in der Interessenvertretung zugunsten der pragmatischeren, aber, wie sich zeigte, in der Sache kaum kompromißbereiteren Angestellten-Unternehmer symbolisierte, trug dieser Erkenntnis — ohne die offizielle Anerkennung der Gewerkschaften zu bringen — Rechnung, konnte aber die aufgrund der — wie wir oben sahen — nun rapiden großbetrieblichen Entwicklung sich herausbildende, inner- und überbetriebliche Konfrontation zwischen Unternehmern, Angestellten und Arbeitern nicht verhindern. Im Gegenteil wurde in den Augen eines zunehmenden Anteils der Arbeiter das Conciliation Board selbst — wie wir feststellen konnten — Ausdruck der sowie Ziel- und Angriffspunkt auf die Instititionen und Methoden des sich organisierenden Kapitalismus.

Stellte somit die sliding scale ebenso wie das Conciliation Board und ihre Ausgestaltung den Versuch der südwalisischen Unternehmer dar, einerseits eine ununterbrochene Produktion zu gewährleisten, andererseits aber nicht zuviel von der Bestimmungskompetenz über die Arbeitsbedingungen aus der Hand zu geben, so reflektierte er zugleich die — vom Ruhrbergbau sich klar unterscheidenden — Mittel der Betriebsherrschaft und der Arbeits- und Leistungsmotivierung. Denn die sliding scale und die aus ihr übernommenen und im Conciliation Board fortwirkenden Grundannahmen stellten nicht nur die Höhe der Löhne auf diejenige der Kohlenpreise ein, sondern gaben zugleich die Auswirkungen der Konjunkturschwankungen ungedämpft auf die Lohnhöhe und damit die Lebensverhältnisse der Arbeiter, weniger der festbesoldeten Angestellten, weiter. Anders als im Ruhrbergbau, wo die Unternehmer an relativ niedrigen, aber stabilen Löhnen und insgesamt an einer ‚Versorgung' der Arbeiterschaft orientiert waren, versuchten die Bergbauunternehmer in Südwales die Arbeiter den Wirkungen der Konjunkturschwankungen möglichst voll auszusetzen, ohne sich um eine Versorgung der Arbeiter zu kümmern. Dies bedeutete andererseits zugleich, daß die

Ruhrunternehmer in bedeutend stärkerem Maße auf die unmittelbare Anwendung von autoritären und Herrschaftsmitteln zurückgriffen, als dies bei ihren Kollegen in Südwales der Fall war. Von daher spielten auch die Angestellten und der Staat in der unternehmerischen Konzeption der Betriebsherrschaft im südwalisischen Bergbau eine bei weitem geringere Rolle als im Ruhrbergbau. Selbst in der Phase der sich zuspitzenden Konfrontation nach 1905 vertrauten die walisischen Unternehmer — anders als ihre Kollegen an der Ruhr — ausschließlich auf das Mittel der Propaganda im öffentlichen, außerbetrieblichen Bereich und verzichteten auf die Mittel direkter Manipulation im Betrieb. Neben und mit den der unmittelbaren Aufrechterhaltung der Betriebsherrschaft dienenden Elementen zeitigte der hohe Grad der Marktorientierung der Unternehmer und Unternehmen noch — wie wir sahen — weitere Ergebnisse, die — in innerer Konsequenz — den Folgen der stärker herrschaftlich-autoritären Konzeption der Betriebsführung der Ruhrunternehmer diametral entgegenstanden. Einerseits nämlich trug er zugleich zu einer technischen ‚Unmodernität‘ der Anlagen, andererseits aber zu einer relativen ‚Modernität‘ der inneren Unternehmensorganisation, des überbetrieblichen Verständigungsinstrumentariums der Produzentengruppen sowie der Arbeits- und Leistungsmotivation bei.

Anders als den Unternehmern im Ruhrbergbau stand den Bergbauunternehmern in Südwales eine staatliche Hilfe, die über die Garantierung oder Wiederherstellung von Ruhe und Ordnung hinausging, nicht zur Verfügung. Die langwährende, industrielle Führungsstellung des Landes hatte den Staat von jeder weitergehenden Einmischung in den Bereich der Wirtschaft abgehalten. Und hinzukommend lehnten die Unternehmer in Südwales beinahe jede weitere Intervention des Staates sowohl im sozialen wie im wirtschaftlichen Bereich ab. Doch forderten sie auch nicht, anders als ihre Kollegen an der Ruhr, dadurch, daß sie mit den Arbeiterführern in Verhandlung standen, eine solche Intervention des Staates heraus. Die seit den 1890er Jahren zunehmenden — wenn auch im Vergleich zu Deutschland immer noch bescheidenen — Eingriffe des Staates in den sozialen Bereich lehnten die Bergbauunternehmer in Südwales als eher schädlich ab und vertrauten auf die Eigeninitiative, die Selbstverantwortung und die Verständigungsmöglichkeit der ‚staatsfreien‘ Bürger, eine Perspektive, die ihre Kollegen im Ruhrbergbau — wie wir oben sahen — ablehnten und ausschlossen. Auch im wirtschaftlichen Bereich lehnten die südwalisischen Bergbauunternehmer jeden Eingriff des Staates ab, selbst wenn es — wie sie meinten — sich herausstellen sollte, daß das Gesetz der von ihnen so hoch geschätzten Konkurrenz sich zu ihren Ungunsten auswirke und der Kohlenexport zurückgehe. Denn, so glaubten sie, die nie die helfende Hand des Staates gespürt hatten, einem relativen Zurückfallen im industriellen Wettlauf könne auch durch die Intervention des Staates nicht abgeholfen werden.

Erschien den Unternehmern des Ruhrbergbaus die bestehende Gesellschafts- und Verteilungsordnung als Folge des bisherigen, industriellen Prozesses als ‚natürlich', aber unaufgebbar und prinzipiell erhaltbar, so stellte sich den südwalisischen Unternehmern der industrielle Prozeß als ebenso ‚natürlich', jedoch zugleich — auch gegen den eigenen Willen und die eigenen oder staatlichen Anstrengungen — als veränderlich dar.

Entsprechend dieser Überzeugung blieben die unternehmerischen Interessenorganisationen auf nationaler Ebene, anders als auf regionaler Ebene, vergleichsweise schwach. Und die im Vergleich zu Deutschland weitgehend fehlende gemeinsame Ausbildung von Bergbauunternehmern und den Angehörigen der höheren staatlichen Bürokratie erleichterte den Unternehmern — anders als in Deutschland — den unmittelbaren Zugang zu den staatlichen Behörden nicht. Hinzu kam, daß die allgemeinen, industriellen Interessen — in weit stärkerem Maße als in Deutschland — vor allem durch die politischen Parteien und im Parlament vertreten wurden. Obwohl (oder gerade weil) die allgemeinen unternehmerischen Interessen, aber auch diejenigen des Bergbaus, — wie wir oben sahen — im Parlament gut, und weitaus besser als in Deutschland, repräsentiert waren und das Parlament auch bei den südwalisischen Bergbauunternehmern ein hohes Ansehen genoß, hielten sie sich ihm weitgehend und auffällig fern. Der erste Grund hierfür dürfte in ihrer starken Beschäftigung mit industriellen und kommerziellen Problemen, welche — wie bei ihren Kollegen an der Ruhr — den Willen zum relativen industriellen Aufholen reflektierte, liegen. Der zweite und wohl nicht unwichtigere, war offensichtlich die Fremdheit der englischen Atmosphäre, die gebildet wurde aus den klassischen Universitäten, dem Parlament und den politischen Klubs, für die hinzustoßenden, aber wohl kaum weniger selbstbewußten Neulinge aus Wales. Hatten die Unternehmer im südwalisischen Bergbau die lokale und regionale gesellschaftliche (walisische) Orientierung etwa zwei bis drei Jahrzehnte vor der Arbeiterschaft aufgegeben, zugleich damit den sozialen Kontakt zu Arbeitern und Angestellten — wie wir sahen — nach und nach gelöst und ihren Anpassungswillen an die englische Oberschicht, wenn auch erst zögernd, durch die Wahl ihrer Ausbildung und ihres Lebensstils demonstriert, wo wurden sie mindestens ebenso zögernd — anders als ihre Kollegen in Deutschland, deren Ausbildung sie mit den höheren Staatsbeamten in engsten Kontakt gebracht und auf *eine* Stufe gestellt hatte — von den Angehörigen dieser Oberschicht als Zugehörige akzeptiert.

5.2.4. Der Staat: Ökonomisches Laissez-faire und die starke Berücksichtigung der Interessen der industriellen Produzenten

5.2.4.1. Staat, Gesellschaft und die Chancen der Industrialisierung

5.2.4.1.1. Das Verhältnis von Staat und Gesellschaft

Wie in Deutschland, so hatte auch in Großbritannien die Industrialisierung und die mit ihr einhergehende betriebliche und gesellschaftliche Teilung der Arbeit, so wird aus dem vorhergehenden deutlich, in weitreichendem Maße die Lebensbedingungen der menschlichen Produzenten, ihre individuelle und kollektive Selbst- und Fremdeinschätzung sowie die Ausbildung ihrer Interessen, ihres Verhaltens und Handelns geprägt und verändert. Wie die Organisation der Produktion, die, mit dieser korrespondierende, jeweilige Ähnlichkeit bzw. Unterschiedlichkeit der sozialen Lage und die Organisation der Interessen die Konstituierung und zunehmende Separation der gesellschaftlichen Schichten, Gruppen und Klassen bedingte und verstärkte, so bewirkte zugleich — und z. T. gegen den Willen der Beteiligten — die Definition und Artikulation der jeweiligen kollektiven Interessen in Richtung auf die politische Berücksichtigungs- und Entscheidungszentrale, den Staat, eine wachsende nationale und Systemintegration der jeweiligen sozialen Einheiten. Darüber hinaus hatten die Entscheidungen und Maßnahmen, aber auch — so wurde für Großbritannien gerade auch im Vergleich zu Deutschland deutlich — die Enthaltungen des Staates ihrerseits spürbar auf die Verhältnisse eingewirkt, welche die Ursache und Grundlage der jeweiligen Interessenrepräsentation bildeten. War der Staat, der — wie wir oben ausführten — keineswegs unabhängig der Gesellschaft gegenüberstand, sondern funktional und sozial auf vielfältige Weise mit ihr in Zusammenhang stand, einerseits Zielpunkt der Interessen der neuen Gruppen und Schichten, welche die Industrialisierung ins Leben gerufen hatte, so erleichterte zugleich eben diese industrielle Entwicklung dem Staat seine grundsätzliche Aufgabe, die Produktion und Reproduktion des materiellen Lebens der Gesellschaft zu gewährleisten. Das mit der Industrialisierung wachsende Angebot an gewerblichen Gütern ermöglichte eine verbesserte Versorgung der Bevölkerung und eine Stärkung der militärischen Macht des Staates. Zugleich aber stellte die mit dem industriellen Wachstum einhergehende betriebliche und gesellschaftliche Teilung der Arbeit erhöhte und weiter zunehmende Anforderungen an die Vermittlungs- und Integrationsleistungen des Staates.

5.2.4.1.2. Die Bedeutung der Stellung im internationalen Industrialisierungsprozeß

Bildeten die im vorangegangenen genannten Faktoren gleichsam die inneren Voraussetzungen und Folgen der Industrialisierung, so konnte es, wie für die industriellen Produzenten selbst, so auch für den Staat — wie wir am deutschen Beispiel sahen — nicht gleichgültig sein, ob das jeweilige Land im internationalen Industrialisierungsprozeß eine Führungs- oder eine Nachfolgeposition einnahm. Vielmehr konnten wir am Nachfolgeland Deutschland erkennen, wie sehr die Situation der relativen industriellen Rückständigkeit die Haltung des Staates entscheidend mitbestimmte, nämlich zu einem starken direkten und indirekten Engagement und darüber hinaus zu einer Verschiebung in der Wahrnehmung der allgemeinen Vermittlungsfunktion des Staates gegenüber der Gesellschaft führte. Für Großbritannien, der „first industrial nation“, für die schon aus dem Vorhergehenden das geringere Engagement des Staates im industriellen Prozeß deutlich wurde, bleibt im folgenden zu zeigen, welche Rolle hier dem Staat zukam, welche konkreten Aufgaben er zu erfüllen hatte, wie sich diese auf die Wahrnehmung seiner allgemeinen Vermittlungsfunktion auswirkten und wie sehr damit schließlich die Rolle und die Haltung des Staates in industriell wachsenden und entwickelten Systemen von der Position im internationalen Industrialisierungsprozeß abhing.

5.2.4.2. Frühe Zentralisierung, eigenständige Industrialisierung und der lange Verzicht auf eine entfaltete Bürokratie

Ebenso wie in Deutschland, so mußte auch in Großbritannien die Bereitschaft, die Fähigkeit und die Methode des Staates, bestimmte, sich aus und mit dem Industrialisierungsprozeß entwickelnde Aufgaben wahrzunehmen, von der Existenz eines staatlichen Apparates und seiner institutionellen und ideologischen Tradition abhängig sein. Denn auch hier bestand der Staat und seine Organisation, und zwar — wie sich zeigen wird — weit früher als in Preußen und den übrigen deutschen Partikularstaaten, *vor* dem Beginn der Industrialisierung und der mit ihr entstehenden Schichten der Unternehmer, Angestellten und Arbeiter sowie deren Organisationen.

War in Preußen und den anderen deutschen Territorialstaaten, die sich im Laufe des 16. und 17. Jahrhunderts herausbildeten, ein zentralistischer staatlicher Herrschaftsapparat — wie wir oben sahen — vor allem zur Sicherung des durch partikulare Gewalten gefährdeten Herrschaftsanspruchs des Landesherrn entstanden, so war in Großbritannien offensichtlich die gleiche Gesetzmäßigkeit gültig, nur einige Jahrhunderte früher. Durch die Insellage abgeschirmt gegen Völkerwanderungen und Nachbarschaftskämpfe und befördert durch die — im Vergleich zum Kontinent — geringeren Entfernungen und die leichtere Zugänglichkeit des Landes über den Seeweg („Küstenkultur“)[442], konnten die erobernden Normannen

[442] Zu diesem dem der „Binnenlandkultur“ entgegengesetzten Begriff vgl. Max Weber, Agrarverhältnisse im Altertum, S. 213-274, und oben S. 431 f.

— aufbauend auf den Relikten der zentralisierten Beamtenhierarchie der römischen Caesaren — eine zentralistische Verwaltungsbürokratie auf- und ausbauen, mit deren Hilfe sie und ihre Nachfolger — insbesondere durch das Instrument der Justitiare, der Ratsmitglieder der königlichen Regierung, die als ambulante Kommissare und gleichsam als Nachfahren der „Missi" Karls des Großen in den Grafschaften gleichzeitig die provinzielle Militär-, Finanz- und Polizeiverwaltung sowie die Zivil- und Strafrechtspflege besorgten[443] — über Jahrhunderte hinweg die dezentralen Gewalten schwächen und ausschalten und in ihrer zentrifugalen Tendenz besiegen[444].

Die Folgen dieses frühzeitig ausgebildeten bürokratischen Zentralismus des staatlichen Herrschaftsapparates, der einen erneuten Höhepunkt unter der Herrschaft der Tudor-Dynastie des 15. Jahrhunderts erreichte, bestanden vor allem in drei Punkten: Die zentrale Orientierung in der politischen Verwaltung des Landes, eine Ausrichtung, die gerade auch durch das seit dem 13. Jahrhundert fest institutionalisierte Parlament, welches seinerseits wiederum vom König — neben der Bewilligung der Steuern — als Gegengewicht gegen die partikulare Gewalt der Kronvasallen benutzt wurde[445], gefestigt worden war, blieb während der folgenden Jahrhunderte weitgehend unbestritten bestehen. Zum zweiten führte die Ausbildung des zentralen Herrschaftsapparates auf seiten des Staates zusammen mit der frühzeitigen Konstitutionalisierung des Parlaments zu einem — im Gegensatz zu kontinentalen Verhältnissen — raschen und frühzeitigen Interessenausgleich zwischen Prälatur, Landadel und Stadtpatriziat und einem Teil der Baronie, eine Einigung, der die gemeinsame Gegnerschaft gegenüber dem zentralen Herrschaftsapparat des Königs zugrunde lag. Eben dieses Bündnis, welches durch die sich allmählich herausbildenden gemeinsamen ökonomischen Interessen einer sich frühzeitig kommerzialisierenden Volkswirtschaft gestärkt wurde[446], besiegte schließlich in der „Glorious Revolution" von 1688 die starke Machtstellung des Königs und sorgte für den Abbau und die Kontrolle seines hauptsächlichen Machtinstruments: der hierarchisch organisierten, zentralistischen Bürokratie.

Die Beschränkung der staatlichen Bürokratie durch die im Parlament versammelten gesellschaftlichen Kräfte fiel umso leichter, da es den Königen auch in der Zeit zuvor vor allem wohl wegen der mangelnden und vom Parlament kontrollierten finanziellen Mittel nicht gelungen war, eine umfas-

[443] Vgl. hierzu: R. Schmidt, Die Bürokratisierung des modernen England und ihre Bedeutung für das heutige deutsche Behördensystem, 1932, S. 11 f.

[444] W. Dibelius, England, 1930, S. 242.

[445] H.v. Nostitz, Das Aufsteigen, S. 70.

[446] L. Stone, The Crisis of the Aristocracy, 1558-1641, (Abridged edition) 1967, S. 62 ff.; B. Moore, Soziale Ursprünge von Diktatur und Demokratie. Die Rolle der Grundbesitzer und Bauern bei der Entstehung der modernen Welt (1966) 1974, S. 22-29.

sende, professionalisierte und von ihnen bezahlte Bürokratie zu schaffen, die ausschließlich ihnen zur Verfügung stand und ihren Befehlen und Anweisungen gehorchte. Und die Krone hatte anders als in Preußen — neben dem fehlenden Vorbild — weder die Kraft noch den Willen, die unzureichenden finanziellen Mittel, wie etwa während der infolge der langen Kriege mit Frankreich im 15. Jahrhundert auftretenden, akuten Finanzkrise[447], durch ein gezieltes Engagement im gewerblich-industriellen Sektor aufzubringen.

Gleichsam als administrative Halbinsel waren nur im Bereich des Zoll-und Steuerwesens größere Verwaltungsapparate entstanden. Und obwohl z. B. die höchsten Gerichte dem königlichen Hof sehr nahe standen, hatten die sich an ihnen tätigen Richter von den Prozeßgebühren zu unterhalten und blieb auch hier, wie in den lokalen Gerichtshöfen — anders als auf dem vom römischen Recht geprägten Kontinent — das an den Grundsätzen der staatsbürgerlichen Freiheit orientierte common law in Kraft[448]. Die durch diese Faktoren erleichterte Schwächung der königlichen zentralen Bürokratie brachte zugleich eine Stärkung der Lokalverwaltung mit sich, in der schon seit längerem diejenigen Kräfte die Vorherrschaft besaßen, die auch im Parlament allmählich die Oberhand gewonnen hatten. Die reine Patrimonialverwaltung der Grundherren und ihre Gerichtsbarkeit ebenso wie das lokale Amt des ‚sheriff‘, das in der Hand des Feudaladels gelegen hatte, waren infolge der durch die frühe ökonomische Entwicklung bedingten Auflösung der Hörigkeitsverhältnisse schon bald nicht mehr zur Bewältigung der anstehenden Verwaltungsaufgaben imstande. Hinzu kam auch hier das — von den Commons unterstützte — Interesse der Krone, die partikularen Gewalten der Feudalherren beiseite zu schieben[449].

Die Rechte des Friedensrichters („Justice of the peace“), der zunächst der Gehilfe des Sheriffs gewesen war, wurden zu ungunsten des letzteren seit dem 12. und 13. Jahrhundert immer mehr ausgeweitet, und mit den Bestimmungen des 14. Jahrhunderts hatte der Friedensrichter den Sheriff in seiner Funktion weitgehend verdrängt[450]. Doch wies die Institution des Friedensrichters bald die gleiche Tendenz auf wie zuvor die des Sheriffs. Die Friedensrichter entstammten, wie vorher die Sheriffs dem alten Feudaladel, beinahe durchweg der lokal ansässigen Gentry; und obwohl es der Krone gelang, die oft wiederholten Versuche, die Bestellung der Friedensrichter von der Wahl der lokalen Honoratioren direkt abhängig zu machen, abzuwehren

[447] Vgl. hierzu etwa: W. Fischer/P. Lundgreen, The Recruitment and Training of Administrative and Technical Personnel, in: C. Tilly, Hg., The Formation of National States in Western Europe, 1975, S. 456-561, S. 480.

[448] Vgl. ebenda, S. 477; D.L. Keir, The constitutional history of modern Britain since 1485, 1969^9, S. 7.

[449] B. Moore, Soziale Ursprünge, S. 23; M. Weber, Wirtschaft und Gesellschaft, S. 785.

[450] Vgl. Dibelius, England, S. 254, 296.

und die Ernennung in eigener Hand zu behalten, waren die Solidarität und die Patronagebeziehungen der Gentry stark genug, sich ein weitgehendes Monopol in der Besetzung der Friedensrichterstellen zu sichern[451]. Und die schon im Jahre 1439 von ihnen im Parlament durchgesetzte Einkommensqualifikation für das Amt des Friedensrichters von mindestens £ 20 im Jahr, die 1744 auf £ 100 erhöht und erst 1906 abgeschafft wurde[452], trug zum weitgehenden Ausschluß ärmerer Bevölkerungskreise bei. Zudem wurde aus dem formell widerruflichen ein faktisch lebenslängliches Amt[453].

So sehr der Krone daran gelegen sein mußte, die Friedensrichter in ihrer Amtsführung nicht zu unabhängig werden zu lassen, so sehr war sie an der Einsparung von Verwaltungskosten interessiert. Zwar hatten die Friedensrichter, deren Zahl im Jahre 1388 pro Grafschaft von vier auf sechs, zwei Jahre später auf acht erhöht worden war, Anrecht auf Entlohnung in Höhe von 4 s. pro Tag (was zu dieser Zeit das 16fache eines Arbeiterlohns ausmachte) für eine Höchstzahl von 12 Tagen im Jahr, doch verzichteten die Angehörigen der Gentry, deren Arbeitskraft typisch und zunehmend durch die Verpachtung des Besitzes für diese Amtsgeschäfte freigesetzt wurde, auf diese Entlohnung. Wie sehr der Krone an diesen Einsparungen lag, zeigt die Tatsache, daß sie schon 1340 den Lords untersagte, die Bezahlung anzunehmen, und 1854 schließlich die Möglichkeit der Entlohnung auch formal aufhob[454]. Und genau diese Erscheinung war der Grund dafür, daß die anfänglich vorhandene und Jahrhunderte hindurch scharfe Konkurrenz von Berufsbeamten, vor allem der am Hof ausgebildeten Juristen[455], — anders als in Deutschland, wo der Staat bereit und imstande war, größere finanzielle Mittel für die Verwaltung aufzubringen — unterlag.

Die Aufgaben des Friedensrichters, die noch keine klare Trennung zwischen exekutiver (Polizei-)Gewalt und Rechtsprechung kannten und auch ansonsten kaum Spuren einer Spezialisierung aufwiesen, waren beinahe unübersehbar: Sie reichten von der Aufsicht über die Einhaltung der Kleiderordnung über die Instandhaltung von Befestigungen und Straßen und den Erlaß von Lohnordnungen bis zur Verfolgung und Aburteilung von Vagabunden und Verbrechern. Es war angesichts dieser Fülle von Aufgaben und der unablässig zunehmenden Anzahl von Parlamentsgesetzen für die innere Verwaltung — 1834 stellten die Angehörigen einer Reformkommission fest, daß 708 solcher Gesetze in Kraft waren[456] — so gut wie unmöglich, alle

---

451 M. Weber, Wirtschaft, S. 786.

452 F. Milton, The English Magistracy, 1967, S. 7.

453 Weber, S. 786.

454 Milton, S. 6.

455 Vgl. Weber, S. 787.

456 Vgl. J. Redlich/F.W. Hirst, The History of Local Government in England, 1971³, S. 136.

Aufgaben zu erfüllen und allen Gesetzen nachzukommen, zumal eine große Anzahl der Friedensrichter ihr Amt weitgehend als Nebenbeschäftigung betrachtete und die tagtägliche Arbeit den ihnen beigegebenen ‚clerks' überließ. Und obwohl die zentralen Gerichte für die Masse der Bevölkerung geographisch und ökonomisch unerreichbar waren, reagierten die Friedensrichter oftmals erst auf direkt fühlbare grobe Verstöße oder auf Anrufung eines Geschädigten[457]. Trotz der immer wiederkehrenden Klagen über die Untätigkeit, Unfähigkeit und die Bestechlichkeit der Friedensrichter gelang es diesen durch die intime Kenntnis von lokalen Verhältnissen und Personen langfristig doch — wie selbst der berühmte Anwalt Sir Edward Coke trotz des Interessenkonflikts zwischen professionellen und laienmäßigen Staatsdienern an der Wende zum 17. Jahrhundert feststellte —, „für die Beruhigung und Ruhe des Königreichs" zu sorgen, „wie sie ansonsten kein anderer Teil der christlichen Welt hat"[458]. Mit diesem Erfolg erfüllten die Friedensrichter nicht nur das primäre Interesse des Staates, sondern auch der Landbesitzer, Geschäftsleute und der Inhaber der freien Berufe, deren gemeinsames Bedürfnis dasjenige nach Frieden, billiger und relativ geordneter Verwaltung und nach Schutz des Eigentums und der privaten Verhältnisse war. Die oftmals hohe Arbeitsbelastung und der institutionalisierte Verzicht auf Entlohnung machte das Amt des Friedensrichters für die Angehörigen der Gentry und die sich von ihren Geschäften zurückziehenden Rentiers, die — oft auch aus politischen Rücksichten der jeweils regierenden Partei — zunehmend seit dem 18. Jahrhundert in das Amt gelangten, keineswegs weniger erstrebenswert. Vielmehr wurden die Friedensrichter entschädigt durch die Macht, den Einfluß und das Ansehen, welche das Amt, das sie im Auftrage der Krone, zum Nutzen der Mitbürger und in beinahe unkontrollierter Selbständigkeit verwalteten, ihnen in den Augen ihrer Standesgenossen, aber offensichtlich auch der übrigen Bevölkerung verlieh, sowie — wie lange Zeit die Junker im ostelbischen Preußen[459] — durch die Schulung in der Führung von Verwaltungsgeschäften, die das Amt mit sich brachte und die oftmals die Vorstufe zu höheren administrativen und politischen Ämtern bildete.

Obwohl die Krone und die jeweiligen Regierungen durch die Kumulation der lokalen und regionalen Macht in den Händen der Friedensrichter von diesen und ihrer Mitwirkung abhängig war und keine Regierung gegen die Friedensrichter und diejenigen Gruppen, aus denen sie sich rekrutierten, zu regieren vermochte, konnten sie doch niemals einen Grad von individueller oder korporativer Unabhängigkeit entwickeln, der den Zusammenhalt des nationalen Systems gefährdete. Vielmehr führte gerade die freiwillige und

[457] Weber, S. 788.

[458] Zit. nach: Milton, S. 13.

[459] Vgl. H. Rosenberg, Bureaucracy, S. 53; R. Koselleck, Preußen, S. 482.

wenig kontrollierte Mitarbeit der Friedensrichter zu einem hohen Grad an Mitverantwortung und Identifikation der Gruppen, aus denen die Friedensrichter kamen, mit dem Staat[460].

Wie der Staat in Großbritannien — anders als in Deutschland — nach der frühzeitigen Niederwerfung der partikularen Gewalten keines zentralistisch aufgebauten Verwaltungsapparates mehr bedurfte, so benötigte er sodann — besonders angesichts der Kostenfreiheit der lokalen und regionalen Verwaltung — auch keiner besonderen und in ihren Leistungen als steigend konzipierten Einnahmequelle, wie sie z. B. in den Augen der preußischen Beamten die Industrie verkörperte. Die „Minimisierung der Verwaltung" reflektierte somit die frühzeitige (relative) Abkoppelung der Notwendigkeiten staatlicher Administration vom wirtschaftlichen Wachstum und gab zugleich — wie Max Weber schrieb — „der Entfaltung der ökonomischen Initiative fast ganz freie Bahn"[461]. Und die Schaffung einer modernen staatlichen Bürokratie war in Großbritannien nicht wie in Preußen Ursache und Mittel, sondern das zögernd anerkannte, wenn auch unausweichliche Resultat der Industrialisierung.

Obwohl sich schon in der letzten Phase des 18. Jahrhunderts die sozialen Folgen der Industrialisierung im lokalen Bereich bemerkbar machten und zu einer immer weitergehenden Überforderung der Friedensrichter, deren Zahl bis zur Mitte des 19. Jahrhunderts auf etwa 18.000 anstieg[462], führten, begnügte sich das Parlament vorläufig — der Tradition entsprechend — mit dem Erlaß von einzelnen Gesetzen. Stattdessen wandte es sich zunächst der zentralen Leitung des Staates zu, wobei den Beteiligten durchaus auch das Beispiel der französischen Verwaltung vor Augen stand[463]. Der verlorengegangene Unabhängigkeitskrieg der USA hatte die geringe Effektivität der staatlichen Ämter vor Augen geführt. Doch bildeten den Hauptangriffspunkt die steigenden Staatsausgaben. Darüber hinaus zielten die Bestrebungen des Unterhauses, das zeigten die dort zwischen 1779 und 1782 unter der Führung des später so wenig reformfreundlichen Edmund Burke stattfindenden Verhandlungen, auf eine Reduzierung des oftmals üblichen Ämterkaufs, der Patronage, von Sinekuren und des Einflusses der Krone auf die staatliche Verwaltung und stattdessen auf eine größere Sparsamkeit, Einheitlichkeit und eine relative Effizienz der Organe des Staates ab. Doch blockten der Ausbruch der Französischen Revolution, die Kriege mit Frankreich und die darauf folgende Phase der Restauration die Umsetzung der

[460] Vgl. hierzu: C.A. Beard, The office of Justice of the Peace in England, 1904, S. 71; Milton, S. 7; Weber, S. 790.

[461] Vgl. Weber, S. 790.

[462] Nach: Weber, S. 789.

[463] Vgl. D.L. Keir, S. 245; E.N. Gladden, A History of Public Administration, 1972, Bd. 2, S. 258.

Reformvorhaben weitgehend und auf längere Zeit ab[464]. Wenn auch nach und nach einige Fortschritte in der Reorganisation und Straffung des zentralen Staatsapparates erreicht wurden, so war der Widerstand der traditionellen, interessierten Gruppen und die Vorsicht der Öffentlichkeit gegenüber der Macht einer starken zentralen Staatsbürokratie so groß, daß man erst in der zweiten Hälfte des 19. Jahrhunderts zu einschneidenden Reformmaßnahmen kam[465]. Erst wiederum die weitgehend von außen her wirkenden Ereignisse und Anforderungen wie die große Hungersnot in Irland zwischen 1845 und 1847 und der Krimkrieg, die beide auch der breiteren Öffentlichkeit die Folgenschwere mangelnder und ineffizienter staatlicher Verwaltung vor Augen führte, aber auch die kontinentaleuropäischen Revolutionen von 1848 und das Vorbild der indischen Kolonie konnten offensichtlich die letzten Hindernisse gegen den Auf- und Ausbau eines modernen, zentralen Staatsapparats beseitigen[466].

Hatte die Reform der zentralen staatlichen Ämter, die nur indirekt mit dem industriellen Wachstum des Landes verbunden waren, in Großbritannien, anders als in der von vornherein bürokratisierten preußischen Verwaltung, den Zeitraum beinahe eines Jahrhunderts benötigt, so erzwang die Industrialisierung in den von ihr unmittelbar betroffenen Bereichen der staatlichen Verwaltung zu bedeutend früherer Zeit Reformen, neue Institutionen und — aller Vorsicht der staatsbürgerlichen Öffentlichkeit zum Trotz — eine größere Zentralisierung der staatlichen Bürokratie. Mit den Gesetzen von 1834 und 1888 wurde die Administration der Städte aus dem traditionellen Verwaltungsnetz herausgenommen und den in stärkerem Maße demokratisierten Stadträten überlassen; 1871 wurde die gesamte innere Verwaltung dem zentralen ‚Local Government Board' unterstellt und 1894 als mittlere Verwaltungsebene die ‚District Councils' eingeführt. Und einzelne Funktionen der Lokalverwaltung waren dieser schon zuvor entweder genommen und separat organisiert worden oder der Aufsicht einer zentralen Behörde unterstellt. So entstanden als zentrale Aufsichts- und Kontrollorgane der Regierung 1834 das ‚Poor Law Board', 1848 das ‚General Board of Health' und ab 1834 das Institut der Inspektoren der Fabriken, Bergwerke und Schulen[467]. Wie groß aber auch in diesen, von der industriellen Entwicklung unmittelbar betroffenen Bereichen lange Zeit der Widerstand der öffentlichen Meinung gegen zentralisierte Staatsbehörden war, zeigt die Tatsache, daß sowohl das Poor Law Board als auch das General Board of Health noch Jahre und Jahrzehnte nach ihrer Gründung um ihren Machtbe-

---

[464] E.N. Gladden, A History, S. 267-269; E.W. Cohen, The Growth of the British Civil Service, 1780-1939, 1965², S. 46.

[465] Vgl. E.W. Cohen, S. 87 ff.

[466] Vgl. E.N. Gladden, S. 320-323; Cohen, S. 78-81, 110 f.

[467] Vgl. Redlich/Hirst, The History, S. 103 ff.; Nostitz, S. 96-100, 132, 382-386.

reich und ihre Existenz zu kämpfen hatten[468]. Und auch nach der erfolgreichen Einrichtung der zentralen Ämter behielten die lokalen und regionalen Behörden einen weit höheren Grad der Unabhängigkeit als in Preußen-Deutschland, und die hauptsächliche Kontrolle blieb die Bereitstellung oder Verweigerung von finanziellen Mitteln von seiten der Zentrale[469].

5.2.4.2.1. Die grundsätzliche Ausrichtung und die Aufgaben des Staates

Die zentralistisch aufgebaute und hierarchisch organisierte staatliche Bürokratie war in Großbritannien nicht wie in Preußen-Deutschland Ursache und Mittel, sondern — wie bereits angedeutet — das schließlich unvermeidbare und lange Zeit eher unerwünschte Ergebnis der Industrialisierung. Und gerade die Tatsache, daß außen- und kolonialpolitische Ereignisse und Phänomene in maßgeblicher Weise auf den Prozeß der Bürokratisierung der zentralen staatlichen Verwaltungsorgane einwirken konnten, demonstriert deren im Vergleich etwa zu Preußen-Deutschland hohen Grad der Vermitteltheit zum Prozeß der industriellen Entwicklung. In beiden Ländern stiegen die Aufgaben und das Personal der staatlichen Verwaltung an. Doch zeigte bereits das preußisch-deutsche Beispiel, wie sehr die prinzipielle und frühzeitige Ausrichtung des Staates und seiner Bürokratie auf die Förderung der Industrie sowie die durchgehend wahrgenommenen Aufgaben die grundsätzliche Haltung der staatlichen Beamten zur Durchführung ihrer Aufgaben und ihre Beziehungen zu Unternehmern, Angestellten und Arbeitern entscheidend und langfristig prägten. In Großbritannien hatte das geringere Bedürfnis nach und der kleinere Aufwand für die staatliche Verwaltung, sodann aber das durch die günstigen Transportbedingungen (Insellage) erleichterte, eigenständig erreichte und gesicherte industrielle Wachstum jedes weiterreichende Bemühen des Staates um die Industrie unnötig und überflüssig gemacht. Im folgenden bleibt festzustellen, wie sich diese von vornherein unterschiedliche grundsätzliche Ausrichtung und tatsächlich zu vollziehenden Tätigkeiten des Staates auf die Rangordnung in den und die Art der Wahrnehmung der Grundfunktionen des Staates: der gesellschaftlichen Vermittlung und des Ausgleichs, und schließlich auf die Haltung und Überzeugungen der Staatsdiener auswirkten. Hierzu fassen wir die unterschiedlichen Tätigkeiten des Staates — parallel zum deutschen Beispiel — in vier Bereiche, nämlich diejenigen der (1) direkten und (2) indirekten Maßnahmen der Industrieförderung, (3) der sozialpolitischen Maßnahmen und (4) der Interessenintegration zusammen.

---

[468] Vgl. etwa: R. Schmidt, Die Bürokratisierung, S. 18; Redlich/Hirst, S. 152 f.

[469] Dibelius, England, S. 258; H. Finer, The British Civil Service. An Introductory Essay, 1927, S. 11 f.

1. Das direkte, industrielle Engagement des Staates

Wie in den übrigen europäischen Ländern gab es auch in Großbritannien die Phase des Merkantilismus. Doch besaß dieser britische Merkantilismus, wie E.N. Gladden etwa für den englischen Staatsmann des beginnenden 17. Jahrhunderts, Lionel Cranfield (Earl of Middlesex), feststellt, „bei weitem nicht den lehrmäßigen Charakter" des französischen oder preußischen Merkantilismus[470]. Den eigenständigen unternehmerischen Bemühungen des Staates waren durch die Kontrolle und Beschränkung der fiskalischen Mittel von seiten des Parlaments, das seine Stärke — wie wir sahen — nicht zuletzt der frühen Ausbildung einer zentralen staatlichen Bürokratie verdankte, und durch das Schwergewicht eines vergleichsweise früh entwickelten Gewerbestandes von vornherein relativ enge Grenzen gezogen. Und anders als in Deutschland und Frankreich war der Staat in Großbritannien seit der bürgerlichen Revolution von 1688 — mit Ausnahme des unbedeutenden Reviers des Forest of Dean[471] — nicht mehr der Inhaber des Bergregals, auf dessen Grundlage der preußische Staat — wie wir oben feststellen konnten — selbst und langfristig zum bedeutenden Unternehmer wurde, eine eigenständige, technisch und ideologisch instruierte Bürokratie entwickelte und nachhaltig die private Industrie förderte und formte. Vielmehr blieb die Rolle des Staates etwa — wie im Falle des Bergbaus um Newcastle — auf die Vergabe von Handelsmonopolen, in diesem Fall für London, begrenzt[472].

Doch blieb auch der britische Staat nicht ganz ohne unternehmerische Aufgaben; diese beschränkten sich jedoch auf die staatlichen Schiffswerften und Rüstungsbetriebe sowie auf das Postwesen. Alle drei Bereiche wurden aus der vorindustriell-merkantilistischen Phase in die industrielle Zeit mit hinübergenommen, blieben aber — anders als in Preußen-Deutschland und obwohl etwa in Indien von dem britischen Staatsmann und Reformer Sir Charles Trevelyan seit 1862 Staatswerke aufgebaut wurden[473] — die alleinigen Sektoren unmittelbarer staatlicher Unternehmertätigkeit. Zum verstärkten Ausbau und der Reparatur der königlichen Flotte, die sich immer mehr zum bedeutendsten staatlichen Instrument der Sicherung von Schiffahrtsverbindungen und auswärtigen Rohstoff- und Absatzmärkten des frühzeitig expandierenden heimischen Gewerbes entwickelte[474], wurden in der Mitte des 16. Jahrhunderts die staatlichen Werften in Portsmouth, Woolwich, Deptford und Erith gegründet. Aber trotz der großen Bedeutung der Flotte für den britischen Staat und obwohl — wie G.E. Aylmer feststellte — die

---

[470] E.N. Gladden, A History, S. 165.

[471] Vgl. H.S. Jevons, The British Coal Trade, S. 82-86, und oben Anmerk. 97.

[472] Vgl. oben S. 149.

[473] Vgl. Gladden, S. 323.

[474] Vgl. etwa: R. Davis, The Rise of the English Shipping Industry in the Seventeenth and Eighteenth Centuries, 1972[2], S. 300 ff.

Flottenverwaltung „beinahe ein imperium in imperio" bildete[475], war der staatliche Schiffsbau ebenso wie die Armeewerkstätten noch lange Zeit auf die Privatindustrie angewiesen und mit ihr verbunden. Während sich die Armeewerkstätten zunächst ausschließlich auf Reparaturarbeiten beschränkten und die Herstellung privaten Unternehmern überließen[476], blieben beide staatlichen Unternehmensbereiche — anders als in Deutschland — ebenso sowohl in der Rohstoffversorgung als auch zunächst in der Rekrutierung von geeigneten Technikern von der privaten Industrie abhängig. Die Beschaffung und damit weitgehend auch die Preisstellung wie der Kohle so auch von Roheisen, Schießpulver, Salpeter und Alaun wurde den privaten Trägern staatlich verliehener Monopole überlassen[477]. Und wenn auch die staatlichen Betriebe — wie in Deutschland — nach einiger Zeit, vor allem seit dem Ende des 17. Jahrhunderts, dazu übergingen, ihren technischen Stab selbst auszubilden, so kamen eine ganze Reihe ihrer führenden Techniker zunächst aus der Privatindustrie; und trotz der bis ins 19. Jahrhundert üblichen Ämterkumulation im Staatsdienst gingen sie oftmals nebenher auch weiterhin ihrer privaten Beschäftigung nach, aus der sie den größeren Teil ihres Einkommens bezogen[478].

Trotz der eindeutigen Fortschritte in der Ausbildung ihrer Techniker — diese wurden, wie in Deutschland die Bergbeamten, als Berater von den privaten Eisenbahnbauern des 19. Jahrhunderts besonders geschätzt[479] — waren und wurden die Staatsbetriebe, anders als in Preußen, nicht das Vorbild und Muster der privaten Industrie. Die zu Beginn des 17. Jahrhunderts vom Staat unternommenen Versuche, die Alaunproduktion in eigene Hand zu nehmen, scheiterten schon nach kurzer Zeit[480], und die Vorwürfe von „mismanagement" und mangelnder Effizienz begleiteten die Entwicklung der staatlichen Schiffswerften und Rüstungsbetriebe von ihrer Gründung bis zum Beginn des 20. Jahrhunderts[481]. Noch in den Jahren nach 1900 galten die Staatsarbeiter bei den privaten Unternehmern keineswegs als gute Arbeiter. Sprichwörtlich für diese Arbeiter war vielmehr die langsame Arbeit, die man als „government stroke" bezeichnete[482].

---

475 G.E. Aylmer, The King's Servants. The Civil Service of Charles I, 1625-1642, 1961, S. 42.

476 Vgl. ebenda, S. 41.

477 Fischer/Lundgreen, The Recruitment, S. 530.

478 Vgl. ebenda, S. 531 f.

479 Vgl. J.A. Armstrong, The European Administrative Elite, S. 183.

480 Vgl. Fischer/Ludgreen, S. 530.

481 G.E. Aylmer, The King's Servants, S. 42; F. Lünnemann, Die Arbeiterpolitik, S. 30 f.; Clegg/Fox/Thompson, A History of British Trade Unions, S. 221 f.; S. Pollard/ P. Robertson, The British Shipbuilding Industry, 1870-1914, 1979, S. 205 f.

482 Lünnemann, S. 30.

So wenig signifikant die Rolle des Staates in Großbritannien — anders als in Deutschland — in der unmittelbaren Produktion gewerblicher Güter war und blieb, so unbedeutend war seine Aufgabe, und die Betroffenheit von der Erfüllung dieser Aufgabe auf seiten seiner Beamten, als industrieller Arbeitgeber. 1851 beschäftigten die staatlichen Werften und Rüstungsbetriebe insgesamt etwa 5.000 Arbeiter[483], um 1900 ca. 40.000, davon 32.000 in den Werften und 8.000 in den Rüstungsbetrieben[484], und 1911 rund 41.500 Arbeiter[485]. Obgleich damit in der zweiten Hälfte des 19. Jahrhunderts ein starkes Wachstum der im industriellen Bereich arbeitenden Beschäftigten des Staates, deren Anzahl beinahe sechsmal schneller anstieg als diejenige der übrigen Staatsdiener[486], blieb ihre Zahl zu jedem Zeitpunkt noch unter derjenigen, die der preußische Staat allein im Saarbergbau beschäftigte[487].

Anders als im industriell rückständigen Preußen-Deutschland, wo das aktive industrielle Engagement und die frühe Übernahme von industriellen Unternehmerfunktionen durch den Staat zu einem vergleichsweise frühzeitigen Wiedereingreifen in die private Wirtschaft, zu der öffentlichen Erwartungshaltung zu diesem Handeln und zur starken, bleibenden Ausrichtung der Ideologie und Handlungsorientierung des Staates und seiner Beamten auf die Industrie und das industrielle Wachstum geführt hatten, gab im industriell vorauseilenden Großbritannien die nur bescheidene und unpretentiöse Übernahme von industriellen Unternehmerfunktionen von seiten des Staates diesem und seinen Beamten vergleichsweise wenig Gelegenheit und Veranlassung zu Konfrontation und Auseinandersetzung mit unmittelbar industriellen Problemen und zur Ausbildung einer direkt auf den industriellen Prozeß und das industrielle Wachstum ausgerichteten Ideologie.

---

[483] Die Zahlenangabe beruht auf der Bevölkerungszählung von 1851 und ist wiedergegeben in: M. Abramovitz/V.F. Eliasberg, The Growth of Public Employment in Great Britain, 1957, S. 19.

[484] Vgl. die Angaben bei: Lünnemann, S. 15, und Nostitz, S. 503. S. Pollard und P. Robertson geben auf der Grundlage von A.L. Bowley/G.H. Wood, Wages in Shipbuilding and Engineering, in: Journal of the Royal Statistical Society 68, 1905, S. 705, für die Staatswerften eine durchschnittliche Arbeiterzahl für die Jahre 1870-73 von 12.300, 1888-92 von 18.600 und 1899-1903 von 27.200 an. Vgl. S. Pollard/P.Robertson, The British Shipbuilding Industry, S. 169.

[485] Vgl. Abramovitz/Eliasberg, S. 34. Die hier angegebene Schätzung für 1891 von 20.000 industriellen Staatsbeschäftigten ist zu gering.

[486] Vgl. die Aufstellungen in: ebenda, S. 19, 34.

[487] Im staatlichen Saarbergbau waren 1851: 5.785, 1900: 41.210 und im Jahre 1911: 52.969 Arbeiter beschäftigt. Vgl. H. Arlt, Ein Jahrhundert preußischer Bergverwaltung in den Rheinlanden, 1921, S. 122-124.

2. Die indirekten Maßnahmen der Industrieförderung

Wie bei den direkten, so war auch im Bereich der indirekten Maßnahmen der Industrieförderung der Staat in Großbritannien — anders als in Preußen-Deutschland — nur in äußerst geringem Maße bereit, unmittelbare Unternehmerfunktionen zu übernehmen. Auf der Ebene der indirekten Gewerbe- und Industrieförderung war und blieb das Postwesen bis 1914 der einzige Sektor. Zunächst als bedeutendes politisches Instrument, sodann immer mehr als willkommene und, anders als in Deutschland, einzige direkte Einkommensquelle betrieb der Staat das Postwesen — in den 1870er und 1880er Jahren erweitert durch den Anschluß der neuen Fernmeldemedien —, wie in Preußen seit den frühen Tagen des Merkantilismus[488]. Und immerhin beschäftigte der britische Staat im Postwesen im Jahre 1851 10.400, 1891 108.000 (davon 58.000 Beamte und 50.000 Angestellte und Arbeiter) und 1914 über 200.000 Personen, davon offenbar 142.000 fest angestellte[489]. Obwohl hiermit der Anteil der Bediensteten der Post an der Gesamtzahl der Beschäftigten der zentralen Staatsverwaltung (einschließlich der Streitkräfte) zu jedem Zeitpunkt mehr als ein Viertel ausmachte[490], erreichten die 320.000 Postbediensteten in Deutschland zum letzteren Zeitpunkt nur mehr etwa ein Achtel des gesamten Staatsapparats.

Die Zurückhaltung, die der britische Staat in der Übernahme direkter Unternehmerfunktionen beobachtete, traf jedoch zunächst lange Zeit nicht auf die Wahrnehmung anderer Maßnahmen zur indirekten Förderung von Gewerbe und Industrie zu. Im Gegenteil neigte der Staat und die im Parlament versammelten Interessenten in der Phase des Merkantilismus dazu, große Bereiche des wirtschaftlichen Lebens durch Gesetze, gleichsam und beinahe anstelle einer zentralen Bürokratie wie in Preußen, zu regeln. Ein allgemeines Lehrlingsstatut, das für bestimmte Berufszweige eine Lehrzeit

---

488 Vgl. insgesamt H. Robinson, The British Post Office. A History, 1948.

489 Vgl. Abramovitz/Eliasberg, S. 19, 34; H. Robinson, S. 419, 425.

490 Auf der Grundlage der Zahlen bei Abramovitz/Eliasberg, S. 19, 34. Wie weiter unten wieder aufzunehmen sein wird, ist es wegen der nur spärlichen und vergleichsweise ungesicherten Zahlenangaben und wegen unterschiedlicher Benutzung der einzelnen Ämter einerseits und der unterschiedlichen Bestimmung des Staatsapparates andererseits schwierig, sowohl eine eindeutige Zahlenreihe der britischen Staatsbeschäftigten aufzustellen als auch — darüber hinaus — diese mit den deutschen Zahlen zu vergleichen. Aus diesem Grund muß auch der von W. Fischer vorgenommene, zahlenmäßige Vergleich zwischen den Staatsbediensteten in England und in Preußen in der Zeit um 1800 als sehr zweifelhaft erscheinen. Vgl. W. Fischer, Rekrutierung und Ausbildung von Personal für den modernen Staat: Beamte, Offiziere und Techniker in England, Frankreich und Preußen in der frühen Neuzeit, in: R. Koselleck, Hg., Studien zum Beginn der modernen Welt, 1977, S. 194-217, S. 197. Zur Problematik vgl. auch: Abramovitz/Eliasberg, bes. S. 16-19, und Cohen, S. 23 f. Einen genaueren Vergleich zwischen der Beschäftigtenzahl der beiden Staatsapparate, aus der sich dann auch Rückschlüsse auf die relative Verteilung der wahrgenommenen Aufgaben ziehen ließen, könnte nur die Gegenüberstellung spezifischer Bereiche der Staatsverwaltung erbringen.

von sieben Jahren vorschrieb, sorgte sowohl für eine gute praktische Ausbildung der Lehrlinge als auch für billige Arbeitskräfte im Interesse der Arbeitgeber[491]. Wuchergesetze sollten die Anleger fremden Kapitals schützen[492]. Herstellungsbestimmungen und Qualitätskontrollen von Waren hatten die Aufgabe, in- und ausländische Verbraucher, aber oft auch bereits etablierte Fabrikanten, zu schützen, und gleichzeitig den guten Ruf der britischen Güter zu wahren[493]. Die Auswanderung von Handwerkern und der Export von Werkzeugen und Maschinen waren verboten[494]. Monopole wurden im Inneren wie im Bereich des Außenhandels (z. B. ostindische Kompanie) vergeben. Neben Exportverboten (z. B. für Wolle) bestanden hohe Zölle (bis zu 25% und mehr) auf die Einfuhr z. B. bestimmter Textilprodukte und — zum Schutz der Landwirtschaft — von Getreide[495]. Und die ‚Navigation Acts', die vor allem auf das Drängen der neuen parlamentarischen Kräfte seit der Mitte des 17. Jahrhunderts verabschiedet wurden und ihrerseits auf bis ins 14. Jahrhundert zurückreichende Vorläufer zurückgriffen, setzten in einer Vielzahl von Bestimmungen planmäßig die Bevorzugung britischer Schiffe beim Transport britischer oder nach Großbritannien transportierter Güter durch[496].

In der Phase zwischen 1820 und 1860, zumeist aber schon vor 1850, wurden diese Gesetze aufgehoben. Dies lag nicht nur, obwohl, wenn man dieser Zahl glauben darf[497], die Zoll- und Steuerbehörden im Jahre 1797 bereits ein Personal von 13.396[498], 1851 ein solches von 15.900[499] beschäftigten, an der immer schon schwierigen und angesichts der expandierenden Märkte immer schwerer werdenden Überwachung der Einhaltung der großen Zahl von Bestimmungen, sondern vor allem an dem Bedürfnis der britischen Industrie nach Freihandel, dessen Realisierung dieser — nach dem Abschluß der ersten frühen und langen Phase der gerade auch durch staatliche Maßnahmen geförderten Industrialisierung — ein faktisches Monopol auf dem Weltmarkt verlieh[500]. Der Staat zog sich in dieser Phase des Laissez-faire — anders als in Deutschland — weitgehend auf die beiden auch schon zuvor erfüllten Aufgaben: die Schaffung und Förderung der eigenen sowie

[491] Vgl. hierzu: Ph. Deane, Die Rolle des Staates, in: R. Braun u. a., Hg., Industrielle Revolution. Wirtschaftliche Aspekte, NWB, Bd. 50, 1972, S. 272-286, S. 273 f.

[492] Ebenda, S. 274-277.

[493] Ebenda, S. 273 f.

[494] Ebenda, S. 278.

[495] Ebenda, S. 275 f., 278.

[496] Vgl. Davis, The Rise of the British Shipping Industry, S. 300 ff.; Deane, S. 273.

[497] Vgl. Anmerkung 490.

[498] Nach der Zusammenstellung bei Cohen, S. 34.

[499] Nach Abramovitz/Eliasberg, S. 19.

[500] Vgl. Deane, S. 278/9; E.J. Hobsbawm, Industrie und Empire, Bd. 1, S. 48-50; Bd. 2, S. 61-63, 81.

fremder, in- und ausländischer Nachfrage nach industriellen Gütern und die Absicherung der Rohstoff- und Absatzmärkte durch die Flotte zurück. Andere Tätigkeitsgebiete, auf denen der Staat im industriell rückständigen Preußen-Deutschland zur gleichen Zeit aktiv blieb oder wurde, wurden über längere Zeit vernachlässigt. Und nur allmählich, in ihrem Ausmaß aber immer noch vergleichsweise unbedeutend, fand sich der Staat zu weiteren Maßnahmen auf dem Gebiet der indirekten Industrieförderung bereit.

Mit dem Gesetz von 1844 wurde — wie kurz darauf auch in Deutschland — der vom Staat relativ unabhängigen Zentralbank, der Bank von England, die Zins-, Diskont- und allgemeine auf der Goldbasis beruhende Währungspolitik überlassen, mit der der allgemeinen Lehrmeinung folgenden Anweisung, daß die Bank mit ihrer Politik nur auf die jeweiligen Marktbewegungen von Angebot und Nachfrage zu reagieren habe[501]. Die Privatbanken mußten naturgemäß dieser Politik im großen und ganzen folgen. Die Form der Aktiengesellschaft, welche die Kapitalbildung für große Unternehmen erleichterte, war 1720 durch die ‚Bubble Act' verboten worden und wurde erst zwischen 1856 und 1862, also mindestens zehn Jahre später als in Deutschland, wieder legalisiert. Alle in der Zwischenzeit angemeldeten Gründungsvorhaben mußten vom Parlament gebilligt und jeweils durch ein besonderes Gesetz bestätigt werden. „Es ist", wie Thomas Ashton schreibt, „oft gesagt worden, daß dieses Gesetz [die ‚Bubble Act'] für mehr als hundert Jahre die Entstehung großbetrieblicher Produktionsformen erschwert hat"[502]. Doch abgesehen von der notfalls bestehenden Möglichkeit abweichender, aber zu ähnlichem Ziel führender Organisationsformen reflektiert die lange Verzögerung in der Gesetzestätigkeit des Staates auch das lange Zeit geringe und erst relativ spät sich verbreitende Bedürfnis nach großen Produktionseinheiten. Die vom Parlament erlassenen Sondergenehmigungen für die Gründung von Aktiengesellschaften betrafen vor allem den Straßen-, Kanal- und Eisenbahnbau, also Gebiete, auf denen sich in Deutschland — wie wir sahen — in starker Weise der Staat engagiert hatte, während er in Großbritannien — neben der Sondergewährung einer bestimmten rechtlichen Unternehmensform — so gut wie untätig blieb. Die ausschließlich von privaten Kapitalgebern finanzierten und privaten Gesellschaften gebauten Eisenbahnen aber konfrontierten den Staat bald mit einer Reihe von Folgeproblemen, deren Lösung ihn auf die Möglichkeiten und Notwendigkeiten einer zukünftigen, vom deutschen Staat bereits praktizierten Politik verwies.

[501] Vgl. Deane, S. 277 f., 284; Hobsbawm, Industrie, Bd. 2, S. 72-74.

[502] Vgl. Deane, S. 273 (auch für das Zitat); E.J. Evans, Introduction, in: ders., Hg., Social Policy 1830-1914. Individualism and the origins of the Welfare State, 1978, S. 5; J.B. Brebner, Laissez-faire and State intervention in Nineteenth-Century Britain, in: JEH 8, 1948, S. 59-73, S. 71.

Das erste Problem stellte sich mit der von vornherein absehbaren und immer mehr zutage tretenden Vereinigung von Strecken und Eisenbahngesellschaften. Hatte man vorher — anders als in Deutschland — den Bau von Eisenbahnen begrüßt, um das weitgehende Transportmonopol der Kanäle zu brechen, so stand der Staat nun der Aussicht auf ein Monopol der Eisenbahnen gegenüber. Anders aber als in Deutschland, wo angesichts der gleichen Aussicht die Regierungen, gedrängt — wie wir sahen — von seiten der privaten Wirtschaft selbst, schon bald zur Verstaatlichung der Eisenbahnen übergingen, blieben in Großbritannien Regierung und Parlament bis 1914 bei einer inkonsistenten Politik, welche die eine Zusammenlegung gewährte, die andere verhinderte[503]. Diese schwankende Politik und die Weigerung des Staates, die Eisenbahnen etwa unter eigener Regie zu betreiben, bewahrte die britische — ungleich der deutschen — Regierung davor, sich z. B. mit den weiteren , sich hiermit automatisch ergebenden Problemen der Versorgung mit Kohlen, Lokomotiven, Schienen usw. und — nicht zuletzt — der Behandlung des Personals auseinanderzusetzen. Aber auch in der für die Flotte so wichtigen Versorgung mit Kohle verließ sich der britische Staat — anders als der deutsche — ausschließlich auf den privaten Bergbau.

Konnte der wirtschaftsliberal orientierte Staat auf diese Weise vor der endgültigen Wahl zwischen Intervention und der passiven Akzeptierung eines permanenten Monopols zumindest bis zum Ersten Weltkrieg zurückweichen, so brachten die Eisenbahnen weitere Notwendigkeiten mit sich, denen er sich nicht entziehen konnte. Die Eisenbahngesellschaften erhielten — wie zuvor die Kanalgesellschaften — das auch in Deutschland, wie wir sahen, für industrielle Vorhaben bestehende Recht, notfalls Land im Zwangsverfahren zu kaufen[504]. Für diesen Fall wurde vom Staat ein Sicherheitssystem geschaffen: „Vereidigte unparteiische Kommissionen oder eine Jury sollten gewährleisten, daß die Landbesitzer, die enteignet werden sollten, nicht übervorteilt wurden“[505]. Doch wurde der Staat schließlich auch unmittelbar betroffen. Im Interesse der öffentlichen Sicherheit, der großen Summen investierten Kapitals und der effizienten Nutzung der vorhandenen oder zu schaffenden Ressourcen sah sich die Regierung veranlaßt, eine verstärkte Aufsicht über die Eisenbahnen auszuüben. Militärische oder auch politische Überlegungen im Sinne einer stärkeren Zentralisierung des Landes — wie in Deutschland — spielten hierbei offensichtlich keine Rolle. Im Anschluß an die Eisenbahngesetze von 1840 und 1842 entstand im Handelsministerium eine Eisenbahnabteilung und es wurde ein Stab von — zunächst drei, 1914 sieben — Inspektoren ernannt, welche vielfach auf den Militäraka-

503 Vgl. A.J. Taylor, Laissez-faire and State intervention in Nineteenth-century Britain, 1972, S. 40-42.

504 Vgl. Deane, S. 284; Armstrong, S. 280; Brebner, S. 71; für Deutschland vgl. Jankowski, S. 106 f.

505 So J.H. Clapham, An economic history of modern Britain, 1930, Bd. 1, S. 413.

demien ausgebildete Techniker waren. Diese Inspektoren hatten nicht nur die Aufgabe, für eine Vereinheitlichung der Spurweite zu sorgen, sondern auch die geschäftlichen Unternehmungen der Eisenbahngesellschaften zu überwachen und Verstöße gegen die Gesetze zu bestrafen[506]. „Sie hatten freien Zugang zu allen Baustellen, das Recht, die Eröffnung neuer Strecken so lange zu verhindern, bis sie in einem angemessenen Zustand waren, und die Pflicht, Konflikte zwischen den Gesellschaften in der Frage des Durchgangsverkehrs zu entscheiden"[507]. Diese relative Machtfülle, welche an die Tätigkeit deutscher Beamter erinnert, demonstriert das Engagement des Staates. Und obwohl bis 1914 die Inspektoren, die mit der Zeit stärker interventionistische Überzeugungen entwickelten, weder berechtigt noch imstande waren, die Eisenbahngesellschaften in ihren eigentlichen strategischen Entscheidungen zu beeinflussen, waren sie — kaum überraschend — immer wieder Zielpunkt der Kritik von dieser Seite[508]. Doch trotz der mehrfachen Umorganisierung der Aufsichtsorgane blieb die nicht unbedeutende, wenn auch im Umfang des Personals begrenzte, staatliche Aufsicht über das private Eisenbahnwesen in Großbritannien bis zum Ersten Weltkrieg bestehen.

Die ab den 1840er Jahren ergriffenen indirekten Maßnahmen der Industrieförderung des Staates *folgten* in weit stärkerem Maße als in Deutschland den Bedürfnissen der technisch-industriellen Entwicklung, als daß sie diesen vorausgingen. Dies schloß jedoch nicht aus, daß sich die Form dieser Maßnahmen, wenn auch viel allmählicher und auf kleinere Inseln der Volkswirtschaft verstreut, denjenigen des deutschen, traditionell durch stärkere und bestimmtere Intervention gekennzeichneten Staates anglich. 1863 erging das Alkali-Gesetz, das die Fabrikanten von chemisch hergestelltem Soda verpflichtete, die bei diesem Produktionsverfahren auftretenden hydrochlorischaciden Gase, welche die die Fabriken umgebende Vegetation und Tierwelt gefährdete, weiterzuverarbeiten. Doch hatten schon zuvor einige Hersteller festgestellt, daß das kondensierte hydrochlorische Acid durchaus vermarktbar war[509]. Und in den Jahren nach 1900 konnte sich schließlich der Staat — in Affinität zum Benzolmonopol in Deutschland — dazu entschließen, sich am Besitz bzw. der Finanzierung des Suez-Kanals, der Anglo-Persian Oil Company (1914), der Cunnard Dampfschiffahrtsgesellschaft (1904) und — „um den Preis eines üblen Bestechungsskandals", in den prominente Mitglieder der Regierung verwickelt waren — der Marconi Radio Telegraph Company (1913) zu beteiligen[510]. Wie bei der — allerdings

[506] Armstrong, S. 280; Labour Yearbook 1916, S. 558.

[507] Deane, S. 284.

[508] Vgl. Armstrong, S. 280 f.

[509] Vgl. E.W. Evans, Introduction, S. 5/6.

[510] Vgl. E.J. Hobsbawm, Industrie, Bd. 2, S. 79.

schon seit 1888 sich entwickelnden — Beteiligung des Staates an den Kartellen von Privatunternehmern in Deutschland, so deutete sich auch in Großbritannien hiermit in den Jahren vor dem Ersten Weltkrieg die Tendenz zu einer Verschränkung von staatlichem und privatem Eigentum in der Sphäre des Produktionsmittelbesitzes an.

Vor allem aber auf dem Gebiet des Ausbildungswesens wurde sichtbar, wie sehr in Großbritannien im Vergleich zu Deutschland die Maßnahmen des Staates zur Förderung der Industrie hinter der technisch-industriellen Entwicklung des Landes nachhingen, und wie sehr sich der Staat auf das weitere eigenständige Wachstums der Industrie, nachdem es einmal gesichert und unbestritten erschien, verließ. Hatten doch gerade die frühen, häufig wenig gebildeten, industriellen Unternehmer[511] durch ihren Erfolg bewiesen, daß selbst die Ausübung unternehmerischer Funktionen ohne große Schulbildung möglich war. So „bezweifelte" noch zu Beginn des 19. Jahrhunderts der Premierminister Lord Melbourne „die Vorteile einer allgemeinen Bildung, da es auch so beim Volk gehe"[512]. Die Folgen waren unverkennbar. Die Ausbildung wurde weitgehend privater Initiative überlassen. Und während im industriell rückständigen Preußen-Deutschland der Staat bereits zu Beginn des 18. Jahrhunderts — wenn auch mit sich erst allmählich durchsetzendem Erfolg — die allgemeine Schulpflicht einführte, blieb in Großbritannien die Frage, ob und in welchem Ausmaß der Staat die Pflicht oder überhaupt erst das Recht habe, in den Bereich der Ausbildung einzugreifen, bis tief in das 19. Jahrhundert nicht endgültig beantwortet.

Der Unterricht in den meist von konfessionellen Institutionen getragenen Schulen war relativ schlecht und ihr Erfassungsgrad gering. Nach ungefähren Schätzungen blieben in den Jahren um 1820 etwa drei Fünftel aller Kinder zwischen 5 und 14 Jahren ohne jeden Unterricht. Und noch die in den Jahren 1839-1841 angestellten, standesamtlichen Erhebungen zeigten, daß von den rund 750.000 Personen, welche eine Ehe schlossen, über 300.000 nicht einmal ihren Namen schreiben konnten[513]. Dies war so, obwohl der Staat schon einige, wenn auch zaghafte, Versuche zur Verbesserung der Ausbildung unternommen hatte. Bereits 1802 hatte das erste der noch zu behandelnden Fabrikgesetze bestimmt, daß die jüngeren Lehrlinge auf Kosten des Unternehmers und unter Anrechnung auf die zulässige Arbeitszeit unterrichtet werden sollten. Und ein weiteres Fabrikgesetz von 1833 hatte für Kinder in bestimmten Industriezweigen einen täglichen Schulbesuch von mindestens zwei Stunden vorgeschrieben. Aber obwohl, wie es in dem Bericht der Royal Commission von 1843 heißt, „alle Zeugenklassen,

[511] Vgl. etwa: R. Bendix, Work and Authority in Industry. Ideologies of Management in the Course of Industrialization, 1956, S. 26, 32 f.

[512] Zit. nach: Nostitz, S. 152.

[513] Vgl. Nostitz, S. 123.

besonders aber Arbeitgeber darin übereinstimmen, daß die gebildetsten Leute immer zugleich die besten Arbeiter sind, die regelmäßigsten in ihren Gewohnheiten, die zuverlässigsten, die tatkräftigsten im Falle einer Geschäftsbedrängnis und im allgemeinen in der Erfassung und Ausführung der ihnen gegebenen Weisungen, die gewandtesten und schnellsten, . . . ohne Unterschied stets höflicher in ihrem Betragen und in ihrer Gesinnung gegen Höherstehende, weniger mißtrauisch und überhaupt einer gewissen Zuneigung fähiger"[514], blieben die gesetzlichen Vorschriften weitgehend ausschließlich papierene Bestimmungen. Das kurzfristige ökonomische Interesse der bei weitem größten Anzahl von Unternehmern, aber auch der Eltern, die um etwa entstehende Ausbildungskosten, die Schmälerung des Lohns oder gar um die Entlassung ihrer Kinder fürchteten, stand einer Realisierung der staatlichen Vorschriften im Wege. Und die unzureichende Überwachung der Einhaltung konnte den Bestimmungen nicht zum Durchbruch verhelfen. Zusätzlich scheiterten zwei Gesetzentwürfe von 1807 und 1820, nach denen Elementarschulen durch die Gemeinden eingerichtet und unterhalten werden sollten, am Widerstand der sich bekämpfenden Konfessionen, die ja die meisten der existierenden Schulen trugen[515]. In Deutschland dagegen war der staatliche Druck offensichtlich groß genug gewesen, Hindernisse, die sich aus der Konkurrenz der verschiedenen Konfessionen ergaben, im Bereich des Schulunterrichts aus dem Wege zu räumen.

Die Regierung wurde schließlich zu größerer Tätigkeit angeregt, da sie „mit tiefer Betroffenheit wahrnahm, wie sehr es noch an Unterricht für die ärmeren Kinder gebreche, und wie alle Erhebungen einen Bildungsmangel aufdeckten, welcher eines Kultur- und Christenvolkes unwürdig sei"[516]. Im Jahre 1839 wurde nicht nur der Budgetposten für die Schulbildung, Gelder, die den freien Trägern seit 1833 zuflossen, von £ 20.000 auf immer noch magere £ 30.000, und dies in einem stark besetzten Unterhaus bei einer Mehrheit von nur zwei Stimmen, heraufgesetzt, sondern auch das ‚Education Department' als ständiger zentraler Ausschuß geschaffen, welcher über die neu ernannte, zahlenmäßig und in ihren Befugnissen jedoch zunächst beschränkte Gruppe der Schulinspektoren sowie durch die gezielte Vergabe von Staatsbeihilfen zum Bau von Schulen und Lehrerseminaren eine, wenn auch begrenzte, Aufsicht über das Schulwesen ausübte. Die ab 1853 erhebliche Steigerung der staatlichen Zuschüsse — der entsprechende Budgetposten stieg zwischen 1850 und 1860 von £ 50.000 auf £ 800.000 — erhöhte zwar weiter die Möglichkeit der Kontrolle des Staates, die 1844, 1850 und 1852 vorgenommenen Versuche der Einrichtung von kommunal getragenen Gemeindeschulen scheiterten jedoch. Dies lag nicht nur an der mangelnden

---

[514] Zit. nach ebenda, S. 125/6.

[515] Vgl. Nostitz, S. 123.

[516] So der Wortlaut des Königlichen Erlasses von 1839, nach Nostitz, S. 124.

Aufgabewilligkeit für die Ausbildung auf seiten der Bürger und der blockierenden Konkurrenz zwischen den Konfessionen, sondern auch an der nach wie vor und auch auf diesem Gebiet herrschenden Abneigung der Bürger gegenüber einer zu starken Kontrolle von seiten zentraler Institutionen des Staates[517].

Die klassischen liberalen Ökonomen, mit Ausnahme Ricardos, und nicht wenige der von ihnen inspirierten hohen Staatsbeamten maßen der Erziehung und Ausbildung der Bevölkerung hohes Gewicht bei. Sie sahen in ihr ein Mittel zur Kontrolle des Bevölkerungswachstums, zur Stabilisierung der sozialen Ordnung und ein Instrument zur nationalen ökonomischen Entwicklung. Nicht zuletzt jedoch — und dies werden wir im weiteren wieder aufzunehmen haben — hielten sie die Erziehung für das entscheidende Mittel zur Schaffung mündiger und selbstverantwortlicher Bürger und damit zur Förderung politischer Demokratie[518]. Zugleich jedoch warnten die Ökonomen als führende Meinungsmacher — wie z. B. J.S. Mill — vor einem System der staatlichen Erziehung. „Die Regierung", so schrieb er im Jahre 1848, „darf keinen Anspruch auf ein Erziehungsmonopol erheben . . . Es ist nicht zu tolerieren, daß eine Regierung, entweder de jure oder de facto, vollkommene Kontrolle über die Erziehung des Volkes hat"[519]. Der Staat befand sich in einer zwiespältigen Lage, welche auch schon in der Konzeption der Theoretiker angelegt war: Einerseits respektierte und akzeptierte er weitgehend das Recht der individuellen Freiheit der Bürger gegenüber dem Staat, andererseits sah die Regierung durch die Berichte der Kommissionen und Inspektoren immer deutlicher, daß, wie es der Kommissionsbericht von 1843 ausdrückte, nichts getan wurde, um die Kinder in den Industriebezirken, „in denen sich große Menschenmengen plötzlich angesammelt haben", „an Ordnung, Mäßigkeit, Ehrlichkeit und Vorbedacht zu gewöhnen oder nur, um sie dem Laster und Verbrechen fernzuhalten"[520]. 1858 ergab eine Untersuchung, daß von den Kindern nur etwa 41% ein Jahr, 22% ein bis zwei Jahre, 15% zwei bis drei Jahre, 9% drei bis vier Jahre, 5% vier bis fünf Jahre und 4% fünf bis sechs Jahre tatsächlich in irgendeine Schule gingen. 1861 besuchten von 2,5 Mill. Kindern nur etwa 1,5 Mill. irgendwelchen Unterricht, von diesen wiederum nur knapp 900.000 staatlich unterstützte und damit beaufsichtigte Schulen. Und ein Jahr später wuchs noch mindestens ein Drittel aller Kinder ohne jede Schulerziehung auf[521], also etwa soviel, wie in Preußen im Jahre 1816.

---

[517] Vgl. Nostitz, S. 124-126, 152; Evans, S. 6.

[518] Vgl. A.J. Taylor, Laissez-faire, S. 46; G.V. Rimlinger, Welfare Policy and Industrialization in Europe, America and Russia, 1971, S. 40.

[519] Zit. nach: Taylor, S. 47.

[520] Zit. nach: Nostitz, S. 125.

[521] Vgl. Nostitz, S. 127 f.

Mit der Elementary Education Act von 1870 entschloß sich der Staat schließlich zu einem direkteren, wenn auch immer noch die private Initiative stark einbeziehenden Eingreifen. Die Gleichberechtigung des Glaubens und die Gewissensfreiheit wurde dabei zur Ausräumung der alten konfessionellen Hindernisse erst jetzt als oberster Grundsatz vom Staat entwickelt und durchgesetzt[522]. Das ganze Land wurde in Schulbezirke eingeteilt, aber nur dort die Einrichtung von ‚School Boards' vorgeschrieben, wo die Anzahl der Privatschulen nach der Beurteilung der Schulinspektoren unzureichend war. Die Mitglieder des School Boards wurden von den Steuerzahlern des jeweiligen Schulbezirks gewählt und blieben unbesoldet. Während das School Board keinerlei Befugnisse über die Privatschulen besaß, hatte es die Aufgabe, die in dem Bezirk noch fehlende Anzahl von Schulen (Bezirksschulen) zu gründen, zu unterhalten und zu verwalten. Wurde der sich nach dem Verbrauch der staatlichen Zuschüsse ergebende Fehlbedarf nach wie vor durch das freiwillige Besteuern der Privatpersonen oder Körperschaften bestritten, denen die Schule gehörte, so wurde er für die Bezirksschulen durch einen Zuschlag zur Gemeindesteuer gedeckt. In Deutschland dagegen wurden die Kosten für den bei weitem größten Teil der Schulen durch den Staat oder die Gemeinden bestritten. Mit der Umwandlung des eher provisorischen Education Department in das gewichtigere ‚Board of Education', dem ein Präsident und einige Kabinettsminister als Mitglieder angehören, auf zentraler Ebene im Jahre 1899 und der Einrichtung der ‚Local Education Authorities' anstelle der School Boards im Jahre 1902, war der institutionelle Rahmen der Schulaufsicht weitgehend abgeschlossen[523].

Hatte sich der britische Staat auf dem Gebiet der Organisation und der Aufsicht des Schulwesens vor allem mit dem Gesetz von 1870 — wenn auch noch immer bei weitem nicht so sehr wie der deutsche — zu stärker dirigistischen Maßnahmen entschlossen, so war hiermit noch nichts über die Mittel entschieden, mit denen der Staat seinen Bürgern zur Nutzung und Einhaltung der gebotenen Ausbildungsmöglichkeiten entgegentrat. Zwar hatten schon — wie wir sahen — die Fabrikgesetze von 1802 und 1833 einen gewissen Unterricht für die beschäftigten Kinder vorgeschrieben, aber noch die Royal Commission von 1858 hatte den Gedanken der allgemeinen Schulpflicht mit Entschiedenheit abgelehnt. Mit dem Gesetz von 1870 erhielten die School Boards die Befugnis, die allgemeine Schulpflicht in ihre Satzungen einzuführen, und erst 1880 erhielt das zentrale Board of Education diese Berechtigung. Seitdem erstreckte sich die Schulpflicht auf Kinder vom vollendeten 5. bis 14. (vor 1876: 13.) Lebensjahr. Für Kinder unter 11, ab 1900 unter 12 (vor 1894 unter 10) Jahren war sie eine Regel ohne Ausnahme. Kinder zwischen 11 bzw. 12 und 13 Jahren waren ganz oder halb von der Schulpflicht befreit,

522 Ebenda, S. 139.

523 Ebenda, S. 129 f.; G.A.N. Lowndes, The Silent Revolution, S. 3 ff.

wenn sie den durch Schulsatzung bestimmten Reifegrad (standard) erreicht hatten. Kinder zwischen 13 und 14 Jahren waren entweder teilschulpflichtig oder ganz der Schulpflicht entbunden, wenn sie bestimmte Leistungsnormen erfüllt hatten. Im Jahre 1898 fehlten von den schulpflichtigen Kindern im Alter von 11-12 Jahren ein Dreißigstel, von 12 bis 13 Jahren ein Sechstel und von 13-14 Jahren zwei Drittel in den Registern der Elementarschulen[524]. Und obwohl im Jahr darauf, wie der Leiter des Board of Education feststellte, von 100 Kindern 65 bereits mit dem 11. Lebensjahr aufhörten, die Schule voll zu besuchen, war die Royal Commission von 1888 schon mit noch schlechteren Verhältnissen zufrieden gewesen[525]. Trotzdem hatten sich die Schulverhältnisse vor allem wohl auch durch den völligen Wegfall des Schulgeldes, das es in Deutschland für die Elementarschulbildung nie gegeben hatte, insbesondere im letzten Viertel des 19. Jahrhunderts entscheidend verbessert. Die durchschnittliche Dauer des Schulbesuchs stieg von etwa zweieinhalb Jahren im Jahre 1870 auf sieben Jahre im Jahre 1897[526]. Mit diesem Ergebnis jedoch blieb die britische hinter der deutschen Entwicklung wohl etwa 40 bis 50 Jahre zurück.

Das lange Zeit uneffektive und mangelhafte Ausbildungssystem in Großbritannien war ohne Zweifel das Ergebnis mangelnden staatlichen Engagements. Während in Deutschland der Staat auf allen Stufen des Bildungssystems die Lehrer ausbildete, bezahlte und — mit der, wie wir sahen, ebenfalls durchlöcherten Ausnahme der Universitäten — auch einstellte und dazu noch die Lehrpläne beeinflußte, blieb der Staat in Großbritannien auch in diesen Fragen weitgehend passiv und überließ sie den örtlichen School Boards oder den Schulen selbst. Hatte jedoch der Staat noch im Bereich der Elementarschulbildung sich — gezwungen durch die offenkundig schlechten Verhältnisse — mit der Zeit bereitgefunden, über die finanzielle Unterstützung und die Einsetzung von Schulinspektoren und — indirekt — von School Boards eine gewisse Aufsicht auszuüben und Mindestmaßstäbe zu setzen, so enthielt er sich im Bereich des höheren Schulwesens fast jeder Intervention. Nur die Schulen, die im Besitz von Stiftungen waren, unterstanden ab 1853 der lockeren Aufsicht der staatlich ernannten ‚Charity Commission'[527]. Und für die Public Schools und die Universitäten von Oxford und Cambridge wurden auf parlamentarischem Wege die Statuten erlassen[528]. Durch sein mangelndes Engagement im Bereich der höheren Bildung hatte der Staat in Großbritannien eine gleichsam dreifache und weit größere Ungleichheit als in Deutschland sich entwickeln und bestehen lassen. Durch ein notwendiges Schul- und

[524] Vgl. Nostitz, S. 135.

[525] Ebenda, S. 133.

[526] Ebenda, S. 134.

[527] Vgl. ebenda, S. 175 f.

[528] Ebenda, S. 153-156.

Unterhaltsgeld von (um 1900) mindestens £ 300 im Jahr an den Public Schools, Ausgaben[529], die in ihrer Höhe den Unterhaltskosten an den Universitäten gleichkamen, war der Zugang zu den Public Schools und damit zu den Universitäten von vornherein und weit stärker noch als in Deutschland — wie wir dies noch für die Gruppe der staatlichen Beamten verfolgen werden — an das Einkommen der Eltern gebunden und nur für hohe Einkommensgruppen erreichbar. Die Tatsache, daß die höheren Schulen ihre Schüler schon im Kindesalter aufnahmen, trennte sie — anders als in Deutschland, wo alle Schüler zunächst vier Jahre lang gemeinsam die Volksschulbank drücken mußten — von Anfang an von den Schülern der Elementarschulen[530]. Und schließlich blieb eine Einteilung des höheren Schulwesens in drei Grade bestehen. Nur die Schulen ersten Grades, die die Schüler bis zum 18., 19. oder 20. Lebensjahr unterrichteten und sich — wie wir oben sahen — auf Latein und Griechisch konzentrierten, bereiteten für die Universität und die wissenschaftlichen Berufe vor. Die Schulen zweiten Grades, die die Schüler bis zum 16., 17. und 18. Lebensjahr behielten und Latein noch in beschränktem Umfange lehrten, bereiteten im allgemeinen für das höhere Geschäftsleben, Handel oder Gewerbe vor. Und die Schulen dritten Grades, die ihre Schüler bis zum 14., 15. oder 16. Lebensjahr unterrichteten, bildeten weitgehend nur eine Ergänzung und Weiterführung der Elementarschulbildung[531].

War die weitgehende Passivität des Staates — ebenso wie zuvor sein relatives Engagement — im wirtschaftlichen Bereich Reflex der gewerblich-industriellen Bedürfnisse des Landes, so reflektierte das fehlende staatliche Engagement im Bereich der Ausbildung die anhaltende und lange Zeit ungefährdet erscheinende Führungsstellung im industriellen Prozeß. Hatten somit in Deutschland die Bedürfnisse des industriellen Aufholens zu einer vergleichsweise egalitären Struktur des Bildungssystems geführt, so hatte die langdauernde industrielle Führungsstellung im britischen Ausbildungswesen einen höheren Grad der sozialen Ungleichheit und — wie sich zeigen wird — auch inhaltlich eine geringere Bindung an die unmittelbar industriellen Bedürfnisse des Landes aufrechterhalten. Während noch 1839 der Bischof von Durham „nicht an Fortschritte der Bildung unter den Armen glaubte“[532], hatte schon 1772 der Pädagoge J.W. Whitchurch formuliert: „I am clearly of opinion, that a publick education is proper only for persons of rank, or fortune“[533]. Und noch 1888 war die Royal Commission sogar für den

[529] Ebenda, S. 167.

[530] Hierzu und zu den psychologischen Auswirkungen dieses Phänomens vgl. A. Ponsonby, The Decline of Aristocracy, 1912, S. 193-195.

[531] Vgl. Nostitz, S. 173/4.

[532] Zit. nach ebenda, S. 152.

[533] J.W. Whitchurch, Essay upon Education, 1772, S. 103, zit. nach: F. Musgrove, Middle-class education and employment in the Nineteenth Century, S. 101.

Bereich der Elementarschulbildung gegen die Aufhebung des Schulgeldes. Denn, so ging deren, ihre Interessengebundenheit kaum verleugnende Argumentation, wenn der Staat Pflichten auf sich nehme, die in erster Linie den Einzelnen träfen, „verletzt dies nicht bloß gesunde wirtschaftliche Verhältnisse, sondern schwächt vor allem den Unabhängigkeitssinn, durch welchen sich die englische Art, das Staatsleben einzurichten, von der anderer Völker unterscheidet, deren Bürger zufrieden sind, Inangriffnahme, Verwaltung und Aufsichtsführung bei allen gemeinnützigen Unternehmungen der Regierung zu überlassen"[534]. Die Ausbildung sollte weitgehend der Eigeninitiative, damit zugleich aber — und in weit stärkerem Maße als in Deutschland — der finanziellen Kapazität der Staatsbürger vorbehalten bleiben. Dem entsprach, daß Bildung insgesamt weniger — wie in Deutschland — als allgemein anzustrebendes, beinahe absolutes Gut[535], sondern — wie die staatliche Unterstützungsmethode der Elementarschulen des „payment by results" deutlich zeigt[536] — gleichsam in Erweiterung des materiellen Gütermarktes als Ware angesehen wurde.

Hatte sich selbst beim industriellen Nachzügler Deutschland der Bereich der technischen Ausbildung nur allmählich gegen den traditionellen Ausbildungsgang durchsetzen können, so waren diese Widerstände in Großbritannien ungleich größer. Zwar hatte der Staat für die eigenen Betriebe der Armee und der Flotte schon seit dem 17. Jahrhundert Ausbildungssysteme und technische Schulen geschaffen, aus denen auch einige private Unternehmer hervorgingen, doch breitete sich dieses Bildungsangebot — anders als in Deutschland — kaum aus. 1837 wurde durch einen Staatszuschuß eine Zeichenschule in London gegründet, 1845 die chemische und — wie wir sahen — 1851 die Bergakademie in London geschaffen[537]. Obwohl es inzwischen auch einige den Polytechniken ähnliche Schulen gab und auch in den höheren und Abendschulen das Lehrangebot an naturwissenschaftlichen Fächern ausgedehnt wurde, blieb sowohl das staatliche Angebot wie auch die öffentliche Nachfrage nach technischer Ausbildung und die Bereitschaft, diese zu finanzieren, schwach. Selbst nach der Weltausstellung von 1878, die wiederum die steigende Konkurrenzfähigkeit Deutschlands und Frankreichs sichtbar gemacht und zur Schaffung der ‚National Association for the Promotion of Technical and Secondary Education' geführt hatte, waren die örtlichen Selbstverwaltungskörperschaften kaum bereit, von ihrer neuen gesetzlichen Befugnis, Steuern zum Zweck der gewerblichen Ausbildung zu

---

534 Zit. nach: Nostitz, S. 136/7.

535 Vgl. etwa: F.K. Ringer, The Decline of the German Mandarins, S. 15 ff.

536 Der Staat gewährte seine Unterstützung auf den Kopf des Kindes, das in einer Prüfung vor dem ernannten staatlichen Schulinspektor eine gewisse Mindestqualifikation und damit einen Mindesterfolg des Unterrichts der jeweiligen Schule nachweisen konnte. Vgl. hierzu: Nostitz, S. 128; Lowndes, S. 6-11.

537 Vgl. Nostitz, S. 177; E.J. Hobsbawm, Industrie und Empire, Bd. 1, S. 49 f.

erheben, Gebrauch zu machen. Und die schließlich doch ab 1890 ergehende zentrale Förderung des technischen Bildungswesens in Elementar- und höheren Schulen sowie technischen Instituten — im Jahre 1912/13 gab es in 26 staatlich unterstützten, technischen Institutionen immerhin 1.246 Studenten[538], damit aber nur 10% der entsprechenden Studentenzahl in Deutschland[539] — durch den Staat erfolgte nicht durch eine speziell hierzu erhobene Steuer, sondern durch die im Finanzgesetz von 1890 verabschiedete Alkoholsteuer, das sogenannte „whisky money“[540]. Doch blieben auch nun noch, wie W.J. Reader feststellt, die für die technische Ausbildung „ausgegebenen Summen, gemessen an deutschen Maßstäben, karg“[541]. Auch die Universitäten waren, anders als viele deutsche, nur zögernd bereit, zunächst eine stärker arbeitsteilige und sodann mehr naturwissenschaftlich-technische Ausbildung anzubieten. Waren bis in die Mitte des 19. Jahrhunderts —neben ein wenig Mathematik — Latein und Griechisch die Hauptfächer, so konnte doch der Staat durch das Universitätsgesetz von 1854 zu einer relativen Öffnung beitragen. So kamen in der zweiten Jahrhunderthälfte Theologie, Rechtswissenschaft, Geschichte, Moralphilosophie, orientalische, mittelalterliche und neuere Sprachen sowie Naturwissenschaften in verschiedenen Abzweigungen dazu. Doch ergab ein Vergleich zwischen den Universitäten Oxford und Berlin im Jahre 1895, daß Oxford in der theologischen und der philosophischen Fakultät, soweit es um antike Philologie ging, einen Vergleich nicht zu scheuen brauchte. Dagegen fanden in Oxford nur 24 juristische, 15 medizinische und 5 chemische, in Berlin aber 74 juristische, 257 medizinische und 46 chemische Vorlesungen statt[542].

Zwar hatte der Staat in Großbritannien zunehmend Maßnahmen zur indirekten Industrieförderung übernommen, doch blieben diese wie diejenigen der direkten Gewerbeförderung im Vergleich zu den Aktivitäten des Staates in Deutschland in äußerst bescheidenem Rahmen. Selbst als die Anzeichen für eine Verlangsamung des industriellen Wachstums und eine stärker werdende internationale Konkurrenz zunahmen, verließ er sich auf und rechnete er nach wie vor in hohem Maße mit der Eigeninitiative der Gesellschaft, durch die die Industrialisierung des Landes hauptsächlich — wenn auch mit staatlicher Unterstützung — zustandegekommen war. Wenn dies auch — wie im Bereich der Ausbildung — die Ungleichheit innerhalb der Gesellschaft bestehen ließ und eher noch verstärkte, und wenn auch andere Bedürfnisse zu einer fördernden Mithilfe des Staates drängten,

[538] Nach: Labour Yearbook 1916, S. 512.

[539] Vgl. M. Doeberl u. a., Hg., Das akademische Deutschland, Bd. 3, S. 319; Ringer, S. 58, und oben S. 468.

[540] Vgl. Nostitz, S. 177 f.; Lowndes, S. 31, 40, 57.

[541] So W.J. Reader, Professional Men, S. 140.

[542] Nach den Untersuchungen von Professor Jones, wiedergegeben bei: Nostitz, S. 172.

so behielt für diesen doch die Achtung vor der individuellen und kollektiven Freiheit und der Selbstbestimmung des Staatsbürgers eine weit höhere Wertschätzung als in Deutschland. Das geringere Ausmaß staatlichen Engagements im Bereich der direkten und indirekten Industrieförderung bedeutete jedoch nicht nur die Beibehaltung und Entfaltung älterer Werte, sondern auch — und im Einklang hiermit — die im Vergleich zu Deutschland (an Zahl und Intensität) geringere Betroffenheit der Diener des Staates durch die Industrialisierung, ihre unmittelbaren Zwänge und Notwendigkeiten. Beide Elemente, das Festhalten an einer bestimmten Tradition und den geringen Grad der Betroffenheit des Staates und seines Personals durch die Industrialisierung gilt es, in ihren Auswirkungen auf die Wahrnehmung der grundlegenden Aufgaben des Staates in den kommenden Abschnitten weiterzuverfolgen.

3. Die sozialpolitischen Maßnahmen

Hatte der Staat in Großbritannien während der ersten Hälfte des 19. Jahrhunderts aufgrund der frühzeitigen und gesicherten Industrialisierung des Landes seine Maßnahmen auf dem Gebiet der — immer schon vergleichsweise schwachen — direkten, aber auch der indirekten Industrieförderung weitgehend aufgegeben, um sie erst relativ spät und in bescheidener, wenn auch anwachsender, Weise wiederaufzunehmen, so war es gerade der frühzeitig erreichte Stand der industriellen Entwicklung, der eine im Vergleich zu Deutschland frühe Inangriffnahme sozialpolitischer Maßnahmen erforderlich machte. Während in Deutschland der Staat aufgrund der relativen industriellen Rückständigkeit des Landes seine sozialpolitischen Maßnahmen als korrespondierendes und eher untergeordnetes Element seines starken industriellen Engagements und als ‚Vorbeugung' sowohl gegen wirtschaftliche Ineffektivität als auch gegen selbständige Regungen der Arbeitnehmer betrachtete und betrieb, war in Großbritannien die Möglichkeit für die Verknüpfung beider Momente nicht gegeben. Da der Staat — wie gezeigt — weitestgehend den wirtschaftlichen Bereich privater Initiative überließ, blieb seine sozialpolitische Aktivität längere Zeit gleichsam das einzige Bein, das seinen Körper mit dem Bereich der gesellschaftlichen Produktion verband. Dies zusammen mit dem frühen Notwendigwerden sozialpolitischer Maßnahmen bedeutete zugleich, daß die merkantilistischen Traditionen des Staates auf dem Gebiet der Sozialpolitik erhalten blieben, während sie im wirtschaftspolitischen Bereich unter der — anders als in Deutschland — überwältigenden Dominanz der Ideologie des Laissez-faire untergingen. In Deutschland dagegen blieben die merkantilistischen Traditionen des Staates auf beiden Gebieten — wie wir sahen — bestehen. Galten sie in Deutschland eher als Vorsorge, so bildeten in Großbritannien, wie die Maßnahmen der direkten und indirekten Industrieförderung, so auch diejenigen der Sozialpolitik von seiten des Staates eine Reaktion auf eine bereits vollzogene Entwicklung im gesellschaftlichen Bereich.

War in Deutschland durch das unmittelbare staatliche Engagement der Bergbau gleichsam zum Träger der Kontinuität der staatlichen Sozialpolitik geworden, so war es in Großbritannien — durch die weitgehende unmittelbar-industrielle Enthaltsamkeit des Staates — neben den im weiteren zu besprechenden Fabrikgesetzen insbesondere das Armenrecht. An ihm nämlich läßt sich in besonderem Maße auch der Grad der Kontinuität bzw. der Brechung demonstrieren, den das öffentliche Bewußtsein in Großbritannien um die Wende vom 18. zum 19. Jahrhundert durchmachte. Die individualistische Philosophie, die sich als Produkt der weitgehend staatsfreien industriellen Entwicklung früher und in weit stärkerem Maße als im staatsgeprägten Deutschland herausgebildet hatte, stellte sich zunächst als bedeutend stärkeres Hindernis gegenüber den Aktivitäten des Staates auch im sozialen Bereich dar. Anders als in Deutschland, wo die sozialpolitischen Maßnahmen im Bergbau als Teil der umfassenden Produktionspolitik des Staates galten, mußte in Großbritannien, wo der Staat nicht in größerem Maße über eigene Industriebetriebe verfügte, das sozialpolitische Engagement des Staates den Vertretern der individualistischen Philosophie als Eingriff in die Freiheit des Individuums erscheinen. So war das Armenrecht, das schon im Jahre 1601 mit der Absicht eingerichtet worden war, das Tempo und die Auswirkungen des wirtschaftlichen und sozialen Wandels mit dem Mittel der kommunal organisierten Arbeitszuweisung und Lohnaufbesserung zu dämpfen[543], in den Augen seiner individualistisch ausgerichteten Reformer wie Thomas Robert Malthus und Nassau Senior einerseits „Teil eines Jahrhunderte lang verfolgten Schemas zum Hohn von Vernunft, Gerechtigkeit und Humanität, zu dem Zweck, die arbeitenden Klassen zu Sklaven zu reduzieren, sie in ihren Gemeinden gefangen zu halten und ihnen ihre Beschäftigung und ihre Löhne zu diktieren". Diese Verhältnisse weckten, so ging ihre Meinung, bei den Arbeitern nicht nur die „gefährliche Meinung" und die „falsche Auffassung", daß „die Löhne nicht eine Sache des Vertrags, sondern des Rechts seien", sondern zerstörten bei den Armen auch „alle edlen, sowohl moralischen wie intellektuellen Eigenschaften" und ließen „den Sklaven ohne Energie, ohne Wahrheit, ohne Fleiß, ohne Voraussicht" und ohne Eigenverantwortung[544]. Die Verwirklichung des höchsten Grades gesellschaftlichen Glücks und daher der soziale Fortschritt, so sah ihre Konzeption vor, hänge ab von dem Faktum, daß jedes Individuum frei sei, sein Selbstinteresse zu verfolgen[545]. Und die Verhältnisse zwischen den

543 Vgl. S.G. und E.O.A. Checkland, Introduction, in: dies., Hg., The Poor Law Report of 1834, 1976, S. 12.

544 So Nassau Senior, zit. nach: G.V. Rimlinger, Welfare Policy and Industrialization, S. 43.

545 Rimlinger, S. 42.

Individuen würden durch die vertraglich geregelten Marktbeziehungen hinreichend geordnet.

Entsprach diese Ideologie auch den Vorstellungen der aufstrebenden und marktorientierten Gruppe industrieller Unternehmer, so wurde sie doch den Bedürfnissen der Gesellschaft und des Staates angesichts des erreichten Standes der Industrialisierung nicht gerecht. Seit den 1780er Jahren mehrten sich die Klagen über die schlechten Verhältnisse in den industriellen Zentren; die Protestaktionen und Aufruhrerscheinungen von Arbeitern nahmen eher zu als ab. Und die rapide Erhöhung der Kosten der Armenunterstützung von durchschnittlich £ 2 Mill. (1783-85) auf £ 5,7 Mill. (1815-16) und rund £ 7 Mill. in den Jahren 1820-21 und 1830[546] war sowohl Ausdruck der schlechten Lage der Arbeiterschaft als auch Auslöser für das Bemühen, die vom Staat und den Gemeinden zu tragenden Unkosten zu senken. Die Reformer des Armenrechts von 1834 erreichten zwar, daß künftig keine Arbeitsfähigen mehr Unterstützung erhielten und daß hierdurch die staatlichen Ausgaben für die Armengesetze sich bis 1860 nicht weiter erhöhten[547], doch bedeutete gerade die vorgenommene Reformierung — entgegen den ursprünglichen Absichten der Reformer selbst — den Erhalt und die Überleitung nicht nur der Institution des Armenrechts, sondern auch der Idee der Mindestversorgungspflicht des Staates in die industrielle Gesellschaft hinein. Die Sicherheits- und Stabilitätsbedürfnisse des Staates, aber auch der dem Adel und der Gentry angehörenden Landbesitzer, hatten für das Überleben des Armenrechts gesorgt. Die traditionelle Ideologie des Patriarchalismus, die von den Angehörigen der alten agrarisch ausgerichteten Elite: dem Adel, der Gentry, dem Klerus und z. T. aber auch von manchen der neuen Unternehmer vertreten wurde[548], bewirkte eine entscheidende Modifizierung der neuen Ideologie des Individualismus. Während es nicht wünschbar sei, wie T.B. Macaulay, der liberale Staatsmann und Historiker es 1846 formulierte, „daß der Staat eingreift in Verträge von Personen reifen Alters und gesunden Verstandes, Verträge also, die rein kommerzielle Dinge berühren", sei das „Prinzip der Nichteinmischung eines, das nicht ohne große Restriktion angewandt werden könne, wo es um die öffentliche Gesundheit oder die öffentliche Moral" gehe[549]. Mit anderen Worten und unter ausdrücklicher Anknüpfung an das alte Konzept der „moral economy"[550] wurde von den Vertretern des Individualismus ein engerer Bereich der sozialen Bedingungen aus dem System der vertragsfähigen gesellschaftlichen Verhältnisse herausgenommen und der staatlichen Intervention geöffnet, ein Vorgang der

[546] Vgl. hierzu: S.G. und G.O.A. Checkland, S. 19, 41; A.J. Taylor, Laissez-faire, S. 45; auch: Bendix, S. 40.

[547] Vgl. E.J. Evans, Introduction, S. 6.

[548] Checkland, S. 23.

[549] Hansard, House of Commons, 23. April 1846, zit. nach: A.J. Taylor, S. 44.

[550] Vgl. hierzu: Checkland, S. 23.

Rechtfertigung, der in Deutschland aufgrund des frühen und umfassenden Engagements des Staates unnötig und überflüssig erschien.

Die sozialpolitischen Maßnahmen des Staates in Form der Fabrikgesetze standen im gleichen ideologischen Kontext, und nicht zufällig lautete der Titel des ersten Gesetzes von 1802 „The Morals and Health Act“[551]. In stärkerem Maße als in Deutschland *reagierte* der Staat in Großbritannien — wie bei der Armengesetzgebung — erst auf die äußerst schlechten und, gegenüber den deutschen, wohl bei weitem ungünstigeren Verhältnissen der industriell Beschäftigten. Und er reagierte dort zuerst, wo die Verhältnisse am schlechtesten waren. Wie die Fabrikgesetze inhaltlich und formal an die zahlreichen Schutzbestimmungen für die gewerblich Beschäftigten von seiten des merkantilistischen Staates anknüpften, so unterschieden sich auch ihre Begründungen und Absichten weder stark von denen ihrer historischen Vorläufer, noch z. T. von denen der parallelen deutschen Gesetzgebung. Neben dem Schutz der Öffentlichkeit und der Fabrikbesitzer selbst wurde wie in Deutschland die Erhaltung der Arbeits- und Leistungsfähigkeit genannt, sehr viel stärker aber als dort die menschlichen Bedürfnisse des Arbeiters und die moralische Pflicht des Staates und der oberen Schichten zur Ausübung des Schutzes gegenüber den Arbeitern betont[552].

Mehr als dreißig Jahre früher als in Deutschland wurde der Staat in Großbritannien auf dem Gebiet der Arbeitsschutzgesetzgebung tätig. Das erste, bereits erwähnte Fabrikgesetz von 1802, das ohne jeden Widerstand vom Parlament verabschiedet wurde, verbot für Kinder, die in Schaf- und Baumwollfabriken als Lehrlinge beschäftigt waren, die Nachtarbeit und legte, in Anlehnung an das alte Lehrlingsgesetz, für dieselbe Gruppe den zwölfstündigen Höchstarbeitstag mit Pausen für Mahlzeiten fest. Hinzu kamen noch weitere Bestimmungen, die Mindestanforderungen für die Unterbringung und — wie bereits oben erwähnt — Unterrichtung vorschrieben. Das folgende Gesetz von 1819 verbot für Baumwollspinnereien die Arbeit von Kindern unter 9 Jahren ganz und bestimmte, daß Jugendliche unter 16 Jahren nachts zwischen 21 und 5 Uhr überhaupt nicht und am Tage nicht länger als 12 Stunden beschäftigt werden sollten[553]. Das Gesetz von 1825 setzte als Nachtzeit die Zeit von 20-5 Uhr fest und bestimmte, daß an Sonnabenden nicht länger als 9 Stunden gearbeitet werden solle. Das nächste Fabrikgesetz von 1831 verbot für Jugendliche unter 16 Jahren in der Baumwollindustrie die Nachtarbeit ganz und erweiterte den Geltungsbereich der für Jugendliche unter 16 Jahren bestehenden Bestimmungen auf jugendliche Personen unter 18 Jahren. 1833 wurden die von der Fabrikge-

---

551 Vgl. Nostitz, S. 362.

552 Vgl. Nostitz, S. 351 f.; B.L. Hutchins/A. Harrison, A History of Factory Legislation, 1966[3], S. 13; A.J. Taylor, S. 43.

553 Hutchins/Harrison, S. 16 f.

setzgebung erfaßten Gewerbe zum ersten Mal weiter ausgedehnt. In der Baum- und Schafwoll-, der Leinen- und Seidenindustrie durften fortan Kinder unter 9 Jahren nicht beschäftigt werden. Die Gruppe der jugendlichen Arbeiter wurde nun aufgeteilt in Kinder von 9 bis 13 Jahren und Jugendliche von 13 bis 18 Jahren (nicht mehr 21). Die ersteren durften fortan nicht mehr als 9 Stunden täglich und in der Woche insgesamt 48 Stunden, die letzteren nicht mehr als 12 Stunden täglich und 69 Stunden wöchentlich arbeiten. Für die Kinder wurde — wie bereits oben erwähnt — ein Schulbesuch von mindestens zwei Stunden pro Wochentag vorgeschrieben. Die Arbeit an Samstagnachmittagen und während der Nacht (nun von 20.30 Uhr bis 5.30 Uhr) war verboten. Kinder von 9 bis 13 Jahren durften überhaupt nicht und Jugendliche von 13 bis 18 Jahren nicht länger als 9 Stunden pro Tag beschäftigt werden, wenn sie nicht durch ein ärztliches Zeugnis ihre Tauglichkeit nachwiesen. Zusätzlich schuf das Gesetz von 1833 das staatliche Organ der Fabrikinspektion, auf das wir im weiteren noch zurückkommen werden[554].

Wie die bisherigen, so blieb auch das neue Gesetz von 1844 auf die Textilindustrie beschränkt, obwohl zur gleichen Zeit auch schon — wie wir noch sehen werden — im Bergbau eine separate Gesetzgebung einsetzte. Einerseits verbot es zwar nicht mehr die Beschäftigung von Kindern unter 9, sondern nur noch unter 8 Jahren, andererseits setzte es die Arbeitszeit von Kindern zwischen 8 und 13 Jahren auf täglich nicht länger als durchschnittlich 6 1/2 Stunden fest. Ihre Arbeitszeit sollte zur Ermöglichung des Schulbesuchs so gelegt werden, daß die Kinder entweder bloß am Vormittag oder Nachmittag oder aber nur einen um den anderen Tag und zwar pro Tag nur 10 Stunden beschäftigt werden durften. Die wichtigste Veränderung jedoch, die dieses Gesetz brachte, war die Aufnahme der Arbeiterinnen in den Kreis der geschützten Personen. Unabhängig von ihrem Alter wurden auch sie den für die Jugendlichen geltenden Bestimmungen unterstellt. Hier brach die Gesetzgebung erstmals mit dem Grundsatz, daß nur Unmündige und Nichterwachsene als schutzbedürftig anzusehen seien. 1847 schließlich führte das Zehnstundengesetz den vielbegehrten Zehnstundentag für Frauen und Jugendliche mit 58 Stunden pro Woche ein. Schon 1850 jedoch verlängerte sich ihr Arbeitstag durch Kürzung der Pausen wieder auf 10 1/2 Stunden. 1874 wurde der Zehnstundentag für Kinder und Frauen wieder eingeführt und die Beschäftigung von Kindern unter 10 Jahren überhaupt verboten. Diese gesetzlichen Bestimmungen, die trotz anfänglicher Bemühungen um einen verbreiterten Geltungsbereich nur für die — neben dem Bergbau — fabrikmäßig am meisten fortgeschrittene Textilindustrie entwickelt worden waren und zutrafen, wurden im Jahre 1867 auf alle Gewerbe ausgedehnt und in der Factory and Workshop Act von 1878 noch einmal zusammengefaßt. Bis auf die große Zahl von Einzelgesetzen, die in einzelnen Gewerben die

[554] Vgl. zum Ganzen: Nostitz, S. 362 f.

Gesundheit und das Leben der Beschäftigten schützen sollten, war damit die staatliche Fabrikgesetzgebung in ihrem Stand bis 1914 weitgehend abgeschlossen[555].

Trotz der prinzipiellen und frühzeitigen Absicht des Staates, die Arbeitnehmer mit Hilfe der Fabrikgesetze zunächst in der Textilindustrie, dann aber auch in anderen Gewerbezweigen zu schützen, war — wie wir bereits sahen — die Möglichkeit des Rückfalls in den inhaltlichen Bestimmungen durchaus gegeben. Das Alter der von der Fabrikarbeit überhaupt ausgeschlossenen Kinder wurde von 9 (1819) auf 8 Jahre (1844) wieder herabgesetzt. Der Zehnstundentag (1847) wurde um eine halbe Stunde wieder verlängert (1850). Die 1844 erlassenen, allgemeinen Unfallverhütungsbefugnisse wurden 1856 wieder eingeschränkt[556]. Dies bedeutete, daß der Erlaß, die Erhaltung und mögliche Wiedereinführung der fabrikgesetzlichen Bestimmungen des Staates weit stärker als in Deutschland von der Interessenvertretung und dem parlamentarischen Kampf der interessierten Gruppen abhängig war und blieb. Das wechselnde Gewicht auf seiten der verschiedenen Interessenten, welches vor allem durch ihre Organisation fühlbar zu machen war, konnte entscheidend sein für die relative Gunst oder Ungunst der gesetzlichen Bestimmungen. Das wohl beste Beispiel hierfür bildet der Bergbau.

Anders als in Deutschland und in den übrigen Gewerbezweigen hatte der Staat von jeder sozialpolitischen Intervention zugunsten der hier Beschäftigten lange Zeit abgesehen. Dies geschah deshalb, weil deren Verhältnisse einerseits schon immer besonders schlecht gewesen und andererseits dem überwiegenden Teil der Öffentlichkeit unbekannt waren. Erst die Einrichtung der Fabrikinspektoren im Jahre 1833, die sich z. T. auch um die Verhältnisse der in ihren jeweiligen Bezirken gelegenen Bergwerke kümmerten und darüber berichteten, schuf die Voraussetzung für die bessere Unterrichtung der staatlichen Stellen, des Parlaments und der Öffentlichkeit. Diese wurden nun zunehmend beunruhigt durch die mit der Ausdehnung der Gruben wachsende Zahl sowohl der Unfälle und Explosionen (durch das Grubengas) als auch der von ihnen betroffenen Bergleute. Die Bestrebungen insbesondere der privaten ‚Sunderland Society', die bereits 1813 von Angehörigen des Adels, des Klerus, von Juristen und Medizinern in Durham gegründet worden war, verfehlten mit der Zeit ihre Wirkung nicht auf parlamentarische Diskussionen[557]. Typisch jedoch ist, daß die sozialen Verhältnisse des Bergbaus eher beiläufig in einem Parlamentsausschuß zur

[555] Vgl. Nostitz, S. 364-381, und insgesamt: Hutchins/Harrison, A History; H.A. Mess, Factory Legislation and its Administration, 1926.

[556] Vgl. Nostitz, S. 397.

[557] Vgl. A. Bryan, Legislation relating to Safety and Health in British Coal Mines, S. 2 f.; D. Morrah, A Historical Outline of Coal Mining Legislation, S. 305 f.

Sprache kamen, der sich 1829/30 mit der Frage der Kohlensteuer, also mit einem rein ökonomischen Problem beschäftigte[558]. Dieser führte 1835 zur Einsetzung eines parlamentarischen Ausschusses, der sich ausdrücklich und erstmals mit der Frage von Unglücken im Bergbau beschäftigte. In seinem veröffentlichten Bericht erkannte der Ausschuß vorab „die nicht in Zweifel zu setzenden Rechte des Eigentums, des Unternehmertums und der Arbeiterschaft" an, und, während er bestätigte, daß mit dem Abteufen tieferer Schächte und mit der Entwicklung größerer Bergwerke „dem öffentlichen Interesse gedient worden sei", hielt er es doch für seine Pflicht, „seine entschiedene Meinung dahingehend festzustellen, daß die Interessen der Humanität Berücksichtigung verlangten, und der Ausschuß würde es gern den Eigentümern dieser Bergwerke anheimgeben, inwieweit irgendein Zweck, seien es pekuniäres Interesse oder persönlicher Gewinn, seien es sogar die angenommenen Vorteile öffentlicher Konkurrenz, das fortdauernde Ausgesetztsein von Männern und Jungen Situationen gegenüber rechtfertige, in denen die Wissenschaft und das Vermögen der Mechaniker versagten, irgendeinen adäquaten Schutz zu entwickeln"[559]. Hiermit war nicht nur zum ersten Mal die öffentliche Bedeutung des Bergbaus auf politischer Ebene anerkannt, sondern zugleich auch die Sozialpflichtigkeit des Bergwerkeigentums und des Eigentums überhaupt angesprochen worden. Um diese sicherzustellen, zugleich aber den Bergwerksbetrieb nicht zu behindern, empfahl der Ausschuß eine vorsichtige Gesetzgebung durch das Parlament. Die Bereitschaft des Parlaments und der staatlichen Stellen hierzu wurde erhöht durch die Schilderungen der nun laufend eingehenden Berichte der Fabrikinspektoren, vor allem desjenigen von Seymour Tremenheere, dem rechtskundigen „departmental jack-of-all-trades"[560], über die Verhältnisse der Kinder der Bergleute in Südwales. Dieser hatte in aller Deutlichkeit die schlechten Lebens- und Ausbildungsverhältnisse der Kinder und der Familien der Bergleute vor Augen geführt und die christlich-moralisch inspirierten Philanthropen unter der Führung von Lord Ashley (später: Earl of Shaftesbury) vor allem zu dem Schluß kommen lassen, daß es angesichts der enormen Mißstände unfair sei, eine Reform der sozialen Verhältnisse aus dem Bergbau selbst zu erwarten[561]. Die 1840 eingesetzte Royal Commission, die über die Auswirkungen der Beschäftigung von Frauen und Knaben „in Bezug auf ihre Moral und ihre körperliche Gesundheit"[562] im Jahre 1842 berichtete, bereitete endgültig den Boden. Noch im gleichen Jahre wurde ein Gesetz erlassen, das die Beschäftigung von Frauen und Jungen unter 10 Jahren unter Tage verbot. Zwar waren die vom House of Commons verab-

[558] Morrah, S. 304.

[559] Zit. nach: Bryan, Legislation, S. 4.

[560] So Morrah, S. 308.

[561] Ebenda.

[562] Zit. nach: Bryan, S. 5/6.

schiedeten, weitergehenden Bestimmungen, die den Ausschluß von Frauen vom Bergbau insgesamt und von Jungen bis zum Alter von 13 Jahren unter Tage vorsahen, am Widerstand des House of Lords, das unter dem Einfluß der großen, adeligen Bergbauunternehmer des Nordens, so z. B. dem Marquis of Londonderry, stand, gescheitert[563], doch war es — mit 40jähriger Verspätung gegenüber anderen Gewerben — die erste Sozialgesetzgebung im britischen Bergbau, und zugleich das erste Gesetz überhaupt, das Frauen von einer bestimmten Beschäftigung ausschloß, ein Mindestalter von Personen festlegte, die bestimmte Maschinen zu bedienen hatten und welches Kindern besondere, für gefährlich gehaltene Arbeiten verbot[564]. Weiterhin sah das Gesetz — parallel zu den anderen Gewerben — die Einsetzung eines speziellen staatlichen Bergwerksinspektors vor.

Dieses erste Gesetz von 1842 zeichnete zugleich die Entwicklungslinien der folgenden Gesetzgebung für den Bergbau und darüber hinaus auf. Die über die unmittelbar sozialen Absichten des Schutzes für Frauen und Jugendliche hinausgehenden staatlichen Bemühungen um die Sicherheit des Betriebes machten immer weitergehende Eingriffe des Staates in den technischen Betriebsablauf der Werke, eine zunehmende technische Kompetenz der Inspektoren und zusammen hiermit eine anwachsende Spezialisierung und Arbeitsteiligkeit unter den Inspektoren und insgesamt eine Zunahme der Intervention des Staates notwendig. Dieser beinahe automatische Prozeß wurde jedoch immer stärker angetrieben von den Interessenverbänden der Bergarbeiter, Organisationen der Interessenartikulation, welche der Staat — wie weiter unten deutlich werden wird — in zunehmendem Maße zu akzeptieren bereit war. Denn war das erste Gesetz von 1842 gerade auch deshalb zustandegekommen, weil die staatlichen Reformer die Unfähigkeit der Bergleute zur Selbsthilfe konstatierten, so standen die folgenden gesetzgeberischen Maßnahmen, wie wir weiter oben sahen, immer stärker unter dem Druck der an Zahl und Organisationsgrad zunehmenden Bergarbeiterschaft.

Hatte noch das Gesetz von 1842 zur Ernennung nur eines einzigen Bergwerksinspektors geführt und dessen Rechte ausschließlich auf die Beobachtung und ‚moralische' Einwirkung auf die Betriebsverhältnisse übertage beschränkt, so wurden nach dem Gesetz von 1850 zusätzlich vier, 1852 zwei weitere Inspektoren ernannt. Das Gesetz erteilte den Inspektoren — wie in Deutschland den Revierbeamten — das Recht, jederzeit, ohne vorherige Anmeldung und ohne Aufsicht die Bergwerke auch untertage zu besichtigen und Verstöße gegen die geltenden Gesetze gerichtlich zu verfolgen. Wenn die Inspektoren auch nicht das Recht besaßen, in die Betriebsführung einzugreifen, und ihre Aufgabe auch hauptsächlich in der Information der zentralen

[563] Vgl. Bryan, S. 6.

[564] Ebenda, S. 1.

staatlichen Behörden und des Parlaments bestand, so war mit diesem Gesetz doch zum ersten Mal prinzipiell anerkannt, daß der Staat im Interesse der Sicherheit in den Betrieb der Bergwerke eingreifen konnte und sollte. Die immer noch bestehende Vorsicht des Staates jedoch wird durch den Umstand beleuchtet, daß die Inspektoren vorläufig nur für einen Zeitraum von fünf Jahren eingestellt wurden[565]. Doch wurden im nächsten Gesetz von 1855 nicht nur die Dienstzeiten der Inspektoren verlängert und ihre Aufgaben und Rechte erweitert, sondern erstmals allgemeine Regeln für die Betriebsführung eines Bergwerks erlassen, die von einer nationalen Konferenz von Unternehmern, Betriebsführern und Arbeitern verabschiedet und zuvor schon in vielen Bergwerken freiwillig in Kraft gesetzt worden waren[566]. Das Gesetz von 1860 faßte die bisherige Gesetzgebung zusammen und legte die staatliche Bergwerksinspektion als permanente Einrichtung fest. Die Befugnisse der Inspektoren wurden erweitert, die Regeln für die Betriebsführung ausgedehnt, und den Bergleuten wurde das Recht zur Ernennung von Wiegekontrolleuren eingeräumt. Weiterhin wurde die Altersgrenze von Fördermaschinisten, die 1842 auf 15 Jahre festgelegt worden war, auf 18 Jahre, und diejenige von Jungen unter Tage auf 12 Jahre angehoben, mit der Ausnahme für solche im Alter zwischen 10 und 12 Jahren, die eine Bescheinigung ihres Lehrers beibringen konnten, die bestätigte, daß sie lesen und schreiben konnten[567]. Zwei Jahre später schrieb ein weiteres Gesetz — wie erst zwei Jahrzehnte später in Deutschland — die Einrichtung von mindestens zwei Schächten für ein Bergwerk vor. Nach weiteren zehn Jahren machte — wie wir bereits oben sahen — ein neues Gesetz die Ernennung eines staatlich geprüften Betriebsführers für jedes Bergwerk zur Pflicht, und es gab den Arbeitern das Recht, periodische Besichtigungen der Betriebe durch eigene Repräsentanten auszuüben. Die Arbeitszeit der Kinder wurde auf zehn Stunden täglich begrenzt und ihnen zugleich eine Schulpflicht von 20 Stunden innerhalb von 14 Tagen auferlegt. Diese Bestimmung sollte jedoch schon bald durch die bereits oben behandelte Elementary Education Act von 1876 abgelöst werden. Das System der allgemeinen und besonderen Betriebsregeln wurde erweitert und gleichzeitig den Bergarbeitern das Recht eingeräumt, die Regeln vor ihrem jeweiligen Erlaß durch den Staat zu kritisieren. Staatliche Prüfungen wurden 1887 für stellvertretende Betriebsführer, 1911 für Steiger vorgeschrieben. Und das System der Regeln für die Betriebsführung, damit zugleich aber auch der Kompetenzbereich der Inspektoren, wurde anhaltend weiter ausgebaut[568].

---

[565] Vgl. Morrah, S. 310 f.

[566] Morrah, S. 312 f.; Bryan, S. 9.

[567] Ebenda.

[568] Morrah, S. 315-317; Bryan, S. 10-12.

Neben dem höheren Sicherheitsrisiko hatte das Gewicht der Arbeiterorganisationen dazu geführt, daß das Ausmaß der staatlichen Interventionen im Bergbau trotz ihres späten Starts bald dasjenige in anderen Gewerbebereichen überflügelte. Insbesondere hatte es sich immer weniger als möglich erwiesen, eine Trennungslinie zwischen den sozialpolitischen Zielen der Gesetzgebung und den technischen und administrativen Notwendigkeiten der Betriebsführung zu ziehen. Einen noch weitergehenden Vorsprung vor anderen Gewerben und nun auch vor dem deutschen Bergbau konnte die Bergarbeiterbewegung nach jahrzehntelangem Kampf durch den Erlaß des Achtstundengesetzes von 1908 und schließlich — gegen den anfänglichen Widerstand der Regierung — durch das Mindestlohngesetz von 1912 durchsetzen, Unternehmungen, die 80 bis 100 Jahre vorher den staatlichen Organen „verderblich"[569], „grundsätzlich unzulässig, völlig unausführbar und von den schlimmsten Folgen begleitet"[570] erschienen waren.

Zugleich aber bedeuteten diese Maßnahmen zusammen mit den im Nachfolgenden zu behandelnden, für alle Gewerbe geltenden in gewisser Weise eine Rückkehr zu den vorliberalen, merkantilistischen Überzeugungen, die an einer Mindestsicherung und ‚Versorgung' der Arbeitnehmer durch den Staat orientiert waren[571]. Und die Annäherung an die sozialpolitischen Einrichtungen in Deutschland erscheint daher kaum überraschend. Vielmehr dokumentiert die Reise Lloyd Georges, der sich über die deutschen Sozialeinrichtungen unterrichten wollte, nach Deutschland im Sommer 1908[571a] ebenso sehr den Grad der bis dahin bereits erreichten Annäherung, wie die Reise ihrerseits zur Beschleunigung des sozialpolitischen Engagements des Staates in Großbritannien beitrug. Bereits 1897 war das — ebenfalls vom deutschen Vorbild inspirierte, jedoch auf einen seit 1880 bestehenden Vorläufer zurückgehende — Unfallversicherungsgesetz ergangen. Neben der Errichtung von staatlichen Arbeitsvermittlungsstellen wurden im Jahre 1908 das Rentengesetz und 1911 das Arbeitslosen- und Sozialversicherungsgesetz verabschiedet[572]. Hatte somit die staatliche

---

[569] So die Royal Commission von 1833, zit. nach: Morrah, S. 314.

[570] So die Antwort des House of Commons im Jahre 1808 an die zu diesem Zweck petitionierenden Handweber, zit. bei: Nostitz, S. 350. Dabei hatte der Staat mit dem Mindestlohngesetz ansatzweise nur das nachgeholt, was Theoretiker eines Kohlentrustes wie George Elliott und D.A. Thomas ohne staatliche Hilfe vergeblich anvisiert hatten. Vgl. W.J. Ashley, The Adjustment of Wages, S. 51.

[571] Vgl. hierzu auch die kurze Bemerkung bei: S.J. Hurwitz, State Intervention in Great Britain. A Study of Economic Control and Social Response 1914-1919, 1968², S. 34.

[571a] Vgl. hierzu die Darstellung von H. Spender, The Fire of Life, o. J., S. 161-165.

[572] Vgl. hierzu insgesamt: J.R. Hay, The Origins of the Liberal Welfare Reforms, 1906-1914, 1975; D.G. Hanes, The First British Workmen's Compensation Act, 1897, 1968; B.B. Gilbert, The Evolution of National Insurance in Great Britain. The Origins of the Welfare State, 1973²; J. Harris, Unemployment and Politics; H.V. Emy, Liberals; G.D.H. Cole, An Introduction to Trade Unionism, 1920, S. 81-83; S. Pollard,

Sozialpolitik in Großbritannien mit dem Unfall-, dem Sozialversicherungs- und dem Rentengesetz Deutschland erst spät eingeholt, so hatte sie mit der Einführung eines einheitlichen Netzes von Arbeitvermittlungsstellen und der Arbeitslosenversicherung Deutschland bereits überholt. Hatte in Deutschland der große und dauerhafte industrielle Besitz des Staates zusammen mit der industriellen Rückständigkeit des Landes einerseits zu einer ungebrochenen Kontinuität sozialpolitischer Ziele und Mittel, andererseits zu einer nur zögernden Ausweitung der sozialpolitischen Maßnahmen und Leistungen des Staates geführt, so bewirkte in Großbritannien der geringe staatliche Industriebesitz und das frühzeitige und gesicherte industrielle Wachstum zunächst eine Verengung, sodann aber eine vergleichsweise rasche Ausweitung der staatlichen Sozialpolitik. Auch die Politik in manchen der staatseigenen Betriebe entsprach dieser Tendenz: In den staatlichen Werften wurden, wie wir bereits oben andeuteten, — beschleunigt durch den Streik von 1897/98 — immer mehr Arbeiter „verbeamtet“[573].

Während jedoch die Kontinuität staatlichen Engagements im Bereich der Wirtschaft durch die Phase des Liberalismus beinahe völlig unterbrochen wurde, blieb sie im Bereich der Sozialpolitik durch die früh sich stellenden Bedürfnisse einer industriellen Gesellschaft — wie wir im vorhergehenden feststellen konnten — in weit stärkerem Maße erhalten. Bereits 1874 hatte sogar die ‚Times‘ zustimmend geschrieben, „das letzte Ziel der Fabrikgesetzgebung sei es, Existenzbedingungen vorzuschreiben, unter die die Bevölkerung nicht fallen soll“[574]. Und im Jahre 1901 formulierte schließlich der baldige Premierminister H.H. Asquith: „Jede Gesellschaft wird beurteilt und überlebt gemäß dem materiellen und moralischen Minimum, das sie ihren Mitgliedern vorschreibt“[575].

Doch mußte auch in Großbritannien — wie in Deutschland — der Staat in seinen sozialpolitischen Maßnahmen oftmals und in nicht unbedeutendem Maße, so wurde bereits oben deutlich, auf die kürzerfristigen Interessen der Industrie und der Unternehmer Rücksicht nehmen. Nicht nur wurden, wie gezeigt, solche Bestimmungen wie die Beschränkung des Alters der zur Arbeit zugelassenen Kinder und der Arbeitszeit von Kindern und Frauen

---

The Development of the British Economy, 1914-1967, 1970², S. 34-39. Schon vor dem Erlaß der staatlichen Arbeitslosenversicherung bestand auch in britischen — wie in deutschen — Großstädten eine Arbeitsbeschaffung für periodisch Arbeitslose durch die Kommunen. Vgl. hierzu etwa: Nostitz, S. 707 ff.

[573] Vgl. Lünnemann, S. 14 ff.

[574] Zit. bei S. Webb, Preface, in: Hutchins/Harrison, S. VII-XIV, S. XIV.

[575] Zit. nach: ebenda. Und im Jahre 1912 hielt A. Ponsonby fest: „The State, in fact, is realising more and more its great responsibilities and becoming alive to the fact that national prosperity and commercial and social well-being depend on the continual relative improvement in the condition of the people.“ Vgl. Ponsonby, S. 23.

wieder ausgeweitet, auch ließen die Gesetze den Unternehmern durch Klauseln wie diejenigen, die vorsahen, daß Kinder bei einem gewissen Ausbildungsniveau auch unterhalb der angegebenen Altersgrenze beschäftigt werden durften, und daß die endgültige Legung der tatsächlichen täglichen Arbeitszeit Sache des einzelnen Betriebs sei, noch längere Zeit relativ breiten Entscheidungsraum. Hinzu kam die vorläufig geringe Zahl an staatlichen Inspektoren, welche die Kontrolle der Einhaltung der gesetzlichen Bestimmungen schwierig machte. Hatte man die Kontrolle der ersten Gesetze bis 1833 den Friedensrichtern überlassen, so wurden in diesem Jahre nur 4 Inspektoren ernannt. Ihre Zahl stieg jedoch kontinuierlich, und zwar schneller als in Preußen, an. Einschließlich der Superintendenten bzw. ‚Subinspectors' und ‚Junior Inspectors' gab es 1844 bereits 18, 1867: 27, 1871: 53 und — einschließlich der ab 1893 ernannten Werkstätten- und Hilfsinspektoren (Inspector Assistants) — 1897: 105 sowie 1914 schließlich insgesamt 196 Fabrikinspektoren[576]. In Preußen dagegen waren nur — wie wir bereits oben sahen — 1854: 3, 1879: 20 und 1890: 29 Gewerbeaufsichtsbeamte angestellt. Auch im Bergbau stieg die Zahl der Inspektoren, wenn auch, wie die folgende Zusammenstellung für Großbritannien und Südwales zeigt, ab einem späteren Zeitpunkt und langsamer, an.

Die staatlichen Bergwerksinspektoren in Großbritannien und in Südwales, 1842 - 1914[577]

Jahr	Chief Inspector	Inspector bzw. Divisional Inspector	Assistant bzw. Senior Inspector	Junior Inspector	Sub-Inspector	Inspector of Horses	Gesamt
Großbritannien							
1842		1					1
1850		4					4
1852		6					6
1890		13	19				32
1907	1	13	26				40
1913	2	8	11	32	22	6	81
Südwales							
1850			1				1
1896			2				2
1908		1	3	5			9
1910		1	3	3			7
1912		1	3	5	2	1	12
1914		1	3	5	4	1	14

[576] Nach den Angaben in: Nostitz, S. 382 f.; K. Marx, Das Kapital, Bd. 1, 1969, S. 518; Labour Yearbook 1916, S. 524 f.

Neben der wachsenden Arbeitsteilung in der Bewältigung der Aufgaben zeigt die Tabelle, vor allem für den Zeitraum ab 1890, ein beachtliches Ansteigen der Zahl der staatlichen Bergwerkinspektoren. Doch wird u. a. das Fehlen der staatlichen Bergbautradition in Großbritannien darin deutlich, daß das staatliche Aufsichtspersonal allein im Ruhrbergbau — wie wir oben feststellen konnten — bereits 1860: 45, 1890: 88 und 1912: 153 Personen umfaßte.

Trotz der Rücksichtnahme der Gesetzgebung, die jedoch im Ausmaß kaum an diejenige in Deutschland heranreichte, und wohl gerade auch weil man sich der begrenzten Reichweite der Tätigkeit der Inspektoren bewußt blieb, waren die staatlichen Stellen — anders als in Deutschland — durchgehend weniger an der Förderung der Industrie als am Schutz der Arbeitnehmer orientiert. Bereits 1801 hatte ein Richter in Lancashire auf die auch in der Folgezeit von den Unternehmern immer wiederholten Klagen, daß sie ohne die Beschäftigung von kleinen Kindern nicht auskommen könnten, in einem Urteilsspruch ausgeführt: „Sollten die Unternehmer darauf bestehen, daß sie ohne diese Kinder ihr Gewerbe nicht vorteilhaft verfolgen können, . . . so sage er, daß das Gewerbe nicht aus Gewinnsucht weiterbetrieben, sondern im Interesse der Gesellschat aufgegeben werden solle“[578]. Und 1816 hatte der Premierminister Sir Robert Peel in Bezug auf die Verhältnisse in der Textilindustrie, die erstmals durch einen parlamentarischen Ausschuß untersucht worden waren, erklärt: „Solch unbedachte, unbeschränkte Beschäftigung der Armen wird von ernsthaften und erschreckenden Folgen für das kommende Geschlecht begleitet sein. Die große Leistung britischer Erfindungsgabe, durch welche die Maschinen unserer Fabriken zu einer solchen Vollendung gebracht worden sind, wird aus einem Segen für das Volk in den schlimmsten Fluch verwandelt“[579]. Diese im Vergleich zu den deutschen Staatsdienern distanzierte Haltung der Angehörigen der britischen Elite zur Industrie reflektiert nicht nur deren vergleichsweise geringe Betroffenheit von den Bemühungen um das industrielle Wachstum und insgesamt von der Industrialisierung des Landes, sondern zugleich auch ihre relativ stärkere Ausrichtung auf die sozialen Verhältnisse, die sich erst als Folge der Industrialisierung ergaben.

[577] Die Zahlen für die Bergwerksinspektoren in Großbritannien sind zusammengestellt nach den Angaben bei: D. Morrah, S. 308, 311; Nasse/Kümmer, S. 74; H.S. Jevons, S. 437, und Labour Yearbook 1916, S. 524 f.; für diejenigen in Südwales nach: Morris/Williams, S. 184 f.; RIM 1896-1914. Bis zur Konstituierung des einheitlichen Inspektionsbezirks ‚Südwales‘ im Jahre 1908 überschnitten sich einige der walisischen Inspektionsgebiete mit anderen in England. Die hier wiedergegebenen Zahlen geben daher eher ein optimistisches als ein pessimistisches Bild von der tatsächlich ausgeübten Intensität der Inspektion wider.

[578] Zit. nach: Hutchins/Harrison, S. 15.

[579] Zit. nach: Nostitz, S. 352. Für weitere Stellen, welche die relative Distanz des Staates zur Industrialisierung in Großbritannien dokumentieren, vgl. etwa Hutchins/ Harrison, S. 50, und Nostitz, S. 401-438.

Von dieser später wieder aufzunehmenden grundsätzlichen Ausrichtung der staatlichen und gesellschaftlichen Elite des Landes blieb — wie in Deutschland — auch die Haltung der Fabrikinspektoren als Organe der staatlichen Sozialpolitik sowie die Einschätzung und Wahrnehmung ihrer Aufgaben nicht unbeeinflußt. Obwohl die staatlichen Inspektoren einen ebenso beschränkten Kompetenzbereich besaßen wie ihre deutschen Kollegen und obgleich sie vor allem zu Anfang oft beinahe ausschließlich abhängig waren von den Informationen, die sie von den Unternehmern und den Angestellten erhielten[580], und sich zunächst von seiten der Unternehmer wie der Arbeiter dem Verdacht der Parteilichkeit und daher dem Argument der Überflüssigkeit ausgesetzt sahen, konnten sie sich auf beiden Seiten allmählich, sah man von den manchmal in den einzelnen Betrieben unmittelbar von ihren Maßnahmen betroffenen Unternehmern und Arbeitern ab, den Namen von wohlmeinenden, unparteiischen Fachleuten erringen[581].

Dies war nicht nur auf die gesetzliche Bestimmung zurückzuführen, daß Unternehmer und Arbeiter sowie alle, die ein unmittelbares Interesse an Fabriken und Werkstätten hatten, von der Anstellung als Inspektor ausgeschlossen waren. Vielmehr war es auch die Folge der wachsenden Ausbildungsvoraussetzungen, welche den Inspektoren einen — sicherlich wechselnden — Grad an Kompetenz und Überlegenheit gegenüber den Angestellten und oft auch gegenüber den Unternehmern verlieh, aber kaum und nur in ersten Ansätzen vor 1914 — anders als in Deutschland, wie wir sahen — zu einem gemeinsamen Ausbildungsgang mit beiden Gruppen führte. Und nicht zuletzt war es die Tatsache, daß die Inspektoren selbst außer den seit 1893 vor Ort eingesetzten Werkstätteninspektoren, die aus den Reihen der Arbeiterschaft und der kaufmännischen Angestellten gewählt wurden, durchweg — wie ein deutscher Beobachter im Jahre 1900 berichtete — aus „den gebildeten Kreisen" und „den oberen Schichten der Gesellschaft" kamen. Besonders verabschiedete Offiziere und Rechtskundige seien häufig[582]. Dies bedeutete, ebenso wie in Deutschland, nur mit umgekehrtem Vorzeichen, zugleich, daß die Inspektoren aus ihrer Erziehung, trotz der oftmals hinzukommenden technischen Ausbildung, eben die sich als relative Distanzierung zum industriellen Wachstumsprozeß und seiner Förderung ausdrückende Haltung mitbrachten, ein Kriterium, das trotz der eingeführten Konkurrenzexamen auch auf ihre Auswahl nicht unmaßgeblich gewesen sein dürfte, da es der Orientierung ihrer staatlichen Vorgesetzten entsprach[583]. Noch ein weiterer wesentlicher Punkt unterschied sie von

[580] Vgl. etwa: R.P. Arnot, The Miners, S. 39 f.

[581] Vgl. ebenda; Hutchins/Harrison, S. 55 f., 58, 72; Nostitz, S. 385; Marx, Das Kapital, Bd. 1 S. 524 f.; H.A. Mess, Factory Legislation, S. 18-20; Morris/Williams, S. 54, 185, 201-203; E.D. Lewis, S. 148-155.

[582] Vgl. Nostitz, S. 384, 386.

ihren deutschen Kollegen. Während diese in ihrem Aufsichtsbezirk ansässig waren, blieben die britischen in ihrer großen Überzahl — trotz des gegenteiligen Wunsches der Unternehmer — reisende Inspektoren[584]. Dies brachte zugleich eine größere Freiheit von lokalen Vorurteilen, Verhältnissen und Bindungen mit sich, die sich in einer größeren Unparteilichkeit sowohl in der Behandlung und im Umgang mit den lokalen Parteien als auch in der Berichterstattung an die Regierung ausdrückte[585]. Obwohl die Inspektoren den Unternehmern wie den Arbeitern durchgängig eher mit Überredung und Ratschlägen als mit Zwang und Strafe entgegentraten[586], waren doch viele von ihnen — gestützt auf ihre zunehmende technische Kompetenz — von ihrer sozialen und moralischen Mission so überzeugt, daß sie auch dann noch gegen Unternehmer wegen der Übertretung gesetzlicher Vorschriften — wie im Fall des Verstoßes gegen die Kinderarbeitsbestimmungen im Jahre 1848 — gerichtlich vorgingen, als ihr vorgesetzter Minister sie hiervon abzuhalten versuchte[587]. Und selbst ein in dieser Richtung so unverdächtiger Zeuge wie Karl Marx meinte 1867, daß es schwer sei, „ebenso sachverständige, unparteiische und rücksichtslose Männer zu finden, wie die Fabrikinspektoren Englands . . .“[588].

4. Die Aufgabe der Interessenintegration

a) Die private Industrie

Das ebenso frühzeitige wie weitgehend eigenständige industrielle Wachstum hatte in Großbritannien die Aufgaben des Staates — im Vergleich zu Deutschland — weg von den Maßnahmen der direkten und indirekten Industrieförderung zugunsten der sozialpolitischen und — wie im folgenden zu zeigen sein wird — der Maßnahmen zur Interessenintegration verschoben. Dies galt gleichsam nicht nur quantitativ, sondern auch qualitativ. Zwar betrieb auch der britische Staat — wie der deutsche — die Sozialpolitik durchgehend und verstärkt unter dem Eindruck der wachsenden internationalen Konkurrenz ab den 1890er Jahren mit dem Ziel der Steigerung der industriellen Effizienz des Landes[589], doch spielten die unmittelbar sozialen

[583] Für die Art der Rekrutierung der ‚Professionals‘ im Staatsdienst vgl. E.W. Cohen, S. 168.

[584] In Südwales z. B. wohnten die staatlichen Bergwerksinspektoren zwar innerhalb des Reviers, jedoch nicht in den eigentlichen Bergbautälern.

[585] Vgl. Hutchins/Harrison, S. 40.

[586] Vgl. etwa: Bryan, S. 6-8, 14; Nostitz, S. 390; Morris/Williams, S. 186, 208; E.D. Lewis, S. 199.

[587] Vgl. Hutchins/Harrison, S. 103.

[588] K. Marx, Das Kapital, Bd. 1, S. 15.

[589] Vgl. hierzu: E.J. Evans, S. 13-17; J.R. Hay, The Origins of the Liberal Welfare Reforms, S. 31 ff.

und zunächst industrieunabhängigen Rücksichten eine weit stärkere Rolle als in Deutschland. Und die — trotz wiederholter gesetzlicher Maßnahmen[590] — zeitweise Vernachlässigung des Truckwesens sowie des Gesundheits- und Wohnungswesens, auf dem der Staat erst ab den 1840er Jahren tätig wurde, resultierte eher aus der geringen Kenntnis dieser Verhältnisse auf der Seite staatlicher Stellen[591] und aus der erst langsam wachsenden Bereitschaft der Bürger, das Eingreifen des Staates in diese Bereiche zuzulassen[592].

Sodann spielten bei den sozialpolitischen Maßnahmen des Staates die Intentionen der Disziplinierung und Manipulation eine unbedeutende und weitaus geringere Rolle als in Deutschland. Denn nicht nur waren die sozialpolitischen Maßnahmen oftmals und in zunehmendem Maße — wie wir sahen — erst das Ergebnis einer Interessenrepräsentation von seiten der Bürger. Auch konnte es der Staat auf Dauer weder für möglich noch für wünschbar halten, die Interessen seiner Bürger und die zur Übermittlung dieser Interessen notwendigen Organe zu disziplinieren, manipulieren und hierdurch zu schwächen, war doch der Staat in Großbritannien in Ermangelung einer zentralistischen, weite Bereiche der Gesellschaft erfassenden Bürokratie trotz des geringeren Grades der Intervention zunächst in weit stärkerem Maße auf die eigenständige Interessenbildung und -übermittlung durch die Bürger angewiesen als in Deutschland. Die an die Absichten Bismarcks erinnernde Aussage Winston Churchills vom August 1909, daß „mit einem ‚stake in the country‘ in Form von Versicherungen gegen schlechte Tage diese Arbeiter keine Aufmerksamkeit den vagen Versprechungen des revolutionären Sozialismus schenken werden“[593], steht vereinzelt und muß vor allem auf dem Hintergrund der von uns beobachteten, gleichzeitigen syndikalistischen Bewegungen gesehen werden. Und die nach 1898 verstärkte teilweise Verbeamtung der Arbeiter in den Staatswerften, die diese gerade auch von Streiks abhalten sollte, bedeutete — wie weiter unten klar werden wird — eine verstärkte, wenn auch auf kleinsten Raum beschränkte Fortführung alter Traditionen staatlicher Beschäftigungspolitik, welche an diejenigen des preußisch-deutschen Staates erinnern.

Wie im Bereich der Sozialpolitik, so war auch auf dem Gebiet der Interessenintegration das Weiterleben von merkantilistischen Traditionen Indikator für die Kontinuität und das — im Vergleich zu Deutschland — hohe Gewicht, das der Staat — gleichsam umgekehrt proportional zu den Maß-

[590] Vgl. Morrah, S. 305.

[591] Vgl. etwa: Nostitz, S. 614; und A. Ponsonby, The Decline, S. 88.

[592] Vgl. A.J. Taylor, S. 39 ff.; E.J. Evans, Introduction.

[593] Daily Mail, 16. August 1909, zit. nach: J. Harris, Unemployment and Politics, S. 365 f.

nahmen direkter und indirekter Industrieförderung — der Aufgabe der Erfassung und des Ausgleichs der gesellschaftlichen Interessen beimaß. War der Staat in Großbritannien schon seit früher Zeit bereit, zu diesem Zweck Mittel und Institutionen zur Verfügung zu stellen, so ist gerade die Auffassung seiner eigenen Rolle Maßstab des Grades der Kontinuität bzw. des Wandels in seinem umfassenderen Konzept der Interessenintegration. In der Phase des Merkantilismus hatte der Staat — wie wir oben sahen — in umfassender Weise die Lebens- und Arbeitsbedingungen der Arbeiter zu regeln versucht. Die Friedensrichter und Stadtmagistrate hatten durch zweimal im Jahr stattfindende „besondere und sorgfältige Untersuchung“[594], dafür zu sorgen, daß den Beschäftigten „sowohl in Zeiten des Mangels wie des Überflusses“ ein ausreichender Lohn gewährt wurde[595]. In diesem sehr an die deutschen Verhältnisse erinnernden Konzept hatte — hier wie dort — die selbständige Wahrnehmung der Interessen von seiten der Betroffenen wenig Platz. Vereinigungen zur Beeinflussung der Arbeitsbedingungen waren, da sie eine Auflehnung gegen die Behörde darstellten, verboten[596]. Die Wahrnehmung und die Entscheidung über die wirtschaftlichen und sozialen Interessen der Bürger fiel also — wie in Deutschland — ausschließlich dem Staat und seinen Organen zu. Zugleich hiermit aber hatten die Bürger das Recht, vom Staat die Einhaltung dieser seiner Funktionen zu verlangen. In Ermangelung einer effektiven Kontrolle über die lokalen Behörden und in Kenntnis ihrer partiellen Ineffizienz ermutigte der Staat aber — anders als in Deutschland — die Nachsuche der Bürger um die Einhaltung der staatlichen Aufgabe. So ließ 1726 der König die Weber von Wiltshire und Somersetshire, die in einer Petition um die Beseitigung der Mißstände in ihrem Gewerbe nachsuchten, durch den Geheimen Staatsrat ermahnen, sich nicht durch ungesetzliche Verbindungen selbst zu helfen, sondern „ihre Beschwerden in ordnungsmäßiger Weise Seiner Majestät zu unterbreiten, die stets bereit sein werde, ihnen gemäß der Gerechtigkeit ihres Falles Abhilfe zu gewähren“[597]. Einerseits verbot also der Staat die Bildung von Interessenorganisationen, die den Zweck der Selbsthilfe verfolgten, andererseits erkannte er diese stillschweigend an und ermunterte sie, indem er sie aufforderte, ihre Interessen — und dies war ja nur in kollektiver Form denkbar — dem Staat gegenüber anzumelden.

Behandelte und betrachtete der merkantilistische Staat in Großbritannien — anders als in Deutschland — in seinem Bestreben um die Fürsorge seiner Bürger die kollektiven Interessenverbände mit einer deutlichen Inkonse-

---

594 So das Lehrlingsgesetz von 1562, zit. nach: I. Sharp, Industrial Conciliation and Arbitration in Great Britain, 1950, S. 273.

595 Dass., zit. nach: G. Krojanker, Die Entwicklung des Koalitionsrechts in England, 1914, S. 2. Vgl. auch: Nostitz, S. 351.

596 Vgl. G. Krojanker, Die Entwicklung, S. 1.

597 Zit. nach: Krojanker, S. 4.

quenz, so verboten die unter dem Eindruck der Französischen Revolution und der inneren Unruhe erlassenen Gesetze von 1799 und 1800 jede Koalition, und der Staat führte — getreu der neuen liberalen Überzeugung, daß jeder sein Interesse am besten verstünde und daß deshalb die völlige Freiheit des Individuums allein Aufstieg und Fortschritt gewähren könne[598] — mit dem individuellen und staatsfreien Vertragsverhältnis die formale Gleichheit der Vertragspartner ein. Die vergleichsweise frühe Herstellung der formalen Gleichheit der Vertragspartner und der in der theoretisch-juristischen Konzeption vollzogene Rückzug des Staates von seinen traditionellen Aufgaben im sozialen Bereich hatten beide — wie wir oben sahen — langfristige und weitreichende gesellschaftliche Konsequenzen. Doch stellte sich in der historischen Wirklichkeit bald, beinahe zur gleichen Zeit, heraus, daß — wie im Bereich der sozialen Maßnahmen — eine völlige Enthaltung des Staates auf dem Gebiet des Interessenausgleichs und der Interessenintegration nicht möglich war. Zum einen forderten zur stärkeren Ausfüllung der hergestellten Vertragsfreiheit und zur Befähigung, die eigenen Interessen zu erkennen und zu vertreten, selbst so individualistisch ausgerichtete Philosophen wie Malthus eine verstärkte Ausbildung der Arbeiter[599], eine Forderung, zu deren Erfüllung der Staat ja — wie wir oben sahen — seit dem Fabrikgesetz von 1802 zunehmend die Voraussetzungen schuf. Vor allem aber bewirkten der schon frühzeitig fortgeschrittene Stand der Industrialisierung und die mit diesem verbundene große Zahl industriell Beschäftigter, die wachsende Unruhe unter diesen und die traditionell gewohnten und sich fortsetzenden Ansprüche der Gesellschaft eine verstärkte, erneute Betätigung des Staates, wie weitgehend in der Sozialpolitik, so auch auf dem Gebiet der Interessenintegration. Obwohl die Unternehmer der Baumwollindustrie noch wenige Jahre zuvor vor den parlamentarischen Untersuchungskommissionen erfolgreich nachzuweisen vermochten, daß die (alten) staatlichen Gesetze nicht mehr auf die angewachsenen Betriebe paßten und daher der Industrie nur schädlich seien[600], baten sie ebenso wie ihre Arbeiter den Staat bereits im Jahre 1800 um erneute gesetzgeberische Maßnahmen, die auf „eine schnellere und umfassendere Weise als gegenwärtig" die Beziehungen zwischen Arbeitern und Unternehmern zu regeln versprachen[601]. Noch im gleichen Jahre wurde die erste der vier Cotton Arbitration Acts — die drei übrigen Gesetze mit gleichartigen Bestimmungen folgten in den Jahren 1803, 1804 und 1813 — erlassen. Im Falle von auftretenden Differenzen zwischen Arbeitern und Unternehmern in der Baumwollindustrie sah das Gesetz vor, daß jede Partei einen Schiedsrichter ernennen sollte, welche gemeinsam oder,

598 Vgl. Krojanker, S. 5, 11, und Rimlinger, Welfare Policy, S. 42 f.

599 Vgl. Rimlinger, S. 40.

600 Krojanker, S. 5.

601 Commons' Journal, Bd. IV, 5. März 1800, S. 261 f., zit. nach: J. Sharp, Industrial Conciliation, S. 276.

wenn eine Seite die Nominierung verweigerte, allein die streitenden Parteien unter Eid vernehmen und eine Entscheidung fällen sollten. Für den Fall, daß eine Seite keinen Schiedsrichter ernannte oder sich nicht den gefällten Entscheidungen unterwarf, sah das Gesetz bedeutende Strafen vor. Wo die Schiedsrichter innerhalb von drei Tagen nach ihrer Anrufung keine Einigung erzielen konnten, hatten sie vor dem Friedensrichter ihres Bezirks zu erscheinen, der als Unparteiischer oder Gutachter die strittigen Punkte innerhalb von drei weiteren Tagen entschied[602]. 1824 wurden die bestehenden gesetzlichen Bestimmungen in veränderter Form zusammengefaßt und auf alle Gewerbe ausgedehnt. Hiernach konnte eine Partei innerhalb von sechs Tagen nach Ausbrechen eines industriellen Konflikts Klage vor dem Friedensrichter des jeweiligen Bezirks erheben und durch seine Anordnung ein Erscheinen der jeweils anderen Seite erwirken. Wo beide Parteien sich schriftlich im voraus der Entscheidung des Friedensrichters zu unterwerfen bereit waren, konnte dieser den Streitfall hören und entscheiden. Ansonsten mußte er vier oder sechs Gutachter, zur Hälfte jeweils Unternehmer und Arbeiter der jeweiligen Industrie, von denen der betroffene Unternehmer und Arbeiter jeweils eine Person wählen konnten, die zusammen das Recht hatten, den Streitfall zu entscheiden. Wenn ein Schiedsrichter nicht innerhalb von zwei Tagen handelte, mußte der Friedensrichter eine andere Person an dessen Stelle ernennen, und wenn auch diese nicht zu handeln bereit war, so konnte der andere Schiedsrichter den Konflikt allein entscheiden. Zusätzlich hatten die streitenden Parteien im Fall der Übereinstimmung das Recht, sowohl den vom Gesetz umschriebenen Umfang der Verhandlungsgegenstände als auch die Verhandlungsprozedur zu verändern[603].

Zwar hatte mit diesen Bestimmungen von 1824 gegenüber den vorhergehenden Gesetzen die Rolle des Staates im gewerblichen Einigungsverfahren zugenommen, doch hatte sich seine Bedeutung und Kompetenz gegenüber der merkantilistischen Phase insgesamt deutlich reduziert. Den privaten Interessenten wurde ein bedeutend größerer Spielraum in der Lösung ihrer Konflikte zugestanden. Trotzdem blieben dem Staat — in der Tradition merkantilistischer Machtvollkommenheit — in der Gestalt des Friedensrichters und durch die Einklagbarkeit der getroffenen Abmachungen noch große Einflußmöglichkeiten auf die Lösung privater Konflikte im gewerblichen Bereich. Dies war einer der Gründe dafür, daß insbesondere das letzte Gesetz von 1824 toter Buchstabe blieb. Daneben gab es eine Reihe anderer Gründe: Das Erscheinen vor dem Friedensrichter ähnelte einem gerichtlichen Verfahren. Da man die ernannten Schiedsrichter nicht im voraus kannte, herrschte eine Abneigung, diesen Leuten eine Entscheidung in einem Konflikt anzuvertrauen. Die Parteilichkeit der Friedensrichter, die gerade in den Gewerbe-

602 Vgl. Sharp, S. 277.

603 Nach: ebenda, S. 280 f.

gebieten oftmals selbst aus Unternehmerfamilien kamen, hielt die Arbeiter von der Anrufung dieser Organe zurück. Und nicht zuletzt gewährte das Gesetz Arbeitern, die sich zur Aufnahme eines Schiedsverfahrens an den Friedensrichter wandten, keinerlei Schutz gegen eine etwaige Maßregelung von seiten ihrer Arbeitgeber[604].

Wies im Verfahren gewerblichen Interessenausgleichs, welches die gesetzlichen Bestimmungen in Großbritannien zu Beginn des 19. Jahrhunderts festlegten, das Verhältnis von staatlichem und privatem Entscheidungsspielraum insbesondere auch durch das Koalitionsverbot noch ein deutliches Übergewicht des ersteren auf, so kündigten sich hier zugleich bereits Änderungen an. Die Gesetze erlaubten den Interessenten eine Ausdehnung der Bestimmungen und die Auswahl anderer Verfahren; und schon die gesetzliche Redeweise von den zwei verschiedenen Parteien, deren jeweilige Interessen gegeneinander auszuhandeln waren, setzte — wie zuvor in der merkantilistischen Phase — eine zumindest innerbetriebliche, kollektive Interessenabstimmung der beiden Seiten stillschweigend voraus. Dieser Zusammenhang, zusammen mit der — im Unterschied zu Deutschland — von vornherein vom Gesetz anerkannten Gleichheit von Unternehmern und Arbeitern in der Vertretung ihrer gewerblichen Interessen, blieb nicht ohne Folge für den weiteren Entwicklungsgang. Einerseits hatten sich auch in der Phase des Koalitionsverbots, insbesondere in den gelernten, handwerksmäßig betriebenen Gewerben Arbeitervereine erhalten, die nicht bloß mit ihren Forderungen rückhaltlos in die Öffentlichkeit traten, sondern auch von den Arbeitgebern anerkannt wurden[605]. Andererseits nahmen die Unternehmer — angesichts des Mangels eines öffentlichen Anklägers im britischen Rechtssystem die einzigen, die auf die Einhaltung dieser Gesetze sahen — die gesetzlichen Bestimmungen, wie oftmals in der Textilindustrie, nur im Falle eines drohenden Streiks in Anspruch. Auf der anderen Seite aber verbanden sich die Unternehmer ungescheut ohne Rücksicht auf das Gesetz. Der Staat zog aus dieser Entwicklung Konsequenzen.

Ein auf Anregung des Philosophen Hume eingesetzter parlamentarischer Untersuchungsausschuß stellte ebenfalls im Jahre 1824 fest, daß trotz aller gesetzlichen Verbote Koalitionen zu allen im Bereich ihrer Interessen liegenden Zwecken bestünden. Die von ihnen veranstalteten, lang andauernden und mit allerhand Akten von Gewalttätigkeit verbundenen Streiks brächten ernsthaften Friedensbruch und Nachteile für jeden einzelnen wie für die Gesamtheit mit sich. Dabei sei zu beachten, daß solche Streiks auch häufig durch Koalitionen von Arbeitgebern hervorgerufen würden, welche den Arbeitern nicht genehme Bedingungen aufzuzwingen suchten. Die Arbeiter

---

[604] Vgl. ebenda, S. 282.

[605] Vgl. Nostitz, S. 300; S. und B. Webb, The History of Trade Unionism, S. 79 ff.

hätten dagegen häufig aufgrund der bestehenden Gesetze Gefängnisstrafen erlitten; es sei aber kein Fall bekannt, daß koalierende Arbeitgeber bestraft worden seien, obschon auch gegen sie Anklagen vorgelegen hätten. Die bisherigen Koalitionsverbote seien also in Summa nicht nur ganz unwirksam gewesen, sondern sie hätten sogar die Tendenz gehabt, Mißtrauen und Erbitterung hervorzurufen und so den Koalitionen einen gewalttätigen Charakter zu verleihen. Es empfehle sich daher, so schloß der Ausschuß, die Arbeiterverbindungen überhaupt freizugeben, d.h. nicht nur die auf sie bezüglichen Gesetze, sondern auch das common law mit seinem — bisher geltenden — Konspirationsbegriff, nach dem jede Koalition „as being in restraint of trade" als kriminell betrachtet werden konnte[606], in Bezug auf sie außer Kraft zu setzen[607].

Die Absicht des Staates, den Produktionsprozeß möglichst störungsfrei zu halten und insgesamt die industrielle Entwicklung zu fördern, war in Deutschland und Großbritannien gleich. Während aber zu diesem Zweck der Staat in Deutschland die Interessenorganisation der Arbeitnehmer bekämpfte und behinderte und gleichzeitig diejenige der Unternehmer unterstützte und förderte, war er in Großbritannien frühzeitig bestrebt, die zwischen Arbeitern und Unternehmern faktisch bestehenden Unterschiede in der Interessenvertretung aufzuheben und insgesamt alle Beschränkungen von Koalitionen abzuschaffen. An dieser Grundhaltung änderte auch die Tatsache nichts, daß man hoffte, die Arbeiterverbindungen hierdurch ‚sanfter' zu machen und sie zum Aufhören zu bringen[608]. Tatsächlich wurde im Jahre 1824, also noch im gleichen Jahre, in dem das zusammenfassende Schlichtungsgesetz erging und 45 Jahre vor der entsprechenden Maßnahme in Deutschland, die Koalitionsfreiheit gesetzlich hergestellt. Der Konspirationsbegriff sollte auf Koalitionen im gewerblichen Bereich keine Anwendung mehr finden. Dagegen wurden — wie in Deutschland — die individuellen Freiheitsrechte unter den Schutz des Gesetzes gestellt. Mit bis zu zwei Monaten Gefängnis konnten diejenigen bestraft werden, die unter Anwendung von Gewalt gegen Personen oder Eigentum, unter Einschüchterung oder Drohung jemanden zwingen sollten, an einer Koalition teilzunehmen oder ihren Regeln sich zu unterwerfen, oder die einen Arbeitgeber bzw. seinen Beauftragten mit gleichen Mitteln zur Bewilligung ihrer Bedingungen zwingen sollten[609]. Trotz der vagen Unbestimmtheit der Begriffe ‚Drohung' und ‚Einschüchterung', und obwohl schon ein Jahr später — auf den Druck der Unternehmer hin — die individuellen Schutzbestimmungen verschärft und auch der Begriff der Konspiration auf die Vereinigungen wieder ange-

[606] Krojanker, S. 40.

[607] Vgl. ebenda, und Nostitz, S. 301.

[608] Krojanker, S. 35.

[609] Vgl. ebenda, S. 34.

wendet werden konnte[610], hatte der Staat das Prinzip der Koalitionsfreiheit gleichermaßen für Arbeitnehmer wie für Unternehmer mindestens ein halbes Jahrhundert früher anerkannt als in Deutschland.

Diese Gesetzgebung hatte in der Folgezeit zur Konsequenz, daß sich insbesondere die Verbände der Arbeiter freier, rascher und mit einem geringeren Grad an Aggressivität als in Deutschland ausbreiten konnten. Hiermit wurde der nach wie vor bestehende Sonderstatus der Arbeitervereine in seiner Berechtigung nach und nach immer fraglicher. Und in einem Anhang ihres Berichtes von 1869 stellte die 1867-69 tagende Königliche Kommission „zur Untersuchung und Berichterstattung" über die „Organisation und Satzungen der Gewerkschaften und anderer Vereine" fest, „daß die Politik, der arbeitenden Bevölkerung en masse Ausnahmebestimmungen aufzuerlegen und so bei dieser Klasse Ausnahmeverbrechen festzustellen, ein in sich verfehltes und übel berüchtigtes Prinzip ist. Nur eine außergewöhnliche Gefahr für die öffentliche Sicherheit, oder eine besondere Neigung zu Verbrechen kann ein solch anormales Vorgehen rechtfertigen. Wir können bei den Arbeiterkoalitionen nichts feststellen, wofür die gewöhnliche Politik nicht ausreicht, oder eine systematische Gesetzesverletzung, gegen die nicht auch unter dem gewöhnlichen Strafgesetz gerichtlich erkannt werden könnte. Arbeiterverbindungen sind wie andere der Allgemeinheit gelegentlich sehr nachteilig, mitunter für einzelne recht bedrückend und führen auch gelegentlich zu Verbrechen. Aber wir sehen keinen vernünftigen Grund, weshalb ihr Vorgehen nicht unter den gewöhnlichen Strafen für Vergehen in dem gewöhnlichen Justizverfahren behandelt werden sollte"[611]. Da über die Berechtigung eines Streiks nicht von vornherein geurteilt werden könne, müsse hierüber von Fall zu Fall entschieden werden. Die beste Gewähr aber dafür, daß Streiks nicht unvernünftig vom Zaun gebrochen würden, so führte der Ausschuß in direktem Gegensatz zu den Überzeugungen der deutschen Staatsbeamten aus, liege in der Existenz der großen nationalen Assoziation und amalgamierten Vereine, denen allein schon ihr Fondswesen eine verständige Taktik vorschreibe[612].

Anders als im industriell rückständigen Deutschland wurde in Großbritannien nicht jeder Streik von vornherein als „eine öffentliche Kalamität" angesehen[613]. Und offensichtlich fürchteten hier die staatlichen Stellen auch nicht, ihre ‚Autorität' könne durch die Stärkung der Arbeiterverbände gefährdet und die ‚freie Entscheidung' des Staates unzulässig eingeschränkt werden. Vielmehr verlieh der britische Staat den Arbeitergewerkschaften mit

[610] Ebenda, S. 38 f.; Nostitz, S. 302-304.

[611] Zit. nach: Krojanker, S. 65.

[612] Ebenda.

[613] So eine Kommission des Deutschen Reichstages im Jahre 1899, zit. in: VMB des CVDI, Nr. 87, 1900, S. 27.

dem Gesetz von 1871 einen legalen Status, der durch die weiteren Gesetze von 1875, 1876, 1883, 1893 und 1906 genauer umschrieben und abgesichert wurde. Zwar fanden trotz dieser immer genauer werdenden Umschreibungen und der Erleichterungen durch den Gesetzgeber — z. B. fiel die Konspirationsklausel vollkommen weg — die Gerichte vor allem in Schutzbestimmungen der individuellen Freiheit oftmals, wie wir oben sahen, noch Hilfsmittel zur Behinderung der Gewerkschaften[614]. Insgesamt aber hatte der Staat mit der Verleihung eines legalen Status an die Gewerkschaften der Arbeiterschaft eine stabile Basis zur Findung und Repräsentation ihrer Interessen geschaffen. Und wie gering im Vergleich zu Deutschland die Furcht der Gewerkschaften vor einer zu scharfen Kontrolle und einer zu starken Einengung ihres Aktionsbereiches war, zeigt die Tatsache, daß bis 1897 zwar nur die kleinere Hälfte der Vereine, jedoch durch diese mehr als drei Viertel aller Gewerkschaftsangehörigen in das staatliche Register eingetragen waren[615].

Die sich herausbildenden Interessenorganisationen der industriellen Produzenten, insbesondere der Arbeiter, deren Entwicklung der Staat durch den Erlaß der Koalitionsfreiheit im Jahre 1824 und durch die Errichtung einer legalen Basis im Jahre 1871 gefördert hatte, suchte er bereits in der Zwischenzeit aktiv zur Kanalisierung und zum Ausgleich der Interessen zu nutzen. Wie das immer wieder erneute Angehen dieser Problematik das Beharren und das anhaltende Engagement des Staates auf dem Gebiet der Interessenintegration verdeutlichen, so zeigt die Entwicklung der Inhalte dieser staatlichen Modelle den hohen Grad der Kontinuität und den allmählich eintretenden Wandel des staatlichen Bemühens. Nach elfjähriger Anlaufszeit wurde, um „die Wohlfahrt und das gute Verstehen zwischen Unternehmern und Arbeitern zu fördern“ und ‚zum Vorteil des Landes‘[616] 1867 ein Gesetz erlassen, das nach dem Vorbild vor allem der Textilindustrie die Errichtung von Räten vorsah, die Unternehmer und Arbeiter gemeinsam bildeten und um deren staatliche Genehmigung sie gemeinsam nachzusuchen hatten. Der jeweils für einen Ort bzw. eine Region und ein Gewerbe geltende Rat, dessen zwei bis zehn Mitglieder jeweils zu gleichen Teilen jährlich von den am Ort ansässigen und im Gewerbe tätigen Unternehmern und Arbeitern zu wählen waren, sollte einen außerhalb des Gewerbes stehenden Vorsitzenden wählen und wiederum ein engeres Komitee von zwei Mitgliedern, einem Unternehmer und einem Arbeiter, bilden, welches alle Streitfälle in erster Instanz

---

[614] Vgl. insgesamt Nostitz, S. 306-309; Krojanker, S. 66 ff.; W.E.J. McCarthy, Principles and Possibilities in British Trade Union Law, in: ders., Hg., Trade Unions. Selected Readings, 1972, S. 345-365, S. 349. Zur Einschätzung der Tätigkeit der Justiz vgl. bes. H. Pelling, History of British Trade Unionism, S. 142 f.; J. Saville, Trade Unions and Free Labour, S. 340-350; auch F. Engels, Die Lage, S. 306.

[615] Nostitz, S. 305.

[616] So der vorausgehende Report of Select Committee on Masters and Operatives, 1860 (307, P.P., Bd. XXII), S. 443, zit. nach: Sharp, S. 284.

hören und, wenn möglich, schlichten sollte. Verbleibende Konflikte konnten dem Rat nur bei Zustimmung beider Seiten vorgelegt werden, doch waren sie einmal unterbreitet, dann besaß der Rat alle Machtbefugnisse und die Autorität, die den Schiedsrichtern und Gutachtern nach dem Gesetz von 1824 zukamen; und die Entscheidung des Rates konnte mit der gleichen Gewalt —und denselben Strafen erzwungen werden wie nach den zuvor verabschiedeten Gesetzen[617].

Ein weiteres Gesetz wurde 1872 erlassen. Es ermöglichte vor allem die Aushandlung eines schriftlichen Übereinkommens zwischen Unternehmer und Arbeitern, welches „entweder die Ernennung eines Ausschusses, eines Rates, einer oder mehrerer Personen als Schiedsrichter vorsah oder die Zeit und Art der Ernennung eines oder mehrerer Schiedsrichter" festlegte[618]. Die von dem Gremium gefällten Entscheidungen waren für beide Seiten bindend und ihre Befolgung konnte wie bei den vorhergehenden Gesetzen gerichtlich eingeklagt werden.

Die vom Staat angebotenen Methoden der Einigung zwischen Unternehmern und Arbeitern wurden, so wird deutlich, mit fortschreitender Zeit immer offener und gaben den Interessenten immer mehr Entscheidungsfreiheit in der Regelung ihrer Beziehungen. Doch bestand der Staat in seinen gesetzgeberischen Maßnahmen, die jedoch wie z. T. in Deutschland nicht als Zwang, sondern nur als Angebot galten, bis zum Gesetz von 1872 — gleichsam als Folge und Indikator der Schwerkraft der merkantilistischen Tradition — auf der Methode der Zwangsschlichtung unter staatlicher Aufsicht und Strafandrohung. Hauptsächlich dies war auch der Grund für das anhaltende, weitgehende Scheitern bzw. die Folgenlosigkeit der staatlichen Maßnahmen. Erst mit dem Gesetz von 1896 ging der Staat in seinem gesetzgeberischen Angebot zum Modell der freien Verhandlung zwischen Unternehmer und Arbeiter über, bei dem die staatlichen Organe nur noch als Institutionen der Vermittlung und der Hilfe dienten. Der Staat konnte sich hierbei auf die inzwischen gestärkten Interessenverbände der Unternehmer und Arbeiter und die von ihnen ohne staatliche Einwirkung geschaffenen Einigungsämter stützen. Trotz der nach wie vor zahlreichen Stimmen, die eine vom Einsatz staatlicher Mittel abgesicherte Zwangsschlichtung gewerblicher Streitigkeiten forderten, hatte der Mehrheitsbericht der 1892-94 tagenden Labour Commission alle Zwangsmaßnahmen des Staates abgelehnt. Stattdessen hatte er die Hoffnung und den Glauben bekundet, „daß die gegenwärtige rasche Ausdehnung von freiwilligen Einigungsämtern sich fortsetzen wird, bis sie einen weitaus größeren Teil der Industrie erfassen, als sie dies gegenwärtig tun"[619]. Zu diesem Zweck erkannte der Ausschuß die

617 Vgl. Sharp, S. 285 f.

618 Zit. nach ebenda, S. 288.

619 Zit. nach ebenda, S. 292.

Notwendigkeit starker Organisationen auf Unternehmer- und Arbeiterseite an und berichtete, daß die erfolgreichsten freiwilligen Institutionen solche waren, die in Gewerben gebildet worden waren, wo die Organisationen auf beiden Seiten am stärksten und vollständigsten waren[620]. Der Staat sollte, so hatte der Ausschuß vorgeschlagen, durch die Erteilung von Ratschlägen und lokale Verhandlungen, durch die Errichtung von freiwilligen Einigungsämtern und — auf die Anrufung der Interessenten — die Ernennung eines außenstehenden Verhandlungsführers oder die Bestimmung eines Einigungsamtes den Verhandlungen zwischen Arbeitern und Unternehmern ausschließlich helfend zur Seite stehen.

Das Gesetz von 1896 folgte diesen Vorschlägen weitgehend. Es beseitigte alle bisher in Kraft befindlichen Gesetzesklauseln staatlicher Zwangsschlichtung und ermächtigte das Board of Trade im Falle des Auftretens von Konflikten zwischen Unternehmern und Arbeitern oder auch zwischen verschiedenen Arbeitergruppen, die Gründe und Umstände dieser Differenz zu erkunden, die Parteien zur Verhandlung unter dem Vorsitz eines von diesen gemeinschaftlich oder vom Staat ernannten Präsidenten zusammenzuführen zu versuchen und auf die Anrufung von Arbeitern und Unternehmern einen oder mehrere Verhandlungsführer oder einen Schiedsrichter zu ernennen. Hinzukommend bestand für das Board of Trade die Möglichkeit, die Gründung neuer Einigungsämter zu ermutigen und zu fördern[621].

Mit diesem letzten vor 1914 zur Kanalisierung und zum Ausgleich industrieller Interessen ergangenen Gesetz hatte der Staat sich zunächst aus der unmittelbaren Lösung industrieller Konflikte weitgehend herausgezogen und diese den direkt beteiligten Interessenten überlassen. Und das Scheitern weiterer Versuche — wie die 1908 errichteten ‚Courts of Arbitration‘ oder der 1911 geschaffene ‚Industrial Council‘ —, den Einfluß des Staates auf die Regelung der industriellen Beziehungen wieder zu vergrößern, machte klar, daß die industriellen Produzenten nicht mehr gewillt waren, dem Staat stärkere Machtmittel auf diesem Gebiet zuzugestehen[622]. Dies war das folgerichtige Ergebnis der bisherigen Entwicklung. In der Überzeugung, daß der industrielle Friede und das ‚gute Einvernehmen‘ zwischen Unternehmern und Arbeitern hierdurch gefördert wurde, hatte der Staat seit der Aufhebung des Koalitionsverbots im Jahre 1824 durch seine gesetzlichen Maßnahmen — anders als in Deutschland — insbesondere die Organisationsbestrebungen

[620] Vgl. Sharp, S. 291 f.; W.E.J. McCarthy, Principles and Possibilities in British Trade Union Law, in: ders., Hg., Trade Unions, S. 349 f.

[621] Sharp, S. 294.

[622] Vgl. hierzu: Sharp, S. 297-302, und R. Charles, The Development of Industrial Relations, S. 37-74. Auch das weitgehende Ungenutztlassen der den Conciliation Boards angebotenen Möglichkeit, sich beim Board of Trade registrieren zu lassen, zeigt den auf seiten der industriellen Produzenten vorhandenen Willen zur Unabhängigkeit vom Staat. Vgl. Sharp, S. 295.

der Arbeiter eher gestärkt als behindert. Anders als in Deutschland fürchtete der Staat in Großbritannien nicht um die ‚unangemessene' Einschränkung seiner ‚Autorität' und seines Entscheidungsspielraums. Vielmehr verstärkte er die Mitbestimmungs- und Mitwirkungsmöglichkeiten der Arbeiter z. B. — wie wir oben sahen — durch die gesetzlich ermöglichte Einrichtung des Wiegekontrolleurs, der Arbeiterkontrolleure sowie des Kritikrechts der Arbeiter und ihrer Verbände an den staatlich erlassenen ‚Betriebsregeln' im Bergbau[623] und indirekt durch die Ernennung von Arbeitern und Angestellten zu staatlichen Hilfs- und Werkstattinspektoren in anderen Gewerben. Und weniger um seine eigene und um die ‚Autorität' der Arbeitgeber fürchtend, sondern vielmehr auf dem — allerdings die Gleichberechtigung beider Seiten voraussetzenden — Wert des Interessenausgleichs beharrend, hoffte der britische Staat auf die positiven Auswirkungen der Mitwirkung der Staatsbürger. So erklärte der Präsident des Board of Trade, Sir Michael Hicks-Beach, bereits vor der Einberufung der Labour Commission im Jahre 1890, „daß das Übel der Streitigkeiten zwischen Arbeitgebern und Arbeitern zum großen Teil der unvollkommenen Organisation der Arbeit zu verdanken sei. Eine gut organisierte Industrie, unter der Führung fähiger und erfahrener Männer, könne diese Aufgabe besser lösen als eine nicht organisierte. Männer von Fähigkeit und Erfahrung, die das Vertrauen ihrer Mitarbeiter genießen, würden sich wilden Theorien fernhalten und das Elend von Ausständen vermeiden"[624].

Die durch diese Förderung gestärkten und durch solche Erwartungen gezähmten Interessenverbände machten nun ihr Recht auf einen staatlich möglichst wenig beschränkten Bewegungsspielraum geltend. Der Staat gestand ihnen diesen Spielraum zu. Und nicht das unwichtigste Argument gegen eine Fortführung oder Wiederaufnahme staatlicher Zwangsmaßregeln im Bereich der industriellen Beziehungen war die von Henry Crompton 1896 in einem Gutachten niedergelegte Feststellung, daß hierbei der Staat eine unangemessene Verantwortung übernehme und in eine Konfrontation mit der Arbeiterschaft gerate[625]. Wie in Deutschland zog sich also der Staat in Großbritannien gerade auch aus der Furcht vor einer zu großen Verantwortung auf dem Gebiet der Vermittlung industrieller Interessen zurück. Bedeutete dieses Vorgehen aber in Deutschland die Kapitulation des Staates vor der Unvereinbarkeit und ein Vakuum im Bereich der sozialen Beziehungen, so konnte der Staat in Großbritannien die Vermittlung und den Aus-

---

[623] Vgl. Morrah, S. 316.

[624] Rede vor der Handelskammer von Bristol, zit. in: Nostitz, S. 293; auch bei: L. Brentano, Über Arbeitseinstellungen und Fortbildung des Arbeitsvertrages, in: Schriften des Vereins für Socialpolitik, Bd. 45, 1890, S. IX - LXXVIII, S. LXXV.

[625] Vgl. R. Davidson, Introduction, in: G.R. Askwith, Industrial Problems and Disputes, 1974², S. VII-XIV, S. VII f.

gleich der industriellen Interessen den unter seiner Mithilfe herangereiften Interessenverbänden überlassen und sich selbst auf eine oberste Aufsichts- und Koordinationsfunktion zurückziehen. Hatte in Deutschland die Furcht des Staates vor der Beeinträchtigung seiner ‚Autorität' und seiner Entscheidungsfreiheit durch die Interessen der industriellen Produzenten, vor allem der Arbeiter, zu einer wachsenden Kontroll- und Steuerungsunfähigkeit des Staates geführt, so bewirkte in Großbritannien die Bereitschaft des Staates, die Interessen der industriellen Produzenten als gleichberechtigt anzusehen, und das Bemühen, diese zu berücksichtigen, zu einer vergleichsweise hohen Kontroll- und Steuerungsfähigkeit des politischen Systems.

Der Wahrnehmung dieser letzteren Aufgaben konnte auch in Großbritannien — ebensowenig wie längerfristig in Deutschland[626] — der Staat zur Gewährung grundlegender Funktions- und Stabilitätsbedingungen der industriellen Gesellschaft nicht entgehen. Hatte das Gesetz von 1896 ihn auch von der Möglichkeit und Notwendigkeit der Ausübung staatlichen Zwangs in der industriellen Interessenvermittlung und daher von einer unmittelbaren Verantwortung befreit, so wies es dem Staat neue Aufgaben zu. Das mit der Durchführung dieser Aufgaben beauftragte Board of Trade hatte etwa auftretende industrielle Konflikte zu beobachten, zu untersuchen und — wenn möglich — Hilfestellung bei ihrer Überwindung zu leisten. Der Erfolg dieser Tätigkeit mußte nicht nur von ihrer Organisation, sondern vor allem auch von dem eingesetzten Personal und den Überzeugungen abhängen, die es leiteten. Hatten wir in Deutschland feststellen können, daß dort eine Vermittlungstätigkeit von Personen, die außerhalb der — durch Fachwissen sich legitimierenden — staatlichen Bürokratie standen, wegen deren Widerstand undenkbar war und daß andererseits die staatlichen Beamten durch ihre industrie- und unternehmerorientierte Ausrichtung, welche ihrerseits gerade das Ergebnis ihrer Fachausbildung, aber auch des allgemeinen Willens zum industriellen Aufholen war, im Urteil der Öffentlichkeit und insbesondere der Arbeiterschaft stark vorbelastet waren, so setzte der Staat in Großbritannien zur Wahrnehmung dieser Vermittlungsaufgaben in hohem Maße gerade Nicht-Beamte ein. Von einer repräsentativen Stichprobe der staatlich ernannten Vorsitzenden von Conciliation Boards waren nur 5% Beamte, dafür aber 20% Politiker lokaler oder nationaler Provenienz, 19% Unternehmer, 3% Gewerkschaftler und nicht weniger als 48% Juristen[627]. Mindestens die Hälfte bis drei Viertel, so darf man hieraus schließen, besaßen eine Universitätsausbildung, und zwar, beinah notwendigerweise, nichttechni-

[626] Selbst der so aufrechte Vertreter des Herr-im-Hause-Standpunktes, der Generalsekretär des CVDI, H.A. Bueck, war bereits im Jahre 1909 der Ansicht, daß die Einrichtung der zur Vermittlung dienenden Arbeitskammern durch den Staat kommen werde. Vgl. VMB des CVDI, Nr. 115, 1909, S. 32.

[627] Vgl. hierzu: J.H. Porter, Industrial Conciliation and Arbitration 1860-1914, 1968, S. 502.

scher oder unmittelbar industrieller Natur. Wie der Hauptvermittler des Board of Trade, der Comptroller-General und sodann Chief Industrial Commissioner George R. Askwith, der als Sohn eines Generals an der Public School von Marlborough erzogen worden war und in Oxford neuere Geschichte und Rechtswissenschaft studiert hatte, waren die meisten vom Staat eingesetzten Vermittler — anders als die deutschen Beamten — der Überzeugung, daß eher Unwissenheit und Unkenntnis der ökonomischen Situation als ideologische Bindung die Wurzel von industriellen Konflikten bilde. Askwith nahm wahr, daß das kapitalistische System weitgehend verantwortlich war für die steigenden Schwierigkeiten in den industriellen Beziehungen; daß die Entfremdung der Arbeiter oftmals das Ergebnis der Polarität zwischen der wachsenden bildungsbedingten Aufklärung und den abnehmenden beruflichen Chancen, der psychologischen Auswirkungen der industriellen Spezialisierung und des unpersönlichen Charakters der großen Industrie und der Tendenz der Unternehmer war, ihre Arbeiter ausschließlich als Elemente der Produktionskosten zu sehen[628]. Konnten die Vermittler mit dieser Einstellung, die durchaus auch — anders als bei den meisten Beamten in Deutschland — bereit war, die sozialen Kosten und menschlichen Folgen der Industrialisierung in Rechnung zu stellen, oftmals das Vertrauen der Arbeiter gewinnen, so erwarb ihnen ihre kritische Haltung gegenüber dem Streikpostenstehen, der juristischen Immunität der Gewerkschaften, den restriktiven Praktiken im Bereich der technischen Innovation und der industriellen Produktivität sowie vor allem die Übersicht und die Berücksichtigung der gesamtwirtschaftlichen Lage das Ansehen der Unternehmer[629]. Gerade ihre relative Abgehobenheit von den unmittelbaren Bedürfnissen und Zwängen der industriellen Produktion wie auch ihr vergleichsweise geringerer Grad der Identifikation mit der Industrialisierung als solcher brachte ihnen den Ruf der Unparteilichkeit oder zumindest von Menschen ein, die guten Willens waren[630].

Der, wenn auch relative, Erfolg dieser staatlich ernannten Vermittler ließ nicht auf sich warten. Zwischen 1896 und 1913 stieg, wohl nicht ausschließlich durch ihre Bemühungen, aber doch in vielen Fällen durch ihre Mithilfe, in Großbritannien die Zahl der nicht-staatlichen Verhandlungsausschüsse zwischen Arbeitgebern und Arbeitnehmern von 105 auf 325. 696 Streitfälle wurden in der gleichen Zeitspanne — 65% davon in den letzten sechs Jah-

[628] Vgl. hierzu: G.R. Askwith, Industrial Problems and Disputes, S. 16, 68 f., 350 f.; zu einer ähnlichen Überzeugung von der Unwissenheit der Arbeiter, selbst angesichts der syndikalistischen Herausforderung in Südwales, vgl. etwa: A.J. Jenkinson, Reflexions on a pamphlet entitled „The Miners' Next Step", in: Economic Review, Juli 1912, S. 302-312, S. 312.

[629] Vgl. R. Davidson, Introduction, in: G.R. Askwith, S. VIII f.

[630] Vgl. etwa: Nostitz, S. 548, und R. Smillie, My Life for Labour, S. 219, 238-241, 257-259.

ren — vom Labour Department des Board of Trade behandelt. Obwohl hiervon 345 in einen Streik mündeten, bevor eine Einigung erzielt war, führte die staatliche Verhandlung bzw. Schlichtung doch in insgesamt 538 Fällen zum Erfolg. Die Grenzen der staatlichen Intervention und ihres Erfolgs jedoch wurden dadurch deutlich, daß von den zwischen 1896 und 1913 insgesamt 949 aufgetretenen Streiks nur 210 oder 22% von staatlichen Institutionen behandelt wurden[631].

Obwohl der Staat seit langem den Ausgleich ihrer Interessen den industriellen Produzentengruppen weitgehend selbst überlassen und sich mit dem Gesetz von 1896 auch nominell auf die Aufgaben einer oberen Kontrolle, Aufsicht und Unterstützung zurückgezogen hatte, stieg mit dem Zunehmen der industriellen Konflikte seine Betätigung auch auf diesem begrenzten Aktionsraum an. Allein im — allerdings bewegten — Jahre 1913 gab es 610 Anrufungen zum Eingreifen der staatlichen Stellen in industrielle Streitfälle[632]. Das — neben der persönlichen Einstellung — Wichtigste zu einer erfolgreichen Tätigkeit der im Auftrage des Staates tätigen Vermittler war der Grad ihrer Informiertheit über wirtschaftliche und soziale Verhältnisse. Die Aufgabe, solche Informationen zu sammeln und zu speichern und zugleich eine Anzahl von befähigten Personen um sich herum zu versammeln und mit ihnen Kontakt zu halten, fiel dem — bereits genannten — Labour Department des Board of Trade zu, einem Amt, dem es typischerweise trotz der längeren statistischen Tradition in Deutschland nichts entgegenzusetzen gibt. 1886 als ‚Bureau of Labour Statistics‘ zu dem Zweck geschaffen, statistisches Material über die Arbeiterschaft und die Arbeitslosigkeit zu sammeln und als Information bereitzuhalten, wurde es 1893 zu einer erweiterten und relativ selbständigen Abteilung des Board of Trade umorganisiert. Angesichts der mit dem Gesetz von 1896 neu auf das ‚Labour Department‘ zukommenden Aufgaben war — trotz des weitgehend erfolgreichen Bemühens seiner Leiter, im Amt sich möglichst wenig an bürokratischer Inflexibilität breitmachen zu lassen — innerhalb weniger Jahre sein Personal, ohne Berücksichtigung des eingerichteten Netzes außerhalb von London beschäftigter ‚Labour Correspondents‘ und des Kreises der nicht-angestellten, privaten Vermittler, auf 30-40 Beschäftigte angewachsen[633].

Die Herausbildung des Labour Department war in doppelter Weise charakteristisch für die Entwicklung des britischen Staatsapparats insgesamt. Zum einen wegen des lange Zeit nur geringen, dann aber raschen Wachstums, zum anderen aufgrund der Art der Beschäftigung, welche dieses

[631] Vgl. Sharp, Industrial Conciliation, S. 302 f.

[632] Vgl. ebenda, S. 296.

[633] Vgl. insgesamt: R. Davidson, Introduction, S. VII f.

Wachstum hervorrief. Während es des 40jährigen Zeitraums von 1851 bis 1891 bedurfte, das Personal des Staates zu verdoppeln, brauchte es in der folgenden Phase bis 1911 nur die Hälfte der Zeit, um den gleichen Zuwachs zu erreichen. Die Zahl der in den zentralen und regionalen Behörden beschäftigten Staatsangestellten stieg zwischen 1891 und 1911 von 104.000 auf 226.000, und die Staatsausgaben von £ 54,7 Mill. im Jahre 1851 auf £ 93,4 Mill. im Jahre 1891, von da jedoch auf £ 167,9 Mill. im Jahre 1911 und £ 184 Mill. im Jahre 1913. Damit nahmen die Staatsausgaben im Zeitraum zwischen 1890/94 und 1910/13 in Großbritannien um 80%, im Deutschen Reich jedoch um 149% zu[634]. Doch lag bis 1914 mit den 632.000 einschließlich der Lehrer und 718.914 einschließlich der in den staatseigenen Werken vom Staat beschäftigten Personen der Anteil der Staatsangestellten an der Gesamtzahl der Beschäftigten in Großbritannien mit 3,77% nur knapp hinter demjenigen in Deutschland mit 3,97% (1907) zurück[635].

Ein genaueres Hinsehen zeigt aber, zugunsten welcher Tätigkeitsbereiche das Wachstum des Staatsapparates in Großbritannien, anders als in Deutschland, vor allem verlief. Während die Zahl der Staatsangestellten insgesamt zwischen 1900 und 1914 um ca. 50%, die Staatsausgaben um 124% anwuchsen, steigerte das Board of Trade im gleichen Zeitraum seinen Personalbestand um 821% und seine Ausgaben um 595%[636]. Und während — wie wir oben sahen — die Zahl der in staatlichen Betrieben Beschäftigten, mit Ausnahme der Post, nur allmählich wuchs und insgesamt im Vergleich zu Deutschland gering blieb, stieg die Anzahl der staatlichen Fabrik- und Bergwerksinspektoren von 23 im Jahre 1851 auf 137 im Jahre 1897 und 277 im Jahre 1914, diejenige aller staatlichen Inspektoren zusammengenommen, die, wie ein staatliches Memorandum sie zutreffend definierte, „belastet sind mit den Aufgaben der Inspektion und des Berichts, nicht aber mit der Verantwortung für die Ausführung von ‚Arbeit'"[637], auf 12.434 im Jahre 1923[638]. In Form des Labour Department, der staatlichen Inspektoren

634 Vgl. S. Pollard, The Development, S. 34; Abramovitz/Eliasberg, The Growth of Public Employment in Great Britain, S. 19; H. Finer, The British Civil Service, 1927, S. 14; Mitchell, Abstract, S. 397/8; Hohorst u.a., Sozialgeschichtliches Arbeitsbuch, S. 148. Im Anschluß an die Feststellung in Anmerkung 490 werden hier nur die Zahlenangaben unmittelbar einander gegenübergestellt, die in Bezug auf Umfang und Zeitablauf voll miteinander vergleichbar sind.

635 Abramovitz/Eliasberg, The Growth, S. 40-45; Pollard, S. 34; O. Hintze, Der Beamtenstand, in: ders, Soziologie und Geschichte, S. 66-125, S. 68; Brandt/Most, Bd. 2, S. 74/5.

636 J.A.M. Caldwell, Social Policy and Public Administration 1909-1911, Ph. D., Nottingham 1956, App., S. XXVII, zit. nach: R. Davidson, Llewellyn Smith, the Labour Department and Government Growth, 1886-1909, in: G. Sutherland, Hg., Studies in the growth of nineteenth-century government, 1972, S. 227-262, S. 227.

637 Vgl. Royal Commission on the Civil Service 1929. Introductory Momoranda relating to the Civil Service, submitted by the Treasury, London 1930, zit. nach: R. Schmidt, Die Bürokratisierung, S. 32.

zusammen mit den alten oder neu geschaffenen Ämtern wie dem Poor Law Board, dem Board of Health, Board of Education und den administrativen Anforderungen der Gesetze über Unfall-, Renten- und Arbeitslosenversicherung sowie der Errichtung der Arbeitsvermittlungsstellen waren in Großbritannien der Staat und seine Beschäftigten weit stärker als in Deutschland auf die Wahrnehmung von sozialen — im Gegensatz zu unmittelbar industriellen — Aufgaben ausgerichtet, und das Wachstum des Staatsapparats reflektierte zu einem nicht geringen Teil gerade die Zunahme dieser sozialen Aufgaben, denen sich der Staat als Folge des vorangegangenen langen Industrialisierungszeitraums nun nicht mehr zu entziehen vermochte.

b) Die staatseigenen Betriebe

Die Aufgabe der Interessenintegration, die — wie wir sahen — einen so bedeutenden Platz im Tätigkeitsbereich des Staates überhaupt und auch innerhalb seiner — im weiteren Sinne — sozialen Aufgaben einnahm, setzte sich, wie auch in Deutschland, auf das Gebiet der staatlichen Betriebe und insgesamt der vom Staat Beschäftigten fort. Anders als in Deutschland aber existierte in Großbritannien eine starke zeitliche Differenz in den Überzeugungen, die der Staat in beiden Bereichen an den Tag legte. Wie dort jedoch gab es das lange Fortwirken einer ungestörten Tradition, und gerade die Ungleichzeitigkeit in den Überzeugungen des britischen Staates zeigt die Bedeutung von Innovationszwängen, denen sich dieser im Bereich der privaten Industrie durch das Aufkommen der Interessenverbände und durch die sich demokratisierende Zusammensetzung des Parlaments ausgesetzt sah.

Glaubte der Staat — wie wir sahen — im Bereich der privaten Wirtschaft schon vergleichsweise früh, daß die Geltendmachung von Interessen am besten und mit dem größten Nutzen durch die beteiligten Personen und Gruppen selbst geschehe, so blieb er im Bereich der eigenen Betriebe lange Zeit — wie in Deutschland — an der merkantilistischen Überzeugung orientiert, der Staat habe die Interessen seiner Beschäftigten wahrzunehmen. Nur durch das traditionelle Mittel von Petitionen innerhalb der jeweiligen Abteilungen war es bis tief in die zweite Hälfte des 19. Jahrhunderts den im Staatsdienst Tätigen erlaubt, gegenüber den jeweils höheren Stellen Wünsche vorzubringen. Noch 1893 war die Admiralität — in schöner Übereinstimmung mit der Staatsbürokratie und den schwerindustriellen Unternehmern in Deutschland — vor der Royal Commission on Labour der Ansicht, daß „es die Disziplin zerstöre, wenn die Kommunikation durch irgendjemanden außerhalb der Werften erfolge“[639]. Folgerichtig erkannte sie auch in

[638] Nach: H. Finer, The British Civil Service, S. 57.

[639] Vgl. Royal Commission on Labour, C-6894-VII, 1893, Frage 25.968, zit. nach: Clegg/Fox/Thompson, A History of British Trade Unions, S. 152.

der folgenden Zeit keine Arbeiterorganisationen an, obwohl diese in den Jahren nach 1900 etwa die Hälfte der staatlichen Werftarbeiter organisierten[640]. Zwar gestattete die Admiralität ihren Arbeitern die Mitgliedschaft in diesen Organisationen, doch versuchte sie, die Arbeiter zugleich vom Beitritt und damit von der Schaffung einer gemeinsamen und starken Handlungsbasis abzuhalten. Das sich am ununterbrochenen Dienstalter orientierende Prämiensystem und die Aufstiegsmöglichkeit in die Gruppe der pensionsberechtigten und nur unter besonderen Bedingungen entlaßbaren ‚established men' sollte die andere Gruppe der ‚hired men' vom Streik abhalten. Und für die pensionsberechtigten Arbeiter war ein Streik ohnehin verboten, wollten sie ihren Status nicht wieder verlieren. Das System erhöhte seine Wirkung dadurch, daß es weder Regeln für die Beförderung noch — trotz des zumindest zeitweiligen Bestrebens von Arbeiterausschüssen[641] — ein Mitspracherecht der Arbeiterschaft gab. Obwohl sich nicht wenige Arbeiter — auch wegen der hiermit verbundenen kürzeren Phase des Lohnrückgangs — weigerten, sich zu ‚established men' ernennen zu lassen, hielt das System vor allem in deren Reihen die Arbeiter davon ab, den Gewerkschaften beizutreten, gab es doch, wie in Deutschland, „eine Streberei unter den hired men, dauernde beamtliche Stellung zu erlangen"[642]. Und gerade in den Reihen der beamteten Arbeiter, deren Zahl bei einer in etwa gleichbleibenden Gesamtzahl von 32.000 Arbeitern von der Admiralität zwischen 1898 und 1908 von 3.000-4.000 auf 8.000 erhöht wurde[643], sank die Bereitschaft, den Gewerkschaften beizutreten oder weiterhin anzugehören. Obwohl auch angesichts dieser Maßnahmen immer noch etwa die Hälfte der staatlichen Werftarbeiter den verschiedenen Gewerkschaften angehörten, waren die staatlichen Behörden — anders als in Deutschland — nicht zu einer weitergehenden Manipulation der Arbeiterschaft etwa im Sinne der Schaffung von staatsfrommen Arbeiterausschüssen oder der ideologischen oder sozialpolitisch-materiellen Beeinflussung von bereits bestehenden Arbeiterorganisationen bereit. Außer einer Unfallversicherung und der den ‚established men' ab dem Alter von 60 Jahren vorbehaltenen Pension, die überdies nicht auf die Ehefrauen übertragbar war, erhielten die staatlichen Werftarbeiter keine materielle Zuwendung zuzüglich zum Lohn[644]. Und dieser lag, und hieran war ebenso der unternehmerische ‚Erfolg' der Behinderung der Interessenartikulation abzu-

---

[640] Vgl. F. Lünnemann, Die Arbeiterpolitik, S. 25.

[641] Vgl. S. Pollard/P. Robertson, The British Shipbuilding Industry, S. 171. Zur Tätigkeit dieser Arbeiterausschüsse ist jedoch nichts bekannt.

[642] Lünnemann, S. 17.

[643] Ebenda, S. 15. Pollard und Robertson nehmen auf der Grundlage von A.L. Bowley/G.H. Wood, Wages in Shipbuilding and Engineering, in: Journal of the Royal Statistical Society 68, 1905, S. 706, jedoch für den Zeitraum 1899-1903 für die ‚established men' eine durchschnittliche Anzahl von 21.200 Arbeitern an. Vgl. Pollard/Robertson, S. 169.

[644] Vgl. Lünnemann, S. 18-31.

lesen, trotz einer unter Zustimmung der Regierung erlassenen Parlamentsresolution, daß „keine Person in den Werften ihrer Majestät zu Löhnen beschäftigt werden solle, die für eine anständige Unterhaltung ungenügend sind“[645], und daß der Staat „zu den besten Arbeitgebern zählen“ und „ein Beispiel für alle privaten Unternehmer des Landes bieten“ solle[646], blieben die Löhne sowohl in den Werften wie in den Rüstungsbetrieben anscheinend meist unter denen, die in der Privatindustrie gezahlt wurden[647].

Auch in anderen Bereichen fiel es zunächst dem Staat nicht leicht, die selbständige Bildung und Artikulation der Interessen seiner Beschäftigten zu akzeptieren. Gegenüber irgendwelchen Organisationsversuchen reagierten die Behörden zugleich „überrascht und verärgert“[648]. 1866 verbot eine Anordnung der Postverwaltung ihren Beschäftigten, außerhalb der Postgebäude Versammlungen abzuhalten, um Fragen des Dienstverhältnisses zu diskutieren[649]. Und noch 1888 ging der Permanent Secretary des Schatzamtes, Sir R.E. Webley, so weit, eine Aufspaltung der nicht viel früher gebildeten Besoldungsgruppe der unteren Beamten in der staatlichen Verwaltung vorzuschlagen, um ihre Organisation zu erschweren und zu schwächen[650]. Die seit Beginn der 1870er Jahre von mehreren Beamtenkategorien gemachten Organisationsversuche wurden durch Maßregelungen in Form von Entlassungen, Versetzungen und gerichtlichen Verfolgungen behindert und oftmals zerstört. Erst 1889 wurde vor allem auf den zunehmenden Druck der Postbediensteten, die sich wohl auch durch ihre zahlenmäßige Stärke einen zunehmenden Freiraum für ihre Organisationsbildung gegenüber der Postverwaltung erkämpft hatten[651], vom Staat offiziell zugestanden, daß „Staatsbeamte ein Recht haben, sich zu gegenseitigem Vorteil zusammenzuschließen“[652]. Doch hatten hiermit die verschiedenen Verbände bei weitem noch nicht die Anerkennung der staatlichen Behörden erlangt. Vielmehr wurden auch noch zu Beginn der 1890er Jahre Organisationen verschiedener Beamtenkategorien zum Aussterben gebracht[653], und die Übermittlung der Interessen

645 Vgl. Hansard, 6. März 1893, Col. 1109-80, zit. nach: Clegg/Fox/Thompson, S. 221.

646 So — bei der gleichen Gelegenheit — der Kriegsminister, Campbell-Bannermann, zit. nach: ebenda.

647 Vgl. Clegg/Fox/Thompson, S. 152, 222; Lünnemann, S. 27. Nach einer Aufstellung von Pollard und Robertson jedoch, die allerdings nicht völlig vergleichbare Daten gegenüberstellen, lag die Lohnhöhe der Arbeiter in den Staatswerften in den Jahren 1886 und 1902/03-1906 in den meisten Fällen über der im privaten Schiffsbau gezahlten. Vgl. Pollard/Robertson, S. 170.

648 So E.W. Cohen, S. 140.

649 Vgl. H. Robinson, The British Post Office, S. 425.

650 Vgl. Second Report of the Royal (Ridley) Commission on Civil Establishments, Minutes of Evidence, P.P., XXVII, S. 7, nach: E.W. Cohen, S. 140.

651 Vgl. Clegg/Fox/Thompson, S. 215-220.

652 Zit. nach ebenda, S. 219.

653 Vgl. ebenda, S. 222.

erfolgte noch immer über die traditionellen Kanäle innerhalb der verschiedenen Abteilungen des Staatsapparates[654]. Trotz der häufigen Unterstützung der Beamtenverbände von Mitgliedern des Parlaments wurden erst im Jahre 1905 die verschiedenen Interessenverbände z. B. von der Postverwaltung anerkannt und damit erstmals direkte Verhandlungen zwischen den Führern der Organisationen und der staatlichen Behörden ermöglicht[655]. Anders als die Beschäftigten in den staatlichen Werften und Rüstungsbetrieben hatten damit die Staatsbeamten in der Verwaltung die Anerkennung ihrer Interessenverbände von seiten des Staates erlangt. Zwar hatte dies in Deutschland keine Gruppe der staatlichen Bediensteten erreicht, doch dauerte es auch in Großbritannien nach anhaltender Unruhe in den Ämtern bis in die ersten Jahre des 20. Jahrhunderts, bis der Staat sich im eigenen Bereich von der traditionellen Konzeption der Interessenwahrnehmung gelöst hatte.

c) Die politische Interessenintegration

Wiesen die staatlichen Maßnahmen zur gesellschaftlichen Interessenintegration im Bereich der privaten Industrie frühzeitig einen modernen, diejenigen in den staatseigenen Betrieben lange Zeit eher einen konservativen Charakter auf, so blieb auch die politische Interessenintegration in Großbritannien zunächst, und erst allmählich abnehmend, an die Tradition gebunden. Bereits im 13. Jahrhundert hatten sich — wie wir schon oben sahen — zum Zwecke der Gewährung der Steuern für den König die beiden Häuser des Parlaments konstituiert. Während die Mitglieder des ‚House of Lords' sich — ohne Wahl — aus den ‚geistlichen und weltlichen Lords', d. h. dem durch Erbschaft oder königliche Ernennung zustandegekommenen hohen Adel, zusammensetzten, wurden in das ‚House of Commons' die Vertreter des städtischen Bürgertums und des niederen Landadels (Gentry) gewählt. Wie über die folgenden Jahrhunderte ein Großteil des alten Feudaladels ausstarb und das House of Lords sich zunehmend aus neu ernannten Adeligen zusammensetzte, so geriet das House of Commons immer mehr in die Abhängigkeit der Lords. Grund hierfür war nicht nur die unveränderte und daher immer anachronistischer werdende Wahlkreiseinteilung, die dem Adel als Eigentümer des Landes unversehens immer mehr Parlamentssitze in die Hand gab, sondern auch — neben dem Stimmenkauf — die finanzielle und politische Abhängigkeit des Landadels und der Bürger von ihm. Nach verschiedenen Berechnungen sollen im Jahre 1793 die Krone und etwa 150 Personen (darunter 40 Peers) über mehr als 300 Unterhaussitze in England und Wales verfügt haben[656]. Insgesamt wurden im gleichen Jahr von insgesamt 658 Parlamentsmitgliedern 300 von Peers und 171 von ‚Commoners'

[654] Ebenda, S. 219 f.

[655] Vgl. ebenda, S. 217, 221, und Robinson, S. 426.

[656] Vgl. Nostitz, S. 73.

ernannt[657]. Hinzu kam, daß in den englischen Wahlkreisen von insgesamt 489 Sitzen 371 in festen Händen, also nicht durch Wahl zu vergeben waren[658].

Trotz der seit der Mitte des 17. Jahrhunderts sich herausbildenden industriellen Revolution des Landes gab dieses parlamentarische Vertretungssystem den ländlich-agrarischen Interessen bis in das 19. Jahrhundert ein starkes Übergewicht. Ende des 18. Jahrhunderts entfachte dies allmählich den Widerstand der zu Selbstbewußtsein gelangenden industriellen Unternehmer, der sich in der Reformbewegung zu Beginn der 1830er Jahre verdichtete. Obwohl auch hier der Gegensatz zwischen den traditionellen agrarischen und neuen industriellen Interessen zum Vorschein kam, war doch die Rivalität zwischen den beteiligten Gruppen nicht so groß wie etwa in Preußen, wo sie schließlich durch die gemeinsame soziale Privilegierung beider Interessenrichtungen in Form des Dreiklassenwahlrechts vermittelt und gleichsam stillgelegt wurde. Anders als dort nämlich hatte in Großbritannien die lange gewerbliche und industrielle Entwicklung auf der einen und die frühzeitige Kommerzialisierung der Landwirtschaft auf der anderen Seite zu einer Interessen- und sozialen Annäherung beider Seiten geführt[659]. Trotz Blutvergießens und aufruhrähnlicher Zustände[660] ging daher die Reform des Wahlsystems von 1832, die den parlamentarischen Einfluß zugunsten des städtischen Bürgertums verschob, ohne weitere Brüche für das staatliche und politische System vonstatten. Vielmehr trieb ein Teil eben dieses politischen Systems, die Konkurrenz unter den beiden Parteien der Whigs und der Konservativen, die sich eine Verstärkung der jeweiligen Anhängerschaft und damit zugleich ein wachsendes Gewicht gegenüber der Krone versprachen, sowie die Rivalität zwischen Unter- und Oberhaus diese und die folgenden Reformbewegungen voran. Wie bisher das Wahlrecht getreu dem herrschenden Prinzip des common law, daß das Recht des individuellen Willens auf Eigentum beruhe[661], an Besitz und Einkommensvoraussetzungen gebunden war, so blieb auch jetzt die Ausübung des Wahlrechts von städtischem oder ländlichem Besitz und einem hieraus hervorgehenden Jahreseinkommen von mindestens £ 10, bei Freisassen 40 und bei landwirtschaftlichen Pächtern £ 50 abhängig[662]. Durch diese Bestimmungen wurde der Anteil der Wahlberechtigten an der Gesamtbevölkerung von 2,1% auf 4,2%[663] erhöht. In den

[657] Vgl. Ponsonby, S. 101.

[658] Vgl. K. Braunias, Das parlamentarische Wahlrecht, Bd. 1, 1932, S. 206, nach: H. Setzer, Wahlsystem, S. 20.

[659] Zusammenfassend vgl. G.B. Powell, Jr., Incremental Democratization: The British Reform Act of 1832, in: G.A. Almond u. a., Hg., Crisis, Choice and Change, S. 103-151, S. 106, 109 f.

[660] Vgl. etwa Nostitz, S. 77.

[661] Vgl. hierzu: Krojanker, S. 14, und allgemein C.B. Macpherson, Die politische Theorie des Besitzindividualismus (1962), 1973.

[662] Vgl. Setzer, S. 37.

[663] Vgl. ebenda, S. 272.

Stadtbezirken hatten sie zur Folge, daß, während vor 1832 der Anteil der Arbeiter und Handwerker nach einer Schätzung 55% der wahlberechtigten Stadtbürger, die in etwa 30% aller ‚Boroughs' wählen durften, ausmachte, nun, in der erweiterten Zahl und dem stimmenmäßig vergrößerten Gewicht der Stadtbezirke, der Anteil der Arbeiter („workingmen") knapp ein Drittel (30,5%) gegenüber mehr als zwei Drittel (69,4%) der Angehörigen der „Mittel- und Oberschichten" betrug[664]. Auf dem Lande, wo die Arbeiter so gut wie kein Wahlrecht besaßen, blieb die Machtstellung des Adels ungebrochen. Nach 1857 wurden im Unterhaus 230 Verwandte von Lords gezählt, und 1865 stellten nach einer zeitgenössischen Berechnung 31 Familien ein volles Viertel der Unterhausmitglieder.

Erst das nächste Reformgesetz von 1867 schränkte diese Vormachtstellung weiter ein. Es erweiterte in den Städten den Kreis der Wahlberechtigten auf alle Haus- und Wohnungseigentümer, die nicht weniger als £ 10 Miete im Jahr aufzubringen hatten, und brach damit mit dem Prinzip des Eigentums als Vorbedingung für das Wahlrecht. Auf dem Lande wurden die jährlichen Einnahmevoraussetzungen für Grundeigentümer und langjährige Pächter (mindestens 60 Jahre) auf £ 5, für sonstige Eigentümer und Pächter auf £ 12 gesenkt[665]. Die Wirkung dieses Gesetzes wurde noch dadurch erhöht, daß der seit 1711 bestehende Zensus für das passive Wahlrecht für ländliche Parlamentsabgeordnete in Höhe von £ 600, für städtische in Höhe von £ 300 an jährlichem Mindesteinkommen aus Grundbesitz bereits im Jahre 1858 abgeschafft worden war[666]. Die Zahl der Wahlberechtigten verdoppelte sich wiederum von 4,2% auf 8,3% der Bevölkerung[667], ihr Anteil verschob sich weiterhin zugunsten der Städte, und praktisch jeder länger am Ort wohnende, zumeist verheiratete Arbeiter mit einem hinreichenden Lebensstandard erhielt das aktive und passive Wahlrecht. Hatte noch bei diesem Gesetz von 1867 angesichts der warnenden Stimmen im Lande und etwa der Feststellung Lord Derbys im Oberhaus, dies sei ein Sprung ins Dunkle[668], der konservative Premierminister Disraeli erklärt, daß es „Elemente einer Demokratie" in England nicht gebe und eher der Klassencharakter der Gesellschaft durch das Gesetz gestärkt werde[669], so brachte der liberale Premierminister Gladstone 1884 ein weiteres Reformgesetz unter der Berufung auf das Gerechtigkeitsgefühl und die Vaterlandsliebe ein mit der Versicherung, „daß die Stärke des modernen Staates in seinen repräsentativen Einrichtungen liege und daß die Satzungen des Entwurfes die Regierung breit

664 Nach den Schätzungen von H. Cox, The Reform Bills of 1866 and 1867, 1868, S. 7, wiedergegeben bei: Setzer, S. 38; vgl. auch: Nostitz, S. 79.

665 Vgl. Setzer, S. 72.

666 Vgl. Nostitz, S. 72, 80.

667 Setzer, S. 272.

668 Nach Nostitz, S. 82.

669 Vgl. Setzer, S. 69.

und tief auf den Willen des Volkes gründen würden"[670]. Und bei jeder Ausweitung des Kreises der Wahlberechtigten, so meinte er gegenüber den immer noch vorhandenen warnenden Stimmen, sei „die Stärke des Staates vermehrt" worden[671]. Bedeutete der Parlamentarismus und die Interessenrepräsentation von seiten der gesellschaftlichen Gruppen insgesamt in den Augen der deutschen Staatsmänner und Beamten eine Schwächung der Autorität und der Stärke des Staates, so trug in der Sicht ihrer britischen Kollegen, die auf anderen Gebieten schon früher die Interessenvertretung von seiten gesellschaftlicher Gruppen ermuntert hatten, die erweitere Einbeziehung gesellschaftlicher Interessen ab den 1880er Jahren umgekehrt zur Stärkung des Staates bei.

Weitergehend dieser Überzeugung folgend, wurden mit dem Reformgesetz von 1884 in den Städten alle Inhaber (Eigentümer und Mieter) von Häusern und Wohnungen sowie Eigentümer von Grundstücken mit einer Mindestjahresmiete von £ 10 zum Wahlrecht zugelassen. Auf dem Land erfüllten die Bedingung Grundeigentümer mit einem Mindestjahresertrag von £ 2, Pächter mit langfristigen Verträgen mit einem solchen von £ 5 und Pächter mit kurzfristigen Verträgen mit einem Mindestjahresertrag von £ 50[672]. Nunmehr besaßen wohl alle Haushaltungsvorstände, nicht aber ihre Frauen, Töchter, Söhne, Untermieter, Gehilfen sowie Personen ohne festen Wohnsitz und Soldaten das Wahlrecht. Der Anteil der Wahlberechtigten an der Gesamtbevölkerung stieg von 8,3% (1881) auf 17,9% im Jahre 1911[673]. Zum letzteren Zeitpunkt besaßen knapp ein Drittel aller Erwachsenen[674] und fast zwei Drittel (63,3%) der erwachsenen männlichen Bevölkerung das Wahlrecht[675]. Ist es auch schwierig, die Auswirkungen des allgemeinen gleichen Wahlrechts im Deutschen Reich und des preußischen Dreiklassenwahlrechts einerseits und des gruppenspezifisch begrenzten, aber gleichen Wahlrechts in Großbritannien andererseits zu vergleichen, so ließ sich doch zeigen, daß die beiden Systemen zugrundeliegenden Absichten des Staates sich zumindest ab den 1880er Jahren diamentral gegenüberstanden. In Deutschland versuchten die Staatsmänner und Beamten zur vermeintlichen Stärkung des Staates die parlamentarische Interessenvertretung zu schwächen, in Großbritannien erstrebten sie über die Erhöhung der Repräsentativität des Parlaments eine Stärkung des Staates.

Die langfristig erfolgreiche, jedoch nur langwierig und Schritt für Schritt vorgenommene Reform des Wahlsystems in Großbritannien hatte, wie

---

670 Zit. nach: Nostitz, S. 82.

671 Zit. nach: Setzer, S. 93.

672 Vgl. Setzer, S. 95.

673 Ebenda, S. 272.

674 Vgl. A. Marwick, The Deluge. British Society and the First World War, 1967, S. 22.

675 Setzer, S. 99.

üblich in ungeschriebener Form, allmählich auch eine Veränderung der Verfassungsverhältnisse bewirkt. Sie hatte die Macht des Unterhauses gegenüber derjenigen des Oberhauses gesteigert, eine Entwicklung, die in der Neuordnung von 1911 ihren Ausdruck fand, welche den Widersprüchen des House of Lords gegenüber den Gesetzesvorlagen des Hause of Commons nur noch aufschiebende Wirkung zubilligte[676]. Die Wahlrechtsreformen hatten gleichzeitig — neben den Parteien — auch die Stellung des Parlaments gestärkt und seinen eindeutigen Machtvorrang gegenüber der Krone befestigt. Zugleich hiermit war, anders als in Deutschland, die Kontrolle des Parlaments gegenüber der — ehemals königlichen — staatlichen Bürokratie gewachsen, einem Apparat, dem, wiederum anders als in Deutschland, zudem die regionalen und lokalen Instrumente zur Ausübung und zum Aufbau einer eigenen Machtposition weitgehend fehlte.

War die Reform des Wahlrechts und somit die erweiterte Wahrnehmung der politischen Interessen auf seiten der Bürger ein äußerst langwieriger Prozeß gewesen, und waren noch bis zum Ersten Weltkrieg einzelne Gruppen wie z. B. die Frauen ganz hiervon ausgeschlossen geblieben, so hatte der Staat auf den unteren Ebenen der politischen Interessenrepräsentation, gleichsam zur Einübung, den Bürgern schon weit früher — anders als in Deutschland — Chancen zur aktiven Mitwirkung und Mitverantwortung eingeräumt. Bereits 1835 verlieh bei der Neuordnung der Gemeinde- und Stadtverwaltungen ein Gesetz jedem Inhaber eines Wohn- oder Geschäftshauses, der im dritten Jahr in seiner Gemeinde Steuern zahlte, das Wahlrecht zum Stadtrat. Das passive städtische Wahlrecht blieb dagegen vorerst an einen gewissen Zensus (Vermögensbesitz von £ 500 oder steuerpflichtiges Jahreseinkommen aus Grundbesitz von £ 50, in größeren Städten £ 100) gebunden. Auch in den sich herausbildenden Boards der lokalen Verwaltung erhielten die Steuerzahler ein nach ihrem steuerpflichtigen Grundbesitz abgestuftes Wahlrecht[677]. Nach einer deutlichen Herabsetzung im Jahre 1882 wurde der Zensus für die Stadtratswahlen 1894 endgültig aufgehoben. Das aktive und passive Wahlrecht hierzu wie auch zu den neuerrichteten Parish-, District- und County Councils besaß ab diesem Zeitpunkt jeder Inhaber eines Wohnhauses am Ort[678].

Eine Ausnahme vom Umfang der Interessenvertretung bildeten die nach 1870 einzurichtenden lokalen School Boards. Während in allen anderen Selbstverwaltungsgremien das Wahlrecht für Frauen ausgeschlossen blieb, wurde es ihnen hier gewährt. Wie jeder andere Steuerzahler besaßen sie das aktive und passive Wahlrecht und machten — wie ein zeitgenössischer Beob-

---

[676] Vgl. etwa: D.L. Keir, The Constitutional History, S. 482 ff.

[677] Vgl. Nostitz, S. 97.

[678] Vgl. ebenda, S. 98 f.

achter schrieb — „reichlich Gebrauch davon“[679]. Eine ausgedehnte Vertretung von Minderheiten wurde hierbei noch dadurch gefördert, daß jeder Wähler so viele Stimmen hatte, wie das School Board an Mitgliedern besaß[680]. Räumten die vorgeschriebenen Wahlen zu den Selbstverwaltungskörperschaften den Bürgern zunächst nur das Recht zur Mitbestimmung ein, so verlieh — anders als oftmals in Deutschland — die Möglichkeit und die Notwendigkeit einer tatsächlichen und breiten Mitwirkung ebenso wie die Tatsache, daß trotz der demokratisierenden Tendenzen nach wie vor auch Angehörige der alten adeligen Familien solche Funktionen übernahmen[681], diesen Ämtern ein hohes Ansehen. Obwohl sie unbesoldet blieben, waren sie vielbegehrt[682].

Die Tatsache, daß ein Staat in dieser Weise und in — wenn auch erst allmählich — zunehmendem Maße seinen Bürgern die Chance zur aktiven Mitarbeit gab, hatte auf beiden Seiten — vor allem im Vergleich zu Deutschland — kaum zu übersehende Auswirkungen. Einerseits führte sie zu einer vergleichsweise hohen Teilnahme- und Verantwortungsbereitschaft eines sich immer mehr ausdehnenden Kreises von Individuen und gesellschaftlichen Gruppen, und damit zu einem hohen Grad der Identifikation der Bürger mit ihrem politischen System. Auf der Seite des Staates bewirkten die Mitbestimmungsrechte der Bürger eine beschränkte Reichweite und Macht der staatlichen Bürokratie, welche sich ihrerseits — anders als in Deutschland — als Diener und nicht als Konkurrent der im Parlament vertretenen Staatsbürger fühlte[683], einem Parlament, welches zudem traditionell weit stärker als in Deutschland auf die Ausarbeitung und die Verabschiedung spezialisierter Gesetze ausgerichtet war. Zugleich war der Staat in Großbritannien in weit stärkerem Maße als in Deutschland, wo er hierdurch seine Macht gefährdet sah, am Modell einer dezentralen Interessenrepräsentation orientiert, das — wie Lord Rosebery 1884 in einer Rede vor dem TUC ausführte — innerhalb des TUC wie des Britischen Empire die Zentrale deshalb und nur dann stark mache, wenn es die Interessen der einzelnen Gruppen und Gebiete genügend berücksichtige[684]. Die Organisatoren und Überbringer der Interessen der Arbeitnehmer, die Gewerkschaftsführer, waren spätestens seit den 1870er Jahren in den Augen der britischen Staatsmänner nicht — wie auf seiten ihrer deutschen Kollegen — ‚Hetzer‘ und Leute, die sich böswilligerweise zwischen die verschiedenen gesellschaftlichen Gruppen stellten, son-

[679] Nostitz, S. 130.

[680] Ebenda.

[681] Ebenda, S. 99.

[682] Ebenda, S. 130.

[683] Vgl. Finer, S. 9.

[684] Vgl. B.C. Roberts, The Trades Union Congress, S. 107.

dern „Sachverständige“[685], „Männer von Fähigkeit und Erfahrung“, die notwendig und nützlich zur Erhaltung des Friedens seien[686].

Anders als in Deutschland bewirkte diese auf die Berücksichtigung artikulierter Interessen ausgerichtete Haltung des Staates eine anhaltende, wenn auch langwierige Reform der staatlichen Institutionen und Regelungen, die zum großen Teil die unsensible Starrheit der politischen Strukturen verhinderte, obgleich — oder vielleicht sogar gerade weil — diese einen weit größeren Abstand zur Industrialisierung des Landes aufwiesen als etwa in Deutschland. In bedeutend stärkerem Maße waren solche flexibleren Haltungen und Strukturen auch auf das zeitweilige Versagen des anvisierten dezentralen Modells der Interessenintegration, in dem der Staat nur die oberste Stufe bildete, vorbereitet. Obwohl z. B. ein geplantes Manöver der britischen Flotte aus Kohlenmangel abgesagt werden mußte, ernannte die Regierung erst nach 16wöchiger Dauer des Bergarbeiterstreiks von 1893 — wie es Premierminister Gladstone in seinem Schreiben vom 13. November 1893 an die Unternehmer und die Arbeiter ausdrückte — „in Berücksichtigung der ernsten Sachlage und der nationalen Wichtigkeit“ ein Mitglied der Regierung, „von welchem man hofft, daß es keiner der beiden Parteien unannehmbar sein wird“, das sich jedoch in seiner Vermittlungstätigkeit darauf zu beschränken habe, „seine guten Dienste anzubieten, um den Parteien zur gütlichen Beilegung der in Streit befangenen Fragen behilflich zu sein“[687].

Das Beispiel demonstriert die vergleichsweise geringe Furcht des Staates vor einer möglichen Gefährdung sowohl seiner eigenen Autorität als auch der industriellen Entwicklung des Landes sowie die Achtung des Staates vor dem freien Willen seiner Bürger, ein Phänomen, das offensichtlich — besonders im Vergleich zu Deutschland — erst durch die beiden erstgenannten Faktoren ermöglicht wurde. Doch fanden auch in Großbritannien die Achtung des Staates vor dem freien Willen der Bürger und die Furchtlosigkeit des Staates vor der Gefährdung seiner Autorität und seiner Existenz ihre Grenzen. Und dies galt sowohl innerhalb wie außerhalb des Staatsapparats. Der große Reformer des britischen Civil Service, Sir Charles Trevelyan, z. B. mußte 1860 Indien verlassen, weil er dort auch auf seiten höchster Staatsdiener rücksichtslos Bestechungen verfolgt und zur Anzeige gebracht hatte. Als Begründung führte der Präsident des staatlichen Board of Control, Sir Charles Wood, aus: „Einen ehrenwerteren, eifrigeren, aufrechteren und unabhängigeren Diener [des Staates] kann es nicht geben. Er war ein Verlust für Indien, aber es wäre gefährlich, wenn er hätte bleiben dürfen, nachdem er

---

685 So der konservative ‚Standard‘, zit. nach: Nostitz, S. 294.

686 So der Präsident des Board of Trade, Sir Michael Hicks-Beach, im Jahre 1890, zit. nach: Nostitz, S. 293; vgl. auch: Setzer, S. 89.

687 Das Schreiben ist abgedruckt bei: Nostitz, S. 600 f.

einen Kurs verfolgt hatte, der so sehr alle Autorität untergrub, so furchtbar dazu tendierte, daß Volk zum Aufstand gegen die zentrale und verantwortliche Autorität zu provozieren"[688]. Und im Jahre 1912 machte der Staat nach der Streikbewegung und angesichts der Ausbreitung des Syndikalismus in Südwales, in Gestalt der Polizei, Razzien auf nicht weniger als fünfzig Arbeiterklubs, die alle — außer einem einzigen Liberalen Klub — mit schweren Geldstrafen belegt und für einen Zeitraum zwischen einem halben und drei Jahren geschlossen wurden[689].

Auch in Großbritannien waren der Staat und seine Diener auf die Erhaltung ihrer Autorität bedacht. Doch hatte sich hier — anders als in Deutschland, wo die staatliche Macht zunächst gegen die zentrifugalen Kräfte der Landesherrschaft, sodann um das Aufholen im internationalen Industrialisierungsprozeß zu kämpfen hatte — gerade durch die Wandelbarkeit und relative Offenheit der politischen Strukturen ebenso das Verständnis der ‚Autorität' und damit auch der Legitimität des Staates geändert. In weit geringerem Maße als in Deutschland und mit insgesamt abnehmender Tendenz bedeutete ‚Autorität' hier die autokratische, ‚unbeeinflußte' Wahrnehmung der gesellschaftlichen Interessen durch den Staat und *anstelle* der gesellschaftlichen Gruppen, weit mehr als in Deutschland und in zunehmender Tendenz dagegen bedeutete und baute die staatliche Autorität auf der erfolgreichen Berücksichtigung und Verarbeitung gesellschaftlich artikulierter Interessen durch den Staat auf[689a].

5.2.4.2.2. Die Träger der staatlichen Herrschaft: Die Beamten und Politiker

Die Träger der Funktionen staatlicher Herrschaft, die wir im Vorausgegangenen behandelt haben, bildeten die Beamten und die Politiker, die —wie noch weiter unten deutlich zu machen sein wird — zum großen Teil, anders als in Deutschland, nicht aus den Reihen der Beamten kamen. Diese Diener des Staates waren, wie in Deutschland, nicht allein durch die Ausübung ihrer Funktionen auf die Gesellschaft bezogen, sondern blieben —wie wir bereits

[688] Vgl. Hansard, 11. Mai 1860, Col. 1130-61, zit. nach: E.N. Gladden, History of Public Administration, Bd. 2, S. 322/3.

[689] Vgl. J.A. Cartwright, A Study in British Syndicalism, S. 154.

[689a] Vgl. hierzu auch die Beurteilung des Generalsekretärs der Hauptstelle Deutscher Arbeitgeberverbände, F. Tänzler, im Jahre 1912: „Es geht schlechterdings nicht an, daß die Minister eines großen Staates, der neben der Arbeiterfrage doch noch recht schwerwiegende andere Dinge zu erledigen hat, wochen-, ja fast monatelang ihre ganze Kraft und Zeit mitsamt ihrem Personal und dem Regierungsapparat auf Verhandlungen, Vorstellungen und Vermittelungen verwenden. Solches war aber in England tatsächlich mehrmals der Fall." Vgl. Tänzler, Englische Arbeitsverhältnisse, S. 72.

oben andeuteten — als soziale Gruppe Teil der Gesamtgesellschaft. Mithin waren auch die Diener des Staates wie die anderen sozialen Gruppen den Auswirkungen des wirtschaftlichen und sozialen Wandels der Gesamtgesellschaft ausgesetzt und stellten andererseits zugleich — wie im bisherigen Verlauf der Untersuchung sichtbar wurde — eine wichtige Referenzgruppe für die anderen sozialen Einheiten dar. Als Träger und Vertreter der staatlichen Macht und Herrschaft ebenso wie durch ihre Funktion der Formulierung von gesellschaftlichen Normen und Ideologien gehörten die Diener des Staates in Großbritannien wie in Deutschland zur sozialen Elite des Landes. Und stärker noch als in Deutschland schloß sie ihr ‚vorindustrieller' Lebensstil von der übrigen Bevölkerung ab, ebenso wie dieser die Eliteposition und den Vorbildcharakter der Gruppe der Staatsdiener befestigte und steigerte. Die Stellung dieser gesellschaftlichen Elite, die aus der vorindustriellen in die industrielle Zeit hinüberwuchs, zu den übrigen Gruppen der Gesellschaft, so wird im folgenden auch für Großbritannien besonders im Vergleich zu Deutschland deutlich werden, war in entscheidendem Maße von den spezifischen Erfahrungen des Landes insbesondere auch im Industrialisierungsprozeß abhängig.

Anders als in Preußen-Deutschland hatte der Staat in Großbritannien bereits seit dem späten Mittelalter sich nicht mehr gegen partikulare Gewalten durchzusetzen und auch sein unmittelbarer Einsatz zur Industrialisierung des Landes blieb — wie wir sahen — vergleichsweise bescheiden. 1797 waren drei Viertel des staatlichen Personals im Steuer- und Zollwesen beschäftigt[690]. In dieser Lage bedurfte der Staat lange Zeit keines durchgebildeten bürokratischen Apparates. Die Organe der lokalen Verwaltung, die Friedensrichter, wurden zwar — so sahen wir bereits oben — formal von der Regierung ernannt, faktisch aber durch Kooptation aus den Reihen der ansässigen Gentry besetzt. In ihrer Amtsführung, die in ihren eigenen Privathäusern stattfand[691] und die sie zudem nur periodisch selbst wahrnahmen und ansonsten den ihnen beigegebenen Clerks überließen, waren die Friedensrichter prinzipiell zwar an die Gesetze der politischen Zentrale gebunden, wie sehr sie die bestehenden Gesetze aber in die Wirklichkeit umsetzten, blieb weitgehend ihrem oftmals sehr parteiischen Gutdünken überlassen. Auf eine Entlohnung von seiten der Regierung verzichteten sie oder verwandten diese zu charitativen Zwecken oder zur Aussetzung von Preisen im Sport[692]. Während in Preußen-Deutschland die Schaffung eines von der Zentrale besoldeten Beamtenstabes eines der ersten und bedeutendsten Ziele des Staates war, lag in den Worten des Lord Keepers unter Elisabeth I. gegenüber der beklagten

690 Vgl. die Aufstellung bei: E.W. Cohen, S. 34 f.

691 Vgl. Milton, S. 11.

692 Ebenda, S. 6.

Untätigkeit der Friedensrichter eine deutliche Drohung: „Ihre Majestät könnte gezwungen werden, ganz gegen ihre gnädigste Natur und Absicht, Privatleute zu ernennen und anzuweisen, die um ihres Profits und Gewinns willen auf die Einhaltung der Strafgesetze achten"[693]. Nicht nur die politische Zentrale sowie die im Amt befindlichen Friedensrichter selbst und die hinter ihnen stehende Gentry waren an der Aufrechterhaltung dieses Systems interessiert, sondern offensichtlich auch die Öffentlichkeit, die gegen jede Ausdehnung der Macht der Regierung mißtrauisch war. Lieber nahm sie die, wenn auch parteilichen und oftmals bestechlichen, „great unpaid" in Kauf, als sich bloßen „hirelings" gegenüberzusehen[694], da diese, wie ein Friedensrichter schrieb „Diener der Regierung seien anstelle von unabhängigen Wächtern des öffentlichen Interesses"[695]. Wenn auch die herkömmlichen Friedensrichter, vor allem diejenigen aus der neu hinzukommenden Unternehmerschaft, nicht immer unbestechlich waren, so fürchtete man doch, daß entlohnte Friedensrichter sehr bald „korrupte Schieber und abscheuliche Tyrannen" würden[696]. Anders als in Deutschland hing das Ansehen des Amtes weit stärker von der sozialen Herkunft des Amtsinhabers als dessen Ansehen vom Amt ab[697]. Nicht nur lehnten einige der herkömmlichen Friedensrichter die Zusammenarbeit mit Emporkömmlingen ‚ohne Sitten und Manieren' ab[698], auch die Öffentlichkeit sah selbst in den wenigen — vor allem in Middlesex — in die Friedensrichterstellung vorrückenden Unternehmer „Justices of Mean Degree"[699]. Auf dem Lande aber konnten die traditionellen Friedensrichter weitgehend die Ernennung von Kandidaten verhindern, die nicht „Gentlemen" waren[700].

Auch die zentrale Verwaltung des Staates, zu der die Wahrnehmung der lokalen Ämter für die Söhne der Gentry oftmals das geeignete Sprungbrett bot, war lange Zeit keineswegs so durchorganisiert und an *einen* politischen Willen gebunden wie in Preußen. Weder hatten die zentralen Ämter den lokalen Stellen direkte Anweisungen und Befehle zu erteilen, noch waren oftmals die Arbeiten und das Vorgehen dieser Ämter aufeinander abgestimmt und eindeutig voneinander getrennt. Anders als in Preußen, wo als typisches Beispiel der Präsident Ernst Wilhelm von Schlabrendorff 1764 einem wegen seiner Beförderung dankbaren Steuerrat 120 Dukaten zurücksandte mit der trockenen Bemerkung: „Ich habe nicht die Gewohnheit, öffentliche Ämter zu

---

693 W. Cobbett, Hg., Parliamentary History, 1806, Bd. 1, S. 807, zit. nach: Milton, S. 23.

694 Vgl. Milton, S. 29.

695 Zit. nach: ebenda, S. 31.

696 So Sidney Smith, zit. nach: Milton, S. 31.

697 Vgl. M. Weber, Wirtschaft, S. 787.

698 Milton, S. 35.

699 Vgl. ebenda, S. 14.

700 Ebenda.

verkaufen"[701], war in Großbritannien bis weit in das 19. Jahrhundert die Vergabe von Stellen auch in der zentralen Staatsverwaltung durch offenen Ämterkauf, Bestechung und Patronage sowie als Folge von (partei-) politischen Erwägungen und Abhängigkeiten üblich. Hinzu kam, daß eine Person oftmals mehrere Ämter — und hinzukommend — nicht nur im Staatsdienst auf sich vereinigte, der Stelle oder den Stellen nur teilweise seine Zeit widmete, sie öfter durch Vertreter besetzte, oder auch, daß ein Amt gar keine Amtsgeschäfte mit sich brachte[702]. Solche ‚Sinekuren', die meist an hochgestellte Adelige und deren Familienmitglieder vergeben und erst nach 1817 allmählich abgeschafft wurden, waren nicht selten. 1797 gab es allein im Bereich der Zollverwaltung 150-200 Sinekuren, die für den Staat mit Ausgaben in Höhe von £ 42.000 verbunden waren, 1810 noch insgesamt 242 Sinekuren mit einem finanziellen Aufwand von £ 297.095[703]. Genau an diesem Punkt der Ausgaben setzte — wie bereits oben angedeutet — die 1780 beginnende Reformbewegung ein. Das Parlament drängte zunächst vor allem auf Sparsamkeit, sodann auf Effizienz, Einheitlichkeit und — angesichts der wachsenden Anforderungen — auf Kompetenz in der staatlichen Verwaltung. Der Widerstand der etablierten Interessen von innen und außen war jedoch nicht gering. Der Adel, der — wie oben gezeigt — nach wie vor über großen politischen Einfluß verfügte, fürchtete nicht zu Unrecht ob seiner schwindenden Einflußsphären und Versorgungschancen, und die Bürokratie selbst war kaum bereit, sich auf neue Verfahren und Rekrutierungsweisen umzustellen. Mindestens bis in die 1850er Jahre fanden — wie im Bereich der örtlichen Verwaltung — einflußreiche Männer in und außerhalb der staatlichen Verwaltung Gehör, die „Jobbing" für eine ‚häßliche Sache' hielten[704] und fürchteten, daß, wenn der Staatsdienst aufgefüllt werde mit „picked clever young men from the lower ranks of society", „a lower tone of feeling would prevail"[705]. Die Folge der Haltbarkeit dieser traditionellen Orientierungen war, daß, wie die Reformer Sir Stafford Northcote und Sir Charles Trevelyan in ihrem Bericht von 1854 mit scharfer Sprache formulierten, die staatliche Verwaltung nur „den unergeizigen Trägen oder Unfähigen" anziehe[706]. Noch um die Mitte des 19. Jahrhundert setzte sich die höhere Beamtenschaft zum großen Teil aus Angehörigen der Gentry zusammen,

---

701 Vgl. Acta Borussica. Behördenorganisation, XIII, 93, 249, zit. nach: H. Rosenberg, Bureaucracy, S. 82.

702 Vgl. hierzu vor allem E.W. Cohen, Kapitel I-IV.

703 Vgl. Cohen, S. 24, 54; Ponsonby, S. 50; auch: Nostitz, S. 64.

704 So der ehemalige Unterstaatssekretär H.V. Addington im Jahre 1854/55. Vgl. Papers on the Reorganization of the Civil Service, P.P., 1854-55, XX, S. 303, zit. nach: Cohen, S. 106.

705 So der Sekretär des Board of Trade, Booth, im Jahre 1854/55. Vgl. Papers, S. 133, zit. nach: Cohen, S. 107.

706 Report on the Organization of the Permanent Civil Service, P.P., 1854, XXVII, S. 4, zit. nach: Cohen, S. 98.

welche einer Versorgung bedurften[707], und ein Teil der niederen Beamtenschaft konnte kaum lesen und schreiben[708]. Neben dem zunehmenden Gewicht des Parlaments und der bürgerlichen Kräfte hierin sowie den wachsenden Anforderungen waren es vor allem auch diese Zustände, die nun schließlich eine breitere Reform des Beamtenwesens als dringlich erschienen ließen. Im Jahre 1870, also anderthalb Jahrhunderte später als in Preußen, wurden Prüfungen, die sich seit den 1850er Jahren in einzelnen Abteilungen durchgesetzt hatten, als beinahe durchweg gültige Eintrittsvoraussetzungen in den Staatsdienst eingeführt[709].

Die erst späte Herausbildung einer eigenständigen staatlichen Bürokratie, aber auch die lang anhaltende Rivalität zwischen königlicher Exekutive und Parlament sowie die parlamentarische Verantwortlichkeit der Minister hatte die Beziehungen und die Stellung der Beamtenschaft gegenüber dem Parlament und dem Bereich des Politischen insgesamt anders bestimmt als in Preußen-Deutschland. Wurden hier die Minister und die anderen hohen Ränge in der staatlichen Verwaltung — wie wir sahen — beinahe regelmäßig aus dem Kreis der Beamten gewählt, so blieben — wie weiter unten deutlich werden wird — in Großbritannien die Beamten in den höheren politischen Ämtern so gut wie bedeutungslos. Spielten in Deutschland die Beamten in den Parlamenten eine bedeutende Rolle[710], so waren sie in Großbritannien seit den gesetzlichen Bestimmungen des 17. und 18. Jahrhunderts weitgehend von einer parlamentarischen und überhaupt von jeder politischen Tätigkeit ausgeschlossen. Seit 1707 wurden nur Minister, im Laufe des 19. Jahrhunderts aber auch Beamte im Ruhestand und Offiziere zu einer Vertretung im Parlament zugelassen[711]. Um die politische Neutralität zu sichern, war es den Beamten untersagt, offenen Anteil an politischen Dingen sowohl auf nationaler wie (bis 1909) auf regionaler oder lokaler Ebene zu nehmen.

Und Beamte, die sich um ein politisches Amt bewarben, hatten von ihrer Beamtenposition zurückzutreten[712]. Dagegen wurden nicht nur die Ministerstellen, sondern oft auch andere hohe Positionen in der zentralen Staatsverwaltung mit parlamentarisch orientierten Politikern und ihren Anhängern besetzt. So wurden in der Zeit zwischen 1869 und 1890 allein 21 ehemalige Privatsekretäre von Ministern in das dauernde Beamtenverhältnis übernom-

---

707 Vgl. Nostitz, S. 86, 115, 117.

708 Vgl. Cohen, S. 112, 117; auch: Röhl, Beamtenpolitik, S. 287.

709 Etwa 300 Beamte wurden bis 1914 weiterhin von der Krone ernannt, und auch die in höherem Alter in den Staatsdienst eintretenden Techniker brauchten sich keiner Prüfung mehr zu unterziehen. Vgl. Finer, S. 25; Cohen, S. 168.

710 Vgl. z. B. W. Runge, Politik, S. 177.

711 Nostitz, S. 63.

712 Vgl. Finer, S. 74 f.

men[713], und jeder Regierungswechsel brachte in den Jahren um 1900 eine Neubesetzung von 50-60 Stellen, einschließlich der obersten Hofämter, mit sich[714].

Angesichts dieser nach wie vor bestehenden, relativen Offenheit des Beamtenkörpers und der späten Entwicklung einer ausgebildeten Bürokratie überhaupt fiel es der Beamtenschaft — anders als in Deutschland — nicht leicht, gegenüber sich selbst und der Außenwelt ein einheitliches Selbstverständnis zu entwickeln. Schon die verschiedenartigen und langwierigen Bemühungen um eine begriffliche Erfassung dessen, was die Beamtenschaft darstellte, reflektiert nur zu deutlich diese Schwierigkeit. Während in Preußen zu Ende des 18. Jahrhunderts die Beamtenschaft zum separaten verfassungsmäßigen ‚Stand' erhoben worden war, wurden in Großbritannien zur gleichen Zeit „Public Officers" in relativ unbestimmter Weise als Leute beschrieben, die in öffentlichen Ämtern beschäftigt waren, und ein Amt ebenso formal und staatsunspezifisch definiert als „a right to exercise a public or private employment, and to take the fees and emoluments thereunto belonging"[715]. Zu Beginn des 19. Jahrhunderts wollte R.L. Edgeworth „Gentlemen, Statesmen, and Princes" zusammen mit Klerikern, Juristen, Ärzten und Offizieren zu den ‚Professions' rechnen, da „no word seems more proper to designate their occupations than the term Profession"[716]. Und erst 1887 erscheint zum ersten Mal eine gesetzliche — wenn auch beinahe ebenso formale — Definition des umfassenderen Begriffs „civil servant" als „a person, who has served in an established capacity in the permanent civil Service of the State"[717]. Mindestens anderthalb Jahrhunderte später als in Preußen, in den 1870er und 1880er Jahren, begann die Beamtenschaft des Staates, indiziert auch durch die — bereits oben erwähnte — Gründung von eigenen Vereinen und Interessenverbänden[718], ein umfassenderes und eigenständiges Selbstbewußtsein zu entwickeln. Und die Herausbildung dieses Selbstbewußtseins fiel, wie der Vergleich zu Preußen zeigt und die Untersuchung von E.W. Cohen im Detail nachweist, nicht zufällig mit der Einführung einheitlicher Prüfungs- und Ausbildungsvoraussetzungen als eindeutigen Symbolen eines fortgeschrittenen Bürokratisierungsprozesses zusammen[719]. Das lange Zeit mangelnde, wie in Deutschland alle Diener des Staates verbindende Gefühl der Zusam-

[713] Vgl. Cohen, S. 137.

[714] Nach: Nostitz, S. 53.

[715] So Sir William Blackstone, zit. nach: Cohen, S. 21.

[716] R.L. Edgeworth, Essays on Professional Education, 1809, zit. nach: Musgrove, Middle-class education, S. 109.

[717] Abgedruckt in: Royal Commission on the Civil Service (1929). Introductory Memoranda relating to the Civil Service, submitted by the Treasury, London 1930, zit. in: R. Schmidt, Die Bürokratisierung, S. 20/1.

[718] Vgl. Cohen, S. 140.

[719] Cohen, S. 137 ff.

mengehörigkeit und eines eigenständigen Selbstbewußtseins sowie die hiermit verbundene Statusunsicherheit bewirkte aber zugleich, wie im weiteren wieder aufzunehmen sein wird, eine zusätzliche Betonung der Führungsstellung der obersten Gruppe der staatlich-gesellschaftlichen Elite.

Wie also das Bewußtsein der Zusammengehörigkeit und der relativen Eigenständigkeit unter der britischen Beamtenschaft infolge der erst spät erlassenen Ausbildungs- und Prüfungsvorschriften sich ebenfalls erst spät entwickelte, so bildete die vergleichsweise späte Festlegung von Ausbildungsvoraussetzungen — wie wir bereits oben sahen — den Reflex einer lange Zeit weniger spezialisierten und intensiven sowie weniger umfassenden Tätigkeit der staatlichen Stellen. Die staatliche Verwaltung hatte sich —anders als in Deutschland — nicht gegen die zentrifugale Tendenz lokaler Gewalten durchzusetzen, sondern sie schloß diese gleichsam in sich ein. Und wiederum anders als in Deutschland blieben die staatlichen Maßnahmen zur direkten und indirekten Förderung der Industrie, die einen spezialisierten und technisch gebildeten Beamtenapparat erfordert hätten, vergleichsweise unbedeutend.

Die seit dem 17. Jahrhundert für Seeoffiziere und für die leitenden Beamten sowie nach und nach z. T. auch für die Arbeiter in den staatlichen Rüstungsfabriken und Werften entwickelten, schulmäßigen Ausbildungssysteme blieben auf diese Bereiche beschränkt[720]. Selbst die Offiziersstellen in der Armee wurden bis 1870 durch Ämterkauf vergeben[721]. Anders als in Deutschland wurden die Ausbildungsbemühungen der Familien, aus denen sich die Staatsdiener rekrutierten, in mindestens ebenso großem Maße von den Anforderungen der privaten Wirtschaft und den Versorgungsbedürfnissen der jüngeren, nicht erbberechtigten Söhne des Adels wie vom Staat vorangetrieben. Während die erstgeborenen erbenden Söhne im 17. Jahrhundert nur manchmal eine Public School besuchten und sich ihre Ausbildung zur Vorbereitung auf die Aufgaben des Friedensrichters auf eine kurze, praxisnahe, nicht-akademische, juristische Anlernzeit beschränkte, erhielten die jüngeren Söhne beinahe regelmäßig eine Public School- und Universitätsausbildung, um sich auf Beschäftigungen in der bereits relativ entwickelten privaten Wirtschaft, aber auch im Klerus oder in der Justiz vorzubereiten[722]. Die steigenden Anforderungen und Möglichkeiten des Staatsdienstes jedoch bewirkten offensichtlich vor allem seit der Mitte des 18. Jahrhunderts auch einen höheren Bildungsstand auf seiten der nicht nur in den höheren Staatsdienst Tretenden. Die seit dem 16. Jahrhundert bestehende gesetzliche

[720] Vgl. Gladden, S. 177 f.; Fischer/Lundgreen, The Recruitment, S. 528 ff.; W. Fischer, Rekrutierung und Ausbildung, S. 210-213; Lünnemann, S. 23 f.

[721] Vgl. Nostitz, S. 95.

[722] Vgl. Ponsonby, The Decline, S. 39.

Bestimmung, daß schwerere Strafen nur von Friedensrichtern verhängt werden konnten, die „learned in the law" waren[723], ließ eine entsprechende Ausbildung als wünschbar erscheinen. Und von den in der Großstadt London zur Unterstützung der Friedensrichter eingesetzten, bezahlten 24 Magistraten, von denen bei ihrer erstmaligen Ernennung im Jahre 1792 nur wenige den ‚barrister'-Titel führten, besaßen 1825 nur vier nicht diese Ausbildung[724].

Spätestens seit dem Ende des 18. Jahrhunderts schickte der Adel wohl regelmäßig seine Söhne zunächst zu den Public Schools und darauf an die Universität. Mit der hier erhaltenen Ausbildung kam ihm, insbesondere im Vergleich zu den zwar vorandrängenden, aber meist ungebildeten Unternehmern[725], eindeutig der Platz einer Bildungselite zu. Diese Ausbildung setzte den Adel nicht nur in den Stand, seinen Einfluß im parlamentarischen und staatlichen Bereich vorläufig zu stabilisieren, sondern sich zugleich auch die einflußreichen und/oder gewinnbringenden Positionen im zentralen und lokalen Staatsdienst zu sichern. Die langwierige Diskussion um die Reform der staatlichen Verwaltung und den Erlaß von Bildungsvorschriften bzw. obligatorischen Eintrittsprüfungen ging daher von Anfang an nicht nur um eine größere Effizienz der staatlichen Bürokratie, sondern auch um die — weiter unten wieder aufzunehmende — Frage, ob, wem und mit welchen Mitteln der Zutritt zu den im Staatsdienst zu vergebenden Stellen geöffnet wurde. Die Reform von 1870 veränderte zwar den Zugang zum und die Zusammensetzung des Staatsdienstes zugunsten des Bürgertums, am Ausbildungsgang und den Bildungsinhalten vermochte sie jedoch auch jetzt noch, inmitten eines weitgehend entwickelten Industrielandes, kaum einen Wandel hervorzurufen. Nach wie vor hatte der weitaus größte Teil der Bewerber für den Staatsdienst eine der Public Schools und die Universitäten Oxford oder Cambridge besucht. Nur die Anwärter für Stellen im Militärdienst oder in Indien, Positionen, welche seit 1855 bzw. 1870 nicht mehr durch Patronage oder Ämterkauf, sondern durch konkurrierende Examina besetzt wurden, gingen nach dem Public-School-Besuch an die relativ spezialisierten Akademien in Woolwich, Sandhurst und — für den Dienst in Indien — Haileybury[726]. In den Public Schools und den klassischen Universitäten blieb man bei einer allgemeinen Ausbildung, die sich, besonders auch im Vergleich zu Deutschland — wie wir oben sahen —, auf die klassischen Unterrichts- und Studienfächer konzentrierte. Neben einer sehr zögernden Öffnung für naturwissenschaftliche Fächer waren die Universitäten Oxford und Cambridge im Laufe des 19. Jahrhunderts nur insofern von Reformen betroffen worden, als im ersten Drittel Abschlußprüfungen obligatorisch wurden[727] und sich die

[723] Milton, S. 11; Fischer/Lundgreen, S. 478.

[724] Vgl. Milton, S. 29, 32.

[725] Vgl. Bendix, S. 26, 32 f.

[726] Cohen, S. 80; Armstrong, S. 151 f., 183; Finer, S. 18 f.

[727] Vgl. Cohen, S. 80 f.

theologische zugunsten der klassisch-humanistischen Ausrichtung weiter verschob[728]. Anders als in Deutschland, wo er sowohl innerhalb wie außerhalb der Universitäten eine spezialisierte und technische Ausbildung förderte und selbst betrieb, behinderte der Staat in Großbritannien nicht nur diese allgemeine klassische Orientierung nicht, er förderte sie sogar. Nicht allein waren — anders als in Deutschland — Altgriechisch, Latein und Geschichte Pflichtfächer bei der Eintrittsprüfung zum Staatsdienst, diese Fächer vereinigten auch einen hohen, wenn auch bis 1914 allmählich fallenden, Anteil der für die Gesamtbewertung zu vergebenden Punktzahlen auf sich[729]. Eine solche Prüfungsmethode und — hinzukommend — die Wertungen der Prüfung brachten es mit sich, daß die Absolventen, wenn auch nicht immer der Public Schools[730], so doch von Oxford und Cambridge bei weitem höhere Erfolgsaussichten hatten als diejenigen anderer Hochschulen. Von den ersten 20 erfolgreichen Kandidaten für den höheren Staatsdienst hatten noch 1910: 15 und 1911: 17 Griechisch, Latein und Alte Geschichte studiert[731]. Und von den insgesamt 473 erfolgreichen Prüflingen, die sich zwischen 1906 und 1910 für den Staatsdienst in Großbritannien, Indien und den fernöstlichen Militärdienst beworben hatten, kamen 389 oder 82% aus Oxford und Cambridge, die übrigen von acht weiteren Universitäten[732]. Im Zeitraum zwischen 1899 und 1908 kamen ebenfalls 82% der Prüflinge aus Oxford und Cambridge und 42% hatten eine Public School besucht[733]. Das Ergebnis war, daß ein hoher Anteil der Staatsdiener, aber auch — wie die folgende Zusammenstellung zeigt — der Parlamentarier sich aus Absolventen von Public Schools und den klassischen Universitäten zusammensetzte.

Absolventen von Public Schools unter Parlaments- und Kabinettsmitgliedern, 1835 - 1910 (in %)[734]

	1835	1852	1868	1885	1910
Parlaments-abgeordnete	41	43	52	40	46
Kabinetts-mitglieder	54	86	47	81	68

728 Armstrong, S. 142.

729 Vgl. hierzu: R. Jones, The nineteenth-century Foreign Office. An administrative history, 1971, S. 54-59.

730 Vgl. etwa die Zahlenangaben bei: Ponsonby, S. 296.

731 Vgl. Royal (McDonnell) Commission on the Civil Service, 4th Report, P.P., 1914, XVI, S. 44, wiedergegeben bei: Cohen, S. 173.

732 Berechnet nach: ebenda, 1st Report, P.P., 1912-13, XV, S. 129 f., wiedergegeben bei: Cohen, S. 173.

733 Vgl. Armstrong, S. 155.

734 Die Tabelle ist zusammengestellt nach den Angaben bei: A. Klinkers, Die Bedeutung der Oberklasse für die Zusammensetzung des Englischen Unterhauses, 1942, S. 47, 69.

Während der Anteil der Public School-Zöglinge selbst unter den Parlamentsabgeordneten meist zwischen 40% und 50% betrug, reichte ihr Anteil unter den Kabinettsmitgliedern bis zu zwei Dritteln und mehr als vier Fünfteln. Unter den Bediensteten des Auswärtigen Amtes (von den Hilfssekretären aufwärts) zwischen 1851 und 1929 waren es immerhin 71%[735]. Und während von den Parlamentsabgeordneten im Zeitraum 1906-10 58% eine Hochschule, davon 30% Oxford und Cambridge besucht hatten, waren es von den Kabinettsmitgliedern zwischen 1886 und 1916 insgesamt 80%, davon 70% Oxford und Cambridge, und von den schon oben genannten Beschäftigten des Auswärtigen Dienstes insgesamt 50%, davon aber 84 % Oxford und Cambridge[736].

Obwohl — anders als in Deutschland — in Großbritannien für den weitaus bedeutendsten Teil der Staatsdiener eine spezialisierte oder gar technische Ausbildung weder erforderlich noch erwünscht war und ausdrücklich bis 1914 nicht einmal eine Hochschulbildung vorgeschrieben war, hatte gerade die traditionelle Klassik-Barriere zumindest außerhalb des unter starkem Adelseinfluß stehenden Auswärtigen Dienstes, in den zwischen 1851 und 1929 immerhin 45% ohne Hochschulausbildung traten[737], eine Public School- und Universitätsausbildung zur fast ausnahmslosen Voraussetzung für die Aufnahme in den höheren Staatsdienst gemacht. Und selbst die Clerks in den Ministerien hatten beinahe ebenso ausnahmslos eine der führenden Public Schools und z. T. sogar Universitäten besucht[738]. Diese Bildungsvoraussetzung beschränkte — und zwar, wie sich zeigen wird, in noch stärkerem Maße als in Deutschland — den Kreis der für die Rekrutierung der Staatsdiener in Frage kommenden Familien. Denn die Kosten einer solchen Ausbildung waren erheblich und, wenn sie hier auch nicht so rasch im Laufe des 19. Jahrhunderts anstiegen, bedeutend höher als in Deutschland. Während hier im Jahre 1890 das Studienjahr eines Universitätsstudenten etwa 1.500 M[739] und der durchschnittliche Jahreslohn eines Bergarbeiters im Ruhrgebiet 1.114 M betrug, kostete in Großbritannien zur gleichen Zeit ein Studienjahr etwa £ 250-300[740], im Vergleich zu einem durchschnittlichen

[735] Berechnet nach den Angaben von: R.T. Nightingale, The Personnel of the British Foreign Office, 1930, zit. in: W.L. Guttsman, Hg., The English Ruling Class, 1969, S. 251.

[736] H. Setzer, S. 237; W.L. Guttsman, The British Political Elite, 1968, S. 103; R.T. Nightingale, The Personnel, in: W.L. Guttsman, Hg., The English Ruling Class, S. 252. Vgl. auch: Z.S. Steiner, The Foreign Office and Foreign Policy, 1898-1914, 1969, S. 217-221.

[737] Berechnet nach den Angaben von Nightingale, bei: Guttsman, Hg., The English Ruling Class, S. 252.

[738] Vgl. R. Jones, S. 63 f.

[739] Vgl. W. Lexis, Hg., Die deutschen Universitäten, Bd. 1, 1893, S. 164, und oben S. 518.

[740] Vgl. die Angaben bei: Armstrong, S. 128; Nostitz, S. 167, und Ponsonby, S. 190, 225; weiterhin auch diejenigen bei: Guttsman, Hg., The English Ruling Class, S. 201 f., 217.

Bergarbeiterlohn in Südwales von £ 102[741]. Noch krasser wird der Unterschied, wenn man bedenkt, daß das Elternhaus des britischen Studenten — aufgrund der auswärtigen Erziehung in den Public Schools — diese Summe mindestens für einen Zeitraum von zehn Jahren aufzubringen hatte[742], während in Deutschland meist fünf bis sechs Jahre ausreichten. Die Familie des angehenden höheren Beamten hatte also in Großbritannien mindestens das Fünffache gegenüber derjenigen in Deutschland (50.000 M gegenüber 9.000 M) für seine Ausbildung aufzubringen. Und der jährliche Unterschied zum äquivalenten Arbeiterlohn betrug mehr als das Siebenfache desjenigen in Deutschland. Wenn auch die in Deutschland immer stärker sich herausbildende Wartefrist in Großbritannien meist nicht bestand, im Auswärtigen Dienst aber auch sehr wohl existierte[743], wurden von dem Kandidaten, anscheinend in noch stärkerem Maße als in Deutschland, zusätzlich eigene finanzielle Beiträge zu seinem standesgemäßen Lebensunterhalt erwartet. Für Offiziere in niederen Rängen z. B. war in den Jahren um 1900 eine jährliche, zusätzlich zum Gehalt zu rechnende Eigenleistung von etwa £ 100-350 pro Jahr erforderlich[744]. Und J.C. Stamp schätzte für die Zeit des ausgehenden 19. Jahrhunderts, daß 65% der Staatsbeamten eine zusätzliche Einkommensquelle außerhalb ihres Gehalts besaßen[745].

Die finanzielle Exklusivität des Ausbildungsgangs, die einen noch weit höheren Grad als bei den Beamten in Deutschland erreichte, und die hiermit verbundene Stellung einer abgehobenen gesellschaftlichen Elite verfehlten auch in Großbritannien ihre Wirkung nicht. Nur wer wirklich reich war, konnte sich eine solche Ausbildung erlauben, und derjenige, der es war oder geworden war, wollte es umso mehr gerade mit diesem Mittel demonstrieren. Weniger ließ derjenige seinen Kindern eine „liberal education" zukommen, der ihnen — wie zumeist in Deutschland — ihre berufliche Zukunft sichern wollte als derjenige, welcher sich selbst und möglichst auch seinen Kindern den bisher erreichten materiellen endgültig in einen gesellschaftlichen Status umzumünzen und abzusichern bestrebt war. Denn weit weniger als im industriellen Aufholerland Deutschland bedeuteten berufliches Können, berufliche Leistung und Geld automatisch auch gesellschaftliches Ansehen, vielmehr mußte dieses erst durch den traditionellen, nicht-spezialisierten und nichttechnischen Erziehungs- und Ausbildungsgang errungen werden[746]. Und wenn auch die staatliche Bürokratie — wie in Deutschland — die Richtung

---

741 Berechnet nach dem angegebenen Wochenlohn bei: Nostitz, S. 455.

742 Etwa fünf Jahre dauerte die Public School-Erziehung. Vgl. Ponsonby, S. 256.

743 Vgl. R. Jones, S. 43, und Z.S. Steiner, S. 174/5.

744 Vgl. F. Musgrove, S. 110.

745 J.C. Stamp, British Incomes and Property, 1916, S. 464.

746 Für Großbritannien vgl. Musgrove, S. 111.

dieser Ausbildung mitbestimmte, so war sie doch in weit stärkerem Maße als dort nur Teil der allgemeinen gesellschaftlichen Tendenz.

Bereits seit den ersten Jahrzehnten des 19. Jahrhunderts war der Andrang auf die vom Staat zu vergebenden Stellen groß. Die wohlhabenden Kreise der Bevölkerung stellten sich mehr und mehr auf die Bildungsanforderungen der staatlichen Bürokratie ein. Und in den seit der gleichen Zeit verstärkt wieder aufgenommenen, parlamentarisch vorgetragenen Reformbemühungen um die staatliche Verwaltung spiegelte sich — so deuteten wir bereits oben an — nicht nur das Streben nach einer höheren Effizienz der Bürokratie, sondern auch der Wille des Bürgertums, insbesondere der Unternehmer, ebenso nach erhöhter politischer Partizipation wie nach gesellschaftlicher Anerkennung. Wie im Parlament, so weitete sich in der staatlichen Bürokratie das soziale Rekrutierungsfeld erheblich und weitaus rascher als in Deutschland aus. Während unter den Parlamentsabgeordneten der Anteil des Erbadels zwischen 1835 und 1910 von 51% auf 25% absank, fiel sein Anteil unter den Kabinettsmitgliedern in der gleichen Zeit von 74% auf 32%[747]. Die weitere Aufschlüsselung beider Gruppen zeigt jedoch schon das fortwirkende Schwergewicht des traditionellen prestigesichernden Bildungs- und Lebensideals in den Reihen der höheren Staatsdiener.

Anteil der verschiedenen Berufsgruppen unter den Parlaments- und Kabinettsmitgliedern, 1885-1916 (in %)[748]

	Parlaments-abgeordnete	Kabinetts-mitglieder
Grundbesitz	16	46
Handel und Industrie	55	12
Freie Berufe	20	32
Beamte	7	-
Rentiers	-	7
Andere	2	3

In scharfem Kontrast zur Zusammensetzung der Parlamentsabgeordneten kamen auch noch in den Jahrzehnten um die Wende zum 20. Jahrhundert fast die Hälfte der Kabinettsmitglieder aus grundbesitzenden Familien. Auch

[747] Vgl. H. Setzer, Wahlsystem, S. 234; W.L. Guttsman, The Changing Social Structure of the British Political Elite, 1886-1935, in: British Journal of Sociology 2, 1951, S. 122-134, S. 127. Vgl. auch die Angaben bei: H. Daalder, Cabinet Reform in Britain, 1914-1963, 1963, S. 10.

[748] Zusammengestellt und berechnet nach: H. Setzer, S. 233; W.L. Guttsman, The Changing Social Structure, S. 130. Die Zahlen für die Anteile unter den Parlamentsabgeordneten gelten für die Zeitspanne 1885-1910, diejenigen für die Kabinettsmitglieder für 1886-1916.

die Rentiers und ein nicht geringer Anteil der freien Berufe, zumeist Juristen, dürften dem Lebensstil der Grundbesitzer nicht fern gestanden haben. Nur 12% kamen aus Handel und Industrie, und — völlig im Gegensatz zu Deutschland — war keiner der Kabinettsmitglieder Beamter gewesen.

Das sich bereits hier trotz der sich öffnenden sozialen Rekrutierung des Staatsdienstes ankündigende bedeutende Ausmaß der Kontinuität insbesondere in den höheren Rängen wird durch die folgende Tabelle bestätigt.

Soziale Herkunft (nach dem Beruf bzw. der Stellung der Eltern) der unteren und der höheren Beamten des Auswärtigen Amtes vor und nach der Einführung von Eintrittsprüfungen, 1824 - 1929 (in %)[749]

	vor Einführung der Prüfung (1824-57)	nach Einführung der Prüfung (1851/57-1907/29)	
	untere Beamte	untere Beamte	höhere Beamte
Adel	35,6	19,0	39,6
Rentiers	0,0	11,0	16,6
Beamte	17,8	19,0	12,3
Militärs	9,7	19,0	11,4
Parlamentarier	17,8	12,0	2,6
Freie Berufe	17,8	19,0	13,2
Geschäftsleute	1,6	1,0	4,3

In den Reihen der unteren Beamten nahm nach der Einführung der Eintrittsprüfungen der Anteil der Söhne des Adels, der Parlamentarier und der Geschäftsleute zugunsten insbesondere der Rentiers, der freien Berufe und des Militärs ab. Die höheren Beamten (einschließlich der ‚Chief Clerks' aufwärts) aber entstammten in der Phase nach Einführung der obligatorischen Prüfung in weit größerem Maße als die unteren Beamten den reichen und in hohem Maße prestigebewußten Gruppen des Adels, der Rentiers und der Geschäftsleute. Der Anteil aller übrigen Gruppen nahm eindeutig ab. Überall fällt aber der geringe Anteil von Beamtensöhnen auf, welcher nur ein Drittel oder höchstens die Hälfte desjenigen in Deutschland erreichte[750]. Dieser weitaus geringere Grad der Selbstrekrutierung der britischen Beamtenschaft ist nicht nur auf den lange Zeit geringen Umfang und auf das sodann relativ rasche Anwachsen des Beamtenkörpers zurückzuführen, sondern wohl auch — wie aus dem weiteren deutlich werden wird — auf die

[749] Zusammengestellt nach den Angaben bei: R. Jones, S. 62 (für die unteren Beamten bis einschließlich der Chief Clerks), und Nightingale, in: Guttsman, Hg., The English Ruling Class, S. 251.

[750] Vgl. oben S. 518.

Tatsache, daß die dem großen Teil der britischen Beamten gezahlten Gehälter diesen die Finanzierung eines klassischen Studienganges ihrer Söhne — anders als in Deutschland — schwierig, wenn nicht unmöglich machte. Anders dagegen waren die Möglichkeiten des — reichen — Adels. Zwar war in Deutschland im Zeitraum von 1850 bis 1918 der Anteil des Adels im diplomatischen Dienst mit ca. 60% um 20% höher als in Großbritannien[751], doch zeigen die vorangegangenen Tabellen, daß der Adel auch in Großbritannien — wenn auch in insgesamt bescheidenerem Umfang als in Deutschland — gerade in den höheren Positionen des Staatsdienstes lange verharrte.

Ein Spiegelbild dieser sozialen Scheidelinie, die sich durch den Staatsdienst zog, welche aber — wie der Vergleich zu Deutschland lehrt — nicht oder nicht ausschließlich auf den Anteil des Adels zurückzuführen ist, sowie der Stellung der Diener des Staates innerhalb der Gesamtgesellschaft bietet die Höhe ihrer Entlohnung.

Jahresgehälter von Staatsbeamten, 1796 - 1914 (in £)[752]

	1796	1861/75	1914
Ministerium			
Principal Secretary of State			5.000
Permanent Undersecretary	1.500	Ø 1.920	2.000 + 500
Parliamentary Secretary			1.500
Inspektoren			
Chief Inspector of Factories/Mines			1.500
Deputy Chief Inspector			1.000
Superintending/Divisional Inspector		1.000	500-1.000
Senior/Medical/Electrical Inspector			500-700*
Junior Inspector			300-450
Subinspector			150-200
Inspector of horses			125-175
Permanent administrative staff			Ø 662
Permanent professional, scientific and technical staff			Ø 234
Inspectorate		Ø 264	Ø 229
Verwaltung			
Undersecretary	1.500		2.000 + 500
Assistant Undersecretary			1.000-1.500
Chief Clerk	1.000	1.450	1.000-1.260
Senior Clerk	480-650	700-850	900-1.000
Assistant Clerk		570-610	700-800
Junior Clerk	80-300	100-395	200-500
Female secetary		Ø 79	Ø 79
Manipulative personnel (Post Office)		60-84	Ø 67
Female manipulative personnel (Post Office)		Ø 51	Ø 61

[751] Die Prozentzahl für Großbritannien ist berechnet nach den Angaben von Nightingale, in: Guttsman, S. 251. Für Deutschland vgl. oben S. 513.

Stiegen die Gehälter der Staatsbeamten in Großbritannien offensichtlich noch langsamer als in Deutschland, so fällt zunächst vor allem die weitaus größere Spannweite zwischen dem Gehalt des Ministers (Principal Secretary of State) und dem Einkommen von Arbeitern auf. Während z. B. ein britischer Bergarbeiter nur vergleichsweise unwesentlich mehr verdiente als ein deutscher, erhielt der britische Minister ein beinahe um das Dreifache höheres Gehalt als sein deutscher Kollege. Noch der Permanent Undersecretary verdiente weit mehr als der deutsche Minister. Sodann wird die bereits schon angedeutete Scheidelinie deutlich sichtbar, die zwischen dem Einkommen des Ministers und des Unterstaatssekretärs einerseits und demjenigen aller übrigen Beamten lag. Hierin spiegelt sich voll die politische und gesellschaftliche Elitestellung wieder, welche die Inhaber beider Ämter in den Augen der Öffentlichkeit einnahmen. Kam es, angesichts der weitaus geringeren Gehaltsdifferenzen, der deutschen Bürokratie offensichtlich mehr auf den Korpsgeist zum Zweck der gemeinsamen Verfolgung des obersten Ziels: der Industrialisierung des Landes, an, so blieb in Großbritannien die Betonung des traditionellen Unterschieds zwischen den politischen und den nur administrativen Ämtern sowie deren Besetzung bestehen. Die Gehälter der Minister, in vielen Fällen aber wohl auch der Unterstaatssekretäre, waren den Einkommen der von uns untersuchten Unternehmer und Generaldirektoren weit überlegen — so sahen wir schon oben —, während in Deutschland die Ruhrunternehmer selbst die Ministergehälter leicht um das Zwei- bis Dreifache hinter sich ließen. Und trotz der bestehenden Scheidelinie überragten auch die meisten der übrigen Beamtenkategorien weit deutlicher die Gehälter der industriellen Angestellten, als dies in Deutschland der Fall war. Trotzdem dürfte, wie wir oben hervorhoben, es gerade den Angehörigen dieser mittleren und unteren Beamtengruppen — anders als in Deutschland — selbst bei einem Jahresgehalt von £ 1.000 schwergefallen sein, ihren Kindern die klassische Public School- und Universitätsausbildung angedeihen zu lassen.

Noch ein weiterer, für das Selbstverständnis der Diener des Staates als soziale Elite wichtiger Punkt läßt sich aus der Gehälterskala ablesen: die vergleichsweise mäßige Entlohnung der technischen Beamten. Während in Preußen der oberste Bergbeamte in seiner Stellung als Ministerialdirektor bis dicht an die Gehaltshöhe des Unterstaatssekretärs herankam, erreichte der oberste Bergaufsichtsbeamte in Großbritannien in seinem Einkommen nur den Assistant Undersecretary. Und bei der Schaffung des Amtes im Jahre

[752] Die Tabelle ist zusammengestellt nach den Angaben bei: Z.S. Steiner, The Foreign Office, S. 4; G. Routh, Civil Service Pay, 1875 to 1850, in: Economica 21, 1954, S. 201-223, S. 204; ders., Occupation and Pay, S. 116; Nostitz, S. 382; Labour Yearbook 1916, S. 524 f. Weitere vergleichbare Angaben sind zu finden bei: Steiner, S. 175; Nostitz, S. 384; Routh, Occupation, S. 66, 70, 79, 82, 86, 91 f.; R. Jones, S. 19-40, 103-109, 148-164; Cohen, S. 25 f., 27-29, 33, 61, 66, 88 f., 96, 107, 131, 135, 137, 143, 147 f.; Finer, S. 52-57, 62; Musgrove, S. 108.

1908 war geplant, seine Dotierung noch niedriger anzusetzen. Erst nach der ersten Ablehnung des in Aussicht genommenen Kandidaten, Richard Redmayne, der nicht in seiner Eigenschaft als Professor für Bergbauwesen in Birmingham, wohl aber durch seine Tätigkeit als Gutachter ein höheres Einkommen als das dann auch akzeptierte bezog, wurde die Dotierung mit dem ausdrücklichen Vermerk als „personal to the present appointment" auf £ 1.500 angehoben[753]. Noch bescheidener fällt der Vergleich für die mittleren und unteren Inspektorenränge aus. Während die Ränge des Subinspectors und des Inspector of horses in ihrer Dotierung unterhalb der Bürobeamten blieben, stieg der Junior Inspector in seinem Einkommen nicht über den Junior Clerk, der Senior Inspector blieb unterhalb des Assistant Clerk, und die Ränge des Superintending bzw. Divisional Inspector und des Deputy Chief Inspector gingen nicht über die Gehaltshöhe des Senior Clerk hinaus. Die Unterschiede in der Bewertung von technischem Personal einerseits und Büropersonal andererseits gehen besonders deutlich aus den von G. Routh berechneten Durchschnittsgehältern hervor. Im Jahre 1914 erhielt das auf Dauer angestellte, staatliche Büropersonal ein Durchschnittsgehalt von £ 662, das technische und wissenschaftliche Personal ein solches von £ 234 und die Inspektoren von £ 229 oder kaum mehr als ein Drittel des Einkommens des Büropersonals. Als Kontrast ist hierbei noch bemerkenswert, daß von den 21 bereits oben erwähnten, von den Ministern zu Beamten ernannten Privatsekretären zwischen 1869 und 1890 17 ein Gehalt von £ 1.000 und mehr erhielten[754]. Trotz dieses ins Auge fallenden und für das im weiteren zu behandelnde Selbstverständnis so wichtigen Unterschiedes in der Bewertung von technischer und nicht-technischer Arbeit und der zwischen den politischen und mehr administrativen Ämtern bestehenden Scheidelinie hob die Höhe des Einkommens die staatliche Beamtenschaft insgesamt deutlich, und stärker noch als in Deutschland, vom Rest der Bevölkerung ab, noch erhöht durch die, wie schon zuvor in Deutschland, seit den 1830er Jahren geschaffene Pensionsberechtigung[755]. Die Einkommen in den höheren Rängen machten oftmals — anders als in Deutschland — sogar für Unternehmersöhne den Eintritt in den Staatsdienst attraktiv, obwohl dieser in Großbritannien wegen der weitgehend fehlenden industriellen Betätigung des Staates weniger Chancen für einen eventuellen Übertritt in die private Industrie als aktiver Unternehmer, nicht jedoch, wie wir oben sahen, als nur lose affilierter Direktor bot.

[753] Vgl. R.A. S. Redmayne, Men, Mines and Memories, S. 72.

[754] Vgl. Cohen, S. 137. Trotzdem blieben infolge des vergleichsweise niedrigen Lohn- und Gehaltsniveaus in der Industrie die staatlichen Inspektorenstellen z. B. für die Betriebsführer im Bergbau, deren Gehalt in den Jahren vor 1914 — wie wir oben sahen — kaum mehr als £ 350 erreichte, attraktiv. So kamen etwa im Jahre 1914 auf eine einzige freigewordene Stelle eines Junior Inspectors gleichzeitig 25 Bewerbungen. Vgl. hierzu: Colliery Guardian, Bd. 109, 1915 I, S. 233, 29. Jan. 1915. Dafür, daß die Betriebsführer den Übergang in den staatlichen Inspektorendienst als Aufstieg ansahen, vgl. auch: NACM, Proceedings 11, 1913/14, S. 19 ff., 132 ff., 750 ff.; 12, 1914/15, S. 27 ff., 540 ff.

[755] Cohen, S. 56 ff.

Weniger waren es jedoch — wie in Deutschland — die Gehälter und ihre Höhe, welche die grundsätzliche Ausrichtung der Diener des Staates bestimmten. Vielmehr waren es die Entwicklung und die Zielsetzung, die von Anfang an die staatliche Verwaltung begleitete, welche die prinzipielle Orientierung des Staatsapparats und seiner Träger festlegten. Und die sich bis 1914 aufrechterhaltende Bemessung der Gehälter war selbst, so zeigt sich jetzt im Vergleich zu Deutschland, hier wie dort, Ergebnis der Entwicklung und der Aufgaben der staatlichen Bürokratie.

Doch blieb es — wie in Deutschland — nicht bei diesen gleichsam äußerlichen Folgen, welche die Stärke ‚vorindustrieller' Orientierungen in der Phase entwickelterer industrieller Verhältnisse dokumentierten. In Großbritannien — so sahen wir oben — hatte der Staat seit dem späten Mittelalter weder seinen Herrschaftsanspruch gegen partikularistische Gewalten durchzusetzen, noch sah er sich angesichts der früh einsetzenden und weitgehend ungefährdeten wirtschaftlichen Entwicklung des Landes genötigt, aktiv in den industriellen Prozeß einzugreifen. Beide Momente, deren Verknüpfung wir oben untersucht haben, hatten in Deutschland zu früher Zeit eine große, zentralistisch aufgebaute, hierarchisch und fachlich gegliederte sowie spezialisiert ausgebildete Bürokratie entstehen lassen. In Großbritannien dagegen war der Staatsapparat lange Zeit vergleichsweise klein geblieben, wenig spezialisiert und bis 1914 nur in Ansätzen zentralisiert. Anders als in Deutschland konnte hier der lang anhaltende Widerstand von allen Seiten der Bevölkerung gegen einen großen und stark in die regionalen und lokalen Verhältnisse eingreifenden Staat verstanden werden als Verteidigung der individuellen und kollektiven Freiheit der Bürger. Und dem Beamten ebenso wie dem Soldaten fiel es — anders als in Deutschland — noch lange schwer, das ihn verfolgende und durch seine oben geschilderte Statusunsicherheit gestärkte Bild loszuwerden, er sei ein unfreies, willenloses Produkt staatlicher Autorität, dessen letztes Ziel es sein müsse, auch seine Mitbürger ihrer Freiheiten zu berauben[756].

Der vergleichsweise geringe Umfang der Bürokratie und der hohe Grad der politischen und finanziellen Kontrolle des Staates durch den Adel, machte es dieser Gruppe — anders als in Deutschland — zunächst nicht schwer, die entscheidenden Ämter der staatlichen Verwaltung selbst oder mit Leuten ihrer Wahl zu besetzen. Auf die steigenden Anforderungen des Staatsdienstes reagierte der Adel von sich aus und relativ rasch. Immerhin winkten lohnende materielle und immaterielle Vorteile; und diese Gruppe des Adels setzte sich — anders als in Preußen — nicht aus altem Erbadel, sondern zum weitaus größten Teil aus aufgestiegenen, neugeadelten Familien

[756] Vgl. W. Dibelius, England, S. 249 f.; Nostitz, S. 47 f.; Finer, S. 8 f.

zusammen[757], die hinreichend über Kontakte auch in das Wirtschaftsleben hinein verfügten, wo oftmals die jüngeren Söhne untergebracht wurden. Der Adel ließ im Laufe des 18. Jahrhunderts, so konnten wir bereits oben beobachten, mehr und mehr auch den Söhnen, die in den Staatsdienst traten, — wie in allmählich zunehmendem Maße auch in Preußen — eine gründlichere Ausbildung zukommen. Anders jedoch als dort, wo der Staat aktiv um das industrielle Aufholen bemüht war, erhielten in Großbritannien die angehenden Staatsdiener eine nicht-spezialisierte und nicht-technische Ausbildung. Trotzdem machte — zusammen mit den dahinterliegenden Besitzverhältnissen[758] — der Grad dieser Bildung, vielleicht auch gerade aufgrund ihrer traditionellen Ausrichtung, ihre Träger eindeutig zu Angehörigen der gesellschaftlichen Elite des Landes, vor allem im Vergleich zu den aufstrebenden Unternehmern, welche, anders als bald in Deutschland, nur über einen äußerst mäßigen Ausbildungsstand verfügten[759].

Die wachsenden Aufgaben des Staates, die nicht — wie in Deutschland — Ursache, sondern Folge der fortschreitenden Industrialisierung waren, die wachsenden Ansprüche an die Effizienz der staatlichen Verwaltung und der ansteigende Druck des parlamentarisch vertretenen Bürgertums brachte die unangefochtene Vorherrschaft des Adels über die von der staatlichen Bürokratie zu vergebenden Stellen zu Fall. Die zwischen 1850 und 1870 in allen Teilen der staatlichen Verwaltung sich durchsetzenden obligatorischen Eintrittsprüfungen eröffneten — und dies in weit stärkerem Maße als in Deutschland — auch anderen gesellschaftlichen Gruppen den Zugang zum Staatsdienst. Voraussetzung dieser Zulassung war — wie in Deutschland seit anderthalb Jahrhunderten —, wenn auch nicht formal, so doch in der Praxis, die Absolvierung einer Hochschulbildung. Der Erwerb einer solchen Ausbildung jedoch war — so sahen wir — an weit höhere finanzielle Ressourcen gebunden als dort, und die finanziellen Anforderungen beschränkten den Kreis der Bewerber nun auf eine plutokratisch bestimmte Gruppe anstelle eines Standes wie bisher.

Bewirkten die Bemühungen um eine Reform und Effektivierung der staatlichen Verwaltung somit und insofern Veränderungen — neben einer Verbesserung des Ausbildungsstandes — in der sozialen Zusammensetzung ihrer Mitglieder, so änderte sich am Gang und Inhalt dieser Ausbildung, die schon bisher das hervorstechende Merkmal der gesellschaftlichen Elite des Landes war, kaum etwas. Anders als im industriell rückständigen Preußen anderthalb Jahrhunderte früher, lehnte man in der ‚first industrial nation' und inmitten einer inzwischen weit fortgeschrittenen industriellen Gesellschaft nicht nur jede spezialisierte, sondern erst recht jede technische Ausbildung

[757] Vgl. etwa: Ponsonby, S. 120 f.

[758] Vgl. z. B. die Angaben bei: Ponsonby, S. 149 f.

[759] Vgl. Bendix, S. 26, 32 f.

für den größten und mit Abstand einflußreichsten Teil der Staatsdienerschaft ab. Der traditionelle Studiengang mit dem Besuch der Public Schools und der klassischen Universitäten von Oxford und Cambridge mit der Betonung, wenn nicht gar Beschränkung auf die humanistischen Fächer wurde beibehalten, und — neben der an sich schon starken Berücksichtigung dieser humanistischen Ausrichtung in den staatlichen Aufnahmeprüfungen — wurde mehr als einmal bekannt, daß in vielen Fällen die Leistungen in den klassischen Sprachen, oftmals im Altgriechischen, die Prüfungen entschieden hätten[760]. Und, so wurde 1871 in einem internen Regierungspapier festgehalten, „Latein ist eine Sprache, die allgemein anerkannt wird als wesentlicher Teil der Grundlage einer höheren Ausbildung“[761]. Wenn auch Latein und Griechisch in ihrer Bedeutung bis 1914 allmählich zurückgingen, so kam es den staatlichen Prüfern weniger auf direkt anwendbares Schulwissen — wie in Deutschland — als vielmehr auf der Grundlage irgendwelcher Studienfächer gewonnene, intellektuelle Fähigkeiten und Charaktereigenschaften an. „Die Anschauung, die Kraft und die Schnelligkeit des Begreifens, die Fähigkeit, mit Menschen umzugehen, die Bereitschaft, die Initiative zu ergreifen und Verantwortung zu übernehmen“, so formulierte Lord Haldane, „sind hauptsächlich dann hochentwickelt, wenn die zu leistende Arbeit vom Beamten gegen den Hintergrund andersartigen Wissens gesehen wird, an dem der Verstand entwickelt worden ist“[762]. Weitgehend die humanistische Überzeugung übernehmend, daß Erziehung nur die Förderung bereits angelegter Fähigkeiten bedeute und daher der Entwicklung des Individuums möglichst freien Raum zu lassen habe[763], war dies, was von den Kandidaten für den Staatsdienst erwünscht war, wie Herman Finer es ausdrückte, „a way of thought, a mental and moral discipline“[764]. Der höhere Beamte solle sich von dieser allgemeinen Ausbildung aus rasch einarbeiten können in spezielle Probleme, hierdurch zugleich aber vor „berufsspezifischen Vorurteilen oder bürokratischer Pedanterie“[765] und einer zu starken Identifizierung mit spezifischen Aufgaben geschützt sein. Von ihm sei hauptsächlich, so ging die Vorstellung, „ein Sinn für Verhältnismäßigkeit und Werte“ verlangt, die ihn in seiner allgemein ausgerichteten Arbeit leiteten[766]. Vor allem aber sollte er — völlig anders als in Deutschland — kein Spezialist oder gar Techniker sein. Die technisch ausgerichtete, amerikanische Cornell University sei, so führte der einflußreiche Schriftsteller und Schulinspektor (von 1851 bis 1888) Mat-

---

[760] R. Jones, S. 54; Cohen, S. 173.

[761] Zit. nach: R. Jones, S. 53.

[762] Lord Haldane, in: Journal of Public Administration, Bd. 1, S. 29, zit. nach: Finer, S. 22.

[763] Vgl. hierzu: Ponsonby, S. 212-214, 217.

[764] Vgl. Finer, S. 22.

[765] Ebenda, S. 23, 66 f.

[766] Ebenda, S. 67.

thew Arnold aus, begründet „auf einem Mißverständnis dessen, was Kultur wirklich ist, . . . gegründet zu dem Zweck, Bergleute, Ingenieure oder Architekten zu produzieren“[767]. Vielmehr müsse der höhere Beamte wissen, ab welchem Zeitpunkt ein Experte hinzugezogen werden solle, und der letztere habe dem ersteren zwar Ratschläge zu geben, ihm aber insgesamt zu gehorchen[768]. Diese Aufforderung und Erwartung wurde durchaus wörtlich genommen. Nicht nur schloß man Experten von der Besetzung leitender Ämter in der staatlichen Verwaltung aus, in weitaus der größten Anzahl der Fälle war er auch — wie ein Techniker schrieb — „subject to clerical control“ und hatte keinen direkten Zugang zum Minister[769]. Und gegenüber diesem noch zu Ende der 1920er Jahre bestehenden Zustand stellte ein Bericht von Technikern und Wissenschaftlern fest: „Nicht nur verstößt diese Praxis gegen den Status von wissenschaftlichen und technischen Beamten, sondern sie nimmt auch der Leitung der Abteilung jeden direkten Kontakt mit dem technischen Experten, von dessen Rat die Entscheidung abhängen sollte, und oft darin resultiert, daß die Leitung nur eine laienmäßige Interpretation des Rates des technischen Experten erhält“[770].

Zeigt sich hierin die — entgegengesetzt zu Deutschland — gerade nichttechnische und nicht-spezialisierte Legitimation der staatlichen Bürokratie, so wird zugleich die gleichsam institutionell im Staatsapparat verankerte und bereits angesprochene, im Gehälterspiegel ablesbare Abgrenzung der gesellschaftlichen Elite deutlich. Zwar bezeichnete auch diese ihre Tätigkeit öfter als „professional“[771], doch war dies offensichtlich — wie in Preußen der Begriff des Beamten mehr als ein Jahrhundert zuvor — das gemeinsame ideologische Dach, unter dem sich nun unter dem Vorzeichen der gemeinsamen Ausbildung der Adel und die Abkömmlinge des Bürgertums zusammenfanden in Abgrenzung zu einer weitgehend adelig geprägten Vorgängerschaft, deren anhaltende Spuren die neuen Staatsdiener selbst jedoch kaum zu verbergen vermochten. Sie unterschieden sich nämlich nicht nur durch eine bestimmte Ausbildung von Experten, Technikern und der übrigen Bevölkerung, sondern in weit stärkerem Maße als in Deutschland, wo die weitgehend spezialisierte und technische Ausbildung sowie die Konzentration auf die Industrialisierung des Landes trotz der anhaltenden gesellschaftlichen Bedeutung der ostelbischen Junker zu einem Abstreifen von ‚unmodernem‘ Ballast geführt hatte, durch einen Lebensstil sowie durch Anschauungen und Attribute, welche gerade durch die beibehaltene Ausbil-

[767] Zit. nach: Armstrong, S. 143.

[768] Vgl. Finer, S. 10, 22.

[769] Vgl. Redmayne, Men, S. 141.

[770] Vgl. British Science Guild, Report of the Scientific and Professional Staffs in the Public Services and Industry, 1927, S. 5, zit. nach: Redmayne, S. 142.

[771] Vgl. Armstrong, S. 88 f.

dung von der adligen in die moderne Phase hinübertransportiert wurden, obwohl eine gleichzeitige starke adelige Referenzgruppe, wie in Preußen die Junker, fehlte. Erinnernd an den beinahe privaten Charakter der Amtsführung der Friedensrichter wiesen die Ämter der zentralen Staatsverwaltung eine geringe tägliche Arbeitszeit von manchmal nur sechs Stunden auf[772], und bei langen Ferien beschränkte sich die Hauptarbeitsphase der zentralen Bürokratie auf zehn Wochen jährlich[773]. Die Kantinen des Parlaments und des Kabinetts erinnerten an die Speisesäle der Colleges in Oxford und Cambridge[774]. Der Sport und die politischen und geselligen Klubs, von denen die gehobeneren noch lange die Mitgliedschaft von „Professionals", welche zumeist auch nicht in Oxford und Cambridge ausgebildet waren[775], ausschlossen[776], verbanden die Staatsdiener umso enger miteinander und erleichterten so den Regierungsstil des „Government by Committee"[777]. Und die dem Ausbildungssystem zugrundeliegende und oft geäußerte Annahme, daß Intelligenz sich schon in früher Jugend erweise und der Intelligente von Jugend an seinen Vorsprung vor anderen halte[778], schloß nicht nur stillschweigend eine selbständige Erwerbsfähigkeit des Jugendlichen aus und eine entsprechende Vermögenslage der Eltern ein, sondern basierte auch auf der alten Überzeugung, daß der Adel in seinen natürlichen Anlagen durchschnittlich dem Rest der übrigen Bevölkerung überlegen sei, eine Ansicht, mit der Gladstone 1854 für die Einführung von Prüfungen zum Staatsdienst eintrat[779]. Und tatsächlich war — neben den anderen hier aufgeführten Punkten — das Gefühl der geistigen Überlegenheit, die ihnen von allen Seiten, sogar von den eifersüchtigen Technikern bestätigt wurde[780], in besonderem Maße — ebenso wie in Deutschland das spezialisierte und technische Wissen — ein Bindemittel für den Zusammenhalt innerhalb der Gruppe der Staatsdiener wie zugleich ein Instrument der Abgrenzung nach außen. Doch kam das hiermit gegebene Gefühl der Überlegenheit und Exklusivität, welches oft genug noch durch die in den Public Schools gelernte und in den Universitäten geübte Sprechweise gesteigert wurde[781], offenbar nicht selten an den Rand einer „nice-mannered arrogance"[782]. George Askwith, der bereits erwähnte und erfolgreiche Chief Industrial Commissioner, etwa, von

[772] Vgl. hierzu: Cohen, S. 30, 135.

[773] Ebenda, S. 69; Armstrong, S. 208.

[774] Armstrong, S. 208.

[775] Vgl. hierzu: Nostitz, S. 181-184.

[776] Vgl. Ponsonby, S. 51, 76.

[777] Armstrong, S. 273.

[778] Vgl. etwa Macaulay, in: Finer, S. 19.

[779] Vgl. Finer, S. 23.

[780] Redmayne, S. 141.

[781] Vgl. z. B. Ponsonby, S. 201.

[782] So Finer, S. 43.

dem der Bergarbeiterführer Robert Smillie behauptete, er sei „on very friendly terms“ mit ihm[783], stellte lapidar fest, „er [Smillie] biete ein Beispiel dafür, daß ein wenig Wissen eine gefährliche Sache sei“[784].

Die in dieser Weise sich darstellende Eliteposition der Staatsbeamten, an der auch — beinahe wider Willen — die vom Staat beschäftigten Spezialisten und Techniker teilhatten und die sich konkretisierte im Idealbild des Gentleman, ein Ideal, welches, an den Public Schools und Universitäten gelehrt und eingeübt, selbst nicht die Spuren des landbesitzenden Adels verbergen konnte[785], blieb nicht — wie in Deutschland das Ideal des spezialisierten und technisch versierten Beamten — ohne Wirkung auf die übrigen Gruppen der Gesellschaft. Die Unternehmer ließen in steigendem Maße ihren Söhnen eine klassische Ausbildung zukommen und entzogen sie oftmals allein schon hiermit auf Dauer der Industrie[786] oder schickten sie im Anschluß sogleich in den Staatsdienst. Darüber hinaus paßten sie sich selbst in starkem Maße dem Lebensstil der gesellschaftlichen Elite an und versuchten, und so konnten wir noch in einer vergleichsweise späten Phase für die walisischen Unternehmer aufzeigen, mit dieser in gesellschaftlichen Kontakt zu treten. Das Anzeigen und die Versicherung des mit Hilfe industrieller Tätigkeit errungenen sozialen Aufstiegs bedeutete somit die mehr oder weniger weitgehende Übernahme vorindustrieller Werte und Lebensformen und — trotz der beibehaltenen flexiblen Einstellung auf die Marktgesetze — eine Schwächung der Ethik industrieller Unternehmer. Anders als beim industriellen Spätkommer Deutschland, wo die Unternehmer und ihre Ideologie vom Staat weitgehend gestärkt und ihre Reihen aus dem ebenfalls als gesellschaftliche Elite geltenden Personal des Staates anhaltend aufgefüllt wurden, war im industriell zuerst entwickelten Großbritannien die traditionelle, nicht-industrielle Ideologie, die von den Dienern des Staates als Ideologie der Elite bewahrt worden war, als gesellschaftliches Vorbild schließlich siegreich geblieben[787]. Und diese Entwicklung vollzog sich, und hierin wird die ausschlaggebende Bedeutung der Ausrichtung des Staates auf und seiner unmittelbaren Betrof-

---

[783] Vgl. R. Smillie, My Life, S. 219.

[784] Vgl. G.R. Askwith, Industrial Problems, S. 133.

[785] Zur Bedeutung und Ausprägung des Gentleman-Ideals vgl. etwa: A. Klinkers, Die Bedeutung der Oberklasse, S. 28 ff.; auch M. Weber, Wirtschaft, S. 789.

[786] Von den 5% der Studenten in Cambridge, die angaben, daß ihre Väter im Zeitraum von 1800-1849 Geschäftsleute waren, wandte sich keiner einer gewerblichen Tätigkeit (business) zu. Vgl. H. Jenkins/D.C. Jones, Social Class of Cambridge University Alumni of the Eighteenth and Nineteenth Centuries, in: British Journal of Sociology 1, 1950, S. 99, wiedergegeben nach: Bendix, S. 26.

[787] Vgl. hierzu: D.H. Aldcroft, The Entrepreneur and the British Economy, 1870-1914 in: EHR 17, 1964/65, S. 113-134; C.H. Wilson, Economy and Society in Late Victorian England, ebenda 18, 1965, S. 183-198; M.B. Jansen/L. Stone, Education and Modernization in Japan and England, in: CSSH 9, 1967, S. 208-232, S. 230.

fenheit von der Industrialisierung sichtbar, obwohl in Großbritannien — wie wir sahen — der Anteil des Adels unter den Staatsdienern erheblich geringer war als in Deutschland.

Zusammen mit dieser Ideologie, die sich schließlich zur allgemein anerkannten Grundhaltung der gesellschaftlichen Elite entwickelte, und die zugleich die Stellung der staatlichen Beamten als soziale Elite befestigt hatte, hatte der Staat und seine Beamten aber auch weitere Verhaltensorientierungen mit in die Phase der entwickelten industriellen Gesellschaft hinübergenommen. Anders als in Deutschland, wo die starke und anhaltende, ideologische und praktische Konzentration des Staates auf die direkte und indirekte Förderung der Industrie andere Orientierungen verdrängte, blieben in Großbritannien der Staat und seine Beamten — wie wir oben sahen — durch das weitgehend fehlende, unmittelbare industrielle Engagement, gefördert durch die frühen gesellschaftlichen Bedürfnisse eines frühzeitig erreichten industriellen Entwicklungsstandes, weit stärker auf die — in weiterem Sinne — sozialen Aufgaben des Arbeiterschutzes und der Interessenintegration ausgerichtet. Die Fähigkeit des Umgehens mit Menschen, so sahen wir im vorhergehenden, stand nach wie vor im Verhaltenskodex des höheren Beamten weit oben, und obwohl die Liberale Partei seit den 1890er Jahren die sich immer mehr zur Unternehmerpartei entwickelnde Konservative Partei in ihrem sozialen Engagement überflügelte, gab es durchgehend in beiden Parteien starke Kräfte, die auf Arbeiterschutz und die Berücksichtigung der Interessen der Arbeiterschaft ausgerichtet waren[788]. Und die Parteimitgliedschaft war an sich schon — wie ein Zeitgenosse beobachtete — weniger ein Resultat der politischen Überzeugung als entweder „Sache der Überlieferung" oder „der Berechnung, wo die besseren persönlichen Aussichten sind"[789].

Doch erledigten die Staatsmänner diese sozialen Aufgaben in der Regel keineswegs von sich aus und ohne äußeren Antrieb. Vielmehr existierten für sie lange Zeit oftmals — wie Arthur Ponsonby feststellte — „die sozialen Bedürfnisse der Nation in einer abgelegenen Region, in die sie sehr selten vordrangen"[790]. So blieb etwa, wie der 1845 eingesetzte Untersuchungsausschuß angesichts der äußerst schlechten Wohnungslage feststellte, „bis zum Jahre 1839 . . . die ausgedehnte Schädigung der öffentlichen Gesundheit allgemein unbemerkt"[791]. Und noch der Jahresbericht des Board of Education von 1897 führte aus: „Die früheren Bestrebungen wurden durch die Teilnahmslosigkeit der Massen vereitelt, denn kein System von Volkserziehung kann ohne das Interesse und die Sympathie des Volkes wirken"[792].

[788] Vgl. etwa: Hutchins/Harrison, S. 175, 196; Krojanker, S. 43; Clegg/Fox/Thompson, S. 215-221.

[789] Nostitz, S. 57.

[790] Ponsonby, S. 88.

[791] Zit. nach: Nostitz, S. 614.

[792] Zit. nach: ebenda, S. 152.

Anders als in Deutschland bedurften und rechneten die Diener des Staates mit der Aktivität und der Wahrnehmung der Interessen von seiten der Bürger. Weder neigte der Staat zu einer bevormundenden Sozialpolitik noch lud die lange anhaltende, allgemeine Furcht vor einer zu großen Macht des Staates sowie die Aktivität und die Wehrhaftigkeit der Arbeiterschaft ihn zu repressiven und manipulatorischen Maßnahmen ein.

Die Bereitschaft zu einer Berücksichtigung artikulierter Interessen setzte voraus, daß die Staatsbeamten gewillt waren, mit den Interessenten und ihren Beauftragten auf der Ebene der Gleichberechtigung zusammenzutreffen und zu verhandeln. Hierbei hegten sie — anders als ihre deutschen Kollegen — kaum Befürchtungen um die Beeinträchtigung und „Herabsetzung" ihrer ‚Autorität'. Einerseits maßen sie diese nicht oder weitaus geringer an den Maßstäben des sie sehr viel weniger als ihre deutschen Kollegen tangierenden militärischen Kommunikationsmodells von Befehl und Gehorsam, andererseits waren sie sich — wie oben gezeigt — ihrer tatsächlichen Überlegenheit nur zu sicher. Und in der Tat konnten Beamte — wie wir oben sahen — sowohl von staatlichen Stellen als auch von den Bürgern, anders als zumeist in Deutschland, öffentlich kritisiert werden[793]. Die Vermittlungs- und Verhandlungsbereitschaft des Staates bedeutete aber zugleich, daß die staatlichen Beamten — anders als in Deutschland — einerseits von allen gesellschaftlichen Gruppen für vermittlungsfähig und weitgehend neutral gehalten wurden, und andererseits, daß sie selbst und die staatliche Bürokratie insgesamt durch das Kennenlernen und die anhaltende Auseinandersetzung mit neuen Ideen sowie gerade auch durch die mangelnde Spezialisierung ihrer Ausbildung lernfähig, beweglich, reformfähig und -bereit blieben. So war — wie ein deutscher Beobachter im Jahre 1911 in völligem Gegensatz zu der Reformbereitschaft und der ängstlichen Haltung des Staates in Deutschland feststellte — der „Neue Liberalismus . . . geneigt, alles praktische, d. h. durchführbare, was in der Propaganda des Sozialismus steckt, zu verwirklichen"[794].

Die Bereitschaft, auf die sozialen Forderungen z. B. der Arbeiterschaft einzugehen und die Umsetzung der aus eigenem Antrieb initiierten Reformen brachte zunehmend ein Anwachsen der staatlichen Intervention und zugleich des Staatsapparats mit sich. Hiermit nahm, wie in Deutschland schon seit langem, das Problem der mangelnden Kontrolle und relativen Eigengesetzlichkeit der staatlichen Bürokratie zu, wenn diese auch unter anderen Prämissen und anderer Aufgabenstellung als in Deutschland heranwuchs. Ein Beispiel der ansteigenden und relativ unkontrollierten Macht der zunehmenden Bürokratie boten die erst seit kurzer Zeit eingerichteten staatlichen

[793] Vgl. Milton, S. 13 ff.

[794] L. Pumpiansky, Das Problem der Arbeitslosigkeit in England, in: AfSS 33, 1911, S. 126-160, S. 160.

Arbeitsvermittlungsstellen. Diese Stellen, die das ganze Land überzogen und von denen bis zum März 1912 allein in Wales etwa 180 bestanden, waren vom Staat mit dem Willen zur Reduzierung von „Verschwendung" und zu größerer industrieller Effizienz geschaffen worden[795]. Und, wie oben angedeutet, war der Staat hier demjenigen in Deutschland voraus, wo die einheitliche staatliche Initiative an der Kompromißlosigkeit von Unternehmer- und Arbeiterverbänden, aber auch an der Konkurrenz der bereits bestehenden kommunalen Arbeitsvermittlungsstellen gescheitert war. Im Ruhrbergbau waren es die Unternehmer, die im Jahre 1908 zusammen mit dem Zechenververband ein Netz von Arbeitsvermittlungsstellen schufen, mit dem Willen zu größerer Effizienz, aber auch zu vermehrter Kontrolle über den Arbeitsmarkt[796]. Wie nämlich im Ruhrgebiet[797], so hatten auch die arbeitsuchenden Bergarbeiter in Südwales[798] in der Zeit zuvor, wenn sie nicht über Freunde und Bekannte von freien Arbeitsstellen hörten, sich frühmorgens bei Arbeitsbeginn auf der Zeche vor dem Büro des Betriebsführers bzw. stellvertretenden Betriebsführers zu versammeln, dort auf diesen oftmals lange zu warten, um dann zu erfahren, ob sie gebraucht würden oder nicht. Da aber der Arbeitsbeginn bei allen Zechen in etwa zeitgleich war, die Zechen aber relativ weit auseinander lagen, konnten die Arbeitslosen am gleichen Tag nur bei ein bis zwei Zechen nachfragen. Dies bedeutete, daß eine ganze Reihe von Bergleuten arbeitslos sein konnte, während gleichzeitig Zechen in näherer oder weiterer Entfernung Arbeitskräfte benötigten. Um dieser „großen Verschwendung", wie der für Wales zuständige Superintendent of Labour Exchanges in einem Referat vor den Betriebsführern der Zechen es nannte, abzuhelfen, wollten die staatlichen Arbeitsvermittlungsstellen in Großbritannien für eine gleichmäßigere Verteilung der Arbeitskräfte sorgen und hiermit „von Vorteil nicht nur für die Unternehmer, sondern auch für die Arbeiter" sein[799]. Während aber die Stellenleiter und ihre Beamten — auch während Arbeitsstreitigkeiten und Streiks — „strikter Unparteilichkeit" und „Neutralität" verpflichtet seien, die weiterhin durch die Existenz von paritätisch besetzten, beratenden Ausschüssen gesichert würden, und sie nicht „beabsichtigten, sich in die Aufgaben der Betriebsleiter oder ihrer Vertreter in der Wahl von Arbeitern einzumischen", sei es „der natürliche Ehrgeiz eines Stellenleiters, Arbeiter zu schicken, um dem Arbeitgeber zu gefallen, und nicht solche, die die Arbeitsvermittlung in schlechten Ruf bringen. Die Vermittlungsstellen seien schließlich geschäftsmäßige Institutionen (business organisations) und keine Wohlfahrtseinrichtungen im eigentlichen

[795] Superintendent of Labour Exchanges for Wales, O.W. Owen, in: NACM, Transactions 9, 1911/12, S. 104.

[796] Vgl. oben S. 398, 401.

[797] Vgl. hierzu: W. Pieper, Die Vergebung von Gruben-Gesteinsarbeiten, S. 46f., 110f.

[798] Vgl. zum folgenden: O.W. Owen, in: NACM, Trans. 9, 1911/12, S. 105.

[799] Ebenda.

Sinne des Wortes". Und wie sie „die Auswahl des Unternehmers an Arbeitskräften verbessern würden, indem sie für ihn die besten Arbeiter, die arbeitslos seien, erreichbar machten . . .", so würden sie „es folgerichtig etwas schwieriger für den Inkompetenten und Nichtwünschbaren machen, eine Stelle zu erhalten, die der hierfür am besten Geeignete hätte bekommen sollen". Die Beamten der Arbeitsvermittlungsstellen könnten zwar nicht „auf den ersten Blick durch Instinkt oder Intuition beurteilen, ob ein Mann kompetent sei, eine bestimmte Arbeit zu verrichten, doch könnten sie auf verschiedenen Wegen etwas über die Wahrscheinlichkeit herausfinden, ob Arbeiter geeignet seien oder nicht"[800]. Und der Eifer der Beamten ging hierbei in zumindest einem bekanntgewordenen Fall in einer Vermittlungsstelle in Nordengland bereits im Jahre 1912 so weit, daß sie die Arbeitssuchenden in ihrer äußeren Erscheinung durch ein System von verschlüsselten Zeichen klassifizierten[801].

Folge dieser Entwicklung, welche doch gerade auch das Ergebnis der wachsenden Staatsintervention[802] zugunsten der Arbeitnehmer bildete, war, daß — wie wir oben sahen — ein Teil der Arbeiterschaft im Staat immer weniger den neutralen Vermittler und unparteiischen Richter über die verschiedenen gesellschaftlichen Interessen sah, sondern einen machtgierigen Apparat, welcher vor allem die bestehenden Verhältnisse und damit das kapitalistische System zu verteidigen suchte. Der Syndikalismus, unter dessen Fahnen sich diese Tendenzen versammelten, war — so beobachtete ein Zeitgenosse — „nichts anderes . . . als eine Revolte gegen den Politiker, den Bureaukraten, die Leitung durch eine andere Klasse"[803].

Die Industrialisierung des Landes hatte in Großbritannien ähnliche soziale und politische Kräfte entwickelt und ‚Gesetzmäßigkeiten' zur Wirkung kommen lassen — so wurde im vorhergehenden deutlich — wie in Deutschland. Die insgesamt vom Prozeß der Industrialisierung gekennzeichneten Verhältnisse der industriellen Produzentengruppen, ihre Beziehungen zueinander und zur gesamtgesellschaftlichen Berücksichtigungs- und Entscheidungszentrale des Staates jedoch wurden — so wird nun im Vergleich erkennbar — in entscheidendem Maße und auf lange Sicht für den nationalen Bereich von der Institution des Staates mitgeprägt. Und der Staat seinerseits war, obwohl er das gesamtgesellschaftliche Subsystem zur Produktion und Durchsetzung politischer Entscheidungen auch der industriellen Gesellschaft blieb, von seiner Zweckbestimmung, die er vor dem Übergang in die Phase der sich heraus-

[800] Ebenda, S. 106 f.

[801] Vgl. hierzu: C.K. Ogden, Der Syndikalismus in England, in: AfSS 37, 1913, S. 424-482, S. 469/470.

[802] Zu dieser These vgl. auch: B. Pribicevic, Demand for Workers' Control in the Railway, Mining and Engineering Industries, 1910-1922, D. Phil. Thesis, Oxford, 1957, S. 674.

[803] Vgl. C.K. Ogden, Der Syndikalismus, S. 468.

bildenden industriellen Gesellschaft übernommen hatte, dauerhaft und durchdringend beeinflußt.

Anders als in Preußen und den übrigen deutschen Partikularstaaten, wo die zentrifugale Kraft partikularer Gewalten schon zu relativ früher Zeit den Aufbau einer umfassenden staatlichen Verwaltung und deren finanzielle und militärische Bedürfnisse — angesichts des im Vergleich zu den westlichen Ländern geringen gewerblichen Entwicklungsstandes des Landes — in starkem Maße ein direktes und anhaltendes Eingreifen des Staates in die industrielle Entwicklung mit sich gebracht hatte, blieb in Großbritannien nach der frühzeitigen, in das frühe Mittelalter zurückreichenden Niederringung partikularer Tendenzen durch eine zentralistische Herrschaft die staatliche Bürokratie lange Zeit vergleichsweise unausgebildet. Bis in die Mitte des 19. Jahrhunderts gab es so gut wie keine organisatorische Verbindung zwischen den zentralen und den lokalen Verwaltungsorganen des Staates. Die Besetzung der Positionen erfolgte durch Patronage, Ämterkauf oder durch die Berücksichtigung politischer und finanzieller Abhängigkeiten. Die Amtsführung selbst behielt weitgehend ihren persönlichen und relativ unsteten Charakter. Die Friedensrichter übten ihre Amtsgeschäfte im eigenen Hause aus, und während manche Positionen gar keine Pflichten mit sich brachten, vereinigten einzelne Personen mehrere Ämter auf sich. Hinzu kam, daß oft genug die ernannten Personen periodisch oder dauerhaft nicht selbst ihr Amt verwalteten, sondern offiziellen oder nicht-offiziellen Vertretern die Amtsführung überließen.

Anders als im industriell rückständigen Preußen hielt sich der Staat in Großbritannien — außer den allgemeinen Förderungsmaßnahmen der merkantilistischen Phase — angesichts des eigenständigen industriellen Wachstums und der vom Parlament kontrollierten finanziellen Mittel des Staates weitgehend von jedem unmittelbaren Eingreifen in den industriellen Prozeß fern. In seinen unternehmerischen Aktivitäten beschränkte sich der Staat durchgehend — neben der Postverwaltung — auf die Rüstungsbetriebe und die staatlichen Werften, welche er schon seit dem 17. Jahrhundert betrieb. Doch wurden diese Betriebe — anders als in Preußen und obwohl einige private Unternehmer aus ihnen hervorgingen — keineswegs unter dem Aspekt des fördernden Beispiels betrachtet, sondern diese waren oftmals auf gegenüber der privaten Industrie komplementäre Arbeiten beschränkt und von dieser lange Zeit technisch und personell abhängig.

Die weitgehende Enthaltung des Staates von einem direkten Eingreifen in die industrielle Entwicklung des Landes hatte ebenso bedeutende und weitreichende Konsequenzen wie die umgekehrte Haltung des Staates in Preußen-Deutschland. Zwar war er in beiden Ländern in seiner Grundhaltung in wachsendem Maße an die Bedürfnisse einer sich industrialisierenden Gesellschaft gebunden; während aber in Deutschland unter Industrieförderung z. B. der staatliche Erlaß des Schutzzolls verstanden wurde, bedeutete diese in Großbritannien weitgehend die Verfolgung des ökonomischen Laissez-faire. Neben dieser gleichsam automatischen Auswirkung der industriellen Führungsstellung des Landes waren es insgesamt das mangelnde Bedürfnis und auch die fehlende Bereitschaft des Staates, aktiv im Industrialisierungsprozeß tätig zu werden, die den Staat und seine Beamten von Anfang an in weit geringerem Maße als in Deutschland den unmittelbaren Notwendigkeiten und Zwängen des industriellen Prozesses aussetzte. Zusammen mit der industriellen Führungsposition des Landes insgesamt brachte diese Lage — ungeachtet der grundsätzlichen Funktion des Staates, durch Verwaltung, Justiz und Militär die Grundlagen für die Produktion und Reproduktion des materiellen Lebens zu gewährleisten — neben der im Vergleich zu Deutschland größeren gruppenspezifischen Aufteilung in der Struktur des Staatsapparates selbst ein gleichsam umgekehrt zu der Verteilung in Deutschland verlaufendes, eindeutiges und dauerhaftes Gefälle in den vom Staat tatsächlich wahrgenommenen Aufgaben mit sich. Während — anders als in Deutschland — die Maßnahmen der direkten und indirekten Industrieförderung und ihre Institutionalisierung einen nur geringen Raum in den staatlichen Aktivitäten einnahmen, besaßen die Maßnahmen der Sozialpolitik und diejenigen zur Interessenintegration ein weit bedeutenderes Gewicht.

Beide Orientierungen des Staates, so konnte gezeigt werden, hatten in beiden Ländern eine gemeinsame Quelle: den Merkantilismus, ein Begriff, der die Ausrichtung und die Praxis des Staates umschrieb, inmitten einer weitgehend agrarischen Umgebung die gewerblich-industrielle Entwicklung des jeweiligen Landes zu fördern. Während sich aber im industriell rückständigen Preußen-Deutschland gerade auch durch die Tatsache, daß man den britischen Entwicklungsstand als Vorbild übernahm, die Tradition des direkten Eingreifens in die wirtschaftliche Entwicklung und der Übernahme von unmittelbar ökonomischen Aufgaben erhielt, waren es in Großbritannien die Aufgaben der Sozialpolitik und der Interessenintegration, die der Staat angesichts der weitgehend eigenständig fortschreitenden Industrialisierung, aber auch angesichts der sozialen Folgen, welche die wirtschaftliche Entwicklung bereits zu einem vergleichsweise frühen Zeitpunkt mit sich gebracht hatte, aus der vorindustriellen in die Phase der industriell entwickelteren Gesellschaft mit hinübernahm.

Die sozialpolitischen Maßnahmen dienten — anders als in Deutschland — kaum der Repression und Manipulation der Arbeitnehmer, sondern waren, war nicht zuvor — wie zu Anfang bei den Bergarbeitern — die Unfähigkeit zur Selbsthilfe anerkannt worden, zumeist das Ergebnis erfolgreich artikulierter Interessen. Schon früh nämlich, wenn auch im eigenen

Bereich erst zögernd, hatte der Staat auf dem Gebiet der privaten Industrie — anders als in Deutschland — das gleiche Recht aller Gruppen, die an der industriellen Produktion beteiligt waren, anerkannt, ihre Interessen kollektiv zu vertreten. Hierdurch und durch den 1870 den Gewerkschaften zugestandenen Rechtsstatus erleichterte und förderte er den Prozeß, die Bereitschaft und die Fähigkeit der eigenständigen Findung und Artikulation der gesellschaftlichen Gruppen im allgemeinen sowie die Schaffung von lebensfähigen Interessenverbänden im besonderen und vereinfachte zugleich seine eigenen Aufgaben. Zum einen hatte er sich nicht — wie der Staat in Deutschland — auf mühevolle Weise und oft ohne Erfolg um die Einrichtung von Arbeiterausschüssen und überbetrieblichen Vermittlungsinstanzen zu kümmern, zum anderen konnte er seine eigene Rolle mehr und mehr auf diejenige eines Beobachters und eines obersten Vermittlers reduzieren.

Einem solchen Herrschaftskonzept, das früher noch im außerparlamentarischen als im parlamentarischen Bereich auf der weitgehenden Integration der verschiedenen gesellschaftlichen Interessen basierte, lag eine andere Ideologie zugrunde als in Deutschland. Während hier der Staat aufgrund der befürchteten Gefährdung des Industrialisierungsprozesses und der Einschränkung des eigenen Entscheidungsspielraums dazu neigte, die Interessen der Arbeitnehmer und ihre eigenständige Vertretung weitgehend auszuschließen, hegte er in Großbritannien angesichts der als gesichert erscheinenden industriellen Entwicklung, aber auch der zumeist geringen Kenntnis und unmittelbaren Betroffenheit der Diener des Staates von industriellen Problemen solche Befürchtungen nicht. Vielmehr wurden hier gerade sowohl die sozialpolitischen Maßnahmen als auch diejenigen zur Interessenintegration — so sahen wir — unter dem Gesichtspunkt der industriellen Effizienz und des sozialen Friedens getroffen. Und weniger als in Deutschland und in abnehmendem Maß befürchtete der Staat durch die Zulassung gesellschaftlicher Interessen eine Beschränkung seiner eigenen Entscheidungsfreiheit, sondern begrüßte diese Entwicklung zunehmend als eine Stärkung des Staates selbst. Zudem war der Staat angesichts des weitgehenden Fehlens einer durchgebildeten, zentralistischen Bürokratie einerseits und den wachsenden Anforderungen der industriellen Gesellschaft andererseits in weitaus größerem Maß abhängig von der außerstaatlichen Interessen- und Problemübermittlung als in Deutschland. Anders als hier wurde die Autorität des Staates sowohl von den Staatsdienern selbst als auch von den Bürgern weitaus weniger in der Kompetenz, spezialisierte technische und administrative Aufgaben selbständig und vorbildhaft zu lösen, gesehen als vielmehr in der Fähigkeit, gesellschaftliche Interessen zu vermitteln, auszugleichen und zu integrieren sowie auftretende Konflikte zu regeln. Dieser Schwerpunkt in der Legitimation des Staates begann sich erst langsam zugunsten der oben genannten, gleichsam deutschen Version zu verschieben, als die wachsenden Bedürfnisse der industriellen Gesellschaft einen höheren Grad der Intervention, die Wahrnehmung spezialisierter Aufgaben und den Aufbau einer umfassenderen Bürokratie auf seiten des Staates notwendig machten. Doch waren diese Symptome eines sich organisierenden kapitalistischen Systems — anders als in Deutschland — auch jetzt noch weit stärker Resultat des sozialen als des nach wie vor unbedeutend bleibenden wirtschaftlichen oder industriellen Engagements des Staates.

Anders als in Deutschland, wo das mangelnde Eingehen des Staates auf die gesellschaftlichen Interessen, vor allem der Arbeitnehmer, den Staat und seine Beamten von einem Bekanntwerden und einer intensiven Auseinandersetzung mit neuen gesellschaftlichen Ideen und Kräften weitgehend abhielt und eine solche scheinbar unnötig machte, war es in Großbritannien —neben der parlamentarischen Herkunft und Verantwortlichkeit der Minister — gerade das hohe Ausmaß der Bereitschaft zur Vermittlung und Berücksichtigung gesellschaftlicher Interessen, welche eine erhöhte Beweglichkeit, Lern- und Reformfähigkeit der Staatsdiener bewirkte. Diese Haltung wurde im Vergleich zu Deutschland nicht nur verstärkt durch eine geringere Selbstrekrutierung der Beamtenschaft und durch die hieraus folgende größere Offenheit gegenüber anderen gesellschaftlichen Gruppen, sondern vor allem gerade auch durch die unter den Staatsdienern eindeutig dominierende allgemeine, nicht-spezialisierte Ausbildung, welche einerseits ein dauerndes Anlernen von — wenn auch oftmals immer noch unzureichendem — Spezialwissen von vornherein notwendig machte, andererseits aber ein kaum zu gefährdendes Gefühl der persönlichen Überlegenheit und der Zugehörigkeit zur sozialen Elite des Landes vermittelte. Die Bereitschaft, auf gesellschaftliche Interessen und soziale Probleme einzugehen und diese auch zunächst als soziale und nicht industriell-ökonomische anzusehen, zeitigte vor allem zwei, den Verhältnissen in Deutschland genau entgegengesetzte Folgen. Einerseits wies der Staat und das ihm zur Verfügung stehende und von ihm eingesetzte Personal durchgehend ein hohes Maß sozialer Vermittlungsfähigkeit auf und die Anzahl der geeigneten Personen war vergleichsweise hoch. Andererseits bewirkten die Bereitschaft und die Fähigkeit zur Vermittlung, daß der Staat und seine Diener langfristig bei allen gesellschaftlichen Gruppen ein großes Ansehen und eine hohe Glaubwürdigkeit genossen und daß ihnen der Ruf einer weitgehenden Neutralität und — trotz mancher Mißgriffe und Parteilichkeiten — eines guten Willens anhaftete.

Das Resultat dieser Haltung des Staates, die weit eher als in Deutschland seiner grundsätzlichen Funktion als Produzent gesamtgesellschaftlicher Vermittlungs-, Ausgleichs- und Integrationsleistungen entsprach, war eindeutig. Trotz der zu Ende des von uns behandelten Zeitraums auftretenden syndikalistischen Bewegung, die sich gegen einen wachsenden und anscheinend immer weniger kontrollierbaren Staatsapparat sowie gegen die mangelnde grundsätzliche Reformfähigkeit des politischen Systems insgesamt richtete, wurden in Großbritannien der Staat und seine Diener gerade durch das Festhalten an ihrer traditionellen Konzeption der Berücksichtigung von sozialen Bedürfnissen und gesellschaftlichen Interessen, eine Konzeption, welche durch die ungefährdet erscheinende industrielle Entwicklung des Landes entscheidend gestärkt und nicht zuletzt durch die traditionelle Ausbildung der Staatsdiener aus der vormodernen in die moderne Zeit hinübertransportiert worden war, den Vermittlungs- und Steuerungsbedürfnissen einer entwickelten industriellen Gesellschaft in weit stärkerem Maße gerecht als im industriellen Nachzüglerland Deutschland. Hier nämlich waren, so konnten wir oben feststellen, infolge der mangelnden Berücksichtigung nicht unmittelbar industrieller Interessen nicht nur anhaltend die Vermittlungsaufgaben des Staates gesteigert worden, sondern das politische System selbst hatte in den Jahren vor 1914 schließlich ein hohes Ausmaß an Inflexibilität und Reformunfähigkeit erreicht. Hatten in Deutschland anfänglich die partikularistischen Tendenzen, vor allem aber die industrielle Rückständigkeit frühzeitig den Aufbau einer auf technischem und administrativem Gebiet modernen, auf sozial-politischem Gebiet jedoch unmodernen staatlichen Bürokratie bewirkt, so hatte in Großbritannien die frühzeitige nationale Einheit und das frühe und eigenständige industrielle Wachstum zur späten Herausbildung einer technisch und administrativ vergleichsweise rückständigen, auf sozial-politischem Gebiet jedoch modern orientierten staatlichen Verwaltung geführt, welche in weit stärkerem Maße als in Deutschland die individuelle und kollektive Freiheit der Bürger zu achten und zu fördern bereit war. War somit die sozial-politisch unmoderne Orientierung des Staates nicht zuletzt Resultat der voranzutreibenden und gefährdet erscheinenden industriellen Entwicklung des Landes, so war in Großbritannien die Ursache der modernen Ausrichtung des Staates auf sozial-politischem Gebiet das Fehlen dieses Faktors.

6. Zusammenfassung

Unsere Untersuchung ging aus von der Frage, wie sich die Industrialisierung, die eine grundlegende Umwälzung in den Produktionsmethoden gewerblicher Güter darstellte, auf die Verhältnisse der Menschen auswirkte, welche direkt oder indirekt von der Entwicklung der Industrie betroffen waren. Um die unmittelbaren Auswirkungen der industriell-ökonomischen Faktoren auf die menschlichen Lebensbedingungen und insgesamt das Ausmaß der Durchschlagskraft ökonomischer Phänomene auf gesellschaftliche Verhältnisse und den Grad der ‚Zwangsläufigkeit' und damit der Gleichförmigkeit bzw. Variabilität industriegesellschaftlicher Entwicklung unter kapitalistischem Vorzeichen genauer ausmachen und bestimmen zu können, beschränkten wir das Untersuchungsgebiet auf den gleichen Wirtschaftssektor und jeweils eine Region. Das Herausnehmen je eines Sektors aus dem Bereich der Gesamtgesellschaft brachte zwar eine Vereinfachung und eine — in ihren Konsequenzen z. T. wieder aufzunehmende — Begrenzung des Untersuchungsfeldes mit sich, doch hofften wir, anhand der ausgewählten Sektoren zumindest zu einem bestimmten Grade für die jeweilige Gesamtgesellschaft typische Verhältnisse und Verhaltensformen aufzeigen zu können. Die Ergebnisse der Untersuchung sind damit in gewissem Maße zugleich Indiz für die Fruchtbarkeit, aber auch für die Grenzen des — von uns durch die Übernahme systemtheoretischer Axiome modifizierten — regional wie gesamtgesellschaftlich ausgerichteten Ansatzes historischer Analyse.

Die wirtschaftliche Entwicklung, welche zugleich Ergebnis und Grundlage des aktuellen Prozesses der industriellen Produktion war, hing in beiden von uns behandelten Regionen zunächst von den gleichen Bedingungen ab und zeitigte die gleichen Wirkungen. Die industrielle Produktion setzte die Möglichkeit eines — hinzukommend: wachsenden — Absatzes sowie des Einsatzes technischer Hilfsmittel voraus und war auf den Zufluß von Kapital und Arbeitskräften angewiesen. Die natürlichen Grundlagen der bergbaulichen Produktion bestimmten einerseits — unabhängig von der Gunst oder Ungunst der Erdoberfläche für die Zwecke weiterer gewerblicher Tätigkeit und des Wohnens — den Standort der Industrie und setzten darüber hinaus eine Wanderungsbewegung der Produktionsstätten in Gang und ließen andererseits die gleichen ökonomischen Gesetzmäßigkeiten zur Wirkung kommen. Das ‚Gesetz des abnehmenden Ertrages bei der Urproduktion', die Inflexibilität und die leichte Gefährdung bergbaulicher Produktion sowie die gleichzeitige Lohn- und Kapitalintensität des bergbaulichen Betriebs ließen in beiden Gebieten Versuche zum Ausgleich der Rentabilität entstehen. Kartellierungspläne zur Reduzierung der Konkurrenz zwischen den Unternehmen und zur Kontrolle des Absatzmarktes wurden verfolgt. Und die Vergrößerung der unterirdischen Betriebe reduzierte die Möglichkeit einer Unterbrechung des ganzen oder größerer Teile des Betriebes und sicherte den eingerichteten technischen Anlagen eine größere Auslastung. Die verfeinerte Klassifizierung und Aufbereitung der angebotenen Kohlensorten und die Weiterverarbeitung der Nebenprodukte führten zu einer Diversifizierung der hergestellten Produkte, ließen tendenziell die eigentliche Kohlengewinnung nur mehr zum Zulieferbetrieb werden und trugen in immer entscheidenderem Maße zum betriebswirtschaftlichen Überschuß und seiner konjunkturüberbrückenden Stabilisierung bei. Alle drei Entwicklungstendenzen, die den Ausgleich der — an privatwirtschaftlichen Maßstäben gemessenen — Rentabilität zum Ziel hatten, führten, zusammen mit einem steigenden Absatz, zu einem Anwachsen der Betriebe und Unternehmen.

Bevor nun gleichsam die menschlichen Produzenten sich in diese Organisationsformen der industriellen Produktion, deren Ausbildung und Funktionieren sie selbst durch ihre Arbeit gewährleisteten, hineinbegaben, hatte die industrielle Entwicklung bereits ihre unmittelbaren Lebensumstände verändert und sichtlich sogar ihr Verhalten im unmittelbaren Lebensprozeß beeinflußt. Vor allem auch durch eine große Zahl von Zuwanderern nahm — im Vergleich zu den umherliegenden Regionen — die Bevölkerung und mit ihr die Bevölkerungsdichte und der Grad der Urbanisierung zu, und die spezifischen Bedingungen der bergbaulichen Arbeits- und Lebensweise erhöhten — im Vergleich zur übrigen Bevölkerung — in signifikanter Weise und auf Dauer die Fruchtbarkeit der Familien, die sich durch die Beschäftigung im Bergbau zu ernähren hatten.

Um am Prozeß der industriellen Produktion teilnehmen zu können, hatten sich — so erwähnten wir bereits — die Menschen in die Betriebe und Unternehmen hineinzubegeben und sich der hier entwickelten Organisation der betrieblichen Produktion zu unterwerfen. Die zunehmende Größe der wirtschaftlichen Einheiten einerseits und die mit ihr einhergehende — wenn auch einseitige — Teilung der industriespezifischen und daher in beiden Regionen weitgehend gleichartigen Arbeit andererseits hatten eine in beiden Regionen ähnliche betriebliche Organisation der Produktion herausgebildet, in die sich alle Produzenten einzufügen hatten. Diese betriebliche Organisation der Produktion war nicht nur ein kooperativer Arbeitszusammenhang, sondern zugleich, durch die — graduelle — Verteilung von Anordnungsbefugnis und Gehorsamspflicht, ein System der Über- und Unterordnung. Wenn auch die Natur der bergmännischen Arbeit und der bis 1914 geringe Grad ihrer Maschinisierung vor Ort den hier arbeitenden Bergleuten ein vergleichsweise hohes Ausmaß an Autonomie und Selbstverantwortlichkeit gewährte, so bewirkte gerade die Unübersichtlichkeit des Bergbaubetriebs, seine zunehmende Größe und Kapitalbelastung die Einführung von Autoritäts- und Befehlshierarchien, welche in wachsendem Umfang und zunehmender Intensität alle im betrieblichen Kooperationsprozeß vereinigten Menschen erfaßte. Zwar führten auch die Teilung der Arbeit und die sich aus ihr ergebende Verfestigung von Aufgabenbereichen, die den betrieblichen Produktionsprozeß gleichsam in horizontaler Richtung durchzogen, zu Definitionsunterschieden und Verständigungsschwierigkeiten zwischen den nebeneinandergeordneten Funktionsgruppen, doch war es vor allem die quasi vertikale, zum Befehls- und Autoritätssystem gerinnende Arbeitsteilung, welche auf Dauer innerbetriebliche Positionen und Konfliktzonen schuf, die zum Ausgangspunkt unterschiedlicher inner- und überbetrieblicher Haltungen wurden.

Die großbetriebliche Organisation der Produktion, welche Reflex des erreichten Standes gewerblich-industrieller Entwicklung überhaupt war, teilte somit gerade in ihrer vertikalen Ausrichtung die im betrieblichen Kooperationsprozeß vereinigten Menschen nicht nur in der Ausübung von bestimmten Arbeitsfunktionen, sondern darüber hinaus auch in ihrem Selbst- und Fremdverständnis sowie in ihrer Meinungs-, Willens- und Ideologiebildung in verschiedene Gruppen auf. Entscheidend verstärkt wurde diese Unterteilung durch die unterschiedliche finanzielle Beteiligung am erwirtschafteten Produktionsergebnis und die sich vor allem auch hieraus ergebende Ungleichheit in der Teilnahme an Lebenschancen und in der Gestaltung der unmittelbaren materiellen und immateriellen Lebenswelt. Wie durchschlagend jedoch die allein von der Organisation des innerbetrieblichen Produktionsprozesses ausgehende Aufteilung war, wurde insbesondere an zwei Erscheinungen deutlich. Obwohl auf alle Arbeitnehmer die Kriterien des Ausschlusses vom Produktionsmittelbesitz und der Lohnabhängigkeit zutrafen, bildete sich — je länger, desto weniger — kein alle Arbeitnehmer umfassendes Klassenbewußtsein heraus. Vielmehr beharrten die Angestellten als Inhaber von innerbetrieblichen Positionen, welche durch das spezifische Mischungsverhältnis von Anordnungsbefugnis und Gehorsamspflicht gekennzeichnet waren, ohne Rücksicht auf die von Region zu Region bestehenden Unterschiede in der Herkunft und der Ausbildung und trotz der häufig auftretenden Überschneidung ihrer Gehaltshöhe mit den Löhnen der Arbeiter sowie trotz der zum einen sich aufspaltenden (Ruhrbergbau), zum anderen Mal sich verengenden (Südwales) Lohnstruktur der letzteren auf einem Bewußtsein der Eigenständigkeit, welches ihnen gleichzeitig von der Arbeiterschaft kaum streitig gemacht, von den Unternehmern aber gefördert wurde. Darüber hinaus teilte die innerbetriebliche Organisation der Produktion, konkret: die gestaffelte, unterschiedliche Teilhabe an der Anordnungsbefugnis, die Angestelltenschaft in weitere Gruppen auf.

Wenn auch der Zeitpunkt der Entstehung von Interessenverbänden von weiteren, noch zu nennenden Faktoren abhing, konnte ihr In-Erscheinung-Treten doch sowohl als entscheidendes Moment im Prozeß der Solidarisierung wie Selbstfindung und Selbstvergewisserung der jeweiligen Gruppe als auch der Absonderung und Aufspaltung der verschiedenen industriellen Produzentengruppen analysiert werden. Die Herausbildung von Interessenverbänden bedeutete aber nicht nur die Organisierung von zunächst innerbetrieblichen Interessenlagen, sondern — durch ihre öffentliche Formulierung — die Übertragung der jeweiligen Interessenlagen sowie des Selbst- und Fremdverständnisses auf die — und damit auch die Aufteilung der — industriellen Produzentengruppen auf der gesamtgesellschaftlichen Ebene.

Die großbetriebliche Organisation der Produktion, die das gleichsam institutionalisierte Ergebnis der vorausgehenden industriellen Entwicklung war, brachte somit sowohl im inner- wie im überbetrieblichen Bereich eine soziale Separierung der im industriellen Produktionsprozeß tätigen Menschen und tendenziell eine Neuaufteilung der zunehmend industrialisierten Gesellschaft mit sich. Zwar bewirkte die Organisation und Artikulation von Interessen tendenziell eine Systemintegration sowohl der Interessenverbände als auch der industriellen Produzenten; doch setzte bereits die zunehmende Organisation der Interessen insbesondere in den Verbänden der Arbeiterschaft eine Bürokratisierungstendenz frei, an der sich zunehmend der Widerstand der Mitglieder entzündete. Vor allem aber setzte die soziale Separation der industriellen Produzentengruppen als Folge der innerbetrieblichen Arbeitsteilung, ebenso wie die gesellschaftliche Teilung der Arbeit, sowohl im inner- wie im überbetrieblichen Bereich — potentiell auch die industrielle Produktion selbst gefährdende — Konflikte frei, die in zunehmendem Maße die Vermittlungstätigkeit und die Berücksichtigung und Integration der Interessen und Bedürfnisse der industriellen Produzenten durch den Staat notwendig machten. Wie der Staat mit diesen Aufgaben fertig wurde, hing, so wird im weiteren wieder aufzunehmen sein, von der Tradition des Staates selbst, vom erreichten Entwicklungsstand des Landes im internationalen Industrialisierungsprozeß und vom Tempo des industriellen Wachstums ab.

Nicht nur hatte die Industrialisierung im allgemeinen und als solche Auswirkungen, welche die sozialen und politischen Verhältnisse in Richtung auf eine Industriegesellschaft hin veränderten, darüber hinaus besaßen auch ihr relativer zeitlicher Ausgangspunkt und ihr Entwicklungstempo entscheidenden Einfluß auf die Beziehungen und — zumindest vorübergehend — auch auf die Strukturen innerhalb der sich modernisierenden Wirtschafts- und Gesellschaftsordnung. Während aber die allgemeinen Auswirkungen der Industrialisierung von Land zu Land ähnliche, und d. h. tendenziell sich angleichende, Verhältnisse auf gesellschaftlicher Seite hervorbrachten, trennten die darüber hinausgehenden Resultate des spezifischen Verlaufs der Industrialisierung die beiden Regionen bzw. Länder in ihren Erfahrungen deutlich und — wie sich zeigte — auf Dauer voneinander ab.

Die im Vergleich zu Deutschland frühzeitige industrielle Entwicklung in Großbritannien und speziell in Südwales, wo die Eisenindustrie durch die frühe Einführung neuer Schmelzverfahren als regelmäßiger und tendenziell immer bedeutender werdender Abnehmer von Kohle auftrat, hatte ein frühzeitiges Wachstum des Kohlenbergbaus in Südwales bewirkt. Dem Ruhrbergbau, der sich sowohl im regionalen als auch im nationalen Bereich inmitten einer im Vergleich zu Großbritannien mit Abstand rückständigen industriellen Umwelt befand, war der Bergbau in Südwales bis über die Mitte des 19. Jahrhunderts hinaus der Höhe der Produktion wie der Anzahl der Beschäftigten nach überlegen. Während aber in Südwales die leichtere Erreichbarkeit der Kohle und zusammen hiermit der begrenzte Einsatz von Technik und Kapital über längere Zeit ein nur allmähliches industrielles Wachstum ermöglichten, zwang im Ruhrgebiet schon bald die Tiefe der Kohlenvorkommen und der hiermit notwendig werdende hohe Einsatz von Technik und Kapital zu einem raschen industriellen Entwicklungstempo.

Die durch die natürlichen Abbauverhältnisse bedingte unterschiedliche Kapitalintensität bewirkte jedoch nicht nur eine unterschiedliche Geschwindigkeit des industriellen Wachstums, sondern auch ein unterschiedliches Betroffensein von den und Reagieren auf die schon oben genannten allgemeinen und besonderen ökonomischen Gesetzmäßigkeiten des bergbaulichen Betriebs. In Südwales war der Einsatz der Technik weitgehend und über lange Zeit auf die unmittelbaren Notwendigkeiten des Betriebes beschränkt, auch hierdurch der Kapitalaufwand im Vergleich zum Ruhrbergbau gering und die Ausgleichsmöglichkeiten der Konjunkturschwankungen durch die Einschränkung der Produktion weit länger gegeben als an der Ruhr. Die Betriebe und Unternehmen blieben oftmals lange Zeit klein und bei weitem weniger umfangreich als im Ruhrbergbau, ihre Anzahl aber groß. Gerade an der großen Zahl der Unternehmen, ihrer unterschiedlichen und oftmals geringen Kapitalintensität, aber auch an der Weitläufigkeit des Absatzmarktes, der großen Bedeutung des Handels und der geringeren Rolle der Banken sowie an den konjunkturausgleichenden Lohnabmachungen der Unternehmer mit den Arbeitern scheiterten — anders als im Ruhrbergbau — die Bemühungen um eine Kartellierung und damit um einen stärkeren Ausgleich der Rentabilität. Erst der durch die natürlichen Bedingungen spät bewirkte Zwang zum Tiefbau und die hiermit — wie im Ruhrgebiet schon lange vorher — stärker zur Wirkung kommenden ökonomischen Gesetzmäßigkeiten ließen ab etwa 1890 Großunternehmen sowie eine relative Konzentration der Produktion und des Absatzes auf eine geringere Anzahl von selbständigen wirtschaftlichen Einheiten entstehen. Im Ruhrbergbau dagegen zog die hohe

Kapitalbelastung und das große Betriebsrisiko einen durchgehend hohen Einsatz der Technik und einen frühen Übergang zur großbetrieblichen Produktionsweise nach sich. Und gerade die frühzeitig erreichte Größe der Unternehmen und ihre sinkende Anzahl, ihre gemeinsame hohe Kapitalintensität, aber auch die Überschaubarkeit des Absatzmarktes und die weitaus bedeutendere Rolle der Banken führten schließlich die frühzeitig einsetzenden, anhaltenden und auf die Tradition der einheitlichen Absatzpolitik durch den Staat zurückgehenden Kartellierungsbemühungen zum Erfolg. Obwohl mit dem Zustandekommen des RWKS im Jahre 1893 die Konkurrenz zwischen den verschiedenen Unternehmen nicht ausgeschaltet wurde, sondern gleichsam innerhalb der Organisation des Syndikates weiter bestehen blieb und dessen Existenz potentiell gefährdete, trug das Bestehen des RWKS zu einer Stabilisierung und einer Abstimmung der Produktions- und Absatzverhältnisse sowie zu einer ausgeglichenen Rentabilität der Unternehmen bei und kam somit der — anders als in Südwales — bestehenden Tendenz der Unternehmensleitungen zu einer langfristigen Betriebs- und Absatzpolitik entgegen.

Der unterschiedliche zeitliche Ausgangspunkt und das durch die natürlichen Abbauverhältnisse bedingte verschiedene Tempo des industriellen Wachstums hatte nicht nur im wirtschaftlichen Bereich als der Grundlage des unmittelbaren Produktionsprozesses bestimmte — unterschiedliche — Formen, Institutionen und Regelungen zur Folge. Auch die Verhältnisse, Beziehungen, Überzeugungen und schließlich das Verhalten und Handeln der industriellen Produzenten selbst wurden in entscheidendem Maße von beiden Faktoren geprägt. Im Revier von Südwales bewirkte der frühe industrielle Start und das sodann allmähliche wirtschaftliche Wachstum über lange Zeit eine nur langsame Zunahme der Belegschaft, der Bevölkerung, ihrer Dichte und des Grades der Urbanisierung und zusammen damit ein geringes Ausmaß an herkunftsmäßiger Heterogenität. Im Ruhrgebiet dagegen machten der vergleichsweise späte Beginn und das sodann rasche Tempo der Industrialisierung eine starke Zuwanderung in kurzer Frist notwendig und zogen somit einerseits eine schnelle Zunahme des Maßes der Bevölkerungsdichte und Urbanisierung, andererseits und zugleich ein hohes Ausmaß der herkunftsmäßigen Differenzierung von Belegschaft und Bevölkerung sowie der sozialen Differenzierung der gesellschaftlichen Umgebung nach sich. Während hierdurch im Ruhrgebiet der Zusammenhalt und das gemeinsame Handeln insbesondere auf seiten der Arbeiterschaft eindeutig behindert wurde, bildete der geringe Grad der herkunftsmäßigen und kulturellen Heterogenität sowie die wenig gewerblich und sozial differenzierte Umwelt in Südwales eine günstige Voraussetzung für sozialen Zusammenhang und kollektives Handeln.

Vor allem aber hatte das Tempo der industriellen Entwicklung bedeutende und weit in das soziale und politische Gebiet hineinreichende Auswirkungen auf die Organisation der Produktion. Obwohl — anders als in anderen Gewerben — frühzeitig aus gleichsam vorindustrieller Zeit eine industriespezifische Organisationsform des innerbetrieblichen Produktionsprozesses bereitstand und obgleich sich schließlich in beiden Bergbaugebieten zum Schluß unseres Untersuchungszeitraums eine weitgehend ähnliche, großbetriebliche Produktionsform herausgebildet hatte, entstand der Großbetrieb als typische Produktionseinheit im Ruhrbergbau fast ein halbes Jahrhundert früher als im südwalisischen Bergbau. Dies bedeutete zunächst und insbesondere, daß die Angestellten — als Träger der im Großbetrieb sich verselbständigenden und notwendig werdenden Vermittlungs-, Kontroll- und Aufsichtsfunktionen — dem Umfang und dem Bewußtsein nach als eigenständige Gruppe in Südwales bis in die 1890er Jahre so gut wie nicht existierten, während sie im Ruhrbergbau — auch nach dem Vorbild der staatlichen Beamten — schon in den 1850er Jahren ein Bewußtsein der Eigenständigkeit entwickelt hatten. Während hiermit die Arbeiter im Ruhrbergbau schon frühzeitig den regelmäßigen direkten Kontakt mit den Unternehmern verloren und für sie die Angestellten beinahe ausschließlich die eigentliche Vorgesetztenrolle übernahmen, dauerte der unmittelbare Verkehr zwischen Unternehmern und Arbeitern in den kleineren Betrieben und Unternehmen des südwalisischen Bergbaus noch lange an. Auch die Differenzierung innerhalb der Angestelltenschaft blieb hier lange Zeit gering, während sie im Ruhrbergbau stetig fortschritt. Dies bedeutete zugleich, daß die Aufstiegsmöglichkeiten sowohl aus der Arbeiterschaft als auch innerhalb der Angestelltenschaft im Ruhrbergbau über lange Zeit weit günstiger als in Südwales waren. Und während sich im Bergbau von Südwales die Ablösung in der Unternehmerschaft allmählich und stufenweise von der persönlichen Betriebs- bzw. Unternehmensleitung über die noch z. T. finanziell beteiligten auf die nicht mehr oder kaum noch beteiligten Unternehmer vollzog, verlief im Ruhrbergbau trotz der länger fortwährenden Oberaufsicht in der Unternehmensleitung der Wechsel vom Eigentümer- zum Angestellten-Unternehmer relativ rasch. Folge der durch die großbetriebliche Arbeitsteilung bedingten Spezialisierung der Arbeitsfunktionen, mehr aber noch, wie sich im Vergleich zu Großbritannien herausstellt, des — auch staatlich vermittelten — Willens zum Aufholen im industriellen Entwicklungsprozeß war im Ruhrbergbau, wie im deutschen Bergbau insgesamt und in manchen der übrigen Industriezweige, die weit früher, umfassender und intensiver durch den Staat sowohl für die Angestellten als auch für die Unternehmer zur Verfügung gestellte Ausbildung, welche das — berufliche — Zusammengehörigkeitsgefühl und die ideologische Homogenität beider Gruppen — anders als in Südwales — frühzeitig stärkte und zugleich die soziale Abtrennung zwischen Arbeitern und Angestellten sowie zwischen

Angestellten und Unternehmern als auch die Gruppenbildung innerhalb der Angestelltenschaft förderte. Die frühzeitig institutionalisierte Ausbildung ebenso wie die mit ihr einhergehende einheitliche Ideologiebildung bestärkte nicht nur die Abgrenzung der einzelnen, im betrieblichen Kooperationsprozeß vereinigten Gruppen voneinander, sondern förderte zugleich auch die innere Konstituierung der einzelnen Gruppen. Neben der gemeinsamen Teilhabe an der innerbetrieblichen Anordnungsbefugnis bildete für die Angestellten vor allem — auf dem Hintergrund der ohne Spezialausbildung bleibenden, großen Masse der Bergarbeiter — die Ausbildung ein entscheidendes Medium der Zusammengehörigkeit. Insbesondere aber für die Unternehmer des Ruhrbergbaus, ebenso wie im deutschen Bergbau insgesamt, war diese einheitliche Ausbildung und ihre Absolvierung ein bedeutsames Mittel ihrer Gruppenbildung sowie der Beziehungen zu und der Einordnung in den sozialen Zusammenhang der Gesamtgesellschaft. Die gemeinsame Ausbildung überbrückte nicht nur den Bruch und die Ablösungserscheinungen, welche sich beim Übergang vom Eigentümer- zum Angestellten-Unternehmer ergaben, und die Heterogenität der territorialen Herkunft der neuen Unternehmer, sondern stellte zugleich auch den sozialen Anschluß an die gesellschaftliche Elite des Landes: die höheren Beamten, her.

Im südwalisischen und im britischen Bergbau wie wohl auch in der britischen Industrie insgesamt, wo sich die großbetrieblich bedingte Spezialisierung der Arbeitsfunktionen aufgrund des langsameren Tempos industrieller Entwicklung erst vergleichsweise spät herausbildete und die industrielle Führungsposition des Landes stärkere Bemühungen um technische Ausbildung lange Zeit beinahe als überflüssig erscheinen ließen, konnte die Ausbildung durch das durchgehende Fehlen von einheitlichen und verbindlichen Ausbildungsgängen sowie durch die stufenweise und vergleichsweise späte Einführung von Qualifikationsprüfungen eine weitaus geringere Rolle bei der Konstituierung der Gruppen der Angestellten und der Unternehmer spielen. Die Angestellten waren daher, aber auch aufgrund der späten Entwicklung großbetrieblicher Strukturen und dem mangelnden Vorbild staatlicher Bergbeamten, hier weit länger mit der Herausbildung eines einheitlichen Gruppenbildes und mit der Abgrenzung von der Arbeiterschaft beschäftigt als im Ruhrbergbau. Und auch für die Unternehmer konnte die — anders als in Deutschland — weitgehend fehlende technische Ausbildung in weit geringerem Maße als dort zur Gruppenbildung beitragen, obwohl innerhalb der südwalisischen Unternehmerschaft weit größere soziale, aber geringere Unterschiede der territorialen Herkunft nach zu überwinden waren.

Der frühe bzw. späte Ausgangspunkt und das langsamere bzw. raschere Tempo der industriellen Entwicklung sowie die mit beiden Faktoren einhergehenden Erscheinungen, hatten nicht nur wichtige Folgewirkungen auf den Zeitpunkt und die Art der Herausbildung und Abgrenzung der industriellen

Produzentengruppen, sondern darüber hinaus auch auf die Organisation wie Definition der Interessen und die Ideologiebildung der jeweiligen Gruppen, ein Prozeß, der selbst wieder zur Abgrenzung der Gruppen voneinander beitrug.

Auf seiten der Unternehmer erleichterte im Ruhrbergbau wie im deutschen Bergbau insgesamt die mit dem Willen zum industriellen Aufholen frühzeitig eingeführte, einheitliche Ausbildung die Organisation und Definition der Interessen auf dreifache Weise: Sie führte zu einem stark ausgeprägten Zusammengehörigkeitsgefühl und einem einheitlichen Bildungsstandard und erleichterte somit den Austauch und die Verständigung zwischen ihnen, sie führte zu einer hohen Erfolgsaussicht der Interessenvertretung gegenüber einer staatlichen Fachbürokratie, welche die gleichen Ausbildungsgänge durchlaufen hatte, und sie vermittelte den Unternehmern eine einheitliche Ideologie, deren merkantilistische Traditionen weitgehend mit dem anhaltenden Bedürfnis nach industriellem Aufholen zusammenfielen. Diese Ideologie zusammen mit den frühzeitig und anhaltend auftretenden Bedürfnissen großbetrieblicher Produktion schwächten die Idee der Konkurrenz, welche für den industriellen Fortschritt eher als störend empfunden wurde, und sie orientierte statt dessen auf eine Politik der Langfristigkeit, der Planung und — insgesamt — der Intensivierung des inner- und überbetrieblichen Produktionsprozesses. Wie auf dem Gebiet der Technik, so neigten die Unternehmer auch bei den menschlichen Produzenten zu einem vollen Einsatz im betrieblichen Arbeitsprozeß und im Dienste des industriellen Prozesses überhaupt. Sich selbst betrachteten die Unternehmer an der Ruhr als ‚Arbeiter' im Dienste des industriellen Aufholens, und in ihrer betrieblichen Stellung und Aufgabe als ‚erste Arbeiter' sahen sie eine Funktion, aus der sie einen unbedingten Gehorsamsanspruch gegenüber ihren betrieblichen Untergebenen ableiteten. Die Leistungsfähigkeit der Arbeitnehmer sollte erhalten werden durch eine weitgehende Stabilität der Löhne und Gehälter sowie durch den Einsatz von Wohlfahrtseinrichtungen. Zugleich aber sollten hierdurch eigenständige Bemühungen der Arbeitnehmer um eine inner- wie überbetriebliche Interessenvertretung verhindert und gleichsam überflüssig gemacht werden, Regungen, welche die Unternehmer als den industriellen Fortschritt behindernd und gefährdend ansahen. Die Gewerkschaften störten in ihren Augen die ‚friedliche, produktive Arbeit'. Und für sie, die Unternehmer, die den industriellen Fortschritt leiteten und verwalteten, war die Gleichberechtigung mit den übrigen industriellen Produzentengruppen ein ‚Unding'. Vielmehr beanspruchten sie, obwohl sie — wie ihre Kollegen in Südwales auf regionaler Ebene — als Führer aus der industriellen Unterentwicklung nur wenig Zeit zu politischer Betätigung erübrigten, vom Staat, der nach ihrem Verständnis der ‚Inbegriff des Strebens seiner Bürger' — und so konnten wir ergänzen — aus der industriellen Unterentwicklung war, den besonderen Schutz und die Förderung und Bevorzugung ihrer Interessen.

In Südwales, wo der vergleichsweise geringe Einsatz der Technik und die industrielle Führungsposition des Landes die Bedeutung der technischen Bildung gering gehalten hatte, behinderte dagegen das Fehlen einer einheitlichen Ausbildung die Organisationsbemühungen, die Entwicklung einer gemeinsamen Ideologie und die Durchsetzungsfähigkeit gegenüber einer staatlichen Bürokratie, deren Mitglieder weder eine spezialisierte noch eine technische Ausbildung besaßen. Hinzu kam die länger anhaltende lokale Orientierung der Unternehmer, welche das Ergebnis des langsameren und ungleichmäßigen industriellen Wachstums sowie des langen Vorherrschens der kleineren und mittelgroßen Betriebe und Unternehmen war. Zugleich stärkte das Fehlen einer einheitlichen Ausbildung und Ideologie, aber auch die großen wirtschaftlichen und sozialen Unterschiede den Gedanken der Konkurrenz zwischen den Unternehmern. Das Verhalten und Befolgen der Konkurrenz wurde hier nicht wie bei den Ruhrunternehmern als Hemmnis des industriellen Fortschritts, sondern eher als dessen Förderung gedeutet und zugleich als Ausfluß und Sicherung der bürgerlichen Freiheit verstanden. Diese Orientierung, an der auch die Kartellierungsbemühungen der 1890er Jahre scheiterten, zog eine vergleichsweise kurzfristige und nach dem ungebrochenen Fortwirken der Konjunkturen sich richtende Perspektive der Unternehmer nach sich. Die umfassende Aufwendung technischer Hilfsmittel ließ lange auf sich warten. Und der Einsatz von und der Zugriff auf die menschlichen Produzenten waren bei weitem nicht so energisch und umfassend wie bei ihren Kollegen an der Ruhr. Zur Auswahl und Einstellung der Arbeitnehmer sowie zur Arbeits- und Leistungsmotivation wurden beinahe ausschließlich die Möglichkeiten der Konkurrenz und des Marktes genutzt, nicht aber — wie bei ihren Kollegen im Ruhrbergbau — ein Instrumentarium zur Disziplinierung und Manipulation geschaffen. Obwohl auch sie die Interessenverbände der Arbeiter in der Furcht vor einer Erhöhung des Lohnkostenanteils bei der Produktion und insgesamt vor einer zu großen Machtstellung der Verbände bekämpften, erkannten sie die Gewerkschaftsführer als Interessenvertreter der Arbeitnehmer und als gleichberechtigte Verhandlungspartner an, um in gemeinsamen Abmachungen und Regelungen die Lohnkosten und damit einen erheblichen Anteil der Produktionskosten dynamisch den Konjunkturen anzupassen und insgesamt die Voraussetzungen für eine kontinuierliche, innerbetriebliche Produktion zu schaffen. Daß diesen Regelungen die Abmachung zugrundelag, daß technische Neuerungen im Betrieb der Zustimmung der Arbeiter bedurften, schien die Unternehmer nicht allzusehr zu stören, war doch ihr Engagement für den technischen Fortschritt an sich bereits begrenzt. Doch entsprach dieser ‚Unmodernität' im technischen Bereich eine — anders als im Ruhrbergbau herrschende — ‚Modernität' in der Kontrolle und den Steuerungsmöglichkeiten des Betriebes, welche ebenfalls das Resultat der Abmachungen mit den Arbeitnehmern war. Die Preislisten und die Abstimmung von Kohlepreisen und Lohnhöhen einerseits sowie die geschaffenen Verhandlungsmechanismen andererseits schufen ein hohes Ausmaß an Einheitlichkeit und der Fähigkeit der Konfliktbewältigung. Eine weitere Komponente, in der sich ehemals die Rückständigkeit, mehr und mehr sodann aber die im Vergleich zu den Ruhrunternehmern relative Modernität der Unternehmer in Südwales ausdrückte, war der Mangel der technischen und die steigende Ausrichtung auf eine Allgemeinausbildung. Gerade die hiermit erworbenen Fähigkeiten erhöhten nämlich das in seiner Bedeutung kaum zu unterschätzende und auch von diesen selbst hoch bewertete Verhandlungsgeschick der Unternehmer. Da die südwalisischen Unternehmer die industrielle Betätigung als normalen Ausfluß bürgerlicher Freiheit und, weit weniger als ihre Kollegen an der Ruhr, als einen außergewöhnlichen Beitrag zur nationalen Sache der Industrialisierung betrachteten, erwarteten sie auch keine besondere Hilfe oder Unterstützung vom Staat. Vielmehr standen sie jeder staatlichen Betätigung im wirtschaftlichen und sozialen Bereich skeptisch gegenüber, sahen sie als einen Eingriff in die bürgerlichen Freiheiten an und lehnten jede weitergehende, im Vergleich zu deutschen Maßstäben jedoch immer noch bescheidene, Intervention des Staates ab. Wie ihre Kollegen an der Ruhr sahen sie die bestehende Gesellschafts- und Verteilungsordnung als ‚natürlich', jedoch der Überzeugung von der Gleichrangigkeit der industriellen und unternehmerischen Interessen mit anderen folgend und trotz der starken parlamentarischen Vertretung der Unternehmerschaft, anders als die Unternehmer im Ruhrbergbau, diese Gesellschaftsordnung — auch gegen ihren Willen — als veränderbar an.

Für die Angestellten war es wegen ihrer lange Zeit geringen Anzahl, des Vorherrschens der kleineren Betriebe und der oftmals schwierigen Erreichbarkeit der Ortschaften zunächst noch schwerer, miteinander in überbetrieblichen Kontakt zu treten, als dies für die Angestellten im Ruhrbergbau berichtet wurde. Hinzu kam der durchgehend fehlende, verbindlich vorgeschriebene Ausbildungsgang und die erst nach und nach eingeführten Prüfungsvorschriften, welche die Herausbildung eines einheitlichen Selbstverständnisses — im Gegensatz zu ihren Kollegen im Ruhrbergbau — erschwerten und hinauszögerten. Der lange Zeit geringere Umfang der Betriebe und Ortschaften sowie der — durch die nichtsdestoweniger wachsende Größe der Unternehmen — zunehmende Absentismus der Unternehmer machten sie zeitweilig zu natürlichen Führern der Bergbaugemeinden und verstärkten zunächst ihre lokale Orientierung. Bei den Angestellten im Ruhrbergbau hatte ihre große Anzahl, der durch die gemeinsame Ausbildung frühzeitig hergestellte soziale Zusammenhang, der von vornherein bestehende größere Umfang der Betriebe und Ortschaften sowie die durchgehend übliche Ortsanwesenheit der Unternehmer eine solche Ausrichtung der Angestellten verhindert. Die erst spät anwachsende Größe der Betriebe und Unternehmen, aber auch die im Vergleich zu Deutschland stärker abgestuften Qualifikationsvoraussetzungen hatten — anders als an der Ruhr — die Aufstiegsmöglichkeiten und damit auch die Aufstiegserwartungen der Angestellten in Südwales lange Zeit begrenzter gehalten als dort. Zugleich machten die bescheideneren Ausbildungsvoraussetzungen in geringerem Ausmaß als an der Ruhr persönliche Opfer notwendig. Beides zugleich, aber auch die geringere fachliche Kompetenz und der Absentismus der Unternehmer, das überbetriebliche Engagement sowie der geringere Grad der Identifikation mit dem industriellen Fortschritt, machte sie weniger anfällig für Disziplinierungs- und Manipulationsversuche von seiten der Unternehmer. Und weitgehend dieselben Faktoren zusammen mit der — im Vergleich zum Ruhrbergbau — geringeren Intensität der Betriebe und größeren Wehrhaftigkeit der Arbeiter sowie den konflikthemmenden Wirkungen der Vereinbarungen mit den Unternehmern waren es auch, welche die Angestellten im südwalisischen Bergbau in stärkerem Maße von einer rücksichtslosen und brutalen Behandlung untereinander als auch gegenüber der Arbeiterschaft zurückhielten.

Weit stärker als ihre an Zahl überlegenen und durch Ausbildung und Tradition abgehobenen Kollegen im Ruhrbergbau waren die Angestellten in Südwales auf den Kontakt mit anderen gesellschaftlichen Gruppen ausgerichtet. Die Angestellten des Ruhrbergbaus hatten durch die Dominanz ihrer fachlich-beruflichen Ausrichtung und infolge ihres durch die letztere gesicherten, aber doch in seiner Begrenztheit immer deutlicher werdenden Status' wenig Kontakt zu den übrigen Gruppen des Mittelstandes, welche ihrerseits durch das rasche industrielle Wachstum zunahmen, und kümmerten sich infolge der Ortsanwesenheit und der Disziplinierung durch die Unternehmer kaum um die lokale und regionale Verwaltung. Im südwalisischen Bergbau dagegen, wo das langsamere industrielle Wachstum auch die übrigen Gruppen des Mittelstandes klein gehalten hatte, suchten die durch Tradition und Ausbildung weniger statusgesicherten, aber auch weniger beruflich und fachlich gebundenen Angestellten gegenüber der großen Masse der Arbeiterschaft den Kontakt zu den übrigen Gruppen des Mittelstandes. Führte somit bei den Angestellten des Ruhrbergbaus die starke fachspezifische Ausrichtung und der gerade auch durch die Ausbildung frühzeitig gesicherte Status — neben den Disziplinierungsmaßnahmen der Unternehmer — zu einem hohen Ausmaß an staatsbürgerlicher Passivität und Apathie und zu nur wenig entwickelten Interessenverbänden, so bewirkte bei den Angestellten in Südwales die relative Statusunsicherheit, der geringere Grad fachlich-beruflicher Abschließung und das weitgehende Fehlen der Disziplinierung von seiten der Unternehmer ein vergleichsweise hohes Ausmaß staatsbürgerlichen Engagements und — wenn auch erst spät — relativ durchgebildete Interessenverbände.

Wie bei Unternehmern und Angestellten, so hatte der unterschiedliche Ausgangspunkt und das verschiedene Tempo der industriellen Entwicklung auch bei den Arbeitern Auswirkungen auf die Organisation und Definition der Interessen wie auf die Ideologiebildung insgesamt. Zwar stieg die Zahl und damit das Gewicht der Arbeiterschaft durch das raschere industrielle Wachstum im Ruhrbergbau sehr viel schneller als im Bergbau von Südwales, doch brachte das große Tempo ihres Anwachsens zugleich Erscheinungen mit sich, welche die Organisierbarkeit und damit die gezielte Umsetzung des bloßen numerischen Gewichts in politischen Einfluß hemmten. Die Arbeiterschaft im Ruhrbergbau setzte sich in immer größerem Maße, und zwar sehr viel stärker als die Angestellten und als die Bergarbeiter in Südwales, aus Zuwanderern, und darüber hinaus aus solchen zusammen, die aus einer anhaltend wachsenden Anzahl von Regionen und Nationen stammten. Die hieraus hervorgehende sprachliche und kulturelle Separation sowie die resultierende Schwierigkeit der Kommunikation der Bergarbeiter an der Ruhr wurde ergänzt und verstärkt durch die abgetrennte Wohnweise in Kolonien und Regionen sowie durch die Konzentration in der Beschäftigung auf bestimmte Reviere und Betriebe. Darüber hinaus erzeugte die starke Zuwanderung, zusammen mit der Konfliktträchtigkeit der Arbeitsweise in den Betrieben, ein hohes Ausmaß einer weitergehenden Fluktuation sowohl innerhalb des Bergbaus, in andere Gewerbe innerhalb des Bezirks als auch wieder aus dem Ruhrgebiet hinaus. Im weniger rasch sich entwickelnden Bergbau von Südwales war jede Art der Fluktuation in der Arbeiterschaft geringer. Die Zuwanderungsrate stieg langsamer als im Ruhrbergbau, die sprachliche und kulturelle Vielfalt der Zuwanderer blieb eng begrenzt und sowohl die horizontale als auch, infolge der geringeren Betriebsgröße, — anders als an der Ruhr — die vertikale Mobilität offensichtlich weit geringer als dort. Hinzu kam, daß die gewerbliche und soziale Differenzierung der Bevölkerung in Südwales ein weit kleineres Ausmaß erreichte als im industriell rasch wachsenden Ruhrgebiet. Während im südwalisischen Bergbau der lange Zeit bescheidene Umfang der Betriebe und Ortschaften sowie der vergleichsweise geringe Grad der Mobilität ein hohes Ausmaß an Kommunikation und Integration und eine große Stabilität der Sozialisationsmuster, der Sitten und Umgangsformen bewirkte, zog für die Arbeiter im Ruhrbergbau der von vornherein größere und rasch wachsende Umfang der Betriebe und Gemeinden sowie das große Ausmaß der Mobilität einen hohen Grad an Anonymität und ein partielles Zusammenbrechen der Sozialisationsmuster und Kommunikationsstrukturen nach sich. Unter den Arbeitern im Ruhrbergbau war das Resultat dieser Entwicklung zusammen mit dem geringen Bildungsstand der aus den agrarischen Gebieten des Ostens Zugewanderten nicht nur die schwere Organisierbarkeit, die vergleichsweise späte Gründung von Interessenverbänden, die relative Distanz zwischen den Verbänden und den Mitgliedern, sondern z. T. auch die anhaltende Aufteilung in verschiedene Interessenorganisationen. Für das letztere Faktum war jedoch nicht nur die nationale Aufteilung der Bergarbeiterschaft verantwortlich. Hinzu kamen die starke weltanschaulich-ideologische ‚Versäulung' der deutschen Gesellschaft, die sowohl das Produkt der späten Nationwerdung als vielleicht auch des früh auftretenden Bedürfnisses nach abstrakteren Deutungen und Theorien (wie etwa der Marxschen), welche die — anders als in Großbritannien — rasch sich ändernden und damit unübersichtlichen Formen beschleunigter industrieller Entwicklung und ihre Auswirkungen z. B. auf seiten der Unternehmer, der Arbeiterführer, der Staatsbeamten und der Wissenschaftler notwendig machten.

Die bestehende Konkurrenz unter den Arbeiterverbänden des Ruhrbergbaus, welche ihrerseits das Gewicht und die Schlagkraft der Arbeiterschaft verminderte, und der relative Mißerfolg der Verbände, der vor allem in der anhaltenden Ablehnung der Unternehmer bestand, die Gewerkschaften anzuerkennen und mit ihnen zu verhandeln, senkte die Organisationsbereitschaft und das Engagement der Arbeiter weiter. Doch führte die Konkurrenz unter den Verbänden und Weltanschauungen, aber auch die Konfrontation mit den Unternehmern und die hemmenden Maßnahmen und möglicherweise das (zentralistische) Organisationsvorbild des Staates — neben dem von ihm früh gestifteten Bild des sozialen Zusammenhanges unter den Bergleuten — zugleich zu einer überlokalen Orientierung und Organisation der Arbeiterverbände. In Südwales dagegen hatte die hohe Integrationsfähigkeit und der soziale Zusammenhang innerhalb der Ortschaften lange Zeit die Orientierung der Arbeiter — ebenso wie der Angestellten und Unternehmer — auf den örtlichen Bereich beschränkt und eine überlokale Interessenorganisation verhindert. Zugleich aber bedeutete der starke örtliche Zusammenhang eine günstige Voraussetzung kollektiven sozialen Handelns im engeren Bereich, die nicht nur den Arbeitern allgemein — trotz ihres geringeren Bildungsgrades als im Ruhrbergbau — eine aktive und engagierte Orientierung vermittelte. Die Bereitschaft und Fähigkeit kollektiven sozialen Handelns auf unterer Ebene bewirkte auch ein vergleichsweise hohes Ausmaß an Kontrolle sowohl gegenüber dem Bereich des Betriebes als auch der schließlich geschaffenen überlokalen, einheitlichen Interessenorganisation und war verantwortlich für die Erfolge, die z. B. mit der Anerkennung durch die Unternehmer ein weitaus höheres Ausmaß als bei den Arbeitern im Ruhrbergbau erreichte, aber auch für die Probleme, die sich aus dem praktizierten, vergleichsweise hohen Grad direkter Demokratie in einem System repräsentativer Interessenwahrnehmung ergaben. Und die weit weniger als in Deutschland zentralistische, sondern stark föderative Struktur der nationalen Bergarbeiterorganisation war offensichtlich zumindest zum Teil nur der Ausfluß dieser direkt-demokratischen Tendenzen in der sozialen Lebenswelt der britischen Bergarbeiter und möglicherweise der britischen Arbeiterschaft insgesamt.

Haben wir im bisherigen zusammenfassend aufgezeigt, zunächst, welche Auswirkungen Industrialisierung überhaupt, und sodann, welche Folgen in der einen Region ein schnelleres, in der anderen Region ein langsameres industrielles Wachstum für die sozialen, politischen und ideologischen Verhältnisse der industriellen Produzenten hatte, so sind wir imstande, im weiteren die Folgeerscheinungen eines Tempowechsels des industriellen Wachstums in ein und derselben Region zu beobachten. Aus dieser Perspektive läßt sich eben nicht nur aufzeigen, welche Auswirkungen rasche oder weniger rasche industrielle Entwicklung als solche hat, sondern darüber hinaus auch das Mischungsverhältnis von Altem und Neuem und seine spezifischen Ergebnisse analysieren, konkret: wie neue Folgeerscheinungen des industriellen Prozesses auf der Grundlage bereits gemachter Erfahrungen und gelegter Strukturen von den betroffenen Menschen verarbeitet werden. Im Bergbau von Südwales, so konnten wir feststellen, hatten die natürlichen Abbauverhältnisse und der durch sie ausgeübte Zwang zum Tiefbau ab etwa 1890 eine einschneidende Beschleunigung des industriellen Wachstumsprozesses und damit eine Annäherung an die Bedingungen im Ruhrbergbau bewirkt. Die Betriebe und Unternehmen nahmen in ihrem Umfang rasch zu, ihre kapital- und verkaufsmäßige Verflechtung wuchs und das Einströmen großer Mengen fremden Kapitals anonymisierte und entfremdete nicht nur die Unternehmer selbst, sondern auch ihre Politik, ihre Maßnahmen und Vorgehensweisen von den Bergarbeitern. Nicht ausgefüllt, sondern verdeutlicht und erweitert wurde diese Kluft durch die infolge der Durchsetzung großbetrieblicher Produktionsweise entstehende Gruppe der Angestellten. Diese, die sich bereits in den großbetrieblich geprägten Bezirken des Aberdare- und des Rhonddatales während der 1880er Jahre zu konstituieren begannen, stellten sich den Arbeitern nicht nur innerbetrieblich immer mehr als repressive Organe einer anonymen Unternehmenspolitik dar, sondern drohten in ihren Augen zugleich im überbetrieblichen Bereich die Homogenität und den sozialen Zusammenhang in den Bergbaudörfern zu zerstören. Darüber hinaus brachte die rasche industrielle Entwicklung einen Anstieg der Bevölkerung und der Zuwanderer, welche die betrieblichen und außerbetrieblichen Strukturen zu überschwemmen drohte, und — beschleunigt durch die Gesetzgebung des Staates — die Abschaffung des Einschichtsystems mit sich. Daneben schritt, der zunehmenden Mitgliederzahl und den Repräsentationsverpflichtungen gegenüber Unternehmern und Staat folgend, der Prozeß der Bürokratisierung der Gewerkschaft fort, eine Entwicklung, welche die Arbeiter im südwalisischen stärker noch als im Ruhrbergbau als Verlust an Unmittelbarkeit und Kontrolle erleben mußten. Alle vier Phänomene und ihre unmittelbaren Auswirkungen veränderten die bisherigen, gewohnten Arbeits- und Lebensverhältnisse der Bergarbeiter. Doch waren dies nicht nur Veränderungen, die als gleichsam ‚normale' den Industrialisierungsprozeß von jeher begleiteten. Vielmehr handelte es sich hier um einen Komplex von

Bewegungsfaktoren, welche die bisherigen Strukturen der kollektiven Problemverarbeitung selbst grundlegend und in kurzer Frist veränderten oder zu verändern drohten. Die Reaktion der Arbeiter auf diese als Bedrohung empfundenen Veränderungen fiel vor allem aus drei Gründen so heftig aus: Sie wurden als grundlegend anerkannt, sie traten vergleichsweise rasch ein und folgten zeitlich dicht aufeinander. Veränderungen, zu denen die Arbeiter im Ruhrbergbau etwa ein halbes Jahrhundert Zeit gehabt hatten, trafen diejenigen im südwalisischen Bergbau in ein bis anderthalb Jahrzehnten. Vor allem aber waren — anders als im über längere Frist anwachsenden Ruhrbergbau — die sozialen Strukturen der kollektiven Problemverarbeitung noch weitgehend intakt, als die Serie von Veränderungen auf die Bergarbeiter eintraf.

Der Protest, der in einen beinahe völligen Ideologiewechsel der Bergleute, und zwar umgekehrt zu der längerfristigen Entwicklung im Ruhrbergbau und in der deutschen Arbeiterschaft insgesamt, von einer mehr pragmatischen Haltung in eine ideologisch-doktrinäre Ausrichtung, mündete, richtete sich vor allem gegen die Tendenz der Bürokratisierung und Hierarchisierung in den Unternehmen und Gewerkschaften, eine Entwicklung, in denen die Bergleute in beiden Bereichen gleichermaßen die Gefahr der Entfremdung und der schwindenden Kontrolle sowie zugleich den Ausgangspunkt der sozialen Ungleichheit erkannten. Alle Phänomene waren den Arbeitern im südwalisischen Bergbau in ihrer unmittelbaren Umgebung bisher fremd geblieben, und die Emphase ihres Protests richtete sich gegen alle Faktoren gleichermaßen. Im Ruhrbergbau dagegen, wo wir in den Jahren ab 1909 eine ähnliche Entwicklung unter den Arbeitern feststellen konnten, und wo die Phänomene des Großbetriebs und der sozialen Ungleichheit seit Jahrzehnten bekannte Tatsachen waren, bildete die Hauptstoßrichtung die Kritik gegen die sich gerade herausbildende Bürokratisierung der Gewerkschaften, während man die sich erst jetzt als Problem herausstellende Anonymität des Großbetriebs entweder — auf seiten der Werkvereine — mit der Parole der „Werksgemeinschaft" oder — auf seiten der Syndikalisten — durch radikale, praxisferne Konzeptionen ideologisch zu überbrücken versuchte.

Der Tempowechsel im Bergbau von Südwales zugunsten einer rascheren industriellen Entwicklung hatte die wirtschaftlichen und sozialen Strukturen denjenigen des Ruhrbergbaus deutlich angenähert. Die Art der Perzeption und Interpretation dieser Entwicklung und der mit ihr einhergehenden Veränderungen jedoch war bei den Arbeitern des Ruhrbergbaus von denen im südwalisischen Bergbau verschieden, und zwar — neben der zeitlich engeren Abfolge — infolge der bestehenden Strukturen und Mechanismen der kollektiven Problemverarbeitung, die sich als Folge der vorhergehenden industriellen Entwicklung herausgebildet hatten. Während im südwalisischen Bergbau das spät eintretende, schnelle wirtschaftliche Wachstum und die Ausbreitung großbetrieblicher Produktionsweise die Strukturen der kollektiven Problemverarbeitung und der Interessenorganisation der Arbeiter, Strukturen, welche die vorhergehende langsamere industrielle Entwicklung herausgebildet hatte, in ihrer Existenz bedrohten, ließen im Ruhrbergbau das ausgeglichene Wirtschaftswachstum und die zu einem vorläufigen Abschluß kommenden wirtschaftlichen Institutionen und Regelungen erst in den Jahren nach 1903 die zuvor weitgehend zerstörten Strukturen kollektiver Problemverarbeitung und damit eine entscheidende Voraussetzung zu einer breiteren Bereitschaft und Fähigkeit zu Organisation und Engagement allmählich, wenn auch sehr langsam, wieder entstehen.

Im Vorhergehenden haben wir festzustellen versucht, welche Auswirkungen die industrielle Entwicklung überhaupt und sodann: ein rascheres oder langsameres Tempo des industriellen Wachstums auf die Verhältnisse der industriellen Produzenten hatten. Bei dieser vergleichenden Untersuchung konnten wir zusammenfassend festhalten, daß sowohl die Industrialisierung an sich als auch ihr Tempo in umfassender Weise die wirtschaftlichen, sozialen und politischen Verhältnisse von sich industrialisierenden Gesellschaften geprägt und umgestaltet hatten. In der vergleichenden Verfolgung von „Kausalreihen"[1] zwischen ökonomischen, sozialen und politischen Faktoren fiel uns im Laufe der vorangehenden Analyse jedoch bereits öfter auf, daß die unterschiedlichen Entwicklungen und Erfahrungen im Industrialisierungsprozeß in Deutschland und Großbritannien nicht allein auf den in beiden Ländern verschiedenen zeitlichen Ausgangspunkt und das unterschiedliche Tempo industriellen Wachstums zurückzuführen waren, sondern auch auf die aus vorindustrieller Zeit in die industrielle Phase hereinreichenden Strukturen. Neben der Schiffahrt und dem Handel als Ergebnisse der kolonialen Entwicklung in Großbritannien sich hier in beiden Ländern die früh entwickelte Betriebsstruktur des Bergbaus und vor allem die Institution des Staates zu nennen. Zwar blieb die Industrialisierung — wie wir feststellen konnten — mit der Zeit auch auf den Staat nicht ohne Einfluß, und wohl stellte der Staat nur die politische Verwaltung der Gesellschaft dar, doch übte er — gerade auch hierdurch — entscheidende Einflüsse auf die Verhältnisse der und die Beziehungen zwischen den industriellen Produzenten aus.

Im Ruhrbergbau — wie im deutschen Bergbau insgesamt — griff der Staat als Inhaber des Bergregals und mit dem Willen zum industriellen Aufholen zu früher Zeit unmittelbar in die Betriebsverhältnisse ein. Mit dem Werkzeug einer technisch ausgebildeten Fachbürokratie sorgte er für die Einführung einer planmäßigen, geordneten und kontinuierlichen Betriebsführung, für den Einsatz technischer Hilfsmittel sowie für die einheitliche Abstimmung von Produktion und Absatz. Zugleich kümmerte er sich um die Einstellung

---

[1] Vgl. hierzu oben S. 28.

und Versorgung der im Bergbau beschäftigten Arbeitskräfte. Durch die frühzeitige Verleihung besonderer Rechte und einer gesicherten materiellen Versorgung schuf der Staat eine relative Privilegierung der Bergbaubeschäftigten und trug zu einer frühen Identitätsbildung aller „Bergleute" entscheidend bei. Durch die Tätigkeit des Staates war die Aufgabe der Unternehmer weitgehend auf diejenige von Kapitalgebern beschränkt, und die Arbeiter und Angestellten unterstanden der entmündigenden Fürsorge und der straffen Disziplin der Bergbehörde. Auch mit der Aufhebung der staatlichen Direktion, welche die Betriebsführung wieder in die Hand der Unternehmer zurücklegte und damit den Verhältnissen im südwalisischen und britischen Bergbau insgesamt, wo der Staat aufgrund des fehlenden Bergregals und der industriellen Führungsstellung des Landes von einer unmittelbaren industriellen Betätigung Abstand hielt, formal gleichstellte, wirkte diese Phase des direkten staatlichen Engagements sowohl gleichsam als Erbschaft für die industriellen Produzenten als auch für den Staat selbst fort.

Er förderte die industrielle Entwicklung und erleichterte und unterstützte damit die Aufgabe und die Politik der Unternehmer — anders als in Großbritannien — durch die Konsolidierung von Betrieben, durch die Vergrößerung der verliehenen Kohlenfelder, durch die Tarifpolitik der (staatlichen) Eisenbahn und durch den Schutzzoll für die Eisenindustrie. Und er stellte den Unternehmern in weitaus stärkerem Maße als in Großbritannien die seit früher Zeit bestehenden Institutionen und Wege technischer Ausbildung zur Verfügung. Alle genannten Faktoren, aber auch das Vorbild des weiterbestehenden fiskalischen Bergbaus, förderten ihrerseits den Prozeß der wirtschaftlichen Konzentration und der Kartellierung, welche schließlich, und früher als in Großbritannien, — durch das Aktienrecht und die gerichtliche Einklagbarkeit von Kartellverabredungen — nicht nur staatlich anerkannt, sondern, nach einigem Zögern, durch den Beitritt des fiskalischen Bergbaus zu den Kartellen privater Unternehmer durch den Staat sanktioniert und gestützt wurde. Auch für die Angestellten stellte der Staat — anders als in Großbritannien — die Institutionen technischer Ausbildung bereit und band sie zugleich an die Anerkennungspflicht und die Strafbefugnis durch den staatlichen Revierbeamten. In Südwales wie im britischen Bergbau insgesamt dagegen bestanden keine einheitlichen staatlichen Ausbildungsinstitutionen und -wege, und die nach einiger Zeit wie in Deutschland staatlich vorgeschriebene Qualifikationsprüfung fand vor einem zehnköpfigen Gremium statt, in dem nur ein staatlicher (Berg-)Beamter saß. Darüber hinaus gingen die stärker als im südwalisischen Bergbau ausgeprägten Einkommensunterschiede sowohl zwischen Angestelltenschaft, aber auch das starre Festhalten von Angestellten und Unternehmern an der unbedingten Unterordnung der Arbeiter im Betrieb offensichtlich auf die Tradition staatlicher Betriebsführung zurück. Für die Arbeiter blieb die — anders als in Großbritannien — vom Staat zu früher Zeit eingerichtete Knappschaft als Versicherungsinstitut bestehen, wurde aber infolge der nach ihrem Vorbild geschaffenen allgemeinen Sozialversicherung ihres Privilegierungscharakters entkleidet. Im südwalisischen wie im ganzen britischen Bergbau hatten sich die Bergarbeiter aufgrund der Passivität des Staates auf die auf freiwilliger Basis bestehenden und lange Zeit relativ unstabilen und nur begrenzt leistungsfähigen ‚friendly societies' verlassen. Auch in der Schulbildung und in der Gesundheitsvorsorge durch den Staat standen die Arbeiter auf britischer lange Zeit und mit Abstand hinter denen auf deutscher Seite zurück. In der Arbeiterschutzgesetzgebung ging der Staat in Preußen-Deutschland im Bereich des Bergbaus, anders als in anderen Gewerben, — bedingt durch die Tradition staatlicher Betriebsführung und Privilegierung — dem in Großbritannien voran. Während Frauenarbeit untertage in Deutschland nie erlaubt gewesen war, wurde sie in Großbritannien erst 1842 verboten. Der Achtstundentag für die Untertage-Arbeiter bestand in Preußen-Deutschland zumindest formal seit der Zeit der staatlichen Direktion, während er in Großbritannien erst im Jahre 1908 gesetzlich eingeführt wurde. Wie diese Maßnahmen des Staates einerseits einen Eingriff in den Ablauf der betrieblichen Arbeitsweise darstellten, so schufen sie zugleich für die Arbeiter einen Freiraum von beruflicher Arbeit zur Erholung und zum Nachgehen anderer Beschäftigungen. Und die im deutschen Bergbau sehr viel schneller als im britischen voranschreitende gesetzliche Beschränkung der Beschäftigung jugendlicher Arbeiter begrenzte nicht nur deren Arbeits- und Verdienstmöglichkeiten, sondern beraubte darüber hinaus auch das elterliche Familienbudget zunmehmend einer entscheidenden Aufstockungs- und Ausgleichsmöglichkeit. Und mit dem Mindestlohngesetz von 1912, mit dem der britische Staat den deutschen in der Bergarbeiterschutzgesetzgebung nach langem Rückstand schließlich überholte, sicherte der Staat in Großbritannien den Bergarbeitern den Anspruch auf ein Mindesteinkommen.

Waren die Arbeiterschutzgesetzgebung und die staatliche Behördenorganisation im Bergbau in Preußen-Deutschland derjenigen in Großbritannien durch die frühe Übernahme weitgehend unternehmerischer Funktionen lange Zeit voraus, so war die Beaufsichtigung der Einhaltung dieser Schutzgesetze wie auch der in beiden Ländern in zunehmendem Umfang erlassenen Sicherheitsbestimmungen ebenso von dieser jeweiligen Tradition des Staates abhängig. Die staatlichen Aufsichtsbehörden in Deutschland nahmen, obwohl auch die britischen Bergwerksinspektoren die Unternehmer und Betriebsführer in technischen Fragen berieten und eher mit Überredung als mit Zwang vorgingen, weit stärker auf die unternehmerischen Interessen Rücksicht als die staatlichen Organe in Großbritannien. Und wie die Aufsicht über die Einhaltung der gesetzlichen Schutz- und Sicherheitsbestimmungen in Deutschland — anders als in Großbritannien — vom frühen unmittelbaren Engagement, aber auch von dem allgemeinen Industrialisierungswillen des Staates, vom Fortbestand des fiskalischen Bergbaus und von der durch die gemeinsame Ausbildung gestifteten gesellschaftlichen Verbindung zwischen Unternehmern und Staatsbeamten abhing, so traf dies auch für die Meinungsbildung der staatlichen Aufsichtsbeamten über industrielle Konflikte zu, Überzeugungen, die regelmäßig zum Standpunkt der Unternehmer tendierten und somit implizit die Position der Unternehmer stärkten und diejenige der Arbeiter schwächten. Nur die Angestellten, von diesen am wenigsten aber die unteren Angestellten, profitierten hierbei sowohl von ihrem überlieferten Status als auch von den gesellschaftlichen Beziehungen, die sie mit den staatlichen Aufsichtsbeamten verbanden.

Wurde im Vorangehenden insbesondere im Vergleich deutlich, wie sehr der Staat neben den unmittelbaren Auswirkungen der Industrialisierung oder durch die Kanalisierung dieser die Verhältnisse der industriellen Produzenten im Bereich der Arbeits- und Lebenswelt beeinflussen konnte und tatsächlich beeinflußte, so galt dies in noch stärkerem Maße auf dem — gleichsam staatsnäheren — Gebiet der Interessenfindung und -organisation sowie der Ideologiebildung. In Deutschland hatte der Staat — anders als in Großbritannien — durch die Privilegierung zu einer frühen Identitätsbildung aller Bergleute und damit zu einer überlokalen Orientierung sowie einer günstigen Voraussetzung zur gemeinsamen Interessenfindung und -organisation beigetragen. Doch war die Privilegierung durch den Staat von vornherein an einen hohen Grad von Disziplinierung und Entmündigung gebunden. Nicht nur ging die frühe Ausrichtung des Staates beinahe ungebrochen auf die privaten Unternehmer — nicht zuletzt durch die intensive Mithilfe der staatlichen Behörden — über, auch die Arbeiter und Angestellten verharrten noch lange in einer Haltung, welche Fürsorge erwartete und ein Eingehen auf die Verhältnisse des freien Marktes scheute. Und nicht zuletzt hielt der Staat nach der Aufhebung des Direktionsprinzips im überbetrieblichen Bereich im — vermeintlichen — Interesse der Industrialisierung an seiner Politik der Disziplinierung der Arbeitnehmer fest. Mit Hilfe des Koalitionsverbots, des Kulturkampfes, des Sozialistengesetzes, der Nationalitätenpolitik und durch den Einsatz von Justiz, Polizei und Militär behinderte und verlangsamte er den Prozeß der kollektiven Interessen- und Organisationsbildung und spaltete darüber hinaus die Interessenvertretung der Arbeiterschaft auf Dauer auf. Hiermit, wie auch mit dem Instrument des Dreiklassenwahlrechts für Preußen, senkte der Staat nicht nur die Bereitschaft der Arbeitnehmer zu Engagement und Organisation, sondern schwächte auch die Durchsetzungsfähigkeit ihrer Verbände den Unternehmern und dem Staat selbst gegenüber, und die vom Staat oftmals als Ersatz für und als Kampfmittel gegen die autonom von den Arbeitern gebildeten Organisationen eingesetzten Vermittlungsinstitutionen waren durchweg in ihren Kompetenzen zu begrenzt und standen zu sehr unter der Kontrolle des Staates und/oder der Unternehmer, als daß die Arbeiter Vertrauen zu ihnen entwickelten. Der Staat selbst nämlich, zunehmend mehr als dieser aber fürchteten die Unternehmer die

Einengung ihrer „freien Entscheidung“ durch die organisierten Interessen der Arbeitnehmer. Denn anders als die Unternehmer erkannten die obersten staatlichen Stellen immer deutlicher, daß die mangelnde organisatorische Verbindung insbesondere zur Arbeiterschaft eine Schwächung der Kontroll- und Steuerungsfähigkeit des politischen Systems mit sich brachte. Die Interessenfindung und -organisation der Unternehmer dagegen förderte der Staat sowohl indirekt durch die Vermittlung einer gemeinsamen Ausbildung als auch direkt durch die frühe Anerkennung der und die intensive Zusammenarbeit mit den unternehmerischen Interessenverbänden.

Anders als in Preußen-Deutschland, wo der Staat, gestützt auf eine jahrhundertealte Tradition und mit dem Willen zu industriellem Aufholen, durch die Maßnahmen einer aktiven Betriebsführung zur frühzeitigen Entwicklung einer Zusammengehörigkeit und kollektiven Identität unter den Bergleuten entscheidend beigetragen hatte, hemmte in Großbritannien das mangelnde direkte industrielle Engagement des Staates, welches sowohl das Resultat der industriellen Führungsstellung des Landes als auch der weitgehend fehlenden staatlichen Tradition im Bergbau war, zunächst die Herausbildung eines übergreifenden Zusammengehörigkeitsgefühls der Bergleute. Und anders als im deutschsprachigen Kulturraum, wo das frühzeitige Interesse der verschiedenen Landesherrn an den Bergbauerträgen den Bergleuten einen privilegierten Status verliehen hatte, haftete in Großbritannien der Bergarbeit noch lange Zeit eher das Signum der Mißachtung und Geringschätzung an. Neben dem langen Vorherrschen des Kleinbetriebs, den unterschiedlichen regionalen Entwicklungsstadien und den geographischen Hindernissen fiel es gerade auch aus diesem Grund allen im Bergbau tätigen Produzentengruppen in Südwales — wie wir sahen — lange Zeit schwer, ein überlokales Zusammengehörigkeitsbewußtsein zu entwickeln. Doch hatte die fehlende industrielle Betätigung des Staates, vor allem auch langfristig positive Auswirkungen auf den Prozeß der Interessen- und Organisationsbildung insbesondere auf seiten der Arbeiter. Nicht nur lieferte der Staat kein Muster einer patriarchalisch-autoritären Betriebsführung: Weder waren die Unternehmer künftig an einem Modell der Disziplinierung noch die Arbeiter an einem solchen der Fürsorge orientiert, auch die sich erst langsam herausbildende staatliche Bürokratie selbst war von Anfang an weit weniger mit den unmittelbaren Zwängen und Notwendigkeiten der industriellen Betriebsführung konfrontiert als in Preußen-Deutschland. Und anders als dort schuf er durch das durchgehende Fehlen von einheitlichen Ausbildungsgängen und -institutionen weder für die Unternehmer noch für die Angestellten die für diese Gruppen im deutschen Bergbau so wichtige Grundlage des Zusammengehörigkeitsgefühls und stärkte daher auch nicht von vornherein deren relative Position gegenüber den Arbeitern. Darüber hinaus führte der Staat in Großbritannien ein halbes Jahrhundert früher als in Deutschland sowohl für die Arbeiter wie für die übrigen Gruppen die Koalitionsfreiheit ein, verzichtete weitgehend auf die Mittel der Einschüchterung und Repression durch Justiz, Polizei und Militär und förderte hierdurch, aber auch mit der vergleichsweise frühzeitigen Verleihung eines gesetzlichen Status an die Gewerkschaften sowie durch deren relativen Erfolg und durch die Einrichtung der Wiegekontrolleure die Entwicklung der Interessenverbände der Arbeiter. Doch vermochte das infolge der mangelnden industriellen Aktivität des Staates schwächere Berufsbild der Bergarbeiterschaft — anders als im Ruhrgebiet — die Bergleute in Südwales nicht von einer Teilung der Interessenvertretung der Bergarbeiterschaft in verschiedene Berufsorganisationen abzuhalten. Insgesamt — wenn auch bei den Angestellten erst vergleichsweise spät — stärkte der Staat in Großbritannien die freie Interessenorganisation und die Bereitschaft zu Organisation und Engagement auf seiten der industriellen Produzenten, und an ihrer Behinderung und Bekämpfung konnte ihm im Vergleich zu Deutschland auch angesichts einer staatlichen Bürokratie, die in weit geringerem Maße die Gesellschaft erfaßte, weniger gelegen sein. Er förderte den staatsfreien Interessenausgleich zwischen den Produzentengruppen und zog sich selbst tendenziell aus der aktiven Vermittlerrolle auf diejenige eines obersten Schiedsrichters zurück. Der Staat befürchtete von seiten der gestärkten Interessenverbände immer weniger eine Einschränkung seiner „freien Entscheidung“, als daß er von ihnen — durch die Verbesserung seiner eigenen Kontroll- und Steuerungsfähigkeit — eine Stärkung seiner eigenen Institutionen erwartete.

Über die Arbeits- und Lebensbedingungen sowie die Interessenfindung und -organisation hinaus hatte die Tätigkeit und die Haltung des Staates schließlich auch Auswirkungen auf die Herausbildung der Ideologie der industriellen Produzenten. Während der Staat in Großbritannien durch seine industrielle Enthaltsamkeit die vergleichsweise kurzfristige sowie markt- und konkurrenzorientierte Ausrichtung bei den Unternehmern in Südwales nicht beeinflußte, gab er den Unternehmern im Ruhrbergbau — sowohl durch sein historisches und im fiskalischen Bergbau fortbestehendes Beispiel praktischer Betriebsführung als auch durch die fortgesetzte staatliche Ausbildung und die anhaltend starke Rekrutierung der Unternehmer aus den Reihen der Staatsbeamten — eine langfristige, auf Planung hin tendierende und die kurzfristigen Kräfte des freien Marktes scheuende Orientierung mit auf den Weg. Die merkantilistische Überzeugung von einem rationellen, planmäßigen und auf „Nachhaltigkeit“ gerichteten Bergbau ging hierbei Hand in Hand mit einer auf langfristige und durch möglichst wenig Hindernisse gestörte Industrialisierung hin ausgerichteten Orientierung. Aus einer solchen Ausrichtung folgte konsequenterweise — und im Gegensatz zu den Überzeugungen der Unternehmer im südwalisischen Bergbau — der Glaube an die Planbarkeit und Beeinflußbarkeit nicht nur der industriellen Entwicklung als solcher, sondern ihrer tatsächlichen und möglichen Hemmungen und Hindernisse. Die Tendenz zur Betriebs-

und Unternehmenskonzentration und zur Kartellierung, die Maßnahmen der betrieblichen Sozialpolitik und die Bemühungen um eine relative Stabilität der Löhne sowie die Maßnahmen zur Disziplinierung der Arbeitnehmerschaft standen somit nicht nur in inhaltlicher Konsequenz, sondern auch auf gleicher logischer Ebene. Zugleich setzte eine solche Disposition das Vertrauen in das eigene Können und Wissen sowie die freie, ‚autoritäre' Entscheidung über die zu treffenden, für richtig befundenen Maßnahmen voraus.

Die eindeutige Bevorzugung der unternehmerischen Interessen und die fortwährende Unterstützung durch den Staat machte die Unternehmer an der Ruhr — anders als in Südwales — in ihrer Haltung gegenüber den Arbeitnehmern und endlich auch gegenüber dem Staat selbst überheblich und rücksichtslos. Und ihn selbst sahen sie schließlich den Bemühungen um das industrielle Wachstum untergeordnet, während ihre Kollegen in Südwales ihn als eigenständig und durchaus vom industriellen Prozeß getrennt begriffen. Zugleich verschaffte der Staat den Unternehmern im Ruhrbergbau — anders als im südwalisischen Bergbau — durch den einheitlichen Ausbildungsgang eine ideologische und damit eine gesellschaftliche Verbindung zu den höheren Beamten des Staates und somit zur gesellschaftlichen Elite des Landes. In Südwales dagegen trachteten die Unternehmer mühsam und bis 1914 vergeblich nach einer solchen gesellschaftlichen Anerkennung. Wie den Unternehmern, so verschaffte der Staat in Preußen-Deutschland — anders als in Großbritannien — durch die eigene ehemalige und gegenwärtige, aktive Betätigung im Bergbau und die Bereitstellung der Ausbildung den Angestellten eine frühzeitige starke Ausrichtung auf die Industrialisierung und auch auf die dieser zu bringenden Opfer. Er machte sie anfällig für die Behauptung und Durchsetzung einer inner- wie außerbetrieblichen ‚Autorität'. Und die ebenfalls durch die Ausbildung vermittelte Orientierung am staatlichen Beamten verlieh ihnen nicht nur das Bewußtsein einer relativen Neutralität zwischen Unternehmern und Arbeitern, sondern schaffte auch einen stärkeren ideologischen Zusammenhang innerhalb der Angestelltenschaft und zugleich einen größeren Abstand zur Arbeiterschaft als in Südwales.

Auf seiten der Arbeiter schließlich bewirkte das aktive staatliche Engagement im Bergbau in Preußen-Deutschland — anders als das Fehlen dieser Tradition in Großbritannien — noch auf lange Frist hin die Erwartung auf Fürsorge und die Bereitschaft zur inner- und überbetrieblichen Unterordnung. Die frühzeitige Privilegierung durch den Staat stiftete nicht nur ein überlokales Zusammengehörigkeitsgefühl unter den Bergarbeitern, sondern ließ auch auf Dauer die Furcht vor dem — tatsächlich eintretenden — relativen sozialen Abstieg und seine Bewältigung virulent bleiben. In Südwales und im gesamten britischen Bergbau dagegen beflügelte das Gefühl des selbsterkämpften Aufstiegs die Bergarbeiter und ihre Organisationen sichtlich. Darüber hinaus trug in Preußen-Deutschland die Behinderung und Schikanierung der Interessenorganisation durch den Staat zu einer Ideologisierung und Radikalisierung der Arbeiterschaft und ihrer Verbände bei. In Südwales und in Großbritannien dagegen führte die Akzeptierung und Förderung durch den Staat — zumindest zunächst — über lange Zeit zu einer pragmatischeren und weniger weltanschaulich orientierten Ausrichtung der Arbeiter und ihrer Interessenorganisationen. Insgesamt wird deutlich, wie sehr und in wie unterschiedlichem Maße in beiden Ländern und Regionen neben den unmittelbar industriell-ökonomischen Faktoren die Tätigkeit und Haltung des Staates als gleichsam vor- und außerindustrieller Institution die Verhältnisse der und die Beziehungen zwischen den industriellen Produzenten sowohl im Bereich der Arbeits- und Lebenswelt als auch auf den Gebieten der Interessenfindung und -organisation sowie auch der Ideologiebildung beeinflußte und prägte.

Die Industrialisierung im Steinkohlenbergbau des Ruhrgebietes und von Südwales zog in beiden Gebieten einen sich intensivierenden Prozeß gewerblicher Produktion nach sich. Sie bewirkte den Einsatz eines immer größeren Ausmaßes von Maschinen und anderer technischer Hilfsmittel, an Kapital und Menschen und erhöhte die Versorgung der eigenen und anderer Volkswirtschaften mit dem in vielfacher Richtung wichtigen und für die Energieversorgung der Zeit wesentlichsten Rohstoff Kohle. Die ökonomischen und sozialen Formen, in denen dieser industrielle Produktionsprozeß stattfand, waren jedoch in beiden Gebieten langfristig voneinander verschieden. Ursache hierfür war das in beiden Regionen unterschiedliche Tempo industriellen Wachstums. Während in Südwales die lange Zeit leichte Erreichbarkeit der Kohle einen vergleichsweise geringeren Kapitalaufwand notwendig machte und damit eine geringere Intensität und einen kleineren Umfang der Betriebe und insgesamt ein langsameres Tempo der industriellen Entwicklung bewirkte, zog im Ruhrgebiet der frühe Zwang zum Tiefbau einen hohen Kapitalaufwand, eine hohe Intensität und einen großen Umfang der Betriebe und Unternehmen sowie insgesamt ein rasches wirtschaftliches Wachstum nach sich. Der kooperative Arbeitszusammenhang, den der betriebliche Produktionsprozeß darstellt, erhielt hierdurch im Ruhrbergbau weit früher als im südwalisischen Bergbau zugleich auch den Charakter eines institutionalisierten Über- und Unterordnungsverhältnisses, in welches sich die Menschen hineinzubegeben hatten, um am Prozeß der Produktion und an der Verteilung des erwirtschafteten Produktionsergebnisses teilzunehmen. Obwohl auch in Südwales unter der Herrschaft der kapitalistischen Produktions- und Eigentumsverhältnisse dem Unternehmer die alleinige Verfügungsgewalt und die Anordnungsbefugnis im Betrieb zukam und obgleich die Arbeits- und Lebensbedingungen der Bergarbeiter sich nicht sehr unterschieden, war hier aufgrund der geringeren Betriebsgröße und der lokalen Orientierung — anders als an der Ruhr — lange Zeit ein starkes örtliches Zusammengehörigkeitsgefühl zwischen Unternehmern, Angestellten und Arbeitern vorherrschend. Die früh ausgebildete großbetriebliche Produktionsform im Ruhrbergbau dagegen hatte schon frühzeitig das Zusammengehörigkeitsgefühl und den sozialen Kontakt zwischen den im betrieblichen Produktionsprozeß vereinigten Menschen gleichsam nach innerbetrieblichen Autoritätsgruppen spezialisiert und so zu einer frühen Entwicklung eines überbetrieblichen Zusammengehörigkeitsgefühls zu den Gruppen der Unternehmer, der Angestellten und der Arbeiter geführt. Die Herausbildung verschiedener, für die jeweilige Gruppe typischer innerbetrieblicher Konfliktzonen, Arbeits- und Lebensverhältnisse, sozialer Lagen und inner- wie überbetrieblicher Interessenlagen konstitutierten und verstärkten darüber hinaus wechselseitig den Gegensatz und die Abgrenzung voneinander. Und dieser von der Stellung im betrieblichen Autoritätssystem ausgehende, subjektiv perzipierte und daher sozial wirksame Gegensatz betraf nicht nur den gleichsam ‚objektiven' Interessenunterschied zwischen Unternehmern und Arbeitnehmern, sondern auch denjenigen innerhalb der Arbeitnehmerschaft zwischen Arbeitern und Angestellten. Zwar stellte sich auch innerhalb der Angestelltenschaft als Reflex der fortschreitenden innerbetrieblichen Hierarchiebildung allmählich eine weitere Gruppenbildung heraus, doch blieb das Zusammengehörigkeitsgefühl innerhalb der Angestelltenschaft als Ergebnis ihrer innerbetrieblichen Mittelstellung zwischen Unternehmern und Arbeitern weitgehend bestehen.

Der sich aus dem betrieblichen Kooperationsprozeß ergebende Gegensatz zwischen den drei Produzentengruppen, vor allem durch das unentwegte Beharren der Ruhrunternehmer auf dem individuellen Arbeitsvertrag, bot keine Ausgleichsmöglichkeit, und eine Vermittlung von außen wurde umso dringender, je mehr die Zahl der Betroffenen anstieg und je mehr sich diese für einen kollektiven Ausgleich mit den Unternehmern einsetzten. Gerade an diesem Punkt jedoch wurden die übrigen Resultate einer raschen Industrialisierung wirksam: Während die Angestellten sich in starkem Maße mit dem industriellen Fortschritt identifizierten, in dieser Zielrichtung den Unternehmern sehr nahe kamen und eine autoritäre, wenn auch fürsorgliche Behandlung, aber auch ihre Instrumentalisierung zur inner- und überbetrieblichen Disziplinierung der Arbeiterschaft von seiten der Unternehmer lange Zeit akzeptierten, war für die Arbeiter die soziale Basis zu kollektivem Handeln weitgehend zerstört worden. Zwar hatte das rasche Tempo des industriellen Wachstums die Zahl der Arbeiter und die Größe der Betriebe ansteigen lassen, doch hatte es zugleich eine starke Bevölkerungsvermehrung und eine Fremdzuwanderung mit sich gebracht, welche die Arbeiterschaft, kaum jedoch die Angestellten, in regionale und nationale Gruppen aufspaltete und sie lokal und regional auf viele Ortschaften verteilte. Darüber hinaus teilte die an das rasche wirtschaftliche Wachstum gekoppelte Zunahme anderer Gewerbe die soziale Umwelt der Arbeiter — wie der Angestellten und Unternehmer — im Ruhrbergbau weiterhin gewerblich und sozial auf und erschwerte so den sozialen Kontakt innerhalb der Arbeiterschaft zusätzlich. Während jedoch dieses Hindernis durchgehend bestehen blieb und eher zunahm, begannen sich in den Jahren nach 1903 die übrigen strukturellen Grundlagen kollektiven Handelns allmählich zu normalisieren und ließen so, wenn auch erst vergleichsweise spät, bei unentwegt abweisender Haltung der Unternehmer gegenüber direkten, kollektiven Verhandlungen, eine Vermittlung von außen als immer dringlicher erscheinen.

Im Bergbau von Südwales dagegen hatte der enge lokale soziale Kontakt, welcher das Ergebnis eines langsameren und weniger differenzierten Wirtschafts- und Bevölkerungswachstums sowie des langen Vorherrschens des Klein- und Mittelbetriebs war, einerseits zwar die Herausbildung eines überlokalen Schichtenbewußtseins über lange Zeit verhindert, andererseits aber die unmittelbaren Strukturen der kollektiven Problemverarbeitung und damit die Basis zu kollektivem Handeln erhalten und gestärkt. Angesichts der Stärke dieser Strukturen und des Gewichts, welches die Bergarbeiter hierdurch erlangen konnten, blieb den Unternehmern im südwalisischen, anders als ihren Kollegen im Ruhrbergbau, nichts anderes, als frühzeitig mit den Arbeitern und ihren Führern auf lokaler und später auf Revierebene in Verhandlungen einzutreten, obwohl ein überlokaler Zusammenhang zwischen der Arbeiterschaft sich noch kaum entwickelt hatte. Vielmehr drangen die Unternehmer gerade wegen der lokalen Stärke der Arbeiterschaft auf überlokale Abmachungen mit ihr. Und nach der — späten — gruppenmäßigen Konstituierung der Angestelltenschaft folgten ähnliche Verhandlungen und Festlegungen auch mit dieser. Zu einer Vermittlung von außen lag hier offensichtlich ein sehr viel geringeres Bedürfnis als im Ruhrbergbau vor. Doch war dieses Phänomen — wie der anschließende Vergleich zeigen wird — zumindest zum Teil schon das Ergebnis eines Eingriffs von außen.

Die Vermittlung zwischen den gesellschaftlichen Gruppen, eine Aufspaltung, welche das Produkt der betrieblichen wie gesellschaftlichen Arbeitsteilung war, sowie die Berücksichtigung ihrer Interessen und deren Verarbeitung in politische Entscheidungen kam dem Staat als auf diese Funktion spezialisiertes Teilsystem der Gesamtgesellschaft zu. Doch war der Staat — so stellte sich in unserer Untersuchung heraus — nicht nur gleichsam der Empfänger und ‚Verarbeiter' der artikulierten gesellschaftlichen Interessen, sondern nahm bereits durch diese Tätigkeit, aber auch darüber hinaus aktiv Einfluß schon auf die Konstituierung und Organisation und damit auf die Durchsetzungschance der Interessen der verschiedenen gesellschaftlichen Gruppen. Und die Art und Weise, der Grad und die Unterschiedlichkeit der Berücksichtigung der verschiedenen Interessen hing ab von dem Tätigkeitsgefälle des Staates, welches sich aufgrund des unterschiedlichen zeitlichen Ausgangspunktes und darüber hinaus vielleicht auch der Art der industriellen Entwicklung des Landes herausgebildet hatte.

In Großbritannien hatte der frühzeitig erreichte Stand industrieller Entwicklung einerseits das industrielle Engagement des Staates gering gehalten, andererseits seine Bereitschaft zu einer weitgehenden und gleichen Berücksichtigung der von den industriellen Produzentengruppen artikulierten Interessen zu früher Zeit ausgebildet. Als begünstigender Faktor trat hierzu möglicherweise die — die Textilindustrie im Vergleich etwa zur Schwerindustrie, welche die industrielle Entwicklung in Großbritannien anders als in Deutschland einleitete, kennzeichnende — Kapitalschwäche der Unternehmen, die sich nicht, wie im industriellen Leitsektor: der Schwerindustrie in Deutschland, voll und auf Dauer gegen die Arbeiter durchsetzen konnten und denen daher eher an einer Vermittlungstätigkeit des Staates gelegen war. Ein weiteres wichtiges Moment war aber wohl auch das Fehlen einer — wie in Deutschland — weite Bereiche der Gesellschaft erfassenden staatlichen Bürokratie, welche dort die staatsfreie Interessenübermittlung der Bürger überflüssig zu machen schien. In Großbritannien schuf der Staat bereits frühzeitig die Koalitionsfreiheit für alle industriellen Produzentengruppen und förderte hiermit und mit der zunehmenden rechtlichen Sicherung der Gewerkschaften das Entstehen und Erstarken der Interessenverbände. Er bestärkte und ermutigte die Bestrebungen zum Interessenausgleich und zu Vereinbarungen zwischen den industriellen Produzentengruppen und konnte sich so mehr und mehr auf die Position eines obersten Vermittlers zurückziehen. Wie er mit diesem Vorgehen und mit der Bereitschaft zu Veränderung und Reform den Interessenverbänden und ihren Führern ihre Berechtigung und ihre Anerkennung vermittelte, so sicherte er sich und dem von ihm eingesetzten Personal weitgehend den Ruf der Unparteilichkeit und des guten Willens. Und wie er durch die Anerkennung und Förderung der zwischen Gesellschaft und Staat vermittelnden Institutionen seine eigene Kontroll- und Steuerungsfähigkeit stärkte, so bewirkte er zugleich — neben und mit Hilfe der Ermutigung und Förderung des gesellschaftlichen Engagements — auf seiten aller gesellschaftlichen Gruppen einen vergleichsweise hohen Grad der Integration und der Identifikation mit dem bestehenden gesellschaftlichen und politischen System.

Anders als, und gleichsam umgekehrt zur Entwicklung in Großbritannien, hatte in Deutschland die relative industrielle Rückständigkeit des Landes einerseits das industrielle Engagement des Staates verstärkt, andererseits die Bereitschaft zur Berücksichtigung der Interessen der industriellen Produzentengruppen geschwächt und vereinseitigt. Es waren also nicht „vorindustrielle" Faktoren, die den Ablauf der weiteren Industrialisierung prägten, sondern gerade die starke industrielle Ausrichtung, welche die — vorindustrielle — Institution des Staates inmitten einer weitgehend nichtindustriellen Umgebung entwickelt hatte. Bald nachdem sich die umfangreiche und sachverständige staatliche Bürokratie an den auch gesellschaftlichen Aufstieg der freien industriellen Kräfte und an eine Beeinflussung von außen gewöhnt hatte, räumte sie den Unternehmern explizit und — durch die gemeinsame Ausbildung und die hierdurch bewirkte gesellschaftliche Bindung — auch implizit starke und privilegierte Möglichkeiten der Interessenvertretung und -durchsetzung gegenüber dem Staat ein. Durch die auch offizielle Anerkennung der Interessenverbände und ihre beratende Hinzuziehung stärkte er damit zugleich das Engagement und den Willen der Unternehmer zur Interessenwahrnehmung. Auf seiten der Arbeiter und der Angestellten dagegen behinderte der Staat die Interessenfindung und verlangsamte den Prozeß der Interessenorganisation. Durch die Maßnahmen des Koalitionsverbots, des Kulturkampfes und des Sozialistengesetzes konnte er den Auf- und Ausbau fester Organisationsstrukturen in der Arbeiterschaft verzögern. Doch ebensowenig wie in Großbritannien die organisationsfördernden Maßnahmen des Staates ausreichten, in Südwales eine einheitliche gewerkschaftliche Organisation zu schaffen, so wenig reichten im Ruhrgebiet die Behinderungen durch den Staat aus, eine gewerkschaftliche Organisierung der Arbeiter auf Dauer zu verhindern. Doch auch noch, nachdem die Arbeiter im Ruhrbergbau den Weg zur gemeinsamen kollektiven Interessendefinition schließlich gefunden hatten, behinderte der Staat diese Interessenvertretungen weiter. Nicht nur hatten seine vorhergehenden Maßnahmen eine dauerhafte Aufteilung der Interessenvertretung der Arbeiter bewirkt, auch suchte er die Maßnahmen, die Politik und die Organisation der Gewerkschaften zu stören und zu vereiteln. Der Staat hemmte somit nicht nur die Entwicklung und die Durchsetzungschance der Verbände gegenüber Unternehmern und Staat, sondern auch die Bereitschaft der Arbeiter und Angestellten zu gesellschaftlichem und politischem Engagement.

Die ungleiche Behandlung und Berücksichtigung der Interessen der Unternehmer und Arbeitnehmer von seiten des Staates zog darüber hinaus ein Ungleichgewicht und eine — anders als in Großbritannien — mangelnde Konkurrenz der dem Staat gegenüber vertretenen Interessen sowie eine Kontroll- und Steuerungsunfähigkeit des Staates selbst nach sich, und sie belastete den Staat zusätzlich mit der Bereitstellung von Vermittlungsinstrumenten und -instanzen, denen sowohl Unternehmer wie Arbeiter wenig Vertrauen entgegenbrachten. Zugleich aber bewirkte die ungleiche Interessenberücksichtigung schließlich eine Rücksichtslosigkeit und ein beinahe unbegrenztes Selbstbewußtsein auf seiten der Unternehmer, und auf seiten der Arbeiter — weniger aber der weitgehend unpolitischen Angestellten — einen vergleichsweise geringen Grad der nationalen Integration und der Identifikation mit dem bestehenden gesellschaftlichen und politischen System. Gustav Mevissens weitsichtige Befürchtungen vor den sozialen Folgen einer zu großen, nach unserer Analyse jedoch kaum vermeidbaren, räumlichen Konzentrierung industrieller Werke, Befürchtungen, welche dieser zu Beginn der industriellen Entwicklung des Ruhrgebiets geäußert hatte[2], in weit konkreterer und dringlicher Form wieder aufnehmend, formulierte der Generalsekretär des Volksvereins, Dr. Brauns, im Jahre 1906: „Das Ruhrrevier ist ein Hexenkessel; man weiß noch nicht, was aus ihm einst herausbrodelt, wenn es in der bisherigen Weise weitergeht. Das ist aber nicht bloß eine Frage der unmittelbar Beteiligten, sondern es ist eine Frage der Allgemeinheit . . ."[3]. Und Professor Harms fuhr auf der gleichen Sitzung der Gesellschaft für Soziale Reform fort: „Wir laufen Gefahr, daß das Stück nationaler Zukunft, welches im Westen uns erstehen soll, schließlich auch dort begraben wird"[4].

Die trotz des Auftretens des Syndikalismus in Großbritannien weitaus größere Instabilität des politischen Systems in Deutschland war weit weniger die Folge der von manchen Historikern behaupteten kurzfristigen Perspektive der schwerindustriellen Unternehmer[5]; denn diese besaßen, so konnten wir feststellen, eine mindestens ebenso langfristige, wenn nicht längerfristige Orientierung als der Staat selbst. Vielmehr war die Ursache der sich immer deutlicher abzeichnenden Instabilität des Systems die — anders als in Großbritannien — langfristige Vernachlässigung und mangelnde Berücksichtigung der Interessen der *einen* Seite der industriellen Produzenten: der Arbeitnehmer.

Die Industrialisierung hatte im Ruhrgebiet und in Südwales, in Deutschland und in Großbritannien ähnliche Strukturen der Organisation der Produktion und der Gesellschaft herausgebildet. Die Beziehungen zwischen sowie die inhaltliche Bestimmung und damit der Grad der ‚Modernität' bzw. ‚Unmodernität' der Teilelemente dieser Organisation jedoch waren in starkem Maße geprägt worden vom zeitlichen Ausgangspunkt und vom Tempo der industriellen Entwicklung sowie von der Haltung der „vorindustriellen" Institution des Staates.

---

[2] Vgl. hierzu: M.L. Hartsough, Business Leaders in Cologne in the Nineteenth Century, S. 347.

[3] Vgl. Methoden des gewerblichen Einigungswesens, S. 140.

[4] Ebenda, S. 198.

[5] Vgl. hierzu etwa: E.G. Spencer, Employer Response to Unionism, S. 397, und die dort angegebene Literatur.

Conclusion – die Zusammenfassung

Anhang

(1) Zusammenfassung

(2) Anhang

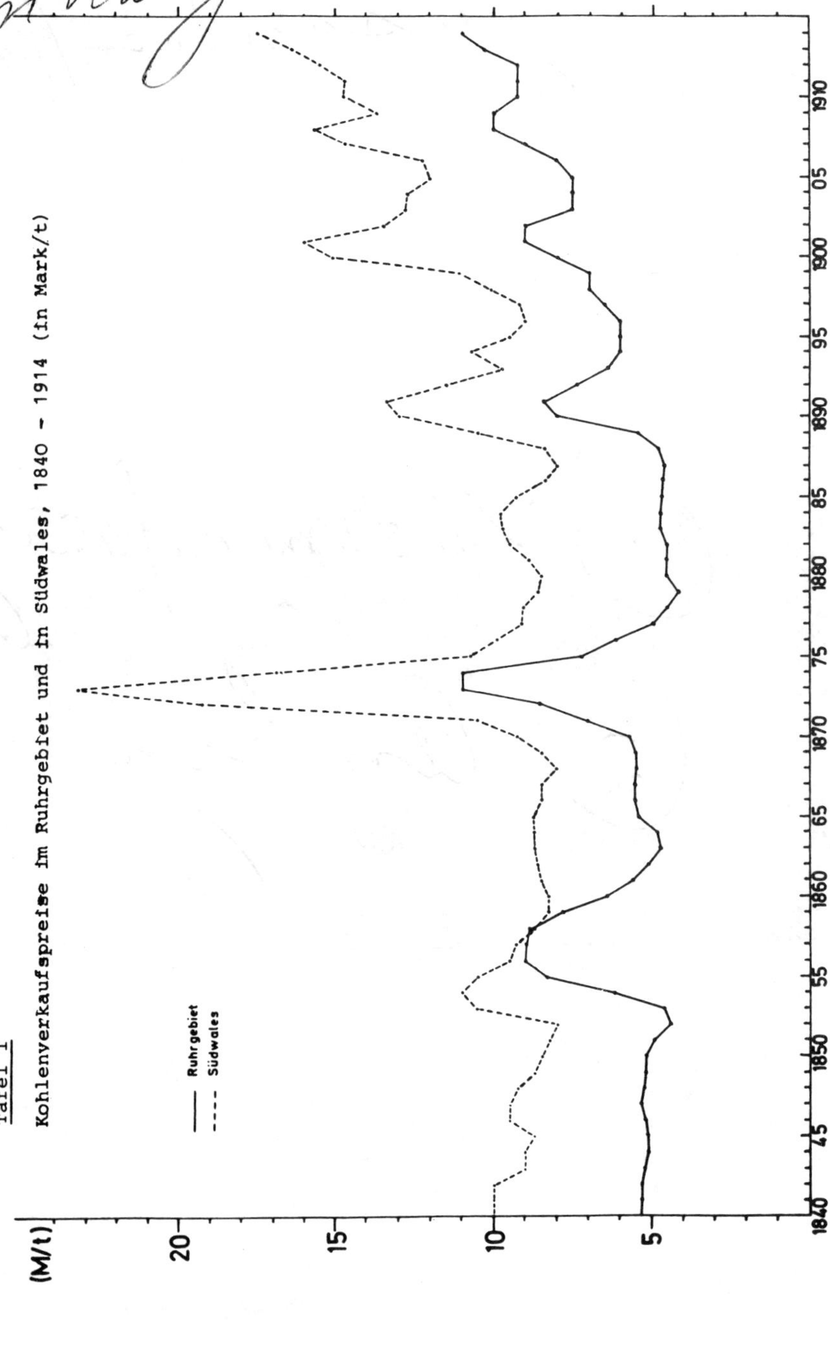

Tafel I

Kohlenverkaufspreise im Ruhrgebiet und in Südwales, 1840 - 1914 (in Mark/t)

Tafel II

Entwicklung des Nominallohns, des Lebensmittelaufwandes und des Reallohns im Ruhrbergbau, 1875 - 1912 (1886 = 100)

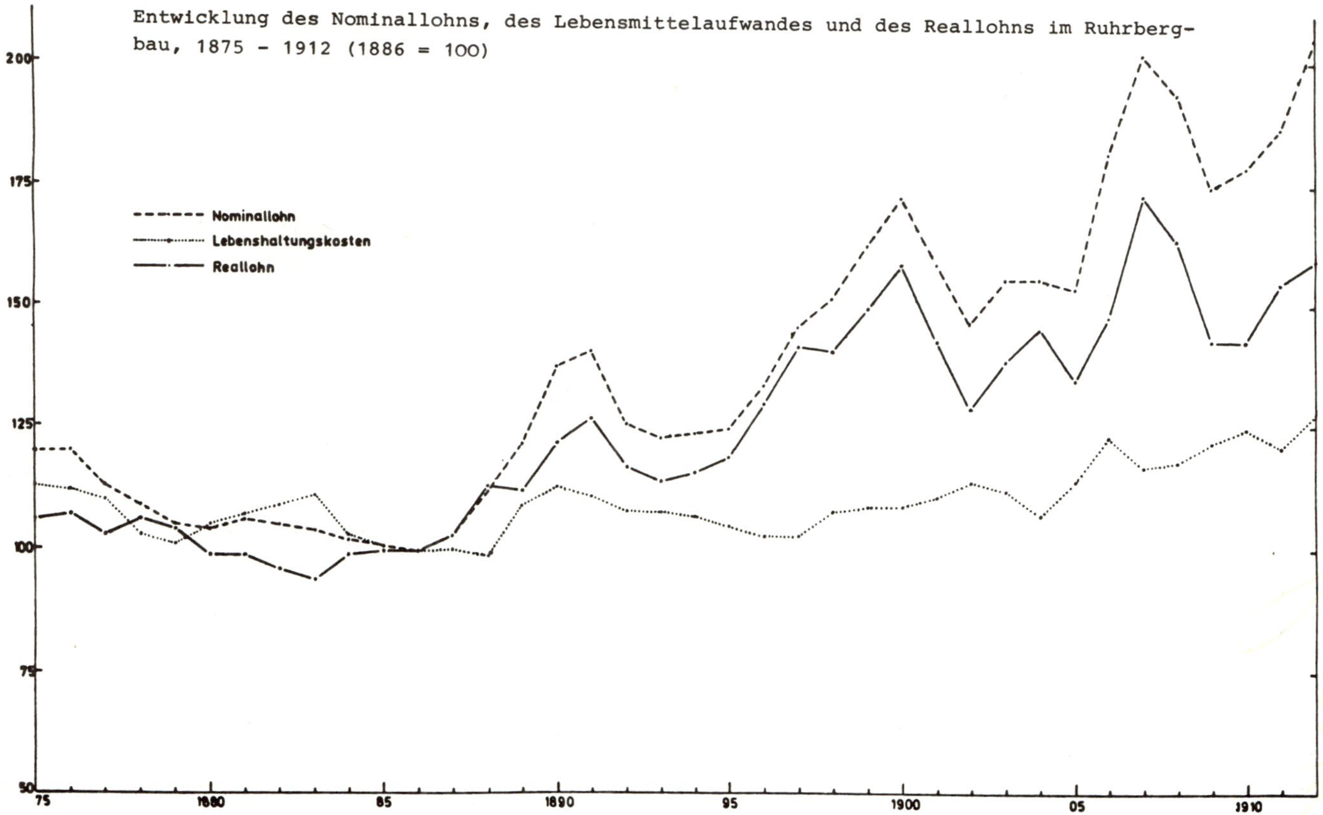

Tafel III

Entwicklung des Nominallohns, der Lebenshaltungskosten und des Reallohns im Bergbau von Südwales, 1875 - 1912 (1886 = 100)

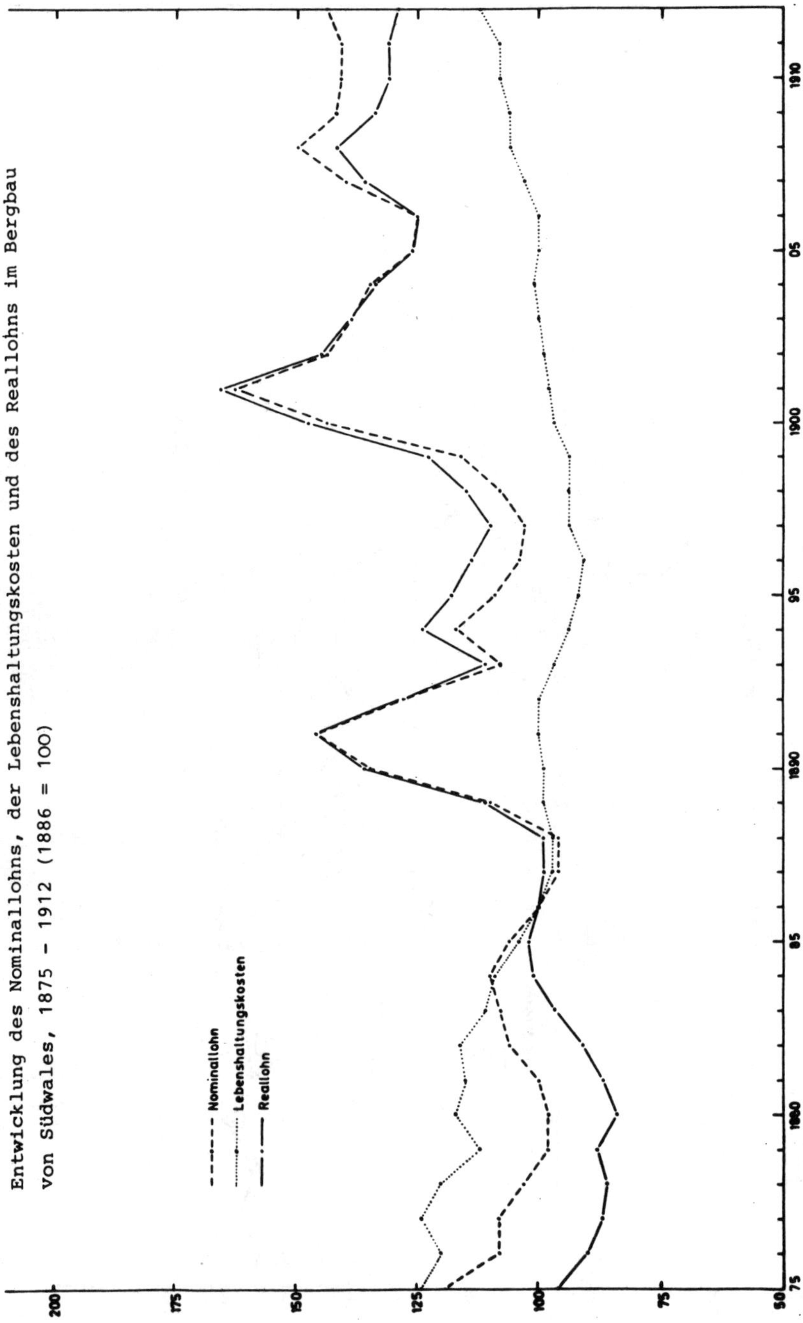

Tafel IV

Erwerbstätige nach Gewerben in Rheinland und Westfalen, 1882 - 1907

Berufsgruppen	Erwerbstätige (im Hauptberuf) im Rheinland in % aller Erwerbstätigen				Erwerbstätige (im Hauptberuf) in Westfalen in % aller Erwerbstätigen			
	1882	1895	1907	Zunahme (+) od. Abnahme (-) in % 1882 - 1907	1882	1895	1907	Zunahme (+) od. Abnahme (-) in % 1882 - 1907
I. Landwirtsch., Gärtnerei u. Tierzucht	32,77	25,88	21,76	+ 22,29	35,37	26,51	22.21	+ 31,23
II. Forstwirtschaft u. Fischerei	0,24	0,24	0,18	+ 39,96	0,24	0,28	0,26	+ 180,29
Insgesamt Abteilung A.				+ 22,42				+ 31,85
III. Bergbau, Hütten, Salinenwesen, Torfgräberei	6,87	7,05	8,60	+ 130,36	13,37	14,87	17,23	+ 169,51
IV. Industrie der Steine und Erden	1,87	2,67	2,90	+ 184,99	1,56	1,98	2,20	+ 195,35
V. Metallverarbeitung	4,55	6,21	6,81	+ 175,68	5,32	7,73	7,38	+ 190,17
VI. Ind. d. Maschinen, Instrumente u. Apparate	1,21	1,50	3,42	+ 422,13	1,63	1,45	2,98	+ 282,87
VII. Chemische Industrie	0,43	0,68	0,79	+ 244,52	0,18	0,24	0,27	+ 215,79
VIII. Industrie der forstwirtschaftlichen Nebenprodukte, Leuchtstoffe, Seifen, Fette, Öle, Firnisse	0,19	0,23	0,32	+ 212,50	0,14	0,13	0,17	+ 150,88
IX. Textilindustrie	9,36	7,92	5,97	+ 17,51	3,23	3,37	2,89	+ 87,08
X. Papierindustrie	0,63	0,74	0,75	+ 118,03	0,35	0,36	0,36	+ 115,11
XI. Lederind. u. Ind. lederart. Stoffe	0,74	0,77	0,69	+ 70,87	0,54	0,48	0,39	+ 51,15
XII. Ind. d. Holz- u. Schnitzstoffe	2,94	2,95	2,49	+ 55,50	2,85	2,91	2,41	+ 76,68
XIII. Ind. d. Nahrungs- u. Genußmittel	3,41	3,66	3,40	+ 83,42	3,70	4,21	4,00	+ 125,77
XIV. Bekleidungsgewerbe XV. Reinigungsgewerbe	6,77	6,60	4,41 0,77	+ 40,86	6,49	5,77	4,08 0,58	+ 49,96
XVI. Baugewerbe	4,51	5,92	6,67	+ 172,39	4,95	6,60	7,24	+ 205,77
XVII. Polygraphische Gewerbe	0,36	0,49	0,59	+ 202,59	0,21	0,31	0,36	+ 261,76
XVIII. Künstlerische Gewerbe	0,15	0,14	0,13	+ 64,38	0,06	0,07	0,08	+ 156,78
XIX. Fabrikanten, Fabrikarbeiter usw. ohne nähere Bezeichnung	1,74	0,38	0,06	- 93,39	1,86	0,34	0,12	- 86,58
Insgesamt Abteilung B.				+ 96,36				+ 137,40
XX. Handelsgewerbe	5,02	5,92	6,36	+ 133,63	3,76	4,30	4,75	+ 164,01
XXI. Versicherungsgewerbe	0,06	0,11	0,19	+ 419,82	0,03	0,04	0,13	+ 916,75
XXII. Verkehrsgewerbe	2,55	3,07	3,95	+ 185,24	2,27	2,69	3,43	+ 216,30
XXIII. Gast- und Schankwirtschaft	1,36	2,09	1,94	+ 162,92	1,15	1,91	1,58	+ 187,15
Insgesamt Abteilung C.				+ 154,84				+ 186,99
XXIV. Häusliche Dienste, Lohnarbeit wechselnder Art (D)	1,89	1,68	1,23	+ 22,60	1,90	1,51	1,12	+ 23,90
XXV. Öffentl. Dienst, freie Berufsarten (E)	4,96	5,67	5,27	+ 94,55	3,94	4,50	4,14	+ 119,41
XXVI. Ohne Beruf und Berufsangabe (F)	5,42	7,43	10,35	+ 252,29	4,90	7,45	9,65	+ 311,24
Insgesamt Gruppen I bis XXVI (A-F)	100,00	100,00	100,00	+ 84,19	100,00	100,00	100,00	+ 109,06

Veröffentliches

Quellenmaterial

Quellen:

Zu Tafel I: K. Tenfelde, Sozialgeschichte der Bergarbeiterschaft an der Ruhr, 1977, S. 603 f.; O. Bartz, Aufbau und Tätigkeit des rheinisch-westfälischen Kohlensyndikats in ihrer Entwicklung von 1893-1912, 1913, S. 62, Tab. I-II; R.H. Walters, The Economic and Business History of the South Wales Steam Business History of the South Wales Steam Coal Industry, 1840-1914, 1977, S. 359.

Zu Tafel II: E. Jüngst, Festschrift zur Feier des 50-jährigen Bestehens des Vereins für die Bergbaulichen Interessen, 1908, S. 161; G. Steiner, Arbeits- und Lohnverhältnisse der Bergarbeiter im Ruhrbergbau, 1925, S. 22.

Zu Tafel III: J.H. Porter, Industrial Conciliation and Arbitration 1860-1914, 1968, S. 52, 492, 495; The Labour Year Book 1916, 1972[2], S. 209; A.L. Bowley, Wages and Income in the United Kingdom since 1860, 1937, S. 8.

Zu Tafel IV: Brandt/Most, Bd. 2, S. 76 f., nach: Statistik des Deutschen Reichs, N.F., Bd. 111, 202, 204.

Die aus der Sekundärliteratur
entnommenen und
Quellenverzeichnis
wiedergegebenen Quellen
Quellenverzeichnis
werden hier nicht
~~Prott~~ Protokolle
Literaturverzeichnis
gesondert aufgeführt

Quellen- und Literaturverzeichnis

Die aus der Sekundärliteratur entnommenen und wiedergegebenen Quellen werden hier nicht gesondert aufgeführt; sie sind jedoch jeweils in den Anmerkungen genannt.

1. Archivmaterial

1.1. Staatsarchive

Staatsarchiv Münster (StAM)
— Oberbergamt Dortmund
— Regierung Arnsberg
— Regierung Münster
Hauptstaatsarchiv Düsseldorf (HStAD)
— Regierung Düsseldorf
— Landratsamt Moers
Zentrales Staatsarchiv, Historische Abteilung II Merseburg (ZStA II)
— Preußisches Ministerium für Handel und Gewerbe, Rep. 120
Preußisches Geheimes Staatsarchiv Berlin-Dahlem (PrGStA)
— Preußisches Justizministerium, Rep. 84a
National Coal Board, London (NCB)
— Mining Association of Great Britain, Annual Meeting 1914 ff.

1.2. Firmen- und Verbandsarchive

Historisches Archiv der Gutehoffnungshütte, Oberhausen
Firmenarchiv Mannesmann, Düsseldorf (Phönix)
August-Thyssen-Hütte, Werksarchiv, Duisburg-Hamborn (Gewerkschaft Deutscher Kaiser)
Werksarchiv Krupp, Bochum (Bochumer Verein)
Bergbau-Archiv, Bochum (BgA)
— Gelsenkirchener Bergwerks-AG
— Gewerkschaft Diergardt
Westfälisches Wirtschaftsarchiv, Dortmund (WWA) (insbesondere für: Harpener Bergbau-AG)
National Library of Wales, Aberystwyth (NLW)
— Records of the Monmouthshire and South Wales Coal Owners' Association, ohne durchgehende Nummerierung verzeichnet in: A Preliminary Schedule of the Muniments Deposited by the Monmouthshire and South Wales Coal Owners' Association, Ms. 1954

Library of the University College of Swansea, Archiv
— Sammlung des South Wales Coalfield Project
Trades Union Congress, London (TUC), Bibliothek
— National Union of Clerks (NUC)
Annual Conference, 1915 ff.
Annual Report and Balance Sheet 1917
— General Federation of Colliery Firemen's, Examiners' and Deputies' Associations of Great Britain. Minutes of Proceedings of the Annual General Meeting, 1915

2. Veröffentlichtes Quellenmaterial

2.1. Berichte von staatlichen Ausschüssen usw.

Coal Industry Commission. Reports and Minutes of Evidence. 3 Bde., Cd. 359-361, London 1919

Commission of Enquiry into Industrial Unrest, No. 7 Division, P.P., Bd. XV., Cd. 8698, London 1917/18

Etat der Berg-, Hütten- und Salinenverwaltung für das Etatsjahr 1914, Berlin 1914

Home Office, Colliery and Disturbances in South Wales. Correspondence and Report: November 1910. P.P., Bd. LXIV, Cd. 5568, London 1911

Kontradiktorische Verhandlungen über Deutsche Kartelle. Die vom Reichsamt des Innern angestellten Erhebungen über das inländische Kartellwesen in Protokollen und stenographischen Berichten. Erster Band: Steinkohlen und Koks, Berlin 1903

Report of the Commissioners appointed to enquire into the Truck System, P.P., Bd. XXXVI, London 1871

Report of the Royal Commission on the Coal Industry (1925). 3 Bde., London 1926

Report on Trade Unions in 1908-1910, P.P., Bd. XXXVIII, London 1912/13

Report on Trusts. Cd. 236, London 1919

Reports of Inspectors of Mines, London 1896-1916

Royal Commission on Labour. 5th and Final Report, 1894, C 7421, London 1894

Royal Commission on Mines (1905-1909), P.P., Bd. XIV, London 1907

Royal Commission on Mines (1905-1909), P.P., Bd. XXXIV, London 1909

Verhandlungen der Sozialisierungskommission über den Kohlenbergbau im Jahre 1918/1919. Berlin 1921

2.2. Geschäftsberichte, Protokolle

Bericht über die Verwaltung der Westfälischen Berggewerkschaftskasse, Bochum 1867-1914

Centralverband Deutscher Industrieller. Verhandlungen, Mitteilungen und Berichte, Berlin 1895-1914

Gewerkverein christlicher Bergarbeiter Deutschlands. Geschäftsbericht bzw. Bericht des Hauptvorstandes, Essen 1900-1914

Gewerkverein christlicher Bergarbeiter. Protokoll der Generalversammlung, Essen 1900-1913

Miners' Federation of Great Britain. Annual Conference 1917, London 1917

Protokoll über die Verhandlungen des Parteitags der sozialdemokratischen Partei Deutschlands, Berlin 1894

Protokoll des 2. Bergarbeiter-Delegiertentages für Preußen, Bochum 1906

Verband der Bergarbeiter Deutschlands. Geschäftsbericht, Bochum 1900-1914

Verband der Bergarbeiter Deutschlands, Protokoll der Generalversammlung, Bochum 1900-1913

Vorstand des Verbandes der Bergarbeiter Deutschlands. Material zur Lage der Bergarbeiter während des Weltkrieges, Bochum (1919)

2.3. Periodika

Bergarbeiter-Zeitung. Organ des Verbandes der Bergarbeiter Deutschlands, Bochum 1888 ff.

Der Bergbau. Organ des Verbandes technischer Grubenbeamten. Bergtechnische Wochenschrift, Gelsenkirchen 1890 ff.

Der Bergknappe. Organ des Gewerkvereins christlicher Bergarbeiter Deutschlands, Essen 1895 ff.

Colliery Guardian, London 1861 ff.

Deutsche Gruben- und Fabrikbeamtenzeitung. Organ des Deutschen Gruben- und Fabrikbeamten-Verbandes und seiner Wohlfahrtseinrichtungen. Bochum 1890 ff.

Deutsche Industriebeamtenzeitung. Zeitschrift für die sozialen Interessen der technischen Privatangestellten. Organ des Bundes der technisch-industriellen Beamten, Berlin 1904 ff.

Glückauf. Berg- und Hüttenmännische Zeitschrift, Essen 1864 ff.

Institution of Mining Engineers. Transactions, London 1866/67 ff.

Mitteilungen aus dem Markscheidewesen, N.F., Kassel 1899 ff.

National Association of Colliery Managers. Transactions, London 1902/03 ff.

Rhondda Socialist 1912

South Wales Coal Annual, Cardiff 1903 ff.

South Wales Daily News

South Wales Institute of Engineers. Proceedings, Cardiff 1884/85 ff.

Soziale Praxis. Organ der Gesellschaft für Soziale Reform, Berlin 1890/91 ff.

Schriften der Gesellschaft für Soziale Reform, Jena 1901 ff.

Schriften des Vereins für Socialpolitik, Leipzig 1873 ff.

Der Technische Grubenbeamte. Zeitschrift für die sozialen und wirtschaftlichen Interessen der mittleren und unteren technischen Gruben-Beamten und verwandter Berufe, Essen 1908-1914

Zeitschrift für das Berg-, Hütten- und Salinenwesen im Preußischen Staate. Berlin 1852 ff.

3. Literatur

Abegg, H., Die Entwicklung der gewerkschaftlichen Organisationsformen, Diss. Ms. Freiburg 1922.

Abendroth, W. Sozialgeschichte der europäischen Arbeiterbewegung, Frankfurt 1970.

Abramovitz, A./*Eliasberg*, V.F., The Growth of Public Employment in Great Britain, Princeton 1957.

Achenbach, H., Das französische Bergrecht und die Fortbildung desselben durch das preußische Allgemeine Berggesetz, Bonn 1869.

Addis, J.P., The Heavy Iron and Steel Industry in South Wales, 1870-1950. Ph.D. Thesis, University of Wales, Cardiff 1957.

— The Crawshay Dynasty. A Study in Industrial Organisation and Development, 1765-1867, Cardiff 1957.

Adelmann, G., Die soziale Betriebsverfassung des Ruhrbergbaus vom Anfang des 19. Jahrhunderts bis zum 1. Weltkrieg, Bonn 1962.

— Die Beziehungen zwischen Arbeitgeber und Arbeitnehmer in der Ruhrindustrie vor 1914, in: JNS 175, 1963, S. 412-427.

— Führende Unternehmer in Rheinland und Westfalen 1850-1914, in: Rhein. Vierteljahrsbl. 35, 1971, S. 335-352.

Agricola, G., Vom Berg- und Hüttenwesen (1556), München 1977.

Ahlfeld, F., Der höhere Berg- und Hüttenbeamte, Berlin 1920.

Albrecht, G., Die sozialen Klassen, Leipzig 1926.

Aldcroft, D.H., The Entrepreneur and the British Economy, 1870-1914, in: EHR 17, 1964/65, S. 113-134.

— The Mercantile Marine, in: ders., Hg., Development of British Industry and Foreign Competition, 1875-1914, London 1968, S. 326-363.

— Hg., Development of British Industry and Foreign Competition, 1875-1914, London 1968.

Allmers, F., Private Arbeiterwohnungspolitik im Rheinland von 1815-1914, Diss. Ms. Köln 1925.

Almond, G.A. u. a., Hg., Crisis, Choice and Change. Historical Studies of Political Development, Boston 1973.

Anderson, G., Victorian Clerks, Manchester 1976.

Andreas, W., Deutschland vor der Reformation, Stuttgart—Berlin 1934[2].

Die Arbeitslosigkeit in der Stadt Essen im Winter 1900/01 und die städtische Arbeitslosen-Beschäftigung, in: Beiträge zur Statistik der Stadt Essen, Nr. 1, Essen 1901.

Argyle, M., The Social Psychology of Work, Harmondsworth 1974.

Arlt, H., Ein Jahrhundert preußischer Bergverwaltung in den Rheinlanden, Bonn 1921.

Armstrong, J.A., The European Administrative Elite, Princeton 1973.

Arnecke, Die Arbeiterwohnungsfrage in Dortmund, in: Die Wohnungsnoth der ärmeren Klassen in deutschen Großstädten. Schriften des Vereins für Socialpolitik, Bd. 31, Leipzig 1886, S. 157-186.

Arnot, R.P., The Miners: Years of Struggle. A History of the Miners' Federation of Great Britain (from 1910 onwards), London 1953.

— South Wales Miners. A History of the South Wales Miners' Federation, London 1967.

Ashby, A.W./*Evans,* I.L., The Agriculture of South Wales and Monmouthshire, Cardiff 1944.

Ashley, W.J., The Adjustment of Wages, London 1902.

— Das Aufsteigen der arbeitenden Klassen Deutschlands im letzten Vierteljahrhundert, Tübingen 1906.

Ashton, T.S./*Sykes,* J., The Coal Industry of the Eighteenth Century, London 1964^{2}.

Ashworth, W., The late Victorian Economy, in: Economica 33, 1965, S. 17-33.

Askwith, G.R., Industrial Problems and Disputes, (London 1920) Brighton 1974^{2}.

Auditor, G., Die Arbeitsverhältnisse auf den oberschlesischen Steinkohlengruben, Diss. Berlin 1915.

Auerbach, E., Die Ordnung des Arbeitsverhältnisses in den Kohlengruben von Northumberland und Durham, Leipzig 1890.

Aufsätze über den Streik der Bergarbeiter im Ruhrgebiet. Schriften der Gesellschaft für Soziale Reform, Heft 5, Jena 1905.

Aylmer, G.E., The King's Servants. The Civil Service of Charles I, 1625-1652, London 1961.

Bach, T., Kleinhaus oder Miethaus, in: Technische Blätter 42, 1910, S. 167-183.

Bagwell, P.S., The Triple Industrial Alliance 1913-1922, in: A. Briggs/J. Saville, Hg., Essays in Labour History, Bd. 2, 1886-1923, London 1971, S. 96-128.

Bain, G.S., u. a., Social Stratification and Trade Unionism. A Critique, London 1973.

Baldwin, F.S., Die englischen Bergwerksgesetze. Ihre Geschichte von ihren Anfängen bis zur Gegenwart, Stuttgart 1894.

Balfour, M., The Kaiser and his Times, London 1963.

Bartel, H./*Engelberg,* E., Hg., Reichsgründung 1871. Voraussetzung und Folgen, Berlin 1971.

Bartz, O., Aufbau und Tätigkeit des rheinisch-westfälischen Kohlensyndikats in ihrer Entwicklung von 1893-1912, Diss. Erlangen, Borna-Leipzig 1913.

Basso, L., Zur Theorie des politischen Konflikts, Frankfurt 1969^{2}.

Bauman, Z., Between class and elite. The Evolution of the British Labour Movement. A Sociological Study, Manchester 1972.

Beaumont, M., La grosse industrie allemande et le charbon, Paris 1928.

Beard, C.A., The office of Justice of the Peace in England, New York 1904.

— Eine ökonomische Interpretation der amerikanischen Verfassung, (London 1913) Frankfurt 1974.

Beau, H., Das Leistungswissen des frühindustriellen Unternehmertums in Rheinland und Westfalen, Köln 1959.

Beck, L., Geschichte des Eisens in technischer und kulturgeschichtlicher Beziehung, 5 Bde., Braunschweig 1894-1903.

Beziehung
geschichtlicher
Geschichte des Eisens
in technischer und kultur-

Bein, A./*Goldschmidt,* H., Friedrich Hammacher: Lebensbild eines Parlamentariers und Wirtschaftsführers, 1824-1904, Berlin 1932.

Belshaw, D.G.R., The Changing Economic Geography of the Merthyr Valley, Merthyr Tydfil 1955.

Bendix, R., Work and Authority in Industry. Ideologies of Management in the Course of Industrialization, New York—London 1956 (dt.: Herrschaft und Industriearbeit, 1960).

Berg, W., „Herr im Hause" oder Emanzipation der Arbeitnehmer. Die betrieblichen und gesellschaftlich-politischen Beziehungen zwischen Unternehmern, Angestellten und Arbeitern im Ruhrkohlenbergbau während des Ersten Weltkrieges, Magisterarbeit, Ms. Freiburg 1973.

Bergbauverein, Hg., Normal-Arbeitsordnung mit Satzungen für die Arbeiter, für die Arbeiterausschüsse und für die technischen Unterstützungskassen im Oberbergamtsbezirk Dortmund, Essen 1905.

Berger, M., Arbeiterbewegung und Demokratisierung. Die wirtschaftliche, politische und gesellschaftliche Gleichberechtigung des Arbeiters im Verständnis der katholischen Arbeiterbewegung im Wilhelminischen Deutschland zwischen 1890 und 1914, Diss. Freiburg 1971.

Bergmann, K., Die Stellungnahme der organisierten Arbeiter zum Stücklohn, Berlin 1909.

Bergmann, K., Die wirtschaftliche Entwicklung des Ruhrkohlenbergbaus seit Anfang des 19. Jahrhunderts, Diss. Köln, Kettwig 1937.

Die Bergwerke und Salinen im niederrheinisch-westfälischen Bergbaubezirk, 1913-1918, Essen 1919.

Bernhard, L., Die Akkordarbeit in Deutschland, Leipzig 1903.

— Die Entstehung und Entwicklung der Gedingeordnungen im deutschen Bergrecht, Leipzig 1902.

Bernsdorf, W., Art. ‚Integration' in: ders., Hg., Wörterbuch der Soziologie, Stuttgart 1969², S. 469-473.

Béteille, A., Hg., Social Inequality. Selected Readings, Harmondsworth 1974.

Beumer, W., Deutsche und englische Bergarbeiter-Verhältnisse, in: Der Bergbau 3, 1889/90, Nr. 52, S. 2-7.

Beyme, K.v., Art. ‚Elite', in: Sowjetsystem und Demokratische Gesellschaft, Bd. 2, 1968, Sp. 103-127.

Bienefeld, M.A., Working Hours in British Industry, London 1972.

Bierbrauer, W., Die Einwirkungen des Krieges und der Nachkriegszeit auf die Wohnbautätigkeit, unter besonderer Berücksichtigung von Rheinland und Westfalen, Diss. Münster, Euskirchen 1921.

Black, C.E., Hg., Comparative Modernization, New York 1976.

Blättner, F., Das Gymnasium: Aufgabe der höheren Schule in Geschichte und Gegenwart, Heidelberg 1960.

Blaich, F., Kartell- und Monopolpolitik im kaiserlichen Deutschland. Das Problem der Marktmacht im deutschen Reichstag zwischen 1879 und 1914, Düsseldorf 1973.

Blank, R., Die soziale Zusammensetzung der sozialdemokratischen Wählerschaft, in: AfSS 20, 1905, S. 507-553.

Blessing, W.K., Zur Analyse politischer Mentalität und Ideologie der Unterschichten im 19. Jahrhundert, in: Zeitschr. f. bayer. Landesgesch. 34, 1971, S. 769-816.

Blewitt, N., The Franchise in the United Kingdom, 1885-1918, in: Part and Present 32, 1965, S. 27-56.

Bochum und das mittlere Ruhrgebiet. Festschrift zum 35. Geographentag, Bochum 1965, Paderborn 1965.

Bock, F., Die wirtschaftliche Entwicklung der Bergwerks-Aktiengesellschaften des Ruhrkohlenreviers von 1893 bis 1911, Diss. Erlangen, Essen 1914.

Bock, H.M., Syndikalismus und Linkskommunismus von 1918-1923. Zur Geschichte und Soziologie der Freien Arbeiter-Union Deutschlands (Syndikalisten), der Allgemeinen Arbeiterunion Deutschlands und der Kommunistischen Arbeiterpartei Deutschlands, Meisenheim 1969.

— Geschichte des ‚linken Radikalismus' in Deutschland. Ein Versuch, Frankfurt 1976.

Bockhoff, W., Der Steinkohlenbergbau Deutschlands in den letzten 20-25 Jahren. Unter besonderer Berücksichtigung des Rheinisch-Westfälischen Kohlensyndikates, in: F. Eulenburg, Hg., Preisbildung für gewerbliche Erzeugnisse, 6. Teil, München-Leipzig 1914, S. 107-220.

Bodenstein, F., Arbeiterausschüsse, Arbeitsordnungen, Unterstützungskassen im Bergbau, Essen 1905.

Böckenförde, E.-W., Die Bedeutung der Unterscheidung von Staat und Gesellschaft im demokratischen Sozialstaat der Gegenwart, in: Aus Politik und Zeitgeschichte, Bl. 49, 1971, S. 3-17.

Böhme, H. Emil Kirdorf. Überlegungen zu einer Unternehmerbiographie, 1. Teil, in: Tradition 13, 1968, S. 282-300, 2. Teil, in: ebenda 14, 1969, S. 21-48.

— Deutschlands Weg zur Großmacht. Studien zum Verhältnis von Wirtschaft und Staat während der Reichsgründungszeit 1848-1881, Köln 1972.

— Prolegomena zu einer Sozial- und Wirtschaftsgeschichte Deutschlands im 19. und 20. Jahrhundert, Frankfurt 1969.

Bötcher, H., Zur revolutionären Gewerkschaftsbewegung in Amerika, Deutschland und England, Jena 1922.

Bonham, J., The Middle Class Vote, Westport 1974[2].

Bonikowski, H., Die oberschlesische Montanindustrie, in: Zeitschrift d. Oberschlesischen Berg- und Hüttenmännischen Verein 51, 1912, S. 11-20.

— Der Einfluß der industriellen Kartelle auf den Handel in Deutschland, Jena 1907.

Borchard, H.-H., 50 Jahre Preußisches Ministerium für Handel und Gewerbe 1879-1929, Berlin 1929.

Born, K.E., Staat und Sozialpolitik seit Bismarcks Sturz. Ein Beitrag zur Geschichte der innenpolitischen Entwicklung des Deutschen Reiches, 1890-1914, Wiesbaden 1957.

Bosenick, A., Über die Arbeitsleistung beim Steinkohlenbergbau in Preußen, Stuttgart—Berlin 1906.

— Der Steinkohlenbergbau in Preußen und das Gesetz des abnehmenden Ertrags, Tübingen 1906.

Bottomore, T.B., Classes in Modern Society, London 1970.

— Elites and Society, Harmondsworth 1973.

Bowen, R.H., German Theories of the Corporative State with Special Reference to the Period 1870-1919, New York—London 1947.

Bowley, A.L., The Division of the Product of Industry, Oxford 1919.

— Wages and Income in the United Kingdom since 1860, Cambridge 1937.

— Studies in the National Income, London 1942.

Bowley, A.L./*Wood,* G.H., Wages in Shipbuilding and Engineering, in: Journal of the Royal Statistical Society 68, 1905, S. 104-137, 373-394, 563-614; 69, 1906, S. 148-192.

Brack, R., Deutscher Episkopat und Gewerkschaftsstreit 1900-1914, Bonn 1976.

Brand, C.F., The British Labour Party. A Short History, Stanford 1964.

Brandt, G., Gewerkschaftliche Interessenvertretung und sozialer Wandel. Eine soziologische Untersuchung über die Entwicklung der Gewerkschaften in der britischen Eisen- und Stahlindustrie 1886-1917, Frankfurt 1975.

Brandt, O./*Most,* O., Hg., Heimat- und Wirtschaftskunde für Rheinland und Westfalen, 2 Bde., Essen 1914.

Brassert, H., Hg., Bergordnungen der Preußischen Lande. Sammlung der in Preußen gültigen Bergordnungen, Köln 1858.

Brauckmann, G., Der Einfluß des Konjunkturverlaufs auf die gewerkschaftlichen Mitgliederbewegungen, Diss. Bochum 1972.

Braun, A., Die Gewerkschaften vor dem Kriege, Berlin 1921[2].

Braun, R., Industrialisierung und Volksleben. Die Veränderungen der Lebensformen in einem ländlichen Industriegebiet vor 1800 (Zürcher Oberland), Erlenbach—Zürich/Stuttgart 1960.

— Sozialer und kultureller Wandel in einem ländlichen Industriegebiet (Züricher Oberland) unter Einwirkung des Maschinen- und Fabrikwesens im 19. und 20. Jahrhundert, Erlenbach—Zürich/Stuttgart 1965.

Braun, R. u. a., Hg., Gesellschaft in der industriellen Revolution. NWB, Bd. 56, Köln 1973.

Braun, S., Zur Soziologie der Angestellten, Frankfurt 1964.

Braunias, K., Das parlamentarische Wahlrecht, Bd. 1. Berlin/Leipzig 1932.

Braunmühl, C.v. u. a., Probleme einer materialistischen Staatstheorie, Frankfurt 1973.

Braunmühl, C.v., Weltmarktbewegung des Kapitals, Imperialismus und Staat, in: dies. u. a., Hg., Probleme einer materialistischen Staatstheorie, Frankfurt 1973, S. 11-91.

Brauns, H., Die Arbeiterfrage im Ruhrrevier I, in: AfSS 29, 1909, S. 931-942.

Brebner, J.B., Laissez-faire and State Intervention in Nineteenth-Century Britain, in: JEH 8, 1948, S. 59-73.

Bredt, J.V., Die Polenfrage im Ruhrkohlengebiet. Eine wirtschaftspolitische Studie, Leipzig 1909.

Brennen, T./*Cooney,* E.W./*Pollins,* H., Social Change in South-West-Wales, London 1954.

Brentano, L., Über das Verhältnis von Arbeitslohn und Arbeitszeit zur Arbeitsleistung, Leipzig 1876.

— Über Arbeitseinstellungen und Fortbildung des Arbeitsvertrages, in: Schriften des Vereins für Socialpolitik, Bd. 45, 1890, S. IX-LXXVIII.

— The Doctrine of Malthus and the Increase of Population During the last Decades, in: Economic Journal 20, 1910, S. 371-393.

Brepohl, W., Der Aufbau des Ruhrvolkes im Zuge der Ost-West-Wanderung. Beiträge zur deutschen Sozialgeschichte des 19. und 20. Jahrhunderts, Recklinghausen 1948.

Breuer, L., Die Lebenshaltung der Bergarbeiter im Ruhrgebiet. Eine haushaltungsstatistische Untersuchung, Münster 1935.

Briefs, G., Betriebsführung und Betriebsleben in der Industrie. Zur Soziologie und Sozialpsychologie des modernen Großbetriebs in der Industrie, Stuttgart 1934.

— u. a., Hg., Das Bild des Arbeiters in der katholischen Sozialbewegung von den Anfängen bis zur Gegenwart, Köln 1960.

Briggs, A./*Saville,* J., Hg., Essays in Labour History, 2 Bde., London 1967-71.

British Science Guild, Report of the Scientific and Professional Staffs in the Public Services and Industry, London 1927.

Brodersen, A., Art. ‚Vergleichende Methode', in: W. Bernsdorf, Hg., Wörterbuch der Soziologie, 1969^2, S. 1235-1238.

Brodnitz, G., Betriebskonzentration und Kleinbetrieb in der englischen Industrie, in: JNS 35, 1908, S. 172-218; 37, 1909, S. 51-86, 145-184.

Broesike, M., Die Polen im westlichen Preußen 1905, in: Zeitschr. d. Preußischen Statist. Landesamts 48, 1906, S. 251-274.

Bronder, D., Organisation und Führung der sozialistischen Arbeiterbewegung im Deutschen Reich, 1890-1914, Diss. Ms. Göttingen 1952.

Brown, K.D., Hg., Essays in Anti-Labour History. Responses to the Rise of Labour in Britain, London 1974.

Brown, J.A.C., The Social Psychology of Industry. Human Relations in the Factory, Harmondsworth (1954) 1973.

Brüggerhoff, G., Das Unterstützungswesen bei den deutschen „freien" Gewerkschaften, Jena 1908.

Brutzer, G., Die Verteuerung der Lebensmittel in Berlin im Laufe der letzten 30 Jahre und ihre Bedeutung für den Berliner Arbeiterhaushalt, München—Leipzig 1912.

Bry, G., Wages in Germany, 1871-1945, Princeton 1960.

Bryan, A., Legislation relating to Safety and Health in British Coal Mines — History and Development. Ms. NCB, London 1974.

Buchholz, E., Interessen, Gruppen, Interessengruppen. Elemente einer wirtschaftssoziologischen Organisationslehre — unter besonderer Berücksichtigung der deutschen Verbandsforschung, Tübingen 1964.

Buck, G. u. a. Kybernetische Systemtheorie: Ein Instrument zur Analyse revolutionären sozialen Wandels, in: M. Jänicke, Hg., Politische Systemkrisen, Köln 1973, S. 138-150.

Buddeberg, T., Das soziologische Problem der Sozialdemokratie. Eine Studie, in: AfSS 49, 1922, S. 108-132.

Bueck, H.A., Arbeitseinstellungen und die Fortbildung des Arbeitsvertrags, in: Schriften des Vereins f. Socialpolitik, Bd. 47, Leipzig 1890, S. 131-155.

— Der Centralverband Deutscher Industrieller, 1876-1901, 3 Bde., Berlin 1902-1905.

Bührmann, A., Syndikatsrecht im Rheinisch-Westfälischen Kohlensyndikat 1893-1945, Essen 1953.

Büren, H., Arbeitgeber und Sozialpolitik. Untersuchung über die grundsätzliche Haltung des deutschen Unternehmertums gegenüber der Sozialpolitik in der Vorkriegs-, Kriegs- und Nachkriegszeit, 2 Bde., Diss. Köln 1934.

Burdick, E.L., Syndicalism and Industrial Unionism in England until 1918, D. Phil. Thesis, Oxford 1950.

Burnett, J., Hg., Useful Toil. Autobiographies of working people from the 1820s to the 1920s, London 1974.

Buxton, N.K., Entrepreneurial Efficency in the British Coal Industry Between the Wars, in: EHR 23, 1970, S. 476-497.

Cairncross, A.K., Home and Foreign Investment 1870-1913: Studies in Capital Accumulation, Cambridge 1953.

Caldwell, J.A.M., Social Policy and Public Administration 1909-1911, Ph. D. Thesis, Nottingham 1956.

Calwer, R., Kartelle und Trusts, Berlin 1906.

Cardwell, L.D.S., The Organization of Science in England, London 1957.

Carr-Saunders, A.M., Professions: Their Organization and Place in Society, Oxford 1928.

Carr, J.C./*Taplin,* W., History of the British Steel Industry, Cambridge, Mass. 1962.

Carter, G.R., The Tendency Towards Industrial Combination, London 1913.

Carter, H., The Towns of Wales, Cardiff 1965.

Cartwright, J.A., A Study in British Syndicalism: The Miners of South Wales 1906-1914, M Sc. Thesis, Cardiff 1969.

Cassau, T., Die Gewerkschaftsbewegung. Ihre Soziologie und ihr Kampf, Halberstadt 1925.

Chandler, A.D., Jr., The Visible Hand. The Mangerial Revolution in American Business, New York 1977.

Chandler, A.D./*Daems,* H., Hg., Managerial Hierarchies. Comparative Perspectives on the Rise of the Modern Industrial Enterprise, Cambridge, Mass. 1980.

Chapman, S.J., Work and Wages, 3 Bde., London 1914.

Chapman, S.J. / *Marquis*, F.J., The Recruiting of the Employing Classes from the Ranks of the Wage-Earners in the Cotton Industry, in: Journal of the Royal Statistical Society 75, 1912, S. 293-313.

Charles, R., The Development of Industrial Relations in Britain, 1911-1939. Studies in the evolution of collective bargaining at national and industry level, London 1973.

Checkland, S.G. und E.O.A., Hg., The Poor Law Report of 1834, Harmondsworth 1976.

Chmielecki, S., Die Bevölkerungsentwicklung im Stadt- und Landkreis Recklinghausen in den Jahren 1875 bis 1910, Diss. Freiburg o.J. (1911).

Claessens, D. u. a., Angestellte und Arbeiter in der Betriebspyramide. Eine empirisch-soziologische Studie über die Verteilung der Arbeitsplätze von Angestellten und Arbeitern, ihre Personaldaten und Arbeitsverdienste in Betrieben der gewerblichen Wirtschaft, Berlin 1959.

Clapham, J.H., An economic history of modern Britain, Bd. 1, Cambridge 1930.

Clegg, H.A./*Fox*, A./*Thompson*, A.F., A History of the British Trade Unions since 1889, Bd. 1: 1889-1910, Oxford 1964.

Coal and Power. The Report of an Enquiry presided over by D. Lloyd George, London 1924.

Cobbett, W., Hg., Parliamentary History, Bd. 1, London 1806.

Cohen, E.W., The Growth of the British Civil Service, 1780-1939, London 1965[2].

Cole, G.D.H., An Introduction to Trade Unionism, London 1920.

— Labour in the Coal-Mining Industry (1914-21). Economic and Social History of the World War. Carnegie Endowment for International Peace, Oxford 1923.

— The Conception of the Middle Classes, in: Brit. Journal of Sociology 1, 1950, S. 275-290.

— Studies in Class Structure, London 1968[4].

Colliery Year Book and Coal Trades Directory, London 1949.

Conze, W., Hg., Sozialgeschichte der Familie in der Neuzeit Europas, Stuttgart 1976.

Coombes, B.L., These Poor Hands. The Autobiography of a Miner working in South Wales, London (1939) 1974[2].

Coontz, S.H., Population Theories and the Economic Interpretation, London 1961.

Cox, H., The Reform Bills of 1866 and 1867, London 1868.

— Hg., British Industries under Free Trade, London 1903.

Craik, W.W., Bryn Roberts and the National Union of Public Employees, London 1955.

— The Central Labour College, 1909-1929. A Chapter in the history of adult working class education, London 1964.

Crew, D., Definitions of modernity: Social Mobility in a German Town, 1880-1901 (Bochum) in: JSH 7, 1973, S. 51-74.

— Regionale Mobilität und Arbeiterklasse. Das Beispiel Bochum 1880-1911, in: GG 1, 1975, S. 99-120.

— Bochum. Sozialgeschichte einer Industriestadt, Frankfurt 1980.

Croner, F., Soziologie der Angestellten, Köln—Berlin 1962.

Croon, H., Die Einwirkungen der Industrialisierung auf die gesellschaftliche Schichtung der Bevölkerung im rhein. westf. Industriegebiet, in: Rhein. Vierteljahresbl. 20, 1955, S. 301-316.

— Vom Werden des Ruhrgebiets, in: W. Först, Hg., Rheinisch-Westfälische Rückblende, Köln 1967, S. 173-226.

— Die wirtschaftlichen Führungsschichten des Ruhrgebietes in der Zeit von 1890 bis 1933, in: Bl. f. dt. Landesgeschichte 108, 1972, S. 144-159.

Croon, H./*Utermann,* K., Zeche und Gemeinde. Untersuchungen über den Strukturwandel einer Zechengemeinde im nördlichen Ruhrgebiet, Tübingen 1958.

Daalder, H., Cabinet Reform in Britain, 1914-1963, Stanford 1963.

Däbritz, W., Bochumer Verein für Bergbau und Gußstahlfabrikation in Bochum. Neun Jahrzehnte seiner Geschichte im Rahmen der Wirtschaft des Ruhrbezirks, Düsseldorf 1934.

— Entstehung und Aufbau des rheinisch-westfälischen Industriebezirks, in: Beiträge zur Geschichte der Technik und Industrie, Jahrbuch des VDI 15, 1925, S. 13-107.

— Das Ruhrgebiet in der Literatur, Essen 1952.

Dahrendorf, R., Sozialstruktur des Betriebs, Wiesbaden 1959.

— Gesellschaft und Demokratie in Deutschland, München (1968) 1971.

— Class and Class conflict in Industrial Society, London 1972[7].

Dale, I.R., The Clerk in Industry. A survey of the occupational experience, status, education, and vocational training of a group of male clerks employed by industrial companies, Liverpool 1962.

Dallmeier, I., Geschichte der Arbeitskämpfe im rheinisch-westfälischen Steinkohlenrevier, Diss. Ms. Köln 1922.

Dalziel, W.G., The Monmouthshire and South Wales Coal Owners' Association, Cardiff 1895.

— Records of the several coal owners associations in Monmouthshire and South Wales, 1864-1895, Cardiff 1895.

Dangerfield, G., The Strange Death of Liberal England, London 1935.

Daunton, M.J., The Dowlais Iron Company in the Iron Industry, 1800-1850, in: WHR 6, 1972, S. 16-48.

— Coal Metropolis: Cardiff 1870-1914, Leicester 1977.

Davies, E.J., Origin and Development of Secondary Education in the Rhondda Valleys, M.A. Thesis, Cardiff 1965.

Davies, E.T., Religion in the Industrial Revolution in South Wales, Cardiff 1965.

Davies, J.M., The Growth of Settlement in the Swansea Valley. B.A. Thesis, University of Wales, 1942.

Davis, R., The Rise of the English Shipping Industry in the Seventeenth and Eighteenth Centuries, Newton Abbot 1972[2].

Deane, Ph., Die Rolle des Staates, in: R. Braun u. a., Hg., Industrielle Revolution. Wirtschaftliche Aspekte, NWB, Bd. 50, Köln—Berlin 1972, S. 272-286.

Debus, C., Arbeiterwohnungswesen im rheinisch-westfälischen Industriebezirk unter besonderer Berücksichtigung der Arbeiterkolonie der Zeche „Teutoburgia" des „Bochumer Vereins für Bergbau und Gußstahlfabrikation", Diss. Heidelberg, Bochum 1915.

Dege, W., Zechenkolonien und Bergarbeitersiedlungen im Ruhrgebiet, ihre Entwicklung und Typisierung, in: Naturkunde in Westfalen 4, 1968, S. 119-128.

Degen, K., Die Herkunft der Arbeiter in den Industrien Rheinland-Westfalens bis zur Gründerzeit, Diss. Bonn, Essen 1916.

Demeter, K., Das Deutsche Offizierskorps in seinen historisch-soziologischen Grundlagen, Berlin 1930.

Dennis, N. u. a., Coal is our life. An Analysis of a Yorkshire mining community, London 1969[2].

Dertmann, H., Bergarbeiterlöhne und Lebensmittelpreise im rheinisch-westfälischen Ruhrkohlengebiet in den Jahren 1914-1920, Diss. Ms. Göttingen 1922.

Desai, A.R., Need for Revaluation of the Concept, in: C.E. Block, Hg., Comparative Modernization, New York 1976, S. 89-103.

Desai, A.V., Real Wages in Germany 1871-1913, Oxford 1968.

Dibelius, W., England, London 1930.

Diehl, K., Nationalökonomische Betrachtungen zur Frage der rechtlichen Regelung der Kartelle, in: Zeitschrift für das gesamte Handelsrecht 56, 1965, S. 359-434.

Dingle, A.E., Drink and Working-Class Living Standards in Britain, 1870-1914, in: EHR 25, 1972, S. 608-622.

Dobb, M., Entwicklung des Kapitalismus. Vom Spätfeudalismus bis zur Gegenwart, Köln 1970.

Dodd, A.H., The Industrial Revolution in North Wales, London 1933.

Doeberl, M. u. a., Hg., Das akademische Deutschland, Bd. 3., Berlin 1930.

Donay, E., Die Beziehungen zwischen Herkunft und Beruf auf Grund einer statistischen Erhebung in der Dortmunder Bevölkerung, Essen 1941.

Donovan, P.W., Unskilled labour unions in South Wales, 1889-1914, M.Phil. Thesis, University of London 1969.

Douglass, D., Pit Life in Co. Durham. Rank and File Movements and Workers' Control, Oxford 1970.

Draht, M., Der Staat der Industriegesellschaft. Entwurf einer sozialwissenschaftlichen Staatstheorie, in: Der Staat 5, 1966, S. 273-284.

Dreitzel, H.P., Elitebegriff und Sozialstruktur, Stuttgart 1962.

Driscoll, J., Steel, in: B. Thomas, Hg., The Welsh Economy, Cardiff 1962, S. 114-137.

Droste, M., Die Stellung des Ruhrbergbaus in Staat und Gesellschaft bis zum Jahre 1918. Eine Studie über Unternehmer, Staat und Öffentlichkeit im Hinblick auf die soziale und die Kartellfrage, Diss. Ms. Göttingen 1953.

Duffy, A.E.P., Differing policies and personal rivalries in the origins of the Independent Labour Party, in: Victorian Studies 6, 1962/63, S. 43-65.

Dyos, H.J., The Study of Urban History, London 1968.

Ebbighausen, R., Hg., Monopol und Staat. Zur Marx-Rezeption in der Theorie des staatsmonopolistischen Kapitalismus, Frankfurt 1974.

Eberstadt, R., Rheinische Wohnverhältnisse und ihre Bedeutung für das Wohnungswesen in Deutschland, Jena 1903.

Eder, K., Hg., Seminar: Die Entstehung von Klassengesellschaften, Frankfurt 1973.

— Die Entstehung staatlich organisierter Gesellschaften. Ein Beitrag zu einer Theorie sozialer Evolution, Frankfurt 1976.

Edgeworth, R.L., Essays on Professional Education, London 1809.

Edwards, N., The Industrial Revolution in South Wales, London 1924.

— History of the South Wales Miners' Federation, London 1938.

Edwards, W.J., From the Valley I came, London 1956.

Effertz, R., Was sind „normale" Kohlenpreise? Ein Beitrag zur Erörterung der niederrheinisch-westfälischen Kohlenindustrie, Essen 1891.

Ehrenberg, R., Krupp-Studien II. Durchschnittsverdienste und Verdienstklassen der Arbeiterschaft von Friedrich Krupp in Essen 1845-1906. Verdienstmöglichkeiten von Arbeiter-Haushalten, in: Archiv f. exakte Wirtschaftsforschung 2, 1908, S. 203-227.

Ehrenberg, R.,/Racine, H., Kruppsche Arbeiterfamilien. Entwicklungs-Faktoren von drei Generationen deutscher Arbeiter, Jena 1912.

Ehrlich, S., Die Macht der Minderheit. Die Einflußgruppen in der politischen Struktur des Kapitalismus, Wien—Frankfurt—Zürich 1966.

Eickhof, N., Eine Theorie der Gewerkschaftsentwicklung, Tübingen 1973.

Elsas, F., Die Ausnahmetarife im Güterverkehr der Preußisch-Hessischen Eisenbahngemeinschaft. Ein Beitrag zur gegenwärtigen Eisenbahntarifpolitik, Stuttgart 1912.

Emy, H.V., Liberals, Radicals and Social Politics, 1892-1914, London 1973.

Endres, F.C., Soziologische Struktur und ihre entsprechenden Ideologien des deutschen Offizierskorps vor dem Weltkriege, in: AfSS 58, 1927, S. 282-319.

Engelhardt, D., Studien über den Verlauf des sozialen Schichtungsprozesses auf Grund einer statistischen Erhebung in einer westdeutschen Industriegroßstadt (Essen), Diss. Ms. Freiburg 1923.

Engel-Janosi, F. u. a., Hg., Gewalt und Gewaltlosigkeit. Probleme des 20. Jahrhunderts, München 1977.

Engels, F., Die Lage der arbeitenden Klassen in England, München (1845) 1973.

Enke, E., Private, genossenschaftliche und städtische Wohnungspolitik in Essen a./R. von Anfang des 19. Jahrhunderts bis zur Gegenwart, Stuttgart 1912.

Erdmann, G., Die deutschen Arbeitgeberverbände im sozialgeschichtlichen Wandel der Zeit, Neuwied—Berlin 1966.

Erdmann, M., Die verfassungspolitische Funktion der Wirtschaftsverbände in Deutschland 1815-1871, Berlin 1968.

Erickson, C., British Industrialists. Steel and hosiery, 1850-1950, Cambridge 1959.

Etzioni, A., The Active Society. A Theory of Societal and Political Processes, London—New York 1969.

Euling, K., Die Kartelle im oberschlesischen Steinkohlenbergbau, Jena 1939.

Evans, D., Labour strife in the South Wales Coalfield, Cardiff 1911.

Evans, E.J., Hg., Social Policy 1830-1914. Individualism, Collectivism and the origins of the Welfare State, London 1978.

Evans, E.W., Mabon: A Study in Trade Union Leadership, Cardiff 1959.

— The Miners of South Wales, Cardiff 1961.

Evans, S.W., The Evolution of Welsh Educational Structure and Administration, 1881-1921, London 1970.

Facius, F., Wirtschaft und Staat. Die Entwicklung der staatlichen Wirtschaftsverwaltung in Deutschland vom 17. Jahrhundert bis 1945, Boppard 1959.

Fahlbeck, P.E., Die Klassen und die Gesellschaft. Eine geschichtlich-soziologische Studie über Entstehung, Entwicklung und Bedeutung des Klassenwesens, Jena 1922.

Farnham, D., The Association of Teachers in Technical Institutions (1904-14). A Case-Study on the origins, formation and growth of a white-collar organization, in: IRSH 19, 1974, S. 377-395.

Fehr, F., Hg., Stimmen aus dem Schacht! Bergmanns Urteile über Erziehung und Schule. Arbeiterstimmen aus dem Ruhrgebiet, Fichtenau 1921.

Feinstein, C.H., National Income, Expenditure and Output of the United Kingdom, 1855-1965, Cambridge 1972.

Feldenkirchen, W., Kapitalbeschaffung in der Eisen- und Stahlindustrie des Ruhrgebiets, 1879-1914, in: Zeitschrift für Unternehmensgeschichte 24, 1979, S. 39-81.

Feldman, G.D., Army, Industry and Labour in Germany, 1914-1918, Princeton 1966.

Festenberg-Packisch, H.v., Der Deutsche Bergbau. Ein Gesamtbild seiner Entstehung, Entwicklung, volkswirtschaftlichen Bedeutung und Zukunft, Berlin 1886.

— Die Entwicklung und Lage des deutschen Bergbaues mit besonderer Berücksichtigung der Arbeiterverhältnisse in Preußen, Breslau 1890.

Festschrift aus Anlaß des fünfundzwanzigjährigen Bestehens der Bergwerksgesellschaft Hibernia (1873-1898), Düsseldorf 1898.

Finer, H., The British Civil Service. An Introductory Essay, London 1927.

Fink, H., Verschiebungen der Volksdichte im rheinischen Industriegebiet von 1815 bis 1905, Diss. Kiel 1922, in: Wirtschaftliche Nachrichten aus dem Ruhrbezirk 3, 1922, S. 104-126.

Fischer, E., Die Rentabilität der fiskalischen Steinkohlengruben in Oberschlesien in den Rechnungsjahren 1912-1921, Berlin—Charlottenburg 1929.

Fischer, W., Herz des Reviers. 125 Jahre Wirtschaftsgeschichte des Industrie- und Handelskammerbezirks Essen—Mülheim—Oberhausen, Essen 1965.

— Das wirtschafts- und sozialpolitische Ordnungsbild der preußischen Bergrechtsreform 1851-1865, in: ders., Wirtschaft und Gesellschaft im Zeitalter der Industrialisierung, Göttingen 1972, S. 139-147.

— Innerbetrieblicher und sozialer Status der frühen Fabrikarbeiterschaft, in: ders., Wirtschaft und Gesellschaft im Zeitalter der Industrialisierung, Göttingen 1972, S. 258-284.

Fischer, W., Rekrutierung und Ausbildung von Personal für den modernen Staat, in: R. Koselleck, Hg., Studien zum Beginn der modernen Welt, Stuttgart 1977, S. 194-217.

— Wirtschaft und Gesellschaft im Zeitalter der Industrialisierung. Aufsätze-Studien-Vorträge, Göttingen 1972.

Fischer, W./*Lundgreen,* P., The Recruitment and Training of Administrative and Technical Personnel, in: C.Tilly, Hg., The Formation of National States in Western Europe, Pinceton 1975, S. 456-561.

Fischer-Eckert, L., Die wirtschaftliche und soziale Lage der Frauen in dem modernen Industrieort Hamborn im Rheinland, Hagen 1913.

Fitzgerald, P., Industrial Combination in England, London 1927.

Flanders, A., Hg., Collective bargaining. Selected readings, Harmondsworth 1971.

Flegel, K./*Tornow,* M., Montanstatistik des deutschen Reichs, Berlin 1915.

Flinn, M.W./*Smout,* T.C., Hg., Essays in Social History, Oxford 1974.

Foot, M., Aneurin Bevan, A Biography. Bd. 1: 1897-1945, London 1962.

Foster, J., Class Struggle and the Industrial Revolution. Early industrial capitalism in three English towns, London 1975[2].

— Nineteenth-Century Towns — A Class Dimension, in: H.J. Dyos, Hg., The Study of Urban History, London 1968, S. 281-300.

Fox, A., A Sociology of Work in Industry, London 1971.

Fox, K.O., The Emergence of the Political Labour Movement in the Eastern Section of the South Wales Coalfield, 1894-1914. M.A. Thesis, University of Wales, Aberystwyth 1965.

Francke, E., Der Arbeitsnachweis des Zechenverbandes im Ruhrkohlenrevier, in: Preuß. Jahrbücher 139, 1910, S. 201-224.

Freundt, F.A., Kapital und Arbeit, Berlin o.J. (1927).

Fricke, D., Der Ruhrbergarbeiterstreik von 1905, Berlin 1955.

— Zur Organisation und Tätigkeit der deutschen Arbeiterbewegung (1890-1914). Dokumente und Materialien, Leipzig 1962.

Friedlander, D., Demographic Patterns and Socioeconomic Characteristics of the Coal-mining Population in England and Wales in the Nineteenth Century, in: Economic Development and Cultural Change 22, 1973/74, S. 39-51.

Friedlander, D./*Roshier,* R.J., A Study of Internal Migration in England and Wales, in: Population Studies 19, 1966, S. 239-279.

Friedrich, W., Die Entwicklung des Rechts der bergrechtlichen Gewerkschaft in Preußen von 1850 bis zum Ersten Weltkrieg, in: N. Horn/J. Kocka, Hg., Recht und Entwicklung der Großunternehmen im 19. und frühen 20. Jahrhundert, Göttingen 1979, S. 190-203.

Fritsch, J., Eindringen und Ausbreiten des Revisionismus im deutschen Bergarbeiterverband (bis 1914), Leipzig 1967.

Fuchs, K., Vom Dirigismus zum Liberalismus. Die Entwicklung Oberschlesiens als preußisches Berg- und Hüttenrevier. Ein Beitrag zur Wirtschaftsgeschichte Deutschlands im 18. und 19. Jahrhundert, Wiesbaden 1970.

— Wirtschaftliche Führungskräfte in Schlesien, 1850-1914, in: Zeitschrift für Ostforschung 21, 1972, S. 264-288.

Fülberth, G., Proletarische Partei und bürgerliche Literatur. Auseinandersetzungen in der deutschen Sozialdemokratie der II. Internationale über Möglichkeiten und Grenzen einer sozialistischen Literaturpolitik, Neuwied—Berlin 1972.

25 Jahre Arbeitnordwest 1904-29. Hg. aus Anlaß seines 25-jährigen Bestehens vom Arbeitgeberverband für den Bezirk der nordwestlichen Gruppe des Vereins Deutscher Eisen- und Stahlindustrieller, Berlin 1929.

Fürstenberg, F., Das Arbeitsverhalten in soziologischer Sicht, in: Arbeit und Leistung 20, 1966, S. 115-119.

— Der Arbeitsplatz aus soziologischer Sicht, in: Arbeit und Leistung 22, 1968, S. 205 f.

Fuhr, W., Die Organisation der britischen Kohlenwirtschaft, Berlin 1934.

Fuster, E., Le Syndicat des Houilles d'Essen et l'Organisation de la Production, Paris 1910.

Gabel, L.A., Kämpfe und Werden der Hüttenarbeiterorganisationen an der Saar, Saarbrücken 1921.

Dr. Gablers, Wirtschaftslexikon. Kurzausgabe, 6 Bde., Frankfurt 1972.

Galenson, W., Comparative Labour Movement, London/Prentice-Hall 1968.

Galloway, R.L., A History of Coal Mining in Great Britain, Newton Abbot 1969[2].

Gardner, W.M., Hg., The British Coal-Tar Industry. Its Origins, Development and Decline, London 1915.

Gauldie, E., Cruel Habitations. A History of Working-Class Housing, 1780-1918, London 1974.

Gebhardt, G., Ruhrbergbau. Geschichte, Aufbau und Verflechtung seiner Gesellschaften und Organisationen, Essen 1957.

Geiger, T., Die Masse und ihre Aktion. Ein Beitrag zur Soziologie der Revolutionen, Stuttgart 1926.

Geiss, I./*Wendt,* B.J., Hg., Deutschland in der Weltpolitik des 19. und 20. Jahrhunderts, Düsseldorf 1973.

Gerschenkron, A., Economic Backwardness in Historical Perspective, Cambridge, Mass. 1965[2].

— Wirtschaftliche Rückständigkeit in historischer Perspektive, in: H.-U. Wehler, Hg., Geschichte und Ökonomie, Köln 1973, S. 121-139.

Gibson, F.A., Statistical Summaries and Tables, Cardiff 1919.

— A Compilation of Statistics (Technological, Commercial and General) of the Coal Mining Industry of the United Kingdom, the various coalfields thereof and the principal foreign countries of the world, Cardiff 1922.

Gilbert, B.B., The Evolution of National Insurance in Great Britain. The Origins of the Welfare State, London 1973[2].

Gillis, J.R., The Prussian bureaucracy in crisis, 1840-1860: origins of an administrative ethos, Stanford 1971.

Gladden, E.N., Civil Services of the United Kingdom, 1855-1970, London 1967.

— A History of Public Administration, 2 Bde., London 1972.

Gladen, A., Die Streiks der Bergarbeiter im Ruhrgebiet in den Jahren 1889, 1905 und 1912, in: J.Reulecke, Hg., Arbeiterbewegung an Rhein und Ruhr, Wuppertal 1974, S. 111-148.

— Geschichte der Sozialpolitik in Deutschland. Eine Analyse ihrer Bedingungen, Formen, Zielsetzungen und Auswirkungen, Wiesbaden 1974.

Göbel, W., Bergarbeiter im Ruhrgebiet seit 1918. Eine kultursoziologische Analyse von Romanen aus der Arbeitswelt, Diss. Marburg 1973.

Goetzke, W., Das Rheinisch-Westfälische Kohlensyndikat und seine wirtschaftliche Bedeutung, Essen 1905.

Goldschmidt, C., Über die Konzentration im deutschen Kohlenbergbau, Karlsruhe 1912.

Goldstein, J., Die Lage der Arbeiter im Ruhrrevier, in: AfSS 19, 1904, S. 489-502.

— Das Kohlensyndikat im Lichte der Kartellenquete, in: AfSS 20, 1904/05, S. 610-632.

Goldthorpe, J.H., Technical organization as factor in supervisor-worker conflict, in: British Journal of Sociology 10, 1959, S. 213-230.

Gordon, M.R., Domestic Conflict and the Origins of the First World War: The British and German Cases, in: JMH 46, 1974, S. 192-226.

Gothein, E., Bergbau, in: Grundriß der Sozialökonomik VI. Abteilung: Industrie, Bergwesen, Bauwesen, Tübingen 1914, S. 282-349.

Gothein, G., Wirtschaftsgeschichte des Schwarzwaldes, Straßburg 1892.

Gould, E.R., Die Lage der arbeitenden Klassen in den Hauptkulturländern, in: JNS 60, 1893, S. 161-192.

Greaves, R.H., The Coal Trade and Allied Industries, in: Proceedings of the SWIE 31, 1915/16, S. 345-377.

Grebing, H., Geschichte der deutschen Arbeiterbewegung, München 1971.

Gregory, R., The miners and British politics, 1906-1914, Oxford 1968.

Gretton, R.H., The English Middle Class, London 1919.

Grewe, H., Die soziale Entwicklung der Stadt Essen im 19. Jahrhundert, Diss. Ms. Köln 1949.

Grochla, E., Unternehmungsorganisation. Neue Ansätze und Konzeptionen, Reinbek 1972.

Groh, D., Negative Integration und revolutionärer Attentismus. Die deutsche Sozialdemokratie am Vorabend des Ersten Weltkrieges. Frankfurt 1974[2].

Grosser, D., Vom monarchischen Konstitutionalismus zur parlamentarischen Demokratie. Die Verfassungspolitik der deutschen Parteien im letzten Jahrzehnt des Kaiserreiches, Den Haag 1970.

Grube, E., Die Zählung von Betriebseinheiten im preußischen Steinkohlenbergbau, in: Der Bergbau 1935, Nr. 10, S. 150 ff.

Grünberg, E., Der Mittelstand in der kapitalistischen Gesellschaft. Eine ökonomische und soziologische Untersuchung, Leipzig 1932.

Grumbach, F./*König,* H., Beschäftigung und Löhne der deutschen Industriewirtschaft, 1888-1954, in: Weltwirtschaftliches Archiv 79, 1954, S. 125-155.

Grundriss der Sozialökonomik, IX. Abteilung: Das soziale System des Kapitalismus, 1. Teil: Die gesellschaftliche Schichtung im Kapitalismus, Tübingen 1926.

Gruner, E., Die Stellung des Schweizer Arbeiters in Fabrik und Familie während des 19. Jahrhunderts, in: R. Braun u. a., Hg., 1973, Gesellschaft in der Industriellen Revolution, Köln 1973, S. 127-146.

Grunitz, H., Der Anteil der Arbeitskosten am Preis der Steinkohle im rheinisch-westfälischen Bergbau in den letzten 15 Jahren, Diss. Köln, Duisburg—Ruhrort 1928.

Gumpert, F., Die Bildungsbestrebungen der freien Gewerkschaften, Jena 1923.

Grundlach, G., Katholische Arbeiterschaft im Volksstaat von Weimar, in: G. Briefs, u. a., Hg., Das Bild des Arbeiters in der katholischen Sozialbewegung von den Anfängen bis zur Gegenwart, Köln 1960, S. 48-63.

Guratzsch, D., Macht durch Organisation. Die Grundlegung des Hugenbergschen Presseimperiums, Düsseldorf 1974.

Guttsman, W.L., The Changing Social Structure of the British Political Elite, 1886-1935, in: British Journal of Sociology 2, 1951, S. 122-134.

— Aristocracy and the Middle Class in the British Political Elite 1886-1916. A study of formative influences and of the attitude to politics, in: British Journal of Sociology 5, 1954, S. 12-32.

— The British Political Elite, London 1968.

— Hg., The English Ruling Class, London 1969.

Gwyther, C.E., Methodism and Syndicalism in the Rhondda Valley, 1906-1926, Ph.D. Thesis, Sheffield 1969.

Habermas, J., Strukturwandel der Öffentlichkeit. Untersuchungen zu einer Kategorie der bürgerlichen Gesellschaft, Neuwied—Berlin 1969[4].

Habermas, J., Legitimationsprobleme im Spätkapitalismus, Frankfurt 1973[2].

Hagemann, W., Die Bergarbeitersiedlung im rheinisch-westfälischen Steinkohlenbezirk, 1920-1924, Diss. Münster 1926.

Haines, M.R., Economic-Demographic Interrelations in Developing Agricultural Regions. A Case Study of Prussian Upper Silesia, 1840-1914, New York 1977.

Hammond, M.B., British Labour Conditions and Legislation During the War. Carnegie Endowment for International Peace. Preliminary Studies, New York 1919.

Handke, H., Einige Probleme der inneren Struktur der herrschenden Klasse in Deutschland vom Ende des 19. Jahrhunderts bis zum Ersten Weltkrieg, in: F. Klein, Hg., Studien zum deutschen Imperialismus vor 1914, Berlin 1976, S. 85-114.

Hanes, D.G., The First Workmen's Compensation Act 1897, London 1968.

Hannah, L., Visible and Invisible Hands in Great Britain, in: A.D. Chandler/H. Daems, Hg., Managerial Hierarchies. Comparative Perspectives on the Rise of the Modern Industrial Enterprise, Cambridge, Mass., 1980, S. 41-76.

Hardach, G.H., Der soziale Status des Arbeiters in der Frühindustrialisierung. Eine Untersuchung über die Arbeitnehmer in der französischen eisenschaffenden Industrie zwischen 1800 und 1870, Berlin 1969.

Hardie, K., From Serfdom to Socialism, London 1907.

Harley, J.H., Syndicalism and the Labour Unrest, in: Contemporary Review, Juli 1912.

Harries, F.J., History of Conservatism in the Rhondda, Pontypridd 1912.

Harris, J., Unemployment and Politics. A Study in English Social Policy, 1886-1914, Oxford 1972.

Hartfiel, G., Angestellte und Angestelltengewerkschaften in Deutschland. Entwicklung und Situation von beruflicher Tätigkeit, sozialer Stellung und Verbandswesen der Angestellten in der gewerblichen Wirtschaft, Berlin 1961.

Hartmann, H., Der deutsche Unternehmer: Autorität und Organisation, Frankfurt 1968.

Hartmann, K., Der Weg zur gewerkschaftlichen Organisation. Bergarbeiterbewegung und kapitalistischer Bergbau im Ruhrgebiet, 1851-1889, München 1977.

Hartsough, M.L., Business leaders in Cologne in the 19th Century, in: Journal of Economic and Business History 2, 1929/30, S. 332-352.

Hay, J.R., The Origins of the liberal Welfare Reforms 1906-1914, London 1975.

Hayes, J.S./*Lewis,* G.A., The National Association of Colliery Managers, in: C.T. Shedden, Hg., The Iron and Coal Trades Review, 1867-1927, S. 126-128.

Heilborn, O., Die „freien" Gewerkschaften seit 1890. Ein Überblick über ihre Organisation, ihre Ziele und ihr Verhältnis zur sozialdemokratischen Partei, Jena 1907.

Heilfurth, G., Das Montanwesen als Wegbereiter im sozialen und kulturellen Aufbau der Industriegesellschaft Mitteleuropas, Wien 1972.

Heinrich, A.F., Die Wohnungsnot und die Wohnungsfürsorge privater Arbeitgeber in Deutschland im 19. Jahrhundert, Diss. Marburg 1970.

Heinrichsbauer, A., Die Privatangestellten der Großbetriebe und ihre Organisation, Essen 1918.

— Harpener Bergbau Aktien-Gesellschaft, 1856-1936. Achtzig Jahre Ruhrkohlenbergbau, Essen 1936.

— Industrielle Siedlung im Ruhrgebiet in Vergangenheit, Gegenwart und Zukunft, Essen 1936.

Heiser-Harttung, F., Die Berufswahl der ländlichen Jugend und das Schicksal der in die Städte Abgewanderten, Berlin 1903.

Helfer, C., Über militärische Einflüsse auf die industrielle Entwicklung in Deutschland, in: Schmollers Jahrbuch 83, 1963, S. 597-609.

Hellgrewe, H., Dortmund als Industrie- und Arbeiterstadt. Eine Untersuchung der wirtschaftlichen und sozialen Untersuchung der Stadt, Dortmund 1951.

Helmrich, W., Das Ruhrgebiet. Wirtschaft und Verflechtung, Münster 1949².

Hemmer, H.-O., Die Bergarbeiterbewegung im Ruhrgebiet unter dem Sozialistengesetz, in: J. Reulecke, Hg., Arbeiterbewegung an Rhein und Ruhr, Wuppertal 1974, S. 81-109.

Henderson, W.O., The State and the Industrial Revolution in Prussia 1740-1870, Liverpool 1958.

Henning, F.-W., Die Industrialisierung in Deutschland, 1800-1914, Paderborn 1973.

Henning, H., Kriegervereine in den preußischen Westprovinzen. Ein Beitrag zur Innenpolitik zwischen 1860 und 1914, in: Rheinische Vierteljahresbll.32, 1968, S. 430-475.

— Das westdeutsche Bürgertum in der Epoche der Hochindustrialisierung 1860-1914. Soziales Verhalten und soziale Strukturen. Teil 1: Das Bildungsbürgertum in den preußischen Westprovinzen, Wiesbaden 1972.

Herbig, E., Schwierigkeiten des Lohnwesens im Bergbau, in: Soziale Praxis 17, 1907/08, Sp. 217-223.

— Das Saarbrücker Prämienhaus, in: ZBHSW 59, 1911, S. 506-571.

— Wirtschaftsrechnungen Saarbrücker Bergleute, in: ZBHSW 60, 1912, S. 451-613.

— Taylors „Wissenschaftliche Betriebsführung" und der Bergbau, in: Glückauf 53, 1917.

Herkner, H., Die Arbeiterfrage. Eine Einführung, 2 Bde., Berlin 1916[6].

Herring, W., Das Problem der Verstaatlichung des preußischen Steinkohlenbergbaus, Jena 1914.

Herrmann, W., Entwicklungslinien montanindustrieller Unternehmungen im rheinisch-westfälischen Industriegebiet, Dortmund 1954.

Hertel, L., Die Preisentwicklung der unedlen Metalle und der Steinkohle seit 1850, Diss. Halle-Wittenberg 1911.

Heymann, B. / *Freudenberg,* K., Morbidität und Mortalität der Bergleute im Ruhrgebiet, Essen 1925.

Heymann, H.G., Die gemischten Werke im deutschen Großeisengewerbe, Berlin 1904.

Hichens, W.L., Some Problems of Modern Industry, London 1918.

Hilbert, H., Die Zusammensetzung der Grubenbelegschaft des Ruhrkohlengebietes um die Jahrhundertwende und ihre Probleme, Diss. Ms. Köln 1952.

Hilferding, R., Das Finanzkapital (1910), 2 Bde., Frankfurt 1973[2].

Hilgenstock, E., Über Lohntarife im britischen und im rheinisch-westfälischen Steinkohlenbergbau, in: Glückauf 43, 1907, S. 1625-1634, 1677-1681, 1705-1717, 1741-1749.

Hinton, J., The First Shop Stewards' Movement, London 1973.

Hintze, O., Der Beamtenstand (1911), in: ders., Soziologie und Geschichte, Göttingen 1964[2], S. 66-125.

Hirsch, J., Die öffentlichen Funktionen der Gewerkschaften. Eine Untersuchung zur Autonomie sozialer Verbände in der modernen Verfassungsordnung, Stuttgart 1966.

— Elemente einer materialistischen Staatstheorie, in: C.v. Braunmühl u. a., Hg., Probleme einer materialistischen Staatstheorie, Frankfurt 1973, S. 199-266.

Hirschfeld, G.v., Geschichte und Statistik der Fruchtbarkeit, in: Correspondenz-Blatt des Niederrhein. Vereins für öffentliche Gesundheitspflege 3, 1874, S. 33-75, 113-171.

Hirsch-Weber, W., Gewerkschaften in der Politik. Von der Massenstreikdebatte zum Kampf um das Mitbestimmungsrecht, Köln 1959.

Hobsbawm, E.J., Economic Fluctuations and some social movements since 1800, in: EHR 5, 1952/53, S. 1-25.

— Industrie und Empire. Britische Wirtschaftsgeschichte seit 1750, 2 Bde., Frankfurt 1969.

— Von der Sozialgeschichte zur Geschichte der Gesellschaft, in: H.-U. Wehler, Hg., Geschichte und Soziologie, Köln 1972, S. 331-353.

— Labouring Men. Studies in the History of Labour, London 1972[3].

— Klassenbewußtsein in der Geschichte, in: I. Mészáros, Hg., Aspekte von Geschichte und Klassenbewußtsein, München 1972, S. 13-37.

— Custom, Wages and Work-load in Nineteenth Century Industry, in: ders., Labouring Men, London 1972[3], S. 344-370.

Hodge, J., Workman's Cottage to Windsor Castle, London 1931.

Hodges, F., The Miner and his Trade Union, in: Mining Association of Great Britain, Hg., Historical Review of Coal Mining, London 1924, S. 334-350.

— My Adventures of a Labour leader, London 1925.

Hodges, T.M., The Peopling of the Hinterland and the Port of Cardiff, 1801-1914, in: W.E. Minchinton, Hg., Industrial South Wales, 1750-1914. Essays in Welsh Economic History, London 1969, S. 3-18.

Hörning, K.H., Hg., Der „neue" Arbeiter. Zum Wandel sozialer Schichtstrukturen, Frankfurt 1973.

Hörr, J.H., Streik-Bilanzen. Eine sozialökonomische Studie über den Streik als Waffe im modernen Wirtschaftskampfe, Diss. Frankfurt 1926.

Hoff, E., Die Lage der Arbeitnehmer, in: O. Brandt/O. Most, Hg., Heimat- und Wirtschaftskunde für Rheinland und Westfalen, Essen 1914, Bd. 1, S. 183-194.

Hoffmann, E., Dr. Francis Kruse. Königlich Preußischer Regierungspräsident, Leipzig 1937.

Hoffmann, W.G., British Industry 1700-1950, Oxford 1965.

— Das Wachstum der deutschen Wirtschaft seit der Mitte des 19. Jahrhunderts, Berlin 1965.

Hofmann, E., Die Neuorganisation der Preußischen Berg-, Hütten- und Salinenverwaltung und ähnliche Erscheinungen in anderen deutschen Ländern, Diss. Frankfurt (1928).

Hohorst G./*Kocka,* J./*Ritter,* G.A., Sozialgeschichtliches Arbeitsbuch, 1870-1914, München 1975.

Holtfrerich, C.-L., Quantitative Wirtschaftsgeschichte des Ruhrkohlenbergbaus im 19. Jahrhundert. Eine Führungssektoranalyse, Dortmund 1973.

Holton, R.J., Daily Herald v. Daily Citizen, 1912-1915. The Struggle for a Labour Daily in Relation to the Labour Unrest, in: IRSH 19, 1974, S. 347-376.

Holzschuher, V., Soziale und ökonomische Hintergründe der Kartellbewegung, Diss. Erlangen-Nürnberg 1962.

Homburg, H., Anfänge des Taylorsystems in Deutschland vor dem Ersten Weltkrieg. Eine Problemskizze unter besonderer Berücksichtigung der Arbeitskämpfe bei Bosch 1913, in: GG 4, 1978, S. 170-194.

Home Office, The Law Relating to Mines under the Coal Mines Act 1911, London 1914.

Hommer, O., Die Entwicklung und Tätigkeit des Deutschen Metallarbeiterverbandes, Berlin 1912.

Hondrich, K.O., Theorie der Herrschaft, Frankfurt 1973.

Hooson, T./*Howe,* G., Work for Wales, London 1964.

Horn, N., Aktienrechtliche Unternehmensorganisation in der Hochindustrialisierung, in: Horn/J. Kocka, Hg., Recht und Entwicklung der Großunternehmen im 19. und frühen 20. Jahrhundert, Göttingen 1979, S. 123-189.

Horn, N./*Kocka,* J., Hg., Recht und Entwicklung der Großunternehmen im 19. und frühen 20. Jahrhundert. Wirtschafts-, sozial- und rechtshistorische Untersuchungen zur Industrialisierung in Deutschland, Frankreich, England und den USA, Göttingen 1979.

Horner, A., Incorrigible Rebel, London 1960.

Horst, W., Studien über die Zusammenhänge zwischen Bevölkerungsbewegung und Industrieentwicklung im niederrheinisch-westfälischen Industriegebiet, Essen 1937.

Hortleder, G., Ingenieure in der deutschen Industriegesellschaft. Zur Soziologie der Technik und der naturwissenschaftlich-technischen Intelligenz im öffentlichen Dienst und in der Industrie, Frankfurt 1973.

— Das Gesellschaftsbild des Ingenieurs. Zum politischen Verhalten der Technischen Intelligenz in Deutschland, Frankfurt 1974[3].

Hoselitz, B.F./*Moore,* W.E., Industrialization and Society, Paris 1968.

Howell, D.W., Land and People in Nineteenth-Century Wales, London 1978.

Huck, A., Arbeiterkonsumverein und Verbraucherorganisation. Die Entwicklung der Konsumgenossenschaften im Ruhrgebiet 1860-1914, in: J. Reulecke/W. Weber, Hg., Fabrik, Familie, Feierabend, Wuppertal 1978, S. 215-246.

Hudde, H., Die Wirtschafts- und Bevölkerungsentwicklung der Stadt Essen in den Jahren 1800 bis 1914. Ein Beitrag zur Geschichte einer ausgesprochenen Industriestadt, Diss. Ms. Freiburg 1925.

Hue, O., Neutrale oder parteiische Gewerkschaften? Ein Beitrag zur Gewerkschaftsfrage, zugleich eine Geschichte der deutschen Bergarbeiterbewegung, o. O. 1900.

— Kohlenversorgung und Grubenverstaatlichung, in: Die Neue Zeit 19, 1900/01, I/9, S. 260 ff.

— Unsere Taktik beim Generalstreik, Bochum 1905.

— Arbeiterausschüsse als Arbeitervertretungen, in: Sozialistische Monatshefte XI, 1907, I, S. 15-24.

— Die Bergarbeiter. Historische Darstellung der Bergarbeiterverhältnisse von der ältesten bis in die neueste Zeit, 2 Bde., Stuttgart 1910/13.

Hugenberg, A., Streiflichter aus Vergangenheit und Gegenwart. Aufzeichnungen, Reden, Briefe, Aufsätze 1883-1926, Berlin 1927.

Hughes, F., By Hand and Brain. The Story of the Clerical and Administrative Workers' Union, London 1953.

Hughes, M.E./*James,* A.J., Wales. A Physical, Economic and Social Geography, London 1961.

Hughes, S.E., The 1918 election with particular reference to the elections in South Wales, Somerset and Bristol, M.A. Thesis, University of Wales, Bangor 1969.

Hundt, R., Bergarbeiter-Wohnungen im Ruhrrevier, Berlin 1902.

Hunt, E.H., Regional Wage Variations in Britain, 1850-1914, Oxford 1973.

Hunt, R., Mineral Statistics, London 1874-1876.

Hurwitz, S.J., State Intervention in Great Britain. A Study of Economic Control and Social Response, 1914-1919, London 1968².

Husmann, H., Lebensformen und ihr Wandel beim Arbeiter in Hamborn, in: Rhein.-Westf. Zeitschr. f. Volkskunde 4, 1954, S. 1-39.

Hutchins, B.L./*Harrison,* A., A History of Factory Legislation, London 1966³.

Hutchinson, K., The Decline and Fall of British Capitalism, New York 1950.

Hyde, C.K., Technological Change and the British Iron Industry, 1700-1870, Princeton 1977.

Hyman, R., Strikes, London 1972².

Imbusch, H., Ist eine Verschmelzung der Bergarbeiter-Organisationen möglich? Kritische Betrachtungen zur Frage der Verschmelzung der beiden großen Bergarbeiterverbände, Essen 1906.

— Arbeitsverhältnis und Arbeiterorganisationen im deutschen Bergbau. Eine geschichtliche Darstellung, Essen 1908.

— Die Gelben in der deutschen Arbeiterbewegung, Köln 1912.

— Jugendliche Arbeiter im Bergbau, Essen 1916.

Imperialismus heute, Berlin 1966.

Isay, R., Das Bergrecht der wichtigsten Kulturstaaten in rechtsvergleichender Darstellung, Berlin 1929.

Israel, J., Der Begriff Entfremdung. Makrosoziologische Untersuchung von Marx bis zur Soziologie der Gegenwart, Reinbek 1972.

Jackmann, A.N., Hg., Mining Year Book, London 1906.

Jacob, H., German Administration since Bismarck. Central Authority Versus Local Autonomy, London—New Haven 1963.

Jacobs, A./*Richter,* H., Die Großhandelspreise in Deutschland von 1792-1934, in: Vierteljahresschrift zur Konjunkturforschung, Bd. 37, Berlin 1935.

Jaeger, H., Unternehmer in der deutschen Politik (1890-1918), Bonn 1967.

Jahn, G., Die Entstehung der Fabrik, in: Schmollers Jahrbuch 69, 1949, S. 89-116, 193-228.

Jahrbuch für den Oberbergamtsbezirk Dortmund 1913-1921, Essen 1923.

Jänicke, M., Hg., Politische Systemkrisen, NWB, Bd. 65, Köln 1973.

Jankowski, M.D., Public Policy in Industrial Growth. The case of Ruhr Mining Region, 1776-1865, New York 1977.

Jansen, M.B./*Stone,* L., Education and Modernization in Japan and England, in: CSSH 9, 1967, S. 208-232.

Jantke, C., Bergmann und Zeche. Die sozialen Arbeiterverhältnisse einer Schachtanlage des nördlichen Ruhrgebiets in der Sicht der Bergleute, Tübingen 1953.

Jaray, K., Zur Miethausfrage, in: Technische Blätter 44, 1912, S. 65-77.

Jefferys, J.B., Business Organization in Great Britain 1856-1914, New York 1977.

Jeidels, O., Das Verhältnis der deutschen Großbanken zur Industrie, Leipzig 1905.

Jenkins, H./ *Jones,* D.C., Social Class of Cambridge University Alumni of the Eighteenth and Nineteenth Centuries, in: British Journal of Sociology 1, 1950, S. 93 ff.

Jenkinson, A.J., Reflexions on a pamphlet entitled „The Miners Next Step", in: Economic Review, Juli 1912, S. 302-312.

Jevons, H.S., The British Coal Trade, New York 1969[2].

John, A.H., The Industrial Development of South Wales, 1750-1850, Cardiff 1950.

John, D.G., An Economic and Historical Survey of the Development of the Anthracite Industry, with special reference to the Swansea Valley, M.A. Thesis, Cardiff 1923.

Jonas, F., Sozialphilosophie der industriellen Arbeitswelt, Stuttgart 1974[2].

Jones, A.G., The Economic and Social History of Ebbw Vale During the Period 1775-1927, M.A. Thesis, Cardiff 1928.

Jones, D.J.V., Before Rebecca. Popular Protests in Wales, 1793-1835, London 1973.

Jones, E.J., ‚Scotch Cattle' and Early Trade Unionism in Wales, in: W.E. Minchinton, Hg., Industrial South Wales 1750-1914, London 1969, S. 209-217.

Jones, G.S., Outcast London. A Study in the Relationship Between Classes in Victorian Society, Oxford 1971.

Jones, L., Im Tal der schlagenden Wetter, Berlin 1969.

Jones, P.N., Colliery Settlement in the South Wales Coalfield 1850 to 1926, Hull 1969.

Jones, R., The nineteenth-century Foreign Office. An administrative history, London 1971.

Joniak, N., Arbeiterwohnungselend im rheinisch-westfälischen Industriebezirk, Frankfurt 1908.

Jost, W., Das Sozialleben des industriellen Betriebs, Berlin 1932.

Jüngst, E., Arbeitslohn und Unternehmergewinn im rheinisch-westfälischen Steinkohlenbergbau, in: Glückauf 42, 1906, S. 1215-1221, 1243-1251, 1282-1289, 1314-1326.

— Der Achtstundentag im britischen Steinkohlenbergbau, in: Glückauf 43, 1907, S. 1201-1212.

— Festschrift zur Feier des 50-jährigen Bestehens des Vereins für die Bergbaulichen Interessen, Essen 1908.

— Zur Frage der Verwendung der Schrämmaschine im Ruhrkohlenbergbau. Ein kritischer Beitrag zur Polenfrage in: Glückauf 45, 1909, S. 969-976.

— Die Rentabilität der westfälischen Staatszechen, in: Glückauf 46, 1910, S. 1401-1414.

— Entwicklungstendenzen im Ruhrbergbau, Essen 1910.

— Die Bergwerksabgaben an den Herzog von Arenberg, in: Glückauf 48, 1912, S. 2119-2122.

— Die Konzentration im deutschen Wirtschaftsleben, im besonderen im deutschen Steinkohlenbergbau, in: Glückauf 49, 1913, S. 1462 ff.

— Die Berg- und Hüttenindustrie, in: O. Brandt/O. Most, Hg., Heimat- und Wirtschaftskunde für Rheinland und Westfalen, Essen 1914, Bd. 1, S. 335-359.

Jutzi, W., Die deutsche Montanindustrie auf dem Wege zum Trust, Jena 1905.

Kabelitz, R., Die Entwicklung des Steinkohlenverbrauchs in Deutschland von der Reichsgründung bis zum Beginn des Zweiten Weltkrieges, Diss. Bonn 1952.

Kadritzke, U., Angestellte — Die geduldigen Arbeiter. Zur Soziologie und sozialen Bewegung der Angestellten, Frankfurt 1975.

Kaelble, H., Industrielle Interessenpolitik in der Wilhelminischen Gesellschaft. Centralverband Deutscher Industrieller, 1895-1914, Berlin 1967.

— Sozialer Aufstieg in Deutschland 1850-1914, in: VSWG 60, 1973, S. 41-71.

Kaelble, H./*Volkmann,* H., Konjunktur und Streik während des Übergangs zum Organisierten Kapitalismus in Deutschland, in: Zeitschrift für Wirtschafts- und Sozialwissenschaft 92, II, 1972, S. 513-544.

Kammerer, O., Der Ersatz des Handarbeiters durch die Maschine im Bergbau, in: Zeitschrift des Vereins deutscher Ingenieure 54, 1910, S. 1883-1810, 1975-1979, 2015-2018.

Kandler, J., Die Kartellierung im britischen Kohlenbergbau, Diss. Frankfurt, Offenbach 1932.

Kautsky, K., Die Lehren des Bergarbeiterstreiks, in: Die Neue Zeit 43, 1905, S. 772-782.

Keir, D.L., The constitutional history of modern Britian since 1485, London 1969[9].

Kelsall, R.K./*Lockwood,* D./*Tropp,* A., The middle class in the power structure of Great Britain, in: Transactions of the Third World Congress of Sociology, Bd. 3, 1956, S. 320-329.

Kempken, F., Die wirtschaftliche Entwicklung der Stadt Oberhausen (Rheinland), Berlin 1917.

Kempken, J., Die Rentabilität der Bergbau-Aktiengesellschaften des Ruhrkohlenreviers in den Jahren 1910-1919, Diss. Ms. Würzburg 1921.

Kern, H./*Schumann,* M., Industriearbeit und Arbeiterbewußtsein. Eine empirische Untersuchung über den Einfluß der aktuellen technischen Entwicklung auf die industrielle Arbeit und das Arbeiterbewußtsein, 2 Bde., Frankfurt 1974[3].

Kern, K., Vertikaler Zusammenschluß in der deutschen Industrie, Diss. Ms. Freiburg 1923.

Kerr, C., u. a., Industrialism and Industrial Man. The Problems of Labour and Management in Economic Growth, Harmondsworth 1973.

Kerr, C./*Siegel,* A., The interindustry propensity to strike — an international comparison, in: A. Kornhauser u. a., Hg., Industrial Conflict, New York 1954, S. 189-212.

Kessler, G., Die deutschen Arbeitgeberverbände, Leipzig 1907.

Kesten, W., Geschichte der Bergwerksgesellschaft Dahlbusch, Essen 1952.

Kestner, F., Der Organisationszwang. Eine Untersuchung über die Kämpfe zwischen Kartellen und Außenseitern, Berlin 1912.

Kiersch, G., Der Gemeinschaftsverkauf im Ruhrkohlenbergbau — Entwicklung und Problematik, in: Beiträge zur Wirtschaftsforschung. Festgabe für Walther Däbritz, Essen 1951, S. 172-207.

Kirby, M.W., The British Coalmining Industry, 1870-1946, London 1977.

Kirchhoff, H.G., Die staatliche Sozialpolitik im Ruhrbergbau, 1871-1914, Köln-Opladen 1958.

Kirkaldy, A.W., British Shipping, London 1914.

Klass, G.v., Albert Vögler. Einer der Großen des Ruhrreviers, Tübingen 1957.

Klein, F., Hg., Studien zum deutschen Imperialismus vor 1914, Berlin 1976.

Kleinschmidt, W., Die Siemens-Rheinelbe-Schuckert-Union G.m.b.H., ein Beispiel heutiger Konzentrationsbewegung, Diss. Berlin 1927.

Kleßmann, Ch., Klassensolidarität und nationales Bewußtsein. Das Verhältnis zwischen der Polnischen Berufsvereinigung (ZZP) und den deutschen Bergarbeitergewerkschaften im Ruhrgebiet 1902-1923, in: IWK 10, 1974, S. 149-178.

— Polnische Bergarbeiter im Ruhrgebiet 1870-1945. Soziale Integration und nationale Subkultur einer Minderheit in der deutschen Industriegesellschaft, Göttingen 1978.

Kliersfeld, J., Die Haltung Kaiser Wilhelms II. zur Arbeiterbewegung und zur Sozialdemokratie, Diss. Köln 1933.

Klingender, F.D., The Blackcoated Worker in London, Ph.D. Thesis, London School of Economics, 1934.

— The Condition of Clerical Labour in Britain, London 1935.

Klinkers, A., Die Bedeutung der Oberklasse für die Zusammensetzung des Englischen Unterhauses, Würzburg 1942.

Klühs, F., Terror, Magdeburg 1912.

Kluitmann, L., Der gewerbliche Geld- und Kapitalverkehr im Ruhrgebiet im 19. Jahrhundert, Bonn 1931.

Knirim, E., Die Verschiebungen der Volksdichte im engeren westfälischen Ruhrgebiet von 1818 bis 1924 und ihre geographischen Grundlagen, Diss. Münster o.J. (1928).

Knopp, G., Die Preußische Verwaltung des Regierungsbezirks Düsseldorf in den Jahren 1899-1919, Köln 1974.

Knübel, H., Die räumliche Gliederung des Ruhrgebiets, in: Geographische Rundschau 17, 1965, S. 180-190.

Koch, F., Grundzüge des englischen Kartellrechts, Berlin 1927.

Koch, H., Arbeiterausschüsse, Mönchen-Gladbach 1907.

Koch, M.J., Die Bergarbeiterbewegung im Ruhrgebiet zur Zeit Wilhelms II. (1889-1914), Düsseldorf 1954.

Kocka, J., Unternehmensverwaltung und Angestelltenschaft am Beispiel Siemens 1847-1914. Zum Verhältnis von Kapitalismus und Bürokratie in der deutschen Industrialisierung, Stuttgart 1969.

— Industrielles Management: Konzeptionen und Modelle in Deutschland vor 1914, in: VSWG 56, 1969, S. 332-372.

— Vorindustrielle Faktoren in der deutschen Industrialisierung. Industriebürokratie und „neuer Mittelstand", in: M. Stürmer, Hg., Das kaiserliche Deutschland, Düsseldorf 1970, S. 265-286.

— Organisierter Kapitalismus oder Staatsmonopolistischer Kapitalismus? Begriffliche Vorbemerkungen, in: H.A. Winkler, Hg., Organisierter Kapitalismus, Göttingen 1974, S. 19-35.

— Unternehmer in der deutschen Industrialisierung, Göttingen 1975.

— Sozialgeschichte-Strukturgeschichte-Gesellschaftsgeschichte, in: AfS 15, 1975, S. 1-42.

— Angestellte zwischen Faschismus und Demokratie. Zur politischen Sozialgeschichte der Angestellten: USA 1890-1940 im internationalen Vergleich, Göttingen 1977.

— The Rise of the Modern Business Enterprise in Germany, in: A.D. Chandler/H. Daems, Hg.; Managerial Hierachies. Comparative Perspectives on the Rise of the Modern Industrial Enterprise, Cambridge, Mass. 1980, S. 77-116.

Köhne, K., Blauer Montag, in: Zeitschrift für Sozialwissenschaft N.F., 11, 1920, S. 268-287, 394-414.

Köllmann, W., Die Geschichte der Bergarbeiterschaft, in: W. Först, Hg., Ruhrgebiet und Neues Land, Köln—Berlin 1968, S. 47-112.

— Hg., Der Bergarbeiterstreik von 1889 und die Gründung des „Alten Verbandes" in ausgewählten Dokumenten der Zeit, Bochum 1969.

— Bevölkerung in der industriellen Revolution. Studien zur Bevölkerungsgeschichte Deutschlands, Göttingen 1974.

Köllmann, W./*Marschalck,* P., Hg., Bevölkerungsgeschichte. NWB, Bd. 54, Köln 1972.

Koepper, G., Hg., In Schacht und Hütte. Die Industrie des Ruhrkohlenbezirks und benachbarter Gebiete, Reutlingen o.J., (1912).

Kornhauer, A./*Dubin,* R./*Ross,* A.M., Industrial Conflict, New York 1954.

Koselleck, R., Hg., Studien zum Beginn der modernen Welt, Stuttgart 1977.

— Preußen zwischen Reform und Revolution. Allgemeines Landrecht, Verwaltung und soziale Bewegung von 1791 bis 1848, Stuttgart 1975[2].

Köstler, H., Betrieb und Unternehmung in historischer Sicht, Konstanz 1974.

Koszyk, K., Die sozialdemokratische Arbeiterbewegung 1890 bis 1914, in: J. Reulecke, Hg., Arbeiterbewegung an Rhein und Ruhr, Wuppertal 1974, S. 149-172.

Krampe, H.D., Der Staatseinfluß auf den Ruhrkohlenbergbau in der Zeit von 1800 bis 1865, Köln 1961.

Kremer, W., Der soziale Aufbau der Parteien des deutschen Reichstages von 1871-1918, Diss. Köln, Emsdetten 1934.

Kreutz, W., Wesen und Bewertung der Beteiligungsziffer beim Rheinisch-Westfälischen Kohlensyndikat, Köln 1911.

Kriedte, P./*Medick*, H./*Schlumbohm*, J., Industrialisierung vor der Industrialisierung. Gewerbliche Warenproduktion auf dem Land in der Formationsperiode des Kapitalismus, Göttingen 1977.

Krojanker, G., Die Entwicklung des Koalitionsrechts in England, Stuttgart—Berlin 1914.

Kroker, W., Wege zur Verbreitung technologischer Kenntnisse zwischen England und Deutschland in der zweiten Hälfte des 18. Jahrhunderts, Berlin 1971.

Krueger, H.E., Historische und kritische Untersuchungen über die freien Interessenvertretungen von Industrie, Handel und Gewerbe in Deutschland, in: Schmollers Jahrbuch 32, 1908, S. 1581-1614, 33, 1909, S. 617-668.

— Die wirtschaftliche und soziale Lage der Privatangestellten. 2 Teile (Schriften der Gesellschaft f. Soziale Reform, H. 30-33), Jena 1910-12.

Krupp. Zum 100jährigen Bestehen der Firma Krupp und der Grußstahlfabrik zu Essen, Jena 1912.

Krysmanski, H.J., Soziologie des Konflikts. Materialien und Modelle, Reinbek 1972.

Kuczynski, J., Die Geschichte der Lage der Arbeiter unter dem Kapitalismus, Bde. 14 u. 25, Berlin 1962-65.

Kuczynski, R., Arbeitslohn und Arbeitszeit in Europa und Amerika, 1870-1909, Berlin 1913.

Kühr, H., Parteien und Wahlen im Stadt- und Landkreis Essen in der Zeit der Weimarer Republik, Düsseldorf 1973.

Kulemann, W., Die Berufsvereine, 3 Bde., Berlin 1908.

Kunze, W., Der Aufbau des Phoenix-Konzerns, Diss. Frankfurt 1926.

The Labour Yearbook 1916 (London 1916), Brighton 1972^2.

Lackmann, F., Die Arbeitsverhältnisse der Schwerindustrie, untersucht am Beispiel der Arbeiterschaft von Gelsenkirchen im Vergleich mit anderen Städten und Gewerben, Diss. München, Köln 1930.

Lammers, C., Kartellgesetzgebung des Auslandes, Berlin 1927.

Landes, D.S., The Structure of Enterprise in the Nineteenth Century. The Cases of Britain and Germany, in: International Congress of Historical Sciences, Rapp. Bd. V, Göteborg, 1960, S. 107-128.

— Hg., The Rise of Capitalism, New York 1966.

— Der entfesselte Prometheus. Technologischer Wandel von 1750 bis zur Gegenwart, Köln 1973.

Lang, J., Die geschichtliche und räumliche Entwicklung des Bergarbeiterwohnungsbaus im Ruhrgebiet, Diss. Ms. Köln 1952.

Lange, Die Wohnungsverhältnisse der ärmeren Volksklassen in Bochum in: Die Wohnungsnoth der ärmeren Klassen in deutschen Großstädten. Schriften des Vereins für Socialpolitik, Bd. 31, Leipzig 1886, S. 73-105.

Lange, I., Die Entwicklung des Bergmannshauses in Westfalen, in: Westf. Heimatkalender 21, 1967, S. 106-115.

Lange-Kothe, I., Die Odyssee der ältesten Dampfmaschine des Ruhrgebiets, in: Der Anschnitt 7, 1955, S. 24-26.

Langerhans, H., Richtungsgewerkschaft und gewerkschaftliche Autonomie 1890-1914, in: IRSH 2, 1957, S. 22-51.

Laspeyres, R./*Lindemann,* W., Statistische Untersuchungen über die Gesundheitsverhältnisse der Bergleute, Bonn 1907.

Laufenberg, H., Der politische Streik, Berlin 1914.

Lauffer, S., Die Bergwerkssklaven vom Laureon, 2 Bde., Wiesbaden 1955/56.

Lawson, J., The Man in the Cap. The Life of Herbert Smith, London 1924.

Leckebusch, R., Entstehung und Wandlungen der Zielsetzungen, der Struktur und der Wirkungen von Arbeitgeberverbänden, Berlin 1966.

Lederer, E., Die Privatangestellten in der modernen Wirtschaftsentwicklung, Tübingen 1912.

— Die wirtschaftlichen Organisationen, Leipzig—Berlin 1913.

Ledermann, E., Die Organisation des Ruhrbergbaus unter Berücksichtigung der Beziehungen zur Eisenindustrie, Berlin—Leipzig 1927.

Lee, C.H., Regional Economic Growth in the United Kingdom since the 1880s, London 1971.

Lee, W.A., History of Organisation in the Coal Industry, in: Mining Association of Great Britain, Hg., Historical Review of Coal Mining, London 1924, S. 351-377.

— Thirty Years in Coal 1917-1947. A review of the coal mining industry under private enterprise, London 1954.

Legien, C., Das Koalitionsrecht der deutschen Arbeiter in Theorie und Praxis, Hamburg 1899.

— Die deutsche Gewerkschaftsbewegung, Berlin 1911[2].

Lehmkühler, M.-L., Streik als soziale Krise des Großbetriebs. Eine historisch-soziologische Studie über den Ruhrbergbau, in: Soziale Welt 3, 1951/52, S. 143-155.

Leipart, T., Carl Legien. Ein Gedenkbuch, Berlin 1929.

Leist, E., Das Geld-, Bank- und Börsenwesen, in: O. Brandt/O. Most, Hg., Heimat- und Wirtschaftskunde für Rheinland und Westfalen, Essen 1914, Bd. 1, S. 497 ff.

Lemberg, H., Hg., Jahrbuch der Steinkohlenzechen und Braunkohlengruben Westdeutschlands, Dortmund 1915.

Lepsius, M.R., Parteisystem und Sozialstruktur. Zum Problem der Demokratisierung der deutschen Gesellschaft, in: G.A. Ritter, Hg., Die deutschen Parteien vor 1918, Köln 1973, S. 56-80.

Levenstein, A., Hg., Aus der Tiefe. Arbeiterbriefe, Berlin 1909.

— Die Arbeiterfrage. Mit besonderer Berücksichtigung der sozialpsychologischen Seite des modernen Großbetriebs und der psycho-physischen Einwirkungen auf die Arbeiter, München 1912.

Levine, A.L., Industrial Retardation in Britain, 1880-1914, New York 1967.

Levy, H., Monopole, Kartelle und Trusts in der Geschichte und Gegenwart der englischen Industrie, Jena 1927².

— Soziologische Studien über das englische Volk, Jena 1920.

Lewis, E.D., The Rhondda Valleys. A Study in Industrial Development, 1800 to the Present Day, London 1959.

Lexis, W., Hg., Die deutschen Universitäten, 2 Bde., Berlin 1893.

Leybold, K., Die Beschäftigung jugendlicher Arbeiter beim niederrheinisch-westfälischen Steinkohlenbergbau, in: Glückauf 36, 1900, S. 25-32.

Lichtheim, G., Kurze Geschichte des Sozialismus, München 1975.

Liefering, M., Das Rheinisch-Westfälische Kohlensyndikat und sein Einfluß auf die Kohlenpreise und die Lage der Bergarbeiter, Diss. Tübingen, Dortmund 1910.

Liefmann, R., Die Erwerbung der Hibernia-Gesellschaft durch den Preußischen Staat und dessen weitere Aufgaben im rheinisch-westfälischen Kohlenbergbau, in: Annalen des Deutschen Reichs 38, 1905, S. 401-416.

— Kartelle und Trusts und die Weiterbildung der volkswirtschaftlichen Organisation, Stuttgart 1920.

Life and Labour in Germany. Report of the Labour Party and Trade Union Commission on Wages, Hours of Employment, Working Conditions and the Standard of Living, London 1910.

Limbertz, H., Sozialisiert den Staatsbergbau. Die parlamentarischen Untersuchungen auf den Staatszechen im Bezirk Recklinghausen 1920, Bochum 1920.

Lindemann, H., Wen trifft die Schuld? Betrachtungen über Ursachen und Entstehung des Ausstandes der Ruhrbergleute im Januar und Februar 1905, Essen 1905.

Lindenlaub, D., Richtungskämpfe im Verein für Sozialpolitik. Wissenschaft und Sozialpolitik im Kaiserreich, vornehmlich vom Beginn des „neuen Kurses" bis zum Ausbruch des Ersten Weltkrieges (1890-1914), Diss. Köln, Wiesbaden 1967.

Linse, U., Organisierter Anarchismus im deutschen Kaiserreich von 1871, Berlin 1969.

Littek, W., Industriearbeit und Gesellschaftsstruktur. Zur Kritik der Industrie- und Betriebssoziologie, Frankfurt 1973.

Llewellyn, R., So grün war mein Tal, Frankfurt o.J.

Lloyd, D.W., Hg., Cardiff. A Commercial and Industrial Centre, Cardiff 1919.

Lockwood, D., The Blackcoated Worker. A Study in Class Consciousness, London 1958.

— Soziale Integration und Systemintegration, in: W. Zapf, Hg., Theorien des sozialen Wandels, 1971³, S. 124-137.

Loewenstein, H. von und zu, Die Entwicklung, Tätigkeit und Ziele der Arbeiterorganisationen im Ruhrkohlenrevier, Essen 1907.

Lohnermittelungen und Haushaltsrechnungen der minderbemittelten Bevölkerung im Jahre 1903, Berlin 1903.

Loubère, L., Coal Miners, Strikes and Politics in the Lower Languedoc, 1880-1914, in: JSH 2, 1968/69, S. 25-50.

Lowndes, G.A.N., The Silent Social Revolution. An Account of the Expansion of Public Education in England and Wales, 1895-1965, Oxford 1969².

Lünnemann, F., Die Arbeiterpolitik der englischen und deutschen Staatswerften, Diss. Kiel 1909.

Lüters, W., Die Konjunkturpolitik des Rheinisch-Westfälischen Kohlensyndikats vor dem Kriege, Diss. Berlin 1928.

Lüthgen, H., Das Rheinisch-Westfälische Kohlensyndikat in der Vorkriegs-, Kriegs- und Nachkriegszeit und seine Hauptprobleme, Leipzig—Erlangen 1926.

Lütkens, C., Ausbau und Abbau der Kohlenplanwirtschaft in England, Dresden 1921.

Lützenkirchen, R., Der sozialdemokratische Verein für den Reichstagswahlkreis Dortmund-Hörde. Ein Beitrag zur Parteiengeschichte, Dortmund 1970.

Luhmann, N., Grundrechte als Institution. Ein Beitrag zur politischen Soziologie, Berlin 1965.

Lucács, G., Geschichte und Klassenbewußtsein. Studien über marxistische Dialektik, Neuwied—Berlin 1970.

Lumley, R., White-Collar Unionism in Britain, London 1973.

Lundgreen, P., Bildung und Wirtschaftswachstum im Industrialisierungsprozeß des 19. Jahrhunderts. Methodische Ansätze, empirische Studien und internationale Vergleiche, Berlin 1973.

— Gegensatz und Verschmelzung von „alter" und „neuer" Bürokratie: Ein Vergleich von Frankreich und Preußen, in: H.-U. Wehler, Hg., Sozialgeschichte Heute, Göttingen 1974, S. 104-118.

— Techniker in Preußen während der frühen Industrialisierung. Ausbildung und Berufsfeld einer entstehenden sozialen Gruppe, Berlin 1975.

Lupus, Aus einer christlichen Gewerkschaft, Hamborn (1910).

Luxemburg, R., Massenstreik, Partei und Gewerkschaften (1906), in: dies., Politische Schriften, Leipzig 1969, S. 127-226.

Macdonell, J., Notes as to the law relating to combinations, in: Trust Report, London 1919.

Mackenzie, W.A., Changes in the Standard of Living in the United Kingdom, 1860-1914, in: Economica 1/2, 1921/22, S. 211-230.

Mackworth, M.H., D.A. Thomas — Viscount Rhondda, London 1921.

MacPherson, C.B., Die politische Theorie des Besitzindividualismus. Von Hobbes bis Locke, Frankfurt 1973².

Macrosty, H.W., The Trust Movement in British Industry, London 1907.

Madison, A., Economic Growth in the West, New York 1964.

Maier, C.S., Recasting Bourgeois Europe. Stabilization in France, Germany, and Italy in the decade after World War I., Princeton 1975.

Manitius, H., Die Nebenerzeugnisse der Steinkohle in der deutschen Volkswirtschaft, Diss. Ms. Münster 1923.

Manno, E., Die Kohlenversorgung Süddeutschlands, Diss. Heidelberg 1914.

Marchand, H., Säkularstatistik der deutschen Eisenindustrie, Essen 1939.

Markow, A., Das Wachstum der Bevölkerung und die Entwicklung der Aus- und Einwanderungen, Ab- und Zuzüge in Preußen und Preußens einzelnen Provinzen, Bezirken und Kreisgruppen von 1824-1885, Tübingen 1889.

Marquardt, U., Die Interessengemeinschaften, eine Ergänzung zur Entwicklungsgeschichte der Zusammenschlußbewegungen von Unternehmungen, Berlin 1910.

Martin, R., Jahrbuch des Vermögens und Einkommens der Millionäre in Westfalen, Berlin 1913.

— Jahrbuch des Vermögens und Einkommens der Millionäre in der Rheinprovinz, Berlin 1913.

Marwick, A., The Deluge. British Society and the First World War, Harmondsworth 1967².

Marx, K., Das Kapital, Bd. 1 (1867), Berlin 1969.

Marx, K./*Engels*, F., Über die Gewerkschaften, Frankfurt 1971.

Maschke, E., Grundzüge der deutschen Kartellgeschichte bis 1914, Dortmund 1964.

Massatsch, K., Die Syndikate und Kartelle und ihr Einfluß auf die Arbeitsverhältnisse, Stuttgart 1913.

Massey, P., Industrial South Wales, London 1940.

Mathias, P., The First Industrial Nation. An Economic History of Britain, 1700-1914, London 1974².

Mattheier, K., Die Gelben. Nationale Arbeiter zwischen Wirtschaftsfrieden und Streik, Düsseldorf 1973.

— Werkvereine und Wirtschaftsfriedlich-nationale (gelbe) Arbeiterbewegung im Ruhrgebiet, in: J. Reulecke, Hg., Arbeiterbewegung an Rhein und Ruhr, Wuppertal 1978, S. 173-204.

Matthes, A., Hg., Reden Kaiser Wilhelms II., München 1976.

Mauke, M., Die Klassentheorie von Marx und Engels, Frankfurt 1973⁴.

Mavor, S., Die maschinelle Kohlengewinnungsarbeit mit besonderer Berücksichtigung der Grubenverhältnisse in Südwales, Witkowitz 1912.

Mayer, E., Theorien zum Funktionswandel der Gewerkschaften, Frankfurt 1973.

Mayntz, R., Die soziale Organisation des Industriebetriebes, Stuttgart 1958.

— Soziale Schichtung und sozialer Wandel in einer Industriegemeinde. Eine soziologische Untersuchung der Stadt Euskirchen, Stuttgart 1958.

— Hg., Bürokratische Organisation. NWB, Bd. 27, Köln—Berlin 1968.

— Soziologie der Organisation, Reinbek 1971.

Mayo, E., The Social Problems of an Industrial Civilization, London 1966⁵.

McBriar, A.M., Fabian Socialism and English Politics, 1884-1918, Cambridge 1966².

McCarthy, W.E.J., Hg., Trade Unions. Selected Readings, Harmondsworth 1972.

— Principles and Possibilities in British Trade Union Law, in: ders., Hg., Trade Unions, Harmondsworth 1972, S. 345-365.

McConagha, W.S., Development of the Labor Movement in Great Britain, France, and Germany, Chapel Hill 1942.

McCormick, B./*Williams,* J.E., The Miners and the Eight-Hour-Day, 1863-1910, in: EHR 12, 1959/60, S. 222-238.

McKibbin, R., The Evolution of the Labour Party, 1910-1924, Oxford 1974.

Meacham, S., „The Sense of an Impending Clash“: English Working-Class Unrest before the First World War, in: AHR 77, 1972, S. 1343-1364.

Meckenstock, F., Die Geschichte der Planung im Steinkohlenbergbau des Ruhrgebietes, Diss. Ms. Köln 1951.

Medick, H., Anfänge und Voraussetzungen des Organisierten Kapitalismus in Großbritannien, 1873-1914, in: H.A. Winkler, Hg., Organisierter Kapitalismus, Göttingen 1974, S. 58-83.

— Zur strukturellen Funktion von Haushalt und Familie im Übergang von der traditionellen Agrargesellschaft zum industriellen Kapitalismus: die protoindustrielle Familienwirtschaft, in: W. Conze, Hg., Sozialgeschichte der Familie in der Neuzeit Europas, Stuttgart 1976, S. 254-283.

Meier, F., Die Änderung der Bodennutzung und des Grundeigentums im Ruhrgebiet von 1820 bis 1955, Bad Godesberg 1961.

Meifert, W., Die organisatorische Entwicklung der rheinisch-westfälischen Kohlenwirtschaft, Diss. Ms. Münster 1923.

Meinert, R., Die Entwicklung der Arbeitszeit in der deutschen Industrie, 1820-1956, Diss. Münster 1958.

Meis, H., Der Ruhrkohlenbergbau im Wechsel der Zeiten. Festschrift zum 75-jährigen Bestehen des Vereins für die bergbaulichen Interessen, Essen 1933.

Merkel, A., Analytische Kritik an Bilanzen deutscher Steinkohlen-Bergwerks-Aktiengesellschaften, Diss. Ms. Frankfurt 1923.

Mertens, W., Zur Bewegung der technischen Privatbeamten, in: AfSS 25, 1907, S. 649-713.

Mertes, P.M., Zum Sozialprofil der Oberschicht im Ruhrgebiet, dargestellt an den Dortmunder Kommerzienräten, in: Dortmunder Beiträge 67, 1971, S. 165-226.

Meschkat, K./*Negt,* O., Hg., Gesellschaftsstrukturen, Frankfurt 1973.

Mess, H.A., Factory Legislation and its Administration, 1891-1924, London 1926.

Mészáros, I., Hg., Aspekte von Geschichte und Klassenbewußtsein, München 1972.

Methoden des gewerblichen Einigungswesens. Verhandlungen der 3. Generalversammlung der Gesellschaft für Soziale Reform am 3. u. 4. Dez. 1906 in Berlin. Schriften der Gesellschaft für Soziale Reform, Heft 23/24, Jena 1907.

Metzelder, H.-A., Der Wittener Steinkohlenbergbau im Umbruch zur Großindustrie 1830-1860, Diss. Ms. Münster 1964.

Metzner, M., Die soziale Fürsorge im Bergbau unter besonderer Berücksichtigung Preußens, Sachsens, Bayerns und Österreichs, Jena 1911.

Meyer, G.A., Die Bekämpfung des Mißbrauchs geistiger Getränke im rheinisch-westfälischen Steinkohlenbergbau, Berlin 1912.

Meyer, K., Die Entwicklung der Essener Wohungsverhältnisse seit 1900, Essen 1914.

Michel, E., Sozialgeschichte der industriellen Arbeitswelt, ihrer Krisenformen und Gestaltungsversuche, Frankfurt 1953.

Michels, R., Zur Soziologie des Parteiwesens in der modernen Demokratie. Untersuchungen über die oligarchischen Tendenzen des Gruppenlebens, Stuttgart (1910) 1925[2].

Mielke, S., Der Hansa-Bund für Gewerbe, Handel und Industrie 1909-1914. Der gescheiterte Versuch einer antifeudalen Sammlungspolitik, Göttingen 1976.

Miliband, R., The State in Capitalist Society. The Analysis of the Western System of Power, London (1969) 1973[3].

Mill, J.S. Principles of Political Exonomy, London 1848 u. ö.

Millerson, G., The Qualitying Associations. A Study in Professionalization, London 1964.

Milton, F., The English Magistracy, Oxford 1967.

Minchinton, W.E., The British Tinplate Industry: A History, London 1957.

— Hg., Industrial South Wales, 1750-1914. Essays in Welsh Economic History, London 1969.

The Miners' Next Step. Being a Suggested Scheme for the Reorganisation of the Federation. Issued by the Unofficial Reform Committee, (Tonypandy 1912) London 1973.

Mining Association of Great Britain, Hg., Historical Review of Coal Mining, London 1924.

Mitchell, B.R., Abstract of British Historical Statistics, Cambridge 1971[2].

Mitchell, H./*Stearns,* P.N., Workers and Protest. The European Labor Movement, the Working Classes and the Origins of Social Democracy, 1890-1914, Itaska 1977.

Mitteis, H./*Lieberich,* H., Deutsche Rechtsgeschichte, München 1966[10].

Möller, L.W., Die Betriebskonzentration im deutschen Steinkohlen-Bergbau, Diss. Halle—Wittenberg, Leipzig 1930.

Möllers, Die Nebenprodukte des Gases, ihre Verwertung und wirtschaftliche Bedeutung, Berlin 1912.

Mogs, F., Die sozialgeschichtliche Entwicklung der Stadt Oberhausen zwischen 1850 und 1933, Diss. Köln 1956.

Mombert, P., Studien zur Bevölkerungsbewegung in Deutschland in den letzten Jahrzehnten mit besonderer Berücksichtigung der ehelichen Fruchtbarkeit, Karlsruhe 1906.

Mommsen, H., Sozialdemokratie zwischen Klassenbewegung und Volkspartei, Frankfurt 1974.

Moore, B., Soziale Ursprünge von Diktatur und Demokratie. Die Rolle der Grundbesitzer und Bauern bzw. der Entstehung der modernen Welt, Frankfurt 1974[2].

Morgan, J.V., Life of Viscount Rhondda, London 1919.

Morgan, K.O., Keir Hardie, London 1967, 1975².

— Wales in British Politics, 1868-1922, Cardiff 1970².

— The New Liberalism and the Challenge of Labour: The Welsh Experience, 1885-1929, in: WHR 6, 1973, S. 288-312.

Morrah, D., A historical outline of coal mining legislation, in: Mining Association of Great Britain, Hg., Historical Review of Coal Mining, London 1924, S. 301-320.

Morris, J.H./*Williams,* L.J., The South Wales Coal Industry 1841-1875, Cardiff 1958.

Morris, J.H./*Williams,* L.J., The South Wales Sliding Scale, in: W.E. Minchinton, Hg., Industrial South Wales 1750-1914, London 1969, S. 218-231.

Moses, J.A., Carl Legiens Interpretation des demokratischen Sozialismus. Ein Beitrag zur sozialistischen Ideengeschichte, Diss. Ms. Erlangen—Nürnberg 1965.

— Gewerkschaftliche Kultur- und Klassenkampfaufgabe bei Carl Legien, in: I. Geiss/B.J. Wendt, Hg., Deutschland in der Weltpolitik des 19. und 20. Jahrhunderts, Düsseldorf 1973, S. 185-204.

Most, O., Zur Wirtschafts- und Sozialstatistik der höheren Beamten in Preußen, in: Schmollers Jahrbuch 39, 1915, S. 181-218.

Mottek, H., Hg., Studien zur Geschichte der industriellen Revolution in Deutschland, Berlin 1960.

— Zur Verstaatlichung des Kapitalismus — der Fall Hibernia, in: Jahrbuch für Wirtschaftsgeschichte, 1968 IV, S. 11-39.

— u a., Wirtschaftsgeschichte Deutschlands, Bd. 3, Berlin 1974.

Mueller, F.H., Soziale Theorie des Betriebs, Berlin 1952.

Müller, H., Die technische Entwicklung im deutschen Steinkohlenbergbau in ihrer wirtschaftlichen Bedeutung, Diss. Ms. TU Berlin 1950.

Müller, R., Die Bevölkerungsentwicklung im Rheinisch-Westfälischen Industriegebiet von 1895-1919, Diss. Ms. Münster 1920.

Müller, W., Die Betriebskosten der unterirdischen Seilförderungen auf den Zechen des Ruhrkohlenbergbezirks, in: Glückauf 36, 1900 I, S. 141-154.

Münz, H., Die Lage der Bergarbeiter im Ruhrrevier, Essen 1909.

Müssig, E., Eisen- und Kohlenkonjunkturen seit 1870, Augsburg 1929⁴.

Müßigang, A., Die soziale Frage in der historischen Schule der deutschen Nationalökonomie, Diss. Tübingen 1966.

Mugrauer, J., Otto Hue (1868-1922), in: Rheinisch-Westfälische Wirtschaftsbiographien. Bd. 1, Münster 1932, S. 160-175.

Mulhall, M.G., Industries and Wealth of Nations, London 1896.

Muncy, L.W., The Junker in the Prussian Administration under William II., 1888-1914, Providence 1944.

Musgrave, P.W., Technical Change, the Labour Force and Education. A study of the British and German iron and steel industries 1860-1964, Oxford 1967.

Musgrove, F., Middle-class education and employment in the nineteenth century, in: EHR 12, 1959/60, S. 99-111.

Musson, A.E., The Great Depression in Britain, 1873-1896: A Reappraisal, in: JEH 19, 1959, S. 199-228.

Muszynski, B., Wirtschaftliche Mitbestimmung zwischen Konflikt- und Harmoniekonzeptionen: Theoretische Voraussetzungen, geschichtliche Grundlagen und Hauptprobleme der Mitbestimmungsdiskussion der BRD, Meisenheim 1975.

Muthesius, V., Ruhrkohle 1893-1943. Aus der Geschichte des Rheinisch-Westfälischen Kohlen-Syndikats, Essen 1943.

Narr, W.-D., Notizen zur Frage der Autonomie des politischen Systems, in: Österreichische Zeitschrift für Politikwissenschaft 1, 1972, S. 5-21.

Narr, W.-D./*Offe,* C., Hg., Wohlfahrtsstaat und Massenloyalität. NWB, Bd. 79, Köln 1975.

Nasse, R./*Krümmer,* G., Die Bergarbeiterverhältnisse in Großbritannien, Saarbrücken 1891.

Nasse, R., Über die Haushaltung der Bergarbeiter im Saarbrückenschen und in Großbritannien, in: JNS 57, 1891, S. 398-416.

— Die Beaufsichtigung des Betriebes bei dem Großbritannischen und bei dem Rheinisch-Westfälischen Steinkohlen-Bergbau, in: ZBHSW 40, 1892, S. 251-262.

Natorp, G., Der Ausstand der Bergarbeiter im Niederrheinisch-westfälischen Industriegebiet, Essen 1889.

Neale, R.S., Class and Ideology in the Nineteenth Century, London 1972.

Nef, J.U., The Rise of the British Coal Industry, 2 Bde., London 1966[2].

Negt, O./*Kluge,* A., Öffentlichkeit und Erfahrung. Zur Organisationsanalyse von bürgerlicher und proletarischer Öffentlichkeit, Frankfurt 1973[2].

Neuhaus, F., Die Zechenstillegungen im Südrandbezirk des Ruhrgebietes, Diss. Köln, Bochum 1938.

Neuhaus, G., Arbeitslohn und Arbeitsleistung der Arbeiter im Steinkohlenbergbau Preußens von 1891 bis 1905, Mönchen-Gladbach 1907.

Neuloh, O., Die deutsche Betriebsverfassung und ihre Sozialformen bis zur Mitbestimmung, Tübingen 1956.

Neuloh, O./*Kurucz,* J., Vom Kirchdorf zur Industriegemeinde. Untersuchungen über den Einfluß der Industrialisierung auf die Wertordnung der Arbeitnehmer, Köln 1967.

Neumann, W., Die Gewerkschaften im Ruhrgebiet. Voraussetzungen, Entwicklung und Wirksamkeit, Köln 1951.

Niemeyer, G., Das Landschaftsbild des heutigen Ruhrreviers vor Beginn der großindustriellen Entwicklung, in: Westf. Forschungen 5, 1942, H. 1-2.

Niethammer, L., Wie wohnten Arbeiter im Kaiserreich?, in: AfS 16, 1976, S. 61-134.

Nightingale, R.T., The Personnel of the British Foreign Office, London 1930.

Nipperdey, T., Die Organisation der bürgerlichen Parteien in Deutschland vor 1918, Düsseldorf 1976[2].

— Gesellschaft, Kultur, Theorie. Gesammelte Aufsätze zur neueren Geschichte, Göttingen 1976.

— Verein als soziale Struktur in Deutschland im späten 18. und frühen 19. Jahrhundert, in: ders., Gesellschaft, Kultur, Theorie, Göttingen 1976, S. 74-105.

— Interessenverbände und Parteien in Deutschland vor dem Ersten Weltkrieg, in: ders., Gesellschaft, Kultur, Theorie, Göttingen 1976, S. 319-337.

Nostitz, H.v., Das Aufsteigen des Arbeiterstandes in England. Ein Beitrag zur socialen Geschichte der Gegenwart, Jena 1900.

Oechelhäuser, W.v., Technische Arbeit einst und jetzt, in: Zeitschrift des Vereins deutscher Ingenieure 50, 1906, S. 1135 ff.

Oeckl, A., Die deutsche Angestelltenschaft und ihre Wohnungsverhältnisse. Eine sozialpolitische Studie unter besonderer Berücksichtigung der Gagfah, Diss. München 1935.

Offe, C., Strukturprobleme des kapitalistischen Staates. Aufsätze zur Politischen Soziologie, Frankfurt 1973^2.

— Berufsbildungsreform. Eine Fallstudie über Reformpolitik, Frankfurt 1975.

Ogden, C.K., Der Syndikalismus in England, in: AfSS 37, 1913, S. 424-482.

Oldenberg, K., Studien über die rheinisch-westfälische Bergarbeiterbewegung, in: Schmollers Jahrbuch 14, 1890, S. 603-673, 913-966.

Oppenheimer, H., Zur Lohntheorie der Gewerkvereine, Diss. Heidelberg 1917.

Orton, W.A., Labour in Transition. A Survey of British Industrial History since 1914, London 1921.

Ossowski, S., Klassenstruktur im sozialen Bewußtsein, Neuwied—Berlin 1962.

Osterroth, N., Vom Beter zum Kämpfer. 1920.

— Otto Hue. Ein Lebensbild für seine Freunde, Bochum 1922.

Osthold, P., Die Geschichte des Zechenverbandes 1908-33. Ein Beitrag zur deutschen Sozialgeschichte, Berlin 1934.

Oversohl, H., Die Rechtsstellung der Aufsichtspersonen in den Bergwerksbetrieben unter bes. Berücksichtigung der geschichtlichen Entwicklung insbesondere in Preußen und der gegenwärtigen Regelung im Lande Nordrhein-Westfalen, Diss. Münster 1968.

Owen, J.A., The history of the Dowlais Iron Works, 1759-1970, Riska—Newport 1977.

Parkin, F., Hg., The Social Analysis of Class Structure, London 1974.

Parry, C., The Radical Tradition in Welsh Politics: a study of Gwynedd Politics, 1900-1920, Hull 1970.

Parsons, T., Gesellschaften. Evolutionäre und komparative Perspektiven, Frankfurt 1975.

Patel, S.J., Rates of Industrial Growth in the last Century, 1860-1958, in: Economic Development and Cultural Change 9, 1961, S. 313-330.

Payne, P.L., The Emergence of the Large Scale Company in Great Britain 1870-1914, in: EHR 20, 1967, S. 519-542.

— Iron and Steel Manufactures, in: D.H. Aldcroft, Hg., Development of British Industry and Foreign Competition, London 1968, S. 71 ff.

Pelling, H., Social Geography of British Elections, 1885-1910, London 1967.

— Popular Politics and Society in Late Victorian Britain, London 1968.

— A History of British Trade Unionism, Harmondsworth 1973[2].

Perkin, H., The Origins of Modern English Society 1780-1880, London 1974[4].

Peters, A., Die Siedelungen und Bevölkerungsverhältnisse des Kreises Recklinghausen, Marburg 1913.

Phelps Brown, E.H., The Growth of British Industrial Relations, London 1965[2].

Phillips, G.A., The Triple Industrial Alliance in 1914, in: EHR 24, 1971, S.55-67.

Pieper, L., Die Lage der Bergarbeiter im Ruhrrevier, Stuttgart—Berlin 1903.

— Die Steigerbewegung im Ruhrrevier, in: Soziale Praxis 16, 1906/07, Sp. 1165-1199.

Pieper, W., Der heutige Stand des bergwirtschaftlichen Unterrichts auf den Hochschulen der deutschen Lande, Berlin 1913.

— Die Vergebung von Gruben-Gesteinsarbeiten an besondere „Unternehmer" im Ruhr-Lippe-Steinkohlenbergbau, Jena 1919.

Pierenkemper, T., Die westfälischen Schwerindustriellen 1852-1913. Soziale Merkmale und unternehmerischer Erfolg, Göttingen 1979.

Pilger, H.-H., Das Ausbildungswesen im preußisch-fiskalischen Steinkohlenbergbau an der Saar, Diss. Saarbrücken 1965.

Pilz, A., Die Hüttenzechenfrage im Ruhrbezirk und Richtlinien für eine Erneuerung des Rheinisch-Westfälischen Kohlensyndikats, Diss. Münster, Essen 1910.

Plünnecke, E., Englands Kohlenbergbau und Kohlenwirtschaft unter dem Einfluß des Kriegs und in der Nachkriegszeit, Diss. Ms. Berlin 1925.

Pöller, R., Die Gefahren des Bergbaus und die Grubenkontrolle im Ruhrrevier, Diss. Tübingen 1913, München-Leipzig 1914.

Poerschke, S., Die Entwicklung der Gewerbeaufsicht in Deutschland, Jena 1913[2].

Pohle, L., Die Wohnungsfrage II: Die städtische Wohnungs- und Bodenpolitik, Leipzig 1910.

Pohlmann-Hohenaspe, A., Der Staat und die Syndikate. Ein Beitrag zur Bergwerksfrage, Leipzig 1912.

Pollard, S., Factory Discipline in the Industrial Revolution, in: EHR 16, 1963/64, S. 254-271.

— The Genesis of Modern Management, Harmondsworth 1965.

— The Development of the British Economy, 1914-1967, London 1969[2].

— Die Bildung und Ausbildung der industriellen Klassen Britanniens im 18. Jahrhundert, in: R. Braun u. a., Hg., Gesellschaft in der industriellen Revolution, Köln 1973, S. 147-161.

— Industrialization and the European Economy, in: EHR 26, 1973, S. 636-648.

Pollard, S./*Robertson*, P., The British Shipbuilding Industry 1870-1914, Cambridge, Mass. 1979.

Polysius, O., Verbandsbestrebungen im Deutschen Maschinenbau, Diss. Würzburg, Dessau 1923.

Pommer, C., Die mechanische Abbauförderung beim Steinkohlenbergbau im Oberbergamtsbezirk Dortmund, in: ZBHSW 61, 1913, S. 254-296.

Ponsonby, A., The Decline of Aristocracy, London 1912.

Popitz, H., Zum Begriff der Klassengesellschaft, in: Hamburger Jahrbuch für Wirtschafts- und Gesellschaftspolitik 3, 1958, S. 93-102.

— u. a., Technik und Industriearbeit. Soziologische Untersuchungen in der Hüttenindustrie, Tübingen 1964.

— u. a., Das Gesellschaftsbild des Arbeiters. Soziologische Untersuchungen in der Hüttenindustrie, Tübingen 1972[4].

Porter, G.R., The Progress of the Nation, London 1912[4].

Porter, J.H., Industrial Conciliation and Arbitration 1860-1914, Ph.D. Thesis, Leeds 1968.

— Wage Bargaining under Conciliation Agreements, 1860-1914, in: EHR 23, 1970, S. 460-475.

Post, H., Untersuchungen über den Umfang der Erwerbslosigkeit innerhalb der einzelnen Berufe und Berufsgruppen, Jena 1914.

Poth, L., Die Stellung des Steinkohlenbergbaus im Industrialisierungsprozeß unter besonderer Berücksichtigung des Ruhrgebietes, Berlin 1971.

Pothmann, W., Der im Ruhrbergbau auf dem Kopf der Belegschaft entfallende Förderanteil und das Problem seiner wirtschaftlichen Steigerung, Jena 1916.

Potthoff, H., Die deutsche Privatbeamtenschaft nach der Berufs- und Betriebszählung 1907, in: AfSS 32, 1911, S. 124-135.

Poulantzas, N., Politische Macht und gesellschaftliche Klassen, Frankfurt 1975[2].

Powell, G.B., Jr., Incremental Democratization: The British Reform Act of 1832, in: G.A. Almond u. a., Crisis, Choice and Change. Historical Studies of Political Development, Boston 1973, S. 103-151.

Preradovich, N.v., Die Führungsschichten in Österreich und Preußen (1804-1918) mit einem Ausblick bis zum Jahre 1945, Wiesbaden 1955.

Preute, H., Die Absatz- und Verkehrsverhältnisse des rheinisch-westfälischen Kohlenbergbaues vor und nach dem Weltkriege, Diss. München Bochum 1929.

Pribicevič, B., Demand for Workers' Control in the Railway, Mining and Engineering Industries, 1910-1922. D. Phil. Thesis, Oxford 1957.

— The Shop Stewards' Movement and Workers' Control, 1910-1922, Oxford 1959.

Pritt, D.N., Employers, Workers and Trade Unions, London 1970.

Proempeler, O., Das Oberbergamt Dortmund und der Bergbau in seinem Bezirk, Basel 1958.

Protsch, H., Über die organische Verbindung von Bergbau und Hüttenbetrieb, betrachtet unter dem Gesichtspunkt des vertikalen Aufbaues der Wirtschaft, Diss. Ms. Freiburg 1922.

Prym, A., Staatswirtschaft und Privatunternehmung in der Geschichte des Ruhrkohlenbergbaus, Essen 1950.

Puhle, H.-J., Parlament, Parteien und Interessenverbände 1890-1914, in: M. Stürmer, Hg., Das kaiserliche Deutschland, Düsseldorf 1970, S. 340-377.

— Politische Agrarbewegungen in kapitalistischen Industriegesellschaften. Deutschland, USA und Frankreich im 20. Jahrhundert, Göttingen 1975.

— Theorien in der Praxis des vergleichenden Historikers. Unveröffentl. Manuskr. 1979.

Pumphrey, R.E., The Introduction of Industrialists into the British Peerage: a study in adapation of a social institution, in: AHR 65, 1959/60, S. 1-16.

Pumpiansky, L., Das Problem der Arbeitslosigkeit in England, in: AfSS 33, 1911, S. 126-160.

— Das Mindestlohngesetz im englischen Kohlenbergbau, in: AfSS 35, 1912, S. 177-194.

Puppke, L., Sozialpolitik und soziale Anschauungen frühindustrieller Unternehmer in Rheinland-Westfalen, Köln 1966.

Pyszka, H., Bergarbeiterbevölkerung und Fruchtbarkeit. Eine Studie der Bevölkerungsbewegung der deutschen Bergarbeiterbevölkerung, München 1911.

Quellensammlung zur Geschichte der sozialen Betriebsverfassung. Hg. v.G. Adelmann, 2 Bde., Bonn 1960/65.

Raßbach, E.L., Betrachtungen zur wirtschaftlichen Lage der technischen Privatangestellten in Deutschland, Karlsruhe 1916.

Rackwitz, L., Die britische Kohlenindustrie und die Ursachen und Folgen des Arbeitskampfes vom Jahre 1926, Diss. Freiberg, Bochum, 1931.

Rassow, P./*Born,* K.E., Akten zur staatlichen Sozialpolitik in Deutschland 1890-1914, Wiesbaden 1959.

Raub, J., Vom Beruf des Steigers. Die Aufsichtspersonen im Ruhrgebiet vor Erlaß des Allgemeinen Berggesetzes von 1865, in: Der Anschnitt 7, 1955, S. 9-15.

Raynes, J. R., Coal and its conflicts: a brief record of the disputes between capital and labour in the coal mining industry of Great Britain, London 1928.

Reader, W.J., Professional Men. The Rise of the Professional Classes in Nineteenth-Century. England, London 1966.

— The Middle Classes, London 1972.

Redlich, F., Die volkswirtschaftliche Bedeutung der deutschen Teerfarbenindustrie, München-Leipzig 1914.

Redlich, J./*Hirst,* F.W., The History of Local Government in England, London 1971[3].

Redmayne, R.A.S., Men, Mines and Memories, London 1942.

Rees, A., Industrial Conflict and Business Fluktuations, in: Journal of Political Economy, 60, 1952, S. 371-382.

Reichardt, W., Boden- und Wohnungsverhältnisse in Duisburg von der Mitte des 19. Jahrhunderts bis zum Weltkriege, Diss. Bonn, Würzburg—Aumühle 1939.

Reindl, J., Die deutsche Gewerkschaftsbewegung. Koalitionsrecht und Koalitionen der Arbeiter in Deutschland seit der Reichsgewerbeordnung (1869), Altenburg 1922.

Reulecke, J., Hg., Arbeiterbewegung an Rhein und Ruhr. Beiträge zur Geschichte der Arbeiterbewegung in Rheinland-Westfalen, Wuppertal 1974.

Reulecke, J./*Weber,* W., Hg., Fabrik, Familie, Feierabend. Beiträge zur Sozialgeschichte des Alltags im Industriezeitalter, Wuppertal 1978.

Retzlaff, W., Das Lohngefüge im deutschen Steinkohlenbergbau von 1886-1956, Diss. Freiburg 1958.

Reuß, M., Mittheilungen aus der Geschichte des Kgl. Oberbergamts zu Dortmund und des Niederrhein.-Westfälischen Bergbaus bis zum Jahre 1892, Berlin 1892.

Rheinisch-Westfälische Wirtschaftsbiographien. 6 Bde., Münster 1932-1954.

Richards, J.H., Transport, in: B. Thomas, Hg., The Welsh Economy, Cardiff 1962, S. 138-149.

Richards, J.H./*Lewis,* J.P., House Building in the South Wales Coalfield, 1851-1913, in: W.E. Minchinton, Hg., Industrial South Wales, 1750-1914, London 1969, S. 235-248.

Richardson, H.W., Chemicals, in: D.H. Aldcroft, Hg., Development of British Industry and Competition, London 1968, 1875-1914, S. 274-306.

Richardson, T./*Walbank,* J.A., Profits and Wages in the British Coal Trade 1898-1910, Newcatle-upon-Tyne 1911.

Richthofen, E.v., Über die historischen Wandlungen in der Stellung der autoritären Parteien zur Arbeitsschutzgesetzgebung und die Motive dieser Wandlungen, Diss. Heidelberg 1901.

Richtsteig, W., Die Kohlenhandelsgesellschaften des Rheinisch-Westfälischen Kohlensyndikates zu Essen, Diss. Münster 1923.

Rießer, J., Die Konzentration der deutschen Banken, Jena 1905.

Rimlinger, G.V., International differences in the strike propensity of coal miners: experience in four countries, in: Industrial and Labor Relations Review 12, 1959, S. 389-406.

— The Legitimation of Protest. A Comparative Study in Labor History, in: CSSH 2, 1959/60, S. 329-343.

— Welfare Policy and Industrialization in Europe, America, and Russia, New York 1971.

Ringer, F., The Decline of the German Mandarins. The German Academic Community, 1890-1933, Stanford 1969.

Ritter, E., Die katholisch-soziale Bewegung Deutschlands im 19. Jahrhundert und der Volksverein, Köln 1954.

Ritter, G.A., Die Arbeiterbewegung im Wilhelminischen Reich. Die Sozialdemokratische Partei und die Freien Gewerkschaften 1890-1900, Berlin—Dahlem 1963[2].

— Hg., Entstehung und Wandel der modernen Gesellschaft, Berlin 1970.

— Parlament und Demokratie in Großbritannien. Studien zur Entwicklung und Struktur des politischen Systems, Göttingen 1972.

— Hg., Die deutschen Parteien vor 1918. NWB, Bd. 61, Köln 1973.

Ritter, G.A./*Kocka,* J., Hg., Deutsche Sozialgeschichte, Bd. 2, 1870-1914, München 1974.

Ritter, G.A./*Tenfelde,* K., Der Durchbruch der Freien Gewerkschaften Deutschlands zur Massenbewegung im letzten Viertel des 19. Jahrhunderts, in: H.O. Vetter, Hg., Vom Sozialistengesetz zur Mitbestimmung, Köln, 1975, S. 61-120.

Ritter, U.P., Die Rolle des Staates in den Frühstadien der Industrialisierung. Die preußische Industrieförderung in der ersten Hälfte des 19. Jahrhunderts, Berlin 1961.

Roberts, B.C., Trade Union Government and Administration, London 1956.

— The Trades Union Congress 1868-1921, London 1958.

Robinson, H., The British Post Office. A History, Princeton 1948.

Robson, B.T., Urban growth: an approach, London 1973.

Rocker, R., Aus den Memoiren eines deutschen Anarchisten, Frankfurt 1974.

Roderick, A.J., Hg., Wales through the Ages. 2 Bde., Cardiff 1960.

Röhl, J.C.G., Beamtenpolitik im Wilhelminischen Deutschland, in: M. Stürmer, Hg., Das kaiserliche Deutschland, Düsseldorf 1970, S. 287-311.

Rohe, K., Vom alten Revier zum heutigen Ruhrgebiet. Die Entwicklung einer regionalen politischen Gesellschaft im Spiegel der Wahlen, in: K. Rohe/K. Kühr, Hg., Politik und Gesellschaft im Ruhrgebiet. Beiträge zur regionalen Politikforschung, Meisenheim 1979, S. 21-47.

Rohn, W., Der Arbeitsvertrag der Bergarbeiter, Marburg 1913.

Rollmann, J., Die Entwicklung des deutschen Kohlenexports bis zum Ausbruch des Ersten Weltkrieges 1914, Diss. Ms., Kiel 1922.

Roos, E., Das Verhältnis der Banken zur rhein.-westf. Schwerindustrie vom Beginn des 19. Jahrhunderts bis 1875, Diss. Ms. Köln 1953.

Roper Power, E.R., The Social Structure of an English County Town, in: Sociological Review 29, 1937, S. 391-413.

Rosenberg, A., Entstehung der Weimarer Republik, Frankfurt 1961².

Rosenberg, H., Bureaucracy, Aristocracy and Autocracy. The Prussian Experience 1660-1815, Cambridge, Mass. 1958.

— Probleme der deutschen Sozialgeschichte, Frankfurt 1969.

— Die Pseudodemokratisierung der Rittergutsbesitzerklasse, in: ders., Probleme der deutschen Sozialgeschichte, Frankfurt 1969, S. 7-50.

— Zur sozialen Funktion der Agrarpolitik im Zweiten Reich, in: ders., Probleme der deutschen Sozialgeschichte, Frankfurt 1969, S. 51-80.

— Die Weltwirtschaftskrise 1857-1859, Göttingen 1974².

— Große Depression und Bismarckzeit. Wirtschaftsablauf, Gesellschaft und Politik in Mitteleuropa, Frankfurt 1976².

Roth, G., The Social Democrats in Imperial Germany. A Study in Working-Class Isolation and National Integration, Totowa 1963.

Rothert, L., Umwelt und Arbeitsverhältnisse von Ruhrbergleuten in der 2. Hälfte des 19. Jahrhunderts, Münster 1976.

Rothschild, E., Kartelle, Gewerkschaften und Genossenschaften nach ihrem inneren Zusammenhang im Wirtschaftsleben. Versuch einer theoretischen Grundlegung der Koalitionsbewegung, Berlin 1912.

Routh, G., Civil Service Pay, 1875 to 1850, in: Economica 21, 1954, S. 201-223.

— Occupation and Pay in Great Britain, 1906-1960, Cambridge 1965.

— White Collar Unions in the United Kingdom, in: A. Sturmthal, Hg., White Collar Trade Unions, Urbana — London 1967², S. 165-204.

Rowe, J.W.F., Wages in the Coal Industry, London 1923.

Rowntree, B.S., How the Labourer Lives, London 1918.

Rürup, H., Die Entwicklung der Technik im Bergbau, Essen 1926.

Rürup, R., Hg., Wissenschaft und Gesellschaft. Beiträge zur Geschichte der Technischen Universität Berlin, 1879-1979, 2 Bde., Berlin 1979.

Rüschemeyer, D., Partielle Modernisierung, in: W. Zapf, Theorien des sozialen Wandels, Köln 1971³, S. 382-396.

Runciman, W.G., Relative Deprivation and Social Justice. A study of attitudes to social inequality in twentieth century England, Harmondsworth 1972.

Runge, W., Politik und Beamtentum im Parteienstaat. Die Demokratisierung der politischen Beamten in Preußen zwischen 1918 und 1933, Stuttgart 1965.

Sachtler, H., Wandlungen des industriellen Unternehmers in Deutschland seit Beginn des 19. Jahrhunderts. Ein Versuch zur Typologie des Unternehmers, Diss. Halle 1937.

Sandars, W.S., Trade Unionism in Germany, London 1916.

Sanderson, M., The Universities and British Industry, 1850-1970, London 1972.

Saitzew, M., Steinkohlenpreise und Dampfkraftkosten, München-Leipzig 1914.

Saul, K., Staat, Industrie, Arbeiterbewegung im Kaiserreich. Zur Innen- und Außenpolitik des Wilhelminischen Deutschland 1903-1914, Düsseldorf 1974.

— Der „Deutsche Kriegerbund“. Zur innenpolitischen Funktion eines nationalen Verbandes im „kaiserlichen Deutschland“, in: MGM, 1969, S. 95-159.

— Der Kampf um die Jugend zwischen Volksschule und Kaserne. Ein Beitrag zur „Jugendpflege“ im Wilhelminischen Reich 1890-1914, in: MGM 9, 1971, S. 97-143.

— Der Staat und die „Mächte des Umsturzes“. Ein Beitrag zu den Methoden antisozialistischer Repression und Agitation vom Scheitern des Sozialistengesetzes bis zur Jahrhundertwende, in: AfS 12, 1972, S. 293-350.

— Konstitutioneller Staat und betriebliche Herrschaft. Zur Arbeiter- und Beamtenpolitik der preußischen Staatseisenbahnverwaltung 1890 bis 1914, in: D. Stegmann u. a., Hg., Industrielle Gesellschaft und politisches System, Bonn—Bad Godesberg 1978, S. 315-336.

Schacht, H., Zur Finanzgeschichte des Ruhrkohlenbergbaues. Schmollers Jahrbuch 37, 1913, S. 1231-1269.

Schack, H., Festschrift zur Feier des 25-jährigen Bestehens der ersten evangelischen Arbeitervereine Gelsenkirchen und Schalke, Gelsenkirchen 1907.

Schäfer, H., Die Polenfrage im rhein.-westf. Industrierevier während des Krieges und nach dem Kriege, Diss. Ms. Würzburg 1921.

Schäffle, A., Trennung von Staat und Volkswirtschaft aus Anlaß des jüngsten Arbeitermassenausstandes im Kohlenbergbau, in: Zeitschrift für die Gesamte Staatswissenschaft 45, 1889, S. 591-732.

Scheideler, G.U., Parlament, Parteien und Regierung im Wilhelminischen Reich 1890-1914, in: Aus Politik und Zeitgeschichte B 12/1971, S. 16-24.

Schiefer, J., Wirtschaftliche Streiks und Aussperrungen in Rheinland und Westfalen, 1870-1932, o. O., o. J. (1947).

Schildbach, B., Verfassung und Verwaltung der Freien Gewerkschaften in Deutschland, Leipzig 1910.

Schlüter, R., Die preußische Bergberwaltung einst und jetzt, Essen 1940.

Schlüter, W., Preußisches Bergrecht. Der Aufbau und die Aufgaben der preußischen Bergbehörden unter besonderer Berücksichtigung des Ruhrbergbaus, Essen 1928.

Schmalenbach, E., Gutachten über die gegenwärtige Lage des rheinisch-westfälischen Steinkohlenbergbaus, Berlin 1928.

Schmidt, A., Lang war der Weg, Bochum 1958.

Schmidt, H., Das Problem der Nationalisierung im britischen Kohlenbergbau, Diss. Ms. Basel 1924.

Schmidt, H.T., Belegschaftsbildung im Ruhrgebiet im Zeichen der Industrialisierung, in: Tradition 1/2, 1956/57, S. 265-273.

Schmidt, R., Die Bürokratisierung des modernen England und ihre Bedeutung für das heutige deutsche Behördensystem, Leipzig 1932.

Schmidt, W., Die moderne Entwicklung der Streikversicherung der Arbeitgeber in Deutschland und ihre rechtliche Struktur, Diss. Ms. Gießen 1924.

Schmitz, A., Der Einfluß der Nordwanderung des Ruhrkohlenbergbaus auf die industrielle Standortstruktur und den Wasserstraßenverkehr, Diss. Ms. Münster 1966.

Schmitz, E., Die deutschen Bergschulen in bildungs- und wirtschaftsgeschichtlicher Beleuchtung nebst einer Untersuchung über ihre zweckmäßige Gestaltung in der Zukunft, Diss. Clausthal, Karlsruhe 1932.

Schmitz, R., Das Gedinge, seine Bedeutung und seine Wirkung auf die zwischenmenschlichen Beziehungen im Ruhrkohlenbergbau, Diss. Ms. Münster 1952.

Schmoller, G., Das Wesen der Arbeitsteilung und der sozialen Klassenbildung, in: Preuß. Jahrbücher 69, 1892, S. 457-480.

— Die soziale Frage. Klassenbildung, Arbeiterfrage, Klassenkampf, München—Leipzig 1918.

Schneider, C./*Wiedenhöfer,* J., Hg., Der Kreis Recklinghausen 1850-1910, Münster 1911.

Schneider, D., Hg., Zur Theorie und Praxis des Streiks, Frankfurt 1971.

Schneider, D./*Kuda,* R.F., Mitbestimmung. Weg zur industriellen Demokratie, München 1969.

Schneider, L., Der Arbeiterhaushalt im 18. und 19. Jahrhundert. Dargestellt am Beispiel des Heim- und Fabrikarbeiters, Berlin 1967.

Schneider, M., Unternehmer und Demokratie. Die freien Gewerkschaften in der unternehmerischen Ideologie der Jahre 1918 bis 1933, Bonn—Bad Godesberg 1975.

Schnorbus, A., Arbeit und Sozialordnung in Bayern vor dem Ersten Weltkrieg (1890-1914), München 1969.

Schofer, L., The Formation of a Modern Labor Force: Upper Silesia 1865-1914, Berkeley 1975.

Schomerus, H., Die Arbeiter der Maschinenfabrik Esslingen. Forschungen zur Lage der Arbeiterschaft im 19. Jahrhundert, Stuttgart 1977.

Schorske, C.E., German Social Democracy, 1905-1917. The Development of the Great Schism, New York 1970[3].

Schott, S., Die großstädtischen Agglomerationen des deutschen Reiches 1871-1910, Breslau 1912.

Schröder, E., Alfred Krupps Generalregulativ, in: Tradition 1/2, 1956/57, S. 38-57.

Schröder, W.H., Arbeitergeschichte und Arbeiterbewegung. Industriearbeit und Organisationsverhalten im 19. und frühen 20. Jahrhundert, Frankfurt 1978.

Schürholz, F., Entwicklungstendenzen im deutschen Wirtschaftsleben zu berufsständischer Organisation und ihre soziale Bedeutung, Mönchen-Gladbach 1922.

Schütz, H., Die Bedeutung der Naturalbelieferung der Bergleute des Ruhrkohlenbezirks für die Entwicklung ihrer Nominallöhne seit Kriegsausbruch, Diss. Ms. Gießen 1920.

Schultz, H., Die Westfälische Kohlen-Industrie, Dortmund 1883.

Schulz, G., Über Entstehung und Formen von Interessengruppen in Deutschland, in: H.J. Varain, Hg., Interessenverbände in Deutschland, Köln 1973, S. 25-54.

Schulz, S., Die Aufsichtspersonen im ehemals preußischen Bergrechtsgebiet — die Entwicklung ihrer innerbetrieblichen Stellung von der Gründung Preußens bis in die Gegenwart, Diss. Clausthal 1966.

Schulz-Briesen, B., Erinnerungen eines alten Bergmanns aus den letzten 50 Jahren, Düsseldorf 1903 (Sonderdruck aus: Stahl und Eisen).

Schulz-Briesen, M., Der preußische Staatsbergbau im Wandel der Zeiten, 2 Bde., Berlin 1933/34.

Schulze, A., Die Lage der Bergarbeiter in den Hauptkohlenbezirken Deutschlands. Eine sozialpolitische Studie, Berlin 1893.

Schulze, F., Die polnische Zuwanderung im Ruhrrevier und ihre Wirkungen, Diss. München o. J. (1910).

Schulze-Gävernitz, G.v., Der Großbetrieb, ein wirtschaftlicher und sozialer Fortschritt. Eine Studie auf dem Gebiete der Baumwollindustrie, Leipzig 1892.

Schumm-Garling, U., Herrschaft in der industriellen Arbeitsorganisation, Frankfurt 1972.

Schunder, F., Tradition und Fortschritt. Hundert Jahre Gemeinschaftsarbeit im Ruhrbergbau, Stuttgart 1959.

— Lehre und Forschung im Dienste des Ruhrbergbaus. Westfälische Berggewerkschaftskasse 1864-1964, Herne 1964.

Schwarz, O./*Strutz,* G., Der Staatshaushalt und die Finanzen Preußens, 2 Bde., Berlin 1903.

Schweinitz, K. de, Jr., Industrialization and Democracy. Economic Necessities and Political Possibilities, London 1964.

Schwenger, R., Die betriebliche Sozialpolitik im Ruhrkohlenbergbau, München—Leipzig 1932.

Schwerdtfeger, H., Die wirtschaftliche Stellung der Kohle in den „gemischten Werken“ des rheinisch-westfälischen Industriebezirks, Diss. Straßburg, Berlin 1914.

Scott, J.W., The Glass Workers of Carmaux, Cambridge, Mass. 1974.

Scott, W.H., u. a., Coal and Conflict. A Study of Industrial Relations at Collieries, Liverpool 1963.

Seidl, K., Das Arbeiterwohnungswesen in der oberschlesisischen Montanindustrie, Kattowitz 1913.

Serlo, W., Die Preußischen Bergassessoren, Essen 1938[5].

— Westdeutsche Berg- und Hüttenleute und ihre Familien, Essen 1938.

— Männer des Bergbaus, Berlin 1937.

Setzer, H., Wahlsystem und Parteienentwicklung in England. Wege zur Demokratisierung der Institutionen 1832 bis 1948, Frankfurt 1973.

Sharp, I., Industrial Conciliation and Arbitration in Great Britain, London 1950.

Shadwell, S., England, Deutschland und Amerika. Eine vergleichende Studie ihrer industriellen Leistungsfähigkeit, Berlin 1908.

Shedden, C.T., Hg., Iron and Coal Trades Review, 1867-1927, London 1927.

Shorter, E./*Tilly,* C., The Sharpe of Strikes in France, 1830-1960, in: CSSH 13, 1971, S. 60-86.

Sieber, W., Die Bedeutung der Mechanisierung von Gewinnung, Ausbau und Versatz für die körperliche Belastung des Bergmanns im Steinkohlenbergbau, Köln—Opladen 1963.

Siegel, G., Die Preisbewegung elektrischer Arbeit seit 1898, München—Leipzig 1914.

Simiand, F., Le salaire des ouvriers des mines de charbon en France. Contribution à la théorie économique du salaire, Paris 1907.

Singer, K., Die Wohnungen der Minderbemittelten in München, München 1899.

Sires, R.V., Labour Unrest in England, 1910-1914, in: JEH 15, 1955, S. 246-266.

Smelser, N.J., Social Change in the Industrial Revolution. An Application of Theory to the Lancashire Cotton Industry. 1770-1840, London 1959.

— Theorie des kollektiven Verhaltens, Köln 1972.

Smillie, R., My Life for Labour, London 1924.

Smillie, R./*Onions,* A., Report on the social and industrial Conditions of the German working classes in 1910, London 1911.

Smith, A., An Enquiry into the Nature and Causes of the Wealth of Nations, London 1776 u. ö.

Sogemeier, M., Die Entwicklung und Regelung des Arbeitsmarktes im rheinisch-westfälischen Industriegebiet im Kriege und in der Nachkriegszeit, Jena 1922.

Sohn, K.-H., Berufsverband und Industriegewerkschaft. Organisationsprinzipien der deutschen Gewerkschaften, Köln 1964.

Sohn-Rethel, A., Geistige und körperliche Arbeit. Zur Theorie der gesellschaftlichen Synthesis, Frankfurt 1973[2].

Sombart, W., Der moderne Kapitalismus, 3 Bde., Berlin 1927.

— Die deutsche Volkswirtschaft im 19. Jahrhundert, Berlin 1913[3].

Sonnemann, R., Die Auswirkungen des Schutzzolls auf die Monopolisierung der deutschen Eisen- und Stahlindustrie 1879-1892, Berlin 1960.

South Wales Coal and Iron Companies 1914, Cardiff 1914.

Das sozialpolitische Programm des Vereins deutscher Arbeitgeberverbände und die Bureaukratie, Berlin 1908.

Spencer, E.G., Businessmen, Bureaucrats and Social Control in the Ruhr 1896-1914, in: H.-U. Wehler, Hg., Sozialgeschichte Heute, Göttingen 1974, S. 452-466.

— Between Capital and Labour: Supervisory personnel in Ruhr heavy industry before 1914, in: JSH 9, 1975, S. 178-192.

— Employer Response to Unionism: Ruhr Coal Industrialists before 1914, in: JMH 48, 1976, S. 397-412.

— Rulers of the Ruhr: Leadership and Authority in German Big Business Before 1914, in: BHR 53, 1979, S. 40-64.

Spender, H., The Fire of Life, London o. J.

Spethmann, H., Die Großwirtschaft an der Ruhr, Berlin 1925.

— Krisen der Ruhrwirtschaft, 2 Bde., Essen 1925/26.

— Der Verband technischer Grubenbeamten 1886-1936. Eine Festschrift zu seinem 50-jährigen Bestehen, Gelsenkirchen 1936.

— Das Ruhrgebiet im Wechselspiel von Land und Leuten. Wirtschaft, Technik und Politik, 3 Bde., Berlin 1933-1938.

— Die Anfänge der ruhrländischen Koksindustrie, in: Essener Beiträge 62, 1947, S. 31-84.

Der Staatsmonopolistische Kapitalismus, Frankfurt 1972.

Stahl, W., Der Elitekreislauf in der Unternehmerschaft. Eine empirische Untersuchung für den deutschsprachigen Raum, Frankfurt—Zürich 1973.

Stamp, J.C., British Incomes and Property, London 1916.

Statistical Abstract for the United Kingdom for each of the fifteen years from 1911 to 1925, London 1927.

Statistical Review of the Coal Mining Industry, London 1925.

Staudinger, H., Der Staat als Unternehmer, Berlin 1932.

Stavenhagen, G., Geschichte der Wirtschaftstheorie, Göttingen 1969[4].

Stead, P., Working-class Leadership in South Wales, 1900-1920, in: WHR 6, 1973, S. 329-353.

Stearns, P.N., Measuring the Evolution of Strike Movements, in: IRSH 19, 1974, S. 1-27.

— Lives of Labour. Work in a Maturing Industrial Society, London 1975.

Stegmann, D., Die Erben Bismarcks. Parteien und Verbände in der Spätphase des Wilhelminischen Deutschlands. Sammlungspolitik 1897-1918, Köln 1970.

— Zwischen Repression und Manipulation: Konservative Machteliten und Arbeiter- und Angestelltenbewegung 1910-18. Ein Beitrag zur Vorgeschichte der DAP/ NSDAP in: AfS 12, 1972, S. 351-432.

— u. a., Hg., Industrielle Gesellschaft und politisches System. Beiträge zur politischen Sozialgeschichte, Bonn—Bad Godesberg 1978.

Steiner, G., Arbeits- und Lohnverhältnisse der Bergarbeiter im Ruhrbergbau, letztere unter besonderer Berücksichtigung des Familienstandslohnes, Diss. Ms. Frankfurt 1925.

Steiner, Z.S., The Foreign Office and Foreign Policy, 1898-1914, Cambridge 1969.

Stelling, I., Die Sozialisierung des Kohlebergbaus in Großbritannien, Kiel 1950.

Stevart, P., La variation des prix de 1891 à 1912 dans l'industrie charbonnière belge, in: E. Mahaim, Hg., Preisbildung gewerblicher Erzeugnisse in Belgien. Schriften des Vereins f. Socialpolitik, Bd. 144, München—Leipzig 1914, S. 305-342.

Stewart, W., The Need for Technical Education in the Mining Industry, in: Proceedings of the SWIE 32, 1916/17, S. 9-24.

Stewart, W.D., Mines, Machines and Men, London 1935.

Stillich, O., Steinkohlenindustrie, Leipzig 1906.

Stirn, H. u. A., Zwischenmenschliche Beziehungen im Bergbau unter Tage in ihrer Auswirkung auf Zufriedenheit und Stabilität, in: Zentralblatt f. Arbeitswissenschaft 7, 1953, S. 150-153, 163-168, 180-183.

Stone, G., The British Coal Industry, London 1919.

Stone, L., The Crisis of the Aristocracy 1558-1641, Abridged Edition, Oxford 1973.

Storm, E., Geschichte der deutschen Kohlenwirtschaft von 1913-1926, Berlin (1926).

Strehlow, F., Die Boden- und Wohnungsfrage des rheinisch-westfälischen Industriebezirkes, Essen 1911.

Ströll, M., Die staatssozialistische Bewegung in Deutschland. Eine historisch-kritische Darstellung, Leipzig 1885.

Stürmer, M., Hg., Das kaiserliche Deutschland. Politik und Gesellschaft 1870-1918, Düsseldorf 1970.

Sturmthal, A., Hg., White Collar Trade Unions. Contemporary Development in Industrialized Societies, Urbana—London 1967².

Sutherland, G., Hg., Studies in the Growth of Nineteenth-Century Government, London 1972.

Syrup, F., Studien über den industriellen Arbeiterwechsel, in: Archiv f. exakte Wirtschaftsforschung 4, 1912, S. 261-303.

Taeglichsbeck, O., Die Belegschaft der Bergwerke und Salinen im Oberbergamtsbezirk Dortmund nach der Zählung vom 16. Dezember 1893. 2 Teile, Dortmund 1895-96.

Tänzler, F., Englische Arbeitsverhältnisse. Eine Skizze, Berlin 1912.

— Die deutschen Arbeitgeberverbände 1904-1929. Ein Beitrag zur Geschichte der Arbeitgeberbewegung, Berlin 1929.

The Tariff Reform League, Reports on Labour and Social Conditions in Germany, 2 Bde., London 1910.

Taylor, A.J., Labour Productivity and Technological Innovation in the British Industry, 1850-1914, in: EHR 14, 1961/62, S. 48-70.

— The Coal Industry, in: D.H. Aldcroft, Hg., Development of British Industry and Foreign Competition, London 1968, S. 37-70.

— Laissez-faire and State intervention in Nineteenth-Century Britain, London 1972.

Tenfelde, K., Sozialgeschichte der Bergarbeiterschaft an der Ruhr im 19. Jahrhundert, Bonn—Bad Godesberg 1977.

— Bildung und sozialer Aufstieg im Ruhrbergbau vor 1914. Vorläufige Überlegungen und Thesen. Unveröffentl. Manuskr. 1979.

Tenholt, Das Gesundheitswesen im Bereich des Allgemeinen Knappschafts-Vereins zu Bochum, Bochum 1897.

Teuteberg, H.J., Geschichte der industriellen Mitbestimmung. Ursprung und Entwicklung ihrer Vorläufer im Denken und in der Wirklichkeit des 19. Jahrhunderts, Tübingen 1961.

Thimm, A., Die Bergmannssiedelungen im Ruhrkohlenbezirk, Essen 1920.

Thoenes, W., Die Zwangssyndikate im Kohlenbergbau und ihre Vorgeschichte, Jena 1921.

Thomas, B., The Migration of Labour into the Glamorganshire Coalfield (1861-1911), in: Economica 10, 1930, S. 275-294.

— Wales and the Atlantic Economy, in: Scottish Journal of Political Economy 6, 1959, S. 169-192.

— The Growth of Population, in: J.F. Rees, Hg., The Cardiff Region. A Survey, Cardiff 1960, S. 111-117.

— The Growth of Industrial Towns, in: A.J. Roderick, Hg., Wales through the Ages, Bd. 2, Cardiff 1960, S. 185-192.

— Hg., The Welsh Economy. Studies in Expansion, Cardiff 1962.

— Migration and Economic Growth. A Study of Great Britain and the Atlantic Economy, Cambridge 1973².

Thomas, D.A., Some Notes on the Present State of the Coal Trade in the United Kingdom with Special References to that of South Wales and Monmouthshire together with a proposal for the Prevention of Undue Competition and for Maintaining Prices at a Remunerative Level, Cardiff 1896.

— The Coal Trade, in: H. Cox, Hg., British Industries under Free Trade, London 1903, S. 348-376.

Thomas, F., Kollektive Arbeitsverträge im Steinkohlenbergbau der Vereinigten Staaten von Nordamerika und Deutschlands. Diss. Bonn 1909, Essen 1910.

Thomas, J., The South Wales Coalfield under Government Control, 1914-1921. M.A. Thesis, Cardiff 1925.

Thomas, K., Die betriebliche Situation der Arbeiter, Stuttgart 1964.

Thompson, E.P., The Making of the English Working Class, London 1963.

— Zeit, Arbeitsdisziplin und Industriekapitalismus, in: R. Braun u. a., Hg., Gesellschaft in der industriellen Revolution, Köln 1973, S. 81-112.

Tilly, C., Hg., The Formation of National States in Western Europe, Princeton 1975.

Tilly, R.H., Popular Disorders in Nineteenth-Century Germany. A Preliminary Survey, JHS 4, 1970/71, S. 1-40.

— Zur Entwicklung des Kapitalmarktes und Industrialisierung im 19. Jahrhundert unter besonderer Berücksichtigung Deutschlands, in: VSWG 60, 1973, S. 145-165.

Tipps, D.C., Modernization Theory and the Comparative Study of Societies: A Critical Perspective, in: CSSH 15, 1973, S. 199-226.

Tirpitz, W.v., Wie hat sich der Staatsbetrieb beim Aufbau der Flotte bewährt? Eine wirtschaftshistorische Studie auf Grund amtlichen Materials, Leipzig 1923.

Tjaden, K.H., Soziales System und sozialer Wandel. Untersuchungen zur Geschichte und Bedeutung zweier Begriffe, München—Stuttgart 1972.

Toussaint, H., Die Organisation der Arbeit und des Lohnwesens im deutschen und englischen Bergbau, Köln 1926.

Transfeldt, T., Die Preisentwicklung der Ruhrkohle 1893-1925 unter der Preispolitik des Rheinisch-Westfälischen Kohlensyndikats und des Reichskohlenverbandes, Diss. Frankfurt, Leipzig 1926.

Trappe, W., Hans Freiherr von Berlepsch als Sozialpolitiker, Diss. Köln 1934.

Tremöhlen, E., Wohnungsfürsorge für Industriearbeiter in der Provinz Westfalen unter besonderer Berücksichtigung des Kleinwohnungsbaues, Jena 1911.

Trempé, R., Les Mineurs de Carmaux 1848-1900, 2 Bde., Paris 1971.

Treue, W., Die Feuer verlöschen nie. August Thyssen-Hütte 1890-1926, Düsseldorf—Wien 1966.

Tschierschky, S., Die Unternehmerorganisationen in Deutschland, Berlin 1908.

Tsuzuki, C., H.M. Hyndman and British Socialism, Oxford 1961.

Tübben, L., Die Betriebsvereinigungen beim Steinkohlenbergbau im Ruhrkohlenrevier, ihre Ursachen, sowie ihre nationale und soziale Bedeutung, in: Zeitschrift für Bergrecht 40, 1899, S. 172-193.

Turner, H.A., Trade Union Growth, Structure and Policy: a Comparative Study of the Cotton Unions, London 1962.

Turner, M., The Miners' Search for Self-Improvement: The History of Evening Classes in the Rhondda Valley from 1862-1914. M.A. Thesis, University of Wales 1967.

Uhen, L., Gruppenbewußtsein und informelle Gruppenbildungen bei deutschen Arbeitern im Jahrhundert der Industrialisierung, Berlin 1964.

Uhde, K., Die Produktionsbedingungen des deutschen und englischen Steinkohlenbergbaues, Jena 1907.

Ullmann, H.-P., Der Bund der Industriellen. Organisation, Einfluß und Politik klein- und mittelbetrieblicher Industrieller im Deutschen Kaiserreich 1895-1914, Göttingen 1976.

Umbreit, P., Die gegnerischen Gewerkschaften in Deutschland, Berlin 1907.

— 25 Jahre Deutsche Gewerkschaftsbewegung, 1890-1915, Berlin 1915.

Die deutschen Bergwerke

— Beiträge zur Geschichte der Arbeiterbewegung im rheinisch-westfälischen Industriegebiet, Dortmund 1932.

Unwin, G., The Transition to the Factory System, in: English Historical Review 37, 1922, S. 206-218, 383-387.

Vall, M., van de, Labor Organizations. A macro- and microsociological analysis on a comparative basis, Cambridge 1970.

Varain, H.J., Freie Gewerkschaften, Sozialdemokratie und Staat. Die Politik der Generalkommission unter der Führung Carl Legiens (1890-1920), Düsseldorf 1956.

— Hg., Interessenverbände in Deutschland. NWB, Bd. 60, Köln 1973.

Veit, O., Der Bergbau als staatliche Finanzquelle, Diss. Frankfurt 1927.

Verband der Bergarbeiter Deutschlands, Hg., Die wichtigsten Aktiengesellschaften der Montan- und Hüttenindustrie Deutschlands und deren Finanzgebaren, Bochum 1907.

— Hg., Die deutschen Bergwerke. Ein Verzeichnis der wichtigsten Steinkohlen-, Braunkohlen-, Kali- und Erz-Bergwerke in Deutschland, Bochum 1914.

Verkauf, L., Die Gesetzgebung zu Gunsten der Bergarbeiter in Deutschland und Österreich, in: Archiv f. soziale Gesetzgebung und Statistik 4, 1891, S. 618-664.

Vester, M., Die Entstehung des Proletariats als Lernprozeß. Die Entstehung antikapitalistischer Theorie und Praxis in England 1792-1848, Frankfurt 1970.

Vetter, H.O., Hg., Vom Sozialistengesetz zur Mitbestimmung, Köln 1975.

Vetterli, R., Industriearbeit, Arbeiterbewußtsein und gewerkschaftliche Organisation. Dargestellt am Beispiel der Georg Fischer AG (1890-1930), Göttingen 1978.

Viebig, W., Die technischen Grubenbeamten beim Steinkohlenbergbau im Oberbergamtsbezirk Dortmund, in: Glückauf 47, 1911, S. 1133-1142.

— Festschrift zur Feier des 25-jährigen Bestehens des Verbandes der Vereine technischer Grubenbeamten im Oberbergamtsbezirk Dortmund, Gelsenkirchen 1911.

Vincent, J.E., John Nixon. Pioneer of the steam coal trade in South Wales, London 1900.

Vogelsang, H., Geschichte, Verfassung und Verwaltung des Gewerkvereins christlicher Bergarbeiter Deutschlands, Essen 1915.

— Reichsarbeitsgemeinschaft für den Bergbau, o. O. 1920.

Vogelstein, T., Die Industrie der Rheinprovinz 1888-1900, Stuttgart—Berlin 1902.

— Organisationsformen der Eisen- und Textilindustrie in England und Amerika, Leipzig 1910.

— Die finanzielle Organisation der kapitalistischen Industrie und die Monopolbildungen, Tübingen 1914.

Vorstand des Verbandes der Bergarbeiter Deutschlands, Hg., Die Streikjustiz im Ruhrrevier oder Madame Justitia mit „verbundenen" Augen, Bochum 1913.

Voßkamp, W., Romantheorie in Deutschland. Von Martin Opitz bis Friedrich von Blanckenburg, Stuttgart 1973.

Wachowiak, S., Die Polen in Rheinland-Westfalen, Diss. München 1916.

Die Gesetzgebung zu Gunsten der Bergarbeiter in Deutschland und Österreich

Der Bergbau als

Wagner, A., Die Strömungen in der Sozialpolitik und der Katheder- und Staatssozialismus, Berlin 1912.

Walker, F., Monopolistic Combinations in the German Coal Industry, New York—London 1904.

Wallraff, H.J., Die Belastung einer Gewerkschaft durch ideologische Differenzen. Spannungen innerhalb der christlichen Gewerkschaftsbewegung in den Jahren 1900-1914, in: H.O. Vetter, Hg., Vom Sozialistengesetz zur Mitbestimmung, Köln 1975, S. 135-152.

Walters, R.H., The Economic and Business History of the South Wales Steam Coal Industry, 1840-1914, New York 1977.

Waterkamp, H., Die Bevölkerung von Duisburg, ihr Werdegang und ihre Zusammensetzung, Essen 1936.

Watkins, H., Coal and Men: an economic and social study of the British and American Coalfields, London 1934.

Watts, T.G., Coke-Oven-Bye-Products, in: Proceedings of the SWIE 31, 1915/16, S. 319-344.

Webb, S. und B., Industrial Democracy, London 1914.

— The History of Trade Unionism 1666-1920, London 1920.

Webb, S., The Works Manager Today. An address prepared for a series of private gatherings of works managers, London 1918.

Weber, A., Die Lohnbewegungen der Gewerkschaftsdemokratie. Ein antikritischer Beitrag zum Gewerkschaftsproblem, Bonn 1914.

— Die Wohnungsproduktion, in: Grundriß der Sozialökonomik, VI. Abteilung, Tübingen 1914, S. 350-368.

Weber, M., Gesammelte Aufsätze zur Sozial- und Wirtschaftsgeschichte, Tübingen 1924.

— Agrarverhältnisse im Altertum, in: ders., Gesammelte Aufsätze zur Sozial- und Wirtschaftsgeschichte, Tübingen 1924, S. 1-288.

— Wirtschaft und Gesellschaft, 2 Bde., Köln 1964.

Weber, W., Innovationen im frühindustriellen deutschen Bergbau und Hüttenwesen. Friedrich Anton von Heynitz, Göttingen 1976.

Wehler, H.-U., Die Polen im Ruhrgebiet bis 1918, in: ders., Hg., Moderne deutsche Sozialgeschichte, NWB, Bd. 10, Köln 1966, S. 437-455.

— Bismarck und der Imperialismus, Köln—Berlin 1969

— Hg., Geschichte und Soziologie, NWB, Bd. 53, Köln 1972.

— Das deutsche Kaiserreich 1871-1918, Göttingen 1973.

— Hg., Geschichte und Ökonomie, NWB, Bd. 58, Köln 1973.

— Modernisierungstheorie und Geschichte, Göttingen 1975.

— Vorüberlegungen zu einer modernen deutschen Gesellschaftsgeschichte, in: D. Stegmann u. a., Hg., Industrielle Gesellschaft und politisches System, Bonn—Bad Godesberg 1978, S. 3-20.

Weil, S., Die Hauptorganisationen der deutschen Technikerschaft, ihre Entwicklung und ihre Tätigkeit, Diss. Erlangen, Lahr 1912.

Weltz, F., Vorgesetzte zwischen Management und Arbeitern. Eine industriesoziologische Untersuchung der Situation und Vorstellungen von Meistern und Steigern, Stuttgart 1964.

Wende, A., Die Konzentrationsbewegung bei den deutschen Gewerkschaften, Berlin 1913.

Werner, G., Hungerland. Sozialer Roman aus dem Leben der Bergarbeiter, Breslau o. J.

— Zwei Kumpel, Berlin 1932.

— Meine Rechnung geht in Ordnung, Berlin—Steglitz 1958.

Werner, J., Die Wirtschaftsverbände als Träger von Ordnungsfunktionen, in: Schriften des Vereins für Socialpolitik, N.F., Bd. 19, S. 147-161.

Westermann, H., Die Lohnbuchhaltung der Steinkohlenbergwerke im rheinisch-westfälischen Industriebezirk, Diss. Ms. Frankfurt 1921.

Whitchurch, J.W., Essay upon Education, London 1772.

Wiedenfeld, K., Das Rheinisch-Westfälische Kohlensyndikat, Bonn 1912.

— Kartelle und Konzerne, Berlin 1927.

Wiel, P., Wirtschaftsgeschichte des Ruhrgebietes. Tatsachen und Zahlen, Essen 1970.

Wieser, C.W. v., Der finanzielle Aufbau der englischen Industrie, Jena 1919.

Wiessner, Bericht über die Selbstkosten in den wichtigsten Steinkohlenbergbauen des europäischen Auslandes, Berlin 1926.

Wigham, E., The Power to Manage. A History of the Engineering Employers' Federation, London 1973.

Wilhelm, D., Das Rheinisch-Westfälische Kohlensyndikat und die Oberschlesische Kohlenkonvention bis zum Jahre 1933, Diss. Erlangen—Nürnberg 1966.

Wilhelms, C., Die Übererzeugung im Ruhrkohlenbergbau 1913 bis 1932, Jena 1938.

Wilkins, C., The South Wales Coal Trade and its Allied Industries, Cardiff 1888.

Williams, C.R., The Welsh Religious Revival of 1904-05, in: British Journal of Sociology 3, 1952, S. 242-251.

Williams, D., A History of Modern Wales, Cardiff 1958.

Williams, D.J., Capitalist Combination in the Coal Industry, London 1924.

Williams, G., Hg., Merthyr Politics: the making of a working-class tradition, Cardiff 1966.

Williams, L.J., The Monmouthshire and South Wales Coal Owners' Association, 1873-1914. M.A. Thesis, Cardiff 1957.

— The new Unionism in South Wales, 1882-1892, in: WHR 1, 1963, S. 413-429.

Willms, W., Die Bedeutung des Rheinisch-Westfälischen Kohlensyndikates für die Bergarbeiter, Diss. Ms. Köln 1921.

Wilson, C., Economy and Society in Late Victorian England, in: EHR 18, 1965, S. 183-198.

Windolph, J., Der deutsche Protestantismus und die christlichen Gewerkschaften, Berlin 1909.

verzeichnis

Winkler, H.A., Hg., Organisierter Kapitalismus. Voraussetzungen und Anfänge, Göttingen 1974.

— Preußischer Liberalismus und deutscher Nationalstaat. Tübingen 1964.

Winschuh, J., Der Verein mit dem langen Namen. Geschichte eines Wirtschaftsverbandes, Berlin 1932.

Wirbelauer, A.L., Der Lohnkostenanteil an den Selbstkosten im Steinkohlenbergbau, Diss. Gießen, Grünberg 1930.

Wirth, M., Kapitalismustheorie in der DDR. Entstehung und Entwicklung der Theorie des staatsmonopolistischen Kapitalismus, Frankfurt 1972.

Wirtschaftliche Entwicklung des Niederrheinisch-Westfälischen Steinkohlen-Bergbaues in der zweiten Hälfte des 19. Jahrhunderts. Hg. v. Verein für die bergbaulichen Interessen im Oberbergamtsbezirk Dortmund, 12 Bde., Berlin 1902-1905.

Wirtz, A., Entwicklung und Organisation des Knappschaftswesens im Ruhrkohlenbezirk. Diss. Heidelberg, Weimar 1911.

Wissmann, H., Großbritanniens innere Kohlenwirtschaft während des Krieges, Diss. Ms. Münster 1925.

Withake, J., Die rheinisch-westfälische Industrie für Kohlenaufbereitung, ihre Entwicklung und wirtschaftliche Bedeutung, Diss. Ms. Würzburg 1920.

Woldt, R., Das großindustrielle Beamtentum. Eine gewerkschaftliche Studie, Stuttgart 1911.

— Der industrielle Großbetrieb, Stuttgart 1912.

— Die Lebenswelt des Industriearbeiters, Leipzig 1926.

Wolf, K., Die Unternehmensstruktur im Bergbau und ihre Wirkung auf die Wirtschaftsplanung, Diss. Ms. Freiburg 1955.

Woltmann, A./*Brügemann,* W., Zur Frage der Arbeitsverhältnisse in der Großeisenindustrie, in: Stahl und Eisen 33, 1913, S. 845-860.

Woodhouse, M.G., Rank and File Movements among the Miners of South Wales, 1910-26 D. Phil. Thesis, Oxford 1969.

Wootton, B., The Social Foundations of Wages Policy, London 1955.

Wrigley, E.A., Bevölkerungsstruktur im Wandel, München 1969.

— Industrial Growth and Population Change. A Regional Study of the Coalfield Areas of North-West Europe in the later Nineteenth Century, Cambridge 1961.

Youngson Brown, A.J., Trade Union Policy in the Scots Coalfields, 1855-1865, in: EHR 6, 1953/54, S. 35-50.

Zapf, W., Hg., Theorien des sozialen Wandels, NWB, Bd. 31, Köln—Berlin 1971[3].

Zimmermann, A., Von Haspe bis Duisburg, Industrielle Reisebriefe, Berlin 1912.

Zimmermann, E., Die britische Kohlenausfuhr, ihre Geschichte, Organisation und Bedeutung, Bonn 1911.

Zimmermann, W., Gewerbliches Einigungswesen in England und Schottland. Bericht der Studienkommission der Gesellschaft für Soziale Reform, Jena 1906.

Zix, Die Ausbildung der höheren Staatsbergbeamten in Preußen (1778 bis 1897), in: ZBHSW 59, 1911, S. 1-61.

in Stahl und Eisen

Zmarzlik, H.-G., Bethmann Hollweg als Reichskanzler, 1909-14. Studien zu Möglichkeiten und Grenzen seiner innerpolitischen Machtstellung, Düsseldorf 1957.

Zoder, W., Die Arbeitsverfassung im englischen Kohlenbergbau seit der Kriegszeit. Ein Beitrag zur Sozialpolitik Englands, Crimmitschau 1927.

Zunkel, F., Der Rheinisch-Westfälische Unternehmer 1834-1879. Ein Beitrag zur Geschichte des deutschen Bürgertums im 19. Jahrhundert, Köln—Opladen 1962.

— Die Rolle der Bergbaubürokratie beim industriellen Ausbau des Ruhrgebietes, 1815-1848, in: H.-U. Wehler, Hg., Sozialgeschichte Heute, Göttingen 1974, S. 130-147.

— Industrie und Staatssozialismus. Der Kampf um die Wirtschaftsordnung in Deutschland 1914-1918, Düsseldorf 1974.

Zwahr, H., Zur Konstituierung des Proletariats als Klasse. Strukturuntersuchung über das Leipziger Proletariat während der industriellen Revolution, in: H. Bartel/E. Engelberg, Hg., Die großpreußisch-militaristische Reichsgründung 1871, Bd. 1, Berlin 1971, S. 501-551.

Zwiedineck-Südenhorst, O.v., Kritische Beiträge zur Grundrentenlehre, Tübingen 1911.

O'Neill der Riese